Otto Maria Carpeaux

Ensaios Reunidos

◆ 1946 - 1971 ◆

OTTO MARIA CARPEAUX

Ensaios Reunidos
◆ 1946 - 1971 ◆

Prefácio
IVAN JUNQUEIRA

Vol. II

DISPERSOS (PARTE I)
PREFÁCIOS E INTRODUÇÕES (PARTE I)

Copyright © 2005 UniverCidade Editora / Topbooks

Direitos de edição da obra em língua portuguesa no Brasil adquiridos pela UNIVERCIDADE EDITORA e TOPBOOKS EDITORA. Todos os direitos reservados. Nenhuma parte desta obra pode ser apropriada e estocada em sistema de banco de dados ou processo similar, em qualquer forma ou meio, seja eletrônico, de fotocópia, gravação etc., sem a permissão do detentor do copyright.

Editor
José Mario Pereira

Editora-assistente
Christine Ajuz

Pesquisa, estabelecimento de texto, revisão técnica e índice onomástico
Christine Ajuz

Capa
Adriana Moreno

Projeto gráfico e diagramação
Arte das Letras

TODOS OS DIREITOS RESERVADOS POR

UniverCidade Editora
Rua Humaitá, 275 / 10º andar
22261-000 – Rio de Janeiro – RJ
Tel.: (21) 2536-5126 – Fax: (21) 2536-5122
info@univercidade.edu
www.univercidade. br

Topbooks Editora e Distribuidora de livros Ltda.
Rua Visconde de Inhaúma, 58 / gr. 203
20091-000 – Rio de Janeiro – RJ
Telefax: (21) 2233-8718 e 2283-1039
topbooks@topbooks.com.br
www.topbooks.com.br

Sumário

Nota editorial 15
Mestre Carpeaux – *Ivan Junqueira* 17

Dispersos (Parte I)
O testamento de Huizinga 49
Fortunata infortunata.. 53
Um grande da Espanha 58
Um poeta europeu; um problema europeu 61
Sobre as irmãs Brontë 65
A dramaturgia de Sartre 69
Fragmentos sobre Kafka 72
O céu roubado e reconquistado 76
Crítica francesa 79
Conversa de cachorros 82
Agonia do liberalismo 85
Duas páginas de crítica 89
Política, Teatro, Poesia (A propósito da morte de Hauptmann) 93
Atualidade do *Inspetor* de Gogol.. 96
"...e Shelley..." 100

Um tipo contemporâneo 104
O segredo de Balzac 108
Shaw, sujeito histórico 113
Otimismo de Svevo 116
O herdeiro de Whitman 119
A filosofia de O'Neill 124
Desastre no aeródromo 127
Novíssimas notícias inglesas 132
Um conto de fadas 135
Livro tremendo 139
O romance e a sociologia 143
Rochedos e ruínas 147
Sobre a técnica de Conrad 152
Graciliano e seu intérprete 156
Arte permanente 160
Capitalismo e discussão 164
O universo de Bach 168
Um poeta político 172
Mocidade e morte 177
Croce, crítico de poesia 182
O palhaço do Ocidente 186
Cervantes e o leão 190
O teatro de Eliot 194
Mozart 199
Sonho sueco 203
Pont Mirabeau 207
Verdi, homem justo 211
Poesia na Bíblia 215
O final de Beethoven 219
O resultado de Belo Horizonte 223
Idéias 226
As moscas 230
A poesia política de Dante 233
Shakespeare essencial e real 237
Laurel americano 242

O silêncio de Schubert 247
Um eslavo 250
Cantochão de Natal 254
A vida póstuma de El Greco 257
Espaços 260
Um centenário 264
O problema dos tchecos 268
Retrato do virtuose 272
Pintura chinesa 276
Jeremias 279
América do Sul do Norte 282
In memoriam Karl Mannheim 286
La France pauvre 289
Marionette, che passione! 293
Um romance político 297
Literatura 1948 301
Posição de Eliot 304
Mãos sujas 308
Origens do realismo 311
Os valores de Van Dyck 315
Outras notícias da França 318
Pintura e espírito 322
Razão de ser da poesia 326
Intenção e arte de Graham Greene 329
Eliot *versus* Milton 333
O drama da Revolução 337
O gênio: Büchner 341
O anônimo de Colmar 345
A luz na floresta 349
O difícil caso Pound 353
Rilke, os ingleses e os outros 358
Tendências do moderno romance brasileiro 362
Nota sobre Mário de Andrade, escritor euro-americano 367
Um museu que não é museu 371
Este mundo e outros mundos 374

Leviatã e outros monstros	379
Pobre Verlaine	383
Arthur Koestler: política e letras	386
Van Gogh, holandês e visionário	391
A *Aleluia* de Haendel	394
Guerra e literatura	396
Unidade de Murilo Mendes	400
Calvário de madeira	405
Aspectos ideológicos do padre Vieira	409
O poeta e as folhas	412
O assunto da pintura	415
Poesia do pianoforte	418
Retrato e natureza-morta	421
Os noivos da fita e os noivos do romance	423
Um estudioso do passado mineiro	425
A música e o mito	428
Condição humana	431
Romances proféticos	435
Armas do espírito	438
O fim da história	442
Canudos como romance histórico	446
Várias histórias	452
Machado e Bandeira	456
Crítica analítica e sintética	460
Contradições ideológicas	463
Science-fiction	466
A rebelião de outras massas	470
Assis	474
Leviatã	479
Motivos de comemoração	483
César, em versão de Brecht	488
Humanæ Litteræ	492
Três assuntos	496
Vida de cachorro	499
Shakespeare como mito	503

Um acontecimento literário russo 508
Presença francesa 512
Novembro de 1918 – janeiro de 1919 516
América Latina e Europa 520
Hefesto e Sísifo 523
Vestdijk 527
Música do diabo e de Deus 531
O estilo de Gilberto Freyre 535
O homem forte e o homem fraco 539
A verdade sobre Maugham 544
A lição de Gramsci 548
Morte das vanguardas 553
Críticos novos 556
Música absurda 560
Livros americanos 564
Wolf: o último romântico 568
Meditação de Basiléia 572
A propósito de influências 576
Colcha de retalhos 580
Os dois americanos 585
Antologia sonora 588
O silêncio de Gascoyne 592
Dagerman e a Bolívia 595
A traição no século XX 598
Internacionalismo de Krleza 602
A ditadura nos romances 606
A outra Grécia 611
A verdade e a realidade 614
A erudição de Mr. Huxley 618
Informações soltas 621
O amigo perdido 625
Previsões de Ibn Khaldun 627
A confusão é geral 631
Condições sociais 635
Atualidade permanente 638

Estudos históricos 641
Dois mortos 645
Um livro francês 649
Uma poesia política 650
Uma revista nacional 654
Três novidades 657
Jornalista, poeta, profeta 661
Mito América 664
Discussão do neo-realismo 667
Novos narradores russos 670
Antes e depois de Leverkühn 673
O velho Croce 676
Sobre o teatro político 681
A linguagem de Esopo 684
Brasil: ausências e presença 686
Temas de Étiemble 689
Atualidades sádicas 692
Meu Dante 696
A política do Inferno 704
Sociologia barroca 707
Tristão e Isolda: cem anos 711
O artigo sobre os prefácios 715
Utrillo no céu 719
Integração latino-americana 723
O futuro ainda não começou 726
Ulysses enfim traduzido 730
O silêncio de Kafka 733
A época ótica 737
O mundo de Morel 740
Poesia intemporal 743
Os mistérios da biblioteca 745
A intensidade do mal 749
O tempo e o modo 751
Evolução de um gênero 754
A literatura e os alfabetizados 758

Heine, grande jornalista 763
Os góticos e Le Fanu 767
Terceiro inquérito sobre a poesia brasileira 769
Temas literários 770
Rosalía de Castro: *ecce* poeta 774
Alguns casos inexplicados 777
Um inimigo da Ásia 780
Programa de comemorações 783
Eliot em quatro tempos 786
Romance negro 788
Justificação do romance 791
Uma função do romance espanhol 795
A integração e a inteligência 798
Renaissance revisited 803
Ernst Fischer e a sociologia da música 807

Prefácios e Introduções (Parte I)

Notícia sobre Manuel Bandeira (1946) 813
Prefácio ao *Fausto* de Goethe (1948) 821
Vida, obra e glória de Hemingway (1971) 847

Índice onomástico 897
Agradecimentos 941

Nota editorial

Este segundo volume do projeto de publicação da obra integral de Otto Maria Carpeaux, uma parceria da UniverCidade com a Topbooks, é lançado no ano em que se celebra o 105º aniversário de nascimento do autor. Era intenção de todos, inclusive do organizador do Volume I, Olavo de Carvalho — responsável pela primeira seleção do material aqui reunido, a quem consignamos nosso agradecimento — que a segunda parte dos *Ensaios Reunidos* chegasse mais cedo aos leitores. Mas tal empreendimento sofreu atrasos por conta do péssimo estado dos artigos de jornal: pesquisados, numa etapa inicial do trabalho, pela equipe de Olavo, estavam em situação tão precária que o uso de um *scanner*, para facilitar a tarefa, se mostrou inviável. Foi preciso digitar todos os textos, e as rasuras nas velhas páginas eram tantas que linhas inteiras se tornaram indecifráveis, exigindo dos digitadores um esforço árduo e demorado.

Em meados de 2003, quando recebi a formatação do livro, já melhorada por duas revisões, havia não só uma grande quantidade de frases perdidas — com notas de rodapé informando que o trecho em questão se encontrava ilegível no original — como quase todos os artigos tinham parágrafos truncados e até mesmo saltos de texto, dificultando o entendimento das idéias do autor. Fez-se necessário, então, recorrer à Seção de Periódicos da Biblioteca Nacional, e pesquisar um por um, na máquina de microfilme, os ensaios publicados nos suplementos literários de vários jornais — sobretudo em *A Manhã, O Jornal* e *O Estado de S. Paulo* — no período entre 19 de maio de 1946 e 7 de junho de 1969, datas do primeiro e último artigos deste volume.

Duas greves longas de funcionários da Biblioteca Nacional atrasaram ainda mais a empreitada. Nesse intervalo, recorri à antiga biblioteca da Academia Brasileira de Letras, onde se deu novo imprevisto: ao folhear a coleção do "Letras e Artes", suplemento do jornal *A Manhã,* na tarefa de recuperar os trechos ininteligíveis, deparei-me com alguns ensaios de Carpeaux que não constavam do material selecionado, e não resisti ao desejo (e dever) de copiá-los para serem incorporados ao Volume II. Embora sabendo que isso redundaria em maior atraso, o mau estado daquelas páginas, datadas de 1946, me fez considerar que, se não aproveitasse a oportunidade, num futuro próximo seria impossível o manuseio de papel tão frágil e já em decomposição. Assim, novos textos tiveram de ser digitados, o que ocasionou mudanças na paginação, e a necessidade de se refazer o índice onomástico.

Do exposto se pode afirmar que este livro, apesar da demora em vir a lume, o faz agora sem truncamentos, sem frases perdidas nem trechos ilegíveis. Até mesmo os problemas de empastelamento de texto, por erros do linotipista, foram solucionados, na maioria das vezes pelo simples uso do bom senso, de forma que o pensamento de Otto Maria Carpeaux está íntegro nestas quase 900 páginas — tanto no que se refere aos 205 artigos quanto aos três prefácios, escritos para obras de Manuel Bandeira (1946), Goethe (1948) e Hemingway (1971).

No primeiro volume dos *Ensaios Reunidos,* devolvemos ao público os seis livros de crítica literária publicados por Carpeaux. Agora, o leitor aqui encontrará parte de seus artigos dispersos, prefácios e introduções. Significa dizer que outros artigos de jornal, prefácios e introduções a livros, assinados por ele em sua prolífica vida de ensaísta, já foram localizados, e comporão um novo volume do projeto de Obra Completa dirigido pelo editor José Mario Pereira.

Finalmente, é necessário frisar que nada disso seria possível sem o decisivo apoio e a participação entusiasmada do empresário Ronald Guimarães Levinsohn, da UniverCidade, a quem somos gratos pela confiança depositada em nosso trabalho e pelo empenho em viabilizar este importante projeto editorial — que recupera para as novas gerações a obra de um grande intelectual europeu cuja aclimatação ao Brasil muito nos enriqueceu culturalmente.

Christine Ajuz

Mestre Carpeaux

*Ivan Junqueira**

Não me lembro com exatidão do dia do mês de outubro de 1962 em que conheci Otto Maria Carpeaux. Recordo-me apenas de que era uma dessas manhãs ensolaradas de primavera quando ouvi, pela primeira vez, a voz tonitruante daquele homem tomado de cólera diante da tradução inexata, ou mesmo estapafúrdia, que fizera um dos colaboradores da *Enciclopédia Barsa* do título de um dos livros de poesia de Elizabeth Barrett Browning: *Sonnets from the Portuguese*. O colaborador havia traduzido, entre parênteses, como preconiza a boa norma enciclopédica, *Sonetos da portuguesa*, em vez de *Sonetos do português* (ou seja, da língua portuguesa), muito provavelmente porque ouvira contar a história de que o marido da autora, o poeta Robert Browning, costumava chamá-la carinhosamente de "minha portuguesinha" por causa do amor que devotava ao idioma de Camões. E mais indignado se mostrara ainda Carpeaux quando, alguns dias depois, deparou com a afirmação, feita por outro colaborador da mesma enciclopédia — cujo nome prefiro aqui omitir porque se tratava de um renomado crítico literário daqueles tempos — de que *Le cimetière marin* era a "peça ínti-

---
* Poeta e ensaísta. Presidente da Academia Brasileira de Letras.

ma" de Paul Valèry. Aos gritos, o meu então mais recente amigo vociferava: "Ivan, são as cuecas de Valéry!"

Carpeaux exercia na época, a convite de Antônio Callado, então editor-chefe da *Enciclopédia Barsa,* a função de consultor das áreas de literatura e de filosofia daquela publicação, que se revelaria mais tarde uma iniciativa malsucedida e, sob certos aspectos, até mesmo desastrada, talvez porque, como fosse a primeira obra do gênero produzida no país, não dispuséssemos da experiência necessária para levá-la a bom termo. Eu era então, aos 28 anos, um dos redatores de verbetes e monografias da enciclopédia, ao lado de Bolívar Costa, Mauro Vilar, Mauro Gama, Sérgio Pachá, Álvaro Mendes, Milton José Pinto e José Louzeiro, entre alguns outros. Ocupara o lugar deixado vago por Hélcio Martins, que recebera um convite para lecionar língua e literatura espanholas na Universidade da Flórida, em Gainsville, de onde voltaria pouco depois para falecer. No início de 1963, irritado com as sucessivas e descabeladas ingerências do gerente norte-americano da publicação, Callado deixou a Barsa, e com ele nos deixou Carpeaux, a quem só voltaria a encontrar três anos depois, quando, a convite de Antônio Houaiss, transferi-me para a *Enciclopédia Delta Larousse,* cujos trabalhos estavam então se iniciando sob a batuta daquele notável filólogo e enciclopedista, do qual me tornaria amigo fraterno por mais de quarenta anos.

Carpeaux era ali o braço direito de Houaiss, e comandava praticamente toda a redação com sua exuberante personalidade e sua cultura por assim dizer "enciclopédica", palavra que detestava quando dela nos servíamos para definir seu vasto conhecimento humanístico. É desse tempo que data o aprofundamento de minha amizade com Otto Maria Carpeaux, de quem fui dileto e tenaz discípulo até o dia de sua morte, numa sexta-feira da semana do carnaval de 1978. A bem da verdade, fui seu discípulo pelo resto da vida, e vezes sem conta ainda recorro às suas obras em busca de um conhecimento que jamais alcançarei. É desse tempo, também, que data o meu aprendizado com ele no que toca a certas questões literárias, musicais e filosóficas das quais até então eu tinha uma compreensão talvez inorgânica ou mesmo distorcida. Era assombroso, e assombrosamente metabolizado, o conhecimento que possuía mestre Carpeaux acerca dos problemas da arte, da religião, da literatura, da filosofia, da história e da política. E esse metabolismo vinha de longe, ou seja, daqueles tormentosos e difíceis anos de sua formação européia, sobre os quais, a propósito, ele sistematicamente se calava, sob a alegação de que tudo aquilo "estava superado". Mas não era bem assim. Carpeaux jamais seria o que foi no Brasil sem aqueles anos que viveu em Viena, Berlim, Roma e Amsterdã.

Com ele convivi quase diuturnamente de 1966 a 1969, quando a leitura final dos verbetes se avizinhava do fim. Foi durante esses três anos na *Enciclopédia Delta Larousse* que pude avaliar melhor a verdadeira dimensão intelectual e humana daquela criatura polivalente, polêmica, irrequieta, a um só tempo dura e generosa, e sempre insatisfeita consigo mesma e com tudo o que fazia. Além de dominar 15 idiomas (certa vez, de brincadeira, perguntei-lhe se não sabia o copta antigo), Carpeaux, sem jamais revelar nenhum vestígio de pedantaria erudita, nos iluminava com sua cultura titânica e sua prodigiosa familiaridade com incontáveis problemas do passado e do presente. Como Virgílio foi o guia de Dante na selva escura dos infernos, Carpeaux exercia um papel semelhante junto àquela heteróclita e turbulenta redação da *Delta Larousse*, pela qual passaram intelectuais da estirpe de Francisco de Assis Barbosa, Alberto Passos Guimarães, Geir Campos, Carlos Casanova, José Américo Peçanha da Mota, Maria Nazareth Lins Soares, Sebastião Uchoa Leite, Luiz Costa Lima e tantos outros.

Embora viesse de uma geração bem mais recuada no tempo do que a nossa e de uma cultura em tudo distinta daquela a que pertencíamos, Carpeaux se ambientou rapidamente ao nosso meio e, apenas três anos depois de chegar ao país, já falava e escrevia o português, tanto assim que, além de colaborar regularmente na imprensa do Rio de Janeiro, publicou em 1942 o primeiro de seus livros "brasileiros", o volume de ensaios *A cinza do purgatório,* a que se seguiu, no ano seguinte, *Origens e fins,* ambos editados pela Casa do Estudante do Brasil. Culto e refinado, Carpeaux era, apesar disso — ou talvez exatamente por isso —, um homem simples e de trato excepcionalmente lhano. Enfim, como diria Sérgio Buarque de Holanda, um "homem cordial", em que pesem suas freqüentes crises de fúria ou de radicalismo exaltado. Mas era, sobretudo, um homem transparente, leal, amigo de seus amigos, grave mas afetuoso, áspero e paradoxalmente emotivo, e penso que tudo isso acabou sendo decisivo para o íntimo convívio que com ele mantivemos ao longo daqueles quatro anos na *Enciclopédia Delta Larousse*.

Era sempre o primeiro a chegar à redação, antes mesmo de Antônio Houaiss, outro exemplar madrugador. Pontualmente às 8h, lá estava ele à sua mesa, ao lado de quatro maços de Hollywood, sem filtro, que seriam nervosa e diligentemente consumidos até o fim da tarde. Carpeaux controlava não apenas o ritmo de produção dos redatores, tradutores, revisores e datilógrafas, mas também a maior parte dos textos que chegavam dos colaboradores externos das diversas áreas disciplinares da enciclopédia. Tinha particular aversão pelo especialista em cinofilia, a quem tratava, com desprezo, de "cachorreiro". Irritavam-no, também, os textos de hagiologia, com aquela prodigalidade de datas comemorativas de santos sepultados nas catacumbas romanas dos quais ninguém jamais ouvira falar. Rasgava-os todos e deitava-os à cesta de lixo, rosnando entre dentes: "Ossos de cachorro". Certa vez, às gargalhadas, veio apontar-me um erro cometido por uma das datilógrafas (por sinal, a mais graciosa de todas), que naquela época tinham de lidar com textos manuscritos dos redatores. No verbete sobre Castro Alves, onde o redator escrevera "Espumas flutuantes", a moça datilografara "Espermas flutuantes". Soube depois que teve uma breve aventura amorosa com ela.

Se recordo aqui essas pequenas curiosidades — e elas se contam às dezenas durante nossa convivência de quase quatro anos —, é para que o leitor não tenha de Carpeaux apenas aquela imagem do prodigioso erudito e ensaísta que ele foi, mas também a do excepcional ser humano que nos privilegiou com seu caráter, sua sabedoria e sua generosidade. A ele devemos sem dúvida não somente uma parte de nossa formação como intelectuais, mas também uma rica e inesquecível lição de vida — e de retidão diante da vida. Vivíamos então um dos piores períodos da ditadura militar. Antônio Houaiss tivera os direitos políticos cassados no dia seguinte ao do golpe de 31 de março de 1964, e os tempos que se seguiram passaram à história como os "anos de chumbo". O AI-5, promulgado em dezembro de 1968, atingiu vários de nossos companheiros de redação na Editora Delta, como, entre outros, José Américo Peçanha da Mota e Alcir Henriques da Costa, que chegaram a ser torturados pelos militares, enquanto um outro, de cujo nome agora não me recordo e cuja mulher pouco depois se exilou, foi metralhado nos degraus da Igreja Santa Margarida Maria, na Fonte da Saudade.

Não apenas entre nós, mas em âmbito público bem mais amplo, Carpeaux participava ostensivamente dessa resistência ao arbítrio e ao obscurantismo. E foi então que descobri algo de espantoso: aquele homem profundamente gago e às vezes ofegante, talvez devido ao excesso de fumo, toda vez que tomava a palavra diante de uma platéia o fazia de forma correta e fluente, sem um único tropeço ou sequer um descompasso, sem aquelas bruscas e penosas interrupções da fala que tanto o afligiam. Foi assim que o vi certa vez, em 1969, em frente à Assembléia Legislativa, na Cinelândia, quando, diante do corpo de um estudante assassinado pela polícia no restaurante do Calabouço, conclamou a multidão a acompanhar o cortejo fúnebre até o Cemitério S. João Batista e a reagir, se necessário fosse com armas na mão, contra a opressão instaurada pela ditadura militar. Na verdade, e de forma algo inexplicável, Carpeaux, apesar de sua atitude radical e agressiva, foi relativamente pouco molestado pelos militares, que se limitaram a mover-lhe um processo durante o qual, como viemos a saber depois e como nos conta Olavo de Carvalho, "foi polidamente interrogado por algumas horas, e que terminou sendo suspenso pela própria promotoria". E observe-se que, em virtude dos violentos artigos que escreveu no *Correio da Manhã* contra o regime ditatorial a partir de 1964, Carpeaux ganhou a fama de inimigo público nº 1 dos militares, tornando-se na época um verdadeiro ídolo das esquerdas.

Em fins de 1968, o projeto da *Enciclopédia Delta Larousse*, publicada em 12 volumes no ano seguinte, encontrava-se praticamente concluído, faltando apenas a leitura final dos últimos verbetes. Terminada essa etapa, todos os redatores foram dispensados em maio de 1969, inclusive eu, que me vi desempregado. Mas valeram-me outra vez os préstimos de Otto Maria Carpeaux, que me indicou a Lago Burnett para um cargo de redator no *Jornal do Brasil,* a que renunciei no ano seguinte para assumir as funções de assessor de imprensa das Nações Unidas no Brasil. O fato é que, mais uma vez, as peripécias da vida interromperam o meu convívio com Carpeaux. Mas nem tanto, pois continuava a ler seus ensaios e, sobretudo, os capítulos de sua *História da literatura ocidental.* Foi também durante esses anos que se publicou a 4ª edição de sua *Bibliografia crítica da literatura brasileira,* dedicada a mim, a Álvaro Mendes, a Luiz Costa Lima e a Sebastião Uchoa Leite, ali definidos como os seus "amigos novos".

Carpeaux voltaria a aparecer em minha vida em meados de 1972, quando, mais uma vez sob a direção de Antônio Houaiss, se organizou a equipe da *Enciclopédia Mirador Internacional.* Telefonou-me e acertou comigo um encontro em minha casa, no Cosme Velho, para oferecer-me um cargo de redator nos quadros do novo projeto. Fiz-lhe ver nesse encontro que seria muito difícil para mim deixar a ONU, para a qual acabara de ser contratado. Ele insistiu, com a promessa de que cobriria o valor do bom salário que então me pagava aquela organização internacional. Resisti à proposta e argumentei que, caso viesse a aceitá-la, me veria outra vez desempregado quando o novo projeto chegasse ao fim. Ele afinal entendeu, mas não abriria mão de minha colaboração nas monografias e verbetes da área disciplinar sob sua responsabilidade, que incluía, entre outros, os setores da literatura, da música e da filosofia. De 1972 a 1973 escrevi inúmeros e longos textos para a área de humanidades da *Enciclopédia Mirador*, tendo sido sempre regiamente remunerado pela tarefa.

Com o término dos trabalhos na *Mirador*, perdi-o mais uma vez de vista. E para sempre. Por essa época ele anunciara o fim de sua prodigiosa carreira literária, sob a alegação de que gostaria de consagrar o resto de seus dias à militância política. Seu último escrito é uma biografia de Alceu Amoroso Lima, pautada antes pelo louvor convencional do que pelo interesse de um biógrafo em nos desvendar a vida e a obra daquele destemido e mesmo temerário pensador e ensaísta católico. Restavam-lhe apenas mais cinco anos de vida, de sofrimento e de funda depressão, como o atestaria depois seu amigo de todas as horas, Franklin de Oliveira, a quem eu viria a conhecer anos mais tarde. Vez por outra, durante esse período, chegavam-me notícias suas por intermédio de Álvaro Mendes e, sobretudo, de Sebastião Uchoa Leite, que testemunhou seus derradeiros instantes de vida, em fevereiro de 1978, três meses depois de eu haver me demitido das Nações Unidas, de onde um dia ele tentara me tirar.

Sempre me intrigou em Otto Maria Carpeaux sua entusiástica adesão à causa da esquerda, muito embora, naquela época em que o arbítrio e o autoritarismo tomaram conta do país, todo homem considerado minimamente de bem o fizesse. Intrigava-me essa atitude de Carpeaux em razão de seu passado católico e de sua participação, como membro do Partido Social Cristão da Áustria, nas lutas contra o nacional-socialismo e o comunismo. Como nos conta Mauro Ventura em seu admirável *De Karpfen a Carpeaux: formação política e interpretação literária na obra do crítico austríaco-brasileiro* (Rio de Janeiro: Topbooks, 2002), na biografia que acompanha seu pedido de naturalização ao governo Getúlio Vargas, em 1942, Carpeaux omite o fato de que fora colaborador da revista *Der christliche Ständestaat* de 1934 a 1936, bem como o de que redigiu diversos artigos para dois outros órgãos da imprensa católica de Viena: o *Neue Freie Presse* e o *Erfünllung*. Como pude atestar em várias ocasiões, essa formação católica estava presente na visão de mundo que Carpeaux desenvolveu e cristalizou para interpretar, de forma sempre magistral, as manifestação da arte, da política e da história de seu tempo. O que Carpeaux seria depois da época em que se chamou Otto Karpfen, seu verdadeiro nome de batismo, Otto Maria Fidelis e Leopold Wiessinger, pseudônimos sob os quais escreveu as obras de sua fase européia, está indissoluvelmente associado a essa formação vienense e aos compromissos espirituais que assumiu em defesa da cristandade em *Wege nach Rom. Abenteuer, Sturz und Sieg des Geistes* (1934) e da autonomia da Áustria em *Österreichs europäische Sendung* (1935), duas de suas obras européias somente em parte conhecidas no Brasil.

Não sei até onde a guerra e a fuga para o Brasil, onde Carpeaux chegou em 1939 sem falar uma única palavra de nosso idioma, terão abalado suas convicções religiosas. O homem que conheci em 1962 não deixava transparecer nenhum vestígio do catolicismo pelo qual pugnara durante a sua juventude vienense. Mas no segundo daqueles dois livros lê-se: "Assim, a Áustria é, com muito orgulho, um corpo que atua vivamente no organismo da *Romanitas*. Sim, nós austríacos vivemos no Império Romano. Todavia, não apenas no campo das relações culturais latinas, mas também no âmbito de nossa sagrada fé romano-católica". Não obstante, Carpeaux sempre se negava a comentar o que quer que fosse desse passado, inclusive a sua luta pela autonomia política da Áustria, então ameaçada pelo *Anschluss*. Embora considerasse a Áustria "um país alemão", Carpeaux afirma naquele livro: "A independência da Áustria, e precisamente sua independência do *Reich* alemão, é um fato da política européia, garantido através de tratados, alianças, pactos, obtidos por meio de tanques, canhões e aviões, protegido pela opinião pública mundial, tudo isso confrontado com o suspeito e tenso fortalecimento e ampliação do poder alemão". Escrever isto em 1935 era como uma sentença de morte proclamada contra si próprio, o que se via agravado pelo fato de que Carpeaux era de origem judaica. Mas por que teria ele escolhido para anfitrião um país que, às vésperas da Segunda Guerra Mundial, não escondia suas simpatias pelo regime nazista?

São perguntas difíceis de responder e que, provavelmente, nunca terão uma resposta satisfatória. A primeira (e distorcida) imagem que se guarda de Carpeaux em nosso país, mais precisamente durante a década de 1940, é a de um homem de direita, a de um exilado austríaco que foi acolhido pelo governo ditatorial de Getúlio Vargas. Ignoro até que ponto terá ele se sentido pouco à vontade ao longo desses primeiros anos de exílio, mas sua amargura e seu temor não podem ser comparados aos daquele outro grande exilado vienense, Stefan Zweig, que estava convicto da vitória final do Terceiro Reich. Enquanto Carpeaux adotou a firme e irrevogável decisão de apagar o seu passado europeu, Zweig mergulhou no desespero e na nostalgia que acometem os *derracinés*. Ambos foram obrigados a deixar para trás seus amigos, seus círculos literários, sua cultura, suas bibliotecas — enfim, suas próprias origens. Mas Carpeaux, bem ou mal, adotou o país que o hospedara e rapidamente aprendeu o idioma que nele se falava, ao passo que Zweig sucumbiu à depressão que o levou, afinal, ao suicídio. Zweig queria voltar, mas tinha a plena consciência de que talvez jamais pudesse fazê-lo. Carpeaux veio para ficar. E esqueceu o seu passado a ponto de recusar-se sistematicamente a comentar qualquer fato que se relacionasse à sua formação européia.

Durante esses primeiros anos de adoção de sua segunda pátria, não foram poucos os comentários desairosos que ouvi da parte dos comunistas sobre Otto Maria Carpeaux, em particular de Valério Konder, a quem devo uma parte importantíssima de minha formação intelectual e com quem convivi toda a minha infância e adolescência, quando fiz uma de minhas mais decisivas e duradouras amizades, a de Leandro Konder, filho mais velho de Valério. Nessa época éramos todos comunistas exaltados e radicais, e esse credo político, no meu caso particular, só foi mitigado às vésperas do vestibular que prestei para a Faculdade de Medicina. Falo aqui do ano de 1953. Três anos depois, já tendo abandonado o curso médico e decidido que me consagraria de corpo e alma à literatura, caiu-me nas mãos *Origens e fins*, o primeiro dos livros de Carpeaux em que pus os olhos e que me foi presenteado por Aníbal Machado, cuja casa freqüentei por longos e profícuos anos e a cuja memória está dedicado o meu livro de estréia como poeta, *Os mortos*, publicado em 1964.

O fascínio pelo pensamento de Carpeaux estava obviamente vinculado a um processo de distensão e enriquecimento daquilo que cada um de nós viera acumulando ao longo dos anos do ponto de vista humanístico e cultural. Ele não alterou o rumo de nossas vidas, mas sua lição contribuiu de maneira notável para o nosso amadurecimento como intelectuais. Às vezes me surpreendia, como quando escreveu no suplemento "Idéias e Livros", do *Jornal do Brasil*, sobre a tradução que eu fizera dos *Four Quartets*, de T. S. Eliot. No parágrafo final de seu artigo, ele escreveu: "Não há que comparar. Se me obrigasse a comparar, eu cometeria a heresia de preferir a tradução, justamente porque ela não é o original". De início não cheguei a compreender o motivo da afirmação, mas logo me dei conta de que ele estava recorrendo ali ao conceito coleridgiano da *suspension of disbelief*, graças ao qual o crítico suspende a sua descrença para acreditar na possibilidade venturosa de uma realização literária. O que Carpeaux estava tentando dizer era que, em determinadas circunstâncias — no caso, a de um país cujos leitores são essencialmente monoglotas —, o papel da tradução pode tornar-se crucial, pois é por meio dela que o *homo ludens* (isto é, o tradutor) serve ao público leitor a poesia "alheia" que o *homo faber* (vale dizer: o autor) escreveu no original e que, neste original, é inacessível àquele público.

Certa vez, em 1967, passei-lhes às mãos um poema longo que acabara de escrever, "Três meditações na corda lírica". E ele observou: "Não sei se é esta a poesia que deveria estar sendo escrita agora, mas estou certo de que é a poesia que deveria ser escrita em todas as épocas". Carpeaux gostava muito desse tipo de ambigüidade, e quase sempre afirmava suas teses por meio de negações. Por esse tempo, ele se encontrava no ápice de sua militância política e passara a apostar, como grande humanista que era, na poesia de participação social, numa poesia que, na maior parte das vezes, era má (ou quase sempre má) e de caráter amiúde panfletário, mas que poderia contribuir, de alguma forma, para tornar o homem melhor do que era. Em suma, o poeta deveria estar moralmente comprometido com uma causa: a do povo brasileiro em sua luta contra o arbítrio, a tirania e o obscurantismo. E foram muitos os maus poetas que se engajaram nessa aventura e desencaminharam boa parte de nossa poesia durante aquele período difícil da vida nacional. Discutimos muitas vezes sobre esse assunto, mas Carpeaux não cedia, como não cedeu quando tentei fazer-lhe entender que a invasão soviética da Hungria ou a Primavera de Praga nada mais eram do que atos de arbítrio. Respondeu-me secamente: "É necessário reprimir!"

Carpeaux não pôde acompanhar o processo de redemocratização do país, a anistia ampla e irrestrita, que permitiu o regresso dos exilados políticos no fim da década de 1970, ou a campanha das "Diretas Já". Não pôde ver o desmoronamento da ditadura militar que durante longos vinte anos perseguiu, torturou e assassinou milhares de brasileiros, instaurando entre nós um regime discricionário que ceifou a arte, a cultura e as liberdades individuais pelas quais ele tanto pugnara. Já no fim do governo Médici, talvez o mais brutal da ditadura militar, Carpeaux estava muito doente e, a rigor, nada mais produzia intelectualmente. Sua vida e sua obra haviam entrado em agonia. Mas é ainda desse período a extraordinária monografia que escreveu sobre as edições críticas da Bíblia para a *Enciclopédia Mirador Internacional*. Anos mais tarde, já na década de 1990, recorri a esse texto para um ensaio que estava escrevendo sobre a herança católica na literatura brasileira do século XX. E fiquei pasmo com a erudição teológica de quem a redigira. Eram páginas e mais páginas de alguém que não apenas conhecia profundamente o assunto, mas que também seguramente o vivera em suas entranhas. Ao fim da leitura dessa monografia admirável, onde se fornecia ao leitor uma opulenta e refinada bibliografia sobre o tema, fui verificar as iniciais do autor. E lá estava: Carp (Otto Maria Carpeaux).

Se cabe aqui falar de um sistema de conhecimento, ou talvez de uma vertente doutrinária, na prosa ensaística e historiográfica que Carpeaux nos legou, conviria distinguir-lhe algumas matrizes das quais seu pensamento jamais se afastou. Sua visão inicial do mundo, com tudo o que depois se lhe acrescentou e que a tenha eventualmente modificado, é a de um herdeiro da Casa da Áustria, daquela tradição conservadora dos Habsburgos que estavam à testa do Império Austro-Húngaro, que, de tão perfeito e harmônico que era, jamais deveria ter acabado, como o sustenta o escritor Per Johns em seu esplêndido volume de ensaios *Dioniso crucificado* (Rio de Janeiro: Topbooks, 2005). E essa visão de mundo é, essencialmente, barroco-católica. Pode-se dizer ainda, como o faz Mauro Ventura no excepcional e astucioso estudo a que aludimos algumas páginas atrás, que o "conservadorismo político e clerical de Carpeaux em sua fase austríaca descende da concepção de mundo católica ligada à dinastia da Casa da Áustria". E o que era esse barroco para Otto Maria Carpeaux? Recorro ainda uma vez a Mauro Ventura: "Em primeiro lugar, era sinônimo de universalismo e ecumenismo, duas palavras que remetem ao catolicismo enquanto sentimento integral da existência". E acrescenta o ensaísta: "Mas o barroco era também um estilo de vida", o que confere com as próprias palavras de Carpeaux, quando observa que o barroco foi "o último estilo que abrangeu ecumenicamente toda a Europa". Diz ele numa das passagens de *Origens e fins*: "Além das belas-artes, das letras, da filosofia, da religião, do pensamento e das realizações econômicas e políticas", o barroco é "um estilo de vida".

Outro aspecto a ser evidenciado no pensamento barroco-católico de Carpeaux é o de sua tendência para o mistério e as vertigens abissais da alma humana, o que lhe vem, segundo penso, dos místicos espanhóis, entre os quais Santa Teresa de Ávila e San Juan de la Cruz. É bem de ver que seus ensaios "estão impregnados dessa atmosfera de piedade barroca e de meditação religiosa, que faz com que sua argumentação se dirija a uma esfera quase sobre-humana ou sobrenatural", como sublinha Mauro Ventura. Tem-se amiúde a impressão de que Carpeaux submete seus leitores a um incessante exame de consciência, como se estes estivessem diante de um confessor. Por outro lado, esses abismos da alma humana parecem estar associados à vertente filosófica do estoicismo, mais exatamente ao de Sêneca, que, segundo o autor de *A cinza do purgatório*, "é o modelo do teatro barroco". É curioso observar ainda como ele exclui as matrizes italianas do substrato cultural austríaco, preterindo-as às do barroco espanhol, sobretudo aquelas em que a concepção da vida é comparada a um sonho, como ocorre em Calderón, ou nos textos em que se manifesta aquele conceito conservador do prudencialismo cristão, tal como o vemos nas obras de Gracián.

Mas essa impregnação barroca é insuficiente para que possamos compreender a totalidade do pensamento de Otto Maria Carpeaux. Para tanto seria preciso meditar também naquilo que ele deve a Hegel e, mais do que a este, à ética de Benedetto Croce, segundo a qual a arte, como produto da intuição e porque revela uma natureza ilógica ou metalógica, transcende sua identificação com a religião, a filosofia, a ciência ou a história, como pretendia aquele filósofo alemão. Muito a propósito, Mauro Ventura sublinha que um "crítico é estético na medida em que suas interpretações transcendem os limites de determinada obra para se projetar como crítica da vida, da cultura e dos valores morais". E foi isto o que sempre fez Carpeaux, cujo leitor é sistematicamente conduzido do âmbito livresco ao mundo das idéias, de observações de conteúdo e forma a considerações morais e filosóficas. E aqui ele tangencia aquele conceito de Walter Benjamin segundo o qual a idéia de universalidade encontra correspondência na noção de conteúdo de verdade da obra. Tendo conhecido de perto — embora não tanto quanto o desejaria — o pensamento crítico de Carpeaux, não me resta senão concordar ainda uma vez com Mauro Ventura quando nos diz: "O tempo se encarrega de eliminar da obra os traços históricos, o ambiente em que nasceu; enfim, os traços mutáveis. Somente os valores permanentes continuam a existir depois que o contexto se apaga para a posteridade". Segundo Carpeaux, apenas o universal sobrevive, assim como o estético é aquilo que continua a comover ou impressionar o leitor.

Em muitas de nossas conversas, mestre Carpeaux chamava a minha atenção para a existência das "formas simbólicas" que permeiam a tessitura literária. Para ele, a arte é símbolo, e não alegoria. Escreve a respeito Mauro Ventura: "Quando uma determinada obra não consegue suplantar o nível da alegoria, torna-se inferior. Arte é símbolo, e não apenas um documento do real". É exatamente isto o que sustenta Carpeaux quando nos ensina: "Nasce uma obra de arte se o autor chega a transformar a emoção em símbolo; se não, ele só consegue uma alegoria. A alegoria é compreensível ao raciocínio do leitor, sem sugerir a emoção, essa emoção simbólica a que Croce chama o 'lirismo' da obra. A forma desse lirismo é o símbolo. O símbolo fala-nos, não ao nosso intelecto, mas a toda a nossa personalidade". Observe-se que, nesta passagem, ele se serve dos conceitos de símbolo e de alegoria com um sentido de antagonismo, o que o filia à tradição crítica do Romantismo alemão, já que este entendia o símbolo como uma forma de expressão oposta ao alegórico. Para que se entenda melhor o sentido dessa oposição, cumpre lembrar que, segundo Carpeaux, enquanto a alegoria estabelece uma "relação exata entre um determinado sistema de idéias e um sistema de imagens", não ocorrendo assim a possibilidade senão de um único sentido, o símbolo, ao contrário, "não corresponde exatamente à idéia abstrata que exprime", o que permite, por isso mesmo, múltiplas interpretações. Sustenta Mauro Ventura que a alegoria só existe quando "uma determinada obra de arte permite ao intérprete a construção de analogias entre uma imagem e um pensamento conceitual", ao passo que no símbolo "não há correspondência exata entre os diversos planos da experiência ou comparação entre o mundo das imagens e o plano das idéias". Isso explica por que Carpeaux aderiu tão entusiasticamente ao simbolismo estético, considerando a alegoria "mera tradução poética de pensamentos racionais", como ocorre no caso das obras escritas durante a baixa Idade Média e as primeiras décadas da Renascença, incluindo-se aí a *Commedia* dantesca. Se arte é símbolo, e não apenas alegoria, as obras de arte simbólicas são férteis em significação, apresentando sempre maiores desafios para a crítica, como é o caso de Cervantes, cujo *Dom Quixote* é, de acordo com Carpeaux, um "símbolo eterno da humanidade".

Há também nos textos críticos de Carpeaux dois outros aspectos que desde sempre me chamaram a atenção e sobre os quais muito conversamos. O primeiro deles refere-se àquilo que eu denominaria aqui de uma sistemática da contradição. Sua maneira de pensar está infiltrada de um difuso e intenso sentimento dos contrários e do emprego de antinomias, como se vê, sobretudo, nas páginas da *História da literatura ocidental*. Teria esse vezo alguma relação com o fato de que Carpeaux entendia o Barroco como um "fenômeno espiritual" que englobava "todas as expressões da época", ou mesmo como um "fenômeno total"? Ou ele o deve à dialética hegeliana, que afirma o ser por meio da negação de si próprio e, opondo a tese à antítese, se encaminha para a conciliação dos contrários? Como já dissemos, há um certo Hegel no pensamento de Croce, muito embora o conceito de arte deste último nada tenha de propriamente hegeliano, já que a define como intuição, fantasia ou visão. E pode-se dizer que, além daquela tendência a considerar o símbolo como oposto à alegoria, a concepção de literatura em Carpeaux deriva da idéia croceana de arte como intuição, sendo esta a razão pela qual ele condena os romances "ensaísticos" de Thomas Mann, Albert Camus e Jean-Paul Sartre, acusando-os de escreverem uma ficção "fingida e sofisticada" que jamais leva em conta a realidade da experiência pessoal.

Outro aspecto — e que, sem dúvida, constitui um dos traços mais salientes do método crítico de Carpeaux — é, como sabiamente sublinha Mauro Ventura em seu modelar ensaio, "a presença de um ceticismo transcendente de raiz poético-religiosa, cuja síntese, ainda que um pouco vaga, pode ser expressa na rubrica filosófica do sentimento trágico do mundo". Foi sempre muito intensa, como aqui já observei, a polarização dos contrários no espírito de Carpeaux, de modo que sua compreensão da obra de arte se origina do afã de identificar em cada personagem ou enredo o que eles têm de trágico, de cômico ou de épico. A partir do século XIX, especialmente com Schopenhauer e Nietzsche, o conceito de tragédia assume a condição de um esquema de pensamento, de uma ideologia em que a matriz grega se converte em visão de mundo. E é daí que se esgalha a concepção crítica de Carpeaux, cuja ensaística, como pondera ainda Mauro Ventura, "muito mais do que pôr em destaque os elementos trágicos, cômicos ou épicos de determinadas obras", opera no sentido de transformar "o conceito de tragédia em verdadeiro critério de valor". Não surpreende assim que um dos hábitos de Carpeaux era o de ler, todos os anos, boa parte das peças de Shakespeare e dos grandes tragediógrafos gregos, como o faz também anualmente Carlos Fuentes, à época da Páscoa, com o *Dom Quixote*.

Vale a pena lembrar aqui, pois se trata de uma das características do método crítico de Carpeaux, o caráter agonístico da tragédia, pois toda a tensão e a ambigüidade de seus textos nos remetem a essa matriz do comportamento psicológico dos antigos gregos, ao qual ele vinculava, nos tempos modernos — como várias vezes me confessou — o pensamento de Unamuno. Seria mais adequado, portanto, como sugere Mauro Ventura, "associar o procedimento crítico de Carpeaux a esse espírito agonístico do que relacioná-lo uma matriz dialética, no sentido moderno da palavra". Quem lê com atenção a ensaística do autor de *Origens e fins* o percebe de imediato: Carpeaux afirma para negar e nega para afirmar, valendo-se de um movimento de sístole e diástole que às vezes confunde o leitor, mas este haverá de entender que está apenas sendo submetido a um conflito no qual se digladiam pontos de vista antagônicos, ainda que não necessariamente irreconciliáveis. E o que pretende Carpeaux ao valer-se dessa prática? Segundo penso, instigar seus leitores a admitir o conflito perpétuo em que se debate o ser humano e instaurar uma visão de mundo em que todos os valores possam ser confrontados, bem como questionadas todas as regras ou critérios de avaliação estética.

A esse sentimento do trágico se associava, em Carpeaux, o estoicismo de Sêneca e, como conseqüência, a visão moral que o inerva. Atesta-o a interpretação que ele nos dá da obra de Sófocles, que é analisado "a partir de um viés trágico cristão, em que o pessimismo leva à purificação da alma", como lucidamente assinala Mauro Ventura. Tudo isto torna-se muito claro quando se lêem os diversos textos que Carpeaux escreveu sobre Shakespeare em *A cinza do purgatório, Presenças, Livros na mesa* e *Retratos e leituras*, com ênfase no agudo e astucioso ensaio "Shakespeare e a condição humana". É na análise de uma das peças shakespearianas, *Medida por medida*, que o autor nos ensina que as contradições e inverossimilhanças da trama dramática estão na atmosfera barroca que impregna as peças da maturidade de Shakespeare, como *Macbeth*, *Otelo* ou *Romeu e Julieta*, as quais foram compostas sob a influência do barroco inglês, ou seja, no período que corresponde ao reinado de James I e que Carpeaux define como época jacobéia, e não mais elisabetana. Nela se encenavam situações e conflitos característicos do comportamento barroco. É o próprio Carpeaux quem escreve naquele ensaio acima citado: "Só existe uma civilização, uma mentalidade, uma arte que sabia reunir deste modo os pólos opostos da existência humana, a perdição e a graça: o barroco". E nesse barroco está implícito o conceito de condição humana, que é fundamental para compreendermos o método crítico do autor.

Não obstante suas posições políticas a favor da esquerda, Carpeaux sempre me deu a impressão de que era, no fundo, um espírito religioso cuja saúde, como pretendia Chesterton, não dispensa o mistério. E penso que para isso contribuiu, como adverte ainda Mauro Ventura, aquela "confluência entre a visão de mundo barroca, que concebia o homem como naturalmente decaído, o dogma do pecado original, a doutrina pessimista da natureza humana e a negação da ordem cósmica estabelecida pelo Renascimento". Convém não esquecer, como aqui já dissemos, que o pensamento de Carpeaux se estrutura a partir de sua formação católico-barroca, como católica e barroca era a civilização da Casa da Áustria, da qual ele desce intelectualmente. E mais: em Carpeaux, a culpa trágica deita suas raízes no dogma do pecado original, pelo qual o homem está condenado a responder eternamente. E são as relações entre a experiência religiosa e a essência da poesia que sustentam a terceira viga mestra do método crítico de Otto Maria Carpeaux.

Essa vertente religiosa remonta ao primeiro livro do autor, *Wege nach Rom* (literalmente, *Caminho para Roma*), publicado em Viena, em 1934, e até hoje não publicado no Brasil, dele só se conhecendo os trechos traduzidos por Mauro Ventura. É neste volume que vamos encontrar os elementos religiosos e morais que embasam a concepção estética de Carpeaux durante esses primeiros anos de sua formação intelectual. Estão aí, também, as idéias que o levaram a abandonar o judaísmo e converter-se ao cristianismo. Suas análises de alguns ícones da literatura ocidental, entre os quais Kafka e Dostoievski, se processam à luz de considerações sobre problemas como os do mal, da fé, do pecado e da graça. Nesse sentido, pode-se até afirmar, como o faz Mauro Ventura, que "a própria fé católica de Carpeaux passou por um processo de secularização, cuja causa parece estar em sua trajetória pessoal". Não resta dúvida de que o Carpeaux que começa a publicar seus ensaios entre nós na década de 1940 já não é o mesmo, mas essa consciência da inquietação religiosa na literatura jamais o abandonou, e é ela que o leva a identificar elementos literários e artísticos que, provavelmente, não seriam vistos dessa maneira por alguém que nunca se houvesse envolvido com o problema da fé.

É por isso que, em sua análise de interpretação de Kafka e Dostoievski, ele desenvolve considerações de ordem moral e religiosa que derivam de sua visão de mundo católica. Trata-se de uma atitude por assim dizer agostiniana porque, no centro da discussão, figuram o dogma do pecado original e a visão pessimista da natureza humana. Não surpreende assim que, ao vincular a atitude e o comportamento das personagens kafkianas a um mundo apóstata que já renunciou à graça e se declara pagão, Carpeaux escreve, em "Franz Kafka e o mundo invisível", ensaio pertencente a *A cinza do purgatório*: "O caminho de Damasco é a única saída desta prisão que é o nosso mundo envenenado". E logo adiante: "Sem a graça não se escapa deste mundo. Todas as seguranças exteriores são vãs". É muito oportuna aqui a observação que nos faz Mauro Ventura a propósito das raízes desse procedimento: "Enquanto o pensamento religioso dos séculos XVII e XVIII esforçou-se para atenuar o peso dessa visão, Carpeaux segue em direção contrária, ou seja, jamais conseguiu livrar-se da concepção agostiniana da natureza humana". Apesar disso, Carpeaux não pode (e não deve) ser incluído entre aqueles que em nosso país, durante os anos 30 e 40, tentaram colocar a literatura a serviço da religião, o que viria a constituir quase uma moda.

Como seria de esperar, todas as vertentes que afloram em suas obras éditas (a ensaística completa de Carpeaux saiu em 1999, numa co-edição da UniverCidade com a Topbooks, sob o título de *Ensaios reunidos 1942-1978*, vol. I, incluindo desde *A cinza do purgatório* até *Livros na mesa,* com um longo e sólido prefácio de Olavo de Carvalho) estão presentes nos textos que o autor escreveu para a imprensa naquele mesmo período e que, até o momento, não haviam sido publicados em livro. São esses textos dispersos que compõem o volume II de seus *Ensaios reunidos*, editados agora, e novamente, em parceria da UniverCidade com a Topbooks, num total de quase mil páginas, que demandaram meses de trabalho da jornalista Christine Ajuz na Biblioteca Nacional e na Academia Brasileira de Letras para a fixação dos textos. Causa estranheza o fato de que Carpeaux nunca os tenha recolhido em volume, já que estes nada ficam a dever aos que se publicaram em livro, ostentando ainda a mesma organicidade estilística, a mesma unidade e coerência de pensamento, os mesmos procedimentos de análise e de método crítico. Isso talvez possa ser explicado pela assídua colaboração de Carpeaux nos jornais do Rio de Janeiro e de São Paulo, o que o teria levado a julgar como apressados ou inconclusos os numerosos textos que neles assinou. Mas os 205 ensaios agora reunidos parecem quase sempre desmenti-lo. Pode-se cogitar ainda da possibilidade de que o autor não tenha conseguido nenhuma editora que os publicasse, uma vez que, do ponto de vista temático, esses ensaios não obedeciam propriamente a um planejamento. Enfim, são apenas conjecturas.

A importância desses textos ainda inéditos em livro salta aos olhos mal se conclui a leitura do primeiro deles, "O testamento de Huizinga", no qual o ensaísta se debruça sobre a concepção daquele historiador holandês no que toca ao mistério do período histórico que ele próprio definiu como o "outono da Idade Média", sem o qual não se pode entender, no limiar do Renascimento, essa época contraditória, em que convivem, lado a lado, a mais violenta crueldade e os mais líricos idílios pastorais, a futilidade brutal dos torneios entre os cavaleiros andantes e os seus elevados sonhos de heroísmo. E o mesmo se diria dos dois ensaios que imediatamente se lhe seguem: aquele em que Carpeaux aproxima Pérez Galdós de Balzac e Zola, e o outro, em que louva a argúcia de Francisco Ayala ao identificar o pré-romantismo nas odes barrocas de Gaspar Melchor de Jovellanos. O que se vê nesses ensaios, e em diversos outros que integram a coletânea, é aquele astucioso procedimento de Carpeaux que consiste no entrelaçamento de determinada obra literária com os múltiplos contextos que lhe deram origem, estabelecendo assim um mosaico que nos lembra muito de perto aquele *continuum* que T.S. Eliot definia como um "fenômeno de cultura", ou seja, uma urdidura na qual tudo o que agora literariamente se produz nos remete sempre àquilo que já se criou no passado, e que se acumula nos estratos da cultura ocidental desde o momento em que Homero escandiu o primeiro de seus pentâmetros iâmbicos.

É bem de ver, por outro lado, que Carpeaux não se detém apenas na análise de temas literários. Seu olhar abarca amiúde as áreas correlatas da filosofia, da história, da religião, da sociologia, da crítica de idéias, das artes plásticas e da música (é dele, a propósito, uma esplêndida e concisa *Nova história da música*, publicada em 1958, e que hoje se encontra na 3ª edição, lançada em 2001 pela Ediouro). É profético, por exemplo, o seu ensaio sobre a "arte permanente" de Jan Vermeer van Delft, cujas obras (conhecem-se apenas 35 telas do artista) se tornaram disputadíssimas no mercado de arte a partir de 1980, bem como de extrema argúcia são seus textos críticos sobre Van Dyck, Van Gogh, Utrillo, El Greco e Kokoschka, todos incluídos na presente coletânea, à qual pertencem ainda valiosas observações sobre a produção de Goya, Giorgione, Mantegna, Bellini, Dürer, Chardin, Rembrandt, Holbein, Degas, Liebermann e Cézanne, entre muitíssimos outros. E pode-se dizer o mesmo dos estudos fundadores sobre Bach, Mozart, Verdi, Beethoven, Schubert, Paganini, Offenbach, Haendel, Mahler, Wagner e Chopin, que não faziam parte daquela *Nova história da música*, como também não o fazia um opulento texto sobre Palestrina e os mestres da polifonia sacra.

Como acima dissemos, o olhar de Carpeaux, no afã de mergulhar mais fundo nos estratos do fenômeno literário, se esgalha em direção a outras áreas do conhecimento que lhes são contíguas. Assim, além da música e das artes plásticas, vemo-lo espraiar-se pelas searas da filosofia ("A rebelião de outras massas", "Hefesto e Sísifo", "Meditação de Basiléia"), da religião ("Jeremias", "Assis", "Poesia na Bíblia"), da crítica de idéias ("Idéias", "A América do Sul do Norte", "Aspectos ideológicos do padre Vieira", "Contradições ideológicas"), da economia política ("Agonia do liberalismo", "Capitalismo e discussão", "Um centenário"), da sociologia ("*In memoriam* Karl Mannheim", "A lição de Gramsci", "Condições sociais", "Mito América", "Sociologia barroca", "Ernst Fischer e a sociologia da música"), da sociologia da literatura ("O romance e a sociologia", "O drama da revolução"), da história ("O fim da história", "Estudos históricos") e da política internacional ("O problema dos tchecos", "América Latina e Europa", "A traição do século XX"). É que, para ele, a literatura jamais constituiu uma expressão isolada ou circunscrita a si mesma. Infiltram-na todas as vertentes do espírito, e talvez por isso seja ela, segundo alguns, a mais alta e complexa manifestação do pensamento humano, em que pese ser a música, como sustenta Carpeaux, "a arte das artes". É inútil dissociá-la da filosofia, das artes plásticas, da música ou da poesia, pois a linguagem escrita de certa forma as pressupõe e metaboliza no âmbito de um sistema em que a palavra se vale de todos os recursos que são específicos daquelas áreas de atividade artística, como as idéias, o pensamento, o som, a cor, o ritmo e a forma. E em resposta à confusão de valores que atualmente ameaça destruir a literatura é o próprio Carpeaux, no último parágrafo do ensaio "O difícil caso Pound", quem adverte: "Mas esta é fenômeno anterior (e posterior) às evoluções sociais, simplesmente porque é a expressão completa do homem completo com todas as suas contradições que resistem à análise lógica".

Talvez por isso mesmo seja nos ensaios estritamente literários que Carpeaux nos dê a medida cabal de sua sensibilidade e de sua inteligência crítica. Claro está que não iremos analisar aqui todos esses textos votados às letras, mas alguns há, entre muitos outros, que exigem comentário à parte, a começar pelos dois que dedica a Benedetto Croce, Miguel de Cervantes Saavedra, William Shakespeare e Franz Kafka, ou os quatro em que analisa a poesia, a dramaturgia e a ensaística de T. S. Eliot, ou os que escreveu sobre Machado de Assis, Manuel Bandeira, Ezra Pound e Thomas Mann, ou, ainda, os que consagra, sob forma de prefácios ou introduções, a Wolfgang von Goethe e Ernest Hemingway. Vejamos, por exemplo, o caso de Croce, a quem Carpeaux, embora dele discorde em muitos aspectos, deve boa parte de sua formação literária e de seu método crítico. Em "Croce, o crítico de poesia", ele põe em dúvida a universalidade do grande ensaísta e historiador italiano como crítico, alegando que sua "atividade se exerceu dentro de uma literatura que no século XX já não está no primeiro plano", mas concorda com a conclusão de Croce "de que o critério para julgar os poetas contemporâneos não se pode nunca encontrar nos próprios contemporâneos". Carpeaux se refere nesse passo ao tempestuoso estudo em que o autor da *Filosofia dello spirito* demoliu a poesia de Giovanni Pascoli, quando este se encontrava no ápice de sua trajetória literária, aclamado como uma espécie de *poet laureate* da nação italiana. Com base no que Croce escreveu sobre Pascoli, diz Carpeaux acerca deste poeta italiano: "Em vão pretendeu apoio na realidade, tornando-se poeta descritivo de pormenores prosaicos. Começou com a pretensão de reconduzir a humanidade à inocência da infância; e acabou mesmo como poeta infantil, mas sem inocência".

No outro ensaio sobre o crítico italiano, "O velho Croce", afirma Carpeaux: "Embora Croce fosse, em vida, internacionalmente conhecido e admirado, ninguém fora da Itália pode ter a menor idéia da influência que exerceu durante meio século em seu país", onde se disse, a propósito, que com ele se instalara, nos círculos literários da época, uma "ditadura do idealismo". Entre 1900 e 1940, período em que chegou a dirigir sozinho a revista *La Critica*, Croce tornou-se o oráculo dos escritores italianos. Carpeaux considera a *Storia d'Italia dal 1871 al 1915*, daquele pensador italiano, "o maior repositório de sabedoria que conheço". E reconhece sua dívida para com ele quando escreve: "Tantas coisas aprendi em Croce: o materialismo histórico de Marx como indispensável cânone de interpretação histórica, sem que por isso seja necessário tornar-se marxista; a idéia da arte, de toda arte, como expressão não-discursiva e conseguinte abolição da velha teoria dos gêneros; a Croce devo a primeira leitura de Vico e De Sanctis, e a leitura permanente de Hegel". Mas dele dissente no que toca à sua violenta aversão ao barroco. E conclui: "Eis o que se podia e devia aprender em Croce: pensar implacavelmente, sem consideração das conseqüências".

São muito astuciosos, também, os dois ensaios sobre Cervantes, "Cervantes e o leão" e "Vida de cachorro", sendo que, no primeiro deles, Carpeaux busca desfazer aquela confusão que se criou entre quixotismo e cervantismo. Ao analisar o humor que inerva aquele episódio do *Dom Quixote* em que o fidalgo desafia um leão a sair da jaula para dar-lhe combate (parte II, capítulo 17), Carpeaux sugere que se trata do ponto culminante da obra, porque aquele leão "não é bem o símbolo da realidade triunfadora; ao contrário, é um bicho covarde e banal que prefere à luta a vida cômoda". E aqui, segundo ele, enganam-se os comentadores do texto de Cervantes ao interpretá-lo "como expressão de humorismo doloroso em face da vitória da dura realidade prosaica dos tempos modernos sobre o romantismo poético e irreal dos tempos idos". Na verdade, a fera daquele capítulo 17, que Cervantes intitulou de "O último e extremo ponto a que chegou e pôde chegar o inaudito ânimo de Dom Quixote", não é "o grandioso leão da poesia e do *yelmo*, nem o leão razoável da prosa e da *bacia*, e sim o leão do *baciyelmo:* o símbolo do comodismo, da banalidade". No outro ensaio, "Vida de cachorro", Carpeaux alude à última das *Novelas exemplares* de Cervantes, "Colóquio dos cães", ou seja, a novela picaresca dos animais, na qual dois míseros vira-latas, Cipión e Berganza, conversam na soleira do Hospital da Ressurreição de Valladolid. Sustenta Carpeaux que essa conversa de cachorros representa "a última palavra da sabedoria de Cervantes, pois o cão, em sua cega lealdade ao homem, é vítima de seu próprio idealismo". Nesta novela, todos são enganados, mas Cervantes, grande humanista e ele próprio poeta fracassado, não os despreza, constatando apenas que há certos obstáculos à realização de cada um "neste mundo que é um grande hospital de idéias e ideais fracassados". Por outro lado, como observa Carpeaux, Cervantes não era pessimista, e sim humorista: "Em vez de escrever um libelo ou uma elegia, colocou a última palavra de sua sabedoria na boca daquela criatura que está sempre disposta a perdoar ao homem e à vida: fez falar o cachorro."

"Afinal, quem foi Shakespeare?" É esta a pergunta que serve de *leitmotiv* ao ensaio "Shakespeare como mito", em que Carpeaux coteja as duas vertentes opostas no que toca à existência real e à autoria das peças atribuídas a William Shakespeare: a dos "stratfordianos", que as reconhecem, e a dos que as negam, como a dos "baconianos" ou "deverianos". Estes últimos, por exemplo, sustentam que "um ator (profissão então bastante desprezada) de muito talento comercial e sem formação universitária não pode ter possuído o imenso saber que as peças ditas shakespearianas ostentam". Embora reconhecendo que é enorme o saber acumulado nessas peças, Carpeaux contra-argumenta e pondera: "Há uma diferença grande entre saber e erudição. O saber de Shakespeare parece acumulado pela observação do gênio que sabe assimilar tudo." Diz ainda o autor que estranho não é a nossa ignorância no que se refere à biografia de Shakespeare, mas justamente o fato de sabermos tanto dela, numa época, a elisabetana, de que nada ou muito pouco sabemos de dramaturgos tão importantes como Chapman, Middleton, Marston, Kyd, Heywood, Webster e Tourneur. E conclui a sua defesa da autoria shakespeariana com esta irônica e bem-humorada observação: se esses textos "não foram escritos por Shakespeare, foram escritos por um outro que se assinava William Shakespeare". No outro ensaio sobre o dramaturgo inglês, "Condição humana", Carpeaux tenta destrinçar o sentido mais profundo da peça *Medida por medida*, na qual Shakespeare põe em cena cáftens e cafetinas que se manifestam abertamente sobre a utilidade pública de sua profissão numa época em que as relações sexuais extramatrimoniais eram punidas com a pena de morte. Carpeaux defende aqui a tese do crítico norte-americano Frances Ferguson, segundo a qual *Medida por medida* explora uma "situação experimental" que se destina a provocar as reações psicológicas das personagens em condições extremas. E quais são essas condições? Responde o ensaísta: "Os dois problemas fundamentais da existência humana, o problema sexual e o da morte." Diante de uma lei que às vezes é inflexível e outras vezes, não, Carpeaux argumenta que ambígua é essa lei, e não a peça, que, como *Dom Quixote*, *Ulisses*, *O processo* ou *A condição humana*, é "uma fábula dos homens deste tempo, e de todos os tempos".

Entre os ensaios inéditos em livro que se coligem na presente coletânea, Carpeaux dedica nada menos que quatro à análise da obra de T. S. Eliot: "O teatro de Eliot",

"Posição de Eliot", "Eliot *versus* Milton" e "Eliot em quatro tempos", o que diz bem do interesse do autor por esse polimórfico poeta anglo-americano. Carpeaux sublinha nestes textos o papel que representou o esforço de Eliot no sentido de resgatar os valores espirituais da civilização européia, duramente golpeados por duas guerras mundiais. Argumenta o ensaísta: " É preciso dizer que os europeus merecem isso; e que ao professor não faltava competência. Eliot, o grande poeta moderno da Inglaterra, é um dos maiores artistas da língua inglesa de todos os tempos". Para ele, que nos deu uma nova consciência literária, "a poesia dos velhos poetas confunde-se com a religião dos velhos poetas". Ao comentar a primeira peça de Eliot, *Crime na catedral*, afirma Carpeaux que ela constitui "a expressão estética de um critério moral", o que, segundo o ensaísta, "está certo" porque a "verdadeira tragédia, embora sendo estrutura estética, baseia-se sempre em convicções morais". Como se sabe, Eliot denunciava a fraqueza do teatro elisabetano e do teatro de Ibsen porque eram "expressões do individualismo que se opõe, por definição, aos critérios morais da comunidade, considerando-os como convenções obsoletas". Grande tragédia, diz Carpeaux, "foi a dos gregos que acreditavam nos deuses, foi a dos franceses que acreditavam em Deus e El-Rei. Eis a teoria dramatúrgica de Eliot", que "escreverá uma tragédia classicista de fundo moral", tomando como assunto o da *Oréstia*, de Ésquilo, ou seja, a culpa que pesa sobre uma família cujos membros clamam por expiação. E assim nasce *A reunião em família*, uma peça em que, do ponto de vista dramático, nada acontece, pois é Eliot que fala pela boca de suas criaturas, "vagas sombras do pensamento poético do autor". E remata Carpeaux: "Eis mais um motivo da impressão de irrealidade que *A reunião em família* sugere: peça irreal como o sonho, em vez de ser dramática como a vida".

Mais importante ainda para a compreensão do pensamento crítico do poeta é o ensaio "Posição de Eliot". Como crítico, assegura Carpeaux, "é o maior que o século ouviu depois de Croce"; e onde este e Sainte-Beuve falharam ao julgar os contemporâneos, Eliot revelou a capacidade de descobrir nas grandes obras do passado valores que nos passaram despercebidos, pois "sabia dizer algo de novo sobre Dante, sobre Baudelaire. Ensinou-nos a ler os dramaturgos companheiros de Shakespeare, os Webster, Tourneur e Middleton. Desvalorizando o sentimentalismo da poesia vitoriana, redescobriu os valores poéticos na sátira de Dryden. Redescobriu, antes de tudo, a 'poesia metafísica' do século XVII — o seu capítulo sobre Donne, Herbert, Marvell e outros é a maior revelação crítica de nosso tempo". E sentencia: "pelo menos nas épocas de transição dialética como foi a de Donne e como é a nossa, a poesia não chega além de organizar equilíbrios de estrutura rítmica, expressões perfeitas, imutáveis, das contradições temporais. Eliot criou-as para o nosso tempo. É o Donne do nosso tempo". Só não teve boa vontade para com Milton, como demonstra Carpeaux no ensaio "Eliot *versus* Milton", pois, como anglo-católico e monarquista, "não pode simpatizar com o republicano regicida e calvinista herético Milton", a quem acusava ainda pela nociva influência que exerceu em virtude da "criação da famosa *diction*, de uma linguagem poética meio latinizada, artificial", além de criticá-lo também pela visão "de espaços infinitos e escuros, por assim dizer não-organizados". Mas defendeu aquela mesma *diction* elevada que poderia, no futuro, contribuir "para limitar os excessos do coloquialismo".

É com rara argúcia que Carpeaux analisa também "O difícil caso Pound", poeta que, "vivendo em exílio voluntário na Itália, convertera-se ao fascismo, chegando a desempenhar as funções de locutor da emissora oficial de Roma, apregoando os benefícios do regime de Mussolini, lançando os insultos mais pesados contra a democracia e contra o seu próprio país". Mas qual era, afinal, a filosofia de Pound? "*Un chaos d'idées chaotiques*", para lembrar uma frase de Émile Faguet. "Uma confusão tremenda de conceitos históricos e econômicos maldigeridos, enquadrados num 'sistema' a que Pound chamava 'totalitário', mas que é, na verdade, a sistematização de uma paranóia, de uma grave mania de perseguição", opina Carpeaux. Ao comentar um longo artigo de Robert M. Adams em defesa de Pound, no qual diz este que "ninguém ousa negar à sua obra a enorme importância", retruca Carpeaux: "então eu gostaria de dizer: esse alguém sou eu". E pouco adiante: "Admite-se a importância histórica de Pound, mas não o valor absoluto de sua obra". No que toca aos 84 *Cantos* de Pound, afirma Carpeaux que "seria um alívio se tirassem mais e mais dos inúmeros versos, acumulados de propósito sem coerência lógica, mas sim conforme as associações literárias do poeta, todas elas livrescas". Ainda segundo o ensaísta, sua poesia "lembra a do último Baixo Império e de Bizâncio; um Claudiano, um Psellos construíram longos poemas compostos inteiramente de versos de Homero e Virgílio, escolhidos com engenhosidade". Como estes, Pound seria, afinal, "um fragmentarista, um colecionador de migalhas, um diletante de habilidade vertiginosa".

É ainda hoje atual e pertinente a questão que Carpeaux aborda no ensaio "Razão de ser da poesia", cujo texto gravita em torno da observação de Heine de que aquilo que pode ser dito em boa prosa não vale a pena ser dito em poesia. Logo de saída, o ensaísta descarta aqueles tradicionais elementos de ritmo, de rima, de imagens e de metáforas a partir dos quais os críticos tentam distinguir a poesia da prosa, alegando que tais elementos ditos "poéticos" perteceriam antes à língua do que propriamente à poesia. E pondera: "A própria língua já é poética". Mas Carpeaux acolhe, com toda razão, a tese de Richards e Empson de que a ambigüidade é pelo menos uma das razões de ser da poesia, lembrando a propósito a obra fundamental daquele último, *Sete tipos de ambigüidade*, indispensável para a compreensão do fenômeno poético. Carpeaux se refere nesse passo à "ambigüidade integrativa", ou seja, aquela em que os dois sentidos da expressão poética se provocam reciprocamente, constituindo um complexo contraditório. Daí resulta que o poema "vibra pela tensão interna, sendo no entanto indissoluvelmente ligado aos membros opostos da antítese, produzindo-se uma estrutura coerente que apóia o poema". E a conclusão a que se chega é irrefutável: "A freqüência desse caso na grande poesia inglesa (e espanhola) do século XVII e na poesia contemporânea levou muitos críticos a considerá-lo como um caso poético por excelência; é isso o que não se pode dizer em prosa; é isso o que constitui a razão de ser da poesia". Embora recuse o dogmatismo dessa tese e lembre que em outras épocas houve altíssima poesia que não se valeu dessa "ambigüidade integrativa", Carpeaux insiste em que esse conceito é um excelente instrumento "para eliminar falsos valores consagrados e para redescobrir grandes valores mal conhecidos e até caluniados (como era o caso de Donne e Góngora)".

É dessa ambigüidade que se utiliza Carpeaux para interpretar os processos de "mutação" nas obras de Machado de Assis e Manuel Bandeira, dois casos típicos de *twice-borns* na literatura brasileira. Para tentar decifrar o que ocorreu com aquele primeiro, o autor recorre à tese que sustenta Augusto Meyer em seu decisivo *De Machadinho a Brás Cubas*, onde este ensaísta defende a teoria de uma crise inexplicada em Machado de Assis entre 1878 e 1881, de modo que as obras da segunda fase (e só estas é que importam) não seriam fruto de uma evolução coerente, mas de uma "mutação brusca", contrariando assim aquela crítica genética que não pode admitir saltos repentinos na formação de um escritor. É claro que a teoria genético-evolucionista pode ser comprovada em muitos casos, mas, como adverte Carpeaux, "quando é considerada como dogma, de validade geral e exclusiva, leva a contradições inextricáveis". Com base no que escreveram William James e o próprio Augusto Meyer, conclui-se que há certas pessoas, excepcionais neste ou naquele sentido, que passam por um "segundo nascimento". Carpeaux lembra até o que foi dito a Nicodemus no Evangelho de São João: "Quem não chegou a nascer outra vez não poderá ver o reino de Deus". E este seria o caso de Machado de Assis, o mais flagrante *twice-born* de nossa literatura, como o foi também o de Manuel Bandeira, cujo simbolismo da primeira fase de sua produção não sobrevive na poesia madura do autor como pós-simbolismo, e sim como afinação do instrumento técnico-poético. E remata Carpeaux: "Eis a grandeza do poeta, que quase morreu fisicamente para renascer no espírito. Não é possível explicar deterministicamente essa 'mutação', tão misteriosa como aquela pela qual Machado de Assis passou entre 1878 e 1881". Enfim, "Manuel Bandeira também é um *twice-born*".

A coletânea desses ensaios inéditos em livro inclui ainda dois textos admiráveis sobre poetas: "Meu Dante" e o longo prefácio que o autor escreveu para a edição brasileira do *Fausto*, de Goethe. Há no início daquele primeiro uma observação que jamais me ocorrera e que nos remete ao caráter emblemático e seminal da poesia de Dante Alighieri: "É, ao que se saiba, a única grande figura da história humana que nunca um desenhista ousou caricaturar". Isso diz bem do respeito quase venerando com que ainda hoje (e eu diria para todo o sempre) lemos os versos da *Commedia*, essa trama cerrada e coesa de terzinas concebida a partir de um esquema de rimas tão ferrenho "para que ninguém pudesse tirar nem acrescentar um único verso". Dante é "numinoso", escreve Carpeaux, e tornou-se, "em todos os séculos, o único leigo, e não canonizado como santo, ao qual foi dedicada uma encíclica papal: em 1921, no seiscentésimo aniversário de sua morte". Confessa-nos ainda o ensaísta que, quando de sua primeira visita a Florença, foram os pequenos ladrilhos de mármore com dizeres relativos a acontecimentos ou personagens históricas relacionados às ruas e aos prédios daquela cidade, os quais reproduzem versos da *Commedia*, que lhe "ensinaram o realismo histórico de Dante: a identidade do Inferno com a vida turbulenta, odiosa e vingativa do *Trecento* em Florença, a identidade da vida de Dante com o Purgatório e, em sua fé católica e filosofia escolástica, a realidade do Paraíso". Carpeaux nos diz também de seu pasmo diante da perfeição formal do poema e da compreensão existencial que deve ser a base da interpretação estrutural dessa obra: "É o reconhecimento do impiedoso realismo dantesco, mas sem esquecer que se trata de poesia, de 'fantástico' no sentido de Croce: não *fancy* — que Coleridge condenava — mas *imagination* estruturada como se fosse realidade. Este já não é *meu* Dante, mas meu *Dante*".

Como se sabe, Goethe trabalhou mais de sessenta anos na elaboração do *Fausto*, livro que reúne "todos os sentimentos, angústias, ideais, projetos, experiências do poeta, de modo que se trata, quase, de uma obra autobiográfica". É com estas palavras que Carpeaux inicia o seu longo prefácio à edição do *Fausto* publicada entre nós em 1948, com tradução de Antônio Feliciano de Castilho. E há ainda neste primeiro parágrafo um trecho que exige ser transcrito na íntegra para que possamos compreender o significado mais profundo da obra:

"Ora, Goethe não pode ser modelo poético ou modelo humano para todos os indivíduos e para todos os tempos, porque nenhuma criatura humana é capaz de encarnar uma significação tão universal; mas é indubitavelmente o exemplo supremo de certa fase da civilização ocidental, entre o século XVIII e o século XIX — da época da Ilustração, conquistando a liberdade absoluta do pensamento e sentimento humanos; do romantismo que encontrou o sentido da literatura na expressão completa da personalidade livre, até o realismo que estabeleceu como fim desse individualismo a volta à sociedade de homens livres, a ação social — fase que ainda não acabou".

· E conclui: "Com efeito, o *Fausto* é a *Divina Comédia* dos tempos modernos. Goethe é o Dante moderno".

Escreve ainda Carpeaux: "É a obra mais complexa do mundo, mistura incrível de todos os estilos, e isso se explica só pela maneira como foi escrita a obra", que, composta ao longo de mais de meio século, acompanha e exprime "todas as mudanças estilísticas e filosóficas dessa longa vida literária", de modo que seria preciso "acompanhar a história do *Fausto* através daqueles anos de estudo e trabalho, para esclarecer a coerência da obra". E quando esta foi afinal publicada na íntegra, em 1832, "eram na verdade quatro obras, penosamente ligadas: a tragédia filosófica de Fausto; a tragédia realista de Margarida; a tragédia grega de Helena; e uma tragédia barroca". A esse respeito, sublinha ainda Carpeaux: "Quatro estilos e quatro sentidos: a falta de homogeneidade de *Fausto* é o defeito do próprio plano. E é possível explicar e compreender toda cena e cada uma das partes integrantes sem compreender bem o sentido do conjunto. *Fausto,* apesar de parecer completo, é um torso". Não obstante, assegura-nos o ensaísta, Goethe "restituiu a Fausto a dignidade de grande filósofo, desejoso de revelar os mistérios do Universo", e o pacto com o diabo "só podia servir, evidentemente, como símbolo do titanismo que não recua ante a apostasia para satisfazer às suas angústias religiosas". Mas a obra é extensa demais, e caberia cortar cenas inteiras para que o texto alcançasse viabilidade dramática. Seria antes, portanto, uma bela obra para leitura. Mas a "impressão da leitura não é muito diferente", adverte Carpeaux, segundo quem o *Fausto* "tampouco é um drama para ser lido"; é, isto sim, "uma mistura singular de poesia dramática, poesia épica, poesia lírica, de desigualdade desconcertante: trechos que são dos maiores que a literatura universal possui alternam com outros, de inferioridade evidente".

No que concerne à atualidade do *Fausto*, há uma curiosa observação do ensaísta a propósito de uma passagem do Ato 1 da Segunda Parte do drama. Trata-se da festa na corte de Weimar, no fim da qual surge Pluto, o deus da riqueza, que distribui ouro e jóias em meio aos fogos de artifício. No dia seguinte, esses tesouros fantásticos já desapareceram, mas o milagre acontece: todos se tornaram ricos. Escreve Carpeaux: "Alguém inventou o uso cômodo daqueles tesouros, enterrados nas montanhas, sem o trabalho de desenterrá-los, emitindo o imperador pequenas folhas de papel que constituem dinheiro simbólico, garantido pela exploração futura das montanhas". Diz-se que Goethe aludiu aqui aos *assignats* da Revolução Francesa, mas a alegoria, esclarece o ensaísta, "é de significação muito mais geral, descrevendo-se com penetração admirável do assunto as conseqüências da inflação de papel-moeda — e desde aqueles dias o primeiro ato da segunda parte do Fausto não perdeu nada em atualidade". Outra notável antecipação ocorre no Ato 4, quando Goethe profetiza o advento do imperialismo e das guerras imperialistas. Pondera Carpeaux: "E da mesma maneira como aquela profecia foi inspirada por um acontecimento contemporâneo, a emissão dos *assignats*, assim a profecia do imperialismo inspirou-se nas guerras napoleônicas".

O diabo estará também presente nos ensaios que Carpeaux escreveu sobre Thomas Mann e Franz Kafka. No primeiro deles, "Antes e depois de Leverkühn", o autor nos remete às origens da personagem nuclear do *Doutor Fausto*. Calcado na vida e no atormentado temperamento do compositor Kreisler, gênio demoníaco e meio louco que causou funda impressão em Schumann, Berlioz, Wagner, Brahms, Hugo Wolf e Mahler, Thomas Mann modela o caráter do seu Adrian Leverkühn, um compositor diabólico e tipicamente alemão que, como Fausto, fará um pacto com Mefistófeles. Observa Carpeaux: "Esse Leverkühn é um Kreisler transcendental. Corrompe tudo, assim como a Alemanha nazista está corrompida", sustentando adiante que a "música, no romance de Mann, é a arte diabólica da nação diabólica, e juntamente com esta nação ela desaparecerá". Ao referir-se, em 1963, aos tempos da "guerra fria" que se seguiram ao fim do regime hitlerista,

Carpeaux dizia temer a chegada de um dia em que uma partitura de Bach ou de Beethoven não passasse "de um farrapo de papel coberto de sinais cabalísticos e incompreensíveis". E, nesse dia, a vida, sem ter perdido a sua existência biológica, teria perdido o sentido. Nesse dia, remata o ensaísta, "o diabo teria conseguido o que não conseguiu enlouquecendo Leverkühn e sua nação. Já o sabia Gogol e já o sabiam, antes, os demonólogos medievais: aparecer no lugar mais inesperado e no disfarce mais inofensivo é a suprema astúcia do príncipe das trevas, das trevas sem música".

Esse mesmo diabo irrompe nas páginas dos dois ensaios em que Carpeaux analisa a obra de Franz Kafka: "Fragmentos sobre Kafka" e "O silêncio de Kafka." Naquele primeiro, escreve o ensaísta: "De Kafka tratava o meu primeiro artigo que publiquei no Brasil — e lembro-me, não sem certo orgulho, que foi o primeiro artigo que se publicou sobre Kafka no Brasil — e ele não me largou mais". Carpeaux nos garante que aquele aforismo de Pascal — "Jesus estará em agonia até o fim do mundo" — foi interpretado por Kafka "como desmentido à fé dos cristãos na ressurreição e que, para ele, "a agonia do mundo foi um fenômeno eterno, excluindo não apenas a ressurreição, mas também a própria morte". E essa agonia perpétua do mundo é o tema de toda a obra de Kafka, "mistura de naturalismo exato e símbolos ameaçadores" que "sugere antes uma interpretação diabólica", pois que seu credo é o da "existência de um outro mundo atrás do nosso mundo, quer dizer, a ambigüidade de todos os fenômenos". Diz ainda Carpeaux que a "incomensurabilidade do mundo material e do mundo espiritual" é que caracteriza a atmosfera das novelas kafkianas, nas quais "só o mundo espiritual existe; o chamado mundo material é a encarnação do Demônio", ou seja, como pretende Carpeaux, "a ordem do Universo de Kafka está perturbada porque corpos e objetos materiais aparecem entre os espíritos". A justiça mais absurda, como em *O processo*, e a burocracia mais mesquinha, como em *O castelo*, "seriam transformações de executores da ira divina contra a humanidade culpada". De acordo com Carpeaux, entretanto, o próprio Deus de Kafka está "transformado" e poderia ser até o próprio diabo, mas, "no fundo, é só um gigantesco limpa-chaminés", tal como o escritor o via na infância, quase preto de fuligem, nas ruas encardidas e enlameadas de Praga.

A presente coletânea dos ensaios inéditos de Carpeaux termina com o monumental prefácio que ele escreveu em 1971, sob o título de "Vida, obra, morte e glória de Hemingway", para uma edição brasileira de textos sobre a vida e a obra daquele escritor norte-americano, cuja biografia remete o leitor às distintas e diversas paisagens por onde perambulou o autor e às muitas experiências pessoais por que passou: "o Middle East dos Estados Unidos e o Quartier Latin de Paris, as florestas virgens da África e as cidades antigas da Itália, os campos de batalha da França e da Bélgica, as *plazas de toros* da Espanha, o mar de Cuba e o mar da Grécia, duas guerras mundiais e a guerra civil espanhola, quatro casamentos e não se sabe quantos outros *affaires*; nem sequer falta um grave desastre de avião, nem, como remate, a morte trágica". Filho de um suicida, e ele próprio também suicida, Hemingway foi, como o define Carpeaux, alguém que confessou, "em todas as suas manifestações, o niilismo mais cínico, de desilusão total, de ironia cruel, de brutalidade violenta, de homem que não acredita em nada, nem na pátria, nem no amor, nem na amizade, e que só obedece a um único código de valores, ao da sua integridade de individualista, sozinho no mundo". Embora se possa vislumbrar atrás dessa máscara de homem rude um certo e esquivo romantismo sentimental, Hemingway revelará sempre o caráter de alguém que foi "cruelmente decepcionado".

Carpeaux transita com imensa desenvoltura por toda a obra ficcional e jornalística do autor, detendo-se mais enfaticamente em três de seus romances — *O sol também se levanta*, *Adeus às armas* e *Por quem os sinos dobram* —, admitindo ser este último, dentre todos os que escreveu, "aquele que é mais romance no sentido tradicional do gênero, aquele que mais prende e emociona o leitor", seja o leitor intelectual, que se reconhece no engenheiro norte-americano que abraçou a causa republicana durante a guerra civil espanhola, seja o leitor comum, que exige um enredo fascinante. E toda a história está temperada pelo sentimento de solidariedade que o escritor tomou de empréstimo ao poeta "metafísico" John Donne: "E por isso nunca queiras saber por quem os sinos dobram; eles dobram por ti". Carpeaux destaca também o talento de Hemingway para a *short story*, colocando-o ao lado dos maiores contistas da literatura universal, como Cervantes, Maupassant, Tchekov e Pirandello. Em um desses contos, "O velho na ponte", o escritor parece nos dar um exemplo paradigmático daquele "conto sem enredo" que Tchekov levou ao último estágio da perfeição literária, daquele conto que se nutre apenas de sua "atmosfera", mas ocorre que em "O velho na ponte" essa atmosfera "inclui toda a história que a precedeu, a vida calma do povo espanhol e a violência da guerra civil, inclui o fim trágico que se aproxima".

E trágico será também o fim do próprio Hemingway, cujo suicídio explica de certa forma a sua glória, pois ele nos deu, em *O velho e o mar*, "uma lição de como se deve viver (e morrer)", gozando todos os instantes de sua vida até o fim, "como um Fausto moderno", mas que nunca se esquece de que "sua meta é a morte e que a realidade inelutável da morte desvaloriza a vida". A esse propósito, escreve Carpeaux: "Hemingway, esse homem de vitalidade enorme, é especificamente o escritor, quase, eu diria, o poeta da morte". E assim é porque compreendeu agudamente que o nosso destino, em um mundo que não significa nada, é a solidão. E Hemingway, como salienta o ensaísta, descreveu como ninguém a solidão, que é elemento essencial de todas as suas obras e de sua vida: foi como jornalista, correspondente no estrangeiro, homem solitário entre gente estranha; descreveu a solidão do desertor, vendo-se de repente limitado ao seu esforço de homem que abandonou tudo e está abandonado; a solidão no amor, em que duas criaturas se fundem e ficam, no entanto, impenetráveis uma para a outra, separadas para sempre até no momento de união total; a solidão do pescador, nas montanhas ou em alto-mar; a solidão do matador que, na presença da inumerável massa humana, enfrenta sozinho o touro e a morte; enfim, a solidão em que cada um de nós terá de morrer, pois neste caminho para baixo ninguém nos acompanhará.

Carpeaux conclui seu esplêndido ensaio com a fina e astuciosa observação de que o "niilismo essencial de Hemingway é a base de seu estilo simples, lacônico, abrupto, coloquial, que inúmeros escritores do nosso tempo imitaram". Não se trata, acrescenta o autor de *Origens e fins*, da "rudeza de um repórter do Middle East norte-americano, mas antes uma alta virtude da prosa inglesa: o *understatement*, o esforço para sempre dizer o que se pensa com um mínimo de palavras, sem eloqüência e sem grandiloqüência, não deixando perceber a emoção íntima". Uma virtude e um esforço que talvez possamos creditar, também, à multiforme e gigantesca prosa doutrinária que nos legou Otto Maria Carpeaux.

Rio de Janeiro, agosto de 2005

DISPERSOS

(PARTE I)

O testamento de Huizinga

*Letras e Artes**, 19 mai. 46

Durante os anos de guerra divulgou-se ocasionalmente a notícia da morte de personalidades famosas que gozam até hoje de boa saúde — assim o grande estadista Herriot, que "morreu" pelo menos cinco vezes e se encontra felizmente vivo. Em compensação, não deram importância ao desaparecimento de outras personalidades cujo valor ignoraram, e deste modo o mundo mal tomou conhecimento da morte do historiador Johan Huizinga, ocorrida em fevereiro de 1945 num campo de concentração da Holanda.

Huizinga representava bem o espírito da mais européia das regiões da Europa, da zona entre Basiléia e Antuérpia, de nacionalidade indefinida, franco-alemã-holandesa, país da civilização *flamboyante* da Borgonha do século XV e do liberalismo religioso de Erasmo, do qual Huizinga escreveu a biografia definitiva. Àquela Borgonha Huizinga também erigiu o monumento, a monografia sobre o *Outono da Idade Média*. É, em vez de uma narração de acontecimentos políticos, um "corte transversal" pela mentalidade de século. Imbuído do espírito da sua terra, Huizinga não admitiu a separação entre política e cultura, sepa-

---

* Suplemento dominical do jornal *A Manhã*.

ração cuja conseqüência seria a degeneração da política em "realismo político" brutalíssimo e da cultura em débil idealismo acadêmico. Justamente por motivo de uma desintegração assim, a civilização borgonhesa do século XV representa o "outono da Idade Média": de um lado, época das violências mais cruéis e, doutro lado, época dos sonhos de heroísmo dos Amadis e dos idílios pastorais; até, enfim, a vida degenerar em futilidades brutais dos torneios e do puerilismo da etiqueta, e ficar como realidade verdadeira e certa só a morte, cujo cântico, *Le Grand Testament* de François Villon, é tudo o que fica dos esplendores e das misérias daquele tempo — *Mais où sont les neiges d'antan?*

Huizinga deu um exemplo de historiografia de um novo estilo, grande estilo. É algo estranha a preferência desse grande-burguês da Holanda pacata pelas épocas da decadência moral, como se ele tivesse pressentido a decadência moral da sua pátria européia. Talvez acreditasse que só o fundo incendiado da História ilumina bem os ideais de Medida e Continuidade nos profetas do humanismo, como naquele Erasmo que era o herdeiro do "outono da Idade Média". O próprio Huizinga era algo como um Erasmo do "outono da Idade Moderna", um — por que não dizê-lo? — liberal impenitente, um Erasmo sem vagabundagem intelectual; assim como Erasmo, um solitário entre os partidos que competiram destruindo a civilização pela qual Huizinga sentiu a sua parcela de responsabilidade.

Esse senso de responsabilidade criou o último livro completo de Huizinga, que pode ser considerado como o seu testamento, posto em nossas mãos. Estou abrindo o pequeno volume — é a primeira edição holandesa, datada de Leiden, 1935. *Nas Sombras de Amanhã* é o título, embaixo do qual a epígrafe, palavras de São Bernardo, reza: *Habet mundus iste noctes suas et non paucas*: "Este mundo tem as suas noites, e não são poucas". O prefácio explica: "Provavelmente muitos chamar-me-ão de pessimista. Só posso responder: sou otimista". E a dedicatória pede: "Aos meus filhos".

Mesmo se o leitor ignorasse a atitude política de Huizinga — já em 1933, o então reitor da Universidade de Leiden quase causara um conflito diplomático, expulsando estudantes nazistas do recinto da escola —, o livro logo se revela como panfleto contra o nacional-socialismo e todos os totalitarismos semelhantes. Não é por acaso que justamente no centro do volume o raciocínio do autor chega à pergunta:"Já encontraram um teórico do racismo que teria verificado, com susto e vergonha, a inferioridade da sua própria raça? Não, o racismo é sempre antiasiático, antiafricano, anti-semita, antiproletário". É uma das tentativas, freqüentes na nossa época, de erigir em valores absolutos opiniões discutíveis, às vezes evidentemente falsas, às vezes de importância muito relativa. A essas tentativas terrivelmente implacáveis, o Erasmo moderno opõe a sua lógica implacável e uma coragem que não falhou até a morte numa daquelas "noites que não são poucas". E isso dá ao raciocínio do holandês sóbrio uma força quase dramática, como de diagnose do médico.

Com uma diagnose começa o livro: "Em toda parte surgem dúvidas quanto à possibilidade de manter-se o sistema social em que vivemos... Todas aquelas coisas que antigamente pareciam firmes e até sagradas perderam o valor absoluto: Verdade e Humanidade, Razão e Direito. Os regimes políticos já não funcionam, e assistimos à agonia dos sistemas de produção e distribuição". Talvez o progresso não seja ilimitado; talvez a evolução não crie fatalmente um mundo melhor. Não adiantariam tentativas de repressão, porque "na evolução é possível favorecer certas tendências e restringir outras, mas não é possível invertê-la; a evolução é irreversível". Esta convicção de Huizinga, liberal impenitente, exclui veleidades reacionárias. Não há, na história da sociedade, processos retrógrados. "Só existe progresso, seja para alturas, seja para abismos que inspiram vertigem". Onde estamos? Em que ponto encontra-se a nossa civilização? Até que ponto ainda somos civilizados?

Da civilização — Huizinga prefere a expressão "cultura" — existem definições formais e definições materiais. Formalmente, a cultura caracteriza-se pela organização em torno de um cento de verdades tidas como absolutas — a Medida — e pela continuidade. Materialmente, "cultura é uma maneira de dominar a Natureza".

"Cultura existe quando a natureza é dominada, material, moral e intelectualmente, mantendo-se uma situação de nível mais alto e melhor do que permitem as condições naturais". Para continuar-se essa situação é preciso o equilíbrio entre os fatores materiais, morais e intelectuais da civilização. E é justamente esse equilíbrio que se perde cada vez mais, talvez porque incompatível com o ritmo do progresso. "A esperança de que qualquer invenção promete o estabelecimento de valores mais altos ou de felicidade maior para todos é de ingenuidade extrema. (...) Não é um paradoxo: uma civilização é capaz de acabar pelos seus próprios progressos". A ciência torna-se todo dia mais sutil, acessível só a uma elite de especialistas; as aplicações técnicas da ciência tornam-se todo dia mais acessíveis à maioria. Em conseqüência disso, afrouxam-se as relações íntimas entre a ciência e a técnica, aquela cada vez mais abstrata, esta cada vez mais comercializada — e já não existe a "Medida" da qual a civilização precisa. Por isso, o progresso técnico não é incompatível com decadência intelectual. "Já no século XIX, os viajantes comerciais venderam facas e garfos aos antropófagos". Realizaram-se as grandes esperanças ligadas à eliminação do analfabetismo? A maioria dos alfabetizados só chega a ler vespertinos. "Hoje em dia, o homem médio está diariamente e noturnamente informado de todas as coisas e mais algumas outras coisas". Quase sempre pode dispensar e dispensa as experiências próprias e a meditação, recebe, em latas, os conhecimentos, as opiniões e as conclusões. Valores discutíveis são tidos como absolutos porque não é preciso nenhum esforço intelectual para aceitá-los. A capacidade crítica desaparece. "Justamente entre as pessoas cultas, de formação dispendiosa, encontram-se os preconceitos mais absurdos, aquela imbecilidade que costumam atribuir à plebe". A responsabilidade por todas as coisas que a gente não entende nem sabe dominar atribui-se a misteriosos bodes expiatórios — jesuítas, maçons, etc. A insensatez, que um Erasmo considerara como objeto da sátira, já se tornou doença contagiosa. Acabou-se a imunidade contra o absurdo.

Um desses absurdos é a teoria racista, essa "zoologia romântica" que pretende basear a cultura na biologia. "Uma cultura racista já não corresponderia à definição conforme a qual a cultura consiste, materialmente, na dominação da Natureza". Mas o que acontece desta maneira com uma pseudociência também acontecerá com a ciência verdadeira, numa sociedade que considera uma nova cultura de bactérias como triunfo da Cultura. "Ciência é Poder, este lema jubiloso da época burguesa ressoa hoje como uma marcha fúnebre" — e quem se oporia hoje a estas palavras, escritas em 1935? À técnica também se atribui valor absoluto, e no serviço dos valores absolutos tudo parece permitido. O perigo de perder, fisicamente, a continuidade da nossa civilização reside na decadência dos critérios morais. O oportunismo, idolatrando o êxito, sacrifica sem escrúpulo todos os princípios.

"O leitor de jornais gosta dos sintomas mais superficiais do êxito de que o viajante mais superficial o informa. Um sistema político que no início inspirou desprezo e preocupações sugere depois o respeito e enfim a admiração. Injustiça, crueldade, violação das consciências, opressão, mentiras, felonia, fraude? Bom, mas as estradas de rodagem são ótimas e os trens chegam pontualmente". Alia-se a decadência dos critérios morais à caducidade das faculdades intelectuais. Lembrando o versículo bíblico conforme o qual "o justo dorme bem", Huizinga chega a um silogismo formidável: "Um Estado bem organizado caracteriza-se pela ordem e disciplina. Então, ordem e disciplina caracterizam o Estado bem organizado! Como se o sono fosse a qualidade principal do justo!"

A obra de Huizinga não oferece, decerto, uma análise completa da nossa civilização. Sobretudo, a análise do processo histórico ressente-se da falta de critérios sociológicos, dialéticos. Em compensação, Huizinga não deixa de analisar os restos de consciência moral que servem para disfarçar a amoralidade pública. Daí o chamado "heroísmo" do *vivere pericolosamente* — a expressão está traduzida para todas as línguas — bem comparável ao heroísmo do torneio do outono da Idade Média, assim como a etiqueta complicada da corte de Borgonha se compara bem aos rituais de certas festas públicas modernas. É um heroísmo de meninos, leitores de romances policiais e de aventuras, um puerilismo caracterizado pelo sadismo próprio dos pré-adolescentes e fortalecido pela ignorância de detentores de opiniões feitas. Foi gente assim que matou a Huizinga, e foi outra gente assim que não tomou conhecimento da sua morte.

Huizinga denunciou, atualmente, o nazismo, os totalitarismos. No fundo, porém, o testamento de Huizinga é uma acusação contra todos nós; sem nós outros, o totalitarismo não teria nascido nem crescido, e a nós outros ele deve a sobrevivência nas próprias raízes da nossa civilização.

Continua certo o título do testamento de Huizinga: *Nas sombras de amanhã*. Parece, hoje, lugar-comum muito do que parecia tremendo há dez anos; mas só porque o mundo se habituou ao inferno. *Habet mundus iste noctes suas et non paucas*. O Erasmo dos nossos dias morreu numa daquelas noites do outono da Idade Moderna. Morreu desesperado? "Só posso responder: sou otimista". Um liberal legítimo como Huizinga, acreditando na natureza humana, não podia responder de outra maneira. Liberal legítimo, mas não vulgar. À fé na natureza humana uniu a fé no "Centro", nos valores que garantem a "Continuidade" da civilização. Por isso, podia dedicar o seu testamento noturno "aos seus filhos", a nós outros.

Fortunata infortunata

O Jornal, 02 jun. 46

"SUNT LACRIMÆ RERUM" — até os objetos inanimados são capazes de chorar, chorar o seu abandono pelos homens distraídos e inconscientes, lágrimas nas quais se reflete a miséria de todas as criaturas injustiçadas e deste mundo injusto. "*Sunt lacrimæ rerum*" — as palavras do mais fino dos poetas latinos ocorrem a propósito de certos livros que dormem nas estantes das livrarias, não se lembrando ninguém de comprá-los, seja mesmo uma obra como *Fortunata y Jacinta*.

Pérez Galdós já foi chamado de Zola espanhol; ou então seria o Hardy ou talvez o Verga da Espanha. Contemporâneo desses grandes, Pérez Galdós também foi naturalista em literatura, radical em política, pessimista em filosofia — tão "antiquado", em suma, como parece antiquado o tamanho considerável de muitos romances seus: *Fortunata y Jacinta*, por exemplo, enche quatro volumezinhos daquelas esplêndidas edições argentinas ao alcance de todos. Os esteticistas do "modernismo" espanhol de 1900 já não quiseram ler o velho cinzento. Depois, veio a aliança de malandragem e imbecilidade que hoje dirige a Espanha: "Pérez Galdós? Qual nada!", ousou escrever Eugenio d'Ors, neófito da Falange. E só agora os espanhóis no exílio começam a lembrar-se, com saudade, do maior romancista moderno da sua terra, do historiador novelístico cuja obra constitui uma enciclopédia da Espanha do século XIX e de todos os tempos.

Fortunata y Jacinta é um documento sociológico à maneira antes de Balzac do que de Zola: estudo extenso das transformações do comércio têxtil em Madri por volta de 1870, época da primeira República espanhola entre a queda da Monarquia tradicionalista e a restauração da Monarquia constitucional; época do aburguesamento da velha Espanha "pitoresca" e "romântica". Nessas transformações estão envolvidos os negócios da família Santa Cruz, com firma estabelecida na Calle de la Sal. Os avós do burguês respeitável Baldomiro Santa Cruz eram lacaios submissos da freguesia aristocrática e membros de irmandades devotas; agora, os seus cunhados e primos já estavam na Inglaterra, gostam de criticar o atraso econômico da Espanha. Também é "moderno", embora em outro sentido, seu filho Juanito, que cursou a Faculdade de Direito para dedicar-se, depois, à vida alegre da *jeunesse dorée*. Havia certa época na qual o futuro herdeiro da honrada casa Santa Cruz começou a falar a gíria suburbana, sintoma de relações com "as filhas do povo". Mas tudo acabou bem, casando ele com a bela Jacinta, herdeira de outros grandes negócios, educada conforme os princípios mais rigorosos pelas freiras e tias. A ela, curiosa de saber "o que é a vida", Juanito confessou com o orgulho de pequeno don-juan as suas relações com a pobre Fortunata, abandonada logo depois da sedução e desde então desaparecida de Madri. Acabou tudo bem, o casal é muito feliz; apenas, não tem filhos.

Fortunata, esta sim, teve um filho. Tornou-se prostituta, andou de mão em mão, encontrando enfim o farmacêutico Maximiliano Rubín, aleijado e meio louco, perturbado pelos sonhos generosos do romantismo; este quis "salvar" a prostituta, casando com ela, que o detestava. Foram os dias da restauração da Monarquia, saudada com júbilo na casa Santa Cruz como garantia da paz burguesa depois dos terremotos revolucionários, enquanto os intelectuais se retiraram para o café dos literatos, freqüentado também por algumas ruínas do *ancien régime*, como o coronel reformado Feijóo, que servira em Cuba e pretende recomeçar, entre a mocidade, a vida alegre de outros dias. É este Feijóo que acolhe a pobre Fortunata, escapada ao marido horroroso. Mas o velho tampouco é capaz de mudar os rumos daquela vida perdida. Fortunata e Juanito se encontram, o moço continua a gostar de aventuras plebéias e ela revela amor inesperado, inabalável, ao primeiro sedutor. A *liaison dangereuse* se restabelece. Fortunata terá outro filho de Juanito. Não adiantam nada as tentativas de intervenção da magnífica tia Guillermina, desejosa de acalmar as crises de ciúmes de Jacinta. Ao contrário, Fortunata chega a orgulhar-se de sua capacidade de ter filhos e mais filhos de Juanito, enquanto Jacinta, a esposa legítima, ficará estéril. Quem não liga, porém, aos filhos é Juanito, começando relações com outra moça. Maximiliano, agora completamente louco, demonstra no entanto bastante razão para revelar todo o tecido de mentiras eróticas em torno do herdeiro da casa Santa Cruz; não chega a destruir definitivamente a paz daquela "casa de tecidos", mas sim a vida da pobre Fortunata que, pouco depois do parto, morre desesperada, deixando o filho aos cuidados da rival legítima. Juanito e Jacinta continuarão a viver juntos, mas ela já perdeu a confiança; e o futuro, que parecia à moça inexperiente um mar de rosas romântico, estende-se agora diante dos seus olhos como um deserto cinzento de vida pacata e sem esperança.

Nenhum resumo pode dar idéia suficiente da riqueza de vida humana — criaturas, casas, ruas, uma cidade, um país inteiro — neste documento da vida espanhola no século passado. Menéndez y Pelayo, católico ortodoxíssimo mas de imparcialidade generosa, admirador apaixonado do anticlerical apaixonado Pérez Galdós, chamou a *Fortunata y Jacinta* "uno de los grandes esfuerzos del ingenio español en nuestros dias". O leitor de hoje não compreenderá logo o elogio. Terminando a leitura, parece despertado de um sonho em que viu inúmeras pessoas, vidas alheias, um país longínquo em épocas passadas — e perguntará: o que tenho eu com tudo isso, com esses Santa Cruz, Juanito, Jacinta, Fortunata, Guillermina que já morreram todos sem deixar vestígios das suas vidas inúteis, vidas cujas vicissitudes foram enigmáticas senão absurdas para eles mesmos? E o fim de

Fortunata y Jacinta não constitui porventura confissão amarga da absurdidade da vida espanhola e de toda a vida? Sim, Pérez Galdós é bem um contemporâneo de Zola, Hardy, Verga; pessimistas, todos eles, porque a vida não lhes parece ter sentido algum. O pessimismo deles é tanto do temperamento como da época. Assim como Zola, Pérez Galdós foi um radical da época do determinismo e materialismo. Daí também as suas atitudes políticas de republicano-socialista; daí também o anticlericalismo do autor de *Doña Perfecta*. Contudo, Pérez Galdós não foi materialista. O seu pessimismo baseia-se antes no desespero temporário com respeito à vitória do Espírito. O anticlericalismo de Pérez Galdós dirigia-se contra certos aspectos do catolicismo ibérico; e o autor de *Doña Perfecta* era ao mesmo tempo o autor de *Ángel Guerra* e *La Loca de la Casa*, revelando profunda compreensão pelo misticismo religioso da Espanha tradicional. O autor dos *Episodios Nacionales* — essa grande epopéia da história espanhola do século XIX em 46 romances — pretendeu educar a Espanha decadente pelo espelho da crítica pessimista, antecipando os ideais da República Espanhola de 1931; foram ideais de um grande liberal, no sentido em que, conforme Croce, o liberalismo não é um partido nem um programa, mas uma idéia-diretriz da História. Pérez Galdós era um liberal assim, de imparcialidade quase divina, simpatizando até para com certos monstros morais que a sua imaginação criara — "... *en Galdós no hay monstruos, como no los hay en la Creación*", observa o seu discípulo Pérez de Ayala, continuando: "*En la creación natural, la moral es natural, o, por mejor decir, no hay moral. Los conflictos son luchas entre fuerzas materiales y ciegas. (...) Pero en la creación artística, el conflicto se transpone al terreno de la conciencia*". Com isso já está justificada a "*interpretación a lo divino*" de Pérez Galdós.

Os escritores e críticos espanhóis do grande século XVII, apertados pela censura da Inquisição, só podiam salvar a poesia erótica interpretando-a alegoricamente como "imagens terrestres do amor divino". Obedeceram, sem sabê-lo, ao conselho de Dante de procurar um sentido alegórico acima do sentido literal das obras de arte, método secular da crítica literária, valiosíssimo embora esquecido. O romance das aventuras de Juanito com Fortunata também é um poema erótico, capaz de uma "*interpretación a lo divino*" que será dura, dura mesmo.

Pérez Galdós era balzaquiano como romancista e republicano-socialista como deputado. Fiel ao seu espírito, a "*interpretación a lo divino*" de *Fortunata y Jacinta* tem que partir do tema sociológico da obra: o aburguesamento da Espanha. Mas é um aburguesamento imperfeito. Juanito não corresponde, nem de longe, ao ideal do burguês anglo-saxônico, que seus tios viajados recomendam para "salvar a Espanha". O seu nome é diminutivo de Juan; Don Juan é o ideal degenerado da aristocracia espanhola, e Juanito é mesmo um pequeno don-juan. Ele, assim como a burguesia espanhola inteira, pretende imitar o estilo de viver da aristocracia decaída. Daí o falso romantismo da Espanha "pitoresca" do século XIX, romantismo que também aparece nas veleidades pseudo-heróicas do coronel reformado Feijóo, que é no fundo um pobre-diabo; romantismo contagioso que também aparece no palavrório pseudodemocrático dos intelectuais de então, como nos discursos pseudocientíficos e pseudo-revolucionários do farmacêutico Maximiliano, que é no fundo um pobre louco. Juanito está mais seguro na vida do que eles, pelo único motivo de ser herdeiro de uma grande fortuna burguesa; sabe que se pode comprar tudo. No resto, não é um Don Juan e sim apenas um Juanito, inteiramente vazio. Não é o personagem central de *Fortunata y Jacinta*; são as duas mulheres que dão o título à obra.

Quando Jacinta, torturada pelos ciúmes, pede explicações ao marido, este a tranqüiliza: não se trata de uma sedutora perigosa, e sim de uma mulher plebéia, analfabeta, "filha do povo". Assim Juanito fornece-nos a primeira metade da "*interpretación a lo divino*". A outra metade não está na obra, em palavras diretas, mas num fato da composição do romance: Jacinta, a "jóia", educada como uma infanta do século da Inquisição, e Fortunata, a analfabeta, prostituta, "filha do povo". Jacinta e Fortunata nunca se encontram. Estão separadas, absolutamente. Entre elas está Juanito, o pequeno grande-burguês, como um muro e como um joguete. São as duas mulheres que lutam pela alma da Espanha, representada lamentavelmente por um rapaz bem-educado e inescrupuloso. São as duas mulheres que representam a Espanha antiga, a da tradição obsoleta, e a Espanha futura, a do povo indestrutível. De repente, ilumina-se a cena mais importante do romance, aquela na qual Fortunata, falando à tia Guillermina, se levanta com orgulho: "Ela, a esposa legítima, é estéril, mas eu tenho filhos e posso dar mais filhos a ele". Esta Fortunata infortunada não podia ser acolhida pelo coronel Feijóo, nem redimida pelo farmacêutico Maximiliano, nem destruída por Juanito, que não é nada senão o pálido reflexo de uma evolução transitória. Jacinta ficará desesperada. Mas Fortunata tem filhos e terá mais filhos que sofrerão muito — haverá lágrimas já não de coisas mas de uma nação inteira, até um dia as lágrimas se transformarem em "chorar e ranger de dentes", e então Fortunata já não será *infortunata*.

Um grande da Espanha

Letras e Artes, 09 jun. 46

Quando os espanhóis, dispersados pelo mundo, resolveram publicar uma obra comemorativa para o bicentenário de nascimento de Jovellanos, incumbiram o prof. Francisco Ayala de escrever o capítulo sobre Jovellanos, sociólogo. Ayala esteve entre nós outros, durante um ano, conquistando amizades, permanentes. Todo mundo aqui o conhece como autor de um livro sobre o sociólogo alemão Oppenheimer, esperando-se com impaciência seu tratado completo de sociologia; assim, estava ele credenciado para escrever sobre o autor do famoso *Informe en el expediente de la Ley Agraria*, obra capital da sociologia da Ilustração espanhola do século XVIII.

Lêem-se, porém, no escrito do professor Ayala, palavras que indicam algo mais do que interesse erudito e competência científica: "La ocasión del segundo centenario de su nacimiento, empujándome a estudiar su obra, ha enriquecido mi experiencia vital en una medida fabulosa, pues ha hecho entablar conocimiento verdadero con hombre de alma excelsa".

Será que o exilado Ayala teria descoberto afinidades íntimas suas com o reformador liberal do século XVIII que passou 14 anos na prisão e no exílio? O sociólogo Francisco Ayala tampouco é desconhecido na sua qualidade de excelente ensaísta, cujo estilo revela qualidades intensamente poéticas, e quem sabe se na sua vida não se esconde outro destino — o de tornar-se, um dia, poeta de vidas alheias, quer dizer, romancista? Jovellanos, isso está certo, foi poeta.

Ayala, para apoiar suas teses sobre o sociólogo Jovellanos, cita-nos versos nos quais o velho poeta lamenta a tristeza da Espanha,

> "... hoy triste, llorosa y abatida
> de todos despreciada,
> sin fuerzas casi al empuñar la espada".

Eis o ponto em que me permito discordar ligeiramente do autor. É indiscutível a sinceridade daquelas lamentações poéticas, mas o estilo das odes de Jovellanos também é significativo: trata-se de frases feitas da poesia barroca e classicista, de exercícios poéticos à maneira de Juvenal, Quevedo e Moratín. A poesia verdadeira de Jovellanos só se encontra — e Ayala não deixou de observar isso — na melancolia pré-romântica de outras poesias suas, na sua emoção em face da Natureza. Creio que Azorin foi o primeiro a chamar a atenção para o pré-romantismo de Jovellanos, poesia que já antecipa sentimentos e sentimentalismos do século XIX; encontram-se até versos quase revolucionários nos quais se lamenta asperamente o destino do trabalhador rural, lavrador sem propriedade, suando "para un ingrato y orgulloso dueño". Doutro lado, os temas poéticos preferidos de Jovellanos, "Soledad" e "Noche", também pertencem à tradição barroca.

Jovellanos é sempre assim: antecipando o futuro e ligado ao passado. Escreveu uma tragédia doméstica no estilo de Diderot, *El delincuente honrado*, para combater o abuso do duelo, mas acabou justificando involuntariamente, contra a própria *thèse*, o velho costume aristocrático; e não será significativo que aquele "drama burguês" esteja construído sobre o motivo da Honra, o motivo de Calderón?

Don Gaspar Melchor de Jovellanos y Ramirez, da nobreza asturiana, foi um legítimo Grande da Espanha; portanto, apesar de suas idéias enciclopedistas, um tradicionalista nato. Aristocrata foi o grande homem, assim como Ayala o descreve: "...la reserva elegante, la dignidad sin soberbia, el decoro que niega quejas a la desventura, la igualdad del ánimo". Assim o retratou Goya, "sentado ante su mesa de trabajo y apoyada la cabeza sobre la mano, en una actitud de nobilísima serenidad".

Este aristocrata podia bem escrever o *Elogio de Carlos III*. Mas Carlos III foi o rei da reforma, o monarca que introduziu na Espanha as idéias da Ilustração francesa. Seu servidor leal, Don Gaspar Melchor de Jovellanos, escreveu "sobre el arreglo de policía de espectáculos", "sobre embarque de paños extranjeros para nuestras colonias", "sobre el libre ejercicio de las artes", "sobre si debían o no admitir a las señoras en la Sociedad Económica de Madrid". Fundou o Instituto Asturiano para a divulgação da cultura no povo espanhol. Escreveu, antes de mais nada, aquele célebre *Informe en el expediente de la Ley Agraria*, documento capital do liberalismo do século XVIII. Mas repudiou o radicalismo, não admitindo as conclusões revolucionárias das suas próprias teses — fato pelo qual Ayala dá a mais fina e delicada explicação psicológica. Da mesma maneira, esse homem típico do século do racionalismo apreciava as obras de arte barroca e chegou a comover-se na escuridão mística das catedrais góticas da Espanha.

Havia, em Jovellanos, um equilíbrio quase perfeito, "de nobilísima serenidad", entre a tradição aristocrático-monárquico e o liberalismo filantrópico, até democrático. Assim como a sua poesia apresenta um aspecto tradicionalista e outro aspecto pré-romântico. Aí, Ayala oferece os resultados mais importantes do seu trabalho. O pré-romantismo literário está intimamente ligado ao historicismo; nasceram juntos. O sociólogo Jovellanos é, conforme Ayala, um dos precursores, ou até um dos fundadores do historicismo moderno. Revelou a sensibilidade mais fina pelas características das épocas diferentes; reconheceu-as determinadas pelos ideais sociais predominantes nelas — logo se lembram os "tipos ideais" de Max Weber. O seu próprio "ideal social" foi o "patriotismo" liberal e reformador da *Encyclopédie,* mas sem radicalismo, excluindo este pela "nobilíssima serenidade" do aristocrata. E desta ambigüidade íntima nasceu a nostalgia pré-romântica da sua poesia.

Mas de onde veio ao liberal espanhol do século XVIII aquele senso histórico, próprio do século XIX? Aí, Ayala admite uma filiação interessantíssima: Jovellanos teria sido, espiritualmente, descendente dos erasmianos espanhóis do século XVI. Também explica-se assim o seu jansenismo de católico ortodoxo e no entanto reformista. O erasmismo espanhol constitui, com efeito, o fundamento histórico de todo liberalismo espanhol — Luis Vives já foi chamado de patrono da República Espanhola de 1931. E o erasmismo europeu pode ser considerado como fundamento histórico do liberalismo moderno.

Jovellanos foi um grande liberal, não no sentido de um partido atual, mas no sentido de Croce: como representante de uma diretriz da História. Foi-lhe dado preparar ativamente o liberalismo espanhol do século XIX: partindo de conceitos meio medievalistas, chegou a esboçar a constituição parlamentarista. Mas pagou caro. O ministro da "Gracia y Justicia" do reino foi destituído: passou sete anos na prisão e mais sete anos no exílio, não perdendo porém nunca "el decoro que niega quejas a la desventura, la igualdad del ánimo". Foi um legítimo Grande da Espanha.

Assim, Goya o pintou: "...sentado ante su mesa de trabajo y apoyada la cabeza sobre la mano en una actitud de nobilíssima serenidad". Como numa visão, parece-se abrir a parede atrás da nobre figura do pensador e poeta: abre-se o panorama da Espanha triste de Jovellanos e Goya, "triste, llorosa y abatida", a Espanha na qual Jovellanos lamentou "el furor de mandar" e

> *"A su lado se ve el pálido miedo,*
> *la encogida pobreza...*
> *y la ignorancia audaz que con el dedo*
> *señala a pocos sabios,*
> *y con risa brutal cierra sus labios".*

Então assim como na Espanha triste de hoje. Confundem-se os panoramas, e confunde-se com a imagem daquele Grande da Espanha, erasmiano, historicista e poeta, a imagem do historicista e poeta Francisco Ayala, erasmiano exilado — "la dignidad sin soberbia, el decoro que niega quejas a la desventura, la igualdad del ánimo". Assim como ele encontrou a Don Gaspar Melchor de Jovellanos, assim nós outros encontramos a Don Francisco Ayala, e este encontro nos "ha hecho entablar conocimiento verdadero con un hombre de alma excelsa".

Um poeta europeu; um problema europeu

O Jornal, 16 jun. 46

*"Una strana bottega d'antiquario
s'apre a Trieste in una via secreta..."*

É, em Trieste, a *Libreria Antica e Moderna*, na qual o poeta Umberto Saba se dedica ao comércio de livros, provavelmente mais de livros velhos do que novos; porque o "sebo" é para os estudantes, que há em Trieste como em qualquer parte do mundo, enquanto os livros novos, sejam em língua italiana, sejam em língua eslava, sejam em qualquer língua européia, mal se vendem naquela cidade de comerciantes internacionais. A esse lugar de nascimento, porém, e em parte às suas origens étnicas — mistura de italianos, eslavos, alemães, judeus —, Umberto Saba deve a qualidade do mais europeu entre os poetas italianos modernos; ele que não tem nada do cosmopolitismo falso de D'Annunzio e ficou por isso desconhecido fora de sua terra. Mas o brilho daquele pseudo-herói se apagou, e Saba, hoje um sexagenário, fica como poeta permanente.

Para iniciar-se na poesia de Umberto Saba, não convém começar com a leitura de sua obra principal, o *Canzoniere*, tingido de forte regionalismo duma terra — a Venezia Giulia — que o mundo ignora. Convém ler antes, no volume *Figure e Canti*, a estranha "Autobiografia", seqüência de quinze sonetos, nos quais o poeta descreveu as fases importantes de sua vida externa e interna, demonstrando franqueza inédita. Poesia mais "direta", mais "moderna" ou antes "modernista" não se escreveu neste século; mas a forma desta confissão impressionante é — *horribile dictu* — a dos parnasianos: o soneto.

Os motivos podem ter sido vários. O próprio Saba lembra a sua profissão —

> "*...Antiquario*
> *sono, un custode di nobili morti*".

No tempo de formação do poeta italiano Saba, a sua cidade natal ainda pertencia ao império da Áustria. Mesmo nos anos de estudo em Florença, junto com a geração da *Voce*, ele se sentia, entre elas, "*d'un altra spece*". No tempo em que se preparava o fechamento das fronteiras culturais da Itália pelo fascismo, Saba, fugindo do cosmopolitismo de D'Annunzio e do europeísmo efêmero da *Voce*, ficou um europeu de velho estilo, fiel à história e índole da sua cidade. Há mais um motivo, explicando o tradicionalismo métrico do modernista Saba: parecia-lhe que

> "*... il dolore è eterno,*
> *ha una voce e non varia*".

Muito naturalmente voltou-se para a tradição pré-d'annunziana da poesia italiana, e lá encontrou o grande poeta do tempo em que as tradições italianas e as tradições européias ainda eram idênticas — este também um poeta do "*dolore che non varia*": Leopardi.

Um dia se dará oportunidade para "reabilitar" a quem não precisa disso: para destruir o conceito errado de um Leopardi melancólico e choroso, e reconstruir a imagem verdadeira do poeta da dor metafísica e física. Talvez não se pudesse iniciar melhor a interpretação "existencialista" de Leopardi do que analisando a *Canzonetta* do leopardiano Saba, poema de profunda verdade psicológica. O adolescente — diz o poeta —, o jovem antes do amadurecimento completo, considera a morte como salvadora dos sentimentos humanos; mas —

> "*... ora bevo*
> *l'ultimo sorso amaro*
> *dell'esperienza. Oh quanto è mai più caro*
> *il pensier della morte*
> *al giovanetto,*
> *che a un primo affetto*
> *cangia colore e trema.*
> *Non ama il vecchio la tomba: e suprema*
> *Crudeltà della sorte*".

Saba é pessimista, e isso contribui para separá-lo da sua geração dos otimistas desenfreados do futurismo, enquanto ele ficou preso em

> *"la mia pena secreta, il mio dolore*
> *d'uomo giunto a un confine"*.

"*Giunto a un confine*"! O reverso das tradições européias de Saba é o seu regionalismo de poeta de Trieste, o único poeta que esta cidade produziu, na qual se reflete a beleza inebriante do mar Adriático ao pé das colinas e que está deformada pela fealdade horripilante do comércio explorador e dos subúrbios proletários.

No *Canzoniere* está um poema, talvez não o mais impecável que Saba escreveu, mas o mais revelador: *Tre vie*.

> "*C'è a Trieste una via dove mi specchio,*
> *ne lunghi giorni di chiusa tristezza:*
> *si chiama via del Lazzaretto Vecchio...*"

É a primeira das "três ruas", as casas todas como hospitais abandonados, cheirando a mercadoria estragada — e lá embaixo há, única nota alegre, o mar. Uma loja, na qual se vendem cordas para os navios, tem como rótulo uma bandeira (outrora a bandeira austríaca, agora a italiana), e lá dentro há as bandeiras "*di tutte le nazioni*" e figuras proletárias,

> "*le lavoranti scontano la pena*
> *della vita*".

A outra rua é a via del Monte:

> "*Incomincia con una sinagoga*
> *e termina ad un chiostro...*"

Lá, atrás de velhas casas, meio ruínas, em estilo veneziano, fica o antigo cemitério dos judeus, já fechado, em que jazem antepassados esquecidos do poeta. Mas —

> *"Ma la via della gioia e dell'amore*
> *è sempre via Domenico Rossetti.*
> *Questa verde contrada suburbana".*

A rua à qual se ligam as reminiscências de infância do poeta, a rua que tem o nome de um grande italiano e leva à paisagem verde em redor da cidade, o país dos camponeses eslavos.

Aí estão reunidos os motivos essenciais da poesia de Umberto Saba, poeta regionalista europeu, e estão os elementos essenciais da questão regional de Trieste, que é hoje um problema europeu. O que dizer sem ficar injusto? Não convém acreditar nas notícias e relatórios de viajantes apressados que dão confiança a qualquer entrevistado. Nem adianta muito acumular os dados estatísticos que encerram as forças vitais num beco sem saída. É preciso percorrer as três ruas do poeta Umberto Saba. Via Domenico Rossetti é a rua dos proletários eslavos; e não se pode negar que Trieste fica numa região eslava e que a própria cidade é habitada, em grande parte, por eslavos; e quem sabe se aos eslavos não pertence o futuro continente? Via del Lazzaretto Vecchio reflete a miséria do presente: lembra que Trieste já foi, no tempo do Império da Áustria, o porto de todos os países e nações da Europa Central; que as bandeiras dos navios triestinos já flutuaram, outrora, sobre os sete mares; que o futuro econômico de milhões de não-eslavos e não-italianos e da própria cidade está ligado à federação internacional em torno de Trieste. Mas a prosperidade econômica só alimentaria um corpo sem alma não fossem as lembranças da via del Monte: sinagoga e mosteiro falam igualmente de um passado que não é passado nem será passado antes de Trieste desaparecer. Nas regiões eslavas do Império supranacional dos Habsburgos, Trieste ficou sempre uma ilha de civilização italiana. E ficará sempre uma cidade italiana.

Deste modo, Umberto Saba tornou-se poeta italiano. Lutou, na outra guerra, pela *italianità de Trieste,*

> *"...cattivo poeta e buon soldato".*

Mas quando a bandeira italiana foi içada sobre a via del Monte, e se calou a fala eslava na via Domenico Rossetti, e as bandeiras *"di tutte le nazioni"* desapareceram da via del Lazzaretto Vecchio e do porto, então Umberto Saba começou a pensar de modo algo diferente:

"Dell'Europa, pensavo, ecco, è la sera..."

E neste crepúsculo triestino e europeu Umberto Saba se lembrava que não era italiano nem austríaco nem judeu nem eslavo, e sim triestino: poeta de Trieste, poeta europeu.

Hoje, é outra vez *"dell'Europa la sera"*, e a noite é mais negra, e mais amargo *"il mio dolore d'uomo giunto a un confine"*. Já estão longe os dias em que o regionalismo de Saba cantou as tavernas do porto, o Caffè Tergeste,

*"caffè de plebe, dove un dì celavi
la mia faccia, com gioia oggi tu guardi
E tu concili l'italo e lo slavo,
A tarda notte, lungo il tuo bigliardo"*.

Sendo impossível, afastada para sempre, a "solução austríaca" do caso de Trieste, que era no tempo de formação de Umberto Saba parada forçada de povos germânicos, eslavos e latinos; parecendo impossível a reconciliação entre *"l'italo e lo slavo"* da qual o poeta sonhava; só fica para o caso triestino uma solução triestina e européia para uma variante da frase famosa de Cavour: *"Libera Trieste in libera Europa"*. Mas isto foi dito em língua italiana.

Sobre as irmãs Brontë

Letras e Artes, 23 jun. 46

De início, a imagem da família Brontë foi deformada pelo entusiasmo enfático. Nos elogios de Swinburne, comparando *Wuthering Heights* com a *Duchess of Malfy* de John Webster e outras tragédias de "horror infernal" de época elisabetano-jacobéia, ainda havia, como se revelará, uma intuição segura. Depois vieram, porém, outros críticos, de informação deficiente; ligaram o fenômeno das irmãs Brontë aos poucos outros fenômenos literários ingleses que conheciam, interpretando uma frase de Charlotte Brontë, no prefácio de *Wuthering Heigts*, como adesão ao "culto do gênio" de Carlyle. Aplicaram o mesmo "culto do gênio" às próprias irmãs, preconizando o estudo puramente biográfico: com respeito ao livro bastante divulgado de Robert de Traz, *La Famille Brontë*, celebrou-se justamente o que o crítico devia evitar — a confusão entre os valores muito diferentes de Charlotte e Emilly, confusão que se justifica biograficamente mas não literariamente. Deste modo, ficou sem solução o problema em face do qual o "caso Brontë" nos coloca: de onde veio às filhas do vigário de Haworth, meninas pouco experimentadas, a profunda experiência vital que criou aqueles romances?

Com respeito a Charlotte, não foi difícil verificar alguns fatos: em *Jane Eyre* explorara as experiências duras da sua meninice na Escola para Filhas do Clero Anglicano, em Cowan Bridge; e, em 1913, publicaram-se as quatro cartas de amor, bem estranhas, que dirigiu ao professor Constantin Héger, em cujo educandário em Bruxelas ela servira como professora — seriam o germe do romance *Villette*. Quanto a Emily, só se aventurou a hipótese de ela ter identificado o irmão Branwell com os heróis de Byron com os quais sonhara. Explicava-se assim o elemento sentimental, vitoriano, dickensiano nos romances das irmãs, justamente o que tem valor apenas secundário. No resto, responsabilizaram-se certos tratados de propaganda sectária, metodista, bastante fantásticos, que um tio teria trazido para Haworth, como fonte do elemento fantástico nos romances. E foi tudo. Não se dava importância a outra frase de Charlotte, naquele prefácio de *Wuthering Heights*: "...nenhum outro modelo do que a visão dos seus pensamentos". Aí está, no entanto, a solução do problema.

Estudos recentes, ainda pouco divulgados — só Edward Wagenknecht deu-lhes a importância devida — constituem confirmação surpreendente daquela frase. Em 1941, Fannie E. Ratchford (*The Brontë's Web of Childhood*, Columbia University Press, Nova York) decifrou e publicou os manuscritos das irmãs, redigidos na infância; e, no mesmo ano de 1941, C. W. Hatfield editou as poesias completas de Emily, comentando-as por meio de indícios encontrados na mesma fonte.

Em 1826, o vigário de Haworth deu de presente aos filhos um brinquedo: soldadinhos de madeira. E em 1829, quando Charlotte tinha 13 e Emily 11 anos de idade, começaram a inventar um romance volumoso em torno do brinquedo, servindo-se da colaboração ocasional da pequena Anne e do irmão Branwell. Imaginaram um reino fantástico de Angria, situado no centro da África, lugar de acontecimentos extraordinários, violentos e até escabrosos. Anotaram tudo isso em cadernos, empregando letras minúsculas por medo de serem surpreendidos pelos adultos, de modo que Miss Ratchford precisava de lentes fortes para decifrar, mais de um século depois, a história de Angria. Em

1831, Charlotte foi embora para outra escola, e Emily e Anne, revelando-se contra a intervenção de Branwell em Angria, evadiram-se da África, fundando o novo reino de Gondal numa ilha do Pacífico. Os *Gondal Papers* perderam-se: mas Hatfield foi capaz de reconstruí-los, aproximadamente, encontrando-lhes os vestígios nas poesias de Emily.

O reino de Angria sobrevive nos romances de Charlotte Brontë, que nunca esteve em Gondal. Mas havia duas almas em Charlotte: a sonhadora de Angria e uma romancista vitoriana, bastante medíocre, sentimental e timidamente realista, baseando-se em experiências inglesas e belgas que não sabia transfigurar porque a pátria da sua alma poética ficava fora de Inglaterra e Bélgica: em Angria. No seu primeiro romance, *The Professor*, publicado só postumamente, baseou-se realmente nas experiências com o professor Héger; e é um romance muito fraco. Em *Jane Eyre*, primeiro romance publicado pela autora, tudo o que se refere às experiências na escola de Cowan Brigde é fraco, dum sentimentalismo hoje insuportável; foi justamente isso o que encantou os leitores vitorianos, que se assustaram com o herói devasso Rochester. Este não é outra pessoa senão Zamorna, um dos protagonistas da história de Angria, assim como a sua mulher louca estava preconcebida, lá, como Lady Zenobia. Charlotte Brontë, algo desconcertada pelas críticas contraditórias de sua obra de estréia, pretendeu depois, em *Shirley*, escrever um romance realista, à maneira de Dickens, com alusões à questão social e outras coisas das quais a autora não entendia nada. Salva-se o romance, em parte, porque os personagens centrais e o enredo são, outra vez, de origem angriana. Enfim, na sua última obra, *Villette*, Charlotte Brontë voltou às experiências de Bruxelas e outras, posteriores, com o seu editor — mas tudo já estava prefigurado nos acontecimentos em Verdropolis, capital da Angria, e a fusão de elementos realistas e elementos fantásticos deu, desta vez, a obra-prima.

Contudo, Charlotte Brontë não é uma romancista de primeira ordem; não escreveu uma obra como *Wuthering Heights*. A diferença entre Charlotte e Emily reside, no entanto, menos nos valores imaginativos — comuns das irmãs — do que na perturbação desses valores na mente de Charlotte pelas imposições do realismo contemporâneo, do qual Emily não tomou conhecimento; assim como a ela faltavam as experiências de Charlotte no estrangeiro. *Wuthering Heights*, mero produto da imaginação, teria sido então mistura de reminiscências de um byronismo atrasado com conceitos de Carlyle. Na verdade, *Wutherig Heights*, obra intensamente original, é uma dramatização do romance de Gondal concebido 20 anos antes de Carlyle formular a teoria do *hero-worship* e num tempo em que mocinhas inglesas de 13 anos ignoravam o nome de Byron. E foi intencionalmente escolhido o termo "dramatização", porque C. P. Sanger, no seu livro sobre *The Structure of Wuthering Heights* (Londres, 1926), já verificara que o romance não é produto de um gênio meio inconsciente e sim uma composição perfeitamente deliberada, de estrutura e qualidades típicas do grande teatro trágico.

O resultado das novas investigações em torno das irmãs Brontë é de interesse geral. Está, mais uma vez, refutada a noção ingênua de uma relação imediata entre os dados biográficos e as realizações artísticas. No caso particular das Brontë, o problema das "fontes vitais" perde a importância; é substituído pelo problema mais geral, do clima literário em que aquelas obras nasceram.

Tratou desse clima, recentemente, John Heath-Stubbs, num ensaio sobre a decadência do romantismo inglês, por volta de 1830, quando Wordsworth e Coleridge já emudeceram, Byron, Shelley e Keats estavam desaparecidos, e o neo-romantismo de Carlyle e dos pré-rafaelistas ainda não surgira. Heath-Stubbs chama a atenção para o romantismo recalcado — muito semelhante ao de Angria e Gondal — nos poemas narrativos do esquecido George Darley, que sobreviveu só como editor de dramas da época elisabetana; e aproxima Darley do dramaturgo lírico Beddoes, *poète maudit*, boêmio, homossexual, suicida, autor de "tragédias de horror" em estilo elisabetano-jacobeu, hoje novamente apreciados. Darley e Beddoes são contemporâneos, exatamente, das irmãs Brontë, e a fonte comum de todas essas obras do pós-romantismo inglês encontra-se na teoria e prática poética de Coleridge. Quanto mais passa o tempo, tanto mais Coleridge se revela como a figura mais poderosa da literatura inglesa do século XIX. O esforço da sua vida — enquanto se pode falar de esforço e propósito desse gênio abúlico que não se realizou — foi o esclarecimento da técnica dramatúrgica de Shakespeare e dos outros elisabetanos, cujas obras ele interpretou como mundos trágicos, autônomos, independentes do mundo da realidade cotidiana. Beddoes tentava imitar a própria forma dramática daquelas criações — mas já não havia teatro na Inglaterra. As irmãs Brontë realizaram a mesma intenção na forma moderna do romance: Charlotte permitindo intervenções do mundo real que lhe prejudicaram a obra; Emily criando a mais pura tragédia elisabetana do século XIX, dramatizando a história do reino de Gondal.

Em Gondal, Coleridge estava em casa. Tinha avistado regiões semelhantes quando, em pleno dia, sonhava o Oriente fantástico de *Kubla Khan*. Sabe-se que este poema, um dos maiores em língua inglesa, ficou inacabado; dizem que uma pessoa qualquer, um alfaiate pedindo pagamento da nota, entrou no quarto, de modo que o poeta acordou, não se lembrando nunca mais da continuação do poema.

Aquele alfaiate deve ter sido o próprio diabo da prosa: entrou, deste modo, na história da poesia. Mas tem tanto — quer dizer, nada — com a poesia como não tem nada com a obra das irmãs Brontë a história de sua vida.

A dramaturgia de Sartre

O Jornal, 30 jun. 46

Jean-Paul Sartre — o romancista de *La Nausée*, *L'Âge de Raison*, *Le Sursis*; o contista de *Le Mur*; o dramaturgo de *Les Mouches* e *Huis-clos*; o filósofo de *L'Imagination* e *L'Être et le Néant*; o porta-voz combativo da *littérature engagée* — Sartre é hoje uma das primeiras figuras, senão a primeira figura da literatura francesa. Nós, contemporâneos, mal somos juízes competentes dos valores permanentes que haja porventura na obra desse escritor de quarenta anos em plena evolução. Mas já se pode considerar o valor da sua atitude, restituindo ao *lettré* o direito — e a obrigação — de intervir nos destinos espirituais e políticos da nação. No seu teatro, perante o público materialmente presente, é que as duas atividades de Sartre, a literatura e a política, se encontram; e da sua dramaturgia já é possível constatar o êxito.

O êxito de uma peça como *Huis-clos* está fora de dúvida — assim como o êxito de *Les Mouches* em 1943 — ao ponto de escandalizar os críticos conservadores. Porque *Huis-clos* é uma peça de espécie inédita.

Entram três mortos — Garcin, Inez, Estelle; não haverá outros personagens — na cena que não se mudará nem se interromperá até o fim. Um desertor, uma mulher lésbica, outra infanticida. Sabem de que estão culpados e que, juntos, o inferno os espera. Mas onde estão os diabos? Será que os próprios homens são diabos um para o outro? E que aquele "ficar juntos" constitui o próprio inferno? É isso mesmo. Garcin, de início, resolve ignorar as duas mulheres: ficando sozinho, escapará das torturas infernais. Elas, sim, entregam-se ao jogo. Inez conquistará Estelle? Mas esta precisa do homem, e com isso começam as torturas de Inez. E as de Estelle, à qual o covarde se nega. Afinal, Garcin parece ceder: assim como as duas mulheres precisam uma da outra para assegurar-se, pelo reflexo, da própria existência, assim ele precisa de quem não o considere covarde; mas é isso, a fé, que Estelle não lhe pode dar — quer amá-lo mesmo se aquilo fosse verdade. E aí começam para Garcin também as torturas do inferno. Assim recomeça, para todos os três, a vida, e é o inferno. Não —

seria preferível o próprio Inferno, o de Dante, do mito, da superstição. E já se abrem, largamente, as portas pelas quais se entra no fogo eterno. É natural que Garcin se assuste, mas não porque é covarde: entrando, ele aceitaria o seu destino de ser o que ele é. Antes, alguém devia acreditar nele, fosse mesmo a outra, Inez. Mas esta não pode (ninguém pode) — mesmo se Estelle, desesperada, a quisesse matar por isso. Matar? Morrer? Mas já estão mortos! Condenados ao inferno, condenados a ficar no inferno de ser o que são.

A dramaturgia de *Huis-clos* é tão inédita que não podia deixar de escandalizar a crítica conservadora. Enumeram três componentes da prática dramatúrgica: o enredo representado pela ação dos caracteres; os caracteres, movidos por motivos psicológicos compreensíveis; e esses motivos mesmo, engendrando a ação. Ora, os motivos em *Huis-clos* não são de natureza psicológica, geralmente compreensíveis. Nas entrelinhas do diálogo reconhecem-se teses como: "*Ma liaison fondamentale avec autrui-sujet doit pouvoir se ramener à ma possibilité permanente d'être vu par autrui*" e "*Nous choisir, c'est nous néantiser, c'est-à-dire faire qu'un futur vienne nous annoncer ce que nous sommes en conférant un sens à notre passé*" — axiomas da filosofia existencialista de *L'Être et le Néant* que críticos filosoficamente competentes afirmam não compreender. Muito de acordo com isso, os três personagens de *Huis-clos*, pretensos representantes da Humanidade presa no inferno por incapacidade de *choisir* a liberdade existencial, não são caracteres e sim tipos alegóricos da consciência perturbada. Envolvidos eles numa ação dramática, resultaria um melodrama retumbante — mas em *Huis-clos* não há ação alguma. Seria um drama?

Sartre parece dizer: Não sabiam *choisir*, e por isso nenhum futuro dará um sentido ao passado daqueles personagens. Por isso, continuarão eternamente a serem torturados pelas *mouches*, as imaginações da consciência perturbada, habitantes do inferno, que é a vida *huis-clos*. Como a vida poderia ser, portas abertas, isso Sartre já o mostrara em *Les Mouches*.

Nessa outra peça havia muita ação, moldada na mesma *Oréstia* esquiliana que fornecera os enredos para *Mourning Becomes Electra* de O'Neill e *Électre* de Giraudoux. O Orestes de Sartre é um rapaz jovem, culto, céptico, que viveu, como *fainéant* elegante, em viagens, ignorando o destino da sua família. A paixão vingadora de Electra o assusta, revelando-lhe que ele não tem paixão nem vive na realidade: "Mal existo!" De início, recusa-se a *choisir*; pretende fugir com Electra para conservar a sua liberdade ilusória. Já não pode. "A minha liberdade está naquela ação". Precisa matar Egisto. Mas a sua consciência está perturbada. Tem ele o direito de assassinar Egisto? Sim, porque o próprio Egisto é assassino. Mas tem alguém o direito de responder a um crime infame por outro crime infame? Egisto não é um criminoso comum. Pelo crime comum conquistou o trono, mas mantém-se no trono pelo crime maior de sujeitar o povo a uma ideologia obsoleta, o absurdo "culto dos mortos". Enquanto o povo continua a acreditar naquilo, a liberdade do jovem céptico Orestes continuará ilusão no espaço vazio fora da realidade. Orestes não será livre até cair Egisto ou qualquer sucessor semelhante dele, qualquer representante daquela "ideologia das classes dirigentes". Aí se separam caminhos: a *Oréstia* de O'Neill foi uma tragédia da vida particular, doméstica; a de Sartre será um drama político. Orestes, para libertar-se, precisa libertar o povo. A vingança transforma-se em revolução. Orestes fará a revolução, não para matar este ou aquele "rei", mas para dissipar definitivamente os enxames de "moscas" das falsas *imaginations* mitológicas que perturbam as consciências. Assim foi a peça entendida — e aplaudida — quando Charles Dullin a encenou no Théâtre Sarah Bernhardt em 1943, em plena ocupação alemã. Foi a peça de *Résistance*. Mas enquanto os espectadores saíram do teatro resolvidos a continuar a Resistência em cuja vitória acreditavam — o existencialista Sartre "resistiu" mesmo sem acreditar: *Ago quia absurdum*. Novamente separam-se caminhos. A *Électre* de Giraudoux, em 1937, terminara: *"Comment cela s'appelle-t-il quand le jour se lève comme aujourd'hui et que tout est gâché, saccagé?... Cela s'appelle l'Aurore"*. Sartre, em 1943, já foi menos otimista: Orestes mata o rei, mas o povo continua fiel ao "culto dos mortos" e das moscas. Só agora começa a batalha decisiva, e antes de sabermos a decisão cai o pano.

O melhor crítico de Jean-Paul Sartre é Jean-Paul Sartre. Criticou a ação de *Mouches*, continuando-a na inação de *Huis-clos*. Como explicar, dramaturgicamente, a desilusão? Os motivos de Orestes não eram bastante fortes: menos resolução do que retórica. Orestes é menos representante do que porta-voz da revolução. Retórica a serviço de uma idéia com conclusões práticas, da idéia principalmente literária de *s'engager*. Às imaginações mitológicas, Orestes-Sartre opôs a ação existencial, seja mesmo absurda. A Resistência venceu, apesar de "ser absurda", e Sartre, apresentando a sua revista *Temps Modernes*, expôs o programa da *littérature engagée*, programa tão honesto quão vago, mistura de conceitos socialistas e liberais com resíduos da "ação absurda", *quand-même*, dum existencialismo inconfundivelmente fascista — *mouches* do futuro, substituindo o "culto do passado". Um Rimbaud que pretende fugir da "literatura" para não perder a vida mas continua a fazer literatura, se bem que *engagée*, porque nasceu para isso. *"Fuir l'existence, c'est encore exister*". A morte não tem sentido, sobretudo para os que já estão mortos. A morte é tão absurda como a vida, e esta é o inferno. Deste modo, o dramaturgo da Resistência escreveu *Huis-clos*.

Orestes-Sartre foi ele mesmo. Os personagens de *Huis-clos* são "outros". *"Seul existe pour moi le corps d'autrui"*, não a alma. A fala desses "outros" não é ouvida; ou então não tem importância o que dizem. Desaparece a retórica. Os oradores revolucionários são substituídos pelos sofredores passivos. Em *Huis-clos* não há ação.

Quando o pano caiu no fim de *Mouches*, não se sabia se Orestes iria vencer ou cair. Na verdade, não venceu nem caiu. A vida absurda continua, em *Huis-clos*, no infinito duma morte absurda. Onde encontrar o motivo psicológico desse desfecho de desilusão profunda senão no *Temps Modernes*? No público que aplaude *Huis-clos* assim como aplaudiu *Les Mouches*? E no próprio autor? Sartre ainda não deu a última palavra da sua dramaturgia. Em compensação, oferece-nos a ideologia vaga, indecisa, nebulosa dos *Temps Modernes*. As *mouches* continuam; apenas mudaram de nome.

Fragmentos sobre Kafka

O Jornal, 14 jul. 46

O crítico Willy Haas contou a anedota seguinte: às portas da Estação Central de Praga, de onde devia partir para Berlim, encontrou a Kafka, que o envolveu numa discussão sobre o sentido de um aforismo de Pascal; mas o trem não esperava, Haas despediu-se rapidamente, e não viu mais o amigo nem ouviu dele; doze anos depois, encontrou-o novamente numa rua de Berlim, e Kafka, em vez de cumprimentá-lo, disse:

— Tua opinião sobre aquele aforismo de Pascal está errada. Na verdade...

Com respeito a Kafka, experimentamos o que ele experimentou com respeito a Pascal. Não nos larga. De Kafka tratava o primeiro artigo que publiquei no Brasil — e lembro-me, não sem certo orgulho, que foi o primeiro artigo que se publicou sobre Kafka no Brasil — e ele não me largou mais. Assim como não larga a ninguém que o conheceu, ao ponto de sua obra constituir hoje uma das mais profundas fontes de inspiração da literatura universal.

E aquele aforismo de Pascal — *Jésus sera en agonie jusqu'à la fin du monde...* — Kafka o entendeu como desmentido à fé dos cristãos na ressurreição. Para ele, a agonia do mundo foi um fenômeno eterno, excluindo não apenas a ressurreição, mas também a própria morte — "Não morremos nunca, propriamente". Esta agonia perpétua do mundo é o tema da sua obra.

Kafka é um "caso" psicológico. A carta que escreveu, com 16 anos de idade, ao pai leva fatalmente a explicações psicanalíticas: complexo de Édipo, revolta, fixação. Mas esta base da obra de Kafka não exclui a possibilidade de o seu conceito do "mundo em agonia" coincidir com experiências muito reais da humanidade contemporânea. Há quem considere os símbolos de Kafka como expressões da situação social. Concretizando essa opinião, o crítico americano E. B. Burgem entende a obra de Kafka como sinal da "bancarrota da fé" na república liberal de Weimar. Kafka seria alemão?

Nasceu em Praga, foi cidadão da República da Tchecoslováquia. Já ouvi falar dele como "escritor tcheco". Mas é evidente a confusão entre nacionalidade política e nacionalidade lingüístico-literária. Kafka pertence ao grupo numeroso dos judeus de Praga que escreveram em alemão, considerados sempre — menos pelos nazistas, depois — como escritores alemães. Kafka escreveu exclusivamente em língua alemã, da qual o traduziram e estão traduzindo para outras línguas. Registrando esse fato, sinto ligeiro *frisson*: porque a língua na qual Kafka escreveu não é exatamente a língua alemã.

Nasceu em 1883, em Praga, e morreu em 1924, em Viena. Durante 35 anos de sua vida, de 1883 até 1918, foi cidadão austríaco; foi também etnicamente uma figura bem austríaca, esse judeu, entre influências alemãs e eslavas. E o fato de a sua morte ter ocorrido em Viena tem valor de símbolo. Ora, a língua alemã falada na Áustria não é idêntica à língua alemã falada na Alemanha. Difere pelo vocabulário e pela sintaxe; é um alemão *sui generis*, cheio de influências eslavas, latinas, húngaras. No exército e funcionalismo do imperador da Áustria falava-se um alemão "internacionalizado". Por mais que os escritores austríacos de língua alemã se esforçassem em escrever corretamente o idioma de Goethe, não conseguiram eliminar a intervenção de "austriacismo". Eis a língua de Kafka.

É fato importantíssimo para a compreensão da sua obra: Kafka foi cidadão dum Império de tradições arquivelhas, sacudido por terremotos revolucionários; dum mundo em agonia; a língua de Kafka exprime "ironias da decadência". As duas expressões "austríacas", em língua alemã, servem-lhe de instrumento para simbolizar a ambigüidade da "situação austríaca": fachada imponente, com a face hipócrita olhando pelas janelas imperiais. Certo aforismo de Kafka parece especificamente austríaco: "Até o mais conservador é capaz do radicalismo de morrer".

Na superfície da obra de Kafka não se encontram indícios daquela situação. As ruas estreitas e velhas casas no *Processo* não são as de Praga, e ninguém, avistando o castelo de Friedland, na Boêmia, reconheceria o modelo do *Castelo*. O estilo parece clássico, o de Goethe atrás, mas há um sentido diferente. Kafka serve-se da língua "austríaca" para exprimir um artigo fundamental do seu credo: a existência de um outro mundo atrás do nosso mundo, quer dizer, a ambigüidade de todos os fenômenos. Quanto à interpretação da obra de Kafka, a "Áustria" dos seus pesadelos tem o mesmo valor apenas relativo como o "complexo de Édipo" dos seus sonhos. Com efeito, aquele aforismo sobre o radicalismo de morrer exprime a verdade mais geral que existe, a verdade de todas as criaturas neste mundo — mundo de agonia permanente, da qual a Áustria agonizante só é símbolo. Aproximando-se da "atualização" dos dogmas pelos místicos — os acontecimentos de Pecado Original, Encarnação, Paixão e Ressurreição, concebidos como realizando-se na alma da criatura —, Kafka exprime o seu próprio dogma, da maneira seguinte: "Só através do nosso conceito do tempo o Juízo Final parece-nos um acontecimento no fim dos séculos futuros; na verdade, é uma corte marcial permanente". Eis a tradução kafkiana do "*Jésus sera en agonie jusqu'à la fin du monde*".

Fato importante: todas as obras maiores de Kafka ficaram fragmentos. É natural: a agonia do mundo é um fenômeno permanente de desfecho incerto. Por isso, falta aos romances de Kafka o *dénouement*. Mais um motivo de ambigüidade: porque, conforme os desígnios de Kafka, o desfecho devia explicar o enredo precedente, e o desfecho não foi redigido. K., o herói do *Processo*, é perseguido por tribunais e polícia misteriosos, por motivo de um crime cuja natureza não lhe comunicam e do qual ele não se sente culpado; por mais veementemente que ele se defenda, tanto mais culpado se torna aos olhos dos juízes, e, enfim, é executado pelo mesmo motivo por que K., o herói do *Castelo*, não é capaz de conseguir a permissão de residir e exercer a sua profissão na aldeia, e, por mais que se esforce, tanto mais atrasa a resolução dos senhores misteriosos do Castelo, que lhe chega só no leito de morte. Seriam símbolos do Pecado Original, inelutável, e da Graça, nunca conseguida pelos próprios esforços do homem? Os pormenores naturalísticos nem sempre permitem afirmá-lo com certeza. Seriam realmente parábolas teológicas? A mistura de naturalismo exato e símbolos ameaçadores — própria do estilo Kafka — sugere antes uma interpretação "diabólica": Deus como "príncipe deste mundo".

Aquela mistura estilística é, aliás, o fenômeno propriamente kafkiano. Desde a meninice ocuparam-lhe a imaginação os limpa-chaminés, trabalhadores sujos, quase pretos de fuligem, figuras conhecidas nas ruas das cidades européias. A superstição popular considera o encontro fortuito com o limpa-chaminés como garantia de acertar na loteria, enquanto o menino Kafka — sempre às avessas — os temia como diabos; mais tarde, a ascensão daqueles "pretos" na chaminé parecer-lhe-á algo como um símbolo da ressurreição. Sempre se misturaram-lhe assim a realidade e o símbolo. Em fragmentos, pouco conhecidos, a mistura chega a tomar o hálito ao leitor. Assim, no conto "Blumfeld, o solteirão", as bolas de brinquedo, que se tornam independentes, saltando sem interrupção, até ficar inabitável o quarto do velho; ou, no fragmento dramático "O guarda do mausoléu", os príncipes mortos que visitam toda noite o velho guarda, pedindo permissão de passear no parque, para repetir sempre a tentativa de estrangulá-lo. Mas depois o guarda revela-se mero boneco no meio de intrigas da corte, e a história de Blumfeld continua com brigas ridículas na camisaria da qual é contabilista — e depois acabam os fragmentos sem sabermos nunca como isso acabará nem como a trivialidade da vida quotidiana e a esfera dos demônios tremendos se entrelaçam.

A incomensurabilidade do mundo material e do mundo espiritual — eis a atmosfera de Kafka. A ordem do Universo está perturbada quando espíritos aparecem no mundo da matéria; nisso, todos concordam. Conforme Kafka, "só o mundo espiritual existe; o chamado mundo material é a encarnação enganadora do Demônio" — quer dizer, a ordem do Universo de Kafka está perturbada porque corpos e objetos materiais aparecem entre os espíritos. Neste sentido, as ruas e casas das nossas cidades estão povoadas de espectros, dos quais os limpa-chaminés são os mais tremendos. Todos nós estamos misteriosamente transformados assim como Gregor, na *Metamorfose*, está transformado num inseto gigantesco e horroroso. Conforme aquela "interpretação teológica", a Justiça mais injusta (no *Processo*) e a burocracia mais mesquinha (no *Castelo*) seriam transformações de executores da ira divina contra a humanidade culpada. Mas o próprio Deus de Kafka está "transformado" — pelo menos não é possível interpretar de outra maneira a parábola seguinte: "Leopardos invadem o templo, vazando os cálices sagrados; isso se repete sempre: enfim os sacerdotes tornam-se capazes de prefixar o acontecimento, que chega a fazer parte da liturgia". O Deus de Kafka seria o próprio Diabo. Mas, no fundo, é só um gigantesco limpa-chaminés.

É uma agonia sem fim. Não vale a pena conservar este mundo. Por isso, "até o mais conservador é capaz do radicalismo de morrer". Aí relampagueia um raio de esperança. Esperança de "retransformação", fim da agonia. "Estar morto, isso significa para o homem o mesmo como o domingo para os limpa-chaminés: lavam-se da fuligem".

O céu roubado e reconquistado

Letras e Artes, 14 jul. 46

Este artigo pretende ser algo como uma confissão contrita. Durante muitos anos guardei aversão invencível contra um homem que nunca conheci pessoalmente. Agora ele já não se encontra neste mundo. Estão aqui as últimas páginas que escreveu — uma confissão, por sua vez, pedindo perdão como pede um vitorioso; agora, nós outros precisamos pedir perdão a ele. E, quando terei acabado de escrever estas linhas, espero que ele me perdoe também a mim mesmo. Amém.

Franz Werfel foi um poeta precoce. Como menino de 14 anos, quando o seu conterrâneo Franz Kafka, embora bastante mais velho, ainda se debatia em angústias incompreendidas, Werfel publicou versos que anunciaram uma revolução na poesia alemã. Com 20 anos, já foi grande poeta, dos mais importantes deste século. Quando Kafka morreu, desconhecido, Werfel acabara de ouvir os primeiros aplausos no teatro; peças de construção hábil, jogos da inteligência, desfechos retumbantes como cenas da "grande ópera". As mesmas qualidades distinguiram-lhe os romances: entre uma narração "acessória", mais ou menos trivial, e umas discussões pseudofilosóficas, aquelas grandes cenas de efeito, antíteses orquestradas. Assim está construído o *Verdi*: entre uma história banalíssima de adultério e algumas discussões sobre música, as "grandes cenas" de Verdi e Wagner. É mesmo, como reza o subtítulo, o "romance da ópera". E essas óperas de ficção tinham sucesso mundial e mundano. Werfel já não escrevia versos. Ele, que falava muito em fé, tinha perdido a fé na arte, sacrificando-a ao *moloch* público. E quando *O Processo* de Kafka foi afinal instruído perante o tribunal da realidade, o manuscrito da *Canção de Bernadette* foi vendido ao *moloch* de Hollywood.

Mas não é este o fim da grande ária. O verdadeiro fim está aí: chama-se *O Céu Roubado*.

Nem vale a pena falar, neste caso, da "narração acessória": o destino triste de uma família de aristocratas austríacos nos últimos anos da Áustria independente do *Anschluss*. Uma magnífica oportunidade de cantar o fim duma civilização, duma forma de viver, foi lamentavelmente perdida. São como as palavras banais que servem, nas óperas, de pretexto à música. Herói da grande ópera é desta vez a Teta Linek, velha criada tcheca que passou setenta anos servindo de cozinheira a famílias aristocráticas como aquela; excluída de tudo o que vale a pena viver, só acumulando economias, mas não por baixo egoísmo, e sim por egoísmo de uma ordem superior. Lá, naqueles países, existem muitas velhas assim que trabalham estoicamente durante a vida inteira para custear os estudos de um seminarista pobre, para ter alguém que lhes inclua o nome na missa e lhes sirva de advogado no céu. Assim Teta Linek sacrificou a vida a um sobrinho, órfão, Mojmir, que ela só viu uma vez quando menino, para ele tornar-se padre. Custou muito, porque o sobrinho passou de paróquia para paróquia, precisando sempre de dinheiro para instalar-se de novo. Mas quando chegou, um dia, exigência exorbitante, a velha foi visitar o padre: encontrando um *défroqué* devasso, vivendo miseravelmente como "intelectual" fracassado. A vida da velha estava destruída; e o céu roubado. Mas não foi essa desilusão que a abateu, e sim a voz da consciência: obrigando a tornar-se padre a um homem que não dava para isso, e mandando-lhe dinheiro para levar uma vida imoral, ela mesma tornara-se cúmplice. E para expiar o pecado resolveu participar duma das grandes romarias organizadas para Roma, em meio das mesquinhezas profanas e ridículas do mundo das associações da pequena-burguesia católica. Nesta sua última viagem conheceu um capelão que por humildade cuidou da velha doente meio perturbada; na escuridão das catacumbas ouviu-lhe a confissão, dizendo a ela que perdeu a esperança porque tinha a fé sem o amor — talvez aquele sobrinho fosse um infeliz, perdendo a fé porque não lhe deram amor, nunca. E assim a velha está espiritualmente preparada para ser recebida no meio das pompas grandiosas do Vaticano pelo velho papa Pio XI, quase moribundo, tão sofredor como a pobre criatura que aos seus pés cai em agonia. Uma agonia na qual ela perdoa e é perdoada, entrando enfim no céu roubado e reconquistado. E o romance termina com algumas meditações sobre o céu que roubaram à humanidade.

Tanta gente já leu esse livro que se pode perguntar: para que, então, o resumo? Só para demonstrar que a estrutura do romance é, mais uma vez, a mesma dos outros. Algumas cenas retumbantes de grande ópera — a audiência no Vaticano, a agonia da velha — entre um enredo acessório, muito banal, nem elevado pela "atualidade" do destino da Áustria, repercutindo no romance só à maneira de uma notícia nos jornais, e doutro lado uma digressão pseudoteológica sobre o céu roubado. Para dizer a verdade, fiquei aborrecidíssimo. Mas desta vez não com Franz Werfel, e sim comigo mesmo. Porque gostei muito, apesar de reconhecer perfeitamente a mera habilidade — habilidade extrema — do ataque contra os *bas-fonds* sentimentais na consciência intelectual do leitor. "Gostei" é pouco. Para confessar a verdade: fiquei profundamente comovido. Como foi possível?

 O último romance de Franz Werfel baseia-se num símbolo: o roubo do céu da humanidade, simbolizado pela história da criada Teta. Símbolo barato, impressionante porém pelo grande caráter, como esculturado em granito, da velha. É uma criação digna de um dramaturgo elisabetano; e — para ficar na comparação —, assim como nas tragédias elisabetanas se equilibram o enredo trágico e o subenredo cômico, assim estão harmonizados, contrabalançando-se, o enredo trágico Vaticano-Agonia e o subenredo Teta-Mojmir, cruelmente irônico. O grande personagem trágico da velha Teta está contrabalançado pelo personagem trágico-cômico do impostor Mojmir, criatura nojenta e contudo profundamente humana, assim como são sempre os vilões dos dramaturgos antigos. Naquela cena de confissão nas catacumbas, o capelão encontra palavras de compreensão pelo perdido: talvez tivesse perdido a fé porque lhe deram só dinheiro em vez de amor. Talvez, com um pouco mais de sorte na vida, a sua mentira tivesse sido poesia. O Peer Gynt de Ibsen foi um mentiroso assim, mentiroso porque preferiu ao amor o êxito mundano e se lhe transformou em mentira a poesia. E, contudo, foi-lhe perdoado pelo amor de Solvejg. Nem todos encontram uma Solvejg que sacrifica a vida, mas em todos nós há o abismo, a tentação, a possibilidade: *Corruptio optimi pessima*. Assim, o grande poeta Werfel tornou-se um Mojmir, se bem que de muito êxito mundano. Um *défroqué* da poesia.

 Afinal, confessou-se. Confessou o Mojmir em si mesmo. Nesse momento, já estava perdoado. E acordou nele a poesia, abrindo-lhe as portas que levam do Vaticano ao céu do papa moribundo e da criada Teta Linek, ao céu reconquistado da arte do poeta Franz Werfel. Pode ser que as frases pseudoteológicas do epílogo não valham nada. Vale a emoção profunda da agonia de Teta Linek, símbolo da agonia de Franz Werfel. Eis a sua última palavra: um *Pax Domini sit semper vobiscum*. Respondemos: *et cum spiritu tuo*. Amém.

Crítica francesa

Letras e Artes, 28 jul. 46

Eis aí a última palavra, por enquanto, da crítica literária francesa: o "essai sur les limites de la littérature", ao qual sua autora, Claude-Edmonde Magny, deu o título algo esquisito de *Les sandales d'Empédocle*.

É um livro bem francês. Talvez não julgassem assim aqueles que consideram como produto típico das letras francesas a *causerie* espirituosa; estes se assustariam em face de certas dificuldades do raciocínio filosófico de Mme. Magny. Na verdade, *Les sandales d'Empédocle* é um livro bem francês num sentido mais alto: pela vontade de ligar o mais novo ao mais antigo — o que constitui a *volonté génerale* do país das revoluções permanentes e tradições invariáveis. Deste modo, um livro que trata de Kafka e Sartre alude no título a um mito da Antiguidade grega.

Quando o filósofo Empédocles subiu o Etna para, precipitando-se na cratera do vulcão, sacrificar a vida aos deuses, as suas sandálias de bronze deixaram no chão vestígios permanentes, traços da sua ascensão espiritual e símbolos do caminho da Humanidade para cima. Lá, no cume da montanha — afirmavam os antigos — as sandálias ainda poderiam ser encontradas, porque no momento supremo o sábio já não precisava delas.

O crítico literário no sentido mais alto da palavra seria, conforme Claude-Edmonde Magny, comparável a um homem que acompanhasse os vestígios de Empédocles para saber a direção do caminho que o sábio tomou. Assim, o crítico acompanha, interpretando, as obras literárias nas quais se cristalizam as tendências gerais da época — conceito no qual se reconhece logo o "espírito objetivo" de Hegel. A escritora francesa parece reduzir a literatura à expressão de situações sociais, limitando-se a crítica literária à interpretação do sentido coletivo das "sandálias de Empédocles". Mas esta possibilidade é logo desmentida, ou antes é afastada a tentação de julgar as obras literárias conforme as tendências ideológico-políticas que manifestam ou escondem. Justamente nas obras mais significativas da época — Mme. Magny fala de Kafka, Sartre e também de Charles Morgan — é difícil ou até impossível verificar tendências daquela espécie. As dificuldades da interpretação sociológica podem ser conseqüências da situação que nos é comum com as obras de arte: elas estão condicionadas pelo momento histórico em que nasceram, e a visão de nós outros está limitada pelo mesmo momento histórico que atravessamos. Afinal, todas as obras do homem são produtos de determinadas situações históricas, assim como os vestígios das sandálias de Empédocles dependem, em parte, da natureza do chão em que se gravaram. As obras de arte também são vestígios no chão da História, cristalizações ou petrificações transitórias do fluxo permanente das coisas. Quando chegamos a examiná-las, já estão em certo sentido ultrapassadas. *"Nous ne trouvons jamais Empédocle lui-même, qui est toujours un peu plus loin, mais seulement la trace de ses pas, au mieux visible et tangible et comme matérialisée sous formes de sandales d'airain".*

Contudo, o conjunto dos vestígios das "sandálias de bronze" revelam algo mais do que cada um separado: entre eles existe uma linha ideal que pode ser traçada, na imaginação, para a frente e para trás, iluminando o caminho do representante da Humanidade, ligando o momento presente ao futuro e ao passado. Para o crítico literário, abre-se deste modo ampla perspectiva: em vez de ficar ocupado exclusivamente com os *vient-de-paraitre* (tantas vezes mesquinhos) da atualidade, e em vez de afastar-se da vida, entrincheirando-se como *scholar* erudito e impassível atrás dos "clássicos" do passado (tantas vezes falsas celebridades da *fable convenue*), o crítico compreende o reino da literatura como uma grande unidade, com um país acidentado cujas paisagens históricas e bem cultivadas se estendem para o longe, perdendo-se no horizonte de fronteiras ainda não limitadas. O crítico parece-se com um especialista de geodésia, encarregado de organizar o mapa de uma terra em movimento contínuo pelos terremotos e enchentes da História. As obras de arte, as "sandálias de Empédocles", são como pontos fixos que permitem delimitar terrenos e medir alturas.

Esta unidade do reino da literatura lembra palavras de T. S. Eliot, escritas em 1920: *"It is part of this (the critic's) business to see literature steadily and to see it whole; and this is eminently to see it not as consecrated by time, but to see it beyond time; to see the best work of twenty-five hundred years ago with the same eyes".*

Claude-Edmonde Magny, em 1945, transcreve à sua maneira: *"Les oeuvres anciennes ont besoin d'un rajeunissement, les oeuvres nouvelles d'une tradition qui les soutient",* e *"Le présent modifie le passé tout autant celui-ci agit sur lui".* Neste sentido já se citou a tentativa de Stuart Gilbert de explicar o *Ulysses* de Joyce pela *Odisséia* de Homero; e os *Seven Pillars of Wisdom* de T. E. Lawrence explicariam de um modo surpreendente a *Odisséia*, que Lawrence, aliás, traduziu. As obras "clássicas" só existem enquanto incorporáveis ao presente, e entre nós outros já existem decerto alguns "clássicos" ainda não consagrados pelo tempo.

É naturalmente difícil reconhecer estes últimos; nisso até um Sainte-Beuve errou, e muito. Mas, no fundo, Claude-Edmonde Magny não faz outra coisa do que Sainte-Beuve: reinterpretando as obras antigas em sentido novo, às vezes revolucionário, e enquadrando as obras novas na tradição. Até aí, *Les sandales d'Empédocle* é um livro bem francês.

Mas Claude-Edmonde Magny já está longe do relativismo céptico de Sainte-Beuve. O seu intuito não é psicológico e sim metafísico. Reinterpretando as obras antigas, revelando nelas o que importa a nós outros e se revela também em nossas próprias obras, ela espera atravessar "les limites de la littérature" — eis o subtítulo de seu livro — descobrindo os valores absolutos e eternos nas manifestações historicamente limitadas do "espírito objetivo". Por isso, os elementos propriamente artísticos da obra literária — estilo, situações, caracteres, enredo — só lhe importam enquanto neles se escondem as "tendências gerais", sejam conscientes ou inconscientes. "La tache du critique sera d'élucider philosophiquement les éléments non philosophiques de l'oeuvre". Tentativa estranha de encarar poemas, dramas, romances como teses filosóficas embuçadas! O motivo psicológico do equívoco explica-se pela natureza das obras modernas que Mme. Magny analisa: Kafka e Sartre são decerto escritores profundamente filosóficos, mas o que revelam é o absurdo deste mundo em que Claude-Edmonde Magny procura o sentido. Daí a tendência da escritora francesa de pôr de lado as teses manifestas para poder encontrar, porventura, nos "elementos acessórios", uma tendência positiva, o caminho de Empédocles para as alturas.

Se tudo isso fosse verdade, o supremo fim da literatura seria transformar-se em filosofia — e, com efeito, "quand je serais au terme de l'ascension vers la verité... alors la parole me quittera... le jour-là je serai sorti de la littérature, et de la critique, pour entrer en un autre domaine". Adotando esse conceito hegeliano da transformação final dos símbolos artísticos em manifestas verdades filosóficas, Claude-Edmonde Magny pretende sacrificar aos deuses, como Empédocles, e voltar ao espiritualismo cristão — mas Hegel é sempre ambíguo, e o "autre domaine" além da literatura pode bem ter sentido diferente: sacrifício da literatura ao materialismo dialético. Hegel permite sempre duas interpretações contraditórias.

Em todo caso, será um sacrifício. O que Empédocles ofereceu aos deuses foi a sua própria vida. No fundo, Claude-Edmonde Magny propõe o suicídio da literatura, sacrificando os elementos emocionais e imaginários, justamente aqueles para cuja expressão a literatura é o instrumento insubstituível. E, sendo aqueles elementos irracionais componentes, constitutivos da própria língua, o sacrifício da literatura – "alors la parole me quittera" – seria o sacrifício dos valores humanos, algo como um suicídio da humanidade.

Com efeito, Claude-Edmonde Magny subiu um bom pedaço no caminho de Empédocles para as alturas do Etna. Mas, limitada pelas condições históricas, não chegou — felizmente — até o fim da viagem. Quem sabe se ela teria encontrado, lá no cume da montanha, as sandálias do filósofo? Talvez fossem, para o bem da literatura, sapatos comuns; e talvez, para o bem do gênero humano, o mito inteiro não fosse verdade.

Conversa de cachorros

O Jornal, 28 jul. 46

De propósito escolheu-se a expressão vulgar, porque não se tratava de cães de estimação e sim de pobres vira-latas, embora atendendo aos nomes pomposos de Cipión e Berganza, "*perros del Hospital de la Resurrección en la ciudad de Valladolid*", que viviam vigiando a porta da miséria e agonia, e aos quais o céu, numa noite rara, deu o dom de falar para eles contarem as suas vidas divertidas e miseráveis e trocarem experiências tristes e reconfortantes.

É o "Coloquio de los Perros", a última das *Novelas Ejemplares* de Cervantes, um dos livros permanentes da Humanidade. A autobiografia do cachorro Berganza — a sua vida entre os pastores que roubaram as ovelhas e acusaram a rapacidade dos lobos e a inércia dos cães; com os filhos do burguês, os quais acompanhou às aulas no colégio dos jesuítas até o expulsarem dali; com o delegado de polícia que protegeu as prostitutas, multando porém os fregueses; e enfim no Hospital de la Resurrección, onde tinha oportunidade de observar a desgraça do matemático incapaz de descobrir a quadratura do círculo, a do alquimista que não podia realizar o último experimento decisivo, a tristeza do poeta ao qual ninguém quis custear a publicação dos sonetos, e o desespero do projetista que não chegou a explicar a Sua Majestade o engenhoso projeto financeiro para dominar a inflação e bancarrota da Espanha — esta vida de cachorro, a última das *Novelas Ejemplares*, é a última palavra da sabedoria de Cervantes.

O "Coloquio de los Perros" seria a *pièce de résistance* numa publicação antológica, nunca antes concebida nem realizada: uma *Antologia do Cão*, monumento da criatura de honestidade inquebrantável e olhos melancólicos, companheiro do homem desde tempos imemoráveis: os seus ossos já aparecem junto com os ossos humanos da maior antigüidade antediluviana; desde então — a Bíblia (Tob. XI, 4) o ensina — os homens "caminhavam sua estrada e o cão caminhava com ele". A *Antologia do Cão* começaria com Homero — o cão Argos foi a única criatura que reconheceu a Ulisses, voltando para casa depois de uma ausência de vinte anos — e terminaria com a cachorra Baleia de Graciliano Ramos. No meio do caminho haveria o filósofo Quincas Borba; e haveria o "*humble ami, mon chien fidèle*" do poeta Francis Jammes, que pediu:

>"... *faîtes, mon Dieu, si vous me donnez la grâce*
>*de Vous voir face à Face aux jours d'Éternité,*
>*faîtes qu'un pauvre chien contemple face à face*
>*celui qui fut son Dieu parmi l'humanité*".

E haveria, nesse livro profano, a própria palavra de Deus no Evangelho, porque foram os cães que se apiedaram do pobre Lázaro (Luc. XVI, 21). E haveria o aforismo de um grande escritor, do qual não convém revelar o nome: "Conheci um cão que foi grande como um homem, inocente como uma criança e sábio como um velho. Ele parecia ter tanto tempo como não cabe numa vida humana. Deitado no solo, fitando-nos, parecia dizer: 'Por que tendes tanta pressa?' E teria realmente dito isso se nós outros tivéssemos todos a paciência de esperar". E haveria a voz cruelmente discordante do grande Unamuno, na "Elegía en la Muerte de un Perro", lamentando a morte do cão que morreu reclinando a cabeça na mão do dono, "*su dios*":

>"... *al ver morir tus ojos que me miran*
>*al ver cristalizarse tu mirada...*
>*Descansa en paz, mi pobre compañero,*
>*Descansa en paz; más triste*
>*La suerte de tu dios que no la tuya.*
>*Los dioses lloran,*
>*Los dioses lloran cuando muere el perro*

> *Que les miró a los ojos,*
> *Y al mirarles así les preguntaba:*
> *¿a dónde vamos?"*

Dizem que o cão é entre todos os bichos aquele que menos conhece o homem. É vítima do seu idealismo, do maior engano neste mundo de engano geral. E esta parece ter sido a opinião de Cervantes, criador do maior dos idealistas enganados, embora afirmando-a de uma maneira pitoresca, ou antes picaresca. Porque o "Coloquio entre Cipión y Berganza" constitui, nas *Novelas Ejemplares*, apêndice de uma outra novela, "El Casamiento Engañoso": história de um alferes iludido por uma mulher que se dizia dona de um palacete maravilhoso, induzindo-o a casar com ela, e era pouco mais do que uma prostituta, habitando a casa duma amiga em veraneio e desaparecendo logo com as condecorações preciosas do novo marido — que eram, por sinal, pobres imitações, peças de cobre. No Hospital de la Resurrección, onde o alferes se restabeleceu de certas conseqüências da aventura, conheceu os cachorros Cipión e Berganza, muito mais sábios do que ele mesmo no meio do engano geral da vida, e, depois de ter narrado suas experiências ao amigo, o licenciado, o alferes acrescenta o que ouviu dos cachorros quando falavam naquela noite. Aí o licenciado recusa-se a acreditar nas palavras do enganador enganado: mobilizando todos os recursos da sua erudição, demonstra que um cachorro não é nunca capaz de falar, de dizer a mínima palavra; muito menos dizer a verdade e verdades tão desagradáveis como revela o cachorro Berganza.

Mas não adianta nada. Os licenciados morreram, e Cervantes está vivo, e as verdades do cachorro Berganza continuam verdades. Quando os lobos roubam as ovelhas, é perfeitamente natural; mas quando os próprios pastores roubam e comem as ovelhas, é um caso de polícia, ou, antes, um caso de política. Tampouco se imprimiria hoje impunemente, como em 1613, a história do delegado que protegeu as prostitutas, multando-lhes os fregueses. Mas quando o próprio Berganza submeteu ao dono uma proposta muito razoável para sanar a vida das "*mozas perdidas*", e por incapacidade de falar só produziu latidos, então recebeu pancadas — ao que Cipión observa filosoficamente: "*Nunca el consejo del pobre, por bueno que sea, fué admitido, ni el pobre humilde ha de tener presunción de aconsejar a los grandes y a los que piensam que se lo saben todo*". Mais um axioma que não se enquadra bem no sistema filosófico do erudito licenciado. Por isso o pobre e humilde Berganza não foi admitido como aluno no colégio dos PP. Jesuítas. E, enfim, acabou no Hospital de la Resurrección, onde ficam inacabados os cálculos, não-realizados os experimentos, inéditos os sonetos, e nem Sua Majestade quer ouvir a proposta do projetista de decretar um dia mensal de jejum geral no reino inteiro da Espanha e das Índias, para por meio da renda desse novo imposto entupir o déficit e secar a inflação.

Afinal, quem é o enganado neste mundo de engano geral? Aqueles pobres enganados — o matemático, o técnico, o economista, o poeta — não constituem porventura a flor intelectual da Humanidade? Os porta-vozes das idéias e ideologias? Desprezá-los não pode ter sido o intuito do grande humanista que Cervantes era — ele mesmo um poeta fracassado, hospitalizado. Não falta inteligência neste mundo nem idéias nem ideais; apenas a realização encontra certos obstáculos de natureza moral. E nós outros, neste ano de desgraça de 1946, temos mais alguns motivos para reconhecer o mundo como um grande hospital de idéias e ideais fracassados.

Mas Cervantes não era um pessimista e sim um humorista. Por isso botou a última palavra da sua sabedoria na boca da mais honesta, da mais moral das criaturas: o cachorro. Mas isso, respondem os licenciados, é contrário a todos os ensinamentos da filosofia e experiências da humanidade: um cachorro não é capaz de falar. Tenham paciência, responde Cervantes: o que significam as vossas experiências milenares do passado em face dos milênios do futuro? "Por que tendes tanta pressa? E o cão teria realmente dito isso se nós outros tivéssemos tido a paciência de esperar". É por isso que o grande hospital deste mundo não é um hospital comum — "*lasciate ogni speranza, voi ch'entrate*" — e sim o Hospital de la Resurrección.

Agonia do liberalismo

O Jornal, 11 ago. 46

O liberalismo não morreu. Durante muitos anos, a propaganda dos fascismos conseguiu transformar o liberalismo em "ódio ao gênero humano", ao ponto de os próprios antifascistas, aborrecidos com os abusos do liberalismo econômico, não ousarem defendê-lo. Democracia, esta sim; mas, quanto ao liberalismo, a sentença de morte foi unânime. O liberalismo, no entanto, não morreu. Sobretudo não morreu na América: a ideologia pan-americanista, a linguagem oficial dos Estados Unidos, as declarações programáticas de importantes partidos na América Latina, todas elas se inspiram nas fontes históricas do liberalismo.

O liberalismo não morreu. Apenas mudou. Uma dessas mudanças diz respeito a religião e Igreja. Os liberais do século XIX eram livre-pensadores e anticlericais. Os liberais de hoje vão à missa e incluem nas constituições dispositivos que satisfazem às exigências da Igreja. Na Europa, o novo partido católico da França, o MRP, parece ao mesmo tempo constituir uma fortaleza do liberalismo político.

Há quem explicasse isso da maneira seguinte: uma classe agonizante, a burguesia, procura o apoio da Igreja, assim como certos livre-pensadores chamam, *in extremis*, o padre. Dir-se-ia, com malícia, que as velhas pecadoras se tornam beatas. Esta explicação não parece porém muito exata. Haverá outros motivos, mais profundos, e a discussão de fenômenos assim, num nível acima das discussões usuais dos círculos políticos, parece-me um dos deveres mais importantes dos intelectuais e uma das formas mais eficientes da sua participação na vida pública. No caso, trata-se de raciocínios sugeridos pela leitura de um livro recente: *The Open Societies and its Ennemies* (George Routledge & Sons, 1945), de K. R. Popper.

É um livro grosso de dois volumes, tratando de Platão, Aristóteles, Hegel, Marx, Mannheim, Toynbee e mais outros homens e coisas, com erudição enorme. Livro admirável por muitos motivos. Veja-se esse antimarxista furioso reconhecendo a benéfica influência moral do marxismo que acordou o sentimento da responsabilidade social em muitas consciências cristãs. Marx teria zombado dos Direitos do Homem, "palavrório da burguesia", não admitindo motivos ideais e morais no movimento proletário: este seria produto do determinismo econômico da história; mas doutro lado existe em Marx, pensador de formação humanística, um fundo de humanismo cristão pelo qual Popper se sente atraído. Tão atraído como lhe repugna aquele determinismo histórico. Porque Popper é um liberal, e o seu conceito da História é História da Liberdade.

Evidentemente não se trata de anarquia e sim de liberdade razoável. Popper, como "liberal histórico", é racionalista; considera a Razão como a arma mais formidável do progresso humano, enquanto o irracionalismo moderno é responsável pelos crimes desumanos dos totalitários, verdadeiros anarquistas às avessas. Marx, do outro lado, é materialista — mas materialismo e racionalismo nem sempre andam de mãos dadas. Um pensador hegeliano, como Marx era, até não pode ser racionalista. E, com efeito, no determinismo histórico de Marx reconhece Popper um historicismo anti-racionalista: uma tentativa de demitir a Razão em favor do processo histórico, mais poderoso e mais eficiente. Esse determinismo histórico é o objeto do ataque do autor.

Popper encontra o primeiro esboço de um historicismo bem-desenvolvido em Platão: e já então o historicismo estava aliado a um sistema político de "sociedade fechada", antiliberal, suprimindo a liberdade dos cidadãos. Depois, veio Aristóteles, fortalecendo-se o conservantismo antiindividualista. Enfim, veio Hegel: começa a maré das filosofias da história que pretendem descobrir "leis históricas", profetizando-se a evolução futura do gênero humano. E todas essas filosofias — sejam de hegelianos fascistas, sejam de hegelianos marxistas — pretendem estabelecer sistemas "fechados" da sociedade, totalitários. Quando o homem se confia ao determinismo histórico, renuncia ao uso livre da Razão, caindo fatalmente no abismo da servidão política. O historicismo — conclui Popper — é incompatível com a liberdade.

Popper é discípulo do famoso economista austríaco F. A. Hayek, atualmente professor da Universidade de Londres e espécie de oráculo do partido conservador. Hayek, autor da impressionante obra *Roads to Serfdom* (Chicago, 1944), é no entanto um liberal sincero e impenitente; tão impenitente que ousa defender justamente o ponto mais fraco do liberalismo, a doutrina econômica dele. Já se lembrou o fato de que até os antifascistas não quiseram defender o liberalismo contra os ataques fascistas. Por quê? Porque o liberalismo é antes de tudo uma doutrina econômica da liberdade do mercado, e só em conseqüência doutrina da liberdade política. O liberalismo nasceu, no século XVIII, como teoria da harmonia pre-estabelecida das forças no mercado: pela concorrência livre, afirmavam os smithianos, estabelece-se automaticamente o melhor possível dos equilíbrios econômicos. Ora, essa concorrência livre levou a resultados econômicos e sociais — o caos da produção e distribuição, crise em permanência, servidão do proletariado — que ninguém hoje pode defender. Daí a chamada agonia do liberalismo. Hayek defende, porém, justamente a liberdade do mercado: porque qualquer restrição da liberdade econômica leva fatalmente à economia dirigida ou planejada, e para o planejamento e direção central da economia precisa-se de uma autoridade, capaz de impor-se aos indivíduos econômicos. Mas se eles, preferindo os seus egoísmos de classe ou individuais, resistem aos planos estabelecidos? Então, aquela autoridade precisa impor-se politicamente, suprimindo as veleidades antiplanistas. Deste modo, o planejamento começa no terreno da economia e acaba no terreno da política, estendendo-se do comércio das mercadorias até o comércio das idéias, regulamentando-se tudo. É o totalitarismo. Economia dirigida e liberdade política são — conclui Hayek — incompatíveis. Do liberalismo econômico, que ninguém ousa defender, depende o liberalismo político que não morreu nem quer morrer nem deve morrer, porque é o único sistema político descoberto até hoje que garante a convivência decente dos indivíduos livres no Estado legalmente organizado. Eis — na verdade — um grave problema.

Um dos silogismos impressionantes nos quais Hayek apresenta o seu raciocínio é o seguinte: fala-se da anarquia de interesses egoístas no mercado livre: então, a direção da economia dirigida elimina aquela anarquia, dando autoritariamente preferência a certos interesses, pondo em segundo lugar ou até eliminando outros interesses, considerados menos importantes ou até nocivos; agindo assim, o governo obedece a certo código de valores, escrito ou não, que determina quais os interesses importantes, quais os menos importantes e quais os nocivos. Para ser obedecido, esse código deve ficar indiscutido — e transforma-se em "tabu", "mito" ou "linha geral": não se admitem argumentos contra, porque uma discussão puramente teórica é inútil, e uma discussão com conseqüências práticas levaria à abolição parcial do código e novamente à anarquia econômica. Daí existirem códigos assim em todas as "sociedades fechadas", sem anarquia nem liberdade: no Estado utópico de Platão, no feudalismo medieval, nos totalitarismos modernos.

A obra de Popper só pretende, no fundo, documentar essa tese de Hayek. Popper observa que todos os teóricos da "sociedade fechada", de Platão através de Hegel até Marx, são deterministas históricos; acreditam em "leis da história", substituindo o progresso racional pelo predeterminado "sentido da história": por isso julgam-se capazes de prever o futuro — e com isso estão abolindo a liberdade. Parecem racionalistas ou quase, esses profetas da história, mas chegam a entregar o homem ao Fado cego, e a conseqüência "fatal" revela-se nos excessos desumanos pelos quais se distinguem sempre os mitos irracionais.

Na história, Popper não admite leis à maneira das leis da Natureza. Na história não se repetem os acontecimentos, de modo que não há normas de repetição nem possibilidades de prever o futuro. Se o "sentido" de uma série de acontecimentos depende da existência de uma "lei", então, afirma Popper enfaticamente, a História não tem sentido. É um anti-Hegel legítimo! Por isso, ele é antifascista e antimarxista ao mesmo tempo. Popper sabe escolher os seus inimigos. Mas não sabe escolher com felicidade igual os seus companheiros. Com efeito, no fim da sua obra Popper encontra-se numa companhia que nem os profetas mais audaciosos podiam prever. O seu anti-hegelianismo a-histórico vem de Kierkegaard e Karl Barth, e o próprio Popper acaba citando esses teólogos irracionais e pessimistas que consideram condenada a Razão humana pelo Pecado original e pela Revelação divina. Não é conclusão feliz para a obra de um liberal e racionalista.

Popper e Hayek representam uma corrente forte da opinião atual. O liberalismo não morreu. No sentido de "o que precede imediatamente à morte", o liberalismo nem se encontra em agonia. Mas se usamos a palavra "agonia" em sentido unamuniano — "luta de vida ou morte", um daqueles momentos supremos nos quais os ateus costumam invocar o nome de Deus —, então se verifica a "agonia" do liberalismo: perdeu os seus fundamentos religiosos. A fé dos liberais na harmonia preestabelecida dos interesses individuais no mercado e na sociedade baseava-se na fé religiosa do século XVIII em um mundo de harmonia perfeita, em que nem o próprio Deus precisa intervir — assim como o Estado dos liberais não precisa intervir no mercado. É o credo de Pangloss. Quanto aos artigos políticos desse credo, todos nós continuamos acreditando. Quanto aos artigos econômicos desse credo, só o professor Hayek ainda acredita. Mas quanto àquela fé mesma na ordem do Universo, ninguém mais acredita, nem sequer o professor Popper, que chega a encontrar-se com teólogos tão pessimistas como foi pessimista o grande adversário de Pangloss, o livre-pensador Voltaire. O liberalismo perdeu as bases religiosas da sua fé. Será por isso que o liberalismo admite a intervenção do Estado na política econômica e a intervenção de Deus nos negócios deste mundo pouco harmonioso.

Duas páginas de crítica

O Jornal, 25 ago. 46

Merece atenção especial a crítica contemporânea na Itália, país de De Sanctis e Croce. Talvez a opressão política tenha contribuído a concentrar as energias intelectuais num campo de atividade em que a ditadura não foi capaz de fiscalizar os métodos nem compreender os resultados. Seja como for, em outra parte não existem, hoje, exemplos comparáveis de penetração sutil, acompanhando os autores nos recantos mais ocultos da expressão estilística, e de interpretação criadora, abrindo vastos panoramas de significação geral das obras literárias. Duas páginas de crítica sirvam para ilustrar o que se afirmou: a primeira, de um crítico erudito; a segunda de um "leigo", um leitor.

Attilio Momigliano, discípulo de Croce e professor da Universidade de Pisa — destituído aliás pelo regime fascista —, escreveu uma página extraordinária sobre a

Chartreuse de Parme, de Stendhal. Inquietara-o o problema de que os romances de Stendhal, verdadeiros clássicos da psicologia do *grand siècle*, revelam feitio extremamente romanesco quanto ao enredo. Contudo, o crítico não se perdeu em discussões estéreis sobre o *classicisme des romantiques* e o *romantisme des classiques*; compreendera que essas expressões "classicismo" e "romantismo", de conteúdo inesgotável nas literaturas anglo-germânicas, constituem na literatura francesa pouco mais do que rótulos de "escolas" sem maior importância. Preferiu definir mais exatamente, no caso especial de Stendhal, a antítese: amor da beleza e coragem heróica, e doutro lado o gosto pelas sutilezas engenhosas da astúcia; paixão erótica e inteligência requintada; enfim, heroísmo e maquiavelismo, os dois pólos da arte de Stendhal. "O maquiavelismo, em Stendhal, tempera o heroísmo, pondo-lhe freios estilísticos". Logo Momigliano pretende verificar isso no estilo do romancista.

Escolhe a cena patética na qual Fabrice, encontrando-se na prisão por ter assassinado o rival, tem que morrer por meio duma refeição envenenada que lhe servem. Clélie, apaixonada e desesperada, consegue penetrar na prisão para advertir o querido — não se pode imaginar situação mais "romântica", mais romanesca. Entra ela na cela, perguntando: "*As-tu mangé?*" Mais uma pincelada romântica: a moça, cheia de paixão, esquece-se, dando a Fabrice, pela primeira vez, o "tu". "*Ce tutoîment ravit Fabrice.*" Não é capaz de responder logo. A transição muda, paralisando-se por um instante a ação romântica, fornece a Fabrice a oportunidade para concluir rapidamente um raciocínio maquiavélico. Ainda não comeu do veneno, mas responde: "*Je ne sens point encore de douleurs, mais bientôt elles me renverseront à tes pieds; aide-moi à mourir!*" Clélie só pode responder, por sua vez, fazendo um movimento que lhe revela a convulsão íntima. "*Elle était si belle, à demie vêtue et dans cet état d'extrême passion, que Fabrice ne put résister à un mouvement presque involontaire. Aucune résistance ne fut opposée.*" O clímax da paixão romântica é conseguido por meio dum raciocínio calculado, maquiavelístico.

Não será preciso acrescentar mais nada a essa página de Momigliano para definir o estilo e ânimo de Stendhal. Com efeito, o crítico italiano não acrescentou mais nada. Mas a sua frase sobre o conjunto dos personagens da *Chartreuse de Parme* — "sociedade de super-homens sem escrúpulos morais, que inspira estupor" — permite continuar a interpretação, estendendo-a do campo estilístico para o campo sociológico. Stendhal, "romântico" como a burguesia nascente do seu tempo, transmite-lhe uma herança do *siècle classique* e aristocrático: o maquiavelismo psicológico, que apareceu antes, imediatamente antes da Revolução, nas *Liaisons*

Dangereuses do seu precursor Choderlos de Laclos. Stendhal encontra-se entre aristocracia e burguesia, entre estilo clássico e sentimento romântico: mantém essa posição por meio da sua psicologia, clássica e moderna ao mesmo tempo. Com o tempo, porém, a burguesia deixará de ser romântica: e tanto mais apreciará o maquiavelismo. Stendhal será lido "por volta de 1880"; quando o capitalismo do século XX se encontrar em dificuldades extremas, revelar-se-á novo aspecto da mistura do maquiavelismo inescrupuloso e do romântico "*vivere pericolosamente*" — a Stendhal, francês por nascimento e italiano por adoção, essa tradução italiana do maurrassianismo teria "inspirado estupor".

A página de Momigliano sobre Stendhal encontra-se no seu livro *Studi de Poesia*. Com efeito, o crítico italiano trata textos de prosa como se fossem poemas nos quais toda palavra, até a posição de toda palavra na frase tem importância decisiva. Esta mesma premissa permite chegar a resultados muito diferentes. A obra mais comentada da literatura italiana depois da *Divina Commedia* é o romance *I Promessi Sposi*, de Manzoni: o romance do pobre camponês lombardo Renzo, cuja vida foi perturbada pelas perseguições por parte de aristocratas tirânicos, naquele funesto século XVII, quando os espanhóis oprimiram a Itália e só a grande peste em Milão se encarregou de fazer o papel de juiz igualitário — epopéia enorme do povo. Desde mais de um século, os críticos e os eruditos continuam a comentar essa obra; os professores explicam-na aos meninos na escola; os próprios meninos têm que escrever temas, focalizando este ou aquele aspecto do romance mais lido da língua italiana.

Há pouco, saíram numa revista suíça trechos das memórias dum velho professor, contando dos seus primeiros anos de magistério no cantão de Ticino, naqueles vales alpinos da Suíça italiana, já de vegetação mediterrânea, nos quais camponeses tenazes conservam desde muitos séculos uma democracia de feições arcaicas e resistência inquebrantável — justamente em cima das planícies da Lombardia, infelicitada por tantos séculos de tirania até os nossos dias. Ninguém, na região, conhecia o jovem professor, e camponeses são desconfiados; quiseram saber se ele era "deles". Deu o primeiro tema aos meninos: "O personagem principal dos *Promessi Sposi*". Quase todos escreveram sobre Renzo, encarnação do povo humilde que sofre. Alguns, os mais crescidos e inteligentes, preferiram o santo arcebispo Borromeo, ou então o personagem humorístico do covarde padre d. Abbondio, ou então o heróico frei Cristoforo, ou então o misterioso *Innominato*. Tudo possível. Um dos meninos trouxe porém para a escola um escrito esquisito que começou com as palavras seguintes: "Personagem principal dos *Promessi Sposi* são as galinhas de Renzo...".*

Tratava-se do episódio em que as galinhas, amarradas nos pés, cabeças para baixo, balancearam nas mãos do "homem, agitado pelas paixões, acompanhando com gestos impulsivos os pensamentos que lhe passaram na cabeça. Ora cheio de raiva, sacudiu o corpo inteiro; ora desesperado, levantou o braço para o céu; ora gesticulou violentamente no ar, e os seus movimentos foram acompanhados fielmente pelas quatro cabeças penduradas, que não perderam, porém, nenhuma oportunidade para picarem uma à outra com os bicos, assim como acontece tantas vezes entre companheiros de infortúnio". Essas quatro galinhas — continuou o tema escolar daquele menino — são os personagens principais do romance. Assim todos os outros personagens, embora advertidos pela religião e pela razão, só pensam em inventar perseguições e escapar a perseguições, maltratando-se reciprocamente por toda espécie de lutas, maldades e perfídias, enquanto a Itália, amarrada de cabeça para baixo, bamboleia nas mãos dos espanhóis violentos — até chegar a peste, julgando os justos com os injustos. Assim todo mundo se comporta no infortúnio; é a história dos partidos, das nações, dos Estados; é, simbolizada no maior romance histórico de todos os tempos, a história do gênero humano de todos os tempos.

Evidentemente, isso não foi escrito por um menino de 12 anos. O pai dele redigira o texto para observar as reações do jovem professor, que pouco depois teve a honra de conhecer o autor do "tema escolar": Brenno Bertoni, descendente de uma família multisecular de chefes daquela democracia camponesa, a mais antiga que existe no mundo e na qual os Bertonis ainda não se extinguiram.

Nesta crítica literária de um "leigo" não há erudição nem sutileza; mas há a força criadora do símbolo que fala claramente aos suíços, aos italianos e a nós outros. É como se o alpinista, após ter atravessado a região das névoas malignas e das nuvens ameaçadoras, chegasse ao cume da montanha, vendo o país aos seus pés em plena luz do sol. Assim os camponeses suíços de fala italiana, do cantão de Ticino, conservam a antiga liberdade nos seus vales inacessíveis, e hoje, depois de terem passado mais uma vez peste e tempestade em Milão, vêem aos pés das suas montanhas a planície da Lombardia novamente iluminada pelo sol da liberdade.

---

* N. da E. – Carpeaux repetirá trechos deste artigo em outro, 13 anos mais tarde (ver pág. 462).

Política, Teatro, Poesia
(A propósito da morte de Hauptmann)

Letras e Artes, 08 set. 46

Num mundo composto de fascistas, antifascistas, simpatizantes e antipáticos (este último partido é o mais numeroso), a primeira pergunta ao morto que pretende passar-se para a eternidade é de natureza política. Talvez ele respondesse ingenuamente: "Fui poeta, e o mundo me considerava grande dramaturgo". Ora, a primeira dessas duas afirmações é muito subjetiva; e a segunda? Recebeu em 1912 o prêmio Nobel, e com isso certa gente acredita terminada toda discussão. O prêmio Nobel é conferido pela Academia da Suécia, e já se informaram de quem se compunha, em 1912, essa corporação veneranda? Dos mesmos velhos obstinados, parnasianos e "idealistas" que recusaram o prêmio Nobel a Strindberg, Tolstoi, Zola, Pérez Galdós, Verga, Hardy, Henry James, mas coroaram Eucken (quem foi?) e Benavente. Só cederam ao clamor de editores interessados, à solenidade de medalhões, às preferências efêmeras do público. No caso, o nome nem foi imposto pelo público, que aplaudiu e vaiou alternadamente as peças, não considerando o dramaturgo como "acima de toda discussão". E ele estaria "acima de toda discussão" para nós outros? Então vem a aliança dos antipáticos e simpatizantes propondo outro critério: "Pelo menos queremos saber se ele foi um rapaz direito e um velho digno". Para quem não sabe distinguir valores, basta isso para dar crédito na casa onde se vende a glória. Conforme as atitudes é que xingamos os vivos e não deixamos em paz os mortos. Agora, vejamos o caso de Hauptmann.

— 1885, industrialização da Alemanha, morte dolorosa e silenciosa de uma velha civilização; um jovem poeta afirma que pretende cantar as máquinas e as estradas de ferro, "a canção sombria e, no entanto, bela, a canção do nosso século".

— 1895, o movimento socialista, em franca ascensão, aplaude as cenas revolucionárias dos *Tecelões* (o retumbante fim de ato: "É preciso mudar tudo isso!") e reclama o dramaturgo como dos seus. O dramaturgo nem confirma nem desmente, acompanhando a ascensão do movimento operário pela "Ascensão de Hannele", representando no palco o sonho de agonia de uma criança proletária martirizada, a qual os anjos embalam com a canção mais bela que o poeta Hauptmann escreveu: "O sol naquelas colinas não te deu o seu ouro, o pão áureo daqueles agros não te quis matar a fome... Trazemos pelas trevas a primeira luz do dia, no fundo dos nossos olhos refulgem as ameias da cidade eterna".

— 1905, os *trusts* dominam a Europa, a política imperialista ameaça o mundo; na Rússia troam os canhões contra o povo: o autor do "Sino submergido" lamenta o destino do artista na vida moderna.

— 1913, a Alemanha do Kaiser celebra o centenário da "guerra de libertação" contra Napoleão: o novo premiado da fundação Nobel, encarregado de escrever uma peça patriótica a respeito, fornece uma obra menos solene do que se esperava; é publicamente insultado pelo príncipe-herdeiro e recebe pêsames e parabéns da parte dos monistas, maçons, associações de professores secundários e partidários do sepultamento por cremação.

— 1920, República de Weimar, revolta de Spártaco, contra-revolta dos militares: desmente ter sido jamais membro do partido socialista.

— 1933, Hitler no poder, os judeus perseguidos e expulsos; entre eles os editores, diretores de teatro e críticos aos quais o dramaturgo deve tudo, a um *gauleiter* declarando que peças subversivas como *Os tecelões* nunca mais seriam representadas: o autor de *Os tecelões* fica calado mas não insensível aos sinais de apreço oficial à sua célebre pessoa.

— 1941, Vichy, Conventry, Tobruk, Kiev: respondendo a uma *enquête* ("Quem é o poeta alemão da sua preferência?"), indica o nome do condenado do judeu Heine.

— 1945, Berlim: recebe uma comissão de escritores comunistas; não responde porém a um convite público para colaborador porque já se encontra em agonia.

É difícil decidir-se: na política e na literatura. Quando Hauptmann estreou no palco, a literatura européia era naturalista, o dramaturgo tornou-se naturalista, e fez bem. Depois venceu o neo-romantismo, Hauptmann tornou-se neo-romântico, e fez bem. Depois sofreu muitas derrotas na platéia e começou a fazer experimentos, escrevendo alternadamente uma peça naturalista e uma peça romântica, repetindo isso cinco vezes, seis vezes, dez vezes, e não fez bem. Continuou a experimentar derrotas. A crítica descobriu que faltava às peças a ação, e aos personagens a vontade. Os "heróis" de Hauptmann seriam mártires, sofrendo passivamente, e o martírio não presta muito para a tragédia. Com efeito, logo nos *Tecelões* o grito revolucionário dos operários famintos ("É preciso mudar tudo isso!") é seguido pela voz em surdina do velho trabalhador pacato que, desaprovando a revolta como agitação inútil, a compreende, no entanto, e desculpa: "Meu Deus, toda criatura tem uma saudade!".

Depois, os soldados matam por acaso o velho pietista Hilse, justamente aquele que não quis participar de "atos temerários e impiedosos", e eis o fim do martírio dos tecelões da Silésia. Mártir é a pobre Hannele, à qual a realidade não deu pão e só o sonho fez ver as ameias da cidade eterna. Mártir é Florian Geyer, o chefe derrotado da revolução camponesa do século XVI, traído e assassinado, recebendo o epitáfio: *Nulla crux sine corona*. Mártir é o carroceiro Henschel, vítima duma mulher má, enforcando-se. Mártir é Rose Bernd, seduzida, infanticida, suicida. É gente sem força, abúlicos incapazes de agir, de decidir-se, assim como o poeta que os criou.

As atitudes políticas não podem constituir critério do valor literário. Mas as atitudes e as expressões nascem na mesma raiz, na personalidade que se revela. E nem todas as personalidades literárias prestam para dramaturgo. Quais são, afinal, os elementos constitutivos do teatro? Primeiro, uma atitude moral definida, comum ao autor e ao público: assim, os antigos acreditaram no Fado, os elisabetanos no grande indivíduo, os espanhóis na honra de Deus e na honra dos homens, os franceses no disciplinamento das paixões; sem uma "religião teatral" assim não existe teatro e, sim, só peças irresponsáveis para ler. Segundo: a construção conforme certas convenções dramáticas cuja observação garante o efeito procurado; sem isso, só existem cenas isoladas, talvez de inspiração poética ou habilidade técnica, mas sem coerência. Enfim, a poesia: Ésquilo, Shakespeare, Calderón, Racine eram grandíssimos poetas; há poesia, até muita poesia no diálogo cinzento de Ibsen, nas ironias cruéis de Pirandello, na expressão meio *slang*, meio mística de O'Neill. Sem poesia, seja um grão de poesia, não há teatro que permaneça, e sim só o negócio rendoso dos Sardou e *tutti quanti*.

E Hauptmann? Atitudes definidas ele não tinha, nem na política, nem na literatura. Em conseqüência disso, não dispunha do poder de construção: juntou cenas e cenas sem fio coerente de ação, transformando os "heróis" em vítimas das circunstâncias, de modo que o fim das suas peças não é trágico e sim triste. Mas era poeta. Aquelas cenas suas eram visões poéticas: nos *Tecelões*, a taverna da qual os operários revoltados saem cantando, enquanto o velho céptico murmura: "Meu Deus, todo homem tem uma saudade!"; o Anjo da morte inclinado sobre a criança Hannele; os mercenários brutais gritando: "Viva! O Florian Geyer morreu!", e a voz do poeta respondendo: *Nulla crux sine corona*.

Quanto à raiz psicológica desta poesia, não fica dúvida: é a compaixão com as criaturas. O resultado não é a tragédia, isso é verdade; antes a tristeza sublimada, a poesia elegíaca. O teatro de Hauptmann, fraco e inconsistente, vive só da sua poesia, mas esse "só" é muita coisa. O teatro de uma determinada nação e época, intimamente ligado às crenças religiosas, convenções morais e condições sociais, mal sobrevive a estas. Ésquilo e Calderón já não dominam os palcos, mas ficam como poetas. O teatro de Shakespeare participa de todos os defeitos dos seus contemporâneos, dos quais alguns — Webster, Middleton — não são inferiores como dramaturgos; mas só o próprio Shakespeare continua contemporâneo nosso, porque é poeta permanente, enquanto um teatro sem poesia, por mais que agite os contemporâneos, não vale nada. A poesia é a parte permanente do teatro de Hauptmann. Ainda "é preciso mudar tudo isso", e sempre encontrará eco o verso em prosa: "Meu Deus, toda criatura tem uma saudade!".

Atualidade do *Inspetor* de Gogol

O Jornal, 08 set. 46

A representação do *Inspetor* de Gogol terá o êxito que acompanha infalivelmente essa grande farsa, talvez a mais genial de todos os tempos. *O Inspetor* é irresistível. Ninguém pode deixar de rir-se desse pequeno malandro Chlestakov que, perseguido pelos credores, se esconde num hotel miserável da cidade provinciana, onde o descobrem os dois boateiros Bobtchinski e Dobtchinski ("eles se parecem extraordinariamente"), acreditando eles reconhecer no viajante o inspetor, esperado com angústia pelos burocratas que vivem roubando a cidade. Talvez seja a maior cena da peça, na qual se encontram pela primeira vez o chefe de polícia visitando o viajante temido para lhe dar as boas-vindas (talvez, se for possível, suborná-lo), e doutro lado o falso inspetor, ainda ignorando o papel de que os boateiros o encarregaram e interpretando de maneira diferente a visita de quem dispõe da polícia. "Os dois homens encontram-se: ambos se assustam", reza o texto — e é incomparável este encontro crucial, iniciando-se então a pilhagem daqueles que roubam *ex-officio*. Com efeito, ninguém pode deixar de rir. Mas no fim, quando o falso inspetor desaparece, deixando só uma carta que explica tudo, então os burocratas assombrados quase se petrificam, e quando nós outros ousamos continuar a rir, então o chefe de polícia se dirige à platéia: "Por que rides? Rides de vós mesmos!". Então, o susto tem que ser nosso. Evidentemente, isso é mais do que uma farsa genial. E será preciso encenar a peça de maneira diferente. O momento crucial — também para o *metteur-en-scène* — é aquele primeiro encontro de Chlestakov com o chefe de polícia. E quanto à interpretação dessa cena existem, com efeito, pontos de vista diferentes.

A interpretação mais comum do *Inspetor* é a de uma sátira contra a corrupção da burocracia russa sob o governo do tzar Nicolau I. Até certo ponto, é uma interpretação revolucionária: a peça simboliza, então, a incapacidade das "almas mortas" de se libertar do regime absolutista, e o desmascaramento da burocracia despótica é o primeiro passo no caminho do reino da necessidade ao reino da liberdade. Isso já não é farsa: é grande comédia. Conforme esta interpretação, a peça será encenada como um quadro delicioso dos "bons velhos tempos" de 1830, em costumes da época; mas o *metteur-en-scène* fará compreender aos espectadores — por assim dizer, nas entrelinhas da representação — que essa corrupção escandalosa é de todos os regimes discricionários, não devidamente fiscalizados pela opinião pública. Eis a atualidade permanente da comédia. Neste mundo culpado de tantas malandragens e besteiras, o chefe de polícia tem razão, lançando o desafio a nós outros: "Por que rides? Rides de vós mesmos!".

Assim pode resultar uma excelente representação. Mas aquele primeiro encontro de Chlestakov com o chefe de polícia não será satisfatoriamente interpretado: seria, então, mero engano, confusão de personagens, assim como acontece em inúmeras outras farsas. O maior dos farsistas, Molière, também gostava de confusões assim — no *Médécin Malgré Lui*, nas *Fourberies de Scapin*. Mas não empregou esse recurso cênico, algo barato, nas "grandes" comédias como *Misanthrope* e *Tartuffe*. O *Inspetor* é porém uma "grande" comédia, e uma associação de idéias sugere mesmo a comparação com *Tartuffe*. Na comédia francesa, o responsável pelo desfecho é o próprio rei Luís XIV: na última cena aparece M. Loyal, *sergent du roi*, para endireitar as coisas. E no fim do *Inspetor* aparece o *gendarme* do tzar, anunciando a chegada do verdadeiro inspetor que restabelecerá a majestade da Lei ultrajada.

O tzar, que não aparece na peça, é no entanto o personagem máximo da comédia, o único que não esteja sujeito à corrupção geral. Daí se explica a estranha benevolência do tzar Nicolau II, permitindo a representação do *Inspetor*, assistindo-a, aplaudindo. Parece que o déspota interpretou a comédia de uma maneira nada revolucionária. Compreendeu bem que a verdadeira representação dramática das "almas mortas" daria uma tragédia para chorar e nunca uma comédia para rir. Parece mesmo que o tzar foi ótimo crítico literário, e não só crítico da literatura política mas também da própria vida política. Na comédia e na vida existem burocratas corruptos e falsos inspetores, mas na realidade o tzar não intervém, e quando intervém não é para restabelecer a lei e sim para suspendê-la; assim na comédia, o tzar não aparece e sim apenas o *gendarme*, o polícia que não é propriamente um símbolo da revolução.

Então, é preciso procurar outra interpretação do *Inspetor* para chegar a uma *mise-en-scène* daquele primeiro encontro que não seja farsa cômica e sim "grande" comédia.

Presta-se a isso a "interpretação diabólica", baseada nas convicções políticas e religiosas de Gogol. Com efeito, o grande escritor não era revolucionário. Apesar de tudo, gostava de regimes absolutistas e do tzar. Quanto à religião, era filho devoto da Igreja ortodoxa, chegando às fronteiras da loucura religiosa. Sentiu pavor, pânico do diabo. E Chlestakov seria o próprio diabo. Conforme as tradições da Igreja primitiva, ainda muito viva entre os eslavos ortodoxos, aparecerá no fim dos séculos o Anticristo disfarçado de Cristo, e a humanidade pecadora tomá-lo-á pelo Redentor, até a aparição do verdadeiro Filho de Deus nas nuvens para acabar com a comédia diabólica, iniciando-se então o Juízo final. Logo se compreende que o *Inspetor* é uma grandiosa alegoria, algo como uma edição cômica dos "Autos sacramentais" dos espanhóis. Nos "Autos", a Humanidade inteira adora o Redentor, encarnado no Santíssimo Sacramento. Na comédia de Gogol, a Humanidade russa (e não só a russa) adora o Diabo encarnado num pequeno malandro — mas não adianta: até o Diabo tem de servir os desígnios da Providência divina. Os próprios malfeitores, na peça, são instrumentos da Providência, bonecos na mão de Deus que é, Ele só, livre de corrupção — o tzar do céu. Ai de nós outros! O *Inspetor* seria realmente a comédia das "almas mortas", já não no sentido social e sim no sentido religioso. Farsa ou "grande" comédia? *O Inspetor*, conforme essa interpretação, seria a tragédia das consciências enganadas — assunto de atualidade permanente —, tragédia disfarçada de comédia. E assim deveria ser encenado — riso, com desespero e contrição nas entrelinhas. Vistos do céu, *sub specie æternitatis*, todos os regimes políticos e sociais são duvidosos e frágeis. Frágeis somos, todos nós, como criaturas. "Por que rides? Rides de vós mesmos!" Mas é o riso da agonia, a face hipócrita da humanidade. Ocorre a frase de um padre da Igreja, citada por Baudelaire: "O homem sábio só ri com tremor íntimo". E isso seria a diretriz para encenar o *Inspetor*.

Mais uma vez, será preciso referir-se àquele primeiro encontro de Chlestakov com o chefe de polícia: chave da peça, critério da interpretação. Conforme a "interpretação diabólica", Chlestakov seria o próprio diabo. Mas então não se explica de maneira alguma por que os dois malfeitores iguais, Chlestakov e o chefe de polícia, ambos se assustaram. A cena perde inteiramente o sentido.

Ora, por mais que Gogol seja considerado hoje um escritor fantástico e demoníaco, também é, afinal, o pai da literatura realista. Está com a cabeça no céu da Igreja ortodoxa, mas com os dois pés fincados na terra russa. Realmente, Chlestakov não é um monstro diabólico. É um pequeno malandro, assustado pela presença do chefe de polícia; e só pouco a pouco aprende o papel que os outros, igualmente assustados, lhe impõem. Na verdade, todos são culpados. "Na minha peça", dizia Gogol, "todos são malandros, o autor tampouco é um sujeito decente"; não podia acrescentar que tampouco é sujeito decente o tzar que permite tudo aquilo. Culpados são todos, até as próprias vítimas, os comerciantes, roubados pelos burocratas mas roubando, eles mesmos, o povo. Em última análise, Chlestakov é o menos culpado de todos. Sabe mentir, mas não muito bem, esquecendo-se a cada instante do papel involuntariamente assumido. Aparece como falso "salvador da cidade" que restabelecerá a pureza dos costumes políticos; mas não se arroga esse papel por maldade própria — o seu papel é invenção dos outros. É ele mesmo um boneco nas mãos da "opinião pública" da cidade. E quem é que representa a opinião pública? Os dois boateiros Bobtchinski e Dobtchinski — "eles se parecem extraordinariamente", duas criaturas iguais, igualmente vestidos, igualmente boatejando, mentindo, aplaudindo igualmente o governador legítimo e o falso inspetor. São eles — estes bonecos sem caráter próprio — que inventam a história da chegada do inspetor. Não têm alma; quando muito, são "almas mortas", bonecos na mão do dramaturgo, do *metteur-en-scène*. Não representam; são representados. E o chefe de polícia e os outros burocratas que acreditam cegamente nos boatos mais absurdos não passam, por sua vez, de bonecos na mão daqueles bonecos. E Chlestakov é boneco na mão de todos eles.

Nesta interpretação do *Inspetor* como comédia de bonecos, aquele primeiro encontro de Chlestakov com o chefe de polícia é restabelecido em toda sua importância como o verdadeiro momento crucial da peça. Até este momento, nem Chlestakov se julga inspetor nem o chefe de polícia se julga responsável pela corrupção na cidade. Encontrando-se os dois malfeitores, ambos tornam-se conscientes da sua situação; ambos se assustam. Logo depois, trocam os lugares: aquele, perseguido pela polícia, assume a função da polícia; este, a autoridade subornada, começa a subornar a pretensa autoridade. Assumiram os papéis que Bobtchinski e Dobtchinski, os bonecos, lhes inspiraram. São agora, eles mesmos, bonecos. O jogo pode começar, acompanhado do riso permanente da "grande" comédia.

Comédia ou tragédia? A tragédia das almas mortas é representada por bonecos em vez de homens, e com isso realmente transformada em comédia. Até o próprio tzar se torna personagem de comédia. O estilo que se impõe para encenar o *Inspetor* como comédia de bonecos seria o da *commedia dell'arte* italiana. Aqueles que acham porventura impróprio esse estilo para representar a maior peça da literatura russa — do país da revolução —, a esses é preciso lembrar a preferência de Vaktangov, do maior entre os diretores do teatro soviético, pelo estilo da *commedia dell'arte*; a encenação, por Vaktangov, duma *commedia dell'arte*, da *Turandot* de Carlo Gozzi, foi o êxito mais permanente do teatro russo atual. Gozzi, por sua vez, foi um autor de preferência do próprio Gogol, grande escritor romântico, assim como de todos os românticos: gostavam eles de ver transformado o mundo em jogo livre da imaginação, sem intervenção de critérios morais. "Na minha peça todos são malandros: o próprio autor tampouco é um sujeito decente". "Minha peça" é um jogo de ligeireza divina, quase mozartiana, um jogo no qual estão abolidas todas as leis morais. Mas esta fantasmagoria alegre, fora do tempo e do espaço, não é senão o reflexo de uma atualidade muito real e — permanente. Gogol sabia bem da fragilidade deste mundo, mas julgava-o tão frágil porque é tão real, pesado, tão incapaz de levantar-se para as regiões em que as leis da gravitação e da moral existem. Só para as duas horas de uma representação teatral é a humanidade de Gogol capaz de sair do reino da necessidade para o reino da liberdade — mas aparece logo o *gendarme* do tzar, de qualquer "tzar", lembrando-lhes a sua verdadeira condição. Então, nós outros rimos. Mas "por que rides? Rides de vós mesmos!" Afirmar que o mundo é um grande teatro não passa de um subterfúgio. Na verdade é um teatro de bonecos. O tzar é um boneco. O seu chefe de polícia é um boneco. Bobtchinski e Dobtchinski continuam a inventar e aplaudir falsos inspetores.

"...e Shelley..."

Letras e Artes, 22 set. 46

A nova biografia de Shelley, por Edmund Blunden, que me mandaram da Inglaterra, sugere uma meditação sobre a conjunção copulativa "e". "Quando nos faltam conceitos", diz Goethe, "ocorre-nos um termo". Ora, aquele "e" é um termo freqüente da historiografia literária e uma fonte de confusões. No binômio "Corneille e Racine", o "e" ainda pode passar, tratando-se de dois poetas tão diferentes que nem a mania das comparações na escola chega a confundi-los. Meio ridículo é o "Ariosto e Tasso" de críticos não-italianos que não leram nem o primeiro nem o outro, praticando-se a mesma coisa com os indefesos "Ésquilo e Sófocles". Perigoso é, modernamente, o binômio "Proust e Joyce", misturando dois estilos, duas épocas, dois mundos diferentes. Nietzsche devia protestar publicamente contra a absurda combinação "Goethe e Schiller" que, baseando-se nas relações pessoais dos dois poetas, substituiu na memória da nação a poesia clássica de Goethe pela eloqüência classicista de Schiller, sacrificando a literatura ao gosto dos professores.

Caso de conseqüências algo semelhantes é "Byron e Shelley" — a expressão binária transforma em fato literário as relações de dois amigos, na Itália em exílio voluntário; com ar de condescendência, acrescentaram o nome de terceiro "italiano", de Keats, o pobre tísico que morreu moço naquela mesma terra. A combinação implica quase fatalmente um julgamento crítico: Byron seria grande; Shelley, algo menor; e Keats, coitado, "também" é lembrado. Acontece que os europeus continentais mantêm esse conceito até hoje, não tomando conhecimento da inversão dos valores, realizada na Inglaterra. Lá, Keats está acima das discussões, considerado como valor shakesperiano; Byron já não é lido. E o inquieto Shelley, ligado a eles por um frágil "e", continua uma vida póstuma, agitadíssima, quase tão agitada como a sua breve existência terrestre.

O adolescente, belo como um anjo, atraiu todos que o encontraram no caminho, e destruiu-os a todos, como se fosse um anjo do mal. Expulso da Universidade de Oxford por causa do barulho com que professava convicções ateístas e republicanas, raptou uma mocinha de 16 anos, Harriet Westbrook; após a tentativa infeliz de uma cruzada para converter ao ateísmo os irlandeses católicos, abandonou mulher e filhos, fugindo com Mary Godwin, cuja irmã Fanny se suicidou por amor ao jovem poeta; depois de se ter consumado outro suicídio, o de Harriet, Shelley foi para a Itália, respirar o ar clássico e pagão, adorar belas italianas, viver em sonhos de libertação da humanidade e em irresponsabilidade completa, escrevendo a tragédia lírica *Prometheus Unbound*, enorme rapsódia luciférica. Tudo na sua poesia foi inspiração vital; tudo na sua vida foi ilusão poética, e quase parece o momento supremo da sua poesia a sua morte nas vagas do golfo de Livorno.

Shelley confundira a vida com a poesia. Depois confundiram-lhe a poesia com a vida. A Inglaterra vitoriana perdoou antes a Byron, apesar das atitudes de desafio deliberado, do que a Shelley, que teria destruído os outros e a si mesmo por irresponsabilidade moral. E os burgueses de 1850 tinham instintivamente razão: Byron foi grande aristocrata, e o que temos nós outros com os *spleens* desses Lords? Mas Shelley foi um filho perdido da *gentry*, já ligada à classe média. A poesia de Byron fora a expressão de sua posição social. Mas Shelley, destinado a levar uma existência razoável, inspirou em motivos poéticos a sua vida; e homens aos quais motivos poéticos ficam incompreensíveis deviam considerá-lo um egoísta antipático, senão um louco.

Basta porém folhear a antologia divulgadíssima de Palgrave, obra da época vitoriana, para saber que a magia verbal de Shelley, que é o maior músico da palavra entre os poetas ingleses, venceu as antipatias. O homem Shelley não fora um inglês ao gosto daqueles ingleses. Mas o criador de versos como —

> "O World! O Life! O Time!
> On whose last steps I climb,
> Trembling at that where I had stood before;
> When will return the glory of your prime?
> No more – O never more!"

— este justificava a famosa frase de um papa: "Non Angli, sed angeli". Mas teria sido um anjo do mal! Então, salvaram-lhe o nome, ligando-o por meio de um pequeníssimo "e" a um título aristocrático, indiscutido — e o binômio " Byron e Shelley" estava pronto.

Na verdade, as relações entre Byron e Shelley, os dois exilados na Itália, só foram de natureza pessoal e, por assim dizer, geográfica. Não há relações entre a poesia do primeiro e a do outro. Byron foi classicista, pessimista e libertino aristocrático; Shelley é romântico, otimista e libertador democrático. Aquele "e", em vez de salvá-lo, só podia prejudicar a compreensão da sua poesia.

Devemos àquele "e" a valorização tardia de Keats, cujo nome estava ligado aos dois outros como o de um parente pobre. Reconhecendo o anacronismo do estilo de Byron, admirador de Pope, os críticos aprenderam a apreciar melhor o "classicismo autenticamente grego" de Keats, cuja estrela subiu até alturas shakespearianas. E mais uma vez foi Shelley o prejudicado. Pois aquele "grego" Keats foi na verdade também um romântico, mas com a capacidade de se disciplinar, criando então uma poesia de equilíbrio clássico-romântico, assim como é a de Baudelaire — em suma:

"A thing of beauty is a joy for ever".

O romântico Shelley não possuía porém aquela disciplina, e por isso é que começaram a negar à sua poesia a qualidade de um "joy for ever". A poesia de Shelley — poesia de sonhos musicais — é romantismo em sentido germânico. A ideologia revolucionária de Shelley é romantismo em sentido francês. Em todo caso, ele se tornou intensamente antipático aos anti-românticos do século XX. Assim como Maurras investiu contra Hugo, assim e pelos mesmos motivos investiram os neo-humanistas norte-americanos contra Shelley: acharam que ele fora "Anglus, sed non angelus", senão um dos anjos revoltados. "Quem gosta de Milton", disse P. E. More, "não será capaz de gostar de Shelley", sem imaginar que pouco mais tarde o sucessor mais radical do neo-humanismo iria condenar o herético Milton e o revolucionário Shelley ao mesmo tempo. Com efeito, T. S. Eliot chegou a duvidar até da inteligência do criador do *Prometheus Unbound*. E sendo Eliot não apenas o maior poeta de língua inglesa em nosso tempo mas também o crítico literário de maior influência no mundo anglo-saxônico — Shelley estava julgado: a sua poesia afundou-se numa onda de hostilidade assim como o seu corpo se afundara nas vagas do golfo de Livorno.

Os europeus continentais não tomaram conhecimento dessa "revisão dos valores". Protegeu-os contra o erro uma força maior do que o poeta e crítico Eliot: a palavrinha "e". Shelley ficou considerado como o "Byron menor", e logo como maior do que Byron, porque o aristocrata desdenhoso era menos simpático às mocidades soltas de 1920 do que o "dionisíaco" Shelley, que passara a vida embriagado de amor e poesia. Enfim, a vida de Shelley passou a ter maior significação do que a sua poesia, e Maurois escreveu-lhe a biografia na qual não se refere de maneira alguma à obra do "Ariel". Mas a vida de Shelley só é compreensível em função da sua poesia. É mesmo típica dos românticos essa confusão entre vida e poesia, e, quando se tenta separá-las, resulta — conforme o ponto de vista — um egoísta antipático ou um "belo monstro". A poesia inspirara a Shelley todos os passos na vida, e abstraindo-se daquela poesia a vida de "Ariel" torna-se biografia de um louco.

Mas isso passou. Os estudos biográficos de Herbert Read conseguiram limpar o poeta de várias manchas, revelando que ele não foi um monstro nem um anjo, e sim um homem, embora homem de estirpe prometéia. O poeta modernista e socialista Stephen Spender, não insensível aos valores poéticos de Shelley mas embaraçado pela crítica de Eliot, fez uma tentativa de salvar Shelley, chamando a atenção para os valores permanentes da sua ideologia: pelo menos o libertador, o Prometeu, seria poeta para o nosso tempo. Mas a marcha da revisão não parou aí. O *dernier cri* da crítica anglo-saxônica é a revalorização do romantismo pelo americano Joseph Warren Beach: o Prometeu agrilhoado da poesia romântica voltou a ser libertado. As "revisões de valores" tradicionalmente consagrados em favor de estilos esquecidos ou injustamente desprezados são necessárias; mas por que seriam sempre em detrimento de outros estilos inconfundíveis? Será impossível admirar Milton e Shelley ao mesmo tempo? "Byron e Shelley" é um absurdo; mas "Donne e Shelley" ou "Keats e Shelley" é razoável. Será possível acrescentar à afirmação de qualquer outro valor da poesia inglesa um "...e Shelley". Deste modo, levanta-se de novo das vogas da incompreensão a cabeça angélica do poeta inglês Shelley: "Anglus et angelus".

Um tipo contemporâneo

O Jornal, 22 set. 46

De vez em quando aparecem nos jornais notícias sobre a conversão sensacional de um dirigente comunista: um secretário de sindicato ou líder de juventude ou redator-chefe de jornal revolucionário nos Estados Unidos ou em outra parte longínqua do planeta teria de repente abandonado o partido para abraçar outro credo e "todo mundo", aceitando humildemente uma cátedra universitária não sei de que ciência anticomunista. Não são raras as viravoltas, fornecendo oportunidade para lançar gritos de satisfação em manchetes garrafais. E não são raros os casos de conversão em direção inversa e no entanto perfeitamente idênticos àqueles outros casos, como o de certo Michael Fiodorov que, neste ano da graça, se exibiu perante o público inglês, editando sua autobiografia insolente. Filho de russo e de mãe americana, fugiu em 1917 da Rússia para os Estados Unidos, país em que sua digna progenitora se meteu a trabalhar a serviço da campanha anti-semita de Henry Ford, publicando depois com dinheiro da mesma proveniência um jornal anticomunista. O filho pertenceu, ainda em idade tenra, a uma *gang* de malfeitores juvenis, cometendo coisas incríveis; depois, estudante na França, tornou-se o mais assíduo dos don-juans parisienses, de modo que pode encher agora páginas inteiras da autobiografia com uma relação sucinta de nomes femininos, não se esquecendo de anotar as despesas. Na Inglaterra, as relações de sua admirável mãe abriram-lhe as portas da alta sociedade; daí transmitiu informações preciosas e bem-remuneradas ao dr. Goebbels, e em compensação conseguiu colaborar na imprensa inglesa em favor dos interesses alemães. Enfim em 1939 desempenhava a mesma função no jornal comunista *Daily Worker*, e em 1941 acabou sendo colaborador dos *Soviet War News* em Londres e funcionário soviético. É um tipo.

    Convertido ou apóstata? Espírito inquieto ou malandro? Como quer que seja, é tão freqüente este tipo contemporâneo que urge batizá-lo. Então, como se chama aquele que sabe sacrificar aos fins políticos os meios morais? Um Mussolini fez isso, ele também um convertido assim — o patrono do tipo — e chamavam-lhe "maquiavelista". Mas é uma grande injustiça: não contra o tipo e sim contra Maquiavel. Já me alistei uma vez no rol dos defensores do "secretário florentino", que foi o homem mais inteligente dos tempos modernos e ao mesmo tempo incapaz de qualquer atitude ou ação menos decente. "*Moi, je ne suis pas marxiste*", disse Marx, e Maquiavel podia dizer: "Eu não sou maquiavelista"; na verdade foi o mais agudo observador dos fatos políticos, tirando deles conclusões que valem para sempre e para todos. Notou bem Francesco de Sanctis: "Compreende-se que há nessas generalizações lições para todos, e que o mesmo livro se afigura a alguns código da tirania e a outros código dos homens livres. Mas neste livro se aprende a ser um homem, e é só isso". Lá se aprende que a História, assim como a Natureza, não é dominada pelo acaso, mas por forças inteligentes e calculáveis... e que o homem — o indivíduo assim como o coletivo — não é digno desse nome se não for ele também uma força "inteligente". Resta saber por que o "código" de Maquiavel só foi aproveitado pelos tiranos (e pelos lacaios) e não pelos homens livres. Perguntar assim equivale a perguntar por que a Itália do século XVI, o país das mais altas expressões na arte, literatura e ciência, caiu ao mesmo tempo em corrupção moral completa e em lamentável servidão política. Não é um problema "histórico", passatempo para eruditos desocupados. É um problema atualíssimo, de importância vital para nós outros, hoje, compreendermos a nossa própria civilização, de nível tão alto e ameaçada daquele mesmo perigo.

    Para compreender aquilo não basta ler Maquiavel, e é sobremaneira inútil ler Gobineau, ao qual a paternidade indubitável do racismo não prejudica a divulgação do livro pomposo e simplista sobre a Renascença. Acreditava Gobineau que a raiz do grande mal estava no imoralismo dos grandes gênios da época: seria a teoria de Carlyle às avessas. Então o próprio Maquiavel, gênio da ciência política e doutor do imoralismo sistemático, seria ele mesmo o maior dos culpados. De Sanctis, conforme as palavras citadas, não podia cair no mesmo erro, e com efeito apontou outro imoralista, responsável por "tanta impotência e fraqueza em tanta sabedoria". Deu a este outro imoralismo o nome de um contemporâneo e amigo de Maquiavel, chegando a escrever um ensaio notável sobre o tipo humano que esse contemporâneo representava: *L'uomo del Guicciardini*.

Aí está o nome do nosso tipo contemporâneo. Apresentando um importante historiador, embora menos conhecido, do século XVI, penetramos num terreno de atualidade evidente. O próprio De Sanctis, terminando por volta de 1870 aquele ensaio, deu a entender com palavras memoráveis a atualidade permanente do assunto. "*La razza italiana non è ancora sanata da questa fiacchezza morale...*" E não só a italiana de 1870, porque se aplica de maneira mais geral a citação de Cícero que De Sanctis usa depois: "*L'uomo del Guicciardini 'vivit, imo in Senatum venit' e lo incontri ad ogni passo*" — "O tipo Guicciardini está vivo; ainda freqüenta as assembéias e comícios, onde o encontro toda dia". E De Sanctis conclui: "*E quest'uomo fatale c'impedisce la via, se non abbiamo la forza di ucciderlo nella nostra coscienza*".

À primeira vista Francesco Guicciardini parece um *double* do seu contemporâneo mais famoso. Também foi "secretário florentino", também escreveu uma história de Florença, repositório do seu agudo pensamento político. Mas desaprovou a mania do seu grande amigo de se referir, a cada instante, à história romana para tirar dela conclusões e regras gerais do comportamento político. Viveu na atualidade, e o passado lhe inspirava tão pouca confiança como o futuro. No fundo, nem a atualidade lhe merecia consideração maior do que a de teatro das atividades práticas de conseqüências imediatas: encenar nesse teatro uma peça romana parecia-lhe "exigir que um burro participasse duma corrida de cavalos". Nem estimava muito o Estado, do qual ele foi representante diplomático, dizendo que "o Estado não é outra coisa do que violência sistematicamente exercida contra os súditos". Enganar-se-ia porém quem acreditasse que Guicciardini foi reacionário. Não, foi republicano. É verdade que pediu, no tratado *Del Reggimento de Firenze*, a vitaliciedade do supremo magistrado da nação — espécie de presidencialismo no século XVI. Mas fez muita questão da lisura das eleições e elaborava com notável erudição jurídica um sistema de equilíbrio perfeito dos poderes. Foi, no dizer de Pasquale Villari, principalmente um espírito jurídico. E sabia defender os seus pontos de vista com eloqüência admirável: foi um grande orador — o que Maquiavel não foi —, e seria hoje um famoso jornalista.

Sempre ocupado com a atualidade dos acontecimentos, chegou a um conceito de política muito diferente das idéias do seu grande amigo. Diz o historiador Villari: "O problema em face do qual ele se colocou constantemente na vida pública e na vida particular era a utilidade, sem se ocupar absolutamente de um passado ou de um futuro um pouco longínquos". Seria injusto afirmar que lhe faltava a larga visão histórica; na verdade não deu importância a visão alguma. Foi um realista na política. Contudo, estava de acordo com um conceito importante de Maquiavel: "As coisas do passado servem para compreender as do futuro, porque o mundo fica sempre o mesmo: e tudo que é e será foi assim mesmo em outros tempos, e as mesmas coisas voltam, se bem com outros nomes e em cores diferentes; mas nem todos as reconhecem e sim só aquele que é inteligente e sabe bem observar, com muita diligência". Maquiavel foi inteligente, observando bem. Guicciardini também foi muito inteligente mas não gostava de tirar conclusões teóricas: *"Quanto è diversa la pratica della teoria!"*, exclama, e dá logo uma prova da sua capacidade de observação prática: "Não convém acreditar muito naqueles que andam apregoando com tanta eficiência a Liberdade, porque quase todos pensam em primeira linha nos seus interesses particulares".

Esse cepticismo ideológico tem uma raiz psicológica: foi resultado de auto-análise. Em setembro de 1512, pouco antes da batalha de Ravenna que devia decidir do futuro regime da República de Florença, escreveu Guicciardini um *discorso* em que esboçou uma constituição republicana, apoiada nas forças da opinião pública. Em outubro do mesmo ano, imediatamente depois da batalha que restabelecera a casa Medici no poder, Guicciardini escreveu outro *discorso* em que recomendou estabelecer um regime oligárquico, baseado na vigilância da polícia. Em face da rapidez vertiginosa dessa conversão, poder-se-ia perguntar se Guicciardini tinha princípios políticos: sim, tinha, e sempre aqueles que serviram bem no momento. E se o êxito nem sempre lhe recompensou a "diligência", a culpa não era sua e sim da esperteza maior dos outros que ele mesmo doutrinara. Porque esse homem eruditíssimo e grande pensador político foi até certo ponto ingênuo: o "tipo Guicciardini" de hoje é menos erudito e menos profundo, mas nada ingênuo.

Em todo caso, é um tipo permanente: "com nomes e em cores diferentes", encontra oportunidade para transformar em "impotência e fraqueza tanta sabedoria": mas só chega a resultados apreciáveis quando grandes transformações históricas ameaçam os valores tradicionais sem os substituir por novos, de modo que o novo moralismo da geração moça parece justificar o imoralismo dos oportunistas velhos.

Então acontece, como nos tempos de Tucídides (III, 82), que "a própria significação das palavras foi pervertida; a ousadia chamava-se coragem, os caluniadores foram elogiados como homens honrados, e quem se opôs a eles tornou-se suspeito". Também foi assim nos tempos de Guicciardini; e a imprensa norte-americana de 1942 a 1945 oferecerá aos futuros historiadores o espetáculo de intolerância furiosa e campanhas de má-fé nos tempos do maior prestígio das armas russas, e depois o espetáculo de outras campanhas, não menos furiosas, em direção contrária, quando este prestígio já não serviu bem para os fins prementes da política interna. Então, estava brilhantemente justificado o oportunismo dos "velhos", que podiam "voltar ao Senado". E Guicciardini tem razão: "... as mesmas coisas voltam, se bem que com outros nomes e cores diferentes". Trata-se de um tipo permanente, e por isso não adianta nada denunciar a "decadência moral da nossa época" — todas as épocas são mais ou menos "decadentes" moralmente. Mas só quando o próprio conceito da moral cai nas mãos dos Fiodorovs e anti-Fiodorovs, dominando eles a opinião pública porque traíram publicamente a todos e a si mesmos, então *"l'uomo del Guicciardini 'vivit et imo in Senatum venit', e lo incontri ad ogni passo. E quest'uomo fatale c'impedisce la via, se non abbiamo la forza di ucciderlo nella nostra coscienza"*.

O segredo de Balzac

O Jornal, 29 set. 46

Considerando-se a bibliografia imensa em torno de Balzac, ocorre uma frase melancólica de La Bruyère: "*Tout est dit, et l'on vient trop tard depuis plus de quatre-vingt-dix ans...*". As observações essenciais sobre o mérito literário de Balzac, como criador shakespeariano de caracteres, já se encontram no famoso ensaio de Taine, em que a obra do romancista é definida como "*le plus grand magasin de documents que nous ayons sur la nature humaine*". Depois, Brunetière explicou: "*Ce sont, en premier lieu, des documents historiques*", quer dizer, a *Comédie Humaine* constitui um imenso repositório de fatos sociológicos, econômicos, superestruturais e sentimentais da época do "rei-burguês" Luís Felipe, na qual nasceu o capitalismo moderno na França. Enfim, Buttke, em monografia pormenorizada *(Balzac como poeta do capitalismo moderno*, 1932*)*, deu os últimos retoques ao retrato de Balzac como Homero da burguesia.

Está tudo certo. É pena, porém, que a ideologia de Balzac não harmonizasse bem com essa sua função de sociólogo novelístico. A leitura do *Médecin de Campagne* e do *Curé de Village* não deixa subsistir dúvidas quanto à atitude ideológica de Balzac: era monarquista legitimista, inimigo da monarquia parlamentar, admirador da aristocracia do *ancien régime*, adepto do catolicismo e justamente das tendências conservadoras da Igreja da França. Dedicou ódio intenso à burguesia. Ora, muitas vezes o ódio torna lúcido, capaz de observar as fraquezas do adversário. Mas Balzac não foi o Swift da burguesia e sim o seu Homero. Aí está um problema sério.

Não parece existir esse problema justamente para aqueles críticos que apreciam antes de tudo a tendência de uma obra literária. Aplicam esse critério, à vontade, aos contemporâneos: a literatura do passado só raramente lhes entra nas cogitações, e deste modo o problema de Balzac lhes escapa. Tal atitude não se encontra nos fundadores do socialismo, homens de formação humanística: Marx foi leitor assíduo de Ésquilo; e das memórias do seu genro Paul Lafargue consta que Marx admirava, tanto como a Ésquilo, a Balzac, embora bem consciente das tendências reacionárias do romancista, ao ponto de projetar um ensaio sobre a *Comédie Humaine*, projeto que infelizmente não se realizou. Em compensação, possuímos uma carta — muito citada — de Engels, escrita em 1888, na qual o co-fundador do marxismo se declara inimigo do romance tendencioso; em Balzac, aprecia a elegia da aristocracia que o romancista, apesar de todas as simpatias, considerava perdida, anunciando a ascensão das forças progressivas. Os conceitos de Engels foram desenvolvidos num livro do crítico russo V. Grib (tradução inglesa: *Balzac. A Marxist Analysis*. Nova York, 1937). Desde então, os críticos marxistas estão definitivamente reconciliados com o "Homero da burguesia". Mas isso não obriga aqueles críticos democráticos, não-marxistas, que continuam a destacar a tendência. E quanto a Balzac, poderiam alegar motivos razoáveis. Engels, condenando os romances tendenciosos, achou melhor "o romancista ocultar as suas preferências ideológicas", mas Balzac não ocultou nada, pronunciando-se francamente em favor da reação política e social. Simpatizou com as vítimas da burguesia, mas não com o progresso econômico que foi então representado justamente pela burguesia, e muito menos com o progressismo radical dos primeiros socialistas. Analisou magistralmente uma estrutura social que ele condenava. O problema de Balzac subsiste; é o problema de uma intuição artística que se torna mais forte que as convicções conscientes do artista. O problema diz portanto respeito à esfera irracional da atividade intelectual, e, para "racionalizá-lo", quer dizer, solucioná-lo, é preciso estudar aquele aspecto da criação artística na qual os motivos irracionais do artista se revelam apesar do seu raciocínio e até contra este: a forma literária.

Entre os admiradores de Balzac inclui-se Brunetière, inimigo feroz de Baudelaire e Zola, pontífice das tradições nacionais e cristãs do classicismo francês. A Balzac ligaram-no, decerto, afinidades ideológicas, o romancista e o crítico defenderam o *ancien régime*, aquele contra a monarquia parlamentar, este contra a Terceira República. Contudo Brunetière não podia deixar de reconhecer no "realismo" de Balzac a raiz daquele naturalismo, estilístico ou moral, que ele desprezava em Baudelaire e detestava em Zola. A não ser que tenha observado atrás do realismo balzaquiano qualquer coisa, mais perto da literatura do rei Luís XIV do que da literatura do Império plebiscitário e do caso Dreyfus. Brunetière passou a vida lamentando a ruína do gênero mais clássico dos gêneros da literatura clássica francesa: da tragédia de Corneille e Racine. Inventou, parece, a sua teoria darwinista do nascimento, vida e morte dos gêneros literários, só para explicar a decadência da tragédia clássica, substituída nas preferências do público pelo romance moderno. Não compreendeu Stendhal nem se entusiasmara por Flaubert nem suportou Zola; mas sim Balzac. Talvez Balzac seja o último sucessor legítimo de Corneille e Racine? Já se compararam vários personagens de Balzac com os tipos da comédia clássica; assim o velho Grandet com Harpagon, e, em geral, o processo balzaquiano de generalizar um traço típico do caráter com o processo molieriano. Existem mais outros pontos de contacto. A obra de Balzac é intensamente dramática: caracteres representativos estão envolvidos em conflitos dialéticos e estes são simbolizados em "grandes cenas"; até o tamanho reduzido de grande parte dos seus romances favorece a apresentação dramática dos enredos. Mas Balzac não tem nada em comum com o teatro romântico dos Hugo e Musset, seus contemporâneos. Quanto à força vital, foi muitas vezes comparado a Shakespeare: mas só quem ignora a Shakespeare pode descobrir poesia shakespeariana nesse romancista. Em Balzac falta o senso da natureza e até da atmosfera, apesar das descrições pormenorizadas. É preciso observar o forte contraste entre os motivos psicológicos dos personagens de Balzac — motivos de dinheiro, do capitalismo, da burguesia — e o seu ambiente novelístico, a Paris antiga das ruazinhas estreitas e bairros medievais, enquanto não são *hôtels* aristocráticos ou sonolentas casas provincianas. O dinamismo de Balzac não está no cenário e sim nos personagens; assim como acontece em Racine, cujas tragédias passionais se desenrolam num palco sem decorações. Zola conhecerá todas as regiões, classes, profissões da França; e a sua obra acompanhará o itinerário da França, de 1850 a 1870. O mundo de Balzac — não menos complexo, embora Buttke verificasse a ausência do proletariado propriamente dito — parece antes simplificado ou estilizado: assim como nos tempos de Boileau, o mundo de Balzac ainda é *la cour et la ville*, o cenário imutável da tragédia clássica, em que agem personagens cornelianos como Rastignac e personagens racinianos como a *femme de trente ans*, cujos dramas de paixão se desenrolam dentro da indeterminada unidade de tempo "Monarquia de Julho". Neste sentido figurativo, Balzac até observa as regras aristotélicas da tragédia clássica, as unidades de ação, lugar e tempo. O leitor Brunetière dever-lhe-á emoções religiosas de "terror e compaixão", as mesmas que Corneille e Racine inspiraram aos espectadores de *la cour et la ville*. Evidentemente, não convém *presser* a comparação. Corneille e Racine, observando mais outras regras da *bienséance* que Balzac ignorava deliberadamente, não chegaram a criar um *magasin de documents sur la nature humaine*. Para isso foi preciso a capacidade de desprezar os limites do classicismo, e, porque Balzac os desprezava, ocorreu aos contemporâneos a comparação com Shakespeare. Na verdade, Balzac não foi poeta fantástico à maneira elisabetana; mesmo fora dos limites do classicismo, revela-se descendente do século clássico, analista psicológico, criando aqueles grandes caracteres monomaníacos que já foram comparados aos heróis da comédia de Molière: o velho Grandet, a *cousine* Bette, Balthasar Claës. Mas há uma diferença essencial: não dão para rir. Antes inspiram "terror e compaixão", até muito mais do que os eloqüentes heróis de Corneille e as complicadas "madames" de Racine. Parecem personagens sobre-humanos, embora presos na camisa-de-força da casaca do *juste milieu*, criaturas como o Prometeu aguilhoado de Ésquilo. Em todo caso e mais uma vez, não têm nada de Shakespeare, e este ponto é importante.

Havia, naqueles anos de 1830 e 1840, uma voga shakespeariana na França: os românticos liberais idolatravam o grande dramaturgo inglês, e Guizot, o primeiro-ministro do "rei burguês" Luís Felipe, partidário do constitucionalismo à maneira inglesa, escreveu um livro sobre Shakespeare. Mas não havia unanimidade. A burguesia conservadora, aquela que não participava da febre do *Enrichiessez-vous, messieurs!*, tampouco participava da moda inglesa em literatura; continuava fiel aos clássicos nacionais. Com efeito, havia duas burguesias diferentes na França: a burguesia pré-capitalista, principalmente provinciana, apoiada na propriedade imobiliária de terras e casas; e a burguesia capitalista, a do capital bancário, das estradas de ferro, da industrialização. E aí, parece, nessa distinção encontrar-se a chave do "problema Balzac".

Desde 1930, a burguesia capitalista estava no poder. Guizot tornou-se primeiro-ministro. A burguesia pré-capitalista já não deu ministros. Em compensação, produziu um romancista. Balzac é o anti-Guizot. À força pretendeu sair do isolamento ideológico, abandonando o cepticismo voltairiano da sua classe, declarando-se monarquista e católico. À força pretendeu sair da sua condição social: internou-se em negócios fantásticos — as famosas minas de prata da Sardenha —, mas, em vez de tornar-se milionário, faliu lamentavelmente. O único ramo de negócios que ele chegou a dominar foi o comércio de livros — negócio de "utilidade secundária" no mundo capitalista. O capitalista exemplar de Balzac, César Birotteau, não é fabricante de tecidos ou de aço, e sim de perfumes — negócios de luxo. Balzac não estava em casa nos escritórios dos industriais e banqueiros, e sim dos tabeliães, esses personagens tipicamente balzaquianos: foi no cartório do tabelião que se realizou a transformação do capital imobiliário em capital mobiliário. Dessa transformação dramática da sociedade, Balzac tornou-se o dramaturgo. O analista crítico da mesma transformação foi o seu contemporâneo e admirador Marx.

Deste modo, mais ou menos, poder-se-ia chegar a uma interpretação literária da obra de Balzac conforme critérios marxistas. O método apresenta várias vantagens, entre outras a de que certos críticos não reparam a aplicação da doutrina que professam. Daí a outra vantagem para quem aplica o método: pode ficar sem limitações partidárias e reconhecer os limites da análise sociológica. Esta explica as condições nas quais a Obra de Balzac nasceu; mas não explica as qualidades da Obra. Contudo, a explicação pelo gênio inanalisável de Balzac seria insuficiente como um subterfúgio. Seria preciso contrabalançar o economismo inerente da análise sociológica, acentuando o poder da "superestrutura" religiosa. Seria preciso analisar o papel dos conceitos Predestinação, Livre-Arbítrio e Graça na tragédia corneliano-raciniana e dos conceitos equivalentes Sociedade, Ambição e Paixão na obra de Balzac. Dessa análise, o criador do romance moderno revelar-se-ia como adepto entusiasmado do Livre-Arbítrio católico contra o determinismo social do seu tempo. O próprio Balzac era monomaníaco como Grandet e Claës, eles monomaníacos do dinheiro e ele da arte.

Não conseguiu explorar as minas de prata da Sardenha. Mas erigiu monumentos aos seus credores e a si mesmo, às forças do futuro eternizadas pela arte do passado. Cronista de uma decadência e de uma ascensão ao mesmo tempo: das duas burguesias da França, espetáculo histórico mas de permanência ideal na obra de arte. Balzac é cidadão de dois mundos. Do mundo vem o sopro épico da *Comédie Humaine*. "Velho Mundo" é o das tragédias esquilianas de Balzac, dos monomaníacos que como ele mesmo não conseguiram forçar as portas do futuro.

Daí a ideologia reacionária do romance moderno de Balzac, assim como a *Oréstia* do conservador Ésquilo inicia a época da democracia em Atenas.

Shaw, sujeito histórico

O Jornal, 13 out. 46

Na ocasião de uma *première* de Shaw, o dramaturgo apareceu no palco para agradecer os aplausos frenéticos do público, quando um espectador na galeria começou a vaiar; então Shaw, olhando para cima, dizia: "Meu amigo tem perfeitamente razão; mas o que podemos nós dois contra tantos outros?"

Vaiar Shaw seria tão absurdo como já é inútil elogiá-lo. Talvez ainda existam cantos remotos do planeta onde Shaw é aplaudido como novidade sensacional e qualquer restrição seria considerada como heresia; antigamente, o próprio Shaw fora considerado herético — mas é este o destino histórico das heresias: acabar como superstições.

Shaw é um sujeito histórico, 90 anos de idade já não precisam de elogios nem se preocupam com restrições. Não convém criticá-lo como se fosse um contemporâneo; antes convém compreendê-lo historicamente, como se fosse um clássico. Mas já chegou realmente o tempo para isso?

Entre tantas comédias brilhantes de Shaw existe uma autêntica tragédia: *Santa Joana*. É tragédia do diletante genial, superior aos especialistas profissionais: Joana vence pela fé enquanto os generais mais competentes são derrotados e os conselhos dos bispos mais ortodoxos não adiantam, e em conseqüência lógica é queimada na praça pública; só 500 anos depois será elevada aos altares, isto é, quando a lição já não é compreendida. Recordo-me de uma representação de *Santa Joana* na qual certas alusões nesta peça, escrita em 1924, foram aproveitadas para transformar a tragédia de gênio-distante em homenagem à Resistência e à França imortal. O público aplaudiu freneticamente. Se alguém naquela noite tivesse tido coragem para vaiar, mais uma vez Shaw teria repetido: "...mas o que podemos nós dois contra tantos outros?".

O ponto de interrogação teria sido o epílogo melancólico de uma incompreensão durante 50 anos — pelo menos ainda não são os 500 anos da santa. Pois Shaw não pretendeu fazer outra coisa em *Santa Joana* do que já tentara em 1898, em *Arms and the Man*: desmascarar o falso heroísmo da incompetência especializada.

50 anos! Shaw é um sujeito histórico. Nasceu em 1856, no mesmo ano em que nasceu Oscar Wilde; depois, tornar-se-á socialista, membro da Fabian Society; depois, escreverá peças no estilo de Ibsen. Três fatos tão imensamente fora da nossa perspectiva hodierna que parecem anacrônicos. Pelo primeiro fato — contemporâneo de Wilde — Shaw pertence à época da revivificação da Inglaterra vitoriana pelo *esprit* eclético; e nos cantos remotos do planeta onde ainda existe petrificação victoriana, lá Shaw ainda inspira à gente a impressão dum acontecimento sensacional, agressivamente novo. Pelo terceiro fato — dramaturgo à maneira de Ibsen — pertence Shaw à época burguesa; ninguém afirmará que ele tenha exercido influência sobre a dramaturgia moderna de Pirandello, O'Neill e García Lorca. Pelo segundo fato Shaw é, no entanto, autor-representativo do século das revoluções sociais, o dramaturgo mais representado do nosso tempo.

São fatos contraditórios, até incompatíveis. Daí certas vacilações da crítica: alguns já o apreciam como clássico enquanto outros teimam em considerá-lo como mero folhetinista da cena ou até como brilhante mistificador. Em todo caso, Shaw continua a ser objeto de discussão. Mas convém assim ao autor que nada deseja do que discutir com seu público, e talvez menos com os críticos entusiasmados na platéia do que com o diletante da crítica na galeria.

A dramaturgia burguesa de Ibsen talvez não seja a forma mais conveniente para a divulgação teatral das idéias do socialista inglês. Contudo, esta contradição só é aparente. O dramaturgo Shaw nunca foi ibseniano de quatro costados. A sua dramaturgia parece "antiquada" aos partidários do expressionismo, mas não tanto por ser ibseniana; antes porque é em parte pré-ibseniana: Shaw foi discípulo dos comediógrafos espirituosos do *boulevard*, exatamente assim como o seu contemporâneo Wilde. Apenas, os personagens de Wilde dialogam sobre amor, heranças e gravatas, e os de Shaw sobre prostituição, expropriação dos expropriadores e economia coletiva. Mas é a diferença que importa. A dramaturgia de Shaw, seja mesmo mera farsa de bonecos, porta-vozes do pensamento do comediógrafo — ela é instrumento para dizer coisas necessárias e dizê-las de maneira deliciosa. Afinal, Molière também foi às vezes farsista. E assim como Molière dizia ao rei e seus aristocratas, assim diz Shaw verdades ao capitalista e seus lacaios. Acontece porém o incrível: este público não se irrita; não, aplaudem-no: "o que podemos nós dois contra tantos outros?"

Afinal todo mundo sabe que Shaw é socialista, e os paradoxos mais acrobáticos do seu diálogo não podem esconder esta verdade. Se o público aplaude apesar disso é porque não toma inteiramente a sério o dramaturgo — o público não se julga realmente ameaçado. Então, a falha deve encontrar-se na própria ideologia de Shaw.

Vejamos o prefácio da reedição de 1908 dos *Fabian Essays,* publicação programática da sociedade à qual o socialista Shaw pertencia: "Determinamos como fim dos nossos esforços duas coisas bem-definidas: 1) criar um programa parlamentar para um primeiro-ministro que se converteria ao socialismo assim como o conservador Peel se convertera ao livre-câmbio; 2) tornar tão possível e cômodo para um inglês decente declarar-se socialista como é possível e cômodo declarar-se conservador ou liberal". Em meio século de esforços pacientes a Fabian Society realizou esse programa que hoje é realidade. É um programa até muito decente. O nome de Marx só aparece ocasionalmente nos *Fabian Essays;* a Internacional, nunca. Fala-se pouco dos sindicatos e muito da municipalização das *Publics Utilities* como sendo medida socialista de primeira importância; e exatamente assim a medida será elogiada, decênios depois, no *Guia da Mulher Inteligente para o Socialismo,* cujo autor, George Bernard Shaw, também é o autor daquele prefácio.

O socialista Shaw desconcertou muitas vezes os socialistas: ora declarando-se marxista, ora declarando-se não-marxista, uma vez até elogiando Mussolini. Esses exemplos não justificam o oportunismo dos diletantes da política — Shaw é inglês e portanto sempre "decente". Apenas não é um profissional do socialismo e sim, como em todas as coisas, um grande diletante. Homem de aversão visceral contra o profissionalismo, também o é da revolução. No seu tempo — Shaw é sujeito histórico, homens de 1890 — o movimento operário na Inglaterra foi violento e ruidoso. E Shaw confessa naquele prefácio: "Em 1885, a Fabian Society abandonou, acompanhada dos gritos dos revolucionários, a política das barricadas, para transformar uma derrota heróica em êxito prosaico". Desde então, Shaw ficou "anti-heróico". Detestava os heróis profissionais da revolução, assim como detestava todos os heróis e todos os especialistas. Ele mesmo só pretende ser diletante; quando muito, profissional do diletantismo, quer dizer: é um grande jornalista, tão grande que transforma em jornalismo tudo em que toca, até o teatro.

Também é grande diletante do teatro. Por isso ele é otimista enquanto os grandes dramaturgos de todos os tempos foram pessimistas. Se Sófocles, Eurípides, Shakespeare, Calderón, Racine, Ibsen, Strindberg, Pirandello não tivessem sido pessimistas, não teriam escrito tragédias. Até se pode afirmar que pela visão sombria da vida se distinguem a comédia e a farsa; Molière, o gênio da comédia, também foi pessimista. Mas o otimismo de Shaw é coerente: faz parte do otimismo geral e da fé no progresso pacífico dos anos de 1890 a 1910 — Shaw é sujeito histórico — da época quando os reformistas e revisionistas do socialismo acreditavam na solução próxima e pacífica dos problemas sociais de municipalização das *public utilities*.

A História não tardou a desmentir esse otimismo: 1914 não foi de utilidade pública, e 1917 não foi "prosaico". Então, o diletante da comédia escreveu a tragédia do diletantismo: *Santa Joana*. A santa foi queimada para — 500 anos depois — ser canonizada. Mas existe a possibilidade de outro destino, mais terrível, do diletante genial: em vez de ser queimado, ser canonizado já em vida. Shaw é sujeito histórico: não porque chegou aos 90 anos, mas porque as suas idéias estão realizadas sem o mundo se ter consumido em fogo, nem ele mesmo. A municipalização das *public utilities* já não assusta ninguém, mas em compensação continuam aí os problemas sociais que sobrevivem ao Matusalém dos paradoxos espirituosos. Deste modo, o público pode aplaudir — e "o que podemos nós dois contra tantos outros?"

Otimismo de Svevo

Letras e Artes, 20 out. 46

Mario, empregado de um banco, passou a vida inteira esperando: um dia, seria reconhecido o valor do romance que publicara quando moço, e então não sofreria mais da mediocridade financeira e moral de sua existência. Com efeito, um dia apareceu-lhe em casa o representante de um grande editor estrangeiro, oferecendo vultosa importância pelos direitos de tradução. Tratava-se de uma burla cruel, encenada por um amigo, seguida de tremenda decepção. Mesmo assim, o coitado do velho encontrou oportunidade para sorrir enfim: tinha empregado o honorário inexistente em especulação de Bolsa e ganhara um bocado de dinheiro.

O autor desse conto também escreveu um romance, cujo "herói" se parece algo com aquele Mario: Zeno, homem de inabilidade fabulosa nos negócios e nos amores, passou a vida na sombra do seu brilhante sócio Guido, que até lhe roubou a noiva, de modo que Zeno devia casar com a irmã mais nova em vez da querida. Mas a mulher de Zeno revelou-se esposa ideal enquanto a de Guido, ciumentíssima, amargurou a vida do marido. Zeno teve sorte: incapaz de fazer negócios de qualquer espécie, conservou pelo menos, desta maneira, a fortuna herdada, ao ponto de poder enfim salvar da ruína financeira o brilhante cunhado. Zeno escreveu essa sua autobiografia a pedido do psicanalista; publicando-a, o médico pretendeu punir o paciente rebelde que mentiu nas sessões, mas Zeno conseguiu novamente enganar o médico, confessando agora ironicamente a verdade. É uma técnica indireta, lembrando as sutilidades de Henri James e Conrad.

Um crítico como Benjamin Crémieux chegou a comparar o nosso autor a Proust, e Ilia Ehrenburg — para citar opinião do pólo oposto — chamou-lhe "artista autêntico, e vivíssimo". Quem será este autor, tão internacionalmente elogiado por volta de 1925 e do qual se podem hoje resumir os enredos sem perigo de ele ser logo reconhecido?

Se eu dissesse "o romancista de Trieste", não seria exato. É verdade que as suas obras se passam todas naquela cidade à qual conquistou lugar seguro na literatura universal. Mas é possível lê-las sem respirar a atmosfera fria e salgada entre os Alpes e o Mediterrâneo, nem experimentar o choque entre duas civilizações. Ao criador de Mario e Zeno só importava a essência da vida dos seus personagens, só aquilo que é permanente em toda vida. Não se procure na sua obra a atualidade que morre com o dia; com o dia também morreu a atualidade efêmera de Italo Svevo.

Em Paris, prestaram-lhe homenagens oficiais quando Valéry Larbaud o revelara ao mundo. Então, Svevo foi a sensação dos círculos literários. Sensacional também foi a fonte das informações do crítico francês; muitos anos antes, Svevo tomara lições com um professor de inglês que viveu por volta de 1910 em Trieste, e este professor se chamava James Joyce. O comerciante triestino confiara-lhe a grande desgraça da sua vida: o insucesso absoluto das suas ambições literárias de mocidade. Com vinte e alguns anos publicara, em 1883, o romance *Una Vita*; quinze anos depois, saiu *Senilità*, "sem que alguém escrevesse sobre essa obra uma única linha de elogio ou censura". Joyce, "o primeiro leitor de Svevo", reconheceu nesses romances naturalistas, à maneira da época, uma nova psicologia novelística, antecipação fabulosa da psicanálise. Muito anos mais tarde, quando o antigo professor de inglês já se tornara celebridade universal, retribuiu apenas uma velha dívida, reconhecendo publicamente as sugestões preciosas que o autor de *Ulysses* devia ao autor de *Senilità*. Deste modo, Italo Svevo viveu o seu dia de glória literária, assim como o Mario Samigli de *Una Burla Riuscita*. Não o enganou nenhum editor, mas a própria vida encarregou-se da tarefa odiosa de despertá-lo do sonho: matou o velho por meio dum estúpido acidente automobilístico. Afirmam que a cara do morto estava iluminada por ligeiro sorriso: burlara por sua vez a crueldade da vida, escapando da decepção do rápido esquecimento.

Nas duas últimas obras, escritas depois de uma pausa de 25 anos, Svevo tirou as conclusões da sua experiência vital e literária: em *Una Burla Riuscita* transfigurou a própria vida; em *La Coscienza di Zeno* depositou a sua última sabedoria. São obras de humorismo genial porque baseadas numa contradição íntima: uma visão otimista da vida é comunicada através de biografias de personagens ineptos, os mesmos que se torturaram nos primeiros romances de Svevo. Mario Samigli é idêntico a Alfonso Nitti, o triste herói de *Una Vita*, ele também um pobre bancário em Trieste, incapaz de esquecer as fracassadas ambições literárias da mocidade, incapaz até de aproveitar-se dos raros êxitos na vida medíocre; conseguiu seduzir — ele mesmo não sabe como — a filha do chefe, mas os remorsos lhe mandaram preferir ao brilhante casamento o suicídio. E Zeno, o noivo sem sorte, é irmão mais novo de Emilio Brentani, em *Senilità*, incapaz de conquistar, apesar de enormes preparações sentimentais, a facílima Angiolina que se entrega sem cerimônias a um amigo menos escrupuloso. Os "heróis" dos romances autobiográficos de Svevo são vítimas desarmadas da vida, que brinca com eles como o gato com o ratinho. Mario Samigli não é menos inepto, mas tem sorte, afinal. E ao inabilíssimo Zeno Corsini a vida dá tudo de presente — isso também acontece, às vezes. Mas para comunicar essa sua última sabedoria, nada autobiográfica, Svevo já precisava de nova técnica novelística, antecipação de Proust e Joyce — e foi o êxito. Só assim Italo Svevo conseguiu burlar a vida e a literatura.

Life's Little Ironies fora um título significativo do grande pessimista Thomas Hardy; *Life's Great Ironies* poder-se-ia chamar à obra desse estranho otimista Italo Svevo. Às vezes, são ironias cruéis, mortíferas; outra vez, ironias bondosas, sorridentes. A vida distribui desgraças e felicidades sem consideração dos méritos, mas esta nova sabedoria de Italo Svevo está em contradição flagrante ao determinismo e pessimismo do romance naturalista, dos Hardy e Zola, contemporâneos da mocidade de Svevo. Substituindo o determinismo pela predestinação arbitrária dos homens para a desgraça ou a felicidade, Svevo substituiu ao mesmo tempo a técnica do romance naturalista por outra, mais sutil, de vários planos que se iluminam reciprocamente, dissolvendo-se a realidade hostil e traiçoeira. Svevo venceu a ironia da vida pela ironia da sua arte.

Como se reconhecem, afinal, as grandes obras de arte? Dizem que pela duração no tempo, mas não é exato: não apenas Góngora e Donne, mas também Dante e Shakespeare passaram por séculos de eclipse e só renascem sempre porque as suas obras são capazes de suportar interpretações sempre novas, revelando aspectos inesperados. Acontece o mesmo com a obra de Italo Svevo.

Durante aqueles anos de êxito efêmero, os melhores críticos europeus e americanos — Larbaud, Crémieux, Boulenger, Debenedetti, Bennett, Sackville-West, Chabás, Horace Gregory — apreciaram em Svevo, além da nova técnica novelística, a ausência absoluta de preconceitos, o otimismo da libertação "imoralista" de 1925. Mas esse otimismo passou rapidamente. Svevo morreu em 1928, nas vésperas da grande crise, e foi logo esquecido.

Hoje os heróis daquelas "revoluções morais" já nos parecem tampouco heróicos como os personagens chaplinianos de Italo Svevo. À luta pelas liberdades substituiu-se a luta pela Liberdade, pela própria vida, pelos direitos mais elementares da existência humana. Foi esta luta na qual os "ofendidos e humilhados" Alfonso Nitti e Emilio Brentani sucumbiram, enquanto Mario Samigli e Zeno Corsini, embora escorregando permanentemente, conseguiram manter-se em equilíbrio precário: já não "casos" mas "homens comuns", representantes legítimos da humanidade humilhada que conseguiu sobreviver, no entanto. Agora se reconhece enfim o erro em que perseveraram Alfonso Nitti e Emilio Brentani: viveram sempre na expectativa, no futuro, e a vida inteira transformou-se-lhes em lamento estéril do passado. Mas a "predestinação" só se revela, sem possibilidades de previsão, no tempo presente, transformando-se então a realidade em burla trágica mas bem-realizada e o arbítrio cruel da vida em êxito arbitrário. Por meio desse indeterminismo, que corresponde ao indeterminismo da física moderna e ao clima existencialista da literatura atual, salvaram-se Mario Samigli e Zeno Corsini, contemporâneos nossos, assim como se revela contemporâneo nosso o estranho otimista Italo Svevo.

É uma inversão dos termos. "Não ter nascido seria o melhor", afirma a sabedoria amarga dos velhos de todos os séculos, desiludidos pelo otimismo irrefletido da mocidade. Devemos à arte do pessimista Italo Svevo esse outro espetáculo, raro e comovente: o sorriso de um velho.

O herdeiro de Whitman

O Jornal, 10 nov. 46

Deu-nos o sr. Oswaldino Marques nova tradução de versos de Walt Whitman, que me parece sensivelmente superior a várias traduções existentes: é mais sóbria, menos enfática, corrigindo discretamente os efeitos do entusiasmo exuberante de tantos outros whitmanianos. Às vezes, a nova tradução parece menos enfática do que o próprio original, que só lucra com isso. Whitman foi um poeta muito grande;

e os defeitos dos gênios também costumam exceder toda medida. O lado fraco de Whitman é a ênfase, da qual o ritmo transbordante da sua poesia é a conseqüência. Na história da poesia moderna esse ritmo tinha efeitos libertadores; mas só os poetas tomaram conhecimento disso. O povo, ao qual Whitman se dirigiu e do qual pretendeu ser o porta-voz poético, esse povo continua a fazer questão de metro e rima, de ritmos declamáveis e até cantáveis. Whitman não se tornou popular.

No mesmo caso encontram-se, aliás, os inúmeros poetas whitmanianos, seja da Europa, seja da América. Há entre eles poetas notáveis e até um poeta tão grande como o espanhol León-Felipe. Mas os soldados das brigadas internacionais e os proletários de usina e campo revelam outras preferências poéticas. Talvez a poesia whitmaniana esteja ligada demais às suas origens literárias na poesia de Victor Hugo, que foi também o poeta da República mas não das massas populares que a votaram. Talvez a poesia de Whitman esteja ligada a um determinado ponto da história social norte-americana: Whitman é o vate do começo da industrialização, das estradas de ferro, da mobilização dos operários marchando para o Oeste dos Estados Unidos; a primeira edição das *Leaves of Grass* é de 1855, e as edições seguintes, sempre aumentadas, acompanharam aquela evolução econômica. Poucos decênios depois, outra situação social produzirá outro poeta, o autêntico herdeiro de Whitman: Vachel Lindsay.

Num excelente ensaio sobre o estudo da sociologia nos Estados Unidos, o sr. Gilberto Freyre já citou, há muitos anos, alguns versos característicos de Lindsay; agora eu gostaria de pedir para Lindsay a atenção do nosso tradutor Oswaldino Marques. Vachel Lindsay foi grande poeta e homem curiosíssimo.

Veio do povo; e assim como Whitman, leitor entusiasmado de Shakespeare e Hugo, fez Lindsay questão de adquirir cultura literária maior do que foi usual no seu ambiente e naquele tempo: freqüentou bom colégio, e depois dedicou-se em Chicago ao estudo das artes plásticas, aliás sem êxito definitivo. Seria capítulo pitoresco da sua biografia esses estudos artísticos na Chicago de 1890, cidade rude de frigoríficos, anarquistas, bolsa de trigo e dispendiosas temporadas líricas, batendo o *record* de criminalidade comum no mundo inteiro. Nesse ambiente o pintor falhado Vachel Lindsay sonhava dum Reino de Beleza celeste: pretendeu transformar o Middle West dos Estados Unidos em Paraíso artístico, povoado de anjos de Dante e Botticelli. Anjos desses apareceram nas visões de Ruskin e dos pré-rafaelitas ingleses — os mestres de Lindsay — e, assim como Ruskin e Morris, o poeta americano compreendeu que a condição indispensável para a educação artística das massas seria uma grande reforma social. E, dispondo de forte talento oratório, Lindsay iniciou a jornada da conversão dos Estados Unidos ao Socialismo e à Beleza.

Durante anos Vachel Lindsay serviu como *lecturer*, orador viajante, à Young Men Christian Association e depois à Anti-Salon League. Discursou da moralização dos costumes e dos perigos do álcool, mas não como qualquer missionário de seita (ele mesmo pertencia à seita dos campbellistos, sem fazer proselitismo). Falou em períodos imensos, redondos, harmoniosos; reparou que esses períodos se tornaram ainda mais eficientes quando condensados em metros, interrompidos por rimas, cantados como hinos de uma nova religião. Entusiasmado como um dos primeiros discípulos de S. Francisco, percorreu a pé as cidadezinhas e *prairies* dos Estados Unidos, declamando, cantando, vivendo das esmolas que deram ao *ministrel missionary*. E tornou-se o *troubadour* do Middle West; vagamundeando pelas estradas reais, ébrio da infinidade dos horizontes, imitou os gritos dos condutores de trens nas estações das estradas de ferro transcontinentais, saboreando a mistura pitoresca e promissora de nomes europeus, nomes ingleses e nomes índios daquelas cidades e cidadezinhas, berços da grande civilização americana do futuro:

> "*They tour from Memphis, Atlanta, Savannah,*
> *Tallahassee and Texarkana.*
> *They tour from St. Louis, Columbus, Manistee,*
> *They tour from Peoria, Davenport, Kaukakee.*
> *Cars from Concord, Niagara, Boston,*
> *Cars from Topeka, Emporia and Austin,*
> *Cars from Chicago, Hannibal, Cairo,*
> *Cars from Alton, Oswego, Toledo,*
> *Cars from Buffalo, Kokomo, Delphi,*
> *Cars from Lodi, Carmi, Loami...*"

Algo da imensidão geográfica, demográfica, econômica dos Estados Unidos vive nessa visão dum vagamundo, vendo passar a grandeza do seu país. Lindsay estava identificado com o povo americano, e particularmente com as vítimas daquela grandeza: com os vagamundos nas estradas reais, os operários viajantes em busca de trabalho, os camponeses revoltados contra a plutocracia. Foi o poeta das jornadas democráticas de Bryan que ressuscitou a democracia agrária, jeffersoniana. E assim como Bryan falou a linguagem rude e pitoresca daquela gente, assim o poeta Lindsay descobriu nas expressões deles uma coisa cuja existência ninguém antes percebera: atrás dos vertiginosos algarismos da estatística, levantou sua voz o folclore americano.

> *"Hark to the calm-horn, balm-horn, psalm-horn.*
> *Hark to the faint-horn, quaint-horn, saint-horn.*
> *Hark to the pace-horn, chase-horn, race-horn!..."*

Assim como Bryan se dirigiu aos instintos religiosos da massa, assim Lindsay descobriu o folclore religioso dos sectários, do Salvation Army, dos negros em êxtase; repetiu-lhes os gritos com tanto entusiasmo, com voz de falsete, que até parecia parodiar-lhes os hinos.

O coro fulminante que trata o Diabo como a um político derrotado nas eleições —

> *"Down, down with the Devil!*
> *Down, down with the Devil!*
> *Down, down with the Devil!"* —

é interrompido, em parêntese, pela pergunta angustiada do pecador: (*"Are you washed in the blood of the Lamb?"*); mas enfim o céu é conquistado, e os fiéis entram na mansão celeste como o vitorioso homem do povo na Casa Branca —

> *"With glory, glory, glory*
> *And boom, boom, boom!"*

Não é paródia. É a expressão entusiástica daquela mesma gente que libertou os escravos e conquistou o Oeste e herdará, amanhã, o Reino dos Céus e dos Estados Unidos da América. Assim como Whitman, Vachel Lindsay acreditava em infinitas possibilidades democráticas, mas algo diferentes. Já não nas indústrias e estradas de ferro que abririam a "Passage to India", e sim a democracia agrária que acabará com os reis do trigo e petróleo. O estado de Kansas, centro da oposição agrarista, afigurava-se a Vachel Lindsay como um longínquo Paraíso em que não haverá mais os traiçoeiros códigos da jurisprudência nem os arranha-céus do dinheiro:

> *"... Kansas, land that restore us,*
> *When houses coke us, and great books bore us".*

Vachel Lindsay foi um romântico. Às vezes, caiu do sonho, e então se viu reduzido a vagamundo, sentado melancolicamente à beira da estrada real pela qual passam todas aquelas riquezas e grandezas de *"Tallahassee e Texarkana"*, de *"Chicago, Hannibal, Cairo"*, que não pertencem a ele nem à sua gente:

> *"While I sit by the milestone*
> *And watch the sky,*
> *The United States*
> *Goes by".*

Ecce Poeta! É verdade que Whitman foi poeta muito mais rico, mais abundante, revelando traços de gênio. Mas haverá quem prefira Lindsay a Whitman, que exibiu a riqueza por assim dizer unânime da sua alma em poemas de tamanho enorme, de linhas intermináveis. Dizia tudo. Mas ai do poeta que diz tudo. Uma das diferenças essenciais entre poesia e prosa revela-se no fato de que um poema não pode ser inteiramente parafraseado em prosa; quantos poemas dos mais magníficos da literatura universal não se transformariam, quando "prosificados", em lugar-comum trivial! Porque o poema contém, além das afirmações que lhe constituem o único sintático, qualquer outra coisa que está nas entrelinhas ou além dos versos: as "franjas" sentimentais daquele núcleo racional, e que são intraduzíveis em prosa, porque inefáveis.

A poesia de Whitman não tem franjas. Ele dizia tudo; e a sua poesia aproximou-se da prosa, se bem de uma prosa ebriamente poética. A poesia de Lindsay é mais "limitada", o que não deixa de ser resíduo de sua formação nas artes plásticas; mas pela tradução em prosa ou até em verso whitmaniano não se transformaria em trivialidade, e sim em tolice excessiva. Porque Lindsay foi um espírito ambíguo, oscilando entre a realidade grosseira de *"Chicago, Hannibal, Cairo"* e o céu de *"glory, glory, glory, and boom, boom, boom";* entre a mística mais extática e o humorismo mais fantástico. E o último resultado dessa união místico-humorística foi o *état d'âme* especificamente poético: a melancolia.

Daí existe diferença profunda entre as relações da poesia de Whitman e da poesia de Lindsay com a realidade. Whitman foi autêntico profeta: inspirado pelo próprio Espírito do Novo Mundo, profetizou a grandeza imensa das fábricas, das estradas de ferro, das torres de petróleo, das torres mais altas da cidade de Nova

York. Tudo isso se tornou realidade, uma torre de Babel tão real como é autêntica glossolalia a poesia de Whitman. A visão de Vachel Lindsay não se tornou realidade; ficou sonho de poeta, sonho de "United States" que não havia nunca nem haverá jamais, uma caravana interminável de cidades, *prairies* e gente, gente, gente, um reino do céu e ao mesmo tempo um inferno (*"Down, down with the devil!"*), uma visão nas nuvens, irreal e permanente:

> *"While I sit by the milestone*
> *And watch the sky,*
> *The United States*
> *Goes by".*

A filosofia de O'Neill

Letras e Artes, 17 nov. 46

Quando se falava, há pouco, em "ressurreição do teatro norte-americano", o crítico da *Partisan Review* observou: "Bem, o teatro norte-americano já cumpriu a condição essencial para ressurgir; está morto". Com efeito, o que fica hoje do prestígio extraordinário do teatro de Nova York entre 1920 e 1930? Fica o grande talento, não inteiramente realizado, de Maxwell Anderson; depois, certo número de melodramaturgos habilidosos. A Broadway fora o reino dos melodramas à maneira de Belasco, até *"enfin O'Neill vint"*; e quando O'Neill emudeceu, o melodrama voltou, transformando-se o prestígio em esperança de ressurreição. O'Neill já parece pertencer à história do teatro moderno, junto com Pirandello, ao lado do qual quase sempre é citado.

Mas justamente Pirandello não se encontra entre as múltiplas influências que se exerceram sobre O'Neill, estudioso dos gregos e de Ibsen e Strindberg, conhecedor do teatro expressionista alemão, admirador de Maeterlinck. Ainda não foi feita a tentativa de separar e definir bem essas influências, de modo que O'Neill se afigura a muitos como eclético. As atitudes ideológicas do dramaturgo sugerem a mesma impressão de ecletismo: às vezes apresenta-se como revolucionário de veleidades anarquistas, outra vez como socialista, enfim como místico em que não é possível ignorar os resíduos católicos da sua origem irlandesa. Qual é, afinal, a filosofia de O'Neill?

O'Neill não se parece com nenhum dos outros dramaturgos americanos contemporâneos. É uma figura isolada. Um reflexo dessa posição pessoal do autor encontra-se na situação dos seus principais personagens: são, todos eles, solitários, não compreendendo a vida ou não compreendidos pelo mundo. Envolve uma atmosfera poética de solidão imensa, angustiosa, que reproduz realmente — Françoise Dony estudou bem esse aspecto da obra de O'Neill — os *frissons* do teatro de Maeterlinck. Mas o que em Maeterlinck se tornou obsessão de misticismo literário, produzindo enfim a monotonia, muda em O'Neill continuamente de aspecto: a floresta misteriosa na qual erra o imperador Jones; o mar cujos horizontes infinitos envolvem tantas peças do dramaturgo americano; o mar do passado, da herança biopsicológica, que devora os personagens de *Morning Becomes Electra*. São tantos símbolos diferentes do Fado.

O'Neill parece o único dramaturgo moderno que compreendeu a lição da tragédia antiga: o seu Fado não é um soberano maléfico nem um poder cego, e sim uma força absurda; a humilhação trágica da criatura pelo Fado absurdo é o fundo religioso da tragédia grega. Não se trata evidentemente de uma renascença artificial: esta poderia dar um teatro clássico ou classicista — como aconteceu com os franceses do século XVII — mas nunca um teatro "moderno". Na religião pessoal de O'Neill deve existir qualquer elemento que se parece com o Fado dos antigos. Mas não pode ser, de outro lado, elemento de uma religião exclusivamente pessoal do dramaturgo: se fosse assim, ninguém o compreenderia, e o que se afigura como trágico, a ele, seria fantástico ou grotesco para os outros. Deve ser uma coisa que o público de O'Neill compreende instintivamente. No fundo, a filosofia de O'Neill deve ser a mesma do público dos Estados Unidos entre 1920 e 1930. A obra de O'Neill não nasceu fora do tempo e espaço; tem as suas raízes na situação americana do começo do século XX, co-determinada pelos efeitos da guerra.

Os dois fatores essenciais são a tradição puritana e a industrialização. O conceito puritano da "comunidade dos santos" como continuação do povo eleito de Israel produzira a consciência de uma "missão" sagrada da nação americana, cristianizando e civilizando o Novo Mundo. A forma secularizada desse conceito foi o "espírito da Fronteira", estendendo cada vez mais os Estados Unidos até os pioneiros chegarem à costa do Pacífico. Depois, o individualismo puritano encontrou novo campo de ação, expandindo-se verticalmente, industrializando o país. No começo do século XX, a industrialização estava terminada; já não havia lugar para pioneiros, os Estados Unidos deixaram de ser "o país das possibilidades ilimitadas"; começou-se a fazer sentir a pressão do determinismo econômico, a separação cada vez mais rigorosa e intransponível entre ricos e pobres, como se o velho dogma puritano da predestinação, da divisão de todos os homens em eleitos e reprovados, se tivesse deslocado do campo teológico para o campo social. Mas em 1900 os americanos já não eram todos filhos de puritanos nem estavam com vontade de se submeter às imposições da ética puritana; a industrialização criara cidades enormes, povoadas em parte por imigrações estrangeiras. E nas grandes cidades acontece sempre e fatalmente aquilo que os tradicionalistas de todos os tempos lamentam como decadência moral: a dissolução das tradições, incompatíveis com a vida multiforme, sujeita a mudanças rápidas nas cidades modernas. Preparava-se um conflito entre os fundamentos espirituais da nação americana e os resultados sociais da sua formação.

A primeira reação foi de natureza evasiva: o pragmatismo de William James, "a filosofia nacional dos americanos", reinterpretou os dogmas da velha religião como normas de agir com eficiência na vida prática, encarando esta com o otimismo dos eleitos do progresso. A esse pragmatismo, sanção religiosa do êxito, correspondia na Broadway o melodrama à maneira de Belasco, evitando os conflitos verdadeiros e resolvendo os conflitos fictícios pela intervenção pseudo-religiosa do *happy end* — tradução dramatúrgica de êxito.

Na obra de O'Neill há muitos elementos de melodrama; ele mesmo é filho da Broadway, de atores de Nova York, da grande cidade cosmopolita, cheia de estrangeiros de todas as raças, particularmente irlandeses, essa raça de sonhadores célticos à qual o poeta O'Neill pertence. A sua obra também é um ponto de convergência de muitas influências estrangeiras, entre as quais Ibsen, o dramaturgo da "exigência moral", representa o lado puritano, enquanto Strindberg representa o lado oposto, a revolta dos instintos, a revolta do sexo que pode chegar até a sublimação no misticismo. O'Neill é o poeta desse conflito trágico na alma americana. Experimentou todas as possibilidades de solução do conflito, sendo uma entre elas a psicanálise, que permitiria a reconstrução racional da personalidade perturbada.

Enquanto Pirandello representa no palco a dissociação incurável da personalidade, conseqüência de conflitos semelhantes aos que surgiram nos Estados Unidos, pretende O'Neill, ao contrário, reconstruir a personalidade — "*a new discipline of life*", "*to learn again to believe in the possibility of nobility of spirit in ourselves*". Não há influência pirandelliana em O'Neill; em compensação, há muita influência de Georg Kaiser, da dramaturgia do expressionismo alemão de 1910 e 1920, meio místico, meio socialista, e muito desesperado. Poucos anos mais tarde, o teatro expressionista alemão já desaparecera, derrotado pela prosperidade artificial que levará à catástrofe de 1930. O'Neill também se encontrou, depois de 1930, com o poder enorme das forças "ignóbeis" na vida americana. E enquanto o *spirit of nobility* levara a soluções trágicas daquele conflito, à "purificação" pelo menos no palco, a ignobilidade só produz a tristeza do melodrama, que não exclui, aliás, o *happy end*. Para os Estados Unidos, as catástrofes da depressão econômica e da guerra terminaram com *happy end*. O conflito trágico porém continua, embora não o confessem; e O'Neill emudeceu. O grande dramaturgo foi e continua místico; e o mais alto grau da mística é, como se sabe, o silêncio.

Assim acabou a época heróica do teatro americano. E àquele crítico só ficou a esperança de ressurreição.

Nota – Este artigo foi escrito antes de chegarem de Nova York as primeiras notícias sobre a *rentrée* de O'Neill no palco. Por enquanto, apenas sabemos que a nova peça pertence ao ciclo do "misticismo marítimo" e não foi bem recebida pelo público e os críticos; e que já existem mais outras peças, de pessimismo desesperado, que O'Neill não deixará publicar senão depois de sua morte. São notícias vagas que não invalidam a tese deste artigo; antes a confirmam.

Desastre no aeródromo

O Jornal, 08 dez. 46

Situando-se entre reportagens novelísticas à maneira de Christopher Isherwood e *thrillers* filosóficos à maneira de Graham Greene, o *Aeródromo* de Rex Warner talvez seja o mais importante romance inglês dos últimos tempos. Não se lhe pode negar significação profunda, permanente, mas tampouco foge da atualidade: o autor até devia declarar no prefácio da segunda edição, para afastar equívocos desagradáveis, que a aldeia e o aeródromo nos quais se passa o enredo da sua obra não têm nada que ver com as aldeias inglesas e a Royal Air Force. Esse protesto contra críticas estúpidas demonstra logo que Warner sabia realizar bem o ambiente em torno do seu herói; e este, narrando os acontecimentos em primeira pessoa, torna-se figura simpática, viva, de modo que o enredo do *Aeródromo* — o choque entre o personagem principal e o ambiente — satisfaz às condições essenciais do gênero: parece um autêntico romance.

Dois ambientes opostos lutam pela alma de Roy: a aldeia e o aeródromo. Uma velha aldeia de tipo inglês, comunidade em torno de duas figuras patriarcais, o *Squire* ou latifundiário e o *Rector* da igreja; a vida, ligada às tradições do passado e modificada conforme as esperanças e sentimentos individuais de cada um, alterna entre o trabalho tradicionalmente vagaroso e as emoções do álcool e do amor. Mas lá, na coluna, fica o aeródromo, instalação subterrânea de suprema eficiência técnica, dirigida pelo temido Marechal-do-Ar, cujos subordinados se distinguem pela ferrenha disciplina militar e os excessos irresponsáveis contra a maneira de viver dos paisanos: um mundo independente, separado da aldeia pelos mistérios da especialização técnica. Entre esses dois mundos debate-se Roy: não é um "herói", no sentido de extraordinário, e sim um rapaz médio, antes o tipo do homem dos nossos dias. Mas a ação em seu entorno, esta sim, é bastante extraordinária, até complicadíssima.

Mesmo imediatamente depois da leitura custa recordar os pormenores. Roy acreditava ser filho do reitor, até este confessar que apenas adotara o enjeitado: tanto melhor assim porque Roy ouve logo depois outra confissão dramática do reitor, acusando-se de assassino de seu amigo de mocidade, Antony, que tentara seduzir-lhe a noiva, a atual esposa do reitor. Essas revelações inesperadas bastam para perturbar o equilíbrio moral do rapaz. Da mesma maneira, o equilíbrio moral da aldeia inteira está perturbado pelas violências dos aviadores, roubando moças e atacando os civis indefesos. Roy sucumbe ao relaxamento geral, sofrendo logo as conseqüências: a moça com a qual entrou em relações íntimas revela-se como sua própria irmã; o estilo da vida sexual na aldeia já se aproxima da promiscuidade. Nesses dias, um aviador matou, por "acidente", o velho reitor. O Marechal-do-Ar, comparecendo ao enterro, faz um discurso cínico sobre a insignificância da morte de um indivíduo e, quando os camponeses se escandalizam, resolve expropriar o *Squire* e "encampar" a aldeia. Todo mundo será escravo do aeródromo.

Nesta altura o leitor começa a reconhecer a significação profunda do enredo. *Squire* e *Rector* personificam a tradição obsoleta, já impotente contra o relaxamento moral e a decadência econômica. A Força Aérea tem a tarefa de defender este mundo, embora o Marechal-do Ar o julgue indigno de ser defendido: as aldeias acabam pela ineficiência no trabalho e o sentimentalismo hipócrita, enquanto nas grandes cidades reinam o materialismo ordinário da burguesia e a incultura e grosseria das massas descontentes. O Marechal-do-Ar tem o dever de defender essa humanidade; mas impõe-se a si mesmo mais outro dever: o de modificá-la. Pretende criar uma nova raça da qual os aviadores são os primeiros representantes.

Vivem rigorosamente separados das suas famílias e não conhecem outra perspectiva na vida do que a promoção ou a morte; quer dizer, não existem para eles a tradição do passado nem esperanças individuais para o futuro. A religião é ridicularizada, assim como são desprezados os planos de reforma social. A eficiência técnica é tudo, e não se permite diminuí-la por obrigações sentimentais; as relações sexuais são livres, à condição de não complicá-las pelo "estúpido amor", não se permitindo aos aviadores o luxo de ter filhos que os ligariam a um futuro fora da Força Aérea. É a eficiência sem liberdade: o totalitarismo.

Roy sucumbe à fascinação irresistível do aeródromo. Torna-se aviador, chega a ser secretário geral do Marechal-do-Ar, que o inicia nos seus projetos audaciosos. Tão pouco "sentimental", tão "eficiente" torna-se Roy que assiste sem emoção aos crimes bastante pessoais do Marechal: este degrada impiedosamente um tenente (velho amigo de Roy) que relaxara no serviço, incitando os aldeões rebeldes a uma espécie de revolta religiosa; e quando, na igreja, a irmã do *Squire* se opõe às medidas blasfemas, confessando-se mãe ilegítima do tenente, o Marechal mata pessoalmente a velha mulher para esmagar toda veleidade de oposição. Eis a primeira vez que surgem ao leitor dúvidas quanto à seriedade do enredo: os crimes são muitos, e, se não precisam de motivos na realidade brutal do totalitarismo, precisa tudo de motivação no romance, seja mesmo o romance do totalitarismo; doutro lado, a complicação das relações familiares, essa abundância de enjeitados e incestos, começa a sugerir a impressão de romance-folhetim. Mas o autor consegue salvar-se, por enquanto, pela profundidade da sua psicologia novelística. Nietzsche chamara a atenção para o enraizamento da sexualidade no centro da pessoa humana; e é do lado da sexualidade que a carreira aviatória de Roy fracassa.

Roy estava em relações íntimas com a mulher do matemático-chefe do aeródromo, relações sexuais sem amor, conforme o regulamento do serviço. Mas, quando ela espera um filho, Roy recusa-se a providenciar, conforme o mesmo regulamento, o aborto. Não porque corresponda às veleidades eróticas, já supra-sexuais, da mulher, mas porque o caso lhe revelou a absurdidade da "eficiência assentimental" da vida no aeródromo, vida sem amor e fé e por isso também sem esperança, sem passado nem futuro. A vida na aldeia foi "ineficiente" e "irregular"; mas mais humana. Foi uma vida livre, apesar da Tradição que *Squire* e *Rector* personificaram; essa Tradição só desempenhou a função de manter um centro de equilíbrio precário em meio da liberdade individual que podia levar a toda espécie de injustiça e decadência — mas foi, afinal, a Liberdade, a porta aberta para o futuro, por mais incerto que este seja;

para o mistério. E o homem não pode viver sem mistério. O próprio Marechal-do-Ar, grande psicólogo, sabia isso: e tentou criar um mistério artificial, o das instalações subterrâneas. Mas no mistério da eficiência técnica falta um elemento essencial: a liberdade de se decidir, pró ou contra, sem se poder prever as conseqüências. Esta liberdade de decisão é o fundamento psicológico do "mistério". E Roy, que fora vítima de tantos mistérios, decide-se pelo mistério autêntico.

Já pretende sair do serviço da Força Aérea. Resiste ao Marechal; não forçará ao aborto a mulher. Ela, para salvar o amigo, pretende fugir junto com aquele tenente degradado; o Marechal manda matar os fugitivos. Roy fica firme; mas um homem que sabe tantos segredos do aeródromo não pode ser simplesmente demitido do serviço. O Marechal quer matá-lo.

Aí, o romance está no auge dos acontecimentos que se precipitam. A menor precipitação da parte do autor levaria a uma queda brusca. E dessa vez Rex Warner cai.

Entra o velho médico do aeródromo, amigo e confidente das famílias do Marechal, do *Squire*, do *Rector*, personagem típico do romance de 1850. Desembrulha todos os mistérios familiares: o Marechal é aquele Antony que o *Rector* acreditava ter assassinado, mas que sobreviveu ao atentado; e é mais o pai ilegítimo daquele tenente degradado, filho da irmã do *Squire*; e é mais, pela noiva infiel do *Rector*, o pai ilegítimo do próprio Roy. Grande *tableau* de família, em presença do que sobrevive de mães e filhos ilegítimos. O Marechal, embora tendo demonstrado assim os motivos ressentimentais da sua dureza adamantina, continua duro: quer matar todos eles, inclusive o médico. Apenas têm de esperar, presos, três horas até ele voltar de um vôo de inspeção. Haverá, no entanto, um *happy end* para todos os envolvidos, menos naturalmente para o ditador. Aquele tenente degradado, seu próprio filho a quem o tirano mandara matar, encontrara antes o tempo para cometer um ato de sabotagem; e, quando o aparelho levanta vôo, as asas quebram, e o Marechal-do-Ar encontra a morte merecida nesse desastre no aeródromo.

É o desastre do romance de Rex Warner. Aquilo que começara como grandiosa alegoria política termina como romance-folhetim de sentimentalismo lamentável, com uma catástrofe de romance policial de terceira categoria.

Aos técnicos da aviação, investigar as causas do desastre no aeródromo; aos técnicos da crítica, investigar os motivos do desastre do *Aeródromo*.

O *Aeródromo* é uma alegoria política, sátira evidente contra o nazismo. A este Rex Warner não opõe princípios políticos, como seriam Democracia ou Liberalismo, mas sim o seu conceito da natureza humana que não suporta o totalitarismo. A atitude do romancista é metapolítica ou suprapolítica. Lembra a tese de que todas as teorias políticas se baseiam em certos conceitos quanto à natureza do homem e seu comportamento na sociedade e em face do Universo, quer dizer, em conceitos religiosos: à monarquia corresponde o monoteísmo ortodoxo, à democracia o individualismo religioso, etc. A alegoria política de Rex Warner pretende demonstrar que o totalitarismo se baseia numa heresia inadmissível, na negação da própria natureza humana.

O modelo de alegorias religiosas assim na literatura moderna é a obra de Franz Kafka. Com efeito, o *Aeródromo* de Rex Warner é obra kafkiana, até imitação direta do *Castelo*: Aldeia e Aeródromo de Warner correspondem a Aldeia e Castelo de Kafka, e correspondem-se todos os pormenores; até as violências dos empregados do Castelo contra as moças da Aldeia repetem-se no romance inglês. Warner adotou o método novelístico de Kafka porque reconheceu aquele fundo pseudo-religioso da política totalitária. Por isso também o *Aeródromo* não é apenas sátira contra o nazismo mas contra qualquer totalitarismo que pretende modificar pela violência a natureza humana. Mas por isso também Warner não opõe aos totalitarismos o liberalismo progressista ou a democracia socialista, e sim a "Aldeia", um idílio rural em que se pode abrigar uma religiosidade vaga.

Não é apenas o enredo do *Aeródromo* que é kafkiano; também são o estilo, a atmosfera misteriosa que envolve personagens e ambiente, e enfim a presença do Mistério. Mas aí se separam os caminhos. O personagem K. no romance de Kafka sucumbe na luta contra o Castelo, do qual recebe no entanto, na agonia, a permissão disputada de residir na aldeia: é a vitória do mistério da Graça. O personagem Roy, no romance de Warner, não precisa da Graça; ele prefere simplesmente voltar à aldeia; aí fica vitorioso o mistério da natureza humana livre. Evidentemente, os conceitos de Warner e Kafka são diferentes, até opostos.

Lembre-se o leitor da luta, no cristianismo antigo, entre os pelagianos, que negaram o Pecado Original para manter a liberdade humana de se decidir pelo bem ou pelo mal, e os antipelagianos, que confiaram o destino do homem corrompido à Graça divina. Kafka é antipelagiano: o seu personagem K. deverá a permissão de residir na aldeia só a uma decisão arbitrária, "de graça", do Castelo. Warner é pelagiano — e deve sê-lo, porque todos os conceitos de Liberdade e Democracia que hoje se opõem ao totalitarismo se baseiam num conceito otimista da natureza humana, quer dizer, no pelagianismo. É, de um lado, o mundo do mistério religioso; e, do outro lado, o mundo da liberdade e do progresso infinito.

Contudo, Warner pretendeu empregar o método que Kafka inventara para alegorizar um Universo muito diferente. Acreditava poder empregar a forma sem o conteúdo, enquanto, conforme a lei mais geral da estética, a forma e o conteúdo estão ligados indissoluvelmente. Daí as conseqüências. O mistério de Kafka (que nunca se revela porque não se revela a face do *Deus absconditus*) transforma-se no romance de Warner num grande número de mistérios, ou antes segredos, produzindo enredo complicadíssimo e desembrulhando-se de maneira banalíssima. Poder-se-ia acreditar que o romance sombrio de Kafka devia acabar tragicamente, enquanto o *happy end* do *Aeródromo* seria a coisa mais natural do mundo. Na verdade, acontece o contrário. *O Castelo* tem um *happy end* que não choca: a Graça divina de Kafka, arbitrária por definição, é capaz de tudo, até de soluções favoráveis. Mas o *happy end* do *Aeródromo* é desastroso, porque o pelagiano Warner ignora a Graça, nem precisa dela; mas quando precisa livrar-se do ditador, vê-se obrigado a introduzir outro elemento arbitrário: um desastre técnico. É realmente, como disseram os antigos, um *Deus ex machina* que mata o Marechal-do-Ar, mas esse Deus é o próprio romancista. E esse totalitarismo novelístico choca. Warner pretendeu salvar a natureza do gênero humano; e acabou demolindo o gênero "romance".

Da atualidade do problema, Warner caiu para a atualidade de uma notícia de jornal: "Desastre no aeródromo". Do mundo de Kafka caiu para o mundo da banalidade que ele confunde com a realidade. E logo o romancista é punido: confundem-lhe o romance com a realidade, e ele está com a obrigação de declarar que a sua aldeia e o seu aeródromo não têm nada que ver com as aldeias inglesas e a Royal Air Force. E não têm: porque a Royal Air Force, defendendo as aldeias inglesas, venceu; e o *Aeródromo* foi um desastre.

Novíssimas notícias inglesas

Letras e Artes, 15 dez. 46

Foi a geração dos Auden, Spender e Isherwood — a famosa "This Generation" de 1930 — que criou aquilo a que se pode chamar "modernismo inglês". O termo é equívoco: veja-se o sentido muito diferente de "modernismo católico", "modernismo hispano-americano", "modernismo brasileiro", etc. Mas aquele modernismo inglês reuniu, com efeito, todos os aspectos de "moderno": revoltando-se contra as decências e reticências da Inglaterra pós-vitoriana, substituindo-as por licenças poéticas e outras, os jovens poetas juntaram ao radicalismo literário a irreverente crítica psicanalítica e o socialismo comunista ou pelo menos "simpatizante".

Agora chegam da Inglaterra notícias inquietantes. Há uma onda de apostasias. Spender — que me parece o mais sério de todos eles — tornou-se "liberal" no sentido americano do termo; Isherwood, o famoso repórter antifascista, retirou-se para a solidão californiana, fazendo exercícios de ioga; Auden, o mais genial mas também o menos firme entre eles, começa a condenar as revoluções sociais, para só falar em Pascal, Kierkegaard, Barth, "pavor e tremor" e no *Deus absconditus* dos calvinistas. É um escândalo público.

Como explicar tudo isso? Alguns citarão o caso paralelo de Koestler, afirmando: "Nenhum intelectual sincero pode encontrar satisfação completa no comunismo; é preciso tornar-se herético para salvar a dignidade humana". Outros, lembrando conversões semelhantes de certos jornalistas de escândalo, dirão: "Enquanto o prestígio das armas russas serviu para combater as ditaduras estrangeiras e os seus reflexos nacionais, tudo correu bem; mas a vitória final do exército e da diplomacia russos assustou os pequeno-burgueses e os filhos da burguesia, voltando-se eles arrependidos aos braços largamente abertos dos pais".

São duas explicações muito tendenciosas. Talvez sirvam para liquidar os pequenos casos, mas um Auden pode exigir investigação menos simplista. Ainda não tem 40 anos de idade e já exibe, ao lado de uma grande obra poética, uma biografia acidentada: bastante material para tentar-se uma análise.

A guerra de 1914 a 1918 tornara-se difícil: foi preciso chamar às armas os moços de 20 anos de idade, depois os de 19, de 18, até de 17. E quanto aos mais novos que ficavam em casa, a longa ausência dos pais contribuiu para relaxar a disciplina. Mas, quando tudo acabara, a Inglaterra se endireitou logo nos moldes da vida de 1910; e os tenentes de ontem transformaram-se outra vez em "menores". O zelo da censura contra publicações como *Ulysses* e *Lady Chatterley's Lover* e a indignação dos conselhos universitários contra o *fox-trot* foram aspectos da tentativa dos pais de subjugar os filhos rebeldes. Em resposta, havia uma revolta dos filhos contra os pais. Justamente os filhos da grande burguesia, que receberam formação mais dispendiosa, também tinham aprendido o alemão; e descobriram o modelo da luta dos filhos contra os pais num livro de psicologia da pré-história, chamado *Totem e Tabu*, de Sigmund Freud. Como rebelde contra o pai e discípulo da psicanálise entrou Auden na vida literária.

Aos pais essa revolta parecia mero libertinismo imoral e — do ponto de vista da poesia vitoriana — antipoético; falava-se em "doença da mocidade", e havia realmente uma espécie de novo *mal du siècle*, a ponto de Auden ser comparado a Byron. E assim como Byron achara a saída do seu *spleen* neurótico lutando pela liberdade dos italianos e gregos, assim a geração de 1930 se evadiu das sessões psicanalíticas para lutar contra Hitler: em vez de combater o pai inglês, último rebento do mítico "pai da horda" em *Totem e Tabu*, encontraram agora oportunidade para combater o terrível Pai da Horda em pessoa. Foi e ficou uma geração de revoltados. Na Inglaterra, porém, os velhos continuaram a falar em "modernistas": gente nova que pretende a todo custo viver de maneira diferente, mais "moderna", do que "nós outros". E qual foi a diferença? Durante decênios a Inglaterra só conheceu a paz e a prosperidade; para viver, e viver bem, bastava continuar o modo de viver dos avós, numa rotina eficiente que evitou decisões radicais porque não precisava delas. Em 1914, aquela época acabara. A História, que parara na Inglaterra da rainha Vitória como o sol sobre a terra de promissão de Josué, voltou a mover-se. Depois aconteceram coisas cada vez mais inesperadas. Foi preciso decidir-se, pró ou contra. Quem não foi capaz de se decidir — Quiller-Couch na literatura, Chamberlain na política — estava marcado como "velho"; e eram velhos. Os outros, os "modernos", tinham-se decidido: primeiro por Freud, depois por Marx. "Decisão" foi tudo.

Enfim, a Decisão tornou-se independente, chegou a ser fim em si. Os novos já tinham entrado em idade mais madura: os conflitos sexuais da adolescência recuaram, e não se precisava mais do psicanalista. Em compensação, os movimentos políticos da esquerda, vitoriosos em toda parte e apoiados no prestígio das armas russas, já não precisavam de jovens poetas de origem burguesa, cujo complicado estilo poético se revelou como "divorciado do povo". Deste modo, desapareceram os fins da Decisão. E ficou só a Decisão, a "metanoeite", a conversão. A luta contra o pai foi substituída pela submissão ao Pai, o Deus dos pais. Pelo menos, não foi o Deus dos pais imediatos, esses liberais desprezíveis, sempre indecisos, e sim o Pai dos antepassados remotos, o *Deus absconditus* dos calvinistas, que o "estúpido século XIX" esquecera a tal ponto que reapareceu como um Deus novo, "moderno". Auden continua "modernista".

Parece que o termo mudou um pouco de sentido. Mas não é tanto assim. Até será possível demonstrar que o modernismo psicanalítico, o modernismo marxistóide e o modernismo neoteológico são na raiz idênticos. O modernismo psicanalítico foi uma tentativa de se libertar da "história familiar" que constitui, conforme Freud, o Fado das crianças; matar, moralmente, o pai significava começar uma vida nova, como se a criança fosse nascida em partenogênese, sem qualquer tara do passado. Foi uma espécie de futurismo psicológico. Depois de terem renegado a herança moral, renunciaram à herança econômica; pretenderam esquecer ou fazer esquecer as suas origens burguesas, alistando-se no movimento marxista como se fossem caídos do céu para dar voz poética aos secretários de sindicato. Revelou-se porém — durante dez anos que fizeram história —que o movimento socialista, baseado numa doutrina historicista, faz mesmo parte do movimento da História, e esta é o inimigo implacável de todo modernismo: porque ela costuma transformar com velocidade notável os modernismos de hoje em "antiquismos" de ontem. Apodera-se dos modernistas ultrapassados pela história uma espécie de vertigem. Um Koestler confessa-se ameaçado de neurose, o que seria recidiva lamentável. Para ficar moderno, é preciso libertar-se outra vez do peso do passado histórico, da história familiar assim como da história social e econômica. E a geração de 1930 acaba em 1945 no pensamento antidialético e por conseqüência anti-histórico de Kierkegaard. Parecem-se com aquele filósofo hindu que pretendeu escapar do sol, correndo e correndo e suando cada vez mais, até Buda lhe dar o conselho de se sentar na sombra.

Agora estão sentados na sombra. Pensaram — e isso é o conceito fundamental de todos os modernismos — que o mundo nascera com eles. Refutados pelo movimento da História, pensam agora que o mundo acabara com eles. Mas o mundo continua, porque a vida é essencialmente histórica. Vão dizer que isso não é propriamente uma novidade. Está certo; mas por isso mesmo as novíssimas notícias inglesas também não passam de uma velha história.

Um conto de fadas

O Jornal, 22 dez. 46

Chega Natal, e a alegria e a esperança das crianças tornam-se contagiosas: todos nós ficamos um pouco crianças, esperando o milagre depois da noite hibernal; até os mais céticos se dignam de prestar atenção, embora distraídos, a um conto de fadas. Na minha terra, na Europa, o dezembro é um mês muito frio, a gente abriga-se nas casas e quartos, quase não se vê o mundo noturno lá fora pelas vidraças congeladas, e então se fala com nostalgia de maravilhas *long, long ago*, e por que não sonhar, então, de auroras que poderiam iluminar um dia esta nossa pobre vida? Sempre me lembraram essas noites os versos de um poeta inglês:

> "*Folk say, a wizard to a northern king*
> *At Christmas-tide such wondrous things did show,*
> *That through one window men beheld the spring,*
> *And through another saw the summer glow,*
> *And through a third the fruited vines a-row,*
> *While still, unheard, but in its wonted way,*
> *Piped the drear wind of that December day*".

O poeta morreu há muito tempo, no outubro de 1896; e para homenageá-lo no cinqüentenário da sua morte, este artigo chega tarde. Não faz mal, William Morris pode esperar até chegarem os tempos melhores que andava profetizando, e não há tempo melhor do que Natal para lembrar o poeta que contou tantos contos de fadas, de dias *long, long ago*, e nos fez a aurora de uma grande esperança.

Os poemas de William Morris não são muito lidos, hoje em dia, e por certa razão, embora fosse grande poeta. Perde-se o gosto pela poesia narrativa. E Morris não era poeta profissional. Até será difícil indicar a profissão desse homem de múltiplos talentos, poeta, romancista, utopista, orador, político, industrial, editor, impressor, desenhista, pintor, algo como um gênio universal da Renascença entre os comerciantes e imperialistas da Inglaterra vitoriana. Mas afinal o centro das suas atividades multiformes era o livro: escrever livros, compor e ornamentar livros, imprimir, divulgar livros, eis a paixão da sua vida. Para mais de 1.100 obras desenhou capas e ilustrações. Foi algo como o Santa Rosa inglês. E basta comparar as pesadas e horrorosas *éditions de luxe* de 1870 com os tipos sóbrios e a encadernação simples de hoje para saber o que devemos a William Morris.

Nem sempre o seu gosto artístico estava certo. Encantaram-no as miniaturas dos manuscritos medievais; encheu páginas inteiras de arabescos esquisitos e ornamentos fantásticos, entre as quais apareceram como em sonhos de criança cavalheiros, damas, fadas e santos de dias *long, long ago*. Tudo assim também na poesia. Era medievalista. Encantaram-no a imaginação fantástica e o humorismo discreto do velho poeta Chaucer, que sabia contar as lendas da Antigüidade grega como se fossem aventuras de cavalheiros e damas medievais. Assim como o sábio dos versos citados, cujas artes mágicas faziam aparecer atrás das janelas congeladas de dezembro as auroras da primavera, o ardor do verão e as frutas amadurecidas do outono — assim William Morris narrou a nós, filhos de dezembro, os contos de fadas de dias mais belos, e a essa utopia poética deu o nome mesmo de uma utopia, de um "paraíso terrestre": *The Earthly Paradise*.

O mesmo William Morris escreveu canções de batalha política. Aderiu à Social Democratic Federation — o partido revolucionário de Hyndman —, hoje provavelmente seria membro do partido comunista. Então escreveu para o *Earthly Paradise* a "Apologia" da qual citei aqueles versos, pedindo desculpa pelo evasionismo medievalista da sua poesia, acusando-se a si mesmo de ser *the idle singer of an empty day*. E escreveu outra utopia, a serviço do seu partido, *News from Nowhere*, "notícias" de um reino que não existe "em nenhuma parte", ou talvez tenha existido numa outra Inglaterra, idílica, antes de a revolução industrial esterilizar os prados, envenenar os rios e escurecer o céu. William Morris foi medievalista impenitente — assim como Thomas Morus, o autor da primeira utopia inglesa, foi um santo da Igreja Romana. A utopia bucólica do socialista Morris revela semelhanças suspeitas com o idílio de domingo do "pescador perfeito" Izaak Walton. Talvez fosse realmente *the idle singer of an empty day*?

Outro dia, em casa de Portinari, assisti a uma discussão apaixonada entre um arquiteto e um comunista. O arquiteto explicou os males da cidade moderna — grandes distâncias entre os lugares de trabalho e os bairros residenciais, deficiência dos transportes, abandono dos subúrbios — pelo modo irregular e sem plano da atividade capitalista, ávida de lucros imediatos e desconsiderando as necessidades humanas; assim não seria na cidade socialista do futuro, na qual não haveria centro comercial nem bairros de luxo nem subúrbios, na qual os homens vão morar em casas perto das fábricas, aliviando-se porém a pressão topográfica pelos campos que invadirão por entre os edifícios a cidade, garantindo o abastecimento, o ar livre da paisagem e o aspecto do céu limpo. E toda assim, regulamentada pelas necessidades humanas em vez das necessidades econômicas, teria sido a cidade medieval. O outro interlocutor nem quis ouvir a expressão "Idade Média", logo lhe surgiram idéias de obscurantismo eclesiástico e injustiças feudais. Na verdade, não se imaginam catedrais nos centros da cidade futura nem castelos nas colinas em redor. Mas a parábola do arquiteto, por mais poética que pareça, encerra uma verdade econômica. Enquanto a economia capitalista produz para um mercado cujas necessidades não se podem prever, a economia medieval trabalhava principalmente para abastecer pequenos espaços, de necessidades conhecidas, que não davam margem para lucros extraordinários nem para crises devastadoras. Os conceitos morais bastavam para dirigir essa economia. A economia socialista — outra economia sem lucros nem crises — herdará porém os grandes espaços explorados pelo capitalismo; aí haverá regulamentação mais complexa, forçosamente muito racional. Explica-se assim o racionalismo agressivo do comunismo russo, e explicam-se certas diferenças. O Ocidente já é racionalista desde muito tempo. Mas um russo de hoje não gosta de se lembrar dos tzares e sínodos que até há 30 anos lhe dominaram a terra. Para o Ocidente, os "tzares" e "sínodos" são antes lembranças poéticas, como contos de fadas de dias *long, long ago*, e não se pode apenas dar, *deve-se* dar o luxo de folhear lembranças poéticas. No Ocidente já existe, esperando a socialização, o que na Rússia os comunistas deviam criar; e ao lado do socialismo das "primeiras necessidades" tem seu lugar um socialismo de "necessidades superiores" em que a arte não é mero instrumento bélico e a poesia mais do que um ornamento. A arte para todos? Sim, mas não uma arte que todos compreenderiam sem educação artística. E esta só é possível mediante a contemplação das verdadeiras obras de arte. Arte barata, não; mas vale a pena baratear as possibilidades de a gente se aproximar da verdadeira Arte. Por isso, o artista William Morris tornou-se gráfico, impressor, editor, calculando tiragens para baixar os preços e divulgar folhetos e estampas até nos *slums* e aldeias. Afinal, o grande poeta inglês e grande utopista inglês também foi um grande industrial inglês, a cabeça da firma Morris & Co.

William Morris costumava trabalhar 14 horas por dia; e a isso não se pode chamar *empty day*. E ele mesmo teria sido um *idle singer*, um poeta da evasão? Um medievalista? Vale a pena examinar de perto a Idade Média poética daquele *Earthly Paradise*, esses 24 poemas em estilo chauceriano, lendas nórdicas narradas como se fossem contos da Renascença, e lendas gregas narradas como se fossem baladas inglesas. O medievalismo poético de Morris não passa — e deliberadamente — de um grande anacronismo: assim como os arabescos fantásticos do desenhista Morris não esconderam nem pretenderam esconder o sentido atual, revolucionário, dos seus livros, assim a Idade Média do poeta Morris não foi um sonho de historiador e sim uma permanente matéria poética, atualizada, na qual se confundiram com a herança medieval e da Antigüidade e as necessidades espirituais do homem moderno daquilo que o futuro conservará. E esses tempos futuros também lembrarão o poeta William Morris, assim como ele mesmo pediu:

> *"Remember me a little then I pray,*
> *The idle singer of an empty day".*

Chegou tarde, este artigo, para comemorar o cinqüentenário da morte do poeta; mas, espero, não chegou tarde demais. As utopias — o Paraíso terrestre também é uma utopia — ficam jovens enquanto são realizadas, e William Morris pode esperar; tem o futuro, tem tempo. Em compensação, saiu em vez de um necrológio um conto de fadas, bom para ser narrado na noite de Natal quando se espera a aurora depois do longo inverno. Conto de fadas? Utopia? Ou realidade futura? Isso já não depende do utopista e sim de nós outros. E o tempo, nas utopias, não importa. A idéia também pode esperar, justamente porque não tem tempo.

Livro tremendo

O Jornal, 12 jan. 47

Eis aí um livro tremendo que acabo de ler: combinação inédita dos horrores requintados de um Poe e do humorismo fantástico de Rabelais, enquanto no fundo surge o grito da criatura martirizada como num conto melancólico da mocidade de Gorki. Mas não é uma obra de ficção; é uma história da Bolívia.

Merece um prêmio especial quem conseguiu orientar-se nos acontecimentos bolivianos dos últimos anos: um presidente-ditador permite, como num romance policial, o rapto de milionários, carrascos dos mineiros; é deposto por uma revolução de índole popular, que se revela porém fascistóide. O novo presidente merece portanto ser pendurado num poste de iluminação pelos "verdadeiros" revolucionários, apoiados por aquelas virgens raptadas da *haute finance*, enquanto curtos generais e tenentes já esperam explorar fascisticamente a miséria dos mineiros. Aquele livro tremendo não serve para desembrulhar o noticiário atual; porque a *Historia General de Bolivia*, de Alcides Arguedas, foi publicada em 1922, tratando portanto de acontecimentos do século passado. Tampouco é um livro imparcial, e o crítico terá que fazer restrições. Mas logo verão que tudo isso não importa, a obra voltou a tornar-se atualíssima; e importa ler, meditar o livro tremendo.

A nação boliviana é obra de homens de honestidade intelectual e moral. O primeiro presidente da República, o famoso Sucre, revelou quase só um defeito, e este se baseava num senso profético: o pessimismo excessivo que o fez desesperar da tarefa para sair voluntariamente do país. Veio depois o general Santa Cruz, homem de competência na administração militar mas de vaidade notável: assinava *Capitán general de los ejércitos de la Republica, Gran Ciudadano, Restaurador de la Patria y Presidente Constitucional de Bolivia*. Com ele começa a galeria de 11 generais-presidentes que derrubaram em 29 anos sete constituições. Distinguiu-se entre eles o general Belzu pela capacidade de excitar a massa analfabeta do povo contra as chamadas "classes conservadoras", permitindo saques nas casas dos adversários fuzilados e divertindo a capital com corridas de touros e bailes ao ar livre. Enfim Belzu caiu pelas mãos do general Mariano Melgarejo. Este deve ter sido homem de bravura particular: penetrou sozinho no palácio presidencial disparando vários tiros contra Belzu, em meio aos ministros espantados; apareceu depois no balcão do palácio, gritando à multidão: *"Belzu ha muerto! Quién vive ahora?"* E a multidão respondeu: *"Viva Melgarejo!"*

E Melgarejo viveu e governou durante sete anos, nada embaraçado pela sua ignorância que o fez afirmar que *"Napoleón era superior a Bonaparte, e Cicerón un general muy secundario de la antiguedad. Creía que Bolivia era una potencia de primera clase: así, que tan pronto como tuvo noticia de la guerra franco-prusiana acordó en consejo de ministros mantenerse neutral en la contienda"*. Serviu-se do tesouro para pagar as despesas das suas orgias. *"Le gustaba beber hasta perder la cabeza y caer desplomado, como masa, en el suelo. De ebrio esgrimía su inseparable revólver, amenazando matarse él o matar a sus amigos, disparando al aire y sobre los muebles y espejos del salón"*. Neste estado costumava presidir às reuniões dos ministros; e, quando eles se mostraram preocupados com as violências da soldadesca, deixada sem soldo, o general-presidente propôs declarar guerra ao Peru para *"ocupar el ejército y arbitrar fondos con empréstimos forzados"*. Recebendo o embaixador do Chile, o presidente estava rodeado de *"ministros y generales, llenos de pies a la cabeza do bordados y entorchadados de oro de malgusto, como corte grotesca de un monarca bárbaro"*; e, começando a audiência, o presidente gritou: *"Silencio, canallas!"*

Mas Melgarejo também sabia empregar linguagem diferente. Depois de uns exercícios de tiro, baixou uma proclamação ao Exército, dizendo: *"La Divina Providencia me ha tomado por instrumento de la realización de sus misteriosos designios respecto a los altos destinos que tiene deparados para esa noble porción de la humanidad que puebla Bolivia"*. Quem não quis acreditar nos *"misteriosos designios"* foi fuzilado ou enforcado, como por exemplo o poeta romântico Nestor Galindo. Certa vez, o bispo pediu por um condenado: apenas o exílio em vez da forca. O presidente prometeu responder depois da missa; então, *"contestó con gran sangre frio: Ya lo despaché esta mañana a las cinco. — A dónde, mi general? — Al otro mundo, padre"*.

Sobreviveram no entanto alguns oposicionistas. Contra estes enfureceu-se a imprensa oficial (*"Sois más detestables que Marat, Hérault y Saint-Just; menos bizarros que Ladmiral, más inmorales que Hébert!"*), celebrando o governo de Melgarejo como "regime da Ordem". O famoso orador parlamentar Tamayo chegou a afirmar que o país, governado por Melgarejo, se vê *"abrir como el botón de una flor a las irradiaciones del progreso, regenerarse como la crisálida a la dulce influencia de los rayos de un sol de primavera"*. Cabe porém a coroa da eloqüência a um padre, o cônego Baldivia, considerando *"providencial la coincidencia que el mismo día en que la Iglesia celebraba la resurrección del Salvador del mundo, había nacido también otro salvador, el invencible general Melgarejo que tenía sobrados títulos para ser mirado como el Mesías de la Nación"*. O presidente porém não aspirava a tanto; respondendo ao prefeito da capital que lhe desejara *"más 50 años de vida"*, declarou que *"es muy probable que, a la vuelta de un año más, muera quien sabe como, y que me lleven los diablos"*.

Depois de contar como Melgarejo foi levado pelos diabos, estabelecendo-se nova ditadura, Arguedas cita a frase de outro presidente derrubado: *"En Bolivia no tienen memoria"*. Mas como podiam ter memória se *"los habitantes de la campaña están sin abrigo, sus hijos están desnudos e llevan sobre si todas las señales de miseria más espantosa; jamás o muy pocas veces usan carne. Todo está desierto, los caminos sin comunicaciones, los campos en un silencio funebre, donde vive una raza desgraciada"*? Uma raça para a qual tudo ficou sempre no mesmo, e que por isso não tinha memória. Apenas guardou a esperança do provérbio de que *"esto también pasará"*.

O novo presidente, general Morales, não era propriamente literato. Conhecendo as letras só pelo ouvido, até costumava assinar "gral Morales". Em compensação, pretendeu restabelecer a democracia. Após ter convocado um Congresso, chegou a oferecer sua renúncia do cargo para se celebrarem eleições livres. Mas quando o Congresso começou realmente a discutir a oferta inédita, o general interveio nos debates de uma maneira também inédita: *"Por orden de Morales, una banda de música militar se situó en la puerta principal del salón Legislativo, y comenzó a ejecutar sonatas, ya alegres, ya funebres"*. Enfim, o general apareceu pessoalmente na Câmara, gritando: *"Para evitar dificultades y para el bien de la patria, retiro mi renuncia; si, si, la retiro!"*

O general-presidente Morales acabou bofeteando e mordendo os seus ajudantes-de-ordens, e enfim assassinado pelo seu próprio genro.

Tudo isso está bem documentado na obra de Alcides Arguedas, homem cultíssimo, diplomata, embaixador do seu país em várias capitais estrangeiras. Contudo, os seus comentários não inspiram confiança absoluta. Arguedas está imbuído de preconceitos e antiquadas doutrinas sociológicas. Alega a "inferioridade das raças hispano-americanas" para explicar o militarismo nefasto dos *"caudillos bárbaros";* espera tudo da imigração estrangeira, do capital estrangeiro, e sobretudo da intervenção das "elites cultas que falam francês e leram Taine". E essa atitude do historiador revela-se quase justificada pela mudança completa do panorama político da Bolívia depois de 1880. Na guerra com o Chile perdeu a Bolívia as minas de salitre no litoral, e isso parece ter causado, conforme Arguedas, espécie de arrependimento coletivo. Desapareceram os militares bárbaros, estabelecendo-se o "sintoma de dois partidos" dos políticos civis. Construíram-se estradas de ferro; começaram-se a explorar as riquíssimas jazidas minerais do país. Até nasceu uma literatura da qual é uma das mais altas expressões o sr. Alcides Arguedas, terminando com palavras de fé e otimismo sua obra tremenda.

Isto foi em 1922. Em 1945, o tempo dos Melgarejos e Morales parece ter voltado. E agora, os critérios de interpretação histórica de Alcides Arguedas se revelaram insuficientes.

É difícil acreditar em arrependimentos coletivos e em resultados morais do progresso econômico. Com efeito, a economia boliviana progrediu muito; mas será que desapareceram *"las señales de la miseria más espantosa"* no corpo da *"raza desgraciada"?* O resultado das investigações duma comissão mista, boliviano-norte-americana, que estudou em 1943 as condições de vida nos distritos mineiros, foi outra vez espantoso. Mas não são os desgraçados nas minas e campos que chamam e enforcam os caudilhos. Assim como a nação boliviana não está culpada dos crimes e butonarias dos Melgarejos e Morales, assim não constitui exceção "o caso da discrepância entre o progresso econômico e o retrocesso da moral política": é um fenômeno já não latino-americano e sim mundial; até na Europa existem hoje Melgarejos. E é justamente essa "sul-americanização" da Europa que facilita a explicação do caso boliviano.

A fase do *"caudillismo bárbaro"* pertence à pré-história econômica das nações hispano-americanas. Quando, na segunda metade do século XIX, o caudilhismo se revelara obstáculo à expansão do imperialismo econômico, os caudilhos desapareceram como por um milagre, substituídos pelo regime liberal das "elites cultas", idênticas às "classes conservadoras", das quais Alcides Arguedas é uma expressão notável. Mas quando, na primeira metade do século XX, as *"razas desgraciadas"* já não suportavam a exportação dos minérios junto com a exportação integral dos lucros, aquelas mesmas forças progressistas preferiram os regimes menos liberais dos novos Melgarejos e Morales. Contra isso, não adianta falar francês e ler Taine. O otimismo de Arguedas não estava bem justificado. Mas justamente a derrota da sua doutrina sugere às *"razas desgraciadas"* outro otimismo: ensina-lhes que os regimes políticos mudam com os sistemas econômicos e que os sistemas econômicos não são feitos para toda a eternidade. O livro tremendo de Alcides Arguedas pretende sugerir a conclusão de que *"la Bolivia no tiene memoria";* mas permite a conclusão de que *"esto también pasará"*.

O romance e a sociologia

O Jornal, 26 jan. 47

Concordamos, todos nós, com o socialista argentino Repetto quando ele dizia mais ou menos o seguinte: "Nos romances de Steinbeck aprendi uma porção de coisas que não encontrara nos tratados de sociologia rural". Com efeito, a sociologia revela cada vez mais a tendência de tornar-se "objetiva", quer dizer: a sociologia histórica e o exame das implicações filosóficas dos métodos sociológicos são antipatizados e a sociologia tende a resumir-se em dados estatísticos e conclusões de ordem formal; deste modo torna-se mais "objetiva", mais "científica" no sentido das ciências matemático-naturais, o que não deixa de dar resultados preciosos; mas a esses esforços escapa algo da "vida", das coisas que não podem ser representadas por algarismos nem por "leis formais". E são justamente estas coisas de tanta importância vital que aparecem nos romances sociais.

Por isso mestre Gilberto Freyre, partidário do pluralismo metodológico, chamou na introdução da sua *Sociologia* a atenção para o documentário imenso depositado nos chamados "romances sociais". Na verdade, esses documentos são tão numerosos como de valor insubstituível. Foi Thibaudet, creio, que falou ocasionalmente das renascenças periódicas do romance naturalista: cada vez que um jovem escritor descobre um novo ambiente, escreve um romance naturalista; e, pode-se acrescentar, cada vez que desperta a consciência de uma classe social, repete-se na história da literatura uma fase neonaturalista. Nosso tempo é das lutas de classe, com a intervenção do fascismo e comunismo; da modificação radicalíssima das condições de vida nos Estados Unidos pela depressão, *New Deal* e conseqüências; do advento das lutas sociais nos países coloniais e semicoloniais em primeira linha na América Latina. Tudo isso está nos romances, muito antes de entrar nos recenseamentos e outros materiais de inquérito sociológico. O gênero "romance social" é o instrumento literário dos tempos de *change*, de transição. É preciso aproveitar-se desses documentos.

Mas como aproveitá-los? Romances não são documentos de objetividade perfeita. Por que se escrevem romances em vez de relatórios? Entram motivos de criação literário-estética, motivos de reivindicação social e propaganda política, até motivos de ordem pessoal, como o desejo de conquistar prestígio ou de ganhar dinheiro, além dos motivos psicológicos subconscientes como recalques, exibicionismo, ressentimentos. Graças a tudo isso um romance não é um relatório e sim um romance, uma obra literária na qual se misturam elementos racionais e elementos irracionais. Uma coisa é gostar dum romance ou criticá-lo literariamente, considerando essa combinação característica de elementos racionais e irracionais; e outra coisa é aproveitar o romance como documento sociológico, o que supõe a separação analítica daqueles elementos. Mas para isso ainda não foi elaborado nenhum método. Seria tanto no interesse da sociologia como no interesse da literatura apresentar o problema: e só isso constitui o assunto do presente artigo.

Um primeiro ponto quase parece pacífico: a importância sociológica de um romance não dependeria do seu valor literário. Dir-se-ia até o contrário: porque numa grande obra de arte desempenha papel predominante a imaginação do artista, e isso só pode prejudicar a veracidade e exatidão das afirmações de natureza sociológica que estamos procurando extrair dos romances. Este conceito será capaz de ofender os críticos literários — mas aí se trata de sociologia. Com efeito, a sociologia, quando se aproveita de documentos escritos, prefere às grandes obras literárias as expressões medianas e por assim dizer anônimas que refletem melhor o "espírito" de uma época ou de um ambiente do que as expressões de homens singulares. Uma obra como a de Groethuysen sobre o nascimento do espírito burguês na França baseia-se numa documentação imensa, mas são quase exclusivamente escritos de autores de segunda, até de quarta e quinta categorias, que fornecem as indicações mais precisas e mais preciosas.

É verdade que os estatísticos e formalistas entre os sociólogos protestarão vivamente contra o adjetivo "precisos": dirão que nada é "preciso" senão uma estatística etc., e que o método de Groethuysen talvez sirva para estudos históricos — aquela desprezada "sociologia histórica" — mas não para o levantamento de coisas da atualidade. E é verdade que o uso de documentos escritos na sociologia só conseguiu algumas vitórias, discutidas aliás, contra a oposição dos sociólogos "exatos".

O uso sistemático de "documentos pessoais" na sociologia foi iniciado por W. I. Thomas e F. Znaniecki, autores da famosa obra *O Camponês Polonês na Europa e América (1918-1920):* estudando a emigração polonesa para a América e a adaptação do camponês eslavo no novo ambiente, transcreveram e comentaram cartas de imigrantes e vigários polono-americanos para a antiga pátria, esboços autobiográficos de indivíduos inteligentes, reportagens de correspondentes improvisados, publicadas em jornais da Polônia; são documentos "vividos" — o que os aproxima de obras literárias, se bem da "literatura popular".

The Polish Peasant in Europe and America foi um grande exemplo; mas não ficou indiscutido. É sobretudo penetrante a crítica de Herbert Blumer, publicada no *Bulletin 44* do Social Science Research Council: acha que Thomas e Znaniecki não teriam demonstrado a *representativeness* dos casos escolhidos (assim como é possível duvidar se a vida de um personagem num romance é um destino representativo ou um caso singular): os dois sociólogos teriam escolhido aqueles documentos que serviam para provar-lhes a tese principal (assim como o "romancista social" inventa um "caso" conforme as suas próprias teses preconcebidas), de modo que na obra de Thomas e Znaniecki os comentários às cartas e autobiografias são mais importantes do que os próprios documentos comentados (assim como muitos romancistas sociais pretendem descrever a realidade do que analisá-la por meio de um comentário deliberadamente tendencioso); enfim Blumer encontra o defeito do método no próprio ato de interpretação, que é fatalmente e sempre tendenciosa.

A aplicação desses conceitos críticos ao romance social (já iniciada nos parênteses) serve para ilustrar a maior dificuldade do gênero: a relativa incompatibilidade entre a descrição fiel das realidades sociais e a tendência, que deforma fatalmente essas realidades. Nisso mesmo reside todo nosso problema: o sociólogo sente vivamente que encontrou no romance dados preciosos — mas como separá-los daquilo que é invenção e até invenção tendenciosa do romancista? Blumer aprecia altamente a obra de Thomas e Znaniecki, apesar de todas as objeções, porque o grande número dos documentos apresentados garante até certo ponto a *representativeness* dos casos, limitando os erros de interpretação. Quer dizer, na apresentação de autobiografias e cartas, documentos de histórias de vidas, Blumer reconhece a presença da condenada "sociologia histórica", e logo pretende corrigi-la — à melhor maneira americana — pelo "grande número", pela estatística. Ao romance social não se pode aplicar esse critério porque então seria decisivo o número das imitações de uma obra de êxito, e o melhor romance social seria o *best-seller*. É preciso procurar outro critério.

Quando se tratava do valor científico de autobiografias, H. W. Gruhle chamou a atenção para uma diferença importante: às vezes, o psicólogo estuda autobiografias já editadas há tempo, sem o autor ter pensado na exploração científica de sua obra por outros; e às vezes o psicólogo pede a um certo número de pessoas esboços autobiográficos, obtendo assim a documentação para um estudo comparativo. Este segundo caso é muito em uso na sociologia atual: assim estudaram-se as vidas pós-colegiais de mulheres formadas (Foster e P. P. Wilson), o ambiente dos gângsteres de Chicago (Thrasher), a desorganização da família sob o impacto da depressão econômica nos Estados Unidos (Lavam e Ranek), a permanência dos caracteres étnicos nas colônias de imigrantes russos na Califórnia (Pauline Young), as dificuldades de trabalho e carreira da mocidade preta no Sul (Frazier), etc. Mas este método é perigoso: os autores dos documentos já pensam na finalidade e conseqüências do seu trabalho, e é inevitável certa falsificação inconsciente ou subconsciente. O grande valor da obra de Thomas e Znaniecki reside, ao contrário, no uso de documentos escritos tempos atrás e sem se pensar em exploração sociológica. Foi essa a importante vantagem de Thomas e Znaniecki: estudaram a imigração polonesa quando a grande voga desta já acabara; conheciam a evolução posterior das coisas; eram capazes de eliminar os erros evidentes dos autores menos cultos e as tendências dos vigários e repórteres interessados em promover ou inibir a imigração polonesa para os Estados Unidos.

Ora, o estudioso que pretende tirar de romances lições sociológicas não usa "documentos espontâneos": todo romance, seja obra-prima ou seja produção medíocre, é uma obra deliberadamente feita, as mais das vezes com propósitos que perturbam a vista ao sociólogo. Este, estudando romances, não dispõe das vantagens de Thomas e Znaniecki senão de uma: ele também vem depois. É o fator tempo.

Autobiografias, cartas e escritos semelhantes são documentos de vidas particulares, de histórias de vidas. No seu uso trata-se — Blumer o adivinhara bem — de "sociologia histórica". Mas esta não se aplica razoavelmente ao estudo de romances contemporâneos. Então o "verdadeiro" romance social seria o romance histórico? Aquele que descreve transições sociais no passado em vez de tratar das atuais? Não, longe de mim fazer a apologia do romance histórico, gênero falso, falsificado pelas teorias sobre o passado que os autores introduzem. As vantagens da documentação de Thomas e Znaniecki encontram-se plenamente em romances que foram escritos na própria época de uma transição social, com a intenção de escrever romances de vida atual, e que o sociólogo estuda quando essa transição já pertence ao passado. É, por exemplo, o caso de Balzac: escreveu romances da vida do seu tempo, da transição da França para o regime burguês; essa transição passou, e as obras de Balzac ficam transformadas em romances "históricos", documentos preciosíssimos para o estudo da sociologia histórica.

Então, deveríamos esperar até os romances sociais contemporâneos se transformarem em romances históricos? Seria absurdo. Basta observar que nem todos os romances contemporâneos de determinada época se transformaram depois em romances históricos: acontece isso apenas com aqueles romances que sobrevivem a determinada época, chegando até nós outros. Balzac está aí: mas Eugène Sue, autor de romances muito "atuais" de sua época, foi esquecido, e realmente não diz nada ao sociólogo. Quer dizer, para o estudo sociológico servem apenas aqueles romances contemporâneos, de ontem e de hoje, que sobrevivem e sobreviverão ao dia. Mas isso não depende da riqueza de documentação do romancista (Sue sabia tanto da vida francesa como Balzac) nem da laudabilidade dos seus propósitos e tendências (Sue foi liberal e Balzac, reacionário), e sim do valor literário da obra.

Aí está justamente o contrário do que se dizia no começo desse artigo: "Um primeiro ponto quase parece pacífico: a importância sociológica de um romance não dependeria do seu valor humano" — frase na qual se empregou de propósito o condicional. A reivindicação permanente do gênero "romance social" é o restabelecimento dos valores morais, ultrajados pela injusta organização da sociedade, mas o caminho para esse fim não vai através da destruição de outros valores, de ordem cultural, que constituem a "herança" — conforme a expressão preferida de Marx, leitor de Balzac, e de Lenin, leitor de Pushkin. Sendo assim, não é verdadeiro repetir o lugar-comum de que uma obra literária só existe em função do seu valor literário, "*tout le reste est littérature*" — não, nem sequer é literatura.

Rochedos e ruínas

O Jornal, 09 fev. 47

Um perito norte-americano em Berlim encarregado de examinar a produção livresca do nazismo afirmou em entrevista que nos últimos seis anos do regime não se publicou nenhuma obra de valor ou interesse geral. A afirmação é exata. O regime nazista acabou em 1945; e fora em 1939 que se publicou o romance *Nos*

Rochedos de Mármore, de Ernst Jünger. Esse livro, que só agora se tornou acessível, vale a pena ser lido e discutido.

Jünger nasceu no seio da classe média, rapaz de futuro assegurado como alto funcionário ou engenheiro, em posição dirigente. Não agüentou porém a atmosfera de "segurança e bem-estar" da Alemanha burguesa de 1910. Com 16 anos de idade fugiu para as colônias africanas; voltou para lutar na guerra de 1914, distinguindo-se pela bravura. Depois, escreveu vários livros, tentando revivificar o espírito bélico na mocidade alemã, distinguindo-se do palavrório imbecil dos propagandistas do nacionalismo pelo estilo muito pessoal. Até dispõe duma espécie de "filosofia", esta porém pessoal, mistura de idéias de Nietzsche com aquele vitalismo que os discípulos de Bergson e Sorel divulgaram na Europa inteira. Preconiza a revalorização da vida pelo "contato permanente com a dor e o sofrimento", pelo "sacrifício sem finalidade utilitarista". Supremo exemplo dessa atitude é oferecido pelo soldado na batalha: "A virtude do soldado anônimo reside no fato de ele ser substituível a toda hora: no fato de que atrás do morto já se encontra o substituto. A suprema felicidade do homem consiste no ato de sacrificar-se. E este sacrifício vale tanto mais quando oferecido sem finalidade, à beira do absurdo". Eis uma amostra da maneira de Jünger conferir expressão impressionante a pensamentos monstruosos. Parecem fórmulas absurdas e no entanto eficientes de um rito mágico. A magia de Jünger é a técnica. É ela que precisa de sub-homens como aqueles soldados, executores cegos de ordens recebidas nas sociedades anônimas. O soldado tem de morrer sem perguntar por quê; o engenheiro tem de construir sem pensar para quê. Soldado e trabalhador, oficial e engenheiro, industrialização e mobilização: são conceitos idênticos. A guerra é o estado normal da humanidade, precedido pela "mobilização total" sem outra finalidade política do que o emprego da força.

Ernst Jünger parece nazista nato. Fez no entanto oposição tenaz ao regime nazista. Esteve preso várias vezes, e em 1936 até correu o boato do seu fuzilamento. Mas sobreviveu. E nas vésperas da nova guerra publicou aquele romance que parece formidável ao nazismo.

Os personagens principais da obra são dois oficiais que combateram "na última guerra", perdida contra os países altamente civilizados de Alta Plana. "Participamos da guerra porque foi nossa obrigação lutar sem duvidar da justiça ou injustiça da nossa causa... Mas sentíamos simpatia para com os povos que sabiam defender a sua liberdade contra agressores poderosos, e encaramos a vitória final deles como algo mais do que mera sorte no campo de batalha". Depois da derrota, os dois oficiais retiraram-se para uma casa no alto dos "rochedos de mármore", dedicando-se a estudos de botânica. A descrição da planície em torno dos rochedos lembra as paisagens inesquecíveis no fundo dos retratos de pintores italianos ou flamengos do século XV: campos cultivados como jardins, castelos nas colinas, cidades amuralhadas, torres de igrejas, e ao longe o mar. Assim é a "Borgonha" fantástica embaixo dos rochedos de mármore. Atrás, existe o planalto de Campagna, habitado por pastores meio bárbaros. E depois começa o território do "monteiro-mor" das florestas, que é ao mesmo tempo chefe de uma sociedade secreta "Mauritânia", pregando a doutrina da violência. A guerra perdida modificara os costumes na Borgonha, causando certa anarquia moral e decadência das forças vitais. Dessa situação aproveitou-se o "monteiro-mor", um velho de jovialidade barulhenta, brutalidade sanguinária e cara impenetrável. O "monteiro-mor" sabia aparecer meio escondido numa nuvem de pavor. Acredito que o seu poder residia mais nesse medo do que nas suas próprias forças. "Ele só se tornou poderoso quando os fundamentos já estavam minados". Naquele tempo, os pastores bárbaros de Campagna cometeram crimes que ficaram impunes, e contra eles organizou o "monteiro-mor" uma "polícia ilegal", cujos crimes logo se tornaram piores. "A confusão cresceu quando filhos de boas famílias, a mocidade da elite, começaram a participar do movimento anárquico, acreditando chegada a hora de uma nova liberdade". Ainda havia muitos despreocupados, "porque de vez em quando os dias pareciam calmos como nos tempos melhores. Revela-se nisso a mestria política do "monteiro-mor: ministrou o medo em pequenas doses, pouco a pouco aumentadas, paralisando deste modo a resistência. Os seus agentes inferiores alimentaram a anarquia do povo; os iniciados encheram os Ministérios e Tributos, até penetrando nos conventos, onde foram considerados como homens fortes que subjugariam a plebe revoltada". Então, "o Terror começou a reinar. O Terror fantasiado de Ordem".

Nem todos cederam assim: num convento perto dos rochedos, um monge misterioso, "último defensor da religião tradicional da Borgonha", indicou aos dois oficiais-botânicos um caminho para as florestas onde descobririam flores desconhecidas. Mas também descobriram lá o "Barraco de horrores", o lugar do martírio dos inimigos do "monteiro-mor", "caverna nojenta na qual gente abjeta goza da violação da dignidade humana".

Houve tentativas de resistência. Um dia, receberam nos rochedos a visita do Braquemart, ele também fanático da violência, e no entanto inimigo do "monteiro-mor" porque "a identidade dos métodos não implica identidade dos fins". Resolvera eliminar o "monteiro-mor" por meio de "ação direta". Mas esta degenerou em conflito generalizado; na guerra civil, a vitória ficou com o "monteiro-mor", o país foi devastado, a velha civilização de "Borgonha" acabou em incêndios e assassínios em massa, desaparecendo também o monge — e foram quase os únicos sobreviventes os dois oficiais que conseguiram salvar-se, fugindo para Alta Plana, o país dos antigos inimigos.

Eis uma alegoria formidável: a sátira mais cruel contra o nazismo que se pode imaginar. Com sinal de resistência interna na Alemanha foi elogiada a obra pelos poucos críticos anglo-saxônicos que conseguiram lê-la durante a guerra. Jünger continua considerado como grande antinazista. Mas resta uma dúvida: como foi possível que uma obra dessa natureza se publicasse em 1939, na Alemanha da Gestapo? Sob a vigilância de uma censura implacável mas nada imbecil? Deviam ter compreendido a obra. Apenas interpretaram-na de maneira diferente. A paisagem em torno dos rochedos de mármore simboliza, sem dúvida, a Europa inteira, ameaçada; mas o inimigo ao qual Jünger alude, os nazistas o identificaram decerto com o comunismo russo, contra o qual o fascismo alemão pretendeu a "civilização cristã". Com efeito, os "pastores bárbaros", no romance, aparecem com nomes eslavos: Wenzel, Igor, Belovar. Doutro lado, o retrato físico do "monteiro-mor" lembra antes a Stalin do que a Hitler. Quem é, afinal, o inimigo? Os pastores ou o "monteiro-mor". O leitor fica confuso. Será que Jünger introduziu de propósito certos pormenores para iludir a censura? Não creio. Falando das diferenças de opinião entre Braquemart e o "monteiro-mor", o romancista afirma: "No fundo, tratava-se de um dos conflitos internos entre os mauritânios, do qual não convém descrever aqui os pormenores". Mas por que não convinha? Jünger pretendeu escrever uma alegoria; quer dizer, uma justaposição sistemática de invenções novelísticas com fatos reais. Mas a sua natureza de poeta produziu um símbolo, cujos elementos não correspondem mecanicamente aos objetos da sátira política. Saiu uma obra de significação mais ampla, capaz de interpretações diferentes. Daí, a tendência ficou equivocada, e isso convinha a Jünger, que é ele mesmo uma figura equívoca, às vezes arquinazista, às vezes antinazista. Assim como nos quadros religiosos dos pintores italianos e flamengos do século XI o auto-retrato do pintor aparece num canto, entre os ajoelhados, assim o auto-retrato de Jünger aparece, no romance, entre os rebeldes da última hora: é Braquemart. A gente podia admirar-se da resolução de Braquemart de opor-se ao monteiro-mor, embora os dois tenham muitas idéias comuns. Ora, é erro freqüente uma identificação assim, porque a identidade dos métodos não implica identidade dos fins. O monteiro-mor pretendeu povoar o país em fazenda de escravos. No fundo, tratava-se de um dos conflitos internos entre os mauritânios, do qual não convém descrever aqui os pormenores. Apenas seja observado que existe diferença profunda entre o niilismo consciente e o anarquismo furioso. Trata-se da decisão se o país deve ser transformado em deserto ou em floresta... "Braquemart era niilista típico: inteligência fria, sem raízes no solo, caracterizado pelo gosto pela utopia".

Jünger é uma inteligência fria, sem raízes no solo, gostando da utopia do niilismo, do Nada. Em tudo, é o contrário dos chefes nazistas: imbecis exaltados, ligados às convenções da classe média alemã, gostando das formas mais bestiais do bem-estar físico. Eram falsos super-homens, ao passo que Jünger precisava de autênticos sub-homens. Jünger devia tornar-se antinazista porque só ele representava realmente o niilismo nazista. Ficou sozinho, numa atmosfera irrespirável, quase fora do mundo. Nem venceu nem foi vencido. Os nazistas pereceram na sujeira sangrenta que eles mesmos criaram; Jünger sobreviveu, assim como os dois oficiais no seu romance — apenas não precisava fugir para Alta Plana. Alta Plana veio buscá-lo na própria Alemanha.

Agora, Jünger vive pacatamente, sem ser molestado, na Alemanha ocupada. Até pode dar entrevistas a jornais franceses; os anglo-saxões respeitam o "resistente". A anarquia mental continua; ela também sobreviveu. A idéia da industrialização como mobilização total conquistou Alta Plana. Em toda parte, as tradições européias — simbolizadas pelo "monge" — estão esmagadas pelo antiintelectual de sub-homens. Neste sentido, a Alemanha nazista só foi o sistema eruptivo de uma doença européia. "Não é acaso", disse Karth, "que a revolução do niilismo, da barbárie e da mediocridade rebentou justamente no país dos Luther, Kant, Goethe e Beethoven; aí estava preparada". Mas não esquecemos que na Olimpíada de 1936 todas as nações reuniram suas bandeiras em torno da cruz gamada. Não esquecemos que em 1938, nos dias de Munique, quando o mal saiu pela primeira vez das fronteiras alemãs, os sinos das igrejas cristãs repicaram na Europa inteira. Depois, surgiram traidores, colaboracionistas e simpatizantes em todos os países. O grande erro alemão foi no fundo um erro europeu. Só pelo instinto de autodefesa a Europa começou tarde demais a levantar-se contra o nazismo; mas não por consciência clara dos fatos. Enfim, o inimigo foi derrotado; mas o erro continua, e o panfleto do arquinazista é elogiado como sátira nas chamas, mas os "dois oficiais" escaparam.

Sobre a técnica de Conrad

Letras e Artes, 16 fev. 47

No prefácio de um dos seus romances, Joseph Conrad definiu a tarefa do romancista da maneira seguinte: "É a minha tarefa fazer ouvir as coisas ao leitor pelo poder da palavra escrita, fazê-lo ouvir, sentir e principalmente ver. Isto, e mais nada, mas é tudo". Parece a profissão de fé de um poeta descritivo, *pour qui le monde visible existe*. Fazer ouvir, sentir, ver, sugerir-nos que teríamos assistido a um acontecimento inventado, não é pouca coisa. Contudo, a técnica que consegue esse fim parece-nos antes o ponto de partida do que a finalidade da arte novelística. E esta técnica ("mais nada") seria tudo? E o enredo, os personagens, a psicologia, os problemas? Aquela definição afigura-se-nos muito modesta. Não se compreende, então, o esforço enorme que Conrad dedicou às suas obras: as noites de insônia, as discussões intermináveis, os acessos de desespero e autoacusações de incapacidade, tudo isso de que a correspondência de Conrad dá testemunho comovente. Toda aquela profunda preocupação artística e moral, só para "fazer ver"?

O que foi afinal aquilo que criou tantas dificuldades até se tornar visível? Sabe-se que Conrad explorou materiais autobiográficos; pretendeu "fixar" as reminiscências dos seus tempos de oficial da marinha mercante: tempestades e calmarias perigosas, portos exóticos, contrabandistas e amotinados, crimes abomináveis no interior da Malásia e do Congo, incêndios, traições e salvações no alto-mar — enfim, o arsenal inteiro do romance de aventuras. O símbolo da obra de Conrad seria um navio sulcando o mar noturno com destino desconhecido, um navio carregando cadáveres de assassinados mas iluminado pela inspiração heróica de cumprir o dever. *England expects every officer and man to do his duty this day* e sempre; a preocupação do romancista de ligar os seus ideais às tradições da bandeira inglesa seria capaz de comover oficiais reformados da marinha daquele país que passam o ócio lendo romances — mas nem para todos a bandeira inglesa significa liberdade; e isso não facilita a tarefa de nos identificar pela simpatia com os personagens e acontecimentos até os "ver". Contudo a crítica literária reconhece unanimemente a grandeza de Conrad na sua preocupação com os "valores" que "mantêm a terra e suspendem o céu" de uma humanidade "abandonada por Deus". Mas aí nos ocorre que os portadores dos ideais conradianos — dever, fidelidade, sacrifício — são gente da marinha mercante, agentes de casas comerciais em países exóticos e outros assalariados. Em tempo de paz, até os soldados de Sua Majestade Britânica são mercenários. Cadê o heroísmo?

Não é fácil tornar acreditável uma documentação desta espécie. O romance de aventuras comum nem tem essa pretensão; basta provocar no leitor um interesse momentâneo, subcutâneo, o suspense, que desaparece logo depois da leitura. Conrad pretende, porém, infiltrar-se na nossa consciência. Aos valores permanentes que a sua arte representa corresponde a verdade permanente dos seus enredos e caracteres. Força é acreditarmos realmente na verdade do que o romancista nos conta, assim como acreditamos na realidade de acontecimentos aos quais temos assistido. Para esse fim é preciso torná-los visíveis.

Como conseguir isso? Os realistas-naturalistas, de Balzac a Zola, pretenderam produzir aquela impressão descrevendo tudo, acumulando pormenores. Flaubert, que também cometeu o *bonnet* de *Bovary*, abraçou pelo menos na teoria outro ideal, o do *mot juste*. Ensinou a seu discípulo Maupassant a "ver" uma árvore, em vez de descrever a árvore inteira, com todos os pormenores, observá-la longamente até descobrir um pormenor, um único, que ninguém ainda observara; depois, exprimir esse pormenor significativo pelo *mot juste* — e a árvore estará visível. Conrad adorava essa teoria; mas não chegou a imitá-la. Sabia observar como poucos; mas o seu reduzido domínio da língua inglesa impediu de encontrar o *mot juste*. Em compensação, compreendeu profundamente a natureza do precioso conselho flaubertiano: o máximo da visibilidade é conseguido pela limitação voluntária do raio de observação. É ótimo método para descrever objetos. Mas a tarefa do romancista consiste em movimentar os seus objetos. Então Conrad aproveitou-se de maneira engenhosíssima do método da "limitação voluntária do raio de observação".

Os romancistas de todos os tempos contaram diretamente os destinos dos seus personagens. Sabiam (quer dizer, inventaram) tudo deles, comunicando ao leitor o que convinha para provocar interesse, explicar motivos, tornar compreensíveis o começo, o meio e o fim. Os romancistas eram, em relação aos seus enredos, oniscientes. Conrad, sabendo limitado o raio de ação da sua memória, renunciou à onisciência. Eis a raiz da sua técnica.

O personagem principal da novela *The Heart of Darkness* é Kurtz, agente de uma empresa no interior do Congo, sujeito terrivelmente pervertido pelo calor, pelo sadismo, pelo ambiente selvagem, acabando em meio dos indígenas. Conrad, viajando pelo Congo, conheceu pessoalmente esse personagem sinistro; mas soube da história dele só pelos boatos que percorreram a colônia. Então, o novelista não se sentiu capaz de contar diretamente os acontecimentos. Inventou o personagem de um capitão Marlow, este também insuficientemente informado, que volta para a Inglaterra, encarregado de dizer a verdade à noiva de Kurtz. Durante a viagem talvez não tenha pensado nas dificuldades da sua missão. O aspecto do Tâmisa nas névoas evoca-lhe as trevas do continente africano. Pouco a pouco surgem-lhe, como através de um véu, as lembranças. Enfim, não terá coragem de dizer a verdade à moça. O leitor tampouco saberá tudo da história de Kurtz; mas sabe o que basta para nunca o esquecer jamais, porque o viu.

A história indiretamente narrada de Kurtz foi uma primeira tentativa. Mas Conrad não largará mais seu precioso informante Marlow. Este reapareceu em *Lord Jim*, história de um jovem oficial de marinha mercante que abandonou covardemente o navio sinistrado e os passageiros, passando depois a vida no ostracismo, em perdidos portos exóticos, esperando a oportunidade para restabelecer sua honra por um ato de sacrifício. Após rápida introdução sobre os antecedentes de Jim, Marlow toma a palavra; ele, que assistiu ao processo contra Jim perante o tribunal marítimo, conta o que soube aos seus amigos, depois de um jantar em Londres. E muito, muito depois, um dos amigos que jantaram com Marlow naquela noite recebeu do capitão uma carta, relatando o heroísmo final de Jim. Aí Marlow já aparece com duas vozes diferentes: os acontecimentos trágicos no alto-mar e perante o tribunal refletem-se numa conversa com café e charutos; o fim heróico de Jim é lido à luz duma lâmpada noturna, na capital do Império, que precisa de homens assim.

Marlow volta na obra-prima de Conrad, *The Chance*, seu romance mais complexo. Aí, o capitão sabe o que sabe só de segunda e terceira mão: pelo tenente Powell, testemunha fiel, ingênua e incompreensiva; por Mrs. Fyne, mulher hostil à heroína Flora, e pelo próprio Fyne — mas o que estes sabem sobre a vida de Flora só sabem mesmo pela própria Flora, que pretende ocultar sua vida tempestuosa, só pouco a pouco revelada pelos acontecimentos que a redimirão. E nestes três "espelhos" narrativos reflete-se o espírito de Marlow, que pretende decifrar o enigma da "chance": da oportunidade que a vida nos oferece para vencermos o fado.

Apenas em *Victory* Conrad não empregou o intermediário Marlow: aí o mal aparece abertamente na pessoa do fantástico Davy Jones (nome que os marujos ingleses dão à morte) e o ideal na pessoa da perdida Lena, salvando, pelo sacrifício da própria vida, o céptico Heyst, que não acreditava em sacrifícios. Aí a presença de Marlow não foi precisa para tornar acreditável o fim. É a vitória de Conrad sobre a sua própria técnica.

São "histórias marítimas", "romances exóticos". Mas não é o exotismo que importa; foi a técnica novelística de Conrad que lhe custou noites de insônia, revolucionando a arte do romance.

No romance, a técnica de Conrad significa uma revolução. Mas na realidade, não. Pois na vida ninguém nos conta sua biografia inteira quando o conhecemos. É só em pedaços, pouco a pouco, de maneira sempre incompleta que se nos desvendam as vidas dos outros — e as nossas próprias vidas. Experimentamos a vida assim como lemos os romances de Conrad: daí, a sua técnica é um supremo recurso para "imitar" a realidade, para fazer-nos ver e acreditar. Foi difícil; mas não porque os enredos de Conrad eram exóticos, e sim porque a vida é assim, complicada e difícil. A vida, a minha, a vossa, a da humanidade inteira, também se parece com uma viagem pelo mar noturno, destino desconhecido, talvez para a *victory*, talvez para o desastre. Esperam-se os crimes e covardias; é difícil acreditar no sacrifício, no heroísmo, no simples cumprimento do dever. Nem se pode pensar nisso: vivemos simplesmente para ganhar a vida, assim como os mercenários a soldo de Sua Majestade Britânica. Mas estes já deram, mais do que uma vez, o exemplo de perder a vida assalariada para salvar, "mediante pagamento", a liberdade de todos e a "suma do que dá valor à vida", merecendo o epitáfio que Alfred Edward Housman, pensando nos heróis de Conrad, lhes dedicou:

"These, in the day when heaven was falling
The hour when earth's foundations fled,
Followed their mercenary calling,
And took their wages, and are dead.
Their shoulders held the sky suspended;
They stood, and earth's foundations stay;
What God abandoned, these defended,
And saved the sum of things for pay".

Graciliano e seu intérprete

O Jornal, 23 fev. 47

O nome de Graciliano Ramos já serve de sinal pelo qual se reconhecem os adeptos da literatura neste país. Por isso, é um conforto a notícia do êxito das traduções castelhana e inglesa de *Angústia*. É conforto maior o fato de ter sido possível a reedição das obras do mestre, que devemos à compreensão de José Olympio. São cinco volumes imponentes; têm algo de blocos semigeológicos, daqueles monumentos incompreendidos que povos extintos deixaram no meio do deserto; e muitos só reconhecerão neles, possivelmente, as pedras, rochas formidáveis cujas inscrições transmitem uma mensagem estranha. A estes seria preciso ensinar a ler os caracteres enigmáticos para que entendam a voz no deserto. Seria preciso interpretar Graciliano Ramos, e não haverá tarefa que mais me tentasse do que a interpretação desse grande escritor ao qual me ligam os laços da mais profunda simpatia literária e humana. Mas agora esta interpretação já existe: está no primeiro volume das Obras, precedendo a reedição de *Caetés*; foi escrita por Floriano Gonçalves.

Desde o admirável ensaio de Augusto Meyer sobre Machado de Assis não foi realizado, parece-me, estudo tão completo de um romancista brasileiro como este *Graciliano Ramos e o Romance. Ensaio de Interpretação*, de Floriano Gonçalves. O autor estava bem preparado para a sua tarefa difícil. Ao conhecimento do *métier* — *Lixo*, o romance do próprio Floriano Gonçalves, ainda não foi devidamente apreciado — alia um raro talento de estabelecer e definir conceitos gerais de estética. E com esta última observação já estamos dentro da matéria do ensaio.

A estética de Floriano Gonçalves baseia-se em conceitos de uma largura que lembra a "estética como ciência geral das expressões" de Benedetto Croce; o ensaísta também não admite fronteiras entre as artes, compreendendo-as todas como casos especiais de expressão daquilo a que Croce chamaria "lirismo". O romance é um desses casos especiais, definindo-se intelectualmente pela contradição que lhe serve de ponto de partida: a contradição "Homem-Natureza". O método do ensaísta, baseando-se na verificação de uma contradição intrínseca, será portanto o método dialético. Na aparência, o ensaio de Floriano Gonçalves é um estudo sobre a estética e os meios estilísticos do romance em geral, ilustrado com exemplos tirados das obras de Graciliano Ramos e ocasionalmente de Machado de Assis. Na verdade, é um estudo sobre a dialética da evolução do gênero "romance" na literatura brasileira, evolução dialética que se repete dentro da carreira literária de Graciliano Ramos.

Caetés, a primeira obra de Graciliano, é o romance de um mundo morto, tão petrificado nas convenções da vida provinciana, com os seus resíduos do feudalismo, que aquela contradição intrínseca se torna consciente: aí não há movimento. A psicologia dos personagens também é "permanente", a dos homens ruins e medíocres, iguais em todos os tempos, parece-se com a psicologia novelística de Machado de Assis. *Caetés* representa a "tese" do romance brasileiro e, no caso, a "tese" do romancista Graciliano Ramos que evoluirá, depois, do determinismo psicológico para o determinismo revolucionário.

São Bernardo representa a antítese: nesta ordem da sociedade, o homem se liberta apenas pelo crime; daí, não se arrepende. O conflito tornou-se manifesto pela atitude negativa. *Angústia*, desdobrando a motivação psicológica do crime, confirma novamente a atitude negativa, a antítese. Só em *Vidas Secas*, síntese e cume da obra do romancista, o crime individual é substituído, pelo menos virtualmente, pela atitude positiva que o inimigo, a sociedade burguesa considera como o maior dos crimes: a revolução. As causas coletivas dos conflitos individuais, nos romances anteriores, estão reveladas. E Floriano Gonçalves observa finamente que os três primeiros romances foram narrados na primeira pessoa, de um ponto de vista individual, enquanto *Vidas Secas* está na terceira pessoa, dominando o pronome da objetividade. Corresponde a isso a evolução estilística do romancista partindo do subjetivismo, empregando com segurança cada vez maior o recurso da estilização, chegando a um realismo sóbrio que merece o apelido de "clássico".

Citando trechos da obra do romancista, Floriano Gonçalves nunca deixou de salientar os valores líricos da expressão — o que se enquadra no seu conceito croceano da estética. Mas o "lirismo" de Graciliano Ramos também patenteia uma evolução dialética; ao lirismo recalcado fantasiado de *esprit* eciano de *Caetés* seguiu-se o "lirismo negativo", caótico, de *São Bernardo* e *Angústia*, aquilo que sugeriu a Álvaro Lins a associação de "libelo contra a humanidade"; o lirismo positivo de *Vidas Secas* é de outra espécie, culminando, no capítulo "Inverno", no mais intenso dos acordes musicais, no silêncio.

O leitor devotado de Graciliano Ramos só pode aplaudir os resultados do ensaio de Floriano Gonçalves, devido a um método rigoroso admiravelmente manejado. Apenas lamentaria que, dentro daquele esquema dialético, a obra-prima da psicologia novelística de Graciliano não foi devidamente apreciada. *Angústia* teve de contentar-se com o lugar algo secundário de "mais uma negação", depois da antítese já representada por *São Bernardo*. É sinal evidente de que a psicologia — enquanto problema estético — não cabia por completo no esquema da dialética. Mas aí se toca num problema de importância geral

Na historiografia literária já não subsistem dúvidas quanto à aplicabilidade da dialética aos processos de índole coletiva, seja à evolução dos estilos, seja à evolução dos gêneros. Fica porém duvidosa a aplicabilidade desse método aos processos de índole individual. A mudança do estilo literário, de uma época para outra, pode ser dialeticamente interpretada; o mesmo método de interpretação encontra grandes dificuldades quando se trata de explicar a mudança de estilo de um escritor entre duas obras; será ainda mais difícil explicar dialeticamente uma eventual diferença de nível de valores entre essas duas obras. A dificuldade talvez resida na irredutibilidade de certos processos mentais; encontram-se explicações a respeito no capítulo IV de *Ciò che è vivo e ciò che è morto della filosofia di Hegel*, de Benedetto Croce. No ensaio de Floriano Gonçalves fala-se (p. 18) da evolução da sensibilidade; esta evolução, fenômeno principal da história literária, pode ser dialeticamente interpretada. Mas a interpretação dialética exclui o conceito de valores absolutos, valores permanentes; e são justamente as obras de valor permanente, que ficaram depois de desaparecer a sensibilidade que se criara, nas quais reconhecemos aquelas modificações de sensibilidade estética. A culpa da contradição não é do ensaísta; é do seu método. O próprio Marx não conseguiu resolver o problema. Num esboço de introdução à *Crítica da Economia Política* (edição do Instituto Marx-Engels-Lenin, Zurique, s.d., p. 248), chegou a dizer: "Não é difícil compreeender por que as obras de arte gregas estão ligadas a certas fases da evolução social. A dificuldade reside no fato de que elas ainda nos impressionam esteticamente, até servindo de modelos, embora aquelas fases já pertencessem ao passado". Quer dizer: apesar do relativismo geral, imposto pelo método dialético, Marx pretendeu salvar o valor permanente das obras de arte do passado. Mas é difícil. E Floriano Gonçalves encontra-se em situação semelhante: enquadrou as obras de Graciliano Ramos no processo dialético; e agora está com o problema de explicar por que atribui valor permanente àquelas obras.

Para determinar os valores permanentes na obra de Graciliano Ramos pode-se partir de fatos empiricamente verificáveis. Os dados principais se encontram no ensaio de Floriano Gonçalves, que é, como já se disse, um estudo completo. Várias vezes, o ensaísta alude ao ambiente social que representa, dentro da contradição inicial da obra do romancista, a "Natureza", o meio provinciano brasileiro, economicamente atrasado, caracterizado pelos resíduos do feudalismo. Apesar da cor local, não é um ambiente exclusivamente brasileiro. Por volta de 1880, certas regiões atrasadas da Europa — os distritos agrários, não-industrializados, da Inglaterra; as províncias espanholas; a Itália meridional — manifestaram os mesmos característicos sociais, que aparecem então nos romances de Hardy, Pérez Galdós e Verga. São grandes nomes; Graciliano Ramos tem várias qualidades, positivas e negativas, em comum com eles. Distingue-se deles pela psicologia novelística. Pois Hardy, Pérez Galdós, Verga pertencem à época pré-dostoievskiana do romance europeu. Não pretendo absolutamente afirmar influência direta de Dostoievski em Graciliano Ramos. Mas historicamente nosso romancista pertence à época pós-dostoievskiana; e isso se revela na sua técnica, na sua filosofia e — *last but not least* — na sua psicologia.

Hardy, Pérez Galdós, Verga são, quanto à técnica novelística tradicionalista, fiéis ao realismo objetivo da época vitoriana. Graciliano Ramos não aplica essa técnica. Fez experimentos. Três vezes — em *Caetés, São Bernardo* e *Angústia* — escreveu romances narrados na primeira pessoa, técnica desconhecida entre os realistas do século XIX. Na primeira pessoa só se pode narrar aquilo a que o narrador assistiu pessoalmente. Daí a dramaticidade intensa dos romances de Graciliano. Nas lacunas da informação do narrador fictício só pode entrar a sua imaginação, chegando até a substituição de realidade pela alucinação. Eis o elemento dostoievskiano na psicologia novelística de Graciliano Ramos. Elemento que desaparece em *Vidas Secas,* romance narrado na terceira pessoa e portanto menos dramático (daí a incoerência da imposição) e mais realista. Mas esse realismo não é o realismo dos Hardy, Pérez Galdós, Verga. Aí, Floriano Gonçalves observou muito bem a diferença entre o determinismo pessimista, imóvel, da época anterior (também de Machado de Assis) e o determinismo revolucionário de Graciliano: miséria fatalmente invariável das criaturas, e miséria que será fatalmente removida pela revolução. É a diferença entre a visão naturalista e a visão política da natureza humana, aquela diferença pela qual Muir distingue duas fases da evolução do gênero "romance" (Edwin Muir: "Natural Man and Political Man", in: *New Writing and Daylight,* vol. I, 1942). Mas a transformação não é integral. Subsistem resíduos da visão naturalista, primitivista. E desta contradição nasce, conforme Coleridge e I. A. Richards, o lirismo. A psicologia descritiva dos naturalistas é substituída pela psicologia compassiva, lírica. No começo, é caótica. Mas aí entra — a observação pertence a Floriano Gonçalves — aquilo em que reside o poder literário de

Graciliano Ramos, a sua qualidade mais individual que, resistindo à análise dialética, produz os valores permanentes da sua obra: o poder de estilizar "classicamente" a realidade. Esse poder impõe uma ordem ao caos de fantasmas e alucinações de *Angústia*. É esse poder de estilização literária que se encontra com a vontade política de "esterilizar a sociedade", eliminando dela as contradições intrínsecas. Deste modo, o "libelo contra a humanidade transforma-se em seqüência de acordes, cujo último é o mais intenso dos acordes musicais, o silêncio".

Os resultados dessa análise são, como se previu, substancialmente os mesmos aos quais Floriano Gonçalves chegara, apesar do método diferente. Como foi possível? Talvez Graciliano Ramos represente um caso de exceção: um valor permanente, acessível e no entanto resistindo ao método dialético. As definições estéticas gerais de Floriano Gonçalves — assim como, aliás, todas as definições até hoje propostas — não enquadram bem uma das artes: a música; e Graciliano Ramos parecerá a muitos um grande escritor sem música. Seria o método dialético ou teria sido a sensibilidade estética do ensaísta? E chegou a descobrir a música secreta em Graciliano: no seu silêncio. O romancista encontrou o seu intérprete.

Agora nos fala a voz humana do grande artista da palavra. Antes ele parecia desumano. Mas quando os homens emudecem, começam a falar até as pedras. Uma voz clamando no deserto. Afirmam porém que a estátua de Mêmnon só ressoará em face da aurora.

Arte permanente

Letras e Artes, 16 mar. 47

O nome de Jan Vermeer van Delft é caro aos amigos da pintura. É verdade que esse mestre holandês da segunda metade do século XVII não possuía a profundidade religiosa de Rembrandt; basta comparar os apóstolos de Emaús deste último — a luz mística em torno da cabeça do Cristo, incendiando as tristes trevas que envolvem os apóstolos proletários — com o pobre quadro, no Museu Boymans em Rotterdam, em que Vermeer representou a mesma cena, transformando-a em ceia de três camponeses triviais. Tampouco sabia o pintor de Delft conferir aos seus quadros o esplendor dos mestres da Renascença: estes transfiguraram os homens em personagens mitológicos, enquanto a deusa Diana de Vermeer, no Mauritshuis, é uma senhora insignificante, tomando banho de pés. Vermeer não era da estirpe dos lucíferes mediterrâneos nem daquela outra de profetas nórdicos. Só era pintor, só. Pintou cenas da simples vida caseira: moças, uma cozinha, a porta da rua. Mas também lhe faltava o espírito anedótico dos pintores de *genre*, dos Metsu, Mieris, Netscher, tão apreciados pelos leigos: os seus quadros não apresentam cenas de amor ou de briga, humorísticas ou sentimentais. A esse pintor, que era só pintor, bastavam os objetos sem "assunto", aquelas moças, cozinhas, casas, ruas sem nada mais, combinações de linhas, cores, luzes e sombras que como por acaso se assemelham a figuras e objetos conhecidos, dando a impressão do *déjà vu* no sonho. A *Moça lendo uma carta*, na galeria de Dresden, não é personagem de uma anedota e sim uma aparição cromática no meio da luz que entra pela janela aberta, luz reduplicada pelo reflexo da aparição na vidraça. A *Rua*, no Rijksmuseum de Amsterdã, não está animada por bêbados e brincalhões; é um sistema linear parecido com a ordem das coisas em que a gente desejaria viver. O grande quadro *Panorama de Delft*, no Mauritshuis em Haia, não deixa de apresentar semelhança com a calma cidade do século XVII na planície holandesa; ou será esse céu ilimitado, limpíssimo, em cima de uma suma de habitações interior e exteriormente regularíssimas, o símbolo do domingo perpétuo da humanidade? Mas no fundo o pintor só pretendeu resolver certos problemas pictóricos; e resolveu-os para sempre. Uma ou outra vez, o mestre cedeu ao gosto do seu ambiente de burgueses ricos; pintou, então, um quadro "significativo" como a *Alegoria da Pintura*, que não tem nada de alegórico nem de significativo; é o pintor trabalhando, o modelo posando, as duas pessoas como afogadas na luz de uma tarde que não acaba nunca. Foi esta tela uma das minhas últimas impressões da minha cidade natal de Viena, antes de deixá-la para sempre; encontrava-se o quadro, desde séculos, na pequena galeria de um sonolento palácio aristocrático, e desde então desapareceu, ninguém sabe para onde foi; se foi, talvez, para sempre.

Encontro esta última informação no livro de A. B. De Vries sobre Vermeer, publicado em Amsterdã nas vésperas da guerra que perturbaria, pela primeira vez desde séculos, o sono da pequena cidade de Delft. Só agora o livro se tornou acessível. Contém capítulo interessantíssimo sobre os destinos póstumos da pintura de Vermeer, capítulo que vale a pena resumir.

O nome de Jan Vermeer van Delft é caro aos amigos da pintura; caro também no sentido material da palavra. Apenas existem quarenta quadros da sua mão, quase todos em museus. Quando aparece porventura um quadro de Vermeer no salão de um dos grandes negociantes de objetos é para ouvir logo oferta de preços astronômicos. Mas nem sempre foi assim. Vermeer morreu em 1675. A venda dos mais ou menos 25 quadros, guardados na sua casa, não rendeu mais do que uma importância modestíssima para a viúva e os filhos. Contudo, Vermeer não fora daqueles gênios incompreendidos, desprezados durante a vida e festejados depois da morte; na sua existência, assim como na sua pintura, não há nenhum elemento dramático, romântico. Fora um pintor modesto mas apreciado, considerado como de segunda ou terceira categoria; e depois da sua morte foi logo esquecido. Nas grandes enciclopédias de pintura do século XVIII e até nas obras históricas da primeira metade do século XIX não lhe aparece o nome. Um pintor como Reynolds, conhecedor do *métier*, encontrando num palácio holandês a *Cozinheira* de Vermeer, chegou a admirar a habilidade pictórica do velho mestre — mas o assunto parecia tão insignificante ao nobre classicista inglês! Num leilão em 1811 o *Colar de pérolas* de Vermeer, hoje no museu de Berlim, foi vendido por 35 florins, correspondentes a 360 cruzeiros. Ainda em 1858 os negociantes de Amsterdã conseguiam dez a quinze vezes mais por um Metsu ou Mieris, os conhecidos mestres de *genre*, do que por um quadro de Vermeer. Aqueles brilharam em todas as coleções, pois o que se apreciava num quadro era, antes de mais nada, o título. Em 1844, Alberdingk Thijm, considerado um dos maiores conhecedores da velha pintura holandesa, escreveu: "As minhas primeiras impressões em face de um quadro não se ligam à cor nem às formas; importa o pensamento". Naquele tempo, os Alberdingk, Potgieter e Busken Huet ressuscitaram o grande passado artístico da Holanda; todos os três ignoram o nome de Jan Vermeer van Delft.

"*Enfin Thoré vint*", Thoré, um jovem literato francês que viu em 1842, na Haia, o *Panorama de Delft*, entusiasmando-se tanto que dedicou a vida à tarefa de aprofundar e divulgar sua descoberta. Depois veio Gautier, o homem "*pour qui le monde visible existait*". Maxime Ducamp chamou Vermeer de "Canaletto da Holanda". Os Goncourt, dotados de sensibilidade mais fina, comparam-no a Chardin, o pintor de cenas caseiras do rococó francês. Outros críticos lembraram — é para estranhar — o realismo de Courbet; pois o legítimo vermeeriano da época, Corot, ainda não estava compreendido. Enfim, os impressionistas exaltaram Vermeer, considerando-o seu precursor, como um dos maiores artistas de todos os tempos. Desde então, os poucos quadros disponíveis do pintor de Delft são vendidos e revendidos a preços fabulosos. Mas a pintura moderna escolheu outros caminhos, muito diferentes.

Esta última observação já não pertence a De Vries, historiador tão reservado como o pintor do qual escreveu a biografia. A glória de Jan Vermeer van Delft passou pelas fases mais variadas: apreciação modesta, esquecimento completo, desprezo deliberado, admiração apaixonada até o teste mais seguro dos altíssimos preços — e já está outra vez murchando. Talvez venha o dia em que o nome de Vermeer desaparecerá novamente, assim como já desapareceu sua *Alegoria da Pintura*. O fato não serve para tecer considerações melancólicas sobre "o destino dos artistas"; antes para tirar umas conclusões muito sérias.

Não há progresso na evolução da arte. Mas há progresso na evolução da sensibilidade artística. Sem dúvida, nós outros entendemos mais de pintura do que aquele Alberdingk Thijm e os contemporâneos seus; mas não é mérito nosso, assim como não seria justo culpar os nossos descendentes se cheguem porventura a perder, um dia, o gosto pela arte de Vermeer. Na verdade, a evolução da sensibilidade artística, que é um fenômeno coletivo, está subordinada aos fenômenos da evolução social. Vermeer, o pintor do silêncio mais nobre, não foi compreendido no século XVIII porque então a burguesia enriquecida ainda imitava os costumes da aristocracia, chegando apenas ao luxo de *nouveaux-riches* e, mais tarde, à nostalgia passadista do romantismo. Vermeer foi redescoberto depois da Revolução de Julho: Thoré, liberal fervoroso ao ponto de assumir o pseudônimo Buerger (quer dizer, em alemão, "burguês"), viu em Vermeer o pintor da calma vida burguesa, em oposição à dramaticidade enfática dos pintores românticos. A glória de Vermeer, exprimível em algarismos, em importâncias de dinheiro, coincide com o auge de poder da burguesia; mas no fundo foi um grande equívoco. No futuro esse mal-entendido desaparecerá provavelmente para dar lugar a outro equívoco: o de confundir com atitudes pseudo-aristocráticas, de torre de marfim, o nobre silêncio da arte de Vermeer.

A essa explicação das vicissitudes da glória de Vermeer um adversário de métodos sociológicos poderia responder: "Mas isso significa sacrificar a arte à sociologia e os valores permanentes a esquemas dialéticos". Na verdade, o método sociológico só vale dentro de certos limites: é capaz de interpretar os ambientes que envolvem a obra de arte, antes e depois da sua criação, sem ser capaz de penetrar no reino dos valores. E para apoiar essa afirmação permito-me citar, mais uma vez, a frase na qual o próprio Marx confessou os limites da dialética histórica: "Não é difícil compreender que as obras de arte gregas estão ligadas a certas fases da evolução social. A dificuldade reside no fato de que elas ainda nos impressionam esteticamente, embora aquelas fases já pertencessem ao passado". E essa pergunta ficou, até hoje, sem resposta.

Podemos, portanto, distinguir três "camadas" do problema que toda obra de arte apresenta à crítica. A primeira camada é constituída pelo ambiente social do artista e pelos ambientes mutáveis que servem, em vida do artista e depois da sua morte, de receptadores da sua arte. São fenômenos históricos e, portanto, sujeitos à dialética histórica. No caso de Vermeer, a interpretação sociológica explica, através da atmosfera burguesa do seu ambiente, o assunto aparente da sua obra e as vicissitudes da sua fama póstuma; até a nossa própria interpretação será sujeita a essas limitações históricas. Já não depende tanto disso a segunda camada, a da técnica pictórica; a maneira pela qual Vermeer resolveu os seus problemas de formas, cores, luzes e sombras. Aí se trata do indivíduo que, embora sujeito às condições sociais da sua existência, se impõe, como artista, em face das tradições estilísticas que encontrou, adotando-as ou superando-as; a interpretação técnica dá conta disso. Mas Vermeer só seria grande artesão, *virtuose* admirável, se aquele resultado, a obra de arte, apenas tivesse significação material. Na verdade, a técnica não é o fim e sim o meio da expressão do encontro do homem com os valores permanentes que se revelam através da arte. Esses valores permanentes continuam a existir, mesmo quando, com o desaparecimento daqueles ambientes, já ninguém compreenderia a arte de Vermeer; mesmo quando as suas próprias obras desapareceriam como já desapareceu sua *Alegoria da Pintura*. Porque a arte é mesmo uma alegoria, ou então, conforme o dito de um pintor moderno como Georges Braque, "a arte apresenta o aspecto visível de mundos invisíveis".

Capitalismo e discussão

O Jornal, 23 mar. 47

Deseja-se o maior número possível de leitores para a conferência "Capitalismo e Protestantismo. Estado atual do problema" que acaba de publicar o sr. José Honório Rodrigues. O assunto desse estudo do historiador brasileiro é bem conhecido: trata-se da tese de Max Weber conforme a qual o protestantismo, particularmente na sua forma calvinista, teria influído poderosamente na formação daquela mentalidade que criou, por sua vez, a economia capitalista. Conhece-se menos a discussão imensa, pró e contra, em torno da teoria, de modo que muitos estudiosos consideram a tese de Weber como espécie de "fato consumado": seja como axioma científico, geralmente reconhecido; seja como hipótese interessante mas já ultrapassada. Só o conhecimento íntimo daquela discussão — eis o conteúdo principal da conferência do sr. José Honório Rodrigues — permite apreciar os resultados provisórios de um debate que ainda não acabou nem acabará tão cedo. Na verdade trata-se de um assunto do mais alto interesse científico e, além disso, de interesse imediato para a compreensão da história brasileira: até me atrevo acrescentar que se poderia chegar, através dos caminhos sinuosos daquela discussão, a uma definição melhor da sociedade brasileira atual. Haverá mais outras conclusões — mas para explicar tudo isso será preciso começar *ab ovo*, narrando a origem estranha de uma das maiores descobertas científicas do nosso tempo. Será interessante quase como uma novela.

O personagem principal desse romance psicológico, Max Weber, era filho de uma grande família burguesa da Alemanha ocidental; líder nato. Orador de fascinação irresistível, estava predestinado para fazer brilhante carreira política, talvez como chefe de um partido liberal democrático. Em vez disso escolheu a carreira universitária; na Alemanha meio absolutista do imperador Guilherme II não havia lugar, na vida pública, para homens da estirpe de Weber, que será mais tarde um dos fundadores intelectuais da República de Weimar. Todo o imenso trabalho científico de Weber ficou, no entanto, secretamente orientado por motivos político. Estreando com um estudo sobre o papel funesto da grande propriedade rural na história romana, já pensou no papel funesto dos latifundiários prussianos na política alemã; 25 anos mais tarde, durante a primeira guerra mundial, escreveu famosa série de estudos sobre os profetas israelitas, considerados como advogados dos interesses populares contra os reis apóstatas; ele mesmo julgou-se profeta, anunciando a derrota do imperador megalômano.

O problema mais pessoal de Weber foi, porém, a impotência política da sua própria classe, que criara no entanto a grandeza econômica da Alemanha. Em outros países da Europa ocidental — na Inglaterra, Holanda, Suíça — a mesma burguesia criara, além do sistema econômico, o próprio Estado moderno; na Alemanha, os industriais e professores burgueses ficaram dominados pela casta militar e a burocracia. Afirma-se que Weber, então professor de uma pequena universidade alemã — numa daquelas cidadezinhas povoadas de professores e estudantes, mundo minúsculo em que todos se encontram todo dia com todos os outros —, conversou ocasionalmente sobre o problema com um colega de outra faculdade, a da "teologia protestante", e o teólogo teria chamado a atenção do economista para o fato de que as burguesias suíça, holandesa e inglesa aderiram cedo ao credo calvinista, esse fundamento da democracia ocidental, enquanto os calvinistas alemães — a família de Weber também era de origem calvinista — ficaram minoria insignificante. Os luteranos, constituindo a maioria do povo alemão, nunca aprenderam a resistir à autoridade estabelecida; e tampouco os católicos. Essa observação parecia indicar o caminho para a solução do problema político. Mas Weber era economista, e logo lhe surgiu outro problema: por que aqueles calvinistas teriam organizado o capitalismo moderno ao passo que os alemães luteranos e os povos católicos do Sul da Europa ficaram economicamente atrasados. A resposta está no famosíssimo estudo de Weber sobre *A ética protestante e o espírito do capitalismo*: o calvinismo teria transformado a ascese medieval em "ascese profana", ética do "trabalho pelo trabalho"; e o dogma da predestinação dos eleitos para o céu se teria transformado em predestinação dos que têm êxito econômico para dominarem a terra. Estava lançado o fundamento de uma nova disciplina científica, a "sociologia da religião", como base da historiografia econômica.

Quanto à discussão internacional em torno da tese de Weber, a conferência do sr. José Honório Rodrigues oferece amplas informações: fala-se da grande obra de Ernst Tröltsch sobre as doutrinas sociais das Igrejas e seitas cristãs; dos importantes estudos do inglês Tawney, que não aderiu incondicionalmente à tese de Weber; das hipóteses de Sombart, que, depois de ter salientado o elemento judaico no calvinismo e a participação dos próprios judeus na formação do capitalismo, chamou a atenção para as raízes da mentalidade capitalista na escolástica medieval. Estuda-se, depois, a oposição contra Weber, representada por historiadores tão eminentes como Pirenne e Sombart, do capitalismo nas cidades medievais; até enfim o jesuíta J. B. Kraus inverter a tese weberiana, responsabilizando as modificações das condições econômicas no século XVII pela "secularização" da ética calvinista, a sua transformação em liberalismo político e econômico.

A discussão continua. O problema não está resolvido. Mas Weber criara, antes de tudo, um novo método de investigação histórica. A fertilidade desse período revela-se em estudos realizados longe da esfera de influência de Weber: veja-se o admirável trabalho de Groethuysen, discípulo de Dilthey, sobre a participação dos jesuítas e jansenistas na preparação da mentalidade burguesa, tardia e algo diferente, na França.

Bom, muito interessante, mas o que temos nós outros com isso? Não digam. Não é acaso que o autor daquela conferência, o sr. José Honório Rodrigues, é o nosso especialista em assuntos da época holandesa em Pernambuco; o episódio holandês representa, dentro da história da colonização européia nas Américas, um choque entre a mentalidade econômica protestante e a dos católicos. Aqui venceu o catolicismo; o primeiro ataque da economia protestante foi derrotado. E nesta altura peço permissão para aventurar mais uma hipótese. No Brasil não nasceu uma burguesia da espécie anglo-saxônica; o espírito burguês infiltrou-se no Brasil através do jansenismo português, descendente do jansenismo francês; daí as afinidades íntimas da classe dirigente do Brasil no século XIX com a burguesia francesa, igualmente liberal e economicamente atrasada em conseqüência das suas origens particulares: o divórcio se realizou mais tarde através da penetração econômica anglo-americana (e depois da alemã), constituindo o segundo ataque calvinista. As reações atuais, políticas e econômicas, da classe média brasileira talvez ofereçam ainda documentação bastante para uma análise do ponto de vista da "sociologia da religião", chegando-se a resultados de interesse imediato.

Considerações desta espécie serviriam para demonstrar a aplicabilidade do método "weberiano" à historiografia e sociologia do Brasil. Mas salientar isso demais seria um apelo ao espírito imediatista que só admite estudos "úteis". Na verdade, o nome de Max Weber é sinal de um triunfo da ciência autêntica sobre o especialismo utilitarista que hoje estraga a vida universitária. É muito significativo o fato de que a tese de Weber nasceu de uma conversa entre um professor de economia política e um professor de teologia protestante: representantes de duas faculdades que costumam viver em regime de separação rigorosa. O trabalho de Weber ressuscitou o conceito antigo da universidade como *universitas litterarum*, acima do especialismo míope. Para criar esse clima não basta construir cidades universitárias. É preciso construir o espírito universitário, que não se satisfaz com a transmissão de noções consagradas aos alunos para formar especialistas "ortodoxos", mas exige a iniciação dos estudantes no trabalho científico no terreno das hipóteses e discussões. Talvez a discussão em torno da tese de Weber seja mais importante do que a própria tese de Weber. E aí se abre nova perspectiva, novo aspecto do assunto inesgotável.

Weber, embora democrata por convicção profunda, não deixou de ser filho da grande burguesia. Um dos motivos — talvez motivo inconsciente — do seu estudo foi a sua atitude antimarxista. Com efeito: enquanto os marxistas consideram a religião, parte da superestrutura, como produto da organização econômica, estudou Weber a influência decisiva da religião na elaboração de um sistema econômico. Foi uma tese antimarxista. Na oposição contra Weber encontram-se porém muitos estudiosos católicos. Em geral, são representantes científicos de sociedades economicamente atrasadas, não inteiramente penetradas pelo capitalismo: alguns entre eles, aprovando o capitalismo, pretendem refutar a tese weberiana, demonstrando que o capitalismo já existia nas cidades da Idade Média católica; outros, inimigos do capitalismo, invertem simplesmente a tendência de Weber, considerando a economia moderna como fenômeno de degeneração porque baseada na doutrina protestante, herética. Mas ao lado das interpretações tendenciosas continua a existir a verificação honesta dos fatos históricos. Aí está aquele jesuíta J. B. Kraus, autor da obra *Escolástica, Puritanismo e Capitalismo: história das modificações econômicas e sociais da Europa nos séculos XVI e XVII, das modificações que produziram a mentalidade do capitalismo moderno,* e essa mentalidade modificou, por sua vez, a religiosidade calvinista até esta se acomodar à nova ética burguesa. Quer dizer, o jesuíta, sem sair absolutamente do terreno das suas estritas convicções religiosas, defende contra o antimarxista Weber uma tese que qualquer marxista apoiaria.

Será um paradoxo? Não, apenas é o triunfo da honesta discussão científica, capaz de tratar das questões mais ardentes sem descer para o terreno dos *slogans* partidários e publicitários. O predomínio destes já começa porém a impossibilitar a discussão, e esse fato também pertence à história do sistema econômico em questão. O capitalismo, nascido em meio da competição de seitas religiosas e baseando-se na livre concorrência dos produtores, favoreceu a discussão, ao ponto de a burguesia poder ser chamada de "classe discutidora". Mas o capitalismo monopolístico do século XX já não liga à livre concorrência: substituíram-se os "homens de iniciativa" pelos "homens de confiança", os cientistas pelos engenheiros e a discussão pela burocracia. Deste modo a possibilidade de discussão tornou-se um *test:* por isso também é desejável que muitos leiam a conferência do sr. José Honório Rodrigues — e que a discussão continue.

O universo de Bach

Letras e Artes, 30 mar. 47

É um dos problemas mais graves: a autoconsciência de Bach. As obras definitivas da nossa civilização, que esperamos deixar a outros séculos, foram criadas por indivíduos excepcionais, os Dante e Goethe, Michelangelo e Beethoven, gênios conscientes da sua função na economia do Universo espiritual desta civilização; até Shakespeare, que certos ignorantes julgam ter sido ator obscuro, sabia (*Soneto LV*) que nenhum momento de mármore e ouro *"Shall outlive this powerful rhyme".*

E Bach não o teria sabido? A nenhum outro músico ele se compara: nem a Mozart, que transformou o mundo em melodia, nem a Beethoven, que insuflou ao mundo o seu próprio ritmo. Beethoven, velho e surdo, lembrando-se de uma fuga do mestre, fez o trocadilho: "Não Ribeiro (Bach) ele deveria chamar-se, mas Mar". Este chiste de gosto duvidoso é a única "crítica" possível do soberano de um Universo autônomo. E o criador, quase dir-se-ia o Deus deste Universo, não teria sabido do seu lugar na hierarquia *des Trones des Vertus, des Dominations?* Parece. Nunca fez a mínima tentativa de sair do seu ambiente mesquinho de escolas municipais de canto eclesiástico; numa época em que aos compositores como Haendel e aos cantores como Farinelli se ofereceram rios de ouro, títulos nobiliários e o lugar perto do trono, Bach conformou-se, porém, à sua situação de pequeno-burguês, perseguido por dificuldades financeiras; e nos únicos documentos que possuímos da sua mão, relatórios e memoriais submissos às autoridades municipais, sempre só fala em órgãos deficientes, alunos indisciplinados e encargos da numerosa criançada, pedindo modesto aumento de vencimentos, sem se referir jamais aos méritos da sua arte. Esta inconsciência do gênio é um fenômeno completamente alheio à índole individualista da civilização moderna. Sugere uma espécie de vertigem às avessas. É um problema.

Não é possível: Bach devia saber do seu valor. E sabia; apenas não o exprimiu em palavras articuladas e sim, de maneira enigmática, em notas musicais. Velho, cego, resolveu resumir sua arte numa obra de dimensões inéditas: *A Arte da Fuga.* Na última das fugas supradimensionais de que se compõe esta obra, a nº 19 da segunda parte — inacabada, aliás —, os dois temas principais são no fim superados por um terceiro tema, constituído das notas si bemol, lá, dó, si, ou então, b-a-c-h. É o nome de Bach.

Falando em palavras humanas, Bach exprimiu-se de maneira menos solene. No seu pedido de demissão, dirigido em 1708 ao Conselho Municipal de Munchausen, lamenta a falta de recursos materiais que lhe teria impedido conseguir "o verdadeiro fim" da sua vida: "regularizar os serviços musicais na igreja". E no fim do documento repete com insistência: "Contudo pretendo continuar a trabalhar para o verdadeiro fim da minha vida, que é a boa organização dos serviços musicais na igreja". Eis o motivo por que Bach nunca quis sair da sua condição precária: julgava-se reformador da música eclesiástica luterana, vocação à qual não podia obedecer nos palácios dos príncipes e da ópera. A serviço dessa vocação criou Bach um universo de fugas, sonatas, sinfonias em torno do centro da sua obra: do templo musical do Deus da Igreja luterana. Mas os luteranos do seu tempo não o entenderam nem sequer o ouviram: a maior parte das suas maiores obras não foi executada em vida do mestre, a *Paixão segundo São Mateus* só 80 anos depois da sua morte, e só mais de um século mais tarde *A Arte da Fuga* — neste século XX que entende a música de Bach sem ouvir atrás dela a palavra de Deus. Poder-se-ia afirmar que toda a obra de Bach se transformou em música de sala de concertos, em música profana. Considerando-se a situação extraordinária da arte de Bach, alheia ao seu próprio tempo e sem conseqüência, por mais admirado que fosse, em nossa época, seria mais exato dizer: Bach criou um universo musical fora de todos os tempos — e de todos os templos. A música eclesiástica luterana, a qual pretendeu reformar, acabou com ele. Quanto à sua vocação, Bach estava errado.

Essa conclusão é menos desconcertante do que parece. O conceito de um gênio inconsciente é inconcebível para nós outros, mas compreendemos muito bem ou acreditamos compreender a situação de um grande espírito sacudido por conflitos íntimos; e de um conflito assim parece se tratar no caso de Bach. Criou uma obra diferente da que pretendeu criar. A sua música constitui hoje o cume do repertório profano em nossas salas de concerto; mas os contemporâneos do mestre já sentiam algo de semelhante. Do tempo da atividade de Bach como organista em pequenas cidade da Turíngia existem documentos, reclamações dos membros da comunidade eclesiástica contra o músico que "intervém no órgão com sons estranhos e acordes feios, de modo que os fiéis perdem a melodia, não podendo mais acompanhar pelo canto o serviço sacro". O canto dos fiéis é porém o centro do culto luterano. Aqueles burgueses tinham razão. Em vez de reformar a música eclesiástica, Bach destruiu-a, introduzindo o exercício de instrumentos e sons profanos. Ter-se-ia ele debatido num conflito íntimo entre música sacra e música profana?

Admitir isso seria anacronismo grosseiro. Bach era homem de devoção exemplar, ao serviço religioso sacrificou as possibilidades da carreira esplêndida que seu contemporâneo e conterrâneo Haendel percorreu. Ou, então, teria Bach fracassado pelo conflito entre a sua religiosidade luterana e as exigências enormes da sua arte que só se admitem nos templos da Igreja católica? Entre as maiores obras do organista luterano encontra-se a composição daquele serviço litúrgico que os luteranos costumavam chamar de "serviço de Baal" e "idolatria": uma *Missa*. Aquele conflito teria sido de índole religiosa?

A música do mestre luterano admite-se hoje nos templos católicos sem sugerir escrúpulos ao clero ou aos fiéis. O maior propagandista de Bach na França católica, D'Indy, falou de um "catolicismo íntimo" do músico protestante; a biógrafa inglesa Rutland Boughton chamou a atenção para os numerosos livros de devoção catolizante na biblioteca particular de Bach.

Assim como os conflitos religiosos dos séculos XVI e XVII acabaram enfim criando uma atmosfera de tolerância intercristã, uma religiosidade livre acima das confissões em luta, assim o conflito íntimo em Bach ter-se-ia resolvido num "cristianismo superior", acima das Igrejas e enfim fora da Igreja.

Essa hipótese de um conflito religioso em Bach, além de estar baseada em erros de interpretação histórica, não é menos anacrônica do que a hipótese de um conflito entre música sacra e música profana. Conforme os estudos de Legler, os livros de devoção luteranos do século XVII são quase todos imitações de modelos católicos, até jesuíticos; o conhecido individualismo (por isso, menos litúrgico) da religiosidade jesuítica facilitava a assimilação dos conceitos. E quanto àquela *Missa*, foi dedicada ao soberano de Bach, o rei da Saxônia, membro da Igreja romana; não havia nisso nada de constrangimento da parte do compositor porque o rito luterano ainda conservava, então, várias orações latinas que só era preciso combinar. No resto, a *Missa* de Bach é uma enorme peça sinfônica, tão imprópria para ser executada durante o Ofício Divino como a *Missa Solene* de Beethoven; mas distingue-se da obra de um compositor vienense pela falta absoluta daqueles famosos *episódios* (exaltação desmesurada das vozes no *vitam venturi-saeculi*, marcha bélica durante o *dona nobis pacem*) que caracterizam o espírito moderno. Em comparação com a *Missa* de Beethoven, tão bela como profunda, a de Bach é menos bela e mais convencional, quase dir-se-ia: é bizantina. Daí a falsificação desta e de todas as obras de Bach quando executadas à música "clássica", vienense, ou à maneira da música neo-romântica, wagneriana. Toda tentativa de interpretação "modernista" da música de Bach fracassa afinal naquela parte importantíssima de sua obra, que é o mar de fugas: para cravo, para órgão, para coro. Nestas fugas reconhece-se o mestre que está mais perto dos velhos compositores holandeses do que de qualquer música moderna: no emprego do contrabaixo obrigatório; na polifonia linear; nas cadências retardantes; nos temas assimétricos. Até os solos de Bach, vogais ou instrumentais, apóiam-se numa secreta polifonia, excluindo a contradição dramática dos temas que caracteriza a música moderna. As fugas de Bach não são monólogos dramáticos nem diálogos, nem têm conteúdo algum. Mas só parecem "abstratos". Na verdade, falta-lhes o "conteúdo" porque contêm tudo: representam o movimento contínuo e, no entanto, bem-organizado do Universo.

Bach partira para "organizar bem" a música eclesiástica luterana. Nesta tarefa fracassou; mas não porque era criptocatólico nem porque havia nele um conflito entre a música sacra e a música profana. É verdade que o organista luterano não suportou a estreiteza das igrejas pequeno-burguesas do protestantismo alemão; por isso, voltou-se às formas maiores da Igreja universal, mas só conseguiu escrever uma *Missa* maior, imprestável para a execução durante o serviço litúrgico — liturgia duma Igreja invisível. Este "fracasso" prático, que condenou o mestre a não ouvir nunca as suas maiores obras, não provém de uma contaminação da sua música sacra pelos meios de expressão da música profana. Ao contrário, dir-se-ia que o mestre, adivinhando o fim próximo da música sacra, conferiu a dignidade litúrgica à música profana. E deste resultado o gênio estava bem consciente. Não para os coros eclesiásticos nem sequer para o seu próprio instrumento, o órgão, mas para o cravo, os instrumentos de cordas e a orquestra escreveu as fugas de *A Arte da Fuga*: a última dessas fugas, a nº 19 da segunda parte, ele deixou culminá-la num tema final, consistindo nas notas b-a-c-h — depois ocorre uma pausa geral de dois minutos, dois longos minutos até se levantarem os acordes do velho coral *Vor deinen Thron tret'ich hiermit*, "Apresento-me perante o Teu trono...". Neste momento tinha conseguido "o verdadeiro fim da minha vida". Mas *A Arte da Fuga* ficou incompleta. A última fuga não acaba; continua a rolar, sem fim, sem "sentido", mas contrapontisticamente "organizada" pela harmonia das esferas.

Um poeta político

O Jornal, 20 abr. 47

Já se tem falado muito sobre a provável renascença da epopéia em nosso tempo. A poesia lírica, como expressão típica do individualismo, estaria condenada; mas transformando-se em balada, refletindo pela narração anseios coletivos, a poesia moderna poderia evoluir até nascer a nova epopéia. É aliás qualidade característica das grandes epopéias os seus enredos não terem "fim": a *Ilíada* termina com a perspectiva do futuro incêndio de Tróia, e no fim do *Paradise Lost* abre-se a vasta perspectiva da história do gênero humano, expulso do paraíso. A nova epopéia viria, então, abrir a perspectiva de outro paraíso, do futuro do "coletivo" Humanidade.

Estas afirmações incluem uma profecia de ordem sociológica, transcendendo deste modo os limites da crítica literária e talvez os da própria sociologia. Mas o que pode ser discutido em termos da crítica da literatura é a forma do gênero recomendado: o conceito da Epopéia.

De que se trata, afinal? De novos *Lusíadas, Gerusalemme Liberata* e *Paraíso Perdido*, substituindo-se apenas o assunto cristão pela ideologia coletivista? Evidentemente não. A revivificação do gênero obsoleto "epopéia virgiliana" não será possível nem é desejável. A imitação de Virgílio produziu algumas — pouquíssimas — obras-primas, enquanto o número enorme das tentativas fracassadas dá a verdadeira medida do gênero: gênero livresco, obras ilegíveis. A epopéia renascentista, livresca, destinava-se a ser lida, e justamente por isto já não é lida. Mas a epopéia autêntica destinava-se a ser recitada em praça pública. A epopéia do futuro também seria recitada, em comitês, em salas de conferências, no teatro, não dispensando o elemento mímico, quer dizer, o gesto significativo que antecipa a ação; pois a ação é o fim permanente de toda arte coletiva. A forma para isso está pronta: nas crônicas dramáticas de Strindberg, Wedekind e outros expressionistas, séries mais ou menos incoerentes de cenas, das quais cada uma é uma balada mimicamente recitada, enquanto o conjunto representa a epopéia encenada de uma vida, de um ambiente, de uma época. Se fosse possível criar um teatro assim, de inspiração coletiva, então estava aí a primeira forma da epopéia do futuro.

Já existe porventura esse teatro épico? Existe, ou pelo menos pretende-se que exista. Criou-o o poeta alemão Bert Brecht, comunista exilado. No exílio escreveu em sua língua materna a série de cenas *Terror e Misérias do Terceiro Reich*, que foi traduzida e parcialmente representada na Inglaterra e nos Estados Unidos. Brecht não é um nome oficialmente consagrado. Não recebeu nenhum prêmio Nobel nem dispõe da máquina publicitária de grandes editores, e por isso está menos conhecido entre os seus próprios correligionários do que certos grandes nomes burgueses. Vale porém a pena afirmar que Brecht é o maior talento literário em toda a emigração alemã. Aquela epopéia dramática dá um panorama completo da vida torturada sob o nazismo, em cenas de humorismo fantástico e outras de terror autenticamente trágico. Uma dessas cenas, *O Delator*, representando o medo tremendo de um casal alemão cujo garoto, nazista fanático, denuncia à Gestapo as conversas em casa — essa cena impressionou profundamente os espectadores anglo-saxônicos. Ouviram-se no entanto restrições: o estilo de Brecht, entre brutalidade e alusões sutis, revelaria a mentalidade de um intelectual indignado, de um *high-*

brow; a obra seria portanto pouco acessível às massas: e não haveria, na obra inteira, nenhum raio de esperança, nada daquele otimismo que parece indispensável aos ativistas; afinal, a peça seria uma lição de *défaitisme*. Leram-se discussões apaixonadas a respeito; mas em parte teriam sido evitáveis, se fosse melhor conhecido o passado alemão de Brecht que o levou logicamente a produzir aquela obra.

Brecht é filho duma família pequeno-burguesa, uma daquelas famílias que sofrerão mais tarde o "terror e miséria do Terceiro Reich". Quase menino ainda, combateu na guerra de 1914-1918, e no terror e miséria das trincheiras já se lhe desfizeram os conceitos de moral cristã e honra de *gentleman* que tinham formado a personalidade do adolescente. Voltou assustado, desequilibrado, assim como ele descreverá mais tarde, numa balada, a sua infância:

"Eu, Bert Brecht, sou filho das florestas negras.
Minha mãe levou-me à grande cidade..."

A "mãe", no caso, foi a guerra, e a "cidade" a Berlim da revolta comunista de Spártaco: eis o ambiente da primeira peça de Brecht, *Tambores Noturnos*. Um soldado, voltando da guerra, encontra a noiva grávida, amante de um outro: desesperado, procura os camaradas, e logo se encontra no meio da revolução. Mas quando aparece a noiva, buscando-o, ele preferirá, apesar de tudo, a moça aos deveres revolucionários, lançando aos espectadores o desafio final: "Eu sou um porco, e o porco volta para casa. Compreenderam? Não precisais olhar tão romanticamente assustados!".

Eis o ponto de partida de Brecht: na guerra acabaram todas as belas frases da moral burguesa. Compreenderam? Na trincheira a criatura humana torna-se animal; perdendo a personalidade, perde o próprio "eu". Eis o problema de Brecht. Simbolizou-o de maneira magnífica na peça *Soldado é Soldado*: soldados ingleses numa colônia asiática, tentando saquear um templo, perdem um dos seus na luta com os indígenas, e, para ocultar a façanha e escapar à punição, obrigam um homem qualquer, um estivador, a entrar nas fileiras do batalhão com o nome suposto do morto: ninguém perceberá a diferença, soldado é soldado. A conclusão lógica desse apersonalismo é um materialismo nada filosófico, fora da moral burguesa, mas também fora de qualquer moral revolucionária, um cinismo perfeito. Esta "filosofia" já não pode servir de base a uma dramaturgia séria. Em compensação, toda frase de Brecht revela o lirismo rústico e no entanto comovente da balada popular, lembrando as xilogravuras primitivas dos folhetos que se vendem nas feiras, mas reproduzidas por um poeta intelectual que conhece e adora Villon, não ficando muito abaixo do modelo: são assim os próprios poemas de Brecht, as suas baladas escritas não para serem lidas, mas recitadas, ou antes cantadas. Muitas canções assim, reunidas, dariam uma espécie de ópera: os ingleses do século XVIII cultivaram mesmo o gênero da *ballad-opera*. Brecht deu logo uma versão da mais famosa dessas peças, da *Beggar's Opera* de Gay. No original é uma paródia da grande ópera lírica, cantada por ladrões e prostitutas; Brecht aproveita os mesmos personagens para parodiar todos os conceitos da moral burguesa: "Pois de que vive o homem senão atacando, estrangulando, devorando o seu próximo a toda hora? O homem só sobrevive pela capacidade de esquecer o fato de que é homem". Compreenderam? Mas Bert Brecht começou a compreender algo mais do que isso: a vida, achará ele, é assim, mas não precisava ser assim. "O mundo não é ruim — apenas muito cheio". E de repente o poeta Brecht muda de tom: ainda imita com cinismo infernal a melodia de canções populares e eclesiásticas, mas já não é para parodiá-las e sim para substituí-las por "hinos" de uma outra igreja.

"Não olha com teus olhos só!
O indivíduo tem dois olhos
O Partido tem mil olhos
O Partido vê sete Estados
O indivíduo vê uma cidade
O indivíduo tem sua hora
Mas o Partido tem muitas horas
O indivíduo pode ser destruído
Mas o Partido não pode ser destruído".

Estes versos, bárbaros e solenes ao mesmo tempo como o credo rude de uma nova religião, estão na peça *A Medida*. Brecht encontrou a religião que lhe permite suportar a sua experiência fundamental, a perda da individualidade. Ao mesmo tempo, encontrara nova forma de expressão, a "balada mímica", recitada e acompanhada de gestos. Em *A Medida*, quatro camaradas voltam da China para justificar a sua atuação revolucionária perante o "coro de fiscalização" em Moscou. Estava com eles um quinto que estragou tudo pelos seus gestos precipitados de um idealista pequeno-burguês; deviam fugir. A presença do companheiro comprometido tornou-se perigosa, só havia um meio de salvação: matá-lo, eliminando o indivíduo que já se tornara embaraço para a coletividade. Compreenderam? O próprio "quinto" compreendeu, consentindo com a "medida". E o coro dos camaradas justifica-se:

> "É terrível matar um homem.
> Mas não só mataríamos outros, e sim nós mesmos,
> quando for preciso
> Porque só pela violência pode ser modificado
> Este mundo mortífero,
> E assim o sabem todos os vivos.
> Ainda não — dissemos —
> Podemos viver sem matar. E
> Pela vontade de modificar o mundo está
>   justificada A Medida".

A Medida, quando representada em 1930, assustou comunistas e não-comunistas: estes, pela irresistível força lírica da expressão do raciocínio repugnantemente frio; aqueles, por esse mesmo lirismo de alta categoria, inacessível às massas, que são sempre emocionais; e por isso *A Medida* foi declarada "obra de intelectual que ignora a mentalidade do povo". Foi como o prelúdio das discussões em torno de *Terror e Miséria do Terceiro Reich*, que já é um conjunto épico de "baladas mímicas". Não compreenderam. Nem repararam a circunstância estranha de que Brecht, "consentindo com a medida" da tradução de sua peça para o inglês, modificara o título da obra, chamando-lhe agora *The Private Life of the Master Race*, "A vida particular da raça superior". O que significa isso?

Não foi a primeira vez que Brecht introduziu pequenas modificações em uma obra sua. Quando publicou, em junho de 1930, a primeira das "baladas mímicas", alegou como fim

> "Demonstrar o possível.
> Sem pretensão de fazer esquecer
> O inacessível".

Na segunda edição, de dezembro de 1930, chamou ele mesmo, numa nota, atenção para a modificação daqueles versos:

> "...Sem pretensão de fazer esquecer
> O que ainda não foi conseguido".

Entre junho e dezembro, compreendendo a possibilidade da destruição do determinismo econômico, Brecht tornara-se comunista. Fica comunista até hoje, ao ponto de pretender realizar a grande reivindicação literária: a nova epopéia. Não mudou ideologicamente. Contudo, mudou um título: a denúncia do "terror" e da "miséria" da coletividade oprimida transformou-se em demonstração da impossibilidade de uma vida particular sob o jugo do fascismo. Outra vez o indivíduo está esmagado pelo determinismo, contra o qual não é possível — dentro da peça — revolução coerente e sim apenas ações isoladas, incoerentes, em cenas baladescas de uma epopéia teatral sem solução. Mas essas cenas revelam a mesma força de sempre de Brecht: um lirismo intenso de todas as modulações, do trocadilho cruel até o *frisson* fantástico. Quem fala atrás do caleidoscópio da epopéia é o mesmo Bert Brecht das baladas líricas: "Eu, Bert Brecht, filho das florestas negras", esmagado pelo determinismo da "grande cidade", lançando gritos que ninguém compreende — acham que ele seria um "intelectual", um *high-brow*, e é apenas um poeta lírico, tão incapaz de construir dramas como é incapaz de abrir a perspectiva ilimitada que está no fim de todas as grandes epopéias. Ao contrário, o seu mundo está hermeticamente fechado: em todas as situações históricas deste tempo Brecht continua prisioneiro, porque nenhuma lhe permite a "vida particular". Parece um *défaitiste* e é — pior do que isso — um poeta lírico. Até um poeta que não é capaz de desmentir "a pretensão de fazer esquecer o inacessível". Será que a sua poesia lhe desmente a ideologia? Mas isso é uma questão do foro íntimo, senão do foro político; não pode ser discutida em termos da crítica literária, porque esta se ocupa de obras e não de "medidas".

Mocidade e morte

Letras e Artes, 27 abr. 47

Entre os fatores pessoais que contribuem a determinar o estilo, dá-se recentemente importância à idade. Está claro que a evolução estilística do artista percorre fases diferentes: dos impulsos juvenis, através do amadurecimento, até a serenidade, às vezes amarga, da velhice. Mas não é bem isso o que se pretende afirmar. O historiador Brinckmann chamou a atenção para o fato de que as obras da velhice de artistas muito diferentes se distinguem por certas qualidades comuns, bem típicas daquilo a que Whitman, ele mesmo um dos "grandes homens velhos", chamou *the grandeur and exquisiteness of old age*.

O "estilo da velhice" tem suas raízes psicológicas na solidão do artista que sobreviveu aos companheiros, encontrando-se sozinho numa nova época que ele despreza e que, por sua vez, não o compreende. Mas o velho já não liga muito a ser compreendido. A repercussão já não o preocupa. Fala como se fosse só para si mesmo; o resultado é a obscuridade, o hermetismo de obras como a segunda parte do *Fausto*, na qual Goethe trabalhara até os 80 anos de idade. Disseram que Goethe não obedeceu, nesta sua última obra, às leis da técnica dramatúrgica. Mas o desprezo da técnica é qualidade comum das obras da velhice. Beethoven, nos solos e coros da *Missa Sollemnis*, parece zombar das possibilidades da voz humana; o chamado busto de Bruto de Michelangelo é como uma cabeça monstruosa que não consegue sair da pedra informe. Os velhos mestres repudiam o realismo. As linhas mestras da realidade são substituídas por esquemas abstratos: seria exemplo extremo desse esquematismo quase matemático *A Arte da Fuga* de Bach. Doutro lado, as formas sólidas da realidade se liquefazem como se tudo fosse imerso em crepúsculos incertos: assim nos quadros noturnos da extrema velhice de Tiziano, no *Cristo Coroado de Espinhos* no Museu de Munique, no *Martírio de São Lourenço* na igreja dos jesuítas em Veneza. Aqueles pintores que já antes revelaram tendência para o escurecimento chegam na velhice a resultados assustadores: de um fundo todo preto nos fitam, quase como caretas de um espectro, os últimos auto-retratos de Rembrandt. A noite perpétua, em quadros assim, serve bem ao intuito dos artistas velhos: eliminar as contingências, deixar subsistir só aquilo que é essencial. Assim se revela o sentido íntimo daquela solidão: o homem está acima das coisas, dominando-as soberanamente e até, às vezes, arbitrariamente, privando-as da materialidade física, espiritualizando-as. A música dos últimos quartetos de Beethoven é absolutamente imaterial, como harmonias incompreensíveis de um outro mundo.

Não me ocorre quem já comparou a velhice a um homem que fica sozinho na mesa de banquete, murchando-se as flores, apagando-se as luzes. A escuridão que irrompe não assusta os mestre velhos, pintores cegos e músicos surdos. Na noite parecem resumir, como em visões luminosas, as experiências da vida passada; mas transcendendo-as. Assim, na *Sonata para Cravo em Lá Menor* (*op. 110*) de Beethoven aparece, entre o escuro *moderato* do primeiro movimento e o melancólico *arioso* do terceiro movimento, uma alegre melodia vienense que os comentadores chegaram a identificar, reminiscência de uma dança em voga quando Beethoven tinha 20 anos de idade; depois dessa recordação meio amarga, uma *fuga* rigorosamente esquemática parte das teclas do cravo, encaminhando-se para espaços incomensuráveis.

A definição do "estilo da velhice" serve de maneira surpreendente como critério em histórias literárias. Muitas peças de Shakespeare não foram publicadas senão depois da sua morte, de modo que a cronologia das obras fica duvidosa. As interpretações shakespearianas do século passado, até as mais penetrantes como as de Coleridge, estavam viciadas pela confusão entre as peças da mocidade, da fase madura e da velhice, não se verificando uma evolução coerente e compreensível do poeta. Agora já não há dúvidas quanto aos pontos essenciais: *Coriolanus, The Winter's Tale, The Tempest* são obras da velhice.

Aí surge porém uma objeção bem séria: como se pode falar de "estilo da velhice" a propósito de Shakespeare? O dramaturgo não pertence ao grupo dos macróbios, dos Michelangelo, Tiziano e Goethe; morreu com 52 anos de idade. A objeção estende-se logo ao caso de Beethoven, que chegou aos 57 anos, tampouco idade muito avançada. Contudo, ninguém desconhecerá a transição ao "estilo da velhice" no hermetismo que Rilke empregou pela primeira vez nas *Elegias de Duíno*, antes de morrer de repente, com 51 anos de idade. O "estilo da velhice" não depende portanto da idade "civil", do número de anos vividos. Ao contrário: às vezes esse estilo aparece em poetas novos, mas — a descoberta é para dar um *frisson* — só naqueles que morreram moços.

O assunto — a morte dos poetas — lembra uns versos de Ronsard:

> *"Puisque la mort qui nous enterre*
> *Jeunes nous tue, et nous conduit*
> *Avant le temps, au lac qui erre*
> *Par le royaume de la nuit".*

O *royaume de la nuit* lançou a sua sombra já bem cedo nas salas festivamente iluminadas de Mozart: anunciando-se pelos acordes metálicos que acompanham, em *Dom Giovanni,* o convidado de pedra, convidado do outro mundo; depois será, aí também, uma grande fuga, a do movimento final da *Sinfonia Júpiter,* que leva diretamente aos coros fugados do *Réquiem*, deixado inacabado pelo mestre morto com 35 anos de idade. Schubert só tem 29 — restam-lhe dois anos de vida — ao compor os *lieds* do ciclo *Viagem de Inverno*, harmonias estranhas aos ouvidos dos contemporâneos. O caso de Hölderlin é especial: fisicamente, ultrapassará a casa dos 70; mas ainda não tem 32 anos completos quando o submerge outra noite, a da loucura, e imediatamente antes compôs aqueles grandes hinos, *Patmos, O Reno, O Istro, Os Titãs*, os primeiros exemplos da poesia hermética na literatura moderna. Como "hermética" pode-se definir a última pintura de Van Gogh, os ventos apocalípticos sacudindo os campos maduros. Hermético tornou-se, de repente, o *poeta en Nueva York*, García Lorca, comparando *los grandes esfuerzos* de tudo o que vive com outro ato:

> *"qué grande, qué invisible, qué diminuto*
> *sin esfuerzo!"*,

e intitulando essa poesia: *Muerte*. Pensando-se nas *Chimères* de Nerval, nos últimos sonetos de Keats, na tensão das *Canções de Michelangelo* de Hugo Wolf, na angústia musical que invade o fragmento *Woyzeck*, do primeiro dramaturgo socialista, Georg Büchner, gênio literário e científico, extraordinário, morto com 24 anos de idade; pensando-se nas abstrações pictóricas de Marc, nas expectorações noturnas de Lautréamont — quase dir-se-ia que o "estilo da velhice" é típico dos artistas que morreram jovens.

Será preciso aventurar-se a uma explicação metapsicológica do fenômeno que, no primeiro momento, causou aquele *frisson*: do fato estranho de que certos artistas jovens, pressentindo a morte prematura, mudam de repente de estilo, começando a exibir sinais de velhice, não no sentido de decadência física ou mental mas naquele outro sentido, "metafísico", do "estilo da velhice". Parecem tornar-se conscientes de uma predestinação que paira sobre eles; e antecipam experiências fora do tempo; até experiências transcendentais. O "estilo da velhice" não depende do tempo "civil" e sim condicionado pela aproximação, pela iminência da morte. Não só o tempo é decisivo mas a madureza, a *ripeness* da qual Shakespeare fala em *Rei Lear*:

> *"...Men must endure*
> *Their going hence, even as their coming hither.*
> *Ripeness is all".*

Aí se revela outro aspecto do conceito "juventude": nem sempre ela é, com as palavras de Rubén Darío, *Juventud, divino tesoro...*; antes se parece, às vezes, com tesouros enterrados que só sabem descobrir os iniciados. Talvez este conceito contribua para explicar um fenômeno freqüente da história literária: os precursores incompreendidos que chegaram antes do tempo e morreram antes do tempo. Nenhum caso desses será mais importante do que o do poeta jesuíta inglês Gerard Manley Hopkins, não publicando nada durante a vida, passando incógnito pela época vitoriana; trinta anos depois da sua morte prematura, em 1918, publicaram-se-lhe os versos, dos quais mais de um fez a impressão de profecia, como esse fragmento:

> *"The times are nightfall, look,*
> *their light grows less;*
> *The times are winter..."*

O forte contraste entre essa mentalidade apocalíptica e a despreocupação que se atribui geralmente à mocidade poderá fornecer, mais uma vez, um critério literário. Com respeito a um jovem poeta que publicara com 17 anos de idade alguns versos maravilhosos para não dar, mais tarde, coisa nenhuma de importância, dizia um crítico malicioso: "Ele se tornaria gênio se tivesse morrido com 17 anos". Talvez o "estilo da velhice" sirva para distinguir entre os verdadeiros gênios malogrados e aqueles outros "gênios", celebridades falsas, cuja morte prematura não é motivo suficiente para justificar elogios exuberantes. *La mort, Messieurs, n'est une excuse...*

Mas é o centro misterioso da existência humana; lembra-nos a inexorabilidade do tempo e, "ao mesmo tempo", as nossas possibilidades secretas de superá-las. Quevedo, nos dois terceots de um grande soneto pouco conhecido, sintetizou esse mistério do tempo e da morte que devora e eterniza:

> *"Ya no es ayer, mañana no há llegado,*
> *hoy pasa, y es, y fué con movimiento,*
> *que a la muerte me lleva despeñado.*
> *Azadas son la hora y el momento,*
> *que, a jornal de mi pena y mi cuidado,*
> *cavan en mi vivir mi monumento".*

Croce, crítico de poesia

O Jornal, 04 mai. 47

Muitos leitores do *Breviário de Estética* e da grande *Estética* de Croce terão melhor compreendido a atuação negativa do filósofo da arte, destruindo preconceitos e superstições, do que os méritos positivos do crítico que dominou durante 40 anos a literatura italiana. Como filósofo, Croce é um nome universal. Como crítico, não: porque esta sua atividade se exerceu dentro de uma literatura que no século XX já não está no primeiro plano. Com efeito, só um poeta italiano do século conseguiu fama mundial: este mesmo D'Annunzio que foi implacavelmente combatido por Croce, assim como o filósofo não concordou, mais tarde, com os elogios de todo mundo a Pirandello. Seria interessante divulgar essas críticas "demolidoras". Mas para conhecer o método crítico de Croce — em qualquer parte, a crítica literária lucraria com isso — é preferível escolher sua análise de um poeta menos conhecido no estrangeiro, porque neste caso não temos de vencer os preconceitos internacionais (que também são os nossos) em favor do criticado, podendo observar com calma maior como Croce destrói os preconceitos dos seus conterrâneos. Depois não será difícil aplicar os mesmo processos críticos a outros poetas, mais divulgados fora da Itália.

Giovanni Pascoli é pouco conhecido no estrangeiro. Mas na Itália é o poeta mais lido dos tempos modernos, muito mais do que D'Annunzio ou qualquer outro. Em 1906 estava no auge da sua carreira literária, festejado como espécie de *Poet Laureate* da nação italiana, quando Croce, então ainda longe de ser a grande autoridade de tempos posteriores, lançou seu ataque formidável, o artigo na revista *Critica* (depois reestampado no quarto volume da obra *La Letteratura della Nuova Itália*), que é um dos documentos mais importantes, talvez o mais importante, da crítica literária italiana em nosso tempo.

Poucas palavras bastam para caracterizar a índole e significação do objeto daquele ataque. Pascoli nasce em 1855 na Romagna, filho de camponeses. Seus primeiros volumes, *Myricae* e *Poemetti*, suaves idílios campestres, alcançaram logo popularidade imensa, devido à glorificação da vida familiar e particularmente da vida infantil: é conhecido o grande amor dos italianos às crianças. Também fizeram forte efeito as alusões permanentes do poeta à tragédia dos seus próprios anos de menino, órfão de pai assassinado. Depois, Pascoli conquistou as elites cultas: foi grande humanista, versificador habilíssimo em grego, latim e várias línguas românicas, e nos *Poemi Conviviali* sabia restabelecer o prestígio da poesia classicista, tão cara aos professores, renovando as imortais lendas gregas e tratando-as realisticamente como se fossem acontecimentos contemporâneos da vida rústica italiana. Enfim, nos *Odi e Inni*, Pascoli revelou-se como adepto da *littérature engagée*, pregando o pacifismo, um nacionalismo moderado por restrições éticas e um socialismo humanitário, justamente os ideais da humanidade européia antes de 1914. Naqueles anos, Pascoli foi a voz da nação — quando o jovem crítico Croce lhe lançou o desafio de uma crítica demolidora.

Contudo, Croce começa confessando-se admirador de Pascoli. Não podia deixar de sê-lo, porque Pascoli domina soberanamente a língua, usando esse domínio para sugerir ao leitor sentimentos como se fossem acordes musicais; e são sempre sentimentos dignos, elevados. Mas a admiração não fica irrestrita. Croce analisa, verso por verso e palavra por palavra, algumas poesias de Pascoli, justamente das mais famosas; e sempre encontra, ao lado de versos excelentes, outros, em número maior, que prejudicam o efeito total. Pascoli, exultando quando conseguiu uma expressão feliz, parece no entanto desesperar da sua própria capacidade de manter-se na altura: estraga os efeitos bem-realizados, repetindo-os em numerosas estrofes supérfluas. Enche essas estrofes com pormenores realísticos, prosaicos, chegando a desdobrar imagens e metáforas como se tivesse que descrever objetos materiais. A contradição permanente, na poesia de Pascoli, entre sentimentalismo sugestivo e realismo descritivo já se revela na forma: às vezes, o poeta escolhe um metro tipicamente épico para escrever pequenos quadros idílicos. Mas sabe fazer esquecer até as falsidades evidentes pela extraordinária habilidade lingüística, de modo que o leitor crítico nunca está certo: obra-prima ou *pastiche?* Admira e rejeita, ao mesmo tempo, essa poesia.

Tal mistura íntima de valores e defeitos é fenômeno freqüente na poesia. As mais das vezes, é conseqüência da evolução do poeta, seja em franca ascensão, libertando-se gradualmente dos defeitos, seja em decadência, perdendo gradualmente os valores autênticos. No caso de Pascoli, o fato de evolução é inegável; mas já foi interpretado de maneiras diferentes. Alguns críticos encontram "o verdadeiro Pascoli" nos idílios juvenis das *Myricae* e *Poemetti*, achando que ele não possuiu bastante força para exprimir grandes ideais em odes e hinos. Outros críticos, ao contrário, consideram aqueles idílios apenas como exercícios sentimentais e métricos, anunciando o grande mestre das odes e hinos de conteúdo universal. Croce não desprezou nenhuma dessas duas interpretações. Reconhece nas *Myricae* e

Poemetti os encantos do idílio bucólico; mas também observa neles a intervenção contínua de um lirismo menos despretensioso e até de um moralismo didático — os mesmos elementos que constituirão, mais tarde, a "grande poesia" de Pascoli. Não se pode portanto afirmar a superioridade absoluta daqueles poemas juvenis. Mas a interpretação contrária não é melhor. Os *Poemi Conviviali* apresentam em formas clássicas os temas simples dos idílios. Aí Pascoli pretende dar "realismo primitivo" como dos primeiros dias da humanidade, algo como poesia homérica; mas a comparação dos seus poemas com os episódios de Homero revela logo a falta de simplicidade primitiva, a presença de um artista experto, até de um virtuose, dono de todos os artifícios modernos. E essa artificialidade chega ao cume nos grande hinos, discursos metrificados de eloqüência eficiente e pouca precisão ideológica. Quer dizer, as duas ou três fases de Pascoli definem-se pelos mesmos elementos característicos, embora em dosagem diferente. Não é possível a separação nítida dos valores e defeitos conforme a cronologia.

Talvez dependa porém a confusão de elementos bons e menos bons da inspiração material, do assunto? Pascoli começou como poeta idílico; e o idílico ficou sempre seu ideal. Daí a preferência pelos assuntos da vida infantil, porque todo mundo gosta de considerar a própria infância como idílio. Mas o que significa a poesia idílica? O idílio pretende simplificar a vida eliminando dela a luta. Daí a falsidade de muita poesia idílica, mero evasionismo mentindo quanto à verdadeira índole da vida humana que é luta e sofrimento. Mas Pascoli não mente: é poeta autêntico porque homem sincero. Não é capaz de falsificar seu idílio poético, passando sob silêncio as reminiscências dolorosas da sua própria e de toda infância. Ao contrário, alude muitas vezes às suas experiências de órfão de pai assassinado e mãe paupérrima. Pascoli é poeta dum idílio trágico. Sente com todos que sofrem como ele sofreu. Não ignora sofrimento e luta; mas pretende diminuí-los e, se for possível, vencê-los. Daí a sua "filosofia": é pacifista, sem negar a necessidade de uma última guerra para libertar a humanidade sofredora; é nacionalista, porque a Itália é principalmente uma nação de pobres e humilhados; é socialista mas à base de um nobre idealismo cristão, humanitário. Eis a filosofia puramente sentimental dos grandes hinos do Pascoli da velhice. Mas esta mesma "filosofia" cheia de incoerências ideológicas já aparece nas considerações moralistas nos primeiros idílios; volta nos poemas antiqüizantes, obras de um grego modernizado, "batizado"; e só nos hinos esse "evangelho" do "Tolstoi italiano" revela, pelas franquezas artísticas, a sua incompatibilidade com o talento poético de Pascoli, que é poeta idílico. Essa contradição íntima reage como um veneno dentro do corpo da poesia pascoliana, decompondo-a. Daí o metro épico que já desfigura alguns dos primeiros idílios. O próprio Pascoli, inteligentíssimo mas sem suficiente autocrítica, sentiu vagamente o defeito. Por isso não acreditava nunca ter dito a palavra definitiva; esgotou-se em repetições inúteis. Em vão pretendeu apoio na realidade, tornando-se poeta descritivo de pormenores prosaicos. Começara com a pretensão de reconduzir a humanidade à inocência da infância; e acabou mesmo como poeta infantil, mas sem inocência.

Imagino que nenhum poeta pode ler esse estudo de Croce sem certo tremor, lembrando-se das palavras litúrgicas: "Perante a Tua face, quem passará, ó Senhor?" Mas quando os poetas tremem, os partidários dos poetas se enfurecem. Sabe-se que a intolerância estética é mais fanática do que a religiosa ou a política. Antes se perdoa uma blasfêmia contra Deus ou uma invectiva contra o partido do que uma restrição ao poeta de preferência. Aquele estudo de Croce produziu uma tempestade. Chamavam-no de iconoclasta. Acharam a sua crítica demolidora, negativa. Mas não se pode afirmar tanto: pelo menos Croce conseguiu construir uma imagem completa do objeto da sua crítica; aproveitando-se dos pedaços incoerentes da poesia de Pascoli, conseguiu reconstituir a personalidade do poeta. E essa observação permite conclusões importantes.

A crítica literária, por mais "positiva" e construtiva que pretenda ser, não pode chegar muito além daquela "construção da personalidade do poeta". Além disso, a crítica só poderia dar uma espécie de conselhos ao poeta para ele emendar seus defeitos — mas isto é impossível porque à crítica moderna falta a base de uma estética dogmática composta de regras e axiomas invariáveis. O classicismo possuía uma dogmática assim. O romantismo, subjetivista, destruiu-a para sempre. Com isso está exatamente definida a posição do crítico Croce: entre os restos acadêmicos do classicismo de um lado e, doutro lado, a ênfase romântica. Foi, ao mesmo tempo, a posição do próprio Pascoli, entre o classicismo dos últimos adeptos de Carducci e o neo-romantismo de D'Annunzio. Nesse dilema Croce pretendeu manter a exigência da verdadeira, da "grande" poesia. Mas não a encontrou entre os contemporâneos de Pascoli nem neste mesmo. Daí a conclusão de Croce de que o critério para julgar os poetas contemporâneos não se pode nunca encontrar nos próprios contemporâneos. Daí a sua observação cruel: "Em seis séculos, a literatura italiana (que é uma grande literatura) só produziu dez ou quinze poetas autênticos". Estes ele chama de "clássicos", sem consideração de época ou estilo. E confessa nunca ter começado a crítica de um contemporâneo sem se submeter antes ao "exercício espiritual" de uma leitura naqueles "clássicos". Levantar-se-á contra esse método a acusação de passadismo. Mas aí é fácil defender o crítico. Vinte anos depois daquele estudo, reconsiderando a poesia de Pascoli, Croce reconheceu no infantilismo intencional do poeta a raiz do primitivismo moderno, que nos adultos se tornará barbarismo; na sua mistura incoerente de nacionalismo e socialismo, a raiz do fascismo; e deste modo o passadismo do humanista Pascoli perverteu-se em futurismo de Marinetti, em face do qual preferimos o "passadismo" inflexível de Croce. Porque este passadismo não quis reagir contra a época "moderna" e sim apenas manter o nível ameaçado pela consideração exclusiva do que é moderno. A luta de Croce contra a poesia pascoliana é no fundo idêntica à sua luta, 20 anos depois, contra o fascismo que já não apenas ameaçava o nível do gosto poético e sim o nível intelectual e moral da humanidade. Neste sentido a crítica "demolidora" de Croce foi uma crítica bem construtiva.

O palhaço do Ocidente

Letras e Artes, 11 mai. 47

Apagam-se as luzes na platéia. Levanta-se o pano. Um grupo de camponeses bebendo, cantando, dançando, e no meio um palhaço, gesticulando, fanfarronando — parece representação de revista musicada num teatrinho suburbano. Atenção, isto é o Abbey Theatre, em Dublin, o Teatro Nacional da Irlanda, fundado num país em que nunca houve teatro pelos esforços heróicos de estudantes, operários e poetas; aquela farsa rústica é a obra-prima de um dos maiores dramaturgos do nosso tempo: John Millington Synge.

Adriano Tilgher, o crítico e propagandista de Pirandello, colocou Synge acima de Pirandello. William Archer, o crítico e propagandista de Shaw, colocou-o acima de Shaw. Yeats, o grande poeta, chamou Synge de *major poet*. E aquela farsa, *The Playboy of the Western World*, dominando os repertórios anglo-saxônicos ao lado das peças de Shakespeare, foi, mais uma vez, um dos grandes êxitos da temporada de Nova York de 1946-1947. Passaram-se exatamente quarenta anos depois da *première*. Quem não teve oportunidade de ver a peça pode lê-la.

Pode mas não é fácil. Synge, assim como todos os escritores irlandeses, até os mais anglófobos, escreveu em inglês. Mas no prefácio do *Playboy* salienta ter empregado "quase exclusivamente o vocabulário dos nossos camponeses, e mais algumas palavras que ouvi quando criança, antes de saber ler os jornais". Para quem não foi criança na Irlanda resulta uma leitura difícil. Eis o enredo da peça:

Christy, filho de um camponês na região mais rude da Irlanda, sujeito tímido mas violento, dá por motivos fúteis uma surra tão forte ao próprio pai que o velho cai sem dar sinal de vida. Logo Christy foge para escapar às conseqüências policiais da sua façanha, chegando à taverna de uma aldeia longínqua onde ninguém o conhece. A gente, curiosa, pergunta que há de novo; e o rapaz, já orgulhoso por ter feito afinal alguma coisa, não pode resistir à tentação de contar o crime, enfeitando-o com pormenores inventados. Logo depois se assusta à reação dos outros. Mas esta reação é surpreendente; em vez de aborrecer o parricida, revelam grande admiração: que rapaz valentão, matar um homem muito mais forte e até o próprio pai! Oferecem-lhe logo bom emprego, e Pegeen, a filha do taverneiro, apaixona-se loucamente pelo moço. Aí aparece o velho, que não morreu nada, para dar umas bofetadas ao filho. A opinião pública começa a vacilar: quem não matou o pai não merece admiração. Para salvar a situação, Christy dá outra surra enorme ao pai, na esperança de matá-lo realmente. Mas desta vez a reação dos camponeses é diferente: tomam partido contra o assassino, querem chamar a polícia, e ninguém se revela mais hostil do que a bela Pegeen. Christy fica desesperado. Mas aí aparece novamente o pai: irlandês autêntico, agüenta várias surras sem morrer. "Você aparece para ser matado pela terceira vez?", grita Christy; mas o velho só quer salvar da fúria do povo o filho, levando-o para casa. Christy não é um assassino e sim apenas um *playboy*, um palhaço, o único aliás que apareceu nesta realidade cinzenta do "mundo ocidental" irlandês, transformando-a por duas horas em teatro duma farsa insolente. Não há tragédia, e sim apenas comédia; os camponeses, aliviados, começam logo a beber alegremente, mas as palavras finais pronuncia-as Pegeen, a iludida e desiludida, e é um final melancólico: "Perdi o último palhaço deste mundo ocidental". Depois, cai o pano.

Qu'est-ce que cela prouve?, perguntou o matemático depois de ter assistido à representação de uma tragédia de Racine. E cadê o sentido, nesta farsa fantástica, tão remota de todas as realidades da nossa vida? Então, a gente se lembra do famoso poema em que Yeats falou de *"that enquiring man John Synge"*. Enquiring, diz o dicionário, é uma pessoa curiosa de investigar a verdade. Então vamos investigar a verdade atrás da farsa de Synge. E em vez de uma investigação serão três, três interpretações em uma talvez, conforme o título de uma famosa peça de Calderón, *Tres Justicias en Una*.

Por enquanto, é o próprio autor que pretende desencorajar a tentativa. Synge foi poeta, embora em prosa, e só quis ser poeta. Naquele prefácio do *Playboy* pronuncia-se energicamente contra "o pálido teatro de idéias", de problemas da gente sofisticada das grandes cidades; só entre os camponeses, menos civilizados, ainda se encontraria a verdadeira poesia, tudo o que é *"superb and wild in reality"*. O *Playboy* seria uma explosão da natureza irlandesa, violenta, mentirosa e poética — "o último palhaço do mundo ocidental". Nada de "idéias", e tendência alguma. Não o entendeu, porém, assim o público do Abbey Theatre, em Dublin, que viu pela primeira vez, em janeiro de 1907, *The Playboy of the Western World*. Fizeram um escândalo tremendo, pretenderam linchar o dramaturgo. No dia seguinte, as autoridades civis, militares e eclesiásticas declararam-se profundamente feridas, em nome da honra do povo irlandês. Devia, pois, haver qualquer relação íntima entre a Irlanda e a idéia escondida na peça "puramente poética". Eis a primeira pista e quase já é a primeira interpretação.

Contam que um irlandês, passando perto de um bar, ouvindo gritos e barulho, entrou, perguntando ao proprietário: "O senhor desculpe, pode me informar se é isso uma briga particular ou pode qualquer pessoa participar dela?" A pergunta é autodefinição do irlandês. Dirão que essa inclinação à violência sem consideração da finalidade é conseqüência da opressão multissecular pelos ingleses: a resistência inútil contra o opressor mais poderoso ter-se-ia transformado em culto da violência pela violência, em anarquismo. Outros dirão que a raça céltica é mesmo assim. O dramaturgo não tem, porém, a obrigação de resolver problemas históricos. Basta-lhe representar as conseqüências psicológicas: a tendência para glorificar a fanfarronada, e depois, em face da realidade, o medo da polícia. O porta-voz do poeta é Pegeen. É ela, desiludida, que pronuncia a moral da peça: "Há um abismo entre uma história romântica e um crime feio". Por isso, ela adorava o Christy do parricídio inventado e repudiou-o quando ele pareceu parricida na realidade. Ela, porém, assim como o poeta, não pode deixar de lamentar a perda da bela história: foi mentira de um palhaço, sim, mas sem a mentira não haverá mais nada de novo, nada de interessante na aldeia: "Perdi o último palhaço deste mundo ocidental". Com ela, o farsista também ficou melancólico. O público, porém, ficou furioso.

Entre os teóricos do teatro, alguns acham que o público tem sempre razão; outros acham que o público não tem nunca razão. No caso, o público desmentiu-se a si mesmo, aceitando, enfim, a peça que hoje é preferida justamente pelos espectadores irlandeses de Dublin e Nova York. Aprenderam a respeitar a opinião do poeta que não quis oferecer nada mais, conforme o prefácio, do que uma comédia de alegria fantástica; e não foi injusto para com a Irlanda. Mas, para nós outros que não temos nada com a Irlanda, a farsa seria realmente apenas fantástica, *superb and wild*, mas sem *reality* alguma. Resta, no entanto, explicar o fato esquisito de que o *Playboy* foi tão admirado por William Archer, amigo íntimo de Shaw e propagandista de Ibsen, grande adversário do "teatro poético", que lhe parecia absurdo. Archer só se interessava pelo "teatro de idéias", pela discussão dramática dos problemas da sociedade moderna. Será que existe um problema assim atrás da farsa alegre, atrás da sátira irlandesa de *"that enquiring man John Synge"*? Seria uma segunda interpretação dentro da primeira.

Explica-se a violência anarquista do caráter irlandês pelos recalques de um povo oprimido. Mas essas reações não são privilégio dos camponeses da Irlanda selvagem. Não estava muito certa a opinião de Synge quanto à "palidez" e "sofisticação" da vida nas grandes cidades. A civilização que se oferece às massas urbanas não é sofisticada e sim mecanizada; o resultado é a satisfação ilusória dos instintos (pelo sensacionalismo, pelo cinema, pelos esportes) ao preço da uniformização dos sentimentos e da despersonalização dos cérebros. Aí está o perigo: na capacidade das massas de se deixar impressionar pela mentira publicitária, por mais grosseira que seja; na possibilidade perpétua da explosão dos instintos de violência em gente aparentemente pacífica. Qualquer tumulto na rua fornece exemplos desse perigo; e há os muitos chineses que já foram barbaramente maltratados nas ruas das nossas grandes cidades porque a multidão os tomou por japoneses, nem querendo ouvir a voz da razão. Pertencem à mesma categoria de fatos o anti-semitismo, a "justiça" dos linchadores e todos os excessos do fascismo. Foi esta a "idéia" social que Archer descobriu na farsa de Synge, o perigo junto com o remédio: "Há um abismo", diz Pegeen, "entre uma história romântica e um crime feio". As forças emocionais, invadindo a vida prosaica da aldeia, tinham criado um mito pseudo-poético. No fim da farsa cruel, o "mito" de Christy está, porém, desmascarado; e estão simbolicamente desmascarados todos os "mitos" de violência deste século. Na peça, não houve crime; mas fez-se justiça. *The Playboy of the Western World* é mesmo peça para a época dos fascismos derrotados.

Mas esta conclusão ainda não explica o êxito duradouro da comédia, que se revelou independente das viravoltas políticas. *The Playboy of the Western World* apela para sentimentos mais profundos na alma do espectador, além da esfera das emoções políticas. Até onde avançou a *enquiry* de *"that enquiring man John Synge"*?

Não será difícil descobrir na sua farsa os elementos do complexo de Édipo. Mas Synge, grande poeta, escapou ao pedantismo da psicanálise aplicada que aponta com o dedo os desejos ocultos, em qualquer fulano na platéia, de matar o pai. Sem dúvida, na mentira fantástica de Christy há algo de atavismo dos sinistros tempos pré-históricos em que, conforme Freud, os filhos se teriam revoltado contra o "pai da horda"; daí o *frisson* da peça — mas o *Playboy* não é tragédia psicológica e sim comédia fantástica. A mentira perigosa de Christy não leva a uma solução trágica; tudo se endireita a tempo. Mas tampouco este *happy end* restabelece a dignidade moral e a verdade. O crime de Christy foi mentira, mas esta foi mais verdadeira do que a realidade: o pai, sujeito sem importância alguma, nunca teve existência verdadeira, mas agora existe realmente porque sobreviveu àquela mentira que, desmentindo-se, lhe estabeleceu a existência. Foi esta confusão de ficção e realidade que atraiu o poeta que Synge era: no fim da *enquiry*, reconheceu no fundo da irrealidade a verdade e no fundo da realidade a irrealidade. Talvez essa confusão contribua para manter o equilíbrio do mundo? Eis a última das três interpretações em uma, das *tres justicias en una* do poeta. O *Playboy* é a comédia da injustiça do mundo para com a poesia. "Há um abismo entre uma história romântica e um crime feio"; isso quer dizer: quando a mentira triunfa sobre a realidade, então acaba tudo em crime, senão em loucura. Mas quando a realidade triunfa sobre a mentira, quando tudo se resolve em fatos palpáveis, então a própria realidade e a vida e o mundo perderam o sentido: abandonou-os aquela forma superior da mentira que é a poesia; e esta passa a ser considerada como mentira de palhaço, do último palhaço no mundo da prosa ocidental. "Você aparece para ser matado pela terceira vez?", grita Christy ao pai sempre ressuscitado; esse choque do indivíduo com a realidade indestrutível provoca o riso da farsa. Mas a última palavra fica com Pegeen e com o poeta, lamentando melancolicamente a perda da poesia: "Perdi o último palhaço do mundo ocidental". Depois, apagam-se as luzes no palco. E o mundo fica no escuro.

Cervantes e o leão

Letras e Artes, 25 mai. 47

Dentre os episódios do *Dom Quixote*, um dos mais engraçados é a aventura do fidalgo com o leão (Parte II, capítulo 17); encontrando no caminho um *leonero* que levava um leão enjaulado para o jardim zoológico d'El-Rei, Dom Quixote mandou abrir a gaiola, desafiando o rei dos animais; o leão saiu rugindo — mas *"no haciendo caso de niñerías ni de bravatas, volvió las espaldas y enseñó sus traseras partes a Don Quijote, y con gran flema y remanso se volvió a echar en la jaula".*

O próprio Cervantes realçou esse episódio, chamando o capítulo *El último punto y extremo adonde llegó y pudo llegar el inaudito ánimo de Don Quijote.* É, pois, o ponto culminante da obra. Mas justamente aí os comentadores falham. Interpreta-se geralmente o *Dom Quixote* como expressão de humorismo doloroso em face da vitória da dura realidade prosaica dos tempos modernos sobre o romantismo poético e irreal dos tempos idos. Mas aquele leão não é bem o símbolo da realidade triunfadora; ao contrário, é um bicho covarde e banal que prefere à luta a vida cômoda, fosse mesmo na jaula. Lembra a frase de Ortega y Gasset, escrita quando os arqueólogos no Egito escavaram o corpo da Esfinge, desnudando o tronco de um leão comum: em vez do enigma milenário, só ficou *en el desierto un león más*. Seria isso *el último punto y extremo* da sabedoria de Cervantes?

Aí se revela o perigo da confusão entre quixotismo e cervantismo. A aventura com o leão representa *el extremo de la jamás vista locura* de Dom Quixote; mas não exprime *el último punto y extremo* da jamais vista sabedoria de Cervantes. Esta suprema sabedoria encontra-se nas últimas linhas que Cervantes escreveu, poucos dias antes de morrer, na dedicatória da obra que ele mesmo considerava a mais perfeita de todas as obras suas, despedindo-se da vida com um sorriso enigmático, citando os versos de uma velha canção popular.

*"Puesto ya el pie en el estribo,
con las ansias de la muerte,
Señora aquesta te escribo".*

Esta obra definitiva de Cervantes não é o *Dom Quixote* e sim o fabuloso romance de aventuras *Persiles y Segismunda*. Em geral, a crítica cervantina não tem sido benévola com esta obra. As inúmeras aventuras monótonas pelas quais passam personagens sem interesse psicológico parecem-nos menos românticas do que triviais, algo como fantasias de um irrealista em torno dos acasos da vida de todos os dias. Seria — como já se disse — "a última visão de um romântico impenitente"? Seria um desmentido formidável à "filosofia do prosaísmo" do *Dom Quixote*? Mas então não haveria unidade na obra de Cervantes.

Aos heróis e heroínas de *Persiles y Segismunda*, personagens românticos que erram sem fim pelos tenebrosos mares do Norte, Cervantes chama "perdidos navegantes". É no fundo um tropel dos Dom Quixotes marítimos, vagamundeando por *llanuras inmensas, lejanías límpidas y infinitas, crepúsculos brumosos*, por *el azul país del ensueño*. Esta última expressão, que é de autoria de Azorín, já não se refere porém às paisagens nórdicas de *Persiles y Segismunda* e sim àquela paisagem que Azorín conhece como ninguém, a paisagem na qual errou outro "perdido navegante", o cavaleiro Dom Quixote de la Mancha: é a própria Mancha. *"Ya he cruzada Mancha en 1908*, diz Ricardo Rojas, *de Madrid a Andalucía, y he contemplado al atardecer sus molinos de viento y el panorama de sus aldeas, las llanuras, serranías, bosques, lagunas, cuevas... De esa meseta castellana surgieron los místicos y los navegantes del gran siglo para las aventuras del cielo y del mar"*. Eis a paisagem de Cervantes.

Recentes pesquisas cervantinas confirmam plenamente a homogeneidade da obra inteira. Acredita-se sempre que Cervantes teria, em *Dom Quixote*, superado o estilo idealista das suas obras de mocidade, do romance pastoril *Galatea* e de algumas das *Novelas Ejemplares;* apenas nos últimos anos de sua vida triste o humorista desiludido teria caído na recidiva romântica de *Persiles y Segismunda*, erro que só se explica *con las ansias de la muerte*. As análises estilísticas de Helmut Hatzfeld, discípulo de Vossler, abrem outra perspectiva: a de uma evolução contínua durante a qual o estilo idealista de *Galatea* e das primeiras *Novelas Ejemplares* não foi abolido, e sim purificado. Na primeira parte do *Dom Quixote*, Cervantes não zomba de todo do romantismo; apenas acaba com o falso romantismo de feudalismos antiquados e já ridículos. Na maior parte das *Novelas Ejemplares*, Cervantes admite outro idealismo, o "moderno" e polido da Renascença italiana. Tampouco, isso é verdade, ignora o reverso desse romantismo aristocrático: aí estão o camponês Sancho Pança, os "menores abandonados" Rinconete e Cortadillo, e os comoventes cachorros Cipión e Berganza, aos quais a misericórdia do poeta outorgou a fala humana, durante uma noite, para eles interpretarem a miséria de todas as criaturas — depois voltaram *a la sombra del silencio* quando cantaram os galos.

O estilo da segunda parte do *Dom Quixote* já é diferente: nessas páginas sempre se observou certa elevação quase religiosa que se acentua em *Persiles y Segismunda*, obra que Azorín reabilitou, descobrindo nela as linhas mestras de uma grande composição poética, superior à acumulação de aventuras incoerentes em torno de uma idéia central como acontecera no *Dom Quixote;* para resumir: Cervantes não abandonou certo estilo, adotando outro, recaindo depois; percorrendo uma evolução dialética, superou a oposição dos dois estilos antagônicos, escolhendo a nuança estilística conforme o aspecto que a vida, composta de realidade e ficção, lhe apresentou, preferindo uma vez a prosa, outra vez a poesia, revelando uma e outra face da sua sabedoria prosaico-poética, à qual nada do que é humano, infra-humano e supra-humano estava alheio. Essa atitude filosófica, que admite a verdade parcial em todas as perspectivas diferentes da vida, chama-se perspectivismo. É uma filosofia moderna.

Quem não acredita nessa definição leia os capítulos XXI e XLIV da primeira parte do *Dom Quixote*: o cavaleiro errante atacou vitoriosamente um pobre barbeiro para arrancar-lhe um objeto de metal reluzente; como cavaleiro, acreditava ter direito a essa preciosidade fantástica que lhe parecia o *yelmo de Mambrino*. O proprietário infeliz daquele objeto de metal afirmou, porém, tratar-se apenas de uma *bacía de barbero*. Aí estão as duas perspectivas: a poesia do *yelmo* e a prosa da *bacía*. Mas há mais uma terceira perspectiva, representada pela opinião de Sancho Pança: este não quis briga física nem luta ideológica; por isso preferiu tirar-se da discussão perigosa, chamando aquele objeto de *baciyelmo*. E esta expressão engraçada resolve o problema do leão que, evitando a batalha heróica, voltou à jaula.

Quem é este leão? Será o bicho heráldico dos cavaleiros medievais, o leão da poesia? Não, este não se esconde covardemente em jaulas para ser mostrado, ingresso pago, ao público. Ou então, será o leão domesticado que, nos quadros dos pintores da Renascença, dorme pacificamente aos pés do erudito São Jerônimo, simbolizando a sujeição das forças da Natureza pela ciência? Este seria o leão do Realismo, o leão da prosa, preferindo os professores a El-Rei e as bibliotecas à jaula dourada da corte? Na verdade, a fera do capítulo XVII da segunda parte do *Dom Quixote* não é o grandioso leão da poesia e do *yelmo*, nem o leão razoável da prosa e da *bacía* e sim o leão do *baciyelmo*: o símbolo do comodismo, da banalidade. Este leão não é aliado poético de *Dom Quixote* nem seu adversário prosaico; também representa um aspecto inegável da realidade, mas não devora ninguém. Só cuida de sobreviver, comer e dormir entre as quatro paredes da sua jaula, caminhando não sabe como nem por quê pelos caminhos poeirentos da Mancha e da vida. Não devorou a Dom Quixote; e este também continua a caminhar pela Mancha assim como Daumier o pintou, montado no cavalo faminto do deserto da prosa e a cabeça desaparecendo nas nuvens da poesia.

Foi verdade: *en el desierto un león más*. Os olhos insubornáveis de Cervantes descobriram, porém, atrás da sombra pseudoleonina, a realidade misteriosa. O romance *Persiles y Segismunda* não é uma série incoerente de aventuras nem um

Dom Quixote às avessas. Com razão, Azorín chamou à última obra de Cervantes *"el libro que nos da más honda sensación de continuidad, de sucesión, de vida que se va desenvolviendo con sus incoherencias aparentes"* — transfiguração da vida aparentemente banal de todos os dias. Os olhos insubornáveis de Cervantes descobriram atrás do deserto da Mancha os mares tenebrosos do "Norte"; atrás do *león en el desierto*, a esfinge da vida. *Per realia ad realiora*, dizia o poeta russo Biely, falando de Tchekov, continuando: "Riu-se dos seus heróis banais que não conhecem outra vida senão conversar, comer e dormir entre as suas quatro paredes, caminhando não sabem como nem por quê pelos caminhos poeirentos da existência inútil — mas aqueles caminhos cinzentos levam para espaços incomensuráveis onde já não existem quatro paredes; no fim da viagem há para todos, até para os banais, ridículos e inúteis, um crepúsculo que às vezes se assemelha a um reflexo da vida eterna". Quanto à natureza desse fenômeno ótico, também existem perspectivas diferentes; alguns, *puesto ya el pie en el estribo*, só sentem *las ansias de la muerte;* outros, antes de voltarem *a la sombra del silencio, oyen cantar el gallo.*

O teatro de Eliot

O Jornal, 15 jun. 47

Assassínio na Catedral não foi menos aplaudido em Paris do que em Londres e *Reunião de Família* impressionou tanto o público inglês como os espectadores de Zurique. Mas enquanto à poesia de T. S. Eliot já se dedicaram numerosos estudos em livros e revistas e a influência da sua crítica literária se encontra em toda parte, a sua obra dramática, tão bem acolhida pelo público e elogiadíssima pelos críticos de poesia, ainda não foi estudada, ao que saiba, do ponto de vista do teatro.

O teatro poético sobre o qual Eliot já escreveu em 1910 um artigo de defesa (e de ataque contra o moderno teatro de problemas) é portanto uma velha aspiração do poeta anglo-americano, intimamente ligada às suas convicções literárias, religiosas e políticas. Nem a aspiração nem a realização podem ser bem compreendidas sem a crítica se referir ao conjunto de qualidades poéticas e ressentimentos psicológicos que se chama no século Thomas Stearns Eliot.

Um americano, natural do estado de Missouri, passou a mocidade submergido em estudos de teatro elisabetano, crônicas medievais, poesia simbolista e de muitíssimo grego e latim. Convenceu-se para sempre da homogeneidade da civilização européia de todos os tempos, desse supremo resultado do esforço humano:

"Europa" será sua religião. Não agüentou o ambiente americano de 1910, de reis de gasolina e toucinho de que senadores e jornalistas a preço fixo, de burrinhas coroadas de jóia, enchem os camarotes da metropolitana ópera. Uma nostalgia enorme levou-o de volta ao país dos antepassados longínquos, para a Inglaterra, a Europa. Enfim o americano acabou cidadão inglês, europeu perfeito. Mas aquela Europa que o jovem poeta americano procurara já não existe — menos na biblioteca de T. S. Eliot; só aí ainda vivem as grandes tradições que capitalismo, socialismo e guerra debilitaram ou destruíram. Então o homem nascido entre chaminés e armazéns à beira do Mississippi começou a doutrinar os europeus degenerados de 1918, apóstatas das grandes tradições: começou a ensinar-lhes civilização européia empregando uma linguagem nova, a da poesia modernista.

É preciso dizer que os europeus merecem isso: e que ao professor não faltava a competência. Eliot, o grande poeta moderno da Inglaterra, é um dos maiores artistas da língua inglesa em todos os tempos. A abundância de citações e alusões a poetas de várias épocas e literaturas, que contribui para tornar difícil a leitura da sua poesia hermética, só é sinal da sua integração perfeita naquele grande conjunto extratemporal "Civilização Européia". E a atitude asperamente satírica do chefe do modernismo poético inglês contra todos os aspectos da vida moderna baseia-se tanto nos ressentimentos de neófito superortodoxo, desejoso de fazer esquecer suas origens, como na independência ativa do seu espírito. O poeta e crítico Eliot deu-nos uma nova consciência literária. Mas para ele trata-se de mais do que de *literature*. Toma ao pé da letra a frase de Matthew Arnold: "Depois da derrota de todos os dogmas, a poesia é a religião dos nossos dias". Para Eliot, a poesia dos velhos poetas confunde-se com a religião dos velhos poetas. Chega a definir sua posição como "classicista em poesia, monarquista em política e anglo-católico em religião". Vive no século XVII. Prefere Dryden ao puritano Milton. Seria partidário da monarquia dos Stuarts. Pertence ao anglo-católico, quer dizer, àquela ala da Igreja anglicana que sem aderir ao catolicismo romano simpatiza com a liturgia e o dogma de Roma, continuando centro da Igreja nacional e portanto cismática senão herética; os anglo-católicos cultivam a memória das instituições medievais e dos santos mártires ingleses dos quais o maior é o arcebispo Thomas Beckett, que opondo-se ao rei tirânico foi assassinado na sua própria catedral de Canterbury. E fruto desse culto é *Assassínio na Catedral*.

Os coros dessa peça de sabor litúrgico são de extraordinária beleza, mas o público contemporâneo não está acostumado a apreciar belezas poéticas. O forte efeito dramático da peça reside antes na antítese que o próprio título exprime. Até o descrente moderno entrando numa catedral compreende de maneira vaga o sentido das palavras bíblicas que servem hoje de intróito da missa para a consagração das igrejas: *Terribilis est locus iste; hic domus Dei est et porta coeli*. A escuridão solene dentro da floresta de pilastras envolve lugar particularmente impróprio para cometer-se crimes. Eis aí a expressão estética de um critério moral. Está certo assim. A verdadeira tragédia, embora sendo estrutura estética, baseia-se sempre em convicções morais.

Com essa observação ficamos dentro do programa deste estudo: interpretar e criticar o teatro de Eliot conforme a teoria dramatúrgica do próprio Eliot. Ele também aplica critérios morais nos seus estudos sobre os dramaturgos elisabetanos; até chega a censurar a inconsistência da filosofia moral de Shakespeare, comparando-a com a firmeza do tomista Dante. Mas, desejoso de evitar a confusão com o esteticismo pseudo-religioso dos pré-rafaelistas e simbolistas, Eliot chega a inverter aquela frase de Arnold: "A nossa literatura é sucedâneo da religião; até a nossa religião não é outra coisa". O autêntico drama poético, a tragédia, precisa porém de convicções morais, firmemente baseadas em convicções religiosas, comuns do dramaturgo e do público, porque só assim se sente e compreende a gravidade dos conflitos trágicos, que são sempre conflitos morais. Aí reside — acha Eliot — a fraqueza do teatro elisabetano e do teatro de Ibsen: são expressões do individualismo que se opõe, por definição, aos critérios morais da comunidade, considerando-os como convenções obsoletas. Grande tragédia foi a dos gregos que acreditavam nos deuses, foi a dos franceses do século XVII que acreditavam em Deus e El-Rei. Eis a teoria dramatúrgica de Eliot, exposta num estudo de 1928; daí já se sabe que Eliot escreverá uma tragédia classicista de fundo moral. Como assunto tomará o da *Oréstia* de Ésquilo: a culpa que pesa sobre uma família, clamando por expiação; a culpa porém não será este ou aquele crime, mero fato contingente, e sim a culpa das culpas conforme o dogma cristão, o pecado original. Essa *Oréstia* cristã chama-se *Reunião de Família*.

Quando representada, em Londres assim como em Zurique, a peça fez impressão profunda. Os especialistas do teatro admiravam-se disso. E com razão: porque a *Reunião de Família* faltam todos os elementos dramáticos. Não há ação. Harry, o jovem lorde inglês que representa o papel do Orestes moderno, matou sua esposa, continuando assim a tradição de crimes misteriosos que pesa sobre a família.

Matou realmente? Talvez só fosse um acidente, embora intimamente desejado, talvez só desejado em sonho, talvez fosse tudo apenas sonho? Eliot não pode evitar essa "desrealização" do crime porque não importa o crime realmente cometido e sim a nossa permanente disponibilidade de cometer crimes: é o pecado original que pesa sobre esta família e sobre a Família humana inteira. Daí tampouco é possível expiação por meio de atos, e sim apenas por conversão íntima, tão inexplicável e invisível como o pecado. Na peça não acontece nada. Os personagens parecem paralisados. Essa paralisia da ação dramática reflete-se no comportamento cerimonioso, quase litúrgico dos personagens; é o ritual rigoroso vigente na vida familiar inglesa. Assim como na poesia modernista de Eliot se reúnem a linguagem coloquial de todos os dias e grandes inspirações poéticas, assim se fala no palco em *Reunião de Família*. Na verdade é T. S. Eliot que fala através das suas criaturas, meras sombras do pensamento poético do autor. Eis mais um motivo da impressão de irrealidade que *Reunião de Família* sugere: peça irreal como o sonho, em vez de ser dramática como a vida.

Literariamente, o teatro de Eliot enquadra-se numa tradição que ele mesmo detesta: todos os grandes poetas vitorianos escreveram peças muito poéticas e pouco dramáticas, expressões livrescas de um individualismo melancólico que se sabia separado da vida moderna. Em Eliot, o antiindividualismo tem no entanto conseqüências literárias semelhantes, e isso por motivos profundos. Antes de mais nada, a sua definição da tragédia clássica como expressão de critérios morais estabelecidos é bastante unilateral. Seria interessante comparar *Reunião de Família* com duas outras versões modernas da *Oréstia*: *Mourning Becomes Electra*, de O'Neill, e *Les Mouches*, de Sartre. São peças de rebelião contra uma ordem estabelecida: contra a confusão da política e religião, em Sartre; contra a moral puritana, em O'Neill. A rebelião, nesse sentido, é elemento essencial da tragédia clássica, servindo de motivo ao conflito trágico. Prometeu, Édipo e Medéia revoltam-se contra os deuses; os heróis de Corneille pretendem colocar a honra pessoal acima das razões políticas; e quanto às mulheres trágicas de Racine, basta observar a indignação moral que provocaram igualmente em jansenistas e jesuítas. Estes críticos não teriam porém objetado à *Reunião de Família*. Eliot não apresenta a revolta e sim a submissão à lei divina. Daí não há, na sua peça, nem conflito dramático nem derrota trágica. *Reunião de Família* não satisfaz às exigências da teoria dramatúrgica. Em compensação, o dramaturgo satisfaz ou pretende satisfazer às exigências da ortodoxia.

Eliot já teve a coragem de denunciar a franqueza filosófica de Shakespeare, entrincheirando-se atrás da ortodoxia tomista de Dante. Depois, no volume *After*

Strange Gods, dirigiu ataques violentos contra Hardy, Lawrence e Shaw porque todos eles, negando o pecado original, seriam "heterodoxos". Eliot chega a considerar como "heterodoxa" a literatura moderna inteira, este "mero sucedâneo da religião". Por quê? Porque negam o fundamento da religião cristã, o dogma do pecado original. Dante, este sim, acreditava no pecado original. Bom, mas basta acreditar no pecado original para passar por ortodoxo? Dante teria porventura considerado como ortodoxos os anglo-católicos cismáticos separados de Roma? É difícil definir a ortodoxia eliotiana. Em comparação com o livre-pensador Bernard Shaw, Eliot é ortodoxo; em comparação com o católico romano Chesterton, Eliot é heterodoxo. Quando Eliot se julga ortodoxo acusando de heterodoxia os outros, volta irresistivelmente à memória a famosa frase de um bispo inglês: *"Orthodoxy, my lord, is my doxy: heterodoxy is another man's doxy"*: "Ortodoxia é minha doxia; a doxia de qualquer outro é heterodoxia".

O ortodoxo Eliot é heterodoxo com respeito à civilização moderna; daí o modernismo antimoderno da sua poesia, detestada justamente pelos conservadores e idolatrada pela mocidade radical. Por isso, o antiindividualista Eliot é no fundo individualista graças à sua atitude de oposição contra a civilização moderna: daí o seu isolamento em face do público, daí o caráter poético mais livresco — dir-se-ia vitoriano — do seu teatro. Os vocábulos religiosos no teatro de Eliot não são expressões de uma fé comum do dramaturgo e do público; têm apenas a mesma função das citações e alusões eruditas na sua poesia. São expressões de um grande poeta — isto é verdade — mas não é por isso que impressionam o público de Londres, Paris, Zurique. Antes têm o efeito que a escuridão solene entre as pilastras de uma catedral gótica sugere vagamente aos descrentes: *Terribilis est locus iste; hic domus Dei est et porta coeli*. É a mesma impressão de vago pavor sugerida pelo encontro do homem moderno com cultos exóticos ou com ritos supersticiosos, resíduos de religiões esquecidas e abandonadas — ou de religiões de que apostatamos.

Reunião de Família impressiona o público das capitais européias: é a função do poeta americano Eliot lembrar aos europeus o fato de que apostataram da Europa. A sua poesia é o evangelho da religião "Europa"; é um "sucedâneo da religião". Neste sentido, até a própria religião de Eliot é um "sucedâneo da religião"; e o seu teatro poético um sucedâneo do teatro.

Mozart

Letras e Artes, 22 jun. 47

"A ópera das óperas", dizem, e com toda a razão; a obra-prima de Mozart, desse Fra Angélico entre os compositores; o cume da ópera italiana — mas apesar de tudo isso, e apesar dos belos versos do poeta Da Ponte, o *Don Giovanni* não agrada muito aos ouvidos italianos. Para limitar-se às experiências recentes: a representação na Ópera Real de Roma, em 1934, foi fracasso tal que só foi repetida duas vezes; na Ópera de Turim, em 1937, deu-se o mesmo resultado. Os observadores estrangeiros, indignados, denunciaram a decadência do gosto musical italiano, tão elevado nos séculos XVII e XVIII, decaindo depois rapidamente até o incrível Puccini. Os críticos italianos arranjaram outra explicação: o libreto de *Don Giovanni* seria um drama de paixões eróticas, exigindo música apaixonadamente dramática, talvez à maneira de Verdi; a música de Mozart seria porém antes elegíaca, às vezes solene, de modo que devia decepcionar o público italiano, acostumado a coisas mais fortes. A nós outros parece que essa explicação, em vez de revelar a engenhosidade dos críticos, afirma a incompreensão do público. Mas não é tanto assim: é a verdade, ou pelo menos um aspecto da verdade sobre o *Don Giovanni*.

Entre essa grande obra, que é de 1787, e o nosso tempo coloca-se algo como um muro embaraçando a vista, o acontecimento da Revolução Francesa: acabou-se a aristocracia, a classe que criara o gênero musical "Ópera"; quebrou-se a fina porcelana do rococó; acabaram-se os gostos artísticos e literários da nobreza, as suas convenções, costumes e crenças. Depois de 1789, o mundo é diferente. E logo depois "a ópera das óperas" foi interpretada de um modo diferente.

Quando o pano se levanta, Leporello, cansado, queixa-se no palco noturno das aventuras noturnas do seu dono: *"Notte e giorno faticare"*... É noite no palco quando Don Giovanni sai da casa na qual desonrou Donna Anna e matou o *commendatore*. Um "conto da noite" é a ária da Donna Anna. É uma festa noturna na qual Don Giovanni lança o supremo grito da alegria de viver: *"Fin ch'han dal vino"*... Noturna é a cena no cemitério quando o celerado convida a estátua do *commendatore* para jantar com ele. De noite, *la mensa è preparata;* uma orquestra espirituosa, citando árias de Martín, Sarti e do próprio Mozart, inicia o banquete, ao que aparece a estátua vingadora: "Chamaste. Cheguei". Trombones acompanham-no, os mesmos trombones que anunciarão, no *Réquiem*, o *dies irae, dies illa* ao *saeclum in favilla*. Abre as portas o *regno del pianto*, a "noite fantástica" do genialíssimo E. T. A. Hoffmann, ao qual se deve essa interpretação trágica do *Don Giovanni*. E como tragédia noturna do dançador sobre os abismos a ópera das óperas foi interpretada e representada até os nossos dias.

Assistimos porém a uma espécie de renovação geral dos estudos mozartianos e das convenções teatrais também. O famoso barítono Francesco d'Andrade foi, parece, o primeiro que abandonou a convenção inveterada de representar o papel em capa demoníaca, preta e vermelha; vestiu-se de branco, da cabeça aos pés. Outros cantores, lendo com atenção o texto da ária "Fin ch'han dal vino"..., descobriram que não é um hino triunfal à vida e sim a canção de um bêbado já cambaleante. Reparou-se que, pelo menos na ópera, todas as aventuras eróticas do sedutor acabam em desastres para ele, até o desastre final, quando o levam os diabos que muito se parecem com palhaços de farsa. Afinal, diziam os estudiosos da música antiga, *Don Giovanni* tem dois atos — o que nunca acontece com a "ópera séria"; na verdade é uma "ópera bufa". A interpretação trágica seria falso romantismo. Para um público diferente, um mundo diferente, já impermeável à nossa compreensão, escrevera Lorenzo da Ponte o libreto de *Don Giovanni*, ópera cômica.

Quem foi, aliás, esse Lorenzo da Ponte, que desapareceu tão completamente atrás do compositor? Não foi libretista comum e sim um verdadeiro poeta, homem de destinos esquisitos. Filho de judeus, natural de uma cidadezinha na então República de Veneza, batizou-se cedo, entrando no seminário, tomando-se *abbate*, membro de um clero corrompido e descrente. O carnaval de Veneza fê-lo poeta. Foi para Viena, chegando a receber o título de "poeta imperial", escrevendo versos para as óperas e bailados da corte. O amigo de Mozart, autor dos libretos de *Nozze di Figaro* e *Don Giovanni*, devia fugir de Viena por motivo de uma aventura com uma dama da alta aristocracia. Em Paris surpreendeu-o a tempestade da Revolução. Na Inglaterra foi tido como espião dos jacobinos. Acabou em Nova York, na miséria, dando aulas de canto e língua italiana. Morreu em 1839, octogenário, num mundo que o esquecera. Deixou *Memórias*, um dos livros mais deliciosos do rococó e dos mais melancólicos de todos os tempos.

Mozart foi contemporâneo de Lorenzo da Ponte. Para compreender bem a significação dessa frase, será preciso esquecer a imagem do Mozart meio angélico, meio infantil dos livros de divulgação. De joelhos peço perdão ao meu amigo Murilo Mendes, mas é preciso dizê-lo: Mozart não foi um anjo. Depois da morte, talvez, anjo tocando as mais belas melodias do rococó para Deus e os santos; mas no século XVIII o gênio foi criatura humana, muito humana. Não ficam dúvidas quanto à sua religiosidade sincera. No entanto, sua música religiosa revela emoção, até angústia pelo destino do seu mundo, ameaçado de um *dies irae* tremendo, e pela própria alma — mas tem pouco sentido litúrgico. No *Réquiem* exprimiu de maneira quase romântica a nostalgia da "luz eterna"; mas basta comparar-lhe as missas com as de Haydn, velho de ingenuidade admirável, para reconhecer o filho duma época menos crente. O compositor da *Flauta Mágica* foi maçom. Aderira à fé humanitária de Sarastro, "em cujo reino se ignora a vingança e o amor ensina o dever ao homem caído". Parece-me mesmo que o homem Mozart é mais simpático do que o anjo, apesar das fraquezas humanas que os novos estudos biográficos revelaram. Não é verdade que o compositor italiano Salieri, seu rival na corte de Viena, o teria caluniado e perseguido (ou até envenenado, lenda à qual Pushkin dedicou um drama); na verdade, foi Mozart que ardeu em ciúme contra Salieri — homem digno e bom músico, mestre venerado de Schubert — que não perdoaria ao gênio algumas intrigas contra o talento preferido. Em Mozart havia muitos ressentimentos e recalques, em parte conseqüência das experiências eróticas, bastante numerosas e quase sempre tão infelizes como as do seu Don Giovanni. Não era um "caráter adamantino" nem um "professor de energia". A energia estava na sua arte.

Já se tornou famosa a história do primeiro movimento da *Sinfonia em Mi Bemol*: desde os tempos de Mendelssohn, todos os chefes de orquestras regeram-no como canto elegíaco, canto de cisne do rococó, até Richard Strauss redescobrir a indicação *Allegro Vivace*, revelando uma peça sinfônica de energia irresistível. Mozart é mesmo assim. Apenas é preciso não confundir-lhe a arte com as fórmulas graciosas do rococó que abundam realmente na sua arte. Entre os gênios da história da música é Mozart aquele que se afastou menos das expressões convencionais do seu tempo. Ouvindo-se muita música do século XVIII, quase tudo parece "mozartiano"; é justamente aquilo que não é mozartiano e sim o estilo da época. Tirai da música do mestre essas frases-feitas musicais, esses arabescos graciosos como a porcelana de Sèvres, e então tereis o verdadeiro Mozart, aquele que a E. T. A. Hoffmann parecia romântico, enquanto os críticos contemporâneos o consideraram como revolucionário.

"Muitas notas, meu caro Mozart, muitas notas!", dizia o imperador José II depois de ter ouvido as *Nozze di Figaro*; e o mestre, altivo, respondeu: "Tantas notas, Sire, quantas foram necessárias". Mozart viveu e morreu em Viena; mas sempre foi considerado lá como meio estrangeiro. Era natural de Salzburgo, então pequeno Estado independente, governado pelo arcebispo, um daqueles pequenos Estados alemães do século XVIII em que a paixão mais viva pelas artes não mitigou o despotismo, chegando-se a vender súditos à Inglaterra para lutar na América contra as colônias revoltadas. Nas primeiras tragédias revolucionárias de Schiller reflete-se a indignação da consciência cívica. Mozart também encontrou a oportunidade para responder ao seu soberano: "Um artista, Reverendíssimo, não é um lacaio". E foi logo demitido. Será acaso a escolha da peça de Beaumarchais, desse *cride ralliement de la Révolution*? Depois, Mozart encontrou Don Giovanni.

De Tirso de Molina até o *Man and Superman* de Shaw, a história de *Don Juan* é a de um mito sexual; apenas o *Burlador de Sevilla* se transformou com o tempo em Burlado de Londres — a emancipação feminina venceu o mito. A exceção é o *Don Juan* de Molière, aristocrata frívolo, ateu cujo livre-pensamento está em contradição com os privilégios sociais aos quais não pretende renunciar, protótipo do aristocrata voltariano do século XVIII ao qual a Revolução dirá: "Chamaste. Cheguei". O libreto de Da Ponte define essa atitude; a música do último banquete de Don Giovanni, a citação das árias mais queridas de Martín, Sarti e do próprio Mozart, resume uma época. O libreto do veneziano é mesmo brilhante, espirituoso, frívolo, uma autêntica ópera-bufa. Mas na composição musical modificaram-se os acentos. O vencedor Don Giovanni virou derrotado. Colocou-se no centro o personagem, ofendido, humilhado e no entanto vitorioso, no qual se reflete em tudo, na franqueza e na indignação, a psicologia do próprio Mozart: Donna Anna.

As árias da Donna Anna e os acordes de trombone que acompanham o *commendatore* introduzem um elemento novo na música européia. O resto é rococó, belíssimo rococó; mas são arabescos que não caracterizam o gênio de Mozart. Contudo revelam até que ponto o mestre estava ligado ao seu mundo aristocrático. E com efeito, de que podia viver senão escrevendo para imperadores, condes e bispos? E — para não deixar dúvidas quanto à sinceridade artística até dos seus arabescos — em que outra atmosfera podia Mozart respirar senão naquela da aristocracia do seu tempo? Daí o estilo rococó, inconfundível, do mestre. Sejam mesmo arabescos, muita vez bastante impessoais, mas não deixam de exprimir de maneira permanente a advertência que um poeta inglês formulou no começo deste século democrático: *O World, be nobler!...* Anjo não, mas nobre. A música de Mozart é a expressão mais perfeita da verdadeira nobreza.

O gênero "Ópera" é mesmo o produto mais consumado da civilização aristocrática, e *Don Giovanni* é, neste sentido, a última ópera autêntica, também por isso "a ópera das óperas". Mas não só por isso: também porque é obra única, na qual se reúnem os elementos típicos da "ópera séria" e da "ópera-bufa", assim como se reúnem os elementos trágicos e os elementos cômicos nas peças de Shakespeare. Foi isso o que não compreendeu o público italiano moderno.

É uma obra completa. No fundo: a vida despreocupada do rococó e de todos os tempos pré-revolucionários. No primeiro plano: Donna Anna, o grito da alma humana. No fim: abre-se o abismo do *regno del pianto*, do qual sairá o vingador — "Chamaste. Cheguei". Assim como na *Missa Sollemnis* de Beethoven uma marcha bélica acompanha, como de longe, a reza do *Agnus Dei dona nobis pacem*, assim o acompanhamento secreto dos trombones que anunciam o *commendatore* é a *Marselhesa*. Foi um Fim do Mundo, fim do mundo de Mozart; mas a ele mesmo aqueles mesmos trombones, os do *Réquiem*, anunciaram a morte e a ressurreição, para sempre. *Lux aeterna luceat ei, Domine: cum Sanctis tuis in aeternum*.

Sonho sueco

O Jornal, 27 jul. 47

Um país de frio tremendo — assim imaginam a Suécia os leitores de Selma Lagerloef: campos cobertos de neve, e em cima a aurora boreal. Mas não é tanto assim. Basta lembrar-se dos quadros do grande pintor sueco Anders Zorn, das festas campestres em *plein air*, danças de S. João dos nus femininos que ele tanto gostava de pintar, nus no ateliê, na floresta, na praia; e lembrar-se do costume sueco de tomar banhos de mar sem *maillot*. O frio sueco não pode ser tão tremendo, enquanto não querem chamar tremendas as mesas de frios deliciosos que os suecos gostam de devorar. Com efeito, a paisagem sueca revela, no verão, aspectos sulinos, luminosos; e luminoso fica o céu em cima dos grandes lagos mesmo quando congelados no inverno. A gente se lembra de excursões alegres através dessa região de lagos e bosques, de danças e canções, e entre as canções não faltava um ou outro daqueles poemas que Carl Michael Bellman rimou e pôs em música.

Este, embora não pertencesse à orgulhosa Academia de Letras da sua pátria, é imortal. Há pouco, a Suécia não se esqueceu do sesquicentenário de sua morte. Muito tempo! Bellman foi o poeta de um tempo tão irreal que parece nunca ter havido, como se fosse sonho. "Dias de rei Gustavo", dizem os suecos, com acento de saudade íntima. Dias e noites do magnífico rei Gustavo III discípulo das elegâncias francesas e do cepticismo voltairiano, déspota absolutista que humilhou a orgulhosa aristocracia, criando, em compensação, na região das noites boreais um *pendant* de Versalhes, com todas as delícias do rococó: óperas gluckianas, Academia de Letras, manufatura de porcelanas, e muitos bailes à fantasia, uma fantasmagoria vertiginosa. Até numa daquelas noites de baile — todo mundo sabe isso da ópera *Un Ballo in Maschera* de Verdi — o tiro dum conspirador aristocrático ferir mortalmente o rei. E o sonho do rococó sueco se desvaneceu.

Bellman foi o poeta dessa fantasmagoria nórdica. Filho pródigo de uma família de pietistas; secretário da loteria real, sem fazer serviço nem assinar ponto; *maître de plaisir* da *jeunesse dorée* gustaviana (é mesmo preciso empregar palavras francesas para caracterizar esse mundo todo afrancesado); bebedor, cantor, poeta acabando na miséria: Bellman é o Villon do Norte. A comparação define-lhe, ao mesmo tempo, a categoria. Bellman é um dos maiores poetas líricos da literatura universal. Mas em certo sentido é mais do que isso. Raramente a poesia lírica chega além de fixar determinados *états d'âme*; só aos maiores poetas, a um Goethe, um Leopardi, um Wordsworth e poucos outros, é dado criar um mundo coerente de poesias líricas, um cosmos poético comparável às criações dos grandes épicos, dramaturgos e romancistas. Bellman é desses poucos, e de uma maneira muito particular. Desdobrou-se numa multiplicidade de personagens que vivem imortalmente pela graça do poeta, povoando-lhe a taverna, a cidade, o país, a época — não, a época não, porque não são de tempo nenhum senão daquele tempo fantástico ao qual chamam "dias do rei Gustavo".

O rei, embora humilhando o orgulho dos aristocratas, não era um déspota sanguinário. Antes foi um grande esteta — escreveu realmente tragédias, as primeiras que foram representadas no palco sueco —, um admirador tão apaixonado do absolutismo culto e polido dos reis da França que resolvera imitá-los a todo custo. Foi o ator esplêndido do papel de rei de que a realidade o investira. Foi dramaturgo. Transformou a Suécia inteira em teatro. E este teatro é o mundo de Bellman.

O poeta, embora gozando de favores da parte do rei, não apareceu muitas vezes nas festas suntuosas no Paço real, sua aparência de plebeu bêbado não dava para isso. Em compensação, o rei dignou-se de aparecer pessoalmente no teatro menor em que os pequeno-burgueses e a *jeunesse dorée* de Estocolmo, constituídos em "Ordem de Baco", imitaram com jocosidade genial a alegria aristocrática da corte: naquele pequeno café enfumaçado e superaquecido que Bellman imortalizou como *Thermopolium Boreale*. Lugar barulhento em que os amigos de Bellman, bêbado, lhe cantam em coro de voz rouca as poesias, acompanhados de uma orquestra, paródia deliciosa da orquestra mozartiana: flauta, corneta, timbale, violino e viola. Pelas janelas entra, às vezes, o vento frio do mar Báltico; vêem-se as vidraças iluminadas do Paço real em que se realiza um baile à fantasia — festa fatídica — e as torres das igrejas de Estocolmo, avermelhadas pelos últimos raios do sol; e, mais ao longe, o lago Maelar, gelado, fim de tantas excursões alegres e exuberantes, agora coberto pela escuridão como o lago através do qual o barco leva os mortais para o silêncio aquerôntico.

Mistura encantadora esta: a jovialidade alegre, algo brutal, dos plebeus; a libertinagem lasciva, forrada de reminiscências mitológicas, da última aristocracia do rococó; e a angústia do homem nórdico, transfigurada em melancolia aparentemente ligeira, assim como o choro do bêbado antes de adormecer. Bellman parece realista rude, às vezes grosseiro; outra vez seu mundo se apresenta como uma coleção de porcelanas galantes do século XVIII, de Sèvres ou daquele Sèvres sueco, da manufatura de Marienberge. Um crítico falou, com muita felicidade, de "Jan Steen et Watteau à la fois". Mas a dissonância, que poderia degenerar em amarguras, é resolvida em poesia, em poesia e em música. Assim Mozart, em *Don Giovanni*, resolveu as dissonâncias em acordes; e harmoniosos até são os acordes metálicos que anunciam a aparição do *commendatore*, do implacável Convidado de Pedra que esmagará todo esse mundo de aristocratas e libertinos. Mozart e Bellman, ambos, morreram nos anos da Revolução Francesa.

O pobre Bellman certamente não compreendeu muito da formidável transição histórica pela qual passou. Não sabia nada de evolução dialética nem da "astúcia da razão histórica" que dirige os destinos dos povos. Mas esse plebeu bêbado de erudição mitológica e melancólica nórdica, fundindo harmoniosamente os elementos contraditórios da sua realidade, era, à sua maneira, um filósofo; assim como o povo chama de "filósofo" quem olha com serenidade superior o espetáculo da vida. Apenas o poeta exprimiu sua filosofia de maneira indireta: desdobrando-se em personagens imaginários dos quais cada um representa um aspecto da realidade bellmaniana, assim como Shakespeare não falou nunca na primeira pessoa, criando em vez disso um povo de figuras trágicas e cômicas. Não se evocou em vão o nome do dramaturgo máximo. A obra representativa de Bellman, *As Epístolas de Fredmann*, constitui na verdade uma grande comédia, uma comédia shakespeariana.

Fredmann, o personagem principal do café Thermopolium Boreale, é "um relojoeiro sem oficina nem loja nem relógio", mas cheio de vinho doce. A viúva rica com a qual casara para não trabalhar nunca mais expulsou-o de casa. Desde então, Fredmann cambaleia de taverna em taverna para um dia chegar à porta do túmulo como quem volta, enfim, na aurora, depois da noite alegre, à porta de sua casa.

A Vênus, toda branca e bastante gorda, à qual Fredmann dirige as suas canções amorosas, é Ulla Winblad (o nome significa "folha de videira"), a *cocotte* mais famosa da cidade. A ela, ídolo da *jeunesse dorée* de Estocolmo, convém a comitiva de semideuses mitológicos do rococó, tritões e zéfiros. Quando ela, na ocasião de um *déjeuner sur l'herbe* à ribeira do lago Maelar, se "casa" com o jovem Damon, Pan toca o epitalâmio na flauta. No fundo, não é Pan e sim o flautista Wingmark com a grande peruca que não é menos rococó. Dirige a festa e os minuetos o cerimonioso Mollberg, que já foi tambor-mor num regimento do rei. E militar reformado também é o sargento Movitz, agora vivendo de consertar guarda-chuvas, e de noite tocando o violino nos bailes populares, chorando quando vê as belas moças que lhe lembram os amores da própria mocidade. Melancolia, profunda melancolia, eis o fundo da embriaguez exuberante, e mais do que melancolia: pressentimento do fim. E foi só isso, a vida? Valeu a pena? Entre os versos da marcha fúnebre, dedicada ao velho bêbado, tremula a pergunta angustiada pelo sentido da vida.

Mas Fredmann sabia morrer. Surpreendeu-o na taverna, em meio dos acordes festivos, o tom daquela corneta que sempre só tem um sentido: da corneta de Charon, cujo barco já estava esperando. Pela última vez, o velho levou aos lábios a garrafa de Bordeaux. Não perdeu a compostura. O leme rangia. Nas janelas do Paço real apagaram-se as luzes e no céu em cima da cidade as estrelas. E Fredmann se embarcou, atravessando o lago frio, desaparecendo na escuridão da qual ninguém volta mais.

Nunca se escreveu paródia mais genial do que essa paródia realista do rococó. Pelo próprio realismo dos seus tipos populares, tipos permanentes do povo sueco, sobrevive às contingências do tempo. Mas no fundo não é tão realista como parece. Bellman trabalhou conforme o modelo vivo. Os seus personagens povoaram realmente as tavernas de Estocolmo de 1790; mas eram diferentes. Fredmann foi na realidade outro Fredmann; nem se sabe com certeza se Bellman jamais o viu. Ulla, esta sim, foi a *cocotte* mais famosa de Estocolmo; depois se tornou taverneira, e quando Bellman lhe descreveu o *déjeuner sur l'herbe* já não a tinha encontrado havia 20 anos: talvez ela também já tivesse desaparecido na escuridão do grande lago. Tudo não passou de uma fantasmagoria. Não era preciso disparar um tiro para dissipar essa outra fantasmagoria do *ancien régime* sueco. Bastavam uns acordes metálicos, o sinal daquela corneta: e acabou o sonho do poeta.

Pont Mirabeau

Letras e Artes, 03 ago. 47

Quando Guillaume Apollinaire, *troubadour* da poesia futurista, erudito e mistificador, glutão rabelaisiano com cabeça de cardeal da Igreja romana, voltava sozinho da sessão noturna no café boêmio da Rue d'Amsterdam, parou no meio do Pont Mirabeau, olhando para baixo — *sous le Pont Mirabeau coule la Seine* — e em face das ondas escuras do rio e do tempo ocorreram-lhe seus versos:

"Vienne la nuit sonne l'heure
Les jours s'en vont je demeure".

Mas em que se baseava essa consciência da própria imortalidade de grande poeta? É verdade que toda poesia modernista, de Nova York até Moscou, se inspirava em Apollinaire. Mas esse tempo também já passou. Ninguém imita mais os caprichos tipográficos dos *Calligrammes*, das poesias impressas em forma dos objetos canados, em espirais, círculos e serpentinas; os palavrões jocosos da dramaturgia apollinairiana, que escandalizaram o público de 1910, empalideceram em face dos palavrões que a realidade de 1930 nos lançou; e as próprias "palavras soltas" do futurismo já voltaram, penitentes, à jaula da sintaxe. Correram muitas ondas *sous le Pont Mirabeau*, e no espelho da água escura aparece outra face de Apollinaire, face de poeta romântico, poeta de versos como daqueles do Pont Mirabeau ou destes, de "Cors de chasse":

"Passons passons puisque tout passe
Je me retournerai souvent
Les souvenirs sont cors de chasse
Dont meurt le bruit parmi le vent".

Até a "Chanson du mal-aimé", que parecia então o hino ébrio da Paris moderníssima das máquinas e da eletricidade, hoje parece canção dum *mal-aimé que se retournait souvent* em meio do barulho dos *cors de chasse* mecanizados; transformou-se em vento do passado, em lembrança duma Paris de antes de 1914 e que já não existe mais. Aos contemporâneos a poesia de Apollinaire parecia *livre du mond*, a ponto de não se reparar nas afinidades íntimas com a poesia do boêmio ébrio Villon. Hoje sentimos melhor o fundo comum de dor nesses dois poetas da Paris antiga: de Villon rezando antes do enforcamento — *Je crie a toutes gens mercis* — e de Apollinaire, antes da trepanação: *Ayez pitié de moi*.

Qual é então o verdadeiro Apollinaire: o do passado ou o do futuro? O papel histórico de Apollinaire já está bastante definido: acabando com o simbolismo decadente, destruiu o passadismo estéril duma poesia que perdera o contato com a vida. Essa atitude antipassadista de Apollinaire não era, porém, a daqueles que se julgavam futuristas porque ignoravam o passado. Ele *se retournait souvent*: erudito curiosíssimo, sentindo-se em casa entre os tesouros mais esquisitos da Bibliothèque Nationale, estudando a Roma dos papas da Renascença, editando hinos medievais e obscenidades de Aretino. Tudo isso era "realidade" para ele, tão real como a outra realidade das aventuras inauditas que o embriagaram. Fugindo dos artifícios de museu (*"Tu en as assez de vivre dans l'antiquité grecque et romaine"*...) para os subúrbios de fealdade moderna (*Zone*), Apollinaire guardou no entanto o equilíbrio, a ponto de erigir-se em juiz imparcial:

> *"Je juge cette longue querelle de la tradition et de l'invention*
> *De l'Ordre et de l'Aventure"*.

O autor de *L'Antitradizione futurista*, editada em Milão na língua de Marinetti, reconheceu no entanto que *"Seul en Europe tu n'es pas antique ô Christianisme"*. Seu "realismo" universal não conhecia limites; inventou a palavra *Surréalisme* para definir a realidade mais completa que inclui igualmente a Ordem e a Aventura. Essa Realidade completa parecia-lhe encarnar-se na cidade moderna, na qual se reúnem os resíduos da Tradição e os esforços para o Futuro:

> *"L'unité merveilleuse du nouvel établissement*
> *apparaît tout entière dans le nom de la cité"*.

Hinos de entusiasmo semelhante à cidade moderna encontram-se em Verhaeren. Mas a atitude dos dois poetas é diferente. Verhaeren — grandíssimo poeta de outra época e outro estilo —, também filho da grande cidade, cantando com os pormenores do realismo poético as usinas, o porto, a Bolsa, a *rue en rouge*, fica no entanto nas generalidades enfáticas: sua *ville tentaculaire* poderia ser qualquer das metrópoles modernas. A Cidade de Apollinaire também é *tentaculaire* —

> *"Soirs de Paris ivres du gin*
> *Flambant de l'électricité"* —

mas é a cidade concreta, a Cidade: Paris, da qual a poesia de Apollinaire esboça verdadeira geografia poética, *"du joli Montmartre et d'Auteuil"*. Eis a realidade de Apollinaire, primeiro poeta modernista, ao qual trepanaram o crânio em 1918, às portas do tempo novo, cronista fiel da Paris antiga de antes de 1918 ou antes de 1914 que não volta mais, tampouco como a Paris antiga de Villon, aluno pouco dócil dos doutores escolásticos, que foi nos confins da Idade Média o primeiro poeta moderno.

O realismo "urbanístico" de Apollinaire tem função definida na sua evolução poética: a realidade de Paris salvou-o da irrealidade fantástica do seu passado de filho ilegítimo de uma aventureira polonesa e, quem sabe, de um cardeal romano, passando a mocidade entre o colégio dos jesuítas de Nizza e as colinas românticas à margem do Reno. Os dois elementos antagônicos na poesia de Apollinaire — realismo e romantismo — fundiram-se de maneira inextricável, transformando-se o sonho em realidade e a realidade em sonho:

> *"O Paris*
> *Du rouge au vert tout le jaune se meurt*
> *Le beau fruit de la lumière"*.

E o poeta, *"ivre du mond nouveau"*, encontra-se de repente sozinho na noite romântica, ele, o *mal-aimé*

> *"...qui sait des lais pour les reines*
> *Les complaintes de mes années...*
> *La romance du mal-aimé*
> *Et des chansons pour les sirènes"*.

Em Apollinaire há um secreto desespero que se revelou, enfim, através da *self-pity*, do *Ayez pitié de moi:* emoção bem romântica, assim como a melancolia do *passons passons puisque tout passe*, assim como é romântico o humorismo de Apollinaire, atordoando o desespero em álcool e ironia.

A ironia também é um elemento do romantismo; e em Apollinaire há algo de Musset e da *Ballade à la lune*. Quase não se reconhece esse parentesco com o romantismo retórico de 1830 porque Apollinaire passara pela grande experiência poética do simbolismo, esse neo-romantismo antieloqüente. Mas Apollinaire não é simbolista no sentido de 1900; porque é antidecadentista. Do simbolismo só conservou, ou antes tirou, os elementos de um romantismo mais autêntico. Daí as suas preferências pelo *lied* alemão — era entusiasta do Reno. Contudo é um romantismo muito especial; é preciso distinguir.

Existe em Apollinaire uma contradição — uma entre muitas — de atitudes. *À la fin tu es las de ce monde ancien,* cantou o admirador da Torre Eiffel, clamando por um *"Christoph Colomb à qui l'on devra l'oubli d'un continent"*. Por enquanto, esse esquisito futurista e católico de erudição herética vive no passado. No *Poète Assassiné* profetiza com horror e indignação apocalíptica a queima de livros, dos queridos livros, pelos bárbaros do futuro. Mas quanto às celebridades históricas, prefere revelar-lhes o reverso, as obscenidades, as heresias, os livros proibidos. Precisa disso para mostrar a realidade completa, assim como seus amigos, os pintores cubistas, pintaram os objetos de todos os lados ao mesmo tempo. Esse traço, em Apollinaire, é da mais profunda significação. O poeta que se pega a um determinado aspecto da realidade, transfigurando-o, acaba falsificando a realidade, enfeitando-a ou deformando-a. Só a realidade completa é capaz de transfiguração completa sem falsificação estilística. Aí reside o segredo da sinceridade absoluta de poetas como Villon. É neste sentido que se deveria falar de "poeta completo". Villon é poeta completo. Apollinaire é poeta completo. São poetas completos o da Paris medieval dos goliardos ao amanhecer da nova era e o da Paris de 1914, mundos que já se desvanecem na memória — *"puis ça, puis là, comme le vent varie"* e *"dont meurt le bruit parmi le vent"*. Villon, poeta de emoções permanentes, é um clássico da poesia. Mas a ele também se aplica a pergunta desse outro clássico, Antonio Machado: *"¿Soy clásico o romántico? No sé"*. Apollinaire, o clássico do futurismo, é para nós outros um grande romântico.

É difícil manter-se nessa altura. Os discípulos imediatos de Apollinaire, os surrealistas, já cultivavam outro romantismo, tão afastado da realidade que depois se precisava de verdadeiros golpes — resistência, existencialismo, comunismo de Aragon — para voltar à vida real. Aí se revela o destino dos romantismo sucessivos, entre os quais se inclui o modernismo de 1910. Cumprida a tarefa, os movimentos acabam. Mas os românticos autênticos ficam. Porque então se verifica que não eram românticos e sim, além da fronteira dos estilos, revolucionários e tradicionalistas ao mesmo tempo, julgando *"cette longue querelle de la tradition et de l'invention"*. Até o experimento dos *Calligrammes* representa uma tentativa de pôr em ordem tipográfica o caos das "palavras soltas"; uma síntese de *l'Ordre, de l'Aventure*.

Essa síntese de Ordem e Aventura, de Revolução e Tradição — não é por acaso que se realizou em Paris: é tipicamente francesa. As pedras nas ruas de Paris falam dela e o murmúrio das ondas do Sena a põe em música. Villon foi assim o primeiro poeta moderno que compôs, no entanto, o seu testamento, o *Grand Testament*, conforme um esquema poético dos doutores escolásticos. Ele também, curvando-se sobre as ondas escuras do mesmo rio, poderia dizê-lo:

> *"Vienne la nuit sonne l'heure*
> *Les jours s'en vont je demeure".*

Verdi, homem justo

Letras e Artes, 17 ago. 47

Convidados a indicar dez obras essenciais da música, falamos em Palestrina e Bach, Haendel e Gluck, Mozart e Schubert, Beethoven e Wagner, Chopin e Debussy — mas ninguém entre nós se lembrou de Verdi. Claro que não. Sabemos, involuntariamente, de cor suas árias e marchas, essas melodias tão insinuantes como triviais. À música desse maior dos "maestros" falta a profundidade metafísica. Não, ele não entra no céu daqueles santos da música. Verdi não é um santo.

Alegam-se as qualidades das últimas obras do mestre. O *Réquiem* é uma bela peça, espécie de ópera sacra, mas sem dignidade litúrgica; não se compara ao *Réquiem* de Mozart, nem aos de Durante, Jommelli, Cherubini — ah, como a música italiana, a antiga, era nobre, antes de cair, no século XIX, nas trivialidades da ópera-quase-opereta! *Otello* e *Falstaff* são diferentes, isto é verdade; mas essas obras semiwagnerianas foram principalmente elogiadas numa época e por uma crítica para as quais o estilo de Wagner significava o supremo critério, e esse tempo já passou. O público não estava, aliás, nunca de acordo com isso; já não aplaudiu com o mesmo entusiasmo as obras depois da *Aída, e Aída* é, apesar de certas inovações, o próprio tipo da Grande Ópera, com árias, duetos, marchas, bailados e coros melodramáticos. Verdi típico.

E o que é "Verdi típico"? Gritos histéricos de Rigoletto; Gilda levantando-se da agonia para cantar trinados dificílimos; *stretta* irresistível de um tenor gordo; o velho Germont, batendo no peito durante meia hora para enternecer o coração da prostituta tuberculosa; tremendos dramalhões musicados, atmosfera de briga de cantoras ciumentas atrás dos bastidores, mundo que cheira a maquiagem e a falsidade. Não se pode negar a Verdi o dom da invenção melodiosa nem certa força dramática, tipicamente italianas. Mas, se isso é música tipicamente italiana, então só é típica da última decadência da música italiana, que ainda no século XVIII fora nobremente aristocrática para cair depois até Puccini. Não, a verdadeira música italiana é a dos grandes mestres da arte sacra: missas de Palestrina, salmos de Marcello. Música dos anjos, música de santos. E Verdi não foi um santo.

Verdi estava consciente da sua situação na história da música. Suas cartas, documentos de alto calor humano, abundam de frases justas: "Os alemães preferem a sinfonia, os italianos, a ópera; aqueles pretendem imitar, pela voz da orquestra, a harmonia das esferas; nós, pela voz humana, os coros dos anjos". Mas, então, é tanto pior: ideais sublimes, realizações triviais, e assim ganhando-se fama mundial e muitíssimo dinheiro. Em face dessa contradição entre os ideais e as realizações de Verdi pensa-se em traição à arte, em falta de caráter — mas aí o libelo de acusação encontra resposta nos fatos: Verdi, que não é um santo da música, era um grande caráter, um justo.

A biografia de Verdi, como se disse outrora, é um *exemplar vitae humanae*, vida das mais agitadas e das mais edificantes. Isso já começou poucos dias depois do nascimento, quando os soldados austríacos invadiram a aldeia de Roncole, matando velhos, mulheres e crianças; o recém-nascido foi escondido na torre da igreja, salvando-se assim, pelo acaso significativo, uma vida à qual estavam destinados 88 anos de trabalho sem repouso. Depois, o filho de pobres camponeses dedica-se aos estudos mais sérios de música. Mozart é o seu ideal, e só as mais duras necessidades arrancam-lhe a assinatura do contrato para escrever uma ópera cômica; logo depois, morrem-lhe a esposa e o filhinho, mas o empresário insiste no contrato, devendo o jovem maestro terminar a ópera-bufa para o carnaval de Milão. É um fracasso completo. Poucos anos mais tarde, Verdi já é o maestro mais celebrado da

Itália: os outros, os Bellini, os Donizetti, enfeitam de melodias lânguidas as noites chiques de Paris; ele inventa marchas marciais, coros belicosos, gritos revolucionários. Os muros das cidades italianas se cobrem, às barbas da polícia austríaca, das letras VERDI, e todo mundo entende: "Vittorio Emmanuelle, Re D'Italia". Ainda vi quando menino, em pobres casas italianas, o retrato de Verdi ao lado do de Garibaldi. Mas Verdi não fica no plano de um nacionalismo estreito. As vitórias internacionais de *Rigoletto, Trovatore* e *La Traviata* são conseguidas em lutas incessantes do mestre irascível contra a estupidez dos libretistas, contra as vaidades dos sopranos e tenores. São vitórias sobre a rotina. O verdadeiro herói de *Rigoletto* não é o rei com o estribilho fácil nem o soprano com o gorjeio difícil, e sim o bobo corcunda — e compreendem a coragem de elevar um corcunda a personagem principal de uma ópera? E Verdi insiste na preferência pelos *declassés*. Uma prostituta, sim, é o personagem principal de *La Traviata*, primeira ópera que se representou em trajes modernos. Coragem tremenda, a desse homem, teimoso e vitorioso. São as últimas vitórias internacionais da ópera italiana de estilo tradicional. Mas, enquanto todo mundo está trauteando e assobiando *Donna é Mobile...*, o maestro abandona o estilo das vitórias fáceis, experimentando o estilo dramático da *Forza del Destino* e do *Don Carlos*, obras que não agradam ao público. É porém o caminho que leva ao maior dos triunfos: *Aída*. Depois começa a fase das surpresas. O tirano dos palcos líricos escreve o *Réquiem*, obra fulminante, monumento a Manzoni, o maior escritor católico dos italianos, erigido por um velho garibaldino de anticlericalismo fanático e íntimas simpatias católicas. Há trinta anos que Verdi lê e admira Shakespeare; agora, o velho alcança as alturas trágicas de *Otelo*, a força diabólica do *Credo* de Iago. Verdi tem 80 anos de idade quando publica o *Falstaff*, sua primeira ópera-cômica depois daquele fracasso na mocidade; termina carreira e vida com a grandiosa *fuga* final *Tutto nel Mondo è Burla*. Mas ainda não é o fim. Tem 85 anos, e dá os *Pezzi Sacri*, um *Ave*, um *Stabat Mater*, um *Tedeum*. Morre, deixando a fortuna imensa a um instituto para ajudar a formar jovens músicos, filhos pobres do povo assim como fora o menino de Roncole. Verdi morreu como um santo... não; vive na memória da gente como um venerando velho de pequena barba branca e sorriso irônico, sujeito irascível e generoso, orgulhoso e humilde. Um santo, não; mas um justo.

O traço característico dessa vida é o progresso. Como músico, como dramaturgo e como homem, Verdi nunca cessou de evoluir, de progredir. Mas qual é o sentido dessa evolução? O fim desse progresso? Adianta pouco distinguir um

Verdi menor, antes da *Aída*, e um Verdi maior, depois. *On n'apprend que ce qu'on sait.* Vida e arte de Verdi são de homogeneidade absoluta. Tudo parece dirigido para determinado fim invisível no começo, finalmente alcançado. Verdi cumpriu uma tarefa.

A grande objeção, sempre repetida, contra Verdi é a trivialidade das suas melodias. Com efeito, sua música não é nada aristocrática. Pois bem, toda a música do século XIX não é aristocrática no sentido em que ainda fora a do século XVIII. Beethoven e Wagner são menos aristocráticos do que Haendel e Gluck. Ainda a nobreza inegável de Chopin parece algo artificial em comparação com a nobreza natural de Mozart. O século foi da democracia, e Verdi foi homem do século XIX. Filho de pobres camponeses, filho do povo, o destino reservou-lhe uma tarefa correspondente às suas origens: transformar a ópera, o gênero típico do aristocrático século XVIII, em gênero democrático, para todos.

O valor das óperas da primeira fase de Verdi só se aprecia bem quando comparado com o que os seus contemporâneos produziam. Não é nada séria a chamada "ópera séria" de Rossini (do qual só as "óperas-bufas" são "obras sérias"), de Bellini, de Donizetti: são meras seqüências de situações melodramáticas, oportunidades para brilhar a garganta acrobática dos cantores. Do teatro verdadeiro têm as situações; faltam os caracteres. Verdi, porém, amou durante a vida inteira o maior criador de caracteres humanos: aos *Otelo* e *Falstaff* precederam um *Macbeth* e um projeto de *Rei Lear* três vezes tentado e nunca realizado. O próprio Verdi era um grande caráter, uma personalidade coerente, possuindo conceito coerente do mundo e da vida, algo como uma filosofia.

Alega-se a falta de profundidade metafísica. Não é justo. Um espírito severamente crítico como maestro, Toscanini, insuspeito de preferências nacionalistas, falou ocasionalmente em "estilo de Verdi caracterizado pelo pessimismo trágico, o de todos os grandes poetas trágicos". Afinal, o jovem Verdi era contemporâneo de Leopardi. Mas também era contemporâneo dos românticos. Aos dramaturgos do romantismo ocidental, Hugo Rivas devia as inspirações mais "fulgurantes". Verdi, músico romântico também, é contemporâneo das revoluções de 1830 e 1848, das revoluções que tanto entusiasmaram os românticos franceses, espanhóis e sobretudo os italianos. Verdi sentiu profundamente a simpatia do romantismo francês pelos "humilhados e ofendidos", pelos Quasímodo, pelos *misérables*. Seus heróis são o bobo corcunda Rigoletto, a mãe ultrajada Azucena, a generosa prostituta Violetta, o exilado Álvaro da *Forza del Destino*, enfim a escrava Aída. É no tempo dos Michelet e Mazzini, a religião da democracia: Deus que se revela no amor, na nação, na liberdade. Mas os sonhos não se realizam. A polícia austríaca continua a perseguir os patriotas italianos. Na França, o golpe de Estado suprime as liberdades. Na Europa inteira o povo liberto é novamente algemado, torna-se proletariado, enquanto na América ainda gemem os escravos. Nesse tempo, para o próprio Verdi, sobrevêm tristes experiências pessoais; torna-se cada vez mais solitário em meio dos triunfos, mais melancólico em meio da celebridade. É nesses anos que amadurece o homem lendário de barba branca e sorriso irônico, já convencido da vaidade da vida, da destruição fatal dos ideais, da força redentora só da morte; cenas de morte, em *La Traviata*, em *Aída,* são os cumes da sua música (haverá o *Réquiem*). A "filosofia" de Verdi é pessimismo leopardiano transposto para a tonalidade do romantismo: o homem perseguido pela *Forza del Destino*; a vida, um pesadelo; o canto, um soluço.

As falsidades de costumes, gorjeios e maquiagem de ópera só fortalecem, na obra de Verdi, a impressão de falsidade do mundo em que os ideais e os generosos são destruídos. *Aída* não é a primeira das grandes obras da velhice e sim a última e a maior das óperas trágicas de Verdi. Depois, escreveu o *Réquiem*: nas chamas do *Dies Irae* submergiu seu passado.

As últimas obras de Verdi são expressões puras do seu pessimismo shakespeariano. No *Credo* cínico de Iago a vida se revela como burla trágica do Destino, zombando das criaturas nobres e infelizes. Mas ainda esse velho admirável de 80 anos tem a força de superar-se. Ao pessimismo de *Otelo* responde o coro final de *Falstaff*, a fuga humorística *Tutto nel Mondo è burla*. É o sorriso do perdão: *Dite loro che perdonino sempre, sempre! tutto, tutto!* (Manzoni). O velho estava reconciliado com o mundo. Quando os outros adormeceram, ele acordara do pesadelo. Chegou ao túmulo assim "como um sonhador errando pelas ruas chega à porta de sua casa".

E, reparem bem, aquele coro final foi uma *Fuga*: o meio, expressão da grande música sacra italiana, de Palestrina, de Marcello. Nos *Pezzi Sacri* cantam os coros dos anjos. Verdi morreu quase como um santo. Mas não foi um santo. Foi um justo.

Poesia na Bíblia

Letras e Artes, 12 out. 47

Aqui não se pretende falar da epopéia dos patriarcas e reis de Israel nem da eloqüência dos profetas, nem dos diálogos do Cântico, nem da poesia filosófica de Jó, nem da poesia lírica dos salmos — e sim de um outro gênero literário, mais modesto: de contos. Mas não está porventura escrito na própria Bíblia que os últimos serão os primeiros?

Muitos episódios bíblicos são contos típicos; José, resistindo à sedução da mulher de Putifar; Jefté, sacrificando sua filha; Sansão, cego, derrubando as colunas do templo; Davi, cantando perante o rei Saul, que caíra em melancolia; Elias, cheio de zelo, matara os sacerdotes de Baal, mas Deus não se lhe revelou no raio e trovão da tempestade e sim no murmúrio de um vento suave. No próprio Evangelho ocorrem contos como a história do filho pródigo e do bom samaritano que cuidou do homem caído entre os ladrões e abandonado pelos fariseus. Evidentemente, são contos de índole muito particular: às vezes, parecem anedotas históricas; outra vez, alegorias cheias de sentido misterioso. Nem sempre revelam, além da sua significação religiosa e moral, o segredo da sua beleza poética. Neste sentido, o mais misterioso dos "contos" bíblicos seria a história de Jesus e da mulher adúltera.

Conta São João, no oitavo capítulo do seu Evangelho, que os fariseus levaram à presença de Jesus uma mulher, "colocando-a no meio", dizendo: "Moisés mandou lapidar mulheres como esta, surpreendida em flagrante delito de adultério; e que nos diz desta o Mestre?" Diziam isso para embaraçá-lo, preparando a acusação contra ele. Jesus, porém, em vez de responder, curvou-se, escrevendo com o dedo na areia aos seus pés. Aqueles insistiram, no entanto, e então Ele se levantou, dizendo: "Quem entre vós é sem pecado joga a primeira pedra sobre esta mulher". E voltou, curvado, a escrever com o dedo na areia aos seus pés. Aqueles, porém, começaram a sair do lugar, uns após os outros, primeiro os velhos, depois os moços: e enfim ficaram no lugar só Jesus e a mulher no meio. Então Jesus se levantou, perguntando à mulher: "Onde estão aqueles que te acusaram? Não te condenou ninguém?". "Ninguém", respondeu ela. Dizia então Jesus: "Nem eu te condeno; vá, e não peca mais".

É uma história muito simples, em prosa singela, encerrando uma lição moral das mais tremendas. O inesquecível efeito poético da história de Jesus e da mulher adúltera liga-se, porém, ao fato de que a lição não é formulada como norma de conduta — na verdade, nenhuma sociedade humana poderia sobreviver à "moral" dessa história, à abolição da lei em favor do culpado — e sim em forma de um inesperado golpe de vista nos corações humanos, revelando-lhes a culpabilidade e daí a necessidade do perdão divino. Não é uma parábola e sim uma espécie de conto psicológico.

Com efeito, a história de Jesus e da adúltera apresenta várias qualidades, sempre lembradas por aqueles que pretendem definir o gênero "conto": acontecimentos anteriores, apenas sumariamente mencionados (o adultério), levam a um conflito (a acusação perante Jesus); o conflito toma um rumo surpreendente que modifica as próprias condições da história (a objeção de Jesus opõe aos que pretendem cumprir a lei de Moisés); enfim, o conflito é resolvido por mais uma solução surpreendente da qual emana um efeito estético — no caso, uma poderosa impressão poética como se uma luz divina penetrasse os corações humanos, iluminando o mundo. Se isso é um conto, então um grande conto. Mas será realmente?

Conforme a mais simples das definições, o conto é uma forma literária que relata em poucas páginas e palavras uma história. Mas será que o oitavo capítulo do Evangelho de São João nos relata realmente uma "história"? Faltam muitos elementos para tanto. O evangelista coloca Jesus de um lado, do outro lado os fariseus, e a mulher "no meio": "no meio", indicação vaga que não serve para determinar o lugar dos acontecimentos. E é tudo assim, nesse conto misterioso. Os fatos anteriores ao começo da história não são lembrados nem sumariamente: não sabemos quando a mulher cometeu o adultério, nem com quem, nem por que não foi logo julgada pelas autoridades competentes; não sabemos de certo quem foram os acusadores, nem o "onde" nem o "quando" do acontecimento, nem o fim que os personagens levaram. Tudo isso, tão essencial numa história narrada, fica incerto; nunca o saberemos, como tampouco saberemos o que Jesus escreveu com o dedo na areia aos seus pés.

No fundo, não seria um conto bastante imperfeito? Mas talvez aquela incerteza a respeito de todas as circunstâncias exteriores fosse a qualidade característica dos contos bíblicos? Para examinar essa hipótese, refiro-me a um livro recente do filólogo Erich Auerbach, discípulo de Vossler e Leo Spitzer, sobre as origens do realismo na literatura moderna. Auerbach analisa, no primeiro capítulo de sua obra, outro ponto bíblico para esclarecer, pela comparação, a índole do realismo homérico.

Homero é o primeiro realista. O seu realismo é mesmo a causa da famosa "prolixidade" épica. Conta-se tudo com todos os pormenores, sem se omitir jamais a indicação exata do tempo e do lugar em que os acontecimentos se passam nem do lugar donde os personagens vieram, nem do rumo que vão tomar depois. Casas, roupas, armas, utensílios são detalhadamente descritos: aos personagens são afixados epítetos característicos, permanentes, pelos quais são logo reconhecidos. E esses personagens não deixam passar nenhuma oportunidade para fazer pequenos ou grandes discursos, explicando bem os motivos psicológicos dos seus atos. Para dizer tudo isso sem perder o fio da narração, Homero precisa daquela sintaxe complicada que leva ao desespero os colegiais do curso clássico: subordina umas tantas proposições secundárias de conteúdo descritivo ou explicativo à proposição principal que carrega a narração, produzindo-se deste modo os grandes períodos típicos do estilo épico.

Na Bíblia não ocorrem períodos complicados. Algumas poucas proposições simples bastam para narrar, por exemplo, a história de Abraão, ao qual Deus mandou sacrificar seu filho Isaac. Em certo dia, que não é cronologicamente determinado, Abraão recebeu a ordem funesta: não se lhe dizia por quê, nem ele perguntou. Levantou-se, chamando o filho e dois criados; mandou embridar o burro; levou consigo a faca e lenha. Não se interpõem descrições. Seria mesmo um absurdo esperar descrições pormenorizadas, homéricas, da faca ou do animal. Os criados não têm nomes, muito menos epítetos característicos. De Isaac se diz que era o filho único, apenas para acentuar a grandeza do sacrifício. Depois, partiram, "de manhã cedo", mas não se diz a hora em que chegaram; "de manhã cedo" apenas caracteriza a pronta obediência de Abraão. No fim da viagem, o patriarca "levantou a cabeça e viu a montanha", como se não tivesse visto nada durante o tempo percorrido. Fora uma viagem sem descrição de paisagens, como pelo espaço vazio, até aquele lugar. Depois, pai e filho subiram juntos, trocando poucas palavras; não fizeram discursos. E quando Abraão levantou a mão para sacrificar o filho, então "o anjo de Deus" o chamou, retendo-lhe o braço: é esta a atitude que os pintores costumavam representar. Com efeito, é a atitude que importa. Até se pode afirmar: só a atitude é que importa. Daí se compreende a primeira frase da história: "Deus falou a Abraão, e este respondeu: 'Aqui estou'." Não importava dizer em que país ficava situado esse "aqui". Nem donde falou Deus. Nesse conto bíblico, Deus fala "dalguma parte", do fundo daquela escuridão misteriosa que envolve os personagens, a paisagem, a viagem, tudo enfim, menos a atitude que ilumina a história de Abraão: centelha da própria luz *quam olim Abrahae promisisti et semini ejus* e a todo o gênero humano.

A engenhosa análise de Erich Auerbach aplica-se quase sem modificações à história de Jesus e da adúltera. Aí tampouco se diz quando nem onde e por quê. Tudo isso fica no escuro. Bastam algumas poucas proposições simples para definir duas atitudes: a dos fariseus, que chegaram a abusar da própria lei moral para se entregar à depravação dos seus corações; e a de Jesus, que parece abolir, por um instante, a própria lei moral para restabelecer o equilíbrio moral do mundo. "No meio", entre eles, fica a mulher: como se o evangelista quisesse insinuar que "no meio", entre o mundo inferior da maldade e o mundo superior do perdão, fica o lugar das criaturas humanas, culpáveis e redimidas.

Não importa, portanto, o que acontecera antes nem o que acontecerá depois. Não é propriamente uma "história" e sim apenas fixações de uma atitude. E essa definição vale com respeito a todos os contos bíblicos, às histórias de José, Jefté, Sansão, Davi, Elias, do filho pródigo e do bom samaritano. Todos esses contos apresentam atitudes humanas. No oitavo capítulo do Evangelho de São João trata-se, porém, de uma atitude que nenhuma criatura humana poderia assumir sem destruir a lei de Moisés, e com ela todas as leis de convivência humana: trata-se de uma atitude divina, iluminando por um instante a escuridão misteriosa em torno dos destinos humanos; tão misteriosa como — nunca o saberemos — aquilo que Jesus, curvado, escreveu com o dedo na areia aos seus pés.

O final de Beethoven

Letras e Artes, 26 out. 47

Quanto aos três primeiros movimentos da *Nona Sinfonia* não há discussão: são das maiores peças do mestre, particularmente o genialíssimo *Scherzo*. Mas o quarto movimento, o coro final, já foi apreciado de maneiras muito diferentes. Basta lembrar que os wagnerianos românticos consideram essa colaboração da orquestra sinfônica com a voz humana como germe do drama musical, enquanto os partidários do classicismo ortodoxo ousam falar em "obra híbrida". Em geral, a presença do problema "romantismo"-"classicismo" na obra de Beethoven ainda não foi muito estudada. É mais comum a distinção de três estilos beethovenianos: o estilo da mocidade, sob a influência de Haydn e Mozart; o estilo da maturidade, cujo ponto culminante é a *Quinta Sinfonia;* e o estilo da velhice, da *Nona* e da *Missa Sollemnis*, dos últimos quartetos e sonatas. Antigamente, desprezaram um pouco a fase da mocidade para celebrar tanto mais o segundo estilo, enquanto as últimas obras de Beethoven encontraram pouca compreensão. Hoje já não se pensa assim. Faz-se jus à frescura das obras juvenis. Mas quanto ao terceiro estilo subsistem divergências. Depois da derrota do wagnerianismo e depois da volta dos modernos às formas clássicas, reconhece-se sem oposição a grandeza extraordinária das últimas sonatas e quartetos; tampouco há discussão quanto aos três primeiros movimentos da *Nona Sinfonia* — apenas o coro final, de efeito tão irresistível nas salas de concerto, continua embaraçando. A grande massa dos amigos da música aderiu incondicionalmente a essa obra difícil e empolgante; a oposição é daqueles que não admitem violação das leis da "forma de sonata".

A "forma de sonata", criação de Haydn — depois de alguns precursores italianos —, sempre empregada em sonatas para piano, quartetos e sinfonias da época clássica, é realmente um instrumento admirável. A sucessão regular de um movimento rápido de conteúdo sério *(Allegro)*, um movimento lento *(Andante* ou *Adagio)*, um movimento em ritmo de dança e um final (segundo *Allegro*) permite a expressão harmoniosa de todas as modalidades do sentimento humano, mas subordinada a uma disciplina rigorosa, tão necessária na arte musical. Beethoven herdou a "forma de sonata" dos seus grandes precursores Haydn e Mozart; criou as obras mais magistrais, mais representativas do tipo, como a *Quinta Sinfonia*; e depois fez tudo para destruir a forma.

O coro no fim da *Nona* é um dos sintomas desse trabalho destrutivo; mas não é o único sintoma, longe disso. Beethoven ficou ainda dentro da norma, substituindo o *Minueto* tradicional do terceiro movimento pelo *Scherzo*, expressão mais livre do humorismo musical. Tampouco causa estranheza ter ele, às vezes, colocado o *Scherzo* no segundo lugar, antes do movimento lento, como acontece na *Nona Sinfonia* e na *Grande Sonata op. 106*. Na estrutura trágica da *Sonata Appassionata* já não cabia expressão humorística, e o "terceiro" movimento foi suprimido. Beethoven, em vez de subordinar a expressão dos *états d'âme* à forma, modificou a forma conforme os *états d'âme*. É a isso que se poderia chamar "romantismo beethoveniano", em luta permanente com as formas tradicionais.

À base disso, seria possível definir de maneira diferente aquelas três fases: na mocidade, Beethoven permitiu-se ligeiras modificações da forma, que ficaram despercebidas porque o conteúdo sentimental ainda não preponderava (a *Sonata Patética* é exemplo desse ajustamento); na fase da maturidade, o mestre conseguiu aquela harmonia perfeita de conteúdo pessoal e forma ortodoxa, de que a *Quinta Sinfonia* dá testemunho; o terceiro estilo caracteriza-se pela destruição da forma em favor da exploração de profundidade nunca antes adivinhada.

São aquelas irregularidades juvenis, ora alegres, ora melancólicas, que distinguem dos estilos de Haydn e Mozart o estilo do jovem Beethoven, mais pessoal do que o primeiro, mais intenso do que o segundo. Assim o belíssimo movimento intitulado *Malinconia*, no *Quarteto op. 18, nº 6*, seguido de um *Prestíssimo* turbulento; ou, então, a *Marcha Fúnebre* que substitui o *Andante* na deliciosa *Sonata para Piano op. 26*. Logo depois, *op. 27, nº 2* é a famosa sonata infelizmente chamada *Clair de Lune*, que começa com o "segundo" movimento, lento; é uma sonata sem primeiro *Allegro*, "decapitada". Essa obra representa o cume do romantismo juvenil de Beethoven. Depois, começou a fase da disciplina clássica. A *Quinta Sinfonia* não precisa de comentários; antes convém estudar nela as leis permanentes da "forma de sonata".

Mas o romantismo inato de Beethoven não se podia submeter a leis permanentes. Introduziu modificações de nova espécie, interpretando os quatro movimentos consagrados como se fossem quadros ou panoramas dos dramas do homem ou até da natureza; "música de programa", nesse sentido, são a *ouverture* de *Coriolano*, a *ouverture* de *Leonore nº 3*, a *Sinfonia Pastoral*, talvez a *Sétima* também, obras precursoras das "sinfonias de programa" de Berlioz, Liszt, Richard Strauss, das *ouvertures* de Wagner. Enfim, os instrumentos não bastavam para dizer tudo o que o mestre quis dizer: chegou a colocar em cima de uma sinfonia um coro de vozes humanas. A forma estava quebrada.

As últimas obras de Beethoven representam as fases dessa luta final. E observa-se um paralelismo curioso: enquanto as irregularidades do primeiro estilo concernem principalmente aos começos (até a supressão do começo na "sonata decapitada"), a luta do último Beethoven é com os finais, como se se tratasse do "fim", da finalidade da sua arte.

Ocorrem, nas últimas obras de Beethoven, finais dos mais surpreendentes. Na última *Sonata para Piano op. 111*, um *Maestoso* tremendo é seguido de uma *Arietta con Variazioni*, variações que parecem levantar-se em procura do espaço cósmico. O grande *Quarteto op. 130*, "irregularíssimo", composto de um *Allegro*, um *Presto*, um *Andante*, uma *Dança* e uma *Cavatina* (!), termina abruptamente com um *Rondó*; mas é preciso saber que Beethoven escreveu esse *Rondó* final em substituição a uma imensa *Fuga*, que o editor, assustado, não quis aceitar. A *Fuga*, o meio de expressão de Bach, não ocorre com freqüência na obra de Beethoven; parece mesmo que este só no último período de sua vida começou a sentir afinidades íntimas com o organista de S. Tomás. No *Quarteto op. 131*, uma das obras mais misteriosas de Beethoven, aparece uma *Fuga*. Mas antes de tudo parece Beethoven ter considerado a *Fuga* como final conveniente de obras sobremaneira grandes. *Fugas* são os finais da *Grande Sonata op. 106*, da *Sonata op. 110*; enfim, do *Quarteto op. 130*, final que foi depois editado como *op. 133*. Essa volta à arte harmônica de Bach não pode ter sentido puramente formal num artista tão infenso às disciplinas formais. Antes será possível pensar no caráter geral da "música clássica de Viena", entre

1770 e 1830, como forma profana daquilo mesmo que era arte religiosa no tempo de Bach e Haendel. A *Fuga* de Bach simboliza a identificação da comunidade terrestre, na igreja, com a comunidade celeste, a *communio sanctorum* ligada pela harmonia das esferas. É isso mesmo o que Beethoven procura simbolizar nas *Fugas* finais das suas últimas obras, embora transformada a *communio sanctorum* em símbolo da sociedade democrática; por isso mesmo escolheu como texto do coro final da *Nona Sinfonia* o poema de Schiller em que se celebra a fraternidade universal do gênero humano. E com isso a música de Beethoven conquistou as massas do século XIX e do nosso.

Assim o celebrou o poeta Grillparzer, no discurso de 29 de março de 1827 à beira da cova aberta: "Assim ele foi, assim ele morreu, assim ele viverá para todos os tempos. Este por quem choras já está ao lado dos maiores de todos os tempos. Por isso, voltai para casa, tristes mas consolados. E, quando jamais em vossa vida o poder das suas obras vos empolgará e unificará em meio de uma nova geração que hoje ainda não existe, então lembrai-vos desta hora, pensando: 'Estivemos presentes quando o enterraram e, quando ele morreu, choramos'."

Neste sentido, o coro final da *Nona Sinfonia* é o final da obra de Beethoven, para aqueles, para nós, para as gerações futuras. Para ele mesmo, porém, o final foi diferente, talvez menos grandioso: mas profundo. Na *Sonata para Piano op. 110*, antes daquela fuga final, aparece um *Allegro* cujo tema se revelou mais tarde aos estudiosos como reminiscência de uma alegre melodia mozartiana que o povo cantava nas ruas de Viena no tempo da mocidade de Beethoven. Volta esquisita! E a última das últimas obras, o *Quarteto op. 135*, é mais uma vez uma "sonata" regularíssima, os quatro movimentos, tudo como foi, e o último movimento é um *Cantabile* alegre, dir-se-ia "triste mas consolado", quando se lêem as palavras que a mão trêmula do agonizante escreveu no começo da página: "É preciso? É preciso". Essa resignação, que lembra o estoicismo de Marco Aurélio (o imperador estóico também morreu em Viena), não tem a grandeza sobre-humana do final da *Nona Sinfonia;* mas comove mais, essa humildade do gênio soberbo, resignando-se ao fim de todos os destinos humanos, de acordo com a lei da natureza à qual estamos sujeitos assim como a música à lei dos quatro movimentos.

Esse outro "final de Beethoven" também encontrou a interpretação de vida num discurso de Grillparzer, no outono de 1827, quando inauguraram no cemitério de Viena a pedra tumular: "Há seis meses, estivemos aqui, chorando; enterramos um amigo. Agora, estamos consolados celebrando um vencedor. Simples é esta pedra assim como foi simples a vida deste homem. Mas, se a totalidade, a homogeneidade de vida e obra do gênio, ainda pode encontrar eco nessa época de desintegração geral, então concentrai-vos aqui, neste lugar. Para isso havia, desde sempre, poetas e heróis, músicos e profetas, para que a lembrança deles eleve os quebrantados, lembrando-nos a nossa origem e a nossa finalidade, nosso fim".

O resultado de Belo Horizonte

O Jornal, 26 out. 47

Terminaram os trabalhos de Congresso: discursos oficiais e discursos incômodos, moções aclamadas e moções retiradas, teses admitidas e teses incríveis — e o resultado? Na sessão solene de encerramento do Congresso, o chefe da delegação paulista, Júlio de Mesquita Filho, deu uma demonstração de coragem admirável, levantando-se em meio das congratulações gerais para exprimir o descontentamento geral mas recalcado dos congressistas: o resultado do Segundo Congresso dos Escritores é magro.

A Declaração de Princípios, votada depois do incidente em torno da moção Aires da Mata Machado Filho, é muito boa, consubstanciando o programa mínimo de todos nós, a exigência de Liberdade absoluta, irrestrita, irrevogável; no entanto, houve quem a desejasse mais concreta. E o problema urgentíssimo e discutidíssimo da Lei dos Direitos Autorais foi "resolvido" de maneira eclética, enterrando-se o famoso anteprojeto, deixando-se a última palavra aos juristas da Câmara. Eis o resultado de Belo Horizonte.

De quem é a culpa? Teria sido das ideologias e grupos antagônicos, representados no Congresso? Certamente não. A ala esquerda — Astrojildo Pereira, Floriano Gonçalves, Jorge Amado, Ivan Pedro Martins — deu admirável exemplo de moderação e isenção; e a outra ala — Afonso Arinos de Mello Franco, Rodrigo Mello Franco de Andrade, Carlos Drummond, Martins de Oliveira — comportou-se de maneira enérgica mas compreensiva, igualmente admirável. Então, de quem a culpa?

Teria sido da presidência? Não devia ser fatalmente assim, como demonstra o exemplo de Paulo Mendes Almeida, que dirigiu parte dos trabalhos: eis um presidente modelar, compreendendo que "presidência" significa "acima das correntes" mas que "acima das correntes" não significa "oportunismo para satisfazer vaidades pessoais".

Daí quando Mendes Almeida, num momento de discussão acalorada, pretendeu demitir-se da presidência, a assembléia o aclamou vivamente. A este presidente não lançaram aquele grito de desprezo que Gambetta lançou em rosto a um presidente derrotado: "*Se soumettre ou se demettre!*" Foi, aliás, uma frase feliz e eficiente, a do estadista francês! Eis mais um resultado, embora negativo, de Belo Horizonte.

O verdadeiro resultado de Belo Horizonte foi o grande encontro. O encontro com os amigos do Rio que a vida dispersiva na grande cidade não permite encontrar todos os dias; o encontro com os paulistas, com tantos outros. Não é possível nem preciso enumerá-los. Permitam-me apenas destacar a figura mais pitoresca e comovente do Congresso: nosso poeta negro Solano Trindade.

O grande encontro foi o com os mineiros.

Gostar-se-ia de viver em Belo Horizonte: com mestre Guignard, rodeado das meninas mais bonitas da cidade; com Emílio Moura, Alphonsus de Guimaraens Filho (grande simpatia), Henriqueta Lisboa, Guimarães Alves, os poetas; com a sabedoria literária de Cristiano Martins, Eduardo Frieiro, Oscar Mendes, com esse admirável Arduíno Bolívar, novo com os novos.

Os novos de Belo Horizonte: a oportunidade de encontrá-los foi, pelo menos para mim, o verdadeiro resultado do Congresso. Já se sabe que um vigoroso vento de renovação sacode as árvore da literatura brasileira e não apenas as da Avenida Afonso Pena que os viu reunidos, quase todos eles, por cinco dias preciosos.

Antonio Candido (acho que lhe cabe a precedência) e Edgard Carone, de São Paulo; Vasconcelos Maia, Cláudio Tavares e James Amado, da Bahia; Braga Montenegro, João Clímaco Bezerra, Aluízio Medeiros, Fran Martins, Antônio Girão Barroso, Stênio Lopes (lembro mais o nome daquele poeta autêntico, Otacílio Colares), os amigos do Ceará; Dalton Trevisan, representando o vitorioso *Joaquim*, acompanhado dos interessantíssimos poetas paranaenses do grupo "O Livro", José Paulo Paes e Glauco Flores de Sá Brito.

Pertencem a correntes ideológicas diferentes, servem-se de estilos diferentes (embora na poesia de todos eles se sinta a influência enorme de Carlos Drummond de Andrade), estão separados por distâncias fantásticas, lutando com dificuldades tremendas: representam o futuro literário e quiçá o futuro político do Brasil.

Já sabem, e muito bem, o que fazem; nem sempre sabem o que querem.

É um conforto observar-lhes a inquietação. Sobressai a inquietação mineira.

Eis aí, falando-se com franqueza, o verdadeiro assunto deste relatório de Belo Horizonte: os mineiros novos, o grupo de jovens em torno da revista *Edifício*. É preciso, não é favor e sim obrigação apresentá-los; chamar de voz alta a atenção do país inteiro e particularmente do Rio para esses rapazes admiráveis que andam de noite pelos cafés de Belo Horizonte, discutindo Gide e Sartre, Kafka e Drummond, muito Drummond, lendo Marx, tomando chopes, muitos chopes. É preciso ouvir, desde já, a mocidade de Minas Gerais.

Catálogo de nomes seria inútil, contraproducente, nem poderia dá-lo.

Não conheci pessoalmente Bueno de Rivera (dos mais importantes), Francisco Iglésias, Pedro Paulo Ernesto, Venessa Neto, Amaro de Queiroz, Octavio Alvarenga; foram fugitivos os contatos com Edmur Fonseca e Murilo Rubião.

Ficam gravadas na memória as caras francas, as palavras francas de Wilson Figueiredo, Jacques do Prado Brandão, Waldomiro Autran Dourado, Sábato Magaldi e Walter Ribeiro de Andrade.

Wilson Figueiredo, o poeta da *Mecânica do Azul*, não ficou o drummondiano dos seus primeiros versos. O volume inédito *Poemas Narrativos* revelará um espírito independente, expressão independente, alma inquietíssima que se renovará sempre: grande inimigo do existencialismo, talvez porque sendo poeta essencial.

A Jacques do Prado Brandão gostaria chamar o Waldomiro Autran Dourado da poesia; e ao Dourado, o Jacques do Prado Brandão da prosa: o "vocabulário noturno" lhes serve para encobrir as dúvidas atrás de atitude firme; clamam, mas não gritam — é o clamor da vida noturna transfigurado em expressão lúcida; não sei onde desembarcarão, mas inspiram confiança absoluta.

Dir-se-ia o mesmo com respeito a Sábato Magaldi, talvez o mais inteligente de todos, se ele confiasse assim em si mesmo.

Não quis por enquanto publicar mais do que alguns artigos e notas, suficientes (junto com a conversa) para se diagnosticar: um estudo crítico de Sábato Magaldi, publicado num Suplemento Literário do Rio ou naquela grande revista que não temos, seria um acontecimento — para nós, não para ele. Enfim, Walter Ribeiro de Andrade: li, entre outros trabalhos, uma nota sua sobre Malraux, e a escolha do assunto não é acaso.

Há um homem de ação nesse encontro — não sei se poeta, ficcionista, ensaísta, mas ele se exprimirá, de qualquer maneira, seja pela literatura, seja pela ação revolucionária. Walter ainda nos dará dor de cabeça.

São estes — grupo dos cinco — que é preciso apresentar, introduzir, editar, ler, ouvir.

Há outros, decerto. Há os versos intensíssimos de Hélio Pelegrino, passando, ao que me parece, por perigosa fase de transição — "e agora José". E seria imperdoável se eu terminasse sem lembrar o personagem impressionante que se chama Walfrido Ferreira.

Eis os novos de Minas. Será bom notar esses nomes. Ressonância para eles, no Rio e no país inteiro, seria o mais importante dos resultados de Belo Horizonte.

Por enquanto, foi uma experiência. Foi desmentido formidável a certa lenda que existe em torno de Minas e dos mineiros, gente que se presume taciturna, recalcada, áspera.

O recalque, às vezes, é uma força; a frustração, sintoma apenas da libertação próxima.

Belo Horizonte é cidade viva, inquieta; pelas ruas noturnas perambula o espectro do Amanuense Belmiro.

"Ali pelo oitavo chope, chegamos à conclusão de que todos os problemas eram insolúveis". Cyro dos Anjos não assistiu ao Congresso, mas não foi esquecido. Fomos ao Parque, em companhia daqueles rapazes, tomar os oito chopes do ritual belmirense, e chegamos à conclusão de que alguns problemas são solúveis.

A inquietação mineira é garantia para tanto. Em Minas Gerais existe clima para soluções. Seria o mérito do governo de Milton Campos, ao qual Rodrigo Octavio Filho chamou, no discurso de abertura do Congresso, "intelectual e estadista, em que o Brasil e os brasileiros põem esperanças".

Respiramos um clima de esperança em Belo Horizonte, ou então, para empregar a frase do mais corajoso dos congressistas: "Respira-se em Minas Gerais".

Uma cura climática, que foi o melhor dos resultados de Belo Horizonte.

Idéias

O Jornal, 09 nov. 47

"Dom José, por Graças de Deus de Portugal e dos Algarves, daquém e dalém mar..." — em todas as línguas européias de determinada época encontra-se aquele "por Graça de Deus" que inspirou horror tão justificado aos liberais do século XIX, ao ponto de provocar numerosas revoluções constitucionalistas. Porque aquela frase, consubstanciando a origem divina do poder monárquico, tinha por conseqüência obrigar os súditos a uma obediência passiva, privando-os da liberdade política, ao ponto de privá-los da liberdade da consciência. Por isso, foi preciso acabar com essa ficção reacionaríssima.

Entre os livros preciosos de que o Fondo de Cultura Económica do México nos presenteou, também se encontra a obra do inglês John Neville Figgis, intitulada na tradução castelhana *El Derecho Divino de los Reyes*. Aí se aprende que os povos do século XVI, tão rebeldes contra o poder espiritual do papa, não se revoltaram tanto contra o poder temporal dos reis, que justamente então começaram a atribuir origem divina à coroa, exigindo dos súditos a obediência passiva. Entre os dois fatos existe correlação íntima. Se os monarcas do século XVI insistiram na origem divina da realeza, na irrevogabilidade da sucessão hereditária, na responsabilidade do rei só perante Deus e na obediência passiva dos súditos — então, o prejudicado era o papa. Porque até então foi o papa que transmitira aos reis a consagração divina; foi o papa que teimara em excluir da sucessão os príncipes heréticos: o papa responsabilizara e até destituíra os reis desobedientes; o papa chegara a desligar da obediência os súditos do rei herético. A doutrina do direito divino dos reis tinha portanto conseqüências que não aborreceriam fatalmente a um liberal do século XIX; foi a base da soberania indiscutida do Estado moderno, independente de intervenções eclesiásticas. O poder absoluto dos monarcas foi substituído, depois, pelo poder absoluto das assembléias que encarnam a soberania absoluta do Estado. E nem os liberais nem os seus sucessores no governo dos Estados, sejam os neoliberais do capitalismo monopolístico, sejam os socialistas de tendência totalitária, pretendem renunciar à soberania absoluta do Estado que governam.

Aquela arma formidável dos reis contra o papa mudou portanto várias vezes a significação. E essa ambigüidade das idéias é fenômeno freqüente na história, embora às vezes custe verificá-lo. Os historiadores das ciências naturais costumam afirmar que a descoberta das primeiras leis da física mecânica e da astronomia também significa o começo do deísmo e ateísmo modernos: com efeito, num universo em que todos os movimentos estão regulamentados por leis matematicamente fixadas, não há milagres; e a abolição do milagre equivale à abolição da soberania de Deus, enfim, à abolição da própria Divindade. Pode-se porém chamar a atenção para o fato de que os grandes físicos e astrônomos do século XVII, de Kepler a Newton, eram homens de profunda fé cristã; as leis da Natureza que descobriram serviram-lhes de confirmação do governo do Universo por um Deus soberano, legislador matemático. O milagre, quer dizer, o fato inesperado que não se subordina à legislação divina, seria ato de arbítrio de que julgaram incapaz o Arquiteto do Mundo. Hoje se levantam porém novamente apologistas cristãos, congratulando-se com a decadência da física newtoniana: porque a descoberta da impossibilidade de prever exatamente os movimentos dentro do átomo ("relação indeterminista" de Heisenberg) introduziu novamente o elemento do "inesperado" na física. Os mesmos conceitos serviram alternadamente aos cristãos e aos ateus; aí bem não se trata de expressões vagas e sim de fórmulas matemáticas!

O caso do indeterminismo físico lembra a luta multissecular dos jesuítas contra o determinismo psicológico, em favor do livre-arbítrio. Até em tempos recentes os eruditos jesuítas Lindworsky e Wasmann serviram-se nessa luta dos mesmos laboratórios de psicologia e biologia experimentais como os seus adversários, Pavlov e os behavioristas americanos. Quem taxaria simplesmente de "reacionária" essa atitude dos jesuítas já não se limita a examinar o problema em causa; antes repete sem exame prévio o julgamento da opinião pública que considera "jesuítas" e "reacionários" como sinônimos. Será? Os jesuítas eram adversários encarniçados daquele "direito divino dos reis", ao ponto de defender o direito dos súditos de pegar em armas contra os tiranos; chegaram a ser acusados de pregar o direito de matar os reis, naturalmente apenas os reis menos ortodoxos. Em certo sentido porém foram realmente "liberais": defenderam contra os dominicanos o direito de tomar juros pelo dinheiro emprestado, preparando nos países católicos a evolução do capitalismo moderno.

São numerosos os fatos semelhantes na história das idéias. Os estatísticos, homens cruéis por profissão que transformam em meros algarismos as mortandades e desgraças do gênero humano, ainda não abandonaram completamente as leis demográficas de Malthus, leis frias que condenam à morte pela fome e pelas epidemias as "classes menos favorecidas" para se eliminar o sobejo da população: ficam intatas as "classes conservadoras", bem-nutridas e vestidas, nas quais se reconhecem sem dificuldade os "eleitos pela predestinação de Deus" da religião calvinista, enquanto os pobres são os "reprovados". Quem teria pensado? Quando da doutrina cristã, conforme a qual os fiéis constituem o *Corpus Christi Mysticum*, se tira o *Christi*, fica a definição do povo pela consangüinidade biológica, quer dizer, o conceito fundamental do racismo; na filosofia de Fichte pode-se observar o ponto decisivo da tradição. Outra doutrina cristã, embora menos ortodoxa, foi duma fertilidade incomparável em produzir idéias ambíguas: a dos joaquimitas, seita do século XIII, que acreditaram em três fases da história eclesiástica. Depois da Igreja do Pai (judaísmo) e a Igreja do Filho (cristianismo) viria a Igreja do Espírito Santo. Essa idéia de "três fases", que transparece igualmente na dialética de Hegel e no positivismo de Comte, forneceu a Dostoievski a base dos seus ideais de pan-eslavismo ortodoxo: Moscou seria a Terceira Roma; Moeller van den Bruck, o tradutor alemão de Dostoievski, criou o *slogan* do "Terceiro Império" dos alemães, de que se serviram depois os nazistas. Mas não seria também uma "terceira fase" o socialismo proletário do antigo hegeliano Marx, terceira fase da História depois do feudalismo e do capitalismo?

Hegel foi o mais ambíguo dos pensadores. A ele se referem igualmente os marxistas, os fascistas e os liberais da espécie de Benedetto Croce. Uma das raízes dessa ambigüidade encontra-se no fato de que no sistema de Hegel coabitam pacificamente dois conceitos contraditórios: o absolutismo ilimitado do Estado e a absoluta liberdade de consciência dos súditos. Aquele absolutismo político já se revelou como herança do "direito divino dos reis", como arma ideal contra as exigências do Papado; está portanto ligado à exigência de contraste da liberdade da consciência, um dos paladinos do liberalismo moderno: a idéia da tolerância.

Num artigo recente da *Neue Schweizer Rundschau*, Dolf Sternberger examinou as origens da "tolerância" sempre celebrada como vitória da Razão sobre o dogmatismo frenético. O ponto de partida é o atentado pelo qual Ravaillac matou, em 1610, o rei Henrique IV da França, autor do Edito de Nantes, em que se assegurara a tolerância aos protestantes franceses. Então, e ai:.da muito depois, os jesuítas foram denunciados como autores do crime. Sternberger, documentando-se melhor, demonstra porém que Ravaillac não foi instrumento dos jesuítas e sim um débil mental, fanatizado pelas suas desgraças pessoais na vida, espécie de Hitler ou Streicher do século XVII. "A punhalada contra Henrique IV não foi dirigida pelo braço do dogma; então, talvez tampouco tenha sido a Razão que substituiu o Dogma pela Tolerância". Com efeito, um dos maiores historiadores do liberalismo, Buckle já dizia: "Henrique IV mudara duas vezes a religião, e não hesitou em mudá-la pela terceira vez quando compreendeu que só a esse preço podia restabelecer a paz nos seus reinos; tendo porém revelado tanta indiferença com respeito à religião, não podia revelar-se fanático com respeito às religiões diferentes dos seus súditos; e assim se lhe deve o primeiro Edito de Tolerância". Depois vieram Frederico, o Grande da Prússia e José II, da Áustria, os maiores nomes do chamado "absolutismo ilustrado", precursores práticos da "monarquia ideal" de Hegel, absolutista e tolerante ao mesmo tempo, mas não por racionalismo e sim por indiferença religiosa. O próprio liberal Buckle já não alega humanitarismo para explicar a magnanimidade de Henrique IV e sim o patriotismo, que é no caso um sinônimo do maquiavelismo político. Um historiador francês o dizia pitorescamente: "Henrique IV mudou as religiões como se fossem camisas: debaixo dessa roupa, o rei era nu, e essa nudez é a vontade de dominar do Estado, sem consideração de princípios". A Tolerância é base do Estado plenamente soberano que não admite princípios acima da sua vontade política. Mas nós outros hoje já sabemos que essa Tolerância se podia transformar, pela ambigüidade própria das idéias, em Intolerância absoluta, exercida pelo Estado totalitário justamente contra a liberdade da consciência.

Quer dizer, a viravolta completa que transformou o odioso "direito divino dos reis" em base do moderno Estado soberano, essa viravolta ainda não se realizou quanto ao conceito da soberania do Estado: seria preciso abolir esta última para conseguirmos a verdadeira Tolerância. Será possível? As idéias ambíguas não deixam de movimentar-se. Feliz viagem!

As moscas

O Jornal, 16 nov. 47

Outro dia, o diretor de um suplemento literário desta cidade dirigiu-se a várias revistas hispano-americanas, pedindo informações sobre o movimento literário nos respectivos países. Prontamente recebeu, de La Paz, um artigo de muitas laudas: "O movimento existencialista na Bolívia".

Parece anedota. No entanto, revela a amplitude de vôo do enxame de moscas que saiu do Café de Flore. Não há inseticida que nos proteja. Para cada um de nós chega, mais cedo ou mais tarde, a hora da definição entomológica. Pois bem, a minha hora chegou. Vou escrever sobre existencialismo.

A aversão de muitos leitores contra o assunto é bem compreensível. Quantas vezes não se esconde o vazio *à la mode* atrás dos termos encrencados em que pretendem divulgar a transcrição francesa de uma dificílima metafísica alemã! O "niilismo heróico" de Heidegger já foi refutado pelas armas — ou será, e o resto não vale a pena da discussão. Mas o problema literário fica em pé. Sartre é um grande escritor. Camus é um grande escritor. Até os existencialistas menores como Simone de Beauvoir não deixam de apresentar problemas interessantes. O existencialismo continua a agitar a Internacional literária, de Paris até San Francisco, até La Paz. A influência dessa filosofia literária — desta vez, o adjetivo não tem sentido pejorativo — parece irresistível. Até os inimigos profissionais da filosofia existencialista não conseguem defender-se da contaminação quando escrevem versos, quando se internam em contos noturnos. A influência do existencialismo sobre a literatura contemporânea é um verdadeiro problema. Como resolvê-lo? De maneira literária? Não convém, em face de um movimento cujos partidários e adversários rejeitam igualmente o conceito "literatura". Dos dois lados da barricada estão representantes da espécie *homo politicus*. Quem se mete nessa bagunça precisa da coragem de atacar o problema pelo lado mais espinhoso. O ponto de partida será a relação inamistosa entre o existencialismo e o marxismo.

O conceito marxista da literatura é um tanto complicado. Apenas não parece assim àqueles que simplificam o negócio, substituindo a doutrina pela propaganda. Esses pseudomarxistas encontrariam dificuldades em distinguir entre a "literatura participante" das suas ambições literário-políticas e a *littérature engagée* de Sartre. Parece a mesma coisa. Se não fossem certas alusões e reações, provocadas pelos ataques antiexistencialistas da crítica comunista, o já famoso artigo "Qu'est-ce que la littérature?", de Sartre, valeria por programa de ação literária da revolução socialista. Até se poderia afirmar: nada é mais marxista do que o conceito de "ação" em que as explicações das teorias de Sartre culminam. E esse encontro entre irmãos inimigos não é devido ao mero acaso.

O existencialismo tem como ponto de partida, como todo mundo sabe, certos conceitos de Kierkegaard: a incompatibilidade absoluta entre Deus e o Mundo. Essa teoria do "abismo dialético" ressurgiu, mais de meio século depois da morte do pensador dinamarquês, na "teologia dialética" de Barth, que influenciou, por sua vez, a filosofia de Heidegger, que é por sua vez o "precursor" de Sartre — apenas existe pequena diferença entre os dois teólogos de um lado e os dois filósofos doutro lado: Kierkegaard e Barth condenam o Mundo fatalmente anticristão e diabólico, de modo que subsistem, como única realidade autêntica, o Deus de rosto encoberto e o seu reflexo (a angústia) na lama humana; Heidegger e Sartre porém, ateus intrépidos, suprimem o outro membro do binômio, de modo que apenas subsistem como realidade o Mundo e o seu reflexo na angústia humana. "Deus-Mundo" sem Deus, eis a fórmula do existencialismo. Ora, a relação entre Heidegger-Sartre e Kierkegaard-Barth é repetição do dissídio entre Marx e Hegel. Com efeito, Marx é um Hegel ateu, ou então, Marx é hegeliano sem admitir a existência da Idéia, do Espírito Absoluto que é, na filosofia hegeliana, a verdadeira realidade. Daí a realidade de Marx ser de natureza material: a religião é substituída pela economia, as ilusões religiosas pelas realidades econômicas. Hegel é idealista: a evolução histórica, na sua filosofia, é um espetáculo no reino das idéias. No marxismo trata-se, porém, da existência "real" no reino das lutas sociais. Neste sentido restrito, pelo antiidealismo, pela repulsa contra a "teoria pura", Marx é — existencialista.

Essa exposição é muito simplificada, até simplista, se quiserem. Não pretende definir o marxismo e sim apenas esclarecer a situação histórica de Marx: como antiidealista, ele se coloca (assim como Nietzsche) ao lado dos pensadores existencialistas. Decerto, essa afirmação ainda não basta para explicar por que porção de escritores de formação marxista se serve dos meios de expressão do existencialismo, nem recuando diante das conclusões pessimistas, ao ponto de se transformarem em poetas existencialistas quando escrevem versos em vez de "informes"; entre nós, vários jovens poetas "drummondianos" comportam-se assim.

O "existencialismo" poético desses marxistas deve ter raízes profundas porque está em contradição com as convicções intelectuais dos poetas: pois, como inteligências marxisticamente formadas, deveriam condenar a atitude existencialista, antidialética. Resta explicar em que sentido o existencialismo não é dialético.

O caso dos marxistas irresistivelmente atraídos pelo existencialismo lembra a querela, de poucos anos atrás, entre o marxismo e a psicanálise. Na Rússia, a doutrina de Freud foi solenemente condenada como psicologia burguesa, antidialética; na Europa ocidental e na América, porém, os escritores marxistas usaram sem muitos escrúpulos a psicanálise, considerando-a como doutrina revolucionária. Não foi a filosofia científica de Freud que os atraiu nem a sua ação terapêutica — assim como os escritores marxistas de hoje não querem saber da filosofia de Sartre nem da sua ação pseudo-revolucionária. Mas a psicanálise forneceu aos escritores marxistas de 1930 uma coisa preciosa que não encontraram no marxismo: uma mitologia. Com efeito, o "mecanismo das funções psíquicas", em Freud, é um verdadeiro drama, representado pelos personagens "Eu", "Superego" e "Subconsciente", intervenções misteriosas da "Censura" e do "Instinto de Morrer" e decisões definitivas do Fado "Libido": uma mitologia altamente poética, coisa de que não se encontra vestígio no marxismo, mas que constitui material indispensável para a construção dos mundos imaginários da literatura e da poesia. Há mais outros casos, semelhantes, na literatura contemporânea: as artes mágicas e a mitologia do subconsciente do surrealismo; a mitologia diabólica de Kafka. Não há literatura sem representação do lado irracional da existência humana, ao qual se chama aqui "mitologia".

O existencialismo, como material literário, é uma mitologia assim: Sartre matou as *mouches*, os bichos mitológicos das religiões e filosofia, mas substituídas por outras *mouches*, *Être* e *Néant*, *En-soi* e *Pour-soi*, *Nausée* e *Liberté*, personagens mitológicos que representam uma grande tragédia no mundo contemporâneo dos relatórios estatísticos e dos informes políticos. Sartre é poeta trágico. Camus é poeta trágico. Até os existencialistas menores não deixam de apresentar problemas dramáticos. Enfim, ninguém quer passar sem esse poderoso instrumento literário. O existencialismo é um meio de expressão estética.

Esta definição do existencialismo como movimento estético não deixará de decepcionar todos aqueles que consideram arte como coisa "inútil"; como mais um enfeite da vida confortável ou então como divertimento dos habitantes da torre de marfim: e é este o ponto em que concordam os burgueses impenitentes e os marxistas militantes. Daí o existencialismo não ser para os burgueses senão uma nova "moda" da famosa boêmia parisiense. Os marxistas, porém, analisando-o à luz da dialética, descobrem no existencialismo mais uma manobra para envolver em nuvens mitológicas a verdadeira situação da sociedade. Mas quando não analisam situações e sim escrevem versos, essas nuvens de moscas lhes perturbam a vista: não é de elementos racionais só que vive a poesia; e os elementos irracionais são justamente aqueles que permanecem inalterados atrás da fachada das estruturas racionalizadas. A atração do existencialismo é mais um argumento em favor de outra definição.

A força da arte e da literatura como expressão insubstituível da criatura humana. Daí a permanência dos valores artísticos; o próprio Marx confessou sua incapacidade de explicá-la (na introdução esboçada à *Crítica da Economia Política*). Daí a permanência de certos motivos, como os da tragédia grega, que também reaparecem em algumas obras de Sartre e Camus; o existencialismo é o meio de expressão da "tragicidade" do homem contemporâneo.

O reverso dessa "permanência" é a monotonia das expressões existencialistas, de Paris até La Paz.

Os marxistas, do seu ponto de vista, têm o direito de explicar essa monotonia como conseqüência do caráter adialético ou antidialético da doutrina existencialista; espécie de movimento num beco sem saída. A filosofia de Sartre apenas seria uma pseudofilosofia e a sua ação apenas uma pseudo-ação. Está certo: porque se trata de ação estética, sem conseqüências na realidade social. Seria possível concluir que Sartre não conseguiu matar as "moscas"; apenas as substituiu por outras. Mas as moscas não são porventura também habitantes autóctones deste mundo?

A poesia política de Dante

Letras e Artes, 23 nov. 47

"Tendência política" e "permanência dos valores poéticos" parecem conceitos opostos, como quem diria: Atualidade e Eternidade. Para invalidar a antítese, basta, porém, citar o nome de Dante. Decerto a política só constitui aspecto parcial da sua obra. Mas é neste aspecto e não no religioso em que reside a tendência. Para Dante, o catolicismo não foi uma tendência e sim o ambiente natural da sua vida e do seu pensamento. Não inventou a construção rigorosamente hierárquica do trirregno de Paraíso, Purgatório e Inferno, apenas a opôs à confusão e à desordem que dominaram a sua cidade de Florença. Assim o pintou Domenico di Michelino.

A catedral Santa Maria del Fiore em Florença foi construída, conforme o decreto municipal de 1294, "como obra da comunidade, da grande Alma que se compõe das almas de todos os cidadãos, reunidos pela vontade comum da República". Numa das paredes laterais aquele Domenico pintou o desmentido a essa declaração magnífica. No lado direito do quadro aparecem os muros da cidade e, dentro dos muros, as silhuetas dos edifícios inesquecíveis, dir-se-ia básicos, da nossa civilização: a torre do Palazzo Vecchio, a cúpula da própria catedral. No lado oposto ergue-se a porta do Inferno, com aquela inscrição famosíssima em cima; atrás, os três reinos do outro mundo, os anjos do Senhor, os penitentes e as almas condenadas. Entre este e o outro mundo está Dante, com seu livro na mão, apontando com o dedo aos seus patrícios, que o expulsaram, os horrores que os esperam, que já estão sofrendo. É uma advertência. Aquele livro é poesia política.

Bem, admitirão, seria poesia política: mas justamente por isso não tem nada conosco. Dante teria sido utopista. Numa época em que o império medieval já estava derrotado para sempre, em que na Itália a burguesia já dominava as republiquetas e na França do rei Felipe, o Belo se ergueu o absolutismo moderno, Dante empregou sua eloquência em favor da restauração impossível da Monarquia Universal. A própria Idade Média já desprezou os conselhos desse profeta do Passado. E do seu poema político só se salvam os episódios, as furiosas terceiras rimas nas quais o político militante de partidos desaparecidos encarcerou para sempre os seus adversários, todos esses ladrões e malandros magníficos que lhe povoam o Inferno. O resto seria ilegível.

Que dizer? O próprio Dante declarou ter escolhido aquele metro, em que todas as linhas rimam com todas as linhas, para que ninguém se atreva a tirar um único verso sem ser logo apanhado. Não adianta: só lêem "trechos escolhidos". O próprio Dante pediu:

> *"O voi ch'avete gl'intelletti sani*
> *mirate la dottrina che s'asconde*
> *sotto' l velame delli versi strani!"*

Não adianta: em vez da "doutrina", só miram o martírio dos condenados, com prazer lúdico e com a consciência limpa dos fariseus. Enfim, o próprio Dante pede *"non attender la forma del martire: pensa la sucession..."* (Purgatório X, 109). E a *sucession* das coisas não é menos atual do que a presença daqueles ladrões e malandros. Leitores de *intelletti sani* sentir-se-iam como em casa naquela Florença

> *"...che fai tanti sottili*
> *provedimenti, ch'a mezzo novembre*
> *non giugne quel che tu d'ottobre fili.*
> *Quante volte, del tempo che rimembre,*
> *legge, moneta, officio e costume*
> *hai tu mutato e rinovate membre!"*

Aqueles ladrões e malandros são os cidadãos dignos da República que muda continuamente "as constituições; a moeda e os governos"; e o nosso mundo parece-se exatamente com aquele —

> *"...simigliante a quella inferma*
> *che non può trovar posa in su le piume,*
> *ma con dar volta suo dolore scherma".*

É verdade que no tempo de Dante o mundo medieval caiu em pedaços. O ideal da virtude cristã perdeu a importância política: até a palavra *virtù* mudará de sentido, a ponto de transformar-se, no pensamento de Maquiavel, em "habilidade", muito compatível com a *sceleratezza*. Os grandes banqueiros florentinos do século XIV, concedendo empréstimos ao rei da Inglaterra, são os primeiros "imperialistas". Os "legistas" do rei da França também dispõem de uma "doutrina": a do imoralismo político coerente, do poder absoluto do Estado totalitário. É o começo do mundo moderno. Dante, o "passadista", lhe opõe uma doutrina política, baseada em princípios éticos. E tão pouco passadista ele é na verdade que chega a proclamar, como se fosse precursor de Rousseau, a bondade da natureza humana (Purg. XVI,105), corrompida apenas pelos maus governos, dos quais o pior lhe parece o dos papas. Se Dante errou, não foi por teimosia dogmática.

Nada seria mais errado do que considerá-lo como uma estátua de bronze, teórico puro, impermeável às agitações do tempo. Dante foi homem de carne e osso, os pés fincados na terra. O amor ideal a Beatrice não o impediu de dedicar anos a outros amores, menos celestes. A firmeza das suas convicções políticas não o impediu de mudar de partido: guelfo nato, aderiu depois ao partido oposto, tornando-se gibelino, adversário apaixonado dos ideais republicanos e federalistas da sua mocidade da República de Florença. Esse florentino inconfundível chegou a pedir, em carta ao imperador Henrique VII, a destruição da sua cidade natal. Na verdade, os florentinos não foram tão injustos quando o expulsaram. Contudo não lhe fizeram tanto mal como ele pensava. O exílio foi seu lugar natural. Ao exílio Dante deve a solidão impressionante de estátua de bronze. O exílio proporcionou-lhe a independência absoluta, o lugar acima das lutas efêmeras da política partidária e a consciência da política intransigentemente ética. Enfim, ele mesmo orgulhava-se de *averti fatta parte per te stesso*, de ter constituído o seu próprio partido, composto de um membro só: Dante.

Esse grande intelectual não era capaz de submeter-se a disciplinas partidárias. Sua "traição" foi necessidade íntima. Como gibelino, propagandista do imperador, Dante ficou fiel aos ideais cosmopolitas da Idade Média (*Nos autem, cui mundus est patria, velut placibus aequor...*). Mas definiu o poder imperial não como monarquia moderna e sim como espécie de Liga das Nações personificada, mero instrumento da ordem internacional acima das soberanias parciais; no coração, o antigo guelfo ficou federalista. O seu ideal do Estado — da República de Florença — tampouco é gibelino: é o ideal de um humanista político, sonhando uma República não-totalitária, mero instrumento da ordem *intra muros*, da *civilitas humana*. Seria uma Atenas moderna — e esse "profeta do passado" não teria porventura sido o profeta de uma nova Atenas da Florença do Renascimento? E o seu ideal de um Estado humano não seria porventura tão atual, hoje, como aquele de uma grande Federação européia?

Então, assim como hoje, a realidade não deixou prever o futuro. A velha República dos guelfos de Florença já degenerara em sociedade anônima de banqueiros e industriais de tecidos. Era inevitável o choque entre essa nova realidade social e as instituições jurídicas de outros tempos. Daí aquela paixão de mudar de outubro para novembro as constituições, a moeda e os governos: e, no entanto, a República parecia-se com uma doente que não encontra repouso na cama, dando voltas de um lado para o outro sem diminuir-se *suo dolore* e a nossa. Com esses guelfos, Dante não tinha nada. "Traiu". Tornou-se gibelino. Na verdade nunca foi gibelino e sim uma espécie de *guelfo popolare*. Talvez o único membro desse partido. Mas

Victor Hugo não estava porventura sozinho quando lançou os *Châtiments* contra o tirano? E Zola não estava porventura sozinho quando se levantou em defesa do capitão Dreyfus? Sempre se tratava de opor à desordem da política "realista" a ordem da política ética. Pouco importa que Zola tenha encontrado os seus princípios éticos no socialismo, Hugo no liberalismo, Dante no tomismo, fundamento filosófico da unidade perfeita dos seus três reinos e do seu poema, do qual não se pode tirar impunemente nem uma linha. A *doutrina* podia cair: a atitude, o valor da atitude é permanente. Da desordem de então não restou nada senão muros silenciosos: da ordem político-ética de Dante fala, até hoje, seu poema, desafiando os séculos.

Assim Domenico de Michelino o pinta. De um lado, o Palazzo Vecchio, a Cúpula de Brunelleschi, os muros silenciosos da Cidade. De outro lado, o Céu, o Arrependimento, e a Porta do Inferno. No meio, o tribuno, segurando com a mão esquerda o verbo cristalizado do seu livro, olhando com tristeza sua pátria, enquanto o dedo da mão direita nos adverte: *o voi ch'avete gl'intelletti sani*.

Shakespeare essencial e real

O Jornal, 30 nov. 47

Registram-se no fim deste ano de 1947 três acontecimentos importantes no setor "Shakespeare", setor permanente da vida inglesa: a morte de Granville-Barker; a continuação da "New Edition" pelo professor Dover Wilson; e o livro iconoclasta de William Bliss: *The Real Shakespeare*.

A morte de Harley Granville-Barker mal foi noticiada e muito menos comentada no estrangeiro. Talvez tenham lido a observação dolorosa de Shaw: "Nunca pensei sobreviver a ele!" Com efeito, eram velhos amigos. Granville-Barker chegara a escrever algumas comédias sociais à maneira de Shaw, das melhores do teatro inglês moderno. Mas foi principalmente ator, representando em peças de Shakespeare, encenando-as, criando enfim um novo estilo de *mise-en-scène* shakespeariana. E tão sólidos são os fundamentos literários e históricos da arte desse diretor, perpetuada nos seus *Prefaces* para nove peças de Shakespeare, que a Universidade de Cambridge lhe concedeu a edição do indispensável *Companion to Shakespeare Studies*. Surpreendente carreira universitária de um ator! O prof. Dover Wilson, autor do *Essential Shakespeare*, é por sua vez da carreira. Sua Nova Edição é um monumento de erudição, repositório imenso da shakespeariologia moderna, dos estudos sobre o palco elisabetano, sobre a versificação e as imagens do dramaturgo, sobre a história da vida e do texto. Aí o leitor estrangeiro também encontrará surpresas: ao lado dos resultados de uma técnica inteiramente nova das investigações, umas digressões fantásticas sobre supostos colaboradores de Shakespeare, declarações arbitrárias de que isto ou aquilo "não pode ser de Shakespeare", cuja obra fica diminuída, justamente porque o autor fica idolatrado. Maior surpresa será porém o esquisito livro de Bliss, opondo ao "Shakespeare essencial" o "Shakespeare real". A irreverência de Bliss contra os eruditos (os verdadeiros e os falsos) parece atingir o próprio Shakespeare; e o leitor estrangeiro, acostumado a uma temperatura de adoração calorosa e sempre igual, recebe uma ducha fria, ficando perplexo.

"Clássicos" indiscutidos seriam mortos. O "clássico" Shakespeare não é felizmente uma estátua contínua como setor permanente da vida inglesa, sujeito às altas e baixas da vida. Oferece o exemplo mais impressionante das modificações às quais submetemos as obras de arte, só aparentemente cristalizadas, para "possuirmos o que herdamos" (Goethe). O problema é de importância muito além da esfera da literatura: diz respeito às nossas relações todas com a herança do passado. Outro exemplo significativo seria o da maneira de tocar as obras de Bach: com fidelidade filológica, assim como o mestre as imaginara, ou então "falsificando-as" conforme as necessidades das nossas salas de concerto. "Câmara" ou "Sala", eis o problema de Bach, "Livro" ou "Palco", eis o problema de Shakespeare.

William Bliss defende corajosamente a atitude, hoje desprezada, dos críticos ingleses do século XVIII. Estes admitiam francamente — o que só hoje se volta admitir — que não sabemos quase nada da pessoa e vida de Shakespeare; daí desistiram da tentação de aventurar profundas interpretações psicológicas. O célebre dr. Samuel Johnson usou como único instrumento crítico seu bom senso de inglês: no entanto, observa Bliss, dizia as melhores coisas, as mais definitivas, que já se disseram sobre Shakespeare. Mas o tempo do dr. Johnson também é o tempo das famosas "adaptações" de Shakespeare para o palco, deformando-se as peças de maneira escandalosa: não se pensava em interpretar o dramaturgo e sim em agradar os espectadores. Um Shakespeare mais vivo do que shakespeariano.

A consciência histórica do século XIX, a partir do romantismo, já não suportava esses maus-tratos infligidos ao maior poeta de uma época passada. Começaram as tentativas de reconstruir a personalidade de Shakespeare dentro do seu tempo e espaço, às custas, diria Bliss, do bom senso. O método dominante na crítica do século foi o psicológico, o de Sainte-Beuve. Mas já se aludiu ao fato de que os nossos conhecimentos da vida de Shakespeare ficam irremediavelmente reduzidíssimos: não é portanto possível explicar a obra pela vida. Daí se inverteu o processo, interpretando-se a vida pela obra. Usaram-se supostas alusões autobiográficas para a reconstituição de uma biografia mais ou menos fantasiosa; eis o motivo, aliás, da preferência dada às obras evidentemente pessoais como *Hamlet* e *Romeo and Juliet*. Os resultados desse trabalho — as biografias de Dowden, Brandes e tantas outras — já foram destruídos pela ressurreição do bom senso. Mas este revelou-se impotente quanto a outro "resultado": de que obras tão extraordinárias não se poderiam atribuir a um ator medíocre de poucas letras. Foi uma americana maluca, Miss Delia Bacon, acreditando-se descendente do famoso filósofo, que inventou a teoria detestável do baconismo. Durante anos a fio, a pobre mulher rodeou a Trinity Church em Stratford na qual Shakespeare fica sepultado: a inscrição do túmulo amaldiçoa a quem ousaria "perturbar o sossego destes ossos", e ninguém se atreveu a satisfazer o desejo da louca de abrir a sepultura. E até hoje o espírito de Miss Bacon continua a perturbar o sono de alguns antishakespearianos obstinados.

Os estudiosos sérios nunca perderam tempo com aquilo. A eles não importa o Shakespeare que fica sepultado na Trinity Church e sim o Shakespeare que vive na sua obra, naquela célebre edição in-fólio de 1623, que é, depois da Bíblia, o livro mais precioso da humanidade. Schlegel, Coleridge e Hazlitt, os maiores shakespeariólogos do romantismo, iniciaram aquele trabalho de interpretação literária que chegou em Bradley, um século mais tarde, ao cume e fim. As peças foram consideradas como construções autônomas, criações antes da própria vida do que de um indivíduo. Analisaram-se os enredos como se fossem episódios da história da Renascença, "enchendo-se as lacunas" que o poeta deixara. Analisaram-se os caracteres de Shakespeare como se fossem pessoas de carne e ossos, escrevendo-se-lhes as biografias. Pode-se afirmar que toda a busca histórica do século XIX, que deu resultados tão magníficos em todas as literaturas, se baseia nesse modo de encarar os enredos e caracteres como estruturas de existência autônoma. Mas o método excedeu todas as medidas. Publicaram-se estudos sobre as quantidades de vinho que Falstaff consumira, e sobre o número dos filhos de Lady Macbeth; Hamlet podia calmamente ser considerado como o príncipe mais "atual" do século XIX. No palco, essa mania criou os grandes *stars*, atores de êxitos sensacionais, viajando de cidade para cidade, reencarnando Hamlet, Lear e Otelo, Desdêmona e Julieta; em torno deles, os diretores reuniram no palco todo o esplendor da Renascença como se Shakespeare não tivesse sido contemporâneo da arte barroca; os magníficos artifícios da *mise-en-scène* de Reinhardt correspondem a esse estado da shakespeariologia. Foi quando aqueles diletantes começaram a substituir Bacon, como "verdadeiro" autor, por este ou aquele aristocrata da Renascença inglesa. Em certas revistas francesas ainda se encontram "descobertas" dessa espécie; tampouco se duvida, no estrangeiro, da certeza de que *Hamlet* é a obra principal de Shakespeare. Nasceu aquela idolatria que é o maior obstáculo da compreensão.

Nessa atmosfera de incenso, não deixaram de surpreender as primeiras manifestações de crítica dissidente: Archer, propagandista de Ibsen e Shaw, atacando o teatro elisabetano, pretendeu revelar a falta de realismo em Shakespeare; T. S. Eliot, partindo de conceitos classicistas, foi o primeiro que ousou considerar *Hamlet* como obra imperfeita. Foram, apesar dos exageros, as primeiras reações do "bom senso" ressuscitado. O fólio de 1623 seria a Bíblia, mas não um dogma imutável. Tornou-se preciso destruir o ídolo Shakespeare para reconstruir o Shakespeare essencial, o Shakespeare real.

A reconstituição do "Shakespeare essencial" é a obra da nova shakespeariologia, baseada nos estudos enormes de E. K. Chambers sobre o palco da época elisabetana, sobre as convenções que dominavam o teatro da época. Eis o lugar dos trabalhos, de valor notável, de Dover Wilson e companheiros. À luz desses trabalhos Shakespeare revelou-se como dramaturgo essencialmente barroco: daí a preferência dada agora às suas obras posteriores a 1600, a *Macbeth, Lear, Antony & Cleopatra, Medida por Medida*, às comédias fantásticas, à filosofia política das peças históricas. Os grandes caracteres dramáticos de Shakespeare revelam-se como expressões típicas da mentalidade barroca, da qual nos sentimos hoje tão perto como de nenhuma outra época anterior. O livro de U. Ellis-Fermor sobre *The Jacobean Drama* iniciou uma era de interpretação inteiramente original. A nova shakespeariologia é outra vez historicista: mas já não se trata de reconstituir o poeta Shakespeare, e sim o dramaturgo, o *playwright*, que pertence inteiramente ao teatro do seu tempo. Esse teatro viveu de *topics*, de alusões aos acontecimentos políticos e sociais do dia; a reconstituição do "sentido histórico" das peças tornou-se trabalho de investigação quase policial. Os livros de Sargeaunt sobre *Macbeth* e de Dover Wilson sobre *Hamlet* lêem-se como romances policiais. O fundamento seguro desses trabalhos é uma intensa crítica filológica dos textos — e aí começa o pedantismo perigoso: a hipertrofia de minúcias prosódicas, hipóteses biográficas, mutilações arbitrárias do cânon para salvar-se o lugar de exceção de Shakespeare entre os seus contemporâneos. É contra esse "Shakespeare essencial" que Bliss dirige as suas críticas mordazes, opondo-lhe o "Shakespeare real" do bom senso inglês, o único que pode sobreviver no palco. E o palco é o verdadeiro templo de um culto razoável de Shakespeare.

 É por isso que no palco se resolve a antinomia entre o Shakespeare essencial e o real; foi um ator que resolveu, pelo menos para o nosso tempo, o problema: Granville-Barker. O grande ator tomou como ponto de partida as censuras audaciosas de Archer e Eliot: em vez de indignar-se, admitiu francamente as possíveis fraquezas de Shakespeare, interpretando-as como resíduos das convenções teatrais da época. Nem o maior dramaturgo de todos os tempos estaria acima das convenções do palco do seu tempo — senão, as suas peças ficariam obras livrescas, sem vida cênica. Granville-Barker reinterpretou Shakespeare, partindo das experiências vivas no palco. Explica as qualidades características da poesia erótica de Shakespeare pelo fato de os papéis femininos terem sido representados naquele tempo por rapazes. Explica pelas convenções teatrais da época a auto-revelação dos caracteres nos grandes monólogos que tanto irritaram o realista Archer. Demonstra como Shakespeare, num teatro sem decorações e sem unidade de tempo e espaço, conseguiu "criar" as sensações da mudança de lugar e da passagem do tempo pela força sugestiva do seu verbo poético, subordinando a esse fim as mudanças de ritmo e a alternação de versos e prosa. O próprio Granville-Barker quase não usou decorações; conseguiu deste modo representações integrais, sem mutilações arbitrárias do texto e no entanto rápidas, eficientíssimas. No Teatro Old Vic, em Londres, continua-se essa nova e no entanto velha tradição de representar o "Shakespeare real" do teatro que é idêntico ao "Shakespeare essencial" da sua poesia dramática, permanente.

 Para o nosso tempo, Granville-Barker resolveu o problema. Mas a obra de Shakespeare já passou por tantas vicissitudes — já tantas vezes se revelou como insuficiente o que ontem passava por definitivo — que a história toda da shakespeariologia pode ser considerada como uma lição de humildade. T. S. Eliot o dizia bem: "Shakespeare é tão grande que não conseguimos ter definitivamente razão em face da sua obra; mas convém mudarmos, de vez em quando, o nosso modo de errar". E esta frase teria sido a melhor epígrafe para o livro de William Bliss sobre o *Real Shakespeare*.

Laurel americano

O Jornal, 07 dez. 47

Grandes têm sido os esforços de estudiosos no Brasil, nos Estados Unidos e na Europa para que os valores das literaturas hispano-americanas sejam devidamente apreciados; e nem sempre conseguiram o êxito merecido. Nem sempre conseguiram vencer o preconceito de se tratar de literaturas de imitação, pálidos reflexos da francesa; e costuma-se acrescentar que a falta de originalidade está agravada pela ênfase característica da expressão das raças tropicais. Essas objeções rotineiras já parecem, porém, refutadas pelo livro extraordinário que o México nos mandou: chama-se *Laurel*, sendo uma *Antología de la poesía moderna en lengua española*. Raramente uma antologia será mais do que uma crestomatia didática ou então o retrato de determinado estilo poético, fatalmente deformado pelas preferências arbitrárias do antologista; talvez só o *Golden Treasury*, embora obra de índole estreitamente insular, abra perspectivas para o oceano e os interesses gerais da humanidade. Pois também é este o caso do *Laurel*.

Os antologistas mexicanos, compilando a obra, encontraram-se em situação mais cômoda do que o argentino Ernesto Morales, organizador de uma *Antología de Poetas Americanos*, da qual se excluíram, com poucas exceções, os poetas vivos. Deste modo, Morales devia transcrever todas aquelas celebridades obsoletas do primeiro romantismo, do condoreirismo, do parnasianismo à francesa, reunindo uma coleção de ênfases berrantes, conceitos emprestados, folclorismos eruditamente exatos e poeticamente falsos. Os compiladores do *Laurel*, começando no ponto em que Morales acabara, já não precisavam transcrever sonetos historiográficos com chave de ouro. O colombiano Luis Carlos López, soneteando sua decadente cidade natal de Cartagena de las Indias, já destruíra definitivamente o brilho herediano da *"morne Ville, jadis reine des Océans"*, verificando que *"Ya pasó, ciudad amurallada, tu edad de folletín"*. E o *"noble rincón de mis abuelos"* já não lhe sugeriu a melancolia da *"gloire éteinte... sous les palmiers, au long frémissement des palmes"*; contemplando seus conterrâneos decaídos, *"caterva de vencejos"*, dizia à sua cidade que *"...hoy, plena de rancio desaliño, bien puedes inspirar ese cariño que uno les tiene a sus zapatos viejos"*.

Essa poesia satírica significa o fim do "modernismo", da imitação hispano-americana dos parnasianos e simbolistas franceses. Dera-lhe o golpe de morte o venerando poeta mexicano Enrique González Martínez, aconselhando:

*"Tuércele el cuello al cisne
de engañoso plumaje".*

E nascera uma poesia nova, autêntica, expressão original da alma americana. Esse adjetivo "americano" nem todos o concederão ao *Laurel,* que é uma *"antología de la poesía moderna en lengua española".*

Conforme esse subtítulo, aparecem ao lado dos González Martínez, Darío Lugones, Gabriela Mistral e López Velarde também os Unamuno, Antonio Machado, Juan Ramón Jiménez, Jorge Guillén, Salinas, García Lorca, Rafael Alberti, Moreno Vila, Cernuda — talvez a florescência poética mais rica do século XX. O fato de todos esses grandes poetas espanhóis terem sido mortos ou exilados, vítimas do franquismo, exclui qualquer suspeita de propaganda da "Hispanidad"; mas é mais grave — do ponto de vista americano — o fato de que os poetas americanos representados no *Laurel* são realmente discípulos daqueles mestres espanhóis. O mexicano Torres Bodet e o equatoriano Carrera Andrade, acompanhando atentamente e com talento brilhante as mudanças de estilo parisienses, são exceções que confirmam a regra. A nova poesia hispano-americana é com efeito um ramo da *"poesía moderna en lengua española".*

Há quem considerasse os novos modelos europeus dos poetas americanos como superiores aos modelos dos românticos argentinos ou dos parnasianos da Colômbia; mas essa consideração, na qual entram preferências pessoais do crítico, não é argumento dos mais fortes. Seria porém possível demonstrar que o novo estilo poético do século XX, na Europa dos Yeats, Apollinaire, Rilke e Blok e particularmente na Espanha dos Machado e Jiménez, é um instrumento capaz de exprimir, ao mesmo tempo, os valores universais e os particulares. A prova seria a análise da evolução poética de García Lorca, começando com o regionalismo andaluz do *Romancero Gitano*, evolucionando para o surrealismo do *Poeta en Nueva York*, reunindo os dois estilos no *Llanto por Ignacio Sánches Mejías*, e terminando, quase simultaneamente, no folclorismo americano do *Son de Negros en la Cuba* e no universalismo da *Oda al Santisimo Sacramento del Altar*. Na América, um exemplo da mesma simultaneidade é oferecido pelo poeta cubano Emilio Ballagas, juanramonista dos mais finos e, ao mesmo tempo, cantor folclórico dos negros da sua ilha. O novo estilo da poesia européia revelou-se o meio adequado de expressão da poesia americana. E deste modo está justificada a presença dos espanhóis no *Laurel*.

Poesia americana — é preciso entender-se quanto à acepção do adjetivo. Não se concebe a existência de uma poesia americana — menos um folclorismo meramente pitoresco — que não seja ao mesmo tempo poesia humana no mais amplo sentido da palavra. Os poetas novos do continente já desistiram, com efeito, do particularismo estreito para fitar os problemas poéticos permanentes; para a poesia de todos eles serviram de epígrafe os versos do guatemalteco Luis Cardoza y Aragón:

> *"...el amor y la muerte son las alas de mi vida,*
> *que es como un ángel expulsado perpetuamente".*

O elemento especificamente americano reduz-se ao reconhecimento das particularidades étnicas e sociais da América como base material, diferente, dos mesmos ideais que inspiram a poesia européia, assim como os mesmos princípios inspiraram, apesar de todas as diferenças, a revolução das treze colônias norte-americanas, a Revolução Francesa e a ação revolucionária dos Bolívar e San Martín. "América", isso significa algo como uma tendência de encarnação dos ideais humanos, na política assim como na poesia; idealismo realizado que sobreviveu, na América, à decadência dos mesmos ideais na Europa. Em nossos dias, foi um poeta americano, o argentino Francisco Luis Bernárdez, existencialista *avant la lettre*, autor de um volume de título significativo, *Poemas de Carne y Hueso*, que simbolizou em termos permanentes aquela tendência americana de "encarnação" dos princípios abstratos; e o peruano Cesar Vallejo, poeta de *Los Dados Eternos*, confirmou a mesma tendência pela morte nos campos de batalha da Espanha.

A participação apaixonada de muitos poetas hispano-americanos da nova geração nos destinos da Europa — isto é, a transfiguração americana de ideais europeus e geralmente humanos — justifica a profecia daquele grande e velho poeta mexicano, González Martínez, representante de uma geração anterior que não esperava ver a luz:

> *"Mañana los poetas cantarán en divino*
> *verso que no logramos entonar los de hoy...";*

mas, embora o verso seja diferente, a canção será a mesma —

> *"... será el afán de siempre y el idéntico arcano*
> *y la misma tiniebla dentro del corazón.*
> *Y ante la eterna sombra que surge y se retira,*

> *recogerán del polvo la abandonada lira*
> *y cantarán com ella nuestra misma canción".*

Um poeta da novíssima geração mexicana, Octavio Paz, exprimiu convicção consoante em modalidade diferente na sua *"Elegía a un joven compañero muerto en el frente, muerto cuando apenas tu mundo, nuestro mundo, amanecia"*, apodrecendo na trincheira,

> *"tocando, ya sin tacto,*
> *las manos de otros muertos,*
> *las manos camaradas que soñabas,*
> *Has muerto entre los tuyos, por los tuyos".*

Embora Octavio Paz tenha colaborado na organização da antologia *Laurel*, essa sua elegia não aparece no volume, talvez por destoar da tônica da coleção. Esta tônica é definida pela poesia do cubano Eugenio Florit, certamente um dos valores supremos da nova poesia hispano-americana, autor de versos tão permanentes como os das *Estrofes a una estatua*:

> *"Tú, estatua blanca, rosa de alabastro*
> *naciste para estar pura en la tierra*
> *con un dosel de ramas olorosas*
> *y la pupila ciega bajo el cielo...*
> *Qué serena ilusión tienes, estatua,*
> *de eternidad bajo la clara noche".*

Eugenio Florit representa a tendência juanramonista dentro da poesia hispano-americana, a tendência dos discípulos de Juan Ramón Jiménez que dominam um setor poético do continente e o *Laurel* inteiro. O critério dos antologistas mexicanos não foi imparcial, sem dúvida; o outro setor, o da poesia social, está mal representado na antologia, talvez porque as realizações poéticas desse outro setor, inspiradas pelos sofrimentos da terra, nem sempre atingem a pureza inviolável das estátuas *bajo la clara noche*. Não se adivinha, através das páginas de *Laurel*, a paixão libertadora dos índios, dos negros e dos trabalhadores do Sul que inspira os impressionantes romances sociais dos Jorge Icaza, Ciro Alegría e Baldomero Lillo. Mas os dois campos também coexistem na poesia hispano-americana, senão em luta, pelo menos em discrepância. São de um lado significativos os títulos de volumes de versos como *Teoría de la Niebla*, do venezuelano Rafael Cisneros Figueroa, *Abolición de la Muerte*, do peruano Adolfo Westphalen, *Canciones para Cantar en los Barcos*, do mexicano José Gorostiza; e doutro lado — os gritos da miséria revoltante, da dignidade humana humilhada, da justiça violada: *Dimensión del Hombre*, do peruano Alberto Hidalgo, *Galope de Volcanes*, do equatoriano Humberto Mata, *Poema en Cuatro Angustias y una Esperanza*, do cubano Nicolás Guillén. Mas este último título — em que se combinam as expressões da arte introspectiva e da arte social — já inspira esperanças de se chegar à solução do litígio. Já parece obsoleto o antagonismo, dos anos de 1930, entre a literatura de reivindicações sociais e a literatura da angústia, metafísica. García Lorca não é um morto para ser lamentado mas um exemplo para seguir. Todos nós somos oprimidos e angustiados ao mesmo tempo. A angústia metafísica nunca encontrou expressão mais intensa do que em certos versos do revolucionário Pablo Neruda:

> *"...me piden el profético que hay en mí, con melancolía,*
> *y un golpe de objetos que llaman sin ser respondidos*
> *hay, y un movimiento sin tregua, y un nombre confuso".*

E esta *"confusión de los nombres terrestres"* esclarece-se poeticamente — a poesia antecipa e profetiza sempre as realizações do gênero humano — nos versos do grandíssimo poeta colombiano Germán Pardo García, que sente *"el corazón traspasado por siete espadas de vida"* mas chegaria a encontrar *"el nombre exato del mundo":*

> *"Por los eternos caminos*
> *olvidaronse las cosas,*
> *y en este sereno tránsito*
> *hacia todo lo que asombra*
> *el mundo se me hizo leve*
> *y divina la memoria".*

O silêncio de Schubert

Letras e Artes, 07 dez. 47

O ano de 1947 quase já acabou; e não me consta que muitos se tenham lembrado dos 150 anos passados desde o nascimento de Franz Schubert. Um silêncio algo desdenhoso responde à riqueza inesgotável de melodias que o mestre vienense criou durante a sua curta passagem pela vida, nisso e naquilo só comparável ao seu conterrâneo Mozart. Schubert desceu cedo para o silêncio eterno; talvez não tenha dado tudo o que podia dar? Não o consideram como artista completo porque teria cultivado mais a parte "ligeira" da música clássica. Mas "ligeiro" teria sido o criador do *Quarteto em Ré Menor / A Morte e a Donzela*, obra beethoveniana na qual as cordas tremem o caleiro aquerôntico? Conforme Stuckenschmidt, um dos melhores conhecedores da evolução da música moderna, as oscilações indefinidas entre tom maior e tom menor, em Schubert, ultrapassam os experimentos do último Beethoven, antecipando as harmonias novas de *Tristão e Isolda* e *Pelléas et Mélisande*. Enfim, as pausas, tão características da melodia schubertiana! E a pausa, o silêncio, é como se sabe a suprema realização da música.

Aquela riqueza de melodias, quase inconscientemente gasta, levou muitos a considerar Schubert como artista inferior (um aforismo de Nietzsche reza assim), exprimindo nas formas da música clássica vienense a sua inspiração folclórica. Aponta-se-lhe gravemente a predileção pelo compasso de três tempos. A personalidade de Schubert, pequeno-burguês suburbano, acabando no alcoolismo, não é contra-argumento. E o folclore costuma degenerar, afinal, em opereta. Como personagem de opereta Schubert popularizou-se no mundo.

Não é a verdade esta, mas há um grão de verdade em tudo isso. Nada impede ver em Schubert a suprema expressão musical de determinada cidade. Mas será pouco isto, tratando-se da cidade de Haydn, Mozart, Beethoven, Brahms, Bruckner, Wolf e Mahler? O compasso de três tempos não lhes resume a arte, nem resume a música de Schubert.

Contudo o primeiro, o mais estreito dos círculos concêntricos da sua arte é o subúrbio. Naquele tempo idílico de 1830, os pequeno-burgueses abastados — um deles, padeiro, encomendara a Mozart a serenata que lhe imortalizou o nome de Haffner —, costumavam pagar bem aos professores que davam lições de piano às filhas. Schubert era um desses professores. Para o ensino, escreveu seus

Impromptus e os famosos *Moments Musicaux;* com qualquer bela filha de padeiro, namorando-a, estudou a *Fantasia a Quatro Mãos em Fá Menor, op. 103*, que já é uma obra difícil. Ele mesmo, pianista medíocre, não sabia executar a *Sonata Fantasia em Sol Maior* nem a *Fantasia Wanderer, op. 15*, obras dificílimas, concebidas durante as noites boêmias de bêbado nos botequins suburbanos. Nos sábados, à tarde, aqueles padeiros e alfaiates costumavam dar sessões de música de câmara em suas casas simples e espaçosas: lá se ouviram pela primeira vez os quartetos em lá menor e em mi maior — filhos legítimos dos quartetos que Beethoven dedicara ao príncipe Rasumovski — e, numa certa tarde comum como as outras, aquele *Quarteto em Ré Menor*, cujo segundo movimento, *Fantasia* sobre o *lied A Morte e a Donzela*, é uma das grandes revelações de música metafísica. Para os domingos de subúrbio, escreveu Schubert cinco "missas simples", de devoção simplíssima; as melodias ecoam nas paredes da modesta igreja suburbana quando a missa já acabou, umas poucas velhas e crianças ficam rezando no templo vazio, e a música de Schubert se perpetua no silêncio.

Essa igreja do subúrbio Lichtental chama-se até hoje, no dizer do povo, igreja de Schubert. Daí — a cidade era pequena, então — são poucos passos para outra igreja, a do subúrbio Alservorstadt, limítrofe do centro aristocrático. Dois pequenos baixos-relevos ornam a fachada do templo, retratos de dois artistas que recebem nesse templo a última absolvição "de corpo presente": Schubert e Beethoven. Apenas um ano os separava na morte. Aí se lembra o segundo ciclo da arte de Schubert: o beethoveniano. Precisava-se ser surdo para não ouvir os acentos graves, às vezes demoníacos, no primeiro movimento da *Sinfonia nº 8 em Si Menor*, é a famosa *Inacabada*, um dos enigmas que continuam a ocupar a imaginação: aí também um fim em silêncio. Este Schubert é clássico, até classicista. É o Schubert que escreveu — quem falou em inspiração folclórica? — os *lieder Memnon, No Tártaro, Filoctetes, Canção do Marinheiro aos Dióscuros*. Mas o classicismo, estio do seu contemporâneo Goethe, tampouco resume a arte de Schubert, na qual se transformam em música todas as expressões das camadas sucessivas da civilização daquela velha cidade. A música mozartiana da *Rosamunde* lembra uma festa citérea de Watteau. As "missas grandes" de Schubert, a em mi bemol e a *Sollemnis* em lá bemol maior — verdadeiras sinfonias de veneração sacra —, enchem o nobre silêncio das enormes igrejas barrocas da cidade. Grande parte da música de Schubert foi escrita, assim como a de Beethoven e Mozart, para ouvintes aristocráticos; e só ressoa bem em salas de palácios.

Contudo Schubert não estava em casa nas salas da nobreza. Sua casa era a taverna. Apenas é preciso saber que o vinho cultivado nas colinas em torno daquela cidade se bebe em tavernas situadas nas próprias colinas, em meio a jardins e bosques. É a própria natureza; a ela está dedicado o terceiro ciclo da música de Schubert, o mais largo, o mais universal dos círculos concêntricos da sua arte.

Nas tardes de domingo, Schubert podia ouvir, naquelas tavernas, as suas famosas danças vienenses, talvez famosas demais. Pelo menos, não podem ser devidamente apreciadas nos infames arranjos para "orquestra de salão", perpetrados nos discos americanos. É uma riqueza ébria de melodias, muitas vezes no compasso de três tempos, isto é verdade, mas outra vez — veja a elegíaca *Valsa da Saudade* — é um disfarçado compasso de quatro tempos dos quais o quarto é uma pausa — o silêncio. Bêbado ou meio bêbado, Schubert escreveu nas mesas daquelas tavernas, em qualquer pedaço de papel, uma vez no verso de um cardápio, os seus *lieder*. Seriam realmente de inspiração folclórica? Trata-se de um equívoco quanto à natureza do *lied*. Aquele que foi escrito no verso de um cardápio é composição de uma pequena poesia de Shakespeare. Um fino gosto literário, embora intuitivo, como tudo nele, levou Schubert a preferir as poesias de Goethe e Heine. O *lied* não é outra coisa senão a forma principal, a estrofe mais freqüente da poesia lírica alemã. O *lied* como forma musical é a poesia lírica da música, gênero cultivado depois por Schumann, Brahms, Wolf, Mussorgski e Debussy. Schubert criara esse gênero que não existia antes dele. Nessa forma "pequena" exprimiu tudo: encanto, alegria, lágrimas, nostalgia, angústia, o mistério. Apenas é preciso ouvir esses *lieder* assim como foram escritos — para a voz humana com simples acompanhamento do piano — para saber que poucos versos e poucos compassos podem resumir todos os movimentos do coração e da natureza, o mundo inteiro.

As melodias de Schubert são em geral de simplicidade diatônica; aí está a parte espontânea, instintiva de sua arte. Mas, para compreender-lhes bem o sentido poético, é preciso dar atenção ao acompanhamento do piano. No *lied Despedida*, que fala de uma despedida para sempre e de cavalos que esperam fora da porta — talvez sejam cavalos fúnebres —, o acompanhamento é uma pequena sinfonia de pateados impacientes e acordes sinistros, culminando numa dissonância audaciosa (lá menor e mi bemol maior ao mesmo tempo). Acordes assim, "moderníssimos", oscilando entre menor e maior, são freqüentes na música de Schubert; transformam-lhe a melancolia comum dos bêbados em angústia demoníaca. Cai a noite e a gente desce daquelas colinas, procurando no escuro a cidade iluminada. Canções alegres perturbam, então, o silêncio dos bosques; mas o bêbado está em perigo de perder o caminho. Para Schubert, a noite significava profundidades noturnas, demoníacas, da obsessão. O *lied O Sósia* (conforme uma poesia de Heine) é uma alucinação tremenda. Um ciclo inteiro de *lieds, Viagem de Inverno,* é verdadeira sinfonia cantada do destino humano; das melodias de *Homem de Realejo* e *Marco no Caminho* a gente se lembrará na *hora mortis.* Mas Schubert fica sempre simples: em plena angústia romântica guarda a simplicidade clássica. A mais trágica das suas composições é o pequeno *lied A Morte e a Donzela,* que forneceu o tema para o segundo movimento daquele quarteto: em poucos tons comoventes fala a voz da menina, implorando à morte implacável, acabando num semitom interrogativo; continua, completando a harmonia, a voz da Morte, consolando, terminando nas últimas profundezas do baixo, no silêncio. Aí, a inspiração folclórica. Ou seria simplicidade clássica? Não dá para distinguir estilos. É a suma, o cume de uma arte.

A arte de Schubert, aparentemente limitada pelas formas de expressão de um estilo, de uma cidade, é a suma da civilização da qual essa cidade é o monumento; é a suma da natureza humana, refletida em melodias. Essas melodias compreendem, como em círculos concêntricos, tudo da simplicidade infantil até a veneração sacra perante as quais os abismos demoníacos desaparecem no silêncio de uma pausa geral. A pausa, o silêncio, é, como se sabe, a suprema realização da música.

Um eslavo

O Jornal, 21 dez. 47

Um vez que se acredite no conceito da "vitalidade" das raças e nações, a conclusão não é duvidosa; queiram ou não queiram, o futuro da Europa e de grande parte do mundo pertence aos eslavos. Já há um século e meio, Herder, o grande filósofo da história, considerado muitas vezes o precursor espiritual do pan-germanismo romântico, previra a decadência dos povos germânicos assim como dos latinos, profetizando a futura "missão histórica" dos eslavos; e embora ele, germano-báltico de nascimento, conhecesse por experiência própria a realidade dalém do Vístula, não resistiu à tentação de repetir as ingenuidades dos primeiros missionários ocidentais que descreveram, nos séculos XI e XII, aqueles povos estranhos: agricultores pacíficos mas sem rei nem lei, anarquistas de idéias de religiosidade profunda, com vivo instinto de igualdade social. Daí o famoso capítulo das idéias para uma filosofia da história da humanidade em que Herder atribui aos eslavos a missão de acabar com as guerras e resolver os problemas sociais; capítulo que exerceu influência profunda sobre tchecos e poloneses, iugoslavos e russos, virando bíblia dos eslavófilos e depois do pan-eslavismo.

Por isso mesmo custa tanto, hoje, acreditar naquele idílio profético. Sobretudo, alguns objetarão a permanência do pan-eslavismo político, do imperialismo pan-eslavo dos russos. Mas "russo" e "eslavo" não são sinônimos. Há mais outros eslavos, nações pequenas entre elas, e a menor das nações eslavas, a eslovena, é a mãe do grande poeta, eslavo típico, do qual estas linhas pretendem falar-vos; não é sem propósito, aliás, que se escolheram para isso esses dias de Natal — Ivan Cankar também nos traz uma mensagem de amor, escrita em língua eslava.

O nome é menos "bárbaro", menos impronunciável do que costumam ser os daquela gente. Os eslovenos — tantas vezes confundidos com os eslavos — são um povo ocidental. Sendo grupo, pequeno grupo, da família iugoslava, os eslovenos moram nos confins da Itália setentrional; nunca, até 1918, conheceram a independência política, constituindo sempre uma província do Império austríaco, província remota e atrasada, "essencialmente agrícola", de pequenos proprietários de terra. São católicos. Os sinos da igreja católica de uma aldeia eslovena tocavam, anunciando o Natal de 1876, quando Ivan Cankar nasceu, filho do paupérrimo alfaiate do lugar. Aconteceu à família pouco depois o que significa, naquelas aldeias, a miséria extrema: um incêndio destruiu a casa. Ivan cresceu como órfão; à sua mãe proletária conservou sempre um amor quase místico, assim como os longínquos antepassados pagãos teriam adorado a Mãe Terra.

À intervenção do vigário deveu a possibilidade dos estudos secundários. Depois foi para Viena cursar a Escola Politécnica, sem dinheiro, sem apoio algum. Para os eslovenos, pequeníssima nação, abandonada até pelos parentes mais próximos, os croatas e sérvios, Viena foi naturalmente o centro, a capital; mas lá ninguém lhes entendeu a língua, ninguém os compreendeu. Ainda vive muita gente em Viena que conheceu pessoalmente Cankar — traduzido hoje para o alemão, francês, inglês, italiano e russo — sem tomar jamais conhecimento da sua literatura. Nunca terminando os estudos, Cankar passou 13 longos anos em Viena, anos de miséria e de boêmia: um bêbado que preferiu aos círculos literários o ambiente dos subúrbios, do proletariado. Não se meteu nas conspirações nacionalistas dos seus conterrâneos. Contudo, a guerra de 1914 sugeriu-lhe as mais vivas esperanças de libertação do seu povo, da união de todos os iugoslavos. Já tuberculoso, não escapou às suspeitas da polícia austríaca, sendo preso. Cedo demais a morte levou-o em 1918: não chegou a ouvir os sinos de Natal desse ano, anunciando a liberdade dos eslavos.

Foi só depois que começaram a conhecê-lo, a traduzi-lo. Pois Cankar, que veio de sufocantes estreitezas provincianas, evoluíra, através de um pan-eslavismo de matiz socialista, para um universalíssimo amor que o torna compreensível a todos. Não se pode pensar na vida dolorosa de Cankar durante o advento daqueles anos de guerra sem que ocorresse a fórmula mágica que em 1917 despertou os povos: "A todos!"

A literatura de Cankar parece-se algo com a de Gorki, com a de Istrati. Mas que ninguém procure nela os vastos horizontes do vale do Volga nem os encantos orientais das praias do Mar Negro. As aldeias eslovenas, apertadas entre montes e bosques frios, não têm nada de exótico. Os personagens de Cankar são, as mais das vezes, camponeses provincianos, ou então farrapos humanos, lançados pelo êxodo rural na miséria dos subúrbios vienenses. Não são exóticos, são ocidentais. É sintoma disso que os eslovenos se distinguem de outros eslavos pela mais ardente fé católica romana. Daí se explica a atitude inicial de Cankar, que foi aliás, durante a vida inteira, sempre do "contra": estreou como anticlerical fanático inspirando-se em fontes das menos provincianas possíveis, em Nietzsche e nos poetas simbolistas franceses. Daí o destino esquisito de seu primeiro volume, *Erótica*: o bispo da região, incapaz de conseguir a intervenção da polícia, destruiu o livro pelo recurso extremo de comprar a tiragem inteira.

A oposição permanente de Cankar contra a sociedade provinciana não era porém de natureza anti-religiosa ou antimoralista. O pária odiava "os de cima", os camponeses ricos com a corrente de ouro, os advogados, o veterinário, o prefeito, os grã-finos da aldeia; e foi na companhia deles, hipócritas para fora e devassos atrás da porta, que lhe apareceu o vigário, dando-lhes a bênção quando celebraram com frases ocas de patriotada as chamadas "festas nacionais". Contra eles revoltou-se o proletário de vagos sentimentos socialistas, o individualista indomável, o anarquista eslavo.

Já se observou que as línguas eslavas todas não possuem termos próprios para denotar o conceito "autoridade política". A palavra "czar" vem do latim *caesar;* a palavra "*kral*" (rei) vem, esquisitamente, de "Carolus" (sc. Magnus); o prefixo "*vlad*", que significa "dono de ...", vem da sinônima sílaba alemã "*walt*". Os eslavos parecem anarquistas natos provavelmente porque aos povos de economia pastoril é inato o instinto da igualdade. Em fases adiantadas da evolução social esse instinto exprime-se através dos credos socialistas. Entre camponeses primitivos ele subsiste como teimosia meio bárbara, não admitindo nem esquecendo nunca a injustiça social. São fenômenos eslavos os camponeses expropriados pelo latifundiário e os criados fraudados do salário justo que viram ladrões terríveis, vingando nos ricos a injustiça desse mundo, incendiando-lhes as casas, massacrando-lhes as famílias. *O criado Jernej*, na novela magistral de Cankar, não é tão criminoso assim; antes destrói-se a si mesmo porque não é capaz de admitir a injustiça. Novela de um vigor sombrio, impressionando como se fosse violência experimentada pelo próprio leitor. Cankar sempre só anotou o que vira, o que experimentara. Por isso são numerosos nas suas novelas e contos os meninos abandonados, as vítimas da corrupção provinciana, os vagabundos nas estradas reais, os camponeses desterrados que procuram trabalho nas ruas suburbanas de Viena. Aí aparece em Cankar algo como um nacionalismo eslavo: esse Gorki dos eslovenos identifica-se com a Paixão do seu povo infeliz, ao qual dedicava amor místico — como a sua mãe. Sente com eles a fome, a do corpo e a do espírito. Este socialista-nacionalista dos anos das revoluções eslavas de 1905 foi uma grande alma religiosa. A maior das suas novelas, *A Casa de Nossa Senhora da Misericórdia*, é dedicada aos destinos paralelos de 14 moças tuberculosas que agonizam num hospital vienense. Ninguém, entre médicos e enfermeiros, lhes entendeu a língua, assim como ninguém entendeu a língua daquele que lhes deu para dizer o que sofreram. Mas o revolucionário Cankar superou o pessimismo sombrio das revoluções fracassadas, assim como o nacionalista Cankar superou o particularismo das pequenas nações pelo sentimento eslavo, pela idéia eslava da responsabilidade geral de todos pela culpa e pela miséria de todos. Aí Ivan Cankar se aproximava muito do irmão russo que lhe parecia o maior entre os escritores do mundo: Dostoievski. No entanto estava consciente do abismo espiritual que os separava.

Cankar não era pan-eslavista. Não admitiu o credo russo-ortodoxo do nacionalista Dostoievski, e isso por uma reação bem eslava: o seu instinto de anarquista revoltar-se-ia contra qualquer uniformidade, seja mesmo a dos eslavos. Também havia nisso algo do "federalismo" obstinado de todos os europeus ocidentais — os eslovenos são eslavos ocidentais — tanto mais obstinado quanto menos numerosa a nação. E enfim surgiu nesse lutador anticlerical a aversão invencível contra o credo avassalador dos ortodoxos, algo como uma instintiva reação de católico romano. Em vez de pan-eslavista virou pan-europeu. Mas foi eslavo. Não compreendeu as frases de patriotada oca que enfeitam os interesses materiais. A guerra de 1914, libertadora dos eslavos, seria a última das guerras para esse eslavo, pacifista como os seus antepassados longínquos.

Foi uma utopia esta da "última das guerras", e no entanto não foram de todo utópicas as esperanças, porque essa guerra trouxe a libertação aos eslovenos e a tantos outros eslavos — embora Cankar não chegasse a ver o dia da liberdade, a ouvir os sinos daquele Natal de 1918. Afinal, quem pode afirmar que esta ou aquela utopia seja irrealizável? Os homens são obstinados, sobretudo os eslavos, e Deus é misericordioso, sobretudo o Deus dos eslavos. Talvez aquela utopia eslava da ovelha que se deita ao lado do leão e dos gládios transformados em arados também se realize, um dia? Ivan Cankar acreditava nisso. Nos seus sonhos de agonia fez-se justiça, enfim, ao injustiçado criado Jernej, e o canto dos anjos recebeu as moças tuberculosas da Casa de Nossa Senhora da Misericórdia. Foi uma mensagem bem eslava do amor universal, dirigida: "A todos!"

Cantochão de Natal

Letras e Artes, 21 dez. 47

Numa página célebre, Charles Péguy descreveu o esplendor da missa do galo nas velhas catedrais góticas da França: as naves, iluminadas por mil círios; o clero capitular vestido dos paramentos brancos da noite de Natal; o povo que caminhou através da nevada noturna para adorar como adoravam os pastores e os magos; e, então, levanta-se para a abóbada o canto da *Gloria in Excelsis*, assim como o interpretaram os músicos contemporâneos da arte gótica, os mestres da polifonia sacra.

Mas esta não é a voz autêntica da Igreja: ela não manda aos fiéis oferecer à criança divina harmonias contraponteadas, e sim melodias lineares como convém à simplicidade dos pastores, ornamentadas, quando muito, pelos vocalises que os magos trouxeram do Oriente. A música que se levanta depois dos silêncios do Advento é o canto primitivo da Igreja: o cantochão.

Com isso já está certo que o cantochão não corresponde à complicada arquitetura medieval, antes às linhas severas, de simplicidade clássica, das basílicas romanas, senão à simplicidade maior dos lugares de adoração nas catacumbas. E assim como já se dizia que o cantochão não corresponde à arte gótica, assim o "não" repetir-se-ia sempre quando se pretende definir aquela música misteriosa; ao lirismo barato preferem-se as definições, sejam asperamente técnicas, porque o cantochão é: *musique avant toute chose*.

O cantochão não admite as harmonias polifônicas da música eclesiástica medieval: é de rigorosa unanimidade. O cantochão não conhece as modulações nem as oscilações rítmicas da música moderna: é de monotonia quase assustadora — alguns o consideram como "terrível", na acepção original do adjetivo —, movimentando-se lentamente dentro de limites certos e estreitos. Mas, antes de tudo, acontece o que não acontece em toda a história posterior da música: as melodias do cantochão não correspondem absolutamente ao conteúdo e ao sentido dos textos sagrados que acompanham. Qualquer compositor medieval ou moderno pretenderia exprimir pelos recursos da sua arte a devoção do *Kyrie*, o júbilo do *Glória*, a firmeza do *Credo*, a majestade do *Sanctus*, a humildade do *Agnus Dei* — o cantochão, não. Nove fórmulas lhe bastam para cantar os 150 salmos: uma única fórmula para todos os textos, tão diferentes, do Evangelho; não há no cantochão nada de "expressão", nem dramática, nem lírica. Com isso, o cantochão coloca-se como fora do âmbito de toda outra música, fora da história da música. É como um fenômeno extratemporal, uma revelação que continua inalterável através dos séculos, assim como aquela outra que foi dada aos apóstolos no alto do monte na Galiléia: "Fico convosco, todos os dias, até o fim da História" — *Ecce ego vobiscum sum omnibus diebus, usque as consummationem saeculi*.

São definições, todas elas negativas. É como se se tratasse de definir *via negationis*, assim como se define o *Deus absconditus* na chamada "teologia negativa": por tudo o que não é. E quando fracassar a tentativa de definir o cantochão em termos positivos — então, dir-se-ia que é indefinível, assim como Deus não pode ser definido? Com isso não concordaria Santo Agostinho; no seu livro, pouco conhecido, *De Musica Libri VI*, atribui à música a tarefa de compensar a invisibilidade de Deus, revelando-o através de sons. Com efeito, às vezes ocorrem, dentro da aparente monotonia do cantochão, momentos de "luz musical" que iluminam a noite da basílica, assim como os círios iluminam as naves das sombrias catedrais góticas na noite de Natal. O cantochão, assim como Deus, também tem atributos positivos. A simplicidade e a "inexpressividade" assustadoras do cantochão apenas correspondem ao aspecto "negativo" da divindade, aquilo a que os místicos chamam *la noche escura*. Os estudos modernos de psicologia da religião falam em *Numan*, que é "o supranatural sem representação exata". A falta de harmonia e expressividade e a relativa falta de melodia no cantochão parecem corresponder a esse "sem representação exata". Na verdade, o cantochão não é isto — mais um "não"; mas estão aí as suas origens históricas, cuja explicação contribui para aproximá-lo da nossa sensibilidade musical, todo diferente.

As melodias do cantochão são, no fundo, recitativas; não se afastam muito de um único som obstinadamente mantido. A melodia do *Pater Noster* é o exemplo mais conhecido disso. Isso se explica pelo fato de o *Pater Noster*, assim como a maior parte dos textos litúrgicos, estar em prosa. A música grega — e esta forneceu fundamentos para o cantochão — não conhecia, porém, melodias para acompanhar textos em prosa, e sim apenas para poemas. Daí os recitativos litúrgicos. Mas o cantochão é isto e mais outra coisa: amplia-se por certos ornamentos melódicos e vocalises. Basta citar as *Prefações*, os *Hallelujas* pascais e as formas diferentes de *Ite, missa est*. Esses ornamentos são de origem oriental; constituem, por assim dizer, a contribuição dos magos que vieram adorar a criança divina. O milagre que os compositores anônimos do cantochão realizaram é a síntese orgânica daqueles dois elementos — da simplicidade monótona dos recitativos e da elevação mística dos vocalises —, de modo que o cantochão é uma música perfeita, expressão completa de um determinado "sentimento do mundo", que é especialmente cristão ou antes especificamente "católico", na acepção original de *katholikos*: universal, do mundo inteiro, de todos os tempos *usque ad consummationem saeculi...* Assim o cantochão foi entoado nas basílicas romanas. Assim o cantochão ecoava nas paredes dos mosteiros do Ocidente. Assim o cantochão é cantado, através dos séculos, até hoje, por gerações e gerações de monges, sem interrupção, sem solução de continuidade, com fidelidade absoluta. O milagre do nascimento do cantochão renova-se todo dia, às altas horas, de madrugada, quando poucos fiéis se reúnem em meio do frio ainda noturno da igreja para ouvir as melodias estranhas, dir-se-ia exóticas, do cantochão — do *Introito ad altere Dei* até o largo movimento musical com que a Igreja despede os "circunstantes" para voltarem à vida profana: *Ite, missa est*. O milagre do nascimento do cantochão renova-se particularmente na madrugada daquela noite que é — lá, longe — a mais fria do ano, quando se levanta depois dos silêncios do Advento o *Gloria in Excelsis Deo, et in terra pax omnibus bonae voluntatis*.

Resta definir aquele "sentimento do mundo" de que o cantochão é a expressão musical. Então, convém lembrar a contribuição do Oriente para a liturgia romana: a parte dos magos. A próxima associação — porque só de associações e analogias de sentido muito largo se trata — é a das "civilizações mágicas", conceito em que Spengler incluiu as civilizações do judaísmo, do Oriente helenizado, do primeiro cristianismo, dos primeiros árabes; é exatamente o mundo que criou o cantochão. O símbolo arquitetônico dessa civilização mágica seria a cúpula, construção que limita o espaço em cima dos fiéis, representando o céu fechado em cima do mundo. Para ficar na comparação, a melodia ornamentada do cantochão, de origem oriental, simbolizaria musicalmente a "cúpula mágica". Mas o cantochão é isto e mais uma coisa: também é a monotonia dos recitativos, através dos quais se faz ouvir a palavra da Revelação; compensa-se assim, conforme Santo Agostinho, a invisibilidade de Deus, que é revelado em sons "simples e terríveis". Este já não é o *Deus absconditus* da "teologia negativa" e sim o Deus de face descoberta, o da Teofania de Natal perante os pastores e os magos. Diante dessa revelação, cuja luz ilumina e como abre a cúpula fechada do Advento, a própria História parece imobilizar-se; os séculos ficam parados. Com efeito, o cantochão nunca mais mudou: música extratemporal, cantada com fidelidade absoluta durante os séculos a fio — *ecce ego vobiscum sum omnibus diebus, usque ad consummationem saeculi.*

A vida póstuma de El Greco

Letras e Artes, 04 jan. 48

O primeiro ato da vida verdadeira do pintor Domenikos Theotokopoulos, chamado El Greco, foi seu enterro. Não chegara muito além de celebridade provinciana. Mas, afinal, um Góngora lhe elogiara a arte, e embora o grego, natural da ilha de Creta, não fosse absolutamente um Grande da Espanha, fora no entanto o pintor oficial do cabido de Toledo — e nada impede imaginar-lhe o enterro assim como ele mesmo pintara o enterro do conde de Orgaz: um punhado de círios acesos, como perante um ícone, lembrando a longínqua ilha bizantina, iluminando precariamente a escuridão sombria da catedral gótica de Toledo; e os santos e anjos, assumindo atitudes de solenidade aristocrático-espanhola, para assistir aos funerais daquele que pela sua arte os chamara do céu para a terra espanhola, na qual o sepultaram.

Quem morre, diz um provérbio, morre por muito tempo. El Greco morreu por três séculos. As notícias do contemporâneo Pacheco sobre ele já se parecem com atestado de óbito ou inventário de tabelião. Mas na verdade foi o enterro que incorporou definitivamente o estrangeiro à terra espanhola. Já lhe estavam garantidas a ressurreição e a vida eterna.

É, porém, um fato que El Greco caiu logo em olvido completo, assim como se apagaram as luzes na sua cidade de Toledo, empalidecida ao lado do brilho da nova capital, Madri. Durante duzentos anos ninguém lhe lembra o nome, menos uns velhos cônegos daquela catedral, guardando uma tradição oral cada vez mais vaga. No começo do século XIX, os eruditos patrióticos redescobrem as catedrais, embora considerando-as como "monumentos da ignorância e do gosto bárbaro dos séculos obscuros". Então, o ilustre historiador Ceán Bermúdez, fazendo o inventário dos tesouros artísticos da península, também fala de certo pintor grego, imigrado para a Espanha, e do qual dizem que foi louco. É na época das guerrilhas patrióticas contra os franceses. Depois, a Europa toda se entusiasmara pela Espanha. Traduzem Cervantes e Calderón. Ajoelham-se perante as doces virgens de Murillo. Adoram a Espanha "romântica", pitoresca. No fundo, é a vitória dos franceses vencidos: impõem aos outros e aos próprios espanhóis um conceito de país de fidalgos e ciganos. A Espanha de Mérimée e Gautier. E neste país não há lugar para o pintor de Toledo.

Os viajantes franceses mencionaram ocasionalmente o nome de El Greco, assim como num guia se lembram curiosidades, uma torre inclinada ou uma casa sem janelas. O túmulo de El Greco ficou fechado. Abri-lo-á a ciência; e não encontrará senão alguns ossos. No catálogo do Museu do Prado, que Pedro de Madrazo organizou em 1866, os quadros do grego aparecem entre os de quarta ou quinta categoria. O pintor que soubera tornar visível, no quadro de *Pentecostes,* o Santo Espírito, não ressuscitará em carne e ossos, mas no espírito. A sua ressurreição operar-se-á introvertendo-se a ordem das cerimônias grego-gótico-espanholas que o acompanharam para o túmulo. Descobrir-se-á primeiro o espanhol; depois, o gótico; enfim, o bizantino.

Uma nova Espanha, consciente, sai da derrota definitiva de 1898. Reconsideram-se os valores espanhóis. Murillo desaparece no fundo. Velásquez já é algo menos apreciado. Prestigiam-se os místicos sombrios, Ribera e Zurbarán. Em 1908, Manuel Bartolomé Cossio publica o livro em que apresenta, à Europa deslumbrada, o maior dos pintores místicos: El Greco. No ano seguinte, a grande exposição de Madri abre horizontes de profundidade inédita: *O Grande Inquisidor,* a *Paisagem de Toledo,* a *Noite em Getsêmani,* o *Despojamento do Cristo, Pentecostes,* o *Enterro do Conde de Orgaz.* Comparam os quadros de El Greco às revelações sobrenaturais dos grandes místicos espanhóis. E é assim — como o maior dos místicos espanhóis — que muito ainda o apreciam.

Mas a diferença é forte. Assim como todas as expressões típicas do espírito espanhol, também a mística espanhola é realista, até cruel. San Juan de la Cruz emprega termos eróticos. Santa Teresa é escritora de um realismo cervantino. Ribera submete os seus santos a martírios bárbaros. As esculturas de Montañes suam sangue. El Greco, porém, não é realista. É fantástico. Nem precisa pintar auréolas em torno das cabeças dos santos, porque tudo nos seus quadros é irreal e simbólico. Para realizar esse efeito, abandonara o colorido dos seus mestres venezianos, o vermelho e as tintas afins. Em meio a luzes azuis e violetas estendem-se seus corpos oblongos, tão deformados que parecem pertencer a outra raça que não é a espanhola.

Maurice Barrès, ao qual El Greco deve a nova fama mundial, acreditava ter descoberto *le secret de Tolède* e a origem daquela "outra raça". A velha cidade já fora a capital da Espanha "árabe", na verdade dos berberes africanos; seria El Greco um pintor africano? O crítico espanhol Cansinos-Assens, elaborando e invertendo a tese, definiu o ascetismo místico de Toledo e de El Greco como espécie de penitência coletiva, reação dos sobrinhos *genii loci* contra as orgias africanas da Toledo dos serralhos. Ao mesmo tempo, um médico espanhol tornou-se notório, explicando as deformações na arte de El Greco de maneira muito diferente: ver uma oval onde olhos normais vêem um círculo é o defeito dos olhos astigmáticos. E ainda há quem acredite nisso.

Parece que A. L. Mayer foi o primeiro que chamou a atenção para a "normalidade parcial" dos olhos de El Greco: as suas figuras reais são menos deformadas, menos oblongas do que as figuras visionárias. O pintor usou um símbolo pictórico para criar na tela aquela "raça diferente" de santos e ascetas fantásticos, uma "raça sacra". O que parece magreza ascética é sintoma da desmaterialização dos corpos. Ao paganismo das composições horizontais da Renascença opõs El Greco estruturas verticais, vistas como por um astigmático — mas será que todos os artistas góticos foram astigmáticos? A vertical é a linha dominante do estilo gótico. El Greco não tem nada a ver com os seus contemporâneos barrocos nem com os seus mestres renascentistas. É o maior pintor, e o último, da Espanha gótica.

Essa interpretação só está parcialmente certa. Não se pode negar, em El Greco, a influência de Tintoretto, que é o representante principal do barroco veneziano. Barroca também é a preferência pelas ovais e elipses em vez dos círculos. Os mestres góticos sabiam harmonizar este e o outro mundo; El Greco, assim como o barroco inteiro, separa com violência a realidade e a irrealidade. Mas onde aprendeu isso? Na Espanha essencialmente barroca, não; lá chegou como pintor feito. Em Veneza? Não foi aluno de Tintoretto, e sim de Tiziano. Apenas escolheu Veneza porque sua ilha de Creta era então colônia da República Adriática; e em Veneza reencontrou antiqüíssima tradição bizantina. Meier-Graefe e outros consideram a maneira de El Greco de justapor as cores sem perspectiva e de perfilar os contornos com tinta preta como maneira cretense, quer dizer, bizantina. Descobrem-lhe semelhanças na arte dos mosaicos de Ravenna, dos ícones de Kiev — e na arte moderna.

Ainda se oferecerá oportunidade para desmentir o divulgadíssimo mas também falsíssimo conceito de Bizâncio como capital de uma civilização petrificada, esgotando-se em discussões estéreis sobre "o sexo dos anjos". Na verdade, a civilização bizantina foi, durante um milênio, a mais viva, dir-se-ia a mais agitada do mundo. Aquelas discussões ideológicas assemelham-se assustadoramente com as nossas lutas ideológicas. Os chamados "partidos do circo" do tempo do imperador Justiniano, incompreensíveis aos historiadores do século passado, não eram entusiastas dos esportes; representam a "agonia", a luta de uma transição social. Os artistas modernos, digamos a partir de 1910 (pouco depois da redescoberta de Toledo), voltaram a compreender a arte de Bizâncio — e a arte de El Greco. A eles também o recurso da deformação das linhas serve para dinamizar o mundo das formas visíveis, atrás das quais se abrem inéditas perspectivas interiores. No último capítulo da sua vida póstuma, El Greco chegou a ser pintor "moderno".

Será? A deformação, em El Greco, não é recurso para modificar a matéria e sim para desmaterializá-la. As suas perspectivas interiores não são de natureza psicológica e sim mística. Tudo, na sua pintura, apenas é símbolo, torna-se, com o tempo, incompreensível.

Por isso, El Greco voltará a perder a "modernidade". Será novamente sepultado, talvez para sempre, o que não impedirá a permanência perpétua da sua pintura, assim como dos mosaicos de Ravenna. A Espanha mística o guardará para sempre. A catedral gótica de Toledo ficará o templo dedicado a sua arte misteriosa, que reluz no fundo da escuridão sombria como um ícone bizantino.

Espaços

Letras e Artes, 01 fev. 48

O Museu de Belas-Artes da minha cidade natal é um vasto edifício, construído no falso estilo Renascença de 1880, com todo o luxo exuberante de uma burguesia disfarçada de aristocracia veneziana. Rampa magnífica, portão enorme, e depois, no meio do *hall* de recepção, uma escada impressionante, digna de receber os monarcas todos da Europa de outrora. No patamar, um grupo de Canova prepara o visitante à grande exposição de arte clássica que o espera em cima. É a coleção de pintura da família dos Habsburgos que governava a Itália, a Espanha e os Países Baixos. Abundância deslumbrante de Botticelli, Mantegna, Bellini, Rafael, Correggio, Tiziano, Veronese, Tintoretto, Tiepolo; os pintores barrocos de Bologna ficam colocados nos corredores meio escuros, como gente de segunda categoria. Depois, Flandres e a Holanda: Memling, Bosch, a maior coleção de Brueghel que existe no mundo, Rubens, Van Dyck, Rembrandt, Hals, os paisagistas, De Hooch, Vermeer van Delft, Escola francesa, Poussin, sobretudo; alguns alemães góticos. Uma ala fica reservada aos espanhóis: é verdade que El Greco brilha pela ausência; mas são numerosos os Ribera e Murillo, e Velázquez expõe família inteira de meninas reais e de pálidos e decadentes infantes da coroa de Castela. Das janelas dessa ala espanhola do museu vê-se o centro da cidade, o Paço Imperial, igrejas e palácios barrocos, o fruto maduro de uma civilização milenar. Das visitas dominicais naquelas salas fica lembrança inesquecível: aí, o dogma da beleza marcou os espíritos.

Nos mesmos domingos, o andar térreo do museu recebia visita diferente: a mocidade dos colégios, guiada pelos professores para tomar conhecimento dos "tesouros históricos", dos objetos de "interesse histórico" mas "sem valor artístico". Aí existe uma imensa coleção de artes decorativas grega e romana, esculturas góticas em madeira, as jóias exuberantes dos príncipes barrocos e, enfim, a chamada "arte dos povos primitivos". Gerações inteiras de meninos cansaram-se em examinar, conforme as imposições do *curriculum*, milhares de vitrinas e vitrinas. As janelas não oferecem o descanso de um panorama imperial: daí só se vêem, de longe, o centro comercial, subúrbios proletários, até se vislumbra a grande estepe eslavo-oriental que começa às portas da cidade. Apenas de vez em quando um menino esperto conseguiu divertir os amiguinhos, chamando-lhes a atenção para uma escultura obscena dos negros africanos.

O edifício com todos os seus tesouros de duas espécies ficou intacto, através de bombardeios e tempestades históricas. O que mudou é apenas o nosso gosto artístico. Sem desprezarmos os grandes mestres — a maluquice futurista já acabou —, sabemos, as chamadas "épocas de decadência", a arte dos primitivos: tudo isso está, de qualquer maneira, perto da nossa arte moderna, contemporânea, 1900, 1910, 1920; é a maior, e mais intensa, modificação do gosto artístico que os séculos já experimentaram. Os motivos dessa mudança — *fair is foul, and foul is fair*, diriam as bruxas de Shakespeare — não cabe examiná-los num artigo de espaço limitadíssimo. Mas convém recordar a memória do grande espírito ao qual devemos tantas compressões novas, quase uma revolução da inteligência moderna.

Os especialistas conhecem bem o nome de Alois Riegl; vão comemorar, em breve, o centenário do grande sábio, que morreu cedo demais para ver as conseqüências da sua intuição científica. Para os leigos, Riegl é quase um desconhecido: situação melhor, no entanto, do que foi a sua em 1900, naquele Museu Imperial de Viena. Ninguém lhe negou a competência. Mas se assustaram em face da sua posição contra os dogmas da estética clássica. Reinava naquela época a definição que o "positivista" Semper deu da obra de arte: como produto de finalidade, material e técnica, o valor do artista media-se conforme o seu domínio da técnica, conforme a capacidade reconhecida no resultado. Riegl, porém, declarou que finalidade, material e técnica seriam apenas fatores exteriores, superpostos à vontade de criar; o que vale não seria o "saber fazer" e sim o "querer fazer", a intenção do artista. Mas, conforme esse credo herético, a maior obra-prima de Fídias ou Rafael seria igual ou talvez inferior a um objeto de arte religiosa dos negros da África Central, porque naquela se realiza apenas a pura beleza, e neste, um sentimento cósmico! Evidentemente, esse herético Riegl não era idôneo para dirigir as coleções de arte italiana e flamenga. Excluindo-o do andar superior do museu, confiaram-lhe a direção do térreo. Então, esse andar térreo do Museu de Viena tornou-se, por volta de 1900, berço dos conceitos modernos de arte plástica.

Naquelas coleções encontrou Riegl numerosos objetos de arte decorativa dos últimos tempos do Império Romano, considerados de grande interesse histórico, mas sem valor artístico; são tão diferentes das indiscutidas obras-primas da arte grega que não podem ser senão inferiores. Essas "obras inferiores" constituem o assunto do primeiro e decisivo trabalho de Riegl: demonstrou que não se tratava de incapacidade nem de decadência, e sim de uma modificação do ideal artístico. O ideal dos gregos era o objeto plástico, colocado no centro de um espaço definido; o ideal dos últimos artistas romanos foi o objeto que faz parte de determinado espaço, de modo que a multiplicação dos objetos alarga o espaço, acrescentando-lhe novas unidades espaciais. Por isso — a observação divulgou-se através de Spengler, que se documentara fartamente em Riegl sem lhe citar o nome — os gregos reuniram em sua acrópole grande número de estátuas magníficas, sem se preocupar com a ordem simétrica ou qualquer outra; para nós, se aquilo não ficasse em ruínas, seria verdadeiro caos, porque a arte ocidental moderna liga muito às leis do agrupamento, da composição. O Espaço grego é a união de um corpo com o elemento não-corporal que o rodeia imediatamente; o Espaço moderno, a partir da Idade Média, é o vazio, entre e ao redor dos corpos, capaz de extensão ilimitada. "A partir da Idade Média" é porém expressão inexata: a linha divisória encontra-se entre a arte romana enquanto imitação da grega e, doutro lado, a arte dos últimos tempos do Império Romano. O que é decisivo não é a maior ou menor capacidade de realização, e sim uma maneira diferente de reagir artisticamente em face do Universo, maneira cuja expressão formal é o Espaço criado pela arte. A arte não é, em geral, uma resposta às impressões recebidas de fora pelo artista que os imita ou transfigura (o que seriam definições insuficientes, aplicáveis apenas ao realismo acadêmico e ao realismo naturalístico); a arte é reação ativa, mais criação do que recriação, criação de mundos novos; e se estes são "belos" ou então se parecem com a "realidade" observada, isso é de importância secundária. Importa é que o artista os criou porque os quis criar.

Tão evidentes nos parecem hoje essas definições que custa acreditar na oposição que Riegl encontrou. Para ele, os fatores exteriores da criação artística — finalidade, material e técnica — não passam de condições que limitam a liberdade de ação do artista. Depende dessas condições o aspecto final da realização mas não a intenção do artista; e é esta última pela qual se distinguem os grandes estilos da história das artes plásticas. Quando se reparavam, antigamente, na arte dos povos primitivos ou na arte gótica ou barroca certas qualidades características que um artista do século XIX evitaria, logo se conclui por inabilidade, falta de conhecimentos de anatomia e perspectiva, técnica imperfeita. Conforme a época da qual aquelas obras de arte provieram, o efeito atribui-se à imperfeição técnica dos "primitivos" ou então à "decadência", ao "maneirismo". Chegaram a tratar um Giotto de "primitivo" e um El Greco de "decadente". Desde Riegl, sabemos que as qualidades características de certos estilos históricos não se explicam pela falta de capacidade e sim por intenções diferentes das nossas. Não há época infantil nem decadência. Só há muitas maneiras, conforme as épocas históricas, de exprimir artisticamente o sentido do Universo. A arte romana não foi, em comparação com a grega, decadente; apenas realizou o último destino da arte grega, evoluindo da plasticidade corporal para a visão espacial. No começo de toda arte está o tato; no fim, a vista. A escultura grega verifica e representa a impermeabilidade dos corpos isolados; o fundo de cura dos mosaicos bizantinos representa a infinidade das visões cósmicas.

Riegl verificou depois essa "lei" da transição da arte tátil para a arte visual em todas as épocas. Aos blocos maciços da arquitetura romântica seguem as linhas verticais do estilo gótico. À plasticidade perfeita da Renascença segue o perspectivismo audacioso do barroco. Reabilitaram-se os estilos de expressão não-realista, como o gótico e o barroco, a arte arcaica, a arte dos primitivos — e a arte moderna. Riegl foi o São João Batista de Picasso.

Também foi o São João Batista de toda historiografia das artes plásticas que pretende dar algo mais do que biografar os mestres famosos, ou decidir da autenticidade de certos quadros discutidos, ou então descrever os estilos à maneira dos manuais escolares. As arquiteturas grega, românica, gótica, renascentista, barroca já não se distinguem mais, de maneira simplista, pelas "ordens de colunas", número de torres, contornos retilíneos ou curvados e outros detalhes secundários, mas sim pelas qualidades gerais dos espaços criados. O Espaço reconhece-se como a criação mais geral, mais genuína das artes plásticas. Para quê emolduramos os quadros senão para acentuar a fronteira entre o Espaço real em que vivemos e o Espaço imaginário da obra de arte? Parece limitação. Mas na verdade essa teoria dos espaços imaginários abre perspectivas imensas que o espírito humano descobriu, ou antes criou. A diferença é a mesma dos panoramas que se oferecem das janelas do primeiro andar e do térreo do Museu de Viena. Das janelas de cima, vêem-se as construções imperiais de um milênio, de um grande passado: a suma dos fatores exteriores que limitam a liberdade criadora. Das janelas do térreo — daquelas pelas quais Alois Riegl costumava olhar — apenas se vêem casas humildes e planícies desertas; mas dessas casas de trabalho sai o Espírito para encher os espaços vazios e descobrir as províncias do futuro.

Um centenário

O Jornal, 29 fev. 48

Há pouco mais de cem anos, Macaulay, falando da grande influência exercida pelas brochuras polêmicas na época da Reforma, afirmou: "A gente do nosso tempo já não pode ser convertida nem pervertida por meio de brochuras". Pouco depois, o ilustre ensaísta inglês estava redondamente desmentido. Há exatamente cem anos, na última semana do mês de fevereiro de 1848, foi lançada uma brochura pela qual foi convertida ou pervertida — depende do ponto de vista — muitíssima gente. Comemorando-se a data, levantar-se-ão para o céu hinos e maldições enquanto os mais prudentes escolherão o caminho do silêncio. Agora resta experimentar se ainda é possível, evitando-se tanto o hino como a maldição, falar francamente.

Os equívocos são muitos. Já o título daquela brochura os provoca. O *Manifesto Comunista*, de 1848, não é o programa do Partido Comunista, internacionalmente organizado em 1919. É — ou antes é considerado assim — o documento principal do marxismo: ora, havia marxista antes de existir o Partido Comunista de hoje; e existem no mundo muitos milhões de marxistas que não são filiados àquele Partido. O *Manifesto Comunista* poderia ser estudado sem se referir ao comunismo no sentido atual da palavra. Então, a oportunidade seria de falar do marxismo *sans phrase*? Tampouco. Seria pretensão absurda *estudar* o marxismo no espaço limitado de um artigo de jornal. E para quê? Para refutá-lo? Ou para demonstrá-lo? Uma legião de escritores marxistas já demonstrou a verdade do marxismo sem convencer os antimarxistas, principalmente aqueles que nunca leram Marx. E uma legião de escritores antimarxistas já refutou os marxistas sem convencer os marxistas, principalmente aqueles que nunca leram Marx, principalmente aqueles *petits et humbles* que — conforme a opinião insuspeita do economista burguês Daniel Villey — põem no marxismo todas as suas esperanças. O marxismo é uma filosofia da economia, da história e da ação; e todas as filosofias são, conforme Hegel, irrefutáveis. Em vez de demonstrar ou refutar, vale a pena distinguir.

Entre os documentos principais do marxismo, o *Manifesto Comunista* é o único que não foi escrito por Marx sozinho; é produto da sua colaboração com Engels, circunstância de grande significação e importância. Dir-se-ia que Marx não podia escrever sozinho aquela brochura. Três anos antes de iniciar-se a redação do manuscrito, em 1844, Marx ainda era partidário de um humanismo hegeliano; dão testemunho disso os famosos "manuscritos de 1844", publicados no vol. III, P. I. da edição das *Obras Completas* (Moscou, 1932). Então, e até muito depois, o estudioso universitário Karl Marx ignorava por completo a situação do proletariado. Conhecedor dessa situação era Engels, autor da *Situação das Classes Operárias na Inglaterra* (1845). Nesta obra descreveu Engels, como primeiro, um fenômeno que se manifesta principalmente na situação do proletariado, mas também é um fenômeno geral da vida moderna: a chamada "alienação", quer dizer, a separação entre elementos indissoluvelmente ligados da vida humana. Todos nós, proletários ou não, sofremos das conseqüências da alienação: a política, a economia, a técnica, a ciência, criadas pelo homem para servir ao homem, tendem a tornar-se independentes, subjugando-nos, transformando-nos em objetos. A separação entre produtor e produto — no caso do proletariado — é o caso extremo da alienação. No tempo em que Engels descobriu o fenômeno, ainda ignorado por Marx, este já possuía uma filosofia prometendo a abolição da alienação: a evolução dialética descoberta por Hegel superaria a existente antítese desumana, levando à síntese, à integração das fontes da vida. O produto desse encontro entre a sociologia descritiva de Engels e o humanismo hegeliano do jovem Marx é o *Manifesto Comunista*.

Essas verificações permitem afirmar, pelo menos, o que o *Manifesto Comunista* não é. Primeiro, não é, como imaginam muitos liberais radicais e sentimentais, uma doutrina de compaixão ou comiseração para com o proletariado — apenas algo mais radical do que outras doutrinas de reforma social. Não, a doutrina do *Manifesto Comunista* é uma filosofia sociológica, que não apela absolutamente para os sentimentos nem dos injustiçados nem dos injustos, nem dos que observam a injustiça social. O fato de as vítimas da alienação — os *petits et humbles* de Villey — terem aderido à doutrina sem compreendê-la não é contra-argumento: aderiram a uma esperança, assim como abraçaram, antes do *Manifesto*, o socialismo sentimental dos utopistas e assim como aceitarão, depois do *Manifesto*, as teorias econômicas do *Capital*, também sem compreendê-las. Porque — eis o segundo ponto — a doutrina do *Manifesto Comunista* tampouco é idêntica ao marxismo como teoria da economia política: este só foi esboçado na *Crítica da Economia Política* (1859). E só em 1867 saiu o primeiro volume do *Capital*, expondo as teorias sobre o valor que constituem a base do marxismo e das quais no *Manifesto Comunista* ainda não se encontra o menor vestígio. O *Manifesto Comunista* não é, portanto, o documento principal do marxismo e sim de uma doutrina à qual poderíamos chamar "pré-marxismo".

Quem faz uma distinção dessas assume a responsabilidade de explicá-la. Para esse fim, seria possível recorrer à distinção entre ideologia e utopia, estabelecida por Mannheim. Mas não adianta. A doutrina do *Manifesto* não é utópica, nem a ciência do *Capital* é uma ideologia. Será preciso redefinir os conceitos. Conforme Mannheim, ideologia é a justificação, por meio de argumentos racionais, de uma ordem estabelecida, por exemplo, de determinado regime econômico. Neste sentido, o marxismo do *Capital* não é absolutamente uma ideologia, antes pretende contribuir à abolição de uma ordem estabelecida. No entanto, existem no marxismo certos elementos que aparecem na definição de ideologia: os argumentos racionais. E, quando os analisamos, chega-se a um resultado surpreendente: os argumentos dos socialistas utópicos e sentimentais, antes de Marx, não eram racionais, porque baseados em fantasias e emoções; os argumentos de Marx são racionais porque os tiram, todos, de uma situação realmente existente: do próprio capitalismo, dominante na sua e nossa época. Marx baseia o socialismo justamente nas tendências de evolução do capitalismo. Esse "caráter capitalista" do marxismo — perdoem o paradoxo — é responsável pela grande influência que exerce sobre os não-marxistas. O economista burguês Sombart afirmou que toda a economia política burguesa do nosso tempo está cheia de conceitos marxistas; o economista católico Iostock afirma o mesmo quanto à sociologia católica. É possível, evidentemente, aceitar certas teorias marxistas sem se tornar marxista. A condição necessária para tanto é apenas limitar a vitalidade da doutrina; e, com efeito, afirmam aqueles não-marxistas que a teoria está certa apenas com respeito à época do capitalismo, digamos de 1770 ou de 1840 para cá. Sem capitalismo não existiria marxismo. Nesse "sem", inteiramente utópico, que pretende negar a realidade do capitalismo ou iludir a gente quanto a essa realidade, reside a diferença toda entre marxistas e não-marxistas. Ocorre nessa altura, quase espontaneamente, a famosa resposta de Marx a um discípulo seu: *"Moi, je ne suis pas marxiste"*. Na verdade, houve uma época na qual o próprio Marx não era marxista, a época na qual escreveu junto com Engels o *Manifesto Comunista*, porque nessa época ainda não dispunha dos argumentos racionais do marxismo. Lançou argumentos filosóficos, argumentos característicos das utopias. O *Manifesto* não é porém uma utopia no sentido do termo de Mannheim, e sim apenas a forma utópica (porque filosófica, apriorística) daquilo que seria mais tarde o marxismo. Por isso, aqueles *petits et humbles* podiam aceitar a doutrina sem compreendê-la. Foi uma fé, despertando as consciências, criando novas realidades; apenas aos abomináveis "realistas" da política acorre desprezar a fé, que segundo o Evangelho é capaz de deslocar as montanhas.

Mas o que foi, em 1848, a fé de Marx? Não acreditava no reino fantástico dos utopistas, no paraíso terrestre. A sua fé era a de um hegeliano: fé na coerência da História, na evolução coerente, até a abolição da alienação. Por isso não conseguem refutá-lo os liberais (porque não acreditam na coerência da História) nem os antiliberais (porque não reconhecem o fato da alienação). O pré-marxismo do *Manifesto* continua irrefutável como filosofia; e, como fé, continua a despertar consciências, também as consciências dos não-marxistas, inclusive de certos intelectuais — não se fala dos desonestos e sim daqueles do tipo de Silone que apostatam porque temem nova alienação, a da Inteligência, pelo próprio marxismo. Os que hoje já não podem ser marxistas talvez sejam os que entendem certas conclusões do *Manifesto Comunista*.

Ficam fiéis aqueles de que Daniel Villey dizia, citando o Evangelho: *Bien des choses n'ont pas été révélées aux doctes et aux prudents, que savent les petits et les humbles.* São os que experimentam na própria carne o fenômeno da alienação. Estes não foram convertidos nem pervertidos pelo *Manifesto Comunista*. A pequena brochura não resolveu o problema; apenas — apenas! — deixou na consciência dos homens contemporâneos um fenômeno típico desses cem anos que hoje acabam. Esta afirmação coincide quase literalmente com a afirmação daqueles economistas de que o marxismo apenas é válido com respeito à época do capitalismo. Está certo. Mas essa época ainda não acabou. E por isso mesmo o centenário daquela brochura é um acontecimento digno de ser meditado.

O problema dos tchecos

O Jornal, 07 mar. 48

Os últimos acontecimentos na Tchecoslováquia têm realmente aquela importância que logo se lhes atribuiu, ou talvez importância ainda maior. Já Bismarck, que entendia algo dessas coisas, dissera: "Quem possui a Boêmia possui a Europa". Agora dizem tratar-se de reagir, de agir em qualquer caso. Mas será possível agir sem antes pensar? Sem compreender? Há vantagem em os destinos do mundo serem decididos por pessoas cujos conhecimentos se limitam aos resultados da última estatística comercial e da última reportagem? Foi justamente com respeito aos tchecos que um estadista dizia publicamente: "É uma pequena nação longínqua, da qual sabemos pouco"; e esse ministro chamava-se Chamberlain. Talvez convenha saber que o golpe de Estado dos comunistas tchecos representa mais uma tentativa de resolver o conflito secular dentro da consciência tcheca: entre o Oriente e o Ocidente. Conflito entre dois conceitos fundamentais, destinado a tornar-se o conflito de todos nós.

Quando os tchecos perderam em 1526 a independência nacional, sendo incorporados ao Império dos Habsburgos, o conflito estava resolvido em favor do Oriente; pois "Áustria", "Österreich", significa literalmente "Império do Oriente", e foi realmente isto em relação ao Ocidente protestante dos alemães, holandeses e ingleses. Contudo, os tchecos ainda conservaram durante quase um século o privilégio de pertencer, dentro do Império Oriental, ao Ocidente; pois eles também eram protestantes; Hus, o reformador medieval da Igreja tcheca, foi mesmo considerado um precursor de Lutero. As veleidades protestantes "hussíticas" são fortes até hoje entre os tchecos; e provavelmente contribuíram, agora, para facilitar a adesão ao comunismo entre os anticlericais. Mas quem visita, hoje, a cidade de Praga, que é um verdadeiro monumento do passado tcheco, mal descobrirá vestígios arquitetônicos daquele anticlericalismo medieval. Encontrará uma cidade barroca.

Até as casas e pontes góticas do centro da cidade parecem como que dominadas pelas inúmeras estátuas de S. João Nepomuceno, do mártir do sigilo da confissão; e o corpo curvado, a batina agitada por um vento imaginário e os olhos torcidos para o céu dessas estátuas não deixam dúvidas quanto ao estilo que preferiu a representação desse santo, culto de predileção do catolicismo barroco. No bairro Kleinseite, então, dominam palácios enormes e cúpulas majestosas — a gente acredita encontrar-se na Roma dos papas do século XVII. E de qualquer ponto da cidade que se levantem os olhos sempre se vê, na colina em cima, o imenso palácio barroco, símbolo do vitorioso absolutismo e catolicismo, o Hradschin.

No Hradschin já se passou uma hora fatal da história européia, tão grávida de acontecimentos como a do setembro de 1938 e a de hoje. Foi no começo do século XVII, quando a decisão da luta entre Catolicismo e Reforma parecia depender da resolução do imperador Rodolfo II que lá residia – mas o velho imperador, rodeado de astrólogos, observando angustiado os astros, não resolveu nada. Ficou abúlico. Talvez acreditasse que qualquer decisão só podia acarretar o caos. Talvez acreditasse que toda a História só seja rumor infernal numa noite de febre, no teatro de Satanás — e o que vale perante Deus só é o homem, a criatura anônima que não participa daquele jogo do diabo. E quis ser homem assim, sozinho em face do céu escuro. Em vez dele agiram outros: um Wallenstein que concebia os mais grandiosos planos políticos para dominar e pacificar o continente; e todos os outros grandes generais e estadistas da Guerra de Trinta Anos que rebentou naquela cidade para se resolver se a Europa devia ser católica ou protestante.

Nesta luta entre Roma e Londres, Madri e Versalhes, os "homens anônimos", pobres camponeses e artesãos tchecos, eram meros objetos. Para eles, na Boêmia, a Contra-Reforma venceu espetacularmente. Foi então que Praga se transformou em cidade barroca; um barroco muito especial, hierático, quase bizantino — o Império dos Habsburgos representava, em relação ao Ocidente protestante, o

Oriente. Então a Boêmia, que já fora um dos centros da Europa medieval, se transformou em longínqua província "da qual sabemos pouco". No grande Teatro do Mundo a vitória final não coube nem aos católicos nem aos protestantes. A "paz" de 1648 não passou de uma trégua, consagrando o indiferentismo. Depois, os exércitos prussianos que no século XVIII invadiram a Boêmia já estavam comandados por um rei livre-pensador. Este novo Ocidente trouxe aos tchecos a indiferença religiosa, a industrialização e — o nacionalismo.

Aos pés de Herder, Fichte e dos outros grandes professores do pré-romantismo alemão aprenderam estudantes tchecos, em Iena e Leipzig, os princípios de uma consciência nacional que não admite fronteiras senão as da língua. E todas as línguas eslavas manifestam semelhanças surpreendentes. Foi entre os tchecos, povo isolado sem independência política, ameaçado pelo germanismo, que nasceu o pan-eslavismo; no início, mero movimento literário-científico. Então as coisas mudaram de aspecto. Agora, a Áustria, católica e administrada por uma burocracia alemã, significava o Ocidente; no Oriente havia a grande esperança de "todos os eslavos", a Rússia. Alguns entre os tchecos, receando o absolutismo dos tzares, preconizaram a transformação da Áustria em Império eslavo: a chamada "solução austro-eslava". Os outros, a maioria, tornaram-se pan-eslavistas. No fundo, são as mesmas atitudes, as mesmas duas ideologias historicamente determinadas que hoje se chocam na Tchecoslováquia. Em Viena, embora conhecessem muito bem "a pequena nação", também a "conheciam pouco". Muito menos ainda na Alemanha e no Ocidente inteiro. Estadistas não costumam interessar-se por ideologias históricas e outras bobagens assim.

"Esta é a guerra dos povos germânicos contra os eslavos", dizia no Reichstag o chanceler Bethmann-Hollweg. Quer dizer, a guerra de 1914, na qual os regimentos tchecos não quiseram lutar, com toda razão, contra os russos.

Contra o pan-eslavismo tcheco só se levantara um homem de cultura e coragem extraordinárias, um verdadeiro estadista: Masaryk. Até a última hora acreditara na "solução austro-eslava"; 1914 esmagou-lhe as últimas esperanças a respeito. Então ele — assim como seu discípulo e colaborador Benes — tentou, para evitar a vitória do tzarismo, a "solução ocidental": a libertação já inevitável dos tchecos devia realizar-se pela ajuda do Ocidente anglo-saxão. Parece que aconteceu assim. Mas só parece: apenas porque a Rússia, sacudida pela revolução, desapareceu temporariamente do tabuleiro de xadrez europeu. A segurança da nova república democrática dos tchecos dependeria, já pouco depois, da Rússia, agora comunista. No Ocidente não se preocuparam com esse conflito de consciência entre duas ideologias, dentro da alma tcheca. Um estadista esclarecido como Chamberlain falou de "pequenas nações de que sabemos pouco". Depois de Munique, tocaram em Paris a *Marselhesa*, que depois, durante alguns anos, não se tocou mais. Mais uma vez, os astros em cima do palácio de Hradschin desencadearam uma grande guerra.

O conflito de consciência dentro da alma tcheca revela-se com a maior clareza na obra de um homem que se encontra no meio entre as duas ideologias nacionais: Jaroslav Durych pertence, como católico (até católico apaixonado, místico), ao Ocidente, mas no hussitismo reconhece a variedade tcheca do bizantinismo oriental; e Masaryk lhe parece o tipo do estadista humildemente humano, eslavo. Como símbolo de síntese das ideologias adversárias aparece-lhe o barroco de Praga. A este estilo, a este mundo dedicou Durych esta obra maior, seu próprio mundo, o romance *Confusões*.

Um romance? Será que muitos leitores estranhariam esse salto, da história política para a "mera" literatura? Chamberlain, decerto, ignorava o romance de Durych. Mas há vantagem em os destinos do mundo serem decididos pelos ignorantes e incultos? E os que simpatizavam ou simpatizam politicamente com os tchecos ainda têm menos razão de se rir de "nomes impronunciáveis". Trata-se, aliás, de uma obra enorme, um dos maiores romances da literatura universal.

Até me confesso incapaz de dar, em poucas palavras, idéia desse mundo complicadíssimo. Que a leiam; ela existe em traduções inglesa, francesa e alemã. É um romance "histórico", inconfundível porém com todas as outras obras desse gênero meio falso. É o romance do século barroco inteiro, do Peru até o Oriente, com a Boêmia e as batalhas da Guerra de Trinta Anos, e os palácios e igrejas da Praga barroca no centro do qual irradia uma energia intensa, nervosa, moderna. Mas o centro humano da obra não é o estadista e general Wallenstein, cujos planos fracassam, nem seus amigos e inimigos no palco do grande Teatro do Mundo, e sim duas pobres criaturas anônimas; o romance tampouco se chama *Wallenstein* (como certas traduções fazem crer) e sim *Confusões*. Esse romance "histórico" é propriamente um romance anti-histórico. Para Durych, a História política não tem sentido. Os grandes planos, todos eles, fracassam. Tudo isso apenas é rumor infernal, numa noite de febre, no teatro de Satanás. O que vale perante Deus só é o destino daquelas criaturas anônimas — esse conceito é, aliás, tipicamente eslavo, mas aquelas criaturas anônimas não simbolizam apenas o povo tcheco, mero objeto da História enfurecida, e sim todos nós. É uma lição, uma lição eslava, de humildade. Mas é, em meio da luta entre duas concepções do destino humano — luta dentro da alma tcheca, luta entre o Oriente e Ocidente, luta que a todos nós importa —, "apenas" uma visão de poeta.

E é verdade que os poetas não fazem a história. Em outubro de 1938, o conhecidíssimo dramaturgo Karel Capek dizia amargamente: "Os esforços reunidos de todos os estadistas chegaram a manter a insegurança coletiva". Só é outra expressão, mais espirituosa do que profunda, da filosofia de Durych: os homens anônimos, os que "não participam do jogo", são esmagados; em compensação, os planos dos poderosos fracassam. Em 1618, perguntava-se se a Europa seria protestante ou católica. Mas o resultado foi diferente. E agora, o mundo será dos "católicos" ou dos "protestantes"? — ou de nenhum dos dois, ou de quem? — e mesmo se todos os planos dos Wallensteins, de cá e de lá, fracassassem, o que será da Europa e de todos nós? Já começou novamente a noite de febre, de rumores infernais. Mais uma vez, os astros passam por uma hora fatal, no céu escuro em cima do palácio do Hradschin.

Retrato do virtuose

Letras e Artes, 07 mar. 48

Os grandes violinistas, quando chamados pelo público depois do fim do concerto, deixam-se ainda arrancar algumas peças extras, umas danças ou *capriccios* inofensivos, valorizados por dificuldades técnicas artificialmente acumuladas que deslumbram a platéia. Às vezes, entre esses extras aparecem peças algo diferentes, de dificuldade extraordinária, mas também de força elementar, quase demoníaca: a um grande poeta já sugeriram imagens das mais esquisitas — um minueto em salão aristocrático do rococó, um assassínio por ciúme, corais fúnebres, ou remorsos violentos do criminoso, o grito de triunfo do diabo, até uma forte arcada de desespero interromper as visões fantásticas. Essas peças são de Paganini.

Biógrafos, libretistas e cineastas maltrataram-no bastante: às vezes aparece como gênio sobre-humano, outras vezes como charlatão ridículo. Talvez fosse isto e aquilo ao mesmo tempo?

A vida de Niccolò Paganini foi mesmo sensacional, como um filme rápido e de fim abrupto. Nascera em Gênova como filho de um estivador que reconheceu cedo o talento musical do menino; o pai viveria explorando-o. Impôs ao pobre garoto exercícios intermináveis, 10, 12, 14 horas por dia, mantendo-o trancado num quarto escuro. Mais tarde, Paganini conservará esse "método": como amante das Elisa Bacciochi e Paulina Borghese, princesas de estilo rococó na época napoleônica, trancou-se nas abandonadas vilas de caça de Parma e Lucca, ensaiando a execução de peças dificílimas em duas cordas só, enfim em uma corda só. Também se aproveitou da solidão para estudar perante o espelho poses fantásticas, diabólicas, que assustaram depois os cortesãos. Rapidamente o sonho das cortes napoleônicas se desvaneceu. Para gostar daquelas poses só ficou o judeu inglês George Harrys, homem muito esperto, o primeiro grande empresário da vida musical do século XIX. Foi ele que levou o mestre, que contava então já mais de 40 anos, para Viena. Em 1828, Paganini deu o primeiro concerto, empolgando, subjugando o público da cidade de Beethoven. Em 1829 e 1831 repetiram-se em Berlim e Paris os êxitos sensacionais, devidos à virtuosidade extraordinária do violinista — e à sua apresentação não menos extraordinária. No palco apareceu um sujeito alto, palidíssimo, magérrimo, vestindo fraque lamentável, curvando-se perante o público em reverências enormes, ridículas, sinistras, diabólicas. Contudo, o recital começou com obras de feição clássica que o próprio Paganini compusera no estilo nobre do século XVIII; o seu concerto *La Campanella* é uma obra-prima à maneira de Corelli e Tartini, dos grandes mestres do passado. Depois, o salão aristocrático transforma-se em sala dos bailes fantásticos do *Carnaval de Veneza*, em lugar de reunião noturna das *Bruxas*, é assim que se chamam aquelas pequenas peças de Paganini — a mão esquerda do violinista toca acordes inéditos de três, de quatro tons, a velocidade cresce rapidamente, *pizzicati* infernais alternam com acordes sonoros de que o violino parecia incapaz, o virtuose já toca em uma corda só verdadeiras sinfonias, até uma forte arcada fazer desaparecer, de repente, a visão diabólica. Assim Heine descreveu, num folhetim famoso, o concerto de Paganini. Depois, novamente as reverências meio cômicas, meio sinistras: com um sorriso sarcástico despede-se o mestre, carregando para o hotel um dinheirão tal como nunca um músico ganhara. Desaparece no dia seguinte, viajando ou antes fugindo para outra cidade. Dizia-se que deixara um cheiro de enxofre.

Já em Viena, na ocasião do primeiro concerto, os supersticiosos explicaram as artes extraordinárias do virtuose por um pacto que teria concluído com o diabo; alegaram ter visto um homenzinho corcunda, muito suspeito, em sua companhia. Em Paris — onde Heine o ouviu — acusaram-no de um assassínio misterioso; em Londres, do rapto de uma menina. Em Bruxelas, os católicos chegaram a vaiar o novo Fausto. De repente, Paganini desapareceu. Já amontoara bastante dinheiro? Ou então, o próprio diabo o levara? Na verdade, morreu na Riviera, de tuberculose da laringe. As autoridades eclesiásticas recusaram o enterro ritual. Deixou 25 milhões de francos, um Guarnerius preciosíssimo (guardado hoje no museu de Gênova) e sete Stradivarius, dos quais o melhor desapareceu sem vestígios. Assim como se perderam as armas do violinista Paganini. Da sua vida fantástica apenas ficou vaga reminiscência, como uma sombra na parede, como se fosse reminiscência de cinema.

Nunca mais um virtuose conseguiu tanto êxito, nem um Liszt, nem um Sarasate. Os virtuoses de hoje, então, são pobres-diabos em comparação com Paganini, que o mais severo dos seus críticos contemporâneos, Fétis, comparara a Napoleão. Aí se vislumbra a explicação do fenômeno. A Europa de 1830 era, depois das tempestades da Revolução e das guerras napoleônicas, essencialmente apolítica. Governos patriarcais e polícias vigilantes nem permitiam a ocupação com os negócios públicos. Notícias de teatro e concerto encheram os jornais. Eram os dias áureos do pianista Liszt, da cantora Henriette Sonntag, da bailarina Taglioni. Em vez de a gente se bater nas barricadas, lutava-se nas ruas para tirar os cavalos do coche da cantora, para levar nos ombros o pianista. Paganini foi o maior entre esses Napoleões da sala de concerto. E aqueles dias idílicos e fantásticos não voltam mais. No entanto, a explicação fica incompleta.

As nossas salas de concerto, hoje, são muito maiores do que naqueles tempos. Enche-as uma massa muito mais numerosa, capaz de tempestades de entusiasmo, violentas e contagiosas. Recursos inéditos da publicidade e da técnica conquistam o mundo aos cantores, aos pianistas, aos violinistas, que carregam cheques e mais cheques. Em comparação, Paganini foi um pobre-diabo. Também o seria na sala de concerto, porque aquelas artes inéditas que deslumbraram Viena e Paris são hoje domínio de todos os mestres do instrumento: todos sabem tocar acordes, bater *pizzicati*, usar uma corda só, fingindo polifonias, aumentar a velocidade até o público perder o fôlego. Muitos entre eles dispõem de uma cultura musical pelo menos tão sólida como fora a de Paganini, embora lhes faltem as suas ligações com a grande tradição dos Corelli e Tartini. Mas o que certamente lhes falta é a personalidade demoníaca, dir-se-ia genial. E no gênio existe, conforme Nietzsche, um elemento mistificador que se aproxima do charlatanismo. Gênio e charlatão ao mesmo tempo, Paganini foi a expressão máxima, embora fugitiva, da música romântica.

No tempo de Paganini nasceu o culto romântico do gênio; Carlyle é quase contemporâneo seu. Contemporâneo seu é exatamente Balzac, que foi, conforme Sainte-Beuve, o primeiro grão-mestre da "literatura industrializada". Os que pagaram com preços fantásticos os camarotes nos concertos de Paganini foram os banqueiros do *juste-milieu*, os primeiros empresários de estradas de ferro. O culto romântico do gênio é uma espécie de reação desesperada da arte contra a época da industrialização. Os próprios concertos de música industrializaram-se, sendo transferidos dos salões aristocráticos para as grandes salas públicas. A intimidade entre artista e conhecedor foi substituída pelo sensacionalismo. Até um Byron foi sensacionalista, encenando perante o público a sua própria pessoa. Paganini, homem de outros tempos, venceu porque também sabia encenar-se.

Com efeito, veio de outros tempos, filho do século XVIII, herdeiro das tradições sólidas dos Corelli e Tartini; os seus concertos, como *La Campanella*, dão testemunho disso. Até os 40 anos de idade não pensou em tocar para o grande público. Para ele, mesmo depois da Revolução Francesa, a cultura musical do rococó sobreviveu nas pequenas cortes napoleônicas da Itália. Mas em 1815 começou o século XIX. Do salão, Paganini pulou para o palco; foi um salto mortal diabólico, transformando-o em feiticeiro do violino, em mistura curiosa de charlatão e prima-dona. A esse virtuosismo Paganini subordinou sua técnica inédita do instrumento. A essa técnica serviram recursos inéditos da publicidade, os artigos pagos nos jornais, os escândalos arranjados, os boatos diabólicos habilmente espalhados. E o diabo que realizou esses milagres infernais, o suspeito homenzinho corcunda, foi Mr. George Harrys, o primeiro grande empresário. Falava-se muito, então, da avareza de Paganini, acumulando milhões. Mas esse homem foi capaz de dar 25 mil francos de uma vez para ajudar o gênio Berlioz, então desconhecido, pobre e ridicularizado. Na verdade, Paganini foi, nos tempos de adolescência do capitalismo, o primeiro artista que não quis dar de presente a sua arte, exigindo honorários decentes da parte de banqueiros e empresários de estradas de ferro. Foi mesmo o primeiro artista-capitalista. Na sala de concertos, sabia improvisar às maravilhas, assim como aqueles improvisaram especulações na bolsa. Mas a sua técnica, nos seus negócios, era mais sólida. Foi possivelmente a única vez que se realizou a síntese completa e perfeita de grande arte e grande charlatanaria, reunidas numa grande personalidade demoníaca.

Depois, a personalidade foi derrotada pela publicidade. A organização venceu a arte. A técnica tornou-se independente. O violino mecanizou-se. Os violinistas de hoje sabem fazer tudo o que Paganini sabia fazer, e mais. A propaganda é todo-poderosa: até é capaz de inventar gênios, sendo já ninguém capaz de distingui-los dos charlatães. Alguns contemporâneos vienenses de Paganini entristeceram-se porque a sua sombra diabólica fez esquecer a grande sombra de Beethoven, morto um ano antes do primeiro concerto do virtuose. Um século mais tarde, Paganini está esquecido, mas um Spengler prevê o dia em que Beethoven lhe acompanhará o destino: quando uma humanidade tecnicamente civilizadíssima não verá mais nada numa partitura do mestre do que um farrapo de papel. Então, da nossa civilização inteira não ficaria nada mais que uma sombra fantástica na parede, como se fosse reminiscência de cinema.

Pintura chinesa

Letras e Artes, 21 mar. 48

Uma confusão pacífica e idílica de casinhas e jardins, pontos e colinas, ribeiros e muros. Arquitetura e natureza indissoluvelmente reunidas aos pés de um horizonte largo, infinito, feito conto transparente pelas finíssimas linhas dos ramos nus de árvores isolados perante o céu sereno, um infinito sem angústia — assim se nos apresenta a pintura chinesa. A elaboração delicadíssima, um *je ne sais quoi* de atmosfera de contos de fadas, conferem a essa pintura o encanto de uma música muito cromática, debussyana; o aproveitamento das mil nuanças de que é capaz o uso do nanquim produz mesmo efeitos musicais. Não se pode, porém, negar o outro efeito produzido por essa arte: o da irrealidade, de certa monotonia. Muitos preferem, por isso mesmo, a pintura japonesa, que realiza, com a mesma técnica, maravilhas de realismo, refletindo a via inteira com todas as manifestações do espírito e do corpo. Essa pintura, reflexo da nossa realidade, compreende-se imediatamente; a pintura chinesa requer outra compreensão, mais profunda, porque reflete outra realidade de que é o símbolo.

"A pintura", diz Georges Braque, "é a arte de tornar visíveis as coisas invisíveis". Toda arte chinesa subordina-se a esse fim; é simbólica. Deve ser assim, porque também é assim na vida chinesa. "Um cão que morre de fome à porta do seu dono significa a ruína do Estado", diz um provérbio chinês. Política terrestre e moral celeste são inseparáveis, assim como a natureza e a arquitetura chinesas. Um quadro, representando um pastor montado num touro e tocando a flauta, significa "a vitória do fraco sobre o forte", o domínio da legalidade. A pintura chinesa é pacífica, é sempre serena; mas não idílica. Os paisagistas chineses pintam as figuras humanas muito pequenas porque "o homem é pequeno perante a Natureza". Até as névoas transparentes nos horizontes infinitos têm significação simbólica. Mas a significação desses símbolos pictóricos nem sempre é a mesma. Estudando-se aqueles espaços diáfanos, descobrem-se diferenças importantes, desmentindo a lenda arquivelha da imobilidade petrificada da civilização chinesa.

Ao homem ocidental os chineses pareciam, durante muito tempo, racionalistas superficiais, sem angústia nem tragédia. Confundiu-se com racionalismo a lucidez serena. Na verdade, a angústia do homem ocidental é, em grande parte, efeito da oposição radical entre Natureza e Espírito, estabelecida pelo cristianismo. O chinês é pagão. A Natureza lhe parece cheia de demônios, nem sempre maus, às vezes bons; é preciso — e isto se realiza tanto pelo culto privado como pelo culto do Estado — uma espécie de entendimento amistoso com aqueles espíritos, uma espécie de organização burocrática, tanto do Estado como do Universo. Então, está tudo bem: o cão não morre, o imperador reina, e a Natureza abre literalmente suas portas para a gente passear nela, até a hora do passeio definitivo para fora, para o Nada dos pagãos orientais: o grande Vazio que circunda o Universo e lhe serve de fundamento — o *Tao*. "Tao" significa "Caminho". A natureza dos pintores chineses significa esse caminho através das coisas boas deste mundo —

> "Il faut laisser maison et vergers et jardins
> Vaisseles et vaisseaux que l'artisan burine
> Et chanter son obsèque en la façon du cygne
> Qui chante son trépas sur les bords méandrins".

O pintor também passeia através dos caminhos "meandrinos" dos horizontes infinitos, projetados para o espaço de duas dimensões da pintura: e as coisas invisíveis, o *Tao*, tornam-se visíveis.

A visualização do invisível é reforçada pelo contraste das coisas deste e do outro mundo. Daí a preferência pelos ramos nus das árvores isoladas perante o céu infinito, sereno e vazio. Amplia-se a perspectiva. O olhar do espectador penetra nos fundos do quadro; a visibilidade diminui, obscurecendo-se a atmosfera pela distância. O infinito dos fundos é o verdadeiro tema da pintura chinesa. No primeiro plano, não há oposição entre Espírito e Natureza, entre arquitetura e paisagem: tudo é "caminho", através de uma aparente confusão de casinhas e jardins, pontes e colinas, ribeiros e muros — na verdade, um bem-organizado Departamento de Estradas de Rodagem, burocracia ressegurada pelos entendimentos com o imperador e com os demônios, de modo que nunca se perde de vista o verdadeiro caminho, o para os últimos fundos, o "Caminho", o *Tao*.

Assim a pintura chinesa foi mais ou menos até o fim do século XIII da nossa era. Só depois mudou; não se trata, portanto, de nostalgia de um idílio perdido. Os chineses, se não são racionalistas, pelo menos são homens muito razoáveis, lúcidos. Nunca se perderam em ilusões quanto à natureza precária dos entendimentos com os demônios. Correspondentemente, nunca confiaram muito na organização burocrática deste mundo. Sempre sabiam — o que o homem ocidental apenas estava aprendendo a partir do século XVII e fica sabendo hoje — que o próprio diabo é capaz de fantasiar-se de organizador burocrático. Então, os demônios não obedecem mais à legislação em vigor. O imperador reina, mas já não governa. O cão morre de fome à porta do seu dono. E enfim morre o próprio dono, no caminho, mas fora do Caminho. E acaba o mundo.

É conhecida a predileção de Kafka pelas parábolas chinesas. Dos seus próprios contos alegóricos, muitos se passam no Império do Centro. Mas este ótimo apelido já serve para datar a época kafkiana da história chinesa. Até o fim do século XIII, os chineses consideravam o seu mundo não como centro, e sim como o primeiro plano do Universo. Só a partir do século XIV os pintores chineses colocam-se (ou colocam seus olhos) no centro do espaço pictórico, como que procurando um ponto fixo no grande Vazio que os circunda — agora já não para servir de fundamento ao mundo e sim para devorá-lo. Os quadros chineses dessa segunda época não representam o caminho para o fundo; representam o mundo suspenso no espaço sem fundo. O olhar do espectador já não penetra, partindo do primeiro plano, no fundo; olha do centro para todos os lados, para cima, para baixo, não encontrando fins — nem saída. O horizonte, na perspectiva, sobe; o céu perde o mistério, porque a própria vida se tornara misteriosa. A atmosfera fica clara. A aparente confusão de arquiteturas, dispersas pela paisagem, cede à composição rigorosa; rigorosa e inflexível como a burocracia, incapaz, no entanto, de manter a ordem. Por uma espécie de impressionismo pictórico, correspondente à improvisação das soluções políticas, dissolvem-se as formas. Esta pintura da segunda época é muito mais idílica do que a da primeira. Mas é idílio ilusório, tentativa de evadir-se da confusão kafkiana de um mundo diabolicamente burocratizado. É a invasão da angústia.

Jeremias

O Jornal, 28 mar. 48

"Jeremias" já é menos um nome do que um apelido. Tornou-se o protótipo do homem que se lamenta. Assim Voltaire o fez personagem de epigrama, quando da tradução das "Lamentações" pelo poetastro Pompignan:

> *"Savez-vous pourquoi Jérémie*
> *Se lamentait toute sa vie?*
> *Pourquoi, prophète, il prévoyait*
> *Que Pompignan le traduirait".*

Na verdade Jeremias se teria lamentado de coisas bem mais sérias, em presença da gente risonha do rococó, pouco antes da Revolução Francesa. "Pelo gládio, pela peste e pela fome, tornar-vos-ei detestáveis a todos os reinos do mundo. Incendiarão as vossas cidades. E o vosso país será um deserto" (Jer. 34). Assim o pintor Lilien o representou: no fundo, a cidade de Jerusalém, iluminada pelos últimos raios de sol; fora dos muros, as filhas de Israel, dançando; e no primeiro plano o profeta, rasgando a túnica bordada de corações sangrentos. Mas é muito diferente dessa Cassandra masculina o Jeremias que Michelangelo pintou na Capela Sistina: dir-se-ia, um pensador. E na verdade Jeremias foi pensador político e homem de ação. Assim o apresenta hoje um católico alemão exilado, Karl Thieme, numa conferência corajosíssima que pronunciou na Basiléia em 1942, na época das grandes vitórias alemãs, e que nestes dias nos chegou como brochura, tendo saído, só Deus sabe através de que dificuldades, da Alemanha ocupada. Dessas páginas surge a figura do suposto lamentador como portador de uma grande mensagem de grande atualidade para o nosso tempo.

In illo tempore, o reino da Judéia era um pequeno Estado, imprensado entre duas grandes potências: a Babilônia, à qual estava ligado por um "tratado de amizade" esmagador; e o Egito, que prometeu ajuda sem fazer nada. Havia em Jerusalém um "partido babilônico", composto de traidores, e um "partido egípcio", composto de nacionalistas reacionários. Jeremias estava fora dos partidos. Contudo aconselhou a submissão à Babilônia, porque assim se evitaria a guerra "mundial" entre as grandes potências. E quando os judeus do "partido egípcio" tentaram uma revolução nacionalista, Jeremias deu um passo mais adiante: aconselhou aos jerusalemitas a deserção individual, entregando-se cada um à graça dos babilônios (Jer. 21). Se não fosse a pátina da tradição bíblica, milenar, esta atitude do profeta já teria sido caracterizada como a de um traidor. Como tal, Jeremias seria hoje em dia preso por qualquer polícia de qualquer Estado, assim como o prendeu *in illo tempore* a polícia judaica, jogando-o para o fundo de uma cisterna. Mas ele poderia alegar, em sua defesa, que apenas quis colaborar para evitar a guerra. E dessa defesa apoderaram-se com efeito aqueles que, não sendo da polícia, tampouco são amigos da Babilônia. Então, Jeremias teria sido — assim aparece na tragédia de Stefan Zweig, em 1918 — um pacifista. Hoje em dia, as nossas experiências históricas nos obrigam porém a dizer, em vez de pacifista, utopista. Mas nem a traição nem a utopia autenticam o mensageiro de Deus, o profeta. Talvez não tenha sido? Ou então a nossa época já não sabe mais o que é um profeta?

Em que consiste, afinal, a profecia de Jeremias? Em que ele, prevendo a destruição de Jerusalém, *se lamentait toute sa vie?* De modo algum. Quando não conseguira, lutando contra os nacionalistas, evitar a guerra, não começou a lamentar-se; nem profetizou, utopicamente, que "esta guerra seria a última das guerras". Em vez disso, deu aquele conselho de traidor: "Quem pretende ficar nesta cidade morrerá pelo gládio, pela peste e pela fome; mas quem de nós sairá da cidade entregando-se aos babilônios que nos assediam, este sobreviverá" (Jer. 21). O emprego dos verbos no futuro, nessa frase perigosa, já tem algo de profético. Mas Jeremias, após ter profetizado a destruição de Jerusalém, acrescenta mais alguma coisa: a cidade seria transformada, depois, em fortaleza indestrutível, "sacrossanta ao Senhor, e nunca mais será destruída" (Jer. 31). Isto, sim, já é uma profecia formidável: como quer que a consideremos, é preciso admitir que se cumpriu. A destruição do que se chama hoje cidade de Jerusalém seria acontecimento muito lamentável, mas já não atingindo a substância da fé religiosa de ninguém; para os judeus, a cidade do templo foi substituída pela "cidade" invisível da lei mosaica que os acompanha pelos continentes e milênios afora; e para os cristãos a Jerusalém das pedras já foi substituída pela Jerusalém celeste, que "nunca mais será destruída", até a consumação dos séculos.

Jeremias não foi um lamentador permanente; profetizou, ao contrário, uma vitória. Quem tem motivo para se lamentar somos nós outros, a nossa Cidade fica muito destrutível — também estão presentes a Babilônia e o Egito, as grandes potências deste mundo —, mas não surge nenhum profeta autorizado para dizer-nos que a Jerusalém deste século, a nossa civilização, não seria nunca mais destruída. Será que perdemos os profetas, as profecias e o próprio futuro? Ou será que a mensagem de Jeremias, embora já sem significação religiosa desde que se cumpriu a profecia, ainda tem, para nós outros, importância política?

Em situação semelhante, durante a guerra de 1914/1918, o grande sociólogo Max Weber, estudando a Bíblia, descobriu um fato fundamental: *in illo tempore* dos profetas de Israel, eles não foram considerados como mensageiros de Deus, porque o povo ignorava o verdadeiro sentido das profecias; foram considerados como publicistas, intervindo nos acontecimentos do dia. Foram perseguidos porque o Deus em cujo nome se apresentaram não era o Deus da dinastia reinante nem da burocracia do Estado, e sim o Deus da nação da qual diziam abertamente que sobreviveria ao Estado corrompido e injusto. Eram oposicionistas radicais. E quem aderiu a eles, "obedecendo mais a Deus do que aos homens", tomou atitude política.

Com muita energia intelectual e muita coragem moral, Thieme insiste, naquela brochura, em que uma decisão religiosa é sempre uma decisão política, assim como uma verdadeira decisão política é sempre de natureza religiosa; pois sem a firme resolução de assumir as responsabilidades e tirar as conseqüências políticas a atitude religiosa seria mera evasão. Se Jeremias tivesse apenas falado em Deus sem se revoltar contra o nacionalismo suicida do partido egípcio, ninguém o teria perseguido. E aos teólogos que consideram a atitude de Jeremias como "alegórica", antecipando profeticamente a atitude antimessianista de Jesus, Thieme responde: "Está certo, Jesus não foi entregue aos romanos porque falava do Reino dos Céus, mas porque condenava a revolução nacional dos messianistas. Jeremias tampouco falava, de maneira vaga, de sair para o mundo lá fora, que também é de Deus, e sim de sair da cidade para entregar aos babilônios; trair a pátria terrestre, já condenada por Deus, para salvar outra pátria, indestrutível. Negar a significação política da atitude de Jeremias, ou então diminuir-lhe alegoricamente a importância política, isso significa fugir à Vergonha da Cruz, significa renegar o Cristo assim como Simão Pedro o renegara perante os esbirros do Estado". O reino da Judéia, condenado porque baseado na corrupção e na injustiça, perdera o direito e a capacidade de usar a força. Por isso, tornou-se preciso lembrar aos homens que deviam mais obediência a Deus, a voz do profeta e da consciência, do que ao Estado.

Está claro por que Thieme, o alemão exilado, dizia isso em 1942. O Estado alemão, baseado na corrupção e na injustiça, perdera o direito de usar a força, justificando-se mesmo, perante Deus, a traição política dos seus súditos. Duas vezes a Alemanha usou a violência; na primeira vez, foi derrotada; na segunda, esmagada. Agora, essa Jerusalém está destruída. A advertência profética de Thieme aplicava-se à Alemanha.

Mas ai de nós se fôssemos como os fariseus, não admitindo a relevância da profecia para nós mesmos: se os nossos ouvidos também ficassem fechados à mensagem do profeta. Agora, a Europa inteira encontra-se na mesma situação de impotência como o pequeno reino da Judéia entre as grandes potências Babilônia e Egito: a Europa, cujo poder imenso sobre os cinco continentes estava baseado na força e na violência, e que hoje está esmagada pela força e pela violência. Desistir para sempre desses meios é o único meio para salvar a civilização européia — à qual todos nós pertencemos e da qual nem se vislumbra ainda substituto — enquanto as pedras da Cidade já caem em pedaços. Desistir, quer dizer, resistir ao Estado injusto, seja até por meio daquela desobediência civil que se torna, às vezes, obrigação tão grave como se fosse religiosa; resistir para ficar-se fiel aos destinos históricos, cuja previsão é o próprio ofício dos profetas. O profeta que, através de milênios, nos diz isso não é um utopista nem um traidor, e sobretudo não é um lamentador. Ao contrário: sua voz apagada e inapagável nos fala, em face de ruínas, de uma outra Cidade que nunca mais será destruída.

América do Sul do Norte

O Jornal, 04 abr. 48

Em nossas livrarias encontram-se várias traduções de uma espécie muito particular de *best-sellers* norte-americanos; são romances históricos que se passam no Sul dos Estados Unidos, na época antes da Abolição. As capas, representando palacetes em estilo colonial e gente vestida de crinolinas e fraques, revelam logo de que se trata: subliteratura evasionista, tão do gosto do leitor comum. Nenhum desses romances tem o mínimo valor literário. Mas acontece — o caso é freqüente, aliás — que subliteratura apenas é o subproduto de uma outra literatura, esta para as elites cultas, mas que não nos foi dada a conhecer em traduções; nem, ao que saiba, se estudou jamais, fora dos Estados Unidos, a respectiva corrente literária à qual poderíamos chamar "literatura do Sul", porque nasceu nos estados do Sul da União, Virgínia, nas duas Carolinas, na Geórgia. Quer dizer, na região escravocrata que perdera, depois da Abolição, toda importância. Os representantes da corrente preferem porém chamar-se de "agraristas".

O "agrarismo" surgiu quando a economia norte-americana experimentou a crise catastrófica de 1929. Então, pela primeira vez, ouviram-se dúvidas quanto ao valor permanente da civilização capitalístico-industrial dos estados do Norte. E as elites intelectuais do Sul, mudas desde a derrota na Guerra de Secessão, acordaram da letargia, lembrando-se do tempo em que os fazendeiros escravocratas do Sul possuíam uma civilização própria, de relações íntimas com a Europa, enquanto os comerciantes e *farmers* do Norte ainda eram bárbaros grosseiros — e teriam jamais chegado além disso? A riqueza, afinal, não é sintoma de verdadeira civilização. Aí já se vê que os "agraristas" não são, simplesmente, reacionários, apesar do título provocatório, *Reactionary Essays on Poetry and Ideas,* que Allen Tate, um dos chefes do movimento, deu a um volume seu. O manifesto dos agraristas, *I'll Take My Stand* (1930), não é documento reacionário; entre os colaboradores encontram-se os cultíssimos críticos e poetas John Crowe Ransom e Robert Penn Warren, além daquele Tate que também escreveu um verdadeiro romance histórico, *The Fathers*. Do ponto de vista brasileiro, esses homens são antes liberais, preconizando profundas reformas sociais. Lembram, de longe, a mentalidade de certos estadistas do Segundo Reinado, da época áurea do liberalismo brasileiro. O ambiente cultural dos Ransom e Tate é mesmo capaz de inspirar saudades a um brasileiro, até a qualquer latino-americano que se pretenda defender contra o "progressismo" grosseiro dos expansionistas anglo-saxônicos. Tanto mais urge examinar as bases do "agrarismo".

Um livro do professor A. E. Parkins *(The South, Its Economic-Geographic Development)* fornece oportunidade para estudar a realidade atrás daquela ideologia. Não é uma obra comparável àquele monumento da sociologia histórica que é *Casa-grande & Senzala*; mas não lhe falta, para os estudiosos brasileiros, o interesse comparativo. Aquela famosa civilização sulina foi obra de uma classe dirigente — "os fazendeiros, relativamente pouco numerosos, cuja riqueza, experiência, cultura e inteligência superior os predestinaram para serem chefes. Não foram só os chefes do Sul, mas dos Estados Unidos". Por volta de 1850, o Sul já perdera a preponderância demográfica e econômica. Mas os sulistas continuaram a governar os Estados Unidos. Durante 60 anos os presidentes sempre foram do Sul. O Norte forneceu, durante essa época, 12 presidentes da Câmara e 54 embaixadores; o Sul, respectivamente, 23 e 86. Na administração federal e no exército os sulistas dominaram de tal maneira que, ao rebentar a guerra civil, em 1861, Lincoln, o presidente nortista, não tinha funcionários nem oficiais nem armas.

Em que se baseava essa superioridade política dos estados do Sul? Na cultura. A pouca intensidade demográfica da região "essencialmente agrícola" dificultava a disseminação de escolas primárias; os ricos, dispondo de professores particulares para os seus filhos, nem se preocupavam com a alfabetização dos outros. No Norte o número de matrículas escolares era três vezes maior do que no Sul; mas havia no Sul três vezes mais alunos de colégios e universidades. As escolas superiores eram motivo de orgulho dos sulistas: o College William and Mary, em Williamsburg, de 1693; a Augusta Academy, de 1787. É verdade que Harvard e Yale, as grandes universidades do Norte, eram mais antigas; mas sufocava-as a mentalidade puritana, enquanto os elegantes edifícios em estilo colonial ou grego dos colégios sulinos evidenciavam um espírito aberto, liberal, cosmopolita.

Nessas escolas formou-se uma elite. Conforme as observações de um viajante muito crítico, o inglês James Buckingham (1841), "os senhores do Sul, especialmente da Virgínia e Carolina, são perfeitos *gentlemen* à antiga: vestindo-se com elegância discreta, de maneiras gentis e delicadas, exigentes quanto ao nível das leituras e das discussões; um pouco relaxados com respeito à moral sexual, mas nunca ofendendo o decoro público; ótimos amigos, inimigos cavalheirescos, e pontualíssimos em tudo o que se refere à honra pessoal".

A descrição lembra a Inglaterra do século XVIII, a época augustéia da literatura inglesa, a era dos Pope e Gray, Fielding e Sterne e de cientistas como Halley e Black. Daí se observa com surpresa que o Sul escravocrata dos Estados Unidos não produziu nada de comparável. A contribuição do Sul à literatura nacional, então concentrada em Boston, era quase nula. Poe, às vezes considerado como sulino, também era bostoniano, deixando ao Sul apenas o triste privilégio de o ver morrer miseravelmente. O único nome notável da literatura sulina, Simms, é o de um romancista de talento mas de gosto grosseiro. O estudo rotineiro das línguas antigas, fornecendo as citações indispensáveis para os discursos, sufocava os interesses científicos. "Na época antes da guerra civil havia mais homens cultos no Sul do que em qualquer outra parte do país; mas os seus esforços perderam-se na política e na eloqüência... Até naquelas famosas universidades a faculdade melhor foi sempre a do Direito; porque o estudo do Direito abriu o caminho para a política".

A influência do clima e da escravidão, criando preconceitos quanto ao trabalho, é inegável: contribuiu para fortalecer a situação privilegiada dos escravocratas cultos, aos quais o clima afrouxou no entanto as energias, ao passo que o mesmo clima contribuiu algo — também este fenômeno é conhecido dos latino-americanos — para amenizar a triste condição das classes baixas. Mas o afrouxamento das energias das classes dirigentes tornou estas cada vez mais dependentes das classes baixas, sobretudo em situações de emergência. "A chamada vida fácil das classes baixas no Sul não foi benefício do clima, e sim o resultado da sensação de desamparo em face das adversidades da vida, do isolamento, da ignorância, da falta de organização, da pobreza e das doenças". "E quando, então, surgiu o caso da emergência, as elites do Sul se viram abandonadas dos seus auxiliares naturais, sofrendo a derrota que as esmagou para sempre".

Evocar, hoje, a "civilização do Sul" parece evasionismo reacionário. Mas não é tanto assim. Os "agraristas" de *I'll Take My Stand*, opondo à crise do capitalismo nortista a imagem da civilização patriarcal e escravocrata do Sul, agiram, de certa maneira, como revolucionários. Outro manifesto do movimento, *Who Owns America?* (1936), é mesmo francamente progressista. Surpreende-nos tanto mais o fato de que os banqueiros e industriais do Norte, em vez de pensar em nova guerra contra o Sul, adotaram certos pontos do "agrarismo" — não para si mesmos, mas para os outros; empregaram os recursos do negócio editorial e de Hollywood para divulgar, em filmes e em romances pseudo-históricos, as saudades sulistas. Atrás dessa atitude mal se esconde outra saudade: a dos próprios banqueiros e industriais de voltar à fase patriarcal da organização social, embora ficando com luz elétrica e aviões, rádios e geladeiras, automóveis e cinemas, e a venda em massa a prestações.

A contradição é manifesta; e apenas um dos seus sintomas é o fato de produzir, em vez de uma coerente expressão literária, uma subliteratura falsa. Mas esta é coerente com os ideais igualmente falsos de um "patriarcalismo" dirigido por industriais e banqueiros. Havia na história, digamos antes de 1750, grandes civilizações de base "essencialmente agrícola" mas sem técnica industrial e organização burocrática; por isso não eram "exportáveis". E os falsos ideais do "patriarcalismo industrial e financeiro" também acabarão revelando-se inexportáveis.

In memoriam Karl Mannheim

O Jornal, 11 abr. 48

Graças às excelentes traduções castelhanas do Fondo de Cultura Económica encontra-se nas mãos de todos as obras do sociólogo Karl Mannheim: *Ideologia e Utopia*, obra básica da nova disciplina "Sociologia do Saber", que estuda a relação entre as idéias políticas e sociais e a condição social do pensador; e os dois livros sobre problemas da planificação. Mas quando Mannheim faleceu, há pouco, mal se tomou conhecimento do fato. Quer dizer, o pensamento sociológico de Mannheim está sendo devidamente apreciado; mas não se deu atenção à "situação" pessoal do pensador, personalidade representativa e quase simbólica da nossa época.

Num dos pouquíssimos necrológios publicados neste país encontrei apenas uma relação bibliográfica, acompanhada da observação de que Mannheim se ocupara principalmente com a Sociologia do Saber e com os problemas da planificação. Está certo. Mas não reparou o necrologista a contradição profunda entre esse dois terrenos de especialização. Conforme a Sociologia do Saber, os nossos conceitos políticos, econômicos e sociais dependem fatalmente da nossa condição social; refletem a condição da classe à qual pertencemos, de modo que não existem "verdades" de valor universal a respeito, e sim apenas verdades "classistas" — sejam ideologias que defendem com argumentos racionais a ordem estabelecida, sejam utopias que "racionalizam" os desejos de novas ordens. Ideologias e utopias são, por índole, verdades particulares e em parte irrealizáveis. Planificação significa, porém, a realização de conceitos que abrangem a sociedade inteira, conceitos universais cujo valor está acima da separação de classes. Aí está uma contradição grave — e um pensador tão lúcido como Mannheim não teria percebido isso?

O método da Sociologia do Saber é o da sociologia histórica. Para elucidar aquela contradição convém, portanto, estudar-lhe as origens históricas. Logo dir-se-ia o seguinte: embora Mannheim fosse antimarxista (num sentido muito acima do antimarxismo vulgar dos bobos e dos subornados), pertencia ao número, grande aliás, dos sociólogos "burgueses" que receberam influências profundas do marxismo; e os conceitos da Sociologia do Saber e da planificação já coexistiam em Marx. Este também só admitia valores de classe, e também preconizou a sociologia planificada. E Mannheim não teria sido capaz de distinguir?

Na verdade, a árvore genealógica da Sociologia do Saber é muito mais antiga. Não será preciso reconhecer a observação de Maquiavel quanto à diferença das mentalidades "na rua e no palácio".

O próprio Mannheim chamou a atenção para Bacon: até a época deste, a epistemologia estava dominada pelo pensamento de Platão, a doutrina das idéias como verdades permanentes; Bacon opôs às idéias os "ídolos", aos obstáculos a compreensão racional da realidade. E entre estes menciona os *idola fori*, os preconceitos produzidos pela situação social dos homens que pensam. "Preconceitos" não é termo exato para definir-se o conceito baconiano dos ídolos. Escolhi o termo para aludir à transformação da teoria baconiana no século XVIII: Helvétius e Holbach definem os "ídolos" como *préjugés*, principalmente religiosos, quer dizer, como superstições. A aplicação sistemática da teoria deve-se, no século XIX, ao materialista alemão Feuerbach: a hierarquia celeste afigura-se-lhe como reflexo da hierarquia social aqui na terra. Até aí a teoria é estática. Introduzindo-se nela a mobilidade da dialética de Hegel, chegamos imediatamente à "sociologia do saber" do hegeliano Marx: nas teses dele "contra Feuerbach" encontra-se a observação de que os filósofos interpretaram o mundo, enquanto é preciso modificá-lo. Modificá-lo, depois de se terem eliminado os preconceitos, superstições e *idola fori*, todos eles irracionais, para chegar-se a uma organização racional, a sociedade planificada do socialismo.

A evolução da Sociologia do Saber apresenta-se como movimento de eliminação progressiva dos resíduos irracionais na mentalidade coletiva, para chegar-se a uma racionalização perfeita da vida social. Neste movimento Mannheim ultrapassa evidentemente o marxismo; inclui entre os resíduos (as idéias sociais que dependem da situação social) também aqueles que dependem da condição proletária, quer dizer, o próprio marxismo. Neste supramarxismo Mannheim revela justamente o seu antimarxismo.

Mas não é tão fácil explicá-lo como parece. Como "primeira aproximação", poder-se-ia defender a tese seguinte: Mannheim admite a racionalização do pensamento pelo marxismo, mas quando este pretende proceder, daí, à racionalização da própria sociedade, quer dizer, à planificação, então Mannheim toma atitude contrária, incluindo o próprio marxismo entre as "verdades" socialmente relativas, de modo que não existe mais nenhuma verdade universal, capaz de servir de base para a planificação. Desta maneira, Mannheim seria apenas um "agente da burguesia". Por mais que essa tese agrade a certos críticos de Mannheim, não é possível admiti-la: porque não chega a explicar o interesse apaixonado de Mannheim pelos assuntos de planificação. É verdade que esta se afigurava ao grande sociólogo de maneira diferente: sempre ele acentuou a necessidade de salvar e unificar os restos ainda sobreviventes das elites intelectuais, daquelas que seriam capazes de elevar-se acima de todas as ideologias e utopias; quer dizer, elites capazes de escapar da fatalidade da Sociologia do Saber, cultivando verdades universais sem as quais a planificação seria mera uniformização e mecanização a serviço desta ou daquela classe. Partindo do marxismo e sendo antimarxista assim, Mannheim era o porta-voz da sua própria classe, dos intelectuais semiburgueses, igualmente ameaçados pela direita e pela esquerda, últimos defensores do "Espírito puro" num mundo de força e violência. Todo antimarxismo intelectual dos nossos dias, de Koestler até Silone, está de qualquer maneira ligado ao supramarxismo de Mannheim, revelando todos eles uma qualidade comum: a impotência em face daquela força e violência. Essa impotência já não é mero fato político. Mannheim levou a racionalização, a eliminação dos resíduos irracionais, até o ponto em que a Razão perdeu toda independência, transformando-se em mera função das condições sociais; estas ainda são consideradas como racionalizáveis, pela planificação, mas aonde tomaria a Razão a força para planificar a sociedade de tal maneira que ainda fique um lugar para os defensores da Razão pura, do Espírito? De Bacon até Mannheim negaram a independência do Espírito; e agora este não poderá sobreviver em face das doutrinas e ações da violência. Nesta altura ocorre novamente — como longínqua reminiscência — o primeiro aparecimento de idéias da Sociologia do Saber no primeiro teórico da violência antiideológica: em Maquiavel. Três séculos mais tarde, será Napoleão, o primeiro ditador moderno, que exprime desprezo profundo contra os teóricos do Espírito, chamando-os de *ideologues*, criando deste modo o termo principal da Sociologia do Saber. Hoje o mundo pertence aos Maquiavéis e Napoleões de todos os matizes. A Verdade está sendo esmagada pela força, ou então — preferindo-se expressão sem cunho polêmico — pela "realidade", pelo Fato.

    Como única salvação afigura-se a Mannheim a própria planificação — conquanto salvaguarde a existência das elites. Seria a transformação da Verdade em Fato, algo como a realização do Espírito. Este conceito é, inegavelmente, hegeliano. Em Hegel, na espiritualidade das suas leis de evolução histórica, pretende Mannheim abrigar-se contra o hegeliano Marx. Adianta? O próprio conceito de leis históricas, racionavelmente formuladas, é espécie de transcrição do conceito das leis da Natureza, matematicamente formuladas. E esta "racionalização" das forças cegas da Natureza provém — mais uma vez — de Bacon! Com efeito, o autor do provérbio "Knowledge is Power" expôs em *Novum Organum* o primeiro programa de planificação técnica: uma elite de cientistas, racionalizando a vida, tomando conta do mundo. É a forma moderna — como civilização técnico-capitalística — da velha utopia de Platão de um Estado governado pelos filósofos. Bacon, o inimigo antiplatônico dos "ídolos", foi ao mesmo tempo o Platão do mundo moderno.

A situação de Mannheim é exatamente a mesma: o antiplatônico da Sociologia do Saber é ao mesmo tempo o platônico da planificação. Se o pensamento de Mannheim se choca com a realidade — então esse choque é a própria explicação de todas as contradições íntimas da nossa civilização: é por isso — para citar um exemplo entre muitos por que os monopolistas defendem o liberalismo econômico e os socialistas o capitalismo de Estado. Por isso também acontece que todos os "Planos", sejam os de Stalin, Hitler ou Marshall, se baseiam em "Verdades" para fazer triunfar o "Fato" que esmaga a Verdade. Relativismo e Planificação — a ciência racionalizada e a força organizada trocaram as armas. Karl Mannheim definiu a contradição em Mannheim, ela se tornou consciente. Daí ele foi personalidade representativa da nossa época, na qual o Fato triunfa sobre a Verdade e a própria ciência ratifica o veredicto mortal.

"Dispensam-se os comentários", costumam escrever os jornalistas em face de um fato espantoso; mas os comentários não seriam impossíveis. Existe, no fundo da Sociologia do Saber, uma contradição, a mesma que já se encontra no fundo da teoria baconiana dos ídolos: seriam estas qualidades psicológicas do espírito humano, modificáveis portanto, ou então categorias epistemológicas, imutáveis e insuperáveis? A mesma dúvida aplica-se às categorias de Mannheim: as suas "condições sociais" seriam fatos ou fados? Aí se vislumbra a possibilidade de restabelecer-se, além do ídolo que é um Fato, a idéia que é a Verdade. Na realidade, o Fato às vezes triunfa sobre a Verdade, mas por isso o Fato ainda não se torna Verdade. Napoleão, o grande inimigo das "ideologias", já o sabia bem: "Há uma luta permanente entre o saber e o espírito; e enfim é sempre o saber que perde a batalha".

La France pauvre

O Jornal, 18 abr. 48

Um lugar-comum dos mais queridos afirma que não conhece a *douceur de vivre* quem não viveu em Paris antes deste ou daquele ano. E é sempre verdadeiro, como todos os lugares-comuns, mas nunca talvez com tanta propriedade como a respeito de "Paris antes de 1914". Ou então, antes de 1939, que é o 14 da nossa geração; enfim, o que desapareceu não é o brilho de Paris, mas sim o da nossa mocidade. O cenário fica o mesmo; torres de Notre-Dame, colunas da Madeleine, Opéra e Concorde, as cúpulas dos Invalides e do Panthéon sob o céu cinzento da Île-de-France que parece a obra-prima de um pintor impressionista, Montmartre e Montparnasse, o jardim do Luxembourg e os pequenos bistrôs – até a *banlieue* não parece mais do que a indispensável circunferência desse mundo de artistas e matemáticos que é a França. Não mudou nada?

"*Qui n'a pas vécu dans les années voisines de 1914 ne sait pas ce que le plaisir de vivre*". A frase tem, antes de mais nada, sentido mundano: refere-se ao *highlife* da Opéra, dos Elysées, do Bois de Boulogne, lembra uma época de chapéus enormes das senhoras e paixões políticas dos homens, o mundo que Romain Rolland descreveu em *La Foire sur la place*, escândalo Panamá, caso Dreyfus, processo Humbert, processo Caillaux, separação de Estado e Igreja, greves sindicalistas, luta das "duas Franças", gritos, muitos gritos nos *boulevards,* luzes, muitas luzes nos *boulevards,* antes de, conforme a palavra de Gray na noite de 4 de agosto de 1914, as luzes se apagarem na Europa. Hoje, sabemos que foi quase para sempre. Hoje, não há mais do que umas pobres luzes noturnas, comparáveis à iluminação suspeita do Boulevard Sébastopol no romance de Charles-Louis Philippe.

Não sei se muitos ainda o lêem com a mesma simpatia compreensiva dos amigos Dante Costa e Raimundo Souza Dantas, que me lembraram a oportunidade deste artigo; ou então se ele vive apenas na *niche* de santo da seita literária dos "populistas". Em todo caso, hoje tem novamente significação simbólica a figura do pobre rapaz, filho de artesão que fora mendigo quando menino para depois juntar dinheiro com tenacidade francesa; ao filho porém, artista, não adiantavam nada nem a amizade rara de Jules Renard nem o apoio literário de Barrès nem as ternuras das prostitutas do Boulevard Sébastopol. A pobreza, a de fora e a de dentro, matou o trintagenário, que hoje ressurge como uma das maiores figuras literárias da França contemporânea, o precursor do *populisme* de Eugène Dabit e Henry Poulaille e agora de Louis Pauwels e Léon Lemonnier.

O próprio Charles-Louis Philippe talvez não admitisse que lhe atribuam a paternidade do movimento, tão longe estava de todos os movimentos e tendências. "*Je conçois le roman non comme le développement d'une idée, mais comme quelque chose d'animé, de vivant, de réel, une main qui bouge, des yeux qui regardent, développement du tout un corps. Je trouve vraiment extraordinaire qu'on ose faire du roman un prétexte d'études sociales ou psychologiques. Ce qu'il faut, c'est recreer des personages qu'on a vus"*. Charles-Louis Philippe sempre só escreveu *ce qu'il a vu*, o que ele experimentara. E no fundo só fez uma única experiência: a da pobreza.

O papel da pobreza nas obras de Charles-Louis Philippe não se explica pela preocupação do autor com a sua situação social, bastante triste; antes negativamente, pela ausência de outras preocupações que parecem conferir brilho falso à vida dos rapazes de 20 anos. "Eu não tinha o coragem de pensar no amor. O amor é para aqueles que têm do que viver. Nós outros pensamos primeiro em outras coisas. Ah, os 20 anos dos pobres! Os 20 anos dos desempregados, dos operários suarentos, das prostitutas magrinhas". Philippe no entanto acreditava no amor, mas não para si mesmo.

"Il y a des moments où la vie d'une jeune femme au bras d'un homme me fait du mal comme un coup de couteau", porque *"je suis trop sincère vis-à-vis de moi-même pour croire qu'une femme puisse jamais m'aimer"*. Talvez seja esse sentimento uma experiência comum de todos os adolescentes de certa idade; em Philippe foi porém o fruto de sinceridade *vis-à-vis de moi-même* dum rapaz malvestido, sem dinheiro para pagar o jantar normal modesto dos cafés, sem amigos e muito menos amigas. Até as *filles* dos *boulevards* não seriam acessíveis para ele se não houvesse, raras vezes, uma Berthe, como em *Bubu de Montparnasse*, que se lhe entrega por comiseração para abandoná-lo amanhã, fugindo com Bubu, o rufião brutal e forte. As pobres luzes noturnas do Boulevard Sébastopol, nesse romance de mocidades perdidas, bastam para iluminar a sinceridade de Charles-Louis Philippe *vis-à-vis de lui-même*: Bubu é ruim, mas não pior do que os outros nem do que o próprio Philippe, que não tinha nada para oferecer à pobre Berthe, nem sequer a brutalidade que a vida exige.

Fez tudo para disciplinar-se, para tornar-se forte; senão na vida, pelo menos na literatura — às vezes não conseguiu distinguir entre as duas. Ao escrever o romance *Marie Donadieu* anotou no seu diário a pergunta angustiada: "Viverei essa experiência ou escrevê-la-ei?" Mais uma vez, nessa obra, a moça querida o abandonou por causa de um "forte", mas, quando quis voltar, ele recusou, preferindo ficar sozinho, amadurecendo. Já se vê que a atmosfera intensamente erótica dessas obras apenas serve de iluminação — luzes pobres — para acompanhar o caminho difícil pelas ruas noturnas de uma vida em evolução. O resultado definitivo dessa vida teria sido *Charles Blanchard*, o grande romance em que

Charles-Louis Philippe pretendeu descrever a vida de seu pai, pedindo esmola às portas quando menino, mas trabalhador infatigável, chegando a instalar-se mais ou menos bem na vida.

Não teria sido o romance de uma ascensão social, mas sim de um triunfo sobre o fado da pobreza. Mas *Charles Blanchard* ficou fragmento. O romancista não chegou para além da sua própria experiência. O único tema verdadeiro de Charles-Louis Philippe foi a pobreza.

Resta definir a "pobreza específica" de Charles-Louis Philippe. E para tanto basta elucidar a significação simbólica da sua amizade simultânea com Jules Renard e Maurice Barrès, representantes autênticos das "duas Franças" que no tempo de Philippe se combateram com tanto fanatismo: Renard, socialista, anticlerical, herdeiro do furor jacobino; Barrès, nacionalista, simpatizando com o catolicismo intelectual que deseja ressuscitar a tradição francesa. A pobreza de Charles-Philippe decerto não é a pobreza proletária de Jules Renard, mãe de reivindicações revolucionárias; desinteressado da política, o "santo" do populismo inclinava-se para a resignação ("*La résignation des pauvres gens s'étend sous le ciel comme une bête blessée*"). Mas tampouco é a "pobreza espiritual" que Barrès celebrou com tanta eloqüência em *La grande piété des églises de France*; mais sincero e mais realista. Philippe não deixou de queixar-se de *la vie ignoble de chaque jour*, realçando os aspectos sujos e ordinários da vida dos pobres. Sua pobreza não foi um estímulo revolucionário nem uma força espiritual, e sim uma realidade dura, um veredicto irreformável do destino, um fado.

Apenas foi o fado transfigurado de um grande artista, lembrando o verso de Rilke no *Livro de Horas*: "Pois a pobreza é uma grande luz por dentro". Sentimentalismo e *self-pity* são os efeitos que a crítica costuma censurar na arte de Charles-Louis Philippe. É verdade que lhe faltava a tragicidade; o suicídio, no romance *Croquignole*, não chega a convencer-nos. Os heróis de Philippe não têm força para morrer; mas em compensação têm força para viver. Expressão dessa vitalidade indestrutível é seu estilo, um dos mais vigorosos que já escreveram na língua de Racine; de agudeza impressionista de observação, até de brutalidade naturalista quando preciso, mas de uma capacidade quase extática para exprimir os sentimentos e sensações da sensualidade, obstinação, cólera, compaixão e sofrimento, de força quase visionária para fazer ver, através de símbolos, alegorias, personificações e de uma abundância surpreendente de metáforas, a significação transcendental das coisas da *vie ignoble de chaque jour*.

Ninguém, nas literaturas ocidentais, se aproxima tanto da intensidade de Dostoievski. As simpatias de Philippe também estavam sempre ao lado dos ofendidos e humilhados: "*J'aime toutes les choses, mais j'aime surtout ce qui soufre*".

O seu coração de poeta chorou com as *lacrimae rerum*, mas *j'aime toutes les choses*, e em cima de todas elas a própria vida, a força, até a brutalidade, embora se manifestem, nesse ofendido e humilhado, só no estilo. Daí se explica um fenômeno esquisito: todas as obras de Philippe são de natureza autobiográfica, e autobiografia costuma ser sinônimo de autojustificação; mas nas obras de Philippe são os "outros", os fortes, os brutais, os que têm razão. Até aí ele ficou sincero *vis-à-vis de lui-même*; não se enfeitou de vitórias imaginárias em face da sua vida de vencido.

Talvez por isso Charles-Louis Philippe encontre hoje novamente leitores e discípulos. Das luzes e gritos nos *boulevards* daqueles dias, o que ficou? "Apagaram-se as luzes na Europa", só ficam as luzes noturnas no Boulevard Sébastopol. A França toda é hoje pobre como foi Charles-Louis Philippe, arrastando *la vie ignoble de chaque jour*. Contudo, o que desapareceu não é o brilho de Paris, mas sim apenas — apenas — o da nossa mocidade. Notre-Dame e Madeleine, Invalides e Panthéon, Luxembourg e os pequenos bistrôs de Montparnasse não mudaram de aspecto, sob o céu cinzento da Île-de-France. Mas nós outros aprendemos a amá-los de uma maneira nova depois que os transfigurou a nossa pobreza, que é "uma grande luz por dentro".

Marionette, che passione!

O Jornal, 25 abr. 48

Os êxitos teatrais do sr. Nelson Rodrigues, valorizados pelas *mises-en-scène* em estilo do expressionismo alemão do sr. Ziembinski, lembram-me irresistivelmente o nome do maior dramaturgo daquele estilo: Franz Wedekind também foi perseguido pela censura, à qual as suas tragédias pareciam farsas grotescas, cheias de horrores, girando todas elas em torno do sexo. Que Wedekind esteja quase desconhecido entre nós, não importa; sua influência está no ar. O próprio O'Neill já se confessou grande admirador daquele estranho dramaturgo (basta ler seu prefácio ao programa dos Provincetown Players, de janeiro de 1924). Wedekind morreu há exatamente 30 anos; o tempo não lhe diminuiu a atualidade. Os seus problemas dramatúrgicos estão presentes nas tragédias de hoje. Mas não pretendo fazer comparações inúteis e fatalmente injustas. Apenas, o estudo das qualidades e defeitos de Wedekind contribui para definir as possibilidades, condições e limites do gênero trágico em nossos dias.

Foi personalidade das mais esquisitas; família burguesa, tarada de uns avós aventureiros; estudante fracassado; chefe de publicidade de uma famosa fábrica suíça de conservas; correndo mundo como secretário de um circo; ator em teatros duvidosos; *chansonnier* tragigrotesco da *boîte* viajante *Os Onze Carrascos*; dramaturgo perseguido pela censura, assustada pelas prostitutas e assassinos, lésbicas e homossexuais, escroques e traficantes de brancas que lhe povoam as tragédias. Seu teatro, trágico e grotesco ao mesmo tempo, inspira vertigem como uma montanha-russa. À sua própria vida trágica, grotesca e vertiginosa, de um aventureiro infeliz e invencível, aplica-se a sabedoria cínica de um dos seus personagens, do escroque Keith: " A vida é uma montanha-russa".

Wedekind parece personagem da sua obra; viveu tudo aquilo. No entanto, sempre insistiu em não ter retratado a realidade. Na sua primeira peça, na hora em que o mundo estava assustado pela veracidade de *Naná* de Zola e *Espectros* de Ibsen, o dramaturgo já zombara dos escritores que enchem cadernos com fatos observados e casos da crônica policial: "Quando o naturalismo tiver saído de cartaz, seus representantes ganharão a vida como investigadores". Fez questão de apresentar no palco um mundo imaginário, deformação subjetiva da nossa realidade, talvez imagem de realidade futura que só existe por enquanto através da expressão dramática. Foi expressionista.

Sua primeira tragédia, *Despertar da Primavera*, assustando a censura pela representação de relações sexuais e suicídios entre colegiais, foi defendida pela crítica "modernista" do tempo como panfleto teatral em favor de melhor educação sexual da mocidade; mas o próprio Wedekind não concordou. Oposição contra os poderes estabelecidos da família, da escola, da decência burguesa, isso sim; mas a seqüência deliberadamente incoerente, quase confusa, das cenas — primeiro exemplo de dramaturgia expressionista, símbolo da dissolução da lógica — já desmentiu a idéia de panfleto, de tendência; no último ato, o menino desesperado que, tendo seduzido e indiretamente matado a colegial, procura com intenções de suicida o cemitério, é levado de lá pelo "Senhor de cara encoberta", símbolo das possibilidades desconhecidas da Vida; seria "culpa" da própria vida se girasse em torno do sexo.

A dança infernal em torno do sexo é o assunto das duas maiores tragédias de Wedekind: *Espírito da Terra* e *A Caixa de Pandora*; Lulu, a mulher, a prostituta nata, é o fogo que consome o diretor de jornal e seu filho dramaturgo, o pintor e o atleta, a mulher lésbica e a colegial; enfim, Lulu, objeto de tantas violências, incestos e assassínios, acabará assassinada pelas mãos de Jack the Ripper, do famoso sádico que então perturbava os sonhos da Europa inteira. Não se descrevem, em poucas linhas, os horrores acumulados naquelas tragédias em torno da sexualidade desenfreada. E censura, crítica e público perguntaram: estas farsas ensangüentadas e indecentes seriam tragédias?

A pergunta nasceu de um equívoco. Está certo que não existe tragédia sem a base de um sistema de axiomas morais em que o dramaturgo acredita. Mas a compatibilidade ou incompatibilidade desse sistema com a moral vigente na sociedade contemporânea do dramaturgo pouco importa. Eurípides e Ibsen também se insurgiram contra a moral dos seus contemporâneos, propondo-lhes novos códigos de ética, provocando tempestades; as suas tragédias também foram consideradas "imorais", mas foram reconhecidas como tragédias, o que não aconteceu no caso de Wedekind. Porque o "sistema moral" de Wedekind já não permite o funcionamento do mecanismo dramatúrgico em que toda tragédia, de Ésquilo até Ibsen, se baseia; a luta entre um Fado e uma vontade livre. Em Wedekind, o homem é joguete do instinto que é o Fado do gênero humano. Wedekind é fatalista absoluto. Nisso justamente reside a sua atualidade, num tempo de determinismos todo-poderosos, sejam sociais, sejam raciais, sejam psicológicos ou psicopatológicos. Então a tragédia, a verdadeira, seria impossível em nossa época? O lema do nosso teatro seria o título daquela peça de Rosso di San Secondo: *Marionnette, che Passione!* Contra essa dramaturgia de Wedekind levantaram a restrição de apresentar mero "teatro de bonecos", por isso antes grotescos do que trágicos; não haveria possibilidade de compará-lo à acumulação dos horrores verdadeiramente trágicos que ensangüentam o teatro antigo.

Essa objeção desaparece quando se repara que Wedekind não é naturalista nem sequer realista, mas deliberadamente irrealista. Naturalismo e moralismo, até moralismo rigoroso, reformista, andam sempre aliados: veja-se Zola, veja-se Ibsen. Wedekind, porém, pretende substituir a " Ética do Amor" da sociedade pelo "imoralismo do sexo" da própria natureza. A esse imoralismo corresponde o irrealismo do novo estilo expressionista. Os personagens de Wedekind perdem o chão da realidade sob os pés; estão pendurados do fio do instinto, privados da liberdade trágica — *"marionette, che passione!"*

Na verdade Wedekind não foi advogado da "libido". A própria *Caixa de Pandora* revela seus sofrimentos de um homem subjugado pelo instinto sexual, do qual pretendeu escrever a tragédia; ficou preso à realidade, embora a uma realidade que o mundo hipócrita negasse. Mero moralismo às avessas, e por isso mais irônico do que real, mais grotesco do que trágico?

A esse problema Wedekind dedicou o diálogo *Censura*: o escritor Buridano, preso da sua paixão pela bailarina Kadidja, recebe a visita do revmo. Secretário do revmo. sr. Bispo; o padre pretende explicar-lhe de maneira amistosa por que pediu à censura a proibição da última peça de Buridano, da *Caixa de Pandora*. O escritor, apertado pela gentileza compreensiva do padre, afirma suas pretensões de moralismo elevado, de purificação do mundo falsificado; o padre, alegando o perigo das conclusões práticas, defende contra ele os direitos da vida. Os papéis estão trocados. Buridano, perdendo Kadidja, que não quer servir de mero instrumento, de boneco, perde o jogo; perdeu contra a censura porque quis censurar o mundo.

Essa peça esquisita parece a retratação de Wedekind; na verdade, significa sua libertação. Seus "horrores" e "pansexualismos", impossíveis na realidade do padre (e da tragédia), ficam legítimos na irrealidade do teatro expressionista; daí aquela incoerência das cenas, como se fossem imagens de um sonho. O sonho, porém, se reconhece por sua linguagem diferente da linguagem lógica da nossa vida acordada; linguagem ilógica puramente associativa, linguagem da poesia que "justifica tudo" . Eis o critério de um verdadeiro expressionismo.

Mas na linguagem seca, as mais das vezes cruelmente irônica, de Wedekind procurar-se-iam em vão os valores poéticos do passado, da poesia clássica ou da romântica, todas elas ainda ligadas à coerência lógica; a sua já é poesia "moderna", da qual Wedekind foi precursor sem sabê-lo, poesia que inclui o chamado "antipoético", a ironia destrutiva, o humorismo. É o elemento da " farsa" que, revelando o caráter irreal das peças de Wedekind, lhes garante a qualidade trágica.

A maior peça do tragediógrafo Wedekind é por assim mesmo uma comédia: *O Marquês de Keith*; o "herói", Keith, é um escroque genial, enganando os burgueses com empresas fantásticas, transformando em " filosofia" cínica sua sede de poder e prazer: "Pecado é expressão mitológica que significa maus negócios". O personagem de contraste é o "filósofo" meio maluco Ernest Scholz, que sai do seu gabinete de estudo para aprender a "viver". No fim da comédia, depois da falência daquelas empresas, Ernest recupera o juízo: portanto, ingressa no manicômio. Keith está perante a alternativa entre o suicídio e a fuga com o último dinheiro dos credores: escolhe a fuga — "a vida é uma montanha-russa" . Na tragédia (que corresponde à realidade) Buridano não sabia arranjar a liberdade às criaturas da sua imaginação, esmagadas pelo Fado; mas sim na comédia, que é a poesia da irrealidade. Talvez explique isso o papel do elemento grotesco nas maiores obras teatrais desta época determinista, nas tragédias-farsas de Pirandello, Crommelynck e Luntz, Wilder e Kaiser, no *Marco Millions* de O'Neill, em Synge e O'Casey. Só na Grande Comédia ainda sobrevive liberdade trágica; o resto é involuntariamente cômico. Encontraríamos aí as condições e limites do gênero trágico em nosso tempo.

Um romance político

O Jornal, 09 mai. 48

Raro é o enredo que reúne o interesse de um romance romanesco para as grandes massas de leitores com a alta significação de um assunto de importância histórica, desses cuja atualidade ainda não acabou porque revelam sempre novos aspectos, abrindo perspectivas imprevistas. Dumas, Zola e Malraux deviam reunir-se para escrevê-lo. Eis a própria vida que o escreveu: a estranha vida e a mais estranha vida póstuma de Lassalle.

Há pouco, a crítica inglesa condenou quase unanimemente um livro, *The Red Prussian*, em que um certo Schwarzschild, jornalista pouco recomendável a serviço de não sei que propaganda, definiu a personalidade de Marx como variedade vermelha do espírito prussiano. Na verdade, o apelido "prussiano vermelho" aplicava-se melhor a Lassalle, socialista e nacionalista ao mesmo tempo, fundador da social-democracia alemã e amigo de Bismarck. Mas esse rival de Marx é pouco conhecido no mundo; a sua carreira vertiginosa é considerada como de interesse mais novelístico do que histórico e político. Apenas a gente se admira de que nenhum dos biografistas profissionais ainda lhe tenha romanceado a vida. E quando um jornal literário tão bem-informado como o *Times Literary Supplement* deu notícia, há dois anos, do livro de David Footman sobre Lassalle, o crítico nem se lembrou dos *Tragic Comedians*, do romance em que Meredith descreveu a vida fantástica daquele estranho herói.

Lassalle foi sem dúvida um homem de gênio; e assim como na personalidade de tantos outros homens geniais, também na sua não faltam traços histriônicos, de um grande comediante, o que não exclui aliás a possibilidade de um fim mais sensacional do que trágico. Lassalle nascera filho de um rico comerciante judeu da Silésia. Fortuna, brilhantes estudos universitários, uma capacidade mágica de inspirar simpatia – tudo lhe estimulava a ambição, a vontade de desempenhar um grande papel na alta sociedade e na vida pública. Deixou os estudos jurídicos para tornar-se advogado da condessa Hatzfeld, abandonada e roubada pelo marido. O processo de divórcio virou sensação; Lassalle brilhou como orador forense; tudo parecia dar ganho de causa à mulher ultrajada. Mas, na Prússia reacionária depois da revolução de 1848, as relações políticas do conde Hatzfeld pesavam mais do que os melhores argumentos e os discursos mais retumbantes, assim como naqueles dias de 1860 o partido liberal, embora dominando o parlamento, não podia contra as violações da Constituição e as ameaças militares do primeiro-ministro Bismarck (poucos anos depois, a mesma violência derrubaria o trono de Napoleão III na França). Eis a escola política pela qual Lassalle passou. Por isso não aderiu ao partido liberal, fundando em vez disso associações de "ação direta", os primeiros sindicatos do operariado alemão. Em 1862 fez o famoso *Discurso sobre Constituições*, que ainda hoje é digno de leitura, sobretudo para leitores latino-americanos; uma Constituição, diz Lassalle, compreende muito mais coisas do que deixa entrever o texto impresso no *Diário Oficial*; o poder militar do chefe de Estado e o poder econômico dos industriais e latifundiários, embora não-formulados pelos juristas, também são artigos da Carta Magna, artigos não-escritos. O único poder real que ainda não encontrou expressão é o do povo, quer dizer, do proletariado em vias de organizar-se. Assim Lassalle fundou o partido socialista alemão.

Parecia o instrumento destinado a realizar as idéias de um doutrinário que viveu então, pouco conhecido, no exílio em Londres. Marx também era prussiano. Mas Lassalle era prussianíssimo: só acreditava no Estado, encarnação máxima da violência organizada. Os operários e o Estado, juntos, derrubariam a burguesia liberal. Neste caminho Lassalle encontrou-se com o primeiro-ministro Bismarck, este por sua vez desejoso de apoio popular contra os liberais. Houve mais de 20 encontros, noites inteiras de conversa animadíssima entre o homem que em breve subjugaria a Europa e o outro que já era o ídolo do povo, dominando comícios enormes. Foi Lassalle que inspirou a Bismarck a idéia cesariana de introduzir o sufrágio universal para eliminar o poder político dos burgueses. Um passo mais adiante, e a nova amizade ter-se-ia transformado em conflito inevitável; o próprio Bismarck admitiu, anos mais tarde, que Lassalle fora um gênio político e um prussiano legítimo, apenas duvidando se a Prússia devia ser governada pela dinastia Hohenzollern ou pela dinastia Lassalle. Esta última teria tido, aliás, mais bastardos do que a própria Casa Real da França. Porque o novo chefe do operariado alemão continuava a viver como burguês rico e conquistador terrível, envolvido em inúmeras aventuras perigosas, das quais uma lhe destruiu a vida; por causa de uma garota de 17 anos, Hélène von Dönniges, "sereia de cabelos ruivos e olhos verdes", um aventureiro romeno matou em duelo o rival. Um final de romance à maneira de Dumas.

Dizem que Marx, recebendo a notícia, não chorou; a carreira de Lassalle afogara-se-lhe mais ou menos como aos socialistas de hoje a de Malraux. Tampouco choraria Bismarck; a eventualidade da "dinastia Lassalle", de uma Alemanha socialista, parecia eliminada. Quem chorou foram os operários alemães. Durante muitos anos ainda cantaram, em secretas reuniões noturnas durante a época da perseguição, uma canção simples e comovente, "do Cemitério de Breslávia em que repousa aquele que nos deu armas".

As armas eram os sindicatos, destinados a sobreviver à dinastia Hohenzollern. O fim de Lassalle, mais sensacional do que trágico e meio indigno, abre perspectivas históricas, de um germe enterrado que rebentará um dia com força. O romance de Lassalle acaba como *Germinal*. Ao nome de Dumas substitui-se o de Zola.

Lassalle parece mesmo personagem de Zola, um dos grandes aventureiros políticos do Segundo Império. Nos seus sonhos cesarianos revela-se o contemporâneo do imperador plebiscitário Napoleão III – que fora também socialista na mocidade para acabar como modelo dos ditadores do nosso século. Lassalle, este sim foi o "prussiano vermelho".

A tentativa de um Schwarzschild de fazer confusão entre os papéis históricos de Lassalle e Marx não pode iludir ninguém sobre dois fatos: o problema proletário existe; e os esforços de solucioná-lo se baseiam em conceitos hegelianos. Só quem nega a existência do problema — democratas ingênuos ou espertos — continua a acreditar (menos como Lassalle do que como Bismarck) na panacéia do sufrágio universal e das Constituições escritas, que nem garantem a liberdade política, muito menos a economia. O problema proletário é a conseqüência da própria organização capitalística da sociedade, que nem sempre esteve organizada assim, nem precisa continuar assim para todos os séculos futuros. A sociedade não é uma entidade estática. Encontra-se em evolução, e esta por sua vez produz fatalmente contradições, que só por mais outras evoluções se resolvem. E este dialético já pertence ao âmbito da filosofia hegeliana.

Mas existem dois hegelianismos: o da Direita e o da Esquerda. Ainda na Itália de Mussolini, os socialistas que se reuniram clandestinamente não eram mais hegelianos do que Gentile, o filósofo oficial do regime; apenas as interpretações da doutrina do enigmático filósofo alemão eram diferentes. A Universidade de Berlim, por volta de 1840, viu espetáculo semelhante. Marx tornou-se o chefe dos hegelianos da Esquerda. A burguesia, abandonando a filosofia perigosa, considerava Lassalle também como da esquerda, mas este — seja por motivo de suas ambições sociais, seja porque a burguesia alemã do seu tempo ainda não encontrara as doutrinas positivistas que correspondem ao imperialismo — virou hegeliano da Direita; eis o novo aspecto que nos revela hoje a personalidade de Lassalle. Nos seus últimos discursos ofereceu a Bismarck o apoio do proletariado em troca da transformação dos sindicatos em cooperativas produtoras, garantidas pelo Estado. O socialismo de Lassalle foi, na verdade, capitalismo de Estado. É uma idéia bem prussiana. Por isso Lassalle repeliu o internacionalismo de Marx. Criou algo como um socialismo nacional — a grande saudade dos que admiram o exemplo do Laborismo inglês.

Com efeito, o Labour Party é um partido lassalleano; o socialismo nacional sem nacionalismo da Grã-Bretanha no século XIX já criou uma "aristocracia do operariado", satisfeita e conservadora. Daí a figura política de Lassalle ficou desconhecida na Inglaterra, inspirando apenas um romance de Meredith. Mas no mundo fora da ilha a luta continua, ou antes várias lutas diferentes. A menos importante dessas lutas é a dos antediluvianos contra um problema que a própria "livre iniciativa" criou e que o direito constitucional não resolveu; o tiro do aventureiro romeno tampouco resolveu coisa alguma. O que se observa no mundo deste século é a luta entre o hegelianismo da Direita, encarnação nos partidos fascistas e criptofascistas, e o hegelianismo da Esquerda, encarnado nos partidos marxistas e pseudomarxistas; no fundo, a luta entre Marx e Lassalle, porque nem o nacional-"socialismo" alemão é capaz de renegar esse seu precursor judeu. E este paradoxo não é o único. Uma análise mais cuidadosa, baseada justamente no estudo da personalidade e vida de Lassalle, fornece mais outros resultados surpreendentes, a presença de conceitos marxistas (quer dizer, pós-hegelianos) nas doutrinas da Direita, e a presença de conceitos hegelianos mas pré-marxistas (quer dizer, lassalleanos) no capitalismo de Estado e nas veleidades nacionalistas da Esquerda. Daí também se explicam certas reviravoltas assustadoras: hoje, nem um Dumas nem um Zola conseguiriam escrever o romance da vida do genial aventureiro político; seria preciso, para tanto, um Malraux. Talvez o próprio Lassalle tenha sido um Malraux.

Literatura 1948

O Jornal, 16 mai. 48

Em casa de Fulano — assim reza uma parábola de Brecht — apareceu certo dia um sujeito duvidoso, apresentando mandato dos "poderosos da Cidade": o portador teria o direito de morar e viver à custa de Fulano, que ainda por cima lhe deveria obediência passiva. "Está de acordo?", gritou o sujeito. Fulano não respondeu; mas obedeceu, durante 12 anos duros, agüentando tudo. Enfim, aquele sujeito morreu, assassinado por uma bala extraviada. Então Fulano arrumou a casa, pôs tudo em ordem, apresentou-se aos novos Poderosos, e dizia: "Não".

É esta a atitude de grande parte da literatura alemã de hoje, sobretudo nas zonas inglesa e russa (os americanos e franceses são mais severos), onde numerosos oportunistas foram anistiados; com um "não" algo atrasado, pretendem riscar da memória de vencedores e vencidos o passado. São, todos eles, uns medíocres. "*Non ragioniam di lor, ma guarda e passa*".

Há mais outras tentativas de apagar o passado. Um dos recursos seria a ridicularização dos acontecimentos históricos. Em *O Bárbaro*, comédia histórica de Paul Helwig, Átila, pretendendo invadir a Itália, não é o tirano da tradição, humilhado e repelido pela figura sublime do papa Leão I, mas sim um selvagem cretino que os romanos espertos iludem e enfim eliminam. Mas a atitude satírica perde a eficiência quando se limita às indiretas. É mais direta a sátira da comédia contemporânea em *O sublocador*, de Hermann Mostar: um certo sr. Huber (bigode pequeno e capa de chuva) aluga um quarto na casa da rua Europa,10, conseguindo desalojar todos os outros inquilinos, erigindo-se afinal em senhorio e Deus. É muito divertido isso, até divertido demais. A tragédia não serve para enredo de farsa.

O senso trágico manifesta-se naqueles que, embora também querendo "apagar o passado", acentuam nesta frase a palavra "apagar". Hermann Kasack descreve no romance *A cidade atrás do rio* um mundo agitado e nervoso em que as multidões, residindo em ruínas, se dedicam a atividades absurdas e inúteis, dirigidas por administradores despóticos; o herói voltou da guerra para rever a noiva, reconhecendo enfim que ele se encontra num "reino intermediário": as ruínas estão habitadas por mortos aos quais o senhor do Inferno ainda não permitiu entrar no seu reino definitivo. *A cidade atrás do rio* parece descrição exata da realidade alemã. Por isso é impressionante. Mas pelo estilo a obra aproxima-se antes da novela *Nekyia*, de Hans Erich Nossack, resumo de um pesadelo de aves enormes girando em cima de cidades desertas, de corpos de argila, afogando-se na lama à luz pálida de uma lua que nunca se põe. Desse mundo kafkiano não há saída: "Procurarei um caminho, dizia eu aos outros. Ninguém me pedira isso. E foi mentira porque eu sabia que não podia haver caminho na direção que tomei. Na verdade, voltei para trás. Mas eles não reagiram. Tinham perdido o senso de direção".

Nestas últimas frases revela-se o mesmo niilismo existencialista de Heidegger e Jünger que preparara "o caminho sem saída" do nazismo. Repetindo-se a mesma atitude, seja mesmo às avessas, não se encontra a direção certa. O poeta austríaco Josef Weinheber — poeta autêntico, talvez grande —, niilista desdenhoso, nazi dos mais violentos, escreveu em 1945 uma carta aberta, declarando que só por cinismo e ambição aderira ao credo pardo; em vez de pedir perdão, confirmou a sinceridade da sua confissão, suicidando-se no mesmo dia. Mas não enganou ninguém; repetira apenas na morte a mentira da sua vida. A um caso desses aplica-se — ficamos dentro do âmbito do existencialismo — a distinção de Kierkegaard entre a verdadeira "repetição", que aceita a realidade do pecado cometido, e a falsa repetição, que, repetindo-se, não quer admitir a realidade para ficar perdida na irrealidade do passado.

Essa falsa repetição é o sinal característico da literatura dos emigrantes, seja daqueles que deviam ir embora, seja da "emigração interna" que, ficando dentro da Alemanha, se retirou para o foro íntimo. Esses emigrantes internos produzem agora poesia lírica em massa, procurando uma nova ordem na métrica antiga, cultivando principalmente o soneto, que já se tornou moda. Quando se metem a escrever romances sai um livro como o *Cônsul Moeller*, de Wieckmann, glorificação do passado pacífico da burguesia hamburguesa. No caso, a glorificação vale tanto como a maldição que os emigrantes "externos" lançam contra os escombros. Lion Feuchtwanger, protestando em *O Nero falsificado* contra a demagogia vitoriosa, e Alfred Neumann, descrevendo em *Eles eram seis* a revolta fracassada dos estudantes de Munique em 1943, não conseguem, com todo o virtuosismo da sua experimentada arte narrativa, esconder a falta de atmosfera histórica. Continuam a polemizar lá onde deixaram de fazê-lo em 1933. O mundo, entretanto, já deu uns passos fatais mais adiante. E aqueles continuam, repetindo-se, profetas no deserto, profetas sem mensagem.

A mensagem fica com os representantes da literatura social. Mas cabe aí o mais autêntico entre eles? Bert Brecht foi, durante quase 30 anos, a maior expressão poética da ideologia proletária; quando, no dia 30 de outubro de 1947, interrogado pela Comissão de atividades subversivas do Congresso norte-americano, negou ter sido jamais comunista, Brecht revelara seu niilismo inato, nunca bem disfarçado, aliás, que constitui no entanto a força motriz da sua poesia violenta e autêntica. Os outros, esses procuram a autenticidade no documento: *Stalingrado,* a epopéia em prosa de Theodor Plivier, parece-se menos com o Inferno de Dante do que com uma imensa coleção de protocolos, testemunhos, devassas, a ponto de o leitor perder o fio, a ponto de o inferno de Stalingrado se identificar com a situação infernal do mundo inteiro. Não haverá verdade nisso? Pelo menos a Alemanha já é um Stalingrado enorme, um deserto de ruínas entre as quais vegeta uma sociedade perfeitamente igualitária, já sem diferenças de classes. O poeta Johannes Robert Becher, depois de voltar do longo exílio passado em Moscou, apresenta-se novamente com *Poemas Novos.* Mas parecem velhos. Essa lira vermelha também só conhece uma tonalidade: a da repetição. Rigorosamente conforme a distinção de Kierkegaard, essa literatura 1948 não aceita a realidade.

Mas essa realidade, se é hoje a alemã, amanhã já pode ser a nossa; e não é preciso ter nascido com dons de profeta para prever que a nossa literatura, a do mundo ocidental, não falharia menos ao chocar-se com aquela realidade. Afinal de contas, para que se dar a pena (e não foi trabalho fácil) de reunir todas essas informações sobre a literatura alemã 1948 senão porque esta é espelho (e espectro) da literatura 1948? Todas aquelas tentativas, evasões, afirmações — são nossas. A nossa literatura também volta ao soneto. Os nossos romancistas também glorificam uma calmaria burguesa que já não existe nem existiu nunca, enquanto não apresentam "documentos sociais", cuja interpretação pode ser invalidada a toda hora por qualquer mudança imprevista da tática política. E passa por "decisão" a evasão para um niilismo que, moda hoje na França e dependências, já estava desmentido pelos fatos na Alemanha de 1933. E em torno dessas três tendências principais há o enxame dos oportunismos a que costumamos dizer "não" quando a hora já passou. E não é falta de talentos que leva a tanto — talento há muito, até demais; mas sim é uma questão moral, uma falha que se revela na falta de fé, de qualquer fé. A marcha das nossas literaturas não é a das conquistas e sim um *piétiner*. Já perderam o contato com a realidade; o próprio encontro das mesmas tendências com a realidade alemã serve de critério para revelar-lhes a impotência. A crise do mercado editorial, já sensível no mundo inteiro, apenas é o reflexo econômico da estagnação literária que inspira até a nós, da profissão, o mais profundo desgosto. Eis a literatura 1948. Eis o motivo do interesse que inspira a literatura alemã em 1948.

Nesta situação não convém perder as últimas chances. "A Alemanha", dizia Karl Barth, autêntica voz de profeta, "é hoje nada mais do que um imenso campo de prisioneiros. Mas leva uma imensa vantagem sobre todos os países: nada lhe ficou senão a possibilidade de recomeçar do início". Depende tudo, então, da firme resolução de não permitir que a verdadeira "repetição", no sentido kierkegaardiano, seja substituída pela falsa — falsa no sentido moral e no sentido estilístico (que são, no fundo, idênticos). É preciso distinguir entre a tradição e a rotina. Senão, apenas nos espera uma volta estéril aos padrões destruídos, uma espécie de "Plano Marshall" literário que, em vez de encher o vácuo, transformaria em vácuo o mundo inteiro. É preciso insurgir-se. E o tempo urge. Não poderemos esperar doze anos, como aquele Fulano na parábola de Brecht. Já é preciso dizer: "Não".

Posição de Eliot

O Jornal, 30 mai. 48

Outro dia, aborreceu-me profundamente uma frase encontrada num livro que trata da poesia inglesa: Donne teria sido poeta de imagens gastas e convencionais. John Donne, o maior poeta inglês do século XVII e um dos maiores de todos os tempos, decerto o poeta menos convencional e mais pessoal da língua — e "imagens gastas e convencionais"! Será possível escrever sobre poesia inglesa ignorando de tal maneira o poeta cuja redescoberta determinou, largamente, o abandono dos *standards* vitorianos e a evolução da poesia moderna? Não, aquela opinião antidonniana é antediluviana; e com respeito à personalidade à qual devemos a redescoberta de Donne, é anteeliotiana. Já se escreveu muito sobre T. S. Eliot, também no Brasil; no entanto, a descoberta do "convencionalismo de Donne" revela que ainda há que dizer ou pelo menos repetir alguma coisa.

Seria mera repetição o resumo do que devemos a Thomas Stearns Eliot. Como crítico, é o maior que o século ouviu depois de Croce. A importância da sua crítica literária revela-se menos nos seus julgamentos de contemporâneos — nisso ele falhou muitas vezes, assim como os maiores críticos, seus pares, um Sainte-Beuve, um Croce, falharam julgando os contemporâneos; antes na sua capacidade de realizar "reconsiderações", de descobrir nas grandes obras do passado valores despercebidos e de importância para nós outros. Eliot sabia dizer algo de novo sobre Dante, sobre Baudelaire. Ensinou-nos a ler os dramaturgos companheiros de Shakespeare, os Webster, Tourneur e Middleton. Desvalorizando o sentimentalismo romântico da poesia vitoriana, redescobriu os valores poéticos na sátira de Dryden. Redescobriu, antes de tudo, a "poesia metafísica" do século XVII — o seu capítulo sobre Donne, Herbert, Marvell e os outros é a maior revelação crítica do nosso tempo. E não se trata de exumações arqueológicas, não: ensinou-nos a perceber as "estruturas" poéticas, os valores da organização do objeto complicado que se chama "poema", complicado porque o poema não é expresso de um desabafo sentimental, nem um pedaço de prosa metrificado e enfeitado de imagens, mas sim a organização rítmica de um equilíbrio de tendências contraditórias, dialéticas, que por isso mesmo só como poesia tem existência legítima. São ensinamentos que, baseados na revivificação de esquecidas tradições poéticas, revolucionaram a poesia moderna. Esse mesmo acorde "Tradição-Revolução", tão próprio de Eliot, define-lhe a poesia; poesia dialética, porque satírica e religiosa ao mesmo tempo, mas de tal maneira organizada, estruturada, que as contradições se resolvem em música. A poesia dos *Four Quartets*, profunda até o hermetismo, é a mais musical que há muito se ouviu em língua inglesa.

Afirmar tudo isso significa repetir o que muitos outros já disseram. Mas já estamos na fase da discussão crítica. Oferece oportunidade para tanto a leitura de uma obra recente, editada por B. Rajan, na qual vários escritores se reuniram para estudar a obra de quem entra neste ano na casa dos sessenta: *T. S. Eliot, A Study of His Writings by Several Hands* (Londres, Dennis Dobson Ltd.,1947). Abre o volume a transcrição do excelente ensaio do crítico americano Cleanth Brooks sobre o *Waste Land*, aplicação dos critérios do crítico Eliot à obra mais famosa do poeta Eliot.

Depois escrevem Duncan Jones sobre *Ash Wednesday*, Helen Gardner e Rajan sobre os *Four Quartets*, Philip Wheelwright sobre os temas filosóficos do homenageado e M. C. Bradbrook sobre o seu método crítico. Há mais outros ensaios nesse volume sério que constitui espécie de grande homenagem a T. S. Eliot sexagenário, erigido em ídolo dos mesmos círculos acadêmicos que ainda há pouco o condenaram como revolucionário perigoso, como Sócrates poético, corrompendo a mocidade poética da Inglaterra e adjacências. Na revista *Scrutiny* (que é a melhor revista literária em língua inglesa), Leavis denunciou com aspereza esse processo de oficialização, de "desintoxicação" da obra eliotiana. Na verdade a atitude da obra editada por Rajan é apologética. É significativa a observação de Miss Bradbrook, no início do ensaio sobre o método crítico de

Eliot, de que "o incenso já não fuma nos altares com a mesma intensidade de outrora". Mas a nós outros, que gostamos mais de aprender do que de adorar, parece bom sinal que haja discussão, discussão crítica.

Em grande parte a obra de Eliot já pertence hoje aos esnobes. Os entusiasmos em torno da representação parisiense de *Murders in the Cathedral*, os aplausos de gente que confunde o anglo-católico Eliot com o pseudocatólico Maurras — todo esse barulho pós-eliotiano é tão *regrettable* como a citada ingenuidade anteeliotiana. Preferimos a discussão crítica, até a irreverente.

Com efeito, Eliot também foi muito criticado nos últimos tempos; também naquela *review* de Leavis ninguém desperceberá uma ponta irônica. Ainda se compreende a oposição dos chamados progressistas: condenando, em *After Strange Gods*, todo o pensamento moderno como herético, defendendo teses que são elas mesmas heréticas do ponto de vista da tradição cristã, Eliot forneceu umas armas preciosas ao seus inimigos ideológicos. Já se compreende que um conservador como Yvor Winters, conservador forçado aliás, tampouco gosta de Eliot: quem pretende acreditar nas realidades espirituais da mesma maneira como o materialista acredita na matéria não encontrará em Eliot a religião, e sim apenas a sombra estética dela. Mas, por mais absurdos que sejam os argumentos de Winters, a sua argumentação atinge um ponto neurológico. É relativamente fácil atacar a posição ideológica de Eliot, mas esse ataque só se tornará realmente vitorioso quando o crítico consegue verificar conseqüências na poesia de Eliot: incoerência poética. Foi o americano John Crowe Ranson quem já dizia as coisas mais incisivas a respeito, num artigo que se chama, significativamente, "The Inorganic Muses". Esse Eliot, de ferrenha disciplina literária, de impecável harmonia poética — seria incoerente?

A suspeita não é nova. No início zombaram bastante do homem, nascido entre os silos e chaminés às margens do Missouri, que foi para a Inglaterra, para a Europa, ensinar aos ingleses os valores da tradição católica e monarquista e ensinar aos europeus os valores da tradição clássica.

Suspeitaram algo de esnobismo de cosmopolita na teoria eliotiana de um *bluk*, de um *corpus* de "grande" literatura de todos os séculos e nações, formando uma unidade extratemporal. Delmore Schwartz acha Eliot, o *international hero*, mais internacional do que extratemporal. Com isso a crítica destrutiva pretende acertar o centro da questão: pertence a própria poesia de Eliot ao *bluk* invariável da literatura universal, ao lado das obras-primas de todos os tempos?

Será possível não admitir a pergunta, alegando-se que os contemporâneos não têm competência para julgar de maneira tão definitiva. Mas outros descobririam nessa atitude algo de covardia. Pelo menos é admissível examinar se a poesia de Eliot satisfaz aos supremos *standards* que ele mesmo estabeleceu. Um "clássico", dizia Eliot na sua conferência sobre Virgílio, é reconhecido pela maturidade do espírito, dos hábitos, da língua e da posição literária. Quer dizer — a definição acerta bem a situação de Virgílio na literatura universal — um clássico é um fenômeno crepuscular. E esse fenômeno verificar-se-ia, no século XX, num poeta de origem americana?

A possibilidade do paradoxo não pode ser, de antemão, excluída, porque a América moderna é contemporânea (e mais do que isso) da Europa crepuscular. Outro grande americano anglicizado, Henry James, serve de exemplo. Mas este não foi um revolucionário. O próprio Eliot é a aparente contradição de ter revolucionado a literatura ao mesmo tempo em que pretendeu ligar à tradição a vida moderna. Talvez nenhum americano legítimo fosse capaz de tal atitude. Tampouco um inglês. Para tanto precisava-se de um anglo-americano. E pode-se acrescentar que nem bastava a transformação do americano em inglês insular; foi preciso voltar às tradições que ainda ligavam a ilha ao continente europeu. Neste sentido Eliot foi coerentíssimo tornando-se anglo-católico.

Há nisso, sem dúvida, mais um paradoxo; porque do ponto de vista da ortodoxia o próprio anglo-catolicismo é heresia. Eliot, o grande inimigo das heresias, é mesmo herético: "*Orthodoxy is my doxy; heterodoxy is another man's doxy*". Mas em que tempo teria sido mais necessária a voz do herético do que neste tempo da uniformidade? Até precisamos de heréticos em face das unanimidades pró-eliotianas. Aquela definição eliotiana, dialética, da poesia, não define decerto toda poesia, de todos os tempos. Mas heresia não é atitude meramente negativa. Assim como a ortodoxia se formou, afirmando-se contra as heresias, assim a heresia supõe a existência, até o vigor da ortodoxia. Constituem um par inseparável, em equilíbrio dialético. E a síntese? A poesia não oferece sínteses. Pelo menos nas épocas de transição dialética, como foi a de Donne e como é a nossa, a poesia não chega além de organizar equilíbrios de estrutura rítmica, expressões perfeitas, imutáveis, das contradições temporais. Eliot criou-as para nosso tempo. É o Donne do nosso tempo.

Celebrá-lo ou condená-lo como revolucionário ou como clássico significaria ouvir apenas uma das duas séries de harmonias na sua música dialética. Mas isso é mesmo fraqueza de contemporâneos. Só quem está surdo a todas as harmonias do Donne deste século é antieliotiano, antediluviano.

Mãos sujas

Letras e Artes, 06 jun. 48

Não me seduzem as últimas novidades sensacionais do teatro parisiense, nem quero ficar suspeito de fazer a publicidade de Jean-Paul Sartre. Este *dernier cri des boulevards* também se apagará sem ter articulado aquilo a que o teatro contemporâneo tanto aspira: a tragédia. Talvez nem fosse possível, porque o nosso tempo não oferece ao dramaturgo a condição primordial de todo teatro trágico: uma lei moral na qual o dramaturgo e o público igualmente acreditam. Mas Sartre, se não é verdadeiro trágico, pelo menos representa a combinação rara de um *playwright*, dramaturgo profissional de grande habilidade, com um homem interessado pelos problemas urgentes da época. Isso já vale a pena de agüentar o barulho. Vale a pena de analisar-lhe a última peça que no momento atual faz tremer o palco parisiense, eco de terremotos maiores que no momento atual sacodem o mundo.

Ainda é difícil arranjar o texto, sendo que a peça foi representada antes da publicação. Daí se justifica a tentativa de resumir o enredo de *Les Mains Sales*. A cena passa-se na "Illyrie", em 1943, quer dizer, em nosso tempo e em um dos países à nossa porta, já dominados pelo comunismo. O herói ou "herói" do drama também é tipo contemporâneo: Hugo, filho de burgueses ricos, vítima de complexos de inferioridade e outros, abandonou sua classe, pondo-se à disposição do proletariado e da sua vanguarda, do Partido Comunista. Produto da decadência burguesa, duvida das suas próprias forças, substituindo o que lhe falta pelo radicalismo ideológico. Agora, desempenha as funções de secretário do chefe comunista, Hoederer, quando este se encontra em situação decisiva. Pois o "regente" da Illyrie, aliado dos alemães, já não acredita mais na vitória de Hitler: chamou o chefe da Resistência clandestina para negociar com ele uma colaboração temporária até a chegada dos russos. Talvez fosse cilada? Mas não é por isso que Hugo se opõe à negociação: não quer que tantos crimes fascistas fiquem impunes; não quer que a vitória do proletariado se baseie na aliança com o inimigo sujo; não quer que o próprio partido fique com "as mãos sujas". Hoederer não conhece tantos escrúpulos. Consente com qualquer meio ruim para alcançar o fim da revolução, nem receia a suspeita da traição. E a Hugo o chefe parece mesmo traidor, porque a colaboração com o ditador enfraquecerá fatalmente as reservas morais do movimento revolucionário. É preciso eliminar o traidor. Mas como, se as forças faltam? "Felizmente", Hoederer é mesmo "sujo": chega a entrar em relações íntimas com a amante do seu secretário. E esse fato pessoal confere, enfim, ao revoltado a força para matar o chefe e inimigo. — Mas agora chegam os russos, libertando o país, encontrando, porém, o Partido Comunista anarquicamente radicalizado e sem verdadeiro chefe, por isso enfraquecido. Consagram *post festum* a política colaboracionista de Hoederer. Agora, Hugo é considerado traidor; e à eliminação prefere a morte de suicida.

Ninguém chorará por esse herói tragicamente sacrificado. Durante duas horas o seu destino incerto nos desalentou; agora já é melhor esquecê-lo. Mas não podemos esquecer-lhe o problema. Afinal, quem pode jurar que agiria melhor em situação semelhante, carregando uma responsabilidade histórica? Talvez ele tenha tido razão, apesar de tudo? Em todo caso, aí morreu um indivíduo de boa-fé, sacrificado pela política das mãos sujas. E este problema é nosso.

A nova peça de Sartre será muito discutida. Alegar-se-ão argumentos anticomunistas e contra-argumentos comunistas. Nem quero ouvi-los. Sabemos todos que a tática comunista consagra os meios, qualquer meio, a serviço do fim, da revolução; o próprio Lenin o dizia: "É preciso consentir com tudo, com todos os sacrifícios, estratagemas, ciladas, processos ilegítimos, dissimulações..." (em: *A Doença Infantil do Comunismo*, PCF, p. 31). Não é difícil opor a esse maquiavelismo revolucionário os ensinamentos da lei moral. Mas não quero ouvir os argumentos da moral e sim os do dramaturgo Jean-Paul Sartre. E acontece que este não pode alegar contra Hoederer a desvalorização do fim moral pelos meios imorais, porque o amoralismo do seu pensamento filosófico não lhe permite distinguir entre meios imorais e morais. Por isso mesmo não consegue escrever tragédias verdadeiras; mas a culpa não é apenas sua, é também do seu público. "Os homens pensam e falam como se acreditassem em Deus, mas agem como se fossem ateístas". É o caso de todos nós, da época. Sartre é bem o nosso dramaturgo. Mas nós outros não pretendíamos escrever a tragédia de Hoederer e Hugo, e ele quis. Para fazê-lo, devia encarar de outra maneira o problema.

Essa "outra maneira", encontro-a num artigo (dirigido, aliás, contra Koestler) que Maurice Merleau-Ponty publicou na própria revista de Sartre (*Les Temps Modernes*, II/14, novembro de 1946): o duelo entre Bukharin e Vichinski não teria sido a luta da consciência moral contra a eficiência política, mas sim uma briga intercomunista entre duas táticas diferentes, das quais a de Vichinski se revelou (não como menos moral, mas sim como mais) eficiente. Maquiavelistas os dois teriam sido igualmente; e Merleau-Ponty cita aquela frase de Lênin: "É preciso consentir com tudo...". Para elucidar o caso, prefiro citar as duas pequenas peças-gêmeas de Brecht: *O que dizia sim* e *O que dizia não*. Na primeira, os revolucionários em marcha pretendem sacrificar um companheiro doente cuja presença lhes dificulta a ação; e o companheiro consente, sacrificando-se. Na segunda peça, o mesmo sacrifício é exigido por uma lei obsoleta: aí o rapaz diz "não", e o poeta lhe dá razão, mandando cantar o coro: "Antes de tudo é preciso aprender a consentir...", quer dizer, pôr-se de acordo com a evolução histórica que não exigiu esse segundo sacrifício, mas sim aquele primeiro. Os comunistas — conclui-se — não agem por força de mandamentos morais e sim por força de uma missão histórica, perante a qual o problema "os fins e os meios" perde a importância. Quem acredita na dialética histórica tem de comportar-se assim; quem não acredita agirá de outra maneira. Apenas acreditar na dialética histórica e agir de maneira anti-histórica, individualista — isso é impossível. Mas é este o caso de Hugo.

Sartre, o criador do personagem Hugo, é dramaturgo. Não quis apresentar um tipo, um boneco, mas sim um caráter vivo. Não escondeu a fraqueza do seu "herói", que só através de motivo pessoal — a traição da amante — chega à ação política. Se Sartre — dramaturgo, romancista, novelista, filósofo, conferencista, redator, homem de sete instrumentos — não fosse tão apressado, o caráter de Hugo teria sido melhor determinado: um sujeito sem possibilidade de ação (na sua classe), procurando campo mais propício para sua inteligência inegável, fracassando, porém, como homem de ação, sendo desprezado pelos próprios companheiros, tornando-se melancólico, invejoso do chefe mais enérgico que acaba enfim de assassinar — mas este caráter não é novo no palco francês: chama-se *Lorenzaccio*.

"Je prends mon bien où je le trouve", dizia Molière. Todos os dramaturgos profissionais, Shakespeare encabeçando o cortejo, fazem isso. O próprio Sartre achou *Les Mouches* em Ésquilo e *Huis Clos* em Strindberg (no título da *Putain Respectueuse* parece ecoar, apesar da significação diferente, *La Putta Onorata* de Goldoni); encontrou seu Hugo no *Lorenzaccio* de Musset.

O personagem, como se sabe, é histórico. Lorenzaccio, o tiranicida, foi ele mesmo da casa reinante dos Medici, desprezado pelo fato de ser filho ilegítimo (assim como Hugo é filho ilegítimo da burguesia). Tornou-se amigo do príncipe Alessandro, chegando a servir-lhe de secretário, embora para negócios duvidosos: participou dos deboches do tirano, arranjando-lhe mulheres. Espécie de bobo da corte, virou melancólico. Pessoalmente ofendido pelo tirano, assassinou-o, arvorando-se depois em tiranicida revolucionário. Mas os florentinos exilados não quiseram saber de Lorenzaccio, que acabou ele mesmo assassinado. O assunto foi muitas vezes representado no palco: por Jiménez de Enciso, Shirley, Revere, Weigand, Benelli. Nunca saiu uma tragédia legítima. *Lorenzaccio*, de Musset, é uma grande peça poética — o que *Les Mains Sales* do antipoeta Sartre não é — mas tampouco é tragédia. O estranho ponto de vista moral do herói "não consentiu com isso". São os próprios Lorenzaccio e Hugo que estendem ao público mãos sujas.

O ponto de vista moral de Sartre tampouco "consentiu", porque não é propriamente moral. Não há lei moral no teatro de Sartre que decida entre os meios imorais de Hoederer e os meios morais (?) de Hugo. No fundo, o público de Sartre tampouco acredita em leis morais e, no entanto, quer salvar-se por elas; daí fica interessado pela peça; uma antítese eficiente, mas antítese apenas na aparência; e um problema não resolvido.

Origens do realismo

O Jornal, 13 jun. 48

Quem pretende ler as obras de crítica literária de Sainte-Beuve, Croce, Eliot tem de lê-las em francês, italiano, inglês; não existem os *Lundis* em tradução inglesa, nem o *Sacred Wood* em francesa nem a *Letteratura della Nuova Italia* em nenhuma língua senão na italiana. Não se traduzem obras de crítica literária. Isso impõe ao cronistas certos deveres de divulgação. *Mimesis*, de Erich Auerbach, livro que as vozes mais autorizadas na Inglaterra, Holanda e Suécia já saudaram como "a mais importante obra no gênero desde os tempos de Taine", publicado agora mesmo na Suíça, foi escrito por aquele romancista durante anos de exílio na Turquia, numa língua tão pouco divulgada entre nós como é a alemã. É preciso divulgar os resultados. Mas não é tarefa fácil. Não se trata, como se poderia supor, de uma história coerente do realismo na literatura ocidental. O autor, dotado da sensibilidade estilística de um Leo Spitzer e da penetração sociológica de um Taine, contentou-se com a análise de 26 textos, cujas estruturas estilísticas revelam os conceitos de "realidade" das respectivas épocas. Odisséia e Velho Testamento, Petrônio e Tácito, Amiano Marcelino e o Evangelho, Apuleio e Gregório de Tours, a *Chanson de Roland* e Chrétien de Troyes, Dante e Boccaccio, Rabelais e Montaigne, Shakespeare e La Bruyère, o *Abbé* Prévost e o duque de Saint-Simon, Schiller, Stendhal e Balzac, os Goncourts, Zola e Virginia Woolf fornecem os documentos. Procissão impressionante — quase uma epopéia da literatura universal — cuja direção o leitor crítico tem de descobriu. É isso que pretendo tentar.

O ponto de partida da nossa análise será o penúltimo capítulo de Auerbach: a quermesse dos operários em *Germinal*. Cena de barulhenta alegria dionisíaca — num ambiente de proletários famintos, vestidos de farrapos. Essa cena fez grande escândalo na época. Mas por quê? A literatura universal está cheia de coisas muito mais fortes. Rabelais é mais forte. E os gregos "consagrados"? O escândalo de Zola residia no seu estilo. Os realistas da Antigüidade e da Renascença descreveram os costumes da gente baixa — de maneira baixa. Zola porém apresentou a vida do proletariado naquele grande estilo épico que aprendera em Victor Hugo. Transformou os operários em heróis quase homéricos da luta de classe. E isso não se admitiu. Gente da plebe só seria, no romance, objeto da compaixão — ou do riso. A tradição francesa é aristocrática. Admite a classe média, os comerciantes, tabeliães, médicos, farmacêuticos apenas como personagens cômicos, assim como aparecem nas comédias de Molière. Só Balzac, ainda ignorando o proletariado, atribuiu àqueles burgueses papéis sérios. Mas o personagem cômico de Flaubert ainda é farmacêutico. A tradição era forte.

Essa tradição é de origem greco-romana. Tácito, descrevendo uma revolta das legiões germânicas, põe na boca do chefe dos revoltados um discurso eloqüente para vivificar a narração; mas não nos diz nada sobre as reivindicações dos soldados porque não os toma a sério. Gente tão baixa não pode ter motivos sérios. Petrônio, conhecedor lúcido da nova burguesia romana, faz da vida escandalosa de Trimalquião uma farsa; o assunto não merece outro tratamento. Essa tradição terá vida tenaz. Os personagens de Molière parecem hoje tipos; não são — Tartuffe não é o hipócrita *sans phrase*, e sim um camponês ordinário de apetites insolentes. Orgon não é um burro e sim um tirano doméstico, que se aproveita do outro para tiranizar a família — e nisso se baseia a seriedade da comédia de Molière. Mas os contemporâneos sentiram isso como irregular; e La Bruyère, esboçando o tipo do hipócrita, não deixa de censurar o atípico, quer dizer, o fundo sério da comédia. Eis a tradição classista.

Esse anti-realismo ficou forte porque a ordem social o justificava. Os progressos do realismo durante os séculos até a Revolução teriam sido impossíveis se não apoiados em outra força social, de influência oposta. Essa outra força, Auerbach acredita descobri-la no cristianismo. O capítulo do Evangelho em que se conta como São Pedro renegou o Senhor — depois, o galo cantou pela terceira vez, e o discípulo saiu, chorando lágrimas amargas — é uma grande tragédia psicológica, cujo herói é um pobre pescador iletrado. Um pagão não teria escrito essa página. Um cristão, sim, porque o assunto principal do evangelista foi a morte de um filho de carpinteiro, executado entre dois ladrões, e no entanto foi a maior tragédia da História Universal. Eis a origem cristã do realismo moderno.

Correrá muita água rio abaixo até esse realismo vencer. Porque o cristianismo fez as pazes com o mundo hierarquizado. O realismo só avançará quando sintomas de decadência se revelem no corpo social. Amiano Marcelino, o último historiador romano, transforma os imperadores, generais e prefeitos do século IV em bonecos sinistros, por força do seu estilo grotescamente pomposo que os professores censuram, como 14 séculos mais tarde censurarão o estilo "irregular" de Saint-Simon. Assustaram-se em face da imagem do Regente, envelhecido antes do tempo pelos excessos, recebendo as visitas sentado na *chaise percée*, nem as reconhecendo mais. "*Cet homme...*", diz Saint-Simon de repente, para acentuar a caducidade humana do grande senhor, e os membros sintáticos se precipitam para penetrar no fundo do reverso da *société*. É o advento do realismo moderno.

E entre Amiano Marcelino e Saint-Simon? Novamente Auerbach recorre ao "realismo cristão". Num *Mystère d'Adam* do século XII, em plena época da cavalaria, Adão e Eva conversam de maneira muito simples como um casal de populares preocupados; admite-se isso porque as suas misérias quotidianas têm significação superior, são "figuras" da perdição do gênero humano pelo pecado original. O realismo inegável da Idade Média é de natureza figurativa, ainda em Dante. Mas a grandeza única de Dante reside na fusão do "real" e do "figurativo", de modo que os personagens da *Divina Comédia* vivem simultaneamente no tempo histórico das suas vidas passadas e no tempo ideal da viagem do poeta pelos três reinos. O estilo de Dante, altamente patético como numa tragédia sacra e ao mesmo tempo realista como uma conversa na Piazza del Duomo em Florença, determina o papel histórico do poeta, comparável ao do Zola da epopéia proletária.

A história dos séculos posteriores é a dissolução do sentido figurativo das "realidades" literárias; primeiro, em Boccaccio. Diretamente dos Mistérios deriva a mistura realista de elementos trágicos e cômicos no teatro elisabetano. Mas o realismo de Shakespeare ainda fica, como o de Saint-Simon, limitado por preconceitos aristocráticos; por isso, o dramaturgo maior não exerce influência viva na evolução literária da segunda metade do século XIX.

Os séculos antes de Dante não conseguiram exprimir-se realisticamente enquanto não havia aquele sentido figurativo. Isso ainda se revela na *Chanson de Roland*, ficando pouco claras as relações entre Roland e os traidores. Descrevendo as violências e paixões infernais da época dos merovíngios, o bispo Gregório de Tours não consegue desemaranhar as complicadas vendetas e contravinganças, embora as tenha testemunhado; o leitor fica confuso, atribuindo a dificuldade ao latim lamentável do bom bispo. Mas já há três séculos, o retor Apuleio, que sabe discorrer em ótimo latim de assuntos místicos, descreve no *Asno de Ouro* o comportamento de um prefeito municipal, punindo entre gargalhadas os compradores porque os vendedores do mercado se excederam nos preços; esse realismo reflete a absurdidade das relações humanas. Com razão, Auerbach lembra a propósito de Apuleio o estranho realismo de Kafka.

Um fio de Ariana pela história do realismo ocidental é o estilo paratático, sem subordinação dos períodos; os antigos e os classicistas de todos os tempos preferem os períodos complicados. O confronto dos dois estilos constitui o primeiro capítulo da obra de Auerbach. Quando a ama de Odisseus quase o reconhece, descobrindo-lhe a cicatriz na perna, ocorre ao poeta a mocidade do herói; retarda a narração sem interrompê-la de todo, intercalando o episódio do passado. Só é possível isso por meio da subordinação hipotática que exclui a perspectiva histórica. Tudo parece presente. O poeta tem tempo para descrições minuciosas. O mundo descansa em tranqüilidade épica. Mas a história da viagem de Abraão, na Bíblia, para a montanha onde sacrificaria o filho, começa com a palavra direta de Deus, irrompendo no mundo não se sabe de onde: "E Deus falava a Abraão...". Assim, a narração continua, em simples frases paratáticas, num mundo que parece deserto, só tendo importância o ato religioso. Aí, descrições seriam absurdas. O que importa é o fundo transcendental do acontecimento que eleva os simples pastores asiáticos à dignidade da história sacra. Não é preciso acreditar na historicidade dos acontecimentos narrados na *Odisséia* para "aceitá-los" esteticamente. A história bíblica porém perderia o sentido se não fosse aceita como realidade histórica. E essa fé na "realidade" do assunto é a raiz do realismo literário.

Depois da Revolução, a dimensão histórica, própria do realismo, será substituída pela dimensão social. Primeiro, em Stendhal. Depois, Balzac — mais um realista que "escreve mal" — descobrirá os fatores econômicos. Zola, enfim, descobre o proletariado, escrevendo-lhe a epopéia homérica.

No século XX, o realismo, tendo desempenhado sua função, perde com o advento das massas democráticas sua razão de ser. Começam os experimentos literários, a *"recherche du temps perdu"*. Joyce, para elevar um dia útil (ou inútil) da vida dublinense à dignidade épica da *Odisséia,* precisa inventar uma língua. O Tempo destrói o realismo, assim como Saturno devora seus filhos. Virginia Woolf, comprimindo os reflexos de uma vida inteira no ato insignificante de tricotar uma meia para uma criança (em *To the Lighthouse*), é realista no sentido próprio da palavra: as coisas importantes aparecem através das coisas sem importância. Mas já é o realismo às avessas, seu fim.

Poderíamos prolongar a linha histórica que Auerbach traçou. Depois da última página do seu livro, seria possível falar novamente de Kafka, do qual o autor se lembrara a propósito das "absurdidades" de Apuleio. O realismo de Kafka também é "absurdo"; ou, então, seria novo realismo figurativo aludindo a realidades transcendentais? O herói predileto de Kafka foi o daquela história bíblica, Abraão. Mas isso, como diria o realista Kipling, "já é outra história".

Os valores de Van Dyck

Letras e Artes, 19 jun. 48

Ainda há poucos anos um crítico inglês afirmou o que ninguém repetiria hoje: que Van Dyck teria sido, ao lado de Rafael, um dos dois pintores mais perfeitos de todos os tempos. Os artistas de hoje, sem deixar de admirar-lhe a segura elegância do desenho, descobrem no *sfumato* de Van Dyck a predominância dos tons marrons e amarelos, contrafação do ouro autêntico. Essas falsas "cores de *atelier"* mal encobriam a insinceridade da sua pintura religiosa, sempre sentimental e patética; ao lado de qualquer altar medieval, parecem cenas de teatro, representadas pela mesma gente que Van Dyck retratou em grande escala — príncipes decadentes, generais aventureiros, diplomatas astutos, damas orgulhosas, padres intrigantes, todos eles atores que fazem determinado papel político, eclesiástico ou erótico, grandes atores, pode ser, mas por que precisam representar? Porque a dignidade representada já se tornou algo duvidosa; e hoje nem existe mais. A desvalorização moderna da arte de Van Dyck, "enobrecendo" banqueiros, ministros e escritores, mas cansando-se enfim da disciplina que impuseram aos modelos, não adianta; nenhuma força é capaz de transfigurar essas fisionomias vulgares. E o que seria falta de força nos modernos reflete-se, na retrospectiva, como falta de profundidade no pintor que conseguira aquela transfiguração: em Van Dyck.

Van Dyck teria sido um pintor notável sem profundidade metafísica; pálida lua sem luz própria ao lado de seu mestre Rubens e até ao lado do seu modelo Rafael, com o qual tem em comum apenas alguns traços biográficos: a glória precoce, o "favor do público e dos deuses", as viagens de consagração, o fim prematuro. Talvez convenha comemorar-lhe a data da morte, mas nunca a do nascimento, daquele 22 de março de 1599 de que nestes anos ninguém se lembra. Como os valores de Van Dyck, o próprio valor de Van Dyck parece pertencer ao passado.

Valores de Van Dyck? Se a pintura é, conforme Braque, *"l'art d'exprimer l'invisible par le visible"*, o que é o invisível atrás da elegância e do sentimentalismo chopinianos de Van Dyck? A pergunta insolente provoca a vontade de realizar interpretação mais justa. Mas o que significa interpretação? Porventura a descoberta de palavras novas parafraseando arte alheia? Seria mero exercício estilístico. Ou, então, descoberta de fatos biográficos, atribuição de quadros, verificação de datas? Seria apenas erudição. Não, como "interpretação" afigura-se-me o esforço de reagrupar os fatos conhecidos — a nobre elegância dos retratos, a agitação patética e sentimental nos quadros religiosos, a segurança das linhas e o *sfumato* das tintas — até se revelar *l'invisible par le visible*.

Van Dyck é o pai do retrato moderno. Depois os modelos terão sempre a pretensão de parecer-se com os seus príncipes, generais, diplomatas, damas, padres; personagens de nobreza ligeiramente melancólica, vestidos com luxo discreto, em atitudes que lhes refletem a superioridade consciente. Houve jamais personagens assim como essa elite vandyckiana? De um lado, representam um ideal aristocrático, realizado. Por outro lado, só se mostram à distância, separados da realidade comum pela categoria e pela moldura. "Ideal" e "distância", eis os *mots clefs* da arte de Van Dyck: os dois instrumentos com que criou aqueles personagens, impondo-lhes seu estilo.

O estilo de Van Dyck é tão consciente como a dignidade dos seus retratados. Por isso o flamengo parece epígono aos que exigem da arte o titanismo de um Rubens. Mas hoje? Não quero ir tão longe em afirmar que o construtivismo consciente do retratista Van Dyck o aproxima da arte moderna e moderníssima. Mas, em todo caso, a época do titanismo absoluto passou com o século XIX. Hoje, a disciplina artística já se aprecia mais do que a exuberância rubensiana, à condição, porém, de que houve coisa que precisava ser disciplinada. Ora, Van Dyck também fora rubensiano na mocidade; os peritos, quando encontram dificuldades em distinguir entre esses quadros de mocidade e os trabalhos do mestre, até chegam a afirmar: Rubens é forte, Van Dyck é brutal. Depois, essa "brutalidade" desapareceu sem deixar vestígios. Seria enfraquecimento ou concessão ao público aristocrático? Nem isso nem aquilo. Apenas, Van Dyck encontrara outro caminho para o ideal do que a conquista titânica: preferiu manter-se à distância, a qual confirma, pela sua existência, também a existência do ideal.

Eis o ponto de vista do qual convém encarar os retratos de Van Dyck: os seus personagens são, todos eles, igualmente nobres, até quando a fisionomia lhes exprime vícios escondidos e derrotas malsuperadas — mas o pintor não pretendeu idealizá-los (o ideal está presente, encarnado neles); a distância entre eles e o espectador não se criou por artifícios de embelezamento. Eis aí — assim parece dizer o pintor — o que eles fizeram de si mesmos, impondo-se a mesma disciplina que eu impus à minha arte. Esses príncipes, generais e padres, assim como o próprio Van Dyck, foram alunos dos jesuítas.

Ao retrato Van Dyck deveu tudo. Mas a sua ambição era outra; quis ser pintor religioso; diríamos, hoje, o pintor da Contra-Reforma, aquilo que não conseguiu ser nenhum dos seus grandes contemporâneos. Nem o bizantino El Greco nem o pagão Rubens. Essa obstinação, da parte de um artista evidentemente nada místico, deixa-nos perplexos; seria capaz de afastá-lo ainda mais dos nossos órgãos de compreensão do que aquele aristocratismo passadista. Acostumados ou reacostumados à dignidade simples e solene da arte gótica e dos ícones, não conseguimos descobrir o *frisson* numinoso nas atitudes torcidas dos santos de Van Dyck, na inquietação espetacular das cores que sobressaem no fundo escuro, na movimentação das cabeças e dos gestos de devoção. Parecem cenas de teatro; e são. Van Dyck está consciente da sua incapacidade espiritual, parente da dúvida angustiada, de identificar-se com os personagens da história sagrada e da *Legenda áurea*. Continua consciente da "distância", também em face do ideal religioso. Para simbolizá-la, constrói algo como uma rampa invisível — e o que acontece nela passa a ser teatro, mas no sentido mais nobre da expressão: teatro religioso, parábola representada. Só como parábola revela-se o assunto sacro perante a realidade indigna. *Domine non sum dignus ut intres sub tectum meum: sed tantum dic verbo, et sanabitur anima mea.* E este *verbum* nos aparece através da arte de Van Dyck, na segurança imperturbável das suas linhas. Mas continua a "distância", quebrando as cores, produzindo o *sfumato* entre os tons marrons e amarelos, deixando neste mundo indigno apenas o reflexo do ouro: um mundo pletórico que não é melhor nem mais puro do que a realidade comum, mas bastante nobre e mais belo.

"Ideal" e "distância" definem aquela qualidade do pintor Van Dyck que talvez o aproxime mais da nossa sensibilidade: em certo cansaço melancólico das suas atitudes aristocráticas e na secreta dúvida, essencialmente barroca, da sua atitude de devoção exprime-se a inquietação de quem viajou muito sem encontrar outra terra firme do que a do cemitério que cedo o acolheu. As dúvidas e a inquietação de Van Dyck correspondem à nossa dúvida em face daquele mundo aristocrático-eclesiástico que sobrevive apenas como símbolo do ideal perdido. A distância viraria desespero se não houvesse a certeza da existência do "ideal em si", ainda acessível através da disciplina de uma arte como a de Van Dyck. Uma arte capaz *"d'exprimer l'invisible par le visible"*, assim como os santos teatrais que nos seus quadros levantaram uma ponta do pano: do véu que nos esconde um mundo mais belo e melhor.

Outras notícias da França

O Jornal, 27 jun. 48

Outrora, o Prêmio Goncourt foi uma instituição nacional, e mais do que isso: uma arma de propaganda da civilização francesa no estrangeiro. As manifestações da "grande" Academia já estavam suspeitas de — academismo; o seu *Prix du Roman* virou cada vez mais espécie literária do *Prix de la Vertu*. Mas os premiados da Academia Goncourt, estes representavam a "França real", tantas vezes em oposição à França oficial. Os dizeres "Prix Goncourt 19..." na cinta do livro garantiam grande tiragem e a atenção do mundo inteiro. Foi assim... foi! Já não é a mesma coisa. O Prêmio Goncourt 1947 coube ao romance *Les Forêts de la Nuit*, de Jean-Louis Curtis, e nem um pequeno escândalo em torno da obra — outro editor, valendo-se do voto vencido de Guitry, anunciando outro romance como o "verdadeiro Goncourt 1947" e sendo condenado por isso a pagar uma indenização — pois bem, nem sequer esse escândalo literário contribuiu para criar o êxito universal do romance de Curtis. No entanto é um bom romance. *"Depuis longtemps"*, escreveu outro dia *La Vie Intellectuelle*, *"le Goncourt était suspect... d'avoir commis des choix totalement injustifiées. Qui considère Léon Frapié, Henri Fauconnier ou l'inneffable Jean Fayard comme de grands écrivains? Tous, pourtant, furent lauréats de la célèbre Académie"*. Mas esses desacertos teriam tanto diminuído o prestígio literário da França no estrangeiro? Não se acredita. Antes surge a hipótese de que o romance de Curtis seja uma obra incômoda, pouco recomendável aos estrangeiros que pretendem formar opinião sobre a mentalidade francesa de hoje depois da catástrofe de 1940 e do reerguimento pela Resistência. Talvez uma obra que denuncie novamente aquela diferença, sempre proclamada pelos sofistas da Action Française, entre o *pays légal* e o *pays réel*? A leitura fornece, com efeito, elementos para fortalecer essa primeira impressão.

A ação de *Les Forêts de la Nuit* passa-se no tempo da ocupação alemã, numa pequena cidade do Sul da França, em ambiente que reflete com maior fidelidade o espírito da nação do que a capital internacionalizada ou o isolamento das alheias. Como quer que seja, é este o ambiente predileto dos romancistas franceses da grande tradição, que sabiam construir um enredo em torno de personagens bem caracterizados. A essa tradição, a obra de Jean-Louis Curtis deve as suas qualidades; por isso é um bom romance essa história não muito simples nem muito complicada de uma tradição vergonhosa e da Resistência que a espia. Os personagens nasceram com certidões do *état civil* inesgotável de Balzac: Gérard Delahays, céptico até o cinismo mas não desonesto, produto típico do tempo desiludido do *entre-deux-guerres*; Philippe Arréquy, o traidor infame; Justin Darricade, chefe dos resistentes porque acredita na França e ainda mais porque não acredita na Alemanha; Jacques Costellot, o oportunista mais ou menos correto que saberá esperar "até isso passar"; e Madame Costellot, a língua venenosa da cidade, que serve sem querer como espiã ao inimigo. A vítima desse ambiente é a família Balansun: o pai, velho tabelião provinciano cheio de frases de "armistício honroso" e "palavra de honra de um marechal da França"; sua filha, Hélène, que vive em Paris, moça independente, entregando-se logo ao inimigo; o filho, Francis, que adere à Resistência assim como se entra num clube de futebol ou de excursões, rapaz ingênuo que será fatalmente traído. No entanto seu sacrifício não foi em vão: na França liberada, Costellot continuará os seus negócios; e abre-se a Darricade, que apostou com acerto, uma grande carreira parlamentar. Então, conclui Curtis, "todos podem dizer: enfim, a tempestade passou, as democracias venceram, aliás sabíamos sempre disso. Então, todos participarão dos desfiles da vitória, das comemorações patrióticas. Continuarão a lutar — para obter os melhores empregos, os bons lugares na sociedade, aproveitando-se das possibilidades que devem aos sacrifícios e à morte dos outros. São os vencedores. Afinal de contas, Francis é um morto que rende".

A atitude de Jean-Louis Curtis em face do seu assunto não é nova, tampouco a sua técnica novelística. Depois de todas as grandes crises históricas, guerras e revoluções, os moralistas se revoltaram contra o fato de que os sofrimentos não melhoraram a humanidade, e que aparentemente tudo ficou no mesmo. No entanto, é desse moralismo que Curtis tira o forte efeito do seu livro, que parece, por isso, mais do que mero "bom romance". E basta comparar os personagens Francis Balansun e Justin Darricade, inconsciente o primeiro e oportunista o segundo, para reconhecer que a tese de Curtis se dirige contra a Resistência.

Por isso, *Les Forêts de la Nuit* é um livro incômodo. Incômodo, principalmente, porque não se trata de um fato isolado. O melhor romance francês dos últimos três anos, *Saint Quelqu'un,* de Louis Pauwels, revela atitude semelhante. Mas esses Curtis e Pauwels apenas são instrumentos, talvez inconscientes, de um movimento inteiro que pretende nada menos do que reabilitar o colaboracionismo. O chefe literário desse movimento, Maurice Bardèche, aliás autor de um bom livro sobre Stendhal, já chegou a defender o ultracolaboracionista Robert Brasillach, que fora sucessivamente salazarista, fascista, franquista, acabando como agente de Deat e Doriot, verdadeiro vagabundo internacional a serviço de todos os patriotismos conquanto fascistas. E esse internacionalismo patriótico ainda não desistiu da sua "ideologia". Ainda existe gente na França que acredita na "renovação da Europa pelo fascismo e na renovação da França pela influência germânica". Um desses ideólogos é Bardèche, que acaba de publicar agora mesmo um panfleto, *Lettre à François Mauriac*. Conquanto apologia do regime de Vichy, o libelo é paupérrimo, nem merecendo resposta, muito menos a discussão. Inspira mero desprezo a pergunta retórica de Bardèche a Mauriac: "*Êtes-vous sûr d'avoir eu raison?*" Mas quando se fita com certa atenção essa pergunta, então chegamos a descobrir que é mais fácil desprezá-la do que dar resposta. A Resistência também teria sido justificada no caso de uma Alemanha democrática ocupar uma França fascista? Estamos no terreno das frases condicionais. Mas os fatos de amanhã costumam ser as hipóteses de ontem; a História é mesmo assim. Sabemos que Maurras e a gente de Vichy não tinham razão, e por inúmeros motivos. Mas quando eles têm a audácia de perguntar: "*Êtes-vous sûr d'avoir eu raison?*", como responderá a França?

Bom, a França tem mais do que uma resposta para dar; pode escolher entre quatro respostas possíveis, das quais cada uma se baseia em tradições francesas de atualidade permanente.

A primeira resposta é a democrática, a da "Terceira Força": inspira-se em Rousseau, afirmando a soberania da *volonté générale*. Argumento perigoso numa época em que a *volonté générale* é dirigida pelos trustes monopolísticos de jornais e radiodifusoras, ao ponto de a *volonté générale* já ter sofrido várias vezes as maiores humilhações sem reagir, parecendo até querer abdicar. Nem todas as eleições decepcionam os democratas, mas uma sim, uma não; e naquele caso desarmados, sem resposta à pergunta do sofista Bardèche.

Outra resposta, lógica como uma tese de Descartes, reconhece o mero formalismo das afirmações democráticas; estas só valem — diria a revista *La Pensée*, editada por racionalistas que simpatizam com o comunismo — enquanto se baseiam nos princípios permanentes da democracia, seja da democracia burguesa de 1789, seja da democracia proletária de 1917. É uma resposta boa para simpatizantes mas não para os próprios comunistas, pois quem garante a vitória da lógica cartesiana na História? As teses históricas não são equações matemáticas; as soluções nunca ultrapassam a probabilidade. E a um Bardèche é preciso responder com fatos. "*Êtes-vous sûr...?*"

A terceira resposta é mesmo a dos fatos. "Os vencedores, somos nós". Atitude de diplomatas e generais, de Richelieu, de Napoleão... E se o general De Gaulle for, um dia, definitivamente vencido assim como o seu modelo Boulanger? Boulanger tinha porventura razão? A rigor, nunca se sabe se o vencedor tinha razão, porque a vitória é um fato mas não uma resposta.

São mais ou menos estes os argumentos que li na revista dos existencialistas (afinal Pascal e Maine de Biran também constituem uma tradição francesa), na qual um certo Jean Pouillon pretende desarmar a armadilha de Bardèche. Aí a Resistência fica baseada em si mesma, *la résistance pour la résistance*, ficando estranhamente parecida com o *fascisme pour le fascisme* de um Brasillach. Mas o que qualquer democrata ou comunista ou direitista ou existencialista parece é ter caído na armadilha daquela pergunta: "*Êtes-vous sûr...?*"

"*Sûr*" de quê, afinal? Do que aconteceu ou do que podia ter acontecido? "*Le nez de Cléopatre: s'il eut été plus court, toute la face de la terre aurait changé*". Essa hipótese não nos assusta porque já não temos nada com os tempos de Cleópatra. Com respeito a tempos remotos, as frases com "se" são brincadeira bonita para historiadores desocupados. O próprio Croce citou outro dia, com prazer, uma página de Huysmans: o que teria acontecido se Joana d'Arc não se tivesse levantado? Então, o Sul da França seria hoje um país levantino, e o Norte constituiria, junto com uma Inglaterra latinizada, uma nação germânica. Mas quando se pretende construir hipóteses dessa espécie com respeito a tempos menos remotos e à atualidade, então se revela a impossibilidade do "se" na História, na qual as frases condicionais não têm sentido algum. Por isso já há muito o "nariz de Cleópatra" foi amputado, não cheira mais na historiografia. Mas o precioso órgão refugiou-se para o reino dos sentimentalismos que não querem admitir o curso implacável das evoluções históricas. Sobretudo depois das grandes crises, guerras e revoluções, o cepticismo anti-histórico de Pascal reaparece como moralismo indignado. "*Êtes-vous sûr...?*" E não sabem responder os que eles mesmos não admitem a autonomia da História. No entanto, duas palavras de uma lição hegeliana bastam para destruir o sofisma anti-histórico de Bardèche e revelar, ao mesmo tempo, a trivialidade do moralismo a-histórico de um Curtis, cujo romance é "bom" e nada mais do que isso. Mas para tanto é preciso encontrar mais outra resposta do que uma daquelas quatro respostas tradicionais. A História dá lições terríveis, mas é um grande conforto reconhecer que essas lições não acabam, renovando-se sempre. A "outra França" dos sofistas não nos assusta porque ainda temos esperança numa outra França do que a do desmoralizado Prêmio Goucourt, e numa outra Europa.

Pintura e espírito

Letras e Artes, 04 jul. 48

    Cada vez mais raramente me ocorrem lembranças, associações fugitivas daquele mundo do passado — outro dia me perseguiu uma melodia, sonora como um acorde de órgão, harmoniosa como um uníssono de muitas vozes, custou reconhecê-la como o tema do *Motete, nº 2* de Johann Sebastian Bach: "O Espírito ajuda a levantar-se". *Der Geist hilft auf...*, canta-se no original, e as palavras alemãs contribuíram logo para revelar a origem daquela associação: fora, paradoxalmente, um livro de pintura.

    Talvez aquele motete me tenha impressionado numa noite há muito esquecida, numa sala de concertos de Viena; a vida intelectual e artística dessa cidade, múltipla como um coro de Bach, aparece no fim do livro que Edith Hoffmann dedicou a: *Kokoschka, Life and Work* (Londres, Faber & Faber, 1947). Livro pelo qual o grande pintor vienense, que vive há anos meio desconhecido na Inglaterra, passa enfim do reino obscuro da incompreensão para aquela situação duvidosa que se chama "glória mundial". Um livro, editado por Faber & Faber, a casa de T. S. Eliot, vale como consagração; mas desta vez confirma apenas o fato de que telas de Kokoschka já se encontram em muitos museus ingleses e americanos, embora o "grande" público anglo-saxônico tampouco gostasse delas como outrora o público de Viena.

    Oskar Kokoschka não é, porém, vienense; Viena, a capital da música, não foi, aliás, nunca um grande centro de pintura, antes das artes decorativas. O nome do pintor revela, assim como a sua cara de camponês duro, a origem eslava; nasceu ele, de pais tchecos, numa cidadezinha da Áustria Baixa, perto de Viena, numa região de altas montanhas em torno do Danúbio coroadas de igrejas barrocas, uma região de chuvas e nevadas e de muito sol no verão e de muito vinho, região que também foi a dos meus avós. Vivem muitos tchecos ali e em Viena, imigrantes da Boêmia que fica tão perto; Viena não seria o que é sem eles, nem sem húngaros e italianos, judeus e croatas, poloneses e alemães, enfim, que constituem todos eles o coro polinacional da velha cidade. Mas no tempo em que Kokoschka se formou em Viena, por volta de 1910, o coro não foi muito harmonioso: dissonâncias estridentes já anunciavam o fim da sinfonia.

Viena fora a capital da música européia. Mas a inteligência vienense, que naqueles anos lutou desesperadamente contra os "males do século" — Kokoschka, pintor e escritor ao mesmo tempo, pertence bem àquela inteligência hoje dispersada pelo mundo —, ela não era muito musical ou, antes, a sua música era tão atonal como a do último grande mestre vienense: Schoenberg. A beleza harmoniosa, que fora a verdade artística de tempos passados, já não seria porventura mentira de epígonos nesse século de lutas de nações e classes, de técnica importada e decadência autóctona? "Tendo bom ouvido, ouço barulhos que os outros não ouvem e que me perturbam a harmonia das esferas que os outros tampouco ouvem".

Kokoschka é intelectualmente produto daqueles anos e daquela sociedade no seio da qual se preparavam tempestades. O seu *atelier* ficava perto da casa de Sigmund Freud, cuja descoberta do caos dentro de nós também só se compreende plenamente como resultado daquelas experiências. Na pintura de Kokoschka, muitos também acreditavam encontrar a imagem do caos; zombaram do artista em cujos retratos se revelaram os aspectos mais feios das personalidades e cujas paisagens pareciam meras confusões de montanhas, águas e nuvens, podendo ser penduradas na parede também de cima para baixo, sem mudar sensivelmente de aspecto. Kokoschka, na mocidade, recebeu o apelido de "louco". E as peças do dramaturgo Kokoschka — *Assassino, Esperança das Mulheres* e as outras —, primeiros exemplos do estilo expressionista, obras de um patrício e contemporâneo de Kafka, estas pareciam mesmo representar o caos. Há um grão de verdade em tudo isso. Mas tampouco deve-se esquecer o último motivo da atividade de Freud: o desejo de esclarecer e dominar o caos. Ao artista ajudava, para tanto, outra influência, muito mais imediata: a do escritor vienense Karl Kraus.

Kraus é o autor da frase citada sobre o barulho e a harmonia das esferas. Kokoschka retratou-o várias vezes, ilustrando-lhe também livros. Não se pode falar de Kokoschka sem falar de Kraus. Mas, tratando-se de um escritor intraduzível, mestre virtuosíssimo de todos os estilos, do grito profético que nos fez estremecer até o trocadilho espirituoso que ainda ao adversário mortalmente ferido arrancou gargalhadas — como explicar a arte difícil de Kokoschka pela arte mais difícil de Kraus? Basta dizer que esse inimigo feroz do jornalismo em todas as suas formas — o jornalismo encarnava, para ele, todos os barulhos perniciosos deste século — foi ele mesmo um grandíssimo jornalista, escrevendo sozinho sua revista, *O Archote*, que venceu e dominava a cidade apesar do silêncio obstinado da "opinião pública" impressa. Não era fácil compreender os motivos da sátira de Kraus: alguns consideravam-no como pacifista e revolucionário, admirando-se depois quando este socialista sem doutrina, inimigo número 1 da burguesia, aderiu ao tradicionalismo, por ódio aos representantes do "progresso". Foi um grande humanista, num sentido esquecido da palavra, um advogado destemido de tudo o que é humano contra o desumano, mas incluindo no "humano" também o que é mais do que humano; o seu estilo satírico, o *esprit* a serviço do Espírito, foi protesto profético contra visões infernais que lhe perturbavam o sono noturno e logo depois se reencontraram na realidade de todo dia, até o dia em que rebentou a guerra. Basta fitar o seu retrato, assim como Kokoschka o pintou, para saber: apesar de tudo, "o Espírito ajuda a levantar-se...". *Der Geist hilft auf.*

Kokoschka foi o pintor daquelas visões infernais. No entanto, partiu das artes decorativas que floresciam então em Viena. O maior pintor vienense de 1900, Klimt, apenas era um grande decorador; e seu discípulo chegou logo, por volta de 1910, a um estilo que hoje nos parece *pendant* do estilo de Picasso. A transição não se compreende sem se dar atenção a uma influência intermediária que o próprio Kokoschka confessa: durante horas, costumava contemplar nas igrejas da sua terra os grandes quadros barrocos que, então, ninguém apreciava. Herbert Read, escrevendo o prefácio do livro de Edith Hoffmann, lembra a propósito de Kokoschka o grande nome de El Greco. As visões pictóricas de El Greco também foram consideradas, naqueles anos, como caóticas. Kokoschka é pintor barroco; mas isso não o impede de ser moderno.

Nos retratos de Kokoschka, a "deformação" está a serviço da psicologia; assim como Kraus desmascarava as suas vítimas pelo mero recurso de citar-lhes as frases, assim Kokoschka despe os caracteres: raros os que resistem à sua arte (assim o próprio Kraus); em geral, revela-se o desumano atrás da cara humana. É uma galeria de horrores, excetuando-se às vezes o rosto frio, os traços nervosos de um músico, lendo-se embaixo do quadro: *Cantata de Bach*.

Dos retratos, Kokoschka fugiu para a natureza. É grande paisagista. Na paz de montanhas, águas e nuvens, conseguiu encontrar o que não se encontra na sociedade: as visões se tranqüilizam, o caos está dominado. Kokoschka pintou muitas paisagens: Lyon, Paris, Londres, Veneza; gosta particularmente da Dalmácia, desse belo país adriático em que se encontram a civilização italiana e a eslava. Mais de dez vezes aparece a cidade de Praga; o pintor cultiva a memória do grande humanista tcheco Comenius, exilado na Inglaterra, assim como hoje seu patrício, que escreveu para os protestantes expulsos da pátria a canção que todo tcheco sabe de cor: "Belo é o rio, o rio Moldava, onde ficam nossas casas; bela é a cidade, a cidade de Praga, onde mora nossa família". Canta-se assim desde o século XVII. E a melodia não mudou até hoje.

Kokoschka não pinta regiões primitivas, prefere paisagens civilizadas, cidades, portos, arquiteturas. Procura, na natureza, o elemento humano. Às vezes revela, assim como seu mestre Kraus, veleidades tradicionalistas. Quando um capricho da República de Weimar o fez diretor da famosa galeria de Dresden, no tempo das furiosas batalhas de rua entre comunistas e direitistas, mandou afixar um cartaz: "Pede-se aos senhores combatentes o favor de travar a batalha um pouco mais longe do museu". Esse radical sabe guardar tradições, valores. Afinal, o livro sobre ele, antes de ser editado pela casa Faber & Faber, deve ter passado pelas mãos de T. S. Eliot. O radicalismo de Kokoschka é o de um humanista à maneira dos humanistas daquele século caótico do barroco, em que viveram seu patrício Comenius — e El Greco. Kokoschka colocou mesmo um pequeno retrato de Comenius no canto do retrato que fez do autêntico comeniano Masaryk. O espírito desses humanistas é o mesmo de Kraus, é o mesmo das proclamações anticapitalistas e pacifistas de Kokoschka, que Edith Hoffmann transcreve no apêndice do seu livro. Apesar das experiências tremendas e das duras decepções desses últimos decênios, ou antes em virtude delas, o homem Kokoschka, tão feroz outrora que parecia louco aos seus contemporâneos, tornou-se sereno; sereno é hoje seu protesto que no entanto não emudece; e serena a sua arte.

Hoje, a arte de Kokoschka, embora sempre visionária, já não é caótica. As linhas tranqüilizaram-se. Adivinha-se, pelo menos, a harmonia das esferas. Agora "belo é o rio" e "bela é a cidade" que, na memória, quase se parece com a cidade eterna nas nuvens, indestrutível como são indestrutíveis as obras do espírito. Não ouviram o órgão? "O Espírito ajuda..."

Razão de ser da poesia

O Jornal, 11 jul. 48

Com 18 anos de idade todos são poetas; mas depois renegam a poesia. Até existem banqueiros e diretores de repartições públicas que outrora cometeram sonetos; mas hoje acham besteira. Aplicam à poesia o que Voltaire (ou foi outro "brilhante espírito"?) dizia da ópera: "Canta-se o que não vale a pena ser dito". Metrifica-se o que não vale a pena de ser dito em prosa. Nisso, concordariam com os banqueiros os secretários de sindicatos. Mas até um dos mais famosos poetas do século XIX aderiu a essa unanimidade da opinião pública, escrevendo ao pé de um poema seu: "Isso, eu também poderia dizê-lo em boa prosa". A frase valeu-lhe como álibi; e vale como sintoma de que nem a crítica literária do século passado sabia explicar a razão de ser da poesia. Eis o problema número 1 deste artigo. Para quê ainda se escreve poesia? Mas os banqueiros e os secretários de sindicatos abrem uma exceção; admitem a razão de ser da poesia quanto aos tempos passados, quando a humanidade inteira lhes parece ter tido 18 anos de idade. Então havia os poetas que a escola e a opinião pública já consagraram. Quer dizer, aquela gente admite como único critério certo o Tempo. E muitos críticos, até hoje, também consideram a sobrevivência como o critério mais certo do valor literário. Eis o problema número 2 deste artigo. Por que o Tempo entende tanto de poesia?

Poesia contemporânea nunca está, por definição, consagrada pelo Tempo. Os críticos defendem-na; mas não sabem convencer a opinião pública. "Isso é tão diferente do que nos deram para decorar na escola" — toda poesia é, por definição, diferente — "então, não é poesia e sim besteira, se não mistificação", dizem. Os críticos, naturalmente, excluem a hipótese de os poetas contemporâneos serem todos uns idiotas. Mas contra a suspeita de mistificação parece preciso defendê-los. Preferem essa defesa porque a crítica literária do século passado lhes legou um método para tanto; a análise das intenções do autor; a sinceridade, deste modo verificada, como critério de valor. É o famoso método "psicológico" de Sainte-Beuve, que o levou justamente a condenar a poesia dos contemporâneos seus. Conhecia bem demais os seus colegas; e não admitiria a distinção, estabelecida depois por Benedetto Croce, entre a "personalidade artística". O que diria um Sainte-Beuve em face de um Fernando Pessoa? A razão de ser da poesia só pode residir na própria poesia, mas nunca em motivos extrapoéticos. Só fica então, como critério, a coerência interna do poema.

Essa tese da coerência interna como critério do valor de um poema dá bons resultados quando aplicada a este ou àquele poema, desmascarando os poetastros que usam o ritmo e a metáfora como meros enfeites de uma frase "que não vale a pena de ser dita em prosa". Mas justamente por isso a tese parece suspeita como tese. "Coerência" é a suprema lei da prosa. Então — que diabo! — por que os poetas não falam logo em prosa?

Foi Heine quem disse aquilo no prefácio da 3ª edição do *Livro das Canções*, citando um poema seu, acrescentando: "Isso, eu também poderia dizê-lo em boa prosa". Mas hoje introvertemos os termos respondendo: "Então, não vale a pena de ser dito em poesia".

Façam a tentativa de transformar um poema de Valéry em prosa, na prosa lucidíssima de Valéry. Tomem qualquer bom poema, antigo ou moderno, parafraseando-o em prosa; sai uma banalidade. Apenas quando não sai uma banalidade então teria sido melhor dizê-lo em prosa. Mas a essa prosa nem resistem os versos de Shakespeare. A poesia distingue-se da prosa por um misterioso *plus* qualquer que não entra, não pode entrar na paráfrase prosaica. Agora, vão procurar esse *plus* no ritmo, no metro, nas metáforas, coisas que não existem na prosa. Mas não é verdade. Existe ritmo também na prosa; e cada segunda palavra que empregamos, seja em poesia, seja na prosa mais quotidiana, é metáfora. Aqueles elementos "poéticos" não são portanto efeitos que, na poesia, se acrescentam à fala prosaica. Existem dentro da própria língua. A própria língua já é poética. Sentem isso dolorosamente os cientistas; nas suas fórmulas mais exatas introduzem-se clandestinamente expressões de caráter metafórico, produzindo ambigüidade e equívocos de toda espécie. Daí o esforço dos neopositivistas de criar uma "língua científica" sem resíduos poéticos, uma língua que já serve aos físicos e servirá com proveito aos juristas. Esforço tremendo mas necessário porque a língua — eis a grande tese de I. A. Richards — não se criou para fins científicos ou burocráticos; está fatalmente cheia de ambigüidades para chegar-se a um discurso claro e inequívoco — a poesia se dá muito bem com as ambigüidades da língua. Um brilhante discípulo de Richards, Empson, até acredita ter descoberto na ambigüidade a razão de ser da poesia.

Já famoso livro de Empson, *Sete Tipos de Ambigüidade*, saiu agora mesmo em segunda edição. É um livro fundamental. É preciso estudá-lo. Limito-me a destacar três casos particularmente interessantes.

Existe "ambigüidade disjuntiva" quando uma expressão tem dois sentidos que se excluem reciprocamente. O caso aparece na literatura quando o autor quer evitar que todos o entendam, p. ex. para iludir a censura; então a frase, respectivamente a obra ambígua, tem um sentido, insuspeito, para o censor que é um burro, e outro sentido, muito diferente, para o leitor que é inteligente.

Quando os dois sentidos não se excluem, antes se modificam reciprocamente — caso da "ambigüidade conjuntiva" —, a obra já não permite interpretações contraditórias que um repare e o outro não; impõe-nos as duas interpretações ao mesmo tempo. É este o papel histórico, estudado pelo mesmo Empson no livro *English Pastoral Poetry*, da poesia que celebra as virtudes da gente simples dos campos. Por meio dessa poesia pastoril introduziram-se na literatura certos sentimentos de oposição social; o pastor é mais sábio do que o senhor feudal. A literatura inglesa do século XVIII possui exemplo magnífico dessa "ambigüidade conjuntiva": a *Beggar's Opera* de Gay, na qual os malandros e ladrões se comportam como *lords and ladies*, revelando deste modo os vícios da alta sociedade; e é quase contemporânea a famosa *Elegy Written in a Country Churchyard*, de Gray, a mais bela das elegias pastoris na qual Empson descobriu aquele mesmo protesto social. Daí é só um passo para o caso da "ambigüidade integrativa", em que os dois sentidos se provocam reciprocamente, constituindo um complexo contraditório. Este caso foi especialmente estudado pelo crítico americano Cleanth Brooks, na poesia de Donne — e na poesia moderna. É o caso de poesia que nasce em tempos de transição social de dúvidas ideológicas, de conflitos psicológicos. Tem por conseqüência que o poema vibra pela tensão interna, sendo no entanto indissoluvelmente ligado aos membros opostos da antítese, produzindo-se uma estrutura coerente que apóia o poema. A freqüência desse caso na grande poesia inglesa (e espanhola) do século XVII e na poesia contemporânea levou muitos críticos a considerá-lo como o caso poético por excelência; é isso o que não se pode dizer em prosa; é isso o que constitui a razão de ser da poesia. É verdade porém que não se justifica atitude tão dogmática. De outras épocas existem exemplos de grandíssima poesia sem "ambigüidade integrativa"; também a poesia do século XIX, hoje desprezada porque "inequívoca" demais, será um dia reabilitada. Mas o conceito da "ambigüidade integrativa" é ótimo instrumento para aquela "revisão dos valores" que de vez em quando se torna necessária; para eliminar falsos valores consagrados e para redescobrir grandes valores mal conhecidos e até caluniados (como era o caso de Donne e Góngora). Esses dois equívocos, igualmente nocivos ao reconhecimento da verdadeira poesia, explicam-se pelo próprio fenômeno da ambigüidade que muitas vezes nos ilude. Daí também as mudanças mais ou menos rápidas do "gosto" (que é, no fundo, a incapacidade de ver mais do que um lado da ambigüidade) prestarem-se a várias e muitas interpretações diferentes; cada época é capaz de descobrir-lhes novo sentido. Não dependem tanto daquelas mudanças de gostos. Vencem o tempo; sobrevivem. Dessa maneira estaria resolvido o nosso problema nº 2: o Tempo como critério.

A análise formal da qual Empson e Brooks deram brilhantes exemplos já fez muito para aprofundar a compreensão da poesia. É porém justamente um dos representantes mais eminentes dessa nova crítica, o poeta americano John Crowe Ransom, que em dois longos artigos na *Kenyon Review* chamou a atenção para o perigo de o estudo formal da poesia perder de vista o estudo funcional da poesia, das *final causes*. Por isso, apoderaram-se desse assunto certos espíritos antipoéticos que acreditam ter explicado tudo quando explicam os motivos sociais ou então os motivos psicopatológicos do poeta. Naturalmente há um grão de verdade nesse erro, como em todos os erros; a poesia exprime aquilo que a constituição psíquica do poeta ou a sua situação social não lhe permitiram exprimir em prosa — mas por que não em prosa? Engenhosamente, Ransom compara a diferença entre o poema e a paráfrase prosaica do poema com a diferença entre o sentido manifesto e o sentido profundo do sonho, na teoria de Freud (os sonhos são tão ambíguos como os poemas!). E quando sabemos que um texto é "poético", quer dizer, escondendo mais um sentido atrás do sentido manifesto? O indicador é o ritmo, que é como um sinal chamando a atenção. Mas o ritmo — elemento musical da poesia — tampouco é um ornamento, um enfeite retórico; também é qualidade da própria língua, que é mesmo mais e outra coisa do que instrumento da expressão lógica; exprime a natureza humana inteira. E não se esqueça nunca que é a língua que, antes de tudo, nos define como seres humanos. A poesia é a expressão completa dessa natureza, meio racional, meio ambígua — o que seria a solução do nosso problema nº 1. A poesia como expressão da natureza humana — parece banalidade tremenda. Mas as verdades sempre parecem triviais quando são muito velhas. E a poesia é tão velha como a humanidade.

Intenção e arte de Graham Greene

Letras e Artes, 18 jul. 48

Comentando um verso de Shakespeare — *"Desiring this man's scope and that man's art"* —, um romancista inglês contemporâneo achou que "é o verso mais assustador da literatura inglesa". Como? O maior poeta de todos os tempos teria sentido inveja "da intenção deste e da arte daquele"? Na verdade, as palavras de um personagem no palco não podem ser consideradas como expressão subjetiva do dramaturgo. Mas aquela citação, tirada do contexto dramático, equivale a uma confissão de quem a citou. Quem deseja *this man's scope and that man's art* é o romancista Graham Greene.

Já famoso há tempos na Inglaterra e na América, Greene está alcançando agora mesmo fama mundial pelo seu último romance *The Heart of the Matter,* essa história assustadora de um funcionário de polícia numa colônia inglesa que cai por todos os degraus da depravação moral abaixo, até o suicídio. Aqui no Rio de Janeiro, meu excelente amigo Valdemar Cavalcanti já deu notícia suficiente da obra. A crítica inglesa já celebrou o romance como "síntese da arte de Graham Greene". Mas "síntese" quer dizer, no caso, "união de elementos que nem sempre estavam reunidos". E quais são os elementos da arte de Graham Greene?

É um grande romancista. A visão infernal dum subúrbio degenerado, em *Brighton Rock,* tem a força de Hardy. Deste pessimista profundo distingue-se Greene — que é católico — pela fé nos valores morais. Mas essa sua fé é um fenômeno complexo. Parecem ter errado os críticos que consideraram o título *The Power and the Glory* desse romance de um padre mexicano, sujeito mau, bêbado, devasso, ignorante, perseguido até a morte pelos revolucionários ateus, como antítese das forças do Estado pagão (*The Power*) e a força da fé (*The Glory*). Não. Greene tomou seu título de uma fórmula doxológica da liturgia inglesa (*For thine is the kingdom, and the power, and the glory, for ever, amen!*). Conforme a doutrina católica que distingue estritamente o ofício e a pessoa, é mesmo o padre indigno que representa dignamente "a força e a glória" do reino dos céus. Greene não escreve literatura edificante. Justamente ignorando o moralismo barato (e no fundo arreligioso), revela-se como grande artista.

Ao mesmo tempo esse artista sente inveja de *another man's art*: escreveu e continua a escrever romances policiais, autênticos *thrillers. It's a Battlefield* passa-se nos *basfonds* de Londres. *A Gun for Sale* é história de *gangsters*. Um título como *Stamboul Train* cheira a Hollywood. São excelentes romances policiais, sem intenção artística alguma. Mal se adivinha, neles, o artista preocupado dos supremos problemas morais, o autor de *Brighton Rock* e *The Power and the Glory*. Esse Graham Greene, um Mr. Jekyll e Mr. Hyde do romance, parece caso de dissociação psicológica da personalidade.

Greene ocupa lugar especial na história do romance inglês. Não tem nada com o moralismo do romance vitoriano, nem com o amoralismo dos posteriores, baseado no relativismo psicológico. John Lehmann e Norman Nicholson descobrem nos romances de Greene a superação daquele relativismo: uma nova psicologia, de caracteres de coerência dramática, baseada em *standards* morais (e não moralista), assim como constituíram sempre o fundamento da verdadeira tragédia. Convém lembrar, nesta altura, que a tragédia da Antigüidade grega é representação de verdades religiosas: o homem em face da "força" e "glória" divinas. E é isso mesmo a "intenção" de Graham Greene.

Explorando uma idéia de Nicholson, o crítico Walter Allen caracterizou Greene como "antipelagiano". Todo o mundo moderno teria caído na heresia de Pelágio, já combatida por Santo Agostinho, conforme a qual o homem, fundamentalmente bom, nascido sem pecado original, seria capaz de purificar-se a si mesmo sem ajuda da graça divina; Greene, porém, toma a sério o pecado, não como aberração temporária e sim como conseqüência fatal do caráter humano. Mas o romancista assim caracterizado não poderia acreditar nem nos fazer acreditar na salvação final da alma daquele padre mexicano. Não seria católico. O seu antipelagianismo seria o de um jansenista, quer dizer, de um católico herético, senão de um calvinista. Não seria preciso submeter-lhe a fé a muitas "metamorfoses" para chegar ao antipelagianismo sem Deus de um Kafka.

Com efeito, certos críticos já se lembraram de Kafka a propósito de Graham Greene; as semelhanças literárias — o poder de descrever com realismo exato visões infernais — também são incontestáveis. Outros, porém, afirmam que Greene não conhece (ou não conhecia) Kafka, sendo influenciado por Dostoievski. Seria Kafka um Dostoievski do século XX? Em vez de um cristão, um descrente angustiado pela visão de religiões abandonadas e esquecidas, de deuses transformados em monstros infernais? Aí não parece possível a equação. Kafka já foi comparado a um Pascal que teria recaído no judaísmo; ou então a um judeu na escuridão antes do advento do cristianismo (*Pensées*, Art. XV). O paraíso de um Kafka cristão seria apenas um inferno de mandamentos éticos, espécie de judaísmo "modernizado" em que os instrumentos mais triviais da Providência — a polícia e os tribunais, os padres, os pais de família e as moças — representariam *the power and the glory*. O pessimismo diabólico de Kafka seria transformado em otimismo ético, em moralismo. Na literatura novelística inglesa existe um grande exemplo dessa "intenção": Dickens.

Releiam-se *Bleak House, Little Dorrit, Oliver Twist, Martin Chuzzlewit:* é instrutiva a comparação entre as cenas e personagens de Dickens e as de Greene; os mesmo subúrbios miseráveis, as mesmas trevas sinistras, os mesmos crimes misteriosos, as mesmas salvações. O que nos parece antiquado em Dickens é a sua técnica; os seus terrores já não nos assustam, enquanto Kafka assusta hoje a todo mundo. Eis a força do "absurdo" kafkiano que nunca foi melhor caracterizado do que numa frase que ocorre num romance de Greene: *There lay the horror and the fascination.* Os romances de Greene também são "horrorosos e fascinantes". Mas o fundamento do mundo desse católico crente não pode ser o Absurdo; antes, a lógica moral que veio ao mundo pela encarnação. Essa "lógica moral" pela qual Raskolnikov é implacavelmente corrompido e implacavelmente salvo. O perigo nesse caminho, de Kafka a Dostoievski, é aquela heresia pelagiana; a perda da seriedade do pecado, a caída no otimismo moral de um Dickens que, já não assustando ninguém, é sem "horror e fascinação", quer dizer, sem força trágica. Eis a grande tentação à qual já sucumbiram tantos romancistas católicos e que constitui o próprio problema de um romance cristão: daí a técnica novelística antiquada dos romances edificantes. Greene fugiu desse perigo para o "horror e fascinação" da técnica moderna. A intenção de Greene não era possível realizá-la senão pela técnica daquele que introduziu inescrupulosamente os "horrores e fascinações" da técnica moderna no romance; daquele do qual o anúncio do editor afirma que "estadistas e datilógrafos, banqueiros e bispos, médicos e missionários, todos lêem com o mesmo prazer os romances de Edgar Wallace".

Desiring this man's scope and that man's art — se me pedissem uma definição de Graham Greene, eu diria: a intenção de Kafka realizada pela arte de Wallace. Nos seus *thrillers,* Greene é o Kafka do romance policial; quando elimina o momento técnico, torna-se o Wallace do romance religioso — no mundo de Wallace também existe em cima do inferno dos criminosos o céu da chefatura de polícia. Eis os dois elementos contraditórios que Greene não conseguiu, durante tanto tempo, reconciliar: por isso, escreveu *The Power and the Glory* e *Stamboul Train* ao mesmo tempo.

A mera combinação desses dois elementos é impossível: daria o romance policial moralizado, o mero melodrama. A verdadeira ordem moral do mundo, aquela que se reflete na lógica novelística de *Crime e Castigo,* seria falsificada para uso edificante. Mas, sob outro ponto de vista, é o melodrama o último resíduo, nos tempos modernos, da grande tragédia. Para retransformar-se em tragédia só lhe falta "um pouco" de realidade, uma fé. Mas para tanto não basta a fé do escritor como indivíduo privado; precisa-se de uma fé, de uma "intenção", capaz de realizar-se em arte. Só então não sairiam alegorias edificantes à maneira da *morality play* — gênero bem inglês — do sermão dramatizado, mas sim "melodramas" de intensidade religiosa assim como foram as de Ésquilo e Sófocles, nas quais tampouco faltam o crime e a vingança e o perdão divino. Para tanto seria necessária uma síntese perfeita daqueles elementos, ligados por uma lógica "absoluta", além da pobre lógica humana de um romancista. Essa lógica, que inspirou *Crime e Castigo*, é o fio dos acontecimentos trágicos apresentados em *The Heart of the Matter*. Aí, Greene conseguiu reunir *this man's scope and that man's art*, as duas partes separadas da sua própria alma de romancista cristão. O problema técnico está resolvido: e *the horror and the fascination* revelam-se como "terror e compaixão", cujo fruto é, como na tragédia antiga, a catarse.

Eliot *versus* Milton

Letras e Artes, 01 ago. 48

Leitores modernos talvez não tenham paciência para ler epopéias: para estes, o *Paraíso Perdido* ficará um tesouro perdido de que se desenterram, de vez em quando, uns precisos trechos seletos. Mas bastam os sonetos *Lycidas*, *Allegro* e *Penseroso* (e para os iniciados o *Sansão*) para garantir a fama desse herético e regicida terrível que Milton foi, fama de um dos maiores poetas de todos os tempos. Daí a curiosidade com a qual se abrirá a brochura recém-publicada, em cuja folha de rosto estão reunidos os nomes de Milton e T. S. Eliot.* Curiosidade justificada. Raras vezes encontrar-se-ão em tão poucas páginas tantas sugestões valiosas, dir-se-iam lições, embora nem sempre sejam as que o autor pretendeu nos administrar. E antes de mais nada haverá, para aqueles leitores, uma grande surpresa quanto ao assunto.

Entre os escritos em prosa de Milton encontra-se, como se sabe, uma apologia em defesa do povo inglês que mandara executar seu rei Carlos I. Pois bem, o novo folheto de Eliot é uma apologia do crítico por ter executado Milton. Nos últimos dez anos aproximadamente, Milton não tinha "boa imprensa" na Inglaterra: con-

---

* T. S. Eliot: "Milton". Henriette Hertz Lecture. 1944. Separata do XXXIII dos *Proceeding of British Academy*. [N. A.]

sideram-no meio ruim; e sua influência teria sido maligna. O responsável por esse movimento antimiltoniano é Eliot: ele que denunciou o herético e individualista anarquizante; ele que denunciou "a petrificação da língua poética inglesa pela muralha chinesa dos ventos miltonianos", exigindo a volta à linguagem coloquial na poesia; ele que extirpou a influência de Milton nas gerações novas. Extirpou? E para sempre? Outros, Tillyard à frente, acham que *les morts que vous tuez se portent assez bien*. O velho cego, assim como seu último herói Sansão, *eyeless in Gaza*, ainda teria força para quebrar as colunas da poesia moderna? E agora Eliot, defendendo-se, confessa uma franqueza.

Tudo isso não deixará de surpreender o leitor, acostumado a considerar Milton como glória definitivamente consagrada, indiscutida. Quem não admiraria esse velho, cego, exilado dentro da sua pátria, "confinado num quarto estreito e escuro para ele, rodeado de preocupações e terrores e, no entanto, medindo com os metros da sua poesia as fronteiras do Universo"? Um crítico tão grande como Matthew Arnold chamou-o de "artista da mais alta categoria". E palavras semelhantes lêem-se em todas as histórias da literatura inglesa, até na melhor de todas, a de Legouis e Cazamian. E um poeta desses seria criticado, censurado, "executado"?

Eis a primeira lição daquele folheto: a opinião literária realmente viva do nosso tempo não pode ser encontrada nas histórias da literatura, nem nas melhores; é preciso procurá-la em outras fontes, mais atuais. A melhor história da literatura francesa é a de Lanson; no entanto, quem apenas conhece as poucas linhas desprezivas desse historiador das letras sobre Baudelaire nunca adivinharia a influência enorme, o verdadeiro papel de Baudelaire em nosso tempo. Acontece o mesmo com Donne. E há mais outros casos assim, revisões de valores que ainda não se refletem nas histórias da literatura: Nerval na França, Hölderlin na Alemanha. O "caso Donne" da Espanha é Góngora: os dois grandes poetas, apreciadíssimos hoje, aparecem nos manuais como "influências malignas", repetindo-se com teimosia os equívocos e incompreensões dos séculos XVIII e XIX, que hoje já perderam o sentido. Mas a expressão "influências malignas" — eis a oportunidade para tirar do folheto de Eliot mais uma conclusão importante.

Hölderlin e Nerval, embora grandes poetas, não exerceram durante um século influência nenhuma. No caso de Byron, o valor poético da obra não corresponde bem à grandíssima influência exercida no seu tempo. A literatura universal, entre 1760 e 1800, esteve sob a influência dominadora dos poemas de Ossian, que valem pouco. Quer dizer: "valor" e "influência" são fatores independentes um do outro. O neoclassicismo do século XVIII e o romantismo do século XIX deviam repudiar a influência de Donne como maligna; e essa repulsa ainda se exprime nos manuais, embora Donne exercesse influência justificada na poesia contemporânea. É esse relativismo histórico ao qual Eliot recorre para defender-se dos miltonianos; apenas acha que — caso contrário ao de Donne — a influência de Milton pode ter sido boa no passado e não o é hoje.

Eliot, monarquista e anglo-católico, não pode simpatizar com o republicano regicida e calvinista herético Milton. Tampouco lhe agrada a feição verbal do poeta cego, visionário de espaços infinitos e escuros, por assim dizer não-organizados. Mas as suas restrições principais visam à influência que Milton exerceu pela criação da famosa *diction*, de uma linguagem poética meio latinizada, artificial. Aí, Eliot é o revolucionário, o criador da linguagem coloquial da poesia inglesa moderna; não se pode conformar com a influência prolongada de Milton, ainda tão forte na poesia "georgiana" de 1910. São de 1936 as expressões antimiltonianas mais enérgicas de Eliot. Hoje, porém, o grande crítico-poeta já pode defender opinião modificada: não se pode falar de influência maligna de Milton no passado, porque os grandes poetas, um Wordsworth, um Keats, teriam resistido, sucumbindo apenas os imitadores medíocres. Tampouco pode afirmar-se "influência maligna" no futuro porque o futuro é "imprevisível": aí Eliot chega a fazer grandes concessões, porque a "dicção" elevada de Milton poderia contribuir, um dia, para limitar excessos do coloquialismo. Só quanto ao presente Eliot fica irredutível. Mas nesta altura o perigoso instrumento "relativismo histórico" invalida-lhe a defesa.

Wordsworth e Keats, os dois nomes bastam para demonstrar que houve sempre oposição antimiltoniana. E para parodiar o estilo evangélico, *Keats genuit Morris, Morris genuit Yeats, Yeats genuit Pound, Pound autem genuit Eliot*. De Wordsworth, inimigo feroz da Revolução de 1789, através do romântico de origens proletárias Keats, do socialista Morris, do semifascista Yeats e do fascista Pound até o "monarquista e anglo-católico" Eliot, todos eles são espíritos antiburgueses. Daí se conclui sem artificialismo que Milton deve ter sido um espírito burguês. E com efeito as classes médias inglesas dos séculos XVIII e XIX, esquecendo deliberadamente as heresias de Milton (não acreditava na consubstancialidade do Filho com o Pai nem na imortalidade da alma, mas sim na eternidade da matéria) e o seu passado revolucionário, escolheram Milton como poeta predileto. Poder-se-iam tecer comentários em torno das relações íntimas entre os espaços infinitos da poesia miltoniana, o espaço infinito da física de Newton e a filosofia burguesa — em geral, já se vem estudando tanto a relação entre Poesia e Tempo, por que não estudar a relação entre Poesia e Espaço? E — mais uma conclusão —, assim como o classicismo miltoniano, todos os classicismos depois da Renascença parecem inspirados pelo espírito burguês: Chénier, Alfieri e Goethe que sejam testemunhas. (O "burguesismo" de cada um deles precisa, aliás, de explicações para evitarem-se os equívocos.) Os antimiltonianos são de outra estirpe. Contudo Milton parece grande demais para patrono da burguesia vitoriana. Evidentemente as definições não são exatas. Poeta burguês, bem, mas "burguês" em que sentido? Conforme as fases da evolução social, existem uma burguesia revolucionária e uma burguesia conservadora. O herético e regicida Milton, embora de admirável calma clássica na poesia, foi burguês revolucionário. E desse fato tira-se mais uma conclusão importante.

Nos anos de 1920 acreditava-se — e muitos ainda acreditam — que revolução literária e revolução política ficam sempre irmanadas. Mas essa opinião não parece muito exata. A hostilidade do comunismo russo contra literatura, música e artes plásticas modernas, escândalo para aqueles muitos, é antes natural. O próprio Eliot é exemplo de uma ideologia "reacionária" exprimindo-se numa poesia revolucionária; não pode simpatizar com o revolucionário Milton que escolheu como meio de expressão um estilo "conservador". Tanto Milton como Eliot não são inteiramente compreensíveis enquanto não se repara nessa ambigüidade íntima da qual se nutre a força da sua poesia.

E mais uma conclusão, importantíssima, que só tiro para mim, por assim dizer de voz baixa: mais forte do que as ideologias, sujeitas às modificações do organismo social, revela-se o estilo que não é mero enfeite formal, mas sim a própria arte. Enfim, a forma clássica de Milton tornou "clássicas" as suas heresias políticas que são hoje os valores que o Ocidente defende. Mas os valores de Milton e os *western values* da burguesia anglo-americana de hoje não são idênticos: enquanto se afirma essa identidade, Milton fica o poeta para o *home, sweet home*, consagrado, indiscutido, incompreendido. O antimiltoniano Eliot prestou-lhe o serviço imenso de, abrindo a discussão em torno de Milton, sair do "quarto estreito e escuro para ele". Quem sabe para que ainda pudesse servir, no futuro, o classicismo da sua indestrutível "muralha chinesa"? Espaço vira Tempo. Ficam para trás as inesquecíveis paisagens pastoris do *Allegro*, do *Penseroso*, do *Lycidas*, *England's green and pleasant land*: até se desvanecem os "espaços mal-organizados" de *O Paraíso Perdido*. Mas fica o poeta cego, *eyeless in Gaza*, medindo universos inferiores e capaz de derrubar as colunas do templo consagrado aos deuses dos filisteus.

O drama da Revolução

O Jornal, 15 ago. 48

Os críticos da Rússia contemporânea não chegaram por enquanto a conclusões definitivas com respeito ao sentido e às conseqüências da Revolução de 1917: teria ela sido o drama dos "dez dias que abalaram o mundo?" Ou, então, é ela uma epopéia, um *roman-fleuve* do qual ainda não saíram os últimos volumes? Quanto à literatura russa contemporânea, ela é decididamente de natureza épica; dão testemunho disso as obras mais notáveis de Pilniak, Leonov, Kataiev, Panferov, Fadeiev, enfim e sobretudo as de Sholokhov; comparar este último ao Tolstoi de *Guerra e Paz* já se tornou lugar-comum da crítica. Fala-se de "novo realismo" ou então de "realismo clássico", com referência a Pushkin. Mas a comparação com Tolstoi fica mais elucidativa; o estilo do realismo burguês do século XIX. Daí essa nova literatura, apesar do radicalismo da sua ideologia, continuar burguesa quanto aos procedimentos literários; é de natureza épica em virtude da incompatibilidade entre esses procedimentos e o espírito trágico. A Europa burguesa já não produz tragédias. E a grande peça de Vsevolod Vishnevski que atualmente está sendo representada em vários palcos da Europa central e ocidental, tentativa de dramatizar o acontecimento russo, chama-se paradoxalmente — *Tragédia Otimista*.

A "tragédia otimista" já se caracteriza pela *mise-en-scène*. Duma porta ao lado do palco saem dois marujos, iluminados pelos holofotes. "Quem são estes aqui?", pergunta o primeiro, olhando para o público. Responde-lhe o outro: "A posteridade na qual pensávamos quando fizemos a revolução". Atrás do palco retumbam música militar e as sirenes da marinha revoltada. Corre uma fita cinematográfica mostrando soldados, marujos, o mar, campos de trigo, batalhões em marcha, canta-se a *Marselhesa*, a *Internacional*, no filme aparecem Kerenski e os traidores da revolução; de repente marujos armados enchem a platéia, assustando os espectadores, atacam e conquistam o palco, içando a bandeira vermelha — evidentemente essa peça pretende dar mais do que uma peça teatral pode dar: é a epopéia da revolução. E é fatalmente "otimista" porque o determinismo em que o autor acredita exclui a possibilidade de peripécias trágicas, excluindo a possibilidade de que o outro lado poderia ter razão, pelo menos relativamente; enfim: está excluída a antítese dialética de dois princípios, base de toda tragédia "trágica". Em vez disso, Vichnevski cria artificialmente uma antítese dramática: apresenta como antagonistas aqueles que sempre aparecem nos inícios de uma grande revolução social deturpando-a pelos radicalismos absurdos e até pelos crimes. São os anarquistas, os revolucionários que se colocam fora do determinismo histórico, sendo por isso condenados de antemão. Apresentando antagonistas assim, Vishnevski justifica seu otimismo, mas ao preço de transformar os verdadeiros revolucionários em meros executores do mandamento da História, em instrumentos cegos duma vontade superior, em "heróis" à maneira de soldados que se sacrificam pelo patriotismo burguês. A natureza coletiva do acontecimento dramático exclui a apresentação de caracteres individuais; os personagens chamam-se apenas "comissários", "primeiro marujo", "segundo marujo", "o velho", "o rouco" etc., aparecem e desaparecem conforme manda o dramaturgo. São bonecos heróicos. Ignoram a crítica que o socialista Shaw dirigiu contra o heroísmo comandado. Um passo mais adiante e eles seriam, como os "heróis" nas comédias de Shaw, marionetes cômicas. E em vez de tragédia otimista sairia a força trágica. Esse passo foi dado pelo "maior dramaturgo que a Rússia contemporânea produziu", conforme palavras de Gorki: por Lev Natanovitch Luntz.

Luntz morreu em 1924, com apenas 23 anos de idade, vítima dos sofrimentos dos primeiros anos da revolução e guerra civil. Fora autor de um famoso manifesto em que se pediu a renovação total da literatura russa, repulsa ao "realismo antiquado" da época burguesa, adesão ao " neo-romantismo europeu". Conforme um título do romântico alemão E. T. A. Hoffmann, chamava-se "Irmãos de Serapião" o clube dos amigos de Luntz. Mas os tempos eram difíceis. A Revolução não quis reconhecer a ligação entre revolução e romantismo. Não havia papel, nem para jornais. Durante dias inteiros – conta Gorki – os jovens ficavam imóveis em suas camas para sufocar as dores dilacerantes da fome. Sofrimentos a que o corpo do jovem tísico Luntz não resistiu. Deixou a peça da qual a Europa só tomou conhecimento por intermédio de uma tradução italiana, prefaciada por Gorki mas pouco lida, e por uma página em francês do crítico Pozner; apresentação entusiástica, mas bastante vaga, deixando inexplicada e inexplicável a situação de Luntz dentro da história literária russa, a relação entre o seu romantismo revolucionário e o realismo que caracteriza a grande literatura russa e o teatro dos Ostrovski, Tolstoi, Tchekov e do próprio Gorki.

Fora da Lei, a peça de Luntz, surpreenderá a todos que conhecem a tradição literária russa. Ali não há latifundários filantrópicos nem burocratas corruptos nem intelectuais revolucionários nem camponeses sofredores. Os criminosos, na peça de Luntz, não experimentam alucinações místicas, e não se vê sequer a sombra de um santo. É uma farsa fantástica, burlesca, embora o desfecho seja violento. Ali não há nada daquele espírito profundamente humano que constitui o apanágio da literatura russa. Em vez de homens, parecem agir bonecos, assim como na *commedia dell'arte* italiana e em certas peças de Pirandello, ou então como na *comedia de capa y espada* espanhola. Com efeito, *Fora da Lei* passa-se na Espanha, mas evidentemente numa Espanha fantástica, num país de comédia. O "governador" da "cidade" também é um estadista esquisito; munido de todos os atributos da majestade, não passa de um boneco coroado, um imbecil, incapaz de manter a ordem pública, perturbada pelas façanhas do bandido Alonso Enriques. Este é um sujeito perigoso, mas tão irresistível que até os assassinados por ele gostariam de aplaudir a galhardia engenhosa de quem os assassinou. A polícia não pode nada contra ele. O governador ainda confia no seu direito divino de violar todos os direitos humanos. Orgulhoso do seu poder puramente simbólico, pretende livrar-se do perigo por um ato simbólico: Alonso Enriques é declarado "fora da lei". A medida serve bem ao bandido, que chega logo a abolir por sua vez todas as leis, inclusive e principalmente as do matrimônio, transformando a "Espanha" em país de carnaval meio burlesco, meio funesto, um mundo de cabeça para baixo, em que a autoridade do governo serve para abolir a lei e a força do bandido para estabelecer outra lei. Afinal, parece que todos os habitantes do país estão fora da lei, menos o governador, que fica inteiramente isolado. Publicando um manifesto em que se inaugura a época da Liberdade sem lei alguma, Alonso sobe ao trono. Agora já não está fora da lei; mas tampouco está sob a lei que, restabelecida uma vez, o destruiria. A sua verdadeira posição é "acima da lei", a posição dos tiranos de todos os tempos. Alonso também sofrerá o fim dos tiranos: ele, que assassinou tanta gente, é assassinado; e a farsa acaba numa orgia de sangue e no incêndio da cidade.

Fora da Lei parece, à primeira vista, peça anti-revolucionária: a farsa sangrenta da demagogia, revelando-se a grimaça da anarquia atrás das atitudes do Estado totalitário. Mas não combina bem com essa interpretação o elogio do comunista Gorki: "Eu estou convencido de que Lev Luntz foi um grande e incomparável artista. Sem dúvida alguma, ele possuía o gênio dramático. O que nos deixou fortalece a opinião de que, em dias melhores, teria enriquecido a cena russa com obras como não as tem ainda até hoje". Teria Gorki falado assim do autor de uma obra contra-revolucionária? Na verdade, Luntz aderira à Revolução, mas sem ignorar nem ocultar os problemas da revolução que um Vishnevski oculta ou ignora, problemas ideológicos e problemas literários.

A revolução pode ser definida — é apenas uma definição entre muitas do fenômeno complexo — como erupção de forças irracionais com o fim de "racionalizar" a vida, de fazer vencer a Razão igualitária e otimista. Traduzindo-se essa definição para termos teatrais resulta — a tragédia otimista. Mas "tragédia otimista" é termo contraditório, paradoxal: Vishnevski apenas o adotou por força do seu determinismo anti-trágico; e os caracteres humanos se lhe transformaram em bonecos, em marionetes do destino histórico. Luntz porém invertera os termos do paradoxo: escolheu de propósito bonecos para personagens; aboliu todos os vestígios do realismo burguês, substituindo-o pelo jogo da imaginação desenfreada; então, não lhe saiu da pena uma tragédia otimista mas sim uma comédia trágica, gênero de que há modelos na tradição literária européia e até em Pushkin, até, se quiserem, no último romântico russo, em Gogol — aquela *commedia dell'arte*, aquela *comedia de capa y espada*.

Essas reminiscências literárias esclarecem a posição de Luntz dentro da história da literatura russa, posição que só parece enigmática porque existe uma lacuna nos conhecimentos do Ocidente quanto a essa literatura. A Europa só conhece, em geral, da literatura russa a prosa: a do século XIX e a da época comunista. Mas entre essas duas fases intercala-se a do maior florescimento da poesia russa, entre 1900 e 1910, a época dos Annenski, Balmont, Briusov e dos dois poetas máximos, Biely e Blok, poesia simbolista, neo-romântica, fantasmagoria de sonetos, oitavas-rimas, contos exóticos, romance picaresco, mística bizantina, *commedia dell'arte*, teatro espanhol — desse turbilhão fantástico de metros e cores a Europa chegou apenas a conhecer um pálido reflexo, que bastava no entanto para deslumbrar a Paris de 1912: Diaghilev, Nijinski e Pavlova, Bakst, Stravinski, o bailado russo. Foi uma literatura de evasão, sem dúvida, produto do fracasso das esperanças revolucionárias. Luntz e os "Irmãos de Serapião" não quiseram renunciar ao imenso enriquecimento dos meios de expressão literária pelo simbolismo russo; mas não eram evasionistas. O seu neo-romantismo já não exprimiu a anarquia mental da última decadência do tzarismo mas sim o anarquismo inicial, inevitável, de todas as grandes transições sociais, antes de se revelar o fim racional da erupção irracional. Por isso, o anarquismo daqueles dias, mera antítese na "tragédia otimista" de Vishnevski, é o próprio assunto da comédia trágica de Luntz. O dramaturgo russo, que certamente ignorava Pirandello, coloca-se no entanto ao lado dele; apenas, a dissolução da individualidade e, portanto, das relações sociais na obra de Pirandello já não é, na obra de Luntz, resultado de um processo fatal de decomposição mas sim um ato de criação livre do dramaturgo-demiurgo.

Com isso estão eliminados os últimos vestígios do determinismo épico que ainda existe em Pirandello, talvez maior como romancista do que como dramaturgo; os personagens do italiano perderam o "livre-arbítrio": da liberdade individual na sociedade burguesa caíram na camisa-de-força do manicômio. Os personagens de Luntz, "fora da lei", já não podem cair senão do reino da necessidade para entrar no reino da liberdade. Mas a obra do jovem dramaturgo ficou "torso", fragmento, drama de um dia que abalara a Rússia. Depois, veio o *roman-fleuve* — e será que este admite aquela liberdade?

O gênio: Büchner

O Jornal, 22 ago. 48

Representar-se-á nestes dias num palco do Rio de Janeiro, pela primeira vez no Brasil e na América, a tragédia de um dramaturgo morto há mais de um século, embora só os tempos presentes o tenham reconhecido como gênio. A peça chama-se *Woyzeck* (*Lua de Sangue*, na tradução). O autor: Büchner. Ah, dirão, Louis Büchner, o famoso materialista, autor de *Energia e Matéria*, livro que assustou os nossos avós! Não, senhores, a confusão dos nomes só me revela dolorosamente que o meu artigo, publicado no *Correio da Manhã* em 1942, sobre o dramaturgo Georg Büchner, ficou sem repercussão. Georg não teve a sorte de seu irmão Louis. Só agora o reconhecem; há poucos dias, sua tragédia histórica *A Morte de Danton* foi representada em língua francesa nos famosos jardins papais de Avignon. Ah, dirão, deve tratar-se de um autor tão tipicamente alemão que custou aos estrangeiros compreendê-lo? Tampouco é exato. Há uns trinta anos, na própria Alemanha ninguém conhecia o nome que vegetava em cantos escondidos dos manuais de história literária, mais ou menos da maneira seguinte: "Georg Büchner, nascido em 1813, também foi dramaturgo; mas morreu já em 1837, sem o seu gênio ter amadurecido". As datas inspirarão logo mais uma confusão: não se trataria de um dos muitos "gênios incompreendidos" do romantismo, adolescentes fogosos de cabeleira solta, em cujas capacidades "geniais" a posteridade acredita piamente, sem provas? Não, senhores, Georg Büchner não foi um romântico mas sim materialista, embora de espécie muito diferente do irmão imerecidamente famoso. Na sua filosofia cruelmente determinista não havia lugar para "gênios incompreendidos". E ele mesmo não foi "genial" mas sim um gênio em plena acepção da palavra; um dos espíritos raros que iluminam os destinos históricos, embora, como neste caso, sucumbindo a eles.

A curta vida de Georg Büchner daria uma esplêndida biografia romanceada. Resistindo à tentação, vou apenas resumir os fatos. O filho de uma família de mansos burgueses num pequeno Estado alemão, na época pseudo-idílica da Restauração, realizando brilhantes estudos secundários, parece destinado a uma grande carreira burocrática. Na Universidade, quando o adolescente já está envolvido numa conspiração de estudantes, excitados pela Revolução de julho, uma febre de origem desconhecida o abate. O reconvalescente já é outro homem; opondo-se tenazmente aos ideais liberais e românticos dos companheiros, publica uma série de folhetos clandestinos. "O mensageiro camponês da Héssia" é o primeiro manifesto de um socialismo materialista na história do pensamento social europeu. Tem de fugir, perseguido pelas polícias da Europa inteira. Em Estrasburgo aquela febre misteriosa novamente o abate. Começa a desesperar da Revolução. Escreve, com mão febril, *A Morte de Danton*, a tragédia da revolução traída. A censura mata o êxito literário da obra. Nova fuga, desta vez para a Suíça. Um acesso de febre destrói, parece, as ambições literárias; fica fragmento ou pelo menos inacabada a peça *Woyzeck*, a primeira tragédia social da literatura européia; o manuscrito só foi descoberto e editado (com muitos erros, aliás) em 1879, considerado então como mera curiosidade literária. Mal refeito, Büchner dedica-se a estudos anatômicos, publicando uma tese sobre o sistema nervoso dos peixes que provoca um susto aos professores; o jovem cientista sugere idéias que só vinte anos depois um Darwin compreenderia. Mas por que ele não viveria até então? Agora, Büchner tem só 24 anos de idade. Mas aquela febre misteriosa encarrega-se de executar, para sempre, os conceitos deterministas do gênio; é a morte prematura.

Estão agora reunidos os elementos para a interpretação. Büchner, ressuscitando hoje, faria figura algo esquisita: um socialista revolucionário e materialista convencido, acostumado a trabalhar nos laboratórios da ciência exata, mas vestido à maneira dos jovens românticos de 1830, fraque azul e gravata enorme, confusas citações hegelianas nos lábios, enamorado de várias moças e sempre com paixão quase histérica, mais enamorado da Natureza, do pôr-do-sol, do luar que o adolescente adora, derramando lágrimas. "*Et ego in Arcadia*". O rapaz Georg Büchner também fora romântico à moda do tempo, do tempo da Restauração, época da imobilidade absoluta, admitindo só emoções estéticas e filosóficas. Natureza, Idéia e Deus foram, para ele, membros de uma equação. Idealista ele sempre ficou, não em sentido filosófico mas em virtude da sua fé, logo quebrada, de poder pôr em movimento o tempo parado pela força da idéia e da expressão da idéia, pela palavra de poeta. Mas logo se afastou da poesia liberal e romântica do seu tempo, antecipando-se de um século à literatura de hoje justamente pela necessidade de "pôr em movimento o tempo", necessidade íntima de um gênio precursor, mais veloz do que os espíritos contemporâneos. Natural que Büchner se envolveu nos movimentos políticos estudantis. O clube chamava-se, com grande gesto, "Sociedade dos Direitos do Homem". Escrevendo os panfletos do *Mensageiro Camponês da Héssia*, Büchner adotou mesmo o lema de Chamfort: "*Guerre aux châteaux! Paix aux chaumières!*" Mas a primeira frase já revela espírito diferente daqueles estudantes, filhos da burguesia liberal: "Só as necessidades da grande massa do povo serão capazes de executar, fatalmente, as modificações necessárias. A revolução — é questão do estômago". A natureza romântica do adolescente Büchner já está transformada em Natureza material, fisiológica, dir-se-ia econômica. Só em nossos dias Hans Mayer chamou a atenção devida para o fato de o *Mensageiro Camponês* ter saído em 1834, quando os socialistas franceses ainda construíam utopias, Feuerbach ainda não tinha publicado nada e Marx era um estudante. À luz desse fato leia-se a ironia involuntária da "observação" no passaporte do fugitivo Büchner: "sinais particulares: miopia". Mas às vezes a larga visão tem as conseqüências da miopia. Este Büchner não podia desempenhar papel importante no movimento político do seu tempo, liberal e idealista. Em Estrasburgo chegou como fugitivo anônimo que se sentiu esmagado pelo determinismo míope da História.

Sobreveio aquela febre. O espírito se perturba. O "esmagado pela História" sente-se eufórico, como gênio acima das massas incompreensivas. Do lado de fora do quarto do doente ouvem-se tiros, gritos, badalar dos sinos, os republicanos franceses levantam-se em revolta contra a monarquia de julho. O doente vê alucinações; o clube dos Jacobinos, Robespierre gesticulando na tribuna, Saint-Just e o tribunal sinistro, Danton e Desmoulins na prisão, a guilhotina — então se formou no espírito de Büchner a tragédia, *A Morte de Danton*, que ele escreverá com mão febril, dentro de poucos dias. Drama de realismo shakespeariano, sobretudo nas cenas de massas populares, com as bandeiras e a *Marselhesa*. Cada *mise-en-scène* dessa obra dá fatalmente a impressão de uma obra fervorosamente revolucionária. Na leitura, a impressão é diferente; o herói, que dá o título à tragédia, sucumbe à Revolução; e na cena final Lucile Desmoulins, desejando participar da sorte do marido e dos amigos já executados, grita ao pé da guilhotina: "*Vive le roi!*" Drama contra-revolucionário, então? Não; com razão Vietor fala de "interpretação demoníaca da História". O conceito de Büchner parece ser a transformação fatal do poder em poder demoníaco. Ou então, para empregar-se uma terminologia meio hegeliana, ao gosto daquela época: a transformação do Espírito em Natureza cega. É a crise do determinismo de Büchner.

É mais um sinal do seu extraordinário gênio o fato de que essa crise lhe inspirou uma comédia, *Leonce e Lena*; o país fantástico em que todos os relógios estão parados simboliza a inércia da Natureza, insensível às convulsões da dor humana. Mas o poeta dessa farsa burlesca e profunda ainda é o socialista do *Mensageiro Camponês*. E a síntese dos dois elementos dá o *Woyzeck*.

Nesta tragédia, assim como na *Morte de Danton*, o herói é joguete de forças superiores; mas não é um gênio e sim um soldado raso humilhado pelos oficiais e sargentos, enganado pela mulher, servindo de objeto de experiências ao médico, um maltratado dostoievskiano que de repente explode num crime para acabar no patíbulo. A passividade desse destino não o priva da tragicidade. O rei Lear também não é porventura uma vítima assim?

> "*As flies to wanton boys, are we to the gods;*
> *They kill us for their sport*".

Shakespeare inspirou-se na saga popular. Büchner inspirou-se num caso criminal do seu tempo, num desses que fornecem o assunto às baladas populares vendidas nas feiras. *Woyzeck* é mesmo uma balada cênica, de um forte lirismo, cenas estranhamente incoerentes e no entanto de uma implacável lógica de tragédia, numa linguagem entre bíblica e gíria. Todas essas características explicam por que Büchner só foi redescoberto por volta de 1918, como precursor do teatro moderno. O seu realismo é de uma espécie muito particular que seria incompreensível ao século XIX. Woyzeck, perseguido e alucinado, é um irmão branco do imperador Jones, de O'Neill; a estranha estrutura cênica da peça é a do teatro de Wedekind e Strindberg; o lirismo da balada encenada antecipa a dramaturgia de Bert Brecht. Assim como nas "peças épicas" deste último, o "herói" de *Woyzeck* representa o homem anônimo em face das fossas anônimas do mundo moderno. Existe relação profunda entre a "incoerência" dessas cenas trágicas e o antiidealismo de Büchner. Ele, o mais arromântico dos poetas, chegara paradoxalmente ao irracionalismo; os últimos motivos do sofrimento humano encontram-se além do reino das idéias racionalmente compreensíveis. Esse "além" tinha, para Büchner, dois nomes: "poesia" e "matéria". Sobreveio aquela febre misteriosa, mais uma vez. E o poeta, já tendo dito sua última palavra, voltou ao materialismo.

Os professores da Universidade de Zurique, em 1837, embora admirando a exatidão das observações e a agudeza das análises, não podiam compreeender a tese sobre o sistema nervoso dos peixes; só em 1937 ela foi novamente examinada por Jean Strohl, descobrindo-se a posição intermediária de Büchner entre as especulações românticas do seu mestre Oken e o darwinismo. Foi mais uma fase de uma evolução surpreendentemente dialética da qual ninguém pode saber em que ponto acabaria; acabaram-na antes do tempo a febre, a morte.

Depois da morte de Georg Büchner, o seu determinismo materialista venceu, contribuindo para o esquecimento completo da sua obra poética. O século preferiu admirar o materialismo adialético e apoético do irmão Louis Büchner. Com isso está porém definido o valor do outro irmão. "Gênio" não é aquele que soluciona problemas; as mais das vezes — e é este o caso de Louis Büchner — as soluções são apenas aparentes, ao gosto da época. Gênio é quem descobre problemas onde os outros não reparam nada de problemático. O problema de Büchner foi a síntese entre o idealismo poético e o materialismo científico. Poeticamente, ele a realizou. Na realidade, foram irreconciliáveis. Enfim, o próprio problema de Büchner foi esquecido. O determinismo da História quebrou-lhe a vida e a obra.

Hoje a obra de Georg Büchner está viva perante nós outros. O problema reapareceu. A ciência disseca a carne viva da humanidade assim como o médico fez experiências com Woyzeck e Büchner com os peixes; a política virou "questão do estômago"; Woyzeck, o homem anônimo, cambaleia sobre o palco da história contemporânea; e essa história revela-se mais uma vez, na tragédia de Danton, como força demoníaca. E se isso não é "verdade", pelo menos é poesia, grande poesia de um gênio.

O anônimo de Colmar

Letras e Artes, 05 set. 48

Renascença e Romantismo nos inculcaram tão profundamente o conceito dos grandes criadores artísticos como personalidades geniais, biograficamente definidas, que um "gênio anônimo" quase parece *contradictio in adjecto*. No entanto, já com respeito aos modelos gregos dos gênios da Renascença, até hoje os arqueólogos não conseguiram estabelecer com segurança a relação entre as obras de arte conservadas e os nomes de artistas mencionados na literatura grega. E os modelos medievais dos gênios do Romantismo foram os arquitetos e escultores das catedrais — todos eles anônimos. Não parece acontecer o mesmo com a pintura que surgiu no fim da Idade Média já como arte de indivíduos bem-definidos. Mas existe uma exceção, pelo menos: o grande Anônimo que aparece como um bloco errático no advento da época moderna, o último pintor medieval, embora mais "moderno" do que tanta outra parte do passado, o mestre anônimo do altar de Colmar.

A obra, uma das maiores que o espírito humano já concebeu e realizou, chegou a descansar no museu da pequena cidade alsaciana, depois que as tempestades da Revolução Francesa a expulsaram da igreja dos antonianos de Isenheim; lá dormira durante três séculos, desconhecida, fechada no seu mistério. O próprio altar, pórtico composto de várias alas, parece-se com um mistério fechado em si mesmo.

Quando o altar fica fechado, vê-se no centro uma Crucifixão de expressividade intensa: o corpo do Cristo agonizante na cruz, pintado com naturalismo cruel, e ao seu lado a Virgem desmaiando, Madalena adorando e São João Batista apontando o Filho de Deus com dedo ereto que parece ameaçar o mundo culpado; nas alas laterais, os santos Antônio e Sebastião. O aspecto do altar fechado assim é sombrio, trágico. Mas, quando se abrem as alas, muda tudo. Então vê-se no meio a Virgem, duas vezes aliás: à esquerda, no templo, rodeada de uma orquestra de anjos que executam certamente uma missa polifônica de um dos grandes maestros flamengos, e à direita, com a Criança Divina, enquanto Deus a olha do céu, um céu cheio de uma multidão de anjos aéreos, tão finos que quase não se lhes vêem os contornos; é mesmo a glória do último céu de Dante. Na ala esquerda do altar assim aberto, o arcanjo anuncia à Virgem o nascimento do Redentor; na ala direita, o Redentor ressurge do sepulcro voando, rodeado de luzes estranhas como de outro mundo. Mas não acaba aí a história sacra do altar de Colmar. Quando se abrem as alas internas, aparecem — terceiro aspecto — no meio as estátuas em madeira dos santos Agostinho, Antônio e Jerônimo; e nas alas o mestre anônimo pintou a visita de Santo Antônio ao eremita São Paulo, numa paisagem fantástica, e a tentação de Santo Antônio pelos diabos, cena demoníaca digna do pincel de um Bosch.

É uma obra profundamente misteriosa. A deformação violenta das proporções anatômicas a serviço da expressão e o colorido violento lembram imediatamente El Greco e o barroco em geral, mas ainda muito mais a pintura moderna dos nossos dias. O artista desconhecido quis porventura exprimir, por meio de símbolos religiosos, o sentido transcendental atrás das aparências físicas deste mundo? Mas aí é preciso advertir contra interpretações "modernizantes". O altar de Isenheim foi pintado mais ou menos entre 1511 e 1515, quer dizer, antes da Reforma. É uma obra medieval. Assim como as catedrais são sumas da fé em que, conforme certas normas da composição, as pedras falam dos mistérios da Encarnação e da Ressurreição e do Universo inteiro, dos anjos do céu até aos demônios, assim é o altar do mestre anônimo. Em vez de "interpretar", cabe perguntar pelas normas da composição: e encontra-se uma pista do ritual das igrejas da província alemã no século XV, da Ordem de Santo Antônio. Nos dias úteis o altar ficou fechado; aos que interromperam por um instante as labutas do dia para entrar na igreja, mostrou-se logo o supremo fato do Credo, a Crucificação. Nos domingos abriram o altar: então, todo mundo viu pintados os mistérios de Anunciação, Encarnação e Ressurreição. Mas só nos maiores dias de festa da Ordem abriu-se o coração da obra, para se verem paisagens fantásticas e um espetáculo de diabos e demônios! Não é preciso acrescentar muito a esse comentário: a composição, vista assim, fica incompreensível, quase absurda. Teria o mestre obedecido a regras de rotina litúrgica impostas por quem encomendou o altar? Mas é incrível isso, da parte de um artista que desprezou tão soberanamente todas as normas da arte do seu tempo, de modo que só o futuro o podia compreender. Pois esse fato — o isolamento absoluto no seu tempo — é o único que sabemos do mestre de Colmar; no mais, não sabemos nada dele, nem sequer o nome.

Depois de um esquecimento de século, o altar foi redescoberto por Woltmann, em 1879, que o atribuiu conforme uma tradição pouco fidedigna a um certo Matthias Grünewald; desse pintor existem mais alguns outros quadros, principalmente crucifixões, mas não sabemos nada da vida dele, nem sequer os anos de nascimento e morte. Em 1922 levantou-se Rolfs com a afirmação sensacional de que Grünewald nunca teria existido, sendo personagem lendário; o verdadeiro mestre seria certo Mathis Nithardt (a este, o compositor Hindemith dedicou sua grandiosa ópera *Mathis, o Pintor*, 1938). Mais tarde, Alfred Schmidt restabeleceu a historicidade de Grünewald, mas, se não podemos verificar a identidade deste com o mestre de Colmar, o que adianta?

Não, o único fato certo é a profunda diferença entre o pintor de Isenheim de um lado e doutro lado seu contemporâneo Dürer, toda a pintura alemã, quase. Esta, quase sempre, é mais desenho do que pintura: Grünewald, porém, é um grande colorista. Foram, afinal, os alemães que lhe esqueceram o nome, enquanto o seu primeiro elogio condigno se encontra no romance *Là-bas*, do francês Huysmans. Antigamente o caráter alemão da pintura mística de Grünewald teria sido indiscutido; mas hoje, quando sabemos das raízes francesas da arte gótica? E o que dizer da personagem bem-conhecida que encomendou o altar? Foi o prior Guido Gersi, italiano, intimamente ligado à devoção mística dos beguinos flamengos e ao humanismo cristão do holandês Erasmo. Aí estamos na "terra de ninguém" da Europa, nem francesa nem alemã, da qual faz parte a Alsácia. Uma terra de humanistas, mas que conservou feições medievais porque é o último resíduo da Europa medieval antes da separação em nações e nacionalismo. Essa terra pagou pela conservação do seu caráter "europeu" preço bem caro; sofreu, no fim do século XV, o impacto das revoluções sociais dos camponeses e da suprema inquietação espiritual, dessa crise a que Huizinga chamou *Outono da Idade Média*, crise de que Grünewald foi o pintor. Essa terra continua o campo de batalha da Europa: por isso, três vezes o altar de Isenheim deveria ser deslocado — em 1793 para Colmar, em 1917 para Munique, em 1939 para a França Meridional — para salvá-lo. E o seu mestre pagou o preço mais caro, o do esquecimento completo.

Grünewald ou Mathis, se quiserem, é expressão de uma grande crise. E só em épocas de crise entendem-lhe a subordinação das proporções à expressão e o ardor das cores que sobressaem no claro-escuro místico. Assim o entenderam os expressionistas e Hindemith; *Mathis, o Pintor* é do ano crítico de 1938. Assim lhe adivinhou a importância o barroco; Sandrart, em meio às tempestades da Guerra dos Trinta Anos, é o único que se lembra durante quatro séculos do altar de Isenheim. Hoje gostam mesmo de estabelecer uma equação entre o barroco e o gótico *flamboyant* do *Outono da Idade Média*. A este último pertence a música polifônica dos mestres flamengos, essa música que aparece como concerto de anjos, no centro do segundo aspecto do altar de Colmar, numa polifonia quase selvagem de cores. Mas, logo ao lado direito dessa sinfonia pictórica, levanta-se do túmulo em que se afundam as épocas e todo indivíduo o claro-escuro do sofrimento humano, transformando em luz mística as cores terrestres em torno do sobrevivente, do vencedor, do Redentor ressurgido.

Mas esse mistério que os olhos humanos mal suportam não é para todos os dias. Com os outros mistérios da fé, o segundo aspecto do altar de Colmar fica reservado aos dias santos. Eis uma pista diferente para decifrar-se o enigma da composição. Os dois outros aspectos, o interno e o externo, devem pertencer à vida fora da esfera dos mistérios: à vida comum. Então, o terceiro aspecto, o interno, com o turbilhão das tentações demoníacas e a paisagem da vida contemplativa, parece corresponder à vida "dentro da igreja", à vida clerical; só nos dias de festa da

Ordem os leigos deviam adivinhá-lo. E o aspecto externo, o do altar fechado? Além do altar de Isenheim, o mestre anônimo pintou quase só crucifixões: as dos museus de Basiléia e Karlsruhe, a da coleção Koenig, em Haarlem. O altar de Colmar, fechado, mostra, aos que entram por um instante, para descansar das labutas do dia, o verdadeiro aspecto da vida humana: nos lados, Antônio que ajuda e Sebastião que luta; e, no centro, o drama do Deus que se tornou homem, o sofrimento Dele e de todas as criaturas. O sofrimento anônimo, transfigurado pela arte anônima e permanente.

A luz na floresta

Letras e Artes, 19 set. 48

A Figura e o Problema são da maior atualidade. Dentro de pouco tempo esgotaram-se na Inglaterra duas edições do livro de George Seaver, *Albert Schweitzer, the Man and His Mind*. Editores suíços acabam de publicar três livros de Lind, Woytt e Wolfram sobre o grande teólogo-músico-médico. Na Holanda constituiu-se uma Sociedade Albert Schweitzer. Não será por culpa minha (escrevi sobre Schweitzer pela primeira vez, no Brasil, em 1942) que muitos o conhecem apenas como autor do melhor livro existente sobre Johann Sebastian Bach, tendo-se também ouvido falar da sua mestria como intérprete, como organista, enquanto alguns outros bem sabem do papel eminente de Schweitzer na evolução do pensamento religioso do nosso tempo: foi ele que destruiu definitivamente o conceito "liberal" de um Jesus suavemente humano, mero predicador de um bom comportamento moral, transformado em Messias pelos seus discípulos e em Logos pelos gregos; substituiu essa concepção anti-histórica pela imagem do Jesus apocalíptico, que acreditava perto o reino dos céus e o fim do mundo, idéia igualmente inaceitável, aliás, aos liberais e aos ortodoxos. Foi por isso que Schweitzer não ia para a África como missionário — nenhuma Sociedade de Missões teria admitido esse teólogo suspeitíssimo de ateísmo — mas sim como médico. E é este o fato para o qual já tentei chamar a atenção, voltando hoje ao assunto, dispondo de novos outros aspectos de maior atualidade e urgência.

Quando Schweitzer resolveu de repente, em 1910, estudar medicina para internar-se como médico nas florestas da África Central, não antecipou atitudes de imigrante ou de exilado ou de homem falido, tão comuns na atual fase de miséria da nossa civilização. Como "cidadão de dois mundos", franco-alemão da Alsácia, e como erudito e artista de fama mundial, Schweitzer representava todo o esplendor daquela civilização antes da primeira catástrofe de 1914. Mas de repente resolveu abandonar tudo. Um descrente que pretende obedecer aos conselhos do Evangelho: quis perder a vida para ganhá-la. Nem quis dedicar-se, como lhe propuseram os amigos assustados, ao serviço dos pobres na Europa; não sentiu a vocação de expiar os crimes perpetrados pelos europeus nos países coloniais. Resolução tão pouco lógica como "pouco civilizada", objeções às quais Schweitzer respondeu apenas citando outro versículo bíblico: "A paz da alma está acima de toda razão". Desde então, Schweitzer vive "entre as florestas e as águas" de Lambarene, na África Equatorial francesa. Economiza algum tempo para estudar o misticismo ateu da filosofia hindu, esboçar uma filosofia na qual a Vida é o supremo valor e tocar fugas de Bach num órgão transportável que lhe deram de presente. Mas principalmente dedica-se, como médico, aos pretos, dando um "exemplo" como ninguém deu em nossa época; como ninguém, digo, sem esquecer os missionários, porque a esse médico de formação teológica ainda falta a fé que apóia os heróis da missão cristã. É em nossa época o homem mais completo de que temos conhecimento. E não há, dizia eu para mim, motivos para desesperar completamente enquanto ainda arde a luz de uma pequenina árvore de Natal entre as árvores gigantescas da floresta africana.

Hoje a realidade já me parece algo menos idílica. Um caro parente meu vive, como médico, naquela região abandonada por Deus e pelos homens; a ele devo informações que confirmam o que já se adivinhava. Dirigindo agora um grande hospital, algo de bem organizado à maneira européia, Schweitzer não parece ter encontrado "a paz que está acima de toda razão". Não é acaso seu interesse pelo misticismo ateu dos hindus, nem mera teoria sua "filosofia da vida". Dedica-se quase com paixão a um hospital de animais que fundou, cuidando de cachorros rabugentos, cavalos feridos e abandonados, até de bichos nojentos. Nas esquisitices desse homem infinitamente solidário, na sua compaixão para com todas as criaturas revela-se algo como um desespero com respeito à criatura humana. Albert Schweitzer, hoje perto da casa dos 75 anos, é uma figura trágica.

Não convém "admirar" a Schweitzer: não convém admirá-lo como pensador, teólogo, historiador, artista, médico, como "grande homem". Ele mesmo declinaria, decerto, qualquer forma de "culto de herói". Até Jesus, que é para ele mero homem mas a maior figura do seu panteão, não lhe parece merecer "admiração", mas sim obediência aos conselhos éticos. Schweitzer não é absolutamente uma figura romântica de pensador audacioso ou de artista boêmio ou de aventureiro exótico. É homem de extrema sobriedade. Também sua autobiografia, narração de uma das vidas mais espantosas de todos os tempos, distingue-se pela sobriedade do estilo. Nunca levanta a voz. Raramente (quando fala da "paz que está acima de toda razão") revela certa emoção nada patética. O traço característico do seu estilo é a ironia, às vezes sarcástica, às vezes mordaz. Para os que acreditam no estilo como revelação completa do homem, a conclusão não pode ser duvidosa: Schweitzer, que sempre confessou, aliás, sua predileção pelos ideais humanitários e racionais do século XVIII, é racionalista.

Descobrem-se vestígios do seu racionalismo até no seu culto à música de Bach. Seu livro sobre o compositor máximo contribuiu muito para compreender-se melhor a arte enigmática de quem "secularizou" a música sacra, transformando em templos de culto leigo as nossas salas de concerto; mas contribuiu para tanto ao preço de deformar o pensamento musical de Bach, explicando-o quase inteiramente como música de programa, quer dizer, acessível à razão. Também quando Schweitzer, ofendendo igualmente os ortodoxos e os liberais, demonstrou o caráter escatológico da predicação de Jesus, destinada a anunciar um fim do mundo que não veio — esse extremo relativismo de um teólogo descrente e forma moderna, historicista, do racionalista. O que parece nada racionalista, antes "acima de toda razão", é sua vida na África: a resolução de ir, primeiro; depois, o comportamento conforme a ética de Jesus sem fé na divindade de Jesus; enfim, para resumir, esse trabalho de missionário sem missão é uma espécie de "trabalho pelo trabalho", tão típico da civilização moderna, que não trabalha para viver mas vive para trabalhar. O racionalismo "técnico" do nosso tempo não é o racionalismo humanitário do século XVIII. Aí sobrevém aquilo que o racionalismo justamente não admite: a tragédia.

Sem dúvida, Schweitzer tem todos os diretos para citar o Evangelho: quis perder a vida para ganhá-la. É um homem completo, à maneira do pastor Brand, da tragédia de Ibsen. Mas é mesmo figura trágica, embora sem *pathos* trágico, antes de sobriedade técnica de um trabalhador da civilização industrializada. Enquanto outros ficam apenas fiéis ao lema de *credo quia absurdum*, Schweitzer trabalha *quia absurdum* — o que constitui a própria tragédia de nossa civilização, motivo de tanta insatisfação depois de tanto esforço. Enquanto parte tão grande da cristandade mantém a doutrina sem vivê-la, Schweitzer vive a doutrina cristã sem mantê-la. *"Nous vivons d'une sombre,* dizia Renan, *du parfum d'un vase vide; après nous, on vivra de l'ombre d'une ombre..."* — mas não convém continuar a citação do sábio francês, contra cuja emoção fácil e elegante Schweitzer já lançou sarcasmos quase voltairianos. Em face daquela contradição entre a teoria e a vida prática, convém antes lembrar a já famosa "crise de princípios", que hoje se observa principalmente na matemática e na física mas também nas ciências históricas: a contradição irredutível entre os axiomas fundamentais e as conclusões finais. Na ética, essa "crise de princípios" reveste-se da forma seguinte: "Para que trabalhamos? E o que devemos fazer?" Schweitzer respondeu indo para a África.

Nunca conseguiu, aliás, explicar racionalmente por que ia para a África em vez de se dedicar ao serviço social na Europa. Agora, não é acaso que o interesse por Schweitzer esteja ressuscitando justamente na Inglaterra, no momento da desintegração do Império Colonial, e na Alemanha e na Holanda, que já representam a situação desoladora de uma Europa sem colônias. No problema colonial revela-se outro aspecto da "crise de princípios", a da ética ocidental: a civilização européia não poderia sobreviver, materialmente, sem a exploração dos mercados coloniais; e dessa sobrevivência material também depende, evidentemente, a dos valores culturais. Por isso o imperialismo colonial pode apresentar razões, até muitas e ponderáveis, mas nunca razões éticas. E há mais: a conseqüência fatal daquele colonialismo é a opressão de criaturas humanas, até a extinção de vidas, ao passo que a última fé da civilização ocidental, depois da perda de todas as outras fés, é a filosofia da vida como supremo valor.

Albert Schweitzer também professa a filosofia da vida. Quer dizer, uma filosofia de valores irracionais, enquanto ele mesmo é fundamento-racionalista. Foi a fé na vida que o levou, há anos, para a África, quando o seu racionalismo ainda lhe escondeu o aspecto trágico da vida. Agora essa tragicidade está revelada. É preciso confessar a verdade e viver conforme ela. Mas, sinceramente, quem poderá imitar o exemplo evangélico de Schweitzer? Quem quer perder a vida para ganhá-la? Há tantas coisas para perder, tantos esplendores, tanta sabedoria filosófica, histórica e teológica, e tanta arte, tantos valores, tanta música, fugas de Bach... o órgão ressoa antes de se apagarem as luzes. É verdade: uma grande e calma luz apagar-se-á com a arvorinha de Natal do dr. Albert Schweitzer entre as árvores gigantescas da floresta africana.

O difícil caso Pound

O Jornal, 19 set. 48

No último número de *Accent,* revista norte-americana da vanguarda, os leitores toparão com interessantíssimo artigo de Robert M. Adams, que trata dos autores mais conhecidos do tempo, de Proust, Kafka, Eliot — mas no centro da discussão encontra-se o caso difícil do poeta americano Ezra Pound; e este, por qualquer motivo, não é tão conhecido no Brasil, senão aos mais iniciados no movimento literário norte-americano como sejam Lúcia Miguel-Pereira, Antonio Candido — que escreveu artigo excelente sobre Pound —, Eugênio Gomes, Raimundo Magalhães Júnior, Afrânio Coutinho, poucos outros. Mas o caso Pound não pode deixar ninguém indiferente.

Ezra Pound é natural do estado de Idaho, quer dizer, de uma região que não é das mais cultas dos Estados Unidos. Por volta de 1910 esse provinciano apareceu na Inglaterra, colocando-se logo na frente do movimento modernista de então e continuando a exercer influência incalculável sobre os poetas anglo-saxônicos. Se alguns poucos o condenam, mais tarde, não foi por motivos literários, mas sim políticos; Pound, vivendo em exílio voluntário na Itália, convertera-se ao fascismo, chegando a desempenhar as funções de locutor da emissora oficial de Roma, apregoando os benefícios do regime de Mussolini, lançando os insultos mais pesados contra a democracia e contra o seu próprio país. Continuou assim até durante a guerra. Em 1943, os americanos prenderam-no em Roma. O *attorney-general* denunciou-o por alta traição. Mas Pound revelou-se incapaz de defender-se, sofrendo evidentemente de grave doença mental (mania de perseguição). Em 1945, foi internado no Saint Elizabeth's Federal Hospital. Lá está vegetando, agora. Mas continua a escrever poemas; e continua a ser homenageado de todas as maneiras, elogiadíssimo pelos poetas e críticos da maior responsabilidade, publicado até nas revistas da vanguarda e até da vanguarda esquerdista. Pois ninguém, nem Robert M. Adams (ele mesmo homem da esquerda), ousa negar a Pound e a sua obra a enorme importância literária.

Basta dizer que Pound é, desde 1912, o líder incontestado do movimento modernista nos países de língua inglesa. Traduziu ou antes adaptou Homero, Sófocles, Catulo e Ovídio, Dante, os trovadores provençais, e Villon, Mallarmé, Rimbaud e Laforgue, Li Tai-Po, Tu Fu e os poetas japoneses. Esse dominador de todas as línguas e literaturas alargou imensamente os horizontes poéticos anglo-americanos. Do simbolismo até o futurismo e pós-modernismo, liderou todas as correntes novas. É — e nessa qualidade, pelo menos, sobreviverá na história literária — o mestre de T. S. Eliot, que já comparou os *Cantos* de Pound, obra ambiciosíssima, à *Divina Commedia* de Dante. Outros poetas e críticos dos matizes mais diferentes, um Allen Tate, um Ransom, um Delmore Schwartz, concordam. Mas esse "poeta máximo do nosso século" é um fascista, um traidor, e está maluco. Contradição gravíssima! E para eliminá-la escreveu Robert M. Adams aquele artigo.

Ignoro a exata posição política do articulista. Em todo caso, se não é comunista, é pelo menos "simpatizante" ou então homem da esquerda democrática. Mas não cai na tentação de condenar por motivos políticos o poeta. Nem lhe nega o valor e a influência. "A partir de 1930, nenhum poeta sério escreveu versos ingleses que não devessem algo a Pound; em toda crítica literária percebe-se sua presença". Quem é afinal esse Pound? Grande ou infame ou louco? Dante, Judas ou Don Quijote? O caso é difícil. Mas diga-se logo, em parêntese, que a comparação com Dante, mesmo se fosse justa, não é inevitável. O grande florentino também foi um "reacionário", defendendo ideais políticos que o seu tempo já não admitia. Mas a combinação de um verdadeiro gênio poético com a mais enérgica atitude contra a corrente e contra o próprio tempo ainda não basta para caracterizar um Dante; para tanto ainda se precisa de uma filosofia (que não é, aliás, necessariamente um sistema filosófico) capaz de servir de fundamento de um mundo autônomo de poesia. Dante foi mesmo filósofo. Mas a filosofia de Pound? É para variar um *mot* de Faguet, "*un chaos d'idées chaotiques*". Uma confusão tremenda de conceitos históricos e econômicos maldigeridos, enquadrados num "sistema" a que Pound chamava "totalitário", mas que é, na verdade, a sistematização de uma paranóia, de uma grave mania de perseguição. Pound — acha Adams — é grande artista, mas irresponsável; e o seu caso nem sequer seria isolado, mas sim apenas o exemplo mais drástico de uma epidemia do nosso tempo; da *trahison des clercs*. Os "mundos irreais" de Henry James, Proust e Kafka, o conservantismo de Eliot, a defecção de Auden (Malraux não aparece citado) não são apenas reflexos superestruturais da sociedade burguesa em decomposição; também são mais outros casos clínicos. Até aí nada de novo. Mas, em vez de tomar atitudes de juiz ou de diretor de manicômio, Adams pretende explicar e até certo ponto desculpar os seus réus-doentes. O irrealismo fantástico daquela literatura toda reflete de maneira esquisita a impossibilidade de uma arte legítima no reino da mediocridade burguesa-democrática. "O artista torna-se fatalmente neurótico; no tempo e no país dos Comitês de Congresso, Hollywood, Book of the Month-Club e Mr. Truman". Aqueles artistas, e Pound com eles, acertaram, diagnosticando o mal da democracia burguesa. Mas, em vez de aderir à democracia autêntica, esgotaram-se em atitudes de negação, virando "irreais", "bizantinos", enfim fascistas. Como artistas, pensaram com acerto; ligados, porém, à sociedade moribunda, da qual a sua arte é a superestrutura, agiram como malucos. E Adams conclui: "Assim como os destruidores de máquinas, no início do século XIX, aqueles escritores do início do século XX descobriram a doença da sociedade, confundindo porém doença e remédio. No naufrágio geral da nossa época ninguém merece mais compreensão e compaixão do que aqueles que, compreendendo bem a situação, escolheram o caminho errado de uma doutrina falsa".

A imparcialidade do artigo de Robert M. Adams inspira admiração. Pretendendo salvar os valores literários que se encontram em mãos duma vanguarda politicamente suspeita, fez tentativa séria de distinguir, na obra de Pound, os valores literários e os valores sociais, evitando deste modo as injustiças da pseudocrítica do oportunismo político. Até quando devia condenar, com respeito à "filosofia política" do poeta americano, quis abrandar a sentença, alegando a circunstância atenuante da mania de perseguição. Os juízes da Federal Court fizeram bem, considerando esse fato. Mas a nós outros quer parecer que, se houve perseguição, não se tratava de mania e sim de realidade; Pound foi perseguido, pela mesma sociedade, como traidor, e com toda razão. Pois o poeta, imbuído de fortes convicções políticas, não fez a mínima tentativa de fazer vencê-las na sua pátria, sublevando o povo americano, mas pôs-se à disposição do inimigo, num esforço absurdo de minar a democracia americana. E por menores que sejam as simpatias que nos possam inspirar o sistema econômico e a política internacional dos Estados Unidos, aquela atitude de Pound não foi a de um maluco, mas sim de um criminoso. Quando Adams continua, então, a evocar os valores literários de Pound para explicar os motivos da sua atitude — "ninguém ousa negar à sua obra a enorme importância"— então eu gostaria de dizer: esse ninguém sou eu. Admite-se a importância histórica de Pound; mas não o valor absoluto da sua obra. Bem sei que só à gente de língua materna inglesa cabe a última palavra com respeito a valores poéticos dessa língua. Mas em compensação sabemos algo de Proust e Kafka; e também quanto a Henry James e Eliot seria preciso defendê-los contra a companhia. O defeito essencial da obra de Pound não é a irrealidade que Adams censura em James, Proust e Kafka (e o que é, aliás, "irreal" e o que é real?), mas sim o caráter de *pastiche*; nenhuma filosofia conseguiria "integrar", quer dizer, transformar em obra coerente aqueles famosos *Cantos*. Dizem que Dante escolheu o metro ao terceto para impedir que se tirasse sequer um único verso do seu poema tão solidamente integrado; quanto aos 84 *Cantos* de Pound, seria um alívio se tirassem mais e mais dos inúmeros versos, acumulados de propósito sem coerência lógica, mas sim conforme as associações literárias do poeta, todas elas livrescas. Essa "epopéia" é um enorme *pastiche* de citações, alusões, pedaços e pedacinhos recolhidos em todas as línguas e literaturas. E para provar-se essa afirmação, heterodoxíssima decerto em face de tantos elogios, eis aí uma testemunha, até uma autoridade.

Já é significativo o título do magistral ensaio de Richard P. Blackmur, *Masks of Ezra Pound*. O eminente crítico americano (que é aliás insuspeito, porque nada esquerdista) admite a mestria verbal e métrica de Pound — nisso ele foi realmente o professor de poesia das gerações atuais — mas seria apenas "mestria de superfície". Daí que Pound é melhor tradutor do que poeta (e, pode-se acrescentar, brilhante parodista); quando não tem outra base do que as suas próprias idéias, então justamente começa a "traduzir" em sentido largo, quer dizer, usar máscaras, fazendo *pastiches*. A análise de Blackmur faz autoridade. Podemos logo tirar as conclusões. Contra a mediocridade e falta de cultura das massas democráticas e da burguesia, Pound julga-se guarda dos valores tradicionais, de todas as épocas e de todos os céus. Mas esse seu tradicionalismo cultural está a serviço de um boêmio indisciplinado, vanguardista nato — e irremediável. As disciplinas verbais e métricas de Pound servem a sua anarquia mental de um homem profundamente decadente (o que ainda não quer dizer "anormal"). A sua poesia lembra a do último Baixo Império e de Bizâncio; um Claudiano, um Psellos construíram longos poemas compostos inteiramente de versos de Homero e Virgílio, escolhidos com engenhosidade. Eles também julgavam-se tradicionalistas e "modernos" ao mesmo tempo; talvez em épocas de última decadência isso seja mesmo o último recurso poético. O caso é grave. Não se admitiria a objeção de que o próprio Eliot também usa o *pastiche* de citações e alusões; é aliás a parte mais fraca a "poundiana" da poesia do grande anglo-americano, que consegue porém "integrar" perfeitamente os elementos estranhos. Nos *Four Quartets* poderiam ocorrer mil citações de Dante, mas ninguém os compararia à *Divina Commedia*; é uma grande obra porque pertence ao grande poeta T. S. Eliot, assim como pertencem a James, Proust e Kafka os mundos poéticos, coerentes e "integrados" que criaram. Mas Pound é um fragmentarista, um colecionador de migalhas, um diletante de habilidade vertiginosa.

Deste modo já mudou o aspecto do problema. Em vez do caso difícil de um Dante que seria Judas ao mesmo tempo, temos o caso grave de um diletante fantasiado de artista, caso grave porque os outros — à época — acreditam. Robert Adams diria, talvez: "Está certo, essa literatura bizantina é o reflexo da sociedade, da classe em decomposição. Mas, então, ele devia admitir que é o reflexo da época inteira. Ou não são porventura *pasticheurs* um Rafael Alberti, que sabe (com raro talento, aliás) escrever nos estilos de Góngora, Garcilaso, Lope de Vega, Bécquer e do próprio García Lorca, ou então um Aragon, que aparece fantasiado de Rimbaud, de Villon ou de Béranger, conforme o relógio político manda, ou então os "neo-realistas" russos, escritores proletários que imitam o estilo e atitudes do latifundiário Tolstoi? O *pastiche*, o uso dos tradicionalismos a serviço dos futurismos, seria mesmo sintoma das épocas de transição, quando o "já não mais" e o "ainda não" se encontram.

Para evitar conclusão tão incompatível com o conceito da literatura como superestrutura, Robert Adams recorre ao método "biográfico-psicológico"; usa a crença mental de Pound para desmoralizar-lhe a poesia, que não quer desmoralizar por motivos literários. Mas esse conceito "anormal" é perigoso. Se, além de Pound, também James, Proust, Kafka e Eliot são neuróticos "anormais", então não se vê nenhum motivo para preferir a doença mental desses maiores escritores da nossa época à sanidade dos outros. E, afinal de contas, o que é "anormal"? Porventura aquilo que é "reacionário", contra as correntes? Então, sim, cabe comparar os *Cantos* de Pound à *Divina Commedia*; Dante, esse reacionário "utopista do passado", também teria sido um exilado neurótico. E o que dizer da loucura de Hölderlin ou Nerval? Na verdade, para salvar a poesia de Pound seu crítico destrói a literatura universal inteira, enquanto não é ou conformista ou revolucionária. Atrás da imparcialidade de Robert Adams escondem-se os mesmos critérios extraliterários da crítica oportunista.

Mas vale a pena? Não teria sido *"much ado about nothing"*, o *nothing* de um artigo de revista? Parece-me que não. Certamente esta seção não tem autoridade nem força para destruir uma falsa celebridade. Mas valeu a pena desmascarar a poesia de *pastiche*, que é fenômeno mundial hoje em dia; e contribui a revelar as dificuldades de reunir-se vanguardismo poético e progressismo político, combinação que a muitos ainda parece a coisa mais natural do mundo. Isso também faz parte da confusão geral de valores que ameaça destruir a literatura. Mas esta é fenômeno anterior (e posterior) às evoluções sociais, simplesmente porque é a expressão, a única expressão completa do homem completo com todas as suas contradições que resistem à análise lógica.

Rilke, os ingleses e os outros

O Jornal, 26 set. 48

Rilke é hoje a maior influência na poesia inglesa. A afirmação parecerá algo audaciosa. E Eliot, perguntarão? E o grande exemplo de Yeats, transformando-se de neo-romântico decadente em poeta sólido e existencial? Por mais que já se tenha escrito sobre os *Four Quartets* de Eliot, ninguém ainda estudou as analogias sutis entre esta *performance* impressionante e as *Elegias de Duíno*. Quanto a Yeats, a situação já é mais clara: o poeta irlandês percorreu exatamente as mesmas fases de evolução que a poesia de Rilke teve de percorrer para ser ouvido e compreendido na Inglaterra. O livro de Hans Galinsky sobre *A Literatura Alemã na Crítica Literária Inglesa depois da Guerra de 1918* permite acompanhar aquelas fases.

Entre 1905 e 1920 os ingleses prestaram pouca atenção ao romantismo sentimental do *Livro de Imagens*, ignorando a evolução posterior do poeta. Em 1920, mais ou menos, abre-se a segunda fase: começaram a admirar, com muitas restrições aliás, a religiosidade romântica e exótica do *Livro de Horas*, tecendo comparações com a poesia dos pré-rafaelitas ingleses, Rossetti, Swinburne. Só depois de 1930 surgem traduções em número maior, ainda sem provocar a atenção geral. Mas a partir de 1935 todas as obras de Rilke aparecem traduzidas, e cada uma delas mais do que uma vez, sobretudo os *Sonetos a Orfeu* e as *Elegias de Duíno*. É incalculável a influência desse último Rilke sobre poetas como Herbert Read, David Gascoyne, Day Lewis, Auden, Spender, MacNeice, MacDiarmid, Dylan Thomas, Sidney Keyes, que morreu na guerra, os americanos Prokosch e Patchen, quer dizer, a fina flor da poesia anglo-saxônica moderna. Quase todos esses poetas também são bons críticos: interpretam Rilke de uma maneira a que se poderia chamar "existencialista", como criador de um mundo autônomo de poesia em meio a uma realidade sacudida nos alicerces; alguns já prestam atenção à advertência "moral" do último Rilke, que pretendera dar "um exemplo e uma medida" à advertência do seu soneto "Torso arcaico de Apolo": "Precisas mudar de vida".

Quais os motivos dessa influência? E por que ela só se fez sentir mais ou menos a partir de 1935? Eis as perguntas em face das quais se coloca o conhecido rilkiano Werner Milch, criticando na revista *Universitas* o livro de Galinsky. Responde por meio de um interessante estudo de literatura comparada. Na Alemanha, o romantismo sentimental já desaparecera antes de 1848, cedendo lugar ao realismo, sobrevivendo apenas em fracos epígonos; daí, o neo-romantismo do *Livro de Ima-*

gens e mais tarde a religiosidade romântica do *Livro de Horas* foram recebidos como espécie de renascimento de uma tradição nacional; mas o último Rilke, o dos sonetos e elegias, quase desapareceu ao lado do lirismo heróico de George, prelúdio da aventura e do desastre. Só agora os alemães descobrem o verdadeiro Rilke. Na França, o neo-romantismo pós-simbolista dos primeiros decênios deste século favoreceu a compreensão do *Livro de Horas*, espécie de *pendant* heterodoxo da poesia de Claudel; depois, os surrealistas voltaram a adorar outros deuses. Na Inglaterra, porém, a tradição poética inteira do século XIX, de Wordsworth e Shelley e Keats, através de Tennyson, Browning e os pré-rafaelitas Rossetti e Swinburne até Yeats, ficou romântica; aos epígonos desse romantismo, os poetas "georgianos" de 1910, o Rilke da primeira fase não teria a dizer nada de novo. Por volta de 1920 começou a batalha anti-romântica: Eliot tornou-se líder dos novos; Yeats mudou. Rilke, ainda considerado como romântico, teria sido rejeitado — se o conhecessem melhor. Depois de 1930, alguns solitários descobriram Rilke como poeta religioso; os discípulos de Eliot, porém, os Auden, Spender, Day Lewis, já se viravam para a esquerda; esses poetas políticos deveriam desprezar o evasionista alemão. Mas sobrevieram muitas decepções; o realismo poético de 1930 também se revelou com romantismo, sem base suficiente na realidade. Só então chegara a hora dos *Sonetos a Orfeu* e *Elegias de Duíno*, de uma poesia igualmente anti-romântica e anti-realista: um mundo autônomo de imagens que correspondem a realidades profundas entre as quais foi preciso "escolher", algo "existencialisticamente": "Precisas mudar de vida".

Não se negará o valor desse estudo de literatura comparada, embora esta tenha fama de interessar apenas a especialistas. Com efeito, não nos importa muito acompanhar as "viagens" de uma fama literária através de traduções que sempre diluem fatalmente a substância poética. Mas vale a pena estudar os reflexos variáveis da figura do poeta nas águas do "intercâmbio cultural", enquanto nos revelam aspectos novos, despercebidos, da poesia, até permitindo talvez uma revisão dos valores, uma apreciação mais justa. Para chegar a tanto será preciso aprofundar as afirmações de Milch, modificando-as em pontos essenciais.

Na França, as influências alemãs parecem sempre ter sido românticas, da época de Hoffmann e Nerval até a descoberta de Novalis pelos surrealistas. As influências alemãs na literatura inglesa foram menos freqüentes. Registra-se a atividade de intermediário de Carlyle; e este só conseguiu incorporar definitivamente o *Wilhelm Meister* de Goethe, obra realística odiada pelos românticos mas simpática ao realismo dos prosadores vitorianos. Depois, há uma espécie de vácuo entre Carlyle e o dia de hoje, em que — como Milch verifica — Rilke, Hölderlin e Kafka são os autores estrangeiros mais discutidos na Inglaterra. Hölderlin só foi descoberto pelos ingleses como precursor de Rilke; não é preciso nem possível estudar aqui o caso. Mas a influência de Kafka, exatamente simultânea com a de Rilke, indica uma pista. Parece que todos aqueles poetas e críticos consideram Rilke como poeta kafkiano, como criador de um mundo autônomo (ou arbitrário, se quiserem) dentro da realidade comum que virou absurda. Mas este Rilke seria o verdadeiro, o definitivo?

É bastante conhecida a frase de Rilke sobre a glória como "soma dos equívocos em torno de um indivíduo". Ao aristocratismo algo falso do poeta talvez não desagradasse de todo a nuvem de incompreensões da parte de um *vulgus* desprezado. Mas depois da sua morte os equívocos se sistematizaram, à melhor maneira alemã. Na bibliografia já imensa sobre Rilke podem-se distinguir quatro interpretações principais: primeiro, um Rilke suavemente romântico e dolorosamente aristocrático, autor de poesias sentimentais e do *Corneto Christoph Rilke*, ídolo das damas e dos admiradores ingênuos; depois, o Rilke dos críticos cristãos (com exceção de Guardini), poeta heterodoxo, de uma religiosidade muito interessante mas destinada ao fracasso; é singular a atitude de Klatt, considerando o poeta como mensageiro de um "realismo ético"; hoje prepondera, em Guardini, Caemmerer, Vietta e muitos outros, a interpretação existencialista, que seria absurda quando aplicada ao *Corneto Christoph Rilke* e errada com respeito ao *Livro de Horas* ou aos *Poemas Novos*. Cada uma dessas quatro interpretações corresponde a um Rilke diferente: *Livro de Imagens*, *Livro de Horas*, *Poemas Novos* e as duas obras últimas, *Sonetos de Orfeu* e *Elegias de Duíno*, definem quatro fases da evolução poética de Rilke, comparável à evolução dos seus contemporâneos Yeats, Valéry, Juan Ramón Jiménez e Blok. Foi o erro de Milch considerar a obra como um bloco homogêneo que se teria revelado apenas gradualmente aos ingleses. Na verdade existem quatro Rilkes diferentes, dos quais cada um encontrou ressonância na Alemanha, na França e na Inglaterra — menos um que ficou incompreendido até hoje.

Primeiro Rilke não foi saudado na Alemanha como renovador de uma tradição nacional; ao contrário, ele se enquadrou perfeitamente no romantismo banalíssimo dos epígonos de 1905 ou 1910, sendo logo rejeitado quando nesses mesmos anos redescobriram o esquecido Hölderlin; este não foi considerado pelos alemães como precursor de Rilke mas sim de George. Depois da derrota de 1918, na época alexandrina da República de Weimar, surgiu aquele fenômeno, típico das grandes cidades em fase de decadência de uma civilização, a que Spengler chamou "a segunda religiosidade" (depois da verdadeira primitiva). Daí o êxito ruidoso do *Livro de Horas* em que se apreciava uma nova religião poética sem imposições dogmáticas nem obrigações éticas, mistura agradável de reminiscências franciscanas e russas.

Esse segundo Rilke também veio a encantar os neo-românticos franceses, sempre ávidos de exotismos, mas ignorando o terceiro Rilke, o dos dois volumes de *Poemas Novos*, estes justamente escritos na França; talvez porque os sonetos e poemas aparentemente descritivos provocassem a suspeita de parnasianismo. Foi o segundo equívoco em torno de Rilke. O terceiro deu-se na Inglaterra; aí o *Livro de Horas* não encontrou ressonância, mas não porque os ingleses estariam ocupados em combater o romantismo, e sim porque já possuíam poesia semelhante e talvez melhor, a dos pré-rafaelitas. Quando começaram a traduzir o poeta, o romantismo da sua primeira e segunda fases já não estava combatido nem obsoleto, mas sim esquecido. Os *Sonetos de Orfeu* e as *Elegias de Duíno* não apareceram reabilitando um antigo romântico mas correspondendo a determinada mentalidade, como se Rilke fosse companheiro de geração dos poetas novos. Evidentemente, esse "quarto Rilke", o dos existencialistas e isolacionistas poéticos, não é o Rilke inteiro, talvez nem seja o "verdadeiro". Haveria mais um equívoco?

Sobre o "quarto" Rilke saiu há pouco na Suíça um importante livro de Dieter Bassermann, análise minuciosa das *Elegias de Duíno*, verificando-se (e comprovando-se o resultado pela citação de cartas inéditas do poeta) que essa obra tampouco constitui um "bloco". O crítico consegue demonstrar a contradição entre as grandes elegias trágicas, a oitava e a décima, e doutro lado aquelas que o próprio poeta tomou como base da sua auto-interpretação, a sétima e a nona; estas últimas já não são trágicas porque nelas o poeta escapa da realidade para uma transcendência sem obrigações, curiosamente parecida com o deus do *Livro de Horas*. O otimismo forçado da auto-interpretação lembra a Whitman; mas Stephen Spender já chegou realmente a essa comparação paradoxal que lhe parece elogio. Apenas não surge ao leitor de Whitman o ressaibo amargo daquela tragicidade; as últimas obras de Rilke dão, por isso mesmo, a impressão de algo de frágil, de incompleto, de pergunta. Isso é, sem dúvida, mais um encanto para os leitores deste tempo. Mas será isso "o exemplo e a medida" que Rilke pretendia estabelecer, capazes de transformar o mundo?

"Transformação" é uma das palavras prediletas de Rilke e a palavra-chave para a compreensão da obra. Existe uma falsa transformação, exigência de o mundo se transformar conforme nós; e existe uma verdadeira transformação, exigida de nós mesmos. Aquela é romântica; é a do Rilke da primeira e segunda fases, substituindo a realidade por um fantasma poético. A outra é realista, estabelecendo na própria poesia "um exemplo e uma medida" conforme precisamos mudar de vida. Análises assim são implacáveis, até cruéis. O quarto Rilke, o dos *Sonetos a Orfeu* e das *Elegias de Duíno*, também é um romântico, embora dos maiores; a grandeza e profundidade dessas poesias é tão inegável como relativa, quer dizer, relativo ao nosso tempo e à nossa mentalidade. Foi uma última tentativa de transformar aparentemente o mundo, opondo-lhe um mundo fantástico fora da realidade. "Mundo autônomo", sim, mas incapaz de servir de exemplo e medida. O existencialismo e o autonomismo dos rilkianos ingleses são contraditórios. Rilke escolhera esse caminho meio trágico, meio evasionista porque lhe escapou — assim como aos poetas ingleses de hoje e a todos nós — a realidade, que ele porém já conseguira transformar realmente nos *Poemas Novos*. Parecem parnasianos, esses poemas, apenas porque são perfeitos; até hoje ainda não foram devidamente apreciados como definitivos. Constituem um mundo autônomo e são, no entanto, "exemplo e medida" da realidade. Afinal, está nos *Poemas Novos* aquele "Torso arcaico de Apolo" que nos diz: "Precisas mudar de vida".

Tendências do moderno romance brasileiro*

O Jornal, 03 out. 48

Na noite depois de ter recebido, por intermédio da nossa ilustre amiga d. Laura Austregésilo, o honroso convite de dizer-vos algo sobre as tendências do romance brasileiro moderno, assaltou-me um sonho terrível, verdadeiro pesadelo. Tal novo Casimiro de Abreu, lembrei-me, sonhando, dos "meus oito anos", de volta ao banco do colégio, suando em face do problema que sempre assusta os colegiais: como começar a composição que a professora solicitou? É tão difícil começar! Mas a professora não admite pretextos: "Carpeaux, quais são as tendências do romance brasileiro moderno?" E respondi, no sonho, e ainda estou com vontade de responder: "Não tenho culpa, d. Laura, mas não há tendência nenhuma".

Despertei daquele sonho com tremendo sentimento de responsabilidade e com umas vagas lembranças de escola. Uma composição — foi o que nos ensinaram — deve ter um começo, um meio e um fim. Não sabendo como começar, devia

---

* Palavras lidas em 25/09/1948 em casa de Roberto Burle Marx (N. do A.).

começar às avessas, diagnosticando o futuro do nosso romance. Mas para tanto é preciso compreender e interpretar bem a situação atual, e isso não é possível, por sua vez, sem se ter compreendido e interpretado bem o passado. Ora, ninguém poderá fazer isso hoje em dia sem ter lido o respectivo volume que — se estou bem informado — Lúcia Miguel-Pereira já acabou de escrever mas do qual só conhecemos, por enquanto, os capítulos admiráveis sobre o naturalismo e sobre Lima Barreto. Só depois da leitura do volume inteiro será possível completar os dois excelentes trabalhos que existem sobre a situação atual do romance brasileiro: o prefácio de Gilberto Freyre ao livro de Olívio Montenegro, e o estudo de Prudente de Morais Neto ao qual a Divisão de Cooperação Intelectual do Itamarati não quis dar até hoje a divulgação merecida porque os estrangeiros não devem saber que Machado de Assis era mulato. No resto, os estudos de Gilberto e Prudente, embora escritos há quase 10 anos, ainda servem hoje como então. Para atualizá-los só seria preciso acrescentar uns poucos nomes, uns poucos títulos. Não mudou muito a situação. Apenas, então os romances de Jorge Amado editaram-se em formato 12x18, e hoje em formato 14x21...

Neste momento assaltou-me outra reminiscência de escola, tive vontade de dar um pulo como o velho Arquimedes, gritando: "Eureca!" Eu sei as tendências do romance brasileiro moderno! O segredo estava escondido entre as prateleiras da minha pobre biblioteca.

Só disponho de pouco espaço. Mas o senso de ordem substitui, às vezes, a opulência. Antigamente estavam lá colocados, em boa ordem alfabética, os romances de Aluísio Azevedo, Armando Fontes, Cyro dos Anjos, Dionélio Machado, Graciliano Ramos, Jorge Amado, José Américo de Almeida, José Geraldo Vieira, José Lins do Rego, Ivan Pedro Martins, Lima Barreto, Lúcio Cardoso, Machado de Assis, Manuel Antônio, Marques Rebelo, Octavio de Faria, Rachel de Queiroz, volumes todos eles de tamanho decente, quase iguais, como soldados num desfile. Certo dia nefasto, meu amigo o editor Martins, em São Paulo, passou a publicar Jorge Amado em formato grande, 14x21. Foi uma desgraça. Tive que modificar as distâncias entre as prateleiras para criar espaço para as *Terras do Sem Fim*, incrivelmente compridas. Depois, nosso querido José Olympio resolveu aumentar a estatura de Graciliano Ramos, que já nos parecera inexcedivelmente grande. Quase foi preciso chamar os especialistas do DASP para reorganizar e restaurar a biblioteca. Mal colocado e recolocado tudo, invadiu-me a casa o enorme *Anjo de Pedra* de Octavio de Faria, acompanhado de uns gordos *Renegados*. Agora não houve mais jeito. Substitua-se a ordem alfabética pela ordem cronológica. Só assim se separam os "pequenos" e os "grandes". Machado, Aluísio, Lima Barreto ficaram no lugar, modestos, assim como as obras de estréia de Rachel, Armando, José Lins e Gastão Cruls, das quais guardo piedosamente as primeiras edições. Também ficaram decentes meus velhos amigos Lúcio Cardoso e Adonias Filho. Cyro dos Anjos cresceu pouco. Mas a *Mulher* de José Geraldo Vieira já voltou mais gorda para Sodoma. E depois, os volumes sobem de maneira calamitosa; Jorge Amado já parece adulto ao lado daqueles meninos, Graciliano é grande homem e homem grande; e Octavio de Faria, um gigante. Eis aí a tendência procurada; o romance brasileiro está crescendo. Os velhos romances brasileiros no fundo não eram romances mas sim novelas, às vezes apenas contos de tamanho considerável. Hoje se escrevem romances verdadeiros no Brasil, e quando o sopro do romancista não chega, então ajuda o editor, aumentando os tipos, alargando as margens. Em todo o caso, a tendência é de ampliação. Mas isso não é apenas uma tendência brasileira. É, baseada em necessidades fatais, uma lei de evolução, uma das tendências do romance contemporâneo.

"Tendência" não se compreende aqui, evidentemente, em sentido político, ideológico ou filosófico, embora as duas tendências principais do romance do *l'entre-deux-guerres* também se tenham realizado por meio de duas técnicas novelísticas opostas: romance neonaturalista e romance introspectivo. Mas essa oposição já perdeu algo, se não muito, da antiga amargura, assim como hoje já se admitem na poesia as formas livres e as formas metrificadas em pé de perfeita igualdade. Graciliano Ramos seria neonaturalista ou introspectivo? Na verdade, todos os gêneros são iguais perante Deus, em que meu amigo Graciliano não acredita. Os elementos constitutivos são os mesmos em todo romance: enredo, caracteres e estilo, este último definido como maneira de apresentação de enredo e caracteres. O estilo é o que caracteriza o romance introspectivo. Mas o estilo também é o limite que separa até o romance mais realista da própria realidade. Para os críticos em geral, o termo "estilo" tem infelizmente outra acepção: a de "bom estilo" ou "mau estilo". Até existem sujeitos safados, fantasiados de críticos ideológicos, que apontem supostos erros de gramática em romancistas de que não gostam pessoalmente. A verdadeira crítica de romances precisa de outros critérios, e não sei melhor do que o crítico inglês Percy Lubbock; no seu livro *The Craft of Fiction,* tão belo como difícil, distinge "romance panorâmico" e "romance dramático", distinção estilística que cobre o terreno inteiro do gênero. Mas Lubbock só se ocupa, como exemplos, de umas poucas obras-primas da literatura universal. Quando Joseph Warren Beach quis aplicar a mesma distinção na exposição histórica de um período inteiro com todos os seus valores e não-valores, em *The Twentieth Century Novel*, não se saiu bem. Deixemos portanto as sutilidade dos *high-brows*, voltando ao simplismo do livreiro ou antes do carpinteiro que faz estantes: critério também é o tamanho.

Está claro que a maneira de manejar aqueles três elementos — enredo, caracteres, estilo — também se revela no tamanho físico da obra. Pensando naquela distinção de Lubbock, ocorre-nos logo que o romance dramático à maneira de Balzac será de tamanho menor do que o romance panorâmico à maneira de Tolstoi. Nem sempre acontece isso; vejam-se os enormes romances dramáticos de Dostoievski e o tamanho relativamente reduzido dos romances panorâmicos de Zola. Na verdade, Dostoievski ensaiava uma nova técnica novelística, enquanto Zola se podia aproveitar da idéia engenhosa de Balzac de dividir um panorama extenso em numerosos romances mais ou menos ligados. Então são dois os fatores que produzem fatalmente o tamanho maior, embora haja exceções: as descobertas de um novo ambiente social pelo romancista, ou então a necessidade de nova técnica novelística, capaz de servir aos fins poético-retóricos do romancista. Seria interessante verificar, conforme esse critério, certos ritmos na evolução do gênero: depois dos enormes romances de cavalaria e picarescos, os romances psicológicos relativamente curtos do século XVIII; ou então, no romance russo, o constante aumento do volume, de Pushkin através de Gogol até Tolstoi e Dostoievski, seguido de um período de novela curta, Tchekov, Gorki; os romances dos primeiros neonaturalistas americanos, Dreiser, Dos Passos, Farrell, eram muito maiores do que os de Caldwell e Cain. O tamanho gigantesco das obras de Thomas Wolfe apresenta problema especial. Mas do outro lado da barricada também já se acentua, depois do *roman-fleuve* de Proust e Joyce e sob a influência de Kafka, uma tendência para a contração.

O romance brasileiro nasceu na época vitoriana, mas principalmente sob influência francesa; o ambiente estava delimitado, técnica fixada. Adotou-se o tamanho reduzido. Até se pode dizer: o tamanho reduzido das obras de Aluísio Azevedo e Adolfo Caminha, que no entanto pretenderam descobrir ambientes novos, confirma a tese de Lúcia Miguel-Pereira de que o naturalismo foi entre nós uma planta exótica. Mas depois de 1930 o panorama novelístico do país mudou; revelou-se aos neonaturalistas brasileiros um ambiente desconhecido. E dez anos mais tarde os "introspectivos" começarão a denunciar uma mentalidade desconhecida. Daí os horizontes se ampliam, a técnica se modifica. Antes de Jorge Amado escrever os três romances do cacau, José Lins do Rego, mestre de todos os outros, já criara os cinco romances do açúcar, que continuarão, acredito, como o maior monumento novelístico da época. Doutro lado, *Os Caminhos da Vida*, de Octavio de Faria, foi, ao que me consta, o primeiro romance brasileiro ocupando mais do que um volume, porta de entrada de um edifício novelístico de dimensões desconhecidas no Brasil. No entanto, lembrando-se dessa novela — novela magistral, aliás — que são *Os Ratos*, de Dionélio Machado, ninguém chamaria de novelas os romances relativamente curtos de Graciliano Ramos; este se encontra dentro da tradição "dramática" do gênero. Agora esse verdadeiro mestre está escrevendo os volumes — serão quatro, se estou bem informado — de *Minhas Cadeias*, mas esta obra panorâmica que revelará um ambiente desconhecido já não é romance. A época ampliativa — esta descoberta da realidade brasileira e do povo brasileiro — chegou ao fim, embora só agora os editores comecem a descobrir a tendência geral dos 10 ou 15 anos passados. A obra enorme de Octavio de Faria — que só se poderá julgar definitivamente quando estiver completa — constituirá, neste sentido também, monumento do fim de uma época. Chegou a hora da concentração estilística.

Não acredito que esse critério seja puramente formalístico. A escolha entre o romance panorâmico e o drama novelístico é sempre uma resolução ideológica da parte do romancista; já revela o seu "ponto de vista" com respeito à vida. Mas nem sempre a escolha é isso a que se pode chamar "tendência". Será que, no caso, a tendência da concentração estilística se revela entre os romancistas da geração nova? Antes de mais nada, é preciso abrir uma ou outra exceção. Por exemplo, para a obra, já no prelo, de Josué Montello que traz ao romance brasileiro uma experiência nova de investigação psicológica; ou então, para o experimento inédito do romance que é a última obra inédita de Marques Rebelo — mas estes seriam "novos"? Josué Montello não é um estreante mas sim um dominador de múltiplos recursos literários, e a Marques Rebelo os deuses apenas conferiram o privilégio da mocidade eterna. O chamado e muito discutido "romance da cidade" será provavelmente romance poético, e aí o tamanho pode estender-se aonde vai o sopro do poeta. Tamanho maior também admitir-se-á quando um romancista ainda conseguir encontrar e revelar ambiente novo; é verdade que Floriano Gonçalves não precisava de 800 páginas para confrontar-nos com o *Lixo* da realidade carioca, mas a Amazônia é bem maior do que o Distrito Federal; e não só por isso abrimos mais uma exceção em favor do notável *Marajó* de Dalcídio Jurandir. Os outros estão fazendo experimentos, se é que escrevem romances. Observam-se com interesse igual — para reunir em uma frase duas mentalidades opostas — os experimentos novelísticos de Raimundo Souza Dantas, formado na severa escola de Graciliano Ramos, e os experimentos novelístico-poéticos de Lêdo Ivo. No resto, quantos bons romances de novos vocês já leram nestes dois últimos anos? Não sei. Em compensação, li porção de bons contos, gênero que impõe a concentração. Mas romances?

Opinião injusta, cruel, dirão, incompatível com o entusiasmo deste "defensor da poesia infanto-juvenil", como já me chamou um grande e querido amigo. Mas essa preferência pela poesia dos novos justifica-se, senão pelos valores, pela feição do gênero. A poesia é aquele gênero literário em que forma e conteúdo estão mais intimamente ligados do que em qualquer outro, até se revelarem idênticos. Daí valores permanentes se exprimirem, na literatura universal, com freqüência maior em poesia do que na ficção. O romance — todos os grandes romancistas concordariam — é um gênero sempre duvidoso. Aquilo que constitui a qualidade especial do romance, a capacidade de engolir tudo, digerir tudo, exprimir tudo, da sociologia até a teologia, também constitui sua fraqueza, o perigo de degenerar em tratado ou sermão ou autobiografia, e o risco de antiquar-se e desaparecer logo junto com o gosto "hodierno" que lhe provocou a existência. Não existe perigo maior impedindo a produção de obras simplesmente decentes, nada transcendentais, do que a doutrina inculcada a muitos novos segundo a qual não se deve pensar na perfeição artística de "obras-primas". É doutrina que leva diretamente ao mais baixo jornalismo, de pretensões literárias no entanto; escrever *de jour en jour* uma tendência por dia. Enquanto isso, haveria muitas tendências no romance brasileiro contemporâneo mas — "não tenho culpa, d. Laura, mas não há tendência nenhuma".

Nota sobre Mário de Andrade, escritor euro-americano

O Estado de S. Paulo, 09 out. 48

Mário de Andrade talvez tenha sido a figura mais complexa em toda a história literária brasileira. Tem muitas e múltiplas facetas sua obra de poeta, ficcionista, ensaísta, crítico literário, crítico de artes plásticas, crítico de música, folclorista — cada uma dessas facetas precisava de interpretações e reinterpretações até chegarmos à construção da imagem completa que permanecerá na história e, como todos os verdadeiros fatos históricos, na atualidade. Mas esse método de interpretação por fragmentos, imposto pelo próprio objeto, é deficiente: produz a aparência de contradições. Já houve quem descobrisse um tradicionalista no revolucionário Mário de Andrade, destruidor da métrica tradicional dos parnasianos e conhecedor incomparável (dir-se-ia zeloso) de todas as artes métricas; nesse Mário de Andrade que abriu as janelas do velho edifício literário para fazer entrar o ar fresco da vida brasileira, mantendo no entanto com verdadeira paixão os padrões da "obra de arte" perfeita; um demolidor de tradições mas também um criador de tradições. Atitudes contraditórias? Certamente não. A unidade da obra está garantida pela unidade da personalidade, por mais complexa que tenha sido, manifesta nos efeitos da sua liderança literária; e, com respeito a isso, nunca houve dúvidas. Apenas resta definir a posição da qual irradiaram aqueles efeitos, a posição de Mário de Andrade na história das letras brasileiras e da civilização do Brasil.

Para realizar essa definição seria preciso escrever um livro. Uma simples nota, espécie de *aperçu* desdobrado, não chega a harmonizar as nossas vistas contraditórias de Mário de Andrade, escritor americano por excelência, autor da Declaração de Independência das letras brasileiras e intelectual europeizadíssimo, partidário de critérios típicos da civilização do Velho Continente. Contudo, aí está o *aperçu*: Mário de Andrade, escritor euro-americano! Se se trata de uma harmonização cômoda ou de uma síntese dialética, isso depende da definição do adjetivo "euro-americano".

Montesquieu e Taine ainda estão vivos entre nós. Fala-se das diferenças de clima. Fala-se das diferenças étnicas. Corrige-se a velha doutrina mesológica apenas quanto ao fator "momento histórico", observando-se a influência da evolução econômica que retardou a separação de duas literaturas, duas civilizações mesologicamente diferentes. A literatura brasileira já fez parte do conjunto "literaturas européias", assim como a literatura norte-americana da época de Boston estava em relações especiais com a Inglaterra vitoriana. Mas, enfim, as heranças européias esgotaram-se, sobressaindo então as particularidades americanas. A "revolução" da boêmia de Nova York, por volta de 1910, é a primeira página da Declaração de Independência literária dos Estados Unidos. Desde então, um romance norte-americano e um romance inglês são dois fatos inconfundíveis, assim como depois de 1922 ninguém mais confunde um poema brasileiro e um poema francês escrito em língua portuguesa. Mário de Andrade destruiu uma tradição teimosa. Americanizou, abrasileirou a literatura brasileira. Têm importância apenas relativa as suas próprias referências, na famosa conferência no Itamarati em 1942, a Verhaeren e à influência dos futuristas italianos.

O "futurismo" de Mário de Andrade apenas foi sinônimo de americanismo, do homem que iria descobrir o Aleijadinho e a música popular brasileira e escrever *Macunaíma*. Nada me parece ter menos importância, em matéria de história literária, do que as chamadas "influências". Essa dos Marinetti, Soffici e Palazzeschi, que na própria Itália passou sem dar frutos, não produziria a modificação completa e definitiva da literatura brasileira a partir de 1922. Mas o nome de Verhaeren, algo estranho naquela campanha, chama a atenção. Aí tampouco se acredita em influência. Nos alexandrinos enfáticos do cantor da industrialização belga não se encontra o germe dos ritmos da *Paulicéia Desvairada*. Num pequeno estudo sobre Verhaeren já acredito ter demonstrado o equívoco: a euforia do Hugo das máquinas, já esquecido na Europa de 1922, não tem nada que ver com a atitude do "futurismo americano".

O que importa é apenas o fato de Mário de Andrade, reconstituindo o ambiente literário de São Paulo de 1922, ter citado o nome de Verhaeren; um nome ignorado pelos anacrônicos habitantes da torre de marfim colonial, mas que (talvez por isso mesmo) parecia importante ao revolucionário; e foi um nome europeu. Os outros, os velhos, citaram nomes europeus do passado. Mário de Andrade também citou um nome europeu, já de ontem. A uma tradição opôs outra tradição: *"On ne détruit réellement que ce qu'on remplace"*. Não destruiu uma tradição sem escolher outra. Que tenha sido o nome representativo de outra tradição européia o que escolheu, importa pouco. O que importa é o fato de ter "escolhido". Essa atitude de "escolher tradições" é típica da civilização européia.

Foi Auden quem falou disso numa conferência em Princeton, naquele mesmo ano de 1942. As "qualidades típicas" já não se reduzem hoje a fatores mesológicos; atribuem-se às estruturas. Apesar das diferenças enormes — climáticas e étnicas — entre Estocolmo e Roma, Madri e Moscou, a civilização européia, *une et indivisible*, constitui uma estrutura bem-definida, sobretudo quando é comparada com as civilizações antigas e orientais, fundamentalmente diferentes; à luz dessa comparação se admitirá também a expansão da civilização européia para além do Velho Continente: para a América. Em face da Grécia, da Índia e da China, torna-se evidente a existência de uma estrutura maior, supra-racial e suprageográfica: da civilização euro-americana. Experiências históricas recentes ensinaram-nos a relativa facilidade de separar-se daquele conjunto; servem para isso igualmente o exemplo da petrificação de tradições obsoletas, como no caso da Espanha franquista, e o exemplo da abolição de todas as tradições, como no caso da Alemanha hitlerista. É mais difícil acompanhar o verdadeiro caminho da Europa (e da Euro-América) na qual as tradições nem se petrificam nem se abolem mas se escolhem, não arbitrariamente decerto, mas com espírito de fidelidade aos destinos históricos que se compõem de tradição e revolução ao mesmo tempo. Foi isso o que fez o demolidor de tradições e criador de tradições Mário de Andrade, escritor euro-americano.

Antes dele, sabiam no Brasil o que é revolução; o romantismo foi uma revolução; o naturalismo foi uma revolução; até o parnasianismo conhecera seus dias revolucionários. Mas teriam sabido o que é tradição? Os poetas e escritores brasileiros de 1920 julgavam-se tradicionalistas porque se sentiam perfeitamente europeizados. Mas na verdade já há muito tinham deixado de ser "bons europeus"; perpetuaram modas literárias de anteontem, confundindo-as com tradições, ignorando a tradição que se renova. Estavam profundamente separados da Europa. Nunca o Brasil foi menos "europeu" do que em 1920. Não foi "euro-americano", por isso tampouco foi americano. O equívoco quanto à "tradição" foi completo. "Tradição" não é "imobilidade" e sim "movimento em continuação". Com respeito a isto são iguais, até literalmente iguais, as definições dadas pelos grandes pensadores conservadores, de Burke até Colijn, e as definições que se encontram em Marx e Lenin. "Tradição em movimento" seria a qualidade típica pela qual se distingue das civilizações orientais a civilização euro-americana. Seria um conceito dialético incompreensível aos mandarins. Tampouco o compreenderam os mandarins do Rio de Janeiro de 1920. Contra a imobilidade das tradições revoltou-se Mário de Andrade; escolhendo outra tradição, restabeleceu as relações perdidas com a civilização européia, já maior do que européia, já transformada em euro-americana.

Seria preciso fazer um livro para descrever os efeitos da atitude tradicionalista-revolucionária, euro-americana, de Mário de Andrade. Hoje, no Brasil, vivemos espiritualmente daqueles efeitos. Participamos da renovação do mundo ao qual Mário de Andrade nos religou. Diria um céptico: "Isso é puro personalismo, incompatível com os conceitos mais elementares da filosofia da história; se não fosse Mário de Andrade, teria sido outro, realizando o que se tornara inevitável". Está certo. Mas na filosofia da história não têm sentido as frases condicionais; apenas os fatos. No caso, o fato histórico — fato histórico e por isso fato de atualidade permanente — chama-se Mário de Andrade.

Um museu que não é museu

Letras & Artes, 10 out. 48

O fim imediato deste artigo é prático: sugerir providências para que as autoridades brasileiras convidem a exposição viajante do Museu Histórico de Arte de Viena — que já passou com êxito extraordinário por Suíça, França e Bélgica, encontrando-se atualmente nos Estados Unidos — a visitar o Brasil. Além da oportunidade, que o convite ofereceria, de ver no Brasil aquele grande museu de pintura que o povo austríaco herdou da dinastia dos Habsburgos, existe mais outro motivo: é uma coleção *sui generis*, como não existe outra no mundo; esse museu — não é um museu.

Antes, é uma lembrança que, para falar como o poeta brasileiro, "vai ficar na eternidade...intacta, suspensa no ar". Assim pensei nesse "museu" como objeto irreal e de beleza permanente durante longos anos de exílio, lembrando-me da enorme e pomposa escada imperial que subi tantas vezes quando menino, batendo o coração, para ver os Tiziano, Brueghel e Velázquez do Museu de Viena. Mas o edifício ilude. Aquela pompa não é imperial e sim exibição da opulência burguesa de 1880. O edifício é típico do século dos museus, desses imensos cemitérios de objetos de arte que o historicismo reuniu. Com muita razão não se gosta hoje desses museus, coleções organizadas conforme critérios históricos, espécie de "lição das coisas" para problemáticos fins educativos, prejudiciais à compreensão da arte moderna. O que torna sobretudo insuportáveis esses museus é a mistura indiscriminada de valores e não-valores, reunidos porque tudo, tudo pode ter este ou aquele valor histórico. Daí a mania de "ficar completo", sem lacunas, até o visitante se cansar mortalmente. Mas o Museu de Viena — é muito incompleto.

Em primeira linha, a coleção acaba com o fim do século XVIII: os quadros modernos foram reunidos em outro museu. Mas isso se justifica de qualquer maneira, tratando-se de um "Museu Histórico da Arte". Depois, assim como outros grandes museus refletem as limitações de gosto de uma época passada, assim também o Museu de Viena: falta, por exemplo, El Greco, que só foi redescoberto quando o Museu de Viena já não crescia mais. Mas por que a coleção de quadros alemães acaba, abruptamente, com Dürer e Holbein? Por que existem, na riquíssima coleção de holandeses, tão poucos quadros de Rembrandt? E antes de tudo está quase ausente a pintura francesa.

Essas lacunas explicam-se todas elas pelos mesmos motivos: os alemães depois de Dürer e Holbein são muito protestantes, assim como Rembrandt é o maior pintor do protestantismo; e a França foi, durante três séculos, o inimigo mortal da dinastia catolicíssima dos Habsburgos. Enfim, os quadros de Viena não foram reunidos assim como se organizaram os museus gigantescos do século XIX: por compra no mercado, como os museus de Londres e Berlim, ou por pilhagem sistemática de igrejas, conventos e palácios, como o Louvre e o Prado. O Museu de Viena é a coleção particular de alguns membros da velha Casa d'Áustria. Não foi organizado: cresceu, como cresce uma estrutura orgânica. É uma *Gestalt*. Não é uma coleção de objetos mortos do passado, mas um pedaço do passado sobrevivendo em meio de nós outros de hoje. Aquela escada pomposa ainda pertence, em certo sentido, à nossa época. Depois o caminho pelas salas e pelos gabinetes é uma viagem através da história viva.

Os gabinetes laterais chegam para reunir os mestres alemães dos séculos XV e XVI em que a Casa d'Áustria ainda era uma família alemã; em meio de quadros medievais domina o imperador Maximiliano I, retratado por Dürer. Os nobres comerciantes de Holbein antes parecem estrangeiros de distinção que emprestaram dinheiro à ilustre dinastia. O romantismo paisagístico de Altdorfer e Wolf Huber já lembra, porém, a vizinhança de Veneza, dos italianos.

Fora os imperadores latinizados Carlos V e Rodolfo II que encheram as salas enormes da coleção italiana: a casta *Madona no Campo*, de Rafael, ao lado da voluptuosa *Jo*, de Correggio, cujas reproduções já foram uma vez confiscadas pela polícia imperial; a louca *Violante*, de Palma Vecchio, que inspirou várias obras da literatura vienense, personagens femininas de Schnitzler e Hofmannsthal, e que continua inspirando sonhos mágicos aos adolescentes; o *Ecce homo* turbulento, a sedutora Danae e os nobres humanistas de Tiziano; e há mais outros quadros de Tiziano, da sua mocidade, a *Madona com as Cerejas* e a *Madona Cigana*, cujo fundo é constituído pela fresca paisagem entre as lagunas de Veneza e a cadeia azul dos Alpes; o mesmo fundo torna-se paisagem de sonho fantástico naquele quadro enigmático chamado *Os Três Sábios*, de Giorgione, de que ninguém redescobriu até hoje a significação esquecida. Em comparação com esse enigma, as paisagens de Veneza do Canaletto e de Guardi são apenas encantadores sonhos de arquitetura marítima. Depois a *Madona do Rosário*, de Caravaggio, venerada por rudes "brigantes" romanos com os pés sujos, chama-nos com violência barroca à realidade.

Parecia que as salas italianas não quisessem acabar. Mas ainda são maiores as salas flamengas e holandesas — coleção daquele arquiduque Leopoldo Guilherme que foi o último vice-rei austríaco dos Países Baixos. Num quadro extraordinário, Teniers retratou o príncipe em meio a suas telas, nas quais se reconhece, peça por peça, a coleção atual do Museu de Viena, as paisagens de Ruisdael e Hobbema, os *interieurs* de Hooch e Vermeer van Delft, os *genres* de Ostade, Metsu, Mieris, Terborch e Steen; só há uns poucos retratos, profundamente interiorizados, do herético Rembrandt. A ele o arquiduque preferiu os flamengos antigos: as fisionomias aprofundadas dos Van Eyck; os anjos enlutados em torno do *Crucificado* de Rogier van der Weyden; a encantadora jovem Nossa Senhora de Memling (no fundo, vêem-se os parques e os castelos do Brabante — em um deles viverá, no exílio, em nossos dias, o último Habsburgo). Tampouco falta o realismo exuberante daqueles belgas antigos. Os demônios que sempre se encontram nos quadros de Hieronymus Bosch aparecem aqui como criaturas feias e ruins, acompanhando o caminho do Cristo ao Calvário. E toda a riqueza multiforme da vida revela-se em dezenove quadros de Brueghel (a maior coleção desse mestre que existe): a abundância inesgotável de vida de trabalho no quadro da *Torre de Babel*; os gritos e a grosseria colorida do casamento de camponeses; as inúmeras figuras do *Carnaval Belga* e das *Brincadeiras Infantis*; a melancolia do *Outono* e o vento frio do *Inverno,* as primeiras grandes paisagens independentes na história da pintura. Eis um verdadeiro dicionário pictórico da vida humana. Não é acaso a existência dessa coleção extraordinária no tesouro dos Habsburgos: na Bélgica, assim como na Áustria, o Império baseava-se em sólidos fundamentos humanos, na terra. Mas em cima dessa terra abriu-se o céu barroco da dinastia catolicíssima: nos quadros enormes, antigamente na igreja dos jesuítas em Antuérpia, em que Rubens pintou os milagres de Santo Inácio de Loyola e São Francisco Xavier. E alunos daqueles jesuítas foram certamente os jovens aristocratas, já algo decadentes, de Van Dyck, ao lado de um velho cardeal e de umas freiras místicas que parecem espanholas.

Enfim, uns poucos gabinetes, no fim da galeria, chegam para reunir aqueles quadros que nos lembram o fim da Casa d'Áustria na Espanha. As infantas Maria Teresa, Ana e Margarida Teresa são crianças de 11 a 13 anos que já parecem velhas dentro das crinolinas enormes, verdadeiras festas de cores; acompanha-as um dos últimos príncipes da dinastia adolescente cuja luva nobremente baixada parece sublimar a decadência vital das mãos finas de veias azuis. Ao lado dessas aparições crepusculares, faz impressão de vitalidade veemente o auto-retrato de Goya: mas antes alude ao fim, em desastre e catástrofes, daquele velho mundo.

A lembrança aos quadros de Viena é sonho irreal. Parece que tudo isso já não existe na realidade. Volta-se àquela escada pomposa. Depois: a rua. Estamos no presente e na prosa do século XX. A Áustria, herdeira daqueles tesouros, empobreceu muito: agora precisa mandar viajar os seus preciosos quadros para a América, para ganhar uns dólares. Agora, todo mundo poderá ver o que os imperadores e os arquiduques guardaram nos seus aposentos. Nem é preciso, para tanto, subir escadas pomposas nem entrar em edifícios meio modernos de gosto duvidoso. Os quadros, fora do seu ambiente habitual, parecerão algo como nus. Mas esse despojamento não os prejudica. Não: só assim se vê que não se trata de museu, mas sim de uma coleção de obras de arte que é ela mesma uma obra de arte. Não existe mais tal coisa, hoje em dia. É um paraíso perdido. Perdido? Não. Mesmo se os quadros de Viena se afundarem todos no oceano, com o navio de guerra americano que os vai trazer de volta para a Europa, mesmo assim vão "ficar na eternidade, intactos, suspensos no ar".

Este mundo e outros mundos

O Jornal, 24 out. 48

A atualidade desta crônica literária está garantida por duas publicações recentes, uma francesa, outra norte-americana: *E. T. A. Hoffmann, l'homme et l'oeuvre*, de J. F. A. Ricci (Paris, José Corti, 1948) e *Hoffmann, Author of the Tales*, de H. W. Hewel-Thayer (Princeton University Press, 1948). Os franceses sempre gostaram muito daquele contista fantástico, talvez mais do que os próprios alemães; e considerando-se a forte "voga alemã" na literatura francesa atual — influência de Heidegger, Hölderlin, Rilke, Kafka —, aquela publicação parece bem oportuna. O autor americano, porém, fez verdadeira descoberta: por que os contos hoffmannianos de Hawthorne são menos lidos do que os romances. O título da obra já alude ao aspecto ligeiro do assunto, aos *Contes d'Hoffmann* de Offenbach. Mas esse tenor de ópera lírica exerceu na literatura universal uma influência enorme, só comparável às repercussões dos maiores. Se acham exagero nisso, então vejam só.

Na verdade, Hoffmann, que morreu há mais de um século, antes parecia um fim. Com ele acabou o *roman noir*, gênero predileto do século XVIII em que se refugiaram as superstições na época de Montesquieu e Voltaire; romances cheios de castelos assombrados, armaduras que se mexem, retratos de avós que movem os olhos, espectros em quantidade — e tudo isso se explica, no fim, da maneira mais natural para não ficarem com susto os leitores ilustrados. Hoffmann foi o último representante desse gênero, apenas com uma pequena diferença: não explicava nada. Com ele, o susto fica, e fica até hoje.

Primeiro foram os franceses que se entusiasmaram pelos espectros de Hoffmann: Musset lhe cantou a *nuit fantastique*. Traduções francesas invadiram a Espanha e a Itália, chegando até a América; num conto de Hoffmann, "Mademoiselle de Scudéry", aprendeu Poe a técnica do futuro romance policial e mais outras coisas. E *Poe genuit Baudelaire*, outro grande admirador de Hoffmann e grande "alquimista do verbo"; e *Baudelaire genuit Rimbaud*, alquimista de verdade; e de Rimbaud descendem mais outros hoffmannianos, os surrealistas, que se encontram hoje com o único autêntico hoffmanniano alemão: com Kafka. Este foi aliás admirador especial de Gogol (aspecto ainda nunca estudado da sua personalidade literária), e com os contos fantásticos de Gogol iniciou-se na Rússia uma forte influência de Hoffmann, ao qual ainda os jovens poetas e contistas de 1920 tomaram emprestado o nome do seu clube em Petersburgo, os "Irmãos de Serapião", restabelecendo o prestígio, já algo envelhecido, do artista da *nuit fantastique*. Em relação a Poe, também são hoffmannianos menos sensacionais e mais artísticos o grande Hawthorne e, depois dele, o autor de *The Turn of the Screw*, Henry James. E esta novela do mestre norte-americano contribuiu não pouco para a renascença do *roman noir* em nossos dias, do sério e do menos sério, de que Edgar Wallace é o representante. Enfim, as duas linhas encontraram-se na dupla personalidade literária de Graham Greene, grande romancista e autor de *thrillers* ao mesmo tempo, ao qual já chamaram "o Kafka inglês". Poe e Wallace, Kafka e Graham Greene, e a realidade dos campos de concentração e das ruínas bombardeadas — quase já perdemos a capacidade de assustar-nos. No entanto a releitura de Hoffmann ainda assusta. O seu novíssimo biógrafo americano chega a admirar-se da "modernidade" do seu autor. Evidentemente Hoffmann é mais do que um *fantaisiste* e tenor de ópera.

Um dos elementos da inegável superioridade artística de Hoffmann é seu senso de humor. Nunca explica as aparições e assombrações; mas às vezes as ironiza. Os seus personagens mais sinistros são criaturas banais, revelando a natureza diabólica por meio de expressões e frases que são "tolices nos olhos do mundo", até provocando o riso, mas arrepiando os cabelos ao leitor que sabe. Os diabos de Gogol também são assim, fantasiados de burocratas ridículos. Os personagens de *Revisor* são diabos assim. Em Hoffmann também "o Estado é um homem fardado que diariamente, na hora marcada, aparece com pontualidade estúpida às janelas de um edifício para ouvir o toque do tambor, fazer uma careta e voltar a dormir até o dia seguinte". Gogol e Hoffmann são grandes humoristas, zombando da realidade porque essa realidade lhes parece cômica, absurda. O outro mundo, o dos fantasmas, é coisa séria, muito real; este mundo da nossa vida quotidiana é que é irreal, fantástico, um espectro ridículo e assustador ao mesmo tempo. Hoffmann, assim como Gogol, não é um contador de histórias fantásticas, mais ou menos sensacionais; mas tampouco são realistas que retratam tão-somente a realidade. Para aplicar as famosas distinções de Coleridge: a mera *imitation* não é arte, mas tampouco é arte o uso descontrolado da *fancy*, da fantasia irresponsável; próprio do artista só é a *imagination*, a recriação coerente, estruturada, de um mundo poético. Mas Gogol e Hoffmann nem criaram um mundo poético só, mas sim vários: este mundo e outros.

Aquele trecho sobre a "pontualidade estúpida" do Estado aplica-se até certo ponto à vida do próprio Hoffmann; pois ele viveu neste mundo e noutros mundos ao mesmo tempo, ótimo funcionário público e meritíssimo juiz durante o dia, visionário de espectros e diabos durante a noite. Nos primeiros anos da sua carreira as autoridades já não gostaram do seu pendor pelas artes: um compositor de música eclesiástica no estilo de Mozart e desenhista de caricaturas mordazes poderia porventura ser bom funcionário prussiano? A catástrofe da Prússia nos campos de batalha de Iena e Auerstaedt fê-lo perder o emprego. Então, Hoffmann começou uma vida meio de artista, meio de vagabundo, empregando-se como pintor de afrescos, regente de orquestra, professor de canto, *metteur-en-scène* de tragédias, conferencista humorístico, enfim como jornalista musical, e o êxito retumbante de dois contos seus sobre assuntos musicais — "Don Juan" e "Cavalheiro Gluck" — abriu-lhe a carreira literária, no mesmo momento em que o restabelecimento da Prússia depois de Waterloo lhe reabriu a carreira jurídica. Desde então levou uma vida de Dr. Jekyll e Mr. Hyde, burocrata banal e pontual durante o dia, visionário de outros mundos durante a noite. Os seus primeiros biógrafos não compreenderam; divulgaram a lenda de excessos alcoólicos como fonte daquelas visões. Na verdade, Hoffmann bebeu algo mais do que os seus vencimentos permitiam; mas os editores lhe pagaram mais do que um artista pode beber. E artista ele foi, no sentido mais amplo da palavra: escritor originalíssimo, grande conhecedor da música, compositor de missas e óperas, pintor e desenhista, humorista irresistível. Um homem de sete instrumentos? Mas não foi diletante em nenhuma das artes que enriqueceu. A universalidade artística foi-lhe necessária para apoderar-se de todos os aspectos da realidade. É característica sua relação com a música;

embora ele fosse o primeiro que reconheceu plenamente os gênios de Mozart e Beethoven — as suas análises do *Don Giovanni* e da *Quinta Sinfonia* são até hoje insuperadas —, interpretou-os de maneira algo arbitrária, super-romântica: a música significava-lhe "a arte que abre as portas de um outro mundo". Com efeito, "Don Juan" e "Cavalheiro Gluck" são contos de espectros assustadores. Abrem-se aquelas portas — mas em vez de nós entrarmos no outro mundo, este invade-nos a pobre realidade, tornando-a absurda, enquanto o "lado noturno da vida" (expressão predileta de Hoffmann) se ilumina de luzes inesperadas. Nos sons da harpa eólica Hoffmann acreditava ouvir vozes celestes; os autômatos musicais, muito em voga então, pareciam-lhe invenções do diabo. Não podia ver, ouvir, ler nada sem sentir logo todas as harmonias e desarmonias do Universo, o sublime e o ridículo, o terrível o absurdo. É uma visão estética do mundo, a sua; porque só ao artista que dispõe do instrumento da *imagination* revelam-se este e o outro mundo, na verdade os dois lados deste mundo.

Os numerosos contos em que Hoffmann revelou apenas " o lado noturno" — os contos de espectros aos quais deveu o êxito mundial — são quase todos inferiores; as poucas páginas de realismo moderno que escreveu nos seus últimos dias, quase na agonia, não são bastante significativas. Hoffmann é grande quando consegue reunir os dois aspectos. Assim no romance *O Gato Murr*, em que duas narrações paralelas se alternam, página por página: uma escrita pelo fantástico músico Kreisler e a outra pelo seu gato Murr, encarnação da trivialidade. Ou então naquele maravilhoso conto "A Marmita de Ouro", que já inspirou tantos compositores e ilustradores: um — com licença — *pot de chambre* é ao mesmo tempo um vaso mágico de que se serve um pontualíssimo arquivista, nas suas horas livres senhor dos fantasmas e espectros de um outro mundo que invade perigosamente a vida quotidiana, produzindo as situações mais ridículas e mais arrepiantes.

A transição de um mundo para o outro, em Hoffmann, é imediata. O leitor nunca sabe com certeza onde está, se deve rir ou assustar-se. Invertem-se todos os conceitos. A vida quotidiana perde as qualidades materiais, tornando-se fantástica; os fantasmas é que são realidades imateriais, e Hoffmann sabe descrever as suas visões com o realismo implacável de um moderno romancista de tendências sociais. Não é louco, por isso, nem bêbado; acredita na realidade das suas visões porque, como artista despreza a realidade comum e absurda. Qualquer leitor moderno reconhecerá imediatamente, nessa estranha filosofia, a visão do mundo do hoffmanniano Kafka.

Mas será que Hoffmann tem uma filosofia? Kafka, justamente por ser muito menos artista, parece-nos muito mais sério, mais grave, mais preocupado com os últimos problemas da existência humana. Em comparação com ele, Hoffmann é ou então parece mais romântico, mais esteta, brincando sem responsabilidade com a realidade. Mas não é tanto assim. As "filosofias" são apenas diferentes. O que são Pascal e Kierkegaard para Kafka eram para Hoffmann os esquecidos filósofos românticos, os Carus, Schubert e Eschenmayer que Albert Béguin exumou outro dia para interpretar melhor o romantismo alemão, reconhecendo neles, para surpresa geral, precursores legítimos da psicanálise. Em certos contos de Hoffmann são, com efeito, inconfundíveis os traços característicos de uma profunda análise do sonho e, em geral, do "lado noturno" da alma. Daí se explica o hoffmannismo de Poe, Baudelaire e hoje dos surrealistas. Mas em Poe há mais outro motivo de admiração, motivo que reapareceria em Henry James e nos "Irmãos de Serapião" russos: a capacidade artística de Hoffmann de fazer ressoar as cordas da "harpa eólica", e de ouvir as vibrações musicais do universo. Essa qualidade altamente artística é que o distingue do banalíssimo *roman noir* do século XVIII. E aí o velho feiticeiro, depois de ter inspirado tantas divagações literárias, psicológicas e filosóficas, ainda nos leva para o campo da sociologia.

O *roman noir* do século XVIII, ao qual Sypher dedicou um estudo penetrante, é produto típico da mentalidade burguesa: usa os ambientes, indumentária, costumes e crenças do feudalismo agonizante para desmoralizá-los. O que pertence ao mundo dos castelos e conventos é fantástico, quer dizer, absurdo; razoável, e de moral mais elevada, é o mundo dos burgueses vestidos à moderna, e por isso as pseudovisões dessa subliteratura acabam com a explicação pseudocientífica das aparições e o casamento feliz dos que se refizeram do susto. Contra essa mentalidade burguesa insurge-se o artista romântico; Hoffmann inverte os termos, redescobrindo o céu e o diabo e mais outras coisas atrás do ridículo mundo dos burgueses. Por isso Hoffmann é humorista, e por aquilo continua a assustar os leitores modernos; a sua visão, que descrevera com realismo tão surpreendente, realizou-se, materializou-se. Quem hoje pretendesse revivificar a filosofia estética de Hoffmann fracassaria em face da realidade, assim como fracassaram os "Irmãos de Serapião" em face da realidade russa de 1920. Mas em outro sentido ele tem razão ainda ou novamente: inverteram-se na própria realidade os termos do velho *roman noir;* o mundo burguês virou mesmo fantasma. É absurdo. Um Edgar Wallace ainda pretendeu tranqüilizarnos com explicações "científicas" dos crimes misteriosos. Mas os crimes misteriosos em Kafka e Graham Greene são inexplicáveis; e muito menos provocam o riso do humorista, embora em Kafka haja resíduos disso, com o efeito de confundir-nos mais ainda. Hoffmann é moderníssimo. Assusta. Assim como ele, não sabemos se estamos neste mundo ou em outros mundos.

Leviatã e outros monstros

O Jornal, 07 nov. 48

Leviatã, de Julien Green, acessível para todos os leitores brasileiros pela boa tradução de Almeida Salles (ed. Ipê, São Paulo), é considerado a obra-prima do autor e um dos grandes romances da literatura francesa contemporânea. A obra já exerceu, aliás, influência notável entre nós e no mundo inteiro: durante certo tempo não existia literatura alguma em que não se apontasse pelo menos um Julian Green nacional. Os motivos desse êxito são evidentes: um escritor dotado pelo alto poder de fascinação eleva ao mais alto nível literário o "romance de horrores", descobrindo o lado noturno das almas e da vida, galvanizando e dinamizando a vida literária requintada e algo estática dos anos de *l'entre-deux-guerres.* Mas é esta última qualidade, a do dinamismo, que muitos críticos não admitem em Julien Green: ao contrário, consideram sua filosofia como estática e sua arte como divorciada da realidade. Green seria o protótipo do evasionista espiritualista, ou antes pseudo-espiritualista porque os críticos católicos, por sua vez, não sentem muita vontade de defender um autor que começou sua carreira literária com o hereticíssimo *Pamphlet contre les catholiques de France.* Mas, em geral, a obra de Green tornou-se divisor de águas entre a Direita e a Esquerda como partidos literários. O grande romance também é um grande caso.

Em face de um autor tão discutido impõe-se a crítica a maior cautela. É preciso considerar muitas circunstâncias. Se, por exemplo, alguém quisesse fazer restrições ao valor literário de Green, observando que os monstros do romancista francês apenas têm significação sintomática — *Léviathan* (1929) precedeu imediatamente a irrupção de Leviatã e de mais outros monstros na realidade —, então poder-se-ia perguntar por que a influência internacional de Green mal sobreviveu à realização tremenda das suas visões noturnas. Mas verificando-se isso já se faria outra restrição ao romancista que, com efeito, não conseguiu manter-se no nível alcançado, abandonando enfim sua própria "linha". A carreira literária de Julien

Green é desconcertante. As primeiras obras, *Mont-Cinère*, *Adrienne Mesurat*, revelaram gênio precoce, poder enorme de fixar alucinações sinistras. Depois veio logo a obra-prima, *Léviathan*, que parecia inexcedível e realmente não foi excedida. *Épaves*, o romance da abulia estática, parece auto-revelação: a cena de Philippe contemplando fascinado seu semblante no espelho sujo do rio noturno, que é o Leviatã da grande cidade, define a situação do autor. Depois, as outras obras de Julien Green são mais ou menos medíocres. Enfim, reemigrando para a terra americana dos seus pais — Virgínia, Geórgia, o Sul dos Estados Unidos —, escreveu em língua inglesa um livro de memórias da infância: *Memories of Happy Days*. Parece ter abandonado a literatura francesa.

Julien Green dizia, aliás, sempre o mesmo e sempre pelo mesmo diapasão; e já parece ter dito sua última palavra — ou então, para empregar-se um termo muito em voga no tempo de *Léviathan*, sua mensagem. Não se precisa de agudeza extraordinária para encontrá-la atrás do véu em que Green envolve suas paisagens alucinadas. Um crítico francês daquela época, Alphonse de Parvillez, definiu-a bem: *"C'est la révolte des monstres"*. Naquele "véu" reside o encanto fantástico da sua obra; e essa "revolta dos monstros" garante-lhe a atualidade.

Quando os críticos ingleses pretendem elogiar muito um autor, falam de seu *insight*, da sua capacidade de olhar para dentro das almas e das coisas, revelando-lhes a essência. Numa época em que a vida parecia pacificada e racionalizada, no *l'entre-deux-guerres*, Green possuía o *insight* de ver o Leviatã, o monstro no fundo da água estagnada. Previu a irrupção e as conseqüências de um irracionalismo com que os intelectuais da época só brincavam. Revelou aspectos imprevistos e talvez imprevisíveis da "vida", da Vida *sans phrase*. Mas a Vida de Julien Green não é aquela cuja revelação esperamos de um romancista francês. Na França, o gênero ficou sempre caracterizado pela psicologia cartesiana e pela "surdina do classicismo". Ainda Zola é cartesiano na psicologia. Ainda Proust toca em surdina de clássico. Mas Julien Green é — parodiando-se famosa frase de Molière — o próprio diabo na galeria de Stendhal e Balzac. É um fenômeno estranho.

No entanto, quanto aos recursos artísticos, o romance de Julien Green é tipicamente francês. Apenas as raízes dessa arte, é preciso procurá-las em outro gênero, já indicado pelas qualidades de grande concentração dramática. A avareza, a paixão que domina tudo e destrói tudo, em *Mont-Cinère*, é uma daquelas *facultés-maîtresses* à base das quais construíram suas obras os comediógrafos do século clássico. O conflito íntimo, destruidor, em *Adrienne Mesurat*, revela-a, apesar dos artifícios tomados pelo autor emprestados à psicanálise, como irmã de Fedra. Mas a *Phèdre*, quer dizer, a obra-prima de Green, é *Léviathan* — e de repente me ocorre o que o próprio Parvillez não parece ter observado: que a expressão *"la révolte des monstres"* já fora aplicada à obra do próprio Racine. As analogias são evidentes. O assunto permanente de Racine e de Green (não pretendo nem de longe comparar os valores) é o mesmo: almas solitárias, procurando desesperadamente uma vida mais profunda em comunhão com outras almas, não encontrando porém caminho de saída da solidão senão a paixão que destrói os outros e, enfim, os próprios apaixonados. Em Racine, a filosofia desse conflito psicológico foi fornecida pelo subjetivo religioso do jansenismo. Seria porventura resíduo jansenista a fúria não propriamente anticatólica mas antes hipercatólica, atacando a frouxidão dos católicos modernos, do *Pamphlet contre les catholiques de France*?

O conflito entre catolicismo e jansenismo criou, à porta da época clássica, a literatura francesa moderna; mas seria simplificação dos fatos se quiséssemos reencontrá-lo no conflito permanente, até hoje, das "deux France". Groethuysen, estudando as origens da consciência burguesa na França, descreveu a luta entre os jansenistas e os jesuítas pela alma da burguesia nascente, demonstrando que o resultado foi o ceticismo religioso dos burgueses voltairianos, precursores da República laicista. Visto assim, à luz da história do espírito francês, Julien Green aparece menos "atual", antes quase arcaico: seu mundo é pré-moderno. Sua burguesia provinciana não é a burguesia de hoje. A província de seus romances não é a província francesa assim como existe agora. Seus monstros são, por assim dizer, monstros antediluvianos. Não seria estranhável tudo isso se Green fosse canadense; o Canadá francês conserva fielmente tradições pré-modernas, vivendo espiritualmente no século XVII. Mas Green não é canadense. Contudo, é americano.

"Tout ce que j'écris procède en ligne droite de mon enfance" — um crítico citou essa frase do *Journal* de Green, provavelmente para fins de interpretação psicanalítica. Mas a frase também permite interpretação geográfica. Os pais de Julien Green eram da Virgínia e Geórgia, do Sul dos Estados Unidos, possesso até hoje pelos espectros monstruosos da escravidão. Agora levanta-se aquele véu: a província de *Mont-Cinère* e *Adrienne Mesurat* é americana; os possessos pelo Leviatã são os *poor whites*, linchando negros, violentando e trucidando mulheres. O estranho anticatólico de Green não seria jansenista, mas sim máscara de uma daquelas revoltas antipuritanas que também constituem uma tradição americana. Green tem mesmo precursores entre os seus patrícios: Charles Brockden Brown, que escreveu

por volta de 1800 fascinantes "romances de horror"; Hawthorne, ao qual Green dedicou o melhor estudo em língua francesa. Os romances franceses antigos de que os monges medievais, carecendo de papel, borraram os textos pagãos, para escrever de novo; hoje os paleógrafos estão, por sua vez, borrando os textos cristãos para descobrir as letras originais. Apagando-se assim o texto de Julien Green, aparece o do maior romancista daquela terra assombrada: William Faulkner.

Um acaso coloca na mesa, ao mesmo tempo, o *Leviatã,* de Julien Green, e *Luz em Agosto,* de William Faulkner (tradução de Berenice Xavier; Livraria do Globo). Não existe qualquer relação de influência entre os dois escritores. Contudo a atmosfera dos dois livros é a mesma; até certos caracteres se parecem: Joe com Guéret, Miss Burden com Madame Grosgeorge. Não convém *presser* a comparação. Mas as duas obras e os dois escritores esclarecem-se, interpretam-se mutuamente. O que os caracteriza é a preferência pelas monomanias destruidoras. Apenas, em Faulkner essas monomanias aparecem como funções de situações sociais e em Green como casos psicológicos. Revela-se nisso a diferença entre duas literaturas, mas também a diferença entre dois êxitos literários igualmente grandes. O êxito de Julien Green na França e em todos os países de línguas latinas, entre 1925 e 1930, coincide com a agonia do cartesianismo francês, imediatamente antes da revolta dos monstros irracionais; então, na época de Coolidge e da *prosperity,* Green mal teria tido êxito como escritor americano. Pois o êxito de Faulkner, começando na mesma época, foi de natureza muito diferente: limitou-se aos círculos literários, de modo que de nenhum dos seus grandes romances saiu então segunda edição, sendo eles hoje mal acessíveis. Hoje, porém, Faulkner é lidíssimo na França, o mais admirado dos romancistas americanos, num momento em que a influência do romance americano sobre o francês é intensa. Mas esse fenômeno não é comparável com o êxito de Green, 20 anos atrás; são outros leitores que admiram agora o grande escritor americano. Antes parece que derrota e resistência criaram uma mentalidade algo comparável à do Sul dos Estados Unidos, derrotado, resistente e assombrado.

A diferença dos êxitos revela-se pelo fato de que os admiradores franceses de Faulkner não se lembram de Green. No entanto, ou talvez por isso mesmo, abundam outras comparações absurdas que, pretendendo elogiar o romancista, não o definem bem. Os críticos franceses, em geral, admiram em Faulkner principalmente a abundância de "vida", revelada através de uma arte complicada, de um estilo exuberante, quase ornamental; mas é maior, em Faulkner, o *insight,* aquela capacidade de revelar a essência escondida das almas e coisas. Em comparação, o *insight* de Green é pobre, mais *fancy* do que *imagination*; mas a sua arte, solidamente baseada em tradições francesas, é maior, conseguindo transformar em "ornamentos" bem-delineados as alucinações. No fundo, não é possível comparar um escritor épico e um dramaturgo.

Epopéia e Drama correspondem aí, parece, à diferença entre uma literatura nova e outra muito antiga. Mas essa distinção também esclarece diferenças individuais. As carreiras literárias dos dois escritores são quase opostas. Faulkner, depois de ter tocado a dominante da sua obra em *The Sound and the Fury* — o horror na abundância da vida —, chegou, através dos casos dramáticos *As I Lay Dying* e *Sanctuary*, ao formato épico de *Light in August;* ele também parou durante anos, mas sua última obra, *Intruder in the Dust,* agora mesmo publicada, interpretando os velhos temas, *sound and fury,* com inédita compreensão social — é um cume de *insight*. Essa evolução épica, lenta e irresistível não é dada ao trágico Julian Green. A sua última possibilidade é — a memória de *happy days.* Depois de *Léviathan*, seu *insight* diminuiu gradualmente, até se esgotar. O ponto crítico foi *Épaves*, o romance da abulia trágica, a tragédia sem ação. Neste sentido justifica-se a restrição: Green é estático. O que não o impediu de ser um grande artista, se bem não da vida, nem da vida dos monstros. Julien Green desapareceu da realidade monstruosa porque a sua visão de monstro "vital" foi uma ilusão. Na verdade, Green é visionário noturno: o seu *insight* chega ao auge quando atrás da escuridão apenas se esconde o vazio, o nada. Green parece-se com o seu personagem, contemplando fascinado o sujo rio noturno, o Leviatã que é a morte.

Pobre Verlaine

Letras e Artes, 07 nov. 48

A bela publicação de Michel Simon sobre *Verlaine e o Brasil* lembra mais uma vez — oportunidade rara, aliás — o "pobre poeta", o grande poeta que já não se discute: quer dizer, ninguém lhe discute a alta categoria poética, mas a qualidade de ficar "indiscutido" não é apenas própria dos chamados "clássicos" e sim também dos poetas — para citar uma frase de Goethe — "que já não nos ajudam". Hoje em dia, os poetas e os críticos discutem Rilke e Eliot, Valéry e Blok, e um Baudelaire nunca saiu nem sairá dessas discussões fecundas. Mas quem se lembra de Verlaine? Nunca o vejo citado, como se não tivesse nada a dizer a nós outros. Será que ainda existem verlainianos? Talvez na província, lá onde, conforme uma frase dos Goncourt, *la pluie est une distraction;* e ele cantara tão bem a chuva, ameaça permanente ao pobre vagabundo, entusiasmado com uma liberdade ilusória, esse anarquista sentimental, vacilando *parallèlement* entre êxtases místicos e porcarias pagãs. Assim Anatole France o retratou em *Le Lys Rouge*, como Choulette, o poeta-vagabundo, rezando com humildade franciscana e olhando *parallèlement* para as meninas bonitas. Ao público literário de 1890 essa atitude parecia muito "poética". Mas o nosso conceito do que é poético já é diferente. Os nossos critérios são outros. E como encontrar critérios aos quais esse homem instável e poeta ambíguo não escapa?

Verlaine é para mim — peço licença para uma observação de natureza pessoal — sobretudo uma preciosa lembrança: em Verlaine descobri, pela primeira vez, o que é poesia. Acho que muitos outros da minha geração, e muitos que vieram depois, fizeram a mesma experiência. Como seria possível proceder, com lembranças sentimentais dessas, a uma fria "revisão dos valores"? Mais uma vez, como encontrar, com respeito a Verlaine, critérios críticos?

Essa dificuldade não reside apenas em sentimentos subjetivos; para justificá-la, também encontramos motivos objetivos. Verlaine é — parodiando-se uma frase de Faguet — *Le poète français,* com o artigo definido: o poeta francês mais poético do século XIX. Mas em toda a poesia francesa do século XIX não existe outro fenômeno comparável a ele, de modo que todos os critérios comparativos, capazes de enquadrá-lo numa hierarquia de valores, se acabam em face de Verlaine. Bastaria, no fundo, citar ao seu lado o nome de Rimbaud, que foi o companheiro dos seus êxtases e das suas quedas e a desgraça da sua vida: Rimbaud, como poeta, não tem nada em comum com Verlaine. E não teria sido mero equívoco incluí-lo entre os simbolistas? Não, Verlaine não foi simbolista, como tampouco foi parnasiano. Ou então teria sido discípulo de Mallarmé, adepto da arte de Baudelaire? Nada disso. Ou então romântico? O que tem ele com a retórica de Hugo? A sua devoção de pecador místico seria porventura comparável à arte dos hinos de Lamartine? Nem se ousa falar de Chénier, de Racine, da Pléiade. Verlaine encontra-se fora da tradição poética francesa. Então, os critérios da poesia francesa não têm validade para ele.

É preciso procurar outros critérios fora da França. Os próprios críticos franceses da época já sentiam, aliás, isso: a eles, Verlaine parecia vagamente "nórdico". Os suíços, mediadores entre duas civilizações, conhecedores da poesia germânica, lembraram a propósito de Verlaine a melancolia musical de Lenau, o sentimentalismo ambíguo de Heine. Com efeito, certos versos de Lenau bem traduzidos dariam aquele *"et que tristes pleuraient dans les hautes feuillées — Tes espérances noyées!"*

Já seria preciso traduzir com verdadeira genialidade Heine para conseguir o tom de melancolia irônica do *"Cette âme qui se lamente... C'est la nôtre, n'est-ce pas? — La mienne, dis, et la tienne..."* Com algum exagero chega-se a afirmar que *Romances sans paroles* — título tomado emprestado à música alemã — é um livro de poesia alemã em maravilhosos versos franceses. Os próprios alemães concordariam. Verlaine, sempre querido e pouco imitado na França, exerceu influência incomensurável na Alemanha. A sua música contrabalançou o rigor saudável e constrangedor de Stefan George. Para concluir com uma fórmula algo paradoxal: George, atenuado por Verlaine, deu Rilke.

No entanto, trata-se de uma série de paradoxos. A música constitui o lado alemão de Verlaine; a poesia francesa sempre esteve em relações menos íntimas com a música do que com as artes plásticas. Mas a música, embora *avant toute chose*, não é a própria *chose*. Verlaine não é nada "poeta alemão em versos franceses". O "elemento poético", nele, é diferente; uma poesia como "Chanson d'automne", a mais característica e a mais citada do poeta, seria impossível em versos alemães. Se os franceses insistirem em perceber um não-sei-quê de "nórdico" na poesia de Verlaine, então será preciso ampliar o correspondente conceito nacional: dizer em vez de "germânico", antes "anglo-germânico". Seria Verlaine, botando-se aspas e até muitas aspas, "poeta inglês em versos franceses"?

Sem dúvida, não é. Mas a comparação com a poesia alemã já forneceu um critério precioso, o das qualidades musicais da poesia de Verlaine. A comparação com os ingleses fornece outro critério, negativo: o dos seus defeitos. Certos versos de Verlaine lembram quase irresistivelmente a poesia dos seus contemporâneos ingleses, vitorianos: *"l'arbre qui frissonne et l'oiseau qui pleure"* povoam uma paisagem de Tennyson; o nobre Lord, passeando nos melancólicos parques outonais da ilha, também encontrara *"la Velléda — Grêle parmi l'odeur fade du réséda"*. Os elementos ingleses em Verlaine são vitorianos. Se ele tivesse sido poeta inglês, a crítica moderna lhe censuraria os mesmos defeitos que censura na poesia vitoriana: a *self-pity* sentimental que os grandes artistas da ilha ignoravam; e a falta de "visão poética" — basta comparar Verlaine com outro poeta de intensa musicalidade e de intensidade poética muito superior: com Blake. Seria por esses defeitos inegáveis que o pobre Verlaine, aí realmente "pobre", não aparece citado nas discussões hodiernas sobre problemas de comportamento poético. Tampouco pode ser comparado com a famosa *ambiguity* que caracteriza as mais altas expressões poéticas inglesas, o seu *parallèlement* — mas de repente este *parallèlement* se revela como outra atitude tipicamente poética, como instrumento para "compreender" todos os lados contraditórios da realidade, talvez com tensão psicológica menor do que num Donne mas com maior intensidade artística. Os "Paysages belges", nos *Romances sans paroles*, parecem algo enigmáticos por isso mesmo, mas como estão delineados com mão de mestre! Como é "Promenade sentimentale", apesar das brumas "nórdicas" que envolvem o sentimento, uma cena vista, um quadro! De repente, a poesia de Verlaine revela contornos muito firmes. É poesia francesa.

Não haverá outro poeta francês em que esses contornos firmes reúnem e solidificam as qualidades da musicalidade alemã e da ambigüidade irônica dos maiores ingleses? É Villon, esse *libertin ingénu* que cantou *une chanson cruelle et câline*, esse *enfant des grandes villes*, pedindo *une bonne mort*. São expressões villonescas, essas, mas encontradas em versos de Verlaine, que parece estar fora de todas as tradições poéticas francesas porque foi o primeiro, depois de quatro séculos, que revivificou a tradição poeticíssima e francesíssima de Villon.

Essa terceira e última comparação também claudica, como todas as comparações, aliás. Villon não é apenas maior do que Verlaine mas também diferente: condenado à morte, ignorava no entanto a *self-pity* do poeta moderno, embora, ou talvez porque, "je congnois tout, fors que moy mesmes". Tampouco há comparação entre o misticismo algo incoerente de *Sagesse* e a sólida composição do *Grand Testament* em bases da filosofia escolástica (ver o estudo de Foulet, em *Romania*, v. LXV). Verlaine, afinal, é poeta moderno, do século XIX.

Como moderno, Verlaine é "poeta menor". Também é "menor", em outro sentido, do que Baudelaire ou Mallarmé. Mas o professor de inglês da Rue de Rome não realizou as suas aspirações de insuflar espírito inglês à poesia francesa; e Verlaine realizou as suas aspirações bem menores. Não é um poeta tão "realizado" como Baudelaire, esse anjo caído. O pobre Verlaine apenas foi homem, e homem muito fraco. Na sua poesia não pulsa o Universo de Deus e do diabo, e sim apenas o coração humano. Mas essa música modesta não seria bastante para fazer grande poesia?

Arthur Koestler: política e letras

O Jornal, 21 nov. 48

É este o terceiro artigo que escrevi sobre Arthur Koestler, repetição que não pode passar sem explicação prévia. O primeiro desses três artigos saiu em 1944 (o primeiro artigo, salvo engano, que se escreveu no Brasil sobre Koestler), numa época de entusiasmo indiscriminado pelas *choses de Russie*, ao ponto de o mínimo desvio da "linha justa" ser tachado de "fascismo" por pessoas que não eram da "linha justa"; naquela época foi preciso chamar a atenção para os valores humanos revelados na "heresia" de Koestler — e com *"oportet haereses esse"* terminou o artigo. Uns três anos depois, em tempos de "onda" anticomunista, quando os escritos de Koestler foram "descobertos" e usados como armas ideológicas contra o comunismo por aquelas mesmas pessoas, então foi preciso chamar a atenção para as incoerências ideológicas do panfletário — e com "os seus romances são panfletos" terminou o segundo artigo. Bem se aplicaria às bruscas mudanças da opinião pública o verso memorável de Yeats, caracterizando a nossa época: "Os melhores não têm convicção alguma; os piores estão cheios de paixão intensa" —

> *"The best lack all conviction, while the worst*
> *Are full of passionate intensity".*

Entretanto, chegou para Koestler, também no Brasil, enfim, a hora do ruidoso êxito literário. *Darkness at Noon* (aqui traduziram o título francês, *O Zero e o Infinito*, assim como se mudam de país para país os títulos das fitas cinematográficas) já é considerado o grande romance da nossa época, quer dizer, como obra de ficção. Em face de um panfleto político, o crítico, que é comunista ou anticomunista ou da "terceira força", só pode tomar atitudes políticas. Mas em face de uma obra de ficção, se bem de repercussões políticas, a crítica literária tem o direito e até o dever de intervir com os seus próprios recursos. Se não o fizesse, chegar-se-ia a situações paradoxais: o candidato à governança de Estado leria, em vez de uma plataforma, um conto ou trecho de romance, enquanto os discursos dos candidatos não-eleitos encheriam as páginas das revistas literárias. Os políticos, quando desejam que uma coisa seja tomada a sério, costumam advertir: "Isso não é literatura!" Então sentir-se-á compreendido e até homenageado o romancista cuja obra é tomada a sério ao ponto de o crítico advertir: "Isso não é política!" O que quer dizer: a retórica própria das manifestações políticas está transformada em literatura. Será que isso acontece em *O Zero e o Infinito*?

Uns dos critérios mais seguros para apreciar o valor de poesias seria o seguinte: ficam os versos na memória? *Mutatis mutandis*, o mesmo critério pode ser aplicado ao romance, observando-se os elementos que ficam na memória depois da leitura: o diálogo; as cenas de que se compõe o enredo; os personagens. No caso de *O Zero e o Infinito* devia ficar na memória principalmente o diálogo, porque o romance não é no fundo senão um longo diálogo entre Rubachov, antigo comissário do povo, e seu acusador, que representa a traição ao ideal socialista e a tirania desumana. Esse fato, qualquer leitor guarda-lo-á na memória. Mas com respeito aos argumentos dos dois contendores?

Gletkin acusa o velho revolucionário de crimes que este não cometeu. Quando muito, foram erros, cometidos sem dolo contra-revolucionário — mas quando se trata dos destinos históricos da humanidade um erro pode ter conseqüências mais funestas do que qualquer crime — e Rubachov admite isso, confessando crimes imaginários, para expiar ao mesmo tempo os crimes verdadeiros que cometeu em nome dos mesmos princípios. Aí se entrecruzam dois motivos diferentes, indícios de duas intenções diferentes que se encontraram na mente de Arthur Koestler, autor de *O Zero e o Infinito*.

Antes de mais nada, o romancista pretendeu explicar psicologicamente por que nos processos de expurgo em Moscou os réus confessaram crimes que não cometeram. Para esse fim serviu-se, acompanhando exatamente a defesa do acusado Bukharin, da ideologia marxista. O homem em face da História tem o dever e só o dever de servir à evolução dialética, sem consideração dos meios (morais ou imorais) subordinados ao fim revolucionário; para tanto admite-se qualquer crime, ou, antes, desaparece a distinção entre crimes e atos decentes porque na evolução histórica tudo é meio e fim ao mesmo tempo: o meio já é um fim, e o fim é meio para mais outro fim, de modo que só existe a distinção entre meios que servem e meios que não servem. A norma que permite fazer essa distinção é o materialismo dialético, pela aplicação do qual o caos confuso dos acontecimentos históricos se transforma em caminho predeterminado. É a racionalização da História, que se torna inteligível. Um erro na interpretação dos fatos históricos pode ter conseqüência muito mais funesta do que um crime a serviço da interpretação certa. Erro é crime. Por isso Bukharin, confessando seus erros, aceitou o castigo por crimes que não cometeu. O filósofo francês Maurice Merleau-Ponty demonstrou que Koestler, escrevendo o diálogo enorme entre Rubachov e Gletkin, apenas transcreveu o diálogo havido entre Bukharin e o acusador Vichinski conforme os protocolos publicados do processo de 1938. Mas o romancista cometeu por sua vez "erro de interpretação": serviu-se de uma teoria que tanto ele como seu personagem Rubachov renegam, o que implica evidentemente contradição. Koestler e Rubachov não podem admitir — ou, antes, já não podem mais admitir, porque antigamente admitiam — uma teoria que leva a crimes e desumanidades bárbaras.

Ao contrário, o romance inteiro pretende servir ao fim de denunciar esses crimes contra a humanidade — eis a outra intenção de Koestler ao escrever *O Zero e o Infinito*. Para realizar essa outra intenção, Koestler faz questão de revelar os crimes que o próprio Rubachov cometeu a serviço daquela ideologia: confessando-os perante si mesmo, adquire a força moral para expiá-los por meio daquelas confissões falsas; são esses remorsos, e só esses remorsos, que o transformam em herói do romance de Koestler, que através de Rubachov realiza aquela outra intenção de denunciar o regime bolchevista.

Ora, e por culpa do romancista, a confusão é completa: Rubachov confessa porque professa uma teoria que renega. As duas intenções de Koestler — explicar as confissões e denunciar o regime — revelaram-se contraditórias, até se estabelecer a confusão. Daí, um grupo de alunos da École Normale Supérieure, em Paris, escreveu ao romancista uma carta (fato revelado pelo próprio Koestler na entrevista com Jean Duche) comunicando que a leitura do romance os levou a entrar no Partido Comunista. O leitor chega a esquecer os argumentos, os detalhes do diálogo. O que se lhe grava na memória é a cena do diálogo: Rubachov *v.* Gletkin. Talvez seja mais forte do que o diálogo, literariamente, o cenário?

Koestler é repórter de profissão: foi repórter na Rússia, na Espanha, agora na Palestina. Como repórter é brilhante. Sabe ver, e tão bem que nós, os leitores, vemos assim como ele: o balde no cubículo, a neve no pátio da prisão, o corredor silencioso e mal iluminado; até a sala do museu duma pequena cidade alemã, em que Rubachov dispõe criminosamente da vida de um pobre proletário, é realmente "vista", essa ruína do "velho mundo" que assiste com indiferença aos "acontecimentos históricos". Reconhecemos esse cenário porque já temos passado por lá. Aí desaparece a confusa retórica dos diálogos. Afinal, *O Zero e o Infinito* trata de acontecimentos que se passaram realmente, há 10 anos. É um romance histórico.

Infelizmente, Koestler permite-se, escrevendo romance histórico, certas "licenças poéticas" menos poéticas do que retóricas. Uma das cenas mais impressionantes é a do velho revolucionário Bogrov, gritando no corredor da prisão antes de ser fuzilado. A cena é forte; Koestler porém pretende torná-la mais forte, introduzindo o personagem de um socialista balcânico qualquer que assiste, no cubículo vizinho, à cena sem compreendê-la, acompanhando-a com um canto revolucionário; logo depois, o infeliz é transferido para outro lugar, ficando o cubículo vazio até o fim do romance. Apareceu só para impressionar o leitor, desaparecendo depois sem motivo. Essa maneira de dispor arbitrariamente dos elementos da realidade para impressionar o leitor é típica do melodrama. Melodramática também é a última cena no quarto do zelador da casa — samovar, chá, fanatismo revolucionário e citações da Bíblia — que é imitação lamentável de certas cenas dostoievskianas. Melodramática é aquela cena no museu alemão: o comissário do povo Rubachov discutindo e resolvendo importantes negócios do Partido — com um pobre rapazinho de 18 anos! O fundo histórico de todas essas cenas (o caso Bogrov, a reação do povo russo em face dos expurgos, a intervenção dos comunistas russos nos negócios dos partidos afiliados) está certo; mas o que Koestler acrescenta, inventando, é falsíssimo. Eis aí a dificuldade essencial do gênero "romance histórico": é difícil ligar os acontecimentos autenticamente históricos aos inventados. Só o consegue (Manzoni é o maior exemplo) quem acredita no sentido na história, sentido que envolve igualmente qualquer criatura, real ou inventada. Para tanto é preciso acreditar na Providência divina — ou então no determinismo histórico. Mas Koestler, tendo perdido a fé de marxista no determinismo histórico, não chegou a acreditar na Providência divina. Para ele a História é — são as últimas palavras do romance — "um encolhimento de ombros do Infinito".

Se for assim, o indivíduo perde toda importância. Mas quem acredita nisso não pode criar indivíduos, personagens. E no entanto aí reside — depois da falência do diálogo e do cenário — a última esperança do romancista. Koestler é porém repórter. Dos seus personagens também só dá instantâneos: Ivanov, Gletkin, "o camponês", "o vizinho", "o gigante", "o Lábio-Rachado" são fotografados uma vez por todas, ficando sempre iguais. Só servem para porta-vozes de frases ideológicas ou então para não dizer nada. Até os seus nomes parecem pseudônimos (como Ivanov) ou então são alcunhas ("Lábio-Rachado"); ou ainda, como "o camponês", "o vizinho" e "o gigante", nem sequer têm nome.

Quem tem nome, até nome que lembra personagem histórico, é Rubachov. Este se grava na memória do leitor. Mas ai do romancista se o leitor tem boa memória! Se o leitor se lembra desse "barbudo comandante dos *partisans*" na guerra civil russa — que passa horas no cubículo meditando a maneira de que vai morrer porque "nunca assistiu a uma execução"! O detalhe é significativo; é tão incrivelmente inverossímil como a contradição íntima no caráter do personagem Rubachov: "barbudo comandante dos *partisans*" ou intelectual universitário, espírito teórico? Mas na verdade a contradição não está em Rubachov e sim no espírito do seu criador, ideólogo no campo de batalha política e combatente na sala das discussões ideológicas. Acusando Rubachov e defendendo Rubachov, Arthur Koestler acusa e defende a si mesmo, servindo-se da urgentíssima defesa dos valores humanos para *mise-en-scène* de sua pessoa.

É uma coisa séria. "Isso não é literatura". Realmente, não é; é grande peça oratória, *full of passionate intensity*. Impressiona mas não convence o leitor porque ao orador *lacks all conviction*.

Van Gogh, holandês e visionário

Letras e Artes, 05 dez. 48

Antonin Artaud, o surrealista, depois de ter passado nove anos no manicômio de Rodez, acaba de fazer sua *rentrée* em Paris, publicando um panfleto de violência inédita: *Van Gogh, le suicidé de la société*. Em face das experiências dolorosas do autor, compreende-se essa tentativa de autodramatização: Artaud mirando-se no espelho da vida infeliz do grande pintor. No fundo, aquele panfleto só revela de novo o caráter intensamente romântico do surrealismo: mais uma vez denuncia-se a sociedade que não compreende o grande artista, o indivíduo absoluto.

Essa incompreensão seria o destino típico dos grandes precursores. E Van Gogh foi precursor: a sua situação é das mais tragicamente isoladas, entre o impressionismo de um lado e, doutro lado, a nova Escola de Paris de 1910. Assim, tudo parece claro como a representação de uma tragédia grega sob o céu sereno da Provença, lá onde o destino de Van Gogh se cumpriu. Mas Van Gogh é tudo menos clássico; nem sequer um clássico incompreendido. Já vale a pena perguntar por que não o compreenderam, nem na França, a Grécia dos tempos modernos e, ao mesmo tempo, o país dos grandes experimentos artísticos, nem na Holanda, país em que nasceu essa alma perturbada. Pois Van Gogh é holandês, natural da província do Brabante, conterrâneo de Brueghel. Aquela interpretação de Van Gogh como figura intermediária entre o impressionismo e a nova Escola de Paris, considerando-o como pintor francês, baseia-se no fato de que a França lhe abriu os olhos: os seus quadros tipicamente "goghianos" foram pintados na França. A fase holandesa de Van Gogh só é um prelúdio aos últimos cinco anos, mas cinco anos apenas, da vida do pintor, passados na França. As raízes de Van Gogh, é preciso procurá-las na Holanda.

Há pouco organizaram no Museu Municipal de Amsterdã — baseio-me em informação do crítico F. M. Huebner — a exposição "Vincent Van Gogh entre os seus contemporâneos holandeses". Espetáculo esquisito: as naturezas-mortas e paisagens apocalípticas de Arles em meio de marinhas calmas, pescadores, camponeses, vacas sedentárias, dessa pintura modestamente realista e bem sólida dos Maris, Mauve, Israëls, Breitner, que adotariam mais tarde a maneira impressionista apenas como mais um recurso do seu realismo herdado e inato. Van Gogh, se tivesse permanecido na Holanda, também pintaria assim, acabando em calma os dias de uma existência burguesa?

Van Gogh, no começo, é tão holandês como os Mauve e Maris: tintas escuras, realismo estático que também é da tradição nacional; os Gerard Dou, Nicolas Maes, De Hooch e Vermeer transformam tudo, paisagens, marinhas, cenas de *genre*, *intérieurs* e até retratos, em naturezas-mortas. Van Gogh também pintará, durante a vida toda, naturezas-mortas; mas não serão estáticas.

A primeira revelação pictórica foi, para ele, Millet. Mas não tanto o realismo de Millet, pouco superior ao daqueles contemporâneos holandeses, do que a emoção quase religiosa do pintor do *Angelus* em face da natureza e do homem. Van Gogh, filho de pastor protestante, foi ele mesmo teólogo fracassado; depois, quis evangelizar os trabalhadores de minas da região do Borinage. A crise religiosa daqueles dias ainda não se revela na paleta, tradicionalmente escura; antes no desenho, violento até a caricatura. Na aldeia de Nuenen, no Brabante, pintou os camponeses e tecelões da região como se fossem monstros deformados pela miséria: uma realidade realista e, no entanto, fantástica (na vizinhança de Nuenen fica a aldeia de Brueghel, da qual tem o nome outro grande realista fantástico). Os quadros dessa fase de Van Gogh são tradicionalmente escuros: marrom, preto-azulado, luzes pálidas. Mas essas tintas não representam a realidade. A paisagem do Brabante é uma das mais iluminadas do mundo, resplandecente de luz em cima de campos dourados. Mas pintou-os escuros aquele que pintará mais tarde campos de trigo incendiados da Provença, da mesma Provença que a outros já se afigurava quente como um deserto cinzento! Em vários sentidos esse individualista absoluto lembra o outro grande visionário da pintura holandesa — Rembrandt, ele também incompreendido pelos contemporâneos porque pintava "do contra", sombras onde os outros viram a luz e luzes de repentina revelação religiosa onde os outros só viram as sombras da vida trivial. O Van Gogh de Nuenen já é o de Arles: pintor de arabescos violentos, separando duramente os tons locais. Que podia significar, para ele, o impressionismo francês, contrário em tudo à sua natureza? Admite-se certa influência de Monet. Mas a pintura de Monet, Degas, Renoir não foi para ele um ponto de partida que teria, depois, renegado; esta não é a situação de Van Gogh e sim a de Cézanne. Na França apenas se intensifica a maneira de Van Gogh; aqueles arabescos agora parecem os caminhos do mundo que se perdem em horizontes infinitos; os tons locais, violentamente justapostos, levantam-se um contra o outro como inimigos irreconciliáveis, amarelos e vermelhos ardentes como bandeiras de um mundo revolucionado. São naturezas-mortas esses quadros, conforme a boa tradição holandesa, mas cheias de força explosiva. Van Gogh renasceu na França: nova vida de um *twice-born* ao qual o céu se abre em visões.

A França foi, para Van Gogh, uma experiência terrível; o sol mediterrâneo, uma visão apocalíptica para o homem que veio das névoas do Norte e da sua alma perturbada. Ocorre o começo da *II Elegia de Duíno*, de Rilke: "Todos os anjos são terríveis". Os campos incendiados da Provença, nos últimos quadros de Van Gogh, são sobrevoados por pássaros pretos, sinistros; de "pássaros letais da alma" também fala Rilke naquela elegia. Van Gogh, nos últimos dias da sua vida miserável, alucinava um Universo diferente. Mas as alucinações sempre são solitárias, sintomas da solidão trágica de um indivíduo no Universo. O artista conseguiu dominar essa visão apenas ao preço de perder a vida. Essa França visionária, alucinada, foi para Van Gogh o que foi Paris para Rilke — citando-se desta vez a *V Elegia*:

> *Praças, ó praças em Paris, teatro imenso*
> *Em que a chapeleira Madame Lamort*
> *Dobra e entrelaça os caminhos do mundo,*
> *Fitas intermináveis*
> *Para os baratos chapéus de inverno do destino.*

Para Van Gogh nunca chegou o dia em que os caminhos do mundo, estendidos no espaço como paralelas irreconciliáveis, se encontrassem, terminassem. A sua visão de síntese não se realizou; o que se realizou foi a loucura e o suicídio.

Depois de Van Gogh, a nova Escola de Paris, Picasso, Braque e os outros, reconstruiu o mundo que o impressionismo lhes legara como montão de pedaços luminosos. Mas "construção" e "reconstrução" não matariam a sede de síntese do patrício de Rembrandt. O holandês Van Gogh não ocupa posição intermediária entre o impressionismo e a nova Escola de Paris. Não pertence, no fundo, à França nem à Holanda, e sim a um universo mais vasto, sem fins, talvez ainda para criar. Já teria chegado sua hora? Os seus patrícios holandeses não o esqueceram: em Nuenen erigiram-lhe pequeno monumento, uma pedra na qual esculpiram um sol grande, resplandecente, o sol que se levantara na sua arte para se pôr em sua vida. E ainda os pássaros pretos sobrevoam os campos dourados.

A *Aleluia* de Haendel

Letras e Artes, 19 dez. 48

Um artigo sobre Haendel deveria ficar construído assim como o mestre construiu a grande *Aleluia* que saúda o nascimento do Messias: sólidos fundamentos de uma catedral inglesa, um coro dirigido por regente hercúleo nutrido de muito *beef-steak* e cerveja; acordes sinfônicos, poderosos como o império britânico; depois, as vozes se levantam cada vez mais, acompanhadas das trombetas do exército celeste; até se parecem levantar mais do que é possível, por meio de certos truques harmônicos, lembrando as arquiteturas perspectivamente pintadas da arte barroca que parecem escadas e salas enormes, cúpulas em cima das quais se abre o céu; e enfim se rompem as leis de gravitação do contemporâneo Newton, abre-se a cúpula da catedral e abrem-se realmente os céus num imenso *Laetentur caeli et exultet terra, Aleluia, Aleluia*.

"*Such music before was never made*" — Haendel realizou esse verso profético de Milton. Mas na história do "progresso" da música, dos flamengos até Schoenberg, de Palestrina até Stravinski, o mestre da *Aleluia* não tem lugar definido: inventor incomparável de melodias, regente de impérios de expressão harmônica, contudo não enriqueceu o reino das modulações e das dissonâncias, de quintas, sétimas e nonas de que ressoa o céu de Monteverdi, Bach, Beethoven e Debussy. Esse alemão hercúleo apenas resumiu no que sabia e podia a música do seu século pomposo; com esses elementos construiu enorme catedral de música da "última Tule", destruindo pelo peso da sua influência a grande tradição musical inglesa, ao ponto de nascer a lenda de que a Inglaterra seria um "país sem música". Depois de Haendel, só foi possível a deliciosa paródia anti-haendeliana da *Beggar's Opera* de Gay; mas os malandros e mendigos que povoam as prisões e os bordéis dessa opereta genial já se nos apresentam constituído o subsolo do edifício de que a *Aleluia* é a cúpula.

Da Alemanha pobre e estreita em que um Bach não conseguiu nada, Haendel emigrou — dir-se-ia, desertou — para a Inglaterra, para tornar-se famoso e rico. Chegou para escrever o *Te Deum* de Utrecht, celebrando o Tratado de Paz pelo qual a Inglaterra começou a dominar os sete mares e as Bolsas, o país mais rico e — conforme os conceitos de então — mais livre do mundo. No mesmo ano o poeta Pope profetizou, na ode *The Windsor Forest*, os *future navies* e *rich industry*: Londres seria *the World's great oracle in times to come*; e, sendo *Liberty Britannia's Goddess*, virá o dia em que *the Thames shall flow for all mankind*, menos naturalmente os deserdados dessa grande revolução político-econômica, os malandros da *Beggar's Opera*. Contudo o orgulhoso cosmopolitismo dessa Inglaterra aristocrática e grande-burguesa do século XVIII é o sólido fundamento em cima do qual se levanta a grandiosa cúpula da música barroca de Haendel.

Música barroca? Até há pouco os especialistas ignoravam o conceito. Conheciam o barroco apenas nas artes plásticas, na literatura e sobretudo na arte que reuniu os recursos de todas as outras: no teatro. Mas os cenários impressionantes dos Burnacini e Galli-Bibbiena — palácios, pátios, escadas enormes, jardins, bailados, fogos infernais e nuvens celestes —, essa decoração pomposa e fantástica, que também serviu de fundo às óperas de Haendel, teria sido impossível, "ineficiente", sem música do mesmo feitio. Na literatura contemporânea encontraram corte as expressões que definem a natureza e os efeitos da música barroca de Benevoli, Bernabei, Cavalli, Cesti, Lully — e de Purcell, precursor inglês de Haendel: *meraviglioso, grandioso, ampolloso, massiccio, miracoloso, lo stupore, colpire isensi*, combinações inéditas de efeitos deslumbrantes com truques engenhosos comparáveis aos truques de perspectiva de que a pintura barroca se serviu para "construir" arquiteturas fictícias, as cúpulas pintadas de Luca Giordano, Reni, Tiepolo; truques de que Haendel se serviria para construir as alturas celestes, inacessíveis às vozes humanas, da sua *Aleluia*. "*Such music before was never made*".

Costuma-se coordenar a arte barroca ao restabelecimento da Igreja romana depois da Reforma; Weisbach chegou a falar de "arte da Contra-Reforma", o que excluiria a colaboração dessa arte no culto da Igreja invisível do protestantismo. O estudo da arte de Haendel parece confirmar a tese: os seus oratórios — *Saul, Judas Macabeu, Israel no Egito* — são óperas religiosas, representadas sem decorações, num teatro "invisível". Mas o mesmo Haendel também é o compositor das óperas mais especificamente barrocas — *Giulio Cesare, Ottone, Tamerlano* — que depois de longo esquecimento são hoje novamente apreciadas e representadas; de uma dessas óperas, *Serse*, é o famoso *largo*, recitativo e ária de pompa barroca e, no entanto, de elevação religiosa, epítome de um estilo capaz de fazer que *laetentur caeli et exultet terra*. Existe um barroco protestante, também representado por certas fases da arte de Rembrandt e Bach; aboliu-se (conforme estudos de Abert) a separação tipicamente protestante entre o culto e a arte. A reconciliação, isto é verdade, foi precária. Na Holanda calvinista, infensa às representações pictóricas de "objetos" da religião, a pintura tornou-se burguesa, decaindo depois junto com a burguesia. Na Alemanha, Bach não conseguiu a finalidade da sua vida, a "reforma e renovação da música eclesiástica luterana"; a sua emoção religiosa inspirou, em compensação, a música profana, transformando em templo a sala de concertos, iniciando-se a evolução grandiosa que culminou na *Nona Sinfonia* de Beethoven, mar de sons que *flows for all mankind*. Na Inglaterra não cresceu arte assim: a ilha, depois de Haendel, ficou "país sem música", quer dizer, sem música no sentido dos séculos XVIII e XIX. Em compensação Haendel resolveu o problema que Bach não conseguira resolver: esse "desertor", esse organista alemão que emigrou para tornar-se operista e ficar rico entre os ingleses "surdo-mudos", criou a maior arte musical do protestantismo. O mérito não é só do seu gênio; também deveu algo, e até muito, aos "sólidos fundamentos", à terra inglesa.

A Igreja anglicana é, como se sabe, um *compromise* tipicamente inglês: fé que se assemelha dos protestantes, culto e hierarquia que se aproximam de Roma. Chama-se essa Igreja *establishment*, e realmente está firmemente "estabelecida", com as suas catedrais medievais, universidades humanísticas, bispos e arcebispos casados, clero que aprecia a vida em família, *o beef-steak*, as boas bibliotecas e a pesca a linha. É uma Igreja rica, espelho da Inglaterra rica de 1713, espécie de Ministério Eclesiástico do país dos *navies* e *rich industry*: uma Igreja muito visível e, dirão alguns, visível demais. Mas Haendel abobadou-a: construiu ao edifício bem plantado uma cúpula invisível, aquela que Milton tinha visto nas suas visões de cego, *"saintly shout and solemn Jubily, Hymns devout and holy Psalms"*: e não foram truques de engenheiro barroco que o elevaram até a altura da cúpula da sua *Aleluia, Introite, nam et hic dii sunt*. Haendel, alemão de nascimento, também é precursor do neo-humanismo alemão: o compositor do *Messias* com Klopstock, o poeta do *Messias*; o mestre da *Aleluia* e o mestre do coro sinfônico que *flows for all mankind*. Ouvindo-lhe a música vertiginosamente "vertical", como se subíssemos a outras esferas, desaparece lá embaixo a ilha bem plantada com catedrais, navios e indústrias, para se abrirem os céus anunciando ao Universo inteiro: *Laetentur caeli et exultet terra, Aleluia, Aleluia*.

Guerra e literatura

O Jornal, 19 dez. 48

Durante a guerra passada, em 1944, publiquei artigo de que gosto de lembrar-me porque arrancou um elogiozinho a um querido amigo e crítico tão severo como Valdemar Cavalcanti. Preparando-se o terreno para a apreciação crítica da vasta literatura de ficção e poesia que já acompanhava naquele tempo a Guerra

Mundial II e ainda mais a seguiria, estudaram-se naquele artigo as diferentes fases da "literatura de guerra" que fora a conseqüência literária da Guerra Mundial I.

A primeira dessas fases já começara entre 1914 e 1918, exatamente no momento em que, dos dois lados da trincheira, a literatura oficial e oficiosa dos centros de propaganda revelou os primeiros sintomas de afrouxamento. A partir de 1916 e 1917 já se fizeram ouvir os gritos de protesto dos indivíduos ultrajados, encontrando-se como feridos abandonados no campo de batalha da História. Depois esses indivíduos em conjunto compreenderam-se a si mesmos como grupo, como massa sacrificada, soltando o grito de protesto — e de esperança — que caracterizava as expressões literárias entre 1918 e 1921, mais ou menos: "Esta guerra terá sido, pelo menos, a última guerra". Conhecemos o fim dessas ilusões de pacifismo.

O protesto individual exprimiu-se principalmente pela voz dos poetas: Jean-Marc Bernard, Sassoon, Wilfred Owen, Ungaretti e muitos outros de categoria menor mas ainda apreciáveis. A mais forte expressão do protesto de grupo, da massa, é o romance de Barbusse. As tentativas relativamente numerosas de "explicar" o fenômeno, de conferir um sentido ao acontecimento absurdo da matança, não deram para cristalizar-se em poesia ou obras de ficção: ficaram tratados de revolução ou de propaganda pacifista.

Seguiu-se uma pausa de vários anos durante os quais a grande experiência parecia esquecida. Por volta de 1927 despertou, porém, a recordação. Começou, então, o trabalho feroz de "desmascarar o heroísmo": nos romances de Remarque, Renn, Hemingway, Graves, Aldington, Sherriff, Mottram. Nessa altura reações individuais, emocionais, já teriam parecido sentimentalismo; só foram possíveis nos escritos dos novos belicistas que se lembravam com saudade dos dias de boa camaradagem nas trincheiras. Além do "desmascaramento" só ia uma obra: *A Briga em torno do Sargento Gricha*, de Arnold Zweig, a primeira grande tentativa de resolver a contradição entre as curvas das vidas individuais e a curva dos acontecimentos históricos, entre a absurdidade cruel e angustiosa do destino individual e o sentido do destino coletivo. Porque este último já não podia ser considerado como absurdo quando surgira o problema da responsabilidade de cada indivíduo pela sua "participação". Mas esta apresentava-se como ato de — irresponsabilidade. O romance mais lúcido da época, embora menos profundo do que o de Arnold Zweig, é o *Rubé* de G. A. Borgese: a história de um advogado italiano, indivíduo típico da classe média de antes da guerra, com todos os seus problemas mesquinhos e irresolúveis, que encontra na trincheira a etapa de uma "nova vida", cheia de liberdade e aventura; depois, não consegue mais adaptar-se à vida civil, envolvendo-se em brigas políticas que no fundo não o interessam, caindo morto na rua por acaso. Rubé é um tipo de "geração da frente", um precursor do fascismo — por isso Rubé nasceu na Itália. E sua vida casualmente interrompida continuou logicamente — na Guerra Mundial II.

É literatura da Guerra Mundial II? Estamos em 1948, três anos depois do armistício. Em 1921, três anos depois do armistício de 1918, ainda não teria sido possível distinguir aquelas fases. A aplicação dos critérios, abstraídos daquela bibliografia, à literatura da Segunda Guerra Mundial está fatalmente sujeita a erros de perspectiva. Tampouco pode-se esperar paralelismo perfeito das expressões. Relendo-se hoje certos romances ingleses e americanos daquela época, até o cruel *Farewell to Arms* de Hemingway (ou, no teatro, *What Price Glory?*, de Maxwell Anderson), a guerra de 1914-1918 apresenta-se meio romântica. Desta vez, a mecanização já foi mais intensa. O indivíduo não sofreu: foi esmagado. A voz do protesto individual deveria ter sido muito mais forte, principalmente na poesia. Mas não acontece tanto assim.

Imediatamente depois de 1918 ainda era difícil avaliar o resultado poético, o balanço das mortes e das realizações. Hoje existe a mesma dificuldade. Contudo, já se sabe o que perdemos: Alun Lewis e Sidney Keyes foram as mortes mais sentidas. Lawrence Durrell continua-lhes a poesia. Parece quase esquisito o fato: a mais forte experiência bélica dos poetas, pelo menos dos anglo-saxônicos, foi — as ilhas do Mar Egeu. O contraste entre uma civilização antiqüíssima e a barbaridade moderníssima, entre o esplendor de uma natureza luminosa e o isolamento mortal do indivíduo. No romance, pode-se citar como expressão de experiência semelhante *Joachim van Babylon,* do flamengo Marnix Gijsen, grande obra sobre a qual ainda será preciso dizer mais. De transfiguração poética comparável não foi capaz a literatura da guerra passada. Os processos de então parecem hoje fracos. Não adiantaria imitá-los agora. *Le Grand Cirque,* de Pierre Clostermann, romance dos aviadores, indivíduos que se sacrificam sem compreender nada do que acontece, não acrescenta elementos novos à nossa experiência. Hoje não há os Bernard, Sassoon, Owen. O grito emudeceu logo.

Em compensação, Barbusse parece superado por Theodor Plivier. Este escritor alemão, antifascista valente, refugiou-se em 1933 na Rússia, participando, depois, da guerra russo-alemã (correm, aliás, boatos de que já está atualmente afastado do partido comunista); em experiências pessoais e em documentação enorme, colhida no lugar e entre os combates dos dois exércitos, baseia-se seu romance épico *Stalingrado*, que acaba de sair em traduções inglesa e francesa. O crítico literário poderia censurar, nessa obra, a acumulação de detalhes: às vezes se perde a visão do conjunto. Mas talvez seja isso conseqüência justificada do ponto de vista que o autor escolheu: o dos indivíduos, incapazes de ver o conjunto. Com razão, um crítico americano intitulou sua *review* da obra: "The Degradation of Mass Combat", o que quer dizer, antes, a degradação pelo combate em massa, a degradação dos indivíduos entre os quais o autor inclui, no caso, o personagem principal, o próprio marechal Paulus. *Stalingrado* é, assim como *Le feu* de Barbusse, obra de "primeira fase", de protesto; mas de um ponto de vista mais avançado, mais interpretativo. Depois da Guerra Mundial II há menos tratados do que depois da primeira; em compensação os tratados podem logo transfigurar-se em epopéias.

O ritmo da evolução parece muito acelerado. O "desmascaramento do heroísmo" à maneira de Remarque e Hemingway, fenômeno de mais ou menos 10 anos depois do armistício de 1918, agora já aparece no excelente romance *The Crusaders,* de Stefan Heym: os "cruzados" são os sargentos americanos que se dedicam, na Europa libertada, às pequenas e ao mercado negro. O desespero cínico, típico dos personagens de Hemingway, também domina os personagens principais de *The Wine of Astonishment,* de Martha Gellhorn: um coronel e uma enfermeira que, depois do brilho e das aventuras do episódio bélico, terão de voltar a cinzentas existências "pacíficas". Esse romance de Martha Gellhorn dá muito o que pensar; revela definitivamente que, só três anos depois do fim, já estamos em plena "segunda fase" da "literatura de guerra". Desta vez, não há pacifistas desiludidos; mas já há os "Rubés". Desta vez não há "pausa" de esquecimento da guerra. Os moralistas que depois de 1918 se ocuparam do indivíduo ultrajado pela guerra, protestando em voz alta, examinam depois de 1945 o problema da responsabilidade individual pela preparação e continuação da guerra; problema que não existia, conscientemente, antes de 1914, mas que já existia antes de 1939 e continua a existir depois de 1945.

A contribuição mais importante a esse problema da responsabilidade é um drama do exilado alemão Carl Zuckmayer: *O General do Diabo.* O diabo não aparece pessoalmente nesse drama cujo enredo se passa na Alemanha, em 1941; é representado pelo dr. Schmidt-Lausitz, chefe do Departamento de Cultura no Ministério da Propaganda. A outra personagem mencionada no título é o general Harras, brigadeiro-do-ar, grande especialista em bombardeios, fanático da aviação; por esse fanatismo de especialista pôs-se a serviço do regime nazista que despreza e do qual espera a derrota da Alemanha. Harras é, *contre coeur* mas com plena vontade, o general do diabo, tolerando ao mesmo tempo, de pleno coração e meio contra a vontade, os perigosos atos de sabotagem do engenheiro Oderbruch, insuperável especialista em construção de aviões e em conspirações antinazistas. Harras apóia o engenheiro já suspeitado porque está "farto desses alemães, que são técnicos especializados e filósofos existencialistas ao mesmo tempo, servidores da máquina e do Destino com maiúscula, funcionários públicos com almas de Fausto". Um desses demônios eficientes, o dr. Schmidt-Lausitz, não encontra dificuldades em provar o que nem é verdade: a responsabilidade consciente do general pelos inexplicáveis atos de sabotagem. E o general concorda. Tendo à disposição vários aviões para fugir para a Suíça, escolhe um avião que sabe inutilizado pela sabotagem, de modo que vai cair: "Quem foi nesta vida general do diabo, preparando-lhe o caminho, também tem de preparar-lhe quartéis no inferno".

Esse general do diabo não é um mártir. É o retrato fiel dos que queriam e ao mesmo tempo não queriam e queriam no entanto: dos responsáveis. Mas — e aí se abrem as portas do inferno — mais ou menos responsáveis assim são todos, dos dois lados e de todos os lados da barricada; inclusive nós outros. O personagem principal da literatura de guerra depois de 1918 foi o indivíduo que sofre pelos acontecimentos históricos; na literatura de guerra depois de 1945, é o indivíduo que colaborou nos acontecimentos históricos. A literatura de guerra depois de 1918 ignorava esse problema da responsabilidade ativa, também na sua "segunda fase"; hoje a correspondente "segunda fase" já está ultrapassada. Será isso mais um sintoma da proximidade de uma terceira guerra mundial? Não acredito. O resultado desse exame de obras literárias e da consciência antes é confortador: demonstra que as situações históricas se parecem mas não se repetem.

Unidade de Murilo Mendes

Região (Recife), 1949

O primeiro volume de versos de Murilo Mendes chama-se *Poemas*; o último, por enquanto, chama-se *Poesia Liberdade*. Os títulos dos volumes publicados entre aquele primeiro e este último são todos eles muito expressivos: *A Poesia em Pânico*; *O Visionário*; *Metamorfoses*; *Mundo Enigma*. Evidentemente Murilo Mendes sabe acertar. Contudo, o primeiro título e o último me parecem os mais expressivos de todos os Poemas, isto é, a própria poesia *sans phrase*, sem definição; *Poesia Liberdade*, a própria definição da poesia.

Poemas é um volume curioso, que aliás já se tornou raridade bibliográfica, uma espécie de folheto mimeografado, com particularidades esquisitas de ortografia, datado do ano revolucionário de 1930; e é mesmo um livro revolucionário, documento de uma revolução de todos os conceitos literários, do momento em que à fase destrutiva do modernismo se sobrepõe a fase da reconstrução dos valores. Mas não é só documento. É um dos grandes livros de poesia em língua portuguesa, um daqueles que faz sentir dolorosamente os limites de divulgação do idioma. Urge reeditar esse volume, queira ou já não queira o poeta.

Certamente, ele superou depois aquela fase inicial. Amadureceu muito. Mas aí já está todo Murilo, e é uma expressão nova da literatura brasileira. Abrem o volume poesias satíricas, muito ao gosto do modernismo, uma canção do exílio em cujo último verso canta "um sabiá com certidão de idade", enquanto a estrofe "fitogeográfica" do poema —

> *Nossas flores são mais bonitas*
> *Nossas frutas mais gostosas*
> *Mas custam cem mil réis a dúzia* —

se nos apresenta hoje com ares de profecia apocalíptica. A inteligência formidável de Murilo Mendes, da qual a sua poesia satírica é um dos aspectos inesquecíveis, está porém muito acima das *blagues* contemporâneas. A paródia do necrológio em estilo de jornal de província —

> *... morreu vítima de pertinaz moléstia*
> *que zombou dos recursos da ciência*
> *ao enterro compareceram pessoas de destaque* —

é mais do que uma piada, é o fim natural e nada triste do triste sabiá com certidão de idade, que representa o mínimo de progresso administrativo dentro de um máximo de desordem generalizada. Em peças como "Marinha" e "Família russa" a poesia satírica de Murilo Mendes chega a esboçar um mapa do Brasil. Depois já não surpreende a profunda tristeza, as veleidades destrutivas de poemas como "Idílio unilateral", "Canto do noivo", "O homem", "A luta" e "A eternidade", "Os dois lados" (com aquele verso definitivo: "...as colunas da ordem e da desordem"), enfim "Mapa":

> ... *Estou*
> *limitado ao norte pelos sentidos, ao sul pelo medo,*
> *a leste pelo apóstolo São Paulo,*
> *a oeste pela minha educação.*

É mais um mapa do Brasil, no meio o poeta ("Estou..."), ladeado pelas "colunas da ordem e da desordem" — e é um livro completo.

Particularmente, é um livro homogêneo, apesar ou em conseqüência da mistura de poesias satíricas e de poesias de dramaticidade apocalíptica. Como seria possível outra poesia no Brasil de 1930, país do "sabiá com certidão de idade"? Não é por acaso que esse pássaro canta na primeira página do volume *Poemas*.

O sabiá com certidão de idade é o bicho heráldico do país do qual esse poeta, ladeado pelas "colunas da ordem e da desordem", partiu, procurando o país sem idade, sem tempo. São aquelas colunas os marcos miliares do caminho acidentado da poesia de Murilo Mendes. Acompanhando-lhe o caminho, o leitor lhe descobre a unidade da Obra, à condição de pôr em ordem a cronologia das obras. Conforme as indicações nas folhas de rosto, a edição de *Poemas* é de 1930, *Tempo e Eternidade* (em colaboração com Jorge de Lima) de 1935, *A Poesia em Pânico* de 1938, *O Visionário* de 1941, *Mundo Enigma* de 1942; logo depois, sem data, *Metamorfoses*; e *Poesia Liberdade* de 1947. Mas os subtítulos rezam de maneira diferente: *Poemas*, 1925-1929; *O Visionário*, 1930-1933; *Tempo e Eternidade*, 1935; *A Poesia em Pânico*, 1936-1937; *Metamorfoses*, 1938; *Mundo Enigma*, 1942; *Poesia Liberdade*, 1945. O segundo volume de versos de Murilo Mendes é portanto *O Visionário*; e aí, nessa desordem cronológica, está uma chave para a compreensão da obra.

> *Eu quis acender o espírito da vida,*
> *Quis refundir meu próprio molde...*

assim canta "o visionário", e com efeito *O Visionário* é uma refundição do molde tão admiravelmente transfigurado em poesia nos *Poemas*: estudo mais pormenorizado do que pôde ser este, revelaria a correspondência entre cada um dos poemas de *Visionário* e cada um dos *Poemas*. Apenas não se trata de repetição e sim de "refundição" em nível diferente, ao qual os críticos deram o nome de "fase surrealista". A definição talvez não seja muito exata: Murilo Mendes foi surrealista, sim, no sentido restrito em que Marcel Raymond situa Jouve — uma das grandes admirações de Murilo Mendes — à margem do surrealismo. Quando muito, pode-se afirmar que aos surrealistas, a Jouve e a Murilo Mendes a realidade apresenta o mesmo lado. E "o tipo acabado do sujeito que não arranja nada nesta vida", essa figura chaplinesca que descrevera nos *Poemas,* reaparece no *Visionário* "ligado aos mártires, aos assassinos, aos anarquistas".

Antes, esperava que "meus olhos verão a luz da perfeição e não haverá mais tempo"; agora sente-se envolvido numa vertigem

Sem princípio, meio ou fim.

E as "almas despedaçadas" que em *Poemas* só apareceram como objeto de "Prelúdio", no *Visionário* compõem a alma do poeta, descrente rezando:

Ó Deus, se existis, juntai minhas almas desencontradas.

A repetição num nível superior, superior porque mais "realístico", é a própria lei de evolução — "se existe" lei — do poeta Murilo Mendes, garantindo-lhe a unidade da obra entre "as colunas da ordem e da desordem". Observa-se o fenômeno em *Tempo e Eternidade,* solução que já parecia definitiva: as "formas" que perseguiram o autor dos *Poemas* transubstanciaram-se milagrosamente em forma minúscula, contendo no entanto tudo e contida porém no poeta: a eucaristia (*Salmo*); e aquele "tudo" renasce milagrosamente reunindo as "mil angústias desdobradas" (*Vocação do Poeta*) em uma alma, preparada para receber a eucaristia e o mundo: alma "encontrada".

A condição desse equilíbrio encontrado é a "condição humana": a instabilidade. A poesia justamente não pode identificar-se com a *prière* porque as condições são diferentes: ali a calma perfeita da qual "Vocação do Poeta" fala, aqui a possibilidade permanente de novos desencontros, de angústia, de pânico. A "poesia em pânico" reflete essa relação entre "tempo e eternidade" numa imagem admirável:

Maria do Rosário estendida no caixão
Toda vestida de branco aos vinte anos,
Está cercada de angélicas e de moscas.

A Poesia em Pânico enche as visões do Visionário de paixão destrutiva dos *Poemas*; visões surrealistas, mas já "refundidas" pelo contacto com a realidade igualmente hostil: com as "moscas". Não é possível contorná-la. É preciso passar por lá. Mais uma vez o poeta acertou, dando ao seu próximo volume de versos o título de *Metamorfoses*. Desse volume só será preciso citar os versos

> *Amo, vivo, luto e morro*
> *Para realizar com todos*
> *A transubstanciação de elementos.*

— para reconhecer-se o poeta de *Tempo e Eternidade*, novamente em caminho, procurando a

> *...unidade espiritual*
> *De onde vim, para onde vou.*

O obstáculo que se lhe opõe já não está na desconjuntura de sua alma e sim na desconjuntura da realidade do Mundo-Enigma de "tempos sombrios", de "fascinação pela obscuridade" — mas "a ordem se fará outra vez".
"A ordem se fará outra vez"!
Poesia Liberdade, o título parece grito de vitória. A morte agora é "Morte, apetite de ressurreição", é "a morte clara esperança". Neste último volume está o verso revelador dos "sucessivos palimpsestos que descobrimos em nós" — o poeta volta às origens da sua poesia, mas a morte já não é morte e a vida sim é a vida, e a eucaristia já não é a "forma" do universo e sim a ordem do Universo.
"A arquitetura simplissíssima de eucaristia". Não é o fim, decerto, mas está consumado um ciclo de poesia.
Seria absurdo pensar que umas pobres citações possam consubstanciar toda a riqueza poética espalhada por aqueles sete volumes de versos. Mas bastam para adivinhar-se a "lei de evolução", realizada e verificada na Obra de Murilo Mendes. Em face da sua poesia ninguém pensará em leis mecânicas com evolução retilínea. Antes é a sucessão de "palimpsestos que descobrimos em nós", evolução em espiral, levantando-se para níveis sempre superiores, em oscilação permanente entre os pólos da poesia de Murilo Mendes, "as colunas da ordem e da desordem", até o fim do ciclo: Poesia Liberdade.

Serão metáforas. Mas como se pode falar de poesia senão em metáforas? Na personalidade do poeta é que se encarna a Liberdade, condição da criação artística e perigo permanente da "desordem", enquanto Poesia, como recriação, representa a "ordem". Na verdade não se trata de dois pólos que estariam colocados em pontos diferentes; assim só parece por motivo da expressão metafórica. Na verdade "as colunas da ordem e da desordem" encontram-se juntas, na personalidade do poeta. E dela se pode falar sem se entrar em inscrições vedadas à crítica, mormente quando se trata de poeta vivo. Basta localizar a "Liberdade" de Murilo Mendes na sua sensibilidade pelo mundo infinito das artes plásticas, concebida como arte representativa da superfície profunda de todas as coisas e criaturas no mundo, superfície profunda porque através dela transparecem o sofrimento íntimo das criaturas e "as lágrimas das coisas": Murilo Mendes é poeta que sofre com os sofredores e chora com os que choram — a sua arte, complicada como foi jamais a de um mestre das tintas ou do cinzel, é profundamente humana. E o espírito de ordem poética localizar-se-ia no amor de Murilo Mendes pela música de Mozart, amor só inteiramente compreendido quando se sabe que o poeta não gosta menos de Bach; Bach, gênio da ordem absoluta que em Mozart se transfigura em beleza absoluta. Definidas assim, Poesia e Liberdade não se excluem — encontram-se na personalidade do poeta: "sujeito que não arranja nada nesta vida", mas cujos olhos já viram "a luz da perfeição".

Calvário de madeira

Letras e Artes, 09 jan. 49

É recente o interesse internacional pelo expressionismo, essa grande fase da arte alemã que, a partir de 1910, predizia os horrores apocalípticos da guerra para, depois da derrota de 1918, exigir a revolução social e a renovação religiosa, ao mesmo tempo; e para só desaparecer definitivamente com o advento do nazismo que perseguiu os expressionistas como representantes de uma "arte degenerada".

São poucos os escritores expressionistas que conseguiram romper a barreira lingüística: o poeta Georg Trakl, o dramaturgo Georg Kaiser, o romancista Döblin. Também, ultimamente, o filósofo marxista Ernst Bloch. Na Europa Ocidental e nos Estados Unidos apreciam-se hoje sobremaneira os pintores da época: Franz Marc, Beckmann, Nolde, Hofer, Pechstein, Schmidt-Rottluff, Grosz, Dix e sobretudo Kokoschka; também o escultor Lehmbruck. Pouco ainda se sabe de um outro escultor que foi, ao mesmo tempo, um grande poeta: Ernst Barlach. No entanto é este uma das maiores figuras do expressionismo; e a mais trágica.

Ernst Barlach morreu em 1939 num hospital do Norte da Alemanha em extrema pobreza e solidão absoluta. Homem de tipo nórdico, mais escandinavo do que alemão, artista de temperamento gótico, esse leitor infatigável de Dostoievski acreditava ter encontrado entre os camponeses russos a simplicidade que a Europa só conhecera na época das catedrais. Eis a luz que lhe ilumina por dentro suas figuras de madeira, de mendigos órfãos, leitores de livros, dos que dormem e dos que dormem para sempre. Nos monumentos dos mortos da primeira guerra mundial que Barlach criou para igrejas e cemitérios da Alemanha, a dor, o desespero, a resignação, a esperança revelam-se em caras tipicamente eslavas — caras mongolóides, diriam outros, em todo caso rostos feios e corpos deformados, longe da glorificação do heroísmo bélico pelos nazistas. Em 1934 um comunicado oficial, redigido pelo filósofo Alfred Rosenberg, denunciou a "arte degenerada, imbecil e antialemã" de Barlach. Seus desenhos voltaram das exposições rasgados e conspurcados. Suas esculturas foram removidas, algumas até destruídas. Espalhou-se boato, infundado aliás, de Barlach ser judeu, o que para os nazistas justificava as piores perseguições. Quatro anos passou o artista no ostracismo, confinado numa aldeia, solidão absoluta. O ódio dos camponeses, instigados pelos protagonistas, chegou a tal ponto que recusavam o fornecimento de víveres ao septuagenário. Ernst Barlach morreu uma morte de mendigo, digna da vida das suas criaturas de madeira.

No entanto a teimosia de Barlach em ficar fiel ao seu estilo; sua religiosidade mística, que lembra Grünewald, o mestre do altar de Colmar; sua gravidade pesada, seus acessos de humorismo grotesco, tudo isso é bem germânico. Sua arte corresponde exatamente à gótica, assim como, naqueles mesmos anos de 1910 e 1920, Wilhelm Worringer a definiu. Não compreenderam: os críticos chamavam-no, alternadamente, escandinavo ou bizantino ou eslavo ou asiático. Não por acaso escolheu o escultor Barlach o mais primitivo dos materiais: a madeira. Esta serve para exprimir sentimentos primitivos, elementares, reações lentas de criaturas pesadas como rochedos numa planície infinita e misteriosamente deserta, flageladas por visões fantásticas como peles rajadas que rugem nas estepes. São assim as obras de Barlach: os mendigos, tema sempre repetido; a mendiga; os que sentem o frio; as nove figuras de *Friso dos que escutam*; *O que reza*; *O que lê no livro*; o *Furioso*; o *Vingado*; o *Vento*; os mortos e as mães nos seus monumentos de guerra. Todos eles cheios da misteriosa vitalidade de pesadelos que já nos aparecem no sonho. Fantasmas de madeira; mas nossos irmãos, nós próprios.

O artista Barlach sempre cria blocos michelangelescamente. Blocos maciços em pesadas capas hibernais. A vida dessas figuras revela-se através das mãos e pés deformados, às vezes monstruosos, sempre como paralisados. No entanto, o corte irregular das madeiras e a tensão dos movimentos inibidos enchem aqueles blocos de vida intensa, às vezes de humorismo grotesco, as mais das vezes de tragicidade dolorosa; uma ou outra vez, de luz interiorizada como vasos de uma revelação que não chega a materializar-se em palavras. Essas figuras de madeira ficam envolvidas por uma solidão imensa. Os blocos continuam mudos.

Barlach fez esculturas em madeira e, às vezes, em porcelana; fez desenhos e litografias; escreveu um esquisito romance humorístico; escreveu sobretudo certo número de peças dramáticas, meio trágicas, meio burlescas, que na ocasião das raras representações assustaram o público. Essa pluralidade de recursos artísticos não é sinal de versatilidade. Do ponto de vista do academismo que sempre sabe fazer o pouquinho que entende e pretende fazer, Barlach não sabia fazer nada, nem escultura nem literatura. Apenas "quis" fazer, mas quis muito assim como os artistas góticos que, com recursos primitivos, quiseram refletir e merecer o céu. Justamente no tempo de Barlach, criaram Riegl e Worringer a teoria que reabilitou a arte dos primitivos e das épocas primitivas: o que vale não é o saber fazer, mas o querer fazer (o *Kunstwollen*), a intenção, a vontade que cria seu estilo adequado. Era imensa a "vontade" de Barlach. Sua religiosidade não se baseava na certeza da fé dos artistas góticos, mas na obsessão de perguntas ao Criador e ao Universo, nunca respondidas. Seria, nesta altura, necessário citar versos correspondentes de poetas expressionistas, de Benn ou de Stramm ou de Loerke. Não sei traduzi-los. Cito — pedindo descontar os traços de retórica latina — versos equivalentes de Rubén Darío:

"Dichoso el árbol, que es apenas sensitivo,
y más la piedra dura, porque esa ya no siente,
pues no hay dolor más grande que el dolor de ser vivo,
ni mayor pesadumbre que la vida conciente.
Ser, y no saber nada, y ser sin rumbo cierto,
y el temor de haber sido y un futuro terror,
y el espanto seguro de estar mañana muerto...
y la carne que tienta con sus frescos racimos,
y la tumba que aguarda con sus fúnebres ramos...
y no saber adonde vamos
ni de donde venimos..."

Essa paixão de "saber" também animava as solitárias criaturas de madeira de Barlach, *que ya no sienten*; e nesse desespero dirigiram-se uma à outra, abrindo as bocas mudas em diálogo dramático: as peças dramáticas de Barlach são revelações de almas presas na vida, na carne, na madeira. Pelo menos com os olhos do espírito querem olhar para além da caverna escura em que ficam presas — como o homem na parábola de Platão, preso em caverna escura e vendo apenas as sombras da vida verdadeira na verdadeira luz lá fora; querem ver a verdade e a luz da perfeição.

"De noite", diz Barlach na sua autobiografia, "quando estou deitado na cama e os travesseiros da escuridão me estrangulam, às vezes uma luz misteriosa se impõe aos meus sentidos. Então, as belas criaturas de um futuro melhor aparecem em torno de meu leito, ainda paralisadas, ainda dormindo — mas quem as despertasse recriaria o mundo, depois deste dilúvio". Barlach quis despertar a humanidade do dilúvio, mostrando-lhe uma realidade superior: para tanto, era preciso denunciar a deformação do mundo "real", atual. Os personagens do dramaturgo Barlach — mendigos, mortos, mães, bruxas, demônios, os mesmos do escultor Barlach — movimentam-se em ambientes trivialíssimos, às vezes grotescos. Na maior das suas peças, *O Boll Azul*, o fazendeiro Boll faz uma viagem de negócios à cidadezinha, hospedando-se num hotel sujo e marcando vários encontros — mas em vez do comerciante e do primo, encontra uma "bruxa" que é a tentação da carne, e o hoteleiro, que é um demônio; os caminhos se embrulham, o relógio fica parado, almas de três crianças pedem salvação, e à porta da sala de refeições do hotel espera um mendigo que é Deus — a vida é uma escura floresta assombrada em que figuras de madeira, cheias de vitalidade demoníaca, se desgarram como numa alucinação de Kafka. Para eles, o mendigo desconhecido também é uma criatura de madeira como eles próprios porque não sabem que *Spiritus est Deus* (Ev. João, IV, 24).

Com essas alusões e citações não pretendo, porém, sugerir que Barlach tenha sido espiritualista. O "grande engano do mundo", representado no palco das suas peças, explicou-se-lhe pela ignorância do fato de que o homem é "barro e nuvem, dia e sonho ao mesmo tempo", e "sem corporeidade não existe o espírito". Eis a profissão de fé de um artista plástico. E dos mais firmes. No fim dos seus dramas acalma-se a tempestade trágico-grotesca desta vida: os personagens, emudecendo, voltam à sua existência, centrada em si, de figuras de madeira *que ya no sienten*. A tempestade absurda e trágica da vida de Ernst Barlach também se acalmou assim: enfim morreu a morte das suas criaturas.

Aspectos ideológicos do padre Vieira

Letras e Artes, 01 mai. 49

Afirmam que "a língua portuguesa é o túmulo do pensamento"; alguns até dizem em vez de "túmulo", com evidente injustiça, "cenotáfio". Mas é verdade que a pouca divulgação do pensamento no estrangeiro também impede a divulgação do pensamento: no conhecido livro de Fülüp-Miller sobre a história da Companhia de Jesus nem aparece citado o padre Antônio Vieira. Basta, por sua vez, esse nome para refutar a malícia daquela expressão "cenotáfio". Mas também revela outro aspecto do conceito da "língua como túmulo": no caso, os esplendores verbais do orador sagrado escondem-lhe até hoje a importância do pensamento.

Não me cabe acrescentar mais um elogio aos que melhor autorizados já se acumularam para celebrar, em Antônio Vieira, "a encarnação do gênio da língua". Na verdade, Vieira foi um daqueles grandes poetas em prosa que ilustraram a época barroca. Parece fenômeno principalmente literário. Em virtude de suas riquezas inesgotáveis de vocabulário e sutilezas sintáticas, o sermonista e epistológrafo virou domínio dos filólogos e gramáticos. Mas nem sempre se fez jus à surpreendente modernidade das suas idéias.

É verdade que o padre Vieira não protestou contra a escravidão dos negros, apesar das frases grandiosas que encontrou para comparar ao Inferno o engenho de açúcar em que corpos pretos trabalham entre gemidos em calor diabólico, ao fogo das máquinas cujo ruído ensurdece a noite e cuja fumaça ofende o céu (*Sermão XIV do Rosário*). Parece contradição essa insensibilidade retórica em face dos sofrimentos dos escravos pretos porque Vieira passou a vida lutando contra a escravidão dos índios no Brasil, enfrentando a raiva das classes conservadoras da colônia. Ao mesmo tempo esse jesuíta do século XVII provocou as iras do Tribunal da Inquisição porque reivindicara a tolerância religiosa e racial em favor dos cristãos-novos, chegando a propor o regresso dos judeus exilados para a pátria portuguesa. Até entrou em contato pessoal com os judeus de Amsterdã, pedindo-lhes dinheiro para a fundação de companhias de comércio para reerguer-se em bases novas a economia colonial e a do reino. No famoso *Sermão de Santo Antônio*, em 1642, exigiu eqüidade dos impostos ("que são o sangue e a carne do povo"), censurando a vida perdulária dos aristocratas. E em outros trechos Vieira aparece também como tribuno, reivindicando administração econômica, honesta e eficiente — o mesmo que Mirabeau reivindicará do alto da tribuna da *Assemblée Constituante* de 1789.

Vieira revolucionário? Vieira moderno? Mas a Inquisição processou-o também por motivo das suas especulações místico-cabalísticas, profecias da ressurreição de um rei de Portugal como imperador do mundo. Definir como "moderno" o autor sebastianista da *História do Futuro* e da *Clavis Prophetarum* seria anacronismo. É preciso situá-lo no seu tempo. Quanto à vida, Lúcio de Azevedo já o fez, em obra magistral e geralmente conhecida (*História de Antônio Vieira*, 2ª ed., 1931). É preciso considerar a importante contribuição do sr. Afonso Pena Júnior. Quanto à ideologia, o lusitanista francês Georges Le Gentil considera o jesuíta "mais interessante do que original". Mas não se trata de originalidade e sim da conveniência de compreender-lhe historicamente o pensamento, situando-o.

Não saberia fazê-lo, faltando-me competência para tanto. Quando muito, certas indicações, quase apenas bibliográficas, serviriam para focalizar um ou outro aspecto do problema.

O estudo daquilo a que se poderia chamar a "ideologia de Vieira" depende da vontade de prestar atenção maior às idéias do que às palavras. Mas isso não significa descuidar-se por completo dos problemas estilísticos. O próprio Vieira apresentou-se no púlpito como adversário do estilo barroco na eloqüência sagrada; influiu nessas declarações o fato de aquele estilo dominar a predicação de então dos padres dominicanos, adversários tradicionais da Companhia de Jesus. A posteridade, condenando o barroquismo literário em geral, ao ponto de dar ao adjetivo "gongórico" sentido pejorativo, tomou aquelas declarações ao pé da letra. Mas Vieira, embora sendo "clássico da língua", não é classicista. Seu estilo conceituoso, as antíteses, o uso com freqüência do zeugma, tudo isso situa o sermonista português ao lado de Donne e Jeremy Taylor, de frei Hortensio Felix Paravicino e do padre Abraham a Sancta Clara, do italiano Segneri; leia-se mais sobre o assunto no estudo *I Predicatori Italiani e il Gusto Spagnuolo*, nos *Saggi sulla Letteratura Italiana del Seicento*, de Benedetto Croce. A reabilitação em nosso tempo do estilo barroco já permite afirmar, sem receio de que a afirmação possa ser entendida como restrição: Vieira foi grande poeta barroco em prosa.

Já se admite hoje a grandeza de um Góngora, de um Donne. Mas o século XVII continua sendo considerado como época da Inquisição e do absolutismo tirânico. Como explicar, então, aquelas idéias surpreendentemente "modernas" de Vieira? O século XVII é na verdade uma época de transição. Seus grandes cientistas são ao mesmo tempo teólogos, como Pascal e Newton, ou então supersticiosos como Kepler. Numa obra antiquada mas ainda útil pela riqueza da documentação (*A History of the Warfare of Science with Theology in Christendom*, 1896) descreveu Andrew Dickson White a lenta transformação de conceitos teológicos (e dos místico-cabalísticos) em científicos. De um outro ponto de vista estudou o marxista Franz Borkenau "a transição da filosofia feudal à formação de um mundo burguês" (*Der Übergang von feudalen zum bürgerlichen Weltbild*, 1934), a elaboração dos conceitos "lei da natureza" e "direito natural", acompanhando a transformação social, realizada pela aliança da monarquia absoluta e da burguesia contra o feudalismo. O barroco com as suas pompas monárquico-religiosas é espécie de pseudomorfose do aburguesamento. As dobras grandiosas dos reis e dos prelados encobrem o casaco cinzento do burguês.

Nessa transição foi grande, nos países católicos, o papel do monge como orador sacro, dispondo da única tribuna relativamente da época. Conforme os estudos ainda não bastante apreciados de Ernst Karl Winter (especialmente *Marco d'Aviano und der Staat*, 1933; ver também *Sozialmetaphysik der Scholastik*, 1929), o monge foi espécie de tribuno, mediador direto entre o príncipe e o povo. Mas o que significa, aí, "povo"? Talvez as relações do padre Vieira com os judeus de Amsterdã sirvam para esclarecer esse ponto, considerando-se o papel notável dos judeus na elaboração do capitalismo (basta citar o conhecido livro de Sombart, *Os Judeus e a Vida Econômica*). "Povo" significa, ali, "burguesia em ascensão". Quanto a Vieira, não é possível por enquanto falar com certeza porque ainda não foi escrita a história do mercantilismo português; até Eli Heckscher, a maior autoridade no assunto, silencia os projetos de Vieira de criar companhias de comércio colonial. Em todo caso, Vieira, conhecedor da situação econômico-social brasileira, admitindo a necessidade do trabalho servil nas colônias, não podia protestar contra a escravidão dos pretos. Mas seu protesto contra a escravidão dos índios, embora sendo último eco da indiofilia espanhola do século XVI, por outro lado já antecipa a oposição burguesa contra o trabalho servil em geral; assim como princípios essenciais da filosofia burguesa se antecipam no seu protesto contra monopólios e contra privilégios aristocráticos quanto à tributação e na sua reivindicação de uma administração econômica e honesta.

O papel especial dos jesuítas, entre aqueles "tribunos", é outro assunto que ainda precisa ser melhor esclarecido. Bernard Groethuysen, no conhecido livro sobre as *Origines de l'esprit bourgeois en France*, já deu provas da compreensão dos jesuítas pela futura classe dirigente. August M. Knoll (*Der Zins in der Scholastik*, 1933) descreveu a luta dos jesuítas para, contra a permanente oposição dos dominicanos, afrouxar a proibição canônica dos juros. A elaboração de institutos jurídicos que permitiriam aos católicos o recebimento de juros e a participação em negócios financeiros do novo estilo (*contractus trinus, titulus legis civilis*) é obra dos jesuítas Gretser, Laymann e Gregorius de Valentia, este último de influência especial na Península Ibérica.

Aí se trata de mais um caso de "pseudomorfose": discussões jurídicas encobrindo lutas econômicas. O verdadeiro "Encoberto" do sebastianista Vieira seria o burguês. Mas não admitiria isso o grande espírito poético do padre. Preferiu, como túmulo do seu pensamento, o misticismo que transformou em visão resplandescente a história do futuro, tão cinzento na verdade. Dois séculos mais tarde, em meio a uma realidade já diferente, outro grande poeta português, moderníssimo, ainda ficará deslumbrado pela mesma visão:

> *Em seu trono entre o brilho das esferas,*
> *Com seu manto de noite e solidão*
> *Tem aos pés o mar novo e as mortas eras...*

O poeta e as folhas

Letras e Artes, 04 set. 49

Vento sul ou vento norte, nunca deixam de lançar a minha mesa de trabalho, nestes últimos tempos, umas folhas caídas da árvore da literatura nacional, umas folhas ou folhinhas, digamos revistas, uns artigos assinados por nomes desconhecidos ou de que, pelo menos, não consigo lembrar-me, assim como aconteceu ao grande polemista francês: depois de ter enumerado os ditadores, "M. Stalin, M. Hitler, M. Mussolini, le Mikado...", devia acrescentar — "... *et le petit autocrate portugais dont le nom m'échappe*".

Não se trata porém, naquelas folhas e folhinhas, de fundar ou manter uma autocracia mas sim de derrubar uma: a suposta autocracia do poeta que escreveu: "No Brasil não há outono — mas as folhas caem". Agora, há de cair ele mesmo porque, dizem, está velho.

Todos os grandes poetas contemporâneos do Brasil — Murilo Mendes, Augusto Frederico Schmidt, Jorge de Lima — já foram alvos de ataques injustos; nem sequer mestre Manuel Bandeira escapou de todo. Alegaram-se vários argumentos contra sua poesia; e os argumentos, como se sabe, valem exatamente o que valem.

Mas quando não se alega argumento nenhum — o que vale o argumento inexistente? Ou então, seria porventura argumento a certidão de idade?

A diferença de idade explica, até certo ponto, as diferenças de amadurecimento, cultura e inteligência; e justifica as periódicas revoltas literárias da mocidade com as quais simpatizo de tal maneira que o próprio poeta em questão já me chamou de "defensor da poesia infanto-juvenil". Nem por isso desistirei de acompanhar com a maior simpatia a evolução de um Lêdo Ivo, de um Wilson Figueiredo, de um Péricles Eugênio e Domingos Carvalho da Silva, de um Paulo Armando, de José Paulo, dos digamos "modernos". Mas minha reduzida inteligência de velho não me permite compreender por que o autor do *Sentimento do Mundo*, que é até hoje o poeta mais "moderno" do Brasil, está sendo igualmente atacado e imitado e às vezes atacado pelos mesmos que o imitam. O fato requer exame por assim dizer sociológico das influências contraditórias que seu verbo poético exerce.

Um amigo, que não é aliás amigo meu, "explicou" o fenômeno de maneira muito simples, citando outra frase daquele polemista francês: *"La colère des imbeciles remplit le monde"*. Mas a imbecilidade é fenômeno tão universal que não basta para justificar acontecimentos especificamente nacionais. Tampouco me satisfazem as explicações psicológicas, certos complexos infantis pelas diferenças de altura: às crianças pequeninas de 2 ou 3 anos de idade, os pais se afiguram como se fossem gigantes. De maneira análoga um homem de 40 e poucos anos pode parecer ancião caduco aos que ainda não começaram a usar a navalha para fazer a barba.

Se for assim, o verdadeiro problema não é a velhice e sim a mocidade. Mas a mocidade, assim como a morte, *n'est pas une excuse*. Antes é um fato, até um fato histórico de que já falou José Veríssimo, na *História da Literatura Brasileira* (p. 371): "É este o grande mal da literatura brasileira: que ela tem sido sobretudo, quase exclusivamente até, feita por moços, geralmente rapazes das escolas ou simples estudantes de preparatórios, sem o saber dos livros e menos ainda o da vida". Essa observação aguda tem o mérito de explicar os periódicos acessos de raiva de primeiranistas e segundanistas contra os homens que não abandonaram logo depois da formatura a literatura para se dedicar à advocacia ou engenharia, cedendo o lugar às turmas novas. Velhos danados estes que, depois de terem entrado em contato com a vida, continuam a fazer versos como se essa atividade juvenil tivesse algo com a experiência vivida!

Mas tem. Dirão que o assunto "Experiência-Poesia" já cheira a trivialidade, tantas vezes se falou disso. Contudo, velho e caduco como estou, continuo a estudar esse tema batido e rebatido. Há pouco reli o volume *The Heritage of Symbolism* de C. M. Bowra, lendo a nova obra do mesmo autor: *The Creative Experiment*; o caixa da Livraria José Olympio afirmou-me, aliás, que nenhum dos seus fregueses poéticos quis comprar os livros. (*"Adressez-vous aux jeunes gens,* comentaria Joubert, *ils savent tout".*) E aprendi, humildemente, muita coisa quanto à substância e evolução da poesia moderna.

Podem-se distinguir três fases sucessivas (embora muitos contemporâneos ainda não tenham saído da primeira). No início, a poesia era desabafo sentimental, romântico, o que leva à *self-pity* tão censurada pelos críticos ingleses, e à irresponsabilidade da poesia.

Depois os grandes poetas pós-simbolistas, Mallarmé, Yeats, Rilke, Blok, procuravam um ponto firme no Universo: e, sendo a ciência moderna incapaz de indicá-lo, chegaram a inventar mitologias e religiões pessoais que brotariam de inspirações superiores ou então dos fundos do subconsciente. A terceira fase de evolução da poesia moderna seria a reação da inteligência que fiscaliza as inspirações irresponsáveis pelas experiências da Realidade. Assim fez aquele poeta, cumprindo o que prometera em "Mãos dadas", de ser poeta "do tempo presente, dos homens presentes, da vida presente". Sentimos todos o sopro épico que, em "Edifício Esplendor", descobre a face e as entranhas da nossa civilização, e a emoção profunda (e profundamente controlada) que lhe inspirou, em "Morte no avião", versos definitivos sobre a posição do indivíduo no meio da presente realidade.

O recurso específico desse poeta de sinceridade trágica é sua ironia, cortante como a navalha dos suicidas, arma de um desespero mil vezes justificado. É verdade que sua poesia não se julga capaz de transformar esse mundo — por isso também ele já foi atacado: em compensação, não nos ilude; reflete a verdade de todos nós "do tempo presente, da vida presente". E essa veracidade intrínseca de sua poesia é tão forte que já basta para explicar a influência irresistível que exerce. A primeira metade do problema parece estar resolvida.

É bom ler aqueles poemas em altas horas da noite. Depois, o mundo em torno do leitor solitário continua noturno, decerto, mas o ar da madrugada está mais limpo, como que purificado pela ironia. Contudo, essa madrugada não pretende querer acabar. Cadê a aurora que nos prometera? É uma situação insuportável sobretudo aos que não sabem manejar aquela arma da ironia: a uma mocidade sem malícia alguma. Não suportam uma noite na qual não se ouve a doce música de serenatas e madrigais. Não querem ouvir a verdade que aquele poeta descobriu quando moço como eles: que a rima não é uma solução. Com chaves de ouro pretendem abrir as portas da vida. E aí, nessa impaciência, acredito encontrar o motivo mais profundo do "movimento" inteiro: não se trata de uma reação biológica, dos mais novos contra os mais velhos, e sim de uma insuficiência metafísica. "Por causa da impaciência", diz Kafka, "foram expulsos do Paraíso: por causa da impaciência não podem voltar ao Paraíso". Ignoram o Outono, a estação do amadurecimento. E realmente, "no Brasil não há outono — mas as folhas caem".

Nem física nem metafisicamente essas caídas e ataques têm importância alguma. Fernando Pessoa já o sabia: "Dizem? — Esquecem. — Não dizem? — Dissessem. — Fazem? — Fatal. — Não fazem? — Igual". Tampouco importam os nomes que aliás não querem absolutamente ocorrer assim como sempre os esqueceu aquele polemista francês: "... *et le petit autocrate portugais dont le nom m'échappe encore une fois, sacrebleu!*" Os nomes — já os levou o vento que os trouxe. Mas fica o nome de CARLOS DRUMMOND DE ANDRADE.

O assunto da pintura

Letras e Artes, 18 set. 49

A discussão entre os defensores da pintura abstrata e os da pintura figurativa, não sendo assunto para conversa de salão nem briga de artistas plásticos que se metem a políticos, não acabará nunca: porque os argumentos dos dois lados são igualmente irrefutáveis. Com toda a razão, os figurativistas declaram que uma arte inteiramente abstrata seria desumana — "seria", porque na verdade não existe, sendo impossível: "abstração" é sempre abstração de "alguma coisa", quer dizer, da realidade objetiva; e por isso a pintura de todos os tempos — os murais dos túmulos egípcios e os do Campo-Santo de Pisa, as miniaturas medievais e os santos de El Greco, os monstros de Goya, os anjos de Ingres e os burgueses de Renoir e Degas — foi sempre figurativa. Mas, com toda a razão, respondem os abstracionistas que o assunto não importa; senão, uma *grande machine* de Delaroche ou uma batalha de Meissonnier valeriam mais do que umas peras de Cézanne ou os sapatos de Van Gogh. Não é o assunto que importa e sim as linhas, sombras, luzes e cores, o jogo musical das formas; segundo Wilde (outros atribuem a versão primitiva da frase a Walter Pater), "todas as artes tendem a alcançar a condição da música" — e isto também é verdade. Não há reconciliação possível entre os dois pontos de vista. Não existe solução lógica de antinomias, de contradições enraizadas no próprio assunto. Mas fica a possibilidade de recorrer aos exemplos concretos.

Existem obras de arte, do passado, cujo conteúdo já foi esquecido, sendo agora incompreensíveis nesse sentido do abstrato. *O Concerto,* de Giorgione, no Palazzo Pitti em Florença, representa figuras: um homem, tocando o cravo, volta-se para outro que tem nas mãos um instrumento de cordas, como perguntando-lhe quanto ao efeito dos sons produzidos; uma mulher assiste, como que insensível, ao concerto, olhando-nos diretamente. É um quadro figurativo, sem que o discernimento dos objetos representados ajudasse a compreensão do conteúdo. Este é o concerto, a música que aparece pictoricamente objetivada, realizando-se a tendência verificada por Wilde e Pater. "Todas as obras de Giorgione", diz o grande conhecedor Berenson, "falam à nossa alma como se fossem música". Devem essa força abstrata justamente à incompreensibilidade do assunto.

Mas o que é incompreensível nos quadros de Giorgione? Ignoramos os nomes das pessoas retratadas n'*O Concerto*; ignoramos as relações entre elas; ignoramos, sobretudo, a música que tocaram. Mas não ignorava tudo isso o próprio Giorgione: conforme sabemos, foi pintor-intelectual, dedicado a leituras poéticas e especulações filosóficas. O conteúdo das suas obras apenas foi esquecido.

Em obra recente, Edgar Wind demonstrou que o famoso *Parnaso* de Mantegna (no Louvre) e a *Festa dos Deuses* de Bellini (na National Gallery de Washington) ficaram até hoje incompreendidos: esquecera-se de que se trata de quadros humorísticos, zombando da mania mitológica da Renascença. Mas ninguém conseguiu até hoje decifrar a intenção do artista escondida no maravilhoso quadro do Museu de Viena que se costuma chamar de *Os Três Sábios*. Uma tradição de origem inverificável acreditava reconhecer nos três personagens os sábios Pitágoras, Ptolomeu e Arquimedes. Depois Wickhoff chamou a atenção para certo verso da *Eneida*: seriam o rei Evandro e seu filho Palas, mostrando a Enéias o rochedo do futuro Capitólio. Ferraguti, ao contrário, reconhece naqueles os três magos, calculando e contemplando a estrela que anuncia o nascimento do Messias. Mas assunto mitológico ou bíblico, tão familiar à Renascença e à consciência comum do Ocidente, teria sido esquecido? Hartlaub prefere considerar aqueles personagens misteriosos como os três graus de iniciação duma sociedade secreta, talvez de finalidades astrológicas. Devemos ao mesmo Hartlaub um estudo importante sobre

A Astrologia e a Arte na Época da Renascença, no qual revelou as esquecidas significações astrológicas de muitas obras bem conhecidas, por exemplo, dos murais de Francesco del Cossa no Palazzo Schifanoia, em Ferrara, assuntos tão incompreensíveis para nós como um futuro longínquo não compreenderá mais burgueses, dançarinas e jóqueis de Degas, sentindo apenas de maneira mais intensa o encanto musical das linhas e cores. Ainda nos comove profundamente a *Melancolia* de Dürer, embora só por meio dos estudos altamente especializados de Panofsky e Saxl tenhamos chegado a redescobrir o oculto sentido astrológico de todos os pormenores da célebre gravura.

Esses fatos da história das artes plásticas lembram uma das teses mais interessantes da psicanálise: a que se refere ao esquecimento intencional de emoções e idéias que já se tornaram insuportáveis à consciência. Sobretudo acontece isso com temas religiosos que pertencem a religiões "esquecidas", quer dizer, abandonadas, que continuam, no entanto, irradiando um *frisson* misterioso. Ídolos da Antigüidade oriental são capazes de impressionar desta maneira o homem moderno; é, conforme se exprime Rudolf Otto, o "*frisson* numinoso". Se objetos assim exigissem, de nós, a aceitação total, quer dizer, a adoração, não seria possível. Mas em sua qualidade de obras de arte permitem realizar, em nosso espírito, a operação psicológica que Coleridge chamou de "suspensão da descrença" (*suspension of disbelief*): ficamos, sem crer, crendo. A abandonada "religião" astrológica da qual a gravura de Dürer é ilustração figurativa ainda é, por intermédio da arte, capaz de produzir emoção abstrata: a figura semimitológica da Melancolia simboliza, no dizer de um grande conhecedor, "o demônio das horas mortas, estéreis, na vida do homem-criador", e, podemos acrescentar, da depressão na vida de todos nós, consolada pela arte.

Os "assuntos esquecidos" não morreram de todo. Continuam a viver, dentro da obra de arte, como transfigurações do impulso que inspirou o artista a criá-la, força que unifica o conteúdo figurativo e os valores abstratos da forma.

A estética moderna não admite, aliás, a distinção entre "forma" e "conteúdo". Pode proceder assim porque expulsou o conceito obsoleto da "imitação da realidade". A realidade da arte não é a da vida; estão separadas, para sempre, pela moldura. A moldura desempenha função de fronteira, indicando que o objeto real, tendo passado pela sensibilidade do artista, se transformou em símbolo, pertencendo a outra ordem de valores. Essa "outra ordem" é a "condição musical" que todas as artes tendem a alcançar. A própria música, a "arte sem conteúdo", só é "forma" ou então "disciplina formal", mas disciplina de quê? Dos impulsos emocionais que se transformaram em símbolos sonantes duma ordem invisível. Invisível e até, eventualmente, inaudível. Neste sentido ouso repetir a tese que já me censuraram, mas que em qualquer movimento lento de Beethoven se verifica: o supremo momento da música é a pausa, o silêncio. A música que os personagens executam n'*O Concerto* de Giorgione está inaudível, esquecida, assim como não há mais recordação daqueles. "Nem sequer deixaram o nome". Mas o silêncio que reina no espaço abstrato entre os seus rostos transfigurados, eis a pintura suprema, a música.

Poesia do pianoforte

Letras e Artes, 20 nov. 49

Quem pretende escrever sobre o maior poeta do pianoforte precisa evitar tentação perigosa: a de escrever poeticamente. Para não se transformar a autêntica poesia musical em falsa poesia literária. Para não escrever à maneira de Przybyszewski, mais ou menos assim: "A arte de Chopin tem a cor esclerótica da anemia, da pele transparente através da qual se percebe nas arteríolas e vênulas o sangue azul de aristrocratas degenerados — graça inimitável nos gestos e inteligência hipersensível nos olhos como de crianças precoces aos quais não se prediz uma longa vida" etc. etc. Belas palavras — mas seriam "transparentes"? — que resumem todos os equívocos em torno da arte de Chopin, o romantismo decadentista, a falsa visualização literária, pose de Byron e fraqueza pulmonar num corpo de polonês melancólico... a polícia deveria proibir isso. O nome impronunciável de Przybyszewski* lembra mais outro equívoco: o de considerar Chopin como representante típico da música polonesa (título a que Moniuszko e, entre os modernos, Rózycki têm direito muito maior). É erro explicável na Europa romântico-burguesa de 1830, simpatizando com os nobres poloneses derrotados pela força brutal do czarismo, mas hoje? Não bastam porventura as incansáveis referências das crônicas músico-literárias ao *affaire* Chopin-George Sand para nos lembrar mais a atmosfera perfumada de salão parisiense do que o ar livre das estepes eslavas?

A obra mais tipicamente nacional de Chopin, as *Canções Polonesas, op. 74*, não é — e com razão — das suas mais famosas. A tese de Windakiewiczewa sobre *Os Tipos de Melodia Chopiniana na Música Popular Polonesa* (Cracóvia, 1926) só convence quanto às mazurcas e polonesas do mestre; e até a esse respeito o modelo de

---

* N. da E. — Pronuncia-se Pchebechéski.

Chopin foi o compositor irlandês Field. Nota-se também que Chopin encontrou pouquíssimos discípulos entre os compositores poloneses. A chamada qualidade "oriental" da sua ornamêntica — os *rubati e glissandi,* que constituem justamente a parte mortal de sua arte — foi imitada pelos grandes virtuoses internacionais, Liszt, Anton Rubinstein e (excentricamente) por Scriabin. O próprio Chopin é filho da fase mais internacional da história da música: sua linguagem é a dos clássicos vienenses. Utiliza melodias nacionais, características, assim como Haydn e Beethoven transcreveram canções escocesas ou sublimaram temas vienenses e húngaros. Mas Chopin — não é clássico.

O elogio sincero de Chopin tem de começar dizendo o que ele não é: não é um Beethoven. Seu gênio está limitado às formas pequenas. Na forma típica do classicismo vienense — na sonata e seus derivados — Chopin não se sentiu nunca à vontade. Na famosa *Sonata, op. 35*, cada um dos movimentos de per si é magnífico; mas o conjunto não é uma sonata. Caso semelhante é o dos dois concertos que os virtuoses impuseram ao público, apesar da fraqueza da parte orquestral. Fraco também é o *Trio, op.8*. Não, Chopin só é grande quando se limita ao instrumento que lhe pertence: o pianoforte.

A figura melancólica, vestida de preto, aristocraticamente discreta de Chopin é mesmo inseparável da grande caixa preta no canto das nossas salas, melancólica como um caixão, discreta como esse outro "móvel metafísico", a cama, "na qual a gente nasce, morre e navega para o mar dos sonhos". É um instrumento estranhamente perfeito-imperfeito: sabe imitar todos os outros instrumentos, inclusive a voz humana, e no entanto não se parece com nenhum, tendo no corpo, em vez da alma, um mecanismo. Piano e forte. Em vez das cores do mundo lá fora, um mundo em preto e branco. Eis o universo, o microcosmo de Chopin.

Sua "situação" dentro da literatura para pianoforte é única. Beethoven ainda foi grande pianista que só tocava composições de sua própria lavra, brilhando sobretudo na fantasia, na improvisação. Depois de Beethoven se bifurca o caminho: de um lado, os pianistas-atores que "representam" obras alheias, os Liszt, Rubinstein, D'Albert, Brailowsky etc., e por outro lado os grandes compositores para pianoforte que já não dominam soberanamente o instrumento, os Schumann e Debussy. Mas Chopin é o último pianista à maneira de Beethoven: grande compositor que só tocava obras suas. Contudo não é um Beethoven. Para este, experimentador permanente, o pianoforte significava substituto da orquestra, assim como para Bach o pianoforte era espécie de órgão doméstico. Só para Chopin o pianoforte é ele mesmo. Tirara as conseqüências do ato histórico de Haydn que, expulsando da orquestra o pianoforte, criou a sinfonia moderna — mas daí o pianoforte tornou-se independente, microcosmo à parte em que existe mais uma vez, como num reflexo, o microcosmo musical inteiro. Para o pianoforte — pode-se transcrever tudo.

Pode-se transcrever tudo para o pianoforte: mas de maneira imperfeita. A melodia não tem a mesma cantabilidade, as possibilidades polifônicas ficam limitadas; o próprio ritmo tem, no pianoforte, algo de mecânico. Em compensação, é o instrumento *par excellence* dos acordes, das "ambigüidades enarmônicas", da harmonia. Chopin, o pianista *par excellence*, tem seu lugar definido na história da harmonia. Veio depois de Beethoven. Mas não o influenciaram as últimas *Sonatas* e *Quartetos* do mestre que tanto impressionaram a Schumann. Os germes da arte de Chopin encontram-se na *Sonata Patética* e naquela outra, *op. 27, nº 2*, à qual a incompreensão de editores e amadores conferiu o nome falsamente poético de *Clair de Lune*. Então, já ficava preestabelecido o círculo das incompreensões em torno das obras de Chopin, às quais os editores, os amadores e os poetastros também emprestarão títulos pseudopoéticos. Nessa água turva de sentimentozinhos, exaltações e cansaços elegantes refletir-se-á o retrato falsificado de Chopin, leão de salão à maneira de Byron e favorito das damas mas fraco de peito, revolucionário polonês com luvas de aristocrata — que banalização infame! Acreditam nela as meninas e os meninos aos quais se dá Chopin para fazer exercícios de dedos; e mantêm-na os velhos que nunca conseguiram sair da adolescência. Este Chopin falsificado não é romântico nem poético. Poesia (literária) e poesia musical — não é a mesma coisa. Romantismo, na música, também significa outra coisa, significa a progressiva dissolução das tonalidades pela irrupção das forças cromáticas e enarmônicas. Neste sentido, Chopin é o precursor do romantismo de Wagner (mas só do Wagner de *Tristão e Isolda*) e da poesia especificamente musical de Debussy.

Mas, assim como Chopin não é um Beethoven, tampouco é um Wagner ou um Debussy. Não tinha o gênio dramático que aqueles três manifestam (na sinfonia beethoveniana, na temática de Wagner, no recitativo de Debussy). Não é dramaturgo e sim poeta lírico, e por isso as teclas brancas e pretas começaram a cantar quando tocadas pelas suas mãos, e atrás do mecanismo da grande caixa preta descobriu-se a alma que nela está presa. No encanto fantástico do *Étude, op. 10, nº 10*, na paixão demoníaca dos *Études, op. 10, nº 12* e *op. 25, nº 11*, na profundidade mística e força viril da *Balada, op. 52* revelou Chopin, poeta e psicólogo, seu *coeur mis à nu*. Arte transparente, sim, poesia do pianoforte.

Retrato e natureza-morta

Letras e Artes, 15 jan. 50

Aí um fado que caracteriza, entre outros, a arte moderna: o recuo do retrato e a predominância da natureza-morta. Qual seria a conclusão a tirar, com respeito à tendência da evolução: porventura a progressiva desumanização da arte? Mas pode-se concluir de alguma maneira?

Pelo menos oferece-se logo uma explicação: o retrato cede à fotografia; então, a pintura retira-se para o terreno dos valores formais — e a natureza-morta só precisa desses últimos para constituir um símbolo, uma abreviatura pictórica de tudo o que há entre o céu e a terra. Por isso, umas cenouras seriam capazes de substituir a Mona Lisa.

Explicação trivialíssima esta, pelo menos enquanto se pretende referir à fotografia. Pois aquele processo não é de hoje nem de ontem e sim um grande processo — entre o retrato e a natureza-morta — pendente há século. Para reconhecer isso, só é preciso distinguir entre natureza-morta e natureza-morta.

Os velhos mestres do gênero, os De Heem, Ruysch, Snyders, são de uma abundância extraordinária: devastaram-se jardins inteiros para encher uns vasos; as mesas pintadas estavam cheias de peixes, crustáceos, faisões — exibição para glutões que quiseram ver mais do que o estômago humano agüenta. Compare-se com essa fartura a "pobreza" de um mestre como Chardin: uma mesinha, que parece ficar suspensa num universo sem fundo, dois copos e um cachimbo. E nada mais. O que interessa são uns contrastes de cores, umas silhuetas obliquamente iluminadas, umas modulações da pincelada. Nada parece mais "insignificante" do que uma natureza-morta de Chardin, objeto de arte nobremente desinteressada. Desapareceu a última sombra de utilidade das coisas pintadas. A fase final dessa aparente insignificância são os sapatos velhos de Van Gogh, a natureza-morta mais comovedora que já se pintou, espelho da perdição da criatura humana: um auto-retrato.

Existe entre natureza-morta e retrato uma relação secreta. Dürer, pintando um pedaço de relvado ou as asas de um pássaro, escolheu tintas aguadas em vez de óleo; o assunto não lhe parecia dar para verdadeiro quadro. Antes dele (e, depois, Holbein) os pintores góticos, flamengos e alemães representam com o maior carinho os objetos humildes — no fundo dos retratos. Enfim, os retratos nos mosaicos bizantinos, de Ravenna, por exemplo, não têm valor independente; são como pedaços de um conjunto, valendo só como objetos pictóricos; são naturezas-mortas.

A evolução, dali para o retrato dos quatrocentistas italianos, foi explicada por Alois Riegl como transformação progressiva do "espaço sistematizado" em "espaço aditivo": o "espaço sistematizado" da Antigüidade era uma unidade superior, reunindo os corpos e os não-corpos; o "espaço aditivo" dos "modernos" é o nada que existe entre os corpos. Quer dizer, os corpos individualizam-se, e só isso permitiu a transformação das cabeças semimortas bizantinas em indivíduos que têm uma dimensão psicológica: em retratos. Psicologia, mas de quem?

Conforme um dos aforismos mais profundos de Braque, *"l'art rend visible l'invisible"*. Mas o que é o invisível que o retrato revela? Porventura a alma do retratado? Basta ver em seguida uma série de retratos de Holbein ou de David, de Rembrandt ou de Goya (e sobretudo de El Greco) para descobrir a estranha semelhança entre todas as caras que cada um desses pintores fixou; são como irmãos no espírito. Quem se revela através de todos os olhos que Rembrandt pintou — é o próprio Rembrandt. Fazendo um retrato, o pintor realiza uma façanha de ator, assumindo a máscara do retratado. Daí o individualismo feroz justamente dos grandes retratistas; mas este é incompatível com a dissolução da individualidade de todos os objetos pelo impressionismo. Quando os impressionistas, um Degas, um Liebermann, pintaram retratos, deixaram de lado o impressionismo: pintam com os *maîtres d'autrefois*, como passadistas. Mas a arte moderna não podia seguir esse caminho de incoerência. Abandonando o individualismo, voltou para Bizâncio. Só admite objetos dentro de um espaço construído. Não há mais psicologia. Os retratos modernos são, outra vez, naturezas-mortas.

Mas o que é o invisível que essas naturezas-mortas revelam? Cézanne, o maior mestre moderno do gênero, é o sucessor autêntico de Chardin. Suas maçãs e peras não são víveres de valor nutritivo. Seus copos e cachimbos não têm as três dimensões da realidade e sim apenas as duas da tela coberta de cores. O mundo de três dimensões, minado pelo impressionismo (e pelo que este refletiu), desabara. Quem ainda pretendeu pintar assumiu a obrigação de reconstruir a realidade ou uma realidade. Mas essa reconstrução não foi possível senão ao preço de destruir, pela deformação, os restos ainda existentes do mundo antigo. O retrato, como expressão psicológica, morreu. Mas a natureza-morta ressuscitou para uma nova vida.

O processo é ambíguo. Pode ser interpretado como reconstrução profética ou então como destruição definitiva da realidade. Quais as conclusões que se poderiam tirar de tudo isso para o futuro das artes plásticas? E da humanidade? Ocorre-me a história de um grande crítico de arte que discursava longamente no *atelier* de Garot, descobrindo *arrière-pensées* cada vez mais profundas nos quadros do mestre; enfim o pintor, depois de ter escutado com muita paciência, dizia: *"Il n'y en a rien; la peinture est plus bête que ça"*. Quando se trata de tirar conclusões, convém sempre citar Flaubert: *"L'imbécile est de vouloir conclure"*.

Os noivos da fita e os noivos do romance

Letras e Artes, 12 fev. 50

Exibiu-se em nossos cinemas o filme italiano *Os Noivos* — dizem que ainda foi produzido nos últimos tempos do regime mussoliniano —, que evoca um grande romance, uma das obras mais profundas e mais completas da literatura universal. Contudo, quando escrevi certa vez um artigo sobre os *Promessi Sposi* de Manzoni, não tive sorte: até um dos melhores amigos me confessou que só lera o artigo "pela diagonal". E por quê? "Porque os salesianos costumam dar esse romance de presente aos alunos no fim do ano letivo". Não é simpática, a muitos, a tendência católica da história dos noivos Renzo e Lucia, pobres camponeses que foram separados pela violência impune do senhor feudal d. Rodrigo, no século mais sombrio da História italiana: sobretudo não gostam aqueles leitores da intervenção dos santos homens da Igreja, do cardeal Borromeo de Milão e do capuchinho Fra Cristoforo, que endireitam, afinal, tudo; nem os recompensa o personagem irreverentemente humorístico d. Abbondio, o vigário covarde que treme perante os poderes temporais, traindo sua missão. Tão irreal parece tudo isso, com o *happy end* cor-de-rosa, que concluem: "É um conto de fadas, boa literatura infantil". Mas, por mais errada que me pareça a opinião citada, procuro compreender-lhe os motivos. Manzoni, a cuja memória Verdi dedicou a música fervorosa do seu *Réquiem*, era católico; suas convicções não podiam deixar de revelar-se no livro, que é, depois de *A Divina Comédia*, a obra máxima da literatura italiana. O filme — este acentuou a tendência: fortalecerá, portanto, aquela aversão; mas as divergências entre o filme e o romance contribuiriam muito para eliminar os equívocos, compreendendo-se melhor a verdadeira significação, quase escondida, da grande obra de arte.

O filme é tendencioso. Sua tendência política — a Igreja como apoio dos oprimidos pelo poder temporal — devia ter efeito quase revolucionário na Itália de 1942. Hoje em dia, tendo-se perdido aquela atualidade, só fica a tendência religiosa, inculcando a certeza da ajuda sobrenatural nas tormentas desta vida. Daí resultou um otimismo fácil, do qual não há vestígio na obra de Manzoni. A grande peste em Milão que enche capítulos inteiros do romance, conferindo-lhe o colorido sombrio da época barroca, virou no filme mero episódio sem significação; qualquer acidente poderia substituí-la. O episódio ainda mais sombrio da religiosa de Monza, presa no convento sem vocação e irremediavelmente condenada, ficou incompreensível. Outro episódio — a conversão do terrível *Innominato* que retém a pobre Lucia — transformou-se em *deus ex machina* para produzir-se o *happy end*. No fim, depois de tantas provações, Fra Cristoforo pode aconselhar, com certa facilidade, às vítimas: "Perdoai sempre, sempre! Tudo, tudo!" Pois, já está tudo perdoado porque tudo foi consertado e será logo esquecido, e o mundo é cor-de-rosa, e a tragédia de Renzo e Lucia termina realmente, ou antes irrealmente, como um conto de fadas.

Mas não é conto de fadas. Tampouco é tragédia: pois Renzo e Lucia, os personagens principais, ignoram conflitos; no fundo, são as figuras mais insignificantes do romance. Os *Promessi Sposi* não são tragédia de indivíduos e sim a epopéia do povo italiano.

Os romances históricos de Walter Scott — que foram os modelos de Manzoni e a grande moda literária daquela época — encantaram os leitores pela saudade romântica do passado; por esse mesmo motivo, passaram depois a integrar o *corpus* clássico da literatura juvenil (embora a justiça mande fazer algumas exceções). Mas a atitude de Manzoni em face do passado de sua nação foi diferente, até oposta: no fundo a opressão política, a decadência moral das elites e a perturbação supersticiosa do povo não eram, para ele, coisas do passado, do remoto século XVII, e sim fatos do presente em que procurava os germes de um futuro melhor da Itália. Acreditava encontrá-los: primeiro, na substância vital, indestrutível, do povo italiano — por isso Renzo e Lucia não precisam ser indivíduos importantes, basta que vivam e sobrevivam e que nenhuma força exterior lhes possa impedir o casamento, a garantia do futuro; depois, na existência da Igreja católica à qual Manzoni, adepto do partido neoguelfo, atribuiu papel decisivo na libertação e unificação na Itália. Sabe-se que a realidade histórica decidiu de outra maneira: a unificação da Itália realizou-se contra a Igreja; e Manzoni, o católico democrático e patriótico, ficou mudo durante os últimos decênios de sua longa vida. Esse homem, calmamente burguês na aparência, foi na verdade um esquisitão, talvez um caso patológico; também foi católico à sua maneira.

Fora livre-pensador voltairiano; foi convertido por um padre francês, jansenista. Sempre considerou esse ato como predestinado; sempre considerou, à maneira jansenista, a alma como abismo cheio de cobras venenosas — a inocência de Renzo e Lucia é sua suprema homenagem ao "povo simples", aos pobres incorruptos. A história da reprovação e conversão de Manzoni é mesmo — Momigliano o demonstrou num luminoso ensaio — a história do *Innominato*; por isso o romancista não deu nome a esse personagem misterioso. A mesma religiosidade manzoniana — emoção das mais fortes, *recollected intranquillity* — ainda vive nos gritos desesperados do coro e nos acordes tranqüilizadores do *Réquiem* de Verdi: mas não seria arte italiana se não se apoiasse firmemente na realidade.

Outro comentador da obra, De Lollis, revelou a influência que exerceram sobre Manzoni os historiadores liberais da Restauração francesa, sobretudo Thierry, cuja fé no futuro da burguesia (por volta de 1820) se baseava em restos de predestinação jansenista. Manzoni, cujo determinismo o levou aliás a antecipar certos motivos do materialismo histórico, considerava tudo como predestinado: também a peste, que é, no romance, o símbolo da decadência italiana. Predestinada é a conversão do *Innominato* e predestinada é a reprovação da religiosa de Monza (à qual já chamaram "Madame Bovary do barroco"): os dois formam um grupo de contrastes, assim como o santo cardeal e o nefasto d. Rodrigo; assim como d. Abbondio, padre moralmente impecável mas traindo sua missão pela covardia, e Fra Cristoforo, cujo passado de pecador lhe inspira o heroísmo religioso. Não são personagens secundários, porque não os há na epopéia. Todos eles, junto com Renzo e Lucia, constituem a nação italiana que contém tudo, o Bem e o Mal, o pecado, o perdão e a graça. Na epopéia da História está tudo *Aufgehoben,* no dizer de Hegel, abolido o passado e conservado para o futuro. É a própria História que perdoa o que não podia ser evitado. *"Dite loro che perdonino sempre, sempre! Tutto, tutto!"*

Um estudioso do passado mineiro

Letras e Artes, 18 jun. 50

Não seria razoável duvidar da existência do estado de Minas Gerais. É uma realidade; e ainda mais reais do que as montanhas de ferro de Itabira, a indústria têxtil de Juiz de Fora e os zebus do Triângulo talvez sejam os ventos frescos que sopram em torno das colinas e das igrejas solitárias de Ouro Preto, hoje assim como há 200 anos e provavelmente para sempre. Também nesse nível de realidade superior, Minas, pode-se afirmar, existe. Mas existem mineiros?

Tenho lá minhas dúvidas que nenhum recenseamento poderia refugar, tão especiais são certos casos. No início criou Deus os paulistas e os emboabas, para não falar dos bandeirantes baianos que desapareceram misteriosamente do teatro da História. Em compensação, chegou outra gente; daí o sabor escocês, no nome, no temperamento e na poesia de Carlos Drummond de Andrade; depois, o apelido paradoxalmente francês do anglófilo Abgar Renault; e a mistura catarinense-pernambucana dos Monteiro Machado de Sabará; e Rui Veloso Versiani dos Anjos descobrindo as origens de Cyro dos Anjos e Artur Veloso, que são os Versiani da Itália; e Cristiano Martins, que sabe alemão como um alemão, e enfim esse galego cujo nome e temperamento rimam mesmo com mineiro: Eduardo Frieiro.

O novo livro de Eduardo Frieiro, *Como era Gonzaga?*, publicação da Secretaria de Educação de Minas Gerais, é mais um testemunho do seu profundo amor pela sua terra — e do seu mais profundo amor pela Verdade. Pois este estudioso do passado mineiro é — pode-se parodiar assim o título de outro trabalho seu — algo como o diabo na livraria histórica de Minas Gerais. Quem não gosta pode escolher entre as expressões *enfant terrible* e "iconoclasta". Não seria justo. Se houver mineiro que se zangue com os resultados de Eduardo Frieiro, o estudioso podia responder condignamente, duvidando-lhe da existência. Mas Minas existe, em verdade e na Verdade.

A verdade historiográfica de Eduardo Frieiro é de natureza construtiva. No seu pequeno livro *O Diabo na Livraria do Cônego* — título que é um achado — perscrutou o inventário da biblioteca do inconfidente Luís Vieira da Silva, cônego da Sé de Mariana, apontando os muitos livros da pouco ortodoxa Ilustração francesa, dissipando as nuvens de homenagens oficiais em torno da famosa conspiração: na verdade, as idéias em que se inspira a liberdade mineira ainda hoje não gozam de prestígio junto às autoridades. Demonstrar isso seria ato de iconoclasta? Antes é reconstituição do que foi esquecido.

Os recursos estilísticos desse trabalho de reconstituição foram muito bem caracterizados por Abgar Renault, no prefácio que escreveu para os novos estudos gonzagueanos do mestre: lembra a cena em que Eduardo Frieiro figura o poeta, "na manhã de um domingo do ano de 1786, ou princípios do seguintes, ataviando-se para ir ouvir a missa das nove da matriz de Nossa Senhora da Conceição de Antônio Dias". A fina sensibilidade do poeta Abgar Renault adivinhou, nessa acumulação de detalhes precisos, o secreto lirismo — a imagem verbal, embora escondida, das colinas e das igrejas, vistas por quem já escreveu romances históricos.

Pede-se, nesta altura, licença para um aparte, uma digressão. O romance histórico é — pretende-se ignorar isso no Brasil — uma das expressões mais altas da literatura moderna, sim, inclusive da mais moderna. Basta citar uns nomes: A. N. Tolstoi (*O tzar Pedro, o Grande*), Döblin (*Wallenstein*), Bacchelli (*Il Mulino del Po*), o norueguês Falkberget (*Christianus Sextus*), o húngaro Móricz (*O País das Fadas*), o tcheco Durych (*Confusões*); também as *Lanzas Coloradas*, do venezuelano Uslar Pietri, mereciam ser lidas entre nós para a gente se convencer de que já existe romance histórico diferente do velho esquema de Scott.

Os romances históricos de Eduardo Frieiro são reconstituições baseadas em prévias destruições. No seu volume *Letras Mineiras* pode-se ler o instrutivo artigo que escreveu sobre o discutidíssimo livro de Feu de Carvalho: *Ementário da História de Minas: Felipe dos Santos Freire e a Sedição de Vila Rica em 1720*. Deixando de lado as belezas clássicas de Diogo de Vasconcelos, resume os resultados do amigo: Felipe não foi um Herói da Liberdade e sim sedicioso a serviço do português Pascoal da Silva; o conde de Assumar não foi tirano, precisava-se de disciplina, naquela aglomeração de aventureiros em busca do ouro; e a Vila Rica não foi queimada ao ponto de ainda se verem vestígios do incêndio, porque não era a Ouro Preto de hoje, nem havendo casas de pedra num acampamento de garimpeiros.

Eis, conforme Feu de Carvalho, a verdade histórica. Eduardo Frieiro, por sua vez, não pretendeu repeti-la. O romance histórico não destrói a lenda; reconstitui a verdade. Mas os trabalhos de destruição e reconstrução dependem um do outro.

Neste mesmo sentido Eduardo Frieiro, cujo primeiro estudo tratava, com admiração compreensiva, da história das artes plásticas em Minas Gerais, instigou a publicação de outro livro de Feu de Carvalho, livro que, pelo superlativo "discutidíssimo", ainda não está bastante caracterizado. Muitas afirmações em *O Aleijadinho*, de Feu de Carvalho, estão hoje ultrapassadas pelas importantes descobertas de documentos que devemos a Rodrigo M. F. de Andrade. Mesmo assim ainda ficou alguma coisa: já não se atribuem ao Aleijadinho todas as obras de arte existentes em Minas, à maneira daquele cicerone italiano que atribuiu até as múmias no museu egiptológico a Michelangelo; e ficou prejudicada a confiança na biografia escrita pelo professor Ferreira Bretas, baseada num documento desaparecido, amigo aliás do romântico Bernardo Guimarães, que escreveu muitos romances históricos. Mas quem não ficou, com isso, diminuído, é o Aleijadinho: sua arte, típico barroco folclórico, saiu da prova com contornos mais precisos. Dá-se, agora, o mesmo com Gonzaga: despindo-o da fantasia romântica de que a lenda o vestiu, Eduardo Frieiro lhe devolve os trajes da época. É das mais precisas a imagem do grã-fino namorador, que acabou no exílio como advogado rico, bem-casado, depois de ter sido poeta anacreôntico português e membro de uma conspiração na qual Eduardo Frieiro não acredita — mas acrescenta logo: importância, só a tem o conspirador romântico e poeta de amor brasileiro, porque só este vive em sua arte, na poesia. "Ainda um mineiro menos?", vão dizer; mas ficam as colinas frias e as igrejas solitárias. Minas existe.

A música e o mito

Letras e Artes, 16 jun. 50

Em agosto de 1949, representou-se em Salzburg, perante público internacional, a nova ópera *Antigone*, de Carl Orff. Depois, a obra apareceu em várias cidades européias; foi divulgada por grandes radioemissoras; constitui, no momento, objeto de discussões apaixonadas de músicos, escritores, diretores de cena e estudiosos em toda parte do mundo, enquanto em nosso Teatro Municipal ressoam as doces melodias de Massenet e Puccini.

Antigone é, como se sabe, a peça mais "atual" do repertório antigo. Só nos últimos anos diversos dramaturgos (entre eles um Anouilh, um Pemán, um Brecht) deram novas versões do conflito permanente entre a lei humana e a lei divina. Carl Orff preferiu, porém, a própria peça de Sófocles, embora na tradução só há pouco reeditada de Hölderlin, tradução em linguagem arcaica e meio hermética, carregada de sentido como o oráculo de uma divindade esquecida.

"Pôr em música", à maneira tradicional, esse texto seria impossível. Com efeito, Orff quis apenas acrescentar ao texto mais uma dimensão: a musical. Mais ou menos assim como fez Eric Satie em seu *Socrate*. As palavras de Sófocles-Hölderlin são declamadas de uma maneira que o próprio compositor chama "mecânica de repetição", enquanto aos críticos ocorreu o termo "monomania rítmica" — lembraram-se do cantochão gregoriano, dos salmos murmurados na sinagoga; contudo o ritmo não pode ser tão repetitivo assim, pois a canção final de *Antigone* é um bolero.

A singularidade da declamação musical corresponde à orquestra, certamente a mais estranha que já se ouviu em todos os tempos: quatro pianofortes (tocados a quatro mãos), seis contrabaixos, três harpas, seis trombetas, quatro flautas, seis oboés e, dominando o elenco, quinze tocadores de instrumentos de percussão, tambores, címbalos, xilofones, *gongs* — uma assembléia sinistra. Essa orquestra não pode ter funções melódicas nem harmônicas; na verdade, apenas serve para fortalecer o ritmo, para intercalar pequenos refrões, para colocar sinais de pontuação. Não faz, como se poderia pensar, barulho: essa orquestra fala baixo, mas com obstinação marcada.

Quanto ao efeito, os críticos e os espectadores compreensivos estão de acordo: durante a representação, a música é ressentida como perturbando a compreensão do texto; mas, quando este é relido, depois, os estranhos sons voltam irresistivelmente à memória, ligados para sempre às palavras. A *Antigone* de Orff não é uma ópera. É outra coisa, algo de novo ou então de muito antigo.

É uma das várias tentativas, em nosso tempo, de reconquistar o teatro grego. São cada vez mais numerosas as traduções, versões livres, adaptações, imitações. Na França e na Alemanha, o *Agamemnon* de Ésquilo e o *Édipo* e a *Antigone* de Sófocles já pertencem ao repertório. Na Inglaterra, representam-se constantemente as traduções de Eurípides, de Gilbert Murray. Já se representaram traduções assim e até as peças originais nos teatros antigos, bem-conservados, de Orange, Siracusa e Delfi. O efeito foi poderoso. Mas faltava uma coisa a qual sabemos que o teatro grego nunca dispensou: a música.

Sabem disso os estudiosos há muito tempo. No fim do século XVI, um grupo de intelectuais florentinos empreendeu restaurar a antiga *tragoedia cum musica*: foi difícil, e, quando o gênero novo-velho amadureceu, saíram *Don Giovanni*, *Tristão e Isolda*, *Pelléas et Mélisande* e o *Barbeiro de Sevilha*. Teria um grego jamais pensado nisso? Mas já não é preciso entoar lamentações com respeito à incompreensão permanente (e inevitável) da Antigüidade pelos séculos. Pelo menos esta incompreensão acabou: em 1594, a *Dafne* de Jacopo Peri foi a primeira ópera; e, enquanto se discute a natureza aristocrática ou então burguesa do gênero para explicar-lhe a decadência, escreveu Richard Strauss, em 1940, outra *Dafne*, talvez a última. A sobrevivência de uma rotina operística em nossos teatros líricos não significaria nada.

"Só no crepúsculo a coruja da Minerva levanta vôo". Só em nossos tempos descobriram-se as origens da tragédia. Ainda há muita discussão, aliás; mas as teorias de Ridgeway, Pickard-Cambridge, Murray, Jane E. Harrison, Dawkins, Farnell e de mais outros concordam a respeito do ponto essencial: seja a tragédia a dialogação de ditirambos dionisíacos, ou então de elegias fúnebres, em todo o caso sua origem é religiosa. Representa o mito. Apenas não explicam essas teorias por que a tragédia, depois de começos obscuros, e perdidos, entrou só com Ésquilo na mais alta categoria literária, para — apenas uma geração depois — acabar com Eurípides, desaparecendo para sempre. Ao motivo religioso deve-se ter acrescentado outro qualquer que só existia durante o século dos três grandes trágicos, perdendo depois a razão de ser. Essa "outra coisa" é a interpretação do mito em sentido político.

O teatro ateniense é a representação do mito para efeitos políticos. O que os atores realizaram foi um serviço litúrgico, mas os espectadores assistiram a ele em função de membros da Assembléia Legislativa. Por isso, as mulheres estavam excluídas do teatro; e o Prêmio decidiu carreiras políticas. George Thompson interpreta a *Oréstia* como representação da substituição do regime feudal pela justiça do Areópago. O sentido público de *Antigone* já foi esclarecido por Hegel. Com a discussão céptica das instituições por Eurípides acaba a tragédia, quando também acabou a República dos atenienses.

A descoberta, em nosso tempo, das origens religiosas e da significação política da tragédia grega só se tornou possível porque as tempestades ideológicas e políticas da época moderna derrubaram a imagem tradicional da Grécia, erigida pelos humanistas, de um Olimpo serenamente alegre. Burckhardt e Nietzsche já haviam descoberto a "face escondida", o aspecto noturno da Grécia. A estátua de Júpiter que domina a cena em *Les Mouches,* de Sartre, tem *"la face barbouillée de sang"* — divulgação teatral dos novos conceitos de divindades bárbaras de uma humanidade primitiva, por assim dizer, nua. A psicanálise "despiu" a tragédia: apareceram a Electra e o Édipo de todos os tempos e do mito.

A renascença, em nosso tempo, da tragicidade grega é tentativa de voltar ao mito. Mas esse caminho para trás não pode ser palmilhado conforme as diretrizes racionalizadoras da psicanálise, que pretende extirpar as raízes do mito. Só seria possível a volta através da mesma fase pela qual o mito passou para tornar-se tragédia: através da interpretação política. Nesse sentido, a luta entre a lei humana e a lei divina, na *Antigone* de Anouilh, Pemán e Brecht, não termina — como se suporia — com a vitória da lei divina, e sim com a revelação da impotência trágica das criaturas em face da ordem irracional do mundo criado. Só a derrota das instituições, em Atenas e entre nós, torna visível essa situação primitiva. Não seriam harmonias sonoras que acompanham essa revelação. Seis contrabaixos e 15 instrumentos de percussão e a poesia marmórea e confusa de Hölderlin, unidos pela monomania rítmica de um mecanismo de repetição, descrevem a situação do homem no Universo. Essa música é trágica.

Condição humana

O Estado de S. Paulo, 26 jul. 58

Quando este artigo sair, o Teatro Stabile della Città di Genova já terá representado entre nós a peça *Measure for Measure*, de Shakespeare. Que nos fica? Uma recordação; e um livro. Pois uma peça também é um livro; e, praticamente, este é um livro novo.

Novo, sobretudo, para o Brasil, onde *Medida por Medida* nunca antes foi representado; nem, parece, muito lido. Lá fora, não é tanto assim. Na Inglaterra e na Alemanha, pelo menos, a peça é hoje representada com suficiente freqüência; e, na discussão crítica, passou ela a ocupar lugar privilegiado. Afirmação contrária basear-se-ia em antiquados manuais de *college* que ainda refletem a mentalidade do século XIX vitoriano. Então, sim, a peça não foi quase nunca levada à cena; e a discussão, timidamente evitada. Nossos avós ficaram escandalizados com as cenas em que cáftens e caftinas se manifestam com franqueza sobre a utilidade pública da sua profissão; esconderam seu pudor hipócrita atrás da censura de que a peça não seria bastante realística; "irreal", "impossível" seria a "lei" em torno da qual gira o enredo.

Qual é essa lei? Pune com a pena de morte as relações sexuais extramatrimoniais. Realmente, uma lei dessas só pode vigorar numa fantástica cidade de comédia, como essa imaginária "Viena" na qual *Medida por Medida* se passa. E mesmo ali não é obedecida. Caiu em desuso. Há bordéis em cada esquina. O Duque, homem bom mas algo teórico, não se sente com forças para restabelecer a pureza dos costumes. Evade-se dos seus deveres, viajando, entregando o governo ao puritano Ângelo. Este começa logo a agir. Fecha as casas de tolerância. Persegue os casais de namorados. Condena à morte o jovem Cláudio, que vivia maritalmente com sua futura esposa. É o desespero. O maldizente *raisonneur* Lúcio, condenando severamente o comportamento covarde do Duque, dá a Isabela, irmã de Cláudio, o conselho de pedir perdão ao fanático Ângelo. Em discurso altamente poético, Isabela fala ao juiz inflexível, enaltecendo a Graça, que é divina, enquanto a Justiça é desumanamente humana. Em vão. Mas já a beleza de Isabela quebrou outras resistências de Ângelo. O puritano fraqueja. Perdoaria Cláudio se a moça se lhe quiser entregar. Indignada, Isabela o repele. Também resiste aos pedidos desesperados de Cláudio, que tem infinito medo da morte. A virgem não sacrificará sua honra. Fortalece-lhe a resistência um frade, que é o próprio Duque; não viajou; fantasiado de religioso, acompanha os acontecimentos. Assiste, na prisão noturna, a todos esses horrores, às conversas obscenas dos cáftens e caftinas presos, aos preparativos para as execuções; tem de ouvir, da boca do maldizente Lúcio, que não o reconhece, a crítica mais áspera de sua conduta. Enfim, resolve intervir. É o ponto nevrálgico da peça, indicado pelas palavras do duque-frade ao carcereiro; já se levanta a aurora, a noite cederá ao dia e tudo será resolvido bem; muda o próprio estilo da obra: em vez da poesia eloqüente, começa a prevalecer a prosa, a tragédia vira comédia. Ângelo acredita ter possuído Isabela, num quarto escuro, mas é Mariana, a noiva que abandonara. Sua ordem de executar Cláudio já não é obedecida. Enfim, o Duque tira a máscara de frade. É o dia do juízo. Mas é o dia de perdão para todos, inclusive para o infame e agora arrependido Ângelo. E punido só fica o menos culpado de todos, Lúcio, por causa da sua maledicência irreverente; "medida por medida", terá de casar com uma prostituta. Mas será esta a Justiça que esperávamos? O desfecho da peça desmente o título.

Esse desfecho chocou profundamente os leitores do século XIX. Até o grande Coleridge achava a obra *most painful* (mais tarde, chegou a dizer: *hateful*, "odiosa"). Hazlitt, embora reconhecendo que *Medida por Medida* é *"as full of genius as it is of wisdom"*, lamentou a antipatia que todos os personagens inspiram. Até um eminente crítico dos nossos dias, L. C. Knights, repetiu esse juízo, declarando a peça "ambígua" porque são ambíguos os personagens. Isabela: castidade admirável de virgem pura ou frieza desumana que prefere a morte do irmão à violação do hímen? Ângelo: hipócrita desprezível e brutal, ou exemplo de fraqueza humana, exemplo para todos os que julgam? O Duque: modelo de um regente sábio e clemente ou homem covarde que fez um experimento leviano, jogando com a vida e o desespero de outros? Personagens humanos, de sinceridade simpática, só são os cáftens e as caftinas, vítimas de uma lei impossível que nunca poderia existir na realidade. A peça estaria mesmo baseada numa impossibilidade, colocando os personagens em situações paradoxais. Um paradoxo dramatúrgico.

Outro crítico moderno, Tillyard, julgando conforme critérios mais acadêmicos, limita aquela ambigüidade à segunda parte da peça. Observa que a primeira parte está cheia de alta poesia, que sempre foi, aliás, devidamente admirada. O esplêndido discurso de Isabela sobre a Justiça e a Graça. O comovente medo da morte de Cláudio: *"Ay, but to die, and go we know not where; — To lie in cold obstruction and to rot..."* Muitos outros versos inesquecíveis. Mas isto só até a cena em que o Duque resolve intervir. As palavras decisivas do duque-frade ao carcereiro também são ditas em prosa: *"Look, the unfolding star calls up the shepherd. Put not yourself into amazement how these things should be; all dificulties are but easy when they are known"*. A partir daquele momento prevalece a prosa. E observa-se que Shakespeare sempre costuma usar a prosa para as cenas cômicas e o verso para as trágicas. Mas, nas outras peças, verso e prosa alternam conforme a situação. Só em *Medida por Medida* há a mudança radical no meio da obra. Desse modo, por análise estilística, justifica Tillyard a opinião menos favorável dos seus antecessores sobre a peça. Não seria homogênea; um enredo trágico com desfecho de comédia. O próprio título da obra é desmentido.

Mas também há quem defenda a peça. Logo mais direi por que essas defesas me parecem insatisfatórias. Mas são, em todo caso, interessantes como exemplos de processos diversos da crítica literária. Seguindo o método de Bradley, de análise psicológica dos personagens, R. W. Chambers pretende justificar o Duque: um Hamlet no trono, mais preocupado com a teoria e os aspectos morais da vida pública do que com a necessidade da ação; mas capaz, enfim, de resolver o problema dramatúrgico. O crítico norte-americano Stoll prefere estudar a história das convenções dramatúrgicas na época elisabetana. A punição — ou antes, a condição do perdão — de Lúcio, seu casamento com uma prostituta, parece-nos hoje revoltante; mas Stoll pode demonstrar que se trata de uma regra do Direito da época: o condenado à morte ficou perdoado quando uma prostituta o pediu em casamento. A substituição de uma moça por outra em quarto escuro — outro detalhe revoltante — também é um truque rotineiro nas comédias para se chegar a um *happy end*. E o Duque? Na própria peça é ele chamado de *the old fantastical Duke of dark corners* (IV, 3), como um títere que o dramaturgo tira do cantinho para obter um satisfatório quinto ato. Segundo Stoll, o Duque seria mesmo um mero títere da *stage convention*; não um personagem vivo, real, mas um *deus ex machina* que só existe na peça para garantir o *happy end*. Enfim, Wilson Knight toma ao pé da letra essa palavra "deus" para chegar a uma interpretação altamente simbólica da peça: o Duque representa a Providência Divina; em vez da "lei", no sentido do apóstolo São Paulo, que gera o pecado, abre ele a porta ao reino da Graça, onde não há "medida por medida", pois, se houvesse, quem de nós escaparia?

Muito bem tudo isto. Mas precisa a peça de uma defesa? Acho que não. É uma das maiores obras de Shakespeare. Sempre se admitiu que ela é *throughout Shakespeare's* (Coleridge) e *full of genius and wisdom* (Hazlitt). Mas também é construída tão magistralmente como poucas outras; a revelação gradual da verdade lembra *Édipo Rei*. O curso dos acontecimentos, no enredo, é tão inexorável como a própria realidade. Irreal apenas é aquela condição inicial do enredo, a lei que pune com a morte as relações sexuais ilegítimas. Mas é menos irreal do que se pensa. O século XIX, tão hipócrita que não quis ver as cenas de bordel, achava que só numa cidade dos contos de fadas poderia haver uma lei daquelas. Mas neste século XX, que ostenta com tanta franqueza sua corrupção, não são raros os prefeitos ou chefes de polícia que querem proibir a prostituição, como Ângelo. Será que Shakespeare, dotado de espírito profético, previu esse falso moralismo? Preferimos a interpretação mais realística do crítico norte-americano Frances Ferguson: trata-se de uma "situação experimental", impossível como a primeira cena de *Rei Lear* em que o velho distribui seu reino: é destinada a provocar as reações psicológicas dos personagens em condições extremas.

Quais são essas condições? Os dois problemas fundamentais da existência humana, o problema sexual e o da morte, são subordinados à condição que o primeiro verso da peça manifesta: *"Of government the properties to unfold..."*. Perante aqueles dois problemas tem de justificar-se a Lei, que é inflexível às vezes, enquanto outras vezes se "adapta" às necessidades da vida. É ela, não a peça, que é ambígua. Não poderia ser diferente o resultado quando entram em choque o mais particular (a vida sexual) e o mais geral (a lei do Estado). Mas é mesmo assim a condição humana.

Medida por Medida é, como *Don Quijote* ou *Ulysses* ou *O Processo* ou *La Condition Humaine*, "uma fábula dos homens deste tempo, e de todos os tempos" (expressão de Casnati sobre os romances modernos de tipo alegórico). Parece conto de fadas, mas reflete a realidade sombria. Passa-se, em grande parte, numa prisão; e durante a noite. Mas a aurora se anuncia justamente naquele momento quando o Duque revela sua identidade, garantindo-nos a presença e a intervenção de uma realidade superior. É o momento em que começa a prevalecer a prosa; *plain English*, simples e, no entanto, mais fundo, porque mais "real" do que aquela grande poesia. Não temos nesta nossa realidade esperança de encontrar a Graça da qual Isabela falou com tanta eloqüência, nem de escapar à morte cujo horror Cláudio manifestou por todos nós. Mas, mesmo depois de ter caído o pano, não esqueceremos as palavras que o Duque diz, em simples prosa, ao carcereiro: "Veja, a estrela da manhã já desperta o pastor. Não te admira como essas coisas se resolverão. Todas as dificuldades se tornam fáceis quando reconhecidas". É o conselho com que o poeta nos despede, um consolo para a vida afora.

Romances proféticos

O Estado de S. Paulo, 09 ago. 58

Uma grande editora paulista acaba de anunciar a publicação de uma Coleção de Romances Contemporâneos, ainda não traduzidos para o português; e os primeiros títulos anunciados já fazem pensar nas muitas obras importantíssimas que continuam, por enquanto, inacessíveis ao público brasileiro. Não pensei em *Ulysses*, cuja tradução é de dificuldade quase sobre-humana (embora fosse vencida em francês, alemão e castelhano). Penso em outros casos, menos complicados e, portanto, inexplicáveis. *O Lobo da Estepe*, de Hermann Hesse, foi um dos maiores sucessos literários no Brasil; mas ninguém pensa em traduzir a obra principal do grande escritor, *Das Glasperlenspiel*. Todo mundo no Brasil conhece Thomas Mann, só os editores lhe desconhecem a maior obra, o *Doktor Faustus*. E os nossos contistas, tão freqüentemente influenciados por Kafka, só o podem ler em francês. Anuncia-se a tradução da primeira obra-prima de Vasco Pratolini, *Cronaca de Poveri Amanti*; se também se traduzisse sua obra-prima mais recente, *Metello*, desapareceriam muitos equívocos, divulgados no Brasil, acerca do neo-realismo italiano. Também se desconhecem, por falta de traduções, novos tipos do romance político, obras de Anna Seghers, Joyce Cary, Camilo José Cela, até *All the King's Men*, de Robert Penn Warren, que reúne as qualidades de uma nova técnica novelística, de profundidade dir-se-ia supratemporal do pensamento político e de atualidade urgente, inclusive para os leitores brasileiros.

Porque na política editorial influem, além das cogitações comerciais, acasos incalculáveis: prêmios Nobel de sensacionalismo efêmero, visitas de autores ao Brasil, relações diplomáticas; às vezes, o simples conhecimento. Todos esses fatores contribuem para a distorção dos horizontes literários assim como são vistos no Rio de Janeiro e em São Paulo. É um mundo confuso.

Mas não será, porventura, confuso este nosso mundo contemporâneo? Refletir essa confusão, sem que se torne confusa a obra que a reflete, eis o problema do romancista moderno. A esse problema estão subordinadas as novas soluções técnicas, assim como o esforço intelectual sem o qual a imaginação criadora degeneraria em jogo gratuito. Como exemplo de um consciente esforço desses, desejar-se-ia a tradução para o português de pelo menos um dos romances do escritor tcheco Egon Hostovski.

Não se assustem do nome impronunciável desse "ilustre desconhecido". Hostovski, exilado há muitos anos, escreve em inglês (ou, pelo menos, colabora na tradução das suas obras para a língua inglesa). É hoje um dos grandes nomes da literatura ocidental. Sua obra-prima talvez seja *The Midnight Patient* (Appleton-Century-Crofts, Nova York).

O personagem involuntariamente principal desse romance é o dr. Arnost Malik, um psiquiatra tcheco que, apesar da sua fama internacional, vive em Nova York, como refugiado, em situação miserável, habitando um apartamento que "se parece com o interior de um caminhão para mudanças". O "paciente de meia-noite" chama-se "Alfons"; é um agente secreto russo, portador de informações importantes, que sofreu grave colapso nervoso. Quem o leva à presença do dr. Malik, em hora noturna, é o coronel Howard, que se diz do Serviço Secreto norte-americano, interessado em restabelecer o equilíbrio mental do russo para arrancar-lhe seus segredos. Eis o que se pede ao psiquiatra. Mas este fica submerso em dúvidas. Não tem confiança em nenhum dos dois homens. Pois talvez "Alfons" seja um homem do serviço de contra-espionagem norte-americana, ao passo que o misterioso coronel Howard estaria a serviço dos russos? O segredo em que os dois homens ficam envolvidos, pela própria natureza da sua ocupação, não permite esclarecer aquela dúvida... É uma imagem perfeita das confusões mentais e morais da nossa época.

Uma das muitas frases significativas que surgem como *flash lights* no romance de Hostovski é esta: *In fighting the devil, we build our own hell.* Combatendo o diabo, construímos nosso próprio inferno. Poderia ser a epígrafe de um novo romance do jovem escritor holandês Alfred Kossmann: *De Hondenplaag* (a praça dos cachorros). Os personagens principais dessa obra ligeiramente apocalíptica são cachorros, dotados de ferocidade extraordinária e de inteligência calculadora, que atacam em massa uma cidade indefesa. Já conquistaram o centro. Aos habitantes já não resta outra saída senão a fuga para os telhados. Enquanto isso, reuniram-se no Paço Municipal algumas personalidades para debater a conveniência ou não da execução pública de um novo Oratório, baseado no Apocalipse, obra musical de que alguns temem a impressão por assim dizer *defaitiste* na população. O latido incessante dos inimigos ferozes lá fora obriga os entendidos a mudar o objeto das suas deliberações estéticas; do Apocalipse musical para o da realidade. As opiniões estão divididas. O sr. Zondval, que é racionalista, não quer saber das causas da misteriosa praga; a ele só importam providências eficientes para combatê-la. O sr. Augustijn, por sua vez, homem de inclinações para a técnica moderna, não acredita na possibilidade de combater os cachorros, como diz com desprezo, por meio de inseticidas; porque não seriam verdadeiros cachorros, mas *robôs* aos quais seu inventor diabólico deu forma canina. Contra essa tese insurge-se o sr. Koster, de fortes tendências místicas; os inimigos não seriam *robôs* nem animais comuns, mas criaturas metafísicas cuja força só reside no poder dos nossos pecados; são vingadores das injustiças que temos cometido e contra os quais só adianta uma conversão completa e contrita — e assim se prolongam interminavelmente os debates até os cachorros invadirem o Paço e devorarem os discutidores.

"Ligeiramente apocalíptico", eu disse, porque a intenção do autor é evidentemente satírica. A comparação com alegorias semelhantes, na ficção contemporânea, confirma essa impressão. Poderia citar *A Guerra contra as Salamandras*, de Capek. Ou então, uma das *Strange Stories* de Villy Sörensen, que começa com um impressionante texto de telegrama: *"Return immediately stop Tiger in the kitchen"*. Ou então, *La Famosa Invasione degli Orsi in Sicilia*, em que ursos famintos invadem uma cidade siciliana, ficando porém tão aborrecidos com a corrupção ali reinante que preferem voltar para as suas montanhas.

O autor da *Famosa Invasione degli Orsi in Sicilia* é o italiano Dino Buzzati, que deu no romance *Il Deserto dei Tartari* um dos mais impressionantes romances alegóricos deste tempo. Mais ligeiros são seus contos, em que esse redator do *Corriere della Sera* sabe, com habilidade jornalística, explorar temas kafkianos. A propósito daquele romance holandês, pensa-se em sua novela *Paura alla Scala* (Mondadori, Milão), que esclarece definitivamente nosso assunto. No Teatro alla Scala está reunida toda a sociedade milanesa, a grande burguesia, os intelectuais, os políticos, os artistas, para ouvir a estréia de uma nova ópera, cujo enredo é, significativa e ironicamente, "A matança dos inocentes de Belém". Ninguém quis deixar de assistir ao grande acontecimento artístico e social, apesar de a atmosfera estar envenenada por boatos de um movimento decisivo do Partido Revolucionário. Reuniram-se no grande teatro "como os últimos Nibelungen se fecharam na fortaleza, esperando o ataque dos humanos". É grande o sucesso da obra. Depois, há recepção oficial, pelo prefeito, no salão nobre do teatro. Há o usual assalto de todos ao *buffet* enquanto um velho escritor espirituoso, o "Anatole France italiano", copo na mão, dá aos circunstantes uma pequena aula de tática revolucionária: "Primeira fase, ocupação dos pontos estratégicos; segunda fase, eliminação física dos elementos reacionários"... mas nesse momento aparecem os críticos musicais, que pretendem telefonar para os jornais em Roma dando notícias da estréia; os telefones estão cortados. Não há mais comunicações com o mundo lá fora; com as ruas misteriosamente vazias em torno do teatro, ninguém ousa sair. Como saber o que se passa? Acontece que está presente no salão um dos próprios chefes do Partido Revolucionário. Os repórteres quase assaltam-no, perguntando. O político apenas sorri: "Não sei de nada. Ontem mesmo fui excluído do partido, por desvio ideológico". Depois de uma noite cheia de apreensões terríveis, surge a aurora, ouvindo-se os gritos dos jornaleiros. É um alívio instantâneo, pois: "Acreditam que o Partido Revolucionário, quando no poder, deixaria imprimir e sair o *Corriere della Sera?*"

Não houve nada. Os telefones estavam cortados? Mais um golpe de mestre da nossa lamentável administração municipal. Já é dia. Na praça defronte ao teatro estabelecem-se, como sempre, as floristas. E a rainha da festa tão gravemente perturbada apresenta-se "uma gardênia intacta".

Desta vez, a alegoria é transparente; é um desmentido aos Koestlers e a todas as agências noticiosas que há 13 anos nos predizem diariamente, para amanhã ou depois, a revolução e a terceira guerra mundial. Por motivos de higiene mental seria aconselhável mandar traduzir aquelas três obras e — não são longas — reuni-las em um volume só cuja epígrafe seria uma frase de Ludovic Halévy: "*J'ai passé ma vie à annoncer des catastrophes qui ne se sont jamais produites*".

Armas do espírito

O Estado de S. Paulo, 18 out. 58

Há poucos anos, os professores de recém-fundada universidade ou faculdade na capital de um estado nordestino pediram ao secretário de Educação aumento de verba da biblioteca, explicando: "Não precisamos só de livros, mas também de revistas". O político, homem melhor intencionado que instruído, respondeu: "Meus senhores, sei que a biblioteca é pequenina, mas a situação financeira não é boa; vou aumentar a verba para compra de livros, mas assim como está agora, não posso mandar assinar *O Cruzeiro* e a *Manchete*".

Foram os anos em que nossa carência de revistas científicas e literárias tinha chegado ao ponto de apagar o próprio conceito delas. Mas, desde então, o progresso é sensível. Já dispomos de um certo número de revistas apreciáveis, especializadas e literárias. Quanto às especializadas, sempre se lê com proveito a *Revista Brasileira de Estudos Políticos*, publicada pelo Universidade de Minas Gerais, assim como a sólida revista universitária *Kriterion*; ao estudioso de assuntos políticos e econômicos também serve bem a nova revista *Estudos Sociais*, dirigida pelo sr. Astrojildo Pereira. Entre as revistas literárias, a melhor é provavelmente *Diálogo*, dirigida pelo sr. Vicente Ferreira da Silva. E há mais outras dignas de leitura.

Diferente é a revista mensal *Anhembi*, que se publica em São Paulo sob a direção do sr. Paulo Duarte. Em cada um dos números, grossos como livros, dá-se o primeiro lugar a um artigo literário. Assim encontramos nos últimos números um artigo do sr. Luís Amador Sanchez, "poeta", e um estudo do sr. Alfred Bonzon, "*As Flores do Mal*, correspondência do céu", sobre a questão discutidíssima da composição do volume de Baudelaire. No entanto, *Anhembi* não é propriamente uma revista literária. Quantitativamente chega a predominar outra matéria. Depois dos artigos literários seguem-se estudos científicos, especialmente sobre problemas do ensino, da biologia, psicologia e etnologia. O resto, isto é, o maior número de páginas, é das seções permanentes: "Jornal de 30 dias" (comentários políticos); "Livros de 30 dias" (crítica, inclusive de livros estrangeiros); "Ciências de 30 dias" (resenha de revistas científicas); "Artes de 30 dias" (teatro, música, discos, artes plásticas, cinema). Informação completa.

Ao leitor constante de *Anhembi* não pode escapar a importância especial da primeira daquelas seções: "Jornal de 30 dias". Pois *Anhembi* é uma revista de bem-definidas atitudes políticas. O ponto de vista da publicação é, evidentemente, este: que a literatura, a ciência e as artes não podem existir senão sob certas condições da vida pública. Sei que nem todos estão de acordo. Para tomar aquela atitude talvez seja necessário ter passado por certas experiências, que eu conheço tão bem como o diretor de *Anhembi*. A mim também predisse o Destino os versos de Dante: "*Tu proverai si come sa di sale — Lo pane altrui, e com'è duro calle — Lo scendere e il salir per l'altrui scale*". A conclusão só pode ser a da independência completa, como se cada um de nós fosse seu próprio partido; ou, para continuar com Dante, a consciência de *averti fatta parte per te stesso*. Realmente, *Anhembi* é — e provavelmente o será sob todos os governos — uma revista de oposição.

Como *parte per me stesso*, nem sempre estou de acordo com tudo que se escreve em *Anhembi*. Certa vez, há uns três anos, cortei um artigo do sr. Clóvis de Toledo Piza contra a reforma agrária, só para refutar oportunamente os argumentos do autor. Mas continuo respeitando a independência alheia, em opor-se a uma tendência que será felizmente irresistível. O de que mais precisamos é a firmeza de caráter. Espinha dorsal inflexível. É o "sal do mundo", nestes tempos em que, conforme a expressão do *Abbé* Galiani, "os imbecis fazem a política e os inteligentes escrevem o comentário". Mas são os citados imbecis que, em toda parte, detêm o poder; e contra certos entre os citados, ninguém ou quase ninguém escreve porque não é "diplomático" ou porque não é "cômodo". *Anhembi* escreve.

Anhembi luta incansavelmente contra o obscurantismo que combate o professor Anísio Teixeira e chega a querer "limpar" de livros "suspeitos" as bibliotecas universitárias do país. *Anhembi*, ignorando o pretexto do falso sentimentalismo luso-brasileiro, denuncia intransigentemente a ditadura Salazar; *Anhembi* revelou e denunciou os pretextos que mascararam a invasão da Guatemala. A propósito das duras e merecidas experiências do vice-presidente Nixon, na América do Sul, *Anhembi* lembrou o papel vergonhoso desse politiqueiro (extremamente impopular nos próprios Estados Unidos) no processo contra Alger Hiss. Agora mesmo, *Anhembi* disse — o que nem todos diziam — que o Resistente Número Um da França foi levado ao poder pelas mesmas forças que apoiaram o governo de Vichy; o paradoxo não está, infelizmente, na interpretação dos fatos, mas nos próprios fatos. Mas é a tendência política — qualquer que seja — compatível com o papel de uma revista que pretende servir à cultura? Para responder, seria preciso entrar em terreno até agora pouco estudado: a sociologia das revistas; e, antes, a sociologia dos jornais.

Os jornais existem desde o século XVII. Mas o público de jornais é fenômeno muito mais moderno. Jornais como *Times* e *Journal des Débats* saíram, ainda por volta de 1820, em tiragens irrisoriamente pequenas. O público, enquanto havia público, preferiu revistas científico-literárias que a nós outros. A revolução de Julho de 1830, na França, dirigida contra projetada censura dos jornais, e a abolição quase completa do imposto sobre os jornais na Inglaterra, em 1836, são datas significativas. Foi a vitória do novo público que lê, em vez daquelas revistas, os jornais; órgãos de informação completa, dos fatos políticos e dos fatos apolíticos. Esse processo, que enche o século XIX, está hoje retrocedendo, ou, antes, mudou de direção. Rádio e televisão estão hoje criando mais um novo público, ao qual os jornais têm de adaptar-se. E aquilo que foi jornal no século XIX volta a ser revista. Mas esse tipo de revista, além de desempenhar o papel cultural dos jornais do século passado, também tem de encarregar-se de parte das suas funções políticas.

A necessidade de defesa política da cultura e a impossibilidade dessa defesa sob um regime de censura são amplamente ilustradas pelas experiências contemporâneas; e é preciso salientar que a cultura tem de ser defendida principalmente contra os próprios representantes da cultura. O professor suíço Walter Muschg, em seu livro *A Destruição da Literatura Alemã* (Berna, 1956), acumula provas das mais edificantes; o poeta Joseph Weinheber fez em Weimar um discurso sobre o tema "A nação alemã honra seus poetas e escritores", precisamente no dia em que o grande dramaturgo e escultor Ernst Barlach morreu de fome no hospital porque as autoridades nazistas tinham proibido fornecer-lhe alimentos; e Gottfried Benn (este realmente um grande poeta) só saiu das fileiras do nazismo quando o partido já não quis saber dele. As humilhações infames que sofreu o eminente crítico marxista Georg Lukács não foram amenizadas pelas suas mais humilhantes retratações; nem as compensa o suicídio do perseguidor-mor dos escritores nos países comunistas, do bom romancista e melhor delator Fadeiev. O que importa é o fato de que esses inimigos da cultura entre os seus portadores nem sempre são poetastros ou escritores fracassados, mas homens que deveriam saber agir melhor. Por isso não basta denunciar o não-valor; é preciso combatê-los politicamente. Essa necessidade também é hoje evidente nos Estados Unidos, onde os intelectuais, tendo passado a onda do macartismo, se refugiam em um conformismo dos mais cômodos; muito mais perigosos que os sulistas "reacionários" de 1930 são homens como Edmund Wilson, que aproveitam o prestígio conquistado por suas atitudes radicais para destruir a função "protestante", não-conformista, da literatura norte-americana; um romancista realmente grande como Dos Passos chegou a combater Eisenhower porque preferiu Taft... Tampouco se sente inveja da paz de consciência dos professores da Universidade de Madri, que realizam as mais sutis análises estilísticas enquanto na prisão da rua vizinha trabalham incessantemente os pelotões de fuzilamento.

Conclui Muschg, naquele livro: a literatura não tem força neste mundo; a vida literária é uma fachada atrás da qual se esconde a impotência do espírito.

O primeiro que denunciou essa situação foi Baudelaire, poeta que parecia associal ou até anti-social, porque sua poesia indica exatamente a corrupção e a hora do fim da sociedade burguesa; estavam bem-informados os juízes que, sob pretexto de imoralidade, lhe fizeram o processo. A poesia pura, completamente apolítica, de Juan Ramón Jiménez, também, só foi possível nos últimos vinte anos, em Puerto Rico. Foi por causa do centenário das *Fleurs du mal* e da concessão do Prêmio Nobel que se dedicaram a Baudelaire e a Juan Ramón Jiménez os últimos artigos literários de *Anhembi*; acasos cronológicos, dir-se-ia, mas bem significativos.

Em certo sentido, tudo no mundo é político, até a *poésie pure* é fato político. Em compensação, certa política não é fato político, mas de deterioração cultural: a perseguição em que são mestres os porta-vozes farisaicos da sociedade norte-americana e os literatos do Partido Comunista. Também no Brasil existem alguns "russos" assim e muitos "norte-americanos" assim; no dizer de Rivarol: "*Ces gens de droite qui sont si gauches et ces gens de gauche qui sont si peu droits*". Para o combate contra eles servem ao espírito armas como *Anhembi*.

O fim da história

O Estado de S. Paulo, 15 nov. 58

A publicação, em seguida, de três volumosas obras de historiografia brasileira, de Sérgio Buarque de Holanda, José Honório Rodrigues e Octavio Tarqüínio de Souza, sugere meditação e coloca um problema. Por um lado, julgo-me incompetente para apreciar aquelas obras muito especializadas; só a publicação da obra impacientemente esperada de Sérgio Buarque de Holanda sobre o barroco brasileiro (assunto com que estou melhor familiarizado) permitir-me-á estudar-lhe devidamente o mérito; chegou, como historiógrafo, à fase de exatidão perfeita sem deixar de ser escritor de alta categoria. Eis a fase atual da disciplina no Brasil. Mas dá para pensar que, ao mesmo tempo, se fala constantemente em "destino do país"; o que não é uma frase patriótica, mas um resíduo da filosofia da História, de Hegel, que atribuiu a determinadas nações determinada "missão histórica" e destino a realizar. É evidente que ainda é preciso esclarecer certas coisas, tão permanentes como atuais.

Mesmo excluindo as explicações puramente causais da História, a geográfica, a pela raça, a puramente econômica (a de Marx não é só econômica), ainda continua perturbadora a quantidade de teorias: Santo Agostinho, Maquiavel, Bossuet, Vico, Montesquieu, Condorcet, Herder, Comte, Hegel, Marx, Spengler, Toynbee, tantas outras, sem que se perceba um progresso, uma aproximação gradual a teses ou "leis" geralmente reconhecidas. Será por isso que não existe, ao que me consta, uma história da filosofia da história. Como orientar-se nessa floresta de idéias?

Karl Löwith, em seu livro *Weltgeschichte und Heilsgeschehen* (Stuttgart, 1953), teve uma idéia engenhosa: fez rodar o filme para trás, começando com Marx e terminando com Santo Agostinho. O resultado é surpreendente. Assim como Ernst

Mach (*Die Mechanikin ihrer Entwicklung*, 1883, 2ª ed., 1908) tinha descoberto resíduos teológicos na física de Pascal, Newton e Laplace, assim Löwith descobriu no progresso dialético de Hegel e Marx e no progresso unilinear de Condorcet e Comte os resíduos da historiografia sacra. O progresso da humanidade (em Marx: do proletariado) corresponde exatamente ao caminho do velho povo eleito, e do novo povo eleito, da Igreja, até o fim da História: *usque ad consummationem saeculi*. A filosofia da história profana não passa de secularização do conceito teológico da história sacra como caminho de redenção do gênero humano. O progresso é o pseudônimo moderno da Providência Divina.

O otimismo relativo do século XIX (que se estende até 1914) tinha naquela redenção pela História a mesma fé de um doutor da Igreja; inclusive os judeus passavam a adorar a História, esquecidos dos numerosos episódios do Velho Testamento em que Deus lhes proibiu adorar divindades femininas. Foi relegado para o fundo da diabólica divindade masculina: o inexplicável Destino. Mas, de repente, por volta de 1918, o inimigo descobriu seu rosto terrível. Tornou-se aguda a chamada "consciência histórica", isto é, a consciência de que somos objetos da história. Foram os anos que Yeats descreveu em versos memoráveis, válidos hoje como então:

> "*Things fall apart; the centre cannot hold;*
> *Mere anarchy is loosed upon the world.*
>
> ....
>
> *The best lack all conviction, while the worst*
> *Are full of passionate intensity.*"

Foram os anos em que o mundo descobriu, conforme Valéry, que *"nous autres, civilisations, sommes mortelles"*. São os anos de crítica aguda da civilização, análises de Jaspers (*Die geistige Situation der Zeit*), de Ortega y Gasset (*La Rebelión de las Masas*), de Huizinga (*In de schaduwen van morgen*). Crítica logo seguida da supercrítica pela "sociologia do saber", de Scheler, de Mannheim, de Freyer e Rothfels, demonstrando as raízes daquela crítica na situação social dos críticos e a irremediável relatividade do pensamento sociológico-histórico. Se for realmente assim, tirando-se as últimas conseqüências, o processo histórico não passaria de uma ilusão, e os sinais do seu fim catastrófico seriam ilusões de ótica.

Mas há as ilusões e há os fatos. Sinal dos tempos é o sucesso imenso de certos livros de divulgação arqueológica; o de Ceram (*Deuses, Túmulos e Sábios*) virou *best-seller*, traduzido para todas as línguas. As civilizações enterradas e desenterradas do Egito e da Mesopotâmia, de Creta, dos etruscos e dos incas e maias são hoje mais familiares a muita gente do que a civilização nunca completamente enterrada da Grécia e Roma. Thomas Browne tinha pensado que os *Pyramids, Arches, Obelisks* e outras "*wild enormities of ancient magnanimity*" só sobrevivessem "*in the Register of God, but not in the record of man*". Agora, os túmulos esquecidos revelam seus segredos, ou antes seu segredo: que "*nous autres, civilisations, sommes mortelles*". Mas esse segredo também só esteve temporariamente esquecido, pois já foi um tema permanente do pensamento europeu.

Desde que Santo Agostinho empreendeu explicar pelos desígnios de Deus a queda do Império Romano, esse acontecimento nunca deixou dormir a gente (v. Walter Rehm: *Der Untergang Roms im abendländischen Denken,* Leipzig, 1930). Um historiador medieval como Otto von Freising chega a considerar aquele acontecimento tão importante e providencial, no plano profano, como no plano sacro a encarnação de Deus em terras da Palestina. A queda de Roma é o fundo negro do quadro entusiástico da construção do Estado romano, nos *Discorsi* de Maquiavel; assim como, às vésperas da Revolução francesa, Gibbon, ouvindo os monges cantando a véspera em antigo templo pagão no Capitólio, resolveu escrever a *History of the Decline and Fall of the Roman Empire* pelas mesmas forças que ainda sustentavam precariamente o *ancien régime*. Certas páginas das *Origines de la France contemporaine,* em que Taine denuncia como causa da queda daquele *ancien régime* o centralismo excessivo, lêem-se como se Tácito as tivesse escrito no tempo dos Césares da decadência.

Mas já tinha Vico interpretado a história da civilização greco-romana como *storia ideal* do gênero humano que sempre se repete. *Missing-link* entre Vico e os modernos é o esquecido italiano Carlo Cattaneo (1801-1869), grande pensador e grande escritor, recém-redescoberto por Alfredo Galletti (*Natura e finalità della storia nel moderno pensiero europeo,* Milão, 1953). Spengler cita casos e detalhes da história chinesa e indiana para fundamentar sua tese dos ciclos históricos, nitidamente distintos, de tal maneira que cada civilização percorre as mesmas fases; mas são detalhes isolados; seu grande exemplo é, como em Maquiavel e em Vico, a história romana, modelo de todas as outras. Ainda em Toynbee, com seu conhecimento infinitamente mais rico das civilizações orientais, o exemplo dos exemplos é a decadência da Grécia antiga. A "consciência histórica" do século XX apaixona-se pelo Oriente antigo e pela América pré-colombiana para demonstrar a inevitabilidade da repetição da queda de Grécia-Roma: *"nous autres, civilisations, sommes mortelles"*.

Esses defensores da tese dos ciclos históricos, os Spengler, os Toynbee, são naturalmente anti-hegelianos e antimarxistas. Mas não o são por serem antiprogressistas, ao contrário. Pois o Progresso já foi definido como pseudônimo profano da Providência do Deus Cristão, instituição que a lei ferrenha da repetição dos ciclos históricos torna dispensável. Também a ortodoxia de Vico, embora pessoalmente católico, sincero, é muito duvidosa, apesar das tentativas de reabilitação por Michelet, Orestano e outros. Encontramos nesta altura um princípio de sistematização das teorias da filosofia da História. Por um lado: as teorias de evolução e de progresso, cristãs ou profanas, unilineares ou dialéticas, em Santo Agostinho, Bossuet, Condorcet, Herder, Comte, Hegel, Marx. Por outro lado: as teorias cíclicas, de Toynbee, Spengler, Vico, incompatíveis com o princípio do Progresso e, igualmente, com o da história sacra. A origem dessas teorias é, de fato, pagã. Já o são os pensadores renascentistas que, como Maquiavel, acreditam na permanência da natureza humana, na igualdade das reações humanas a fatos e situações que se repetem; e que só deixam a *virtù* ao gênio do estadista e do cabo-de-guerra, limitada capacidade de oposição ao *Fatum* que nos arrasta implacavelmente. Aprenderam tudo isso na leitura dos clássicos: em Tucídides, que analisou (*História da Guerra do Peloponeso*, III, 82) para sempre os motivos humanos (e infra-humanos) da política; em Aristóteles, que esquematizou todas as possíveis Constituições do Estado; em Políbio, que verificou o rodízio periódico dessas Constituições e o rodízio dos reinos e impérios. São pagãos e, talvez portanto, fatalistas. Sabem predizer o futuro porque *"il ressemble trop au passé"* (Chamfort). De Tucídides até Toynbee: se não prevêem o Fim da História, prevêem pelo menos o fim da nossa história. A perspectiva não é boa.

É este o verdadeiro sentido da palavra "Destino" quando pronunciada (ou pensada) não pela inconsciência sorridente mas pela "consciência histórica" de hoje. Poucos são os que resistem: como K. R. Popper (*The Open Society and Its Enemies*, 2 vols., Londres, 1945), que lança maldições de profeta do Velho Testamento contra Platão, Aristóteles, Hegel e Marx e todos os inimigos de um futuro imprevisível e, portanto, livre. O pessimismo dos outros alimenta-se das péssimas experiências que nossa época lhes proporcionou. Eugen Rosenstok, católico herético ou semi-herético, escreve em *Die europaeischen Revolutionen* (Stuttgart, 1931;

2ª ed., 1951), espécie de história sacra da Europa sem *happy end*: a aparente ou real impotência do cristianismo contra as sucessivas revoluções européias (papa contra imperador, Reforma dos príncipes contra papa, Parlamento inglês contra o rei, povo francês contra instituições históricas, bolchevismo russo contra a própria Europa) já não inspira esperanças. Decepção semelhante — porque o proletariado europeu se recusou a realizar as profecias marxistas — inspira a Max Horkheimer e Theodor W. Adorno (*Dialektik der Aufklaerung*, Amsterdã, 1947) a suspeita de autodestruição do Progresso, capaz de criar o Retrocesso. Do mesmo estado de espírito nascem as antiutopias de que nossa época é tão fecunda: *Nós Outros*, do russo Zamiatin (analisado por Isaac Deutscher em *Heretics and Renegades*, Londres, 1954); *L' Uomo è Forte*, de Corrado Alvaro; *1984*, de Orwell; verdadeiras fantasmagorias do Fim da História. Em compensação, a imaginação do povo e dos *science-fictionists* povoa o céu de uma nova população de anjos, com aparelhamento técnico em vez das asas, ou pelo menos de uma esquadra de discos voadores.

História sacra do Progresso ou veredicto inapelável do *Fatum* pagão: neste e naquele caso, a Filosofia da História não é história nem é filosofia. É uma religião *ersatz*, ou antes: duas religiões, das quais uma promete o paraíso terrestre, ou pelo menos um "Destino" vitorioso qualquer, e a outra a catástrofe apocalíptica. Em todo o caso, o Fim da História; pelo menos, da nossa história.

É preciso aceitar uma dessas duas conclusões? Com todo o respeito que devemos às revelações de um Vico, de um Spengler — a resposta só pode ser: não. Mas as experiências, vividas por nós, tampouco nos autorizam a esperar solução muito melhor. Fernando Pessoa teria respondido: "Fazem? — Fatal. — Não fazem? — Igual. — Por que — Esperar?" e realmente: por que esperar soluções finais? Sempre achei sobremaneira consoladora aquela frase que já foi atribuída a Swift, como a "Oitava Beatitude" dele, mas que encontrei numa carta de Pope, dirigida a Gay: "*Blessed is he who expects nothing, for he shall never be disappointed*". Em tradução livre: "Bem-aventurados os que não esperam nada, porque nunca ficarão decepcionados".

Canudos como romance histórico

O Estado de S. Paulo, 29 nov. 58

João Abade, o romance do sr. João Felício dos Santos, é a história de Canudos, contada de maneira diferente. Na obra de Euclides da Cunha, assim como em outros documentos, oficiais ou não, o ponto de vista sempre foi o do homem civilizado, assustado pelo fanatismo e pela ferocidade do homem inculto do interior.

O sr. João Felício dos Santos quer *audiatur et altera pars*: apoiando-se em documentos, escreveu o romance de Canudos por dentro. É a voz da justiça.

O valor e o prestígio da obra de Euclides criaram, de Canudos, uma imagem que não pode ser desfeita. Mais do que escrever história, Euclides fez história. Mas os exemplos de Tácito e de Saint-Simon bastam para demonstrar até que ponto a imaginação entra, como elemento criador, justamente nas maiores obras de historiografia. No Brasil foi João Ribeiro, parece, o único que duvidou da exatidão científica de *Os Sertões*, falando em "ficção"; escrevendo hoje, teria falado em *science-fiction*. Com efeito, não se diminui o valor excepcional da obra, afirmando-se que os elementos científicos dela, as considerações geológicas, etnológicas, sociológicas e de psicologia social são hoje tão antiquadas que dão impressão de ciência fantástica. Contudo, não seria possível eliminá-los simplesmente; o que fica, depois dessa intervenção cirúrgica, seria um relato de acontecimentos extraordinários em ambiente exótico.

Já foi feito assim: por Cunninghame Graham e, depois, pelo belga Lucien Marchal, cuja versão "romanceada" de *Os Sertões* obteve sucesso internacional. Mas são livros sem valor literário, romances de aventuras. A ciência "fantástica" de Euclides faz parte integral da sua obra. Só seria possível eliminá-la substituindo-a por outro "fantástico", no sentido que esse conceito tem na estética de Croce: é a imaginação criadora, dirigida para outro objetivo que o de Euclides. Teria nascido assim o romance do sr. João Felício dos Santos.

É um livro profundamente sério. Em face de uma obra dessas, ninguém gostaria de brincar de "juiz", dando notas como em concurso, ou brincar de geólogo, lançando sondas para examinar símbolos ou mitos enterrados debaixo do sentido inequívoco. Croce exigiu que a crítica demonstrasse como e até que ponto o "material" da obra literária foi transfigurado em valor "lírico". Escolherei, para tanto, o método histórico porque se trata de um romance histórico.

Mal sabemos, hoje em dia, o que é um autêntico romance histórico. Já são raras as laboriosas reconstituições arqueológicas em prosa poética, como as *Mémoires d'Hadrien*, de Marguerite Yourcenar: última tentativa de seguir obras tão excepcionais como *Salammbô* de Flaubert, e *Frau Marie Grubbe*, de Jens Peter Jacobsen. Em, geral, o romance histórico de hoje está *hors de la littérature*. São *best-sellers*, como os de Kathleen Winsor ou de Samuel Shellabarger, romances de aventuras como aquele de Lucien Marchal, tirado de *Os Sertões*, ou então produtos de arte doméstica, fabricados por mãos femininas para integrar a *Bibliothèque Rose* ou a *Coleção Menina e Moça* para meninos e moços. Perpetuam-se em obras dessas os lados fracos e a técnica antiquada do velho Walter Scott.

Apesar de ocasionais defesas, como a do *Abbé* Brémond (*Pour le Romantisme*, Paris, 1923) ou a de David Daiches (*Literary Essays*, Londres, 1956), já não se lêem muito os romances históricos de Scott, a não ser quando seu problema justamente não é histórico, como na obra-prima *The Heart of Midlothian*. Mas é injusto. E Scott já foi uma grande potência literária, o maior sucesso de livraria de todos os tempos; foi para a divulgação das suas obras que se fundaram as primeiras bibliotecas circulantes. Cada país, cada nação quis ter seu próprio Scott que lhe revivificasse o passado. Hugo, Vigny, Balzac, na França; Manzoni, na Itália; Enrique Gil, na Espanha; Conscience, em Flandres; Bosboom-Toussaint e Van Lennep, na Holanda; Ingeman, na Dinamarca; Hauff e Alexis, na Alemanha; Garrett e Herculano, em Portugal; Alencar, no Brasil; Kemény, na Hungria; Zagoskin, Pushkin e Gogol na Rússia; Rzewuski na Polônia e inúmeros outros. Como explicar esse sucesso fulminante e profundo?

A influência de Scott não foi só literária. Modificou profundamente a própria historiografia: Barante, Thierry, Michelet, Froude, Raumer, até Ranke. Não se tinha limitado a criar um novo gênero novelístico. Deu ao romance uma nova idéia: a própria história como assunto. É este, ao mesmo tempo, o critério de valor do gênero; o autêntico romance histórico é inspirado por um conceito da História (veja, como exemplo, Isaiah Berlin: *The Hedgehog and the Fox. An Essay on Tolstoi's View of History*, Londres, 1957). No romance histórico da época do romantismo, iniciado por Scott, a idéia básica era a reivindicação de uma consciência nacional esquecida ou oprimida; basta lembrar o próprio Scott (a Escócia antiga contra a Inglaterra moderna), Manzoni (a Itália dividida e oprimida), Conscience (a voz de Flandres na Bélgica afrancesada) e o polonês Rzewuski. O autêntico romance histórico tem função nacional. Também a terá na segunda metade do século XIX; depois de 1870, Freytag reescreve em *Die Ahnen* a história da nação alemã; Sienkiewicz (não o de *Quo Vadis?*, mas da trilogia de romances da história polonesa) revivifica o passado de uma nação então sem independência política; Pérez Galdós, na série de *Episódios Nacionales*, fez a revisão da história da Espanha no século XIX. Em nosso tempo — peço perdão por citar literaturas menos conhecidas — Durych no romance *Cami-*

nhos Errados reescreveu em sentido católico a história da nação tcheca, que sempre fora apresentada por historiadores protestantes ou agnósticos, enquanto Móricz, em *O País das Fadas*, reescreveu em sentido protestante um episódio da história húngara desfigurado pela tradição católica da Contra-Reforma; e são duas obras de valor extraordinário. O autêntico romance histórico realiza uma "revisão de valores", ressuscitando os vencidos, dando uma voz aos que a História, essa *fable convenue*, silenciou. Faz-se justiça. *Audiatur et altera pars*. Eis o motivo que inspirou o romance *João Abade* ao sr. João Felício dos Santos.

Mas esse motivo merece ser examinado mais de perto. Como se chega a escrever um romance histórico? Há duas inspirações possíveis. A primeira acredita que os mesmos problemas existem em todos os tempos e que se pode colocar determinado problema na Antiguidade ou no século XIV ou em qualquer época sem perder aquela atualidade sem a qual a obra de arte não é capaz de comover-nos. Mas por que, então, não se prefere logo o cenário contemporâneo? Aquela fé na permanência dos problemas parece muito profunda; no entanto, não passa de pretexto para escrever romances de leitura amena em ambiente exótico pela escolha de época remota. Muito mais interessante é a outra possibilidade de inspiração de um romance histórico: a convicção de que a História deixou de resolver determinado problema; de que o problema ainda continua existindo, pelo menos subterraneamente, podendo ressurgir a qualquer momento; mas quando, isto não depende de nós. Só podemos adivinhar a hora e imaginar a solução; e quem é capaz de fazê-lo com imaginação criadora escreverá um romance histórico cuja importância não reside na reconstituição arqueológica de ambientes desaparecidos, mas na retificação da *fable convenue* que deu o problema como já resolvido. É a maneira por que o sr. João Felício dos Santos começou a encarar a tragédia de Canudos. O romancista histórico pretende nada menos do que continuar um acontecimento ou uma biografia que a História injustificou. Sua obra deveria ter força para apagar idéias geralmente aceitas. O próprio historiador nunca é capaz de verificar a verdade histórica inteira; não pode dispensar as probabilidades, as conjecturas. As probabilidades do romancista não são conjecturas; são as certezas de vida e morte, autenticadas, garantidas pela imaginação criadora. Cria, novamente, a História.

É uma pretensão muito grande. Quando as forças não chegam a realizá-la, teremos apenas *fancy* em vez de "imaginação", conforme a distinção de Coleridge; e a obra, por mais sério que tenha sido o intuito, cairá para o nível dos meros romances de divertimento e de ambiente "interessante" (é o caso de um *best-seller* como *Gone with the Wind*, de Margaret Mitchell). Mas quando o romancista é capaz de reformular o problema, este fica, sem que a evolução histórica possa desmenti-lo. Walter Scott deu o exemplo, opondo a imagem da velha Escócia feudal à realidade vitoriosa da civilização comercial e liberal dos ingleses e da própria Escócia já industrializada de 1820; seus melhores romances não são os de assunto medieval (que não passam de literatura infantil), mas os de ambiente escocês do século XVIII (v. o citado ensaio de Daiches). A maior e a mais permanente de todas as obras do gênero é, sem dúvida, *Os Noivos*, de Manzoni. Como todas as grandes obras de arte, esta também tem muitos "sentidos" superpostos um ao outro. É passível de várias interpretações: como romance histórico, de opressão cruel do povo e trágicas epidemias de peste do século XVII; como romance de crise religiosa de pecadores e de santos; como romance psicológico, de conversões misteriosas e da covardia cômica dos que não compreendem a fatalidade dos acontecimentos históricos; como romance idílico, da restabelecida felicidade de gente humilde do povo; como romance político, enfim. Nesta última significação, o enredo dos *Noivos* é, sem dúvida, alegórico: a opressão dos italianos da Lombardia pelos senhores feudais e pelos espanhóis do século XVII alegoriza a dominação estrangeira na Itália, na primeira idade do século XIX. Mas atrás da alegoria evidente está o símbolo: Manzoni reescreve a história italiana toda, não a da Itália dos aristocratas e dos bispos e cardeais, dos artistas da Renascença e dos eruditos do barroco, e sim a da Itália da gente simples e iletrada, que não participa de glória histórica nenhuma, mas é a substância indestrutível, o fundamento da História (v. A. Zottoli: *Umili e Potenti nella Poetica di Alessandro Manzoni*, Bari, 1934). Nesse alto sentido, a obra de Manzoni é um romance político; e, fatalmente, trágico. Durante muito tempo não se percebeu essa faceta, escondida pela feição "idílica" da obra, quase pastoril. Esse último adjetivo lembra a definição da literatura pastoril como gênero em que as diferenças de sentimento e linguagem entre as classes sociais são abolidas (W. Empson: *Some Versions of Pastoral*, 2ª ed., 1950). Essa tendência também existe na moderna literatura proletária. No mesmo sentido verifica Irving Howe (*Politics and the Novel*, Nova York, 1957) certa inclinação do romance político moderno para o idílio rústico (o exemplo mais conspícuo é Silone). Tem de ser assim sobretudo em países nos quais o mais urgente problema social é a redenção das populações rurais; como acontece no Brasil.

Enquanto esse problema não estiver resolvido, a última página da tragédia rural de Canudos não estará escrita. Eis os *Umili e potenti* no romance do sr. João Felício dos Santos: *Audiatur et altera pars*. Reescreva-se a História. Mas como manifestarão seus sentimentos aqueles "humildes", gente iletrada que não sabia fixá-los?

O romance histórico não é primeiramente reconstituição arqueológica. Scott e seus contemporâneos já sabiam que as épocas históricas são diferentes pelos costumes, os trajes, o mobiliário etc. Mas só em obras excepcionais como as de Flaubert e Jacobsen, *Salammbô* e *Frau Marie Grubbe*, a arqueologia adquire significação humana. Scott e todo o romantismo histórico ignoravam que os homens de outras épocas também sentiam e pensavam de maneira diferente. Num romance de Scott não percebemos o estilo de pensar e de falar da Idade Média ou da Escócia antiga, mas de um escritor inglês de 1820. Por isso os romances históricos envelhecem tão rapidamente, virando enfim literatura infantil.

No caso de Canudos, mais importante que a distância cronológica é a social: como pensavam e sentiam aqueles analfabetos? Houve um alfabetizado entre eles, e o sr. João Felício dos Santos teve oportunidade de usar, em grande parte do romance, as notas e diários desse Ruy de Cavalcanti, chamado "o Arlequim". Não estou em condições de conhecer a autenticidade dos respectivos documentos. Autênticos ou não (o segundo caso é processo muito usado pelos autores de romances históricos), não acrescentam nada à nossa confiança no que o romancista criou livremente; antes, esse "material" dificulta a tarefa de reescrever a História.

Pois é esta a grande tentação que leva muita gente sem vocação a escrever romances históricos: não se precisam preocupar em inventar acontecimentos "interessantes", personagens, atmosfera, porque tudo isso já está fornecido a domicílio pela realidade do passado. Basta "dissolver" os documentos em narração e diálogo. Não pretendo incluir entre aquela gente sem vocação o sr. João Felício dos Santos. Mas sua preocupação foi, evidentemente, menos novelística do que científica e humana. Resolveu mais um problema de psicologia social do que um problema literário. Justamente na parte apoiada em notas daquele personagem a obra parece pesada, mais inspirada por conjecturas de probabilidade histórica do que pelas probabilidades de romance, que são as certezas de vida e morte. A faculdade "fantástica" do autor não chegou a criar (no sentido da estética de Croce) o "lirismo". Mas quando *João Abade* se aproxima do fim, a imaginação já não apoiada em muletas de documento ficou livre.

O desfecho, a imagem dos urubus que espiam o campo da morte, é uma das grandes páginas da literatura brasileira.

Várias histórias

O Estado de S. Paulo, 27 dez. 58

Os personagens de Machado de Assis vivem entre nós. Não perderam seus hábitos característicos. Agem conforme os mesmos motivos. Ainda não conseguiram resolver seus problemas. Eis um escritor tão vivo que mal convém comemorar-lhe a morte.

A comemoração do cinqüentenário produziu muita coisa, mesmo descontando-se as reedições, como as dos livros do sr. Afrânio Coutinho e do sr. José Maria Bello. Para orientar-se serve o excelente artigo do sr. Franklin de Oliveira, na *Revista do Livro*, traçando a "Fortuna crítica de Machado de Assis". Distingue as três fases: crítica externa (o que Croce chama de preliminares da crítica); interpretação; e determinação da posição histórica. No artigo do sr. Franklin de Oliveira evidencia-se o que foi feito e o que está para fazer. Desse modo, uma resenha das publicações machadianas de 1958 pode inspirar observações acerca de problemas da literatura, da crítica literária e da vida literária.

Inestimável instrumento de trabalho são as *Fontes para o Estudo de Machado de Assis*, do sr. J. Galante de Sousa. Mas valioso também é o *Dicionário de Machado de Assis. História e Biografia dos Personagens*, do sr. Francisco Pati. Ajuda a memória. Quem esqueceu, porventura, um ou outro pormenor do conto "Um homem célebre" (do volume *Várias Histórias*), encontra na página 215 daquele dicionário a biografia completa do compositor Pestana, que sonhava fazer sinfonias e sonatas, mas só conseguiu celebrizar-se pelas suas polcas. Mas o sr. Francisco Pati dá muito mais do que promete o título de sua obra. Além dos personagens, incluiu as referências de Machado a personalidades e lugares. O leitor aprende que Goethe é "o mais célebre poeta alemão"; que o Pará é "um estado do Brasil"; e o Vaticano é "célebre palácio e residência dos papas", acrescentando o sr. Pati: "em Roma". Realmente: uma obra de consulta.

Dos trabalhos "preliminares", que tratam de pormenores biográficos e de ambiente, não convém esquecer o bem-pensado e bem-escrito livro do sr. Brito Broca sobre *Machado de Assis e a Política*, publicado no ano passado. O dono dessa região "preliminar" é o sr. Raimundo Magalhães Júnior, que nos deu agora *Ao Redor de Machado de Assis*: descobertas várias e muita informação, especialmente sobre a primeira fase do escritor. Temos todos os motivos para agradecer ao sr. Raimundo Magalhães Júnior a operosidade e a independência das suas atitudes. Mas é preciso tomar cuidado para que a abundância de documentação não sufoque o que importa: a obra.

Setor da crítica externa também é o estudo das influências, especialidade do sr. Eugênio Gomes, que inclui vários trabalhos dessa natureza no volume *Machado de Assis* (Livraria São José). Já tive oportunidade para elogiar devidamente os estudos do sr. Eugênio Gomes; foi ele que nos libertou das afirmações vagas. Nunca escreve sem ter honestamente verificado os fatos. Mas começou, desde então, a caça de "influências em Machado" (eu também já pequei a respeito), das quais até agora se verificaram as seguintes: Balzac, Cervantes, Dickens, Fielding, Flaubert, Garrett, Gogol, E. T. A. Hoffmann, Hugo, La Fontaine, Lamb, Leopardi, Xavier de Maistre, Mérimée, Montaigne, Pascal, Schopenhauer, Shakespeare, Smollett, Stendhal, Sterne, Swift, Thackeray. É muito. É demais. Em casos como os de Hugo e Dickens, opostos a Machado pelo temperamento, pelo estilo, pela visão da vida, nunca se deveria falar em "influência". Não convém confundir influências com reminiscências de leitura. O método de Lanson, de decomposição de uma obra em mosaico de influências, é superado. O conceito de literatura comparada precisa ser reformulado. Será melhor encerrar o "capítulo das influências".

São de qualidade superior os estudos interpretativos do sr. Eugênio Gomes, inclusive o capítulo machadiano (pág. 77-110) do volume *Aspectos do Romance Brasileiro*. Apenas se sente nesses trabalhos certa falta de amor pelo autor interpretado; o sr. Eugênio Gomes conhece fundamente a obra de Machado sem bastante "sentir com ela".

Essa *empathy* é o apanágio do sr. Augusto Meyer, cujo volume *Machado de Assis, 1935-1958* reúne os ensaios anteriores e alguns novos. Devemos nossa compreensão de Machado de Assis principalmente ao sr. Augusto Meyer, à sua capacidade de fazer crítica criadora. Em artigo publicado no *Diário de Notícias* de 23 de novembro de 1958, o sr. Afrânio Coutinho fala de um "sexto sentido", fruto de "tirocínio, experiência, prática, saber acumulado" e — permito-me acrescentar — de sensibilidade, que não é própria do "impressionismo" mas tão indispensável como o ouvido musical a quem pretende estudar música. Sem esse "sexto sentido", privilégio do sr. Augusto Meyer, não se realizará grande coisa. A mera erudição não adianta. Não posso, infelizmente, discordar das opiniões desfavoráveis que já foram manifestadas acerca de *Tempo e Memória em Machado de Assis*, do sr. Wilton Cardoso. É uma tese universitária. Precisamos, para o estudo sério da literatura brasileira, de teses universitárias. Mas nem sempre são boas.

Possui aquele "sexto sentido" a sra. Lúcia Miguel-Pereira: seu estudo (na *Revista do Livro*) sobre "Relações de família na obra de Machado de Assis" é interpretação de um aspecto cujo esclarecimento completo contribuirá para a tarefa, ainda não realizada, de análise da estrutura dos romances de Machado. Também contribuiria para tanto uma "Filosofia do dinheiro em Machado de Assis". Coisas dessas talvez se encontrem no anunciado livro do sr. Astrojildo Pereira; de sua mão segura também esperamos contribuição para a determinação da posição histórica de Machado.

Confiamos, portanto, no futuro. E o passado? A Academia Brasileira de Letras mobilizou, como orador oficial, o sr. Levi Carneiro, cujas "Notas sobre Machado de Assis" foram publicadas no *Jornal do Brasil*. Lembram, irresistivelmente, que Machado foi "de Assis", pois são de pobreza franciscana. Mas têm seu valor como testemunho da unanimidade da opinião literária deste país com respeito ao maior e mais universal dos escritores brasileiros.

Contudo, há quem discorde: seja levantando a voz de protesto, seja preferindo o protesto mais eloqüente do silêncio.

Na atitude de oposição pode haver algo de estimulante. Não me refiro ao sr. Otávio Brandão, que, pretendendo denunciar o niilismo de Machado de Assis, apenas conseguiu demonstrar seu próprio niilismo literário. Mas refiro-me à sra. Dinah Silveira de Queiroz, que declara gostar só de poucas obras de Machado, preferindo as de Victor Hugo. A relativa aversão da festejada escritora contra Machado não surpreendeu ninguém; tudo é, aliás, relativo. Mas a preferência por Hugo é tão alarmante que inspirou artigos polêmicos ao sr. A. Fonseca Pimentel. Não fez bem. A sra. Dinah Silveira de Queiroz tem o direito de manifestar opiniões diferentes; e bem disse Péguy: "*On a besoin de chrétiens de toute espèce pour faire une paroisse*".

A outra forma de discordância é o silêncio, que se observou no setor juvenil da nossa crítica literária. Preciso explicar por que acho louvável esse silêncio. A explicação não se afastará do assunto machadiano do presente artigo.

O silencioso no caso foi o sr. Eduardo Portella. No seu volume *Dimensões I* já me dedicou grandes elogios: atribuiu-me "páginas surpreendentemente lúcidas" (pág. 50), palavras "ricas de força e conteúdo" (pág. 56) e pelo menos um "acerto admirável" (pág. 64). Escrevi sobre o livro com a simpatia devida a um principiante esforçado, aludindo apenas veladamente ao contraste entre a pretensão de fazer crítica científica e o resultado (vinte rodapés à maneira antiga). Meu artigo decepcionou a esperança do autor de poder enriquecer com palavras minhas a coleção de elogios excessivos na contracapa das futuras *Dimensões II*. O sr. Eduardo Portella mudou de opinião a meu respeito. Em vez de escrever "páginas surpreendentemente lúcidas", passei a ser "humanista" (palavra que o sr. Portella emprega como se fosse insulto); em vez de usar palavras "ricas de força e conteúdo", passei a estar "comprometido com tradições perdidas no tempo"; em vez de realizar "acertos admiráveis", passei a ter opiniões "infantis". Não polemizo com quem sofre de vaidades feridas. Ao contrário, cabe-me elogiá-lo: porque guardou silêncio sobre Machado de Assis. Não fez a menor tentativa de submeter às suas artes de analista uma página de Machado. E fez bem.

Pois com 25 anos de idade nenhum estudante universitário pode ter adquirido a especialização que o sr. Portella já se atribui. Com 25 anos de idade ninguém pode ter adquirido aqueles "tirocínio, experiência, prática, saber acumulado" que o sr. Afrânio Coutinho acha, com toda a razão, indispensáveis num crítico literário. O sr. Portella já demonstrou que ainda não os adquiriu; estou à sua disposição para provar-lhe sua meia-ignorância inclusive no setor da crítica espanhola, da qual acredita possuir o monopólio no Brasil. Escreve tolices sobre Dilthey, cuja influência na crítica alemã não foi capaz de encontrar; mas encontrou-a em escritos de historiografia brasileira... Pretende, com gravidade, ensinar quem foi Croce; e logo escorrega. Afirma que Croce, depois da publicação da *Estética*, em 1900, "logo se seduziu pelas grandes interrogações histórico-filosóficas, abandonando sua poética", mas acontece que Croce, depois da publicação da *Estética*, em 1902, escreveu e publicou 11 volumes de crítica literária e seis volumes de poética propriamente dita. Em compensação, o sr. Portella cita artigos em alemão, língua que não sabe ler; faz como Paula Ney, que disse, ao ser surpreendido com grosso volume teutônico debaixo do braço: "Não sei o alemão, mas conheço meu país". Mas o Brasil de hoje já não é o que o sr. Portella pensa dele.

No interesse da moralização da crítica é preciso dizer: o sr. Eduardo Portella ainda não pode ser crítico porque sua idade não dá para tanto. Na crítica não existem meninos-prodígio. Quando é que o sr. Portella teve tempo para ler as grandes obras da literatura universal e as obras importantes da literatura brasileira? Quando leu Sófocles e Virgílio, Dante e Villon, Cervantes, Shakespeare e Molière, Goethe e Keats, Stendhal e Balzac, Baudelaire, Tolstoi e Dostoievski, Rilke, Valéry e Joyce? E se os leu cedo, como é que os compreendeu?

Ainda não pode ele ter, no dizer de José Veríssimo, "o saber dos livros", e muito menos ainda pode ter aquilo que Veríssimo acrescenta: "...o saber da vida", sem o qual não é possível entender uma linha de Machado de Assis.

Por isso, o sr. Portella fez bem em não escrever nada sobre Machado. Demonstrou, pelo silêncio, a vitalidade da obra do grande escritor, cujos personagens continuam passeando pelas ruas da nossa cidade (e de todas as cidades). Apregoando sua ciência, na qual se julga "dono do assunto" (à maneira antiga), apenas conseguiu escrever rodapés (também à maneira antiga). É reencarnação daquele personagem de uma das *Várias Histórias*: do Pestana, do homem célebre que sonhava em fazer sinfonias e sonatas, mas só se celebrizou pelas suas polcas.

Machado e Bandeira

O Estado de S. Paulo, 24 jan. 59

É uma felicidade: resolver problemas. Mas acontece mais raramente do que se pensa. Às vezes os problemas parecem surgir para a gente reconhecer que não podem ser resolvidos. O verdadeiro mérito talvez seja de quem descobre um problema novo, encaminhando-o à discussão. Pois assim se evita a desorientação num mundo de certezas ilusórias.

Quem sabe perguntar assim é o sr. Augusto Meyer. No seu recente estudo, "De Machadinho a Brás Cubas", na *Revista do Livro*, refere-se às tentativas de verificar uma evolução gradual na arte de Machado de Assis, das obras imperfeitas da primeira fase até a surpreendente obra-prima de 1881. Compara essa tentativa à situação da biologia antes de se terem descobertas as mutações bruscas, admitidas pela teoria mendeliana. Com efeito, "a crítica genética não pode admitir saltos bruscos na formação do escritor". Descobre ela germes da arte e da visão do mundo que definem as *Memórias Póstumas de Brás Cubas* em obras anteriores do escritor. Essa teoria agrada ao nosso desejo de viver num mundo de coerências, no qual a relação entre causa e efeito é evidente ou, pelo menos, pode ser demonstrada.

Mas o sr. Augusto Meyer não acredita muito nessa certeza. Prefere enfrentar um problema não-resolvido e, talvez, insolúvel: mantém a teoria de uma crise inexplicada, em Machado de Assis, entre 1878 e 1881, de modo que as obras da segunda fase (e só estas nos importam) não seriam frutos de uma evolução coerente, mas de uma "mutação brusca".

O problema é de importância mais geral do que parece. Pois haverá quem rejeite a teoria "genética" e a da "mutação, esta e aquela por se tratar de interpretações psicológicas, baseadas em elementos biográficos; e estes não se admitem. Por motivos de tática, para defender a crítica "interna", eu gostaria de colocar-me ao lado dos "antibiografistas". Mas o que menos se admite são as soluções simplistas. O estudo biográfico do autor é capaz de desvirtuar completamente a interpretação da obra. Mas também é capaz de prestar contribuições indispensáveis. Depende de quem o maneja e como é manejado.

A teoria genético-evolucionista é hipótese que em muitos casos se verifica. Mas quando é considerada como dogma, de validade geral e exclusiva, leva a contradições inextricáveis. No caso de um Goethe, ninguém a negará; a evolução, dos poemas da mocidade em estilo rococó e do pré-romantismo de *Werther*, através do neoclassicismo de *Ifigênia*, até a sabedoria de velhice das *Conversações* com Eckermann e do segundo *Fausto*, é de coerência nunca interrompida por "mutações bruscas". Há muitos casos de evoluções assim, na história da literatura e das outras artes. Mas quando se começa a generalizar, como se se tratasse de uma lei da natureza, os casos diferentes apresentam-se como anomalias; e os artistas que mudam bruscamente de estilo parecem indivíduos anormais.

Essa perspectiva não pode ser mantida, nem sequer nos casos em que a mudança é precedida por verificável e verificada doença mental. Pois se as últimas odes de Hölderlin e os últimos quadros de Van Gogh são considerados como produtos de espíritos anormais, só se poderia lamentar a muito maior freqüência de poetas e pintores "normais". E que vem a ser anormal? A volumosa obra de Lange-Eichbaum, agora em segunda edição, verifica "anomalias", no sentido psiquiátrico, na vida de quase todas as personalidades importantes da história. A crítica literária italiana foi a primeira que, depois dos excessos lombrosianos, rompeu radicalmente com o conceito de "anomalia" (trabalhos de Firetto sobre Tasso, de Bertana sobre Alfieri, de Graf, Cesareo e Negri sobre Leopardi).

A pesquisa de traços de anomalia no artista destrói, assim como os instrumentos de dissecação do anatomista destroem o cadáver, a unidade da personalidade artística, cujo centro a crítica tem de revelar, sem diagnóstico médico ou julgamento moral do ponto em que esse centro fica localizado. O defeito daquelas teorias é a pretensão de querer explicar demais: a pretensão de explicar a obra de arte pelas particularidades psicológicas do autor, como se aquela fosse fruto destas. O defeito não é a psicologia: é o determinismo psicológico. Mas quando a pesquisa psicológica é feita sem pretensões deterministas, é lícita. Só se trata de empregar, como instrumento, a psicologia adequada ao caso.

Para o problema discutido pelo sr. Augusto Meyer, o instrumento psicológico foi forjado por William James, em *The Varieties of Religious Experience: a Study in Human*

Nature. É a teoria de que certas pessoas, excepcionais neste ou naquele sentido, passam por um "segundo nascimento". Foi dito a Nicodemus: *"Nisi quis renatus fuerit denuo, non potest videre regnum Dei"* (Ev. João, III, 3), "Quem não chegar a nascer outra vez, não poderá ver o reino de Deus". William James, descendente de gerações de puritanos, limitou essa necessidade de renascer no espírito a certos eleitos, aos *twice-born*. Realmente, nem todos são eleitos; e nem todos os eleitos são *twice-born*. Estes se encontram com freqüência inquietante entre os grandes espíritos religiosos, que passaram por conversão repentina: Lutero, Pascal, Kierkegaard; e, sobretudo, o apóstolo São Paulo. São os eleitos de Deus. Mas, aos defensores desta ou daquela ortodoxia, um ou outro daqueles *twice-born* antes se afigurará eleito do Diabo. O renascimento também poderia ter, como conseqüência, a perda da fé; pode ser anticonversão. E seria este o caso do *twice-born* Machado de Assis.

Os casos de renascimento não são raros na história das artes e da literatura, mesmo se descontarmos as "mutações pela velhice", já estudadas por Bainckmann: a brusca mudança de estilo nas obras de velhice de Tiziano e Rembrandt, Beethoven e Verdi. Há a conversão de Botticelli e as "conversões" de um Gluck, de um Edvard Munch. Há os casos misteriosos de hispanização de El Greco em Toledo e da anglicização de Conrad. Mas, no terreno propriamente literário, a analogia mais surpreendente com o caso de Machado de Assis é a do seu grande contemporâneo italiano Giovanni Verga: começou com românticos "romances de sociedade" (*Una Peccatrice*, 1866; *Eva*, 1873; *Eros*, 1875); e "converteu-se", bruscamente, para o pessimismo, de estilo clássico, das suas obras "sicilianas": *Vita dei Campi* (1880); *I Malavoglia* (1881), *Novelle Rusticane* (1883), *Maestro Don Gesualdo* (1889).

As datas quase coincidem. Também coincidem várias outras coisas, convidando a um estudo do paralelismo. Não poderá ser feito dentro dos limites deste artigo. Mas vale a pena observar que o público e a crítica italiana não aceitaram, durante decênios, a "conversão" de Verga. Teimaram em julgá-lo conforme sua primeira fase, despercebendo as qualidades superiores da segunda. Quer dizer: observação mais exata do fato psicológico teria contribuído para fornecer um critério mais seguro de valor literário.

Erros de julgamento também os houve e ainda os há com respeito a Machado de Assis, porque falsa piedade ou supervalorização de fatos estilísticos ou aquela teoria genético-evolucionista não querem admitir a inferioridade das obras da primeira fase de Machado, o que significa diminuir a superioridade das obras da segunda fase.

Erros análogos de julgamento também se observaram em outras literaturas. Ainda há — e são muitos — quem admire desmesuradamente o pseudomisticismo sentimental e a musicalidade algo fácil dos primeiros volumes de versos de Yeats e Rilke, cuja verdadeira grandeza reside nas últimas obras (no caso de Yeats: obras de velhice), escritas depois de "mutação" brusca. São legítimos *twice-born*. E temos um grande *twice-born* assim na poesia nacional: Manuel Bandeira.

Os dois volumes de *Poesia e Prosa Completas*, da edição José Aguilar, incluem muita coisa que não consta de edições anteriores. Mas não é este o ponto importante; tampouco a exatidão crítica dos textos apresentados, por mais valiosa que seja. A apresentação gráfica é de importância maior, na edição de obras literárias, do que se pensa; especialmente quando se trata de poesia. Vivíamos, há muitos anos, em intimidade fraternal com os versos de Manuel Bandeira; chegaram a fazer parte do nosso ser. No entanto, reunidos e apresentados assim como nessa edição modelar, parecem novos, quase uma revelação; nunca antes se impunha tanto o conjunto, a evolução: de *A Cinza das Horas* até o soneto "Mal de mudança". Mas essa evolução não é coerente no sentido de um lento desenvolvimento. O simbolismo de *A Cinza das Horas* não sobrevive na poesia madura de Manuel Bandeira como pós-simbolismo, assim como acontece nos casos de Yeats, de Rilke, de Blok; apenas serviu para a afinação do instrumento técnico-poético. A evolução, de *A Cinza das Horas* até os versos recentes, não é um processo genético "normalmente" decorrido. Há, pouco depois do início, uma "mutação brusca", cujo produto foi *Carnaval*; e depois seguiram *O Ritmo Dissoluto, Libertinagem, Estrela da Manhã, Lira dos Cinqüent'anos*, as obras da plena maturidade. Manuel Bandeira também é um *twice-born*. Mas seria inadmissível o determinismo psicológico, atribuindo a "conversão" à doença do poeta; pois essa doença antecedeu *A Cinza das Horas*. Causa e sentido da "mutação" não foi a doença física, mas a vitória espiritual sobre a doença, assim como no caso do maior dos *twice-born*, do apóstolo São Paulo: "*Mors, ubi est stimulus tuus? Mors, ubi est victoria tua?*" Eis a grandeza do poeta, que quase morreu fisicamente para renascer no espírito. Não é possível explicar deterministicamente essa "mutação", tão misteriosa como aquela pela qual Machado de Assis passou entre 1878 e 1881. Não é possível resolver o problema. Mérito e honra de Augusto Meyer estão em tê-lo descoberto.

Crítica analítica e sintética

O Estado de S. Paulo, 21 fev. 59

Sem pretensão de voltar aos debates intermináveis sobre este ou aquele processo de crítica literária, apenas quero relembrar dois casos de que, salvo engano, já falei, há certo tempo — mas ainda não se perdeu a oportunidade de tirar deles uma conclusão bastante atual. São exemplos de crítica analítica e de crítica sintética — mas em vez de discuti-los será preferível apresentá-los quase sem comentário. Serão tirados da crítica italiana contemporânea. Mas não se falará em Croce nem em historicismo nem em semântica sociológica, quer dizer, em nada daquilo que caracteriza o *new criticism* italiano. O primeiro dos meus críticos teve pouco de *new*; o outro nem sequer foi crítico literário.

Attilio Momigliano morreu há poucos anos. Não tinha escapado à influência de Croce, mas nunca aderiu a qualquer sistema de crítica filosófica. Nos seus comentários a Dante e Tasso, na sua obra definitiva sobre Manzoni, na sua crítica de obras contemporâneas, sempre preferiu confiar no seu gosto pessoal, de "empatia" infalível para resolver problemas cuja própria presença outros críticos nem sempre perceberam. Assim, num país de admiração incondicional por Stendhal, inquietou-o o problema de que os romances do grande escritor francês, verdadeiros "clássicos" de psicologia moderna, revelam feitio extremamente romanesco quanto ao enredo. A aparente contradição corresponde a antíteses características do autor: o amor da beleza heróica e o gosto pelas sutilezas engenhosas da astúcia; a paixão erótica e a análise fria dela; enfim, "o heroísmo temperado pelas artes maquiavélicas". Momigliano não se contenta, porém, com essa definição. Pretende verificá-la pela interpretação, que assume feições de comentário.

Objeto desse comentário crítico é a cena patética, na *Chartreuse de Parme*, na qual Fabrice, encontrando-se na prisão por ter assassinado o rival, terá de morrer por meio de uma refeição envenenada que lhe servem. Clélie, apaixonada e desesperada, consegue penetrar na prisão para adverti-lo. Não se pode imaginar situação mais "romântica" ou romanesca. A moça entra na cela do preso, perguntando: *"As tu mangé?"* Cheia de paixão esqueceu as conveniências, tuteando Fabrice pela primeira vez. *"Ce tutoiement ravit Fabrice"*. Não é capaz de responder logo. A pausa, paralisando por um instante a ação romântica, fornece a Fabrice a oportunidade para realizar rapidamente um raciocínio maquiavélico. Ainda não comeu do veneno, mas responde: *"Je ne sens point de douleurs, mais bientôt elles me *renverseront à tes pieds; aide-moi à mourir*". Clélie só é capaz de revelar a emoção íntima. "*Elle était si belle, à demie-vêtue et dans cet état d'extrême passion, que Fabrice ne put résister à un mouvement presque involontaire. Aucune résistance ne fut opposée*". O clímax da paixão romântica é conseguido por meio de um raciocínio calculado, maquiavelístico. A análise é completa e perfeita. Define o estilo e o ânimo de Stendhal. Uma crítica mais disposta para situar historicamente o autor só acrescentaria que a definição também indica a posição de Stendhal entre o maquiavelismo erótico das *Liaisons dangereuses*, por volta de 1780, nesse século XVIII que foi a pátria da sua alma, e, por outro lado, o neomaquiavelismo social da burguesia de 1880, quando Stendhal, depois de longo esquecimento, começou a ser lido.

Para o grande prestígio de Momigliano na Itália contribuiu, além dos seus méritos, a perseguição que sofreu nos últimos anos do regime fascista. Talvez a opressão política tenha, em geral, contribuído para requintar os processos da crítica literária italiana, redobrando as energias intelectuais num campo de atividades em que a ditadura não foi capaz de fiscalizar os métodos nem de compreender os resultados. A esse respeito tem valor simbólico a perseguição contra Momigliano ao qual se deve o livro talvez definitivo sobre Manzoni.

O romance *I Promessi Sposi* é, depois da *Divina Comédia,* a obra mais comentada na literatura italiana. A história do pobre camponês Renzo, perseguido pelos aristocratas feudais que no século XVII tiranizavam o povo italiano, ao mesmo tempo em que a Itália inteira estava tiranizada pelos espanhóis — esta história, tão simples na aparência, tem muitos aspectos estranhos e muitos fundos secretos. É epopéia e idílio bucólico e afresco histórico. Em plena ditadura fascista, o crítico Zottoli ousou definir o romance como "história dialética dos poderosos e dos humildes". Outros estudaram, na obra, o papel da Providência divina que, pela ação terrivelmente igualitária da grande peste em Milão, corrige as injustiças deste mundo. Mais outros focalizaram as sutilezas da psicologia religiosa nos personagens: a fé simples e imperturbada de Renzo e Lucia, a santidade do arcebispo Borromeo, o heroísmo cristão do frei Cristoforo, a apostasia diabólica da freira de Monza, a conversão misteriosa do *Innominato* e a covardia humorística do vigário dom Abbondio. Enquanto isso, os salesianos costumam dar o livro de presente aos alunos, no fim do ano letivo. E inúmeros meninos têm de escrever, todos os anos, temas escolares sobre a grande e nunca bastante compreendida obra de Manzoni.

Aconteceu assim, conforme li num artigo de uma revista da Suíça italiana, numa cidade do cantão Ticino: memórias de um velho professor que passou os primeiros anos de magistério naqueles vales alpinos, terra de uma democracia arquivelha, de feições arcaicas. Ninguém na região conhecia o jovem professor. Trataram-no com a desconfiança própria de camponeses. Quiseram antes saber se era "deles". Quando deu o primeiro tema aos meninos do colégio — "O personagem principal dos *Promessi Sposi"* —, quase todos escreveram sobre Renzo, encarnação do povo humilde que sofre. Alguns, os mais crescidos e inteligentes, preferiram escrever sobre o santo arcebispo Borromeo ou sobre o ridículo dom Abbondio ou sobre frei Cristoforo ou sobre o misterioso Innominato. Um dos meninos trouxe, porém, para a escola um texto esquisito que começou assim: "O personagem principal dos *Promessi Sposi* são as galinhas de Renzo..."

Tratava-se do episódio em que algumas galinhas, amarradas nos pés, cabeças para baixo, balancearam nas mãos de Renzo, que, "agitado, acompanhou com gestos expressivos os pensamentos que lhe passaram pela cabeça. Ora cheio de raiva, sacudiu o corpo inteiro; ora desesperado, levantou o braço para o céu; ora gesticulou com violência no ar, e os seus movimentos foram acompanhados fielmente pelas quatro cabeças penduradas, que não perderam, porém, nenhuma oportunidade para se picarem com os bicos, assim como acontece tantas vezes entre companheiros de infortúnio". Essas quatro galinhas — continuou o tema escolar — são os personagens principais do romance. Assim todos os outros personagens, embora instruídos pela religião e advertidos pela razão, só pensam em inventar perseguições e escapar a perseguições, maltratando-se reciprocamente por toda espécie de lutas, maldades e perfídias, enquanto a Itália, amarrada de cabeça para baixo, bamboleia nas mãos do inimigo, dos espanhóis violentos — até chegar a peste, julgando os justos com os injustos. Assim todo mundo se comporta no infortúnio; é a história dos partidos e das nações; é, simbolizada no maior romance histórico de todos os tempos, a história do gênero humano em todos os tempos.

Evidentemente, isto não foi escrito por um menino de 12 anos. Redigira o texto o pai dele para observar as reações do jovem professor, que pouco depois teve a honra de conhecer pessoalmente o verdadeiro autor do tema escolar: Brenno Bertoni, o chefe político da região, descendente de gerações de aristocratas ticineses, identificados com o povo pelo credo democrático.

Esse Brenno Bertoni não foi crítico literário. Apenas foi homem culto e leitor assíduo de uma obra de simbolismo inesgotável. Definiu-a perfeitamente erigindo em símbolo um episódio secundário. Modelo de crítica sintética.

Brenno Bertoni só uma vez acertou assim. Attilio Momigliano nem sempre acertou tão bem como naquela página sobre a *Chartreuse de Parme*. Mas já se disse que um único grande verso basta para revelar o poeta autêntico. Crítica sintética ou crítica analítica? "A adesão a determinada fórmula de estética não é prova de inteligência" (Valéry). A decisão entre os processos tem sua importância. Mas tem importância maior o talento.

P. S. — Tenho informação acerca de um artigo do sr. Portella, relativo à minha pessoa, publicado nesta folha, e dos termos usados no artigo.

Não responderei, porque o aborrecimento do jovem literato, ex-admirador meu, se baseia todo em uma crítica minha menos favorável, do seu livro. Não polemizo com jovens gênios incompreendidos.

Contradições ideológicas

O Estado de S. Paulo, 18 abr. 59

Os oradores parlamentares do século XIX adoravam Mirabeau. Os radicais da Terceira República já preferiram Danton: "*De l'audace, toujours de l'audace*". Os socialistas reabilitaram Robespierre e, depois, Marat, *l'ami du peuple*. Cada vez mais para a Esquerda. Agora se redescobriu o mais "esquerdista" de todos os grandes chefes da Revolução: Saint-Just; mas para o livro de Ollivier sobre esse "arcanjo de terror" escreveu André Malraux o prefácio. O círculo fecha-se, paradoxalmente, na Direita.

Saint-Just, até há pouco, só era conhecido na história política da França como o regicida número um e o mais terrível dos terroristas jacobinos; e na história literária da França, como grande orador e como autor de um poema obsceno. O assunto é, hoje, tão fascinante como foi para os contemporâneos: esse rapaz de 27 anos, surgindo da obscuridade provinciana para terrorizar o país, "belo como um anjo" e sanguinário como um carrasco; cada discurso seu foi um ato, cortando como a guilhotina; só no momento de sua queda do poder, 8 de Thermidor, quando a Assembléia esperava o maior dos discursos, o jovem envolveu-se em silêncio desdenhoso; e ficou calado até o arrastarem para a guilhotina.

Assunto fascinante. Mas quem o quiser tratar está ameaçado pelo perigo de cair na barata dramatização de acontecimentos históricos à maneira dos Zweig, Ludwig e outros biógrafos profissionais. Obtém-se a falsa atualidade literária ao preço de perder a verdadeira, de tragédia que continua sendo representada no palco do mundo. Não escreverei sobre Saint-Just, mas sobre certas contradições ideológicas: suas e outras. E espero demonstrar-lhe melhor, por meio de algumas digressões semifilosóficas, a terrível atualidade.

Os *philosophes* do século XVIII e os anticlericais do século XIX consideravam a resistência contra o laxismo moral dos jesuítas como modelo de sua própria luta contra as forças retrógradas e obscurantistas da Igreja. Port-Royal parecia a primeira cidadela francesa contra a reacionária Companhia de Jesus. Mas foi uma tese inexata.

No seu livro *Der Zins in der Scholastik* (Viena, 1932), o sociólogo católico August M. Knoll descreveu a luta multisecular da burguesia medieval contra a proibição canônica dos juros. Demonstrou que a partir do século XVI os jesuítas Ledesma, Gregorius de Valentia, Gretser, Laymann e outros inventaram diversas formas do *titulus lucri cessantis* (o *census personalis*, o *contractus trinus*, etc.) para permitir aos proprietários católicos de capital a participação numa economia que não pode dispensar o crédito. Essas "facilidades", concedidas aos capitalistas pelos jesuítas, são o fundo econômico do laxismo moral que os jansenistas e Pascal combateram. Os estudos do sociólogo católico confirmam os do marxista Bernard Groethuysen (*Les origines de l'esprit bourgeois en France*, Paris, 1927), sobre a luta entre a "velha burguesia", ideologicamente representada pelos jansenistas, e a "nova" à qual os jesuítas fizeram concessões. Apesar da derrota dos jansenistas, fulminados pelos papas e pelo rei, sua resistência tenaz impediu a plena acomodação da Igreja da França às necessidades de uma economia capitalista; e a burguesia francesa não ficou jansenista nem jesuítica, mas voltairiana, anticlerical; ainda a Quinta República de hoje, embora direitista, fez questão de declarar-se, no artigo 1º de sua Constituição, *laique*. O assunto ainda não perdeu de todo a atualidade.

O século XVII, o do barroco, está hoje literariamente reabilitado e reatualizado. Mas ainda não se salientou bastante a semelhança da nossa época com aquela na qual "a religião já tinha perdido a doçura do paraíso medieval, mas ainda estava bastante forte para insistir nos temores do inferno". A frase é de Franz Borkenau, que em seu livro *Der Übergang vom feudalen zum bürgerlichen Weltbild* (publicado em alemão em Paris, Alkan, 1934) estudou "a filosofia da época do mercantilismo manufatureiro". Descartes e Hobbes são suas testemunhas da transição para a época burguesa; ao lado, solitário e silencioso, o trágico Pascal, reconhecendo insustentável a posição jansenista. Mas não parecia ele o grande modelo de todo inconformismo? E Hobbes, o teórico do absolutismo monárquico? Todas as posições estão trocadas. Só o simplismo afirmaria o lugar-comum de que as idéias sempre degeneram ao serem realizadas. Mais verdadeira é a admissão de que a "degeneração" das idéias, sua perversão para o contrário, é uma necessidade trágica. Nosso exemplo será tirado da luta do último grande pensador do liberalismo filosófico-político contra as forças conservadoras, representadas pelo general Badoglio, que apoiaram durante vinte anos o fascismo italiano.

O documento a respeito é a volumosa correspondência de Croce com o teórico do sindicalismo revolucionário na França, Georges Sorel, cuja influência o libertou "do culto dos ídolos Humanidade e Justiça, de um liberalismo antiquado que ignorava a História, adorando aqueles conceitos abstratos do Direito Natural como se fossem verdades imutáveis e supratemporais". Lendo hoje essas palavras, mal se acredita que as tivesse escrito o adversário tenaz do fascismo. Na verdade, colocam o assunto no meio deste nosso século turbulento, caracterizado pelas ideologias como instrumentos do poder.

Na verdade as ideologias sempre foram instrumentos de luta pelo poder. Mas só no século XX começam a ser conscientemente usadas; esse pragmatismo transforma-as em recursos do despotismo. Como? O historicismo não tolerava aqueles "ídolos" abstratos do Direito Natural, porque nada na História pode, por definição, ficar imutável. Por isso, Croce combateu o liberalismo dos conservadores italianos. E a História lhe deu razão: porque foram esses liberais-conservadores, de Salandra até Badoglio, que apoiaram o fascismo. Mas que vem a ser o fascismo? A conclusão da teoria de que a política é luta pelo poder, desconsiderando conceitos tão abstratos como a Humanidade e a Justiça. Nesse sentido, Cajumi chamou o historicista Croce de "precursor inconsciente do fascismo". E surge a reminiscência daquela fotografia trágica de 1943: a Itália derrotada, o fascismo derrubado, e Benedetto Croce, curvado pela idade e pelas experiências, estendendo a mão ao velho e odiado general Badoglio.

Essas contradições ideológicas também já parecem pertencer à história de ontem. Mas não é tanto assim. Max Horkheimer (*Anfänge der bürgerlichen Geschichtsphilosophie*, Frankfurt, 1932) e Paolo Treves (*Politici Inglesi del Seicento*, Milão, 1958) continuam, cada um a seu modo, aquele livro de Borkenau, elucidando a evolução da democracia liberal, traçando a perspectiva até o momento dela transformar-se em democracia totalitária. Já estamos na segunda metade do século XX.

O historiador inglês E. H. Carr, especialista simpatizante de assuntos russos, considera o totalitarismo comunista das repúblicas populares como sucessor legítimo da democracia ocidental; o pluripartidarismo seria ficção, impedindo a formação da *volonté générale* do povo. Responde-lhe J. L. Talmon (*The Origins of Totalitarian Democracy*, Londres, 1952): está certo, o totalitarismo comunista tem realmente suas raízes naqueles pensadores políticos que a democracia ocidental considera erradamente como seus fundadores: pois os inspiradores da revolução francesa já foram adversários das "facções", do pluripartidarismo; para garantir a unanimidade da *volonté générale* do povo, já pensaram na "ditadura democrática". São Morelly, Babeuf e Saint-Just.

Estaríamos no fim da viagem? Ainda mais uma digressão para demonstrar a atualidade do assunto. Já houve quem chamasse "trágica" a perversão da democracia norte-americana pelo macartismo, empregando métodos tipicamente totalitários para defender-se contra o totalitarismo. O esclarecimento encontra-se na página (97) de Talmon sobre a idéia da Justiça dos jacobinos: sua única fonte seria a consciência patriótica da nação. *"In this whole approach there is already implied the Terrorist concept of 'suspect', a person being considered guilty before having been convicted on any particular charge, simply because of membership of a class of people, and because of past affiliations"*. Fala-se de McCarthy? Não. As palavras resumem a *"enormity of this conception of justice"* da qual Desmoulins, em seu último artigo, acusou Saint-Just.

Precursor da democracia totalitária ou do totalitarismo fascista? As *Institutions républicaines* de Saint-Just permitem as duas interpretações, sem que sua breve e vertiginosa vida autorize esta ou aquela. Por isso, a biografia, por mais fascinante que seja, não importa. O drama não é de Saint-Just, mas das contradições intrínsecas das ideologias: ninguém é responsável por elas senão a própria realidade, que é intrinsecamente contraditória. Quem percebeu isso deixará de queixar-se dela: se não é possível agir, modificando-a, só resta calar-se em face do desastre, desdenhosamente, como Saint-Just.

Science-fiction

O Estado de S. Paulo, 16 mai. 59

Há motivo para supor que os romances fantásticos de viagens astronáuticas e de exploração de planetas e outros mundos desconhecidos são tão lidos no Brasil como em qualquer parte. Um conhecido escritor brasileiro, pessoa de ingenuidade despreocupada, fez mesmo a tentativa de confeccionar, por sua vez, um troço de *science-fiction*, para provar que "também pode ser nossa". Mas ninguém prestou atenção. Os leitores preferem a mercadoria importada. E a crítica acha que a *science-fiction*, embora não sendo científica, em compensação tampouco é ficção, mas literatura de cordel. Talvez por isso um observador anônimo do nosso movimento literário me interpelou, seriamente, quando empreguei o termo em relação a *Os Sertões*. Não teria sido blasfêmia? Não seria preciso esclarecer o que vem a ser *science-fiction*? Eis a resposta.

Science-fiction é substantivo composto. Ensina a gramática que no caso da combinação de dois substantivos nenhum deles guarda inalterada a acepção: os dois sentidos modificam-se reciprocamente. A Ciência, em *science-fiction*, não é científica, mas deliberadamente ficcionalizada. Por outro lado, a Ficção, em *science-fiction*, não quer ser mera ficção, mas possibilidade científica. Em suma: trata-se de Ciência que não exige deduções e provas, mas que exige ser aceita assim como o crente aceita artigos de sua fé. Tratando-se de literatura sobre planetas, espaços interplanetários e *outer space*, fora do sistema solar, o caso lembra o caráter semi-religioso da astrologia, que só foi possível e só foi acreditada antes de Copérnico destruir a astronomia geocêntrica. Com efeito, sem Copérnico ainda acreditaríamos nos gênios que dirigem os astros e sem Copérnico não haveria *science-fiction*. O fato de ter surgido aquela suposta literatura de cordel faz parte da *Geistesgeschichte*, da história intelectual e espiritual da humanidade moderna. O assunto é sério.

A idéia de habitabilidade de corpos celestes e da presença, neles, de criaturas não podia surgir se a ciência não provasse antes a semelhança entre aqueles corpos celestes e a nossa Terra. O responsável pela *science-fiction* é, em última análise, Galileu: pela exploração telescópica da superfície da Lua e pela descoberta dos satélites de Júpiter. A conseqüência imediata: Kepler, astrônomo tão grande quanto Galileu e o último que ainda acreditava misticamente em horóscopos, escreveu a primeira *science-fiction*, o *Somnium seu de astronomia lunari*. Mas a perda daquela fé mística obriga logo o novo gênero a servir a objetivos mais profanos. Viagens para outros mundos podem ter tendência satírica, como no *Voyage dans la Lune*, de Cyrano de Bergerac. O maior exemplo é *Gulliver's Travels*, de Swift: Liliput e Brobdingnag são nosso mundo, observado pelos novos instrumentos científicos, o microscópio e o telescópio. O caso de Swift basta para justificar o uso do termo *science-fiction* em relação a obras de alta categoria literária. A memória do grande Euclides não foi ofendida.

Mas a importância do assunto é outra. Em trabalho recente, *Vom Staatsroman zur Science-Fiction. Eine Untersuchung üeber Geschichte und Funktion der naturwissenschaftlich-technischen Utopie* ("Do romance político à *science-fiction*. Um estudo sobre a história e a função da utopia científico-técnica"; Stuttgart, Enke, 1957), Martin Schwonke acaba de estudar o papel das utopias técnicas na evolução do pensamento social. Pois também é *science-fiction* a primeira utopia socialista: *La Città del Sole*, de Campanella (o "socialismo" de Platão e o de Thomas Morus são diferentes); e Schwonke deixa de mencionar o caso do filósofo estóico Blossius, no século II a.C., que inspirou uma revolta dos escravos na Ásia Menor com um (perdido) livro utópico sobre a igualdade de todos os homens no Sol (v. J. Bidez: *La Cité du Monde et la Cité du Soleil chez les Stoïciens*, Paris, 1932). Por outro lado, também é *science-fiction* a *Nova Atlantis*, de Bacon, a utopia da sociedade mercantil e industrial. Durante o século XVIII todo, as utopias da ilustração pré-revolucionária são situadas em continentes desconhecidos ou em planetas; enquanto a utopia que antecipa invenções técnicas, como a de Jules Verne, também gosta de passear até a Lua.

Mas acontece que as antecipações de um Verne foram logo superadas pela realidade. A fantasia dos autores de livros de leitura infantil não conseguiu competir com a imaginação criadora dos físicos, químicos e engenheiros. Por isso seus livros deixaram de ser lidos pelos adultos. A verdadeira *science-fiction* dos anos entre 1900 e 1920 é de outra natureza: explica tudo pela sociologia, pela ecologia, eventualmente pela psicologia, ciências em que a época depositou fé religiosa. A própria psicanálise transformou-se em ficção, nas mãos dos romancistas; e o marxismo, nas mãos de outros romancistas. Mas em 1920, mais ou menos, volta de repente a *science-fiction* em seu sentido atual: a literatura "astronômica", conseguindo tiragens astronômicas. A parte menos adulta da humanidade, especialmente no hemisfério ocidental (mas não esqueço *Aelita*, do russo soviético Alexei Tolstoi), embarca para os planetas e os espaços da Via Láctea. É uma loucura coletiva.

Para chegar-se ao diagnóstico, é preciso prestar atenção àquilo que importa aos autores e leitores. Chega-se, então, a uma descoberta surpreendente: na *science-fiction* moderna, a ciência e a técnica desempenham papel secundário. Tenho lido, gemendo, várias dúzias desses livros: nenhum deles supõe ou transmite conhecimentos de astronomia (de matemática nem se fala; e a física moderna, a teoria da relatividade e a dos *quanta*, é cuidadosamente excluída). Tampouco fazem os autores esforço para descrever de maneira crível os astronavios, os instrumentos de observação e controle, etc. O ambiente físico nos corpos celestes também é apenas esboçado. A *science* não importa. O que importa é a *fiction*, isto é, a aventura. Toda uma imensa literatura de contos de fadas, de viagens e aventuras, de Marryat e Stevenson, caiu em esquecimento para renascer na *science-fiction*: façanhas heróicas em face de perigos monstruosos, fidelidade comovente de companheiros, traição infame, revoltas e motins de tripulação, a autoridade do chefe nato e, embora muito secundariamente, uma ou outra *affaire* amorosa — eis os enredos sempre repetidos da moderna *Odisséia* dos espaços interplanetários. O amor não conta muito, evidentemente, porque os leitores, conquanto não sejam meninos, têm a idade mental de meninos. Essa *science-fiction* moderna nunca será degradada à literatura infantil (assim como aconteceu ao grande e terrível livro de Swift) porque já é infantil. O "puerilismo" do nosso tempo, que já foi diagnosticado por Huizinga, encontra na *science-fiction* uma manifestação quase tão característica como as histórias em quadrinhos. Essa literatura de cordel fornece ao leitor comum todas as trivialidades, horrores, sentimentalismos, etc. que a literatura moderna exclui cuidadosamente dos seus enredos (ou da sua falta de enredo). A *science-fiction* faz questão de não tocar nunca em problemas psicológicos ou questões sociais. Ao embarcar para o espaço, perdeu o contacto não só com a terra, mas também com a realidade. Evasão? Mas essa evasão tem objetivo bem definido: cancelar um processo histórico.

A inquietação política, social e religiosa do nosso tempo já foi muitas vezes comparada à época da Reforma e do barroco. Entre 1500 e 1600 sofreu o gênero humano uma humilhação nunca completamente esquecida porque insuportável: a humilhação cosmológica. A terra e o homem perderam a posição no centro do Universo. No fundo, os inquisidores, do seu ponto de vista, tiveram razão contra Galileu: perdeu-se certeza de fé e de salvação, perdeu-se substância religiosa. O Deus fora desse novo universo infinito já parece cuidar menos de suas criaturas, tão insignificantes, exiladas num planeta menor entre outros. Os astros, preocupados com a regularidade das suas órbitas, já não regem destinos nem há lugar neles para gênios astrais. O Universo está vazio. E Pascal dirá: "*Le silence éternel de ces espaces infinis m'effraie*".

A *science-fiction* é tentativa de repovoar o espaço. Não é a única. Também há os discos voadores: visões cuja natureza religiosa ou pseudo-religiosa foi muito bem esclarecida por C. G. Jung (*Ein moderner Mythos. Von Dingen, die am Himmel gesehen werden*; "Um mito moderno. Sobre coisas vistas no céu", Zurique, 1958).

A tentativa de maníacos e de repórteres americanos de suprimir o efeito desse livro do psicólogo suíço, atribuindo-lhe um artigo falsificado em que teria admitido a existência dos discos voadores, revela que a nova fé já tem seus fanáticos e inquisidores. Trata-se de religião, ou antes de sucedâneo (*Ersatz*) de religião. E não é nova. Os objetos resplandecentes que aparecem no céu são imitações baratas das visões dos místicos de todos os tempos. E os habitantes de planetas, na *science-fiction*, dotados de forças físicas e mentais superiores às nossas, são reedições dos gênios astrais da época pré-copernicana. Mais exatamente: são anjos.

Science-fiction é, inconscientemente, literatura pseudo-religiosa, literatura de edificação do homem que já não suporta sua solidão no Universo. Conscientemente teológica só é a *science-fiction* do inglês C. S. Lewis; mas este, cristão crente, acredita na existência do mal no mundo; e em seus livros, os habitantes de outros planetas dispõem de forças sobre-humanas, não porque são anjos, mas porque são diabólicos. O sonho do desejo de conquistar o espaço produz seu efeito psicológico contrário. É o medo de uma catástrofe cósmica e de destruição do mundo. Ao crítico alemão Eschmann devo a referência a um trabalho do psiquiatra americano Robert Plank (in *International Record of Medicine*, Filadélfia, CLXXVII/7) sobre *The Reproduction Fiction*. A psicose é caracterizada pela perda total do contacto com a realidade. Literariamente, a conseqüência é a baixa qualidade: literatura de cordel. Mais interessante é a conseqüência psicológica, estranha em autores anglo-saxônicos: a ausência completa do humor. A *science-fiction* é bastante séria.

Entre as realidades excluídas pela *science-fiction* encontra-se a da própria Ciência. Não querem saber da Teoria da Relatividade, na qual o Universo é ilimitado, mas não infinito; porque as viagens no espaço não devem ter ponto final. Se não fosse assim, os viajantes dos astronavios, depois de terem percorrido espaços ilimitados, chegariam ao seu ponto de partida, nesse Universo curvo: à Terra, onde existem coisas muito mais interessantes do que na Lua e onde há problemas para resolver com que nem sonham os hipotéticos habitantes de Marte. Aqui embaixo até é possível o que não se pode fazer ali no alto: ouvir estrelas.

A rebelião de outras massas

O Estado de S. Paulo, 11 jul. 59

Assim como *habent sua fata libelli*, assim também certos títulos de livros têm sorte, tornando-se logo proverbiais. *A Rebelião das Massas*, por mais importante que seja, não é, talvez, o melhor livro de José Ortega y Gasset; mas sempre será seu título mais conhecido.

Ultimamente, até o original castelhano dessa obra se tornou menos acessível. Merece, portanto, gratidão uma simpática nova casa editora, O Livro Ibero-Americano, por oferecer-nos o livro em exata e bem legível tradução de Herrera Filho e em ótima apresentação gráfica. Boa oportunidade para tentativa de repensar o pensamento sociológico do grande escritor espanhol.

A Rebelião das Massas é ou passa por livro profético. Em 1930, Ortega y Gasset já teria previsto e denunciado a revolta que ameaça hoje rebaixar o nível das atividades políticas e das manifestações culturais: a revolta das massas menos instruídas e menos sensíveis aos valores da civilização, mas cada vez mais numerosas e esmagando as elites. Nesse sentido, o famoso título continua sendo citado. Já foi citado assim na tribuna do parlamento brasileiro para explicar o resultado imprevisto de uma eleição em São Paulo. *A Rebelião das Massas* seria livro de inspiração antidemocrática, descrevendo e denunciando a perigosa ascensão daqueles cujo "grande número já é crime". Mas essa impressão de leitura seria exata?

Fenômenos político-sociais daquela natureza podem ser novos e surpreendentes em São Paulo ou em outras cidades e países da América Latina. Mas quando Ortega y Gasset, em 1930, publicou na Espanha *La Rebelión de las Masas*, a ascensão política e social do proletariado e, em geral, das grandes massas de população crescente já era, na Europa toda e inclusive na Espanha, um fato óbvio, que começara decênios antes. Muitos já tinham, conforme seus pontos de vista, exaltado ou denunciado esse fato, cuja descrição enche os manuais de sociologia. Não havia a respeito nada para predizer, para profetizar da sociedade européia; embora despojando de certos privilégios as elites, ainda mal tinha começado a rebaixar o nível da civilização. "Massa" e "democracia" são, decerto, fenômenos paralelos; mas não são sinônimos. A profecia de Ortega não se refere à política, mas à cultura. Numa época e numa sociedade já fortemente democratizadas, Ortega percebeu sintomas da decadência cultural que ainda não se concretizara. Suas observações foram realmente proféticas. Seu livro é o primeiro de uma série ilustre: obras de Huizinga, de Horkheimer e Adorno, de Toynbee. Num nível mais baixo, costuma-se falar em "americanização". Nos próprios Estados Unidos, David Riesman estudou, em *The Lonely Crowd*, o fenômeno da massa; e são numerosas as publicações sobre a deterioração dos valores culturais pela sua adaptação ao gosto e à capacidade de compreensão das massas, pelo cinema, pelo jornalismo, pelo rádio e televisão e outros recursos da *mass culture*. Essa evolução já atingiu, por enquanto, seu ponto mais alto nos Estados Unidos; um título como *The Air-Conditioned Nightmare*, de Henry Miller, descreve bem a discrepância entre a técnica aperfeiçoadíssima e a cultura perigosamente barateada. No entanto, não é só o *Brave New World*. As raízes daquela evolução encontram-se na própria Europa.

É uma evolução perigosa. É preciso reagir contra os que apreciam a "cultura" apenas como recurso para satisfazer ambições sociais e conseguir comodidades técnicas. Pois já são a grande maioria.

Não sejamos injustos. Todos nós, inclusive as elites mais exclusivas, somos beneficiados pelos recursos técnicos da *mass culture*, basta citar o exemplo do disco *long-play*. E a abolição do rádio e do cinema não nos ajudaria para construir novas catedrais góticas ou compor cantatas como as de Bach. Contudo, a hostilidade dos comunistas contra os "intelectuais" e a dos norte-americanos contra os *egg-heads* é bárbara. O escotismo dos *high-brows* pode ser, às vezes, insincero; mas só ele nos protege contra a petrificação da cultura.

Pois bem: tudo isso está previsto e diagnosticado no livro de Ortega y Gasset. É este o conteúdo e sentido da sua profecia. O ponto de partida é a participação de massas cada vez mais numerosas no gozo dos benefícios da cultura e de sua aplicação técnica; com a conseqüência de o aproveitamento passivo desses benefícios substituir a produção de valores novos; com a conseqüência de o orgulho do progresso menosprezar os valores antigos. O homem culto (o *gentleman*, o *honnête homme* ou *lettré*, o *Gebildeter*) é substituído pelo especialista, que é, em todos os setores fora da sua especialidade, um bárbaro. O capítulo, no livro de Ortega, contra os especialistas é quase apaixonado. Mas esses especialistas — são eles, porventura, produtos e líderes das massas democráticas? A pergunta leva a examinar mais de perto aquele tipo de homem que Ortega combate por ser "homem de massa". Chamo-o de *señorito*. Mas é *señorito* um termo próprio para designar o proletário? Absolutamente. Tudo manda crer que o *señorito*, o "mocinho satisfeito" de Ortega, pertence à cada vez mais numerosa classe média, à qual se juntam as camadas economicamente avançadas do proletariado no mundo ocidental. É este o "homem de massa" que dispõe de todos os recursos da cultura sem os aproveitar para outros fins do que evitá-la.

A interpretação do livro de Ortega y Gasset como "anti-revolucionário" é um equívoco. Mas um equívoco nunca fica desmentido por interpretação mais exata.

Resta o dever de explicar como o equívoco nasceu. No caso do livro de Ortega y Gasset, a responsabilidade pelo equívoco cabe ao próprio Ortega y Gasset, cujas manifestações e atitudes posteriores pareciam, talvez contra sua vontade, justificar aquela interpretação inexata.

Não há entre nós ninguém que não deva muito a Ortega y Gasset; na Espanha, onde ele abriu janelas de europeização; na América Latina, inclusive no Brasil, transmitindo o pensamento filosófico, histórico, sociológico da Alemanha entre 1880 e 1930; na própria Alemanha, onde, depois do dilúvio nazista, os escritos de Ortega agora servem, em tradução, para ressuscitar a herança espiritual destruída. Esse último fato demonstra que, embora tenhamos o direito de preferir o estudo direto das fontes alemãs, a discutidíssima questão da originalidade do pensamento orteguiano não interessa. Devemos muito a Ortega y Gasset, quase se diria: muito demais. Pois ele sabia tudo e escreveu sobre tudo e adotou tudo, inclusive idéias contraditórias. A natureza do seu pensamento era, não sei se já se lhe aplicou o adjetivo, ondulatória; seu "perspectivismo" é a racionalização ou sistematização dessa índole do seu espírito. E ao pensamento ondulatório correspondiam as atitudes ondulatórias.

Hoje em dia surge fora da Espanha uma onda contra Ortega y Gasset. Sintoma dela, entre muitos, é o livro *El caso Ortega y Gasset* (Buenos Aires, 1958), em que o argentino Patricio Canto o combate como pensador reacionário e pré-fascista. É uma tese certamente injusta. Mas não tem, outrossim, razão aqueles que, na Espanha, o exaltam porque seus livros lhes fornecem a única e última oportunidade de leituras digamos liberais. Ortega não serve como bandeira. Não é bastante conhecida a carta de Guillermo de Torre a Alfonso Reyes (publicada na *Revista de las Indias*, Bogotá, maio de 1942), denunciando a "*deserción de Ortega*" desde 1936. É um fato. Mas não gostaria de falar, tão brutalmente, em *deserción* nem me parece exata a data de 1936. Pois já em dezembro de 1924 tinha Ortega publicado na *Revista de Occidente* o ensaio "Cosmopolitismo" em que falou de "*esplendor y miseria, virtud y limitación de la intelligentzia*", verificando ou aprovando a impotência do Espírito na vida prática, política. O que estava ali definido era sua própria situação de pensador capaz de despertar, instruir e até formar elites, mas incapaz de lhes dirigir o comportamento político. Como escritor, como conferencista foi um mago, enfeitiçando seu público na Espanha (então ainda fechada ao pensamento europeu) e na América Latina (então de informação atrasada). Mas a nova luz que Ortega trouxe só lhe iluminou sua solidão num deserto.

Ortega "europeizou" consciente e deliberadamente a Espanha e a América Latina. Tornou "acessível a cultura" aos que a desconheciam. Revelou, mais do que podiam compreender seus leitores e ouvintes, o mistério de uma civilização autêntica. Sentiu o perigo inerente à sua cruzada. Simbolicamente, protestou, num brilhante ensaio, contra os que empreenderam desenterrar da areia egípcia o corpo da Esfinge, da qual milênios só tinham visto a cabeça misteriosa — pois que ficaria? *"En el desierto, un león más"*. Foi seu destino. Quando tinha totalmente "revelado o mistério", tornando-o acessível a uma massa anônima e de reações incalculáveis, Ortega assustou-se: prevendo a rebelião das massas que despertara.

Como um profeta, Ortega previu o fenômeno; mas quando a profecia se realizou, o pensador não reconheceu o espectro que evocara. Confundiu-o com a democracia. E autorizou, implicitamente, a confusão da *rebelión de las masas* com a profecia reacionária de Maurras, no *Avenir de l'Intelligence*. E então lhe bateram palmas as elites antigas, do tempo de antes da "europeização", que ele desprezara.

Se alguém teve jamais o direito de sentir-se membro da verdadeira elite, então Ortega foi esse alguém. Mas inspirou esse *corps d'esprit* da elite também a muitos outros que não tinham aquele direito. Ortega criou, no seu público, "homens de massas" e até "especialistas"(como os teria detestado!). Criou *"senõritos"* e "mocinhos satisfeitos". Proporcionou a essa falsa elite de "novos ricos do Espírito" uma boa consciência. Mas, como disse Albert Schweitzer, "a boa consciência é uma invenção do diabo".

Enfim, estava só: *"En el desierto, un león más"*. E morreu como costumam morrer os profetas, desesperando de ver a terra da promissão.

Assis

O Estado de S. Paulo, 19 set. 59

Se todos os homens fossem crentes, seria possível classificá-los conforme o santo de sua devoção particular que escolheram. Alguns preferem São Bento, patriarca da civilização ocidental na qual a contemplação e o trabalho, a teoria e a prática não são separáveis: *Ora et labora*. Outros preferem Teresa de Ávila, a grande intelectual entre as mulheres santas. Todos concordam, provavelmente, em colocar acima de qualquer preferência o terrível e irresistível judeu de Tarso, o apóstolo São Paulo, *doctor gentium, vas electionis*. Mas os crentes que escolheram São

Francisco de Assis contam com a companhia mais numerosa, inclusive dos descrentes. Do iconoclasta furioso Lutero até o protestante liberal Sabatier, o agnóstico Azaña e o ateu Hyde, não houve quem não se curvasse perante o santo de Assis. Não o atinge o terrível reproche de Schopenhauer: que o cristianismo, religião do amor às criaturas, teria tolerado, com indiferença, a crueldade contra os animais. Francisco é mesmo o padroeiro dos que se preocupam com os sofrimentos dos bichos. É o santo que inspirou a arte de Giotto, do primeiro grande mestre da pintura. Seu espírito vivifica até hoje a paisagem como que redenta das colinas e ciprestes da Úmbria, da Toscana, santuários de — como dizê-lo? — de um turismo elevado. É o santo dos homens "modernos".

Com toda a certeza, esse retrato moderno de São Francisco de Assis é ligeira falsificação. Seus cultores não gostam de ser lembrados de que aquele foi o primeiro santo achado digno de experimentar no seu corpo o milagre dos estigmas. Veneram um Francisco "liberal" e bastante sentimentalizado. O livro de Ivan Gobry sobre São Francisco, publicado na Coleção Mestres Espirituais, da Livraria Agir, embora escrito por autor católico, não retifica devidamente aquele erro.

Na mesma coleção já saíram livros sobre Maomé, Santo Agostinho, São Paulo, Buda; anuncia-se um sobre Sócrates. Não é sinal de sincretismo religioso, mas sim de certo ecleticismo, admitindo a existência de partículas da revelação divina em toda a parte, assim como acreditavam na Antiguidade os estóicos. O livro de Ivan Gobry não se enquadra bem nesse espírito largo. Não porque o autor é católico, mas porque só parece ter pensado em leitores católicos menos instruídos e, talvez, incapazes (ou indignos) de receber instrução completa. É um livro bem informativo, bem apresentado, bem ilustrado. Mas escrito *ad usum Delphini*. O autor, deliberadamente, silenciou sobre as dificuldades e os problemas.

A primeira observação que se impõe a esse respeito é de crítica literária, justificando a publicação do presente artigo em um suplemento literário. São Francisco é, como se sabe, o autor do *Cantico di Frate Sole*, escrito num dialeto arcaico da Úmbria, o primeiro grande monumento da literatura italiana. Na página 54 do seu livro, Gobry chama-o de "essa maravilha de poesia"; e é só. Mas é só isso? Quem teria a audácia irreverente de incluir o santo entre "os bons poetas"? Será o *Cantico* realmente um poema? Benedetto Croce, num ensaio do volume *Poesia Antica e Moderna*, já manifestou a mesma dúvida quanto a outro grande poema dos primeiros tempos franciscanos, o *Dies irae*, de Tommaso da Celano, preferindo apreciá-lo como expressão especificamente religiosa. O *Cantico* de São Francisco, espécie de poesia coral — coro de todas as criaturas, humanas e não-humanas, e até das coisas inanimadas, louvando ao Senhor — essa obra prática é também, ou talvez em primeira linha, expressão de um estado de graça: *Cantico delle creature*, isto é, seu autor tornou-se capaz de ouvir e interpretar o louvor de todas as criaturas ao Senhor. Pelo menos, é esta a tese do finíssimo crítico italiano Giuseppe De Robertis (em: *Studi*, 2ª ed., Florença, 1953). Mas observa outro mestre da análise estilística, Luigi Foscolo Benedetto, que De Robertis entende o *delle creature* como genitivo objetivo, sem considerar a possibilidade de se tratar de genitivo subjetivo; neste caso, o sentido do poema seria o louvor às criaturas, interpretação que a leitura atenta do texto torna perfeitamente admissível. Esse outro sentido não é menos ortodoxo; o dogma da encarnação justifica a dignidade e santificação de todos os seres e coisas deste mundo em cuja carne o Redentor se encarnou. Daí só é um passo, porém, para o antropocentrismo (ainda não irreligioso) da Renascença.

A historiografia dos últimos 100 ou 150 anos estava ocupada em fazer recuar cada vez mais os inícios da Renascença. Teria sido, pensava-se, por volta de 1500. Ruskin e os pré-rafaelistas retificaram esse preconceito acadêmico, incluindo o "Quatrocento", o século XV italiano. Burckhardt pensava no Estado siciliano de Frederico II (primeira metade do século XIII), outros em Dante. Henry Thode escreveu um livro sobre São Francisco de Assis e os começos da Renascença; Konrad Burdach ampliou essa tese, incluindo nela o abade Joachim de Fiore, antes de São Francisco, e, depois dele, os chamados "Spirituales" ou franciscanos "rigorosos". O crítico italiano Emilio Cecchi ilustrou essa tese, lembrando o célebre mural do Campo Santo em Pisa: os eremitas ascéticos que saem das suas grutas para ver o sol de um novo dia. Num livro do historiador católico Alois Dempf sobre o conceito herético de uma "nova Igreja do Futuro", a idéia do "espiritual" Olivi, de um "renascimento" da Igreja, precede imediatamente a tentativa de "renascimento" da República romana pelo tribuno Cola di Rienzo, entre cujos partidários já encontramos Petrarca. É a Renascença. Mas quem foi aquele Olivi? Quem foram aqueles "Spirituales"?

Mais uma vez, o livro de Gobry silencia sobre aquilo que lhe parece "difícil" ou "impróprio". No seu capítulo sobre a evolução do franciscanismo depois da morte do santo (pág. 83 sgg.), fala das lutas entre os Observantes, que observam rigorosamente o mandamento da pobreza, e os Conventuais, que afrouxaram a regra para facilitar à nova Ordem a vida no mundo; fala de tudo isso como se tivesse sido briga interna, de poucas conseqüências. Adota, sem citá-lo, a atitude de Bernanos que, numa frase maliciosa desse grande livro que é *Le grands cimetières sous la lune*, disse: — Se os franciscanos, hoje, desaparecessem, nada mudaria na Igreja nem no mundo. Não sei se é assim. Mas sei que não foi assim.

Qualquer história da Igreja na Idade Média dá informação sobre os fatos. A luta entre os Observantes e os Conventuais terminou com a derrota dos primeiros, que, como "Spirituales", se revoltaram contra a autoridade do papa, tornando-se heréticos e sendo expulsos da Igreja. Pode parecer que os rigoristas da pobreza tivessem sido homens tipicamente medievais, enquanto os Conventuais se afiguram mais conformados com a maneira "moderna" de viver. Na verdade, acontece o contrário.

Sabe-se, há muito tempo, que aqueles Observantes, os "Spirituales" heréticos, são precursores do mundo moderno, daquele mundo moderno em que não parece haver lugar para eles nem para franciscanos de qualquer interpretação da regra. Mas só um livro do historiador Ernst Benz (*Ecclesia spiritualis. Kirchenidee und Geschichtstheologie der franziskanischen Reformation*, Stuttgart, 1935) esclareceu os motivos da tragédia.

Essa história começou antes de São Francisco. O abade Joachim de Fiore, que fundou em 1190 o convento de San Giovanni in Fiore, na Calábria, acreditava num futuro "renascimento" da Igreja; depois da Igreja do Pai (Velho Testamento) e do Filho (Novo Testamento), chegaria a hora da terceira Igreja, do Espírito, a Igreja invisível dos *minores* ou *humiles*. Reconhecem-se, nessa profecia, certas tendências anticlericais e "populistas", muito freqüentes na Idade Média. São Francisco não conhecia as profecias de Joachim. Mas a idéia joaquimita chegou a infiltrar-se nos conventos franciscanos, primeiro em Pisa. O santo de Assis, porque estigmatizado, começou a ser adorado, por alguns, como Segundo Cristo e profeta da terceira Igreja. Os *fratres minores* seriam os primeiros membros dela. Porque essa idéia era abertamente herética, aderiram a ela os rigoristas mais radicais, os "Spirituales", revoltados contra a autoridade de Roma. O sistematizador desse pensamento herético e revolucionário foi aquele Petrus Johannis Olivi que Burdach considera como precursor de Rienzo e Petrarca. Mas foi, sem dúvida, um homem radicalmente medieval. Foi um dos mestres de Dante, em cujo poema são reconhecíveis os vestígios do joaquimitismo. Só a derrota dos "Spirituales", expulsos da Igreja, transformou definitivamente aquele "genitivo objetivo" (De Robertis) em "genitivo subjetivo" e a heresia medieval em "modernismo".

No século XIV, o imperador Ludwig, o Bávaro, lutando contra o papa, encontrou aliados nos "Spirituales". Tratava-se de abolir o poder temporal de Roma. Marsílio de Pádua, no *Defensor pacis* (1324), é o teórico do Estado governado pelos leigos, sem influência eclesiástica. Sua idéia do Estado laicista inspirou, durante séculos, os pensadores políticos, sobretudo na Inglaterra, onde a Igreja foi subordinada ao Estado. "Marsilista" ainda é Locke, o pai do liberalismo inglês.

Por outro lado, adepto de Marsílio também foi seu contemporâneo, o inglês Occam, o mestre dos nominalistas, entre os quais Pierre Duhem descobriu os precursores da física moderna, Nicolas d'Autrécourt e Oresmius; este último também é o autor de um dos primeiros tratados sobre teoria monetária, quase um precursor de Adam Smith; nos mesmos círculos, o cantochão gregoriano foi "superado" pela teoria do contraponto; nascem juntas a física moderna, a economia moderna, a música moderna.

Todos estes já tinham esquecido o abade Joachim de Fiore. Mas não foi esquecida sua filosofia da história. A idéia de uma "terceira Igreja" foi secularizada; transformou-se em idéia de um terceiro Reino.

Alois Dempf tem descrito essa evolução, até a Igreja humanitária dos maçons do século XVIII (v. o ensaio de Lessing sobre *A educação do gênero humano*) e, paradoxalmente, até o Terceiro Reino anti-humanitário de Moeller van den Bruck e dos nazistas. Assim, muitos defendem idéias, desfigurando-as porque lhes desconhecem as origens históricas. Mas o último joaquimita consciente foi Thomas Müntzer, o teólogo e cabo-de-guerra da revolução dos camponeses alemães do século XVI, que Ernst Bloch considera como precursor do bolchevismo e que tem hoje monumento em Leipzig, na zona soviética da Alemanha.

Mas o que têm todos estes com Assis? Nada, a não ser um remoto e irresistível impulso espiritual, que se desfigurou ao entrar na realidade histórica, intrinsecamente contraditória, de Olivi até Müntzer etc. Nesse terrível "etc." reside o segredo da História. Só conseguimos elevar-nos, por momentos, acima dela onde ela parece parada. É este o motivo daquele "turismo elevado" para Assis, para a paisagem como que redenta das colinas e ciprestes da Úmbria onde crentes e descrentes veneram a memória do "santo dos bichos".

Leviatã*

O Estado de S. Paulo, 17 out. 59

A literatura alemã já está reabilitada, neste interminável após-guerra. Benn e Brecht, Broch e Musil exercem influência internacional. Mas são quatro grandes mortos. Hesse tem 82 anos de idade. Da geração mais nova: Frisch e Dürrenmatt são suíços, Doderer é austríaco. Se abstrairmos Ernst Jünger, que também é homem de antes da guerra, podemos dizer: a literatura alemã do último decênio não produziu milagres comparáveis ao "milagre econômico" dos srs. Adenauer e Erhard (talvez por isso mesmo). Os propagandistas da cultura alemã no estrangeiro deveriam explorar toda e qualquer possibilidade. No entanto, nunca falam em Arno Schmidt.

Nenhum dicionário lhe registra o nome. Não pertence ao Pen Club alemão. Não sei quase nada dele; provavelmente é homem pobre, que escreve nas poucas horas livres, depois do trabalho no escritório comercial ou coisa semelhante. Mas é lido, na Alemanha. Tem admiradores. Também tem críticos; mas poucos. É um homem incômodo.

Os dois últimos trabalhos desse romancista são — ninguém o esperava — estudos de história literária. *Dya-Na-Sore* (1958) desenterra um esquecido romancista da época do romantismo, Meyern (1762-1829), denunciando-o como precursor do nazismo. É dedicada à mesma época a volumosa biografia de *Fouqué e Alguns Contemporâneos* (1958), trabalho germanicamente metódico que precisa de 587 páginas para desmascarar a falsidade do romantismo do modesto autor da *Undine*. Arno Schmidt é um iconoclasta.

Iconoclasta também é na ficção. Lê-se *Die Gelehrtenrepublik* (1957). Essa *República dos Eruditos* é um navio imenso que — estamos no ano de 2008 da nossa era — viaja devagar e sem finalidade alguma pelos sete mares, sendo capitaneado, em rodízio, pelos americanos e pelos russos: é o abrigo dos artistas, dos escritores, dos cultores de ciências sem imediata aplicação prática, que levam ali uma existência pacata, bem protegida e totalmente estéril. Os últimos exemplares biologicamente certos do gênero humano, que escaparam aos efeitos das nuvens radioativas, formam rebanhos em espécie de parque nacional, dedicando-se só ao agradá-

---

* Não confundir com o artigo de título idêntico publ. em *Origens e fins* (v. *Ensaios reunidos*, vol. I).

vel trabalho de multiplicar-se: são centauros, isto é, garanhões e éguas. O resto do ex-gênero humano só tem interesse teratológico. O romance é uma antiutopia, muito menos espirituosa que a dos Orwell e Huxley, mas muito mais brutal, como costumam ser as experiências na própria carne.

Visão do futuro? Com Arno Schmidt não se pode ficar com certeza cronológica. Ao seu romance *Das steinerne Herz* (*O Coração de Pedra*, 1956), escrito em 1954, o autor dá o subtítulo irônico: "Romance histórico, da época de 1954". Parece espécie de paródia do romance histórico à maneira de Walter Scott, procura de antigos documentos perdidos, os anuários estatísticos do reino de Hanover, que desde 1866 já não existem. Esse "enredo" não passa de pretexto. Na verdade se trata de uma história extremamente sórdida de amores na Alemanha de hoje, descrita nas cores mais negras. Arno Schmidt é autor grosseiro. Sua linguagem copia e parodia a gíria dos jornais de província e das rodas da classe média menos instruída. Suas montagens tipográficas lembram a época na qual pintores colaram farrapos de fazendas, pedaços de folha-de-flandres, fósforos etc. em cima da tela. Schmidt gosta de enfeitar sua prosa de obscenidades e palavrões. Lança insultos tremendos contra o Estado, a sociedade, a Igreja, a literatura, contra tudo. Confessa a intenção de abrir as latrinas, "para o cheiro ensinar à gente que são latrinas". Assim no *Coração de Pedra*, que se passa na Alemanha de hoje, e assim, com as mesmas expressões, em *Aus dem Leben eines Fauns* (*Vida de um Fauno*, 1953), que se passa nos tempos do nazismo. É assunto que se prefere evitar na Alemanha de hoje. Arno Schmidt é, evidentemente, um homem incômodo. Mas essa qualidade não basta para garantir o valor da sua obra. Ele se repete muito. E o uso permanente de palavrões em voz alta impõe certa reserva em face dessa literatura que se poderia chamar "de grito". Talvez esse barulho seja um protesto impotente, embora sincero, contra a Alemanha mecanizada do "milagre econômico", contra a existência cinzenta e medíocre em fábrica e escritório, que também é a de Arno Schmidt? Ele mesmo diz, em uma das frases inesquecíveis que de vez em quando lhe escapam: "Noite. Escuridão. É difícil saber se aquela luz no horizonte remoto é a janela iluminada de um contabilista ou uma estrela que se levanta". Responderíamos que também em escritórios de contabilidade podem levantar-se estrelas. A estrela de Arno Schmidt também se levantou num ambiente medíocre e cinzento: sua fama literária baseia-se, com toda a razão, no pequeno volume de contos *Leviathan*, publicado em 1949, mas escrito provavelmente já antes, quando Schmidt não passava de vítima anônima da terrível tempestade que acabou com o nazismo. Todos os motivos e temas de Arno Schmidt já estão presentes neste seu livro de estréia, que, como acontece freqüentemente com escritores de mocidade desastrada, porventura ficará seu principal ou único título para ser lembrado no futuro.

São três contos, inspirados, um, pela enormidade da guerra moderna e, os dois outros, pela enormidade da própria existência humana. São tão monstruosos como seus assuntos.

O primeiro conto, "Gadir", é o diário de um velho prisioneiro de guerra que, numa indeterminada época da Antigüidade, já passou decênios em sua prisão estreita e suja, sonhando sua fuga e sua morte na fuga, mas morrendo, na verdade, como um bicho dentro da sua cela.

O terceiro conto, "Enthymesis", é o diário de uma fantástica expedição geográfica de eruditos gregos, nos desertos da Ásia, e da sua morte fantástica pela intervenção de monstros misteriosos

Entre esses dois contos "antigos" está o relato que dá o título ao volume; "Leviatã" passa-se nos arredores de Berlim, destruída pelos nazistas e já no meio ocupada pelos russos, em abril de 1945. Narra a tentativa louca e frustrada de alguns fugitivos de pôr em movimento uma locomotiva abandonada, as bombas, a última neve antes da primavera, neve suja, as ruínas, a fome, o desespero e o cinismo furioso dos desesperados.

Mas as palavras precedentes não podem dar a menor idéia do que são esses contos, originalíssimos. Seria preciso citá-los na íntegra. São desconcertantes. O jovem autor é homem saturado de cultura: cita (e cita a propósito) tudo o que há de bom na literatura e filosofia universais; cita, especialmente, os gregos entre os quais parece sentir-se em casa, Heródoto, Platão, Aristóteles, interrompendo-se para intercalar complexas fórmulas algébricas e, para variar, palavrões monstruosos que correspondem, porém, exatamente à monstruosidade dos acontecimentos inventados ou experimentados. O livro reflete, com a maior precisão possível, a situação da humanidade atual: um excesso de cultura e técnica e um excesso de miséria e horrores. O que parece, no início da leitura, explosão e desabafo, é na verdade artisticamente estruturado.

Visto assim, explica-se a composição do livro estranho. Composição que revela o pensamento do autor. Nossa existência é uma prisão vitalícia; a fuga não passa de um sonho de agonia ("Gadir"). Ou, então, é uma viagem sem finalidade e com fim misterioso-monstruoso ("Enthymesis"). Entre a prisão perpétua e a viagem sem sentido está intercalado, como ilustração atual das duas alegorias, o episódio da prisão sem possibilidade de fuga e da viagem com desastre final certo: Berlim, abril de 1945. O episódio passou. Depois daquela terrível primavera de 1945 veio um "verão" de aparente alívio. Mas o que Arno Schmidt pensa desse verão já está em "Gadir": "Um céu terrivelmente azul e sem nuvens. Melhor um céu sem deuses do que um céu sem nuvens".

Esse pensamento parece aproximá-lo dos existencialistas ou de certos existencialistas. Mas pelo estilo Arno Schmidt situa-se dentro da "literatura de grito" e protesto dos expressionistas, de que havia tantos na Alemanha inquieta depois da derrota de 1918, enquanto Schmidt é o último e único expressionista na Alemanha depois de 1945, tranqüilizada pela anestesia do "milagre econômico". Contudo, nem o lastro expressionista nem a inegável influência de Joyce explicam as particularidades da língua de Arno Schmidt, a permanente formação de novos verbos pela ativação de substantivos e a permanente formação de novos substantivos pela concretização de expressões sensoriais — o que Max Bense chama de "despojamento semântico e redução eidética da língua"; mas é preciso acrescentar mais outra qualidade desse estilo, a descontinuidade sintática. Tudo isso parece aproximá-lo da vanguarda, ou antes: de certa vanguarda, já pouco atrasada, de hoje. Contudo, a diferença é grande. Arno Schmidt não escreve de maneira descontínua porque quer ou porque gosta; não considera isto como arte nova, mas como conseqüência fatal e funesta da descontinuidade reinante no mundo atual. Não é a sua literatura que se desarticula; é a vida que ele vive, que chama de "tecido de detalhes incoerentes".

Um dos sintomas dessa desarticulação do nosso mundo é a perda gradual da faculdade da atenção. O homem de 1950 parece incapaz de concentrar-se. A paginação, no jornal, precisa oferecer-lhe todas as notícias de uma só vez e de maneira fragmentada, só título e começo da notícia — o resto segue em outra página, e poucos já se dão o trabalho de ler a continuação. Preferem mesmo não ler nada: mais fácil é ouvir no rádio ou ver na televisão. Com a falta de atenção enfraquece-se a memória: e tudo fica rapidamente esquecido. Esse esquecimento é a preocupação de Arno Schmidt.

É um homem que não quer esquecer; e que grita para que os outros não esqueçam. Não admite a transfiguração romântica do que foi; protesta contra isso nas 587 páginas da biografia do pobre romântico Fouqué. Procura anuários estatísticos de Estados que há muito já não existem, como o reino de Hanover, porque acredita que continuam existindo como monstros subterrâneos (*O Coração de Pedra,* que se passa em 1954 e é, no entanto, um "romance histórico"); ao passo que o passado nazista é apresentado como se fosse a vida de hoje (*Vida de um Fauno*). Por outro lado, acredita que (para empregar uma expressão de Robert Jungk) "o futuro já começou" (*A República dos Eruditos*). O tempo não tem importância para esse homem em cuja memória tudo está presente. Sobretudo o monstro do anteguerra, que é o mesmo monstro da guerra e do após-guerra: Leviatã. — Arno Schmidt é um escritor incômodo.

Motivos de comemoração

O Estado de S. Paulo, 14 nov. 59

Para o dia 10 de novembro a Alemanha convidou o mundo a comemorar, com ela, o bicentenário do nascimento de Schiller.

O ensino da literatura alemã no estrangeiro é tão pouco satisfatório como sempre o foi na própria Alemanha. Ainda se usam manuais em que Hölderlin é caracterizado como "mais um dos poetas, menores, da época clássica". Não tomam conhecimento da revisão de valores pela crítica. Mas Schiller sempre continua ocupando o lugar ao lado de Goethe.

Com razão? Em certo sentido: com razão. Com exceção de certas elites, Schiller é mais lido e, como dramaturgo, mais representado que seu amigo maior. Sua poesia, embora propriamente lírica — são poemas filosóficos e baladas —, domina o gosto poético na escola secundária alemã. Das peças, *Os Bandoleiros* deve popularidade permanente ao ímpeto juvenil e ao papel irresistível de Franz Moor; tampouco se apagou a ira revolucionária de *Cabala e Amor,* apesar do sentimentalismo dessa história de amores contrariados. O grito do marquês Posa, em *Don Carlos,* exigindo "liberdade de pensar" ao tirânico rei Felipe II, sempre encontra ressonância. *Wallenstein,* a maior obra do dramaturgo, já não continua tão seguro do efeito no palco; e *A Donzela de Orleans* é capaz de ficar definitivamente substituída pela peça de Shaw. Mas a *Mary Stuart,* nenhuma platéia resiste. E *Wilhelm Tell* é um grito de liberdade nacional (e supranacional) que liberais, socialistas, nazistas e antinazistas já souberam aproveitar para transformar o palco em tribuna da história. É uma Obra imponente.

A nação alemã entregou-se a esse poeta. Seus versos sentenciosos, muitas vezes epigramáticos, infiltraram-se na língua coloquial, quase assim como os versículos da Bíblia de Lutero. Schiller é, ou foi pelo menos no século XIX, a bíblia dos alemães cultos. Seu idealismo, sua fé na liberdade são ou foram a religião estética da classe média.

A situação de Schiller na literatura universal é bem diferente. Em seu tempo, homens como Constant e Coleridge traduziram-lhe o *Wallenstein* para o francês e o inglês. Mas logo depois o dramaturgo deixou de ser contemporâneo para tornar-se celebridade livresca. A única grande obra da literatura universal em que é evidente a influência de Schiller são *Os Irmãos Karamazov*, de Dostoievski. Basta lembrar isso para evidenciar, também, a diferença de níveis. Schiller, por mais importante que seja sua obra, não tem a categoria dos gestos universais e supranacionais.

Na própria Alemanha sempre houve uma oposição que lhe negou essa categoria. Ainda em vida do dramaturgo, os irmãos Schlegel, grandes críticos, combateram-lhe a estética idealista em nome do romantismo. No fim do século, o mesmo idealismo foi impiedosamente combatido pelos naturalistas. A opinião literária da nossa época parece dominante pela crítica de Nietzsche (por sinal, um dos descobridores do quase esquecido Hölderlin) que, irritado pelo moralismo e idealismo do dramaturgo, protestou vigorosamente contra o "e" na frase-feita "Goethe e Schiller". O dramaturgo seria indigno da companhia na qual o colocaram em monumentos duplos e em bustos de gesso em cima do piano.

Apesar da evidente diferença de categoria e do protesto nietzschiano, Schiller, homem de origens humildes, foi de rara nobreza da alma e do comportamento; a muitos ficará ele sempre mais simpático do que o inacessível e olímpico Goethe. Mas o calor humano não é critério de valor literário. O que justifica o protesto contra aquele "e" é a falta, em Schiller, daquilo que a poética inglesa chama de "visão": a qualidade que há em Keats, mas que não há em Byron; que há em Baudelaire, mas que não há em Musset. A poesia de Schiller não é realmente lírica, porque é tão irresistivelmente retórica. Mas seria possível um lirismo autêntico à base de um moralismo categórico? O pensamento dominante de Schiller, que ele encontrara na ética de Kant, é o conceito da Liberdade. Idealisticamente, pró ou contra a Liberdade, também agem os personagens nos dramas históricos de Schiller; e a História, nesses dramas, os redime ou condena. Os conflitos dramáticos, nas obras de Schiller, são choques entre o dever estrito e as inclinações humanas. É um moralismo dualista que transforma o palco em tribunal. Tende a pintar em preto e branco: vítimas heróicas e, por outro lado, malfeitores cruéis ou pérfidos. É uma visão melodramática da história e da tragédia. A técnica dramatúrgica de Schiller, formado na escola da tragédia clássica francesa, também é melodramática, fazendo culminar a ação em grandes cenas de efeito, de hálito retórico e pseudolírico. Não é por acaso que tantas obras de Schiller se prestaram para ser transformadas em libretos de óperas: *Os Bandoleiros, Cabala e Amor, A Donzela de Orleans* e *Don Carlos* para Verdi; *Wilhelm Tell* para Rossini; e *Wallenstein*, pelo menos, inspirou poemas sinfônicos a Smetana e d'Indy. A mentalidade melodramática produz, fatalmente, o sentimentalismo. O *love-interest* ocupa espaço inconvenientemente grande: os amantes Max e Thekla perturbaram o enredo de *Wallenstein*; a *Donzela de Orleans* fracassa em sua missão patriótica por um amor a que não resiste; o choque histórico entre a rainha Elizabeth e Mary Stuart degenera em rivalidade de duas mulheres apaixonadas. Essa psicologia um pouco barata e o moralismo (também se pode pensar em falta total de emoção metafísico-religiosa) não permitem ao dramaturgo a representação das forças, cuja presença na História não desconhece. Uma vez conseguiu criar um personagem demoníaco, digno da dramaturgia shakespeariana: é Wallenstein; mas estraga essa sua criatura, sujeitando-a a um pouco acreditável fatalismo astrológico. Não há nada de irracional, de místico em sua *Donzela de Orleans*, à qual Schiller deu o subtítulo de "tragédia romântica", conseguindo apenas que a crítica contemporânea logo reconhecesse a falsidade desse romantismo pseudomedieval. Versos sentenciosos, lugares-comuns brilhantemente versificados, o *tremolo* da emoção teatral — eis os recursos de Schiller para representar no palco seu ideal de heroísmo.

Esse heroísmo ou pseudo-heroísmo dos personagens schillerianos ainda encontra quem o defenda ideologicamente. Herbert Cysarz, em seu *Schiller* (Halle, 1934), escreveu defesa eloqüente e quase violenta daquele heroísmo em que reconhece a religião alemã do século XIX. Até ao burguês pacato teria Schiller ensinado a viver heroicamente sua vida de deveres a-heróicos. Falta de emoção metafísica religiosa, sim, isto se admite, porque em seu tempo terminou, para sempre, a época das crises religiosas, e dos sistemas filosóficos. Com a obra de Schiller abre-se a época das crises nacionais e sociais, às quais o poeta conferiu dignidade de lutas religiosas. A liberdade de Schiller seria, conforme Cysarz, a da própria Alemanha. Essa interpretação é, evidentemente, tentativa de incluir Schiller entre os precursores ideológicos da "revolução" nazista, que o nobre poeta, imbuído do humanitarismo do século XVIII, teria condenado e desprezado. No entanto, Cysarz não é, como se sabe, nem foi mero serviçal do nazismo. Sua interpretação, embora em certo sentido uma enormidade, ainda é mais justa que a do semimarxista Lukács, que quis "salvar" Schiller, exagerando nele os germes do ideário da revolução burguesa. Na verdade, Schiller, que foi revolucionário social na mocidade e nas suas três primeiras peças (em prosa), tornou-se "moderado" exatamente depois (e por causa) da Revolução Francesa. A Liberdade de Schiller é, de fato, uma idéia especificamente alemã.

Eis os "motivos de comemoração". Não valeria a pena, na precedente crítica do estilo dramático schilleriano, dizer coisas que não se encontram nos manuais e que não foram ou não serão ditas em discursos e artigos de bicentenário se o resultado fosse apenas este: Schiller é maior na literatura alemã do que na literatura universal. Antes teria sido motivo para não dizer nada. Mas na explicação dessa "alemanidade" de Schiller reside o interesse maior do tema para o mundo.

Elementos esparsos dessa explicação encontram-se em Burckhardt, em Nietzsche, em Spengler, em Eugen Rosenstock, em Alfred von Martin, em Meinecke e outros. Mas ninguém resumiu melhor o processo do que o filósofo Helmuth Plessner, em livro amargo, escrito no exílio (*Das Schicksal deutschen Geistes*, Zurique, 1935). O raciocínio, em esquema esquelético, é este: desde a Reforma luterana, a Alemanha encontra-se protestando, permanentemente, contra o humanismo político das nações ocidentais, seja ele baseado no calvinismo ou no catolicismo liberal ou no livre-pensamento. A realidade política, para os alemães, não é o Estado (que só conseguiram formar muito tarde), mas o povo como unidade étnico-lingüística. O Estado não passa, para os alemães, de autoridade policial e militar. O alemão é súdito submisso. Mesmo em dias de revolução, atacando o paço real, não se permite entrar na grama dos jardins porque isto é *Verboten* (proibido pela polícia). Mas esse súdito submisso goza de liberdade ilimitada no foro íntimo: primeiro, em relação a Deus; depois, em relação à "cultura" que lhe substituiu a religião luterana. Por isso, o marquês Posa, no *Don Carlos* de Schiller, só exige do rei Felipe II a liberdade de pensar (mais tarde, exigirá a liberdade de agir para a nação). Há nessa interioridade, que os homens práticos do Ocidente subestimaram até 1870, uma imensa força dinâmica, até revolucionária. Como porta-voz desse dinamismo especificamente alemão, Schiller está ao lado de dois outros espíritos do seu tempo, maiores que ele mas igualmente nobres e paralelamente impulsionados: Beethoven e Hegel.

Esse dinamismo, de fontes luteranas, alemãs e, em parte, iluministas, é a fonte da verdadeira grandeza de Schiller. Mas ainda resta defini-la.

Há muito tempo, a crítica alemã debate este problema fascinante: quem é o verdadeiro trágico do teatro alemão, Schiller ou Kleist? Já chegaram a negar totalmente a tragicidade a Schiller, por causa do seu moralismo. Mas essa negação não responde a todos os elementos do problema.

Certamente, os problemas psicológico-dramáticos de Kleist são mais sutis; mas por isso mesmo não conseguiu o grande dramaturgo prussiano transformá-los inteiramente em ação dramática para o palco; suas peças, com exceção do *Príncipe de Homburg*, não se mantêm bem no teatro. Schiller só uma vez explorou semelhantes profundidades trágicas: em *Wallenstein*, sua maior obra e, por sinal, aquela que impressiona mais na leitura do que no teatro. No resto — Emil Staiger definiu bem a diferença — as peças de Schiller têm maior efeito no palco do que na leitura: ele só conhece um grande problema, dir-se-ia maciço, o da liberdade, e sem aprofundá-lo muito; mas realiza-o, dramaturgicamente, por completo. Seu teatro é concreto.

A essa dramaturgia concreta está subordinado o estilo, que não pode ser sutilmente lírico, assim como sua psicologia não pode ser profunda. Convém-lhe o estilo retórico. Lugares-comuns tonitruantes, versos falsamente sentenciosos? Mas também são fórmulas inesquecíveis, criadas com a habilidade de um grande jornalista, criador de *slogans* a que uma nação inteira e um século inteiro não resistem.

Talvez seja esta a chave para a definição procurada: Schiller foi excelente divulgador das idéias estéticas de Kant. Escreveu obras históricas de divulgação, sobre a Guerra de Libertação dos Países Baixos e sobre a Guerra dos Trinta Anos, que, embora cientificamente superadas, ainda hoje se lêem com prazer e com proveito. Revelou capacidade inesperada, escrevendo as primeiras novelas policiais em língua alemã. A segurança infalível em escolher os recursos mais eficientes na dramaturgia: embora tendo sido admirador entusiasmado de Shakespeare, preferiu a técnica da tragédia clássica francesa. Sempre sabe o que quer e sempre o consegue. Dando ao termo tão gasto toda a significação que já tinha nos tempos das lutas épicas pela liberdade de imprensa, Schiller poderia ser caracterizado como grandíssimo jornalista, o maior jornalista alemão depois de Lutero.

Apenas, seu "jornal" foi o teatro, que ele definiu por isso mesmo como "instituição moral", dir-se-ia: tribuna.

A inteligência de Schiller, universal e das mais penetrantes, assimilou tudo para fazê-lo servir àquele fim: sua cultura compreende a visão cósmica de Leibniz, a ética de Kant, a estética do entusiasmo de Shaftesbury, os horizontes historiográficos de Gibbon e Robertson, o pré-romantismo de Rousseau e resíduos da mística da *alma hermosa*, o helenismo de Winckelmann e o "romanismo" de um leitor de

Plutarco — tudo para servir ao teatro; assim como servirá ao teatro e só ao teatro a cultura enciclopédica de Wagner. Não há, em Schiller, a *vision* do autêntico poeta lírico; mas foi um visionário de grandes cenas no palco. Até seu conceito de Liberdade — tão pouco profundo e talvez inadmissível — no teatro torna-se Liberdade verdadeira, e o *Wilhelm Tell*, que já foi encenado por nacionalistas para fins de propaganda nacionalista e por socialistas para fins de propaganda socialista, pode ser representado como homenagem à liberdade de todos. Schiller não foi, talvez, um poeta para todos os tempos. Mas foi poeta para seu tempo e ainda o pode ser para o nosso, no dia do seu bicentenário.

César, em versão de Brecht

O Estado de S. Paulo, 23 jan. 60

Eis aqui alguns livros que não poderão ficar sem registro e estudo: *Psicologia e Estética de Raul Pompéia*, da sra. Maria Luiza Ramos, por ser o primeiro estudo em profundidade da obra do romancista; a reedição do romance *A Famosa Revista*, de Geraldo Ferraz e Patrícia Galvão, por nunca ter sido devidamente apreciado; o novo romance de Josué Montello; o terceiro volume, dedicado ao Parnasianismo, do *Panorama da Poesia Brasileira*, do sr. Péricles Eugênio da Silva Ramos (crítico e poeta, como sempre são os melhores críticos de poesia), por fornecer oportunidade para debater urgentes problemas de, digamos, pedagogia literária; e o sexto volume, "Modernismo", organizado por Mário da Silva Brito, historiador do movimento. E será indispensável um artigo dedicado ao início da publicação de *O Espelho Partido*, *roman-fleuve* de Marques Rebelo: obra extraordinária, marco na história do seu autor e na história da ficção brasileira. Mas preciso adiar, um pouco, esses assuntos todos. Em face do muito que hoje no Brasil se escreve sobre Bertolt Brecht, não quero perder a oportunidade de analisar o novíssimo, único e último romance do grande dramaturgo e maior poeta lírico.

Brecht é hoje internacionalmente conhecido como criador de um novo gênero teatral que chamava de "teatro épico"; pode-se, com bons motivos, preferir a expressão "teatro didático". O adjetivo parece incompatível com qualquer conceito moderno de literatura e, especialmente, de poesia. Mas se não fossem dificuldades insuperáveis de tradução, Brecht já estaria conhecido no mundo como maior poeta lírico; e seu volume de poesias, *Hauspostille*, escrito antes de o anarquista deliberadamente cínico aderir ao comunismo, já foi chamado de "breviário do diabo", porque se trata de poesia terrivelmente (e divertidamente) didática. Mais tarde, nos últimos anos, a obrigação oficial de versificar manifestos do governo da Alemanha Oriental fez secar a veia lírica de Brecht. Nasceu, em compensação, o áspero contista didático das *Histórias do senhor Keuner*. Pertence à mesma categoria o fragmento de romance que acaba de sair como publicação póstuma: *Die Geschäfte des Herrn Julius Caesar* (*Os Negócios do Senhor Júlio César*; Weiss, Berlim). Mais uma obra "didática", destinada a substituir em nossa memória aquilo que temos aprendido do colégio: uma nova versão ou visão da grande crise na história de Roma.

O César dos nossos manuais de história não é o César de Shakespeare, personagem ambíguo cuja interpretação depende, em grande parte, do ator: tirano ambicioso ou benevolente salvador da pátria, homem de Destino ou velho meio ridículo e um pouco velhaco. Já houve quem verificasse nessa caracterização shakespeariana de César um fracasso do maior dos criadores de caracteres dramáticos. A verdade é que ninguém ainda conseguiu decifrar o enigma do ditador romano e fundador do Império; talvez porque a morte antes da realização dos seus planos deixou indecifráveis esses planos — um fragmento de história, assim como ficou fragmento o romance histórico ou pseudo-histórico de Brecht.

Os planos e as intenções continuam sujeitos a interpretação. Para Dante, os assassinos de César ficam condenados ao último círculo do Inferno porque mataram o homem escolhido por Deus para estabelecer o Império (assim como Dante esperava um restabelecedor do Império). Mais de meio século depois, César ainda continua sendo interpretado por Mommsen como unificador do Império conforme uma grande visão de estadista e segundo planos sabiamente preestabelecidos (assim como Mommsen, então ainda não na oposição, encarava a visão unificadora e os planos de Bismarck). Esse César não é o da comédia de Shaw: um Lord cínico que acrescenta uma colônia ao Império britânico. Mas também para Ferrero, César não passava de um grande político oportunista, sem visão nem planos, que explorou circunstâncias favoráveis para realizar uma tarefa preparada pelo *trend* da História. São interpretações ligeiramente anacronísticas, todas elas; e inspiraram inúmeras tragédias e romances históricos. Mas a penetrante análise histórica de Eduard Meyer, talvez a mais correta de todas, esta já não foi discutida nem aproveitada fora dos círculos universitários. Uma certa dose de anacronismo é indispensável ao romance histórico e gêneros semelhantes. Assim, uma combinação da tese de Ferrero com alusões a De Gaulle e à queda da IV República deu, como resultado, o novíssimo romance de Jacques de Bourbon Busset, *Moi César:* monólogo de César antes da morte técnica influenciada por Marguerite Yourcenar e Robert Graves (talvez também por Hermann Broch).

As tentativas contemporâneas de reconstruir episódios da Antigüidade preferem essas formas: monólogos, diários, cartas, etc. Marguerite Yourcenar escreveu assim as *Mémories d'Hadrien,* e Thornton Wilder, nos *Ides of March,* a própria história de César. O objetivo é este: chegar para além da reconstituição arqueológico-historiográfica, para atingir o núcleo humano, a alma do protagonista. Brecht procedeu de maneira semelhante: também nos apresenta um diário fictício. Mas seu objetivo é outro: mais além do protagonista e dos seus insondáveis movimentos psicológicos, procura o núcleo duro da História: os movimentos sociais.

A fonte fictícia do romance de Brecht é o diário de Rarus, que foi escravo e secretário de César; com o espólio deste, o diário veio parar nas mãos de um credor do ditador morto, de um banqueiro que, por sua vez, vendeu o volume a um historiador, que é o narrador fictício do romance. Essa multiplicidade de "fontes" e "narradores" não tem nada que ver com os reflexos e re-reflexos na arte novelística de Henry James e Conrad. Nas mãos de Brecht, essa técnica não se destina a sugerir dúvidas. Antes lembra o truque arquivelho de Scott e de tantos autores de romances históricos românticos de "autentificar" suas ficções, atribuindo a autoria delas a supostas fontes contemporâneas. Mas Brecht não é romântico, evidentemente. Escolheu como "autor" do diário um escravo letrado para poder escrever sua história do ponto de vista de um intelectual proletarizado.

Esse secretário Rarus é, porém, auto-retrato do intelectual proletário Brecht. É personagem pouco simpático. Aproveita suas informações, como secretário de César, para jogar na Bolsa, naturalmente em ponto pequeno. E, conforme os costumes da época, é pederasta por escolha espontânea, "amigo" de um pequeno empregado no ramo da perfumaria. A Bolsa de Valores e o homossexualismo são os pólos entre os quais se desenrola a história de César, dando-lhe a entender que também são os pólos da existência do próprio César. Tudo isso lembra muito o "anti-heroísmo" de Bernard Shaw, sua preocupação em mostrar o reverso humano e subumano da história ideal. Mas Shaw foi fabiano e Brecht foi marxista: seu desmascaramento é menos divertido e mais radical.

O "historiador" em cujas mãos veio parar o diário de Rarus sentiu repulsa contra fonte tão pouco compatível com a dignidade dos generais, cônsules e senadores que são os personagens da história. Realmente, Rarus não compreende nem sequer percebe heroísmo ou grandeza. Mas sua perspectiva, a "de baixo", corrige a "de cima". Também é válida.

Mas é a do marxismo? Neste ponto tem de começar a análise crítica da obra de Brecht. Não se trata de saber se a interpretação marxista da história de César está certa. Trata-se de saber se Brecht conseguiu transformar essa interpretação histórica em interpretação literária. E parece-me que, a esse respeito, o grande poeta Brecht fracassou totalmente (assim, aliás, como o grande poeta Pasternak fracassou perante a tarefa de transformar literariamente seu antimarxismo). Brecht não sucumbiu à impossibilidade intrínseca do gênero "romance histórico" (tese, nunca refutada, de Manzoni), porque sua obra não é nem pretende ser um romance histórico. Mas o ponto de vista escolhido, o de escravo sem percepção mais profunda dos fatores históricos (também poderíamos dizer: o de proletário sem consciência de classe), só forneceu um relato incompreensivo, seco como um relatório e baixo como um panfleto — mas não à altura desse grande panfleto que é *O 18 Brumário de Luís Bonaparte*, de Marx. O interesse do romance reside unicamente na transposição dessa obra de Marx para o fundo da história de Roma.

O romance de Brecht tem de assustar, fatalmente, a quem estudou aqueles acontecimentos só através da leitura de manuais e de reminiscências de aulas de colégio. Relembramos: a tirania do Senado e dos latifundiários; a fracassada revolução dos Gracos, que quiseram libertar o povo pela reforma agrária; a ditadura reacionária de Sila; a conspiração criminosa de Catilina; a salvação da pátria pelo general vitorioso César.

De tudo isso nada fica em pé, senão o ponto de partida: a crise irremediável da sociedade romana pela predominância do latifúndio. Os Gracos não eram revolucionários, mas conservadores: o objetivo da sua reforma agrária foi a criação de uma nova classe de pequenos proprietários rurais. Não conseguiram. A ditadura de Sila parece-se com o fascismo moderno; como este, foi efêmera. A conspiração de Catilina não foi verdadeiramente revolucionária nem simplesmente criminosa, mas manifestação de um anarquismo sem conseqüência. Na descrição da crise, agora sem saída, o humorismo seco e sinistro de Brecht consegue acender algumas luzes no panorama negro: quando o grande especulador imobiliário Viturius, falido, pediu que, conforme velho costume romano, um dos seus escravos o matasse, "todos os seus empregados ofereceram com gosto seus serviços". Mas os senadores, isto é, os representantes do liberalismo republicano e do capital financeiro, assustados pelas conspirações anarquistas e no entanto infensos ao fascismo, procuravam um "forte" candidato democrático. Não lhes negou esse serviço o general democrático César, forte nas armas e fraco nas finanças, cheio de dívidas com aqueles senadores. Sua ditadura parecer-se-á com certas ditaduras "democráticas" do século XX, apoiadas pelas massas das grandes cidades, daquelas de que Brecht em dias melhores (ou piores) dissera: "dessas grandes cidades só ficará o vento que por elas passava. — Sabemos que somos apenas gente provisória — ...Mas depois de nós, não haverá mais nada de significativo".

Depois, nada de significativo? O romance de Brecht não desmente o poeta, porque ficou fragmento. Não sabemos como terminaria, e isto mesmo é significativo, porque a história ainda não terminou.

Humanæ litteræ

O Estado de S. Paulo, 06 fev. 60

Tão multiforme é o livro do sr. Franklin de Oliveira, *A Fantasia Exata* (Zahar Edit.), que pode dar e dará oportunidades para comentar vários assuntos de urgente atualidade. Aproveitando-as, dou preferência àquele assunto que a certos leitores poderia parecer o menos atual de todos: são os artigos em que o sr. Franklin de Oliveira analisa, com entusiasmo indisfarçado mas bem-contido, porque de homem civilizado, problemas da Renascença e do Humanismo.

São movimentos que determinam, de maneira indelével, o aspecto da Europa. A análise do humanismo cristão erasmiano e das suas conseqüências, positivas ou negativas, nas doutrinas sociais das igrejas e seitas européias e norte-americanas, eis um daqueles assuntos "históricos" que distribuem até hoje choques elétricos. Não é mera superfície estética o aspecto renascentista do continente todo, dos templos de Bruges até o "Templo Pontaniano" na Via dei Tribunali, em Nápoles. Mas, recentemente, a morte de Bernard Berenson em Settignano nos lembrou, depois de uma fase de esquecimento ingrato, que a capital da Renascença européia foi e é Florença. Basta, para tanto, entrar no beco que separa as duas alas dos Uffizi e ler os nomes nos pedestais das estátuas (modernas e feias, aliás) que o orgulho da comunidade erigiu aos grandes toscanos: de Dante e Michelangelo e dos inventores da contabilidade comercial até Galileu. A Renascença florentina criou a *civilità* européia, assim como a cúpula de Brunelleschi criou ou recriou a paisagem em torno da cidade. Quem a contempla assim, do alto da colina de San Miniato, poderia acreditá-la edificada e "petrificada" para sempre. Mas ao cair da noite desce-se para a cidade: senta-se em uma das mesas do Caffè Giubbe Rosse, as mesas em que descendentes daqueles altos espíritos inventaram e debateram o futurismo, a poesia hermética, a Renascença e o neo-realismo. Assim como na Europa toda, o impulso de renovação permanente — que é o espírito da Renascença — ainda não se apagou na Itália, que só os turistas apressados consideram "museal", pitoresca e acabada.

Mas são muitos que pensam assim. O anti-Renascimento de pseudomodernistas é um fato, inclusive e quase sobretudo no Brasil. Seu entusiasmo é o oposto ao do sr. Franklin de Oliveira porque lhes falta a base do autor de *A Fantasia Exata*: não são humanistas. Ao contrário: detestam o humanismo.

Esse anti-humanismo "americano" — e pensar que foi o espírito da Renascença que criou a América! — tem várias raízes. Nem todas elas são conscientes. Inconsciente e irresponsável é a confusão entre o humanismo e o latinismo da escola fradesca: repetem-se *slogans* do anticlericalismo do século XIX, tidos como manifestos de modernidade. Mas em parte aqueles motivos são plenamente conscientes, dir-se-ia criminalmente responsáveis. A confusão entre humanismo e racionalismo pretende atingir, na verdade, o intelectualismo. Por isso se citam, contra o humanismo, pensadores antiintelectuais que, não só por acaso, também serviram ao anti-humanitarismo nazista. Decerto, não convém confundir o humanismo e aquele humanitarismo barato que sempre cita "o lado humano" porque para tanto não é preciso ter estudado nada. Mas também é preciso ter lido Heidegger para citá-lo. E justamente a esse propósito seria melhor citar testemunhos genuinamente espanhóis.

Um desses testemunhos é o memorável artigo de Joaquim Xirau, no número 1 (1942) dos *Cuadernos Americanos*, sobre o "Humanismo español", isto é, erasmiano, sobre as bases erasmianas da República espanhola, tão ingloriamente esmagada pelo dono de Heidegger. O esmagamento do humanismo apenas é o motivo material de sua crise, que ninguém, aliás, nega.

O sr. Franklin de Oliveira cita os estudos sobre *Medievo e Renascimento* (Bari, 1956) de Eugenio Garin, que, no homem da Renascença, tido como orgulhoso e confiante, já encontra sinais da insegurança íntima no mundo estranho que descobriu e criou. Podem-se citar mais outros autores que, no mesmo sentido, interpretam a Renascença como consciência de um momento crítico: F. Antal (*Florentine Painting and its Social Background*, Londres, 1948); R. König (*Niccolò Machiavelli, Zur Krisenanalyse einer Zeitenwende*, Zurique, 1941); H. Baron (*The Crisis of the Italian Renaissance*, Princeton, 1957). É crise comparável à nossa, porque crise típica e — já houve, realmente, tempos que não tivessem sido críticos? A compreensão da

Renascença só é possível pela análise do seu enquadramento histórico: ponto crítico entre a crise da Idade Média e a crise moderna, que começou exatamente no momento em que os últimos estilos renascentistas, o barroco e o rococó, foram substituídos pelo não-estilo da época tecnológica. Para esse enquadramento, ainda pouco conhecido no Brasil, fornece o sr. Franklin de Oliveira elementos indispensáveis.

As raízes medievais da Renascença já são um lugar-comum da historiografia, graças à divulgação dos estudos de Louis Courajod, Thode, Paul Sabatier, Burdach, Ernst Walser. São muito menos conhecidos os trabalhos realizados por Aby Warburg e seus colaboradores no Instituto Warburg, antigamente em Hamburgo, hoje em Londres (resumo no ensaio "Renaissance and Renascences", de E. Panofsky, *Kenyon Review*, VI 2, 1944). Os estudiosos ingleses e norte-americanos (os franceses continuam refratários) nem sempre escolheram suas testemunhas com bastante conhecimento de causa; pagam, hoje, envolvendo-se em confusões inextricáveis. Por mero acaso editorial, Wölfflin e Worringer são conhecidos no mundo inteiro; mas os estudos de Alois Riegl, Max Dvorák, Paul Frankl, Dagobert Frey continuam pouco conhecidos, e suas obras, inacessíveis. Ninguém pensa em diminuir a importância das teses de Wölfflin; mas não são dogmas, e só se afiguram assim a quem desconhece a discussão posterior delas. O livro fundamental do grande professor suíço é de 1898. Sua antítese rígida "Arte Clássica-Arte Barroca" já foi substancialmente modificada pela posterior reabilitação do barroco. Hoje, está desvirtuada pela interpolação de um estilo intermediário, do maneirismo: enquanto Arnold Hauser e Wylie Sypher (*Four Stages of Renaissance Style*, Nova York, 1955) ainda procederam com moderação, Gustav René Hocke (*Die Welt als Labyrinth*, Hamburgo, 1957) já é um maníaco do maneirismo; e a forte repercussão do seu livro embrulhou os conceitos Renascença, maneirismo e barroco até se estabelecer confusão completa, da qual só sabem escapar os malabaristas: num livro recente sobre o assunto, encontro grave advertência sobre a necessidade de considerar o maneirismo como estilo independente, mas depois, no livro inteiro, o autor nunca mais menciona a "novidade". Assim é fácil demais. E compreendo o tédio dos que preferem não falar nunca mais, nem ouvir falar em conceitos daqueles e em "escolas" disto e daquilo.

Mas não cede a essa tentação o sr. Franklin de Oliveira. Sabe o alemão. Conhece aquela perigosa ambigüidade da língua de Hegel, na qual o verbo *aufheben* significa, ao mesmo tempo, "abolir" e "conservar". Renascença, barroco etc. não valem nada como "escolas" e não nos importam como "fases". São "momentos do "Espírito" (Croce), sempre presentes, mas não de maneira estática e, sim, como impulsos. São conceitos de uma historiografia dinâmica, que chega a dinamizar seus próprios elementos: antes de estudar a Renascença, estuda o Renascentismo, isto é, as diferentes interpretações do assunto, que é móvel e até escorregadiço. Mas é indispensável e vale a pena.

Só existem, infelizmente, poucos estudos a respeito — um velho e hoje inacessível livro de F. F. Baumgarten sobre *Das Werk Conrad Ferdinand Meyers* (Munique, 1917); a obra de J. R. Hale sobre *England and the Italian Renaissance* (Londres, 1954); e um ensaio de Walther Rehm sobre *Das Werden des Renaissancebildes*, que não consigo localizar (só possuo algumas notas sobre esse estudo)*.

Descobrem-se os primeiros vestígios de "renaissancismo", isto é, de reconhecimento da Renascença como época histórica bem-definida e digna do mesmo apreço como outras épocas, no pré-romantismo alemão, em Heinse, Klinger, Tieck. Mais importante é, porém, o fato de que o século XVIII ainda ignorava o conceito e o próprio termo, que aparece pela primeira vez, no vol. VIII da *História da França* de Michelet, só em 1855. O historiador francês considera a Renascença como "reação moderna" contra a Idade Média. Mas Stendhal, embora ainda ignorando o termo, já exaltou o espírito renascentista, talvez reagindo contra o "barroquismo" do *Ancien régime*. A "Renascença" de Burckhardt, em 1860, também é uma reação, embora não revolucionária — contra a civilização burguesa do seu tempo. As datas seguintes são as das obras de Symonds, 1863, Taine, 1866, Pater, 1873. Nietzsche chega a tanta exaltação da Renascença que parece realmente reacionária. Mas só parece. Pois o renascimento é, por origem e por definição, um movimento "oposicionista". E reacionário, no sentido comum da palavra, só é o anti-renascentismo de Ruskin ou o de Gobineau. A "Renascença" é, portanto, um conceito "moderno" e vivo.

Todas essas coisas não são simples como pensam os *terribles simplificateurs*. Mas a exclusão deles, do recinto desses estudos, já é resultado que vale. Outro é aquele reconhecimento do renascentismo como movimento "anti" e de libertação: o que dá implicitamente a medida exata do anti-humanismo, pois o humanismo não é outra coisa do que o limite do impulso renascentista, sem o qual não haverá civilização, enquanto sem esse limite ela deixa de ser humana. Por tudo isso, enfim, o anti-renascentismo já não é "moderno". É superado. Não é por acaso que recentes reações contra o anti-humanismo invocam o nome de Leonardo, que também preside à *Fantasia Exata* do sr. Franklin de Oliveira. Pois este sabe do que fala como homem civilizado.

---

* *Das Werden des Renaissancebildes in der deutschen Dichtung vom Rationalismus bis zum Realismus*, Munique, 1924 (N. da E.).

Três assuntos

O Estado de S. Paulo, 05 mar. 60

A crítica musical também recebeu muito bem esse livro de ensaios literários, *A Fantasia Exata*, em que um leigo entusiasmado pela arte, o sr. Franklin de Oliveira, incluiu artigos sobre Bach, Beethoven, Brahms, Bruckner, Mahler e outros mestres.

É um começo de colaboração que no Brasil parece nova, pois o caso de Mário de Andrade é diferente: foi escritor e músico ao mesmo tempo. Em outras literaturas podem-se, porém, citar muitos exemplos de escritores que, sem possuírem formação musical específica, conseguiram interpretar em palavras certas obras que só a análise técnica parece capaz de esclarecer. Passados os tempos em que até um Balzac escreveu besteiras sobre Rossini, colocando-o acima de Mozart e Beethoven. Passado também o tempo em que Stendhal, embora dotado de fina sensibilidade musical (que vivifica tanto *La Chartreuse de Parme*), confundiu os valores de Mozart e os de Cimarosa. Hoje, já se poderia organizar magnífica antologia de literatura musical francesa, das páginas de Baudelaire sobre Wagner até as páginas de Gide sobre Chopin, com Romain Rolland no meio (mas este era musicólogo). Músicos profissionais também eram o pré-romântico alemão Heinse, cujo romance *Hildegard von Hohenthal* é monumento dos injustamente esquecidos operistas italianos do século XVIII, de Traetta e Jommelli sobretudo, e o grande romântico E. T. A. Hoffmann, analista incomparável em suas críticas (as primeiras, aliás) de obras de Beethoven e engenhoso comentador da *Armida* de Gluck e do *Don Giovanni* de Mozart em suas novelas. Não existe ou não conheço livro que trate dessas tentativas de interpretação literária de obras musicais. Notei, para mim: as páginas de George Moore, no romance *Evelyn Innes*, sobre Palestrina e sobre Wagner; o romance *Verdi*, de Werfel; uma página inspirada sobre a música pianística de Bach, no conto "The Alien Corn" de Maugham. No resto, todo mundo conhece os trechos sobre o *Quarteto op. 132* de Beethoven e sobre a *Suíte nº 2* de Bach, em *Point Counter Point*, de Huxley; e os trechos sobre a *Sonata op. 111* de Beethoven e sobre o prelúdio do terceiro ato dos *Mestres Cantores*, em *Doutor Fausto* de Thomas Mann. Mas essa "literatura sobre música" também inclui as descrições de obras imaginárias que nunca foram escritas: as do compositor Nothafft, no *Homem dos Gansos* de Wassermann; as de Adrian Leverkühn, no *Doutor Fausto* de Thomas Mann; as de Vinteuil na obra de Proust.

E são tão bem-sucedidas, essas descrições, que outro dia um amigo me pediu indicação do disco "em que está gravada a sonata de Vinteuil".

Mas o binômio Música-Literatura (que se encontra no pólo oposto ao binômio Literatura-Música, ao qual o sr. Franklin de Oliveira já dedicou vários ensaios) também apresenta problemas mais reais que o da gravação da sonata de Vinteuil.

A relação entre a atividade criadora musical e a cultura literária e geral dos compositores depende só em parte da inteligência e formação das pessoas em causa; também é problema sociológico, ilustrando a situação social dos músicos em épocas diferentes, e também é problema estético, com respeito à necessidade de certos estilos musicais de se apoiar em bases literárias. Seria possível escrever uma história da música conforme as mudanças daquela relação. Monteverdi, Schütz, Bach, Haendel são homens de forte erudição. Os clássicos vienenses, Haydn, Mozart, Beethoven, Schubert, são homens de reduzida cultura literária, em parte até homens de poucas letras; o último deles, Bruckner, é propriamente iletrado. Os românticos, Weber, Berlioz, Mendelssohn, Schumann, Liszt, são homens cultos, são mesmo escritores. Mas a partir de Wagner e, outra vez, a partir de Schoenberg, uma forte cultura literária é a própria base da criação musical. Essa "literarização" da música manifesta-se na preferência marcada à música vocal e na escolha dos respectivos textos. Antigamente, o compositor que desejava escrever uma ópera pedia libreto a um poeta (ou poetastro); esta ainda é a relação entre Richard Strauss e Hofmannsthal. Mas o mesmo Strauss já pôs em música o texto integral da *Salomé* de Wilde, que não fora escrita para esse fim; assim como Debussy aproveitou o texto integral de *Pelléas et Mélisande* de Maeterlinck e assim como Alban Berg aproveita o texto integral de *Wozzeck* de Büchner. É uma atitude nova: o compositor já não se adapta a um texto dado, mas a traduzir em música um texto escolhido. Desde então, a situação mudou mais radicalmente. Agora os compositores, embora reivindicando o direito de modificar a letra e até a construção de obras já existentes, pretendem adaptar sua música à personalidade e ao estilo do autor. O compositor inglês Benjamin Britten escreve música diferente quando põe em música *Billy Budd* (Melville) ou *The Turn of the Screw* (Henry James). O austríaco Gottfried von Einem escreve música diferente em *A Morte de Danton* (Büchner) e em *O Processo* (Kafka). Outros exemplos são as óperas: *Vol de nuit* (Saint-Exupéry) de Dallapiccola; *École de femmes* (Molière) de Rolf Liebermann; *O Inspetor Geral* (Gogol) de Egk; *Les caprices de Marianne* (Musset) de Sauguet; *A Ponte de San Luis Rey* (Wilder) de Hermann Reutter. Comparem-se, aliás, a *Manon* de Massenet (típico século XIX francês) e a

Manon Lescaut de Puccini (típico século XIX italiano) com a audaciosa tentativa de Hans Werner Henze, em *Boulevard Solitude*, de empregar recursos modernos para reconstituir a atmosfera do rococó lascivo e sentimental. E saber-se-á que de um músico de hoje se exige alta consciência literária.

*

No terreno propriamente literário observa-se, infelizmente, movimento contrário, retrógrado: pretende-se reduzir o raio de ação para satisfazer às pretensões de um especialismo cujo lugar não é na crítica, mas na pesquisa. Chega-se, por exemplo, a afirmar que a história literária de uma nação não pode ser escrita por um homem só, mas que obras dessa natureza, para merecerem fé, deveriam ser escritas por uma equipe. Será?

Não é possível admitir o desconhecimento da monumental *Historia de la Literatura Española* (3ª ed., 1950), de Ángel Valbuena Prat. Provável é, porém, o desconhecimento da *História da Literatura Alemã* (5ª ed., 1951), de Josef Nadler, baseada numa tese unilateral e inaceitável, mas conseguindo por isso mesmo a elucidação de províncias e épocas deixadas no escuro pela ciência menos pessoal e mais positiva e a redescoberta de obras notáveis, injustamente esquecidas. Já é melhor conhecido no Brasil Francesco Flora, o grande crítico que teve a audácia de escrever, sozinho, sua *Storia della Letteratura Italiana* (última edição em cinco volumes).

Junto a essa grande obra coloquei na estante um pequeno livro de outro italiano bem conhecido no Brasil: *Il Contributo dell'Italia alla Letteratura Mondiale*, de Giulio Dolci, resumo bibliograficamente bem fundado da imensa influência italiana em todas as outras literaturas e demonstração da impossibilidade de estudar estas sem ter estudado aquela.

Uma recente pesquisa sobre *Les liaisons dangereuses*, pedida por um amigo, lembrou-me a impossibilidade de estudar o assunto "O romance epistolar e psicológico no século XVIII" sem o conhecimento de *Abbé* Prévost, Samuel Richardson, Rousseau e Goethe: já são três literaturas. O estudo do "romance gótico" inglês, do fim do século XVIII, parece indispensável para a compreensão de autores tão diferentes como Hoffmann, Nodier e Wilkie Collins (do qual descende, por sua vez, o romance policial); mas tampouco se desconhece a forte e ininterrupta tradição "gótica" na literatura norte-americana, de Poe até Faulkner, e no entanto se "estuda" Faulkner como se sua arte tivesse surgido do nada. Quem poderia interpretar Manzoni ou Hugo ou Gogol (*Taras Bulba*) ou Alexis ou Enrique Gil ou Herculano ou nosso

Alencar sem conhecer Scott e as repercussões de Scott? Sem o estudo dos movimentos literários produzidos pela repercussão internacional de Chateaubriand, Byron, Musset e Hugo não se entenderá nada do romantismo brasileiro. Não lembro esses fatos por vontade de polêmicas contra aquelas afirmações insustentáveis, mas para que elas não fiquem sem oposição nenhuma, disseminando o erro entre os leitores.

*

Esses estudos erroneamente chamados "comparatistas" são especialmente indispensáveis para a interpretação da literatura popular. Pois esta não é senão o resíduo de estilos obsoletos: a literatura de cordel sempre tem venerável árvore genealógica. Mas o que vem a ser literatura popular? Variando a famosa frase de Lincoln, dir-se-á que existe literatura sobre o povo, literatura para o povo e literatura do povo; e que o resto — por exemplo, quando se escreve sobre o povo para leitores que não são do povo — é populismo falso.

Só é justo não deixar, pelo menos, sem registro dois livros recentes, realmente populares, talvez ou porque não têm pretensões literárias. *Selva Trágica* (Ed. Autores Reunidos), de Hernani Donato, espécie de romance-reportagem sobre o tema desconhecido da exploração bárbara dos trabalhadores nas empresas de Mato Grosso, é autêntica obra sobre o povo; *Maria de Cada Porto* (Ed. Princeps), do marinheiro Moacir C. Lopes, é autenticamente do povo. Nem este nem aquele livro possuem superior valor literário. Apenas "existem"; mas isto já é uma posição estética; significa, talvez, mais que a existência efêmera de obras que se julgam escritas para o povo, mas que não passam de sucessos de livraria.

Vida de cachorro

O Estado de S. Paulo, 19 mar. 60

Quando me pediram para organizar um volume antológico de novelas alemãs, começou logo a luta com o *embarras de richesse*, pois a literatura alemã é sobremaneira rica nesse gênero: Kleis, Stifter, Heyse, Storm, Keller, Ebner-Eschenbach — sim, Marie von Ebner-Eschenbach devia ser representada no volume pela novela *Krambambuli*, a história do cachorro que um ladrão de caça vende ao guarda-florestal. O pobre animal, fiel ao primeiro e fiel ao segundo dono, morre na luta inevitável entre os dois homens. É a parábola da lealdade dividida, conflito de tanta importância no século XX; no entanto, não é, como outras histórias de bichos, uma peça de antropomorfismo sentimental, porque a lealdade é mesmo o instinto primordial do cão. A novela da escritora austríaca é, ao mesmo tempo, humana e autêntica. É homenagem àquela criatura de honestidade inquebrantável, cujo nome os homens usam como se fosse insulto.

Há outras homenagens assim, tantas que chegariam para organizar uma antologia. Começaria ela com Homero — o cão Argos foi a única criatura que reconheceu a Ulisses, voltando para casa depois da ausência de muitos anos — e terminaria com a desgraçada cachorra Baleia, no romance de Graciliano Ramos; e haveria o poema de Francis Jammes a "*mon humble ami, mon chien fidèle*", que mestre Manuel Bandeira traduziu. Haveria, nesse livro profano, a própria palavra de Deus no Evangelho, pois foram os cães que se apiedaram do pobre Lázaro (Ev. Luc., XVI, 21). E haveria o aforismo de um grande escritor satírico que disse: "Conheci um cão que foi inocente como uma criança e sábio como um velho. Ele parecia ter tanto tempo como não cabe numa vida humana. Deitado no chão, fitando-nos, parecia dizer: — Por que tendes tanta pressa? E o cão o teria realmente dito, se nós outros tivéssemos tido a paciência de esperar". E haveria a voz cruelmente discordante do grande Unamuno, nas expressões de dúvida desolada na *Elegía en la Muerte de un Perro*.

Assim pensava, continuando no trabalho de selecionar novelas alemãs. Incluí, naturalmente, o *Don Juan* de E. T. A. Hoffmann; e, ao terminar a releitura, no volume *Peças de Fantasia* do mestre da novela romântica, vi o título da novela seguinte — novo diálogo dos cães Cipión e Berganza, imitação-continuação da famosa *novela ejemplar* de Cervantes: "Coloquio de los Perros"; esta seria a *pièce de résistance* daquela imaginária antologia canina.

As *Novelas Ejemplares* não podem reivindicar a mesma glória universal do *Don Quijote*. Mas como realização literária não são inferiores; são mesmo (e não esqueço Boccaccio nem Kleist nem Gogol nem Maupassant nem Verga nem Jacobsen nem Tchekov nem Gorki) o maior volume de novelas da literatura universal. Contudo, o romance de Cervantes os eclipsou durante muito tempo. Só recentemente a crítica os estudou com acerto. Basta lembrar *Sentido y Forma de las Novelas Ejemplares* (Buenos Aires, 1943), de Joaquim Casalduero, que estudou especialmente a composição do volume, distinguindo as novelas idealistas e as realistas, e entre estas últimas as picarescas, das quais aquele colóquio dos cachorros é *sui generis*: é a novela picaresca dos animais.

De propósito se diz: — de cachorros, escolhendo-se a expressão vulgar, porque não se tratava de cães de estimação, mas de pobres vira-latas, embora atendendo aos nomes pomposos de Cipión e Berganza, *"perros del Hospital de la Resurrección en la ciudad de Valladolid"*. Viviam vigiando a porta dessa casa de miséria e agonia — mal é possível, hoje, imaginar um hospital no começo do século XVII: *"Lasciate ogni speranza, voi ch'entrate"*. Criaturas, esses dois cachorros, das mais humildes e das mais humilhadas. Mas, numa noite rara, o céu conferiu-lhes o dom de falar para elas contarem suas vidas miseráveis e divertidas e trocarem experiências tristes e reconfortantes.

O "Coloquio de los Perros" é a última das *Novelas Ejemplares*; e não me parece que se tenha bastante observado a muita honra e o profundo sentido dessa colocação. A autobiografia do cachorro Berganza quase é um panorama completo da vida: sua estadia entre os pastores que roubaram, para seu próprio proveito, as ovelhas a eles confiadas e acusaram, quando responsabilizados pelo dono do rebanho, a rapacidade dos lobos e a inércia dos cães; a vida de Berganza com os filhos do burguês abastado, nos quais acompanhou às aulas no colégio dos padres jesuítas, que não gostaram, porém, de sua presença e o expulsaram; a aventura com o delegado de polícia, que protegeu as prostitutas, multando os fregueses delas; e, enfim, as observações do sábio cachorro no Hospital de la Resurrección, onde encontrou doentes dos mais desgraçados: o matemático louco que passou a vida sem poder descobrir a quadratura do círculo; o alquimista que nunca chegou a realizar o último experimento, decisivo; o poeta ao qual ninguém quis custear a publicação de seus sonetos; o "projetista" (corresponde mais ou menos ao economista político de hoje) que não chegou a explicar a Sua Majestade El-Rei seu engenhoso projeto financeiro para dominar a inflação e evitar a bancarrota da Espanha. Esta vida de cachorro, a última das *Novelas Ejemplares*, é a última palavra da sabedoria de Cervantes.

Dizem que o cão é, entre todos os bichos, aquele que menos conhece o homem: adora e é castigado. É vítima do seu idealismo, isto é, do maior engano neste mundo de engano geral. Parece esta a opinião de Cervantes, que já tinha criado o maior dos idealistas enganados. Até se pode provar esta interpretação da novela. Pois o colóquio entre Cipión e Berganza constitui, no volume das *Novelas Ejemplares*, apêndice de uma outra novela, "El Casamiento Engañoso": é a história de um alferes enganado por uma mulher que se dizia proprietária de um palacete luxuoso, induzindo-o a casar com ela; mas era pouco mais que uma prostituta, habitando aquela casa que pertencia a uma amiga ausente em veraneio; e desaparece logo com as preciosas condecorações do novo marido; mas estas só eram pobres imitações, peças de cobre, porque o alferes também tinha enganado a mulher. No Hospital de Resurrección, onde o alferes se restabeleceu da doença, conseqüência da aventura com a prostituta, conheceu os cachorros Cipión e Berganza, muito mais sábios do que ele no meio do engano geral da vida; e depois de ter contado suas amargas experiências ao amigo, o licenciado (então meio-termo entre bacharel e erudito universitário), o alferes acrescentou mais uma história: a conversa entre os dois cachorros, que tinha escutado numa noite de insônia. Nessa altura, o licenciado recusou-se a acreditar nas palavras do enganador enganado; mobilizando todos os recursos de sua erudição escolástica, demonstrou que um cachorro nunca é capaz de falar e, muito menos, de dizer a verdade, e verdades tão incômodas como disse o cachorro Berganza.

Mas não adianta. Os licenciados morreram, e Cervantes está vivo e as verdades do cachorro Berganza continuam verdades, embora também continuem sendo incômodas. Os próprios pastores continuam roubando e comendo as ovelhas a eles confiadas, o que é um caso de polícia (e um freqüente caso de política). Freqüente caso de polícia também é o delegado que protege as prostitutas, multando os fregueses delas. Berganza submeteu, aliás, ao seu dono uma proposta razoável para sanar a vida das *mozas perdidas*, mas o delegado não quis sanar nada e ninguém e deu fortes pancadas no seu humilde auxiliar — ao que Cipión observa filosoficamente: "*Nunca el consejo del pobre, por bueno que sea, fué admitido, ni el pobre humilde ha de tener presunción de aconsejar a los grandes y a los que piensan que se lo saben todo*". Eis mais um axioma que não se enquadra bem no sistema filosófico do erudito licenciado. Por isso mesmo, o sábio Berganza não foi admitido como aluno no colégio dos pp. jesuítas. E enfim, sua vida de cachorro terminou no Hospital de la Resurrección, onde ficam inacabados os cálculos matemáticos, onde não se realizam os experimentos decisivos, onde não se publicam os sonetos e onde não se arranja audiência para Sua Majestade ouvir a engenhosa proposta de decretar um dia mensal de jejum geral e total no reino da Espanha e das duas Índias para, por meio dessa economia, entupir o déficit e secar a inflação.

Afinal, quem é o enganado neste mundo de engano geral? Aqueles pobres enganados — o matemático, o técnico, o economista, o poeta — não constituem, porventura, a flor intelectual do gênero humano? Desprezá-los não pode ter sido o intuito do grande humanista que Cervantes era, ele próprio um poeta fracassado, hospitalizado. Não falta inteligência neste mundo, nem idéias, nem ideais. Apenas sua realização encontra certos obstáculos de natureza moral, neste mundo que é um grande hospital de idéias e ideais fracassados.

Mas Cervantes não era pessimista e, sim, humorista. Em vez de escrever um libelo ou uma elegia, colocou a última palavra da sua sabedoria na boca daquela criatura que sempre está disposta a perdoar tudo ao homem e à vida: fez falar o cachorro. Mas isso, respondem os licenciados, é contrário a todos os ensinamentos da filosofia e a todas as experiências da humanidade: um cachorro não é capaz de falar. Tenham paciência, parece Cervantes dizer-lhes: que significam as vossas experiências milenares em face dos milênios do futuro? "Por que tendes tanta pressa?" E o cão o teria realmente dito, se nós outros tivéssemos tido a paciência de esperar. Ou então: "Por causa da nossa impaciência fomos expulsos do Paraíso e por causa da nossa impaciência não voltamos para lá". Mas a casa de agonia e miséria cuja porta Cipión e Berganza vigiavam não é um hospital comum — "*lasciate ogni speranza, voi ch'entrate*". É o Hospital de la Resurrección.

Shakespeare como mito

O Estado de S. Paulo, 02 abr. 60

Segundo informação segura, muitas pessoas inteligentes e cultas no Brasil (assim como também acontece na França e na própria Inglaterra) continuam acreditando num erro dos tempos quanto à identidade de William Shakespeare. Há pouco, o grande romancista e ensaísta holandês Simon Vestdijk, em um ensaio do volume *Zuiverende Kroniek* (Amsterdã, 1956), também se pronunciou contra os "stratfordianos" e a favor da autoria, das peças atribuídas a Shakespeare, de Edward de Vere. No Brasil, os livros de Abel Lefranc são especialmente responsáveis pela divulgação dessas teorias de autoria errada e retificada.

Não sou adepto dessas teorias que se me afiguram inaceitáveis e, em parte, prejudiciais à boa leitura e à compreensão do poeta. Mas, enquanto for possível, evitarei opor contra-argumentos de "stratfordiano" aos argumentos dos baconianos, deverianos, etc. Pois não se trata, creio, de uma convicção científica, que contra-argumentos poderiam destruir, mas de uma espécie de fé, baseada em motivos profundos; e esses motivos valem a pena da discussão renovada.

É verdade que a americana Delia Bacon, a primeira representante daquelas teorias, era uma pobre maníaca que, iludida pelo seu nome de família, se acreditava encarregada da missão de restabelecer a maior glória de seu tataravô. Passava anos em Stratford, rondando a igreja na qual Shakespeare fica enterrado, incapaz de arrancar às autoridades a permissão para abrir o túmulo em que acreditava encontrar-se a prova definitiva. Mas os que hoje duvidam da identidade do autor das peças de Shakespeare têm outros motivos, sérios e respeitáveis, intimamente ligados a importantes questões de história das teorias literárias e estéticas.

A shakespeariologia oficial não se ocupa com as teorias em causa. No volume *A Companion to Shakespeare Studies* (Cambridge University Press), editado por H. Granville-Barker e G. B. Harrison, nem são mencionadas. Ali só se trata da obra, que nos coloca em face de inúmeros problemas difíceis. Mas não se pode negar: a questão do autor tem o direito de preocupar-nos, porque a personalidade de Shakespeare, assim como os documentos a apresentam, é altamente inquietante — não por ser misteriosa mas justamente por não ser misteriosa. É uma personalidade incomodamente ordinária, que não tem proporções comuns com a Obra.

Sabemos muito pouco da vida de Shakespeare. Até aqueles contemporâneos que o elogiaram não pareciam interessados nela. Nos documentos legais aparece o poeta como co-proprietário de um teatro, homem abastado que empresta dinheiro a altos juros e compra incansavelmente terrenos, cuidando de tudo menos do destino de sua Obra, que só sete anos depois da sua morte dois amigos, atores como ele, publicaram de maneira muito defeituosa. O testamento de Shakespeare é documento legal de notável secura; é, como os franceses dizem, *écoeurant*. Dá um choque o trecho em que deixa à mulher *"the second-best bed"* (a segunda cama, depois da melhor da casa). Essas coisas só combinam bem com o busto em cima do túmulo, que mostra um pequeno-burguês gordo, careca, com barbicha ridícula. Já são mais dignos os retratos pintados (dos quais alguns são falsificações do século XVIII); mas em todos eles se descobre formação estranha das orelhas, parecida com apoio de uma máscara, como se o pintor quisesse dizer-nos: — atenção, esse Shakespeare aqui retratado não é a pessoa que procurais, mas apenas a máscara atrás da qual se esconde um outro, ou vários outros, que são os verdadeiros autores das obras atribuídas àquele homem insignificante. Eis o problema.

Distinguimos: talvez fossem outros; mas talvez esses outros só tivessem colaborado com o autor William Shakespeare, que emprestou a um gênio poético ou a um grupo de gênios poéticos seu conhecimento prático do teatro.

Alguns poucos especialistas acreditam realmente na teoria da colaboração, que foi, aliás, freqüente no teatro elisabetano, mas só como colaboração de vários autores dramáticos; não consta nenhum caso de colaboração de um deles com um poeta diletante em coisas teatrais. A desintegração radical do cânone shakespeariano, proposta por J. M. Robertson, é hoje geralmente rejeitada. Colaboração alheia só se admite em poucos casos: *Timon, Péricles, Henrique VIII*. Mesmo ali, os critérios para distinguir o que é autêntico e "o que Shakespeare não pode ter escrito" são arbitrários. O *standard* do que é autêntico não pode ser abstraído só das maiores obras e dos maiores versos. "Às vezes também dorme Homero". E quanto à infinita variedade da Obra, por que não atribuir a Shakespeare a *infinite variety* que ele atribuiu a Cleópatra?

Mas vamos supor: foi outro. Quem foi? Agora, as teorias dos "antistratfordianos" começam a multiplicar-se. Servem-se, principalmente, de argumentos criptológicos, isto é: o texto das peças estaria escrito em linguagem cifrada, que revela ao bom entendedor o nome do verdadeiro autor.

Antigamente, foi apontado como esse autor o grande filósofo e estadista Francis Bacon. Hoje prefere-se Edward de Vere, décimo-sétimo Earl of Oxford, ao passo que alguns descobrem no "código" o nome do terceiro Earl of Southampton ou do quinto Earl of Derby ou do sexto Earl of Derby. Outros candidatos são Sir Walter Raleigh, Lord Buckhurst, o quinto Earl of Rutland, etc., etc. Evidentemente, os criptogramas não são muito claros. Em 1956 publicaram William e Elisabeth Friedmann, os famosos criptólogos do Departamento de Estado, o livro *The Shakespeare Ciphers Examined* (Cambridge University Press), resultado de 40 anos de trabalho a serviço da Shakespeare Library em Washington. É para desanimar. Não é possível decifrar os criptogramas porque, parece, não existem criptogramas no texto de Shakespeare. E os outros argumentos são muito fracos. Nenhum júri do mundo contentar-se-ia com argumentos assim para condenar um acusado.

Contudo, argumentos assim existem. Daqueles aristocratas, alguns tinham talento poético, outros estavam em relações com o teatro e com atores, certos enredos ou trechos nas peças parecem aludir a experiências pessoais de um ou outro, etc. Mas para cada um daqueles muitos "candidatos" existem argumentos assim. Quer dizer: as muitas diferentes hipóteses de autoria excluem-se reciprocamente. A não ser que alguns entre eles ou todos eles tivessem colaborado na confecção das peças, espécie de sindicato ou equipe. Seria o único caso desses em toda a literatura universal. Lembra menos poetas do século XVII do que o Conselho Administrativo de uma Sociedade Anônima do século XX. E quando os srs. conselheiros mandam bater chapa de uma reunião, suas caras não se parecem menos com máscaras do que os retratos de Shakespeare. Estes foram, aliás, pintados por artistas de última categoria; e é um dos axiomas da "crítica de atribuição" científica, devido a Morelli, que nada é mais difícil pintar, anatomicamente certo, do que uma orelha. O escultor holandês Jansen, que fez o busto, também foi muito medíocre e, provavelmente, incapaz de conseguir semelhança.

Voltando àquela lista de "candidatos", observa-se que ela se compõe de rebentos da mais alta aristocracia inglesa e de alguns grandes eruditos. Na preferência para com os aristocratas influiu certamente o esnobismo inglês. Mas os eruditos naquela lista indicam a presença de um motivo sério das dúvidas "antistratfordianas". O argumento é este: um ator (profissão então bastante desprezada) de muito talento comercial e sem formação universitária não pode ter possuído o imenso saber que as peças ditas shakespearianas ostentam.

Realmente, o saber acumulado nessas peças é imenso: Shakespeare entende de história e de direito, de medicina e teologia, de botânica e de mil outras coisas. Mas no meio de tudo isso encontramos anacronismos graves e evidentes sinais de ignorância de outras tantas coisas. Há uma diferença grande entre saber e erudição. O saber de Shakespeare parece acumulado pela observação e pela atenção do gênio que sabe assimilar tudo. A erudição de Shakespeare foi, porém, bem caracterizada pelas palavras de Ben Jonson no elogiosíssimo poema que mandou estampar na primeira edição das Obras do amigo: *"small Latine and less Greek"*, quer dizer, Shakespeare sabia pouco justamente daquilo que os aristocratas daquele tempo estudavam nas universidades. Esse poema, aliás escrito por amigo pessoal, é um dos testemunhos iniludíveis da autoria do ator William Shakespeare.

Mas por que se insiste tanto na suposta necessidade de um saber enciclopédico para escrever aquelas obras dramáticas? Trata-se de um resíduo, subconscientemente conservado, da estética dos séculos XVII e XVIII, que exigiu do artista a imitação judiciosa dos grandes modelos antigos e outros. É uma estética obsoleta. Certamente, não pedimos ignorância aos poetas. Mas erudição, embora possa deixar de prejudicar, pouco adianta. No volume III (*La Découverte de Shakespeare sur le Continent*, Paris, 1947) do *Pré-romantisme,* de Paul van Tieghem, podem-se ler as graves censuras dos classicistas do século XVIII contra Shakespeare, ao qual negavam a grandeza poética porque não teria sido bastante erudito.

Essa estética foi, na época pré-romântica e romântica, substituída pelo conceito do gênio (v. a mesma obra de Van Tieghem, vol. I, 2ª ed., 1948): em vez da imitação, exigia-se agora originalidade; em vez da erudição, Shaftesbury, Young,

Baumgarten, Diderot, Hamann, Herder pedem ao grande poeta o entusiasmo meio inconsciente, êxtases da imaginação e a profundeza dos sentimentos elementares, que a erudição só poderia estragar. É o "gênio" romântico, o modelo de Chateaubriand e Byron e o ídolo de Carlyle. Não é preciso entrar aqui na discussão das razões sociais desse novo conceito de "gênio", surgido da oposição romântica contra o aburguesamento da civilização européia (v. E. Zilsel: *Die Entstehung des Geniebegriffs*, Tubingen, 1926). Basta dizer que essa estética do gênio também é obsoleta. Segundo ela, Bach não teria sido gênio, mas burguês medíocre. No entanto, esse conceito ainda sobrevive como resíduo, sentindo-se chocado pela suposta mediocridade burguesa de Shakespeare. Não posso deixar de observar a forte contradição entre o "anti-stratfordianismo" que pede erudição e aquele que pede atitudes geniais. Duas estéticas contraditórias alinham-se para expulsar da história literária o ator William Shakespeare — afinal, quem foi Shakespeare?

Nossa relativa ignorância de sua biografia não é estranhável. Antes é estranhável o fato de sabermos tanto dela. Os dramaturgos da época elisabetana não eram homens de alta categoria social. Sua profissão passava por *hackwork*. Ninguém se preocupava seriamente com esses homens de sucessos efêmeros no teatro. Não conhecemos a data de nascimento de Chapman, Middleton e Marston. Não conhecemos a data de nascimento nem a da morte de Kyd, Dekker e Heywood. Da vida de John Webster não sabemos quase nada. A identidade de Cyril Tourneur, autor da grandiosa *Revenger's Tragedy*, nos é totalmente desconhecida. A única exceção é Ben Jonson, porque chegou a ser personalidade oficial. É como se historiadores futuros chegassem a duvidar da personalidade de Villa-Lobos, admitindo só a realidade dos professores da Escola Nacional de Música.

Mas sabemos relativamente muito da vida de Shakespeare graças àqueles documentos legais que, realmente, não são muito agradáveis de se ler. Só que a *"second-best bed"*, no testamento, é simplesmente a cama de casal, sendo a melhor cama, conforme os costumes da época, a do quarto de hóspedes. De resto, esse testamento não foi redigido pelo moribundo, que só o assinou com mão trêmula; certas expressões religiosas no texto fizeram recentemente descobrir-se que se trata de uma fórmula legal, então em uso e até prescrita. Os outros documentos assinados por Shakespeare revelam um homem preocupado com aumentos do seu ordenado. Não precisam preocupar a nós outros. Ocupam-nos e preocupam-nos *Hamlet* e *Macbeth*, *Rei Lear* e *Othello*, *Henry IV* e *Antony and Cleopatra*, *Measure for Measure* e *The Tempest* — que, "se não foram escritos por Shakespeare, foram escritos por um outro que assinava William Shakespeare".

Um acontecimento literário russo

O Estado de S. Paulo, 23 abr. 60

Enquanto as três Américas se curvam perante a *Lolita* do russo Nabokov, a crítica francesa, alemã e italiana prefere dar a outro romance russo o apelido de "acontecimento literário". São as respectivas traduções do romance *Petersburgo*, de Andrei Biely, publicadas quase simultaneamente, como se os editores o tivessem combinado, embora a obra não seja propriamente, fora da Rússia, uma novidade. Sai tarde na Europa, pois o original russo é de 1913. Mas não é tarde demais. Mesmo sem amantes de nove anos e mesmo tratando de uma sociedade que já não existe e de uma cidade que mudou de nome, a obra não perdeu a atualidade.

Andrei Biely nasceu em 1880 e morreu em 1934. Fora da Rússia, seu nome tornou-se recentemente conhecido pela autobiografia do seu amigo Pasternak, na qual Biely aparece em retrato de corpo inteiro: poeta místico, um dos representantes principais do simbolismo russo e dos círculos literários da Moscou de 1910, leitor apaixonado de Dostoievski e, sobretudo, de Soloviev, em que aprendeu a exaltar e, ao mesmo tempo, a temer o misterioso fundo oriental da alma russa. O que fica menos claro, nesse retrato, é o entusiasmo desse místico pela revolução. Realmente, depois de curta fase de emigração, voltou Biely para a Rússia bolchevista, onde passou o resto da vida e morreu altamente honrado. Exerceu forte influência sobre a poesia de Maiakovski; os leitores ocidentais compreenderão esse fato inesperado à luz do estilo em que o romance *Petersburgo* está escrito. Mas, antes de entrar nessa questão de estilo, é preciso saber o que o romance significa.

É o romance da cidade de Petersburgo, no tempo entre o fracasso da revolução de 1905 e, por outro lado, o rebentar da guerra de 1914 que levará à revolução de 1917. A esse respeito, é um panorama completo da cidade que Pedro, o Grande mandou, autocraticamente, surgir dos pântanos finlandeses, e que fica até hoje dominada pela estátua eqüestre do grande tzar, obra-prima de Falconet. *Petersburgo*, de Biely, compreende tudo: a grande arquitetura imperial em estilo clássico franco-italiano, só ligeiramente modificado pelas superpostas cúpulas bizantinas, e os bairros operários, de sujeira e pobreza asiática, mas já fervilhando de agitação revolucionária, enquanto a *intelligentzia*, decepcionada pelo fracasso da revolução de 1905, abandona o marxismo, entregando-se a filosofias místicas e religiões orientais. *Petersburgo* descreve a alta sociedade e a todo-poderosa burocracia tzarista e, por outro lado, o *underground* de agitadores terroristas; e as inesperadas relações pessoais entre esses dois mundos.

Essas relações fornecem o enredo do romance. O representante da classe dominante é o senador (isto é, conselheiro imperial) Apollon Apollonovitch Ableukov, que se parece bastante com o famoso Pobiedonoszev, procurador do Santo Sínodo no tempo dos tzares Alexandre III e Nicolau II. Ainda há, na Europa, certos equívocos a respeito, como se o Santo Sínodo, o conselho dirigente da Igreja russa, tivesse sido espécie de grande Inquisição, cheio de eclesiásticos fanáticos e místicos. Foi, na verdade, uma autoridade estritamente burocrática — seu presidente, o Procurador, sempre foi um alto burocrata leigo — destinado a enquadrar a Igreja russa no sistema matematicamente regular da administração tzarista. O senador Ableukov também é fanático nesse sentido: seu ideal é o nivelamento de toda a sociedade, com o tzar e seus ministros e senadores em cima, dominando autocraticamente as massas populares bem-disciplinadas. Ama a cidade de Petersburgo porque ela é tão artificial, construída por ordem superior, com todas as ruas em linha reta e todos os quarteirões em forma de cubo. Passeando de carro pela cidade, sonha com um mundo totalmente cúbico, composto só de cubos regulares como aqueles quarteirões e casas. Mas estamos na Petersburgo de 1913, e na esquina de cada um daqueles cubos espera um revolucionário com a bomba na mão para destruir o carro senatorial, a cidade e o velho mundo russo. Pois nesse momento, os marxistas ainda não são a maioria dos revolucionários, entre os quais predominam os terroristas chamados "socialistas-revolucionários", o partido do terrível Savinkov, que, sob o pseudônimo Ropshin, publicou naquele mesmo ano o romance *O Cavalo Branco*, análise psicológica e crítica dos terroristas e das suas dúvidas hamletianas: "Jogar a bomba e destruir vidas humanas, ou então não jogá-la e..."; e um desses terroristas é o estudante Nikolai Apollonovitch Ableukov, o filho do senador, que já escondeu em casa a bomba destinada a matar o pai. É o conflito de duas gerações, numa família já minada pela infidelidade da mulher do senador, homem frio e intratável. O estudante Nikolai também é um daqueles Hamlets russos, dos quais é difícil dizer se são simplesmente covardes ou se os tortura a consciência. Não ousa jogar a bomba contra o pai. Assusta-o a visão do seu "antieu" — uma das cenas mais alucinantes do romance —, encarnação do caos oriental em sua alma e na alma russa. Enfim, será o próprio senador — informado de tudo menos da revolução — que põe em movimento o mecanismo da bomba porque ignora o que o relógio na lata significa; e destrói, ele próprio, a casa, assim como será, em breve, destruída a Rússia do tzar e dos seus senadores e sínodos e carrascos e cúpulas e cubos e a velha Petersburgo.

Quem leu esse esquelético resumo do enredo poderia pensar tratar-se de um romance político, um pouco folhetinesco, talvez com desfecho propagandístico. Seria engano. Desmentem-no o estilo da obra, altamente elaborado, o ritmo musical dos períodos, uma orquestração verbal que lembra, entre os romances de hoje, *El Señor Presidente* de Asturias. Mas, assim como nesta última obra, as artes verbais de Biely não estão a serviço de *l'art pour l'art*. É verdade que Biely já usa largamente o monólogo interior, antecipando em 1913 a técnica do *Ulisses* de 1922, destruindo a sintaxe e as próprias palavras que se decompõem. Mas para nós, que temos lido Joyce, isto já não é novidade. A esse respeito, *Petersburgo* chega tarde demais; já não é "acontecimento". Só nos surpreende essa dissolução dos acontecimentos exteriores em reflexos dentro dos personagens porque é obra de um escritor russo; de um representante daquela literatura que contribui tanto para criar o realismo moderno. Que literatura russa é esta, a de Biely? Já não é a "velha" literatura russa nem, muito menos, a "nova", da era bolchevista. Já não é Tchekov. Ainda não é Gorki. Respondendo a essa dúvida, também saberemos por que esse acontecimento literário, que é *Petersburgo*, nos chega com tanto atraso. O romance e seu autor pertencem, na história da literatura russa, a uma fase da qual a Europa não tomou conhecimento.

Na maior parte das histórias da literatura russa, sejam escritas por russos ou por estrangeiros, observa-se um estranho hiato: parecem parar em 1900, com o aparecimento de Gorki, que é o último dos grandes realistas e o primeiro dos escritores proletários, para pular logo para 1917, começo de uma literatura nova. Assim fizeram Waliszewski, M. Hoffmann e muitos outros (uma exceção é o alemão Arthur Luther). O motivo desse "pulo" torna-se mais claro numa obra de comunistas, como nos três volumes da *História da Literatura Russa*, de Brodski, Timofeiev e outros (em tradução alemã, Berlim, 1953), na qual também o segundo volume termina em 1900 e o terceiro começa em 1917. Àqueles autores estrangeiros, a fase entre 1900 e 1917 parecia provavelmente "pouco russa", enquanto os autores comunistas "esquecem" de propósito a fase simbolista.

Mas é a fase de Blok, o maior poeta russo depois de Pushkin; e o melhor livro sobre Blok é até hoje *Recordações*, de seu amigo Biely; Blok: o místico dos *Versos da Bela Senhora*; o profeta do futuro asiático da Rússia, em *Os Citas*; o poeta que, em *Os Doze*, saudou, meio entusiasmado, meio assustado, a Revolução de 1917. Foi a Rússia de Bakst e de Stravinski, de Stanislavski e de Merejkovski. Muita imitação superficial do simbolismo europeu, muito misticismo falso e folclorismo falso, mas também alguns grandes poetas e escritores e um fundo social muito sério do movimento. Lamento não poder indicar, para o estudo dessa época, nenhuma obra moderna (não existe ou não a conheço). A melhor fonte ainda é a obra *Rússia e Europa*, escrita em 1912 (tradução inglesa, 1927), do grande filósofo e estadista tcheco Thomas G. Masaryk, indispensável para a compreensão da Rússia velha e da Rússia nova.

A obra de Masaryk é amplo estudo das duas correntes contraditórias na história espiritual da Rússia: de um lado, o nacionalismo, a ortodoxia, o misticismo, o eslavofilismo e o pan-eslavismo; por outro lado, o liberalismo, o progressismo, o socialismo dos ocidentalistas. Tese da obra é a unidade fundamental das duas correntes, cada uma, a seu modo, absolutista em sentido filosófico e em sentido político. Por isso são especialmente estudados os fenômenos intermediários: o círculo que publicou em 1909 o volume *Vieki*, intelectuais que abandonaram o marxismo para se tornarem místicos; e aquele Savinkov-Ropshin, o terrorista, organizador de atentados, que no entanto hesitou sempre, hamleticamente, entre revolução e contra-revolução.

Eis o ambiente de Biely, místico e revolucionário. Seu romance *A Pomba de Prata*, história de um intelectual que vira adepto de uma seita mística, não pode ser lido hoje sem se pensar nos *Vieki* (e, talvez, no círculo de Rasputin). *Petersburgo*, por sua vez, é crítica dos terroristas à maneira de Savinkov. O problema comum das duas obras é o dilema dos representantes da *intelligentzia* russa daqueles anos: admitindo a necessidade da revolução, e sendo por isso perseguidos; mas, ao mesmo tempo, excluindo-se por dúvidas graves (e excluídos) do movimento revolucionário.

É um conflito que a *intelligentzia* européia (e americana) de hoje conhece por experiência própria, mas que ficou, mais ou menos, na esfera intelectual e, por isso, só produzindo panfletos e romances-panfletos. O romancista russo enquadrou o conflito numa espécie de "mito" que há dois séculos agita a alma da nação: é o "mito de Petersburgo", da cidade artificial, irreal, fantástica, habitada por espectros e dominada pela demoníaca estátua eqüestre de Pedro, o Grande; e da qual a Rússia só se pode livrar pela revolução destruidora, ou então pela volta a Moscou, antiga capital da religião mística e da nação meio-asiática. Esse "mito de Petersburgo" encontrou sua primeira expressão no poema *A Estátua de Bronze*, de Pushkin. Continua nas novelas petersburguenses de Gogol e em certos capítulos de *Crime e Castigo*, para encontrar sua expressão máxima em *Petersburgo*, de Andrei Biely.

Na Rússia, esse conflito foi resolvido pela violência física: os comunistas fizeram a revolução e, ao mesmo tempo, voltaram para Moscou. O mito acabou. Para os russos, a obra de Biely perdeu a atualidade. Para os leitores ocidentais, aquele "mito de Petersburgo" não passa de uma grande metáfora poética, alucinante como o romance todo. Mas o conflito começou, para eles, a existir e a torturá-los justamente com a revolução russa. Por isso, *Petersburgo* é hoje na Europa um acontecimento literário.

Presença francesa

O Estado de S. Paulo, 14 mai. 60

A primeira tarefa do crítico é, digam o que queiram, a de informar: a si próprio e aos leitores. Cumprindo essa tarefa, cabe chamar a atenção para a gênese de uma literatura nova, em países que há séculos não se tinham manifestado: na África do Norte.

Essa literatura (argelina, tunisina, marroquina) só conta dois decênios de idade, mas já é relativamente rica. Os autores são de raça berbere (alguns são, porém, judeus, crescidos no mesmo ambiente); sua língua materna é o árabe, mas preferem escrever em francês suas obras. Apesar dessa igualdade de situação racial e lingüística, já se destacam algumas personalidades individualmente bem diferentes.

Mouloud Mammeri, argelino, nascido em 1917, é filho de família abastada de proprietários de terras. Estudou na Universidade de Paris; lutou durante a segunda guerra mundial no exército de De Gaulle; é hoje professor da Universidade de Argel. No romance *La colline oubliée*, conta sua infância e adolescência no ambiente pastoril de sua terra argelina, povoado por tradições folclóricas, resíduos de religiões ancestrais; a dissolução desse ambiente pela modernização econômica; suas decepções e desilusões, ao encontrar-se colocado entre a civilização francesa adquirida e os rudes costumes e superstições do seu torrão natal. O que ameniza, em seu caso, o conflito é a falta de tensões sociais.

Essas tensões sociais determinaram a vida de Mouloud Feraoun, nascido em 1913, filho de um paupérrimo *fellah* que a miséria obrigou a emigrar para a França, como trabalhador braçal. Ajudas e bolsas possibilitaram ao filho do operário os estudos na Escola Normal de Argel; hoje é professor primário numa aldeia perto daquela na qual nasceu. Nos romances autobiográficos *Le fils du pauvre* e *La terre et le sang* descreveu sua infância, a miséria da sua família em Argel e na França, os fortes contrastes entre o atraso medieval e a economia moderna, entre a civilização francesa e a bárbara falta de cultura no interior africano. O amor, os ciúmes e as vinganças sangrentas desempenham, porém, papel maior nesses romances pitorescos do que as lutas sociais, talvez porque Feraoun tem fé na ascensão do seu povo a exemplo da sua própria: pelo trabalho e pelo estudo.

Quem já não acredita nessa evolução pacífica é Mohammed Dib, natural (1920) de Tlemsen, cidade de multissecular erudição islâmica e de impiedosa exploração das populações pelos *colons* (isto é, os proprietários de terras) franceses. Seu primeiro romance, *La grande maison*, é a obra mais impressionante de toda a nova literatura norte-africana: a vida numa espécie de cortiço cheio de fedores horrendos e brutalidade bárbara. Um inferno. O verdadeiro personagem principal não é o garoto Omar, em que se reconhece o autor, mas a Fome. No segundo romance, *L'incendie*, Omar vive na fazenda de um *colon* francês, assistindo a uma greve dos trabalhadores rurais e a perseguições políticas. A tendência francamente comunista de Dib é abrandada pelas veleidades musicais e as expressões místicas do seu estilo e por certa incoerência propositada à maneira de Faulkner, reflexo da situação instável do autor entre duas civilizações, dir-se-ia entre duas épocas.

Essa situação é o tema de *La statue de sel*, literariamente de longe o melhor dos novos romances norte-africanos. Seu autor, Albert Memmi, é judeu tunisino: quando garoto, sai do *ghetto* medieval para procurar a civilização ocidental; mas entre os alunos franceses, italianos e árabes do colégio o judeu se sente perdido; vence pela inteligência e pelo esforço; mas a legislação anti-semita do regime de Vichy relega-o novamente para o *ghetto* que, por sua vez, o detesta como apóstata. Memmi escreve sua vida, tentativa de reconhecer um sentido nela e de encontrar uma saída. Como judeu, Memmi parece um caso à parte, mas não é: o *ghetto* tunisiano é tão horrível como o cortiço de Dib; e sua situação de isolamento entre as raças é a mesma dos berberes entre seu ambiente natal e a civilização moderna. É um caso extremo, sim, que ilumina melhor os outros.

O representante desse extremismo é Kateb Yacine, hoje considerado o maior escritor argelino. Nasceu, em 1929, de uma família na qual há séculos se cultivava a ortodoxa erudição religioso-filosófica do islamismo. Desde o dia 8 de maio de 1945, quando a polícia de Argel fez uma chacina para impedir a participação dos argelinos na festa da vitória dos franceses, Yacine é revolucionário. A miséria obrigou-o a trabalhar como operário na França. Em Paris, entrou no jornalismo político e no círculo de Sartre. Escreveu ensaios sobre Dostoievski, Faulkner e Hölderlin e uma peça teatral à maneira de Brecht. *Nedschma* é, na aparência, um romance erótico; mas o amor de quatro estudantes pela moça daquele nome é símbolo dos conflitos dentro do movimento argelino e dentro dos intelectuais berberes. Yacine é antifrancês, mas imbuído de cultura francesa; como individualista francês, não é capaz de submeter-se à severa disciplina e ao fanático ocidentalismo da Frente Nacional de Libertação. Os franceses o perseguem (Yacine vive refugiado na Tunísia); os argelinos o rejeitam. Assim como Memmi, precisa "pôr em ordem sua vida". Mas não conseguiu tão bem como o judeu tunisino aprender a "ordem" da clássica prosa francesa. Seu realismo é cru, mas perturbado e caótico. Já está na hora de apreciar o estilo dessa nova literatura norte-africana.

Todos os romances mencionados são autobiográficos. É quase natural, isto. Seus autores, queiram ou não queiram, são naturalistas. Há quem considere a literatura de Zola como obsoleta. Mas o exemplo de Zola sempre volta a ser invocado quando a literatura descobre novos países, novos ambientes, novas classes e raças. A libertação da literatura norte-americana da *genteel tradition* foi iniciada pelo neonaturalista Dreiser. Assim também aconteceu na América Latina. Assim acontece agora na África. Mas ali o naturalismo já aparece modificado por atitudes literárias mais modernas (Sartre, Malraux) e por influências norte-americanas (Faulkner, Steinbeck); sobretudo, é evidente o parentesco com o neo-realismo italiano, talvez porque o ambiente dos Feraoun, Dib e Yacine se parece muito com o ambiente dos Marotta, Bernari e Rea.

Essas comparações são muito aproximadas. Não encerram julgamento de valores. Por mais interessantes e dignos de atenção que sejam os romances argelinos, seu valor literário é bastante relativo. Sua verdadeira significação ficaria melhor esclarecida por comparação com a literatura de Gorki: assim como no caso do grande escritor russo, trata-se da transformação de um povo passivo em povo ativo. A literatura norte-africana é, antes de tudo, um fenômeno político; e como tal tem de ser apreciada e julgada.

Mas é possível, é lícito isso? Sempre me manifestei contra crítica literária conforme padrões políticos, na parte de quem não possui outros critérios. Paguei caro. Protestando contra o antifascismo profissional de literatos mal-instruídos, que denunciaram como "fascista" qualquer opinião incômoda, fui estigmatizado como fascista. Protestando, depois, contra o parecidíssimo anticomunismo profissional de literatos bem-instruídos, fui estigmatizado como comunista. Não me surpreenderia a existência, na polícia, de duas fichas contraditórias a meu respeito. Aceito, resignado, essa situação, conseqüência natural da situação de um intelectual que tem *pensées de toutes les couleurs* (Gide). Na mesma situação encontram-se os intelectuais argelinos. Sentindo com eles, não se lhes poderá prestar homenagem mais sincera como pretextos para esclarecer, com eles, o problema argelino.

Os *colons* e militares franceses na Argélia pertencem, em sua grande maioria, à extrema direita. São mesmo fascistas. Essa verificação não nos precisa tornar cegos quanto ao seu destino: não são aventureiros que invadiram o país, mas gente que nasceu ali, gente cujas famílias vivem ali há um século; expulsá-los — o que será inevitável no caso da independência total — seria um ato bem fascista, que ninguém pode aprovar em boa consciência. Mas os privilégios desses franceses na Argélia são insuportáveis. A obstinação direitista dos *colons* e dos militares produz e fomenta os movimentos fascistas na metrópole; chegariam (e em parte já chegaram) a transformar a França em colônia da Argélia. Lembramo-nos: a revolta das colônias norte-americanas, em 1716, salvou o parlamento inglês das veleidades neoabsolutistas do rei George III; a revolta da Irlanda contra a aristocracia latifundiária inglesa contribuiu de maneira decisiva para a democratização da Inglaterra. Dir-se-ia: só a derrota definitiva da França na Argélia salvará a democracia na França.

É, a longo prazo, uma derrota inevitável. O colonialismo, no sentido da dominação de um povo sobre outro povo, é obsoleto. Mas essa derrota exige preço caro aos libertados. A independência total e repentina da Argélia significaria, no primeiro momento, a abolição total e repentina de todas as imensas conquistas culturais e econômicas e, enfim, também das conquistas políticas que a Argélia já deve à França. Seria o caos do qual surgirá fatalmente um fascismo a modo de Nasser. Os argelinos só se libertariam, realmente, invocando de novo aqueles princípios que invocam agora contra a França: são princípios franceses. O "Maghreb" é país de velha civilização islâmica, alimentada das mesmas fontes gregas que alimentaram a civilização européia. Basta citar, com o mais profundo respeito, o nome de Ibn Khaldun, que no século XIV, na Tunísia, desenvolveu idéias de Políbio, antecipando idéias de Vico. Mas isso foi. A África do Norte só vive hoje, política e culturalmente, pela *présence française*. Querem aboli-la. Mas já a aceitaram. Aquela nova literatura norte-africana é escrita em língua francesa. É, para a França, a única possível garantia da presença francesa.

Novembro de 1918 – janeiro de 1919

O Estado de S. Paulo, 28 mai. 60

No balanço literário da primeira metade deste século pesam algumas profundas e decisivas meditações líricas: *Le cimetière marin*; *Os Doze*, de Blok; os "Byzantium Poems" em *The Tower*, de Yeats; as *Elegias de Duíno*; *The Waste Land*, e *Four Quartets*; *Zone*, de Apollinaire. Depois, alguns romances monumentais: *Ulisses*; a obra de Proust; *O Homem Sem Qualidades*, de Musil; *Doutor Fausto*, de Thomas Mann; e *Berlim Alexanderplatz*, de Alfred Döblin.

Esta última obra é, entre as mencionadas, a única que não está presente na memória de todos. Foi, por volta de 1930, uma sensação internacional, traduzida para todas as línguas. Hoje, parece meio esquecida essa extraordinária epopéia dos *slums* proletários de Berlim. Mas o apelido "epopéia", empregado para classificar um romance moderno, é lugar-comum perigoso. *Distinguo*. Um crítico comparou a epopéia ao ruído das ondas que o povo escuta, reunido à beira-mar. O romancista, porém, parece-se com um marinheiro que navega nesse mar num barco pequeno, no qual se encontra com o leitor sozinho. O romance, gênero sem tradição oral, é objeto de leitura solitária, em permanente perigo de perder o contacto com a realidade. Toda a história do gênero, de Cervantes a Dos Passos, poderia ser escrita como sucessão de tentativas de não perder aquele contacto. Enfim, a realidade invadiu o romance, transformando-o em seu documento.

Em várias apreciações retrospectivas do movimento Dadá que surgiram ultimamente, quase todas elas mal-informadas com respeito às origens dessa "Anti-Arte", tampouco encontrei devidamente considerada a contribuição de Dadá para a evolução da literatura documentária. Mas uma arte que não quis ser arte não podia deixar de substituí-la por pedaços da realidade. É o que fizeram conscientemente os primeiros dadaístas, os de Zurique, em 1916. Depois, na França, os dadaístas transviaram-se para o surrealismo, enquanto na Alemanha os expressionistas usaram elementos formais de Dadá para manifestar suas tendências humanitárias, religiosas e socialistas. Alfred Döblin, médico berlinense, socialista que tinha participado da guerra e combatido a guerra, foi dadaísta; foi, depois, expressionista; usou, enfim, os documentos fornecidos pela vida cotidiana, da crônica policial até o boletim meteorológico, para devolver ao romance a realidade objetiva, no sentido hegeliano do termo; e escreveu, em 1929, *Berlim Alexanderplatz*, monumento de uma cidade e de uma época, assim como *Ulisses* é o monumento de uma cidade e de uma época. A Berlim proletária dos tempos da República de Weimar. E com ela foram esquecidos o autor e sua obra.

Conhecemos o fenômeno psicológico do esquecimento proposital. O mundo de hoje esqueceu, vamos ver por que motivos, a literatura da República de Weimar. Só a literatura? Não se esconderia, atrás desse esquecimento literário, uma repressão mais profunda?

Depois do advento de Hitler, fugiu Döblin para o estrangeiro. Suas obras escritas no exílio foram pouco lidas. Prestou-se alguma atenção ao romance histórico *O País Sem Morte*, sobre o estado dos jesuítas no Paraguai, como indício da surpreendente conversão do autor ao catolicismo romano. Mas, na Alemanha depois de 1945, já não se encontrou editor que lhe quisesse publicar as últimas obras (Döblin morreu em 1958). Tampouco leram a trilogia de romances, *1918*, escrita na França entre 1937 e 1940, quando o socialista já estava no caminho da conversão.

Os três romances de *1918* se chamam: *Povo Traído*; *A Volta dos Soldados*; *Karl e Rosa*. Lugar dos acontecimentos é aquela mesma Alexanderplatz, a grande praça no centro dos bairros proletários de Berlim. O tema é o fracasso da revolução alemã de 1918: só se aboliu, depois da derrota, a cabeça monárquica do Estado; a revolução da Liga Spártaco, que pretendia realmente modificar o regime, foi sufocada em sangue pelos militares aos quais se aliaram, temerosos, os socialistas-democráticos; a República de Weimar nasceu como ficção; e o desmascaramento dessa ficção, em 1933, terá conseqüências desastrosas para a Alemanha, a Europa e o mundo.

É uma espécie de romance histórico, embora sem a menor semelhança com outras obras desse gênero. Entre os personagens há vários históricos: os generais Hindenburg e Groener; os socialistas, já anti-revolucionários, Ebert, Scheidemann e Noske, que chamaram os militares pré-nazistas para sufocar a revolução; e, sobretudo, Karl e Rosa. Karl, isto é, Karl Liebknecht, líder de sindicatos, filho do velho amigo de Marx; o único que na sessão do Reichstag, em 4 de agosto de 1914, ousou votar contra a guerra e a invasão da Bélgica; organizador de greves nas fábricas de munição e leitor infatigável de Homero, Dante e Shakespeare. Rosa, isto é, Rosa Luxemburgo, a mulher feia com o coração de uma santa, autora de obras fundamentais sobre economia socialista; lendo as obras de Santo Agostinho e cantarolando *lieds* de Brahms e Hugo Wolf para fazer passar melhor o tempo, os longos quatro anos na prisão, durante a guerra toda. Dentro da prisão, Karl e Rosa conseguiram organizar a Liga Spártaco, da qual é essencial saber que é anterior à Revolução russa; mesmo quando libertados, em novembro de 1918, e ocupados em preparar a revolução na Alemanha, Karl e Rosa não se aliaram aos comunistas russos porque desaprovaram o terrorismo. A revolução rebentou nos últimos dias de 1918. Os "spartaquistas" ocuparam o imenso edifício da chefatura de polícia, situado na Alexanderplatz. Mas — e esse fato é o decisivo — a grande maioria do operariado berlinense recusou-se a participar da luta. A vida continuou normalmente na maior parte das ruas, enquanto em outras ruas se travava, com canhões e metralhadoras, a batalha. No dia 15 de janeiro de 1919, Karl e Rosa foram presos por militares e "fuzilados ao tentarem fugir": a primeira vez, na história moderna, que se usou essa expressão pérfida. "Spartakus" acabara.

Eis o fundo histórico dos três romances de Döblin. O personagem principal é o professor Becker, intelectual de situação modesta que serviu como primeiro-tenente na guerra de 1914. Voltando para a pátria depois da derrota de 1918, não consegue mais encontrar seu antigo modo de viver. Cheio de aversão contra a "velha" Alemanha semifeudal e militarista, parece predestinado a participar da revolução. Mas guardou resíduos de sua formação cristã e, sobretudo, de sua formação de humanista (sua especialidade é a língua e literatura gregas). Colocado no meio entre os partidos em luta, é rejeitado por todos. Só por acaso chega a ser envolvido nas lutas em torno de Alexanderplatz. É preso com a arma na mão que alguém lhe deu. Condenado a três anos de prisão, da qual sai com profunda fé cristã e com a não menos profunda convicção de que "é preciso restabelecer o socialismo como utopia".

Pouca coisa direi das qualidades literárias dos três romances, que são sensivelmente inferiores a *Berlim Alexanderplatz*; contudo, melhor escritos do que a maior parte dos romances que, nos últimos 15 ou 20 anos, alcançaram fama universal. Sem pretensão de exagerar: aplica-se a essa trilogia de romances a tese de que a permanência das grandes obras literárias depende do fato de serem mais do que só obras literárias. O valor de *1918* é, guardadas as dimensões, comparável ao de um quarteto de Beethoven, no sentido seguinte: os quartetos de Mozart são provavelmente mais perfeitos, mas confundem-se em nossa memória, enquanto os de Beethoven permanecem, cada um deles, inconfundíveis; porque são obras de arte e, também, documentos humanos.

1918 é documento de memorável tendência de nossa época: é a profissão de fé de um cristão e humanista, que rejeita o marxismo sem considerá-lo como o "inimigo número um" (Döblin conheceu outros inimigos, mais irreconciliáveis).

É cristão e socialista ao mesmo tempo. Mas pode-se ser cristão e socialista ao mesmo tempo? Em vez de responder, cito apenas duas obras de um grande teólogo que também é socialista: *A Massa e o Espírito* (1922) e *Elementos de um Socialismo Religioso* (1923) de Paul Tillich. Não posso, aqui, expor sua teoria de alternância de épocas de teonomia e épocas de autonomia e a teoria do *Kairos* (o tenente Becker, professor de grego, gostaria desse termo mitológico), da "hora da decisão" em que um regime social é substituído por outro. Tudo isso parece paráfrase, em termos teológicos, da teoria marxista. Mas Tillich não é marxista. Em seu sistema de pensamento nenhum determinismo, nem econômico nem outro, obriga os homens a decidir-se na "hora da decisão": estão livres para rejeitá-la. E, contra todas as previsões de Marx, isto é que em 1918 aconteceu.

A social-democracia do século XIX, a de Jaurès e Vandervelde, Turati e Adler, Bebel e Iglesias, foi um movimento intrinsecamente liberal e otimista, ignorando a tragicidade do destino humano. Morreu, tristemente mas não tragicamente, em agosto de 1914, quando os socialistas de todos os países aprovaram a guerra. A hora trágica veio em novembro de 1918 quando o operariado europeu — e, antes de tudo, o alemão — recusou a revolução (v., a respeito, o livro de M. Merleau-Ponty, *Humanisme et Terreur*, 1947, sobre o terrorismo comunista como conseqüência dessa falha total das previsões de Marx). Foi *il gran rifiuto* (Inf., III, 60); e teve mesmo conseqüências infernais. O fenômeno desse *refus* repetiu-se em 1945, o mais radicalmente na Alemanha, onde não havia lugar para o utopista Döblin. Mas nada nos impede de sonhar com ele: e esse sonho é a essência do seu livro.

Se não houvesse 15 de janeiro de 1919; e se fosse diferente o novembro de 1918, como se apresentaria hoje o mundo? A capital do comunismo (ou antes, de um regime muito diferente do comunismo atual) não seria Moscou (coisa em que nem Marx nem sequer Lenin pensavam), mas Berlim, a ordeira cidade alemã, em vez do Kremlin bizantino-oriental; não haveria mesmo comunismo russo assim como o mundo chegou a conhecê-lo; não haveria a República de Weimar assim como a conhecíamos; em conseqüência, nunca haveria um Hitler nem uma Segunda Guerra Mundial — em suma: uma utopia perfeita. Na realidade, é rigorosamente proibido pensar assim. Mas na imaginação de um poeta-pensador pode-se pensar em "restabelecer o socialismo como utopia".

América Latina e Europa

O Estado de S. Paulo, 11 jun. 60

O Columbianum, com sede em Gênova, é uma instituição internacional que cuida das relações entre a Europa e os outros continentes. Dos dias 12 a 15 de dezembro de 1958 realizou-se ali uma mesa-redonda, sobre o tema "Mondo Latinoamericano e Responsabilità della Cultura Europea"; as palestras e debates foram agora editados pelo secretário do Columbianum, sr. Amos Segala, que é mesmo especialista no assunto. São colaboradores do volume: Roger Bastide, Jean Cassou, o boliviano Fernando Diez de Medina, o espanhol exilado Julian Gorkin, Victor Haya de la Torre, o espanhol Eugenio Montes, o filósofo italiano Ugo Spirito, alguns professores universitários alemães, um padre da Companhia de Jesus, historiadores italianos e um grupo de economistas. Os temas tratados na mesa-redonda foram: Continuidade e rompimento das tradições européias na literatura e arte latino-americanas; Estruturas políticas, econômicas e sociais latino-americanas e ideologias e experiências européias; Catolicismo e religiosidade na América Latina etc. É claro que num simples artigo de jornal só alguns poucos pontos, de interesse especial, podem ser comentados.

Ocupam o primeiro lugar, nos debates, certos problemas literários. Mas são seguidos, logo, pelas discussões dos economistas. É evidente que ninguém pensava em ficar, exclusivamente, na atmosfera rarefeita das superestruturas. O problema das relações entre a América Latina e a Europa já foi muito, demais, tratado por pequenos literatos vaidosos que se apoderam de algumas teses de erudição européia para transformá-las em truques de polêmica contra a Europa supostamente decadente; e, para essa polêmica, também se servem dos *slogans* de um nacionalismo tolo que se sente permanentemente ameaçado e oprimido. Em face disso, os participantes europeus da mesa-redonda verificam (pág. 14) que a dominação econômica da Europa na América Latina já não existe há muito tempo; mas que continuam, e com densidade maior, as relações econômicas. Mas não é preciso ser marxista para afirmar que essas relações econômicas não podem deixar de garantir, na superestrutura, a continuação das relações culturais. Entre estas também se incluem as religiosas, e não se pode negar que a presença da Igreja romana na América Latina constitui um dos mais fortes laços entre os dois continentes. Essas relações todas, econômicas, culturais, religiosas, podem ser tão importantes (ou talvez mais) que as diferenças, das quais algumas só parecem existir nas teorias dos polemistas.

A mais divulgada dessas teorias encontra a singularidade da América Latina e de sua civilização nas condições naturais e no fundamento étnico. O *homo americanus* ter-se-ia desenvolvido de maneira diferente do europeu, porque teve de lutar contra uma Natureza inclemente e hostil; e ele não é europeu, mas produto de uma mistura de raças: de brancos, pretos e índios.

Pode-se responder que o homem teve de lutar em todos os continentes contra a mesma Natureza hostil; as florestas virgens que, ainda no fim da Antigüidade, ocuparam grande parte da Europa não eram mais hospitaleiras que as da Amazônia, e para o homem primitivo os Alpes não eram menos difíceis que os Andes. O desbravamento da Europa e o da América Latina devem-se, aliás, às mesmas raças ou à mesma mistura de raças. Pois o índio sempre se manteve à margem do trabalho civilizador do homem branco, fato já muitas vezes verificado, e confirmado pelo geógrafo e antropólogo norte-americano Frank Tannenbaum (in: *The United States and Latin America,* Columbia University, 1960, págs. 17-18). O preto, por sua vez, não é elemento americano; também entra na composição étnica de várias nações mediterrâneas, o que se pode observar, por exemplo, em Portugal e na Sicília. Precisa ser um racista de tipo hitleriano para verificar a diferença essencial entre mestiços e levantinos. Mas para que polemizar? A explicação das singularidades de uma civilização pela natureza e pela raça é a velhíssima e obsoleta teoria de Taine. Os últimos adeptos dela parecem aqueles "americanistas" que em tudo se gabam de sua "modernidade".

Tem, portanto, razão o sr. Amos Segala, verificando (pág. 30) que o problema da emancipação cultural latino-americana está sendo colocado em *"termini acritici e antistorici".*

Mas há quem acrescente àqueles dois critérios naturalísticos a dimensão histórica: é Jean Cassou, observando (p. 20) que *"la mémorie historique de l'Amérique Latine n'est pas la même de l'Europe".* Os latino-americanos teriam começado mais tarde sua história; sua memória não incluiria as tradições européias anteriores à descoberta e conquista. Mas isto só é verdade para o índio. O próprio Cassou continua, afirmando que *"les peuples américains continuent de faire partie de l'empire spirituel ibérique"* (pág. 21), e que *"l'aventure espagnole, qui est une aventure de l'esprit, se poursuit en Amérique"* (pág. 21). O mesmo vale quanto à "aventura portuguesa" no Brasil.

É evidente que muitas diferenças entre o Brasil e a América espanhola se baseiam em diferenças entre a Espanha e Portugal, assim como muitas diferenças entre a América Latina e os Estados Unidos se baseiam em diferenças entre o mundo ibérico e o mundo anglo-saxão. É uma verificação, esta, que elimina das discussões sobre o problema aquela obsoleta teoria tainiana. Continuando, podemos dizer que muitas aparentes diferenças entre a América Latina e a Europa são diferenças entre o mundo ibérico e o resto do velho continente: por exemplo, o extremado individualismo político, a sobrevivência de estruturas feudais e, sobretudo, uma atitude mais estética e religiosa do que científico-técnica em face da realidade — atitude que é a causa das maiores glórias e da mais profunda miséria da Espanha e da América Latina.

Muitos europeus, da Europa Ocidental e da Europa Central, menos familiarizados com os problemas ibéricos, "descobrem" na América Latina o que, com menores despesas de viagem, poderiam descobrir na Espanha e em Portugal e talvez até, em resíduos, na Áustria e na Bélgica, países antigamente ligados à dinastia espanhola. Mais justo do que esses europeus, meio deslumbrados, meio pessimistas, é o escritor e diplomata boliviano Fernando Diez de Medina, reclamando: "*No es acertado separar a un lado la cultura latino-americana y al otro la cultura europea...¿ Cómo separarnos y contraponernos si somos en el fondo una misma y sola cosa?*" (pág. 23).

Tampouco vale a permanente referência ao futuro, a uma evolução que ainda não poderia ser traçada. É mais uma vez um europeu deslumbrado, Cassou, que define: "*La réalité latino-américaine est une réalité en devenir*" (pág. 21). Mas toda a civilização européia foi e ainda é *en devenir*. É o traço mais característico dela, a qualidade à qual se deve, entre outras coisas, a descoberta da América.

Resta perguntar se o resultado do *devenir* latino-americano não poderia, porventura, ser o rompimento mais ou menos completo das relações com a Europa. Na mesa-redonda do Columbianum foi essa tese defendida pelo professor italiano Pasquale A. Jannini, benemérito da divulgação da literatura brasileira na Itália. Sua conclusão é esta: o modernismo de 1922 significa a independência e a emancipação da literatura brasileira, contra a Europa (pág. 46). Mas Roger Bastide (pág. 62 e segs.) não está de acordo. Chama a atenção para o fato de que "*le modernisme s'est servi de l'Europe pour se tourner contre elle*", e: "*même quand il y a rupture, il y a toujours continuité*". O modernismo de 1922, e depois, surpreendeu o Brasil, familiarizando-o com Whitman e Verhaeren, com Apollinaire e o surrealismo, com o cubismo e o expressionismo e com mil outras coisas européias das quais a Academia não quisera tomar conhecimento, erigindo em torno do país uma muralha chinesa; 1922 não significa, nesse sentido, o rompimento, mas o reatamento das relações com a Europa.

Na verdade, a luta contra esta ou aquela influência européia sempre só chega a substituir uma por outra: a francesa pela norte-americana etc., etc. O que é natural. Pois dentro de um conjunto civilizatório as influências recíprocas são inevitáveis e necessárias e a civilização norte-americana faz parte da civilização euro-americana assim como a latino-americana. É um fato. Só não o compreendem os guerreiros quixotescos que querem mobilizar os porta-aviões da crítica norte-americana contra caravelas quinhentistas.

Hefesto e Sísifo

O Estado de S. Paulo, 23 jun. 60

O professor Luís Washington, do qual já tive oportunidade de comentar um interessantíssimo ensaio sobre o socialismo de Antero de Quental, oferece-nos, sob o título *O Mito de Hefesto*, uma coletânea de estudos diversos: a filosofia no Brasil; o pensamento catalão; Kierkegaard; Loisy; Santayana; a Utopia; a técnica (ensaio ao qual se refere o título *O Mito de Hefesto*) etc., etc. São estudos curtos. Mas cada um deles realiza a verdadeira tarefa filosófica: a de inspirar a meditação do leitor, a de fazer pensar. Desse modo, sobre cada um dos ensaios do professor Luís Washington poder-se-ia escrever um artigo (senão um livro). Hesitei, depois da leitura, durante muito tempo. Talvez sobre o próprio "mito de Hefesto"? Escolhi, enfim, outro tema que o autor teria bem podido subordinar ao título, "o mito de Sísifo": o problema da tradução.

O estudo é uma rápida mas esclarecedora história do problema. E exposição das teorias da tradução, especialmente de Schleiermacher e de Ortega y Gasset. Desse modo, o autor tem o mérito de chamar a atenção para a profundidade do problema. Pois esta nem sempre foi percebida. Até agora, o assunto foi tratado, principalmente, de maneira prática, digamos utilitária: como é possível traduzir bem e como impedir que se façam e divulguem traduções deficientes ou até erradas. É muito importante isso. No entanto, a luta contra os tradutores ignorantes e inescrupulosos e seus editores afigura-se-me um pouco dom-quixotesca. Não promete sucesso o uso de armas literárias contra empresas comerciais. Mas também se pode duvidar do bom fundamento filosófico dessa oposição. Pois o critério da exatidão só vale para a tradução de prosa científica. Entre todas as traduções de Sófocles para a língua alemã, justamente a mais incorreta e até arbitrária, a de Hölderlin, é a mais autenticamente grega e sofocleana. O filósofo, estudando o problema, precisará de outros critérios. Evitará, porém, a atitude dogmática. Não construirá esquema nem sistema. Examinará, antes de tudo, o alcance e os limites do problema.

Encontrará, logo, a oposição daqueles que negam, apoditicamente, a possibilidade de traduzir. O próprio Croce declara que "formas" (e disto se trata em literatura) são intraduzíveis; a tradução nunca passaria de um comentário do texto supostamente traduzido.

Podemos imediatamente aceitar essas afirmações quando se trata de poesia hermética ou de prosa hermética, por exemplo, de escritos de um Heidegger: o leitor que ignora a língua dos originais não lê o que o poeta ou o que Heidegger escreveu, mas o que o tradutor entendeu; o que não é o mesmo. Seriam casos extremos? Não é dessa opinião o pensador que é, talvez, o maior conhecedor do assunto, e que já citei em outras oportunidades: Joachim Wach, em sua obra monumental *Das Verstehen. Grundzüge einer Geschichte der hermeneutischen Theorie* ("O entendimento. Linhas mestras de uma história da teoria hermenêutica", 3 vols., Tubingen, 1926/1933). Evidentemente, não é possível resumir aqui a obra. Das linhas mestras só posso esboçar a linha mestra. Esta começa com Dilthey, que, verificando a posição central do problema em todas as "ciências do Espírito", já estudou as origens do problema na teologia do protestantismo ortodoxo, de Flacius, Franz e Glossius. Lutero traduzira a Bíblia, única fonte-autoridade da fé dos protestantes. Do bom entendimento desse texto depende, para o protestante, a salvação da alma. Nenhum problema existe, portanto, para ele, mais importante do que este. Deve-se a Schleiermacher, no começo do século XX, a reforma liberal da hermenêutica protestante. Daí irradiou ela para outras ciências, a lingüística de Wilhelm von Humboldt, a historiografia de Boeckh, Ranke, Droysen, Sybel, a filologia clássica de Ritschl e Curtius. Mas o problema foi, depois, desprezado e esquecido pelos adeptos da especialização, "forma moderna de barbárie"(Ortega); e hoje é preciso relembrar o alcance do problema. É enorme. Ninguém ignora que precisam de hermenêutica, isto é, de critérios de entendimento exato de um pensamento alheio, o teólogo, o jurisconsulto e o historiador: para interpretar bem o texto sacro, os textos legais e os documentos encontrados nos arquivos. Precisam, igualmente, de princípios hermenêuticos o psicólogo, o auto-analista, o crítico literário, assim como o de música, o músico profissional que executa obras alheias, o autor que diz palavras alheias, enfim, o fenômeno é universal. Um caso especial dele é a tradução de um determinado texto para outra língua.

O caminho indicado por Dilthey para o estudo do problema é a meditação histórica. Por isso o velho filósofo saudou com entusiasmo, pouco antes de morrer, a obra de Gundolf sobre *Shakespeare e o Espírito Alemão*: é uma história da língua literária alemã, servindo como fio da exposição as traduções de Shakespeare, do século XVII até o século XIX. Existe, em todas as línguas, uma história literária "paralela": a das traduções. Em certas línguas, são traduções que fundaram a língua literária: veja-se o caso das traduções de Chukovski, do grego e do alemão, na Rússia. Se os comparatistas fossem um pouco mais inteligentes do que diligentes, as traduções fornecer-lhes-iam problemas mais importantes que os das supostas fontes. E a documentação é imensa, porque a arte de traduzir é ou parece ser uma das mais antigas.

Sancte Hieronyme, ora pro nobis, assim podem rezar os tradutores desde que Valéry Larbaud chamou de padroeiro deles o autor da Vulgata. Tradutores franceses têm o direito de invocar, também, o nome de Amyot, contemporâneo dos maravilhosos tradutores ingleses da época dos Tudor, justamente elogiados por T. S. Eliot. Mas o encanto dessas traduções reside, em boa parte, na linguagem arcaica. Já parecem, por sua vez, originais. Traduzir, no sentido em que hoje entendemos a palavra, parece uma arte moderna, e muito sujeita à ação do tempo. As grandes traduções do século XVIII já são, hoje, inutilizáveis. As traduções do século XIX envelhecem rapidamente. Numa tradução feita em determinada época descobrimos mais os traços característicos dessa época do que os do original: os poetas gregos traduzidos por Leconte de Lisle são parnasianos; o Eurípides de Gilbert Murray é um poeta vitoriano. Cheiram a adaptação. Convém observar que até o século XVIII os tradutores adaptaram inconsciente e ingenuamente, vestindo os originais de trajes da sua própria época. Os tradutores do século XVIII adaptaram conscientemente, porque sua civilização se lhes afigurava definitiva; é daquela época o hábito dos tradutores de peças dramáticas de afrancesar, aportuguesar, etc., os nomes próprios. O historicismo do século XIX, consciente das diferenças entre as épocas e as nações, baniu esse hábito de adaptar, no afã de conservar a atmosfera histórica e nacional dos originais. Mas o citado envelhecimento rápido das traduções do século XIX demonstra que esse cuidado dos historicistas não adianta: o colorido específico da época do tradutor substitui o dos originais. Uma tradução não pode deixar de ser adaptação. Por isso John MacFarlene ("Modes of Translation", in: *Durham University Journal*, 1953) volta a negar a possibilidade da tradução chamada "fiel". O sentido de uma palavra sempre se baseia em concreta situação lingüística. Nunca uma palavra é só informativa: também é sempre conotativo-simbólica, e esses símbolos são diferentes conforme as línguas. Não existem palavras equivalentes. "Sentido" e "Som" são inseparáveis. A modificação do som, pelo ato de traduzir para outra língua, também modifica o sentido. Ou, como formula Mario Fubini (in: *Rassegna della Letteratura Italiana*, 4, outubro de 1954): às traduções falta a tradição lingüística e literária do original. Quando se traduz para o inglês um troço alemão no qual, sem aspas, ocorrem palavras de Schiller que se tornaram proverbiais na Alemanha, o tradutor teria, para conseguir o mesmo efeito, de substituí-las por uma citação proverbial de Shakespeare ou Milton. Tradução é adaptação; é interpretação.

Traduzir, realmente, traduzir assim como exigem os censores das traduções, seria impossível. Mas essa impossibilidade é desmentida pelos fatos da história literária. Além das traduções antigas que são preciosidades e delícias, existem outras, de importância fundamental. A língua inglesa foi marcada para sempre pela *Authorized Version* da Bíblia. A língua alemã foi propriamente fundada e reformada pela Bíblia de Lutero e pelo Shakespeare de August Wilhelm Schlegel. Existe uma discrepância enorme entre aquela tese e a importância das traduções citadas. Essa importância não reside, porém, no valor das traduções. Os grandes romances russos do século XIX foram traduzidos para o francês, o alemão, o inglês, o espanhol da maneira mais lamentável: traduções grotescamente incorretas e barbaramente truncadas. No entanto, essas traduções renovaram a literatura universal, enquanto as traduções posteriores, mais exatas e conscienciosas, já não alcançaram a mesma repercussão: perdido, mais uma vez, o trabalho de Sísifo.

A contradição, aparente ou real, entre a importância e a impossibilidade da tradução é como um beco sem saída. A discussão do problema não o resolveu. Mas não teria dado resultado nenhum? "Às vezes se procura a Índia e se encontra a América". É uma experiência freqüente nas discussões filosóficas: em vez da solução procurada e inacessível, surge outro resultado. A discussão do problema tradutório é capaz de contribuir para solucionar o problema do valor literário. Usando a traduzibilidade como critério, podemos distinguir três grandes grupos de obras. O primeiro grupo, o mais alto, é o daquelas obras das quais até em traduções inexatas ou adaptações ilegitimamente livres fica um resto indestrutível e irresistível: Shakespeare, os grandes romances russos etc. O segundo grupo em valor é o das obras intraduzíveis: poesia mais ou menos hermética, prosa artística como a de um Thomas Browne etc.; a intraduzibilidade, que só permite parafraseála, não lhes diminui o valor, mas torna-o menos universal. O terceiro grupo é o das obras facilmente traduzíveis. Nem sempre é necessário traduzi-las.

Vestdijk

O Estado de S. Paulo, 25 jun. 60

Num artigo da revista norte-americana *Atlantic Monthly*, Adrian Veen chamou a literatura holandesa e flamenga (as duas línguas são idênticas) "secreta", porque ninguém a conhece; citou, entre outros, o nome de Simon Vestdijk, acrescentando: "Se um John Lehmann o tivesse editado em inglês, o nome desse batavo seria tão famoso como o de Joyce". É um exagero. No entanto, vale a pena familiarizar o público brasileiro com este e alguns outros "ilustres desconhecidos". O desconhecimento da literatura de um pequeno país, de língua pouco divulgada, não é argumento. Teimando em ignorá-la, teríamos o direito de lamentar o relativo desconhecimento da literatura brasileira na Europa?

E o país de Erasmo também é, em nosso tempo, o país de Huizinga. O país de Rembrandt e Vermeer van Delft também é o país de Van Gogh. Hoje, todo mundo conhece Mondrian e o movimento "De Stijl", e ao lado dessa grande arte plástica não existiria grande literatura? Existe. A única dificuldade em apresentá-la é o *embarras du choix*.

Num excelente artigo sobre o poeta flamengo Van Ostayen, meu amigo José Roberto Teixeira Leite teve a gentileza de lembrar um artigo meu sobre o grande romancista Multatuli, como raro exemplo de um estudo de literatura holandesa na imprensa brasileira. Evidentemente, escaparam-lhe os artigos em que tentei chamar a atenção para alguns modernos: o romancista trágico Van Schendel, o poeta Slauerhoff, autor de um romance dos mais estranhos, sobre Camões; o iconoclasta em estilo clássico Marnix Gijsen; o feroz existencialista W. F. Hermans. Quem mais? Com os poetas há as conhecidas dificuldades de tradução. Mas mereceriam estudo os prosadores flamengos Elsschot e Teirlinck; o escritor proletário Louis Boon; os interessantíssimos críticos literários Marsman, Ter Braak, Du Perron; e crítico também é o amigo deles, aquele Vestdijk, sobre o qual devo, há muito, o estudo prometido ao meu amigo Franklin de Oliveira.

Simon Vestdijk (pronuncia-se Vesdeik) nasceu em 1898 na cidade de Harlingen, ninho de pequenos-burgueses ferozmente puritanos. É médico. Ficou calado até a idade de 34 anos. Só então começou a escrever. E desde então produziu mais de 60 volumes, de todos os gêneros literários e sobre tudo o que há e não há entre o céu e a terra. Sabe tudo e sabe fazer tudo. Seu amigo, o crítico Ter Braak, chamou-o de *duivelskunstenaar* (artista diabólico). Sua produção é imensa; e continua. É poeta notável, de cunho fortemente intelectualístico. É grande contista. É grande crítico. Seu estudo sobre *Rilke como Poeta Barroco* (1939) é um dos trabalhos mais importantes, não só sobre Rilke, mas sobretudo sobre o barroco literário. Esse ensaio está agora incluído no volume *Lier en Lancet* (*Lira e Escalpelo*), em que também se destacam os estudos sobre Emily Dickinson, Joyce, Valéry, George, Kafka, os sonetos de Nerval. Há mais outros volumes: *De poolse ruiter*; *Zuiverende Kroniek*; *O Problema da Culpa em Dostoievski*. São análises agudíssimas, tentativas de "destruir o encanto dos poetas para revelar o encanto da poesia". Esse Vestdijk também é eminente crítico de música; agora mesmo anuncia um livro sobre Mahler. Mas em primeira linha ocupa-nos, aqui, o romancista.

Atenção: a produção imensa de Vestdjik é desigual (e o pouco que foi até agora traduzido, especialmente para o alemão, é inferior ao nível da Obra total). É justamente essa desigualdade que informa a construção do presente artigo. Vestdjik é, sim, um artista de capacidades diabólicas. Mas seria o elogio sem restrições o melhor processo para apresentar esse desconhecido? Prefiro o caminho contrário: as relativas fraquezas do autor, francamente admitidas, atestam-lhe o valor.

Het vijfde zegel, a única obra de Vestdjik que também os conservadores e os acadêmicos elogiaram, é espécie de biografia romanceada de El Greco. Com erudição imensa pintou o romancista um panorama completo da Espanha antiga: moldura do destino de um grandíssimo artista que sempre se supera porque sempre duvida de si próprio. É muito superior ao romance *L'enterrement du Comte d'Orgaz*, de Georges Bordonove, que agora mesmo está sendo bastante elogiado na França. Uma tradução do *Vijfde zegel* (*O Quinto Sigilo*) seria sucesso internacional. Infelizmente, o êxito dessa obra levou Vestdjik a escrever romances históricos, que se passam em diversas épocas, dos tempos pré-históricos até o século XIX. A erudição imensa do romancista sempre garante a fidelidade do quadro. Quase sempre está, de qualquer maneira, *engagé* o coração do autor: *Iersche nachten*, por exemplo, sobre a fome na Irlanda de 1847, é um grande romance social. No entanto, o gênero é falso. A inquietação febril com que Vestdjik percorre as épocas históricas é sinal da insegurança do próprio autor. Forte nos estudos filosóficos, o romancista alega como fundamento dessa (confessada) insegurança a dúvida filosófica quanto ao valor da vida, que levou esse ateu e anticristão irreverente a escrever romances de tema religioso. Em *Os Últimos Dias de Pilatos* verifica os ressentimentos eróticos e a falência da mensagem evangélica. Em *O Garçom e os Vivos*, romance de sabor dostoievskiano, compara a vida humana a viagem de ônibus para ponto final desconhecido. São obras de tensão febril que, por isso mesmo, não convencem. Vestdijk parece-se com seu Greco, que, por sua vez, se parece com Cézanne. O extremo nervosismo do romancista inspira dúvidas quanto às origens de sua luta com o mundo e consigo mesmo. Mas também a função de sua inteligência de escritor; este é seu instrumento para tornar conscientes os conflitos íntimos que se resolvem em sua literatura, que tem, para o escritor, função catártica. Daí a penetração implacável das suas análises críticas. Daí sua poligrafia errante. Daí a abundância de 60 volumes em pouco mais de 25 anos. Cada uma de suas obras é um aspecto da sua própria *case history* analítica. Assim como tantos outros escritores da nossa época, é Vestdijk fortemente influenciado por Freud. Mas é, entre eles, talvez o único que não se serve objetivamente da psicanálise: sua literatura é resultado de sua permanente auto-análise, que, como todas as análises, não acaba nunca. Vestdijk estava destinado a escrever um *roman-fleuve*.

Eis sua obra capital, da qual até agora estão publicados cinco volumes. O primeiro, *São Sebastião*, trata da meninice de Anton Wachter (que é *alter ego* do autor) até os quatro anos de idade. É o primeiro romance da literatura universal que se ocupa com essa fase da vida. É originalíssimo, concebido nos termos de uma lógica diferente da nossa, porque a criança aprende palavras ouvidas dos adultos, manejando-as com acepções diferentes e, às vezes, inventadas, como se fossem fórmulas mágicas. O segundo volume é *Surrogaten voor Murk Tuinstra*. Ainda nos ocuparão o terceiro, *Terug tot Ina Damman*, e o quarto, *Meneer Visser's hellevaart*. No ano passado saiu o quinto volume, *De beker van de min*, em que Anton Wachter começa a estudar na Universidade.

Como dar idéia dessa obra complexa? Superficialmente vista, é uma série de recordações à maneira de Proust, informada por mentalidade muito parecida com a de Joyce. Mas Vestdijk não dissolve os contornos nem a língua. Pode ser lido como se fosse narrador realístico, observador atentíssimo da vida cotidiana. Apenas a deforma e transfigura. A rotina que todos os homens conhecem torna-se misteriosa. Depois, esse mistério é "desencantado" pela análise. O resultado é, novamente, o encanto do desconhecido, assim como nas análises do crítico literário.

Os cinco volumes não foram publicados na mesma ordem em que foram escritos. Às vezes, parece mesmo como se a Obra inteira já estivesse escrita. Ninguém decifrará jamais os mistérios dessa cronologia, porque Vestdijk não permite essa invasão da sua intimidade. O primeiro volume, publicado em 1934, é o terceiro da série e, talvez, a melhor obra de Vestdijk: *Terug tot Ina Damman* (*Retorno a Ina Damman*). Nesse romance, Anton Wachter é um colegial adolescente, precoce e tímido. Já não acredita, como a criança de quatro anos em *São Sebastião*, na força mágica das palavras. A palavra é substituída, agora, pelo encanto de uma garota que ele vê todos os dias, no caminho da escola. Na verdade, essa Ina Damman era uma pequena boba e teimosa. Wachter-Vestdijk sabe isso agora, ao recordar-se, ao escrever o romance. Mas o amor e a timidez subsistem até hoje, e ainda inspiram as últimas palavras do livro: "...ficando fiel, para sempre, àquela que tinha perdido sem que jamais tivesse sido sua". É uma obra irresistível. Desde os dias de Guido Cavalcanti e Dante e do *dolce stil nuovo* são raros, são raríssimos os que descobrem uma nova modalidade da poesia erótica. Vestdijk conseguiu. *Terug tot Ina Damman* deveria ocupar na admiração da nossa época o lugar ilegitimamente ocupado por *Lolita*.

Hoje, Wachter-Vestdijk conhece melhor os motivos do encanto permanente de Ina. Embora continuando fiel a ela, liberou-se pelo mesmo processo analítico de desencanto que é o instrumento de sua crítica literária. E escreveu logo depois, em 1935, *Else Böhler*, a história das (suas) relações com uma criada alemã, ele já adulto, ela uma Ina adulta e vulgar. Esse romance ainda poderia ter, como epígrafe, o lema do *dolce stil nuovo*: "*Amor m' inspira...*". Mas é o amor a uma indigna; e na segunda parte do romance (estamos em 1935), o falso romantismo em torno de Else é desmascarado como um dos motivos de ressentimento da mais abjeta violência nazista.

Ina-Else é a mais bem-sucedida criação de Vestdijk. A mais complexa é Meneer Visser, em *Meneer Visser's hellevaart:* o pequeno-burguês que sonha em tornar-se o Robespierre de Lahringen; e pelo menos no sonho do seu monólogo interior consegue transformar em inferno fantástico sua cidade; o que na realidade também sucedeu.

Os romances de Anton Wachter passam-se na pequena cidade de Lahringen, fantasia transparente da pequena Harlingen em que Vestdijk nasceu. Que temos nós outros com esses pequeno-burgueses ferozmente puritanos e com esse menino perdido? Mas será que Dublin é mais interessante e mais universal que Harlingen? Ah, podemos repetir, se um John Lehmann o tivesse editado em inglês... O ambiente de Vestdijk não é o vasto mundo da língua inglesa. Mas não é menos digno da nossa atenção, quase eu teria dito: da nossa reverência. Vestdijk pertence a uma "geração de 98" holandesa, juntamente com seus amigos: o poeta e crítico Marsman que, fugindo da invasão nazista da Holanda, se afogou em 21 de maio de 1940 no mar da Holanda; o crítico Ter Braak que, ao saber dessa invasão, deu em 5 de maio de 1940 um tiro na cabeça; o crítico e romancista Du Perron que, ao saber daquela invasão, sucumbiu no mesmo 5 de maio de 1940 a um colapso cardíaco. Vinte anos depois, não podemos homenagear melhor a memória desses grandes intelectuais sacrificados do que homenageando-lhes o amigo.

Música do diabo e de Deus

O Estado de S. Paulo, 02 jul. 60

Neste ano em que no Brasil, assim como no mundo inteiro, se comemoram o sesquicentenário do nascimento de Chopin e Schumann e o centenário do nascimento de Hugo Wolf, seria injusto esquecer que há cem anos também nasceu Gustav Mahler. Lá fora não esqueceram, nem na Áustria, nem na Inglaterra e Holanda, nem, sobretudo, nos Estados Unidos, onde se fundou a Gustav Mahler Society of America, enquanto a Orquestra Filarmônica de Nova York já apresentou ao público um Festival Mahler, dirigido por Mitropoulos, Leonard Bernstein, Szell e Bruno Walter (outros Festivais Mahler foram organizados por Munch em Boston, Ormandy em Filadélfia, Reiner em Chicago). As deficiências da nossa vida musical não permitem seguir esse exemplo. Mas pode-se e deve-se lembrar a memória do mestre.

Gustav Mahler nasceu em 7 de julho de 1860 em Kalist, pequena cidade da Morávia, então Áustria, hoje Tchecoslováquia. Mas não é possível chamá-lo de tcheco. O ambiente da sua infância foi o mesmo que produziu seus conterrâneos Freud e Kafka: uma pequena comunidade judaica, em cidade de maioria eslava e minoria alemã: aderindo à civilização alemã embora esta os rejeitasse. Os filhos melhor dotados dessas comunidades foram cedo para Viena, a capital, onde se tornaram grandes intelectuais austríacos. Mas nunca esqueceram. As canções populares, marchas militares, ladainhas de aldeia e danças folclóricas da Morávia também vivem, inspirando-a, na música de Mahler, intelectual requintado, compositor pós-wagneriano: elementos discordantes, problemáticos, assim como foi problemático o homem Mahler. Assim como ainda hoje é "problemática", discutível e discutida, sua música.

Já vivem só poucos que o conheceram pessoalmente. Mahler é uma lenda. É a figura central da última grande época musical de Viena. De 1897 a 1907 dirigiu a Ópera Imperial, elevando-a a primeiro teatro lírico do mundo naqueles anos. O elenco de cantores que reuniu foi incomparável; e reuniu-os realmente, banindo rigorosamente a vaidade dos virtuoses da garganta e subordinando-os a um elaboradíssimo estilo de representação musical e cênica. As récitas cênicas das óperas de Mozart, do *Fidélio*, dos dramas musicais de Wagner (pela primeira vez sem corte nenhum) foram tão perfeitas que servem até hoje de modelo. Foram resultados de cinqüenta, de cem, de inúmeros ensaios que inspiraram aos cantores e aos músicos de orquestra uma rancorosa hostilidade contra esse fanático do trabalho que Mahler foi, implacável contra os outros e implacável contra si próprio; enfim, matou-o a doença do coração fatigado. A esse preço foi Mahler o maior, talvez, de todos os regentes de orquestra. Por fora, seu comportamento burlesco, os gestos exagerados e as caretas do homem faziam rir; lembrava o Kapellmeister Kreisler, o personagem de músico genial e louco que E. T. A. Hoffmann inventara. Mas ninguém desconhecia, enfim, nesse homenzinho magro e meio cômico, o grande mágico que sabia, como nenhum outro regente, decifrar os segredos encerrados nas sutilíssimas e complicadíssimas partituras de *Don Giovanni* e *Tristão e Isolda*. Toda essa arte de interpretação musical está perdida para sempre, porque naquele tempo a técnica fonográfica ainda não era capaz de fixá-la. Quem sabe se Mahler seria, hoje, tão endeusado como em sua época? Foi um regente romântico-subjetivo, um autêntico beethoveniano; o que hoje já passou da moda. A mesma dúvida também se refere às obras originais do compositor. Mas estas, ao contrário daquele subjetivismo de interpretação, estão hoje alcançando sucesso inesperado, internacional.

    Depois da morte de Mahler, suas obras foram, durante muitos anos, executadas quase só na Áustria e na Holanda, graças aos esforços dos seus discípulos Bruno Walter e Willem Mengelberg. O nazismo quis fazer esquecer, também nesses países, o compositor judeu. Hoje, as estatísticas da revista *Musical America* demonstram que Mahler é, em todos os países dotados de organizada vida musical, um dos compositores mais ouvidos. Suas obras ocupam lugar firme no repertório histórico dos concertos de orquestra, logo depois de Beethoven, Brahms e Bruckner. Mas justamente essa recepção de Mahler pelo repertório histórico parece afastá-lo das preocupações e dos anseios da música de hoje.

    Realmente, o compositor Mahler, embora tendo passado pela escola de Wagner e Bruckner, foi um último beethoveniano: pela forma musical e pela emoção romântica. O crítico moderno, não só o "moderno", tem o direito de perguntar se essa música "tardia" (como diria Spengler) sobreviverá. E, para não ser injusto, começará com a tentativa de determinar a posição de Mahler na evolução histórica. É assunto dos mais complexos.

Brahms, que ainda chegou a ouvir as primeiras obras de Mahler, rejeitou-as com sua habitual severidade. No entanto, analistas modernos não deixam de descobrir a influência brahmsiana em todas as obras de Mahler, inclusive nas últimas. É esse elemento clássico-vienense que contribuiu para perturbar, em Mahler, a influência preponderante de Wagner e Bruckner. O resultado foi aquilo que se costuma chamar de "crise pós-wagneriana" de 1900, a mesma na qual também se debatia um Reger. E da qual só se saiu pelo caminho de Debussy e Ravel.

É certo que Mahler não conseguiu superar, musicalmente, essa crise. Mas superou-a espiritualmente. Por isso chegou a exercer influência considerável na música vienense moderna, especialmente em Alban Berg. É fato conhecido a grande admiração de Schoenberg por Mahler. Um schoenbergiano como Krenek podia terminar, congenialmente, a inacabada *X Sinfonia*. Nesse sentido pertence Mahler à época revolucionária da Viena de 1905 e 1910, quando nessa cidade eram contemporâneos Schoenberg, Kokoschka, Freud, o neopositivista Ludwig Wittgenstein e o professor Masaryk, profeta da renascença dos povos eslavos; nessa época na qual o jovem Hitler errava pelas ruas da cidade, enquanto um certo Trotski passava os dias e as noites no Café Central, jogando xadrez e esperando sua hora. Foi um mundo em movimento. E Mahler foi um dos protagonistas desse movimento, embora só o dominasse com a batuta na mão; no resto, um homem sofredor, um judeu que quis ser alemão, um intelectual que quis ser povo, um doente que procurava febrilmente a vida, um cético que ansiava pela fé.

Todas essas contradições violentas estão reunidas, superadas, transfiguradas na *Canção da Terra* (prefiro, aliás, traduzir *Lied von der Erde* por "Cântico da Terra"). É sua obra capital, indiscutida, talvez a mais comovente e certamente a mais emocionada que neste século se escreveu. E o resto? De primeira ordem também são os *lieds* em estilo deliberadamente popular, quase folclórico, embora com complicadíssimo acompanhamento orquestral: *Lieder eines fahrenden Gesellen, Lieder aus des Knaben Wunderhorn, Kindertotenlieder*. Depois, as duas grandes sinfonias em que Mahler resolveu, em momentos decisivos, incluir *lieder* assim: a *II* e a *IV Sinfonia*. Estas as obras que se mantêm firmes no repertório. As outras são desiguais, embora em quase todas elas se encontrem trechos de alta categoria: o inesgotável *adagietto* da *V Sinfonia*: o *finale* da *VI Sinfonia*; o primeiro movimento da

VII Sinfonia; o primeiro movimento da *IX Sinfonia*. É uma pena que sejam raramente ouvidos. Já não podemos igualmente admirar aquela obra, das últimas, que foi seu único grande sucesso, como compositor, em vida: a enorme *VIII Sinfonia*, composição colossal do hino *Veni, creator spiritus* e da última cena de *Fausto*, para vários coros e uma complicadíssima orquestra de mil figuras. É o drama espiritual de Mahler posto em música. Mas a orquestração exorbitante, quase sensacionalista, inspira dúvidas: a ambição foi maior que a capacidade criadora. A música de Mahler talvez seja a mais fortemente emocional que jamais se escreveu, embora não se tratasse de emoções eróticas, e sim de paixão demoníaco-sacral. Quem pretende intimamente compreender essa música tem de aceitar o emocionalismo, tem de vivê-lo assim como o viveu Mahler, cuja profunda sinceridade está provada pela maneira por que sacrificou a vida à arte: a doença do coração só o matou pelo exagero de trabalho.

Sem dúvida, esse emocionalismo super-romântico não é, em nenhum sentido da palavra, moderno: nem é da moda nem é da nossa época. A música de Mahler é "impura". É, fatalmente, suspeita às gerações novas, ocupadas e preocupadas com novas experiências técnicas. Mas quem sabe se estas não parecerão, daqui em alguns anos, tão pouco modernas como hoje nos parecem os experimentos técnicos de Mahler? Mas, então, as experiências técnicas de hoje estarão realmente superadas por outras, enquanto a música de Mahler (ou grande parte dela) tem melhores chances de sobreviver: porque a significação dessa música não é técnica, mas profundamente existencial.

Já abusaram muito dessa palavra "existencial", mas na tentativa de definir a música de Mahler é difícil evitá-la: a dúvida torturante e a certeza de ressurreição gloriosa, a rebelião titânica e a penitência contrita, as danças frenéticas e a angústia da morte, tudo isso entrou nessa música, cheia de dissonâncias gritantes, de tristeza desesperada, de desordem caótica; mas, nos melhores momentos, respondem à confissão do coração que se sente condenado, às vozes infantis de anjos, à representação musical de uma luz que lembra paraísos perdidos e talvez nem para sempre perdidos.

Certos aspectos da personalidade humana e artística de Mahler inspiraram a grande criação de Thomas Mann, o compositor Adrian Leverkühn, que vendeu a alma ao demônio e pagou o preço da loucura. Mas a semelhança pára aqui. Gustav Mahler fez seu pacto não com o demônio, mas com Deus. Também teve de pagar o preço. A vida estava perdida. Mas a alta arte estava salva e a alma redimida.

O estilo de Gilberto Freyre

O Estado de S. Paulo, 06 ago. 60

A página está gravada na minha memória por motivos pessoais. Foi em 1940. Em São Paulo. Circunstâncias mui especiais, parecidas com o enredo de um romance pessimamente inventado, me levaram a estas paragens. Vivi, naqueles dias, sem vontade de viver e sem esperança. Aprendi o português só por meio de leitura, porque o assunto "Brasil" começou a interessar-me muito. Cheguei a vender alguns poucos livros trazidos da Europa para comprar outros, num sebo da rua Benjamin Constant. Ali descobri Machado de Assis. Ali descobri *Sobrados e Mucambos*, então vol. 64 da *Brasiliana*. E ali descobri uma página que me fascinou por muitos motivos, inclusive pelo exemplo do europeu que sucumbe no Brasil a forças invencíveis de uma vida nova em terra nova. Hoje, releio aquela página com olhos de quem dá graças por não ter sucumbido, dando graças à inteligência brasileira.

É a página 570 do volume II da 2ª edição, no capítulo "O Brasileiro e o Europeu". Fala-se, ali, do clima que favorece a ação da malária e da febre amarela contra o europeu imigrado. E Gilberto Freyre continua:

"Houve mesmo nativistas que se regozijaram com a ação violentamente anti-européia da febre amarela. Febre terrível que, poupando o nativo, não perdoava o estrangeiro. Principalmente o louro, de olhos azuis, sardas pelo rosto. — Mas o estrangeiro louro insistiu em firmar-se em terra tão sua inimiga com um heroísmo que ainda não foi celebrado. Só visitando hoje alguns dos velhos cemitérios protestantes no Brasil — o do Recife, ou o de Salvador, ou o do Rio de Janeiro — que datam dos princípios do século XIX, e vendo quanta vítima da febre amarela apodrece por esses chãos úmidos e cheios de tapuru, debaixo de palmeiras gordas, tropicalmente triunfantes sobre o invasor nórdico, faz alguém idéia exata da tenacidade com que o inglês, para conquistar o mercado brasileiro e firmar nova zona de influência para o seu imperialismo, se expôs a morrer de febre tão má nesta parte dos trópicos. As inscrições se sucedem numa monotonia melancólica: "James Adcock — architect of civil engineer who after nearly three years of residence died here of yellow fever in the 39th year of his age"; "in memory of Robert Short — fifth son of William Short of Harrogate — died of yellow fever — aged 19 years"; "in loving memory of my beloved husband Ernest Renge Williams, who died of yellow fever — aged 26..."

A fascinação dessa página reside, creio, na grandiosa metáfora das palmeiras tropicalmente triunfantes sobre o invasor morto. E a luz desse triunfo é a sombra do velho cemitério. É uma página de grande prosa.

O efeito estético produzido por aquela metáfora é reflexo de um fato estilístico. Mas esse fato não nos autoriza a chamar Gilberto Freyre de "estilista", na acepção antiga do termo. Um "estilista" teria, ao falar dos velhos cemitérios protestantes no Brasil, citado as inscrições, tão eloquentes pela simplicidade, para colocar no fim da página a metáfora das palmeiras "tropicalmente triunfantes": uma "chave de ouro", digna de encerrar um soneto parnasiano. Não o quis assim Gilberto Freyre: começa com a narração dos fatos; explica-os pelo expansionismo comercial dos ingleses; e cita, como documentação, as inscrições funerárias. A metáfora das palmeiras fica colocada no meio da página, como para escondê-la. Gilberto Freyre, inimigo figadal do ponto de exclamação, também tem *l'horreur des grands mots*. Seu estilo é essencialmente anti-retórico. É o estilo de um sociólogo e historiador, colecionando e interpretando fatos. Para alcançar efeito estético, não precisa de "chaves de ouro", antes as evita cuidadosamente. Não é "estilista". Não é orador. É escritor.

Uma página já basta para demonstrar isso, mas não basta para fornecer os elementos todos da discussão. Não pretendo *presser les faits*. A análise estilística encontra seus limites na significação total das grandes estruturas, se não se quer cair em simbologias arbitrárias. Mas a página 570 de *Sobrados e Mucambos* basta para estudar e verificar a qualidade literária específica do estilo de Gilberto Freyre.

Na minha *Pequena Bibliografia Crítica da Literatura Brasileira* coloquei Gilberto Freyre no meio do capítulo "Movimento do Nordeste", entre José Américo de Almeida e Jorge de Lima, aos quais não se nega a prioridade cronológica, e, por outro lado, José Lins do Rego, em cujo Ciclo da Cana-de-Açúcar já é evidente a influência do amigo. Assim está Gilberto Freyre, o sociólogo, colocado na história da literatura brasileira. Como não? Se *Casa-Grande & Senzala* e *Sobrados e Mucambos* não tivessem a densidade científica que têm, que seriam senão o poema épico, em prosa, do Nordeste patriarcal e rural? A resposta afirmativa baseia-se em páginas como aquela sobre os ingleses vítimas da febre amarela, no chão úmido dos velhos cemitérios protestantes do Brasil, à sombra de palmeiras gordas, tropicalmente triunfantes. A documentação verificável de fatos da história econômica e da história da saúde pública, transformada em condensação de tantas vidas e mortes: James Adcock, Robert Short (*"aged 19 years"*) e aquele *"beloved husband"* Ernest Renge

Williams, "*aged 26* ...". As reticências são de Gilberto Freyre, que, no espírito, viveu e morreu com aqueles ingleses e com os milhares de outros personagens de sua Obra, que é como uma epopéia baseada em fatos verdadeiros, assim como todas as epopéias.

"Baseada em fatos verdadeiros". Gilberto Freyre não inventou as vidas e mortes de James Adcock, Robert Short e Ernest Renge Williams. Procurando a qualidade essencial do estilo gilbertiano, tenho de enfrentar o problema das relações entre a Arte e a Ciência em sua Obra.

Dir-se-á que o estudo sóbrio dos fatos e a apresentação deles através de um temperamento artístico não se excluem. Gibbon é dos maiores artistas da prosa inglesa; sua obra ainda guarda, apesar dos progressos da historiografia nos últimos 150 anos, todo o valor científico, pela coordenação e interpretação dos documentos usados, elementos nos quais entram, justamente, a intuição e o "tato" do artista. Existe uma interdependência entre os fatores científico e artístico, que não posso descrever melhor do que com palavras do eminente historiador inglês George Macaulay Trevelyan, no ensaio "History and Literature" (in: *History*, n.s., IX, 1924, pág. 91): "*Thuth is the criterion of historical study, but its impelling motive is poetic. Its poetry consists in its being true*". Acredito que essas equações definem a beleza científica e a verdade artística da obra de Gilberto Freyre.

Basta percorrer, nesta obra, as inúmeras notas ao pé das páginas e no fim dos capítulos para verificar que o critério do seu trabalho é *truth*: a verdade, enquanto os processos do espírito humano são capazes de revelá-la em sua totalidade. Pois a revelação total da verdade histórica é impossível. Nunca houve historiador ao qual não se censurasse uso incompleto (ou até deliberadamente incompleto) da documentação acessível; exemplo muito conhecido é o das *Origines de la France contemporaine*, de Taine. Ninguém censurará o sr. Gilberto Freyre por ter escolhido os nomes de James Adcock, Robert Short e Ernest Renge Williams, tendo silenciado os nomes dos muitos ingleses que sobreviveram aos ataques de febre amarela. Mas já lhe quiseram descobrir saudades passadistas, glorificação injustificada do passado rural-patriarcal. Não me parece necessário rebater essa objeção. Ninguém escreve a história daquilo que odeia. Estuda-se o passado irreversível daquilo que se lamenta. O motivo de Gilberto Freyre foi o amor ao passado rural e patriarcal do Brasil. Mas esse amor é tão isento de paixão que também compreende os inimigos daquele passado, os ingleses desejosos de "conquistar o mercado brasileiro" e, com isso mesmo, minando as bases daquela estrutura social. O historiador chega a lamentar o fato de que "o heroísmo (daqueles ingleses) ainda não foi celebrado". É uma observação-chave. Rilke teria gostado do verbo: o autor das *Elegias de Duíno* que reconheceu no "celebrar" a tarefa própria do poeta. O *impelling motive* da historiografia gilbertiana é *poetic;* apenas, sua *"poetry consists in its being true"*. James Adcock, Robert Short e Ernest Renge Williams tinham de morrer na verdade para Gilberto Freyre celebrá-los na elegia.

A qualidade elegíaca parece-me a *faculté-maitresse* da *poetry* de Gilberto Freyre: sua obra inteira é uma elegia sobre o que foi o Brasil rural e patriarcal. Elegia que brota do chão úmido de abundâncias triunfalmente tropicais.

Essa relação entre o estudo da sociedade nos trópicos e a elegia sobre sua tumba revela-se numa modalidade curiosa do estilo gilbertiano, verificável naquela mesma página 570 de *Sobrados e Mucambos*.

"Houve mesmo nativistas que se regozijaram com a ação violentamente anti-européia da febre amarela. Febre terrível que, poupando o nativo, não perdoava o estrangeiro. Principalmente o louro", etc., etc. Agora, esquematizamos: "... com a ação... da febre amarela. Febre terrível que... não perdoava o estrangeiro. Principalmente o louro ...". A segunda frase retoma o termo "febre amarela" (da primeira), começando com ele; termina com "o estrangeiro" que, desta vez substituído pelo quase-sinônimo "o louro", inicia a terceira frase e assim em diante. É uma feição característica do estilo de Gilberto Freyre essa concatenação das frases pela retomada do termo decisivo de uma frase no começo da frase seguinte, etc. É processo comparável à *anadíplosis*, ou então ao *epánodos* da retórica antiga. Milhares de exemplos desse processo estilístico encontram-se nos livros de Gilberto Freyre; e, também, em livros e artigos de verdadeiros e de falsos discípulos seus que o imitam sem compreender o *impelling motive* de escrever assim. Pois o que importa não é a reiteração. O que importa é que na frase seguinte, começando com o termo significativo da frase precedente, falta o verbo.

Os nativistas regozijaram-se com a ação da febre amarela... Com "febre amarela" começou a frase seguinte, particularizando aquela "ação", sem que se precisasse de verbo. Ação que não perdoava o estrangeiro; e com seu sinônimo, "o louro", começou a frase seguinte, descrevendo esse louro, sem que, outra vez, se precisasse de verbo. Pois o "regozijaram-se" bastava para dar o impulso necessário a toda essa seqüência de frases; e ainda haverá um último eco do "regozijaram" na atitude "tropicalmente triunfante" das "palmeiras gordas", até a energia daquele verbo se esgotar lentamente nas inscrições elegíacas do cemitério dos ingleses no Recife.

Eis a relação entre a elegia e a energia no estilo de Gilberto Freyre. É seu processo de pôr em movimento a epopéia daqueles ingleses semi-anônimos e dos mil outros personagens anônimos, epopéia escrita por um adepto da sociologia histórica. Os "heróis" da sociologia histórica não são os da historiografia comum. Os conselheiros e ministros, os generais e presidentes de província do Brasil imperial não aparecem, na obra gilbertiana, em suas fardas à moda européia. O sociólogo os conhece na intimidade da casa-grande ou do sobrado e na intimidade maior do contato sexual com as escravas. E tão importantes como os marqueses, viscondes e barões lhe parecem os anunciantes nos jornais do Recife e os mortos do cemitério inglês. E do seu método científico de colecionar e coordenar os fatos miúdos da vida cotidiana surge uma estranha poesia, como de amarelados álbuns de família. Não falta, nessa poesia, o humorismo das barbas fantásticas da época e dos gordos *culs de Paris,* nem o romantismo febril dos estudantes, nem a sujeira das doenças de pele, nem a sombra das palmeiras, nem o murmúrio das águas e, afinal, o Capibaribe leva tudo, purificando-o, para o oceano...

P. S. — O presente artigo é parte, abreviada e reescrita, de um estudo que integrará o volume *Gilberto Freyre: Sua Ciência, Sua Filosofia, Sua Arte*, organizado pelo professor Gonçalves Fernandes.

O homem forte e o homem fraco

O Estado de S. Paulo, 20 ago. 60

A escassez de traduções no Brasil de importantes obras literárias estrangeiras obriga-nos a prestar maior atenção às traduções que se publicam em Portugal. Sempre nos chegam com atraso, mas chegam enfim. Uma delas — embora saída há anos — só agora aparece em nossas livrarias; e recomendo a todos a leitura do romance *O Homem é Forte,* do italiano Corrado Alvaro (que morreu em 1956, com 61 anos de idade), traduzido por Oliva Guerra e publicado na Coleção Contemporâneos. Permito-me resumir o enredo. Depois de uma ausência de 15 anos, o engenheiro Dale volta para sua pátria, onde impera um regime totalitário: espera encontrar um ideal pelo qual valha a pena viver, e Bárbara, a querida da sua mocidade. Encontra, pelo menos, ela. Mas em breve percebem que são vigiados por espiões, traidores, policiais. Dale, que ainda acredita em Justiça, pretende demonstrar sua inocência. Fala demais. Começa a mentir. Chega a acreditar-se culpado de atos subversivos. A própria Bárbara denuncia-o à polícia, que prefere, porém, aguardar uma prova evidente; e Dale fornece essa prova, matando o funcionário que não lhe quis revelar os motivos da acusação mantida sigilosa.

Esse enredo lembraria imediatamente *O Processo*, de Kafka, se não fossem os elementos políticos. Estes, por sua vez, lembram *1984*, de Orwell, e muito: nesse famoso romance antiutópico e antitotalitário também encontramos o amor de Winston e Julia, no meio da opressão totalitária, e a traição dos amantes. É coincidência demais. *L'Uomo è Forte* foi publicado em 1938. E *1984* foi publicado em 1947. Será que Orwell explorou ou plagiou o romance de Alvaro? Seria uma conclusão precipitada.

No seu livro *Heretics and Renegades*, Isaac Deutscher chamou a atenção para o romance *Nós*, que o escritor russo Eugeni Ivanovitch Zamiatin (1884-1939) escreveu em 1920, mas que foi só publicado em 1924 no estrangeiro, quando o autor já estava exilado. Pois o enredo de *Nós* é quase exatamente o mesmo de *1984*. E há mais: Orwell tinha lido esse romance russo. No número de 4 de janeiro de 1946 do semanário socialista *Tribune* — no tempo em que já estava escrevendo *1984* — Orwell publicou um artigo elogioso sobre *Nós*, que conheceu em tradução francesa; enquanto não se sabe se tinha lido o romance de Alvaro. Mas a relação indiscutível entre *Nós* e *1984* não diz nada sobre o problema da originalidade. Pois é Corrado Alvaro tão original?

Em certo sentido, é; em outro sentido, Alvaro é tão pouco original como Orwell. Não sei se tinha lido *Nós*; em todo caso, não há em *L'Uomo è Forte* nada da problemática especificamente russa nem da atmosfera dostoievskiana do romance de Zamiatin. Em vez disso, Alvaro é discípulo atento de Kafka, cujas obras já conhecia bem em 1938. No entanto, não imitou simplesmente *O Processo*. Antes se diria o contrário, pois o espírito de *L'Uomo è Forte* é quase antikafkiano. Alvaro parece querer rebater a tese de que o homem é uma vítima culpada. Para saber como um kafkiano autêntico trataria o mesmo tema, convém ler uma peça do autor sueco Stig Dagerman, que em 1954, com apenas 31 anos de idade, se suicidou. Seus romances já foram traduzidos para o francês. Não está traduzida para outras línguas a peça teatral *Den dödsdömde* (*O Condenado*), que é de 1947 (do mesmo ano de *1984*): um homem foi preso, acusado de um crime que não cometeu; é condenado à morte, mas indultado e solto pouco antes da execução; já não consegue, porém, orientar-se na vida em liberdade; e comete agora realmente o crime pelo qual o condenaram injustamente. Nessa obra de Dagerman, o elemento decisivo é a fraqueza humana. Em Alvaro, porém — "o homem é forte", reza o título — o homem é forte porque pode, se quiser, cometer o crime de que o acusaram; guarda a liberdade de decidir do seu destino. É um motivo sartriano; mas em 1938, ano do romance de Alvaro, Sartre ainda era um desconhecido.

O elemento comum nas obras de Orwell, Alvaro e Dagerman só é, portanto, o enredo nu e cru. Não há plágio nenhum. Também na relação entre *Nós* e *1984*, que Deutscher provou, só há desenvolvimento de um mesmo tema em circunstâncias diferentes e em espírito diferente. O enredo, a antiutopia antitotalitária, estava no ar. Esse enredo, esse tema pode ser tratado como reportagem e pode ser tratado como pesadelo apocalíptico. Mas nem esta nem aquela forma é pura. O artista não é um mero repórter nem é um sonhador, profético ou não. O artista, para falar com Corrado Alvaro, é forte. Eis o critério para examinar o autor e sua obra, nos casos diferentes de Alvaro e Orwell.

A tradução portuguesa do romance de Alvaro, *O Homem è Forte*, foi publicada na Coleção Contemporâneos, fundada por Antonio Ferro, o conhecido propagandista "ideológico" do regime Salazar. Isto parece indicar, com absoluta certeza, que a tendência antitotalitária da obra é unilateralmente anticomunista; digamos melhor, fascista. Mas na verdade não está tão claro o caso. O original foi publicado na Itália em 1938, isto é, sob a censura mussoliniana. A permissão de publicá-lo demonstra que as autoridades de então entenderam o romance como dirigido contra o regime soviético. Com efeito, Corrado Alvaro estava, então, de volta de uma longa viagem à Rússia. No entanto a censura fascista achou por bem eliminar no manuscrito, antes da publicação, algumas linhas. Pois Alvaro demorara-se, na viagem de volta, na Alemanha; e os censores acreditavam perceber, naquelas linhas, alusões menos amistosas ao regime nazista. O que não perceberam, com a proverbial burrice dos censores em todos os regimes, foi o fato de que o romance inteiro se podia ler, igualmente, como sátira cruel contra o regime soviético e como sátira cruel contra o regime fascista italiano; nem parecem ter percebido isso os censores portugueses que examinaram, depois, a tradução. A verdade é que Corrado Alvaro sempre foi antifascista. Quem o conhecia de perto, durante os 20 anos do regime, nunca duvidou dessas suas convicções. Mas também é verdade que Alvaro não emigrou nem arriscou, na Itália, atitudes oposicionistas (enquanto isso teria sido possível). No seu diário *Quasi una Vita*, publicado em 1951, quando em regime de liberdade reconquistada, Alvaro poderia enfeitar um pouco o passado; declarou, no entanto, de maneira quase desconcertante: "*La mia non è una biografia exemplar; come tutti i miei contemporanei, ho cercato di trarre a salvamento fisico e morale attraverso un'epoca che tutti conosciamo*". Corrado Alvaro foi grande escritor. Foi o representante principal do chamado "realismo mágico" na Itália. Seu volume de contos *Gente in Aspromonte* já é uma obra clássica da literatura italiana. Mas não sentia vocação de herói. Como disse Sieyès depois das tempestades da Revolução francesa, assim podia dizer Alvaro depois da época fascista: "Sobrevivi". Não quer enfeitar ou embelezar o fato. Não é moralista. É artista. Sua insinceridade, depois sinceramente confessada, tornou (deliberadamente) ambíguo aquele romance, que os censores interpretaram em sentido anticomunista e os leitores italianos em sentido antifascista. E bem se sabe que essa ambigüidade (Philip Wheelwright prefere falar em *plurisignation*, que é realmente termo melhor) é uma das condições (embora só uma entre outras) do valor artístico de certas (nem todas) manifestações poéticas.

A condição exterior, correspondente à ambigüidade íntima, foi esta: Alvaro escreveu e publicou sob a pressão do Estado totalitário. Mas foi totalmente diversa a situação de Orwell: escreveu em plena liberdade, na Inglaterra democrática. Nada o impediria de atacar diretamente o comunismo e a futura possibilidade de um regime comunista na Inglaterra. No entanto, Orwell não falou de maneira tão direta; e, no seu caso, certamente não foi por cautela ou por insinceridade. A verdade é que *1984* é uma descrição deliberadamente exagerada da situação inglesa de 1944, quando a guerra obrigou o governo democrático a impor ao país certas medidas de censura e controle; e o destinatário direto da sátira de Orwell não é o fascismo nem o comunismo, mas o Partido Trabalhista do qual o escritor tinha saído. Até agora, os biógrafos de Orwell, embora sem silenciar esses fatos, não os focalizaram bastante. Raymond Williams, em seu livro *Culture and Society* (Nova York, 1959), é mais franco. Orwell, diz, foi um exilado dentro da hierarquia da sociedade inglesa. Foi um socialista educado na aristocrática *public school* de Eton; um *outsider*, colocando-se fora desta e daquela classe. Como todos os *outsiders*, foi bom observador: isto é, habilitado para ser um grande repórter. E durante muito tempo seus livros foram os de um repórter, dotado de altas qualidades literárias. O que lhe prejudicou, mais tarde, o talento de observação penetrante foi a doença. Certos críticos de *1984* acreditavam ler o livro de um homem gravemente histérico. Mas não é preciso aceitar esse diagnóstico para explicar o tom da obra. Basta, para tanto, a doença física à qual Orwell sucumbiu tão cedo. Ele próprio disse, pouco antes de morrer, sobre seu livro: *"It wouldn't have been so gloomy, if I hadn't been so ill"*. Foi a doença que o fez apocalíptico: perdeu a capacidade de escrever, outra vez, uma sátira tão swiftiana como *Animal Farm*. O repórter virou sonhador. Já ex-artista, escreveu aquilo que um crítico americano chamou de *"political horror comic"*. Quis escrever uma advertência, para provocar a resistência dos ameaçados contra o totalitarismo. Mas sua angústia apocalíptica, para não dizer: medo pânico, sufocou a vontade de resistir, pelo menos nele próprio. Eis a fraqueza, que se reflete nas qualidades literárias de *1984*, inferiores às de suas obras precedentes, mas também no sentido objetivo do romance: a profecia do estabelecimento de um regime totalitário na Inglaterra não se realizou até hoje, nem parece que em 1984 estará realizada; mas a denúncia antitotalitária de Corrado Alvaro, ambígua como é, aplica-se a todos os regimes totalitários do passado, do presente e *(hélas!)* do futuro. *O Homem é Forte* é obra de um homem forte, embora na vida fosse fraco. *1984* foi obra de um homem fraco.

É problema dos mais difíceis o valor literário de obras literárias de tendência extraliterária. O valor permanente parece-lhes melhor garantido quando são "plurissignificativos", isto é, quando épocas diferentes, países diferentes, temperamentos diferentes os podem entender de maneiras diferentes. Assim, o próprio Dante escondeu atrás de alegorias "plurissignificativas" o sentido de sua utopia política. As antiutopias do nosso tempo são permanentes quando, em vez de exprimir a angústia do homem fraco, simbolizam a liberdade do homem forte, seja mesmo em cadeias. Poderiam servir-lhes, então, de epígrafe os versos que Wordsworth dedicou ao libertador do Haiti, ao preto Toussaint L'Overture, apodrecendo na prisão francesa — versos que para sempre se me gravaram na memória, porque lhes experimentei o sentido, e que desejaria gravados na memória de todos:

> *"There's not a breathing of the common wind*
> *That will forget thee; thou hast great allies;*
> *Thy friends are exultations, agonies,*
> *And love, and man's unconquerable mind".*

A verdade sobre Maugham

O Estado de S. Paulo, 10 set. 60

William Somerset Maugham passa o octogésimo sexto ano da vida em sua vila em Antibes, bebendo martíni e olhando as ondas azuis do Mediterrâneo. Velho, rico e sozinho no mundo, já não precisa nem pretende escrever contos. Declarou-o mesmo. Mas uma ou outra vez é difícil resistir à tentação, quando uma revista americana lhe oferece 10 mil dólares por uma *short-story* de página e meia. E então ressurge, infalivelmente, a fúria dos críticos, denunciando-o por ter traído a arte e chamando-o de subliterato. Um escriba superficial, dizem, bajulando o gosto do público. O público, por sua vez, adora Maugham. É um dos escritores mais lidos — senão o mais lido — do século XX. Explica-se esse fato pela grande habilidade técnica do autor, que se confessa discípulo de Maupassant e outros contistas franceses.

Até aqui tudo está claro. Ou parece claro. Maugham, embora escritor de segunda categoria, é técnico de primeira. Quando jovem, era um ignorante em matéria literária que nem sequer sabia escrever direito a língua inglesa. Durante muitos anos de pobreza humilhante e de lutas sem esperança estudou pacientemente, copiando e decorando trechos de autores famosos, adquirindo cultura considerável e aquela habilidade técnica que, enfim, lhe conquistaram incomparável sucesso internacional. O próprio Maugham contou tudo isso nas notas autobiográficas do *Summing Up*, com sinceridade desconcertante, mas sem tocar no fundo do problema. Pois problema há, embora o desconheçam os críticos que chamam superficial o contista: um cínico que só acredita nos péssimos motivos dos atos humanos, um pessimista que evita como o diabo o *happy end*, esse escritor infenso a todos os desejos íntimos do grande público, conquista o grande público e o sucesso material indiscutido. É um problema.

A crítica (com e talvez única exceção de Desmond MacCarthy) não percebeu a existência desse problema. Preferiu perseguir o autor de livros de tão grande tiragem, vingando os contistas sofisticados, os adeptos da maneira "atmosférica" que agradam menos ao grande público. Acredito que Maugham seria perfeitamente capaz de escrever contos "atmosféricos", sem enredo e sem *pointe*, se quisesse. Seu conto "The Human Element" é paródia irresponsável dos mansfieldianos. Mas a técnica mansfieldiana não lhe permitiria manifestar aquelas suas convicções profundas com respeito à natureza humana. Digamos, resumindo-as: o homem não é assim como gostaria de ser, ou como gostaria de ser apreciado pelos seus próximos; e as teorias de elevada conduta moral são pretextos de hipócritas para comportar-se de maneira justamente contrária.

Maugham expôs essa sua "filosofia" o mais claramente em certos contos, digamos, didáticos, que não passam de farsas alegres: "Appearance and Reality", "The Poet", "The Voice of the Turtle". São menos conhecidos porque chocam diretamente o público sem emocioná-lo. Mas Maugham consegue emocionar quando responsabiliza pelo fracasso da moral convencional a fraqueza humana. É o caso do ministro protestante que, torturando uma prostituta para convertê-la, enfim sucumbe à sedução dela; e tira a conclusão inevitável de suicidar-se. Esse conto (e sua dramatização) "Rain" é uma das sátiras mais violentas contra a moral; e chegou a emocionar profundamente o grande público hipocritamente cristão. O pastor protestante que dá um passo em falso é, aliás, personagem predileto do agnóstico Maugham (enquanto em "The Painted Veil" manifestou profunda admiração pelas freiras católicas). O *clergyman* é seu símbolo da lamentável fraqueza humana. Símbolo do egoísmo repugnante é, para Maugham, a mulher. Veja-se o conto "Giulia Lazzari": uma bailarina barata é, sob pressão terrível, usada como isca pelo serviço de contra-espionagem para entregar à Justiça o único homem que ama; sofre tortura moral insuportável e perde tudo; no fim, pede de volta o relógio que deu de presente ao amigo perdido e condenado, "porque vale 12 libras". A influência degradante da mulher e a fraqueza das teorias de elevado comportamento moral encontram-se no conto burlesco "The Facts of Life", espécie de suma da "filosofia" de Maugham: papai, moralista cem por cento inglês, permitiu ao jovem filho uma viagem para Monte Carlo, sob condição de "não jogar, não emprestar dinheiro a ninguém e não se meter com mulheres", porque tudo isso arruína a gente (e faz perder dinheiro); o rapaz joga e ganha; empresta dinheiro a uma mulher fácil ao seu lado; passa com ela a noite no hotel; percebe que ela, acreditando-o dormindo, se levanta para lhe roubar a carteira, escondendo-a num pequeno vaso de flores; mas o rapaz aproveita, depois, o sono da prostituta para fugir com o vaso; e na viagem, contando seu dinheiro, percebe que levou mais do que tivera na carteira; também levara, involuntariamente, alguns outros roubos da mulher, e a transgressão de todos os preceitos da moral inglesa e cristã deu um saldo. Assim são *the facts of life;* assim como, em "The Human Element", a aristocrata inglesa prefere ao sofisticado diplomata, autor de contos atmosféricos, um chofer robusto, sem que o decepcionado perceba o "elemento humano" de sua burlesca tragédia de amor desiludido.

As mulheres são assim. Os homens são assim. A vida é assim. Eis os elementos com que o realista Maugham constrói sua realidade.

Chamei-o de escritor de segunda categoria. Não pretendo compará-lo a Maupassant, Tchekov, Pirandello, Cervantes, Kleist, Gogol, Kipling, Hemingway, Verga, os maiores mestres do gênero. Mas ocorre-me que todos estes também são "realistas", quanto à técnica literária e quanto à maneira de encarar a vida. Esse realismo parece a atmosfera própria do conto. Maugham também é realista assim. É "de segunda categoria" pela incapacidade de elevar-se acima desse nível: pelo estilo *matter of fact*, quase comercial, da sua escritura e da sua concepção da vida. Fazem efeito de flores artificiais os raros trechos diferentes (mesmo quando tão belas e sentidas como as linhas sobre a música pianística de Bach, em "The Alien Corn"). Maugham é um escritor desigual; desigual como é, aliás, a realidade.

Essa desigualdade também tem motivos exteriores. Maugham, que foi pobre, deve à atividade literária seu bem-estar altamente burguês. Sempre escreveu para ganhar dinheiro, o que não é, aliás, um crime. Mas explica a inferioridade de muitas obras, inclusive de quase todas as suas peças de teatro. Muita coisa, entre os numerosos romances e inúmeros contos do autor, não presta. Certa vez já tive oportunidade de dissecar uma dessas obras medíocres, o romance *Then and Now*. Outros romances de Maugham, *The Moon and Sixpence*, *Cakes and Ale*, *The Painted Veil*, ainda serão lidos durante muito tempo; mas tampouco possuem as qualidades que garantem a permanência. Uma *period piece* também é sua talvez melhor novela, aquele *The Human Element*.

Já é diferente o caso de *Of Human Bondage*. Não me lembro quem chamou esse romance de "a expressão máxima da solidão humana". É uma *éducation sentimentale*, mais cruel que a maior, a de Flaubert, e, no entanto, menos desesperada, graças ao desfecho artificialmente otimista que desfigura totalmente a obra. Provavelmente uma concessão ao público. Mas outros motivos também explicam o anticlímax do desfecho. A não ser o suicídio, o *happy end* foi o único outro desfecho da obra, que é diretamente autobiográfico. Mas o método autobiográfico não é o habitual de Maugham; nem chegou ele a dominá-lo completamente.

Essa afirmação parecerá estranha aos leitores de Maugham: pois sabem que em quase todos os romances e contos do autor este aparece em pessoa, falando na primeira pessoa do singular, assistindo aos acontecimentos, ou então relatando-os de maneira muito direta. Sim, é o próprio Maugham que se coloca, desse modo, no meio dos acontecimentos fictícios. Mas, com exceção de *Of Human*

Bondage e certas partes de *Cakes and Ale*, nunca se mete dentro de acontecimentos realmente experimentados. Os enredos em que Maugham envolve sua própria pessoa são inventados (ou, então, deformados até não se reconhecer mais a fonte). Mas o *"I"* ou "eu" do narrador é realmente o próprio escritor, o mesmo que em *Summing Up* fez revelações e confissões tão sinceras sobre sua vida, sua carreira e seu processo de trabalho. Qual é o objetivo dessa exposição de sua personalidade perante os leitores?

O *"I"* ou "eu" dos contos e romances fala sobre si próprio com inteira franqueza. Não esconde sua vasta cultura livresca e sua rica experiência de vida, ampliada pelas viagens que o levaram a todos os continentes e mares. Revela sua honestidade invariavelmente britânica, embora confesse não gostar dos ingleses nem da vida na Inglaterra. Também confessa sua timidez e seu relativo afastamento da vida vivida, à qual prefere assistir como testemunha. Em suma: é uma testemunha na qual se acredita. Tendo ouvido seu depoimento, qualquer júri inglês condenaria ou absolveria, respectivamente, o personagem principal do conto. Maugham usa o método de narrar na primeira pessoa do singular para tornar fidedignos seus relatos. O leitor acredita na veracidade deles. E é por isso que esse pessimista cínico é tão avidamente lido pelo público como a crônica policial de um vespertino.

É um cético, sim, e um materialista. Essa "filosofia" é o triste resultado e o duvidoso proveito da sua experiência de vida. Mas mediante aquele processo transforma Maugham sua "verdade" em verdade fictícia dos romances e contos. Sua inteligência, embora pouco profunda, consegue inculcar a leitores simples e a leitores menos simples a convicção ilusória de que experimentaram tudo aquilo, e de que passaram por tudo aquilo sem sofrer realmente; ao contrário, divertindo-se pela leitura. Colocando seu "eu" real dentro do mundo da ficção, Maugham cria uma ilusão que liberta o leitor das duras experiências desta vida, "desrealizando-as". É uma maneira especial de redenção pela arte.

A esses mesmos objetivos serve o cosmopolitismo dos ambientes: os romances e contos passam-se em todos os países europeus, especialmente na França, Espanha e Alemanha e, com freqüência maior, na China, no Japão, nas ilhas do Pacífico, em toda a parte onde é natural a presença de um inglês muito viajado. O próprio leitor acredita, depois, ter viajado muito. Ter passado por um mundo cheio de aventuras irresistíveis, embora pouco edificantes. A realidade transforma-se em conto de fadas para adultos, mas — e isto é o ponto mais importante — sem se falsificar a realidade. O leitor de Maugham sai da leitura com ampliada experiência de vida.

William Somerset Maugham divertiu-nos inexaustivelmente. E, no entanto, disse a verdade. Merece a nossa gratidão permanente.

A lição de Gramsci

O Estado de S. Paulo, 17 set. 60

Em breve, Pier Paolo Pasolini será um nome internacionalmente conhecido: é autor do *script* de *La Dolce Vita*, o discutidíssimo filme de Fellini. Na Itália, Pasolini (nascido em 1922) já é famoso há anos como poeta dialetal, que sabe reunir, de maneira inteiramente nova, o sabor das expressões populares e o requinte dos mais modernos recursos poéticos. Volumes de poesia: *Del Diario*; *La Meglio Gioventù*; *Canto Popolare*. Também escreveu os interessantíssimos contos do volume *Ragazzi di Vita*, de sabor picaresco. Por motivos óbvios é impossível discutir perante leitores brasileiros aquela poesia dialetal, de difícil acesso lingüístico. Limitar-me-ei ao tema do poema que dá título ao último volume, *Le Ceneri di Gramsci*: é um diálogo, no Cemitério dos Ingleses (isto é, dos protestantes e acatólicos em geral) em Roma, com a sombra de Antonio Gramsci.

Antonio Gramsci, do qual a Editora Einaudi acaba de publicar, em segunda edição, as *Obras Completas*, nasceu em 1891 em Ales, na ilha da Sardenha, de família paupérrima. Quando estudante universitário em Turim, entrou no Partido Socialista, conquistando logo posição de destaque. Organizou em 1917 os "conselhos de fábrica". Fundou em 1919 o jornal *Ordine Nuovo*, de alto padrão intelectual. Liderou a greve geral de abril de 1920. Em 1921 entrou no Partido Comunista, que o nomeou secretário-geral. Manteve, porém, relações íntimas com os liberais e seu chefe intelectual, Piero Gobetti. Foi eleito deputado comunista. Em novembro de 1926 foi preso por ordem pessoal de Mussolini. Transportaram-no do Norte ao Sul da Itália, em condições físicas horripilantes que lhe destruíram para sempre a saúde. O Tribunal Especial condenou-o a 20 anos de prisão. No cárcere, Gramsci adoeceu mais uma vez. Seguiram-se acessos de vômito, colapsos, estados alucinatórios. Quando se encontrava na agonia, as autoridades soltaram-no, por medo de se criar a lenda de um mártir morto na prisão. Poucos dias depois, em 1937, Gramsci morreu em uma casa de saúde em Roma.

Hoje é Gramsci o santo mártir do comunismo italiano; seu retrato é mostrado ao povo ao lado dos retratos de Marx e Lenin. Em certas comunidades pouco alfabetizadas do Sul da Itália sua efígie foi, pelo povo, colocada nos altares das igrejas. Mas também há admiradores dele fora das fileiras partidárias. O grande Croce, embora antimarxista irredutível, disse que "sobre Gramsci só se pode escrever com reverência e afeto", ao mesmo tempo em que o filósofo Eugenio Garin, nas *Cronache di Filosofia Italiana*, fez uma tentativa de opor Gramsci, como líder espiritual da nação, ao próprio Croce, líder da nação no passado. Gramscianos também são os liberais Aldo Garosci e Umberto Calosso. Gramsciano também é aquele poeta Pasolini, que é um radical, mas não é comunista. Em geral, cita-se o nome de Gramsci para explicar o alto padrão intelectual do comunismo italiano, mais alto do que em qualquer outro país (inclusive a Rússia). Sem dúvida: esse homem foi uma inteligência extraordinária. Perante o Tribunal Especial de 1928, o promotor público recomendou aos juízes "impedir por 20 anos o trabalho desse cérebro". Não se conseguiu isso. Transformou o cárcere, que devia "tornar-lhe impossível a vida", em resultado da sua vida. Durante 11 anos, na cela de isolamento, gravemente doente e periodicamente torturado, Gramsci conseguiu iludir os carcereiros, arranjando papel e tinta e escrevendo incansavelmente. Escreveu, na prisão, mais de 3 mil páginas, usando eufemismos (por exemplo: "filosofia da praxe" em vez de "marxismo") para enganar os censores de sua correspondência. Só depois da queda do fascismo começou o editor Einaudi a publicação das obras póstumas. Saíram: *Il Materialismo Storico e la Filosofia di Croce* (1948); *Gli Intellettuali e l'Organizzazione della Cultura* (1948); *Note sul Machiavelli* (1949), em que Gramsci acreditava descobrir o teórico dos partidos de vanguarda; *Letteratura e Vita Nazionale* (1950), coleção de notas e observações literárias entre as quais Gramsci, discípulo confesso de De Sanctis, inclui um estudo sobre o Canto X do Inferno de Dante e um ensaio especialmente importante sobre Pirandello. Em vida do autor só se publicou em 1930, numa revista parisiense dos exilados italianos, o estudo sobre a "Questione meridionale", que amigos, pertencentes contra a vontade ao partido fascista, contrabandearam da prisão para o estrangeiro. A obra mais divulgada, porém, são as *Lettere dal Carcere*, publicadas primeiramente em 1947.

As *Cartas da Prisão* são dirigidas aos seus filhos, ainda pequenos, e à cunhada que os educava (a esposa de Gramsci tinha fugido da Itália). Nessas cartas, conta em estilo clássico, dir-se-ia leopardiano, sua vida na prisão, e seus sofrimentos, sempre com serenidade superior, às vezes com ironia. Inclui recordações da infância e da mocidade. Conta fábulas, por ele inventadas, aos filhinhos. Faz observações sobre literatura, religião, filosofia, política internacional e mil outras coisas. Quem não sabe, porventura, nunca adivinharia que essas cartas foram escritas por um preso sujeito à tortura, já nas ânsias da agonia. Ninguém negará a esse documento humano a grandeza.

A importância de Gramsci, nesse sentido, como figura humana, é universal. Os problemas com que se ocupa nos seus escritos parecem especificamente italianos. Mas só parecem. Também têm importância universal; as idéias do autor impressionariam inclusive os leitores brasileiros. Gramsci fala criticamente do *Risorgimento*, o movimento liberal pelo qual a Itália, no século XIX, conquistou a independência nacional; critica esse movimento porque só foi realizado pelos políticos e pelos intelectuais, sem participação alguma do povo (até a burguesia só participou parcialmente do *Risorgimento*). Explica assim a fraqueza dos fundamentos do novo Estado e a permanente possibilidade de ditaduras — são explicações que impressionam o leitor hispano-americano e brasileiro, pensando nas ilusões e desilusões da Independência e da República. Gramsci não acredita em remédios políticos: extensão do sufrágio, lisura das eleições, combate à corrupção, descentralização federalista. No escrito sobre a "Questione meridionale", que tanto se parece com nossa Questão do Nordeste, indica como único meio de democratização a reforma agrária. E, outra vez, ficamos pensativos. Também é Gramsci um crítico arguto da cultura nacional. Denuncia a mentalidade antipopular dos intelectuais italianos, que são oradores, literatos, juristas. Exige um novo tipo de intelectual. Mas não quer o mero técnico especializado à maneira americana (ou russa). O técnico, de qualquer especialidade que seja, não pode ser um verdadeiro líder e dirigente sem uma boa dose de humanismo, de formação e cultura histórica. Precisamos, na América Latina, ouvir essa lição. Na Itália já foi, embora só em certos círculos, ouvida. "Novo" intelectual, naquele sentido, é o poeta gramsciano Pasolini, que, aliás, não é comunista, principalmente talvez por incapacidade de sujeitar-se à rigorosa disciplina partidária. E o próprio Gramsci teria sido mais disciplinado?

Não tem muito sentido a tentativa de alguns de negar o comunismo de Gramsci. Mas pode-se duvidar de sua ortodoxia. Na sua idéia dos "conselhos de fábrica" e na importância que dá à greve geral, sente-se a influência de Georges Sorel. Umberto Calosso fala, a propósito de Gramsci, em "comunismo libertário", e afirma que o diretor de *Ordine Nuovo* foi, em matéria de cultura, um liberal, um crociano.

Para quem não estudou de perto as "coisas da Itália" dos últimos 50 anos, é difícil acreditar na influência dir-se-ia avassaladora que Croce exerceu na península. Não conheço outro exemplo de um único homem, renovando totalmente a face espiritual de uma nação e dominando-a tão absolutamente. Quando da sua morte, a nação estava unida pela reverência: porta-vozes do Vaticano prestaram homenagem ao agnóstico e os líderes comunistas acompanharam o enterro do antimarxista. Excluíram-se dessas homenagens apenas os remanescentes do fascismo; mas ninguém ignora a profunda influência que Croce também exerceu nesses círculos dos seus inimigos mais rancorosos. Quando estudante, Gramsci também foi crociano. Aderindo ao comunismo, afastou-se do mestre. Mas a particularidade de sua evolução posterior é a volta a Croce.

Baseando-se diretamente em Croce, Gramsci exige que os marxistas rejeitem o determinismo econômico e o fatalismo político que acredita na vitória automática do socialismo. Em tempos de opressão, esse marxismo fatalista pode ser uma fonte de força moral, de força de resistir; pois a fé na lógica inelutável da evolução histórica (Gramsci diz: na *certa razionalità della storia*) tem os mesmos efeitos benéficos da fé na Providência Divina. Mas esse fatalismo não prepara para os tempos da ação: preparação que é a tarefa dos intelectuais. A ação e seus resultados seriam necessariamente ilusórios e decepcionantes, quando não baseados em fundamentos éticos; Gramsci chega a admitir que a ação socialista sem base ética produz a tirania. Exigindo fundamentos éticos do novo Estado, Gramsci percorre um caminho para trás: de Lenin a Hegel. E mais: exige que os socialistas reconheçam a força e o poder das idéias na história. Ao escrever isso, Gramsci tinha voltado a Croce.

No entanto, escreveu um livro inteiro para denunciar o ponto fraco da filosofia de Croce: é uma doutrina só acessível aos intelectuais, porque só aceitável aos intelectuais. Tem esse mesmo defeito de todas as doutrinas sociais italianas, sempre separadas da vida do povo, com exceção de uma. Será, para muitos, uma surpresa ouvir essa exceção que Gramsci exalta: é a doutrina da Igreja Católica. Há, continua Gramsci, doutrinas e fés que satisfazem aos inteligentes (assim foram todas as filosofias, até e inclusive a de Croce) e há doutrinas e fés destinadas aos simples (Gramsci refere-se à divulgação de um marxismo simplificado: o determinismo, mas também poderia citar o lema, vazio de sentido, de Liberdade apregoada pelo liberalismo econômico). Só a Igreja Católica conseguiu elaborar e harmonizar uma doutrina para os cultos e uma fé para as massas. Assim, a Igreja conseguiu impedir que surgissem duas religiões diferentes, uma superior e outra inferior. Unificou, de verdade, a nação. O socialismo, diz Gramsci, está perdido se não conseguir o mesmo: criar uma doutrina e uma fé que satisfaçam igualmente as exigências do espírito e as necessidades da vida material. É preciso reconciliar o espírito e a carne.

E Gramsci tinha autoridade moral para exigir tanto: pois sua vida na prisão e seu trabalho na prisão constituem raro exemplo de vitória do espírito sobre a matéria.

A lição de Gramsci não é livre de contradições intrínsecas. Mas não são diferentes das contradições que encontramos em nós próprios e que nos obrigam a decidir-nos. E agora acredito preparado o terreno para citar pelo menos um trecho do poema que Pier Paolo Pasolini dedicou à sombra de Antonio Gramsci no *Cimitero degli Inglesi*, em Roma:

> *"Lo scandalo del contraddirmi, dell'essere*
> *con te e contro di te; con te nel cuore,*
> *in luce, contro te nelle buie viscere;*
>
> *del mio paterno stato traditore*
> *— nel pensiero, in un'ombra di azione —*
> *mi so ad esso attaccato nel calore*
>
> *degli istinti, dell'estetica passione;*
> *attratto da una vita proletaria*
> *a te anteriore, è per me religione*
>
> *la sua allegria, non la millenaria*
> *sua lotta: la sua natura, non la sua*
> *coscienza; è la forza originaria*
>
> *dell'uomo, che nell'atto s'è perduta,*
> *a darle l'ebbrezza della nostalgia,*
> *una luce poetica (...)"*

Morte das vanguardas

O Estado de S. Paulo, 01 out. 60

Já se tornou lema ou *slogan* o título de um livro do crítico italiano Cesare Brandi: *La Fine dell'Avanguardia e l'Arte d'Oggi*. Carregando nas tintas, alguns preferem falar em "morte da vanguarda".

A esse *slogan* desejo opor minha profissão de fé na arte de hoje, nas vanguardas de hoje e de amanhã, na arte de nosso tempo. Nasci com este século. Sou contemporâneo de *Ulysses* e de *Alcools*, do expressionismo e de Dadá, das *Demoiselles d'Avignon* e de Mondrian, de Alban Berg e Bartók: obras e autores cuja "modernidade" ainda não está esgotada. Por outro lado, uma experiência certa ensina a dificuldade de entender poesia que surge, nova, depois dos nossos 40 anos de idade. Daí se me impõe o método dialético, entre o pró e o contra, de discutir o problema.

Desse modo, a defesa das vanguardas tem de começar com veemente protesto contra elas: contra seu hábito de desprezar a arte "antiga". Motivos pragmáticos justificam a reação contra as expressões da geração precedente, contra a arte de ontem; mas não contra a arte de sempre. Não porque ela é antiga, mas porque ela é moderna. Os conceitos mais característicos da estética de hoje — o da forma, o do *kunstwollen* (vontade ou intenção de fazer) em vez do *Koennen* (capacidade de fazer) — são devidos a Alois Riegl, o historiador que descobriu o valor dos chamados primitivos, dos chamados decadentes, dos "exóticos". Seria possível acumular os exemplos de raízes históricas de expressões aparentemente modernas. Alberto Del Monte (*Studi di Poesia Ermetica Medievale*, Nápoles, 1953) esclareceu os motivos comuns do *trobar clus* provençal do século XII e da poesia hermética moderna. São fatos. Não adianta contra eles a soberbia imbecil dos futuristas que acreditavam que "o mundo começa hoje"; e ainda há, hoje em dia, "futuristas" (já não se chamam assim) acreditando que o mundo só começará amanhã e que, por exemplo, toda a história multissecular do conto, de Boccaccio a Pirandello, foi um "erro" até aparecer o messias Saroyan. A esse futurismo eu gostaria de opor o presenteísmo. E terei do meu lado aquelas vanguardas às quais pertence realmente o futuro.

Mas os inimigos mais perigosos desse presenteísmo não são "os de ontem", e sim os de amanhã, porque as vanguardas perdem com estranha rapidez a virulência e a função renovadora. No seu conhecido livro sobre *O Homem e a Sociedade na Época da Transição*, Karl Mannheim já chamou a atenção para o fato de que antigamente o estilo (da arte e da vida) permaneceu inalterado durante um século ou durante séculos, enquanto hoje uma única geração chega a passar por vários estilos, que melhor seria chamar de modas. Desde as fases de Picasso, todo pintor que se preza muda anualmente de estilo. Ontem não precisa esperar até amanhã para ficar "superado". Qual é o motivo dessa aceleração? Uma primeira resposta, ainda superficial, seria: os mais bem-desenvolvidos mecanismos civilizatórios da nossa época transformam rapidamente uma novidade discutida e combatida em moda, popularizando-a. Quem não ficar satisfeito com essa resposta pode outra vez citar Mannheim, aplicando ao caso conceitos dele, ideados para a solução de outros problemas: a Vanguarda representaria a Utopia, enquanto a arte oficialmente reconhecida seria o equivalente da Ideologia. Essas equações levam à meditação dos fundamentos sociológicos da mudança de estilo-moda (sobre esse problema só conheço um trabalho sério, o do sociólogo vienense Ernst Topitsch, "The Sociology of Existencialism", publicado na *Partisan Review*). Trata-se de verificar que classe ou camada da sociedade aceita determinada vanguarda. Sem antecipar o resultado dessas pesquisas, ainda pouco desenvolvidas, pode-se aventar um critério: a vanguarda autêntica escandaliza a gente; a falsa vanguarda é logo aceita pelo esnobismo. Mas não é este o culpado. Ainda é preciso escrever o elogio do esnobismo. Sem o esnobismo, nenhuma novidade, nenhuma renovação encontraria o número necessário de adeptos e admiradores. O perigo reside na aceitação imediata e rápida, pelos esnobes, de qualquer moda nova. Essa rapidez poupa aos renovadores a luta. Chega a tornar ilusória a renovação. Neste sentido já não parece haver, hoje, vanguarda autêntica; porque nenhuma chega a produzir "escândalo". Antigamente, os combates das vanguardas eram prolongados e dolorosos. Hoje, são logo aceitas. E o sucesso as mata.

    Os futuristas italianos ainda queriam dinamitar os museus. Os fauvistas, cubistas, abstracionistas, etc. entram logo nos museus. Há quatro ou três anos, Ionesco era um autor de escândalo; mas seu *Rhinoceros* já foi representado no Théâtre de France perante uma platéia de senhoras elegantíssimas e senhores com a *Légion d'honneur* na lapela, ocasião na qual o jornal *Le Monde* também constatou "o fim da vanguarda". Antes se diria: as sucessivas vanguardas são rapidamente superadas. Nenhuma chega a demonstrar todas as suas possibilidades. Morrem antes de ficarem esgotadas.

    É este o verdadeiro motivo da só aparente "morte das vanguardas": suas reivindicações e conquistas são abandonadas antes de terem sido atendidas, respectivamente exploradas.

A literatura social-humanitária e revolucionária e agitadamente religiosa do expressionismo está hoje, novamente, no centro de pesquisas e estudos históricos. Cito: M. Schlueter (*A Poesia Lírica do Decênio Expressionista*, Wiesbaden, 1955) e W. H. Sokel (*The Writer in Extremis. Expressionism in German Literature*, Stanford, 1959). Em Paris, "descobrem" hoje o expressionismo: Munch, Van Gogh e Ensor eram seus precursores; Kandinsky, Marc, Klee, Kokoschka são influências de hoje. A limitação da literatura expressionista à Alemanha também só é aparente: O'Neill reconheceu sua dívida a Wedekind; inconfundível também é a influência dos expressionistas alemães em Flandres (Van Ostayen) e nos países nórdicos (Vesaas, Lagerkvist, Kaj Munk). Auden, Spender e Isherwood traduziram muita coisa para o inglês: Trakl e Döblin já foram "redescobertos", Benn, Heym e Stadler ainda o serão, e Hesse nunca esteve esquecido; apenas não se sabe que este também foi expressionista.

Eis um caso entre outros. A poética de Apollinaire ainda não está devidamente explorada; é obstáculo, para tanto, o equívoco construtivista. Dá-se o contrário com respeito a Joyce, cujos sucessores podem imitar-lhe tudo menos a grande arquitetura das suas obras, o que é a fraqueza irremediável de um Beckett. Muitos se referem hoje, novamente, ao movimento de Dadá. Mas usam fontes francesas, mal informadas por um ex-dadaísta ainda vivo que gosta de desfigurar os fatos; em vez de usar estudos autorizados como os de R. Motherwell (*The Dada Painters and Poets*, Nova York, 1953), W. Verkauf (*Dada*, Teufen, 1958), P. Schifferli (*Dada*, Zurique, 1959). Nem sequer admitem a verdadeira data de nascimento de Dadá: Zurique, 2 de fevereiro de 1916, sendo que do fundador, Hugo Ball, não se fala. Por desconhecer esse grande homem, não se reconhecem os verdadeiros motivos do movimento: o abstracionismo e os recursos naturais e mecânicos de Dadá, que pareciam aos contemporâneos "brincadeira destrutiva", são hoje interpretados como engenharia construtivista das palavras e das cores. Mas foram o contrário disso: foram armas de defesa da alma contra o tecnicismo que justamente então — primeira guerra mundial — alcançou seus primeiros triunfos destrutivos.

Mas essa conclusão não se refere só a Dadá. Aquele equívoco mecanicista ou construtivista desfigura o pensamento e a ação de mais outras vanguardas de hoje. Um observador norte-americano disse bem: "A vanguarda acredita estar mais avançada que a massa, e está; mas é igualmente grande o atraso da vanguarda com respeito à realidade". Pois o homem e sua sensibilidade evoluem menos depressa que a técnica. Daí se nota esse fenômeno estranho: as vanguardas de outrora sempre estavam em franca revolta contra sua época; as vanguardas de hoje estão ansiosas para sujeitar-se ao espírito técnico da nossa época. O que também explica a rápida aceitação dos só aparentemente revoltados pelas classes e tendências dominantes.

Refiro-me à engenharia e construtivismo de toda a espécie. Mas em parte nenhuma, talvez, aquela subserviência se revele mais clara que na música. Schoenberg ainda é insultado, pelos acadêmicos e outros retrógrados, como "mero construtivista", enquanto discípulos seus já o exaltam como construtivista, e enquanto para os radicais de hoje o mestre de Viena já não é bastante construtivista. Não os ilude seu instinto. Schoenberg não foi um "técnico", mas um espírito religioso. Theodor W. Adorno, no seu livro *Philosophie der neuen Musik* (2ª ed., Frankfurt, 1958), criou a bela fórmula de que "a música de Arnold Schoenberg *tollit peccata mundi*". Por isso está, contra este mundo, numa oposição que não pode ser "superada". Os que pretendem "superá-lo" são deste mundo. Debatem-se na contradição entre o determinismo extremo de uma música determinada pelos novos recursos técnico-mecânicos, e, por outro lado, a evasão para o caos de uma improvisação que chega a exigir que a obra musical só se realize pela e durante a execução.

Assim como a técnica não passa, para um Alban Berg, de mais um recurso, assim a improvisação imprevisível também tem sua razão de ser como recurso da oposição contra a rigidez das formas. Nego-lhes o valor absoluto. Mas aceito-as como armas de defesa e de ataque da vanguarda de hoje e da arte de amanhã. Um caro amigo meu admirava-se, há pouco, do meu relativo entusiasmo pelo *anti-roman* dos Robbe-Grillet, Butor, Sarraute. Manifestei-me assim 1) porque os romances de Butor são realmente bons; 2) para destacá-lo entre os outros *anti-romancistas*, que são menos bons; 3) porque, todos eles, agitaram e movimentaram o mundo petrificado do romance francês comum. É bom e necessário que aconteça assim. Pois a morte da vanguarda seria a morte da própria arte.

Críticos novos

O Estado de S. Paulo, 15 out. 60

Seria ocioso acrescentar mais uma página às muitas que já se escreveram sobre a crítica nova. Prefiro informar sobre as atividades de alguns críticos novos; só informar e, quando muito, fazer a tentativa de situá-los dentro do movimento crítico atual.

Há vários, novos e menos novos, que mereceriam o estudo: Fábio Lucas, Dante Costa, Paulo Hecker Filho, o contista paulista João Pacheco, do qual acaba de sair o volume *Pedras Várias*, e outros. Não se pode tratar de todos e de uma vez. Hoje, só me ocuparei de alguns críticos novos que me parecem típicos, isto é, representativos de três tipos ou possibilidades de fazer crítica: a que prefere ler; a que prefere interpretar; e a que se arrisca.

Um dos representantes do *New Criticism* norte-americano, o poeta Randall Jarrell, tem manifestado opiniões heréticas sobre o volume de leituras dos seus colegas ("The Age of Criticism", in: *Partisan Review*, 2, março de 1952): encontra neles a tendência de substituir pela crítica a própria literatura. Observa que se estudam análises e interpretações das obras em vez das obras. Que teria dito se vivesse num país em que Balzac é o *terminus a quo* das leituras? Mesmo assim chega a declarar que "*criticism is necessarily secondary to the works of art it's about*". A crítica não pode substituir as obras de que trata; e de que, às vezes, só trata aparentemente. A primeira tarefa do crítico seria a de ler.

Um leitor desses é o sr. Renato Jobim, de cujo livro *Crítica* (Livraria São José) eu diria mais, e coisas mais elogiosas, se ele não me tivesse elogiado. O sr. Renato Jobim sabe ler com simpatia e com *empatia* (o neologismo, do inglês *empathy* e do alemão *Einfuehlung*, é devido a Gilberto Freyre). Pelo motivo já citado tenho o direito de afirmar que sua simpatia é, às vezes, exagerada. Mas é evidentemente sincera. E é muito vantajosa para leitores e autores. Pois o leitor fica informado. E o autor não fica ameaçado pelo perigo de o crítico ler e analisar aquilo que o autor nunca escreveu. Pois há um grupo, entre os críticos do tipo "leitor", que pretende saber da obra mais do que o autor que a escreve. É este o reverso da crítica estilística, da qual, no resto, sou admirador sincero.

Os que encontraram em Croce a fonte da crítica estilística parecem ignorar que o filósofo italiano não foi amigo desse método. Informa sobre isso um crociano (ou ex-crociano) italiano, o sr. Pietro Citati (in: *Merkur*, 146, abril de 1960): com a estética de Croce foi incompatível o trabalho de, pela análise estilística, "racionalizar" a poesia, isto é, aquilo que poderia ser verificado, mas não analisado. Por isso achava Croce que a análise estilística seria capaz de elucidar este ou aquele pormenor, inacessível a outros processos, mas incapaz de acertar o conjunto da obra. Com efeito, e para dar um exemplo: no *Racine* de Vossler encontram-se muitas observações finas; mas depois da leitura ficamos com a mesma visão de Racine e de sua obra que já tínhamos antes.

Há muita verdade nisso. E não é esta a única dúvida que surge. A crítica não se pode basear — ou, pelo menos, não se pode basear exclusivamente — em métodos de análise aplicáveis igualmente a obras de primeira categoria e a obras de última categoria, sem que os resultados, isto é, as observações lingüísticas, sejam essencialmente diferentes. A crítica estilística é grande coisa e admirável quando — como é o caso de Erich Auerbach — só se dedica a obras cuja significação já foi verificada mediante outros processos de valoração. Um outro grande mestre da crítica estilística, o admirável Leo Spitzer, esforçou-se, porém, em ocultar esses outros processos, *ad majorem estilisticae gloriam*. Eis o resultado de um interessante trabalho da sra. Angela Vaz Leão: *Sobre a Estilística de Spitzer* (Imprensa da Universidade de Minas Gerais). No exemplo de *Bubu de Montparnasse*, de Charles-Louis Philippe, a autora demonstra que Spitzer exagera a significação de certos bem-observados achados estilísticos para tirar deles conclusões que teria verificado melhor com outros processos (ou que já tinha verificado antes de prová-las pela análise estilística).

Chegamos assim à questão da interpretação das obras literárias. Representante de uma crítica interpretativa é o sr. Osmar Pimentel, do qual o Conselho Estadual de Cultura, de São Paulo, acaba de editar *Apontamentos de Leitura*. É um crítico raro, escrevendo pouco. Foi um dos primeiros entre nós senão realmente o primeiro que conheceu o *New Criticism* anglo-americano. É, talvez por isso mesmo, um crítico raro, porque sabe que só poucas obras de literatura brasileira se prestam para serem interpretadas assim. Como todos os homens conscienciosos, não pode ser um ortodoxo. A propósito de poemas de Cassiano Ricardo e de Carlos Drummond de Andrade observa as sucessivas correções e autocorreções do *New Criticism*, em Richards, em Empson, em Wheelwright, sem que tivessem conseguido livrar-se do pecado original do esteticismo. Modificando aquelas teorias pela introdução de fatores históricos e sociológicos, o sr. Osmar Pimentel chegou a escrever críticas de grande categoria, como a sobre *Raízes do Brasil*, de Sérgio Buarque de Holanda. Enquanto isso, o *New Criticism*, depois de começos esplêndidos, degenerava, virando simbologia, às vezes absurda.

Contra essa simbologia não se pode recomendar demais o estudo das censuras ásperas dos críticos da Universidade de Chicago (*Critics and Criticism, Ancient and Modern*, Chicago, 1952). Recentemente a sra. Helen Gardner (*The Business of Criticism*, Oxford, 1959) satirizou de maneira quase swiftiana a mania de encontrar nas obras literárias *the central image* e *the allembracing symbol* dos quais os próprios autores, coitados, não sabiam nada. O emprego de processos científicos na crítica literária tem criado uma crítica pseudocientífica que joga com termos difíceis da lingüística e da psicanálise como as crianças brincam com as coisas de papai na ausência dele. "Crítica" e "Ciência" são, aliás, proposições incompatíveis, porque a crítica se ocupa com valores, enquanto a ciência pretende excluir os valores para ficar *wertfrei*, objetiva (v. Max Weber, *Gesammelte Ausfsaetze zur Wissenschaftslehre*, pág. 535). Repetindo e reafirmando essa tese, eu poderia dar ao presente artigo o título: "Pós-escrito definitivo não-científico", citando, para o gáudio dos sabe-línguas, em dinamarquês, este título de Kierkegaard: *Afsluttende uvidenskabelig Efterkrift*.

O conceito "Valor" não é, aliás, não-científico no sentido de ser arbitrário ou irracional. Melhor seria defini-lo como anticientífico. O grande crítico italiano Emilio Cecchi (*Libri Nuovi e Usati*, 1958) diz bem que a verificação do valor de uma obra não é o resultado da crítica, mas seu ponto de partida. Invoca, para tanto, Benedetto Croce, que nunca excluiu de sua crítica o fator *gusto*; por isso também, seus seis volumes de crítica militante, *La Letteratura della Nuova Italia*, não têm nada do cientificismo que o filósofo napolitano detestava. Considerações semelhantes às de Cecchi foram recentemente publicadas pelo novo *star* de crítica em língua alemã: *Versuch einer Selbstkritik der Kritik* (*Ensaio de Autocrítica da Crítica*, Zurique, 1959), de Siegfried Melchinger. Mas este não é propriamente um "novo", o que não o prejudica na Suíça.

Mas não estou escrevendo o elogio da ignorância. A formação científica, metódica, é fundamento indispensável. E como se chega da ciência à crítica? Racionalmente não é possível pular sobre o abismo. O "pulo" ou "salto", como disse Kierkegaard, é resultado de um risco assumido. É esta a essência da crítica do sr. Antonio Olinto, nos seus *Cadernos de Crítica* (José Olympio). Dispondo de boa formação humanística, não faz uso dela para ostentar erudição ou, antes, pseudociência. Prefere deixá-la para trás, assumindo os riscos do seu ofício.

Sobre a crítica do sr. Antonio Olinto, já disse palavras decisivas o sr. Franklin de Oliveira. Focalizou, nas bases de sua estética, o conceito da obra de arte como acontecimento "inesperado" e "imprevisível". A crítica tem de responder e corresponder a essas qualidades. Tem de assumir o risco do "inesperado" e do "imprevisível". Lembro-me de uma frase de Braque, igualmente grande como pintor e como aforista: "*La science rassure; l'art est fait pour troubler*". Por isso, o sr. Antonio Olinto, embora sabendo manejar recursos científicos auxiliares, não tem uso para a técnica que pretende substituir a literatura. Assinaria as palavras da sra. Helen

Gardner sobre a *over-arrogance* de certos críticos e suas *laboratory techniques*, sobre suas fórmulas inexpressivas e sua incapacidade de dizer o que sabem (e o que não sabem). Um crítico inglês de "modernidade" incontestável, Herbert Read, falou sobre esse tema no Quarto Congresso Internacional de Anglistas, em Lausanne (24 a 29 de agosto de 1959), verificando a incompatibilidade entre fórmulas científicas e expressões literárias, exigindo do crítico um estilo pessoal e, no entanto, ligado à tradição literária.

Os críticos de que falei neste artigo escrevem em estilo simples e pessoal, inclusive a universitária Angela Vaz Leão. Na Nota prévia de seu livro, o sr. Osmar Pimentel declara ter escrito "para o leitor comum em linguagem tanto quanto possível clara e objetiva". É um ponto importante. É preciso saber para quem se escreve; não se faz crítica literária em jornal para desempenhar um papel de verdadeira ou falsa importância nos círculos limitados da "vida literária". Tenho o direito de elogiar a vontade de escrever simples, porque também já pequei muitas vezes contra essa regra. Só posso alegar a circunstância atenuante de que certos assuntos altamente complexos não podem ser discutidos com a "clareza meridiana" de um cronista parisiense. Mas nem todos os assuntos são assim e nem sempre é assim. A linguagem técnica constantemente empregada inspira a suspeita de servir como a roupa imaginária do rei no conhecido conto de Andersen: os cortesãos lhe elogiaram a pompa, mas enfim se descobriu que o rei estava nu.

Música absurda

O Estado de S. Paulo, 29 out. 60

A mesa estava cheia de livros, revistas, recortes, notas — tudo para estudar determinada tendência, muito importante e atual, do teatro dos nossos dias — quando a campainha tocou lá fora: era o carteiro, trazendo bilhete de um amigo meu que mora há muitos anos no interior, radicado numa pequena cidade. Havia dentro do envelope um recorte do jornaleco local, anunciando às senhoras e senhores a próxima representação da admirável obra-prima musical *A Viúva Alegre*, de Lehar.

A Viúva Alegre, considerada em 1960 como obra-prima da mesma arte que foi a de Bach e Debussy — isto é, sem dúvida, um critério que indica o nível cultural. Se fosse, pelo menos, uma ópera! Há quem não goste, mas a ópera é tão seguro sintoma do "estilo da época" como poucos outros: pense-se em Monteverdi e o barroco veneziano; Haendel e o barroco inglês, Pergolesi e o rococó de porcelana de Nápoles; Gluck e o último classicismo europeu; Mozart e a ironia (*Così Fan Tutte*) e a morte (*Don Giovanni*) do *ancien régime;* Wagner e a "segunda religiosidade" do século burguês; Verdi e o último romantismo da burguesia; Debussy e a música do *Castelo de Axel*; Alban Berg e o horror do nosso tempo. Até as óperas de Puccini são mui características da *belle époque* de 1910. Mas uma opereta? Sim, respondi ao meu amigo no interior, a opereta também é capaz de ser expressão superior de um estilo de vida. Mas a chamada opereta vienense, esta decididamente não. Assim como certas obras escritas e impressas se encontram *hors de la littérature,* assim as operetas dos Lehar, Fall, Kálmán, Eysler se encontram *hors de la musique*. Esses produtos comerciais são os precursores de certa cinematografia barata de hoje, "máquinas para sonhar" das datilógrafas que sonham com um príncipe (então ele se chamava Danilo, hoje tem mil nomes e sempre a mesma cara). Mas a "grande" opereta, a de Offenbach, não faz sonhar; faz despertar.

Naquela pequena cidade do interior talvez poucos se lembrem de quem Offenbach foi. Talvez para outra gente, em mais íntimo contato com o mundo de hoje, ele só signifique, por isso mesmo, o *maître de plaisir* do tempo das crinolinas e das costeletas, autor da música para os obscenos *cancans*, suprema alegria dos nossos bisavôs. Realmente, Jacques Offenbach foi isso; e mais outra coisa.

Esse judeu renano, filho de um cantor de sinagoga, tinha emigrado para Paris no momento de maior esplendor cosmopolita da capital de Napoleão III. Ali esqueceu o idílio romântico da Alemanha pré-capitalista, onde a polícia e a censura vigiavam para ninguém perturbar o sonho poético. Em Paris, porém, já tinha começado a dança, a das pernas nos Bouffes Parisiens e a das ações na Bolsa. Aquele tempo, entre 1850 e 1870, foi o dos primeiros grandes bancos de investimentos (Crédit Lyonnais etc.) e da construção das estradas de ferro, da especulação imobiliária, incentivada pela remodelação da cidade pelo prefeito Haussmann, a época das Exposições internacionais em espetaculares palácios de ferro e vidro, a época da imprensa venal e do cesarismo plebiscitário com seus políticos-jogadores e *brasseurs d'affaires*, assim como Marx o caracterizara no *18 Brumaire de Louis Bonaparte*, a época dos novos grandes *boulevards* e dos *boulevardiers* e dos teatros de *boulevard:* a *Vie Parisienne*, como se chamava uma das mais alegres operetas daquele violinista renano, transformado em *maître de plaisir* do *cancan* financeiro e regente do *cancan* noturno: participante embriagado e espectador cínico da orgia. Foi um despreocupado (senão por dançarinas e pelas dívidas), quando Zola, ainda faminto em seu *grenier*, já predizia a esse mundo o destino da locomotiva que corre, sem maquinista, para o abismo. Essa *Vie Parisienne* acabou nos incêndios da Comuna, sob as vistas do vitorioso exército prussiano. Então, o velho Offenbach, doente e falido, lembrou-se dos sonhos românticos da velha Alemanha, também já desaparecida, e escreveu a ópera *Contes d'Hoffmann*, sua "ópera séria", que não é muito séria mas em cujo terceiro ato há um *frisson* sincero e demônios autênticos, e o pressentimento da triste morte. Pois os demônios têm o privilégio de rir como últimos.

Mas só eles tiveram o direito de rir de Jacques Offenbach, que foi um grande artista à sua maneira. Nietzsche admirava esse "gênio do capricho", e o próprio Wagner esqueceu, por um instante, seu anti-semitismo (sempre muito teórico) para compará-lo a Aristófanes. Visaram o "passaporte para a imortalidade" desse músico autêntico. Há muita arte em sua instrumentação — o *cancan* de *Orphée aux Enfers* explode na orquestra como uma garrafa de champanha — e há muita arte em sua incomparável verve rítmica. É música satírica; e, como tal, tem sua razão de ser.

Talvez seja a única música realmente satírica que existe; a luz da sua arte é oblíqua, como a de Swift ou Gogol: ilumina, de maneira particular, e imortaliza assim seu mundo, do qual só sobrevivem, além disso, os audaciosos desenhos de Guys, as fotografias amareladas de Nadar e algumas páginas enfaticamente indignadas de Zola. Música espetacular e grande documento.

A diferença é esta: a opereta vienense de 1910 é artigo comercial sem função social nenhuma; a opereta de Offenbach, do Segundo Império, tem função social específica. Nos *cancans* alegres e despudorados da *Grande Duchesse de Gerolstein*, de *La Périchole*, da *Princesse de Trébizonde*, a batuta mágica do maestro dá o sinal para mostrar-se muita coxa nua em cima de meias pretas; mas também se mostram outras coisas, menos apetitosas. Realiza-se o milagre de uma sátira sem violência polêmica nenhuma, tudo resolvido em graça e ironia. É característica a cena em que um aventureiro, sem tostão no bolso, chega na pequena capital para entabular negócios; seu criado fez crer ao hoteleiro, em ária melodiosa, que seu dono é um príncipe, viajando incógnito; mas o coro dos circunstantes repete em *fortissimo* violento o último verso, os últimos compassos da ária: "Ele viaja incógnito, incógnito, incógnito!" A intenção satírica atinge em cheio a imoralidade dos negocistas, o falso prestígio de uma pseudo-aristocracia e os serviços publicitários de uma imprensa venal. Mas tudo isso resolvido em graça ligeira, transformado em efeito puramente estético.

O melhor conhecedor da arte de Offenbach, o grande satírico vienense Karl Kraus, definiu assim: "O sem-sentido deste mundo transformado, pela música, na hilaridade do Absurdo". Naquelas operetas vivemos num impossível país de contos de fadas, embora sem inocência infantil, no qual reina soberanamente o Absurdo divino. No palco de Offenbach os podres poderes deste mundo são destronados: cedem o lugar a uma nova ordem (ou desordem) que é impossível na realidade, mas corresponde melhor à dignidade humana — a anarquia na qual só valem leis estéticas. A sátira vira idílio e poesia.

Essas qualidades da arte de Offenbach não significam inatualidade. O maestro zombou de uma grande cidade que parecia aos contemporâneos ultramoderna: condução coletiva a tração animal, mercados e galerias com cúpulas em construção de ferro, iluminação a gás e, em cima dos edifícios públicos, uma multidão de esculturas, muitos deuses e muitas águias e outras aves de pedra. Em parte, esse "mundo metropolitano" de 1860 ainda existe no centro das nossas cidades. Mas já não dá impressão de "moderno" nem inspira o riso: parecem espectros sinistros de uma sociedade defunta. Em certas obras do primeiro surrealismo, no romance *Nadja* de Breton, essa qualidade sinistra foi bem descrita e combinada com qualidades semelhantes das metrópoles de hoje, as tardes de domingo naquele deserto que é o centro das grandes cidades quando seu deus Negócio o abandona temporariamente; e a desolação dos subúrbios mal iluminados. Não há diferença existencial entre a iluminação a gás e a luz néon. A época entre 1950 e 1960 também é, como aquela entre 1850 e 1860, uma era de desenvolvimento econômico, de oscilações monetárias, de linhas de aviação em vez das estradas de ferro, e de especulação imobiliária. No teatro de *boulevard* e na política, os sucessores de Hortense Schneider e de Napoleão III são Brigitte Bardot e as democracias plebiscitárias, sejam populares ou sejam impopulares. A Sociedade que Marx descreveu no *18 Brumaire de Louis Bonaparte* é o modelo clássico da nossa. É evidente a necessidade de um novo Offenbach, para transfigurar e superar, no teatro, o Absurdo.

Realmente, o Absurdo reapareceu em nossos palcos: mas para ser aceito. É o teatro desesperadamente absurdo de Samuel Beckett e o gostosamente absurdo antiteatro de Ionesco.

Foi isto que eu estava estudando quando o carteiro me trouxe a missiva do interior, informando-me das altas qualidades musicais da *Viúva Alegre*. Mas agora vejo que o teatro "absurdo" do nosso tempo é menos absurdo que sua época; que sua linguagem deliberadamente desconexa é menos ilógica que a dos estadistas e economistas; que seus demônios de papelão são menos demoníacos que os da realidade; e que lhe falta a força para transfigurar offenbachianamente o Absurdo, porque lhe falta a música.

Livros americanos

O Estado de S. Paulo, 19 nov. 60

Num livro digno de meditação (*Idea y Experiencia de América*, México, 1958), Antonio Gómez Robledo afirma que a idéia "América", entendida como unidade, é uma idéia européia, quer dizer, anglo-saxônica ou hispânica, e portanto, nessa forma, inaceitável para os americanos (e especialmente, podemos acrescentar, inaceitável para os brasileiros, isolados num mundo meio saxão e meio hispânico). Antonio Gómez Robledo nega, pelo menos nesse sentido, a existência de América. Portanto, concluímos, não existe literatura americana. Existem, se descontamos os escritores de língua francesa do Haiti e do Canadá e a estranha literatura dialetal da Guiana Holandesa, três literaturas americanas fundamente diferentes: a norte-americana, a hispano-americana e a brasileira.

Realmente, basta colocar os nomes de Franklin e Poe, Emerson e Hawthorne, Melville e Emily Dickinson, Frost e O'Neill ao lado dos nomes de Rubén Darío e Pablo Neruda, Ricardo Güiraldes e Rómulo Gallegos, para perceber a incomensurabilidade. Mas seria Cruz e Sousa possível no Peru? Ou Machado de Assis na Bolívia? Só Walt Whitman podia ser imitado no continente inteiro, graças a um equívoco; e nem este foi muito imitado no Brasil.

Mas, assim como continuam indispensáveis os contatos com a Europa, assim seriam desejáveis contatos mais íntimos entre as literaturas americanas. Para tanto serve a "Lista de Libros Representativos de América", elaborada pelo Comité de Acción Cultural do Consejo Interamericano Cultural e publicada pela Unión Panamericana.

É uma bibliografia, elaborada com aquela meticulosidade que a biblioteconomia norte-americana tem inspirado ao continente inteiro: livros modernos, acessíveis em qualquer livraria, descritos com a acribia diplomática dos métodos em uso na Biblioteca Apostólica Vaticana, como se se tratasse de incunábulos ou de manuscritos medievais. Já não adianta protestar contra essa ingente dilapidação de energia e tempo. Quem pode contra as mulheres? Mas todo o cuidado dessas mestras na novíssima arte feminina não consegue evitar os erros grosseiros. As "Fuentes de Consulta" do volume incluem, desnecessariamente, muitas biografias e monografias. Mas os bibliógrafos norte-americanos parecem ignorar a melhor história da literatura venezuelana, a de Mariano Picón-Salas. E a única bibliografia usada para pormenorizar a lista dos livros brasileiros é a antiquadíssima de Ford, Whittem e Raphael (1931), cuja fidedignidade se pode apreciar pelo fato de os três eruditos atribuírem certas obras do poeta brasileiro Alberto de Oliveira (1859-1937) ao poeta português Alberto d'Oliveira (1873-1940).

Mas, graças a Deus, o próprio livro é melhor que suas bases bibliográficas. É certo que a seleção dos "melhores livros" ou dos "livros mais característicos" nunca pode satisfazer a todos os gostos e preferências. A equação pessoal é obstáculo invencível. Mas as listas reunidas na obra em causa são, em geral, aceitáveis. A lista de livros norte-americanos é ampla e imparcial. A da Argentina também inclui tudo que é bom: de José Hernández até Jorge Luis Borges (com uma exclusão notável, à qual voltarei mais adiante). Nota-se com satisfação a presença de Arevalo Martínez, Asturias e Cardoza y Aragón na lista guatemalteca, na qual falta porém o nome do romancista Monteforte Toledo; assim como na mexicana falta, inexplicavelmente, Martín Luis Guzmán. Mas há casos piores: a ausência do grande humorista Luis Carlos López e do exímio Germán Pardo García na lista colombiana; a ausência do folclórico Nicolás Guillén e do universalista Eugenio Florit na lista cubana, embora se trate dos dois maiores representantes das duas tendências principais da poesia em Cuba. Mas o caso mais espetacular é o da Venezuela, porque a omissão do maior poeta, Andrés Eloy Blanco, e a fraqueza incolor das linhas sobre Rómulo Gallegos são explicáveis: a lista foi elaborada em abril de 1957 por um diplomata, servidor do ditador Pérez Jiménez, que só em janeiro de 1958 foi deposto.

E a lista brasileira? Resumimos: a poesia está representada por Gonçalves Dias, Castro Alves, Bilac, Ronald de Carvalho, Cassiano Ricardo, Manuel Bandeira e Carlos Drummond de Andrade; a ficção está representada por Alencar, Manuel Antônio, Machado de Assis, Aluísio Azevedo, Simões Lopes Neto, Monteiro Lobato, Mário de Andrade (preferiu-se citar *Macunaíma* em vez da obra poética, mas essa preferência é discutível), Rachel de Queiroz, Graciliano Ramos, José Lins do Rego, Plínio Salgado, Cyro dos Anjos, Jorge Amado e Érico Veríssimo; e são incluídas na lista obras de Nabuco, Ruy Barbosa, Euclides da Cunha, Oliveira Viana, Gilberto Freyre e Sérgio Buarque de Holanda.

Antes de tudo, louvamos francamente as breves apreciações críticas de cada um dos autores representados, devidas a Vianna Moog; estão rigorosamente certas e incisivamente redigidas.

Depois, nota-se com satisfação a ausência de certos poetas românticos e parnasianos, que aqui no Brasil o ensino continua inculcando na memória e no gosto da mocidade, mas que não nos representariam bem perante o estrangeiro. Também gostei muito da inclusão de Cassiano Ricardo: pois o alto valor de sua poesia (2ª fase) ainda não foi reconhecido por todos.

Mas a falsa poesia whitmaniana de Ronald de Carvalho e a ficção de Plínio Salgado teriam sido dispensáveis. Tanto mais porque há naquela lista certas omissões estranhas: faltam Cruz e Sousa, Alphonsus de Guimaraens e o brasileiríssimo Augusto dos Anjos, Murilo Mendes e Cecília Meireles, entre os poetas; faltam os cariocas Lima Barreto e Marques Rebelo; falta o gaúcho Augusto Meyer, falta o paulista Paulo Prado; falta o mineiro Guimarães Rosa; e nessa lista de livros representativos do Brasil falta *O Ateneu* de Raul Pompéia. Não sei, de maneira nenhuma, explicar essas omissões; nem sequer sei comentá-las, justamente porque são inexplicáveis. Mas há nesse livro mais outras omissões, propositais, que por isso é possível discutir.

Na página 14 do volume (introdução) declara-se que o célebre romance histórico *La Gloria de Don Ramiro*, do argentino Enrique Larreta, foi deliberadamente excluído, com a explicação seguinte: *"Se ha prescindido de algunas obras de indudable valor literario... tomando en cuenta que no son propriamente representativas de una cultura nacional"*. Os autores da introdução admitem, portanto, o valor daquele romance. Mas não lhes parece "representativo", e são eles que colocaram as aspas. Que significam essas aspas?

O romance histórico de Larreta passa-se na Espanha do século XVII. Satisfaz às exigências da estética; mas não satisfaz a certa exigência do nacionalismo literário.

Aplicando o mesmo critério, os organizadores da lista norte-americana devem ter sentido algumas dúvidas antes de incluir o nome de Henry James. Mas incluíram sem hesitação nenhuma os romances de Hemingway, que se passam quase todos fora da América e em situações especificamente européias, e os romances de Thomas Wolfe, que também são semi-europeus. Dir-se-á que o espírito dos Hemingway e Wolfe é, apesar disso, inconfundivelmente americano. Mas como se mediu, então, a maior hispanidade do que hispano-americanidade de Larreta?

É necessário distinguir. A literatura norte-americana já chegou a uma fase de maturidade que lhe permite encontrar seus problemas, enredos, situações, personagens em qualquer parte que seja. Quando nas literaturas latino-americanas não se permite esse universalismo, confessa-se a relativa imaturidade delas; e é realmente preciso tirar as conseqüências. Autores sul-americanos que fazem passar seus romances em Estocolmo ou na Iugoslávia seriam esnobes e preciosos. Têm eles de tratar, em primeira linha, de problemas sul-americanos, porque, diabo, quem tratará disto senão eles? Mas é desejável evoluir para a fase em que esse nacionalismo de conteúdo já não seja tão estritamente obrigatório. O motivo dessa evolução é agora o mesmo demonstrado na França. Vailland, Robbe-Grillet, Butor fazem passar seus romances no estrangeiro; mas não é por evasionismo. É para fugir do ambiente tradicional do romance francês: da província francesa e da sua atmosfera sufocante. O perigo é o provincianismo.

Um dos meios para fugir desse provincianismo é o contato com os vizinhos hispano-americanos. Têm muito que dar, embora muitos no Brasil não acreditem nisso. Já não é preciso chamar a atenção para esse excepcional Jorge Luis Borges, certamente o maior contista entre os vivos, cidadão da Argentina, do mundo e de mundos imaginários. Os outros, estejam presentes ou não na "Lista de Libros Representativos de América", representam duas tendências principais. Pertencem à primeira, além de Borges: a venezuelana Teresa de la Parra, autora de *Efigenia* e das *Memorias de Mamá Blanca*, os mais finos romances psicológicos que já se escreveram na América Latina; e o excepcional poeta cubano Eugenio Florit. Pertencem à outra tendência: o forte e dir-se-ia rouco revolucionário peruano Cesar Vallejo; e *La Vida Inútil de Pito Pérez*, do mexicano José Rubén Romero. No meio entre eles, reunindo-lhes as qualidades, o guatemalteco Asturias, cujo *Señor Presidente* já é conhecido no Brasil, mas ainda não bastante apreciado: síntese de análise psicológica da ditadura e de fantástico poema em prosa. Em face de livros desses só se pode dizer: *Tolle el lege*! O leitor encontrará neles versos como os do guatemalteco Cardoza y Aragón:

"Porque el amor y la muerte son las alas de mi vida,
que es como un ángel espulsado perpetuamente";

e versos como os do colombiano Pardo García:

"Por los eternos caminos
olvidaronse las cosas,
y en este sereno tránsito
hacía todo lo que asombra,
el mundo se me hizo leve
y divina la memoria".

Wolf: o último romântico

O Estado de S. Paulo, 26 nov. 60

Mesmo a coincidência com as comemorações de Chopin, Schumann e Mahler não conseguiu fazer esquecer o centenário de nascimento de Hugo Wolf; mesmo em comparação com Schubert, Schumann e Brahms, sua mestria no gênero *lied* é extraordinária, e a esses critérios de valor acrescenta-se o interesse por uma das personalidades mais estranhas em toda a história das artes.

Não incorre na heresia do biografismo quem concede, entre os muitos problemas em torno de Wolf, a prioridade ao problema psicopatológico. Pois o caráter e o temperamento do compositor, homem violento e de instintos sádicos, são condições de sua arte eruptiva. Seu ritmo de produção não foi, decerto, normal: entre fevereiro e outubro de 1888, escreveu os 53 *lieder* sobre textos de Mörike, concebidos com pressa febril e todos eles da mais alta categoria; seguem-se dois anos totalmente estéreis; em 1891, novo momento vulcânico de produção; e seguem-se quatro anos de silêncio; em 1896, nova grande fase criadora, e depois a noite da loucura. A infecção venérea, que foi causa imediata de sua paralisia progressiva, não explica aquele ritmo patológico de sua criação artística (tampouco como no caso de Nietzsche). Não foram "pecados de amor", mas outros que permitiriam dizer de sua música, meio erótica, meio mística, o que Adorno dizia da arte de Schoenberg: "... *tollit peccata mundi*". Assim como no caso do personagem de ficção ao qual Wolf forneceu mais do que um traço: o Adrian Leverkühn, de Thomas Mann. A reminiscência é justificada porque o próprio Wolf também foi nacionalista alemão e romântico alemão.

Não pretendo definir esse romantismo. Por enquanto, só isto: foi um romantismo especificamente alemão. Este é, em primeira linha, um fenômeno literário. Qualquer outro compositor, inclusive um Berlioz ou um Wagner, ficaria injustiçado, colocando-se problemas literários no centro da discussão em torno de sua arte. Não acontece assim no caso de Wolf: o problema central de sua vida de artista foi a relação entre a poesia e a música, através do *lied*.

A propósito do gênero *lied* subsistem tenazmente alguns equívocos, devidos a certos musicólogos franceses do século passado. Os textos dos *lieder* dos compositores alemães são escritos, muitas vezes (mas nem sempre), nos metros e nas formas estróficas da poesia popular alemã. Daí concluíram estudiosos ignorantes daquela língua e literatura que o *lied* seria música folclórica. E muita gente continua acreditando nisto.

Na verdade, essa opinião é absurda. Que é o *lied*? O *lied* é, entre os gêneros musicais, aquilo que entre os gêneros literários é a poesia lírica. Chamar "folclóricos" os *lieder* de um Schubert ou Schumann, Brahms ou Hugo Wolf é tão inteligente como se alguém chamasse "folclórica" a poesia de Baudelaire ou de Valéry. Mas não é verdade que grande parte da poesia lírica alemã, base do *lied* musical, é escrita em metros e estrofes da poesia popular? É verdade. A poesia lírica de língua alemã teve sua primeira fase alta no barroco do século XVII (Gryphius, Hofmannswaldau, Stieler), fase na qual, por motivos diversos, não a acompanhou a música. O racionalismo do século XVIII destruiu o prestígio das sutis e artificiais formas barrocas. A reconstrução realizou-se, no tempo de Goethe, pela adoção daquelas formas populares. Mas é preciso ignorar a língua e a poesia de Goethe para chamá-la "folclórica". E fortes correntes da poesia alemã, de Hölderlin e Rilke, evitaram mesmo o uso daquelas formas. Já se vê que para a compreensão total do *lied* é indispensável um conhecimento melhor da evolução e dos valores da poesia lírica alemã. As fontes para tanto, nas línguas mais lidas no Brasil (português, francês), são escassas; também ainda ocorrem uns erros grotescos. Uma digressão sobre esse assunto é, nesta altura, inevitável.

Primeiro, é preciso eliminar certos nomes de que gostam muito, na Alemanha, os professores secundários: nem os poemas filosóficos de Schiller nem as baladas de Uhland pertencem à poesia lírica. O começo é mesmo Goethe, cuja vizinhança só agüentam algumas poesias muito simples e muito profundas de Matthias Claudius. O primeiro romantismo é o de Novalis: hinos da morte, de raízes filosóficas; mas não encontrou sucessores nem música. Um segundo romantismo preferiu aquelas formas folclóricas, embora muito requintadas: Brentano, Eichendorff, Heine, Droste-Hülshof; o lugar de último romântico não cabe, porém, a Heine, mas ao byronista Lenau, cuja poesia desigual foi, graças a muitos tradutores, supervalorizada fora da Alemanha. Mas certas poesias de Goethe, e das maiores, têm outra forma, antiqüizante: eis a fonte de uma tradição diferente, que culmina logo no início em Hölderlin e deu, depois do fim do romantismo, o precioso epílogo da poesia de Mörike. Continuou no nobre parnasianismo do suíço Conrad Ferdinand Meyer; e foi renovada por Nietzsche, já às portas do simbolismo, ao mesmo tempo em que as formas românticas foram revivificadas pelo impressionismo de Liliencron e pelo erotismo e socialismo de Dehmel. Nesse tempo, por volta de 1890, reatou a literatura alemã as rompidas relações com a França. E os grandes nomes do simbolismo e pós-simbolismo são George, Hofmannsthal, Rilke e o baudelairiano Georg Heym. Corrente paralela liga-se à redescoberta e revalorização de Hölderlin, cujo melhor fruto é a poesia do austríaco Trakl. Mas nesse tempo, em 1910, já tinha chegado a hora dos expressionistas: Benn e, depois, Brecht. O traço característico dessa evolução inteira é a substituição gradual do romantismo por outras correntes.

A música não acompanhou em linha reta essa evolução. A pouca cultura literária de certos compositores fê-los preferir textos cujos autores estariam hoje, sem a correspondente música, esquecidos. E, embora o conhecimento da língua alemã seja indispensável para compreender bem as relações entre a palavra, a melodia e os acordes, não perde mas ganha quem não entende certos textos usados por Schubert e Schumann, de poetastros românticos insuportáveis; sobretudo Schumann, embora de muita cultura, sacrificou ao falso gosto de sua época. Em compensação, certos valores altíssimos da poesia lírica alemã, de Hölderlin a Rilke, nunca encontraram adequada interpretação musical; tampouco o primeiro romantismo, de Novalis. Resumimos: a poesia lírica alemã evoluiu, libertando-se gradualmente da herança romântica. A música, porém, percorreu caminho inverso: apoderou-se gradualmente dos valores líricos, romantizando-os; com exceção da tradição Hölderlin-Rilke, que não é capaz de ser romanticamente interpretada; e com exceção de Novalis, que ficou inacessível aos músicos.

Para essa romantização gradual da poesia lírica pela música, cada um dos grandes mestres do *lied* tem contribuído à sua maneira. Schubert talvez menos que os outros: pois apesar de sua pouca cultura literária conseguiu, com intuição maravilhosa, adaptar-se a qualquer estilo, ao rococó da mocidade de Goethe e ao estilo sentencioso do Goethe da velhice e ao sentimento popular de Claudius *(A Morte e a Donzela)*; e seus maiores triunfos estão ligados a textos insignificantes de poetastros românticos (Mayerhofer, Wilhelm Müller); seu romantismo ainda é o herdeiro da independente música absoluta, beethoveniana. Schumann, homem de grande cultura literária, submete-se ao gosto do seu tempo: romantismo aburguesado, que gosta das ironias de Heine e abranda o *frisson* demoníaco de Eichendorff. Mas Brahms já é pós-romântico, o que se reflete na escolha dos seus textos, muitas vezes poesias de epígonos; mas pertence-lhe o mérito de ter descoberto a herança romântica no lirismo impressionista de Liliencron *(No Cemitério)*; e nas *Quatro Canções Sérias*, sobre versículos bíblicos, já está além do romantismo, em terreno bachiano; é sua última obra.

O romantismo de Hugo Wolf é todo diferente. Sendo wagneriano, já não tem relações com a música absoluta. Seu temperamento violento coloca-o em pé de guerra contra o romantismo aburguesado de Schumann e Brahms (não conseguiu entender a grandeza deste último). E seus textos? Nem Mörike nem Goethe (nas poesias que escolheu) nem o *Cancioneiro Italiano* nem o *Cancioneiro Espanhol* nem as três *Canções de Michelangelo* são textos românticos. Ao contrário: com exceção de algumas poesias de Eichendorff, o compositor evita a literatura romântica. Mas Wolf consegue romantizar textos para os quais seus predecessores não teriam tido uso: insufla violento erotismo (*Amor calado*) e espírito hermético (*Canção de Weyla*) ao modesto Mörike, descobre um paganismo wagneriano em Goethe (*O Túmulo de Anacreonte*) e um poderoso misticismo erótico em canções populares italianas e de Michelangelo. O romantismo de Wolf tem pouco ou nada em comum com Schubert, com Schumann e Heine, com Brahms. Ressuscita, na música, o esquecido romantismo do amor e morte, de Novalis e dos seus amigos; o mesmo romantismo que Wagner ressuscitara monumentalmente, na obra preferida por Wolf sobre todas as outras, em *Tristão e Isolda*.

Em sua obra *Richard Wagner. Consumação e Tragédia do Romantismo Alemão* (Berna, 1953), P. A. Loos defende a tese de que Wagner não é um epígono do romantismo em época pós-romântica; a arte do mestre seria, ao contrário, o ressurgimento e a dramatização monumental do esquecido primeiro romantismo, de Novalis: de saudade da morte e de destruição deste mundo de ilusões. Wagner entrou, sim, em choque com sua época, não por ter sido anacrônico seu romantismo, mas por ter antecipado um novo romantismo. Loos não pensa, porém, na poesia dos simbolistas, que endeusaram Wagner na França. Pensa no fenômeno terrível da nossa época: a autodestruição do mundo pela ciência e técnicas modernas, manejadas por homens imbuídos do espírito romântico do nacionalismo e da utopia. Deste modo, a própria realidade tornou-se aquilo que nunca pode ser: romântica. A autodestruição de Wolf é presságio do destino do seu mundo, assim como a loucura de Adrian Leverkühn simbolizava a catástrofe da Alemanha.

Depois e além de Wolf já não pode haver arte romântica nem pode sobreviver o *lied*. Além de Wolf só foram possíveis a despedida da *Canção da Terra*, do seu amigo Mahler, e o *Pierrot lunaire* de Schoenberg: arte de hoje em que o mundo de hoje não reconhece seu espelho e sua expiação; arte que *"tollit peccata mundi"*.

Meditação de Basiléia

O Estado de S. Paulo, 10 dez. 60

Não quero despedir-me deste ano sem ter dedicado umas palavras de gratidão à mais venerável aniversariante de 1960: a Universidade de Basiléia fez 500 anos.

Alguns professores basileenses me influenciaram tão profundamente como todas as pessoas voltadas para as coisas do espírito: Jacob Burckhardt, Friedrich Nietzsche, Heinrich Wölfflin. Como influências mais particulares devo citar o germanista Andreas Heusler e o teólogo protestante Karl Ludwig Schmidt. Mas nunca estudei propriamente em Basiléia. Nunca ouvi ali uma aula. Só de fora conheço o poderoso edifício à beira do Reno, que em Basiléia ainda é um rio estreito; só mais tarde, em Estrasburgo, ampliar-se-á, como o divisor de águas da Europa, em terreno por assim dizer neutro entre o mundo latino e o mundo germânico, para encontrar no delta entre Antuérpia e Roterdã as águas do mar inglês. Assim, de fora, posso escrever sobre a Universidade de Basiléia sem que o discurso fique perturbado pelo sentimentalismo de recordações juvenis. Mas, mesmo assim, não dedicaria uma página a um assunto de tanta importância para a Europa se ele não fosse também de interesse vital para nós, aqui no Brasil. De maneira objetiva eu gostaria de dizer o que a Basiléia significa para nós, ou pode chegar a significar.

Basiléia é como o Reno: uma cidade européia. Ocupa o último canto da trilíngüe Suíça; a fronteira francesa e a fronteira alemã passam pelos subúrbios. Aqui viveu e está sepultado aquele que Nietzsche chamou de "o primeiro bom europeu": Erasmo de Roterdã. Mas o espírito do humanismo já soprava ali antes dele e não morreu com ele. A Carta de Fundação da Universidade de Basiléia, de 1459, foi redigida e assinada pelo papa Pio II, que foi no século o grande humanista Enea Silvio Piccolomini. Depois, foram humanistas basileenses o nobre Bonifatius Amerbach, cujos escritos estão esquecidos, mas cujo perfil sobrevive para sempre no retrato pintado por Holbein; e os numerosos protestantes italianos que ali encontraram asilo; e o misterioso e aventuroso Paracelso, traço de união entre o humanismo e as novas ciências naturais. Ao universalismo europeu da cidade corresponde o universalismo espiritual da sua Universidade. Os retratos dos leitores do século XVI, no pesado volume dos Anais Universitários, são da mão do basileense Holbein. Ligado à Universidade é, ressuscitado por Karl Nef, o Collegium Musicum, ligado também a tradições de Schütz, Bach, Haendel, Mendelssohn e

Schumann; mas para o *Carmen Basiliense,* hino da comemoração de 1960, escreveu o inglês Benjamin Britten a música, toda brahmsiana.

Muitos grandes homens ensinaram na Universidade de Basiléia. Não só Burckhardt, Nietzsche, Wölfflin, mas também o teólogo radicalmente crítico Franz Overbeck; Johann Jacob Bachofen, o descobridor do antigo matriarcado; o jurista Rudolf von Ihering; Dilthey; e, hoje, Karl Jaspers. Ali está realizado o ideal da Universidade alemã, assim como Wilhelm von Humboldt o formulou ao fundar em 1810 a Universidade de Berlim: a união da pesquisa científica e da sua transmissão pedagógica. Esse sistema domina hoje as universidades da Itália, Holanda, Escandinávia e algumas norte-americanas (Johns Hopkins, em Baltimore, Princeton, Madison, Ann Arbor). Mas em sua terra de origem soçobrou. O utilitarismo técnico e o servilismo político minaram as universidade alemãs; enfim, em 1933, o totalitarismo nazista as destruiu; e até hoje não se recuperaram mais; Basiléia é hoje a primeira das universidades de língua alemã.

Nem sempre foi assim. Durante o século XIX, Basiléia passava por universidade de segunda categoria, por trampolim de jovens professores que, quando mais conhecidos, logo eram chamados para as cátedras de Berlim e Leipzig, Munique e Iena, Heidelberg e Halle, Viena e Praga. Mas com esse sistema de "chamadas" já entramos na discussão do sistema universitário alemão.

O prestígio do professor universitário alemão é extraordinário. É considerado como um ministro de Estado ou um bispo. As universidades — atualmente existem 28 de língua alemã, em três países — disputam apaixonadamente os mais famosos docentes, oferecendo-lhes maiores ordenados e melhores bibliotecas e laboratórios para atraí-los. Esse sistema de "chamar" um professor de outra universidade para reger determinada cátedra exclui o sistema dos concursos. Com efeito, não há concursos. Apresentando trabalho científico de certa importância, o estudioso já formado que pretende seguir a carreira universitária é nomeado docente livre. Mais tarde, outros trabalhos publicados podem determinar sua nomeação para professor extraordinário e, enfim, para ordinário (isto é, catedrático). Nem sempre esse sistema funciona impecavelmente. Nas nomeações influi a capacidade de falar bem, assim como a bajulação e até o casamento com a filha de um catedrático influente. Por isso se costuma dizer que os três caminhos para a cátedra correspondem aos três processos da medicina antiga para introduzir remédios no corpo: *per os, per anum, per vaginam.* Também por isso se costuma dizer: certos professores extraordinários são muito ordinários e certos ordinários não fazem nada de extraordinário. Contudo, em geral, o sistema dá melhores resultados. Não existe ali o tipo que faz, uma vez na vida, uma tese para concurso e nunca mais publica nada.

A obrigação de fornecer trabalhos científicos fomenta a colaboração com estudantes e doutorandos, nos seminários e bibliotecas; pois as teses de doutorado quase sempre tratam de assuntos ligados ao trabalho de pesquisa do professor. Não existe o tipo de professor que só aparece "para dar aula". O sistema também fomenta a cooperação entre as faculdades, que não são apenas escolas administrativamente reunidas: constituem, realmente, a *Universitas litterarum*. Se não fosse assim, um Max Weber nunca teria chegado à sua teoria de evolução do capitalismo pelo espírito calvinista, tese devida ao contacto entre o professor de sociologia e professores de teologia protestante na Universidade de Marburgo.

As universidades são, portanto, entidades completas e autônomas. Mas sua autonomia não é, como se entende entre nós, independência administrativa. É autonomia intelectual, a famosa *libertas docendi*, a independência total do professor, ao expor suas opiniões; não está sujeito a nenhum poder temporal ou espiritual. O *pendant* dessa liberdade do corpo docente é, quanto ao corpo discente, a *libertas discendi*. O professor pode ensinar o que quer. O estudante pode estudar o que quer. Ninguém fiscaliza a freqüência das aulas. O estudante pode escolher livremente os professores, as matérias, os livros que prefere. Não há programa nem "pontos". Mas nos exames, que são rigorosíssimos, tem de prestar contas do que estudou. Essa extrema liberdade parece perigoso prêmio à preguiça. Na verdade, é ótimo meio de seleção. Quando ninguém os fiscaliza, os preguiçosos deixam de estudar; e os que só uma falsa ambição ou a vontade do pai levaram à universidade perdem rapidamente o interesse. Só 30% dos matriculados no primeiro ano chegam aos exames finais. O resto desistiu sem ter sido constrangido. É a auto-seleção.

O mesmo sistema universitário também foi introduzido, salvo engano, por d. Francisco Giner de los Ríos no Instituto de Enseñanza Libre, de Madri, onde se preparou a reforma das universidades à qual a Espanha deve sua estupenda renascença literária e científica no século XX.

Podemos também aprender algo em Basiléia? A transferência integral de sistema universitário, de um país para outro, é impossível. Falsifica o modelo. A imigração do ótimo sistema universitário francês no Brasil deu Faculdades de Direito que são escolas profissionais para formar advogados, e Faculdades de Filosofia que são escolas normais para formar professores secundários. Pois um sistema universitário sempre é resultado da história espiritual da nação e, portanto, intransferível. Mas um olhar para as bases históricas do sistema universitário alemão pode contribuir para esclarecer nossa situação no Brasil, embora seja radicalmente diferente.

Sistema universitário alemão é produto da Reforma do século XVI: os professores de Teologia e de Direito aconselharam os príncipes na revolta contra o papa; ao lado do poder temporal do príncipe, assumiram o poder espiritual, antes exercido pelo bispo. Desde então, os catedráticos têm uma espécie de autoridade episcopal, o que lhes explica o prestígio. Por isso, nunca foram apenas mestres-escola superiores; e sua utilidade não foi, apenas, a de especialistas em uma escola para formação de profissionais. Têm, desde então, a categoria de ministros, no sentido de "primeiros servidores do monarca". Mas pela reforma universitária de Wilhelm von Humboldt, por volta de 1810, chegaram a tornar-se independentes também do poder monárquico. São, desde então, os líderes intelectuais da nação: os defensores dos ideais do humanismo e das ciências humanísticas. É isto o que não é transferível para outras nações, de passado espiritual diferente. Exemplo é, porém, a maneira como defenderam aqueles seus ideais contra tendências e forças novas que hoje querem dominar o mundo inteiro.

Pois o humanismo é hoje problemático: foi minado, primeiro, pelo papel preponderante das ciências naturais e, depois, pela invasão do espírito e dos métodos nas ciências históricas, filológicas e filosóficas, isto é, pelo especialismo. Por isso, Ortega considerava o especialismo como perigo, ameaçando abolir o ideal de Humboldt, da união de pesquisa desinteressada e ensino desinteressado. Como se enfrentou esse perigo?

Basilea docete. Na cidade de Paracelso, a ciência de Galileu podia ser entendida como mais uma das disciplinas do Espírito, em vez de mera base científica da técnica. Constituiu-se, ao lado da faculdade propriamente de Filosofia, uma segunda faculdade filosófica, a das ciências naturais. E, pelo *Studium generale*, espécie de faculdade de cultura geral para os estudantes de todas as faculdades, enfrentou-se o especialismo em todas, para impedir a formação de homens que dominam sua especialidade e são, em todo o resto, ignorantes e infantis, membros de uma massa amorfa. Estes não seriam verdadeiros universitários. É preciso reformar este mundo.

Nossa reforma universitária está encaminhada. Geralmente se pensa em substituir o literato, esse ideal de tempos idos, pelo universitário. O modelo da reforma seriam as universidades norte-americanas.

Mas as universidades norte-americanas não possuem a independência nem a influência das européias. São ilhas isoladas no mar da baixa *mass culture*. Na vida pública da nação não exercem influência nenhuma. São, ao contrário, influenciadas pelo meio. Seu culto da especialização é reflexo do culto da especialização na técnica e na vida comercial (religião da propaganda, análise do mercado, ciência para vendedores). Quando muito, opõem à técnica, no mundo da matéria, uma escolástica no mundo do espírito. Criam o pior dos especialistas e o pior dos literatos: o arrogante especialista em literatura.

Seria este o modelo para a reforma universitária na América Latina? Abro o simpósio *The United States and Latin America* (Columbia University, 1960), pág. 52, e encontro o que mais surpreende o observador norte-americano na América Latina: o prestígio público dos literatos — porque isso não existe nos Estados Unidos. Por quê? O literato norte-americano é espécie *démodée* como o *littérateur* na Europa; ninguém pensa em ressuscitá-la, nem seus descendentes, aqui, mortos que não sabem que já morreram. Mas, em outro sentido, o literato na América Latina é simplesmente sinônimo do intelectual.

No padroeiro dos intelectuais pensei, às margens do Reno, perante a Universidade de Basiléia. Ali o vento vem da Itália, mas sua direção é Reno acima, para Estrasburgo, para Antuérpia e Roterdã, a cidade de Erasmo. Debaixo do braço tinha o volume de Bataillon sobre *Érasme en Espagne* e pensei que Erasmo também pode e deve ser um ideal americano.

A propósito de influências

O Estado de S. Paulo, 07 jan. 61

Quando saiu a 1ª edição de *A Vida Literária no Brasil — 1900*, do sr. Brito Broca, escrevi um artigo sobre esse livro pioneiro e delicioso. Recebendo exemplar da 2ª edição, que o autor me mandou com dedicatória tocante, lembrando nossa amizade velhíssima e invariável — não precisava eu, evidentemente, reler logo o que já tinha estudado. Só quis abrir o volume. Com a faca na mão, olhei para esta ou aquela página, à medida que cortei, e os olhares tornaram-se mais demorados, e enfim, quando o volume estava aberto, já tinha relido o livro. É critério da fascinação do assunto e da maneira com que ele foi tratado pelo escritor. Foi, quase involuntariamente, a maior homenagem que se pode prestar a um livro: a releitura.

Um dos assuntos que mais chamam a atenção é o grande atraso com que o Brasil literário de então acompanhava os movimentos literários no mundo e especialmente na França, apesar das relações íntimas que os escritores brasileiros da época acreditavam manter com Paris. Ali, o simbolismo já passava por *vieux jeu*, quando o Brasil ainda endeusava imitadores de Leconte de Lisle e Heredia. Foram, entre 1905 e 1910, os anos do cubismo, do primeiro expressionismo; mas nenhum dos brasileiros em Paris parece tê-los percebido. Gide era um desconhecido no Brasil; mas as *Nourritures terrestres* são de 1897. O volume *Alcools* é de 1913; mas ninguém no Rio de Janeiro tinha ouvido o nome de Apollinaire. Na sua conferência "O Movimento Modernista" (pág. 18), Mário de Andrade conta que só depois de 1920 se descobriu em São Paulo *Les villes tentaculaires*, de Verhaeren, volume de 1895. Ronald de Carvalho passou por modernista precipitadamente revolucionário quando em *Toda a América* (1926) imitou o Whitman das *Leaves of Grass* (1855).

Atraso incompreensível. Só atraso? Acontece que os literatos do Rio de Janeiro de 1910 estavam atentíssimos a certos outros acontecimentos literários de sua época. Conta o sr. Brito Broca (pág. 250) que uma das mais fortes influências francesas no Brasil foi a de Jean Lorrain, do qual na própria França mal se conhece o nome. Estranha seleção dos valores! Mas não ficou limitada à época de 1910. Os autores alemães que a Escola do Recife fez conhecer no Brasil tampouco eram os melhores nomes disponíveis; parecem ter confundido Hegel e Haeckel. Agora mesmo não consigo verificar o ano em que o jornalista norte-americano Michael Gold publicou o romance *Jews Without Money*; nenhuma história da literatura norte-americana faz caso desse livro medíocre, mas uma tradução dele foi muito lida no Brasil, exercendo fortíssima influência sobre o romance nordestino. A influência na literatura é menos um assunto do que um problema.

Já desisti, há muito tempo, do projeto de escrever um livro sobre "influências estrangeiras na literatura brasileira". Existem alguns bons trabalhos sobre esse tema: o de Paul Hazard sobre o Romantismo (*Revue de Littérature Comparée*, VII/1, janeiro de 1927); o de Georges Le Gentil sobre o Parnasianismo (mesma revista, XI/1, janeiro de 1931); o recente livro, volumoso e muito bem documentado, do sr. A. Carneiro Leão sobre *Victor Hugo no Brasil*; os trabalhos do sr. Eugênio Gomes sobre influências estrangeiras em Machado de Assis e o do sr. Gilberto Freyre sobre as fontes da formação científica de Euclides da Cunha; não seria difícil demonstrar a imitação de Zola nos naturalistas brasileiros. Durante certo tempo anotei regularmente observações suplementares sobre o assunto, de outros pesquisadores e minhas. Quanto a José de Alencar, o sr. Eugênio Gomes já derrubou o exclusivismo dos menos informados que explicaram tudo pela "influência de

Chateaubriand e Cooper", demonstrando os traços da leitura de Ossian no romancista; gostaria de ver mais de perto estudada a influência de Walter Scott no autor das *Minas de Prata*. Em outros casos temos o testemunho do próprio autor influenciado: Manuel Bandeira, falando da forte impressão que lhe fizeram *La chanson du mal-aimé* de Apollinaire e a poesia do hoje quase esquecido Guy Charles Cros. Não sei se fui eu ou um outro que observou o paralelismo entre a quinta das "Cinco Elegias" de Vinícius de Morais e o poema "The Old Vicarage, Grantchester", de Rupert Brooke. Uma mina para comparações dessa natureza são os parnasianos brasileiros. Mais uma vez não me lembro quem observou a semelhança entre a "Última Canção" de Vicente de Carvalho e as "Serres chaudes" de Maeterlinck (mais uma prova do criptossimbolismo do parnasiano paulista), que também influíram em "Sete Damas" (canç. XIII e XXI) de Alphonsus. Talvez fosse Agripino Grieco, que também disse sobre Raimundo Correia: "Nos seus *Versos e Versões* ninguém sabe onde começam os versos e onde acabam as versões".

Apesar de todas essas pesquisas já feitas, desisti da realização daquele projeto, por encontrar dificuldades insuperáveis. Certas influências estrangeiras na literatura brasileira são sempre afirmadas sem provas convincentes, podendo-se perfeitamente tratar de coincidências. A eliminação dessa fonte de erros só é possível mediante o estudo acurado dos canais pelos quais aquelas influências teriam chegado ao Brasil. Mas não existe, até hoje, trabalho sobre a divulgação de revistas literárias estrangeiras no país: apenas sabemos, vagamente, que no Segundo Reinado predominava a leitura da *Revue des Deux Mondes*, sendo esta depois substituída pelo *Mercure de France*, e, enfim, pela *Nouvelle Revue Française*. Essas revistas foram, sem dúvida, intermediários importantes. Mas como verificar mais exatamente sua difusão? E como estudar o papel da diplomacia nos contatos entre a literatura brasileira e a Europa (e os Estados Unidos)? Foi como diplomata que Gonçalves de Magalhães chegou a conhecer, na Europa, o movimento romântico, que lhe inspirou a publicação da revista *Nictheroy*. Desde então, inúmeros embaixadores, secretários, adidos e cônsules do Brasil foram escritores ou, pelo menos, conhecedores de línguas e literaturas estrangeiras às quais o ofício lhes facilitou o acesso. Seria indispensável perscrutar o arquivo do Itamarati e numerosos arquivos particulares e correspondências inéditas para estudar exatamente as influências estrangeiras na literatura brasileira. Mas será que esse trabalho enorme teria a utilidade prometida? Serve, sim, para rebater certos exageros, dos quais aqui cito um exemplo: quando o sr. Valdemar Cavalcanti leu pela primeira vez *Banguê*, lembrou-se de

Jude the Obscure (*Boletim de Ariel*, III, 10 de julho de 1934); foi uma intuição certa, pois o próprio José Lins do Rego falou, depois, das suas leituras de Hardy antes de escrever o Ciclo da Cana-de-Açúcar; mas logo o americano entusiasmado Samuel Putnam tirou a conclusão de chamar José Lins de "Hardy brasileiro", o que é um absurdo total; porque a "influência" não chegou a revelar ou produzir verdadeira afinidade de gênios do vitalista paraibano e do pessimista inglês. É um exemplo que basta para justificar todas as dúvidas quanto ao próprio conceito "Influência". Mas o exemplo máximo é o caso de Machado.

Na obra de Machado de Assis verificou o sr. Eugênio Gomes influências de: Lamb, Shakespeare, Swift, Sterne, Thackeray, Dickens, Voltaire, Hugo, Schopenhauer, Gogol (alguns deles, leituras preferidas do escritor brasileiro; alguns deles, escritores de mentalidade, temperamento e estilo diametralmente opostos aos de Machado de Assis). Outros estudiosos ampliaram a lista, verificando em Machado a influência de Pascal, Balzac, Leopardi, E. T. A. Hoffmann. Enfim, o sr. Agripino Grieco encontrou no romancista brasileiro traços de Heine, Diderot, Sue, Mérimée, Rabelais, Montaigne, Cervantes, Feuillet, Flaubert, La Fontaine, Ovídio, Baudelaire, Maupassant, irmãos Goncourt, Rivarol, Barrès, Karr etc., além da influência de certos escritores brasileiros, ao ponto de o nome de d. Carmo (em *Memorial de Aires*) lhe lembrar a presença de uma Carmo no romance *O Grande Circo* de Gervásio Lobato (quem foi?). De fato, o sr. Agripino Grieco, espirituoso como sempre, forneceu uma caricatura perfeita do método do sr. Eugênio Gomes.

É possível transformar a obra de qualquer escritor no mundo, de Shakespeare até Joyce, em mosaico de inúmeras influências. O erro fundamental desse método comparativo é a confusão entre influência e reminiscência.

Benedetto Croce já tem vivamente protestado contra a chamada *Stoffgeschichte* (história de assuntos e enredos): quando um enredo é tratado pelo escritor Fulano e, depois, pelo escritor Beltrano, as semelhanças e os paralelismos não têm o menor interesse, sejam mera coincidência ou sejam imitação consciente; o que interessa, porque serve para caracterizar Beltrano, seriam apenas as diferenças. Esse argumento encontra forte base na análise estilística: pois esta considera como significativos todos os detalhes dentro da estrutura do estilo de um autor, mas só dentro dessa estrutura; as reminiscências tiradas da leitura de outros autores não têm a mesma significação ou não têm significação nenhuma. Contra essas verdades nem sequer vale o testemunho do próprio autor "influenciado": Baudelaire confessou-se profundamente influenciado por Poe, mas a crítica anglo-americana não é capaz de reconhecer Poe em Baudelaire (v. o ensaio de T. S. Eliot sobre "Edgard Poe et la France", publicado em francês na revista *Table Ronde*).

Um crítico holandês, H. A. Gomperts, acaba de estudar essas "influências confessadas" (*De Schok der herkenning*, Amsterdã, 1960). Chega à conclusão de negar "a influência da influência na literatura". A alternativa está entre a mera imitação (que não interessa) e a (consciente ou inconsciente) deformação do modelo, criando-se algo de novo. Gomperts deixou de citar, mas assinaria a frase de Gauguin: "Na arte só existem plagiários e revolucionários".

Colcha de retalhos

O Estado de S. Paulo, 28 jan. 61

Um grande cronista começou, certa vez, assim: "Meu dia chegou: falta de assunto". O acidente não o impediu, aliás, de escrever sua crônica. Já é mais embaraçosa a abundância de assuntos, que nem todos podem ser estudados e meditados. Ficam notas, as mais das vezes inspiradas por leituras recentes. Eis aqui a colcha de retalhos.

Comparando um verso de Heine, no qual "a mulher amada envenenou a vida", com dois versos do poeta romântico espanhol Bécquer ("*Una mujer me ha envenenado el alma / Otra mujer me ha envenenado el cuerpo*"), Dámaso Alonso confirma a influência, embora vaga, do poeta alemão sobre o espanhol, acrescentando porém: "*Es una confesión de desgarradora sinceridad. Aqui es Bécquer el más valiente*". Não sou admirador incondicional de Dámaso Alonso. Mas esse seu adjetivo me deslumbrou: "valente" como critério do valor poético. Eis um autêntico enriquecimento do paupérrimo vocabulário crítico, as mais das vezes resíduos de obsoletas estéticas dogmáticas, transformados em interjeições. Pois na crítica não existe, como nas ciências exatas, uma terminologia permanentemente certa. Todos os críticos são prisioneiros dos seus vocabulários. Por isso, tão raramente estão de acordo. Vale para eles o que Scaliger disse sobre a complicadíssima língua dos bascos: "Afirma-se que os bascos se entendem entre si; mas não acredito".

Conhecida é a frase de Nietzsche sobre o atraso da música em relação às outras artes. Bach é barroco em pleno rococó. Quem ouve o *Trio opus* 97 ou, para escolher um exemplo da terceira fase, as *Variações Diabelli*, sabe que Beethoven é clássico em pleno romantismo. Wagner é romântico na época da industrialização. As paródias offenbachianas da mitologia grega, no tempo de Napoleão III, Zola e Manet, são o burlesco canto de cisne da última linguagem poética comum de todas as nações. Depois de 1800 já é anacronismo falar em ninfas e Olimpo. Sobreviveram só as doenças venéreas. Em vez do Olimpo, a torre de Babel.

*

As obras de arte não-realizadas, que assunto! Ao acaso me ocorrem a catedral de Beauvais, os projetos de Leonardo da Vinci, os de Michelangelo, a *Pandora* de Goethe, o *Hyperion* de Keats, *A Morte de Empédocles* de Hölderlin, a *Iphigénie en Tauride* de Racine, a *Sinfonia Inacabada* de Schubert, a segunda parte das *Almas Mortas* de Gogol, tantos outros grandes fragmentos. Mas esse *non finito* nem sempre é imposto pela morte ou por outros motivos fora da vontade. Às vezes é intencional. Diz o provérbio italiano que "*ogni pittore dipinge se stesso*". No seu livro sobre *Rembrandt* propõe Simmel a tese de que qualquer retrato sempre é, também, auto-retrato do pintor: o pintor, como um ator, no papel do retratado. Mas a arte moderna parece desconhecer o retrato. Sinal de dissociação da personalidade? Josef Gantner, o sucessor de Burckhardt e Wölfflin na cátedra de Basiléia, propõe outra explicação (*Schicksale des Menschenbildes*, Berna, 1960): certas épocas são infensas ao retrato porque duvidam da possibilidade da perfeição acabada que é premissa do retrato; são "anti-retratistas" assim a Antigüidade grega (por procurar o típico), a Alta Idade Média (por preferir o simbólico) e certos artistas como Michelangelo, inimigo do retrato e mestre do *non finito*; do mesmo *non finito* que é intencional na arte moderna. Essa tese de Gantner poderia ser a base de uma história dos grandes fragmentos e de uma revisão geral da história das artes, não só das plásticas. Mas no simpósio "O Inacabado como Forma Artística" (ed. por J. A. Schmoll, Berna, 1960) encontro logo um contra-argumento: na arte bizantina, que desconhece o retrato (senão o típico), o inacabado é impossível e até impensável. Basta ver Ravenna.

*

Mais duas observações sobre artes plásticas:
Contribuição para o estudo do barroco protestante é a presença dos mesmos elementos alegóricos na *Vanitas* (Madri, Academia de S. Fernando) de Antonio de Pereda (1606-1678) e na *Vanitas* (Haia, Bredius Museum) de Willem Claesz. Heda (1594-1679). A analogia lembrou-me o estudo de Ernst Lewalter (Hamburgo,

1935) sobre "Metafísica espanhola jesuítica e metafísica alemã luterana no século XVII", demonstrando a surpreendente presença do pensamento de Suárez nas universidades ortodoxamente luteranas de Wittenberg e Helmstädt, esta última muito freqüentada, aliás, pelos holandeses da época. O barroco literário holandês é, por sua vez, influência intermediária na Inglaterra dos *metaphysical poets*. O estudo do barroco é impossível para quem desconheça suas ramificações na Alemanha e Holanda.

Por anti-religiosa, senão por materialista, passa a pintura impressionista. Mas bem observa Werner Hofmann que a descrição fiel dos objetos na tela é ato de humildade. A justaposição, como fortuita, de figuras, no *Balcon* de Manet ou nas cenas de palco de Degas, é um protesto contra a contingência do encontro dos indivíduos na sociedade. Não se olham um ao outro; olham para fora do quadro, como para o infinito. Mas quem, hoje, tem uso para isso?

*

O Seminário Internacional da Unesco em Bucareste aprovou "todos os meios para facilitar o acesso dos operários à cultura". Muito bem. Mas a que cultura? Aquela que já existe? Sempre pensei que esta fosse a superestrutura da sociedade burguesa. Seria incompatível com a infra-estrutura da sociedade socialista; ou poderia contaminar a expressão superestrutural dela. Seria necessário "adaptar" os "clássicos" para salvá-los (v. o estudo de Van het Reve sobre *De Soviet-Annexatie der Klassieken*, Amsterdã, 1959). Mas quem é um clássico? A editora francesa que divulga em milhões de exemplares os romances de Hugo e alguns de Sue (!) não contribui para sanar o divórcio entre a literatura e o povo; em vez de casar com o povo, divorcia-se da literatura.

Sobre a questão dos clássicos e da formação dos cânones de literatura "exemplar", veja o estudo de Horst Rüdiger, na revista *Wort und Warheit*, nº 12. Explica pela presença permanente do cânone o alto nível do ensino de literatura na França; e pela ausência de cânones assim o nível provinciano de certas outras literaturas. Gostaria de acrescentar uma observação sobre a verdadeira paixão com que os supostos radicais Schoenberg, Alban Berg e Webern usavam o cânone da grande música do passado para justificar perante a tradição a reivindicação de hoje. Talvez por isso já se afigurem "superados" aos provincianos.

*

A confusão babélica das línguas multiplica a possibilidade de interpretações, oferecida pelo Tempo. No livro *Variações*, do crítico suíço Albrecht Fabri, leio que "cada obra nova modifica todas as obras antigas". Lemos um *Dom Quixote* diferente daquele que leram os contemporâneos. Realmente, o nosso Dom Quixote *à nous* tem, acrescentados, elementos do ceticismo irônico do século XVIII e do antiprosaísmo melancólico do romantismo e, agora, algo do *frisson* de Kafka. Essa tese, muito certa aliás, não é nova. Seria nova, e também justa, a inversão da tese, ao aplicá-la a obras contemporâneas. Lendo-as, estamos fatalmente influenciados pela soma de preocupações nossas, de hoje. A posteridade, com suas preocupações diferentes, tirará essa camada de "modernidade". Vai-se, então, ver o que fica; às vezes, nada.

*

Mas podemos aceitar os "clássicos". O eminente crítico alemão Hans Egon Holthusen estudou, sob o título algo arcaico "A Beleza e a Verdade na Poesia" (*Merkur*, abril de 1957), a dificuldade de "engolir" o inaceitável fundo filosófico e religioso de certas obras indubitavelmente grandes. É porque ele admira Rilke, rejeitando porém violentamente "a falsa pseudo-religião" do poeta. Realmente. É preciso ser católico medieval florentino para aceitar Dante? Ou seria o classicismo francês do século XVII uma *chinoiserie* para nós hoje? E hoje? É preciso aprovar o anglo-catolicismo de T. S. Eliot ou o comunismo (meio niilista) de Brecht ou a *irishness* de Yeats ou o fascismo de Pound para apreciá-los? Eles parecem exigi-lo. A famosa solução de Coleridge, a *suspension of disbelief*, só é suspensão; é provisória. Holthusen propõe outra: ao entrar na obra de arte, as idéias mudam de essência, transformando-se em coisa diferente do que eram na religião ou filosofia ou ideologia do autor da obra. Já não tem sentido perguntar se são "verdadeiras". O valor da obra de arte é independente das idéias manifestadas nela, porque a arte não tem índole teórica. Essa solução parece basear-se, de um lado, na autonomia da obra de arte (Kant) e, por outro lado, na diferença essencial entre a língua poética e a língua científica (I. A. Richards).

*

A sociologia do conhecimento, tipo Mannheim, continua sendo alvo de ataques de todos os lados. Focalizo o de Helmuth Plessner, estudando a "suspeita total de ideologia". Para os discípulos de Mannheim (não para ele mesmo) toda ideologia e toda construção ideológica da verdade são suspeitas. Todas as religiões, filosofias, ciências e a própria sociologia são determinadas pela situação de classe, na sociedade, dos pensadores (os nazistas substituíram, apenas, a classe pela raça). Se isto é assim, não existe possibilidade de discussão. Só a força, só a violência física podem declarar o que é verdade e o que tem de passar por verdade. Eis o totalitarismo que corresponde à divisão da sociedade em classes na época da alta industrialização. Parece o fim da história. Mas já se vislumbra a continuação dela. Pois já entramos em segunda fase da industrialização: na automatização. O totalitarismo muda de aspecto. Já não tem interesse em eliminar ou violentar gente para impor-se pela força física. Prefere os súditos automatizados. Em vez da força física, emprega a propaganda científica; e dá-lhe o nome de relações humanas.

*

O sr. Udo Rukser, alemão ou suíço, que viveu entre 1943 e 1946 em Santiago do Chile, escreve sobre a influência da literatura alemã na América espanhola. Lamenta o desconhecimento da poesia lírica alemã. Ressalta a função intermediária dos espanhóis, sobretudo de Ortega y Gasset. Verifica a forte influência de Marx, Freud, Heidegger, Thomas Mann, Rilke. Seria *tout comme chez nous?* Não é tanto assim. Rukser observa que Hesse, Kafka, Brecht, embora conhecidos, não encontraram público na América espanhola. Mas encontraram-no no Brasil. Especialidade nossa são, também, certas combinações e confusões estranhas. Em escritos recentes, de jovens autores brasileiros, encontrei o uso indistinto do termo "alienação" e do termo "inautenticidade", o que quer dizer: Marx igual a Heidegger. E nisto querem basear uma interpretação da história!

*

A propósito de interpretação da história. O escritor militar inglês Liddell Hart, estudando insucessos dos aliados na Coréia, lembrou a filosofia da história do grande pensador medieval norte-africano Ibn Khaldun: este, precursor genial de Vico e Spengler, explicou o ciclo histórico pelas periódicas vitórias dos nômades bárbaros sobre as civilizações urbanas, efeminadas pela cultura e pelo conforto. Nos tempos modernos, essa teoria parecia superada, porque os "efeminados" dispunham, graças à sua cultura, de armas irresistíveis. Mas, agora, Ibn Khaldun volta. Pois os "bárbaros" dispõem agora das mesmas armas, e continuam dispondo de menos conforto e de maior desprezo da vida. — Talvez as vitórias de Sierra Maestra e a incapacidade do Exército francês de eliminar os guerrilheiros argelinos. Mas seriam os argelinos bárbaros? Eles que tiveram no século XIV um Ibn Khaldun?

Os dois americanos

O Estado de S. Paulo, 11 fev. 61

A releitura da clássica *History of American Literature during the Colonial Time,* agora mais uma vez reeditada, não me deixou em dúvidas: trata-se de dois americanos atuais. Então: "Dois americanos atuais". Mas não podia ser este o título do presente artigo sobre dois personagens do século XVII. Já seria mais exato: dois americanos do passado. Mas, embora certas elites americanas se atribuam passado de várias centenas de anos, há um grão de verdade na opinião, já manifestada por Goethe, de que a América não tem passado e sim apenas futuro. E do futuro, aqueles dois americanos não são, decerto — ou seriam? Esta última dúvida contribuiu para resolver o problema do título: os nossos dois americanos são tanto do passado como do presente, da atualidade; mas só vale a pena estudá-los para saber se também serão do futuro. São, *sans phrase,* dois americanos. Ou melhor: "Os dois americanos".

O primeiro chama-se Cotton Mather. Nasceu em 1663 e morreu em 1728. É portanto um senhor velho, até venerando. Com efeito, esse contemporâneo de João Sebastião Bach, vestindo peruca enorme e as tiras engomadas de ministro protestante, parece-me um pouco com o organista de Leipzig. Mas é só aparência. Cotton Mather era daqueles puritanos que nem gostam de música na igreja. Antes tem algo em comum com os pseudopoetas horrorosos que perpetraram os textos para as cantatas do mestre. Como eles, o americano escreveu em estilo pomposo, afetado, bem da época do barroco decadente. Mas os contemporâneos gostavam desse estilo nos sermões do reverendo Cotton Mather: o deão da "Segunda Igreja" de Boston parecia-lhes, no púlpito, um Cícero ou Demóstenes da Nova Inglaterra. Evitavam-se, porém, as comparações de sabor pagão. Como "supervisor" do Colégio de Harvard, Mather era mais do que um pregador comum: era o chefe espiritual da Igreja da Nova Inglaterra. E sendo essa colônia uma comunidade teocrática, o papa puritano também influiu, com notável senso prático, nos negócios do Estado. Os governadores de Massachusetts ouviram-lhe os conselhos com a mesma atenção, dir-se-ia com o mesmo tremor que os fiéis sentiram, ouvindo-o vociferar na igreja.

Atrás da grandiosa fachada barroca do sermonista escondem-se as superstições barrocas que os puritanos trouxeram da Europa. *Os Milagres do Mundo Invisível* — assim reza o título de uma obra de Mather. Era ele um dos instigadores dos processos de Salém que levaram, em 1692, várias "bruxas" à fogueira. Hawthorne, antes de escrever *The Scarlet Letter*, estudara as devassas daquele processo. Mather parece mesmo personagem do famoso romance, em que entraram muitos pormenores tirados da obra-prima do pregador de Boston. Essa obra-prima são os *Magnalia Christi Americana*, espécie de história eclesiástica e civil da Nova Inglaterra.

 É uma obra grande, em sete partes estofadas de fatos, datas e frases retumbantes, mas de leitura fascinante; até não faltam traços de humorismo, embora involuntário. A primeira parte trata das "dificuldades, salvações e outros acontecimentos memoráveis" pelos quais passaram os puritanos, fundando a colônia. Da segunda parte constam as biografias dos governadores que foram, de 1620 até 1686, "os defensores e protetores da Igreja da Nova Inglaterra"; aí um capítulo refere-se, algo timidamente, às "confusões inexplicáveis, produzidas pelas bruxas". *Sephar Jereim*, "Livro dos Devotos", chama-se em hebraico — os puritanos gostavam mais do Velho que do Novo Testamento; a terceira parte são as vidas dos mais famosos pregadores e apóstolos daquela Igreja, da qual a quinta parte da obra transcreve os debates dos sínodos, dir-se-ia dos parlamentos eclesiásticos; é uma Igreja democrática, berço dos futuros Estados Unidos. A quarta parte tem título latino: *Sal gentium;* é a história dos inícios da Universidade de Harvard. E para não faltar a terceira língua sacra do cristianismo, Mather intitulou de *Thaumaturgus* a sexta parte: "Revelações famosas e outras provas da Providência Divina que por meio de visões, conversões e ordálios dirige os destinos do povo da Nova Inglaterra". Aí, um capítulo trata da "brontologia sacra", isto é, das "revelações de Deus através do trovão"; outras revelações assim, o Deus dos puritanos comunicou-as por meio do trovão da voz de Cotton Mather no púlpito. Enfim, a última parte conta "as perturbações lamentáveis da Igreja de Deus no Novo Mundo pelos pregadores indignos e os impostores", quer dizer, ministros de outras seitas, cuja ortodoxia puritana não era tão pura como a do reverendo Cotton Mather.

 Este papa em miniatura não foi um homem feliz. Sua erudição enciclopédica e seu notável senso prático não o protegeram contra as pavorosas alucinações noturnas de um supersticioso mórbido. Seu moralismo rigorosíssimo — historiadores modernos descobriram-lhe, aliás, certa fraqueza quanto às tentações sexuais — não impediu as tragédias em sua casa: duas esposas lhe enlouqueceram; os filhos perderam-se, moralmente. Também sua influência política não podia, enfim, contra os "pregadores indignos e os impostores". Mas Cotton Mather não duvidou nunca da sua missão divina, quase da sua infalibilidade de Conselheiro da Província Divina. Foi bem homem do século XVII. Mas foi um americano do século XVII, precursor de Franklin, que o leu muito na mocidade e chegou a visitá-lo, quando rapaz. Considerando-se a abundância da erudição a serviço de fins sempre práticos e imediatos, desse Franklin barroco; considerando-se sua intolerância de apóstolo de um *American way of life;* considerando-se a profundidade angustiosa dos seus complexos e recalques; considerando-se, enfim, o seu medo pânico das bruxas e sobretudo das bruxas ideológicas — quem diria que esse americano é do século XVII? Tirai-lhe a peruca, e Cotton Mather está presente entre nós outros. É um americano atualíssimo.

Entre os "pregadores indignos e os impostores" da Parte VII dos *Magnalia Christi Americana*, o primeiro lugar cabe ao "incendiário Roger Williams". Mais um americano típico, embora tivesse nascido, como tantos outros bons americanos, na Inglaterra. Mas não foi inglês, não: faltava-lhe para tanto o espírito do compromisso conciliatório. Foi um radical, tirando sempre das premissas as últimas conclusões, sem consideração das conseqüências. Por isso o "incendiário" não agüentava a permanência na Igreja Anglicana, esse compromisso perpétuo entre o catolicismo e o protestantismo. Esse Williams já fora americano antes de emigrar para a América, onde tampouco conseguiu agüentar a Igreja dos puritanos. Sua consciência limpa opôs-se à "expropriação imperialista" (a expressão é de um historiador americano de 1902) das terras pertencentes aos índios: devolvê-las ou pagá-las, foi o seu lema, mas, quando se falava em pagar, então a Igreja de Cotton Mather juntou sua voz de trovão aos decretos dos governadores, condenando o "pregador indigno e impostor". Expulso de Massachusetts, Williams fundou a colônia de Rhode Island, a primeira na qual havia liberdade total da consciência para todos os protestantes de qualquer matiz, para católicos romanos, judeus, turcos e até — no século XVII — para ateus, porque, disse o fundador, "o único gládio capaz de vencer em guerras das almas é o gládio do Santo Espírito, a palavra de Deus". Na petição em que solicitou ao Parlamento inglês a aprovação da Constituição de Rhode Island, Williams exclama: "Perguntamos se é possível organizar uma Igreja Nacional sem se escravizar as consciências! É impossível que uma Igreja assim seja capaz de satisfazer às consciências de todos; muito antes a mesma roupa ou os mesmos sapatos assentariam bem a todos e um único caso de precedência decidiria todas as causas, abolindo-se enfim a própria Justiça como supérflua". E mais adiante: "Em nome da fé confirmada pelo próprio sangue do Cristo, os poderes deste mundo, alegando a necessidade de exterminar as heresias e a idolatria, derramam o sangue dos homens, dos membros daquele corpo divino. Esta doutrina falsa é incompatível com os princípios da ordem civil, porque confunde o poder temporal e o poder espiritual. É uma doutrina que prejudica a prosperidade dos melhores países, destruindo-os enfim". Quando lhe negaram o que pedira, respondeu à sua própria pergunta: "As constituições emanam do povo. Nem os reis nem os parlamentares nem os governadores têm qualquer poder além daquele que o povo lhes confiou. E ao povo de Rhode Island deu-se a Constituição que lhe convém". Aí se revela pela primeira vez o espírito democrático da "fronteira", dos pioneiros americanos, num americano do século XVII cujo trabalho de pioneiro ainda não acabou. Roger Williams também está presente entre nós outros, atualíssimo.

Williams foi um idealista; mas não foi homem ideal. Atacando o grande *quaker* George Fox, revelou-se intolerante como um Mather qualquer. A sua teimosia na defesa de causas justas e injustas lembra, um pouco, o idealismo teimoso de Dom Quixote; tampouco lhe faltam traços de humorismo involuntário; parece antepassado do "apóstolo" George Brush, num romance de Thornton Wilder, que, por imposição de sua consciência cristã e para dar tudo aos pobres, liquidou de uma vez seu depósito bancário, causando um *run* e a falência do banco, arruinando os humildes depositantes e enriquecendo os banqueiros. Williams também foi americano, de então e de hoje.

Dir-se-ia que os Estados Unidos devem seu poder aos Mathers e sua liberdade aos Williams. Não são apenas dois americanos típicos, Cotton Mather e Roger Williams — são os dois americanos típicos. Não importa saber que viveram no século XVII, porque são do presente, da atualidade. Apenas importa saber a quem dos dois pertencerá o futuro da América.

Antologia sonora

O Estado de S. Paulo, 18 fev. 61

Uma casa editora de Paris anuncia uma antologia de textos de poetas e escritores franceses sobre artes plásticas. Basta pensar nas relações entre Diderot e Greuze, entre Baudelaire e Delacroix, entre Zola e Huysmans e os impressionistas, entre Apollinaire e os cubistas, entre Malraux e a história toda da pintura e escultura, para esperar com impaciência o volume anunciado.

Mas não seria menos interessante um outro volume que ninguém ainda anunciou: um volume análogo sobre a música.

É verdade que um livro parecido saiu nos Estados Unidos. Mas é uma mistura de escritos de músicos sobre música (Schumann, Berlioz, Liszt, Wagner) com cartas de compositores (Beethoven, Mendelssohn, Chopin) e textos de críticos especializados (Hanslick, Shaw, Tovey). Não é nisto que penso. Mas nas tentativas de poetas e escritores de traduzir para a língua das palavras a língua dos sons articulados.

Um rápido inventário dos textos dessa natureza daria resultado surpreendente. Nos séculos em que a cultura musical fazia parte da cultura geral, exigindo-se de todo homem culto um conhecimento prático e mais ou menos especializado da música, ninguém pensou em tentativas de tradução daquela espécie. Os contemporâneos de Palestrina e Monteverdi, Vivaldi e Bach parecem ignorar a música quando escrevem. Para um público composto de conhecedores iniciados, não existe necessidade de explicar a música pela literatura. Essa necessidade só surge quando um novo público — o dos Concertos Bach-Abel em Londres, o das óperas italianas nas pequenas cortes alemãs, o da *Gesellschaft der Musikfreunde* em Viena e da *Singakademie* em Berlim — se aproxima da arte assim popularizada com expectativas e exigências que anunciam ou pré-anunciam o romantismo. Mas então, no fim do século XVIII, já são raros os escritores que entendem bastante de música para oferecer mais do que palavras bonitas e frases fantasiosas. Do ponto de vista histórico, esses raros, os Heinse e Hoffmann, são epígonos do passado barroco. Mas já pertencem, por assim dizer existencialmente, ao romantismo musical, do qual são pioneiros.

Heinse, contemporâneo da Revolução Francesa, não toma conhecimento dela nos seus escritos. É cortesão de um pequeno príncipe alemão. Eleva-se espiritualmente para acima dessa condição nos seus sonhos fantásticos de uma vida desregrada de artistas excêntricos e voluptuosos, assim como eram no apogeu da Renascença italiana; é um precursor do "renaissancismo" do século XIX e de Nietzsche. Seu romance *Hildegard von Hohenthal* é a história "lawrencianamente" obscena de um jovem compositor que, apaixonado por uma aristocrata, pretende (mas não consegue) violentá-la. Mas o enredo não importa. O que importa (e enche mais do que a metade do livro) são as digressões sobre música: sobre as óperas hoje inteiramente e injustamente esquecidas de Jommelli, Traetta, Majo, Piccinni, Sarti, os precursores de Gluck e Mozart: obras que Heinse sabe descrever e explicar com um fervor que as torna inesquecíveis depois da leitura, embora nunca tivéssemos tido oportunidade de ouvi-las. O romance, tão fraco como romance, é o monumento do último período aristocrático e voluptuosamente hedonista na história da música. É o mesmo espírito musical que pervaga a *Chartreuse de Parme*; mas o deus musical de Stendhal já é o plebeu Rossini.

O outro grande músico-escritor é E. T. A. Hoffmann, o maior narrador de contos de espectros e fantasmas, o intermediário genial entre o "romance gótico" e Poe. Além de escritor, pintor, compositor e diretor de teatro, esse homem fantástico também foi um juiz de alta categoria moral, um bêbado inveterado e um grande crítico de música: foi o primeiro que reconheceu o gênio de Beethoven; e suas análises da *V Sinfonia*, da música de cena para *Egmont* e do *Trio op. 70, nº 1*, são insuperadas até hoje, competentes sem grandiloqüência poética. Mas em nossa "antologia sonora" entrariam antes os contos "Cavaleiro Gluck" e "Don Juan", congeniais "transcrições em palavras" da Abertura de *Iphygénie en Aulide* e do papel de dona Ana em *Don Giovanni*, interpretado como tragédia (muito romântica) em música. São páginas assombrosas. E Hoffmann também criou o personagem do músico Kreisler, louco de gênio e inimigo do público incompreensivo: personagem que determinará o estilo de vida de Schumann, Berlioz e Mahler.

Hoffmann é um caso único. Não foi o romantismo, em que ele quis reconhecer a essência permanente da música, que o ajudou a compreender a arte. Pois os outros românticos já são mais entusiastas do que compreensivos. O capítulo de Kierkegaard sobre *Don Giovanni*, em *Enten-Eller*, já não passa de uma rapsódia poética à margem da obra musical. E depois, a arte dos literatos de compreender a música entra em franca decadência.

Heine ainda é, pelo menos, espirituoso. Suas notas sobre a superstição popular que acreditava o grande Paganini acompanhado por um demônio "familiar" são alegres: reconheceu no fantástico corcunda ao lado do violinista um empresário judeu. Mas as associações apocalípticas e demoníacas que o virtuosismo de Paganini inspirou a Heine são francamente burlescas: em *Massimilia Doni* exclama que os espíritos de Bach e Beethoven deveriam ajoelhar-se perante o criador do *Barbiere di Siviglia*; também lhe parece Meyerbeer mais "filosófico" que Mozart. Mas é mais burlesco o grande Tolstoi, em sua interpretação da *Sonata a Kreutzer* como provocação ao prazer sexual. Na literatura do século XIX não se reconhece este como século da mística.

A reação começou com os simbolistas e os precursores do simbolismo. Não sei até que ponto Baudelaire compreendeu realmente a música de Wagner. É possível que a condenação do pecador Tannhauser tenha emocionado até à prostração o pecador arrependido e impenitente Baudelaire; com ou sem música. Em todo caso, encontro maior compreensão especificamente musical nas poucas palavras e frases de Nietzsche sobre *Tristão e Isolda* ("Os primeiros acordes do Prelúdio são mais enigmáticos que o sorriso da Gioconda") e sobre a Abertura dos *Mestres Cantores*

("Música barroca, pesada como frutas de outono"). Boas observações sobre Wagner (e sobre música polifônica) também se encontram no injustamente esquecido romance *Evelyn Inness*, de George Moore. Os wagnerianos franceses já foram mais entusiastas que conhecedores. A descrição de obras musicais em Barrès e D'Annunzio não está muito acima de palavrório poético (ou, às vezes, pseudopoético). Salvam-se uns *outsiders*. Não posso esquecer as poucas palavras, engenhosamente escolhidas, de Maugham sobre a música pianística de Bach, no conto "Alien Corn"; mas é um *hors d'oeuvre* na obra de um escritor que afirma não entender nada de música.

A "renascença" da "antologia sonora" é do nosso tempo. O *Verdi* de Werfel pode não ser um bom romance; mas talvez seja a mais penetrante análise do espírito verdiano, capaz de achar a grande música inclusive em obras da aparente rotina operística. Desses mesmos anos de 1920 também são as "traduções de música para palavras" de Aldous Huxley, em *Point Counter Point*: não serão impecáveis, pois o *Quarteto op. 132* de Beethoven manifesta mais saudades da religião do que religião; e o *mathematical merry-marking*, na Badinerie da *Suíte nº 2* de Bach, não é tão "matemático"; contudo, são as mais exatas "descrições" desde os tempos de Heinse e Hoffmann. E logo veio Thomas Mann para superá-las: as páginas sobre a *Sonata op. 111* de Beethoven e sobre o Prelúdio ao III Ato dos *Mestres-Cantores*, em *Doutor Fausto*, são e ficarão os pontos altos da "antologia sonora". Melhor talvez só a arte extraordinária de Mann em descrever obras musicais que nunca existiam em outra parte do que em sua imaginação de ficcionista: as obras apocalípticas e fáusticas do compositor alemão Adrian Leverkühn; mas nessa arte de ficção musical Mann tem precursores: as obras nuremberguesas de Nothafft no *Homem do Ganso*, de Wassermann; e, sobretudo, a *Sonata de Vinteuil*, de Proust.

E qual seria a epígrafe da "antologia sonora"? Também já a escolhi, embora nunca provavelmente chegue o dia para editá-la. São os versos, na *Ode a D. Francisco de Salinas*, nos quais frei Luis de León, como bom pitagórico neoplatônico, comparou o Universo a uma composição musical e Deus a um compositor:

> "*Ve cómo el gran maestro,*
> *A aquesta inmensa cítara aplicado*
> *Con movimiento diestro*
> *Produce el son sagrado*
> *Con que este eterno templo es sustentado*".

O silêncio de Gascoyne

O Estado de S. Paulo, 18 mar. 61

Ainda seria possível escrever poesia articulada? Respeito a dúvida, que já indica uma possibilidade diferente. Mas continuo perguntando. Batendo, na esperança de receber resposta, à porta da mais rica poesia de todas: a inglesa. A poesia inglesa de hoje não é só T. S. Eliot. Não é só Auden ou Dylan Thomas. Será que estamos insuficientemente informados? Confesso, logo, a insuficiência da minha própria informação. Não sei, por exemplo, se David Gascoyne mantém seu silêncio.

David Gascoyne nasceu em 1916. Desde 1932, quando tinha apenas 16 anos de idade, publicou folhetos de versos. Também escreveu ensaios sobre surrealismo e sobre *A Loucura de Hölderlin*. Seu livro decisivo é *Poems 1937-1942*. Depois, mais um folheto de versos, menos importantes. E depois o silêncio (no qual não sei se continua).

O poeta se cala. Mas a crítica, e a mais autorizada, falou. Stephen Spender foi, parece, o primeiro que, apesar de fazer algumas restrições, elogiou Gascoyne como "o mais importante poeta dos anos entre 1940 e 1950". Quase incondicional também é a admiração de MacNeice. Depois, Derek Stanford dedicou àquele poeta raro dois ensaios no *Poetry Quarterly*, dos quais especialmente o segundo (X/4, número de inverno 1948-1949) me parece uma peça indispensável de crítica. Pois Gascoyne é, para usar uma expressão já fora de uso, um poeta com uma mensagem: palavra que inspira desconfiança justificada. Mas naquele segundo ensaio Stanford apresenta penetrante análise formal de um poema de Gascoyne (não posso aqui nem resumi-la, por falta de espaço), demonstrando que o poeta usa os sons assim como são usados nas séries da música dodecafônica de Schoenberg, e acrescentando: só a análise formal é capaz de estabelecer a categoria de um poeta; e sem essa categoria não valeria a pena escrever sobre ele dois ensaios. Posso, portanto, supor, como demonstrada, a categoria poética de Gascoyne.

Começou a escrever versos quando menino, na França. Parece "retrato do jovem como artista" o poema "Noctambules": um menino escreve, quando o relógio da torre de St. Sulpice dá as três horas da madrugada, a última página de um livro que ninguém compreenderá. *"Along the Rue Guynemer — where as the wheezing chimes — of St. Sulpice strike three, — in his tight attic high — above the street, a boy —with a white face which dreams — have drained of meaning, writes — the last page of a book — which none will understand".*

Essa certeza de não ficar compreendido não é só doloroso orgulho juvenil, próprio de um adolescente desesperado. É a certeza de quem escreve versos que o mundo de 1932 não quis compreender. Falam de *"bottomless depths of roaring emptiness"* e de *"the netherworld's dead suns"*. É a linguagem típica do surrealismo.

O jovem Gascoyne foi o primeiro surrealista inglês. Organizou em 1936, em Londres, uma "Exposição Internacional" do grupo que então, antes de começarem as apostasias, tinha adeptos na Dinamarca e na Romênia, na Pérsia e no Peru: divulgação espontânea que demonstrou a necessidade do movimento, assim como as apostasias demonstraram incapacidade do surrealismo de matar a sede espiritual que o criou.

A guerra, experiência fundamental de Gascoyne, já o encontrou entre os apóstatas do movimento. Mas é nos apóstatas do surrealismo que se revela o que ele podia ter sido e não foi. Dir-se-ia que *"le surréalisme sert à tout, à condition d'en sortir"*.

Seus fundadores foram para baixo, para os abismos dos *bottomless depths* e da *netherworld*. Seus renegados ressurgiram para a fé na revolução social ou para a fé religiosa. Gascoyne é desta e daquela fé. No poema "Ecce Homo" invoca o *Christ of Revolution and of Poetry* (a repetição da preposição *of* é significativa, revelando a heterogeneidade dos dois atributos do Cristo de Gascoyne), para que a longa viagem do gênero humano pela noite não tenha sido em vão: *"Redeem our sterile misery, — Christ of Revolution and of Poetry, — That man's long journey through the night — May not have been in vain"*. É uma fé cristã na destruidora revolução social, que lembra, um pouco, o poema "Os Doze", de Blok, em que Cristo, em 1917, lidera o grupo de bolchevistas na rua noturna de Petersburgo.

Também poderiam ser do Blok dos dias revolucionários das diatribes, no começo de "Ecce Homo", contra "o sacerdote preto e o bem-pensante" (*"the black priest and the upright man"*), e a esperança de que os rejeitados e condenados possam ser os mensageiros do Divino (*"the rejected and condemned become — Agents of the divine"*). A religiosidade de Gascoyne é de altiva independência. Independente também é seu radicalismo político. Num poema publicado depois daquele volume, refere-se ao *Welfare State* (*"Socialists in power at Westminster..."*), terminando com o protesto de não pertencer ao proletariado (*"We're not the working class"*). Resistirá a fé religiosa de Gascoyne melhor? Numa visão sombria canta "o Passado que acabou e o Futuro que será vazio; e a cor preta, invadindo o prisma inteiro, torna-se absoluta".

Com o tempo, as complicadas imagens "metafísicas" do poeta tornam-se cristalinamente claras. Exprimem "uma existência consciente apenas do seu próprio fim, inarticulada, solitária, cega". E esse fim é o silêncio.

Em um dos seus últimos poemas publicados, amaldiçoa Gascoyne os que não sentem o desespero: "*They who wait — Without the great thirst of despair, are cursed*". Esse verso define-lhe a poesia: pertence ao grande coro europeu (e americano) da "*poetry of despair*": Reverdy, Montale, Eich, Robert Lowell. Mas já em Hölderlin acreditava Gascoyne encontrar (sem razão, parece) "*Knowledge accompanied by damnation*". No poema "Tenebrae" emudece, junto com a esperança da fé, a fé revolucionária na História ("*...the hope of faith no more, — No height no depth no sign, — And no more history*"). No fim desse mesmo poema dirige-se Gascoyne ao Crucificado, manifestando a última esperança, a de descer com Ele para o inferno: "*And may we into Hell descend with Thee*". Mas esse inferno não é o do dogma cristão nem o do existencialismo sartriano. Antes é o inferno da vida cotidiana e rotineira, como em Gogol. Desde Baudelaire, nenhum poeta o descreveu em termos tão irrespondíveis: "*Imperfections of substance, dross of the day by day: — Banality, unlove and disappointment... Grey webs of attrition and the trivial tick — of the nerves' run-down clock*". É evidente que Gascoyne já não acredita na realidade religiosa que lhe forneceu as imagens para poemas como "Miserere", "Ecce Homo", "Pietà" e "Tenebrae". A conclusão lógica é aquela renúncia às imagens. Talvez a todas as imagens. Talvez a toda poesia articulada. Eis uma possibilidade. Mas é este o conceito que é preciso esclarecer.

O filósofo espanhol García Bacca cita uma frase de Bergson para estabelecer um "sistema de correspondências": "*C'est le réel qui se fait possible, et non pas le possible qui devient réel*". É uma frase iluminadora. Faço uma tentativa (muito provisória) de aplicar aquele sistema do pensador espanhol ao nosso tema. Ao Necessário correspondem o Passado e a linguagem da ciência; à realidade correspondem o Presente e a linguagem cotidiana; mas a linguagem da poesia corresponde ao Futuro. Só na poesia existe a liberdade pela qual "*le réel se fait possible*". Pois ai de nós se o possível se tornasse realidade...

Só nesse último (e realmente último) caso a poesia teria de tornar-se inarticulada. Mas, enquanto o Possível é possível, ainda poderia haver poesia: assim como, depois da pausa, a música pode recomeçar (e ela recomeça depois das pausas de Beethoven, quando a melodia ininterrupta de Bach já estava perdida). Já aventurei, a propósito de outro assunto, a hipótese de a pausa ser o momento culminante da música. Eis o possível (mas só possível) sentido do silêncio de Gascoyne.

Dagerman e a Bolívia

O Estado de S. Paulo, 08 abr. 61

O presente artigo sobre o escritor sueco Stig Dagerman faz parte de uma projetada série sobre alguns poetas e ficcionistas contemporâneos menos ou pouco conhecidos no Brasil (Andric, Böll, Boon, Eich, Gascoyne, Guilloux, Krleza, Krolow, Rea, Vesaas): artigos estritamente informativos, sem maiores pretensões críticas, mas sempre pensando na possível importância e significação do respectivo autor para leitores brasileiros.

Dagerman é sueco. Há anos esse fato ter-lhe-ia garantido repercussão internacional. Entre 1880 e 1900, as literaturas escandinavas pareciam destinadas a dominar o mundo: foi imensa a influência de Ibsen e Jacobsen, Strindberg e Hamsun. Mas veio o recuo; e a mais generosa (às vezes, injustificável) distribuição de Prêmios Nobel a escritores dinamarqueses, noruegueses e suecos pela Academia Sueca não conseguiu reconquistar-lhes a posição perdida. Mas ali existem, evidentemente, muitos escritores notáveis. Se a língua sueca fosse mais divulgada no mundo, não se falaria em existencialismo e ismos afins sem mencionar o grupo dos Lars Ahlin, Bengt Anderberg, Gösta Oswald (que morreu cedo), chamados os *Fyrtiotalisterna* (*Homens de Quarenta*) porque surgiram depois de 1940 e porque têm poucos traços comuns além de pertencer à mesma geração. O crítico e polemista do grupo é Artur Lundkvist, que é fortemente influenciado por D. H. Lawrence; mas é socialista radical, enquanto os outros membros do grupo são tão apolíticos como os *beatniks* americanos: oscilando entre sexualismo furioso e visões apocalípticas. As influências que agem sobre esses suecos são as mesmas que no mundo inteiro: Faulkner, Joyce, T. S. Eliot, Pound, Kafka, Sartre (este último pela sua filosofia mais do que pelas atitudes políticas). Também leram muito Hemingway; e fazem questão de ser *hard-boiled*. Uma especialidade sueca é a influência ainda muito forte do expressionismo alemão. Diferente também é Lars Ahlin, adepto de Kierkegaard e Dostoievski, que tem a ambição de tornar-se um novo Strindberg. Estudou muito os escritos teológicos de Lutero, tirando conseqüências radicais da estranha tese do *Pecca fortiter!*, da necessidade de pecar muito para salvar-se. Esses suecos levam a vida mais a sério do que a literatura. Assim como os *beatniks* americanos; mas têm mais talento.

Ahlin passa hoje por ser o mais forte entre os *Fyrtiotalisterna*. Porque Stig Dagerman foi embora tão cedo.

Stig Dagerman nasceu em 1923. Depois de começos no movimento sindicalista, dedicou-se ao jornalismo. Foi repórter. Teve alguns sucessos fulminantes no teatro e na ficção. Em 1954, com 31 anos incompletos, pôs fim à vida.

Homem de sensibilidade à flor da pele, ou antes: gravemente neurótico, Dagerman estava predestinado ao suicídio. Certos setores da opinião literária consideram essa predestinação como prova de talento, senão de gênio. Mas quanto à realização da vida, antes são admiráveis os esforços, embora frustrados, de combater a tentação permanente de encontrar uma saída. Dagerman tentou, em vão, várias saídas. Em *Nottens lekar* e outros livros cantou um hino ao amor sexual, menos à maneira de D. H. Lawrence do que no sentido da "teoria do orgasmo" do psicanalista austro-americano Wilhelm Reich, que exerce tanta influência sobre os *beatniks;* mas o neurótico não conseguiu vencer, por esse caminho, seus complexos de culpabilidade. Notável também é o "otimismo" da sua reportagem sobre as cidades destruídas da Alemanha (*Tysk hoest*, 1947): justifica-se o otimismo pelo argumento estranho de que "o declínio do Ocidente já está atrás de nós; a catástrofe já está superada".

Não sei se Dagerman chegou jamais a renegar e abandonar tão curiosos raciocínios. Certo é que qualquer teoria de destinos coletivos não o ajudou a resolver os problemas do seu destino individual. O sentimento de culpa ficou. É o tema da peça dramática *Den dödsdömde* (1947), que, ao que saiba, ainda não foi traduzida para outra língua (ao passo que do romance *Braent barn* existe tradução francesa); mas é a obra capital de Dagerman.

O personagem principal da peça foi preso e condenado por um crime que não cometeu. Pouco tempo antes da execução é anistiado. Mas já não chega a agüentar a vida em liberdade, uma liberdade que se revela ilusória; e comete agora realmente o crime de que o tinham injustamente acusado, voltando à prisão da qual não haverá mais retorno.

É uma obra kafkiana; mais eficiente no palco do que as dramatizações de *O Processo*, porque diretamente ideada e escrita para o teatro. É passível de todas as diversas interpretações de que a Obra de Kafka já foi alvo: a religiosa, a metafísica, a sociológico-política, a psicanalítica. Dagerman parece ter preferido esta última. Pois em sua próxima e mais conhecida obra explicou em bases sexológicas seu invencível complexo de culpa. É o romance *Braent barn* (1948), traduzido para o francês como *L'enfant brûlé*. É uma exemplificação do complexo de Édipo: a paixão furiosa de Bengt pela sua madrasta, substituição da imagem da mãe e alvo de ciúmes mais furiosos contra o pai; duas vezes Bengt procura fugir do conflito, enforcando-se e abrindo-se as veias; mas, desta e daquela vez, as tentativas de suicídio fracassaram. Bengt está condenado à mais terrível das penas: a viver. É impossível descrever ou fazer sentir a tensão febril, a luminosidade diabólica dessa obra. Entre as inúmeras obras literárias inspiradas pela teoria de Freud talvez seja a mais intensa: porque Dagerman viveu realmente seu conflito. Houve só uma diferença entre a ficção e a vida: Bengt escapa duas vezes à morte desejada; mas o suicídio de Stig Dagerman não falhou.

O talento de Dagerman, que deu o próprio sangue para alimentar os demônios de sua imaginação, é tão admirável que não precisa de admiração monolítica, incondicional e sem restrições. Seus conflitos — o réu e a lei, o filho contra o pai — são os problemas preferidos do expressionismo alemão, de cuja atmosfera e ambiente também Kafka saiu. Mas não o compararei ao autor de *O Processo*. Num outro estudo, sobre o sentimento de culpabilidade na literatura moderna, tampouco o quis comparar a Corrado Alvaro, cujo herói, do romance *L'Uomo è Forte*, se encontra na mesma situação do réu em *Den dödsdömde*; pois este último não é forte; não comete, existencialisticamente, o crime para demonstrar sua liberdade, mas para voltar à prisão, símbolo de abrigo no ventre materno. Dagerman também é um fraco. Sobre um caso algo parecido na literatura inglesa contemporânea disse Stephen Spender que se trata de "poesia intensa, mas insana".

O termo é diagnóstico. Não desejo aplicá-lo à mentalidade neurótica de Dagerman. Essa origem da sua Obra não importa. A loucura de Hölderlin, Nietzsche, Van Gogh não lhes desvaloriza os versos, a prosa, as cores. "Insana" não é a origem, mas o fim de Stig Dagerman.

O *dérèglement de tous les sens* passa, desde Rimbaud, por ser a mais alta fonte de inspiração poética. Mas o limite dessa inspiração é a perda total dos sentidos. E a morte é a perda definitiva deles. Se alguém a preferir, por motivos que só paradoxalmente podem ser chamados vitais, essa resolução merece respeito humano; mas não cria uma obra. Só cria o silêncio; e mesmo este fica perturbado pelo ruído do tiro, do carro de ambulância e pelos *flashes* dos fotógrafos. O suicídio, último fato biográfico, não justifica interpretações críticas nem entusiasmo poético. É capaz de ser o lógico ponto final de uma vida e a única possível solução de um problema individual: como no caso de Cesare Pavese. Mas não pode ser solução dos problemas de um grupo inteiro, coletivos. Assim, o suicídio do interessantíssimo contista persa Hedayat em 1951, o primeiro discípulo oriental de Kafka, não passa na evolução intelectual do Irã moderno de um fato de crônica policial do respectivo dia. As obras de Dagerman serão lembradas; seu suicídio será esquecido. A loucura de um Artaud não lhe recomenda as teorias teatrais. Admiro e venero Hölderlin como muito poucos outros poetas (talvez só como Leopardi e Keats), mas não o escolheria como guia na vida e para a morte. *Ein irrer Kann Heiland sein* — mas não pretendo traduzir do alemão esse verso de George.

Mas que significam as precedentes informações para leitores latino-americanos? Acabamos de sair de uma fase de suficiente provincialismo. Tentativas de colocar o Brasil em contato com todas as atuais correntes européias e norte-americanas, mesmo quando aceitando tudo que é novo, sem crítica, são meritórias, como antídoto contra um neofolclorismo que não passa de exotismo às avessas. Para essas tentativas pretendi modestamente contribuir. Mas, quando recebi, nestes dias, das mãos do meu amigo Carlos Davi, a *Literatura Boliviana* de Fernando Diez de Medina, vendo no índice onomástico os nomes de Kafka, Faulkner, Sartre, Joyce e dos *beatniks,* pensei que nenhuma dessas influências contribuirá para salvar a Bolívia nem para solucionar qualquer problema dos escritores bolivianos.

A traição no século XX

O Estado de S. Paulo, 29 abr. 61

Esta época é fecunda em romances políticos. Só para lembrar alguns: Corrado Alvaro, Stefan Andres, Asturias, Azuela, Barea, Bernari, Joyce Cary, Tibor Déry, Milo Dor, Dos Passos, Gironella, Martín Luis Guzmán, Hermans, Jünger, Koestler, Krleza, Malraux, Moravia, Orwell, Pratolini, Romains, Sartre, Anna Seghers, Sender, Silone, Snow, Sperber, Traven, Trilling, Robert Penn Warren etc., etc. Não há motivo ou espécie ou efeito do comportamento político que não tenham sido tratados na ficção. Há entre essas obras romances que descrevem conspirações comunistas e romances que descrevem perseguição de supostos comunistas pelo macartismo; há romances que descrevem a oposição contra o comunismo na Rússia e romances que descrevem a supressão dessa oposição pelos expurgos e processos espetaculares; e, nos romances de gênero mais ligeiro, a espionagem é assunto predileto. Mas há uma espécie de comportamento político que está muito relacionada com comunismo e anticomunismo, macartismo e espionagem, que os romancistas parecem evitar, com cuidado ou com cautela: a traição.

Considerando-se a imensa freqüência da traição política no século XX e, por outro lado, a ausência de uma censura ativa ou eficiente na maior parte dos países ocidentais, essa aversão dos romancistas contra o tema "Traição" é estranha. Parece que não se sentem seguros nesse terreno que é mesmo traiçoeiro. As bases do comportamento político "Traição" ainda não foram suficientemente estudadas.

Há muitos livros sobre famosos ou notórios traidores deste século. São antes raras as obras sobre a traição em geral. O livro de André Thérive (*Essai sur les trahisons*, Paris, 1951) ainda revela vestígios da perturbação psicológica da França pelo colaboracionismo e pela perseguição dos colaboracionistas. A conferência de Hans Neumann sobre "A Sociologia da Traição" (Freier Sender, Berlim, julho de 1955) é desfigurada pelas circunstâncias muito especiais em que Berlim vive hoje. Citarei mais tarde o livro do norte-americano Morton Grodzins, inspirado pela reação antimacartista. O estudo mais completo, até agora, é o da jornalista alemã Margret Boveri (*Der Verrat im 20. Jahrhundert*, 4 vols., Hamburgo, 1956-1958).

O livro de Margret Boveri é coleção de ensaios sobre casos dos mais diferentes. Quisling, oficial do Estado-Maior da Noruega, ex-simpatizante comunista, fracassado na política antidemocrática, homem cheio de ressentimentos e idéias fantásticas, que abriu as portas do seu país aos nazistas. Pétain, o velho general teimoso e de inteligência limitada, e Laval, o oportunista inescrupuloso, que acreditavam servir à França, traindo-a. Ezra Pound, o grande poeta, tão cheio de raiva contra o capitalismo americano que, a este, preferiu o fascismo italiano. Os homens que no dia 20 de julho de 1944 assumiram a fama odiosa de trair a Alemanha para libertá-la da tirania de Hitler: pagaram com a morte pela mão do carrasco os generais Witzleben, Stuelpnagel e numerosos outros oficiais, o conservador Goerdeler, o diplomata Hassell, os socialistas Leber, Leuschner e Trott zu Solz, os aristocratas Moltke e Yorck von Wartenburg, o jesuíta Alfred Delp, o teólogo protestante Bonhoeffer e mais uns 4 mil outros. Rudolf Roessler, o enigmático ex-oficial austríaco que fundou em Lucerna uma editora católica de alta categoria, traindo a neutralidade suíça por seu serviço de espionagem tão bem informado que soube comunicar a Stalin o dia e a hora e os lugares do ataque alemão (e Stalin não acreditou na informação). Otto John, que foi o homem do 20 de julho e que, depois, como chefe do serviço de contra-espionagem da Alemanha Ocidental, traiu a Alemanha Ocidental aos russos. Alger Hiss, a melhor cabeça do Civil Service norte-americano, conselheiro íntimo de Roosevelt, denunciado e arruinado, como simpatizante do comunismo e traidor russófilo, pelo fantástico Whittaker Chambers, ex-comunista e depois traidor do comunismo a serviço de Luce. O físico Klaus Fuchs, filho de professor de Teologia na Universidade de Leipzig, vítima da perseguição nazista, que transmitiu importantes segredos atômicos à Rússia para eles não ficarem só nas mãos dos capitalistas americanos e para restabelecer assim o equilíbrio do mundo. E muitos, muitos outros traidores e "traidores" que Margret Boveri estuda no seu livro.

Para limitar o campo imenso das suas pesquisas, a autora declara, com toda a razão, que não lhe interessam e não nos interessam os traidores que agiram para ganhar dinheiro. Mesmo assim, misturou traidores e "traidores": homens que agiram pelos motivos mais diversos, por oportunismo, por indecisão ou ressentimentos, ou, como Rossler, por motivos totalmente ignorados. É, evidentemente, difícil definir a traição.

Definição corrente explica-a por um conflito de lealdades. Mas quem é leal e quem não é? Entre 1936 e 1945 chamavam-se lealistas ou legalistas os espanhóis que defenderam a República espanhola contra Franco; mas, a partir de 1954, chama-se, nos Estados Unidos, leais os espanhóis que são adeptos de Franco, confirmando-se uma célebre frase de Talleyrand: *"La trahison, c'est une question du temps";* e ele o sabia por experiência própria; hoje, o chanceler Adenauer chama de traidores aqueles que preconizam para a Alemanha uma política exterior diferente da sua; mas seus adversários lhe lembram atitudes suas algo incertas quando do movimento separatista da Renânia em 1919. Nos Estados Unidos um partido inteiro — metade da nação —, o Partido Democrata, foi estigmatizado "partido da traição". Durante os primeiros tempos do governo Eisenhower, mais de oito mil funcionários federais foram demitidos como "inseguros", ficando também atingidos suas famílias e seus amigos. A revista *Time* chegou a escrever: "No século XX, a traição tornou-se profissão". Se excluirmos os traidores comprados, a frase é grosseiramente inexata. É preciso retificá-la: em tempos idos, os traidores eram homens isolados, como Coriolano, que levantou as armas contra sua pátria romana, ou Dante, que pediu aos inimigos de Florença que destruíssem a cidade; antigamente, os traidores agiram mesmo isoladamente, por força de necessidade e da atividade traidora; mas hoje são traidores partidos inteiros e classes inteiras. Aparecem em grupos, em massa.

Explicou-se isso pela natureza do totalitarismo. No Estado totalitário, toda e qualquer oposição ao governo é traição. Mas o caso do macartismo demonstrou que nos democráticos Estados Unidos a sociedade tampouco tolera oposição, como se a Sociedade fosse totalitária. Oppenheimer foi denunciado por falta de entusiasmo pela bomba H, assim como Stalin mandou executar os engenheiros da Marinha que preferiram armas defensivas. Estes e aqueles poderiam citar um verso de *Macbeth* (IV/2): "*But cruel are the times, when we are traitors, — And do not know ourselves*".

Teria Shakespeare profetizado o futuro, nosso presente? O poeta foi, em seus dias, testemunha da indigna perseguição dos católicos na Inglaterra e da não menos condenável solicitação aos católicos ingleses de trair sua rainha e sua pátria. Esse conflito de lealdades não foi caso único na Europa da época de Reforma e Contra-Reforma. Em sua *História da Guerra de Trinta Anos*, que hoje não é bastante lida, Schiller escreveu: "O calvinista francês tinha com os protestantes ingleses, alemães e holandeses algo em comum que não tinha em comum com os seus concidadãos católicos. Num ponto importante, deixou de ser cidadão de determinado país para tornar-se membro de uma comunidade supranacional... O súdito francês levantou-se contra sua pátria que o persegue; prefere lutar pela liberdade da Holanda. Lutam suíços contra suíços, alemães contra alemães, para decidir se um príncipe católico ou um príncipe protestante será rei da França". Tocqueville citou esse trecho de Schiller a propósito da Revolução Francesa: época em que também houve, em massa, traidores e "traidores", colaboracionistas e "colaboracionistas". Não pode deixar de ser, no momento em que um país é defendido por determinado regime ou determinada ideologia; pois então é inevitável o conflito de lealdades nos que são cidadãos do país, professando porém outra ideologia (sobre esse conflito, veja o terrível romance autobiográfico de André Gorz, *Le Traître*, com prefácio de Sartre, Paris, 1958).

O grande historiador holandês P. Geyl estudou (em *Studies en Strijdschriften*, Haia, 1958) o caso dos colaboracionistas nazistas holandeses, comparando-o com o dos chamados "patriotas" que no fim do século XVIII se levantaram contra a Holanda antiga, aderindo à Revolução Francesa. Geyl, que era da Resistência, confessa com admirável imparcialidade: — do ponto de vista jurídico, os "patriotas" eram traidores assim como os Quislings holandeses do nosso tempo. Mas, continua, o historiador moderno não pode reconhecer o Estado como a suprema autoridade. Os "patriotas" de 1796 não eram traidores condenáveis: estavam de acordo com a tradição liberal da Holanda; e o futuro lhes deu razão. Mas os nazistas holandeses eram traidores contra aquela tradição; e a História não lhes deu razão.

Se Margret Boveri tivesse raciocinado com a mesma segurança, não teria colocado os patriotas alemães do 20 de julho de 1944 ao lado do oportunista Laval. O mesmo raciocínio talvez a ajudasse para distinguir, com maior clareza, entre Alger Hiss e Whittaker Chambers. O americano Morton Grodzins, em seu livro *The Loyal and the Disloyal* (Chicago University Press, 1956), tem uma frase definitiva a respeito: "Todos os patriotas são traidores virtuais". Mas nem todos chegam a sê-lo e nem todos têm o direito de sê-lo.

Sobre esse direito existe um estudo admirável de um escritor católico, Karl Thieme, que é historiador e teólogo leigo. O personagem estudado em seu livro é Jeremias (Freiburg, 1947). Pois o profeta Jeremias anunciou a destruição de sua pátria, tomando publicamente o partido do inimigo estrangeiro (Jer. XXVII, 4-8); e chegou a declarar publicamente que só os traidores sobreviveriam ao desastre (Jer. XXI, 8 sgg.). Teria o profeta sido um agente a serviço inimigo? Ou um pacifista utópico? Ou um realista, julgando friamente a situação e aderindo ao mais forte? Na verdade, Jeremias viu que seu povo não tinha razão, numa guerra injusta; decidiu-se, clara e politicamente, em favor do inimigo, que tinha moralmente razão. Pagou caro, sendo preso, torturado e exilado. E Voltaire diria: "*Jérémie a raison, mais il a tort d'avoir raison si publiquement*". Mas há causas e momentos em que é preciso ter razão publicamente. Pode ser esta a imposição inelutável da lei divina. E Thieme concluiu: "Quem nega essa necessidade de decisões concretas nega a significação concreta do sofrimento e do próprio cristianismo". A traição pode chegar a ser obrigação moral.

Em 11 de maio de 1941, no momento do desastre da França, notou Gide em seu diário: "*Je ne compte plus que sur les deserteurs*". Aí de nós se, um dia, outro Gide (ou outro Jeremias) só pudesse confiar nos traidores.

Internacionalismo de Krleza

O Estado de S. Paulo, 06 mai. 61

A "Coleção Miniatura", da Editora Livros do Brasil em Lisboa, especializada em traduzir autores estrangeiros menos conhecidos, apresenta no seu volume n.º 120 mais um "novo": *O Grilo sob a Cascata*, quatro novelas do iugoslavo Miroslav Krleza.

"Novo" é maneira de dizer, pois Krleza tem 67 anos de idade. "Menos conhecido" está certo, mas "desconhecido", isto eu não admitiria. Já passou, felizmente, o tempo em que escribas incultos zombaram de "ilustres desconhecidos" quando se tratava de autores ainda não descobertos por nossos cultos editores. Ao contrário: conforme experiência minha, Krleza não demorará, depois do presente artigo, a ser redescoberto por certa juventude ávida de tudo que é novo ou "novo". Faltar-lhes-ia o conhecimento da língua do autor? Estou aqui para indicar-lhes fontes mais acessíveis. Desaconselho a leitura de dois estudos do eslavista italiano Giusti, porque superados. Mas é brilhante um artigo de Robert Bréchon, na revista *Critique*, inspirado por duas traduções quase simultâneas: as novelas *L'Enterrement à Thérésienbourg* (Éditions de Minuit, 1957) e o romance *Le retour de Philippe Latinovicz* (Calmann-Lévy, 1957), traduzido por Clara Malraux. A revista de Sartre, *Les Temps Modernes*, publicou trechos do romance *Le banquet en Blithuanie*. Quem sabe alemão pode ler outras obras de Krleza em tradução do iugoslavo Milo Dor, que escreveu (em alemão) o alucinante romance político *Mortos em Férias*. E, para facilitar a conversa sobre o assunto, acrescento a pronúncia aproximada do nome impronunciável, assim como Bréchon a propõe: "Karléja".

Miroslav Krleza nasceu em 1893 em Zagreb, capital da Croácia, então ainda não reunida à Sérvia, mas parte do império austro-húngaro. Entrou na vida literária como poeta e dramaturgo simbolista. Mas enquanto os sérvios olhavam para Paris, os croatas procuravam antes inspiração em Viena; e foi este o caminho de Krleza. Sua experiência decisiva foi a guerra de 1914 a 1918. Na novela *O Deus Croata Marte* descreveu a vida miserável dos soldados croatas no exército austríaco, nas trincheiras e nos hospitais de emergência. O drama *Galicija* apresenta os conflitos de consciência de um intelectual pacifista na guerra; ali já se sente a influência de Strindberg e do expressionismo alemão. O ano de 1918 trouxe o desmembramento da Áustria: a Croácia foi reunida à Sérvia. Libertação nacional. Mas a união dos croatas (católicos e ocidentalistas num país de latifúndio aristocrático) com os sérvios (ortodoxos e eslavófilos num país de camponeses democráticos) não foi feliz. Para mantê-los unidos, estabeleceu-se no novo reino da Iugoslávia uma ditadura semifascista. E tudo parecia pior que antes. É esta a atmosfera do romance *A Volta de Filipe Latinovicz*: um pintor que estudou no estrangeiro volta para sua atrasada província natal, sendo esmagado pelo ambiente irrespirável. Odiando o reacionarismo croata sem ser capaz de aderir ao estreito nacionalismo sérvio, Krleza virou comunista. Ou antes: conspirador profissional, aliado aos comunistas mas guardando certa independência. Política, pessoal e literariamente, lembra o Malraux dos anos de 1930. No vasto ciclo *Os Senhores Glembaj* documentou a vida das classes superiores da Croácia entre as duas guerras e a luta política contra elas. O autor apresenta-se como comunista; mas tem as mais sérias dúvidas contra o determinismo histórico e contra a disciplina partidária. Seria mais exato falar em anarquismo-comunismo. O pacto Hitler-Stalin obrigou-o a separar-se dos comunistas. A Tito aderiu, quando este rompeu com os russos. É característico das suas atitudes a *Viagem à Rússia* (1926), em que não descreve diretamente a revolução e seus efeitos, mas seus reflexos na vida dos burgueses e intelectuais, postos para fora da sociedade. Na novela *O Encontro do Dr. Gregório com o Diabo* (que faz parte daquele ciclo), descreve com frieza sarcástica as matanças maciças das guerras balcânicas como "historicamente necessárias", mas responsabiliza pessoalmente os assassinos vedando-lhes o cômodo pretexto de agir em nome da "idéia". Hoje, Krleza prefere o silêncio. Sempre foi um homem contra todos e continua sendo "homem do contra".

"Contra" é o grande romance *O Banquete em Blitva*, o romance da ditadura e da oposição contra a ditadura. Dois jovens oficiais, comandando bandos de guerrilheiros, libertaram um país "algures entre Petersburgo e Trieste". Um deles, Barutanski, assume a ditadura, servido pelo cruel chefe de polícia Georgis. O outro, Niels Nielsen, chefe da oposição, tem de fugir para o vizinho país Blitva, onde reina a democracia — e as mesmas injustiças, corrupção e violência como sob a ditadura. Esse romance foi escrito profeticamente numa fase democrática da Iugoslávia. Só foi publicado em 1938, em fase ditatorial, e logo proibido. Acaba de ser republicado agora, mas cautelosamente, sem publicidade. Pois vale para todas as ditaduras: as fascistas, as "democráticas", as comunistas e as "democrático-comunistas"; e o terceiro volume, final, não foi escrito nunca. Terá de escrevê-lo a História.

Os personagens do romance têm nomes iugoslavos, gregos, escandinavos e outros, como se o autor quisesse dizer: toda a Europa é Blitva. Mas seriam tipicamente européias essas situações políticas? Quando muito, são, há 150 anos, tipicamente ibéricas; e ibero-americanas. E seria um grande tema de literatura comparada o confronto entre *O Banquete em Blitva* e os romances da ditadura sul-americana: *Nostromo*, de Conrad; *Tirano Banderas*, de Valle-Inclán; *El Sr. Presidente*, de Asturias; *La Mascherata*, de Moravia. Observo, aliás, que o enredo de *A Volta de Filipe Latinovicz* é quase o mesmo de *Ídolos Rotos*, do venezuelano Manuel Díaz Rodriguez, do qual Krleza certamente nunca ouviu falar; o fato só é o da sul-americanização da Europa.

Essas comparações lembram a possibilidade de enquadrar a personalidade de Krleza na literatura universal. Mas para tanto é preciso analisar-lhe o estilo, no sentido mais amplo da palavra: não só o estilo de escrever mas, também, o estilo de sentir e pensar; o que já foi feito, além da crítica iugoslava, por Robert Bréchon, no artigo citado, ao qual posso acrescentar mais outras observações.

O mundo de Krleza compreende todas as classes e grupos de sua nação: a burguesia, grande e pequena, os latifundiários e os camponeses, a burocracia e os oficiais do exército, os jornalistas e os políticos, a aristocracia e os *brasseurs d'affaires*, a boemia de artistas e os conspiradores, os soldados e os operários. Dentre esses grupos, os indivíduos aparecem fortemente caracterizados, por mão de quem é dramaturgo mesmo quando escreve romances e novelas. No entanto, esses indivíduos e "caracteres" têm semelhança de família: porque todos eles são dominados pelo lado animal de sua natureza. Krleza nasceu míope. Vê o mundo e os homens demasiadamente de perto, com todos os detalhes. A beleza feminina pode atraí-lo pela força do instinto animal, mas não pode deslumbrá-lo esteticamente porque vê e percebe as manchas na pele e as irregularidade dos dentes e as espirais dos cabelos e uma gota de suor onde ele pretendeu beijá-la; e isso acaba causando-lhe repugnância. Os homens e as mulheres lhe parecem seres monstruosos. Tudo é sujo. O mundo é composto de hospitais, bordéis, mictórios, esgotos. Em toda parte vê doença e putrefação e, sobretudo, o cheiro dela. Krleza é dotado de um órgão olfatório hipersensível. A vida entre aquelas criaturas nauseabundas tornar-se-lhe pesadelo insuportável. A vida é uma alucinação maligna.

Um crítico de hoje, ao perceber essa maneira de ver as coisas, lembra-se de Sartre, Malraux, Céline, Henry Miller. Historicamente mais exato seria lembrar os expressionistas alemães que Krleza conhece de perto: Leonhard Frank, Döblin, Gustav Sack. Conhecedores do movimento também se lembrarão de expressionistas não-alemães: o flamengo Van Ostayen, o sueco Lagerkvist, o tcheco Vancura. Em suma: Krleza é um representante da *littérature de la nausée*, típica do século XX. Mais um entre outros? Não. Basta ler duas páginas suas para reconhecer-lhe a originalidade, a diferença. E não é difícil encontrar as fontes dessa diferença, na "província" de Filipe Latinovicz. Essa província é a Croácia: país de remoto passado romano (pertencia à Panônia), país separado da Europa Ocidental pela língua eslava e da Europa Oriental pela religião católica, país que viveu durante um milênio sob dominações estrangeiras: romanos, ostrogodos, bizantinos, turcos, austríacos, húngaros. Eis as particularidades da província que pertencia, porém, a outra província, mais ampla, também colocada entre o Ocidente e o Oriente: a Áustria. Já falei da tendência dos croatas de buscar inspiração em Viena. Krleza odiava a Áustria antiga; a decadência social e moral que ele não se cansa de descrever é a da Áustria da sua mocidade, entre 1900 e 1918. No entanto, ele próprio admite francamente pertencer à literatura austríaca. Seus verdadeiros contemporâneos são Kafka e Werfel, Broch e Musil, Koestler e Doderer. Escrevem em alemão; mas são inconfundivelmente diferentes dos escritores alemães. Krleza, que não escreve em alemão, é separado pela mesma diferença dos escritores eslavos fora da Áustria, assim como outros austro-eslavos (o esloveno Cankar, os tchecos Machar, Durych e Vancura). Filhos de um país multinacional, são por nascimento internacionais. Digressão longa, que me parecia indispensável, por tratar-se de "província" menos conhecida. Mas a originalidade de Krleza, dentro do seu internacionalismo, ainda não ficou explicada.

Não há em Krleza nenhum exotismo. Os nomes estranhos dos seus personagens e das localidades logo deixam de perturbar o leitor. A língua? Nas traduções perder-se-ia qualquer particularidade, mas tampouco a há no original. Uma tentativa de escrever baladas num dialeto camponês não foi repetida. Para diferenciar seu internacionalismo basta-lhe a atmosfera inconfundível de sua província; para evitar o provincianismo basta-lhe, longe de acompanhar os *derniers cris* de Paris e Nova York, a conformidade do seu doloroso humanismo com o do século. Em Krleza parece-me haver uma grande lição para todas as literaturas, cujas línguas não são as três ou quatro de comunicação internacional.

A ditadura nos romances

O Estado de S. Paulo, 03 jun. 61

Eis um tema de interesse vital para todos os latino-americanos. Mas precisou-se esperar até que um erudito norte-americano chegasse para tratá-lo. O sr. Seymour Menton, professor da Universidade de Kansas, em Lawrence, é especialista em literaturas comparadas; e sabe que essa disciplina não consiste na cata de pulgas, perdão, de "influências", mas é coisa séria. Dominando perfeitamente os idiomas castelhano e português, conhecendo a fundo nossas literaturas, foi ele o predestinado para estudar os reflexos dos regimes ditatoriais nos romances hispano-americanos (e outros). Seu trabalho, publicado na revista *Humanitas* (I/1, 1960), da Universidade de Nuevo León, chama-se: "La Novela Experimental y la República Compreensiva de Hispano-América".

"República compreensiva" é um termo criado pelo professor Menton: é um país imaginário que resume os traços característicos, geográficos, raciais e sociais, de todas as repúblicas hispano-americanas numa época indeterminada. Certos romances experimentais ou vanguardistas do século XX tratam o tema da ditadura nessa "República compreensiva". Pois a técnica tradicional do romance seria incapaz de dominá-lo. Um Balzac, um Zola precisavam de volumosos ciclos de romances para traçar o panorama de um determinado país, da França, em uma determinada época de sua evolução. O panorama da "República compreensiva", concentrado em um volume, conforme a técnica novelística tradicional, só chegaria a acumular inorganicamente os elementos constitutivos, dos quais muitos contraditórios. Só mediante as técnicas modernas de narração indireta, de deformação, caricatural, da cronologia deliberadamente perturbada, da intensificação estilística, é possível resolver o problema.

O primeiro exemplo é *Nostromo*, a obra-prima de Conrad, "o romance melhor construído da literatura inglesa" (Walter Allen). Passa-se na imaginária República de Costaguana, que representa, geográfica e racialmente, todos os países latino-americanos. Gira em torno da mina de prata, teledirigida pelo capitalista Holroyd nos Estados Unidos. Costaguana é governada por um benevolente ditador civil, presidente Ribiera, líder da oligarquia rica e culta. Apóia-o o nobre *don* José Avellanos, fanático da ordem jurídica, autor de uma obra sobre *Vinte Anos de Desgoverno*, contra os ditadores militares. Mas as provas dessa grande obra serão pisadas e dilaceradas quando lhe assaltam a casa as massas incultas que apóiam a revolta do general Montero, ditador militar brutal e rude que, no entanto, representa as reivindicações do povo explorado. Seu "ideólogo" é seu irmão, semiletrado, imbuído de vagas idéias cesaristas. Apóia-o o fanático padre Corbelan, que confunde o dogma e os latifúndios da Igreja; ao passo que o intelectual Martin Decoud, afrancesado e cínico, traça os planos de reconquista da oligarquia, com a ajuda militar do bandido Hernandez. Numerosos *flashbacks* lembram o passado — guerras da independência, anarquia, ditadores bárbaros, ditadores progressistas, revoltas populares —, aprofundando o panorama pelo *background* histórico; e não falta a profecia de novas revoluções populares, conseqüências do progresso material e da exploração intensificada. O panorama é completo; e é exato. Apesar disso, a impressão total é fantástica, graças aos recursos técnicos empregados para construir a "República compreensiva": narração indireta e perturbação deliberada da cronologia; mas também porque o fenômeno "Costaguana" continua enigmático para o autor europeu.

Nem sequer o compreende o europeizado Decoud: para ele, a política de Costaguana é uma opereta, cujos atores levam a sério seus papéis, derramando sangue verdadeiro. É essa também a opinião do francês Francis de Miomandre, em sua novela *Le Dictateur*. Ninguém a compararia à obra-prima de Conrad. Mas o professor Menton a cita por encontrar nela as mesmas técnicas modernas que desrealizam o assunto, envolvendo-o em atmosfera meio mágica, meio caricatural: na República de Miomandre tudo é possível (e nada se compreende).

Le Dictateur é de 1926. Do mesmo ano é *Tirano Banderas*, romance do grande poeta espanhol Valle-Inclán. É realmente "compreensivo". A ditadura de missão patriótico-divina, os cárceres e os fuzilamentos, a oposição estéril dos idealistas e a revolta bárbara dos populistas, engendrando novas ditaduras: conhecemos tudo isso assim como a influência econômica de certos estrangeiros e a influência política de certas embaixadas. O panorama é típico. No entanto, Valle-Inclán dispensa as precisões; nem sequer dá nome ao seu país imaginário; e mistura livremente acontecimentos dos últimos 100 anos. Mas não se percebem esses anacronismos, porque os personagens não passam de títeres, gesticulando como num filme mudo sem letreiros. Contribui para a impressão fantástica a composição rigorosamente geométrica: espaços em que só podem viver títeres, mas não gente; e contribui a língua, meio exuberante, meio inarticulada: assim ninguém falou jamais, a não ser um poema desumano (mais um indício da falta de compreensão por esse mundo estranho).

O aspecto poemático predomina, enfim, nessa obra-prima que é *El Señor Presidente*, de Asturias. Com força construtiva superior, o típico da "República compreensiva" é aqui criado, embora tratando-se de um determinado país, da Guatemala, e de uma determinada época, da ditadura de Estrada Cabrera. A História tem, aliás, colaborado com o autor: pois o livro, embora escrito depois da queda de Estrada Cabrera em 1920, só pôde sair em 1946, porque no intervalo uma nova ditadura, a de Ubico, tiranizava o país; e hoje, novamente, só poderia sair no estrangeiro. Esse livro é, literalmente, de todos os tempos. Também pelos pormenores: a atmosfera de terror policial, com observância aparente das formas constitucionais de governo; o papel puramente formal do clero; a exploração econômica. A impressão de realidade é mais forte, paradoxalmente, porque Asturias fez tudo para "desrealizar" sua obra. Não escreveu um panfleto em acessível linguagem jornalística, mas em audaciosa linguagem de vanguardista, um fantástico poema demoníaco, que lembra as gravuras de Goya.

Não posso às análises do professor Menton acrescentar outra coisa do que alguns fatos que contribuem para lhe apoiar a tese; e uma advertência contra um possível equívoco da parte dos leitores de seu trabalho.

A impossibilidade de tratar nas formas do romance tradicional o problema da ditadura latino-americana está demonstrada por algumas versões do tema: a clássica *Amalia* (1851) do argentino José Mármol; e os romances do venezuelano Pio Gil e do peruano Manuel Bedoya. São panfletos vigorosos; mas, com o desaparecimento das ditaduras de Rosas, Castro e Benavides, seus modelos viraram sombras do passado. O mesmo destino também ameaça, quando Trujillo tiver desaparecido da memória dos homens, o admirável *Cementerio Sin Cruces*, da sua vítima Andrés Requena. Vale a pena observar que nessas obras a forma novelística tradicional falhou, embora os autores, limitando-se a suas experiências, não tivessem feito tentativa nenhuma de criar a imagem da ditadura típica em país típico. Mas a mesma impropriedade da forma tradicional também se revela em *La Mascherata* (1952), de Alberto Moravia, embora o grande romancista italiano conseguisse criar uma ditadura típica em país latino-americano imaginário. A obra não passa de um espirituoso romance de intrigas político-eróticas, que também seriam possíveis em outros continentes e outros regimes ditatoriais. O mesmo vale para o romance *De dolle dictator*, do holandês Albert Helman, que também se passa na América Latina. Por tudo isso é preciso advertir contra um possível equívoco: certamente o erudito autor norte-americano não quis afirmar que o "compreensivo" fosse o único efeito das novas técnicas novelísticas; talvez nem sequer o efeito principal.

Se não for assim, não temos meios para medir a "compreensividade". Pois, para tanto, não é lícito comparar o conteúdo novelístico (fictício) e a realidade social e política. Já li (não me lembro onde) um grande elogio do romance de Asturias, porque tudo nele seria exatamente assim como no livro de Jesús Galíndez sobre a ditadura de Trujillo. Se isto fosse critério, seria melhor deixar de lado as obras-primas de Conrad, Valle-Inclán e Asturias para estudar a obra de Galíndez ou, digamos, *Government and Politics in Latin America* (Nova York, 1958), editado por H. C. Davis, ou *Arms and Politics in Latin America* (Nova York, 1959), de E. Lieuwen. A comparação dos romances e dos estudos científicos daria o resultado de que, realmente, todas aquelas ditaduras são mais ou menos iguais. Mas para que, então, as modernas técnicas novelísticas? E por que dá, incompreensivelmente, a deformação deliberada (caricatural ou poemática) da realidade por essas técnicas o resultado certo? Robert Penn Warren, em *All the King's Men*, conseguiu com as mesmas técnicas o mesmo resultado do fantástico típico, embora seu tema seja uma semiditadura em outro ambiente do que no latino-americano. O efeito principal daquelas técnicas novelísticas é, portanto, o elemento irreal e fantástico que caracteriza aquelas ditaduras, tornando-as humanamente incompreensíveis. Temos notado essa incompreensão em Conrad, Miomandre e Valle-Inclán; e Asturias só a evita pela predominância do elemento poemático, que permite substituir a gente por demônios. Na última página do seu trabalho, o professor Menton também diz que Hispano-América *"sigue siendo un enigma para la mayoría de los espectadores extranjeros"*, e, acrescentamos, não só dos *extranjeros*.

Existem, como se sabe, várias explicações do fenômeno "ditadura hispano-americana". Alguns, como Sarmiento, encontraram o motivo na barbárie indígena. Outros alegam o prestígio dos militares, conquistado nas Guerras de Independência, e a fraqueza de todas as estruturas sociais, com exceção da organização militar (mas será esta realmente forte?). Mas outros lembram a herança do absolutismo ibérico e as ajudas estrangeiras aos ditadores. Enfim, o peruano Francisco García Calderón e o venezuelano Laureano Vallenilla Lanz têm defendido os ditadores como "césares democráticos" e "gendarmes necessários". Contra essa defesa dirige Augusto Mijares seu livro sobre *La Interpretación Pesimista de la Sociología Hispano-Americana* (Madri, 1952): negando a explicação fatalista pelo caráter nacional e a inevitabilidade das heranças e influências estrangeiras, considera as ditaduras dos últimos 150 anos (bem pouco tempo, afinal) como fenômeno de crise, que passarão e que passará. Se for assim, a perspectiva política para o futuro é boa. Mas a perspectiva para o futuro do romance político só é boa enquanto se conseguir a solução do problema "Realidade e Abstração". As ditaduras vão passar. Mas obras-primas como *Nostromo* e *El Señor Presidente* não entrarão, por isso, para o reino das sombras. Ficarão.

A outra Grécia

O Estado de S. Paulo, 10 jun. 61

No seu novíssimo livro contra a Ásia, a verdadeira desmoralização do mais velho continente, Arthur Koestler alinha vários argumentos novos, bem convincentes, e alguns argumentos já muito conhecidos, mas discutíveis. Fala, por exemplo, da incapacidade dos asiáticos de evoluir, de transformar-se, e pretende prová-la pela falta de Renascenças na história asiática, pela ausência de um fenômeno como a assimilação, pelos europeus, da antiga civilização grega.

A tese claudica: pois uma parte essencial da Ásia, isto é, o mundo islâmico, "renasceu" pela assimilação da civilização grega, chegando a transmiti-la aos europeus. Mas, mesmo dispensando esse contra-argumento, os adversários do livro de Koestler podem alegar outros. Um nacionalista francês como Dumur prefere a continuidade romana dos povos latinos, denunciando o "grecismo" como ilusão ou veneno, devido aos alemães; a Renascença "grecista" seria fenômeno especificamente alemão, sem significação universal, a não ser uma sinistra. Outros, menos estreitos e mais "modernos", chegam a negar a importância e possível atualidade de toda e qualquer Renascença, inclusive a inspirada pela Grécia.

Não é preciso discutir uma tese como a de Dumur; ela ignora, por ignorância mesmo ou mentindo, o grecismo de Racine e o grecismo na civilização de Oxford e Cambridge. Mas aos adversários de todas as Renascenças convém lembrar que se encontram em companhia incômoda; pois a negação da influência e mesmo da possibilidade da influência de uma civilização sobre uma outra é a tese principal de Spengler.

Há muito tempo penso em escrever uma espécie de defesa de Spengler. Não sou adepto de sua filosofia da história (formei-me numa outra). Mas devo ao autor do *Declínio do Ocidente* importantes e inesquecíveis "idéias" (*insights*) de compreensão histórica, que encontrei em seu livro. O que não cheguei a encontrar nesse livro são as manifestações de orgulhoso e violento nacionalismo alemão, pré-nazista, que sempre se lhe atribuem; seus adversários tiram-nas, em parte, de outros escritos de Spengler; em parte, se trata de interpretação de má fé, como no caso de Alfredo Galletti. Mas considero pior o caso de Toynbee, que deve tudo a Spengler e que, no volume X de *A Study of History*, esqueceu de lembrá-lo entre suas fontes e inspirações.

Muita coisa em Spengler é discutível, evidentemente, inclusive a tese da nossa incapacidade de entender civilizações alheias. O livro de Koestler sobre a Ásia é, aliás, um exemplo. Mas a Grécia? Durante muitos séculos, da escolástica aristotélica até Nietzsche, a Grécia foi para nós muito mais que uma influência; foi o critério pelo qual medimos nossa própria civilização. Ora, Spengler nega radicalmente tudo isso. É verdade que os estudos modernos, já desde Burckhardt e Thode, interpretam cada vez mais a Renascença como movimento autônomo do espírito europeu que apenas se aproveitou de lições da Antigüidade para justificar suas inovações e revoluções. Só assim se explica a seqüência de várias Renascenças (a carolíngia; a dos séculos XII e XIII; a "grande", do Quattrocento; a do século XVIII). Mas Spengler afirma muito mais: nega toda e qualquer influência verdadeira. Nossa matemática (e física) é dinâmica, não podendo dispensar o conceito do Infinito; mas a matemática (e física) dos gregos é estática e ignora o Infinito. Não existe na Grécia nada que corresponda à nossa música polifônica; em compensação, a arte primeira em Hellas foi a escultura, cuja existência no Ocidente moderno sempre teve algo de precário. Nunca chegaríamos a compreender a estrutura da *ágora*, da praça central de uma cidade grega, com suas centenas de estátuas vivamente coloridas e colocadas em aparente desordem. É o centro da *pólis*, que foi uma organização extremamente intolerante e incapaz de expansão geográfica, sem a menor relação com os Estados e democracias modernas. A Grécia antiga seria para nós tão estranha e incompreensível como a China antiga ou o mundo dos hindus, ou mais. Todo o "grecismo" dos séculos teria sido uma ilusão ou um pretexto ou um engano.

Não pretendo defender essa tese. Apenas explicar como Spengler chegou a formulá-la.

Nas miniaturas medievais, Aristóteles aparece vestido de monge, e os heróis da guerra de Tróia como cruzados cristãos. É o estado da "inocência" a-histórica, que trata o passado como parte do mundo contemporâneo. Assim trataram os escolásticos a filosofia aristotélica; assim Ficino apresenta um Platão cristianizado; ainda Erasmo trata assim o novo Testamento grego. Como chegou essa "inocência" a ser deflorada? Sem esquecer a contribuição da filologia holandesa e inglesa nem a de um gênio isolado como Vico, a responsabilidade principal cabe aos alemães. Nesse sentido têm razão aqueles que consideram como problema especificamente alemão as interpretações sucessivas da Grécia, cuja última é a de Spengler.

É obra dos alemães a transformação da pesquisa puramente erudita dos filólogos holandeses e ingleses do século XVII, ocupados com a gramática, a numismática, as inscrições, a arte militar, a cronologia, a mitologia e até a cozinha dos gregos, em interpretação estética. Ainda há muito daquela erudição livresca e pedante em Lessing; mas o ponto de vista do autor de *Laocoon* já não é o do crítico de textos e, sim, o do crítico de "belezas", imitáveis embora inatingíveis. Pois a Grécia já se tornara o país ideal de estátuas palidamente brancas, de templos geometricamente harmoniosos e de tragédias musicalmente disciplinadas: a Grécia de "simplicidade nobre e grandeza silenciosa" de Winckelmann e das óperas de Gluck; a Grécia bucólica e sonhadora de Chénier e Foscolo e, ainda, de Keats.

Não foi uma vitória indiscutida, essa da Grécia apolínea. Ficou, como semente invisível, a idéia de Vico, de interpretar Homero como expressão de uma Grécia de vigorosos heróis bárbaros. Herder apontou a poesia grega como poesia popular. Hölderlin, sobretudo, em seus lúcidos estudos sobre Píndaro e Sófocles, reconheceu — como primeiro — o perigoso caos dionisíaco debaixo da nobre superfície de beleza e medida. Mas sabe-se que Hölderlin passou despercebido.

Conhecida é a aversão instintiva, contra Hölderlin, de Goethe e Schiller, responsáveis pelo quase esquecimento do maior gênio lírico dos alemães e pela sua secular interpretação como romântico anêmico. São os maiores dos neoclassicistas. São os artífices da cultura burguesa alemã do século XIX, que os venerava como bustos de gesso; e como coleção de bustos de gesso, esteticamente falsos e politicamente inofensivos, brilhava a Grécia dos professores secundários e dos poetastros epigônicos. É a Grécia da família alemã e da escola alemã, na qual também Nietzsche se formou. Mas não seria exato dar demasiada importância ao fator burguês dessa interpretação da Antigüidade. Pois ainda em nosso tempo o marxista G. Thomson, interpretando a tragédia de Ésquilo, chegou a resultado suspeitamente semelhante: a arte grega como consagração da barbárie abolida e do equilíbrio social alcançado. Seu livro é de 1941, mas parece de 1841.

Mas, durante esse século, a "Grécia alemã" mudou até ficar irreconhecível. Na *Electra* de Hofmannsthal, musicada por Richard Strauss, a Grécia já é tão histérica como a Grécia americanizada em *Mourning Becomes Electra*, de O'Neill. Entre essas duas obras situa-se a descoberta do complexo que tem o nome grego de Édipo e é mesmo responsável pela histeria, antigamente inconcebível nos freqüentadores bem-equilibrados de templos serenos. Walter F. Otto e Rehm acabam com a interpretação lúdica da mitologia homérica; para eles, os deuses gregos são terríveis realidades, assim como o foram para o louco Hölderlin, que por volta de 1914 ressurge vitoriosamente, enfim reconhecido. Goethe e Schiller não teriam gostado da arte grega arcaica nem das estátuas coloridas, descobertas de uma arqueologia mais sincera. A transformação é total. Como se tinha processado?

Burckhardt, embora fiel ao humanismo clássico, também é o venerado mestre de Nietzsche: descobriu a intolerância totalitária da *pólis* e o pessimismo desesperado dos gregos. Rohde, o amigo de Nietzsche, descobriu os cultos pré-homéricos e as idéias horrendas, sobre o além, dos gregos que o classicismo tinha considerado despreocupados com a morte. Mas nem Burckhardt nem Rohde concordaram com o ato iconoclasta do próprio Nietzsche, ao qual deve tudo a moderna imagem da Grécia dionisíaca e trágica, que também ressurgiu nos estudos folclóricos de Frazer e nas teorias da "Escola de Cambridge" sobre as origens da tragédia. Contra a interpretação estética da Grécia, iniciada por Winckelmann, surgiu a antítese de uma Grécia bárbara, a das *Mouches* de Sartre; e ao Monte Olimpo substituiu-se Montparnasse, povoado de cubistas e estatuetas dos gregos da África.

Qual é, então, a verdadeira Grécia? Será que existe uma "verdadeira" Grécia? O fim é um relativismo céptico: os gregos já não são inatingíveis porque inimitáveis, mas porque incompreensíveis. Eis a tese de Spengler.

Não há saída? A erudição já não tem nada a dizer de importância vital. A interpretação estética da Grécia está falida. Num breve mas substancioso ensaio, Caterina Vassalini compara duas "Grécias" relativamente recentes: a da viagem grega de D'Annunzio em 1899, povoada de obras de arte e celebrada em prosa poética; e a da viagem grega de Salvatore Quasimodo em 1960, ele próprio um siciliano de origens gregas, povoada de homens como nós e compreendida em prosa secamente lógica, dir-se-ia política. Um mito acabou. Cedeu à realidade.

A verdade e a realidade

O Estado de S. Paulo, 01 jul. 61

Especialmente em Robbe-Grillet se observa uma tendência dominante do *nouveau roman* francês: a aparente renúncia à compreensão da impenetrável realidade é esforço para conseguir contato novo com a realidade; e Nathalie Sarraute, por sua vez, acredita ter encontrado, nesse caminho, uma nova verdade. Esse *nouveau roman* seria menos estranho em outra época do que na nossa, cujas principais tendências artísticas procuram a verdade fora daquilo que se chama convencionalmente realidade: poesia concreta, música eletrônica, pintura abstrata. Sei bem que essa antítese é esquematizada demais; e que a poesia concreta, por exemplo, permite chegar a outras definições. E meu assunto não é de natureza cronológica, mas histórica. E sugerido por um livro de Wolfgang Kayser, *Die Wahrheit der Dichter* (Hamburgo, 1959), estudo da relação entre Verdade e Realidade em nove fases diferentes da literatura alemã. Por vários motivos, um resumo crítico desse livro teria pouca utilidade para leitores brasileiros. Kayser limitou seus exemplos à literatura alemã, inclusive a autores e obras aqui pouco conhecidos e que nem sempre merecem a pena de apresentá-los ao nosso público. Escolherei outros exemplos, de outras literaturas e mais numerosos, ampliando muito o panorama, embora limitando-me (como Kayser) ao gênero "romance", no qual aquele problema se torna mais urgente. Também abolirei totalmente a ordem cronológica observada por Kayser em cada um dos grupos: encontram-se obras de épocas e literaturas diferentes, mas sem afirmar "influências", sem fazer comparatismo nenhum. O problema antes é de ordem psicológica: refere-se aos autores, mas também aos leitores, que nem sempre sabem distinguir a realidade dos fatos e a verdade da ficção.

Antigamente, confundiram-nas sistematicamente, assim como Dom Quixote leu os romances de cavalaria. O que estava impresso era a verdade, e basta. Essa atitude não desapareceu até hoje. Pois assim também lêem muitos as biografias romanceadas, que substituíram os romances históricos. Antes de tudo: assim se lêem hoje os jornais.

Não se precisa de muito espírito crítico para reconhecer: nem tudo que está impresso corresponde a fatos da realidade. Mas, estranhamente, precisava-se de muito mais espírito crítico para reconhecer que nem todas as ficções são verdade. Porque: como reconhecer o que é ficção? Eliminamos, primeiro, coisas contadas que são evidentemente impossíveis. A essa afirmação corresponde a parte satírica da intenção de Cervantes. Excluir da ficção o impossível, isto é, aquilo que não encontramos na realidade, é o afã de todos os realistas. Mas Cervantes não é realista no sentido literário do século XIX. Seu realismo filosófico, situado entre Erasmo e Descartes, admite e até exige um critério do possível que os "modernos" (isto é, todos os que vieram depois da Ilustração) não aceitariam. Esse critério já está indicado no capítulo VI do *Dom Quixote* (escrutínio na biblioteca do fidalgo, pelo cura e pelo barbeiro). Também acredito, com Joaquim Casalduero, que se deve levar muito a sério o título e o prefácio das *Novelas Ejemplares*. Cervantes rejeita o impossível; e aceita o possível quando corresponde aos princípios cristãos que regem a vida humana e o mundo (v. *La Fuerza del Sangre*). É um critério difícil. Raros souberam, depois, manejá-lo: uma humorista sutil como Jane Austen; um Gogol; uma *alma naturalis* como Hamsun. É um critério perigoso. Hoje, é o dos medíocres romances *bien pensant* e de toda a literatura de *happy end*, inclusive da de Hollywood.

Pois já não podemos acreditar no papel dominante da verdade no mundo. Ao contrário, sabe-se há muito que a ilusão e o logro o governam. O romance não poderia fazer coisa melhor do que desenganar os leitores, dizendo-lhes a verdade verdadeira. É isto que fizeram com amargura os romances picarescos (Alemán sobretudo); com humorismo superior, Fielding e, pela análise psicológica, as *autobiographies chimériques* de Stendhal.

É certo que Stendhal sucumbe (sobretudo na *Chartreuse de Parme*) à tentação de substituir as ilusões do mundo por outras, inventadas. Mas fica insubornável quando se trata de extrair da alma humana as verdades que as convenções sociais não deixaram revelar-se: cria uma nova verdade dentro da realidade. Kayser, definindo bem essa tendência, não cita Stendhal; seu horizonte estreitamente alemão só lhe permite lembrar o *Bildungsroman* (Goethe, Gottfried Keller). Mas encontramos exemplos melhores em todo o realismo psicológico, de Madame de La Fayette e a *Éducation sentimentale* de Flaubert até *Crime e Castigo* e *O Adolescente* de Dostoievski; e o melhor exemplo seria o romance exclusivamente psicológico de Proust.

Do conceito de que a literatura oferece a verdade do mundo só é um passo para a tese de que ela oferece uma verdade superior à realidade. Pois as obras de arte, estruturas organicamente construídas, possuem um elemento de realidade e, além disso, uma significação que não se encontra assim na realidade bruta. No horizonte de Wolfgang Kayser, a literatura correspondente a esse conceito é o classicismo de Goethe. De um ponto de vista mais geral, diríamos: a literatura de realidade estilizada. O "estilo", no mais alto sentido dessa palavra, garante a realidade. Assim se explica o destino das obras do "grande realismo": seus autores não pretendiam ser "clássicos", até teriam preferido o apelido de anticlássicos, mas por força do grande estilo suas obras se revelam, com o tempo, como "clássicos": Flaubert, Thomas Mann. (Vale o mesmo para Shakespeare, que irritou épocas classicistas pelo seu realismo.)

Esse destino, de tornar-se clássicas, não pode ser o das obras do naturalismo; e essa distinção permite separar realismo e naturalismo de maneira diferente da de Lukács. O realismo cria realidade. O naturalismo reflete a realidade. A literatura, conforme essa teoria, é verdadeira quando a realidade e toda a realidade entra nela. A essa exigência só corresponde Balzac. Mas já lhe satisfazem menos os naturalistas, de Zola até os neonaturalistas norte-americanos, latino-americanos, asiáticos, porque a fidelidade do seu reflexo sempre é perturbada por uma tendência, seja científica ou seja política, que deforma a realidade.

O naturalismo moderno, com suas tendências de esclarecimento científico, sociológico e político do leitor, situa-se mais perto da literatura didática do século XVIII. Admite (ou confessa) que não escreve reportagens, mas ficção. Mas atribui à ficção valor de verdade, porque essa ficção é regulada por verdades científicas etc. A maior representante desse didaticismo não é, aliás, naturalista: é George Eliot. Percebe-se, assim, que as citadas "verdades" não precisam ser, fatalmente, progressistas. Literatura que "diz a verdade racional" também é a do classicismo francês. Nem sequer precisam as verdades ser racionais. Basta que o autor acredite no valor didático delas. Também poderiam ser religiosas. Literatura naturalístico-didática, no sentido acima definido, também é a dos russos: de Tolstoi e Dostoievski. E, mudando a tendência novamente para o outro extremo, os romances de Gorki e toda a literatura *engagée*.

E se a realidade não, ou ainda não, corresponder à verdade apregoada? Então, a verdade é superior à realidade. É a realidade do futuro. E temos a teoria do realismo crítico ou realismo socialista, a literatura oficial da Rússia stalinista.

Todas essas teorias e práticas literárias supõem uma fé robusta na verdade e na nossa capacidade de reconhecer a verdade. Encontro a primeira dúvida em Manzoni, que rejeitou seu próprio grande romance histórico, *I Promessi Sposi*, por julgar incompatíveis a verdade histórica e a ficção novelística. Depois, essas dúvidas se adensam. Henry James e Conrad renunciam à onisciência do romancista quanto à essência e aos destinos dos seus personagens. Registram pontos de vista diferentes de interpostos narradores diferentes, dos quais nenhum sabe a verdade ou a verdade toda. Enfim, uma teoria literária muito diferente daquelas dos dois romancistas ingleses desistirá totalmente: é *La Nausée*, de Sartre. E é essa estaca zero da qual pretende partir, em procura de novas realidades "mais verdadeiras", o *nouveau roman* de Robbe-Grillet e Nathalie Sarraute.

Poderíamos terminar aqui. Confessando, aliás, que este resumo já não tem nada que ver com o livro de Wolfgang Kayser, que apenas o sugeriu. Mas convém admitir uma possibilidade de outra saída do que a dos novos romancistas franceses: também se pode chegar à afirmação de que a literatura e a própria língua são essencialmente incapazes de atingir a realidade. A essa tese negativa subordina-se o neo-realismo: substituindo a arte pela fixação (fotográfica ou outra) de realidades "reais". Ainda é um realismo meio ingênuo. Além dessa posição, só resta atribuir à arte uma verdade nem inferior, nem superior à realidade, mas independente da realidade. Seria a posição de uma arte que, por isso mesmo, tem o direito de chamar-se, ao mesmo tempo, concreta e abstrata.

A erudição de Mr. Huxley

O Estado de S. Paulo, 22 jul. 61

Alguns leitores do meu livro *Presenças* escandalizaram-se com a irreverência com que eu tinha tratado a mundialmente famosa erudição do romancista Aldous Huxley. Como foi? Aldous Huxley — cuja leitura preferida é, conforme sua própria confissão, a *Encyclopaedia Britannica* — respondeu a uma *enquête,* dizendo alguma coisa sobre a bondade como fundamento da poesia e afirmando que um criminoso não pode ser bom poeta. Acontece que François Villon, considerado por muitos e com boas razões como o maior poeta da língua francesa, foi vagabundo, escroque, sacrílego e assassino. Concluí que Aldous Huxley ainda não tinha chegado, na leitura do seu livro preferido, até o volume XXIII, verbete "Villon".

Será que essa conclusão diminui o valor de Mr. Huxley? Em primeira linha, é ele romancista. *Point Counter Point* foi e é muito admirado como tipo do moderno romance experimental. Parece-me que tipos do moderno romance experimental são *Ulysses, Manhattan Transfer* e *Doktor Faust* — a comparação já indica a categoria diferente deles e daquele — e também *Les faux-monnayeurs* (1925), em que o personagem principal, um romancista, escreve um romance, *Les faux-monnayeurs,* assim como Quarles, o romancista-personagem de *Point Counter Point* (1928), escreve um romance, *Point Counter Point.* Mas os físicos costumam mesmo repetir experimentos, e Aldous Huxley entende muito de física e de algumas outras coisas. Em *Point Counter Point,* romance atraente sobre a vida erótica da alta sociedade inglesa, fala-se sobre: sonetos de Shakespeare e biologia experimental e suítes de Bach e mitologia hindu e sobre Freud e Baudelaire e sobre nus de Degas e quartetos de Beethoven e a arte trecentesca em Siena e marxismo e fascismo e sobre anatomia patológica do cérebro e os *Possessos* de Dostoievski e quadros de Dufy, e por isso o prestígio intelectual do romance é tão alto como o prestígio social da alta sociedade inglesa à qual Huxley pertence, e por isso gostam tanto dele os que gostam de saber algo e de saber falar algo sobre sonetos de Shakespeare e biologia experimental e suítes de Bach etc., etc., etc., sem ter estudado esses assuntos (Huxley já os estudou, por eles, na *Encyclopaedia Britannica*); *Point Counter Point* é cultura em latas com o rótulo: romance experimental. Também o li com prazer, porque Huxley sempre tem a dizer algo de interessante e não são muito raros, especialmente em seus ensaios, os achados.

Um desses achados é, no volume *Themes and Variations*, a interpretação de Giovanni Battista Piranesi. Sempre o tínhamos admirado como criador das gravuras que fixaram para sempre as ruínas, as igrejas, palácios e praças de Roma assim como os viu o século XVIII. Mas só poucos especialistas conheciam os *Carceri d'Invenzione*, série de gravuras de prisões fantásticas, verdadeira antecipação das angústias de Kafka e do surrealismo. O ensaio de Huxley sobre os *Carceri* impressionou-me tanto que gastei 12 dólares para comprar o grande livro de A. Hyatt Mayor sobre Piranesi e para aprender, nele, que a interpretação de Huxley já estava superada quando foi escrita. O ensaísta exagerou muito a originalidade dos *Carceri*. Para tanto, negou que dependessem diretamente da arte dos Bibiena e de outros cenógrafos do fantástico teatro barroco italiano: dependência demonstrada por Gregor, D'Amico, F. Biach, L. Dubech e ultimamente por J. Scholz (*Baroque and Romantic Stage Design*, Nova York, 1950). Tampouco conhecia Huxley outro precursor imediato, o pintor maneirista Desiderio Monsù, cujos enigmáticos quadros de cidades arruinadas, verdadeiros pesadelos, foram mostrados em exposição quase sensacional na Galleria Obelisco, em Roma. Há um tipo de erudição que rapidamente se transforma em erudição de ontem. Dessa opinião também é o severo crítico do *Times Literary Supplement* (13 de fevereiro de 1953) que, escrevendo sobre aquele livro de Hyatt Mayor, compara a angústia de Huxley, em face das gravuras de Piranesi, ao *frisson* dos colecionadores de estatuetas africanas na *belle époque* de 1910, mais do que às verdadeiras angústias do mundo de hoje. Superadas também são as tentativas huxleanas de fugir da angústia para o espiritualismo. Sua biografia romanceada de Maine de Biran, no mesmo volume *Themes and Variations*, consegue tornar antipático esse filósofo da Restauração francesa, porque Huxley omite deliberadamente as bases sociais do seu pensamento; não parece ter lido o estudo de Mannheim sobre o "Pensamento Conservador" (*Archiv für Sozialwissenschaft*, 1927). Em compensação, cita com aprovação uma frase sobremaneira trivial de Maine de Biran: "Sem virtude não pode haver verdadeiro gênio" (pág. 120). Será esta a fonte da estética que excluiu o pouco virtuoso Villon do rol dos poetas de gênio?

Esse volume *Themes and Variations* é uma mina para o pesquisador da erudição de Mr. Huxley. Não falo, naturalmente, de pequenos erros e lapsos, que só o pedantismo ou o despeito costumam denunciar. No ensaio "Variations on El Greco", não tem importância nenhuma a afirmação sobre *"his wife Jerónima de las Cuevas"* (p. 185), que não foi a esposa do Greco (Cossío, p. 33). Já é mais interessante, por ser fundamento da tese do ensaio, a afirmação sobre "a ausência quase total de fundos paisagísticos nos seus quadros" (p. 190). Pois o fundo paisagístico está presente no S. Domingos da Catedral de Toledo, nos dois quadros representando S. Martinho na National Gallery de Washington, no S. Bernardino de Siena da Casa del Greco em Toledo, no Gólgota da Johnson Collection em Filadélfia e, sobretudo, em duas obras capitais conservadas no Museo San Vicente em Toledo: S. José com o menino Jesus e Assunção de Nossa Senhora. Esteve Huxley no Museo S. Vicente em Toledo? Parece que só visitou em Toledo a Catedral S. Tomé, a Casa del Greco, S. Juan de los Reyes, Santa María la Blanca, o Tránsito e o Alcázar, isto é, os lugares que se encontram no programa das *Sightseeing Tours* da agência de viagem Cook. Mas não consta desse programa o Museo S. Vicente, onde existem aqueles dois quadros. No caso a agência Cook corresponde à *Encyclopaedia Britannica*.

Mas não quero insistir. O que importam são as grandes generalizações. No ensaio "Variations on a Baroque Tomb", Huxley pretende demonstrar que só o barroco representou a Morte, esqueletos, etc. nos monumentos funerários; uma época de fé, como a Idade Média, não pensava nisso; nem a Renascença ou as épocas modernas, sem fé, que preferem silenciar a realidade dura da morte. O ensaio começa com a afirmação de que a Idade Média e a Renascença, embora por motivos diferentes, nunca representaram a morte nos monumentos funerários. Depois, descreve os terríveis túmulos barrocos, cheios de crânios, esqueletos e até esqueletos alados; as obras de Bernini e outros mestres em igrejas romanas; no começo do século XVIII, um dos últimos escultores barrocos, Mazzuoli, criou o estupendo e quase repelente monumento funerário da família Pallavicini, na igreja San Francesco a Ripa, em Roma; e conclui: "Depois do tempo de Mazzuoli até o dia de hoje, nenhum monumento de qualquer europeu importante foi enfeitado com crânios e esqueletos" (pág. 173). Agora, vamos aos fatos.

Primeiro, lembramos as terrificantes Danças Macabras que ornaram os cemitérios da Idade Média, a começar por Paris, desde o século XIV. A maior parte dos monumentos funerários medievais na Bélgica foi destruída, no tempo da Reforma, pelos iconoclastas. Mas possuímos descrições minuciosas deles nas obras históricas de Kervyn de Lettenhove; especialmente os do século XV, do gótico *flamboyant*, estavam cheios de representações da Morte. Foi a época de um poeta que também sabia escrever bem sobre a morte: Villon... E na igreja St. Etienne, em Bar-le-Duc, pode-se ver o terrível esqueleto do túmulo do príncipe de Orange, feito por Ligier Richier por volta de 1550, em plena Renascença.

E depois de Mazzuoli? Numa das catedrais mais visitadas do mundo, em Notre-Dame de Paris, fica o monumento funerário de um duque d'Harcourt, cheio de esqueletos, feito por Pigalle em 1776, seis anos depois da *Encyclopedie* de Diderot. Mas d'Harcourt não teria sido um "europeu importante?" Então se veja o túmulo que o mesmo Pigalle fez na igreja de St. Thomas, em Estrasburgo, para o famoso marechal de Saxe; em 1777, às vésperas da Revolução Francesa. As pequenas inexatidões arruinaram, essa vez, a tese do ensaísta.

Mas é o próprio Huxley que responde, na página 175 de *Themes and Variations*: "Generalizações históricas não podem ser nunca mais que parcialmente exatas, porque sempre baseadas na ignorância: invencíveis em certos casos e, em outros casos, voluntárias e seletivas".

Resta, então, só uma alternativa: por ignorância *seletiva* não leu Mr. Huxley o verbete Villon no volume XXIII da *Encyclopaedia Britannica*; ou, então, a *Encyclopaedia Britannica* está invencivelmente errada.

Informações soltas

O Estado de S. Paulo, 05 ago. 61

Outro dia, o sr. Lívio Xavier, em um dos seus indispensáveis comentários de revistas estrangeiras, queixou-se do desprezo soberano que a imprensa brasileira dedica às informações literárias. É verdade. Só noticiam aquilo que, conforme a expressão usual, "não é literatura". E assim se perde muita informação que seria útil inclusive aos que desprezam a literatura. Tenho, muitas vezes, de servir-me de fontes menos acessíveis; preciso fazê-lo; pretendo fazê-lo, para os outros, periodicamente.

Que sabemos, em geral, da literatura russa? Conhecemos os grandes clássicos do século XIX. Alguns, pelo menos, conhecem os grandes poetas simbolistas do começo do século XX. Conhece-se razoavelmente a literatura soviética atual. Realmente? Por minha vez, não sinto vergonha nenhuma em confessar uma grosseira falta de informação: até há pouco, ignorava o nome de Konstantin Paustovski, do qual começam agora a sair as primeiras traduções (para o italiano e para o alemão). Mas Paustovski não é um novo. Nasceu em 1893. Sua estréia literária é de 1912. No entanto, conforme certos indícios, os próprios russos ignoravam até há pouco a importância de sua obra. É um escritor atual, inconfundivelmente do nosso tempo; mas parece viver, dentro da Rússia, à margem das oscilações violentas da época. Não é "realista socialista" (nem é retrógrado). Sua mentalidade talvez seja um pouco romântica, de um otimismo luminoso que tem fé na vida. Sua prosa é a de um clássico. É um romancista, novelista e notável ensaísta-crítico. Sua obra-prima é a autobiografia ligeiramente romanceada, cujo primeiro volume, *Anos Remotos*, saiu em 1945. As continuações chamam-se *Mocidade Inquieta* e *Começo do Século Desconhecido*. Paustovski lembra, um pouco, Carossa. Não me parece muito inferior a Turgueniev. Como é possível que não o conhecêssemos antes? A literatura soviética, que realmente não suporta a comparação com a literatura russa do século passado, é muitas vezes desprezada pelos estrangeiros. Para a revisão desse juízo injusto, a leitura de Paustovski serve melhor do que a de alguns nomes melhor conhecidos ou conhecidíssimos.

*

A propósito de Ehrenburg: o escritor deu à revista *Der Sonntag* (Berlim Oriental, nº 5, 1961) uma entrevista, comunicando o plano das suas *Memórias*. Está trabalhando no volume III (Berlim, 1921/1932; recordações de Babel, Toller, Leonhard Frank, Döblin etc.). O volume IV será dedicado à Espanha e o V aos anos da guerra (recordações de Heinrich Mann, Anna Seghers etc.). Ehrenburg acrescenta: "Também pretendo lembrar o escritor austríaco Joseph Roth". Esse nome é pouco conhecido no Ocidente; e na própria Alemanha, os anos do nazismo o fizeram esquecer. Mas foi grande escritor. Nascido nos últimos confins eslavos do antigo império dos Habsburgos, esse judeu de Brody virou católico e monarquista entusiasmado: isto é, quando a monarquia austríaca já não existia e quando a Igreja estava na Europa central profundamente humilhada e, por assim dizer, na oposição. Em dois romances de valor excepcional, *Radetzkymarsch* e *Kapuzinergruft* (assim chamados conforme os nomes da marcha de infantaria do Exército austríaco e da igreja onde em Viena os Habsburgos estão sepultados), descreveu o fim do império. Que terá Ehrenburg de contar-nos desse estranho homem villonesco que em sua última obra, *A Lenda do Santo Beberrão*, celebrou sua perdição, o álcool, e morreu em Paris, em 1939, às vésperas da catástrofe?

*

A leitura da revista *Sonntag* é, aliás, pouco edificante. É, literariamente, a planície, com exceção do teatro, que parece de primeira qualidade na Alemanha Oriental. O grande sucesso do momento, que provocou intensos debates, é a peça trágica *Die Holländerbraut* (*A Noiva do Holandês*), de Erwin Strittmatter. A personagem principal é uma camponesa, crescida em ambiente comunista, apaixonada pelo filho de proprietários ricos, nazista, que a sacrifica aos seus interesses econômicos. Ela não chega a saber quem foi o autor da denúncia que a leva ao campo de concentração. Depois de 1945, a moça vira alta funcionária do partido. Ainda ama o indigno: quer salvá-lo. Graves conflitos com o partido. Só reconhece a verdade e seus deveres quando o ex-amante, em desespero, pretende matá-la. Nos debates públicos sobre a peça não se tocou em um ponto: o autor pintou o nazista tão diabolicamente infame que o amor da moça se torna incompreensível. Em compensação, discutiram-se as seguintes interpretações diferentes: a peça é verdadeira tragédia, porque a moça coloca seu amor acima da luta de classes; a culpa não é da moça, mas do fato de que ainda existem proprietários e ex-nazistas na Alemanha Oriental; a peça é inferior ao romance *O Último Tiro*, de Boris Lavreniov, em que a operária sacrifica sem hesitações seu amor a um reacionário. Esses debates são, sem dúvida, mais significativos que a peça melodramática.

*

O nome do dramaturgo suíço Friedrich Dürrenmatt já é um *household word*. Ainda não era quando escrevi sobre *Der Besuch der alten Dame* (*A Visita da Velha Senhora*). Mas já era quando depois se escreveu sobre *La visite de la vieille dame*, como se fosse descoberta diretamente trazida da França. Sua última peça, *Frank V*, acaba de ser representada em Frankfurt. Os Franks são uma dinastia de banqueiros inescrupulosos; Frank V comete crimes financeiros que um "chantagista" aproveita para arruiná-lo; mas esse "chantagista" é seu próprio filho: Frank VI. A peça, que causou inquietação nos meios financeiros, contribuirá para chamar a atenção para peças mais antigas, ainda pouco conhecidas, de Dürrenmatt. Recomendo especialmente *Romulus*... O último imperador de Roma, antes da invasão definitiva dos bárbaros, sempre foi ridicularizado pelos historiadores como imbecil lamentável, alheio à luta heróica dos últimos romanos contra o invasor. Na peça de Dürrenmatt é Rômulo Augústulo o único homem inteligente entre bacharéis grandiloqüentes e generais imbecis que se exaltam sem fazer nada. Quando lhe dizem que é preciso salvar a civilização, Rômulo responde: "Será que civilizações se salvam? Sempre pensei que civilizações se constroem".

*

Com satisfação se verifica que a superstição do Prêmio Nobel acabou. O fato de receber em Estocolmo uma forte importância de dinheiro já não basta para impressionar a consciência literária do mundo. Pär Lagerkvist foi nos anos de 1920 um importante poeta e dramaturgo expressionista. Virou, depois, acadêmico, dando a nobres idéias humanitárias a ineficientíssima forma literária de parábolas novelísticas. Daí o Prêmio Nobel em 1951. Então, em todos os países se traduziu sua última obra, *Barabbas*; e a decepção foi geral. Agora, a maior casa editora sueca, Bonniers, publica-lhe mais um romance-parábola, como aquele: *Ahasverus död*. Dizem que é sua obra-prima. Mas o mundo já não toma conhecimento.

*

É incômodo, mas não adianta. Precisaremos tomar conhecimento da renascença literária das nações orientais. Apresento hoje o persa Sadek Hedayat.

A literatura persa clássica foi muito infelizmente divulgada no Ocidente. A epopéia heróica de Firdusi só é legível para especialistas com muita paciência. O cepticismo sorridente e melancólico de Omar Khayyam é provavelmente melhor na infiel versão inglesa de Fitzgerald do que no original, pois as traduções fiéis decepcionam. E Hafiz, com suas odes intermináveis sobre o amor e o vinho, virou insuportável depois do *Divã ocidental-oriental* de Goethe. Existe uma literatura persa moderna, orientada por Said Mohammad Ali Jamalzadeh, que em contos brilhantes (já traduzidos para várias línguas) descreveu com pessimismo, mas sem melancolia, a corrupção administrativa, a hipocrisia religiosa, o fanatismo, o nepotismo, o analfabetismo, a miséria do povo desgraçado e o esnobismo ocidentalizado das elites. Entre seus numerosos discípulos e sucessores, o melhor é Hedayat.

Personalidade fascinante. Nasceu em 1903 em Teerã, filho de rica família aristocrática. Estudou na França; depois, literatura iraniana em Bombaim. Viveu fora das altas relações familiares, em pobreza voluntária, boêmio considerado maluco. Em 1951, em Paris, suicidou-se. É, no fundo, estranho que no Ocidente tão poucos o conheçam. Em 1953, publicou a editora parisiense José Corti seu romance *La Chouette Aveugle*, confissões de uma maníaco possesso por alucinações fúnebres e êxtases eróticos; e um crítico como André Rousseaux chegou a afirmar, talvez com algum exagero, que "*l'histoire litteraire du siècle est marquée par ce roman*". São evidentes as influências de Poe e Baudelaire. Mas Hedayat é um escritor moderno. Traduziu para o persa *Le Mur* de Sartre e novelas de Kafka; e escreveu um longo ensaio sobre Kafka. Outras obras suas existentes em tradução francesa são as sete novelas do volume *Trois gouttes de sang* (Keyhan ed., 1959). Aos cuidados do seu amigo Bozorg Alawi, agora professor da Universidade Humboldt, em Berlim Oriental, devem-se as traduções para o alemão, publicadas em 1960 pela casa editora Ruttem & Loening: as novelas *A Lenda da Criação* (anti-religiosa; proibida no Irã), *Do Bosque* (anticolonialista) e *A Água da Vida* (contra o racismo); e as novelas do volume *A Filha do Profeta*, ataques contra o fanatismo religioso, contra a escravidão da mulher e contra a exploração dos operários. Hedayat, nacionalista persa (e, por isso, inimigo da absorvente civilização árabe-islâmica), foi marxista, embora com certas inclinações para o pessimismo budista. Foi boêmio, escravo do ópio. Sob a máscara do cínico escondeu ou antes revelou profundo amor ao povo e a todos os maltratados, inclusive — o que é tão raro no Oriente — aos bichos (a novela *Le Chien Vagabond*, dedicada aos cães, é uma das suas obras mais comoventes). Passou a vida toda possuído pela idéia da morte violenta; e sabia que o Destino lhe tinha prescrito o suicídio. Não sabíamos que existem espíritos assim no Oriente. A leitura de Hedayat vale a pena.

O amigo perdido

O Estado de S. Paulo, 26 ago. 61

Perdi com Brito Broca um amigo como não tive nem terei nenhum outro. Foi o mais velho dos meus amigos brasileiros. Foi uma amizade de vinte anos, nunca decepcionada. Foi uma relação das mais cordiais, sem intimidade emocional, mas tanto mais sólida. Agora, a morte nos separou. A vida está declinando. A luz está escurecendo. Nunca mais terei amigo como Brito Broca.

Brito Broca foi jornalista. Também sou jornalista. Certamente escreveu ele, no correr dos anos, inúmeros necrológios, assim como eu já escrevi muitos. Necrológios de grandes homens e necrológios de medalhões, necrológios comovidos e necrológios ligeiramente irônicos. A natureza da nossa amizade exclui, naturalmente, qualquer possibilidade de eu prestar essa última homenagem a Brito Broca. A mão ficaria trêmula. Não se escreve necrológio de um amigo assim. Nem se lhe traça o perfil, por mais inesquecível que fique gravado na memória.

Perfil de Brito Broca? Todos o conheciam. Penso que até seus inimigos — que teve como todos nós os temos — gostavam dele no foro íntimo. Pois foi o mais desinteressado e o mais inofensivo dos homens. Conhecido em todas as redações e em todas as livrarias, familiar de todas as rodas, foi no entanto um homem profundamente solitário. Sempre ocupadíssimo, nunca se deteve muito. Entrava, passava, saía, às vezes sem despedir-se. Ninguém lhe conhecia o endereço, os quartos de hotel ou pensão modesta onde se enterrou entre seus livros, vivendo só para os livros, e, no entanto, inspirado por um grande desprezo à vida literária, da qual iria ser o historiador. A vida literária não lhe podia infundir respeito porque respeitava mais alto a Literatura, com maiúscula, o único culto da sua vida livre. Julgava-se, apenas, servidor humilde da Literatura, de uma humildade desarmante no erro e no acerto. Sabia, com Leopardi, que "a literatura é a mais estéril das profissões"; e a literatura foi propriamente sua profissão, da qual vivia e para a qual vivia. No entanto, não foi homem triste, apesar de ter lido todos os livros brasileiros. Foi, ao contrário, um dos conversadores mais alegres. Sabia mil anedotas engraçadas que contava, às vezes, acompanhadas de exemplos musicais, como aquela de uma companhia lírica italiana, itinerante, oferecendo espetáculos à população do Brás; então, uma empresa que fabricava bebidas subornou o *prim'uomo* para modificar a letra do brinde em *Cavalleria Rusticana*: "*Questo guaraná spumante...*". Também sabia mil histórias tragicômicas, como a do desconhecido que morreu na rua, sendo seu cadáver não-identificado confundido, no necrotério, com o de um medalhão, e sepultado com honras de Estado... Brito Broca também morreu, desconhecido, na rua. A ele, a morte repentina não doeu, felizmente. Sentimos nós outros essa perda. Escrever-lhe o necrológio, traçar-lhe o perfil, não posso.

Tentarei dizer quem o amigo perdido foi; o que seu trabalho e sua existência significaram.

O jornalista Brito Broca foi, em primeira linha, um formidável trabalhador da imprensa e das letras. Trabalhava durante as noites e não descansava durante o dia. Escreveu, certamente, muitos milhares de artigos, quase todos eles esparsos e só poucos reunidos em volume. Trabalho daqueles que de manhã prende os leitores e de tarde já serve de papel de embrulho. Triste destino nosso. Mas nem todos os artigos de Brito Broca foram efêmeros: seus estudos sobre Machado de Assis na política, sobre os romancistas da cidade do Rio de Janeiro, muitas das suas *Horas de Leitura* (como se chama um dos seus livros) ficam: porque seriamente meditados, baseados em pesquisa sólida e interpretação certa.

Brito Broca foi grande pesquisador. A Seção de Jornais e Revistas da Biblioteca Nacional não tinha freqüentador mais assíduo. Seu livro sobre a *Vida Literária no Brasil de 1900*, que teve tanto e merecido sucesso, é monumento de uma época; e é leitura das mais deliciosas, porque Brito Broca sabia escrever bem, sem ser "estilista" (seu bom gosto o teria impedido). Os volumes sobre a vida literária no Brasil nas épocas do romantismo e do modernismo, em que trabalhava ultimamente, não sairão mais. Não se substitui um Brito Broca.

Insubstituível também ele foi quanto a outro aspecto de sua personalidade: foi o último boêmio. Trabalhava durante a semana toda para ter "seu dia" de conversa fiada, de bebedeira e de despreocupação total, no sábado. Foi num sábado, seu dia, que Brito Broca morreu.

Enfim, desejo destacar um aspecto dessa personalidade estranha e encantadora que a todos nós é especialmente caro: Brito Broca, paulista de nascimento, escritor carioca por afinidade seletiva, sempre ficou paulista no fundo do coração. Foi, trabalhando para os jornais de cá e de lá, para os editores de cá e de lá, uma ponte entre São Paulo e o Rio de Janeiro. Tive-o, como em tantas outras coisas, também como camarada nessa cidadania dupla, que é a honra da minha vida brasileira. No Rio de Janeiro estou escrevendo, para este grande jornal paulistano, sobre o amigo morto que agora descansa em terra paulista. Adeus, Brito Broca.

Previsões de Ibn Khaldun

O Estado de S. Paulo, 02 set. 61.

Não tive oportunidade de ver a tradução para o português dos *Prolegômenos* de Ibn Khaldun que o sr. José Khoury publicou sob os auspícios do Instituto Brasileiro de

Filosofia em São Paulo. Minha ignorância da língua árabe proibiria, em todo caso, manifestar-me sobre a qualidade da tradução. Mas nada me impede chamar a devida atenção para a significação da iniciativa cultural que a tradução e publicação dessa obra representam. Obra que conheço e admiro há anos na velha tradução francesa de De Slane. Obra das mais importantes que o espírito humano já produziu.

Quem considera porventura exagerada essa afirmação leia o que sobre Ibn Khaldun escreveu Toynbee, em *A Study of History* (vol. III, pág. 323-326; vol. X, pág. 84-87). O estudioso inglês, talvez desejoso de diminuir o que deve a Spengler, chega a escrever (vol. X, pág. 236): "*Ibn Khaldun gave me a vision of a study of History...*"; e mais não é preciso citar para até os seguidores dos *derniers cris* compreenderem a importância excepcional desse — não se assustem da admiração anacrônica — historiador norte-africano do século XIV.

Ibn Khaldun (é ocioso citar o complexo nome inteiro) nasceu em 1332 em Túnis, de uma família de altos funcionários e eruditos. De Sevilha, onde os árabes já não se sentiam seguros, seus pais tinham reemigrado para a África, onde árabes e berberes se dilaceravam em guerras fratricidas entre os diversos sultanatos; o Mahgreb, a África do Norte islamítica, estava em plena decadência. O jovem Ibn Khaldun estudava na Universidade de Fez, onde se tornou secretário do sultão. Do favor caiu rapidamente para a prisão, da qual fugiu para tornar-se secretário do sultão de Granada. Passou a maior parte da vida numa caleidoscópica mudança entre a corte e a prisão, sempre envolvido em conspirações: ontem embaixador, hoje fugitivo. Enfim, retirou-se para o deserto. Entre os nômades de Saara, no castelo do xeique Ibn Salama, escreveu sua *História Universal*, da qual aqueles *Prolegômenos* constituem a primeira parte. Passou o fim da vida no Egito, onde no Cairo exerceu as altas funções de Kadi (juiz superior) e onde morreu em 1406. Sua biografia parece um capítulo de *Mil e Uma Noites*, história de um daqueles vizires que o califa Harum al-Rachid costumava nomear primeiro-ministro para enviar-lhe no dia depois a corda de seda. Mundo fantástico, imensamente remoto do nosso, em que nasceu a filosofia da história daqueles *Prolegômenos*, de modernidade permanente e de atualidade surpreendente.

Aquela *História Universal* é na verdade uma história da África do Norte muçulmana. O horizonte do autor estava limitado, geograficamente e pela religião. Tanto mais admirável é a penetração com que conseguiu entender a fundo os fenômenos históricos, extraindo deles uma teoria verdadeiramente universal.

Ibn Khaldun acredita num ciclo histórico: as civilizações nascem, evoluem e morrem. Supomos que existe uma civilização rica em valores materiais e espirituais. Fora das fronteiras dela vivem nômades pobres e incultos, mas fisicamente fortes e sem muito apreço à vida e às comodidades da vida. Esses nômades assaltam as cidades, destroem o que não compreendem e estabelecem no lugar do reino civilizado um império da força bruta. Mas não escapam à "lei da imitação". Adotam a sedutora civilização dos vencidos. Suas virtudes do deserto enfraquecem. Perdem a *asabiyah*, o *esprit de corps* e a confiança mútua, que é a alma das comunidades primitivas. Perdendo as qualidades militares, empregam exércitos de soldados profissionais. Surgem ditadores e tiranos, revoltas e revoluções. E certo dia aparecem nas fronteiras novos nômades, pobres, incultos e fortes que assaltam a cidade: e o ciclo começa de novo.

Esse ciclo, Ibn Khaldun poderia tê-lo observado na decadência da Grécia antiga, na destruição do Império Romano pelos bárbaros germânicos, no desmembramento do Império Bizantino pelo assalto árabe. Mas seu argumento principal é a queda das civilizações muçulmanas da África do Norte, do Mahgreb, pelos ataques dos nômades do deserto. Desde aquele seu século XIV, o Mahgreb caiu na barbárie, da qual não o redimiram os egípcios nem os turcos. Seguiu-se o trabalho civilizador dos franceses, que está na iminência de ser destruído por uma renascença árabe; mas esta também já é de inspiração francesa, européia. Novamente, o ciclo está aberto. E Ibn Khaldun continua afinal na Tunísia.

Não só na Tunísia. A teoria da *asabiyah*, do *esprit de corps*, que inspira as comunidades primitivas, enquanto as cidades cultas carecem dela, essa distinção sobrevive na sociologia de Tönnies (*Gemeinschaft* e *Gesellschaft*, "Comunidade" e "Sociedade") e na filosofia da história de Spengler ("Cultura" e "Civilização"). *Asabiyah* também é a base da Autoridade, na novíssima teoria da Soberania, de Bertrand de Jouvenel. Mas não se limita a isto a "modernidade" de Ibn Khaldun. Sua "lei de imitação", que impõe aos vencedores a civilização dos vencidos, verificou-se em toda a história universal; continua verificando-se nos novos Estados que surgem hoje no lugar das colônias dos europeus, expulsando-os mas adotando e imitando a civilização ocidental. Essa tendência verifica-se especialmente no terreno da arte militar, em que o especialista inglês Liddell Hart acaba de encontrar triunfo inesperado das idéias de Ibn Khaldun.

O sábio árabe atribuíra à força física e à capacidade de agüentar fadigas as vitórias militares dos bárbaros sobre os civilizados "efeminados" pelo conforto. Essa teoria foi, porém, logo refutada pela invenção das armas de fogo. Desde então, os "efeminados" continuaram inventando armas cada vez mais mortíferas, às quais não resistiu a coragem física dos "bárbaros"; e assim os europeus (e americanos), embora cada vez mais apreciando o conforto e as amenidades da vida, conseguiram subjugar o mundo inteiro. A tese de Ibn Khaldun parecia mera curiosidade histórica. Mas no século XX, observa Liddell Hart (*Defence of the West*, Londres, 1951), os "bárbaros" também aprenderam o manejo das armas modernas, vantagem à qual continuam acrescentando a maior capacidade de agüentar fadigas e o desprezo da morte; os inventores daquelas armas, porém, os "civilizados" ocidentais, revelam realmente sinais de fadiga e a vontade de preferir à morte heróica a vida bem-condicionada. Essa reviravolta explica os acontecimentos na Coréia, na Indochina, na Sierra Maestra, em Cuba, as surpreendentes vitórias de guerrilheiros; e o "empate" na Tunísia e na Argélia, pátria de Ibn Khaldun.

Tão longe viu o grande sábio do século XIV. Resta explicar-lhe a "modernidade" e a "atualidade".

Para tanto, poder-se-ia alegar a especial capacidade dos homens fracassados na política prática para construir sistemas de política teórica: Maquiavel, o secretário florentino, deposto e exilado; Burckhardt, derrotado nas mesquinhas escaramuças políticas da Basiléia; e Ibn Khaldun, que passou parte maior da vida nas prisões do que nos palácios dos sultões. Mais importante, porém, que a explicação psicológica é a determinação da posição ideológica.

Sem dúvida, Ibn Khaldun é um precursor. Mas de quem? Em seu livro *Meaning in History* (Chicago, 1949), Karl Löwith explica a moderna filosofia da história como secularização progressiva da história sacra bíblica; o primeiro é Santo Agostinho com sua teoria do "progresso" da *Civitas Dei*. O santo foi tunisino, conterrâneo de Ibn Khaldun. Mas este nega o progresso, seja de inspiração divina, seja secular. Sua teoria é cíclica. Nisto, ele é precursor de Vico, Spengler, Toynbee; e discípulo do grego Políbio.

Com efeito, os árabes herdaram, assim como o Ocidente, a civilização grega; a esse respeito (e pelas origens judaico-cristãs de sua religião) os árabes pertencem totalmente ao mundo da civilização ocidental (no seu ramo mediterrâneo). Esse fato foi cabalmente demonstrado por C. H. Becker (*Islamstudien*, Berlim, 1924), G. E. Grunebaum (*Medieval Islam*, Chicago, 1947) e H. H. Schaeder (*Der Mensch in Orient und Okzident*, Munique, 1959). Tampouco negam esse fato os nacionalistas árabes modernos (veja a revista *Nur al Islam*, publicada pela Universidade Al-Azhar no Cairo, citado por W. Cantwell Smith in *Islam in Modern History*, Princeton, 1959). Mas esses árabes modernos citam Ibn Khaldun com certa cautela, como se fosse um "grego" muito especial, suspeito de heresia. E têm razão.

É nesta altura necessário citar os trabalhos de Leo Strauss, que descobriu um "segundo sentido" nos escritos de filósofos gregos que tinham motivos para temer a censura dos tiranos (*On Tyranny. An Interpretation of Xenophon's "Hieron"*, Nova York, 1948). Depois, Leo Strauss demonstrou a presença do mesmo "segundo sentido", verdadeira criptografia, nos filósofos e historiadores árabes, desejosos de evitar conflitos com o despotismo dos sultões e com a intolerância da ortodoxia muçulmana (*Persecution and the Art of Writing*, Glencoe, 1952). Discípulo de Strauss é o jovem erudito árabe Muhsin Mahdi, hoje professor na Universidade de Chicago. Em *Ibn Khaldun's Philosophy of History* (Londres, 1957) demonstrou o "segundo sentido" nos escritos do grande tunisino: que é, na filosofia e na teoria política, um secreto discípulo de Platão e adepto de sua idéia do filósofo-rei; idéia de mais um que fracassou na política em tempos de crise de uma civilização.

Essas relações através dos tempos, entre Ibn Khaldun e tantos outros grandes pensadores, bastam para determinar-lhe a posição. Sua experiência histórica básica e inspiradora é a decadência e destruição da velha civilização do Mahgreb; é a situação de Santo Agostinho no momento da queda de Roma; de Voltaire e Gibbon, no fim do *ancien régime*; de Spengler e Toynbee, em face do "declínio do Ocidente". Mas os "ciclos dos bárbaros" de Ibn Khaldun são especialmente parecidos com os *ricorsi* dos bárbaros que Vico ideou em Nápoles do começo do século XVIII, em meio da ruína da civilização renascentista italiana, no solo que tinha visto o domínio dos gregos, dos romanos e dos árabes, assim como a Tunísia de Ibn Khaldun. O que parece "modernidade" e "atualidade" de Ibn Khaldun é na verdade a permanência histórica ou supra-histórica do seu pensamento. Pensamos nela no momento em que o Mahgreb ressurge para iniciar novo ciclo de sua vida.

A confusão é geral

O Estado de S. Paulo, 30 set. 61

Há pouco, realizou-se em Paris uma votação dos estudantes universitários para verificar-lhes as leituras e o gosto literário. O resultado foi deplorável. Forte abstinência (dos que não lêem nada) e preferência por autores menos recomendáveis. Mas os organizadores do certame, inspirados por motivos políticos, conseguiram seu objetivo: verificar a corrida entre Sartre e Malraux. O interesse do inquérito não é literário, mas relativo à sociologia da literatura. Pois o escritor, o criador, só é um dos dois elementos de que se compõe uma literatura; o outro elemento, sem o qual não haveria literatura, é o público. Adianta pouco fazer a crítica dos autores. Não adianta nada criticar o público. Mas importa saber o que este pensa.

No Brasil ainda não se realizou votação daquelas. Mas já temos agora um sucedâneo. Acaba de sair uma antologia de poetas da novíssima geração, entre 16 e 25 anos de idade, que é interessante por vários motivos. Há nesses moços muito talento, ao lado de uma certa falta de "jeito" de expressão e de certa dose de vontade de fazer blague — isto é próprio da idade. Não encontrei entre eles, por enquanto, nenhum gênio; encontrei, sim, um ou outro nome ao qual já se poderá predizer, para breve, uma situação literária brilhante. Mas o que hoje me interessa são os pequenos prefácios em que os poetas se auto-representam. Porque também falam, neles, das suas leituras preferidas. Aqui temos um caso em que os escritores são, ao mesmo tempo, o público. Aquele problema de sociologia da literatura se impõe a quem lê a antologia dos novíssimos. Passo a resumir os testemunhos.

A. A. F. afirma que se dedica à literatura "desde os 16 anos". Prefere Guilherme de Almeida, Paulo Bonfim, Domingos Carvalho da Silva e mais um quarto poeta do qual nem eu nem as pessoas por mim consultadas ouviram jamais o nome.

C. F. M. começa declarando que leu Freud. Parece ter sido sua primeira leitura. Em seguida, faz distinções sutis: "mergulha" em Fernando Pessoa; "recebe" Carlos Drummond, Vinícius, Cecília Meireles, Rilke, "debruça-se" sobre Machado de Assis, Sartre, Gide, Nietzsche, Guimarães Rosa.

C. B., estudante de Direito, prefere Sartre, Pablo Neruda, Drummond, Vinícius, Paulo Mendes Campos.

C. L. P. é diferente de todos os outros. Já tem 30 anos de idade. É católico. É leitor de Claudel, Mauriac, Gide, Bernanos, Péguy, T. S. Eliot, e considera Jorge de Lima como o maior poeta brasileiro. Acha necessária uma explicação, quase uma desculpa: pois seus autores "pertencem a uma geração que já não cativa os jovens de hoje".

C. R. L. B. é uma moça de 20 anos. Leitora de Cronin, Monteiro Lobato, Camilo, Guilherme de Almeida, Paulo Bonfim, Lígia Fagundes Teles.

D. B. tem 18 anos turbulentos. Pois além de ler Vinícius, Pessoa, Dostoievski, Camus, Drummond, Sá-Carneiro, Jorge de Lima, Gide e Guilherme de Almeida, proclama que prefere Brecht a Wagner.

E. A. C., estudante de Direito, adora Dostoievski, Pessoa, Kafka, Rilke, Sá-Carneiro, Mário de Andrade, Drummond. Depois disso, confessa, de maneira algo surpreendente, ser marxista.

J. C. R. M., com seus 20 anos de idade, só agora saiu do colégio secundário. Admira Paulo Bonfim; é o único dos novíssimos que gosta de Augusto Frederico Schmidt.

H. S. é uma moça que se diz, com certo orgulho, neurótica. Mas é moça bastante normal para não declarar sua idade. Lê Vinícius, Paulo Bonfim, Lupe Cotrim Garaude e Dante Milano.

M. B. M., moça de 20 anos, estuda Direito. Aprecia Neruda, Mao Tsé-Tung, Drummond e sra. Eugênia Maria Celso. É a única entre os integrantes da antologia que dá seu endereço. Não lhe escreverei.

L. R. G., também estudante de Direito, aprecia Drummond, Cassiano Ricardo, Paulo Bonfim, Fernando Pessoa, Rilke, acrescentando-lhes um "etc.".

O. J. S. só tem 16 anos, mas já fala em seus "primeiros mestres", como de uma fase há muito superada. E quais foram? Baudelaire e Schopenhauer. Agora "percorre" Nietzsche e Marx.

R. P., já com 23 anos de idade, é marxista e anticristão. Ama o *jazz*, Beethoven, Nietzsche, Dostoievski, Kierkegaard, Engels, Kropotkin, Sá-Carneiro, Pessoa, Guimarães Rosa, Graciliano Ramos, Mário de Andrade, Jorge de Lima, Drummond e Vinícius. É um marxista eclético.

R. S. prefere Rimbaud, Hesse e Katherine Mansfield. Congratula-se por ter aprendido, enfim, que Carlos Drummond vale mais do que J. G. de Araújo Jorge.

R. Z. C., 17 anos, "acredita" em Drummond e poucos outros; "tolera" Poe e Rilke; "ama" Wagner, Chopin e Dorival Caymmi; lê "nas horas vagas" Nietzsche e Orígenes Lessa.

Nada seria mais fácil do que ridicularizar alguns desses jovens. Seria injusto. Não há, para tanto, motivo sério. A impressão geral é boa. Verifico, com a maior satisfação, a influência forte e universal de Fernando Pessoa e Carlos Drummond de Andrade. Não pode haver melhores guias para os jovens poetas desta língua. Seria inexplicável a ausência dos nomes de Manuel Bandeira e Murilo Mendes? Não é. Também falta, para minha alegria, o nome de um outro poeta cujas dimensões estão sendo totalmente exageradas no Rio de Janeiro. É que a difusão da boa literatura no Brasil ainda é desigual, determinada por fatores regionais. Se os autores da antologia em causa fossem cariocas, mineiros ou nordestinos, não teriam faltado aqueles dois grandes nomes nem aquele outro. Mas a antologia foi organizada em São Paulo. Pelo mesmo motivo, todos esses jovens conhecem e admiram Paulo Bonfim, que não é bastante conhecido no Rio de Janeiro; injustiça lamentável, porque Paulo Bonfim é poeta autêntico.

Quase todos esses novos leram Kafka e adoram Rilke. Em geral a escolha de nomes estrangeiros é boa. Mas nota-se uma particularidade. C. L. P. pede desculpa por preferir autores de uma geração anterior. O mais velho entre seus poetas preferidos é, porém, Claudel, que também é, afinal, do século XX. É coisa das mais sérias a ausência total de interesse desses jovens pela literatura anterior à do seu e nosso tempo. O *terminus a quo* é dos menos remotos. Não parecem ler Dante nem Cervantes nem Shakespeare nem Molière nem Goethe. Não parecem ler nem mesmo Stendhal ou Balzac. Essa falta total de termos de comparação dos valores explica certas falhas de critério.

Contudo, os nomes estrangeiros são, em geral, dos melhores (só aquele Cronin preferido pela srta. C.R.L.B. me tira o sono). Impôs-se a autoridade da crítica estrangeira, prejulgando para os leitores brasileiros. Mas quanto aos nomes nacionais, não pode ter escapado a ninguém que a confusão continua geral. É verdade que R. S. dá graças a Deus por ter aprendido a diferença entre Carlos Drummond de Andrade e J. G. de Araújo Jorge. Mas os outros não agradecem e não distinguem. E vale a pena examinar mais de perto os motivos dessas confusões.

Chama a atenção o fato de que nenhum dos jovens parece gostar dos românticos brasileiros nem dos parnasianos brasileiros. Bom sinal? Eu não diria, porque tampouco lêem Cruz e Sousa, Alphonsus e Augusto dos Anjos. De que se trata? De uma revolta contra a escola e contra os professores de português. Estes continuam impondo Álvares de Azevedo, Casimiro de Abreu e Castro Alves, Bilac e Alberto de Oliveira. A mocidade se revolta. Até rejeita Machado de Assis, porque os professores o querem impor como "estilista". Mas, procurando outros modelos na literatura brasileira, a mocidade não tem guia. E começa a fazer confusão, por falta de experiência literária e por falta de experiência de vida.

Não tem guia. A crítica? Cada vez mais se reduz à crítica da crítica, e, quando a faz, só saem orelhas de livros que já têm orelhas. E quem foi ontem, ainda na idade de novíssimo, proclamado especialista especialíssimo em crítica literária é hoje nomeado especialista em geografia política. Um novo ensino universitário de literatura? Há quem o apregoe semanalmente sem jamais dar uma aula. Por tudo isso, neste tempo de crítica nova, reina a confusão nos testemunhos dos novíssimos. E não só dos novíssimos. Também ficam confusos os velhos e os velhíssimos. Um discípulo anêmico do surrealismo europeu, já obsoleto na Europa, é proclamado intérprete autêntico da alma brasileira. Um autor semi-alfabetizado de romances de divertimento, antes combatido por misturá-lo com tendências políticas, só precisava abandonar essas tendências para ser proclamado clássico. Nunca desde os tempos anteriores a 1922 foi tão lamentável a confusão de valores. Este estado de coisas chega a dispensar a crítica da literatura. Mas impõe o estudo da sociologia da literatura.

Condições sociais

O Estado de S. Paulo, 28 out. 61

Antes de tudo, distinguimos: a literatura como produto ou como reflexo de condições sociais; e a literatura como propaganda criadora de condições sociais. Quanto à segunda definição: ainda há poucos anos, críticos comunistas ou comunizantes estigmatizavam como fascista qualquer pessoa que não admitisse a propaganda como única função social da literatura; hoje, pouco se fala disso, porque alguns dos comunizantes de então se tornaram fascistas de verdade e porque alguns dos comunistas de então já preferem, à propaganda, as gordas tiragens e as honrarias conferidas pela sociedade burguesa; tese, portanto, prejudicada. Quanto àquela primeira definição: nunca foi negada por ninguém de suficiente sanidade mental; tese, portanto, pacífica. Todas as discussões em torno dessas duas teses foram travadas no terreno da crítica literária. Mas esta pretende, agora, ser uma ciência supra-social. Análises estruturais e estilísticas e diplomas universitários, aquelas e estes bem recentes, servem de paraventos. Ainda se discutem as condições sociais da literatura. Mas ninguém fala das condições sociais da crítica literária.

Chega de exclamações teóricas no vácuo. A chamada crítica da crítica já está desmoralizada. Necessária é uma autocrítica da crítica. Recentemente, Hans Barth, o conhecido autor de *Verdade e Ideologia*, definiu a *Geisteswissenschaft*, a "Ciência do Espírito", como progressiva autocrítica das bases e premissas do pensamento, cujo último resultado seria a consciência da relação indissolúvel entre o pensamento e a "honestidade intelectual" (termo de Nietzsche). Mas, depois, ainda é preciso eliminar o resto de subjetividade nessa afirmação. E além da convicção subjetiva encontramos as condições sociais dela.

O postulado cheira ao chamado "marxismo de vulgarização", que pretende explicar a estrutura mental de uma pessoa pela profissão e situação financeira dos pais; ou, então, o sociologismo antimarxista de Mannheim, que aplica o mesmo "desmascaramento" aos próprios marxistas. Bem imagino uma autocrítica que defina a crítica francesa como expressão de uma classe média, acostumada a imitar hábitos da aristocracia; a crítica norte-americana como expressão de círculos universitários, isolados e exilados do inculto mundo democrático e predispostos a um pré-fascismo; a crítica italiana como expressão de uma *intelligentzia* pré-revolucionária. Há grãos de verdade nisso. Mas são simplificações inadmissíveis. É Mannheim mal compreendido.

Em todos os três casos atribui-se à *intelligentzia* a condição de classe social. Mas Hans Speier já demonstrou, 30 anos atrás, que a *intelligentzia* não é uma classe social, porque não ocupa posição inequivocamente definida no processo de produção. É isso mesmo que explica a pluralidade das *intelligentzias*, a existência de várias delas dentro de uma mesma sociedade. Desejo, a esse respeito, chamar a atenção para o ensaio *Ideologia e Autenticidade*, de um autor do qual não sei nada senão o nome: Raul Landim Filho; não foi devidamente lido, parece, porque publicado em órgão que não está sendo devidamente apreciado, *O Metropolitano*, órgão estudantil e uma das melhores expressões da imprensa brasileira de hoje. Devemos escolher e reconhecer, entre várias *intelligentzias*, a autêntica. Mas "autenticidade" é um julgamento de valor. E os julgamentos de valor divergem muito. Eis que a digressão nos faz voltar ao problema das condições da crítica literária.

Minha testemunha, nesta altura, chama-se Heinrich Straumann, nome pouco conhecido ou talvez desconhecido no Brasil. Vou logo mais dizer de quem se trata. Em conferência recém-publicada no mais intelectualizado dos jornais europeus, na *Neue Zurcher Zeitung,* Straumann fala de duas fraquezas da moderna crítica estrutural, já há muito debatidas: não consegue dar o passo da análise ao julgamento de valor; e revela verdadeira impotência em face do romance, especialmente do romance moderno. A coexistência dessas duas fraquezas não é acaso. Pois o julgamento crítico de romances encontra dificuldades específicas, fora do alcance da análise estrutural. Basta lembrar os "defeitos formais", às vezes lamentáveis, justamente dos maiores romancistas; o que não ocorre nem pode ocorrer em grande poesia. Por isso, os neocríticos americanos se limitam ao romance "poemático" (Henry James, Conrad etc., e, por outro lado, Joyce etc.), enquanto suas análises de George Eliot ou de Tolstoi não produziram nada de novo; só seus imitadores brasileiros não hesitam em "analisar" Faulkner sem saber o inglês americano e Dostoievski sem saber o russo. Mas, para voltar ao terreno da seriedade: no caso do romance — mercadoria literária, produzida em massa — acrescentam-se às dificuldades intrínsecas mais outras, exteriores, que não existem no caso da poesia. Apenas, essas dificuldades surgem antes mesmo que o livro chegue às mãos do crítico.

O crítico que escolhe entre os livros recebidos um determinado para discuti-lo acredita ter feito sua seleção independente. Não sabe, ou melhor: não quer saber que outros já selecionaram antes. O primeiro "crítico" costuma ser o agente literário que promete (ou recusa) promover a publicação da obra manuscrita. Ou, então, é a gente que lê originais, profissionalmente, para aconselhar editores: entre esses "leitores" encontram-se escritores da mais alta categoria e finos conhecedores e literatos fracassados ou meros *hacks*, mas em todos esses casos seu voto costuma ser inapelável; se não o é o do próprio editor (e nesse caso prefere-se o inculto ao pseudoculto e convencido). Todos esses já julgaram antes de o crítico chegar a ler a obra publicada. Mas sempre chega a ler o que de importante se publica? Não temos no Brasil produção literária em massa comparável à da Inglaterra, França ou Estados Unidos. Contudo, em 1960 publicaram-se no Brasil 4.650 títulos. Impossível, para o crítico, escolher entre essa quantidade o que importa; quem lhe guia a mão é a publicidade, a cujas insinuações ninguém é capaz de fugir. Quando se trata, porém, de uma obra traduzida, logo se vê que nesse caso o processo da "pré-crítica" se realiza duas vezes: ali, no país de origem, e depois aqui, no país da tradução. Enfim, as condições sociais que influenciam esses processos todos também influenciam o próprio crítico. E depois se fala em crítica objetiva...

Julgam ser superiores a todas essas condições porque cultivam crítica universitária. Sobretudo afirmam isso aqueles que conhecem a Universidade só de fora. Mas o citado Heinrich Straumann é professor catedrático da literatura inglesa e americana moderna na Universidade de Zurique e, atualmente, reitor dessa universidade. Juro que também sabe de que se trata. E é ele que fala das dificuldades imensas do julgamento crítico. Conforme Straumann, os julgamentos muito diferentes e às vezes diametralmente opostos de críticos autorizados sobre a mesma obra não revelam tanto a subjetividade dos valores, mas demonstram a influência de critérios extra-estéticos (políticos, religiosos, filosóficos, morais), socialmente condicionados.

À luz desse resultado, a crítica analítica revela-se como racionalização posterior de prejuízos (pré-juízos). Mas, às vezes, nem sequer racionalizam nada: elogiam sem "analisar". Realmente, não se pode analisar onde não há o que analisar. E o critério para tanto? Parece-me que no Brasil as condições sociais da crítica são menos tirânicas do que em outra parte, porque aqui ainda prevalecem as condições individuais, da chamada "política literária". Das condições sociais só uma é inapelável no Brasil, aquela que poderíamos chamar *estadual*: o autor está salvo nas mãos do crítico quando são do mesmo Estado.

Atualidade permanente

O Estado de S. Paulo, 11 nov. 61

A propósito do centenário de Joseph Conrad, publicou a editora Penguin dois romances do grande escritor, dos quais um faz agora 50 anos: *Under Western Eyes* (1911). Quando, em 1941, escrevi um primeiro artigo sobre Conrad, muita gente aqui no Brasil só o apreciava como autor de "romances marítimos". Hoje, sua grandeza é universalmente reconhecida, inclusive e sobretudo nas obras suas que não são "marítimas", como *Nostromo*. Também *Under Western Eyes* é um romance de "terra firme". Mas as opiniões sobre essa obra divergem muito. F. R. Leavis, conhecido pelo seu rigor crítico, inclui o romance entre que "as obras primorosas sobre as quais se baseia firmemente o *status* de Conrad como um dos grandes mestres ingleses". Mas Walter Allen não o inclui em sua lista das melhores obras do autor. E o americano Edward Wagenknecht acha que "... é das obras que Conrad não precisava escrever". Por que, então, reeditar, entre tantas obras-primas, justamente esse romance discutido e talvez de valor discutível? Um dos motivos deve ter sido a aparência de atualidade: pois a obra passa-se no ambiente de revolucionários russos. Mas são revolucionários de 1911, que pouco se parecem com os de hoje. Além disso, a atualidade não é critério de valor. Ou seria? Vamos consultar a própria obra.

Razumov é um estudante russo que se mantém longe dos revolucionários porque, sendo ambicioso, pobre e solitário, só pensa em fazer carreira. Não responde a perguntas indiscretas dos camaradas. Mantém-se reservado. Mas é justamente isso que inspira confiança aos que o acreditam ocupado com projetos importantes. Certa noite, voltando para casa, encontra em seu quarto o revolucionário Haldin, idealista que acaba de matar, com uma bomba, o primeiro-ministro do czar. Dali acredita Haldin encontrar, com a ajuda de Razumov, o caminho da fuga. Razumov está desesperado; não quer sacrificar seu futuro para salvar esse terrorista cujos ideais não são os seus. Saindo para procurar ajuda, passa por tremendo conflito de consciência; e acaba denunciando o revolucionário à polícia, que o enforcará. No entanto, Razumov tornou-se suspeito às autoridades. É interrogado pelo conselheiro Mikulin. Pretende fugir da aventura que não fora sua. Mas, fugir aonde? "*Where to?*" é a pergunta de Mikulin, com que termina a primeira parte do romance. Na segunda e terceira partes, Razumov aparece em Genebra, no ambiente dos revolucionários russos que ali vivem no exílio: é cordialmente recebido pelo grande escritor Peter Ivanovitch, de vaidade monstruosa e idealismo totalmente oco, por Madame de S..., intrigante que só odeia a família imperial, e pelos outros, como a idealista Sophia Antonovna e o brutal Nikita. Quem mais o procura e mais o admira, como herói, é Natalia Haldin, a irmã do sacrificado. Mas Razumov não agüenta essa admiração, quase amor: acaba confessando sua traição. A quarta parte do romance nos informa que Razumov foi a Genebra como espião a serviço de Mikulin: não houve, para ele, outro caminho. E quase perde a vida sob as mãos brutais de Nikita — do qual a polícia se costumava servir para eliminar espiões incômodos. É um fim desolado.

Julgar é sinônimo, ou quase, de comparar. Mas no caso de *Under Western Eyes* é muito difícil encontrar objetos de comparação. Todos os críticos se lembraram dos *Possessos*, de Dostoievski, que odiava os revolucionários, assim como o polonês Conrad os odiava e desprezava, mas este por outro motivo: porque eram russos. Pretendia tratar Razumov com alguma simpatia, como vítima, mas não consegue: não lhe saiu um Chatov. Dostoievskiana só é a caricatura do vaidoso e oco Peter Ivanovitch. Mas, afinal, no romance *Il Conformista*, do antifascista Alberto Moravia, os antifascistas italianos exilados em Paris também são tratados da maneira mais impiedosa. *Under Western Eyes* não tem nada da atmosfera febril de *Os Possessos*. Muito menos é a obra de Conrad comparável a *Petersburgo* (1913), de Biely, apesar de enredo semelhante (um revolucionário contra a vontade); pois a obra de Biely é uma grandiosa alucinação e a de Conrad, uma profunda análise. Análise psicológica, mas não filosófica: não tem nada que ver com os conflitos íntimos dos terroristas, em *O Cavalo Branco* (1913), de Savinkov-Ropshin. Pois Conrad não consegue tomar a sério esses conflitos, tanto ele odeia e despreza os russos, todos os russos ("*the lawlessness of autocracy and the lawlessness of revolution*"). Essa atitude é, porém, a mesma do grande sociólogo Masaryk (depois, fundador da República Tchecoslovaca), que em sua obra *Rússia e Europa* (1913) demonstrou as raízes comuns do despotismo czarista e das diversas teorias revolucionárias russas. Aqui, enfim, pisamos terra firme. Instintivamente, Conrad tinha chegado aos mesmos resultados da análise histórica do sociólogo. Mas a mais exata análise ainda não chega a ser base bastante firme para um romance que é, em todas as peças, invenção do autor. "Fidelidade" ao material ainda não credencia o romancista. Em *Under Western Eyes*, Conrad descreve magistralmente o ambiente de Petersburgo, onde nunca esteve, e de maneira muito mais pálida o ambiente de Genebra, que conhecia bem. O que foi dito até agora ajuda para compreender *Under Western Eyes* como documento. Mas de modo diferente é preciso entrar no romance como romance.

A chave sempre se encontra dentro da obra. Aqui, a frase-chave é a seguinte: "Ele (Razumov) sentiu-se estreitamente envolvido nas conseqüências morais do seu ato (de ter traído Haldin). Ali o prestígio sombrio do mistério Haldin caiu sobre ele, colando-se nele como uma camisa envenenada da qual não foi possível despir-se".

"Conseqüências morais do seu ato": quase é definição do gênero romance, pelo menos de determinada espécie de romance. Qual a espécie? Aquela "camisa envenenada" da qual não é possível sair — grandiosa metáfora da "política que é nosso destino" — lembra imediatamente a mitologia grega ("a camisa de Nessos"), a tragédia grega: a política é nossa forma do Destino dos antigos. *Under Western Eyes* é um romance dramático, construído como uma tragédia. Compõe-se de grandes cenas: Haldin no quarto de Razumov; Razumov errando pelas ruas; Razumov interrogado por Mikulin; encontros de Razumov e Natalia Haldin; a confissão etc. Logo se percebe que a primeira parte do romance, do encontro de Haldin e Razumov até a pergunta de Mikulin ("*Where to?*"), só se compõe de poucas cenas, muito extensas e igualmente intensas. É a parte magistral da obra. O enorme monólogo de Razumov nas ruas, meditando sobre sua vida e a traição, tem as características das grandes obras da literatura universal: é inesquecível. A segunda e a terceira partes, em Genebra, compõem-se de cenas mais numerosas, menores em extensão e incomparavelmente menos intensas; nem sequer a cena da confissão se levanta até aquela altura. Aqui se sente muito que o choque entre a *lawlessness of autocracy* e a *lawlessness of revolution*, que é o quadro exterior do romance, forneceu o enredo melodramático. Em muitos romances de Conrad o enredo é francamente dramalhão. Redime-o a profundeza da análise psicológica, o que em *Under Western Eyes* só acontece na primeira parte. Na continuação, não há mais nada (ou pouco) para analisar. O ambiente russo em Genebra não é trágico. É melodramático (e, em parte, tragicômico). Apesar das muitas cenas curtas, a ação perde o impulso. Em certas páginas, quase pára. A quarta parte da obra levanta-se novamente: a revelação das atividades de espião de Razumov parece resposta à pergunta com a qual Mikulin encerrou a primeira parte: "*Where to?*" "Aonde?" Mas não existe resposta verdadeira a essa pergunta. Nem a dá o brutal desfecho. As últimas páginas, satisfazendo a curiosidade do leitor quanto aos destinos posteriores dos personagens, são lamentáveis como num romance de cordel.

É porque o próprio Conrad não sabia resolver o problema do seu personagem: "aonde ir?" Num ensaio sobre Conrad, aliás pouco favorável, E. M. Forster disse que "suas teses são cingidas pelo mar e coroadas de estrelas". Mas em *Under Western Eyes* não se vê o mar e as estrelas não irradiam luz. Uma pequena luz parece Natalia Haldin, mas em seu idealismo utópico e sua confiança em Razumov está ela errada. Ninguém, nesse romance, representa os valores morais tão caros a Conrad. É, ao lado de *The Heart of Darkness*, sua obra mais pessimista. É, em 1911, um grito de Cassandra contra o futuro do *West*. E isto é atualidade.

Dentro da crítica, a pergunta pela atualidade não é, em geral, legítima. Mas, no caso de *Under Western Eyes*, é o próprio Conrad que a justifica. A obra foi escrita em 1911, quando socialistas-terroristas de credo utópico faziam revolução permanente contra o czarismo. Poucos anos depois, o czarismo tinha desaparecido, eliminado por revolucionários totalmente diferentes daqueles. No entanto, no prefácio da 2ª edição, de 1920, manifestou Conrad a esperança de o romance não ter perdido a atualidade. Evidentemente porque o romancista continuava odiando os russos, todos os russos. Mas não disse tanto. Disse que "a natureza humana não muda". A atualidade política de 1911 é substituída por uma atualidade psicológica e moral das mais triviais, digna das últimas páginas do romance. Se fosse só isso, o romance teria hoje, em 1961, atualidade nenhuma. E é mesmo assim. Mas ganhou outra dimensão, inesperada.

O enredo é visto, em *Under Western Eyes*, através de olhos ocidentais de 1911. Repetidamente Conrad diz que um leitor ocidental (de 1911) não pode compreender o terror sob o qual a Rússia czarista vivia nem as razões da mocidade contra os desumanos processos policiais. Não seria capaz de imaginar essa espécie russa de medo e angústia, impossíveis no Ocidente. Eis a terrível "inatualidade" de *Under Western Eyes*: pouco depois de 1920 aquilo foi possível no Ocidente e tornou-se realidade no Ocidente. Para nós também a política virou destino ineluctável e envenenado. E poucos anos depois da morte de Conrad, milhões no Ocidente não sabiam aonde ir. "*Where to?*"

Under Western Eyes não é atual. Mas mudou de atualidade. O que é sinal de permanência.

Estudos históricos

O Estado de S. Paulo, 25 nov. 61

O enorme sucesso de Toynbee (assim como, anos atrás, o de Spengler) é prova da fascinação que os estudos históricos exercem em nosso tempo. Sinal de evasão de uma angustiosa atualidade? Voltarei a essa pergunta. Mas antes pretendo assinalar o ponto crucial em que se encontram os estudos históricos, especialmente no Brasil. Tivemos uma época na qual a historiografia foi principalmente narrativa, literariamente inspirada e não raro sucumbindo à tentação de romancear os acontecimentos; mas já venceu a pesquisa, o exame crítico dos documentos. É um progresso. Mas é um progresso que ameaça degenerar em acumulação positivista de fatos, importantes ou não, em prejuízo da interpretação desses fatos, que hoje é muitas vezes considerada como síntese precipitada, senão fantasiosa. Para falar com franqueza: a narrativa ainda me parece a forma mais alta da historiografia; mas não quando pretende ser divulgação em forma amena e, sim, como último resultado de uma fase de pesquisa. Um Gibbon é raro. Esperamos um Gibbon brasileiro em vez de estimular os gibbons nacionais. O problema é hoje o equilíbrio entre a pesquisa e a interpretação, para que esta não perca a base segura e para que aquela não perca o sentido. Esse equilíbrio é o ideal dos moços estudiosos que integram o Centro de Estudos Históricos na Faculdade Nacional de Filosofia, no Rio de Janeiro.

Tenho na mesa o número III/6 (janeiro-junho de 1961) do *Boletim de História* que publicam. O nível é alto. Basta citar duas colaborações estrangeiras, traduzidas: sobre as relações entre a história e a sociologia, do grande historiador francês Fernand Braudel; e sobre a necessidade de reescrever periodicamente a história, do professor polonês Adam Schaff. Agrada muito a oportunidade de verificar que as colaborações nacionais estão na mesma altura. Desejo destacar o trabalho sobre "A Filosofia do Historiador da Filosofia", de José Américo Motta Pessanha; é exemplo de interpretação baseada em documentação segura.

Nesse trabalho encontra-se uma página especialmente interessante sobre interpretações erradas, inspiradas pelo falso conceito da "mentalidade específica" de determinada nação ou raça. Pois as falsas interpretações são capítulo fascinante da historiografia: são, às vezes, o caminho para a verdade.

Acaba de sair na Alemanha um livro, *Linhas Mestras da História Russa*. A autora, Irene Neander, declara-se contra a tentação de "ceder levianamente vastos territórios do nosso continente à Ásia" (p. 13), quer dizer, excluir da Europa a Rússia. Esse hábito parece fazer parte da mentalidade da guerra fria. Mas na verdade tem outras raízes, mais fundas. A Rússia representa dentro da Europa a herança bizantina, que também teve importância na Itália, na Áustria e nos países eslavos ocidentais. Mas Bizâncio nunca significou nada para o mundo anglo-saxônico e o atlântico em geral; chegam a esquecê-lo. Para compreender bem as dimensões desse erro histórico, basta lembrar a arte de Ravenna, o Corpus Iuris, a ciência administrativa do imperador Leão III e certas influências literárias sutis, que escaparam inclusive a Curtius, mas que são sensíveis até na poesia de Yeats. Enfim, as intermináveis discussões teológicas dos bizantinos tiveram fundas raízes sociais e determinaram até hoje certos setores do nosso pensamento político (v. Erik Peterson: *O Monoteísmo como Problema Político e as Discussões Trinitárias*); mas essa herança entrou tão pouco em nossa consciência que hoje as "discussões bizantinas" sobre o "sexo dos anjos" são sinônimos de inatualidade e inutilidade.

Esse antibizantinismo tem raízes anglo-saxônicas e atlânticas. A oposição paralela contra os herdeiros europeus de Bizâncio, contra os eslavos, é de origem alemã; e sua causa superficial é a vizinhança pouco amistosa. Mas os eslavos são europeus, não só pelas raízes greco-bizantinas de sua civilização. Também são europeus, outra vez, pela "renascença" depois de 1800: o eslavofilismo e o paneslavismo dos tchecos e russos são frutos da filosofia da história de Herder e da filosofia nacionalista de Fichte, que os russos e tchecos conheceram nas universidades da Alemanha; a nova civilização eslava nasceu em Weimar, Iena e Halle; e, pouco mais tarde, os estudantes russos em Berlim acrescentaram o pensamento hegeliano. Certamente, os russos são gente imensamente diferente dos ingleses ou dos italianos; mas a diferença não é maior do que entre espanhóis e suecos, entre alemães e irlandeses. Irene Neander tem razão: a Rússia faz parte da história européia. O que a Rússia contribuiu para a civilização, de Pushkin até Gorki e de Lobatchevski até Pavlov, é "diferente", mas inconfundivelmente ocidental, assim como pertence ao Ocidente, num sentido mais amplo, a filosofia islâmica; basta comparar tudo isso com a Índia ou com a China. Até o bizantinismo russo, a sobrevivência de formas gregas do pensamento não passa de uma variação da secular ocupação e preocupação do Ocidente com o acontecimento inesquecível do fim catastrófico da antiga civilização mediterrânea e do Império Romano.

Essa discussão permanente de um acontecimento remoto — mas que parecia capaz de repetir-se, mais cedo ou mais tarde, com nossa própria civilização — tem produzido inúmeras teorias históricas: é a origem das teorias da decadência (Montesquieu, Gibbon, Seeck); mas também produziu a idéia de uma decadência apenas relativa, precursora de um novo ciclo de revigoramento (Vico, Spengler,

Toynbee). Entre essas teorias, encontramos alguns exemplos fascinantes daquelas "interpretações falsas", recentemente estudados por Hans Messmer, em *Hispania-Idee und Gotenmythus* (Zurique, 1961).

Na historiografia alemã, foi a destruição do Império Romano pelos invasores germânicos apresentada, em geral, como renovação por uma injeção de sangue novo num organismo caduco. A historiografia francesa falou, ao contrário, de *invasion des barbares* e de uma lamentável interrupção do processo cultural. A historiografia moderna não pode aceitar nem a "tese francesa" nem a "tese alemã": conforme Dopsch, a invasão germânica não interrompeu nada; ou, conforme Pirenne, houve interrupção só muito mais tarde, graças ao fechamento do Mar Mediterrâneo pelos árabes. Mas o que nos ocupa aqui não são os fatos e, sim, sua interpretação (errada) pelos cronistas da primeira Idade Média. A "tese alemã" (renovação) e a "tese francesa" (interrupção) são, ambas, resíduos de interpretações da situação histórica do século IV pelos contemporâneos. Os historiadores desse momento eram os bispos, as mais das vezes descendentes de famílias senatoriais romanas: explicaram as vitórias dos bárbaros como punição divina dos pagãos (o que é a origem da "tese francesa"). Mas, logo depois, esses bispos tinham de entrar no serviço dos novos reinos germânicos, como ministros, conselheiros e administradores. Agora, tinham de justificar a nova ordem, como legítima (o que é a raiz psicológica da "tese alemã"). Justificaram a nova situação, apresentando os reis germânicos como "vigários" ou vice-reis ou sucessores parciais do imperador romano. Essa teoria teve sorte especial entre os francos; evoluíra para a tese da *translatio imperii* aos germânicos, aos imperadores medievais. De maneira paralela, o poder do czar (isto é, *caesar,* imperador) dos russos foi, mais tarde, interpretado como *translatio* do império bizantino para a Rússia; e está justificada nossa afirmação de que o bizantinismo russo é um caso especial da discussão ocidental sobre a queda de Roma.

Entre os francos, os historiadores eclesiásticos conseguiram interpretar o poder do rei como sucessor de Roma. Mas a mesma interpretação foi mais difícil quanto aos vizinhos visigodos, na Espanha. Na dominação visigoda não havia nada que justificasse a invenção (de boa-fé) de uma legítima sucessão de Roma; além disso, os visigodos eram antipáticos aos bispos francos, por serem arianos, heréticos. Eram, para os bispos francos, uns bárbaros. Mas os bispos visigodos, sobretudo depois da conversão do seu povo ao catolicismo ortodoxo, não podiam assumir a mesma atitude. Apresentaram o reino visigótico como um Estado legítimo, mesmo sem autorização romana; como um reino independente, igual a Roma em dignidade. Os humanistas alemães do século XVI aceitaram essa tese, estendendo-a a todos os germânicos, chamando-os, todos eles, de godos. Eis a origem daquela "tese alemã", sobre a força renovadora germânica. Mas essa tese sempre foi inaceitável para os herdeiros diretos de Roma, para os italianos. Para os humanistas italianos, "godos" tornou-se termo pejorativo. E a arte desses bárbaros, toda arte germânica, recebeu o apelido também pejorativo de "gótico". Só no fim do século XVIII, o estilo gótico foi reabilitado. Então, já se sabia das suas origens no norte da França. A velha tese antivisigótica estava esquecida. Menos na Espanha. Pois a teoria de um reino espanhol independente, igual a Roma em dignidade, é a raiz da ideologia política espanhola.

Em nosso tempo, não foi possível revivificar essa ideologia como "Hispanidad"; em parte, porque já está mais forte a ideologia atlântica dos anglo-saxões, também independente de Roma e de toda a tradição ocidental: a ideologia de um mundo inteiramente novo na América.

Evasão? Nunca esteve a História mais atual do que hoje.

Dois mortos

O *Estado de S. Paulo*, 23 dez. 61

1961 ainda não acabou, mas a lista de perdas já é grande. Morreram Blaise Cendrars e Ernest Hemingway, e sua morte foi devidamente lamentada. Até o notável poeta sueco Gullberg deve a recentes viagens escandinavas de escritores brasileiros os merecidos necrológios em nossa imprensa. Mas esta não registrou, ao que eu saiba, a morte do escritor argentino Enrique Larreta nem a do escritor alemão Leonhard Frank.

Não estou censurando os noticiaristas. Tampouco responsabilizo, nesses casos, a conhecida aversão da nossa gente pela literatura hispano-americana nem a pouca difusão da língua alemã. A omissão me parece significativa: morreram dois grandes e antigamente famosos representantes de tendências literárias hoje mortas. Morreram velhos: Larreta com 88 anos de idade, e Frank com 79 anos. Sobreviveram-se a si próprios. No entanto, a perda é nossa.

Da morte do romancista argentino eu soube por um pequeno e sentido artigo de Azorín no jornal espanhol *ABC*, de 8 de julho de 1961: *"Adiós, querido Larreta!"* Azorín, finíssimo crítico contemporâneo e amigo, podia escrever assim. Mas não a qualquer um se permitiria a intimidade de chamar "querido" o aristocrata argentino de nobre origem espanhola. Enrique Larreta (1879-1961) foi da época em que as repúblicas latino-americanas, enriquecidas, mantiveram embaixadas de esplendor monárquico em Paris. Larreta foi embaixador da Argentina em Paris entre 1910 e 1918. Mas a França já o conhecera antes, quando Remy de Gourmont, então o crítico mais lido e o inspirador do *Mercure de France*, lhe traduzira em 1908 o romance *La Gloria de Don Ramiro. Una vida bajo el reinado de Felipe II*.

Sete anos tinha Larreta passado em Ávila e Toledo para imbuir-se do espírito das duas cidades antigas. Tão a fundo as tinha estudado que sua alma chegou a infiltrar-se no livro, e até hoje não se pode passar entre os túmulos da aristocracia espanhola na catedral de Ávila, ou tomar um café num bar do Zocodover, em Toledo, sem lembrar-se da glória de Dom Ramiro. Vive no misticismo pictórico e na paixão frenética desse romance histórico algo da arte do Greco; e não se esqueça: foi Larreta que em 1907 mostrou a Barrès, em Toledo, os quadros do pintor então quase desconhecido; o romance precedeu de alguns anos a "febre de Greco" que em 1912 sacudirá a Europa, graças a Barrès, Meier-Graefe e Picasso. Foi traduzido por Gourmont para o francês e, depois, para todas as línguas cultas. É, conforme um crítico conservador como Cejador, *"la más auténtica de todas las novelas históricas"*. Outros falam em *pastiche*, e com certa razão. No estudo que Amado Alonso dedicou à obra, uma cuidadosa análise estilística revela o fundo de esteticismo pseudo-aristocrático e o imoralismo estético, próprios da *belle époque* de Barrès e D'Annunzio.

Mas há circunstâncias atenuantes. Desde Manzoni já se sabe que o romance histórico sempre é um artifício; mas o de Larreta é pelo menos um artifício consciente, deliberado. E o autor não silencia nem abranda o reverso dos seus fascinantes quadros à maneira de Velázquez e Greco: o fanatismo e a deslealdade de Dom Ramiro e a inevitável catástrofe do seu mundo.

Mas é um romance europeu; e é isto que não percebeu a crítica argentina. Sempre falou em "caso Larreta". Até duma recente resenha bibliográfica de livros tipicamente argentinos o romance foi excluído, porque "alheio ao país". Esse argumento é inadmissível. Também se baseia no equívoco de confundir "nacional" e "naturalista". Não perceberam um Martín Aldao, e outros críticos, falando em "saudosismo esnobístico", que a serviço dessa intenção estava, no romance de Larreta, um realismo autenticamente flaubertiano.

Realismo, embora de espécie totalmente diferente, também é a palavra definidora da arte de Frank, de cuja morte ocorrida em Munique, em 18 de agosto de 1961, eu só soube pelo semanário *Der Sonntag*, que se publica na zona oriental de Berlim. Pois na Alemanha Ocidental deixaram de falar, deliberadamente, desse escritor suspeito de heresia política.

Leonhard Frank nasceu em 1882 na velha e pitoresca cidade de Würzburg, de família humilde. Teve educação precária. Foi, sucessivamente, tecelão, pintor de paredes, motorista, enfermeiro. Foi operário alemão, na Alemanha do imperador Guilherme II, na qual a polícia dispersava a bala os cortejos de 1º de maio. Frank freqüentava muito as modestas bibliotecas populares dos sindicatos. Foi leitor incansável. Também começou a escrever. No começo do ano de destino, 1914, publicou o romance *Die Räuberband* (*Bando de Ladrões*), a história de um grupo de garotos würzburguenses que brincam de ladrões e, às vezes, cometem pior que brincadeiras. Seu jogo infantilmente romântico é protesto contra a estreiteza dos seus lares, contra as imposições da escola. Mas não conseguem evadir-se da realidade. Dois ou três anos mais tarde, já estarão preocupados com as mocinhas e com a miséria do salário. E o fim é triste. Um deles, o meditativo, entrará no convento. Os outros serão pequeno-burgueses lamentáveis. O mais dotado entre eles, o artista, acaba na boemia, tragicamente. A forma é de romance naturalista, embora as cenas de tema sexual não sejam grosseiras, mas inspiradas por todo o encanto de recordações da adolescência. Tampouco é naturalístico o fundo: as ruas da velha cidade barroca de Würzburg, a luminosa, quase mediterrânea paisagem da Francônia.

O romance teve sucesso instantâneo e enorme, colocando Frank na primeira fila dos escritores alemães. O que fascinou os leitores foi a atmosfera: canto de cisne da Alemanha antiga. Não perceberam o pessimismo do livro: sonho de uma mocidade perdida. Tampouco se percebeu todo o alcance da revolta dos "ladrões" contra o lar e a escola. Pois a posição de Frank ainda não era clara; e o terrível fim do idílio era, no começo de 1914, só adivinhado.

A revolta já é decidida no romance *A Causa*, que também foi dramatizado: explicação de um crime de morte pelos pecados de uma educação antiquada e incompreensiva; oposição contra a falsa "Ordem" social, que nas justiças da escola e da família apenas se reflete; acusação veemente contra a pena de morte.

Mas, entretanto, a Guerra já tinha pronunciado a sentença de morte sobre a Europa toda. Pacifista tolstoiano e (vagamente) socialista, Frank fugiu para a Suíça. No novo ambiente abandonou a maneira naturalista que fora a das suas leituras. Entregou-se ao expressionismo.

O Homem é Bom (1917) é uma das obras típicas do expressionismo alemão, inclusive pelo otimismo meio religioso e meio revolucionário do título, protesto contra a maldade do homem na guerra e na opressão. É, como toda a literatura expressionista, uma literatura de grito meio inarticulado: gritos dos feridos, dos agonizantes, das mães, das viúvas, dos órfãos, dos grevistas, dos revoltados. É um dos primeiros livros antiguerra da literatura européia. Talvez inferior, literariamente, ao romance de Barbusse, mas talvez mais febrilmente intenso.

1918 não foi só o fim da guerra, mas também das ilusões do pacifismo, da República social e do expressionismo. Leonhard Frank também voltou ao realismo. E escreveu sua obra-prima: *Karl e Anna*, a novela do prisioneiro de guerra que, voltando para casa, encontra a mulher nos braços do camarada. A guerra e o conflito sexual não passam de fundo do quadro cujo verdadeiro tema é a existência proletária. O grande crítico inglês William Empson cita, em *Some Versions of Pastoral*, *Karl e Anna* como obra-prima de uma literatura especificamente proletária, ao lado das obras de Gorki.

Frank não conseguiu manter-se nessa altura. Suas obras posteriores são literatura de propaganda socialista, em obsoleto estilo naturalista. Novamente exilado em 1933, perdeu as raízes no solo de sua terra e de sua classe. Mas o que perdeu como escritor, ganhou em clareza o homem; e em decepção amarga.

Ainda me lembro da íntima agitação febril com que li, em 1918, *O Homem é Bom*. Nunca o reli. Como seria, hoje, o efeito da releitura? A mesma pergunta vale para uma possível releitura da *Gloria de Don Ramiro*: foi, já não sei quantos anos, uma experiência fascinante; e hoje? Receio muito que a impressão seja a mesma que me fez a releitura de *Bruges-la-Morte*. No entanto...

Com Larreta morreu uma reminiscência da civilização da velha Europa, antes da catástrofe; morreu o realismo do passado. Com Leonhard Frank morreram a recordação de um outro realismo, voltado para o futuro, e a esperança de uma renovação humana no espírito. Isto não são dois mortos. São duas mortes.

O romance poemático de hoje, depois de Joyce, é incomparavelmente mais profundo que o romance poético à maneira de Larreta: não há mesmo comparação. Assim como o desespero de um Faulkner ou de um Beckett é incomparavelmente mais intenso que a decepção amarga de Leonhard Frank. Mas essa nossa literatura nova, comparada com aquela já obsoleta, perdeu um pedaço de substância concreta e de substância humana. Mau consolo, este: "deixai os mortos enterrar os mortos". O necrológio seria nosso.

Um livro francês

Correio da Manhã, 06 fev. 62

O sr. Albert Chambon honrou o Brasil e os brasileiros, apresentando-lhes pessoalmente seu livro *81490* (Flammarion), livro amargo, nascido de experiências terríveis nas mãos de homens desumanos, e que, no entanto, inspira fé no homem e na humanidade.

Já lemos muitos livros sobre os campos de concentração na Alemanha nazista. Não será possível superar a calma objetividade com que o norueguês Odd Nansen descreveu, em *From Day to Day* (trad. Katherine John), as procissões de agonizantes e os montes de esqueletos e as irradiações de cheiro nauseabundo. Dificilmente será superada a penetração com que o austríaco Eugen Kogon, em *Der SS-Staat*, analisou a base sociológica da idéia diabólica de submeter grupos e classes inteiras da humanidade a trabalhos forçados, terminados pela morte como *dopo lavoro*. O livro de M. Albert Chambon tem outro preço: é um livro francês.

Digam o que queiram os detratores da França e da sua literatura, que não conhecem ou não querem conhecer: graças a uma tradição humanista nunca interrompida, o nível literário do livro francês em geral é mais elevado que em qualquer outra língua. No entanto, o livro de M. Albert Chambon, tão comovente e tão eminentemente *readable*, não é ou não quer ser literatura. É um depoimento destinado a combater a "boa consciência, essa invenção do diabo", a cômoda indiferença que é a do esquecimento imperdoável. Quer o autor que pelo menos seus filhos se lembrem; e consegue revivificar em todos nós a lembrança do que se passou. Há tantos anos? *"Il n'y a point de prescription contre la vérité"*.

É um livro retificador. Será, talvez, o maior prejuízo causado pelo processo Eichmann, o de fortalecer o erro de que a perseguição nazista foi dirigida só ou principalmente contra os judeus; e de que a tirania teria sido expressão de uma loucura inspirada pela soberbia racista. Foram vítimas, igualmente, os franceses e os noruegueses, os holandeses e os austríacos, os belgas e os italianos e todas as nações eslavas. Loucura? Houve método nela. Dir-se-ia: método alemão. Mas o sr. Albert Chambon, graças às qualidades do seu estilo e do seu coração, consegue acalmar a tempestade emotiva das recordações e dar-nos, no dizer do poeta inglês, "*emotion recollected in tranquillity*".

Método alemão? O livro do sr. Albert Chambon, apesar de inspirado por amargura compreensível, não é propriamente hostil contra o país no qual sofreu tanto. Como poderia? Hostilizar o país de Bach e Beethoven, Hölderlin e Hegel? Seria loucura oposta àquela loucura. Esse livro francês é um livro europeu, da nova Europa: o continente diversíssimo que não seria o que é sem a contribuição dos ingleses e dos espanhóis, dos holandeses e dos russos e de todos os outros; o continente hoje renascido em que ninguém supera o ativismo da Alemanha indestrutível nem a vitalidade da Itália, antiqüíssima e sempre aberta aos ventos novos, mas cujo *heartland* continua a França.

Não nos iludimos: existe hoje em muitos círculos uma hostilidade, pelo menos latente, contra a França. Contra o quê? Porventura contra a França do academismo petrificado? Confesso também já ter participado dessa guerra fácil. Ou contra a França retórica, do verbo abundante? Certo, mas esta França também é a dos grandes matemáticos, e a França do *esprit de géométrie* também é a França das catedrais e de Pascal. Há muitas Franças, na verdade, e só uma delas é a do relativismo zombador dos *boulevardiers,* e mesmo esse ceticismo sorridente tem suas raízes na tradição humanística de Montaigne e Bayle que realizou o ideal humanístico de Erasmo, nosso padroeiro dos que pensam e escrevem e têm, como Gide, *pensées de toutes les couleurs* como toda a Europa e como toda a humanidade.

Pois aos hodiernos contendores do humanismo é preciso lembrar que ele é a expressão intelectual legítima, seja mesmo antiga ou "antiquada", do sentimento humano sem o qual eles estariam tão mortalmente perdidos como os presos nos campos de concentração. É a França humanista e humana que nos fala no livro de M. Albert Chambon, descrevendo crimes do passado com exatidão matemática e, apenas, rezando: "*Plût aux dieux que ce fût le dernier de ses crimes!*"

Uma poesia política

O Estado de S. Paulo, 03 mar. 62

Existe hoje espécie de terrorismo intelectual que pretende proibir a ocupação com todos os assuntos menos os estritamente atuais. Uma ou outra vez, resisti, escolhendo justamente temas que pareciam os mais inatuais. Outras vezes, esse quixotismo não prevaleceu; recuei. Mas também acontece que chegam apoios inesperados. Outro dia, o *Figaro Littéraire* transcreveu uma conferência de Edgar Faure sobre "Dante, polémiste et homme de parti", pronunciada na Faculdade de Direito de Paris. O conferencista falou sobre o *De Monarchia*, tratado político de Dante. Conseqüentemente, não escreverei sobre esse tratado, mas sobre a poesia de Dante, que não é menos política.

Seria fácil "atualizá-la". O próprio Dante pede-nos não prestar demasiada atenção às torturas dos condenados no Inferno e às expiações dos penitentes no Purgatório, isto é, a crenças medievais que hoje já não podemos aceitar; pede *"non attender la forma del martire: pensa la succession"* (Purg., X, 109). Essa "sucessão" das coisas é hoje a mesma como então. Leitores de hoje podem sentir-se em casa naquela Florença

> *"...che fai tanti sottili*
> *provedimenti, ch' a mezzo novembre*
> *non giugne quel che tu d'ottobre fili.*
> *Quante volte, del tempo che rimembre,*
> *legge, moneta, officio e costume*
> *hai tu mutato e rinovate membre!"*

Mudança permanente de "constituições, moeda e governos", característica na Florença do século XIII e na América Latina do século XX, porque naquele e neste caso não seria possível a adaptação de formalismos jurídicos obsoletos a estruturas sociais já radicalmente modificadas.

Como reagiu a posteridade à "inatualidade" de Dante? Eliminando da memória todos os pormenores relativos à religião, à política, à cosmologia etc. que constituem a estrutura medieval do poema, e guardando na memória só os famosos episódios — Francesca e Paolo, Ugolino, o Farinata, Ulisse, Pier delle Vigne etc. — nos quais residem os valores líricos da Comédia. Ainda o grande Croce escreveu livro polêmico, rejeitando o "romance teológico" que criou gerações de comentadores eruditos, e mantendo só os episódios. Com esse livro começa a dantologia moderna. Croce acabou com a imensa massa de estéril erudição teológica, filosófica e histórica que obscurecia o poema em vez de esclarecê-lo. Mas sua teoria sobre os episódios foi unanimemente rejeitada. Aprendeu-se, de novo, a levar a sério a intenção, de Dante, que teria escolhido o difícil metro da terceira rima, com seu esquema de rimas encadeadas. Para "tornar impossível que se omita ou se acrescente um único verso". Não há, em toda a literatura universal, nenhuma outra obra de tão ferrenha unidade formal. Dante é o maior de todos os mestres da estrutura poética. E, sendo que a Estrutura é conceito central da crítica moderna, especialmente do New Criticism, Dante voltou a ser um dos poetas mais estudados, inclusive nos países anglo-saxônicos. Eis uma inesperada atualidade sua.

Mas a unidade da estrutura do poema de Dante não é só formal. Também é espiritual. Não é possível compreender aquela sem esta. *A Divina Comédia* não é um *tour de force* de formalismo. Severamente o poeta nos adverte: "*O voi ch'avete gl'intelletti sani — mirate la dottrina che s'asconde — sotto l'velame dei verso strani*". Essa doutrina é a tendência do poema. E não é tendência religiosa: para Dante, o catolicismo medieval não era uma tendência para ser defendida, mas o ambiente natural e indiscutível da sua vida e do seu pensamento. Não inventou a construção hierárquica de Paraíso, Purgatório e Inferno para confundir descrentes. Inventou, sim, uma construção hierárquica do pensamento político para confundir seus adversários em Florença e na Itália.

Assim o pintou Domenico de Michelino no mural na catedral de Florença: ao lado direito do quadro aparecem os muros da cidade, e dentro dos muros a torre do Palazzo Vecchio e a cúpula da própria catedral; ao lado oposto, a porta do Inferno, mais atrás os três reinos do outro mundo, os anjos do Senhor, os penitentes e as almas condenadas; entre este e o outro mundo está Dante, seu livro na mão, apontando com o dedo aos seus patrícios que o expulsaram para fora dos muros os horrores que os esperam. É uma advertência. Aquele livro é poesia política.

A política de Dante é obsoleta; já o era em seu próprio tempo. Só por meio de comentários históricos conseguimos compreender o que não se refere e não se pode referir ao nosso tempo. Como é possível, então, a aceitação estética dos versos em que aquelas teorias políticas se manifestam? Como podem chegar a comover-nos? Desde Coleridge recomenda-se para tanto a *suspension of disbelief*. É um recurso precário. Contudo, funciona para ajudar-nos a vencer barreiras de fé religiosa: "entendemos" assim, esteticamente, o hinduísmo do *Bhagavad Gita* ou o catolicismo medieval de Dante. Mas resistem à *suspension of disbelief* os credos políticos obsoletos, o monarquismo do *Grand Siècle* francês ou o monarquismo universal de Dante. O próprio Marx, discutindo na introdução da *Crítica da Economia Política* a permanência de valores estéticos ligados a já superadas formas da evolução social, achou "realmente difícil" o problema: como as obras de Ésquilo ou de Dante ainda nos podem comover.

A posteridade resolveu esse problema, transformando o poeta em seu próprio monumento: monumento de bronze nas praças de todas as cidades da Itália; monumento de papel em todos os manuais e antologias de língua italiana; monumento de esquemas estruturados, nos comentários do New Criticism. Como revivificar a estátua? Demonstrando que sua vida reside justamente em sua inatualidade.

Dante foi homem de carne e osso, com os pés fincados na terra. O amor ideal a Beatrice não o impediu de dedicar-se a outros amores, menos celestes. A firmeza teimosa das suas convicções políticas não o impediu de mudar de partido: guelfo nato, aderiu depois ao partido oposto, tornando-se gibelino, adversário apaixonado dos ideais republicanos e federalistas da sua mocidade e da República de Florença. Esse florentino inconfundível chegou a pedir, em carta ao imperador Henrique VII, a destruição da sua cidade natal; no século XX, figuraria entre os grandes traidores, algures entre Laval e Klaus Fuchs. Na verdade, os florentinos não foram tão injustos quando o expulsaram para o exílio. Sofreu muito:

> *"Tu proverai si come sa di sale*
> *Lo pane altrui, e com' è duro calle*
> *Lo scendere e' l salir per l'altrui scale".*

Mas o exílio foi seu lugar natural. Proporcionou-lhe a independência total, o lugar acima das lutas efêmeras da política partidária e a consciência da política intransigentemente ética. Enfim, ele próprio orgulhava-se de *averti fatta parte per te stesso*, de ter constituído o seu próprio partido, composto de um membro só: Dante.

Esse grande intelectual não era capaz de submeter-se a disciplinas partidárias. Sua "traição" foi necessidade íntima. Ficou fiel aos ideais cosmopolitas da Idade Média. Mas definiu o poder imperial não como monarquia moderna, antes como Poder Executivo de uma espécie de Federação Européia; e a capital não seria Roma, antes uma Florença renovada, centro da *civilitas humana*, antecipação de uma nova Atenas: a Florença do Renascimento.

Então, assim como hoje, a realidade não permitiu prever o futuro. A velha República dos guelfos de Florença já degenerada em sociedade anônima de banqueiros e industriais de tecidos. Era inevitável o choque entre essa nova realidade social e as instituições jurídicas de outros tempos. Daí aquela paixão de mudar, de outubro para novembro, as constituições, a moeda e os governos. Com aqueles guelfos, Dante não tinha nada. "Traiu". Também traiu seus companheiros, os gibelinos, "*la compagnia malvagia e scempia — con la qual tu cadrai in questa valle*". Foi um *guelfo popolare*, na verdade o único membro desse partido, *parte per se stesso*. Sozinho assim como Victor Hugo quando lançou os *Châtiments* contra a tirania, e como Zola quando se levantou em defesa do capitão Dreyfus. Sempre se tratou de opor à desordem da política "realista" a ordem da política ética. Pouco importa que Zola tenha encontrado os seus princípios éticos no socialismo, Hugo no liberalismo, Dante no tomismo. A "doutrina" podia cair; a atitude, o valor da atitude é permanente: é o fundamento da estrutura. Da desordem de então nada ficou senão "muros silenciosos" da ordem político-ética de Dante, ficou seu poema, desafiando os séculos.

Assim Domenico de Michelino o pintou: entre a cidade e o outro mundo, segurando com a mão esquerda seu livro, enquanto o dedo da direita nos adverte: "*O voi ch'avete gl'intelletti sani*".

Uma revista nacional

O Estado de S. Paulo, 07 abr. 62

Há muito lamentam a falta de uma grande revista literária no Brasil. O assunto é mesmo mais sério do que se pensa. Não se trata de oportunidade para escritores e principalmente escritores novos encherem espaço, mediante remuneração condigna. Nem sequer se trata — embora isso também pese — de um fórum para debater as grandes questões nacionais, literárias e outras. A questão da revista é vital.

Aquela reivindicação não deixa de ser um pouco injusta contra as revistas que já tivemos ou ainda temos. Mas é verdade que nenhuma delas estava ou está em condições de desempenhar o papel visado. A *Revista Brasileira*, que José Veríssimo inspirou entre 1895 e 1899, teve grandes exemplos europeus; mas esgotou-se, academizando-se. Não se poderá mais escolher o mesmo ponto de partida. A renovada *Revista da Academia Brasileira de Letras* tornou-se logo uma revista dos candidatos à Academia Brasileira de Letras. A *Revista do Brasil* percorreu várias fases, das quais a historicamente mais importante é a de 1926 e 1927 (Rodrigo M. F. de Andrade). Foi, a esse respeito, continuada pelo *Boletim de Ariel* (1931/1939), isto é, como órgão do modernismo de São Paulo, do Rio e do Nordeste. Mas essa função de fórum de um partido literário só é uma entre outras, talvez não a mais importante. Lembramos o que foi a *Revista do Arquivo Municipal*, de São Paulo, graças a Mário de Andrade e Sérgio Milliet. Mas isso foi. *Cultura*, de Simeão Leal, interrompeu-se pela intervenção de uma instituição nacional de força calamitosa: a falta de verbas. *Leitura* age muito e age bem; faz o que se pode fazer com recursos modestos. A única tentativa de fundar no Brasil, com meios suficientes, algo como uma revista nacional foi devida ao barão do Rio Branco: a *Revista Americana* (1909/1919). Sofreu do mal de ficar oficial e diplomaticamente inspirada. E não sobreviveu.

É claro que as revistas citadas representam vários tipos diferentes. Seria possível classificá-las. Mas não vou com a moda das tipologias, meio escolásticas. Esclareceremos o caso pelos exemplos.

O primeiro exemplo é pouco conhecido no Brasil. É a revista *La Voce*, que Giuseppe Prezzolini e Giovanni Papini fundaram em Florença em 1908. A história de *La Voce* é das mais discutíveis. Não relatarei as polêmicas. Basta dizer que essa revista difundiu na Itália as obras e idéias de Ibsen, Whitman, Hardy, Kipling, Rimbaud, Claudel, Péguy, Gide e dos grandes romancistas russos; ocupou-se com Nietzsche, filosofia pragmatista, pintura impressionista, com o modernismo católico, com a música de Debussy e Ravel, com a questão agrária no Sul latifundiário do país, com o sindicalismo de Sorel e com a estética de Croce, com o colonialismo e com os primeiros ataques à democracia italiana. Não se pode absolver *La Voce* da acusação de ter sido o berço do futurismo e do fascismo. Mas o que importa, na retrospectiva, é a larga divulgação e a discussão de tendências literárias, artísticas, filosóficas, políticas que na Itália de 1900 estavam quase totalmente desconhecidas ou então combatidas por um academismo auto-suficiente; que *La Voce* criou um *staff* de discutidores, capazes de assimilar essas idéias, rejeitar o que era incompatível com a índole da nação e do momento histórico, e iniciar movimentos especificamente italianos (bons e outros). Depois, importa observar que a multiplicidade dos interesses de *La Voce* não significava dispersão; obedecia a um plano de renovar a vida da nação em todos os setores, concedendo-se certa prioridade aos movimentos estéticos, mas sem subordinar a estes os outros interesses. Em 1914 assumiu a direção de *La Voce* o crítico literário Giuseppe De Robertis, um dos mais eminentes conhecedores e analistas da literatura italiana; superior, a esse respeito, aos diretores anteriores. Mas *La Voce* não podia sobreviver como revista literária. Em 1916, extinguiu-se.

Ainda um exemplo menos conhecido. As grandes revistas nas quais se desenrolou toda a vida literária russa do século XIX: *Sovremennik (O Contemporâneo)* e *Otetchestvennije Zapiski (Folhas Patrióticas)*, dirigidas pelo grande poeta Nekrassov, com colaboração de Bielinski, Tchernichevski, Dobroliubov, Turgueniev, Herzen, Gontcharov, Dostoievski, etc. Depois, o *Vestnik Jevropy (Mensageiro Europeu)*, órgão dos liberais, e *Severny Vestnik (Mensageiro Nórdico)*, órgão dos poetas simbolistas. Eram revistas literárias. Mas num país em que não existiam imprensa livre nem tribuna parlamentar, nem sequer o púlpito, essas revistas literárias também desempenharam essas funções todas. Seu papel na vida russa do século XIX não pode ser exagerado. Colocaram o país, isolado pela cortina de ferro da política tzarista, em contato com o pensamento estrangeiro; e prepararam pelo pensamento a ação russa. Desapareceram com a revolução. Sua função pública estava esgotada; também o estaria, se não houvesse nova censura. Da função literária, só, não poderiam viver. Seu destino confirma o de *La Voce*.

Esses dois exemplos já fornecem todos os elementos do problema. Condições anteriores à "grande revista" são um relativo isolamento espiritual do país e a resistência dos adeptos das "idéias aceitas" contra as novas. A função é inicialmente estética e literária, mas deve fatalmente transcender esses limites, conferindo novos impulsos à vida nacional em todos os setores. Para tanto, não pode ser de caráter oficial nem limitar-se à defesa dos princípios de um partido literário ou de um partido político. Tem de ficar de portas abertas para arrombar portas fechadas.

Este último ponto pode ser precisado pelo exemplo de uma revista de tipo principalmente estético. A *Nouvelle Revue Française* morreu em 1940, não só pela ocupação alemã. Embora professando lealdade à tradição especificamente francesa, também fez muito para difundir as obras de Tchekov, Thomas Mann, Rilke, Butler, Conrad, Joyce e dos russos. Em seus cadernos colaboraram Copeau e Gide, Claudel e Valéry, Mauriac e Benda, Bernanos e Romains, Roger Martin du Gard e Malraux. Não se pode ser mais compreensivo, e essa amplitude significava fatalmente um programa político, embora negativamente definido: não excluir ninguém, nenhuma tendência. A NRF morreu pelo exclusivismo político.

Foi uma revista de interesses principalmente estéticos e filosóficos. Isso também vale para a *Revista de Ocidente*, que abriu a todo pensamento europeu a fechada Espanha. Publicou Simmel, Worringer, Husserl, Huizinga, Hermann Weyl, Rudolf Otto, Uexküll, Scheler, Koffka, C.G. Jung, Kretschmer, Sombart, Bertrand Russell. Publicou García Lorca, Jorge Guillén, Salinas, Rafael Alberti. Uma revista de filósofos e de poetas. Mas nunca renegou o objetivo transcendental das suas origens: foi a sucessora da revista *España*, fundada por Ortega y Gasset em 1915 para combater a política germanófila da Espanha monárquica. Tratava-se, inclusive pela difusão do pensamento da verdadeira Alemanha, de uma renovação total da vida espanhola.

Neste momento brasileiro, motivos econômicos e o exagero de um nacionalismo em si justificado contribuem para isolar-nos do mundo. E, infelizmente, o impulso inicial do modernismo, que era cosmopolita e nacionalista ao mesmo tempo, desapareceu há muito. Precisamos de uma grande revista nacional. Como e onde? A concentração econômica indica claramente aquela cidade na qual o primeiro modernismo nasceu. O Brasil espera a ação de São Paulo.

Três novidades

O Estado de S. Paulo, 09 jun. 62

A primeira novidade é um nome novo: inteiramente novo para o Brasil e para o mundo. É o escritor russo Konstantin Paustovski. Também é nome novo para os próprios russos, embora não seja homem novo. Dir-se-ia: é um velho. Nasceu em 1892, isto é, faz agora setenta anos. Publicou seu primeiro livro em 1912. Mas ficou totalmente desconhecido. Hoje será celebrado talvez como o maior e certamente o mais novo dos escritores soviéticos.

É um grande realista e um grande clássico. Como realista, é admirador de Hemingway e Maugham — ao que eu saiba, o primeiro escritor soviético que confessou essa preferência. Admira neles a fidelidade do realismo, a capacidade de observar e de guardar na memória os detalhes observados. Encontra a mesma qualidade nos clássicos russos, a cuja memória serve como crítico interpretativo, em ensaios de alta categoria. A memória é a *faculté maitresse* do próprio Paustovski. É a base da grande obra que começou a escrever *nel mezzo del cammin di nostra vita* e que o tornou famoso na velhice.

Em 1945, só em 1945, o autor até então desconhecido publicou *Anos Remotos*, o primeiro volume de sua autobiografia ficcionalizada, continuando-a depois em *Mocidade Inquieta* e *Começo do Século Desconhecido*. Até hoje são quatro volumes: infância, mocidade, anos de estudante. Escreve atualmente o quinto volume, que tratará de sua participação nos acontecimentos revolucionários na Armênia e na Geórgia. O sexto volume descreverá a vida literária na Moscou de 1925. Paustovski pretende chegar a 10 volumes. O setentão é otimista.

É a epopéia de sua vida. Apesar de ter sido e ser invariavelmente comunista, sua obra não manifesta tendência política. Apesar das tempestades revolucionárias que descreve, nunca perde a calma, assim como nunca a perdeu nas maiores tempestades de sua vida. Não por acaso, justamente Paustovski acaba de escrever o prefácio da nova edição (1962) de obras de Bunin, enfim reabilitado na Rússia. Como Bunin, é realista. Como Bunin, manifesta em prosa clássica uma mentalidade romântica, inspirada pela galhardia perante as catástrofes. Mas — e isso o separa de Bunin — é otimista. Acredita na vida e no futuro. No entanto, disse há pouco a um entrevistador que pretende escrever outra vez sua vida: não como ela foi e, sim, como ela poderia ter sido. Não sei se chegará a realizar essa idéia. Mas é um plano que me parece intensamente original; e poético.

*

Uma nova peça de Friedrich Dürrenmatt é hoje um acontecimento universal: mesmo quando a estréia se realiza num pequeno teatro municipal da pequena Suíça. O Teatro Municipal de Zurique acaba de encenar-lhe a comédia *Os Físicos*.

São dois atos, construídos conforme as clássicas unidades de lugar e ação. O lugar é o mesmo nos dois atos: um manicômio. A ação é também a mesma nos dois atos, mas de sentido dialeticamente oposto: os malucos do primeiro ato são os normais do segundo ato, e vice-versa.

O grande físico Moebius sente-se cercado em sua liberdade pessoal e de pesquisar, porque os poderes deste mundo pretendem tratar como segredos militares e explorar para fins mortíferos suas invenções geniais. Que fazer para salvar sua liberdade e o gênero humano? Finge que enlouqueceu. Alega receber revelações do espírito do rei Salomão. Retira-se para o manicômio, onde ninguém o suspeita de traição e onde é capaz de esconder seus perigosos resultados científicos. Acompanham-no para o asilo dois outros físicos "loucos". Um deles julga-se reencarnação de Newton; na verdade, é espião a serviço das potências ocidentais, que o encarregaram de seqüestrar o perigoso Moebius. O outro julga-se reencarnação de Einstein; na verdade, é espião a serviço da Rússia, que o encarregou de seqüestrar o utilíssimo Moebius. Mas esses dois espiões sucumbem à força de persuasão do idealista Moebius: ficarão com ele no manicômio, trabalhando para que os segredos não sirvam à extinção do gênero humano. No segundo ato, o espírito do rei Salomão aparece à diretora do manicômio. A médica enlouquece. Consegue cópias fotográficas dos papéis secretos de Moebius. Organizará um truste para explorar a invenção. E será ditadora do mundo em chamas.

Ao leitor brasileiro, essa inversão lembrará *O Alienista* de Machado de Assis. A inspiração atual do dramaturgo parece ter sido uma anedota que na Alemanha pré-hitleriana se contou sobre o Sanatório Weisser Hirsch, perto de Dresden, casa de saúde caríssima para neuróticos sofisticados da alta sociedade e dirigida por psiquiatras da mais profunda sabedoria, vienense ou hindu, tanto fazia. Dizia-se, então, que ali a diferença entre os doentes e os médicos era só a seguinte: os médicos tinham a chave. Mas acontece que hoje o mundo inteiro é um lugar assim: os malucos têm a chave.

Dürrenmatt é grande dramaturgo. Sabe transformar teses em situações no palco e abstrações em personagens de carne e osso. Seu assunto, em *Os Físicos*, é a tragédia do nosso tempo. Mas sua inteligência reconhece e sabe reduzir as dimensões dessa tragicidade. Serão *Os Físicos* uma comédia? Certamente, são uma tragicomédia. E nosso tempo não admite outro gênero.

*

Em Amsterdã, no tempo da ocupação alemã, no tempo de Adolf Hitler e de Anne Frank, intelectuais de várias nações, perseguidos, conseguiram publicar clandestinamente uma revista, *Castrum Peregrini*, com colaboração de poetas, ficcionistas, ensaístas, destinada a confortar os escondidos. Nessa revista — que até hoje existe — saíram, traduzidas para o holandês por Catharina Gelpke, algumas poesias da italiana Antonia Pozzi.

Então, a poetisa já deixara de existir. Nascida em 1912, de família milanesa, tinha estudado literatura, feito grandes viagens; e em 3 de dezembro de 1938 suicidou-se, por motivos desconhecidos. Só depois, a editora Mondadori publicou o volume de versos, de título simples: *Parole*. Palavras. Mas foi o grande poeta Eugenio Montale que escreveu o prefácio da edição. Grande foi o sucesso, que hoje é internacional.

Pois Nora Wydenbruck traduziu as poesias de Antonia Pozzi para o inglês (John Calder, Londres, 1955).

Ernst Wiegand Juncker traduziu-as para o alemão (Ed. Amandus, Viena), Mariano Roldán traduziu-as para o castelhano (Rialp), com prefácio do próprio tradutor.

Com exceção das primeiras manifestações de críticos holandeses, só li uma crítica sobre as poesias de Antonia Pozzi, de um inglês: e ele desaprova o sucesso internacional de *Parole*. Focaliza, com razão e justiça, a permanente consciência de morte da autora. Elogia uma ou outra imagem, como esta sobre "alegrias passadas": "*...gioia ferma nel cuore — come un coltello nel pane*". Mas a poesia altamente emotiva de Antonia Pozzi afigura-se-lhe *girlish*, o que quer dizer, mais ou menos: sentimentalismo de um broto. E verifica: Montale escreveu o prefácio, mas nos versos não há nada do "fervor gelado" de Montale.

Não sei se "fervor gelado" é definição certa da arte do grande poeta hermético. Sei que Montale escreveu o prefácio porque, ele próprio profundamente influenciado pela poesia alemã, sentiu origens paralelas na poesia de Antonia Pozzi. Ela pertence à estirpe de Trakl. Guardadas as dimensões, pensa-se até em Hölderlin, em determinada qualidade da arte de Hölderlin, naquela que o faz dizer que cisnes nadam em "águas sacro-sóbrias". A poesia da italiana é de sobriedade quase fria, atrás da qual se esconde timidamente o sentimento de fontes sagradas da vida; essa timidez parecia *girlish* ao crítico inglês porque ele não chegou a sentir a dramaticidade no intimismo. Como exemplo cito — em tradução mais que imperfeita — os versos "Para um cão":

"*Onze anos conosco — agora aqui na cova — que escavamos para teu repouso — Mas os gemidos — de tristeza, de alegria — para quem saiu e para quem chegou. — E ao cair da noite — quando alguém chorava tu o olhaste lambendo-lhe as mãos. — Todos esses onze anos — de teu amor sem palavras — todos eles aqui — sob esta chuva cruel? — Só as folhas mortas — caem neste — pedaço de terra — e a esperança de que mais outra coisa pudesse ficar — de ti — está proibida — cresce em cima — nosso choro irracional*".

A transição, da emoção simples ao problema da alma e da eternidade, está realizada em palavras que não se pode esquecer: o que é critério da grande poesia. Palavras, "cheias de sentido até a margem". Palavras. *Parole*.

Jornalista, poeta, profeta

O Estado de S. Paulo, 09 mar. 63

São raras, em qualquer língua, as boas histórias da literatura alemã, e não existe nenhuma em português. Falta total de orientação para os estudiosos. Apesar disso ou por isso mesmo é difícil conformar-se com a publicação, pela Faculdade Nacional de Filosofia, do 2º volume da *História da Literatura Germânica*, de fr. Mansueto Kohnen. O autor reuniu no fim do volume considerável bibliografia; mas deixou de utilizá-la. Seu livro, de nível secundário, se caracteriza pelo tom dogmático. A maior parte da literatura alemã está imbuída de espírito protestante e, em tempos mais modernos, de espírito filosófico. O autor, inimigo total deste e daquele, não escreveu uma história da literatura alemã, mas um sermão zangado contra ela. Basta ver as palavras desdenhosas sobre as mais importantes obras de Lessing e as restrições digamos estranhas a Goethe. Hölderlin é apreciado como poeta patriótico, e Georg Büchner é tratado, em dez linhas tolas, como inimigo do gênero humano. Mas que filantropia é a do autor? O título já o faz adivinhar: literaturas germânicas também são a holandesa, a dinamarquesa, a sueca, de que o autor não fala, evidentemente. Para ele, "germânico" é sinônimo de "alemão". Conhecemos essa identificação. Não nos surpreende, portanto, o breve capítulo sobre Heine (págs. 276/281), inspirado pelo mais forte anti-semitismo racista, de tal modo que a raça é alegada para explicar as particularidades da poesia heiniana.

É claro que o autor não tem capacidade para entrar na verdadeira discussão da poesia de Heine. Nem sequer informa sobre essa discussão. Apenas berra.

No entanto, o leitor brasileiro, dispondo de tão poucas fontes, merece ser informado. Conforme a tradição (do século XIX), Heine ocupava o segundo lugar na poesia alemã, depois de Goethe. Hoje se atribuiu esse segundo lugar a Hölderlin, senão a Rilke. Essa mudança de posição não se deve, porém, aos anti-semitas; estes nem conseguiram reivindicar poetas tão grandes como Eichendorff e Mörike, porque seus critérios de valorização são antipoéticos, antiliterários e anti-humanos. A verdade é que a parte mais lida e antigamente mais apreciada da poesia de Heine, a sentimental-erótica, é incompatível com os conceitos modernos do que é grande poesia. Heine não foi romântico autêntico nem é grande poeta lírico em sentido moderno. Sua grandeza poética reside justamente naquelas peças que o autor da *História da Literatura Germânica* não consegue ler, porque seu espírito antipoético só compreende o conteúdo e porque este lhe desagrada.

Heine é grande poeta satírico. Análise mais exata diria: grande poeta trágico-satírico (v. agora: S. S. Prawer: *Heine the Tragic Satirist*, Cambridge University Press, 1962). Em certas peças do *Romanzero* e especialmente na parte intitulada *Lazarus*, sua sátira envolve tragicamente Deus e o Universo e a vida humana em sua totalidade. Raramente consegue manter-se em nível tão alto. Mas sua poesia satírico-política, em compensação, é mais que política: desempenha o papel de toda grande sátira, é crítica da civilização contemporânea. Heine talvez não tivesse cultura completa e profunda. Tinha, como poeta, tanto mais intuição. Não teria sido capaz de escrever obras científicas sobre o assunto. Sua *História da Filosofia e Religião na Alemanha* e sua *Escola Romântica* não têm valor nenhum como obras filosóficas ou de história literária. São brilhantes escritos jornalísticos. Heine, que não pode figurar na primeira categoria dos poetas, nem sequer dos prosadores, é mestre só da prosa jornalística. Mas é uma prosa inspirada e vivificada pela mesma intuição que criou aqueles poemas trágico-satíricos.

Não conheço trabalho bom ou exaustivo sobre os valores literários que pode encerrar a prosa jornalística. Certo é que, em virtude das suas qualidades literárias, muitos escritos jornalísticos figuram nas histórias da literatura. Basta lembrar as diatribes de Lutero contra o Papado, os ataques de Junius contra o rei George III da Inglaterra, Chateaubriand contra Napoleão I e de Rochefort contra Napoleão III, o *J'accuse* de Zola etc. etc. São polêmicas. Heine também é brilhante polemista. A um estadista cínico e sem convicções, do seu tempo, atribui a frase seguinte, provavelmente inventada pelo próprio Heine para caracterizar o adversário: "Quero jurar que isto é verdade, mas apostar não".

O próprio Heine não costumava jurar. Mas apostar, sim, e costumava ganhar as apostas. Aquela intuição de poeta trágico-satírico inspirou-lhe tanta força de compreensão do mecanismo social e de previsão das suas evoluções que o jornalista quase virou profeta. Suas reportagens parisienses de 1840/1842, reunidas no volume *Lutetia*, são hoje, 120 anos depois, de uma atualidade surpreendente.

Para essa clara compreensão contribuiu o fato negativo de Heine não ter possuído firmes convicções ideológicas. Durante a vida toda vacilou entre simpatias revolucionárias (de revolução antifeudal, burguesa, aliás) e os instintos de conservação de um epicureu. Mas essa mesma falha ditou-lhe advertência contra "as idéias que transformam em seus servos os homens"; em 31 de dezembro de 1842 Heine define com clareza total as ideologias, antes mesmo de ter nascido o conceito de "ideologia".

Também compreendeu certas manifestações concretas dessas ideologias. Na última página da *História da Religião e Filosofia na Alemanha* (1834), prediz que na Alemanha será representada uma peça em comparação com a qual "a Revolução Francesa parecerá idílio inofensivo"; e profetiza, na época dos pequenos principados alemães e da vida idílica do *Biedermeier*, a transformação da filosofia hegeliana em doutrina revolucionária socialista. Pouco depois, em 12 de julho de 1842, prevê uma guerra européia entre a Alemanha e a França, secundadas pela Inglaterra e pela Rússia (constatalação que não se realizou em 1870, mas só em 1914), continuando: "Mas este apenas será o primeiro ato da grande peça espetacular, o prelúdio. O segundo ato será a revolução européia, a revolução mundial, o grande duelo dos pobres com a aristocracia dos proprietários". É a primeira vez que aparece nesse trecho a palavra "revolução mundial", que Marx nunca usará, e isto quando Marx, em 1842, homem de 24 anos de idade, ainda não tinha começado a estudar economia política e social.

Pouco antes, em 20 de junho de 1842, já tinha Heine predito a revolta dos comunistas contra "o atual regime da burguesia". Em 17 de setembro de 1842, cita um "amigo comunista" que lhe teria dito: "A propriedade não será abolida, mas apenas redefinida", e acrescenta: "É essa nova definição que inspira tanto medo à burguesia", ao ponto de ela apoiar os reacionários, o rei Luís Felipe e o primeiro-ministro Guizot para garantir a definição antiga. Um século de história está nestas palavras antecipado.

Prevendo, mais, a extensão das lutas ideológicas para o terreno da política internacional, Heine prediz, em 8 de junho de 1840, que "o mundo será, um dia, uma república norte-americana universal, ou então uma monarquia russa universal"; e manifesta sua inteira aversão contra cada uma dessas duas soluções.

Quase ao mesmo tempo chegou Tocqueville, que Heine não conhecia, a conclusão idêntica. Não quero, porém, atribuir ao poeta-jornalista a profunda ciência do grande historiador-sociólogo francês. Este jurou e aquele apenas apostou. Razão tinha e tem este e aquele: porque desde os tempos do bom rei Luís Felipe, que hoje nos parecem antediluvianamente idílicos, o mecanismo das relações entre o Estado e a sociedade ainda não mudou. Isto chegou a prever, mais tarde, outro homem de intuição poética, Guglielmo Ferrero, o historiador — mas, como costumava dizer Kipling, "isto é mais outra história".

Mito América

O Estado de S. Paulo, 30 mar. 63

Dois fatos podem ser supostos como geralmente conhecidos: de que a "América" não chegou a corresponder (ou talvez nunca correspondesse) à realidade. Foi um sonho, principalmente, da alma européia. O que resta estudar é o reflexo desse mito em manifestações literárias, sociológicas e filosóficas. Estudo que acaba de ser iniciado por Sigmund Skard, em seu livro *The American Myth and the European Mind* (University of Pennsylvania Press, 1962).

Mas é só um início. Outra contribuição que já conta são as atas da reunião da European Association for American Studies, na Villa Serbelloni, em Bellagio, que chegou à seguinte declaração definitória: "O mito América, assim como foi ou é cultivado na Europa, é fato psicológico de importância muito maior do que a chamada verdade sobre a América".

A documentação, embora limitada aos Estados Unidos, é enorme (a imagem da América Latina na mente européia é outro fato, ainda não estudado por ninguém). Os Estados Unidos entram em 1776 na consciência dos europeus. Sua independência reconhecida é em 1783 saudada, paradoxalmente, por salva da esquadra do czar russo em Kronstadt e por uma ode da lavra do rei Frederico II da Prússia. É o "país da liberdade" para todos. É o país sem desagradáveis ou humilhantes recordações históricas. Até Goethe, já na velhice, dirige-se numa poesia à América como "país melhor, porque sem ruínas medievais". Em outras palavras, o repetirão muitos milhões de emigrantes alemães, irlandeses, italianos, judeus, poloneses, até em 1924 a Lei das Quotas acabar com a imigração e com o sonho. Fenômeno paralelo é o estudo sociológico do novo país, embora a esse respeito se revele, desde o início, certo ceticismo: que se acentua, de Tocqueville até André Siegfried; enfim a Robert Jungk, em seu livro *O Futuro já Começou*, a tecnologia e a tecnocracia americanas inspiram o mais negro pessimismo. A imagem da América no livro de Simone de Beauvoir não é muito mais simpática. E o *Mobile*, de Michel Butor, faz sobre o leitor a mesma impressão que é resumida no título de Henry Miller: *The Air-Conditioned Nightmare*.

Nem o livro de Sigmund Skard nem os debates de Bellagio esgotaram o material fornecido pela documentação. E não é tudo. Assim como existe, ao lado da imagem dos Estados Unidos na mente européia, uma imagem da América Latina na mente européia, assim seria incompleto o panorama desses mitos sem o estudo da imagem dos Estados Unidos na mente latino-americana: de Rodó, que opôs o Ariel poético-católico de Montevidéu e adjacências ao feio materialismo do Caliban puritano-anglo-saxônico, até os comunistas que combatem o mesmo Caliban em nome do materialismo dialético.

Realmente, a documentação existente é imensa: daria para um livro, em vez deste artigo que só pretende reunir primeiros apontamentos. Mas sem omitir de todo as nuanças. A esse respeito são do maior interesse as três versões existentes dos *Studies in Classic American Literature* (1919, 1920, 1923), de D. H. Lawrence; na primeira versão, o autor de *Sons and Lovers* acreditava ter encontrado na América a Natureza *sans phrase;* na segunda versão, o autor de *Women in Love* moderou o entusiasmo; na terceira versão, o autor de *The Plumed Serpent* quase se retratou (v. A. Arnold: *D. H. Lawrence and America,* Londres, 1961).

No entusiasmo inicial de D. H. Lawrence não é difícil reconhecer um resíduo do mito medieval-renascentista do paraíso terrestre além do Oceano Atlântico, que influiu tanto na história das descobertas geográficas; mas sobre esse tema tudo já está dito em *Visão do Paraíso,* de Sérgio Buarque de Holanda. Esse "motivo edênico", traduzido para o inglês dos norte-americanos, chama-se *God's Own Country.* É motivo que, surpreendentemente, influiu muito na formação da literatura italiana contemporânea.

A opinião geral dos italianos com respeito à América, nos anos de 1930, encontrou expressão algo extremista no livro *America Amara,* do crítico e grande prosador Emilio Cecchi: um país bárbaro, um museu de horrores. É expressão de um antiamericanismo cultural que não tinha nada que ver com o antidemocratismo dos fascistas de então. Certas páginas de *America Amara* poderiam ser assinadas por Simone de Beauvoir ou por um simpatizante do comunismo. Outras, não. Mas todas elas refletem (ou melhor: antecipam) a violenta aversão do intelectual europeu de hoje contra a *mass-culture, comics,* TV e Coca-Cola. Apenas, nem todos os intelectuais europeus têm o direito de julgar assim a América. Cecchi tinha-o, como porta-voz de uma civilização, a italiana, que sempre se tinha baseado no humanismo, algo acadêmico. Mas onde um velho como Cecchi encontrou horrores, descobriram os novos de então, os Pavese e Vittorini, valores humanos. Um Pavese não podia conformar-se com a literatura italiana de então, artística, sofisticada, anêmica (ele próprio disse: "nebulosa, nevrótica, fútil e desesperada"). Começou a ler os americanos. Traduziu Whitman, Dreiser, Edgar Lee Masters,

Faulkner, Sherwood Anderson, Sinclair Lewis, Dos Passos. Nos ensaios, postumamente reunidos em *La Letteratura Americana e Altri Saggi (1951),* confessou que a descoberta da realidade americana o ajudara para redescobrir a realidade italiana, escondida atrás das névoas da falsa retórica fascista, mas também atrás da arte "formalística" dos Cecchi e Cardarelli; e assim como Pavese mistura indiscriminadamente os melhores e menos melhores nomes da literatura americana, assim acrescenta àqueles nomes italianos o do grande poeta Montale, cujo hermetismo não tem nada que ver com formalismo e anemia. Mas poucos anos mais tarde Pavese já estava entre os italianos que dirigiram às tropas e diplomatas americanos o convite: *Go home, ami!*

Nesse caso, a conversão não foi só política. O antiamericanismo da última obra-prima de Pavese, *La luna e i falò,* é profundamente melancólico. Lembra a pergunta assustada do último ato do *Rei Lear: "Is this the promised end?"* O fim de todos os sonhos, inclusive do sonho americano.

O panorama estaria incompleto se não se estabelecesse o balanço das influências recíprocas. Seria preciso citar a repercussão do romance americano moderno na França; e reler as primeiras *Situations* de Sartre, assim como o livro de Claude-Edmonde Magny. Seria preciso esboçar a história das imagens da Europa na mente americana: romantismo inglês (e espanhol) de Washington Irving; romantismo renano de Longfellow; aversões de Mark Twain; descoberta da França por Hemingway e seus companheiros da *lost generation,* depois da primeira guerra mundial; descoberta, na segunda guerra mundial, da Itália pelos Alfred Hayes, John Horne Burns e tantos outros. Seria preciso redefinir a posição exata de Henry James, no meio entre os dois continentes e civilizações. E não esquecer a imensa influência exercida na Europa, no sentido do "sonho americano", pela personalidade de William Woodrow Wilson; ao passo que o *New Deal* de Franklin D. Roosevelt não causou a mesma impressão, porque apenas realizou nos Estados Unidos as mesmas reformas sociais que na Europa já estavam enraizadas. Colocaríamos o *New Deal* ao lado das influências européias na América, ao lado da psicanálise e do marxismo, que destruíram as bases econômicas e morais do puritanismo do Novo Mundo. O "sonho americano" que a Europa criara foi interrompido pelos próprios europeus. Dos Passos (o da primeira fase) e Henry Miller não são um começo, mas um fim.

Também é preciso redefinir mais exatamente o que se destruiu então: não é da teocracia puritana do século XVII que nasceu a democracia dos Estados Unidos, mas do otimismo "filosófico" do século XVIII. O último livro que eu desejaria citar é *Dream and Reality*, em que Louis Halle (professor e ex-conselheiro do Departamento de Estado) verifica o naufrágio das idéias libertárias de 1776, expressões americanas da Ilustração do século XVIII europeu. Esse sonho acabou. Mas Ernst Bloch, o filósofo do *Princípio Esperança*, perguntaria se o gênero humano pode viver sem sonho.

Discussão do neo-realismo

O Estado de S. Paulo, 27 abr. 63

Uma das mais importantes tendências literárias dos tempos atuais nos chegou primeiramente através de uma outra arte: o cinema. Esse fato criou muitos equívocos, dos quais o último afirma: "O neo-realismo morreu". Mas não pretendo escrever necrológio. Nem defender tese alguma. Apenas discutir os fatos.

Et d'abord — como os franceses costumam iniciar suas discussões — verificar o que o neo-realismo não é. Não é (ou não é fatalmente) um movimento de tendência comunista. Mas no início devia sê-lo, porque o fascismo proibira igualmente e com argumentação semelhante a literatura realista e a tendência comunista, de modo que se estabeleceu facilmente a aliança dos dois perseguidos. Mas, além das veleidades fascistas, o neo-realismo também excluiu, de início, outro elemento: o lirismo. E isto nos leva a outra definição negativa: o neo-realismo italiano não tem nada que ver com o chamado neo-realismo português, que costuma enfeitar a tendência socialista pelos ornamentos de uma prosa pseudolírica (existe semelhante coisa no Brasil). O neo-realismo na Itália, porém, é justamente, ao contrário, reação contra a *prosa d'arte*, que entre 1900 e 1940 dominava na Itália, arte de requintada elaboração da prosa de crônicas, impressões, viagens, etc. Numa prosa dessas não se pode escrever romances. Verga (que morreu em 1922) ficou despercebido ou foi erroneamente considerado como representante de um naturalismo obsoleto. De Verga se lembraram, em 1935, em 1940, os jovens ficcionistas, querendo sair do recinto fechado da *prosa d'arte* para encontrar a vida lá fora.

Nesse sentido, a tendência neo-realista é responsável pela nova e surpreendente primavera da ficção italiana. Mas esta é polimorfa. Há de tudo nela. Há, também, o realismo mágico de Landolfi; há os psicólogos Piovene e Soldati; há o estilo inteiramente *sui generis* de Gadda. O próprio rótulo de neo-realismo é dado a escritores tão diferentes como Bernari e Brancati, Bilenchi e Vittorini, Pratolini e Rea, Berto e Italo Calvino, Cassola e Bassani, Natalia Ginzburg e Arfelli, Carlo Levi, Seminara e Pasolini, etc. etc. Na maioria são do Sul. A prioridade cronológica pertence ao calabrês Corrado Alvaro e especialmente ao romano Alberto Moravia, com *Gli Indifferenti*. O romance como meio de contato da literatura com a sociedade: e com uma sociedade em grave crise moral.

A literatura dessa crise é o romance neo-realista. Ele descobriu a Itália para os italianos e uma coisa nova para o mundo. Mas o mundo, então inteiramente desacostumado a ler livros italianos, tomou conhecimento dessa novidade pelo cinema.

Não conheço melhor definição ao movimento que a dada pelo poeta Mario Luzi: o neo-realismo italiano é um realismo de crise; dramatização de um conflito entre a literatura e a realidade. De que literatura? Com a queda do fascismo caiu a falsa retórica fascista (*credere, obbedire, combattere* e todas as expressões de pseudo-heroísmo) e com ela toda uma literatura retórica ou falsamente lírica, em parte já anterior ao fascismo (veja-se o caso de D'Annunzio). Tornaram-se suspeitos todos os clichês e o falsos sentimentos nobres. Foi eliminada uma porção de mitos e fábulas. E reapareceu a realidade. A nova ambição era: reproduzir as coisas reais, comuns, nada extraordinárias, nada excepcionais. Mas da retórica e dos mitos falsos vivia especialmente a cinematografia italiana, a das grandes fitas pseudo-históricas. O filme, purificado, tornou-se um dos principais instrumentos do neo-realismo.

Antes de continuar na discussão, perguntamos previamente: conseguiu o neo-realismo cinematográfico captar a realidade crua? A resposta só pode ser: não. *La Terra Trema*, de Visconti, é antes um grande documento do que obra de arte (dizem-me o mesmo sobre o novíssimo *Smog*, de Franco Rossi). Se Zavattini tivesse tido oportunidade de realizar seu ideal, de filmar 90 minutos, em seguida, da vida de um homem comum, o resultado seria provavelmente insuportável. A verdade é que todos os grandes filmes neo-realistas, de *Roma, Città Aperta* até *La Ciociara*, tratam da Resistência, de torturas e de atos heróicos (embora realizadas por homens comuns); em suma: de situações excepcionais e sem falsidade, retóricas. O sofrimento, nessas fitas, é retórico. A própria miséria, nessas fitas, é retórica.

Evidentemente, não é a mesma retórica dos fascistas. Tampouco é esse realismo o do romance do século XIX, que mostrava ao público de leitores burgueses a miséria dos outros, do proletariado. O neo-realismo italiano revela aos próprios sofredores seu sofrimento, pretendendo inspirar-lhes piedade consigo mesmos (*self-pity*) e revolta. Mas acontece que a *self-pity* falsifica a revolta.

No romance percebe-se menos essa fraqueza; sempre há oportunidade para incluir explicações de tendência revolucionária. O cinema, arte visual, não pode usar tanto o verbalismo. Em *Roma, Città Aperta*, o ideal de liberdade do comunista e o ideal de liberdade do padre são momentaneamente idênticos, na luta comum contra os nazistas; nem o comunista nem o padre chegam a explicar o que querem positivamente; a explicação destruiria a fita. Se falassem, em vez de lutar e sofrer, voltaria a retórica. Se *Roma, Città Aperta* fosse romance, sem que os personagens falassem, sua luta não teria sentido compreensível e seria mera obstinação, oposição sem se perceber por quê. Só na fita, em que se fala pouco, foi possível evitar esse "sem-sentido". No entanto, inteligências tão agudas como Rosselini e De Sicca sentiram a dificuldade. Pretendiam explicar mais claramente sua tendência. Mas não conseguiram — porque seria impossível — exprimir em imagens visuais a tendência marxista. Contra sua vontade saiu coisa diferente: em *Umberto D*, obra-prima do neo-realismo cinematográfico, o protesto contra a injustiça social termina em sentimentalismo, totalmente alheio ao marxismo; e o que representa o cão, em *Umberto D*, são os meninos em *Ladri di Biciclette*. Surpreendentemente entra no neo-realismo um elemento bucólico ou idílico.

Para evitar qualquer equívoco: essa discussão crítica não pretende diminuir o valor das obras citadas e muito menos polemizar contra sua tendência. Apenas se pretende revelar a dificuldade, o problema, no cinema neo-realista e na literatura neo-realista.

Pois na literatura surgiu o mesmo problema, no momento em que as obras começaram a tratar outros temas que a luta contra o fascismo, reação moral tão forte que dissimulou as dificuldades.

O exemplo mais conspícuo é o de Vasco Pratolini, talvez o maior dos neo-realistas. Seu problema passou despercebido em *Cronache di Poveri Amanti*, porque o tema principal era a heróica resistência contra o fascismo. Passou despercebido em livros como *Il Quartiere*, porque o tema principal, as recordações de infância e adolescência, justificava o idílio, o lirismo intimista que agradou muito aos defensores da poesia hermética. Mas as duas tendências se reuniram no romance *Metello*; e seguiu-se polêmica memorável. Pois os críticos herméticos atacaram a obra-prima porque contaminada pelo realismo socialista, e os críticos socialistas porque contaminada pelo lirismo idílico.

Aos que estão acostumados a considerar apenas o lado cinematográfico do neo-realismo, a polêmica em torno de *Metello* poderia afigurar-se absurdamente complexa. É que a literatura italiana não é primitiva. Crescida no país das polêmicas filosóficas de Croce e Gentile e Garin, está saturada de filosofia. Os problemas transcendem muito as possibilidades de uma arte que se limitaria às expressões visuais. No entanto já vimos, a propósito do idílio, que existem dificuldades comuns. Outra dificuldade leva diretamente à falsa notícia da morte do neo-realismo. Suas obras foram convincentes e vitoriosas quando se tratava de tema fora do comum: a Resistência. Mas esse tema pertence ao passado, e não se pode viver permanentemente no passado. Em *Metello*, que trata aliás de outro passado (das lutas da classe operária italiana por volta de 1900), Pratolini o disse bem: "... *è co vivi che siamo alle prese*". Mas é este o futuro da tendência. Pois nem em toda parte perdeu o neo-realismo seu alvo. Há pouco, o romancista espanhol Juan Goytisolo, exilado em Paris, declarou: "O escritor tem de esclarecer o olhar (*le regard*) que lhe lança a sociedade. Esse olhar está atualmente perturbado pela mentira (equivalente da "falsa retórica" dos italianos). O escritor responsável tem o dever de restabelecer a verdade falsificada. A tendência neo-realista é uma revolta contra a censura". E acrescentamos: seja a censura das autoridades, seja a censura exercida por uma sociedade hipócrita e conformista, que deseja dissimular a crise em que se debate. Essa crise continua. Por isso, o neonaturalismo não morreu.

Novos narradores russos

O Estado de S. Paulo, 06 jul. 63

A opinião comum considera a literatura soviética como de valor diminuto, sem possibilidade alguma de comparação com a grande literatura russa do século passado. Essa opinião não é inteiramente exata. Havia, contudo, as obras de um Babel, de um Olyesha, de um Fedin — mas isso, se dirá, foi. E o grande Paustovski é um septuagenário. Conforme o que conhecemos dos escritores de hoje mesmo, a decadência da literatura russa é um fato. Mas que é que conhecemos? Nossa falta de informação literária sobre a Rússia atual é, em grande parte, culpa nossa. É culpa dos tradutores e das casas editoras que no Ocidente escolhem as obras para serem traduzidas e editadas (exceção honrosa: a Itália, sem cujas traduções não teria sido possível o presente artigo). Quais são os critérios que inspiram na França, na Alemanha, nos Estados Unidos, a seleção das obras russas?

O Ocidente rejeita uma literatura que não é feita para fins literários, mas para outros fins, por exemplo, políticos. Mas insiste em apreciar a literatura russa contemporânea principalmente como documento político: para informar-se sobre a situação social naquele país, sobre a realização ou não do socialismo, sobre resistências contra o regime comunista etc. Quer dizer: o Ocidente usa os mesmos critérios que está censurando na crítica russa, que não aprecia o valor ou não-valor literário, mas a atitude política do autor. É um círculo vicioso.

Não deveríamos procurar, na literatura russa de hoje, nem a propaganda comunista nem a rebeldia anti-revolucionária. Só assim teria sido possível evitar os equívocos em torno de *Doutor Jivago*. Assim teria sido impossível proclamar como obra-prima o medíocre romance *Não Só de Pão...*, de Dudintzev, porque o autor critica a burocracia comunista. Agora mesmo o caso se repete com *Um Dia na Vida de Ivan Denisovitch*, de Alexander Soljenitsin, romance sobre os campos de concentração da época stalinista, que os próprios russos publicam para os estrangeiros, em língua espanhola (na revista *Novidades de Moscou*, dez. de 1962); a obra lembra a polêmica Sartre-Camus sobre aqueles campos; a temática política é mais importante que o (indubitável) valor literário. Damos importância demasiada às opiniões, sempre politicamente determinadas, da crítica russa, elogiando livros conformistas (reagimos: não valem nada) ou atacando livros rebeldes (reagimos: devem ser ótimos). Depois do fim do formalismo não existe mais crítica séria na Rússia. Deveríamos ouvir menos os críticos e ler mais as obras.

Em 1960, a revista *Novi Mir* publicou a novela *Três, Sete, Trunfo*, de Vladimir Tendriakov. Descreve a vida dura e monótona dos lenhadores na solidão do Norte da Rússia. Irrompe uma figura estranha: o aventureiro Burniev, jogador e talvez coisa pior, perigosa. Chegaria a criar movimento, movimentação. Mas só chega a destruir a solidariedade daqueles homens simples e desgraçar-lhes o líder. O autor não menciona, com palavra nenhuma, o comunismo. Parece oposicionista ou, pelo menos, indiferente. Mas sua obra defende, no fundo, o trabalho sem alegria e sem satisfação daqueles lenhadores, contra uma oposição falsa, porque anárquica. Isto não é, aliás, um pensamento comunista. Mas é um pensamento humano.

O mesmo humanismo inesperado inspira o romance *A Segunda Noite*, de Viktor Nekrasov: o soldado Lenka, comunista e patriota russo, não pode no entanto esquecer a noite em que matou um soldado alemão, um nazista. Surgem dúvidas quanto à justiça da "guerra patriótica". Não dúvidas políticas, mas humanas. Também seria possível duvidar assim dos resultados da revolução russa, sem rejeitá-la.

Acontece isso no romance *A Lenda Continua* (publicado na revista *Junost*, 1957), de Anatoly Kuznetsov. A vida desse jovem autor (nascido em 1929), que já foi operário em todas as profissões, lembra a de Gorki ou Pratolini; mas o ambiente de sua infância foi o da ocupação alemã de Kiev. Seu personagem é o rapazinho Tolia, que conta na primeira pessoa sua vida difícil, na Rússia e na Sibéria. A inspiração de Tolia é "continuar a lenda" da revolução, guerra civil e construção do socialismo, que lhe contaram os mais velhos. Quer salvar os "valores de Outubro", contra a sociedade dos gerentes comunistas, que se aburguesa: seu colega de escola, Viktor, filho de um gerente daqueles, não precisa lutar, pode estudar etc. Nesta vida vencem a habilidade, o oportunismo e as "chances". O romance parece grito de revolta, denunciando que há luta de classes também na URSS. Mas na verdade o ideal de Tolia não é de natureza política: à injustiça opõe uma exigência moral. E não é uma moral pequeno-burguesa.

Citarei, enfim, o romance *Como é a Vida, Sioma?* (publicado na revista *Junost*, 1958), de Viktor Moskovkin. Também é a biografia de um adolescente, desamparado depois da morte dos pais e caindo no mundo dos delinqüentes e transviados, do qual se liberta pelas próprias forças. A crítica russa perguntou, indignada: por que Sioma não pediu ajuda ao Komsomol? Por que ignora Moskovkin, deliberadamente, parece, o Partido? Não perguntamos assim porque Moskovkin não escreve um estudo sociológico, mas um romance. Ao leitor ocidental só surge a dúvida: será esse destino especificamente russo?

Essa dúvida é, aliás, esclarecedora. O que nos falta, na literatura soviética, é aquilo que estávamos habituados a considerar "autenticamente russo": discussões filosóficas e violências revolucionárias e música de ciganos e excessos sexuais e prostração religiosa. Mas será esta a Rússia autêntica? Ouvimos a voz desta nos contos de Yuri Kasakov, que tem um grande protetor: o próprio Paustovski elogiou-lhe os contos "Os Segredos de Nikiska", "O Cão de Caça Artur" e "A Noite" como obras-primas da literatura universal. A Rússia de Kasakov nos é familiar: é o país das pequenas cidades de província em que nada mudou, o país das florestas, rios e lagos silenciosos, uma Rússia intemporal como ela foi antes da revolução, ou mais exato: como se não tivesse havido revolução. É a Rússia de Korolenko, de Prishvin. Não sabíamos que ela ainda existe.

Os críticos ocidentais ficam surpreendidos quando em obras russas de hoje aparece a ineficiência romântica (*Inveja* de Olyesha) ou a religião (*A Pecadora*, de Evdokimov) ou o ceticismo (*Colegas*, de Aksenov). Como se os russos de hoje não fossem criaturas humanas, mas uma espécie diferente. Em certo sentido sociológico, é mesmo assim. Pois as classes que escreveram a literatura russa do século XIX estão extintas. Hoje, escreve uma classe inteiramente nova, que antes permanecera muda.

Talvez não escreva tão bem como a antiga, mas em todo caso escreve: como a antiga. Essa classe antiga também escrevia sob censura. Também publicou suas obras em revistas que pareciam livros grossos, assim como os autores de hoje publicam em *Junost* e *Novi Mir*. Certas coisas não mudaram. Existe mesmo uma continuidade. Como através de um véu adivinha-se atrás da literatura russa de hoje a de sempre.

Kasakov lembra vivamente a Bunin. Tendriakov é discípulo de Tchekov. *A Segunda Noite*, de Viktor Nekrasov, tem inspiração tolstoiana, que também é inconfundível no moralismo de Kuznetsov. E quem desconheceria a influência das obras de mocidade de Dostoievski em Moskovkin, ao lado de fortes impressões de Gorki?

Como foi que a literatura russa, de Gogol e Dostoievski até Tchekov e Gorki, pode exercer tão forte influência na Europa ocidental? A crítica ocidental de hoje costuma esquecer que a Rússia, apesar de tantas particularidades, faz parte da Europa.

Talvez os próprios russos, os de hoje, nem sempre o saibam ou queiram saber. Mas os paralelismos são evidentes. Kasakov é um Hemingway abrandado, sem brutalidade (Hemingway é dos escritores estrangeiros mais lidos na Rússia). A mesma influência é inconfundível no romance de guerra, tão pouco belicoso, de Viktor Nekrasov. Mas não falamos em influência. Tendriakov é, talvez sem conhecer o italiano, algo como um Pavese russo. Moskovkin nos lembra vivamente Pasolini; tem elementos de romance picaresco. Mas a obra de Kuznetsov é mesmo um romance picaresco, forma que é hoje uma das dominantes no romance ocidental. É caso paralelo do romance picaresco do americano Bellow. E assim como são parecidas as formas, também se parecem os problemas; o americano denuncia o fim do *American dream* e o russo o do "sonho russo".

— O mundo é um só.

Antes e depois de Leverkühn

Correio da Manhã, 03 ago. 1963

Conta Thomas Mann que, ao preparar seu romance *Doutor Fausto*, procurava uma profissão típica e quase exclusivamente alemã para Leverkühn, seu representante da nação possessa pelo diabo; e Leverkühn devia ser músico.

Mas só na Alemanha haverá músicos? E Debussy? E Verdi? E Bartók? E Stravinsky? E tantos outros? Paciência. Estamos no terreno da ficção; e esta confirma a suposição do romancista. É verdade que há, em Proust, o velho compositor Vinteuil. Há o conhecedor de Palestrina, em *Evelyn Inness* de George Moore. Há o violinista Trukhachevski na *Sonata a Kreutzer*, de Tolstoi. Há os melômanos nos romances de Fogazzaro. Quem mais? São esquisitões inofensivos ou maníacos ou virtuoses que estouram de vaidade. Não representam nada. Também as páginas sobre a *Suíte nº 2* de Bach e sobre o *Quarteto nº 132* de Beethoven, inorganicamente enxertadas em *Point Counter Point* de Aldous Huxley, poderiam ser tiradas sem prejudicar a temática e problemática da obra. Assim como a França não pode ser compreendida nem sequer imaginada sem sua literatura, assim tampouco a Alemanha sem sua música: que só neste país representa uma força viva, para o bem ou para o mal. Mas nem sempre foi assim.

Quando se tornaram os alemães conscientes de sua música? No tempo de Bach, ainda não. Ainda Goethe e Schiller, os clássicos de Weimar, e o mais clássico Hölderlin não têm aquela "consciência musical". Desprezam o romancista Heinse, que entendia de música, mas que só a representa (em seu romance *Hildegard von Hohenthal*) como meio altamente sensual para divertir príncipes e condessas; não se revolta contra a situação indigna, de lacaio especializado, do músico na sociedade pré-revolucionária, e não adivinha alturas celestes ou abismos infernais no mundo dos sons: não é romântico. Só com o romantismo começa a música alemã sua carreira fantástica de arte das artes.

Existe sobre essa carreira um trabalho: *The Figure of the Musician in German Literature* (University of North Carolina Press, 1950), de George C. Schoolfield, tipo de tese de doutorado, bem-documentada, incompleta, incompreensiva. Para estudar o problema, é preciso enveredar por caminhos de pioneiro.

O primeiro é o grande narrador romântico E. T. A. Hoffmann, mestre de conto fantástico e humorístico, mestre de Gogol e Poe; como alemão possuía aquilo que o russo e o americano ignoravam: conhecimento completo do *métier* musical. Na Música, encontrou o que não se conseguiria dizer em palavras, profundezas inefáveis, "românticas". Adorava Gluck e Mozart, que eternizou em contos, romantizando-os como "mensageiros de outros mundos". Foi o primeiro que compreendeu a grandeza de Beethoven (críticas da *V Sinfonia* e dos *Trios op. 70*). Como romântico estava revoltado contra a nova — e prosaica — sociedade burguesa. Rebelde contra essa sociedade é seu personagem mais famoso, o compositor Kreisler, gênio associal, demoníaco e meio louco. Esse Kreisler fez a mais funda impressão sobre Schumann, Berlioz, Wagner, Brahms, Hugo Wolf, Mahler, determinando-lhes o estilo de vida. Só restava Kreisler concluir um pacto com o diabo: e seria Leverkühn.

Mas o romantismo alemão não deu esse passo. Assustado pelo perigo demoníaco, bateu em retirada. "O pobre músico", no conto de Grillparzer, é um gênio fracassado e resignado. Mozart, no conhecido conto de Mörike, é reduzido a artista genial mas inofensivo; só se alude timidamente aos *frissons* de *Don Giovanni*, que Hoffmann interpretara demoniacamente. O compositor Kreisler foi, pelo menos pelos literatos, intencionalmente esquecido.

Só, paradoxalmente, o anti-romântico Nietzsche lembrou-se do personagem fantástico (com que ele próprio tinha certo parentesco): reconheceu Kreisler em Wagner. Mas fez distinção importante. O autêntico princípio demoníaco em Wagner é sua capacidade de evocar o abismo e a morte (*Tristão e Isolda*). Mas essa capacidade está nele a serviço das falsidades histriônicas do teatro, de uma sensualidade decadente (*Tannhäuser*), de uma religiosidade falsa (*Parsifal*), de uma ideologia que é ao mesmo tempo infantil e infernal (mais tarde ela se chamará nazismo). Contra esse Wagner perigosamente nórdico procurava Nietzsche a "música clara e lúcida do Sul, do Mediterrâneo"; e acreditava tê-la encontrado em *Carmen* (Brahms também adorava Bizet). Mas essa música mediterrânea nada podia contra os poderes do Norte demoníaco: em seguida, só deu Puccini. Trinta anos depois, Werfel a procurava no "anti-Wagner", em Verdi; mas romantizando de tal modo o compositor italiano (em seu romance *Verdi*) que demonstrou involuntariamente a força maior do "princípio romântico e perigoso".

Werfel passou os últimos anos de vida, exilado, em Los Angeles; os anos em que na mesma Los Angeles escreveu Thomas Mann o *Doutor Fausto*. A relação é evidente. Na página 165 do seu livro sobre a gênese do seu romance, Mann cita a frase terrível de Nietzsche: "A música já foi sempre suspeita". É o tema tipicamente alemão, da obra representativa do destino da Alemanha.

Mas, queiram concordar ou não, representativa da música alemã essa obra não é. Leverkühn, o compositor demoníaco e tipicamente alemão de Mann, tem traços de Wagner, Hugo Wolf, Mahler, dos grandes possessos pela música; também se parece um pouco, um pouquíssimo, com Schumann. Mas nem Leverkühn nem seu autor sabem como enquadrar a música, esta realmente mediterrânea, de Mozart (a não ser em interpretação hoffmanniana). Beethoven aparece como o mestre que, de maneira milagrosa e incompreensível, venceu a tentação do diabo. Enfim, o romancista não sabe como enquadrar a arte meio matemática, meio teológica de Bach: nesse romance em que desempenha tão grande papel a antiteologia diabólica de Nietzsche. Esse Leverkühn é um Kreisler transcendental. Corrompe tudo, assim como a Alemanha nazista está corrompida. Até a música da Alemanha antinazista, a de Schoenberg, aparece no romance como fantasmagoria do diabo (é conhecido o fato de que Schoenberg se sentiu ofendido). A música, no romance de Mann, é a arte diabólica da nação diabólica, e juntamente com essa nação ela desaparecerá.

Acontece que a nação alemã não desapareceu. Em face das ruínas de 1945 podia o spengleriano Manfred Schröter dizer que "paradoxalmente o Declínio do Ocidente já passou; e sobrevivemos". A música também sobrevive. O perigo de que está ameaçada é outro: é a petrificação pelo repertório histórico, ao qual Stravinsky, Alban Berg e Bartók já foram incorporados e ao qual a música concreta e a eletrônica nunca poderiam ser incorporadas. É o perigo denunciado por Hesse em *O Jogo das Contas de Vidro*: a música, em Castalia, é cultivada assim como se ensinam as línguas mortas.

Fala-se tanto no apocalíptico da bomba atômica. Fala-se menos nos possíveis dias cinzentos em que "uma partitura de Bach ou de Beethoven não passará de um farrapo de papel coberto de sinais cabalísticos e incompreensíveis". Nesses dias a vida, sem ter perdido a existência biológica, teria perdido o sentido; e são justamente os meios mecânicos de divulgação da música que trabalham para que se realize aquela incompreensão total.

Nesse dia, o diabo teria conseguido o que não conseguiu enlouquecendo Leverkühn e sua nação. Já o sabia Gogol e já o sabiam, antes, os demonólogos medievais: aparecer no lugar mais inesperado e no disfarce mais inofensivo é a suprema astúcia do príncipe das trevas, das trevas sem música.

O velho Croce

O Estado de S. Paulo, 02 fev. 1964

Por uma feliz coincidência recebi do meu caro amigo Alfredo Stendardo o magnífico presente da obra de Fausto Nicolini sobre *Benedetto Croce* (UTET, 1962), quase no mesmo dia em que outro amigo, o editor Jorge Zahar, me mandou a tradução brasileira de *La Storia come Pensiero e come Azione*, talvez o mais belo entre muitos livros belos do grande filósofo, historiador e crítico. E é um mergulho num passado que, felizmente, ainda não é passado.

Embora Croce fosse, em vida, internacionalmente conhecido e admirado, ninguém fora da Itália pode ter a menor idéia da influência que exerceu durante meio século em seu país. Já se falou, a propósito, em "ditadura do idealismo". Não foi aquilo que na linguagem comum passa por "idealismo" nem foi ditadura, mas a criação de um clima espiritual que transformou a nação e lhe preparou a grande renascença literária, política e científica de hoje. Influência irresistível, sem possibilidade de competição. Uma revista mensal, dedicada aos assuntos mais altos e escrita sem facilidades por Croce e poucos amigos e, enfim, pelo próprio Croce sozinho, essa revista, *La Critica*, foi entre 1900 e 1940 o oráculo dos italianos. Nem o fascismo, com sua violência brutal, nada podia contra isso. Com exceção de um episódio vergonhoso, a invasão da casa de Croce pelas hordas de camisa preta, o próprio Mussolini nunca ousou tocar nesse adversário, irreconciliável e solitário, assim como na Rússia o tzar nunca ousou tocar em Tolstoi. E no ponto mais alto da tirania fascista escreveu Giansiro Ferrata e pôde publicar as linhas seguintes: "Croce não é um personagem de que a subsconsciência italiana se tenha libertado. Seu exílio político, sua posição afastada fazem dele uma coisa capaz de perturbar nosso sono". Nem deixou de perturbar o sono de muitos que, mais jovens e ciosos de sua independência, teriam gostado de libertar-se dessa influência: dos Tilgher, Borgese, De Robertis e tantos outros, cuja existência literária e filosófica se resume, muitas vezes, em não terem sido como Croce, mas impossíveis sem Croce; assim também Antonio Gramsci, anticrociano crocianíssimo, o grande pensador do comunismo italiano; assim também, hoje ainda, Eugenio Garin.

Quando Croce morreu em 1952, com 86 anos de idade, o mesmo Garin escreveu no jornal comunista *L'Unità*: "Também para nós, comunistas, há nos ensinamentos de Croce elementos positivos; foi nosso adversário, mas um adversário no qual aprendemos muito e continuamos aprendendo". E respondeu o jesuíta Modrone, no jornal católico *Il Popolo*: "Diante dos restos mortais desse homem, cujo nome encheu durante 50 anos a Itália e o mundo inteiro da cultura, todos se curvam em silêncio pensativo e reverente. A Igreja devia condenar-lhe a filosofia. Mas rezamos para que Deus abra a essa nobre alma seus braços misericordiosos".

Curvaram-se todos, liberais e socialistas, comunistas e católicos, burgueses e radicais; menos os neofascistas que, antes de iniciar-se a sessão comemorativa do Conselho

Municipal de Roma no Capitólio, saíram da sala, confirmando a frase do próprio Croce: "A tirania é perpetuamente igual e só a liberdade é eternamente vária".

O velho Croce tinha sobrevivido ao adversário com sua arrogante *giovinezza*. Na hora da queda da tirania, tentava salvar o que podia ser salvo da Itália invadida e em escombros. Para tanto, ele, o liberal impenitente, não deixou de estender a mão a adversários com que nunca tinha falado, aos antifascistas da direita. Guardo um recorte de jornal de 1943, a fotografia trágica de Croce e do marechal Badoglio apertando as mãos numa igreja bombardeada, totalmente em ruínas.

Já então surgiam tentativas (apoiadas mais tarde pelo crociano fiel Carlo Antoni) de atribuir ao próprio Croce certa culpa no advento do fascismo. Como hegeliano e como amigo e correspondente de Georges Sorel, Croce tinha destruído na consciência italiana as velhas deusas abstratas e a-históricas do Direito Natural: Liberdade, Justiça etc.; depois, o fascismo as renegou e destruiu na prática. Gino Doria, em *Il napoletano che cammina* (outro livro que recebi de presente, há anos, do amigo Alfredo Stendardo), conta que um escritor (provavelmente Prezzolini) reprochou a Croce esse seu "pré-fascismo", declarando que não entendia por que o filósofo fez tanta oposição a adeptos tão "fiéis". E Croce teria respondido: "Quando Galileu descobriu as leis da queda dos corpos, não aconselhou ninguém a jogar-se pela janela para verificá-las, e continuarei fazendo oposição ao fascismo".

Atrás dessa resposta está um dos ensinamentos fundamentais de Croce: que a política e a moral não têm nada que ver uma com a outra. Ensinamento que também encontrara no igualmente caluniado Maquiavel. Ensinamento que me protegeu contra o falso moralismo dos falsos moralistas políticos, pequeno-burgueses transviados que vêem "ladrões" em toda a parte e não vêem a injustiça social em parte nenhuma.

Aprendi muitas coisas assim na *Storia d'Italia dal 1871 al 1915*, de Croce, o maior repositório de sabedoria política que conheço. A publicação desse livro, dedicado à Itália liberal e democrática, em 1928, ano VI do fascismo, foi aliás um ato de imensa coragem. Foi historiografia "como pensamento e como ação".

Tantas outras coisas aprendi em Croce: o materialismo histórico de Marx como indispensável cânone de interpretação histórica, sem que por isso seja necessário tornar-se marxista; a idéia da arte, de toda arte, como expressão não-discursiva e conseguinte abolição da velha teoria dos gêneros; a Croce devo as primeiras leituras de Vico e De Sanctis e a leitura permanente de Hegel.

Mas nenhuma dessas teses de Croce eu pude jamais aceitar inteiramente. Quase ao contrário, diria que nunca aceitei realmente uma tese de Croce, ao passo que devia francamente rejeitar a maior parte delas. Nunca me pude conformar com a idéia infeliz de decompor *A Divina Comédia* em episódios líricos de alto valor e "romance teológico" sem valor permanente, insistindo muito ao contrário na unidade estrutural do poema (como Gentile e os críticos anglo-americanos). Sempre me pareceu inadmissível, embora até certo ponto explicável, a forte aversão do clássico Croce contra o barroco. Pelos mesmos motivos me parecem errados numerosos julgamentos críticos de Croce, sua incompreensão de Kleist, Manzoni (mais tarde retratada), Baudelaire, Pirandello e de toda a poesia moderna e quase toda a literatura italiana contemporânea; nem sequer os napolitanos Bernari e Rea foram perdoados.

Em suma, vale para Croce como mestre aquilo que Zaratustra recomendou aos seus discípulos: "Para ser meu discípulo fiel, não me seguirás!"

Apesar da sua pouca admiração por Nietzsche e apesar da sua intolerância fundamental com as opiniões de outrem, Croce talvez concordasse, justamente pela índole polêmica do seu espírito. A maior parte dos seus escritos é polêmica. Às vezes polemiza durante um livro inteiro contra as opiniões alheias sobre o assunto, despedindo-nos enfim sem tese positiva. De natureza polêmica é a maior de suas obras críticas, os seis volumes de *La Letteratura della Nuova Italia*, verdadeiro juízo final sobre a literatura italiana entre 1860 e 1910, admitindo-se os muitos talentos e condenando-se implacavelmente o conjunto. Eis a palavra-chave: "implacável". Eis o que se podia e devia aprender em Croce: pensar implacavelmente, sem consideração das conseqüências.

Esse homem maciçamente gordo, com cara de pequeno-burguês estúpido e com inteligência insubornável, também foi dono de uma erudição imensa. Odiava, sim, a erudição como acumulação morta de datas e fatos. O que vivificou a sua foram aquele espírito polêmico e o amor à velha Nápoles. Inimigo feroz do espírito professoral, esse erudito, o maior da Itália moderna, nunca foi professor. Não precisava ser para ensinar nem para viver. O fundamento econômico da vida de estudos desse velho liberal foi o latifúndio da família em Abruzzo. Seu ambiente: um círculo de amigos paternos, contemporâneos e mais novos; os tios Silvio Spaventa, o hegeliano, e Bertrando Spaventa, o grande estadista; Labriola, que o iniciou no estudo do marxismo: Giustino Fortunato, o venerando pensador da *questione meridionale;* Fausto Nicolini, especialista em Vico e autor do livro sobre a mesa; Salvatore Di Giacomo, grande poeta em dialeto napolitano e curioso historiador da sua cidade; Adolfo Omodeo, pesquisador das origens religiosas; Guido De Ruggiero, o historiador do liberalismo; Federico Chabod, o eminente historiador da Itália moderna, recém-falecido; os críticos literários Francesco Flora, Luigi Russo, Cesare De Lollis; Bernard Berenson, o grande conhecedor da pintura da Renascença; Lionello Venturi, historiador e crítico das artes plásticas; Luigi Einaudi, o economista e primeiro presidente da República Italiana.

Não eram menos eminentes os amigos estrangeiros: Julius von Schlosser, professor de história da arte na Universidade de Viena; Karl Vossler e Leo Spitzer, os fundadores da crítica estilística; o historiador inglês Collingwood; Unamuno e Menéndez Pidal; Thomas Mann, Einstein e o crítico americano Joel Spingarn. Relações de respeito mútuo existiam com aqueles que Croce devia combater: o cartesiano Valéry, o anti-hegeliano Bertrand Russell.

Mas, apesar do seu cosmopolitismo, só em Nápoles estava Croce em casa, na cidade cujo passado conhecia como ninguém, a ponto de servir de guia por todos os cantos e becos a amigos e discípulos. Sua própria casa, o Palazzo Filomarino na Via Trinità Maggiore, é um pedaço da história de Nápoles. Em casa estava ele na histórica e sujíssima Via dei Tribunali e na Via San Biagio dei Librai, onde descobriu nos sebos tantos tesouros depois incorporados à sua imensa biblioteca. Igualmente lhe eram caros a igreja de Santa Chiara, panteão da arte e da história do ex-reino, ao qual dedicara sua *Storia del Regno di Napoli*, e o pagão Templo Pontaniano. Como índice onomástico dos seus estudos considerava as estátuas de soberanos napolitanos na fachada do Palazzo Reale: um arconte grego, um imperador romano, um Normano, um Staufen, um Anjou, um Aragón, o imperador Carlos V, um Bourbon, Murat e o rei Vittorio Emmanuelle II.* Em casa estava Croce em San Martino, museu cujos presépios, teatros populares, porcelanas, gravuras, coches guardam a memória da Nápoles real desaparecida. Em casa estava na Mergellina, Piazza Sannazaro, tumbas de Virgílio e Leopardi. Sentia orgulho da grande tradição filosófica da sua cidade: dos Bruno, Campanella, Vico, Giannone, Galiani, Filangieri, Cuoco, De Sanctis. Para ele também valem as palavras que lhes dedicou na última página da *Storia del Regno di Napoli*: "*Benedetta sia sempre la loro memoria e si rinnovi perpetua in noi l'efficacia del loro esempio*".

---

* N. da E. — Estátuas dos reis de Nápoles, o primeiro de cada dinastia: Rogério, o Normano; Frederico II (Staufen); Carlos I (d'Anjou); Alfonso I (de Aragón); Carlos V (de Habsburgo); Carlos III (de Bourbon); Joachim Murat e Vittorio Emmanuelle II (de Savóia).

Sobre o teatro político

O Estado de S. Paulo, 08 jan. 65

Depois de rápida ascensão do teatro brasileiro durante os últimos 25 anos, acredito notar que chegou uma fase de relativa estagnação. São estes os momentos propícios para a meditação teórica. Realmente, os acontecimentos teatrais mais importantes do momento são as publicações de alguns livros sobre o teatro, livros de discernimento crítico, inventariando o passado e examinando as perspectivas do futuro e estabelecendo as relações entre o teatro brasileiro e os movimentos lá fora.

Os dois mais importantes são, a esse respeito: *Teatro em Progresso*, de Décio de Almeida Prado; e *Panorama do Teatro Brasileiro*, de Sábato Magaldi. Junto a eles chama a atenção a monografia sobre *O Teatro Épico*, de Anatol Rosenfeld. Comparem-se os respectivos capítulos do volume de ensaios *Cronistas do Absurdo*, de Léo Gilson Ribeiro. A leitura desses quatro livros sugere meditação sobre os diferentes gêneros do teatro contemporâneo e sobre a predominância de um determinado gênero: o teatro político.

Basta citar o nome de Brecht e acrescentar os nomes de Dürrenmatt, Frisch, Peter Weiss, Hochhuth e tantos outros (por que seriam tantos nomes alemães?) para provar a afirmação daquela predominância. Contudo, as vanguardas literárias, enquanto se dedicam ao teatro, parecem preferir outros gêneros: o teatro do absurdo (Ionesco); o teatro do desespero (Beckett); o teatro da revolta (Genet). São — o absurdo, o desespero e a revolta — três categorias intemporais. Um físico de hoje não poderia usar uma categoria dessas sem introduzir o fator T: o tempo. Mas esse fator T caracteriza justamente o teatro político: seu objetivo é tudo aquilo que foi ou que é ou que será.

Muitos confundem teatro político e teatro propagandístico de idéias políticas. Concluem que o teatro político seria, por definição, um teatro esquerdista. Pode ser. Mas não é, fatalmente. Um dos grandes dramaturgos políticos do século XIX foi o conservador Hebbel: defendeu em *Agnes Bernauer* a Razão de Estado contra as veleidades do indivíduo e em *Gyges e seu Anel* o tradicionalismo contra os movimentos reformistas. De substância política é, em grande parte, o teatro do aristocrata Montherlant. Tragédia política, tratando o conflito entre o Estado e a Igreja, é *Murder in the Cathedral*, do "monarquista, anglo-católico e classicista" T. S. Eliot. Também assim a discussão entre o Poder e o Direito, em *A Experiência Sacra* de Hochwälder. Enfim, o próprio Ionesco, arquiinimigo de Brecht, escreveu *Le Rhinocéros*, peça que provoca a interpretação política.

É verdade que são esquerdistas os dois mais importantes dramaturgos políticos do tempo: Brecht e Sartre. Mas sempre existiu teatro político: a última parte da *Oréstia* celebra a entronização da Justiça em vez da vindita familiar; a tragédia política *par excellence* é a *Antigone* de Sófocles, exaltando a resistência do indivíduo contra o Estado; sentido político têm várias peças de Eurípides e todas as comédias de Aristófanes. E Shakespeare? E as peças de história romana de Corneille: *Cinna, Nicomède, Sertorius*? E a *Athalie* de Racine? E Beaumarchais?

Quanto a Shakespeare, tivemos no ano do quarto centenário as exegeses do polonês Kott, que são, porém, muito mais "absurdistas" do que parecem e menos políticas que as do inglês John Palmer (*Political Characters of Shakespeare*, 1945), que interpretou toda a série de dramas históricos, tomando como lema as palavras de Hotspur: "... *base and rotten policy*". A preferência dada às *Histories* não é acaso. O teatro político apresenta o homem como *zoon politicon*, como membro do Estado, da sociedade, da classe, do grupo. Mas Estado, sociedade, classe, grupo são categorias históricas. É extremamente difícil e talvez impossível inventar enredos de peças político-históricas. Existem; e tratam de governantes de países imaginários, revoluções em *Ruritania** etc., mas, mesmo quando são evidentes as alusões à atualidade política, o efeito é prejudicado pelo ambiente fantástico que cheira a medo de responsabilidade do dramaturgo, assim como é prejudicial a irresponsabilidade de temas utópicos. Será preciso procurar os enredos no passado realmente acontecido. Seja o passado remoto, como no *Galileu* de Brecht, no *Luther* de Osborne, no *Marat* de Peter Weiss; seja no passado recente, como no *Vigário* de Hochhuth, no *Oppenheimer* de Kipphardt. Existe um ponto de contato entre o teatro político e a historiografia.

Mas não é uma fronteira comum, só é um ponto. O historiador pretende ser o mais possivelmente exato; não lhe ocorreria a idéia leviana de inventar detalhes para salientar melhor a significação dos acontecimentos apresentados. É isto, justamente, que faz o dramaturgo. Mas cada um dos dois pode aprender algo com o outro. O historiador tem de escolher acontecimentos importantes e salientar-lhes a importância para não se afundar no mar infinito dos fatos sem importância. Agindo assim, já prepara o caminho para o dramaturgo. Mas este, por sua vez, não inventa por leviandade. Seu fim é uma historiografia "mais verdadeira" que a "ver-

---

* N. da E. — País imaginário onde se passa a história do livro *O Prisioneiro de Zenda*, de Anthony Hope.

dadeira", que lhe parece não menos subjetiva que a sua própria e, no melhor dos casos, uma *fable convenue*. Shakespeare sente a dignidade trágica do seu Ricardo II, que toda a tradição detestava como tirano debochado. Não chegou a eliminar as calúnias que a historiografia oficial da dinastia Tudor lançara contra Ricardo III. Mas não respeita a imagem sagrada de César; e *Coriolanus* é apologia. Brecht defende Galileu, na primeira versão da peça; mais tarde, chegará a despir de suas virtudes o herói da ciência, revelando-lhe o oportunismo e aludindo ao amoralismo do progresso científico moderno. Uma das funções do teatro político é esta: corrigir a historiografia.

Peter Weiss restabelece a imagem de Marat, como socialista, contra uma historiografia que o denunciava como demagogo sangrento. Hochhuth lança-se contra o aulicismo que não admite os aspectos negativos da política de Pio XII. Kipphardt transcreve exatamente sua documentação, inclusive a traição que Oppenheimer cometeu contra seu amigo Haakon Chevalier, de modo que a vítima do "macartismo" está no palco com todas as suas fraquezas. Na hora de escrever o presente artigo, tenho notícia de uma peça nova, *Os Conspiradores*, de Wolfgang Graetz, que pretende "desmascarar" a ineficiência e a nebulosidade das idéias dos conspiradores de 20 de julho de 1944 contra Hitler.

Todas essas peças são — como já notei — de autores alemães. Talvez suas atividades de *debunking* se expliquem pela necessidade sentida de reescrever a recente história alemã, que ainda não foi suficientemente reescrita pelos historiadores. O caso é algo parecido com o do neo-realismo italiano, que procurou corrigir a imagem da vida italiana para livrar-se da retórica fascista.

É claro que contra essa função do teatro político se levantam resistências. Há quem pergunte se o teatro político deve ou pode existir. Um "sim" dogmático seria tão injustificado como um "não" dogmático. Kott pode interpretar o *Rei Lear* e as histórias de Shakespeare como se fossem obras de Beckett. Mas também é possível interpretar o teatro do absurdo, o teatro do desespero e o teatro da revolta como se fossem expressões políticas, embora negando-o e talvez sem sabê-lo: assim como alguém que pretende ostensivamente não tomar conhecimento de determinado fato fornece por essa sua atitude a prova da existência do fato negado. Quase se chega à conclusão de que não existe teatro apolítico; o que seria um exagero. Mas certo é que o protótipo do conflito dramático, o choque entre Antígona e Creonte, é o tema de uma tragédia eminentemente política.

A linguagem de Esopo

O Estado de S. Paulo, 16 jan. 1965

Quase todos os títulos que Nietzsche deu aos seus livros tornaram-se proverbiais: *Considerações Inatuais, Humano, demasiado Humano, Além do Bem e do Mal, A Vontade do Poder*. Mas só em alemão parece ter a mesma força alusiva o título da segunda das *Considerações Inatuais*: *Da utilidade e do prejuízo da História*. Diremos, "atualizando": Da utilidade e do prejuízo da erudição. No Brasil, pelo menos, a erudição sempre é altamente honrada nas palavras e fundamente desprezada na prática. Pois consideram-na como acumulação admirável, na cabeça do erudito, de conhecimentos inúteis. A culpa é, aliás, dos eruditos: não parecem compreender que sua erudição não vale sem a interpretação dos fatos.

Por causa dessa ambivalência brasileira em face da erudição, não foi devidamente apreciado o trabalho gigantesco de José Khoury e Angelina Bierrenbach Khoury, traduzindo, em três grossos volumes, *Os Prolegômenos ou Filosofia Social*, de Ibn Khaldun, historiador norte-africano do século XIV. Ibn Khaldun foi admirável: antecipou pensamentos de Maquiavel, Spengler, Toynbee. A tradução também é admirável. Mas para que fazê-la no Brasil do século XX, quando aquelas idéias já nos são acessíveis em obras de outros pensadores, mais recentes? E quanto aos homens práticos, parece duvidosa a utilidade das próprias idéias deste e de outros filósofos? Surge a pergunta quanto à "utilidade e prejuízo da erudição".

Aquela tradução brasileira de Ibn Khaldun saiu em São Paulo em 1958. Sua leitura teria poupado surpresas a homens tão práticos como, por exemplo, os oficiais do Estado-Maior das Forças Armadas, não só do Brasil, mas de todos os países. Pois Ibn Khaldun previu aquilo a que nosso tempo assistiu e assiste na China, Cuba, Argélia, Vietnã: a superioridade, em determinadas circunstâncias, de guerrilheiros precariamente organizados sobre os exércitos profissionais com seu armamento pesado (vol. I, pp. 213-214; vol. II, pp. 264-265). Mas, para compreender bem a "profecia", é necessário um pouco mais que erudição: é preciso saber interpretar o texto, extrair dele a tendência contra os soldados profissionais que Ibn Khaldun não ousou manifestar com clareza.

Tampouco ousou dizer claramente várias outras coisas, num tempo em que o carrasco era um permanente ajudante-de-ordens dos sultões. Só há poucos anos, um jovem arabista que ensina na Universidade de Chicago, Muhsin Mahdi (*Ibn Khaldun's*

Philosophy of History, Allen & Unwin) conseguiu demonstrar que, atrás da ortodoxia política e religiosa do grande pensador, se esconde cautelosamente o pensamento de que um governo de intelectuais, conforme a utopia de Platão, seria um pouco melhor que o despotismo dos sultões e carrascos. Muhsin Mahdi é discípulo de outro professor da Universidade de Chicago, Leo Strauss, que em *Persecution and the Art of Writing* (Glencoe, 1952) estudou "as dificuldades em dizer a verdade" (a origem dessas palavras entre aspas será logo explicada).

Conhecida é a frase jocosa de Beaumarchais sobre a censura na França do *ancien régime*: "*Pourvu que je ne parle ni de l'autorité, ni du culte, ni de la politique, ni de la morale, ni des gens en place, ni des corps en crédit, ni de l'opéra, ni des autres spectacles, ni de personne qui tienne à quelque chose, je puis tout imprimer librement, sous l'inspection de deux ou trois censeurs*". Menos conhecidos são os truques de que se serviram em todos os tempos os escritores e pensadores para iludir a vigilância daqueles *deux ou trois censeurs*. Estudou-os, embora não sistematicamente, um homem que não era erudito, mas grande poeta, dramaturgo e crítico, Bertolt Brecht, em seu ensaio *Sobre as Cinco Dificuldades em Dizer a Verdade* (1934).

Brecht citou papiros egípcios e sábios chineses, Lucrécio e Luciano, Thomas Morus, Shakespeare, Swift, Voltaire, Gogol, Lenin e romances policiais. A tradição da linguagem "indireta" para fins satíricos é antiquíssima. Como seu maior mestre lendário cita-se o fabulista grego Esopo, que era escravo e, por isso, só indiretamente podia dizer a verdade aos escravocratas. Fala-se, desde então, em "linguagem esópica".

É o mérito do professor Leo Strauss, da Universidade de Chicago, ter descoberto o uso da linguagem esópica em muitos autores da Antigüidade e da Idade Média. O primeiro objeto dos seus estudos foi Xenofonte: autor grego de segunda ordem, desprezado pelos séculos como discípulo de Platão que não compreendeu Platão porque teria sido espírito estreito e prosaico. Nós outros admiramos Xenofonte como autor da *Anábase,* que é a mais antiga e a melhor de todas as reportagens de guerra. Strauss reabilitou-o também como pensador político em linguagem esópica.

Uma das obras mais desprezadas, pelos séculos, de Xenofonte é o diálogo *Hieron*, em que o tirano desse nome conversa com o filósofo Simônides. Sempre passou por imitação inábil dos diálogos de Platão, com tendência contra a utopia platônica; Xenofonte, como grego da decadência, admitiria que a tirania, isto é, a ditadura, já se tornara inevitável; mas, não querendo admiti-lo, não encontrou desfecho para seu diálogo, que termina simplesmente pelo silêncio dos dois interlocutores.

Mas dessa obra deu Leo Strauss uma interpretação diferente e surpreendente: *On Tyranny. An Interpretation of Xenophon's "Hieron"* (Nova York, Political Science Classics, 1948).

Hieron, o tirano de Siracusa, está insatisfeito. Exerce o poder absoluto, mas quer mais: quer ser espontaneamente amado pelos seus súditos. Simônides arranca-lhe a admissão de que, para conquistar o poder, Hieron devia usar a violência e tomar medidas injustas. O filósofo aconselha acabar com a violência e a injustiça, quando tiverem terminado as circunstâncias excepcionais. Mas acontece que numa tirania as circunstâncias excepcionais nunca acabam. A ditadura popular ou esclarecida é uma utopia. Mesmo se fosse possível, numa tirania, o regime do bem comum e da felicidade e satisfação de todos, o tirano nunca poderá saber que essa fase foi alcançada: pois não existe opinião pública livre e independente que o confirmaria com sinceridade acima das dúvidas. Hieron, reconhecendo a verdade de tudo isso, não encontra mais argumentos para justificar a tirania, e Simônides já não sabe dar-lhe conselhos. Assim, os dois interlocutores ficam calados; é o fim do diálogo.

Xenofonte quis dizer: a tirania é inadmissível e, enfim, ineficiente; mas, vivendo numa época de tiranias, só podia dizê-lo em linguagem esópica. Os séculos não o entenderam. Mas o século XX chegou a entendê-lo.

Eis a utilidade da erudição. Mas já são mais evidentes os prejuízos dela. No tempo do imperador Guilherme II, quando eram freqüentes os processos por crime de lesa-majestade, Wedekind descreveu numa balada satírica a sorte infeliz de um especialista em zoologia: não pôde mencionar o nome de quase nenhum bicho sem o imperador se sentir aludido e injuriado. São as "dificuldades em dizer a verdade", assim como já foram comentadas: "Numa época em que tantas ficções são fantasiadas de fatos, procuramos um meio para apresentar os fatos na fantasia de ficções: esse meio é a linguagem esópica".

Brasil: ausências e presença

O Estado de S. Paulo, 23 jan. 1965

Se entendermos o termo "crítica literária" não no sentido de acompanhamento semanal ou mensal do movimento editorial (não tenho medo de rimas inevitáveis), mas no sentido de elucidação cada vez mais profunda do *corpus* de obras presentes e permanentes, então merece Antonio Candido o título de nosso melhor crítico literário da atualidade. Junto com José Aderaldo Castello, eminente conhecedor do passado literário nacional, acaba Antonio Candido de publicar os três volumes de *Presença da Literatura Brasileira — História e Antologia* (São Paulo, Difusão Européia do Livro), obra que terá certamente o sucesso merecido.

A seleção dos trechos antologizados não obedece aos hábitos da rotina. Os poetas mineiros da segunda metade do século XVIII ocupam espaço relativamente maior que os poetas românticos; preferência que parece esteticamente justificável. De Machado de Assis os editores escolheram só trechos em prosa, mas nenhuma poesia: realmente, a ninguém ocorreria hoje a idéia ou a vontade de comprar um volume de versos de Machado, e a poesia do maior escritor brasileiro já gozaria do merecido esquecimento se não sobrevivesse nas coleções das Obras Completas, do tipo dessas coleções vendidas a prestações que esgotam o escasso resto de poder aquisitivo do povo disponível para a compra de livros. Numa segunda edição da obra seria interessante estender essa "heresia" na maneira de selecionar a Mário de Andrade, substituindo um ou outro trecho escolhido por uma ou outra das cartas a Manuel Bandeira; pois em todas as suas obras de poesia, de ficção, de ensaio, de crítica, Mário de Andrade é — no seu próprio dizer — "trezentos, trezentos-e-cincoenta", mas em suas cartas ele é, além disso, ele próprio.

Excelentes também são as observações críticas nas "cabeças": a propósito de Euclides da Cunha, os editores falam menos do seu estilo, que é cavalo de batalha dos gramáticos, mas mencionam seu socialismo. Também se nota a profunda e justa frase sobre Graciliano Ramos: nele, "o social não prevalece sobre o psicológico, embora não saia diminuído"; reside nisso sua superioridade sobre tantos autores romancistas nordestinos. Já estou menos de acordo com as observações sobre Bilac, que os editores censuram assim como o censurara o Modernismo de 1922, ao passo que conceitos mais modernos de poesia lírica fornecem outros argumentos, mais fortes, para condenar o parnasianismo. E estou em franco desacordo com a crítica e com a seleção muito econômica (apenas quatro páginas de Augusto dos Anjos — mas isso é um ponto em que Antonio Candido e eu nunca chegamos a entendimento; e espero que seja o único).

O conjunto das introduções, aos autores e aos períodos, fornece algo como uma nova História da Literatura Brasileira, que substitui com vantagem as obras já superadas de Sílvio Romero, José Veríssimo e Ronald de Carvalho (antiquadas apesar dos méritos históricos das duas primeiras) e a malograda imitação brasileira da *Literary History of the United States*.

Presença da Literatura Brasileira também é uma antologia; antologia quer dizer seleção; e não se pode publicar antologia sem que os críticos e os "críticos" censurem a seleção adotada. Tenho minhas experiências a respeito. Quando publiquei a primeira edição da minha *Pequena Bibliografia Crítica da Literatura Brasileira*, selecionando para ficarem incluídos nela mais ou menos 170 autores nacionais, o sr. Othon Costa, falando em sessão da Academia Carioca de Letras, censurou asperamente as inúmeras omissões: pois, disse, no Brasil existem 28 Academias de Letras, cada uma delas tem 40 patronos e cada uma já teve ou tem uns 100 ocupantes, e eu teria criminosamente omitido uns 3 mil imortais. Que dirá o acadêmico dos srs. Antonio Candido e José Aderaldo Castello, que em vez de 170 autores escolheram apenas 74!

No entanto, os editores foram, considerando-se seus critérios severos, bastante generosos. O espaço que concederam a Martins Pena é um exagero, como se tivessem a ambição de rivalizar com os construtores do Teatro Municipal do Rio de Janeiro, que gravaram na fronteira o nome do dramaturgo carioca ao lado do nome de Goethe. Também é só a rotina que garante sobrevivência e espaço antológico à poesia infantil de Casimiro de Abreu, enquanto um Capistrano de Abreu fica excluído. Bem fizeram os editores em arquivar a hostilidade cega dos modernistas e incluir Coelho Neto, cuja importância histórica ninguém pode negar, tampouco como a relativa qualidade de alguns dos seus romances; mas evitaram, felizmente, o injustificado e até nocivo entusiasmo dos propagandistas da "Renascença de Coelho Neto".

Com muita coragem, os editores não cederam a certas tradições falsas. Se alguém, hoje em dia, escrevendo a história da pintura francesa no século XIX, pensasse em colocar ao lado de Delacroix, Corot, Courbet, Manet, Degas, Renoir e Cézanne, os Delaroche, Couture e outros pintores de batalhas patrióticas e cerimônias históricas — mas isso é impossível, ao passo que no Brasil se cultiva piamente a glória dos ilustradores das cédulas de 5, 200 e 1.000 cruzeiros, e há quem prefira Carlos Gomes a Villa-Lobos. Na história da literatura brasileira há muitas tradições assim, mas Antonio Candido e José Aderaldo Castello excluíram impiedosamente o folclorismo falso do velho Afonso Arinos, o terrível "soneto famoso" de Maciel Monteiro e as trovas de Laurindo Rabelo, a grandiloquência de Luís Delfino e as paixões provincianas de Teófilo Dias, a melancolia caseira de Luís Guimarães Júnior e as artes de todos os neoparnasianos, a prosa parnasiana de Xavier Marques, Afrânio Peixoto e Alcides Maya (que Augusto Meyer me perdoe!) e o whitmanianismo falso de Ronald de Carvalho; e excluíram, enfim, Graça Aranha, cujo antigamente famoso *Canaã* não resiste à mais benévola análise crítica. Não cederam às vaidades acadêmicas, mas tampouco cederam às imposições da vanguarda (que José Lino Grünewald e os irmãos Campos me perdoem a verificação): não parecem pensar que Sousândrade é o maior poeta brasileiro, pois não o incluíram em sua antologia. Enfim, excluíram Ruy Barbosa, orador e gramático cujo lugar não pode ser numa história da literatura brasileira — e, quanto ao seu papel histórico na evolução política do Brasil, Raymundo Magalhães Júnior acaba de restabelecer a verdade com uma coragem que merece admiração e respeito.

A admiração e respeito que também devo a Antonio Candido e a José Aderaldo Castello não me obrigam, porém, a silenciar outras exclusões, que me parecem realmente omissões; e os nomes que tenho de citar são de uma qualidade que me livra de toda suspeita de ter imitado o exemplo do sr. Othon Costa. Pois os antologistas excluíram: João Francisco Lisboa, autor de páginas propriamente antológicas sobre a vida política no interior brasileiro; excluíram Tavares Bastos, Capistrano de Abreu, Paulo Prado, Adolfo Caminha, João Ribeiro, Augusto Meyer, Raul Bopp, Gilberto Freyre, Henriqueta Lisboa, Marques Rebelo e — deixei esta omissão para o fim porque a muitos ela parecerá a mais estranha — Joaquim Nabuco. Mas para que se faz a segunda edição de uma obra — destino que se pode predizer a *Presença da Literatura Brasileira* — senão para apresentá-la *revista e aumentada*?

No entanto, esses três volumes já encerram uma riqueza literária que os estrangeiros em grande parte ainda desconhecem e os próprios brasileiros nem sempre justamente apreciam: os inconfidentes mineiros e Gonçalves Dias, Cruz e Sousa, Alphonsus e Augusto dos Anjos, Manuel Bandeira, Drummond, Cecília, Jorge de Lima e Manuel Antônio, Machado, Aluísio Azevedo, Lima Barreto, Raul Pompéia, José Lins do Rego, Graciliano, Cyro dos Anjos, Cassiano Ricardo, Guimarães Rosa — é uma grande literatura; uma presença no mundo.

Temas de Étiemble

O Estado de S. Paulo, 20 fev. 1965

Não sei nada dele pessoalmente, nem a data de nascimento nem sequer o primeiro nome. Sei que é escritor polimorfo, crítico, lingüista, sinólogo, mas não li todos os livros dele, longe disso. Mas o que li basta para reconhecer-lhe a individualidade e o individualismo inconformista. Há só um Étiemble. Mas precisamos de Étiembles.

Sua obra mais famosa é até hoje o primeiro volume de *Le mythe de Rimbaud: Structure du mythe* (1952). Nada menos que 504 páginas documentadíssimas para demonstrar que o grande poeta Rimbaud não foi tão grande assim e que ele foi indevidamente engrossado até transformar-se em herói de uma mitologia literária; que sua irmã e, depois, Claudel incluíram indevidamente o rebelde no rebanho dos católicos bem-pensantes; que a poesia de Rimbaud é a raiz ou uma das raízes do perigoso e devastador antiintelectualismo contemporâneo; e que Rimbaud não pode ser nosso modelo, a não ser que os discípulos lhe acompanhem totalmente o exemplo, abandonando as atividades literárias; o que é uma lição saudável que os rimbaudianos não aceitam.

A irreverência inconformista de Étiemble não pára perante glórias contemporâneas. Foi o primeiro que em *Temps Modernes*, a revista de Sartre, atacou *La Peste* de Camus, então ainda amigo íntimo de Sartre. Não estive nem estou de acordo com a desvalorização do romance, no artigo "Peste ou Péché?" Mas nesse artigo — isto é preciso reconhecer — adivinhou Étiemble a posterior evolução ideológica de Camus, que o levará a escrever *L'homme révolté* e a romper com Sartre. Antecipou a polêmica que Sartre e Jeanson travarão em *Temps Modernes* contra Camus. Mas Étiemble não participou dessa polêmica, pois então já tinha deixado de colaborar na revista: inconformista, tinha rompido com o inconformismo de Sartre.

A inteligência penetrante que lhe permitiu ler entre as linhas de *La Peste* as linhas ainda não-escritas de *L'homme révolté* revela a competência do crítico Étiemble: sabe ler como poucos outros; foi ao fundo do problema de "entender" o que outros escrevem; não admite que terceiros o obriguem a aceitar esta ou aquela interpretação daquilo que está escrito; por tudo isso é Étiemble inimigo dos tradutores. Sabendo muitas línguas, sabe fiscalizá-los. Em um dos seus últimos artigos em *Temps Modernes*, criticou de maneira demolidora as traduções que nos permitem ler o grande poeta neogrego Kavafis, iludindo-nos barbaramente. Sabendo a língua chinesa, Étiemble fez a mesma crítica demolidora das traduções de Li Tai-Po, Tu Fu e Po Kiu-Yi. Crítica irresponsável porque Étiemble é mesmo sinólogo de formação e profissão e, como tal, escreveu o volume *Connaissons-nous la Chine?*, cuja leitura foi motivo para escrever o presente artigo.

Nesse livro, Étiemble refere-se ao reconhecimento diplomático da China pelo presidente De Gaulle, acrescentando: *"Il ne suffit pas de reconnaître la Chine; il nous faut surtout de ne pas la méconnaitre"*. Esses erros têm, aliás, história multisecular (parêntese: é preciso completar a leitura desses capítulos de Étiemble pela dos livros de Basil Guy sobre *The French Image of China before and after Voltaire* e de Hugh Honour: *Chinoiserie: The Vision of Cathay*; veja também o novo livro do alemão Heinz Gollwitzer sobre *O Perigo Amarelo. História de um Slogan Político*). A primeira imagem de China, dos europeus, foi a de Catai, do país de fabulosos palácios e tesouros e das cidades enormes que Marco Pólo viu em suas viagens (parece mesmo que linhas chinesas influíram na pintura trecentista de Siena; veja os estudos de Antal e Baron). Depois, os missionários jesuítas do século XVII que acreditavam reencontrar na China o intelectualismo moderado e o moralismo moderado de um São Tomás de Aquino ligeiramente sofisticado. Depois, o *esprit* zombador da Régence e do rococó, ao qual a língua francesa deve a palavra *chinoiserie*, sinônimo de coisas fúteis pronunciadas com gravidade solene por ridículos mandarins de porcelana de Sèvres e Meissen. Depois, a China de Voltaire, império utópico da razoabilíssima doutrina do Estado do sábio Confúcio e de uma religião sem Igreja e sem sacerdotes. Depois, o orgulho dos europeus progressistas do século XIX, desprezando o país sem técnica e sem exércitos eficientes, o país que imaginavam "imóvel" e "imutável" durante milênios, durante ciclos cronológicos inteiros, no dizer de Tennyson: *"Better fifty years of Europe than a cycle of Cathay"*.

Nem tudo isso está no livro de Étiemble, mas é ele que nos anima a estudar essas coisas, nada inatuais. Atual ainda é a "China misticamente humanitária" dos expressionistas alemães (Klabund, Döblin, Wolfenstein, e até em Brecht) e atual ainda é o medo do "perigo amarelo" que inspirou tantas preocupações aos europeus de 1900 (tempo da "revolta dos *boxers*") e que hoje apenas mudou de adjetivo.

Étiemble admira a China de hoje. Mas essa atitude não é propriamente (ou não é em primeiro lugar) política. Lingüista, não deseja ver perturbadas as relações entre os povos por equívocos do sentido das palavras. Exige o ensino da língua chinesa nas escolas francesas, mas combate a mistura louca, a invasão de palavras inglesas na língua de sua terra: o *franglais*. Pede, a todos, o estudo da "gramática comparada" — mas como se pode pedir a todos um estudo tão especializado? Pois bem, Étiemble nega que seja especialização. Considera a gramática comparada como base da literatura comparada e nega que possa haver estudo de literatura sem estudo de literatura comparada.

Realmente: quando eu estudo, digamos, um autor nacional, comparando-o com autores franceses ou ingleses, todo mundo acha certo; seria o direito e o dever do crítico literário; mas quando acho conveniente confrontá-lo com autores russos ou italianos, automaticamente deixo de ser considerado como crítico, para ser nomeado "comparatista", isto é, especialista numa disciplina que ninguém tem o dever de conhecer. Em compensação, os falsos "comparatistas" monopolizam essa disciplina sem entendê-la, encontrando em toda parte "influências" onde apenas há reminiscências de leituras. É contra isso que o verdadeiro comparatista Étiemble se revoltou, na tese com a qual conquistou o difícil doutorado da Sorbonne: *Comparaison n'est pas raison — La crise de la littérature comparée*. Vale a pena citar a conclusão à qual chegou: *"La littérature comparée, c'est l'humanisme"*. Pois a frase, digna de ser longamente meditada, chegará a rebater e destruir certo ridículo "anti-humanismo" ora propagado no Brasil e baseado em leituras erradas de traduções castelhanas do anti-humanista Heidegger. Para acabar com essa e outras alienações, precisamos de humanistas inconformistas: como Étiemble.

Atualidades sádicas

O *Estado de S. Paulo*, 20 mar. 1965

Assim como em Paris, também há no Rio de Janeiro e em São Paulo devotos do marquês de Sade e dos seus romances que a censura do regime de De Gaulle condenou novamente a serem vendidos clandestinamente: *Justine, Juliette* e os outros todos em que sempre se repete a combinação de orgias sexuais e de torturas sangrentas, às vezes degenerando em hecatombes: *boudoir* e necrotério. Sade é hoje o santo de um culto literário-filosófico-místico. Ocorreu há poucos meses o seu sesquicentenário: morreu em 2 de dezembro de 1814 e é hoje, 150 anos depois, mais atual que então. Dupla atualidade: uma, literária; e outra.

Desde 1945 saíram várias edições das suas obras principais. Mais lidos que as próprias obras foram os ensaios sobre Sade, de escritores e pensadores tão sérios e hermeticamente profundos como Georges Bataille e Maurice Blanchot. A grande biografia de Maurice Heine, interrompida pela morte do autor, foi completada pelo entusiasta Gilbert Lely, que compara Sade a Boccaccio e Cervantes, mas fala mais da filosofia do marquês do que de seus enredos e do seu estilo. Pois do estilo de Sade não vale a pena falar, e seus enredos são de uma insipidez que confirma a frase de Baudelaire, grande especialista na matéria: "O pecado é monótono".

Como escritor, Sade não se pode comparar com Rétif de la Bretonne nem com Laclos, seus contemporâneos. Rétif, realista crasso e inculto, conhece todas as ruas, bairros, casas, classes de Paris antes da Revolução: dá um panorama completo da sociedade do seu tempo, não menos "pecaminoso" que o panorama de Sade, que se limita, por sua vez, a nos mostrar o *intérieur* de um bordel e o porão, bem fechado para ninguém ouvir os gritos das vítimas. Rétif, um realista; Sade, um visionário. Mas sua visão só penetra os corpos e não as almas. Desafio a quem me possa mostrar uma única obra de Sade que valha a análise psicológica de uma única página de Laclos. Mas como se explica, então, a fama literária do pai do sadismo?

É muito conhecida, até em várias traduções, a obra em que o crítico italiano Mario Praz estudou as correntes de ateísmo, diabolismo etc. no romantismo europeu, especialmente no francês. Mas, por volta de 1850, os não-românticos Rétif e Laclos estavam esquecidos. Considerava-se Sade como o grande satanista. É palavra que, com razão, não se usa mais. Mas tampouco se usa o conceito. O que ontem passava por satânico é hoje exaltado como místico. Os "sadianos" (é necessário o neologismo para não confundi-los com os sádicos) elevaram seu santo para a altar da "Liberdade Absoluta". E por mais que repugne certo palavrório místico-filosófico em torno de Sade, não se pode negar que a "Liberdade Absoluta" de Sade é coisa muito séria.

Resta escrever uma história do ateísmo europeu. Seria livro menos volumoso do que se pensa. Muitos dos ateus anatematizados do passado foram, na verdade, panteístas, como Spinoza. Outros foram budistas disfarçados, como Schopenhauer, ou mesmo cristãos às avessas, como Nietzsche. Não é a negação de Deus que faz o ateu. Existe uma definição, a melhor do ateísmo, que exclui os ateus idealistas (como Fichte), os ateus panlogistas (como Hegel) e até os ateus por paixão de justiça, como Marx. A definição é do próprio mestre de Marx, Ludwig Feuerbach, e diz: "Só é verdadeiro ateu a pessoa para a qual não significam nada os atributos próprios da divindade, a Onipotência, a Sabedoria, a Justiça, a Bondade, o Amor; não é ateu aquele para o qual não significa nada só o sujeito desses atributos". Esse falso ateu atribui-os a um outro Ser qualquer, digamos ao Homem ou ao Estado ou à História, e adora o Homem, vaso da Sabedoria, ou o Estado, instrumento da Justiça, ou a História onipotente, como se fossem Deus; não é ateu autêntico. Conforme essa definição, é Sade um dos raros ateus autênticos. Negou Deus e negou um dos atributos principais de Deus: o Amor. É propriamente o destruidor da religião do Amor.

Estava especialmente autorizado para tanto. O autor de *Justine* e *Juliette* era descendente do *sieur* Hugo de Sade, nobre provençal que viveu no século XIV, casado com Laura de Noves: Laura, a bitataravó do marquês de Sade; Laura, a "amada imortal" de Petrarca, pai de toda a literatura amorosa e da própria religião do amor poético.

Sade destruiu o mito de Laura e Petrarca. Demonstrou que o amor é sinônimo de egoísmo e que o amor radical é egoísmo radical e que a conclusão última do egoísmo radical é a destruição do outro, de todos os outros, destruição que é a expressão da Liberdade Absoluta do Destruidor. O culto, a religião dessa Liberdade Absoluta leva modestamente o nome de sadismo.

Quem já leu pelo menos algumas páginas de Sade sabe que sua maneira de praticar sua religião não se parece com o sadismo comum. Em Sade, as orgias sexuais são combinadas com torturas escolhidas e com a mortandade, em massa, dos comparsas. Teoricamente, a Liberdade Absoluta de Sade poderia ser uma variante da liberdade existencialista; e pelo Boulevard St. Germain reentrou Sade, em 1945, na atualidade literária. Mas praticamente o sadismo radical de Sade parece a todos os não-sádicos expressão de loucura. Não se diz isso para desprezar ou insultar. Só se pensa no fato de que Sade passou mais do que a metade da sua vida em manicômios judiciais, onde ficou preso, mas menos como inimigo da moralidade pública e, sim, por ter torturado e assassinado moças. O manicômio seria lugar conveniente para comemorar o sesquicentenário da morte de Sade. É o que fez o dramaturgo sueco alemão Peter Weiss, em peça cuja representação berlinense, em maio de 1964, fez sensação.

A peça, que também já existe impressa, chamará a atenção do mundo. Esse Peter Weiss é dramaturgo de extraordinária força inventiva. A elementos de Brecht, de Ionesco e do expressionismo soube acrescentar um *frisson* autenticamente pirandelliano. Mas é originalíssimo e, pelo anti-realismo do estilo dramático, moderno *up to date*. No entanto o título da peça é longo e pomposo como o de uma tragédia histórica barroca: *A perseguição e o assassinato de Jean-Paul Marat, representado pela companhia teatral do manicômio de Charenton, sob a direção do* sieur *de Sade*.

Afirma uma lenda, aliás duvidosa, que Sade, quando em Charenton, o último manicômio em que esteve preso, teria escrito peças de teatro. Weiss imagina que uma dessas peças tivesse comemorado um acontecimento histórico bem ao gosto de Sade: o assassinato do tribuno revolucionário Marat, em 1793, na sua banheira, pela heróica Charlotte Corday; 15 anos depois, os loucos encerrados em Charenton representam na grande sala de banheiros da casa a peça que Sade escreveu sobre aquele acontecimento, representação dirigida pelo próprio Sade. Teatro no teatro. Na platéia dentro do palco, o diretor do estabelecimento, o dr. Coulmier, outros médicos, outros loucos. Um *speaker* anuncia, gritando, as cenas e comenta o enredo. Não há um coro, como na tragédia grega, mas dois coros: um *Chorus mysticus* e um coro de quatro palhaços que representam o povo parisiense. Os atores, empolgados pelos seus papéis, têm de vez em quando acessos de loucura furiosa, e então o dr. Coulmier dá aos enfermeiros um sinal para dominá-los. Cena culminante é o diálogo filosófico entre Sade e Marat. Depois do assassinato do tribuno aparece Bonaparte, como Anjo da Morte, e todos saem atrás dele em ritmo de marcha. É a História.

É uma peça estranha como não há outra igual: realismo cru e visões oníricas, danças e pantomimas dos loucos, gíria ordinária, frases altamente poéticas e o grande diálogo filosófico em que Marat defende a Revolução, ao passo que Sade não acredita em revoluções. Não libertam realmente ninguém; matam, sim, mas enfim terminam e as matanças acabam, e para que foi bom? Para Sade, o ponto mais alto da Revolução Francesa foi o assassinato de Marat, não porque Marat foi a vítima, mas porque ele foi assassinado sem motivo imediato e em circunstâncias tão extraordinárias, na banheira, que inspiram a imaginação do marquês: lembra como em 1744 foi em Paris executado Damiens, que tinha feito um atentado contra a pessoa sagrada do rei Luís XV: execução em praça pública, perante uma multidão que acompanhou estarrecida (e talvez deliciada) a tortura inefável — Damiens foi esquartejado vivo.

Estabelecer uma relação entre a doutrina de Sade e o caso de Damiens (Otto Flake, em seu livro sobre Sade, já o lembrou também, 40 anos atrás) parece-me idéia feliz e profunda do dramaturgo Peter Weiss: colocou Sade no seu momento histórico. Pensamos no século XVIII como na época em que foi, nos países principais da Europa, abolida a tortura judicial e em que Beccaria começou a luta contra a pena capital. Mas o século XVIII também é a época das execuções, com torturas requintadas, em praça pública. Inventou a guilhotina. E Sade restabeleceu, pelo menos para seu uso particular, a tortura. É homem do seu tempo, mas não da época da Revolução, que estourou quando Sade já tinha 49 anos de idade. É contemporâneo de Casanova, *libertin* como ele, mas não um aventureiro, como o veneziano, e sim um grande senhor aristocrático; um daqueles aristocratas aos quais na França do *Ancien Régime* tudo parece lícito e impunemente permitido. As vítimas de Sade não eram mulheres licenciosas que teriam participado de seus prazeres. Eram moças pobres, do povo, e foram remuneradas para servirem aos desejos do marquês; mas, no momento em que receberam o dinheiro, ignoravam que sairiam do *boudoir* do marquês mutiladas ou mortas. Por esses "casos", o famoso *affaire de Marseille* e outros, semelhantes, Sade foi tantas vezes preso que em uma carta ao Garde des Sceaux se queixa amargamente: ele, um homem da nobreza, preso durante anos, *"pour une putaine"*. Na mesma carta anuncia ao dignitário do reino uma vingança histórica: *"un jour de la liberté"*. Mas quando a Revolução veio, não tratou de maneira melhor — *pour une putaine* — o defensor da Liberdade Absoluta. Nenhum regime teve uso para ele: passou mais da metade da vida em prisões e em manicômios, sob Luís XVI, sob a Gironde, sob Robespierre e sob Napoleão, que no entanto também eram especialistas em derramar sangue. A vida e a obra de Sade são a atualidade entre a tortura judicial e a execução de Damiens, de um lado, e, por outro lado, a guilhotina e as primeiras grandes guerras do século XIX. E essa atualidade não é histórica. Ainda não acabou. Mais viva e mais pungente que a atualidade literária de Sade é esta outra: Auschwitz e Belsen, os tiros na nuca na prisão de Lubianka, os comunistas chineses queimados em locomotivas na China de 1927 (testemunha: Malraux), as execuções de Katyn e as da Via Ardeatina (*Roma, Città Aperta*) e o garrote vil na Espanha e os torturados da Argélia. Aos devotos do marquês de Sade se pede: menos atualidade.

Meu Dante

O Estado de S. Paulo, 22 mai. 1965

Assim como Galileu, na mocidade, exercitou sua imaginação de matemático calculando e medindo os espaços fantásticos do Inferno, assim um físico de hoje poderia calcular e medir a altura fantástica da montanha de livros e estudos que já se escreveram sobre a *Divina Comédia*: o número resultante seria igualmente astronômico. Chegamos tarde, e só podemos suspirar como La Bruyère: "*Tout est dit, et l'on vient trop tard depuis plus de sept cent ans qu'il y a des hommes, et qui pensent*". De nada adiantaria a ambição de acrescentar mais uma ou outra interpretação engenhosa de uma metáfora, de um verso. Mas temos, cada um, nossas experiências pessoais com a leitura de Dante; e servem, pelo menos, para testemunhar ao Poeta nossa gratidão e reverência, no setecentésimo aniversário do seu nascimento.

Reverência, sobretudo, e ela provoca uma dúvida quanto àquele pronome possessivo. Meu Dante — quem teria o direito de empregar esse pronome de uma quase intimidade pessoal? A figura de Dante é, como dizem os ingleses, *awe inspiring*. Ou, como se exprimem os estudiosos da psicologia das religiões, Dante é numinoso. É, em todos os séculos, o único leigo, e não canonizado como santo, ao qual foi dedicada uma encíclica papal: em 1921, no seiscentésimo aniversário de sua morte. É, ao que se saiba, a única grande figura da história humana que nunca um desenhista ousou caricaturar. Quem poderia chamar "meu" a tão alto espírito? Mesmo chamá-lo "nosso", *nostro*, só é privilégio dos florentinos, e estes não podem pronunciar-lhe o nome sem lembrar-se das maldições que o exilado lhes mandou:

> *"Godi, Fiorenza, poi che se' sì grande,*
> *che per mare e per terra batti l'ali,*
> *e per lo 'nferno tuo nome si spande!"*

Dante pode ter sido, em vida, um homem instável, irascível e orgulhoso, convencido do seu direito de ser lembrado e venerado por todos os séculos. Mas essa pretensão enorme se reduz, afinal, à exigência de ser lido. Como poderíamos venerar condignamente as cinzas guardadas no túmulo de Ravena senão pela leitura do *"poema sacro, al quale ha posto mano e cielo e terra"*? Essa exigência de Dante transparece nas palavras em que Brunetto Latini, o autor do *Tesoro*, se dirige a Dante no Inferno:

> *"Sieti raccomandato il mio Tesoro*
> *nel qual io vivo ancora, e più non cheggio".*

"Não pede mais". Mas é imensa essa nossa responsabilidade, nós a que o tesouro inesgotável da *Divina Comédia* é *raccomandato*: para lê-la e relê-la.

Certa vez respondi a um repórter literário que quis saber das minhas leituras habituais: "Todos os anos costumo reler a *Divina Comédia* inteira". É verdade. Mas depois assaltaram-me as dúvidas. Não me lembro exatamente quem disse — talvez fosse Tommaseo: *"Legger Dante è dovere, rileggerlo è un bisogno"*. Ler Dante é um dever, sim, fosse mesmo só porque — o próprio poeta o diz — *"mostrò ciò che poeta la lingua nostra"*. Reler, também, mas por quê? E como?

Por que reler a *Comédia*, se a memória é capaz de guardar mais ou menos fielmente os pontos mais altos, aqueles que se gravaram na consciência da humanidade? Não há quem ignore os famosos "grandes episódios": Francesca da Rimini e Paolo, que se perderam no amor sobre a leitura do livro alcoviteiro:

> *"Quel giorno più non vi leggemmo avante;"*

Pier delle Vigne, o suicida; Farinata, altivo, desafiando Deus, o mundo e os demônios —

"Com'avesse l'inferno in gran dispitto;"

Ugolino e seu destino terrível; Ulisse, que tentou os fins do mundo —

"Infin che 'l mar fu sopra noi richiuso."

E não há quem não guarde na memória os muitos versos citáveis, a começar pelo intróito do Inferno que virou lugar-comum:

"Lasciate ogni speranza, voi ch'entrate,"

até sua antítese:

"L'amor che move il sole e l'altre stelle;"

e esse outro verso que tantas vezes, durante a vida toda, me fortaleceu contra o tédio das controvérsias e contra a maledicência dos covardes e contra elogios e hostilidades efêmeras:

"Non ragioniam di lor, ma guarda e passa."

O próprio Dante parece ter previsto essa inextinguibilidade dos seus versos:

*"...Tu lasci tal vestigio,
Per quel ch'i'odo, in me, e tanto chiaro,
che Letè nol può tòrre né far·bigio."*

Mas será esta a maneira certa de ler Dante? Conforme uma lenda antiga, o poeta teria escolhido o metro da *terzina*, com seu ferrenho esquema de rimas, para que ninguém pudesse tirar nem acrescentar um único verso. A *Comédia* é — em que pese a teoria do nosso mestre Benedetto Croce, que já tanto me perturbou — uma estrutura inteira, uma *Ganzheit*, como dizem os alemães, mas é preciso amadurecer até perceber, sentir, compreender isso, e é preciso ler, reler e tresler a obra até chegar a tanto, e para isso até servem as leituras erradas dos primeiros anos e as leituras erráticas dos anos da vida ativa e as leituras distraídas das horas de ócio, até que em boa hora se nos abrem os olhos, "*nel mezzo del cammin di nostra vita...*"

Meu primeiro Dante era uma edição para a mocidade, fartamente ilustrada por um artista medíocre qualquer de que não sei mais o nome, mas em compensação cuidadosamente expurgada. Passaram-se, desde então, tantos anos, não, tantos decênios, que só guardo recordação frágil daquela edição, e, no entanto, por motivo especial que vou logo revelar, consegui já então verificar os expurgos feitos. No episódio de Francesca da Rimini, no canto V do Inferno, os editores sacrificaram os *dubbiosi disiri* do verso 119 e o *piacer si forte* do verso 104; e o verso 136 — "*La bocca mi baciò tutto tremante*" — caiu totalmente fora. Mas o expurgador também tremeu ao mutilar assim o poema; e para tranqüilizar sua consciência reuniu num apêndice os trechos suprimidos, para maior comodidade dos leitores juvenis. Se tivesse editado assim um Rabelais ou mesmo um Shakespeare, teria saído um dos livros mais pornográficos do mundo, e isto *ad usum Delphini*. Mas Dante é casto. Tanto mais aquele ilustrador soltou as rédeas de sua imaginação sádica. Lembro-me como se fosse hoje de suas gravuras, de mediocridade incrível: Francesca e Paolo, perseguidos pelo vendaval, estavam suspensos no ar como executados na forca; as Malebolge pareciam-se com ruas sinistras de subúrbio; os diabos, cozinheiros que com longas colheres remexiam os condenados em panelas ferventes; até os santos no Paraíso assustaram o leitor com barbas de tamanho sobrenatural. Quem me dera reaver agora esse livro feio, desaparecido junto com Robinson e Gulliver no naufrágio e esquecimento da infância! Talvez conseguisse ressuscitar um pouco da fé ingênua com que o leitor juvenil tomava tudo aquilo por absoluta verdade, as penas do Inferno, as nuvens que se desprendem do Purgatório e os esplendores divinos do Paraíso. Pois naquele tempo — mais remoto hoje para mim que o tempo de Dante — eu era realista, mais que a doutrina escolástica do poeta, e o outro mundo era mais verdadeiro que este que eu, feliz, ainda não conhecia. Era a realidade.

Desaparecido aquele livro, surgiu outro Dante, o das edições da *Divina Comédia* para o uso no ensino secundário, inexpurgado e sem ilustrações, mas com muitas notas explicativas ao pé da página, manuseadas por um estudante que já tinha lido Flaubert e um ou outro romance de Zola, e estava estupefato por reencontrar num poeta do século XVI o mais sugestivo realismo poético: o murmurar das águas frias do Adige (Inf., XII, 5) e aquela primeira metáfora de toda a literatura universal tirada do trabalho industrial, os fogos no arsenal dos venezianos.

> *"Quale nell'arzanà de' Viniziani*
> *bolle l'inverno la tenace pece..."*

e naquele adjetivo que antecipa as *correspondences* de Baudelaire e todas as sinestesias da poesia moderna:

> *"Lo giorno se n'andava, el'aere bruno..."*

O outro mundo de Dante é todo real como este porque são propriamente idênticos; e o exercício de imaginação do jovem Galileu, calculando e medindo a altura de Lúcifer no mais baixo círculo do Inferno, foi boa preparação para o calcular e medir a velocidade dos corpos na queda e a distância da lua.

Não somente o Inferno de Dante é realidade. Realidade, embora um pouco antecipada, também é seu Paraíso, espécie de *science-fiction* da Idade Média; apenas muito mais perto da astronomia ptolomaica então vigente do que são científicos os *science-fictions* que ignoram soberanamente a astronomia de hoje; e, como todo sabor de erudição teológica, mais humano. Pois as imaginações dos nossos dias são inspiradas pela técnica, mas a de Dante estava iluminada pela

> *"Luce intellettual, piena d'amore."*

Quem diz realismo também diz humorismo. São inseparáveis — senão, a realidade chegaria a inspirar-nos o suicídio. Mas Dante, com toda sua simpatia pelo destino de Pier delle Vigne, estava acima da tentação, e em sua ira indignada contra todas as injustiças terrestres havia algo do *gran dispitto* do Farinata e algo da fúria vingativa dos demônios, e sente-se uma simpatia propriamente humorística para com os diabos aos quais inventou nomes tão pitorescos: Malacoda e Scarmiglione, Alichino e Calcabrina, Cagnazzo e Barbariccia, Draghignazzo e Ciriatto, Graffiacane, Rubicante e Farfarello. Parecem os sinistros-humorísticos servidores do Castelo de Kafka, desse castelo cujo dono tem alguma semelhança com o da *città di Dite*. Mas também poderiam ser os nomes de malandros num *racconto romano* de Moravia ou de Pasolini. São humoristas *sui generis*, como os *buffoni* e os frades devassos e os vigaristas que povoaram as ruas da Florença de Boccaccio, formando o coro humorístico de acontecimentos grandiosos e trágicos que ensangüentaram as mesmas ruas; e foram essas ruas que me ensinaram o verdadeiro realismo de Dante Alighieri.

Encontrando-me em Florença pela primeira vez, confesso que a mais forte impressão não foi a cúpula do Duomo nem a fachada do Palazzo Pitti nem o Panteão de Santa Croce nem os quadros dos Uffizi nem as esculturas do Bargello, mas — talvez com exceção da Cappela Medici — certos letreiros que uma administração municipal ilustrada tinha mandado colocar nas esquinas das ruas ou ao lado do portão de prédios: pequenos ladrilhos de mármore com dizeres relativos a acontecimentos ou personagens históricos relacionados com aquelas ruas e prédios; e os dizeres eram versos da *Divina Comédia*. Foram esses letreiros que me ensinaram o realismo histórico de Dante: a identidade do Inferno com a vida turbulenta, odiosa, vingativa do *Trecento* em Florença, a identidade da vida de Dante com o Purgatório e, em sua fé católica e filosofia escolástica, a realidade do Paraíso.

Em uma das paredes laterais do Duomo de Florença existe um afresco; não é de alta qualidade artística, e o pintor, Domenico di Michelino, não deixou nome imortal. Mas imortal é o assunto do quadro: à direita, a cidade de Florença, circunvalada de seus muros medievais dentro dos quais se reconhecem as silhuetas características do Duomo e do Palazzo Vecchio; à esquerda, embaixo, o abismo aberto do Inferno e, mais em cima, o monte do Purgatório e o Paraíso terrestre; no alto, as esferas do céu; no meio, o altíssimo Poeta, com seu livro aberto na mão, olhando serena mas severamente para sua cidade e apontando-lhe, com a outra mão, a porta do Inferno. É um admirável resumo pictórico da *Comédia* e de sua significação atual, histórica, e não sei por que os guias, em Florença, não mostram esse quadro, antes de tudo, ao turista desejoso de compreender algo da incomparável grandeza dessa cidade em vez de persegui-lo por toda parte com seus alto-falantes idiotas, chamando *very nice* a Noite de Michelangelo e *invaluable* os quadros do humilde Fra Angelico e perturbando a paz dos Giardini Boboli e de San Miniato. Só o barulho infernal que fazem lembra o *Trecento* e o Inferno.

Muitas vezes me demorei na quase vazia catedral de Savonarola, contemplando o quadro de Domenico di Michelino, e acreditava ver o poeta abrir a boca e lançar a terrível maldição contra a volubilidade política da Florença "trecentesca", as Constituições violadas e derrubadas, os golpes e revoltas, as inflações, as convulsões de doença da vida pública da cidade:

> *"...che fai tanto sottili*
> *provedimenti, ch'a mezzo novembre*
> *non giugne quel che tu d'ottobre fili.*

> *Quante volte, del tempo che rimembre,*
> *legge, moneta, officio e costume*
> *hai tu mutato e rinovate membre!*
> *E se ben ti ricordi e vedi lume,*
> *vedrai te somigliante a quella inferma*
> *che non può trovar posa in su le piume,*
> *ma con dar volta suo dolore scherma".*

"...*Del tempo che rimembre*"! O *Trecento* é uma remota recordação histórica, mas os versos dantescos são de uma perfeita e terrível atualidade. Quando eu, pela primeira vez, os recordei no silêncio do Duomo de Florença, já tinha recomeçado lá fora a luta fratricida, apenas os guelfos e gibelinos do século XX ostentavam outros rótulos, e tinham outras cores suas bandeiras. Foram os anos de 1930: violação de Constituições, golpes e revoltas, inflações, convulsões, e, enfim, milhares e mais milhares foram atingidos pelo mesmo destino de Dante e de tantos outros nobres italianos: o exílio.

Também experimentei o exílio:

> "*Nel mezzo del cammin di nostra vita*
> *mi ritrovai per una selva oscura*
> *ché la diritta via era smarrita*".

No Evangelho, Jesus aconselha aos discípulos rezar "para que sua fuga não aconteça no inverno". Pois bem, minha fuga aconteceu no inverno, e tão impiedosa foi a perseguição que nem sequer consegui levar comigo meu Dante, o exemplar tão usado que já estava em pedaços a encadernação barata. Mas já não precisava do livro para recordar certos versos gravados para sempre na memória, e entre esses versos aqueles que descrevem a sorte do exilado, o sabor amargo do pão no estrangeiro e a dura vergonha de bater em vão a portas fechadas e descer as escadas subidas com o último resto de esperança, assim como a Dante foi profetizado o caminho de calvário do *fuoruscito*:

> "*Tu proverai sì come sa di sale*
> *lo pane altrui, e com' è duro calle*
> *lo scendere e' l salir per l'altrui scale*".

Mas achei a minha Verona. E não posso despedir-me dessas recordações sem lembrar que entre os amigos generosos, na hora do maior perigo, também havia generosos italianos. Enfim, encontrei o asilo na Bélgica e a nova pátria no Brasil, primeiro justamente aqui em São Paulo:

"*E quindi uscimmo a riveder le stelle*".

Mas tenho para mim que sem essas experiências teria ficado incompleta minha experiência de Dante. Só passando pelas "Malebolge" desse mundo, sem perder a vista para as *stelle*, se tem o Dante inteiro: o Inferno, o Purgatório e o Paraíso. Só então se compreende o sentido vital da *Divina Comédia*, autobiografia espiritual do poeta e biografia permanente da existência humana:

"*O voi ch'avete l'inteletti sani,
mirate la dottrina che s'asconde
sotto'l velame de li versi strani*".

Foi essa compreensão que me livrou, enfim, da leitura episódica, mas também do mero esteticismo que se esgota na admiração boquiaberta da perfeição formal do poema, do qual não se pode tirar um verso nem acrescentar um sem que o conjunto fique mutilado. É a compreensão existencial, mas já sem *self-pity* romântica, que é a base da interpretação estrutural dessa obra, a mais perfeita que jamais saiu da mente humana. É o reconhecimento do impiedoso realismo dantesco, mas sem esquecer que se trata de poesia, de "fantástico" no sentido de Croce: não *fancy* — que Coleridge condenava — mas *imagination* estruturada como se fosse realidade. Este já não é *meu* Dante, mas é meu *Dante*.

Olhando para trás, para o caminho percorrido, acredito perceber que as fases de minha leitura de Dante coincidem, embora em diferente ordem cronológica, com as fases que a crítica dantesca percorreu. A leitura cheia de curiosidade de fatos reais mas remotos e estranhos corresponde à crítica factual dos positivistas; o relacionamento dos episódios e versos emocionantes à experiência própria da vida corresponde à crítica dos românticos; e a compreensão do poema como um todo enquadrado em seu tempo e válido para todos os tempos corresponde à crítica historicista. Haverá, amanhã, outras compreensões críticas e mais outras e mais outras, e meu Dante já terá deixado de ser meu porque ele sobrevive a todos nós. E quanto terei compreendido da *"dottrina che s'asconde sotto'l velame de li versi strani"*?

O próprio Dante distinguiu quatro níveis de interpretações e compreensão do poema: o sentido literal e histórico, o sentido alegórico e tipológico, o sentido tropológico ou moral — são outros nomes, escolásticos, daquelas fases de crítica — e, enfim, o sentido anagógico ou místico. Mas será este último jamais acessível a nós mortais?

A questão é de ambição. Há quem escolhesse como lema de sua vida o verso mais famoso da *Comédia*:

"E'n la sua volontate è nostra pace."

Mas já que foi "Meu Dante" o tema que me foi proposto, peço licença para continuar na primeira pessoa do singular e confessar que minha ambição não voa tão alto. Como Petrarca, *pace non trovo*, a não ser que a encontre no último momento, quando a noite chamará para partir e quando, tendo visto tudo, pela última vez me lembrarei do meu Dante, com versos dele:

*"Ma la notte risurge, e oramai
è da partir, ché tutto avem veduto."*

A política do Inferno

Correio da Manhã, 05 jun. 65

Comemorou-se, ou antes: não se comemorou o centenário da publicação de um livro totalmente esquecido e, para logo dizê-lo, de alta qualidade e de extraordinária atualidade.

O século XIX produziu várias análises políticas de rara penetração e força quase profética, que, talvez por isso mesmo, não foram devidamente reconhecidas pelos contemporâneos: basta citar as reportagens parisienses de Heine, a grande obra de Tocqueville e as cartas de Burckhardt. Todos esses ressurgiram. Maurice Joly continua no limbo, ou antes no inferno.

Maurice Joly nasceu em 1821 na província francesa. Foi advogado em Paris. Publicou em 1864 seu *Dialogue*, libelo contra o regime de Napoleão III, e foi condenado a 15 meses de prisão. Não conseguiu lugar de destaque entre os oposicionistas, nem mais tarde na República conservadora. Em 1878 suicidou-se. Seu nome não aparece nos manuais e histórias da ciência política. Mas merecia.

O *Dialogue aux Enfers entre Machiavel et Montesquieu ou La politique de Machiavel au XIXme. siècle* descreve sob ligeiro disfarce histórico o regime autoritário de Napoleão III — protótipo de todos os posteriores regimes fascistas —, denunciando-o como conspiração maquiavélica contra a liberdade, produto de espíritos infernais. Condignamente, o livro de Joly teve vida póstuma infernal. Por vias ainda não esclarecidas, um exemplar do livro já raríssimo chegou em 1901 à Rússia, caindo nas mãos de Sergei Nilus, professor de teologia e funcionário do Santo Sínodo, homem supersticioso, de extrema credulidade e bem capaz de fabricar uma pequena falsificação, se for pela boa causa. Traduziu o livro de Joly, tirando os nomes históricos, substituindo-os por inventados nomes judeus e atribuindo aquela conspiração aos Sábios de Sião, fantástica entidade dirigente do povo judeu empenhado em subjugar todas as nações do mundo. A falsificação foi aproveitada pela polícia secreta czarista, a Okhrana, para estimular o ódio contra os judeus; é co-responsável pelos *pogroms* de 1906, instigados para sufocar a revolução anticzarista. Ainda em 1917, quando a segunda revolução russa já se esperava, Nilus tentou atribuí-la aos Sábios de Sião, reeditando sua obra sob o título *Aquilo está agora à nossa porta*. Russos-brancos emigrados levaram o livro para a Turquia, onde o jornalista inglês Philip Graves conseguiu em 1921 descobrir a fonte e desmascarar a falsificação. Mas o livro já tinha caído nas mãos de Hitler e dos nazistas, que o divulgaram no mundo inteiro. Quem duvidava estava estigmatizado como "judeu, amigo dos judeus".

Ainda em 1938 os jesuítas da Universidade de Louvain, tendo na *Nouvelle Revue Théologique* denunciado a falsidade do documento, foram acusados pelo paranóico professor Vriens van Hekelingen de cúmplices da conspiração mundial judaica. Esse surpreendente destino póstumo do livro de Joly atesta-lhe, aliás, sua qualidade específica: sendo livremente inventado, o *Dialogue* parece mesmo reportagem de fatos reais, mais ou menos assim como — guardadas as dimensões, evidentemente — o Inferno de Dante é inventado e parece no entanto real; Croce falaria em "imaginação exata".

O *Dialogue* também se passa no Inferno. O leitor da obra sonha — mas seria mais exato dizer: os dois interlocutores, Maquiavel e Montesquieu, sonham um diálogo sobre os fundamentos teóricos da política assim como teriam conversado se tivessem sido contemporâneos.

Montesquieu fala das bases éticas e morais do Direito, tese que Maquiavel considera muito bonita e louvável. Apenas acha: se o Direito fosse fruto da Liberdade e da Justiça, não existiria Direito, pois os motivos dos homens não são nem a Liberdade nem a Justiça mas a vontade do poder e, nos vencidos, a covardia. Conforme Maquiavel, o Direito soberano sempre é criado pela força, isto é, pela negação do Direito. Montesquieu insiste na limitação da soberania do Estado e do povo pela ética. E Maquiavel está disposto a admitir essa limitação. Mas pondera que ela significaria o direito de resistir aos governos injustos e aos regimes injustos. Esse Direto de Resistência não agrada muito ao liberal-conservador Montesquieu, *et pour cause*. Pois, continua Maquiavel, é esta a jurídica das revoluções. Já começou, observa, *"l'ère infinie des révolutions"*, que produzem a anarquia, e esta, por sua vez, produz o despotismo, que é a negação do Direito ético de Montesquieu. A Democracia e a Ética perderam o primeiro *round*.

Agora, Maquiavel passa a contra-atacar. Prefere à revolução o despotismo, porque este seria mais estável. Quanto à ordem social que os "salvadores da sociedade" (como Napoleão III) apregoam, Maquiavel não tem ilusões: *"Il faut arriver à ce qu'il n'y ait plus, dans l'État, que des proletaires, quelques millionaires et des soldats"*.

Nesta altura, Joly quase antecipa a profecia de Burckhardt (na carta a Friedrich von Preen, 26 de abril de 1872): "O Estado militarista será fatalmente grande industrial. Não poderá tolerar a perigosa acumulação de operários descontentes nas grandes fábricas. A miséria será regulamentada e fiscalizada e fardada, começando e terminando todos os dias sob o rufo dos tambores; este é o desfecho que se prepara logicamente para o futuro".

Montesquieu, no diálogo de Joly, não pode acreditar num futuro desses: pois os povos modernos já estariam de tal modo acostumados a viver em liberdade que os conselhos mais astutos de Maquiavel não poderiam restabelecer o despotismo. Respondendo, Maquiavel acha relativamente fácil a tarefa; e começa a esboçar aquela conspiração despótica (hoje diríamos: fascista) que o falsificador Nilus atribuiu, depois, aos Sábios de Sião. O discurso seguinte de Maquiavel é verdadeiro tratado teórico e prático do totalitarismo: a guerra psicológica, as formações paramilitares, a propaganda, o golpe, o regime policial, a intimidação dos juízes e a corrupção dos legisladores, a difamação do delito de opinião como crime comum, o uso da religião como instrumento para submeter os povos, a desvalorização das palavras, de tal modo que se diz Democracia quando se pensa na abolição dela e Liberdade quando ela acaba. A sabedoria desse procedimento é garantida pelas qualidades excepcionais do chefe de Estado que não precisam ser provadas mas apenas afirmadas: ele é *"la Providence personnifiée, dont les chemins sont inconnus aux mortels"*. Não é exagero lembrar, outra vez, a "imaginação exata" e o Inferno.

Realmente, o Inferno é o lugar escolhido por Joly para se realizar esse diálogo, puramente teórico, sonhado pelas sombras de Maquiavel e Montesquieu. Mas, de repente, o sonho irresponsável — como todos os sonhos — vira realidade irreversível. Montesquieu, assustado pelo programa infernal do seu interlocutor, deseja despertar do sonho para voltar ao seu mundo. Mas Maquiavel começa a rir: *"Un songe! Ah! Montesquieu, vous allez pleurer longtemps! Ce que je viens de vous décrire, cette ensemble de choses monstrueuses devant lesquelles l'esprit recule épouvanté, cette oeuvre que l'enfer même pouvait seul accomplir, tout cela est fait, tout cela existe, tout cela prospère à la face du soleil, à l'heure qu'il est"*. Os verbos estão no tempo presente.

Seria difícil entender a alegoria do *Dialogue*? Napoleão III entendeu-a imediatamente, mandando prender o autor. Mas foi a única resposta que sabia dar, e com ela provou, contra a sua vontade, que já não *"Aquilo está à nossa porta"*. Aquilo já tinha entrado.

Sociologia barroca

O Estado de S. Paulo, 10 jul. 1965

Em tempos difíceis sempre há quem procure refugiar-se no passado. Mas nunca se alcança esse fim: pois o passado que conhecemos é reflexo do presente. Exemplo disso é a sociologia barroca.

Que vem a ser isso? Antigamente, quando o estudo do passado literário ainda se encontrava nas mãos dos professores de gramática, inimigos irreconciliáveis da grande poesia do século XVII, a justaposição das palavras Sociologia e Barroco teria significado: "sociologia de mau gosto". Hoje, o barroco está reabilitado. Quanto a essa reabilitação no Brasil, posso citar meu ensaio "Tradições Americanas", de 1942, republicado no volume *Origens e Fins* (1943), mas não o cito para reivindicar prioridades. Só me refiro ao seguinte: naquele ensaio não me limitei aos fatos literários, mas tentei apresentar o barroco como fenômeno cultural universal. O barroco está hoje reabilitado principalmente nos setores da literatura e das artes plásticas, também na música (v. o livro de Bukofzer) e do teatro (estudos de Walter Benjamin e Richard Alewyn). Mas os livros de Carl Gebhardt e de Stanislaus Dunin-Borkowski sobre Spinoza também partem da suposição de um particular estilo barroco de pensar. A obra de Franz Borkenau sobre a transição da época feudal à época burguesa e a do historiador sueco Eli Heckscher sobre o mercantilismo referem-se a uma específica economia barroca. Felipe II da Espanha, James I da Inglaterra, Luís XIV da França e Leopoldo I da Áustria representam quatro aspectos diferentes do Estudo barroco. Por que não teria existido, também, uma sociologia barroca, embora muito diferente daquilo que hoje se chama sociologia?

Existia. Seu conhecimento é da maior importância para a compreensão do Brasil colonial, e não somente deste.

Na historiografia social do Brasil já houve muitas polêmicas sobre os métodos de colonização, pró e contra a metrópole, pró e contra os jesuítas. São ecos confusos de doutrinas mais confusas — e esquecidas — e das discussões de eruditos do século XVII sobre problemas que hoje não nos interessam absolutamente e, quando muito, nos arrancariam um sorriso: sobre a origem hebraica de todas as línguas ou sobre os antepassados bíblicos das dinastias européias ou sobre o modo de viver dos ciclopes gregos e sobre a política de Adão no Paraíso — é claro que esses temas da sociologia barroca não são fatos. São interpretações de fatos reais. São justificações ideológicas deles. Reinterpretando essas teses ideológicas, descobriríamos os fatos verdadeiros na base da sociologia barroca.

Os estudos já foram iniciados, evidentemente. No Brasil só conheço, por enquanto, um livro que é indispensável para o conhecimento do assunto: *Visão do Paraíso*, de Sérgio Buarque de Holanda. As linhas seguintes apenas pretendem indicar alguns dos problemas: a ação catequética e colonizadora de diversas Ordens e as divergências entre essas Ordens; a ação colonizadora das metrópoles ibéricas, em contraste com a dos seus concorrentes anglo-saxônicos e holandeses; a escravidão dos índios e a dos negros e o tratamento diferencial dos índios e dos negros; e — já como fato histórico — o desaparecimento da sociologia barroca no século XVIII.

As controvérsias entre jesuítas e dominicanos e franciscanos sobre o método catequético e sobre a combinação da missão com atividades colonizadoras, econômicas, não são inteiramente compreensíveis sem o estudo das polêmicas entre as mesmas Ordens, na Europa, sobre as relações entre a moral e a economia em geral. O problema fundamental era o dos juros, proibidos pelo Direito Canônico, proibição tenazmente defendida pelos dominicanos, até o padre Daniel Concina, no século XVIII; ao passo que os jesuítas, sobretudo os da Universidade de Ingolstadt (Gretser, Tanner etc.), inventaram várias formas de contratos comerciais em que se incluíram os juros, sub-repticiamente, no lucro lícito. A luta travava-se entre o conceito medieval da economia fechada e a tendência de abrir o mundo católico aos primeiros movimentos de exploração capitalista (o assunto foi estudado, primeiro, por Sombart e Groethuysen e, com conhecimento superior das teorias escolásticas, por August M. Knoll: *Os Juros na Escolástica*). É claro que essas divergências determinaram julgamento diverso dos métodos de colonização, aos quais as atividades catequética e missionária das Ordens tinham de adaptar-se.

Conceitos éticos, medievais, impuseram a necessidade de justificar a atividade colonizadora por motivos jurídicos. Na Espanha foram elaboradas, desde Francisco de Vitoria, as bases do Direito das Gentes; mas as conclusões levaram diretamente à teoria, de Grotius, da liberdade dos mares, teoria incompatível com as tendências monopolísticas da colonização ibérica (a melhor exposição dessas contradições encontra-se num livro já antigo, e quanto à documentação antiquado, sobre o regime colonial espanhol, de W. G. F. Roscher). Os aspectos por assim dizer liberais da filosofia espanhola de política colonial foram estudados, quase simultaneamente, por Lewis Hanke nos Estados Unidos, Silvio Zavala no México e Josef Hüffner na Alemanha; o livro deste último, de 1947, chama-se: *Cristianismo e Dignidade Humana. O problema da ética colonial espanhola no Século de Ouro*. O problema a que o título alude é o da escravidão dos índios, que os jesuítas combateram, ao passo que a escravidão dos negros foi admitida e, com argumentos e sofismas, justificada.

Esse tratamento diferencial dos índios e dos pretos é o grande problema sem cuja explicação não seria possível compreender a ideologia do padre Antônio Vieira. Já existem bons livros sobre o assunto (Lúcio de Azevedo, Ivan Lins; o de Sérgio Buarque de Holanda está sendo esperado com impaciência). Ainda há quem empreenda escrever sobre o estilo barroco do padre Vieira, perdendo-se em ridículas e inúteis "análises estilísticas", por ignorar que todo pensamento de Vieira é barroco e que seu estilo literário é apenas uma das manifestações do barroquismo que lhe inspirou a condenação da escravidão dos índios, ao passo que aconselhou aos escravos pretos a resignação cristã. É uma contradição que só pode ser explicada enfrentando-se a dificuldade principal da sociologia barroca: a teoria dos dois Direitos Naturais.

O Direito Natural é a teoria da paz entre os homens, da liberdade e da justiça. Mas a experiência humana revela em toda parte um outro estado natural das coisas: a guerra, a escravidão, a tirania e a injustiça. Essa contradição já foi observada pelos pais gregos do Direito Natural: Platão (*Nomoi*, III, 680 sgg.) e Aristóteles (*Política*, 1, 2, 1252 b). Aos escolásticos ofereceu-se, como explicação, o dogma do pecado original. A paz, a liberdade e a justiça reinavam no Paraíso; mas depois da queda de Adão e Eva foram as gentes submetidas a um Direito Natural secundário, o da guerra, escravidão e injustiça (Tomás de Aquino, S. Th. I-II, qu. 94). O agravamento desse Direito Natural secundário no tempo das conquistas coloniais e dos inícios do capitalismo e da monarquia absoluta, nos séculos XVI e XVII, exigiu explicações suplementares. E estas foram dadas em forma de fantasiosas teorias pseudo-históricas sobre a origem do Estado e da sociedade. É o tema principal da sociologia barroca.

A teologia do Paraíso, explicação sociológica do Direito Natural primário, antes da queda do homem pelo pecado original, descreveu Adão como tipo de rei justo, que governava seus povos como pai de família; desde então, os reis teriam a obrigação de considerar seu povo como sua grande família e de governá-lo com o poder absoluto, mas justo e benevolente de um *pater familias*. Essa teoria do absolutismo paternalista foi adotada pelos reis (sobretudo reis protestantes) que desejavam libertar-se da tutela pela Igreja, sempre disposta — nos tempos da Contra-Reforma — a instigar os povos contra reis heréticos ou apenas indóceis. Eis o tema da sociologia barroca inglesa, de George Blackwell, William Barclay, Roger Widrington, conselheiro do rei James I. Suas teses encontraram ressonância na Alemanha luterana e foram propagadas por Melchior Goldast *(Monarchia Sancti Romani Imperii,* Frankfurt, 1613).

Os adversários dessa teologia do Paraíso eram os jesuítas: Bellarmin, Suárez. A luta contra os reis heréticos ou indóceis levou-os a lembrar a soberania do povo, e essa teoria também foi fundamentada por uma tese fantasiosa sobre a origem histórica da sociedade. Para esses "sociólogos" barrocos o Paraíso pertence à pré-história do gênero humano. Nunca a humanidade viveu sob o governo de um Adão-pai de família. Os primeiros homens, expulsos do Paraíso, viviam isolados nas florestas, sem famílias, como os ciclopes de que nos fala a lenda grega e de que também fala Aristóteles (e v. Tomás de Aquino: *De Regimine Principum*, I, 1). Eram todos iguais. É a democracia fundamental. Mas os ciclopes eram violentos, guerrearam-se sem cessar, e para estabelecer a paz foi necessário limitar-lhes a independência por um contrato que os domesticava, sujeitando-os a uma autoridade; e — concluíram os jesuítas — autoridade legitimada e garantida pela Igreja. Fora do mundo católico, essa teoria levará, em Hobbes, à sujeição total dos ciclopes:

o contrato entregará todos os poderes ao rei absoluto. Contra esse neo-absolutismo revoltou-se, nos últimos tempos da dinastia Stuart, o último representante da teologia do Paraíso, Robert Filmer (*Patriarca Sive de Naturali Potestate Regum*, 1680). Mas em 1688 foi o último rei Stuart expulso da Inglaterra. O reinado do seu sucessor Guilherme III baseava-se num contrato entre o monarca e o Parlamento, representando o povo (os "ciclopes", isto é, os aristocratas do partido Whig). Esse fato histórico do Direito constitucional inglês foi ideologicamente fundamentado pela teoria do Estado como produto de um "contrato social", teoria de Locke, cuja continuação será o *Contrato Social* de Rousseau. Mas por que adotou a burguesia liberal do século XIX essa teoria da soberania popular que, um dia, podia tornar-se perigosa ao equilíbrio social? Porque os teóricos da economia capitalista superaram ao mesmo tempo a contradição entre o Direito Natural primário e o Direito Natural secundário: a harmonia das leis do Universo eliminará, conforme Adam Smith, as injustiças e as tiranias e reunirá a todos pelo esforço comum de todos de prosperar e enriquecer: *the pursuit of happiness,* que é o tema central da Declaration of Independence e que é até hoje o dogma fundamental da política norte-americana (cf. Carl Becker: *The Heavenly City of the Eighteenth Century Philosophy*, agora, R. Dahrendorf: *A Ilustração Aplicada. Sociedade e Sociologia na América*, 1963). Os Estados Unidos acabaram definitivamente com qualquer resíduo da sociologia barroca.

Sabe-se que a América Latina não acompanhou essa evolução da América anglo-saxônica. No subcontinente latino nem o capitalismo nem a burguesia conseguiram eliminar os resíduos da sociedade barroca. Outro livro de Lewis Hanke e uma obra do sociólogo colombiano Diego Montaña Cuéllar descrevem os sinais exteriores e estruturais dessa sobrevivência. O estudo da sociologia barroca serve para explicá-los melhor. Mas não serve para fugir do tempo presente e dos homens presentes.

Tristão e Isolda: cem anos

O Estado de S. Paulo, 17 jul. 65

O centenário de *Tristão e Isolda*, que teve sua estréia em Munique no dia 10 de junho de 1865, passou com toda razão despercebido. Se essa obra não nos tivesse de dizer nada, hoje em dia, seria inútil comemorá-la. Se ela estiver, porém, viva para nós e para sempre, então o acaso de cem anos de existência não tem significação nenhuma.

Realmente, a música de Wagner parece longe de ter esgotado sua força persuasiva — basta colocar um disco na vitrola — no momento em que sua obra ameaça retirar-se dos palcos das casas de ópera: recente estatística mostra que na própria Alemanha as representações de obras de Wagner ocupam terceiro lugar, depois de Verdi e Mozart, e até na França, wagneriana de sempre, nenhum dos seus dramas musicais pode competir com os números de representações de *Carmen*. Mas a discussão em torno de Wagner continua sem cessar; e sempre de novo obriga a tomar atitudes.

No seu caso, essas atitudes encontram dificuldades baseadas nas contradições do "caso Wagner". Qualquer opinião manifestada corre o perigo de engendrar equívocos. Acreditava eu ser objetivo quando certa vez expus a falsidade total da teoria teatral-musical de Wagner, observando, porém, que sua prática era felizmente melhor que a teoria, colocando, enfim, *Tristão e Isolda* e *Os Mestres Cantores* ao lado e na altura da *Missa* de Bach e da *Paixão segundo São Mateus*. Pode haver elogio maior? Mas houve quem respondesse, secamente: "O. M. C. não gosta de Wagner e sobre gosto não é possível discutir". Num caso desses não adianta mesmo discutir. Vamos perguntar: por maior que Wagner tenha sido, ainda continua ele uma força viva? Ou seria *Tristão e Isolda* a maior peça de museu da história da música?

Aquelas estatísticas e a ausência total de qualquer influência wagneriana em qualquer música de hoje, moderna ou menos moderna, inspiram resposta pessimista. Mas esse pessimismo tem frágil base lógica. Não é possível acreditar em "progresso" na arte (o próprio Marx não acreditava nisso) e uma arte "antiquada" ou "obsoleta" é capaz de ressurgir qualquer dia desses (vejam o caso de Bach no século passado e o de Vivaldi em nosso tempo). A verdadeira obra de arte sempre tem uma cabeça de Jano: olha para o passado e para o futuro. Também é o caso de *Tristão e Isolda*.

A principal testemunha da acusação (nem sempre citada entre aspas) é Nietzsche: Wagner teria sido decadente e *Tristão e Isolda*, a obra-prima da decadência. Foi por isso que gostavam tanto dela os simbolistas franceses e ainda Proust. O equívoco é evidente. A linguagem musical de Wagner não tem o menor contacto com a arte de um Moréas ou de um Barrès. É totalmente impossível enquadrar Wagner na seqüência da história espiritual da França. Certamente sua música é menos tipicamente alemã que a de um Brahms, mas as origens são as mesmas, e quando Nietzsche dizia "decadente" quis dizer "romântica", e ao ouvir o grande dueto do II ato, ou a "Morte de Amor de Isolda", pensava nos *Hinos à Noite* de Novalis e sua "saudade da morte". O que é para nós, hoje, suficientemente decadente.

Essa interpretação foi completamente elaborada por Paul Arthur Loos em seu livro *Richard Wagner, Consumação e Tragédia do Romantismo Alemão* (1953). Citam Novalis, freqüentemente, também E. T. A. Hoffmann e Zacharias Werner (nome desconhecido aqui; em uma das suas obras se inspirou Camus para *Le Malentendu*). Loos define *Tristão e Isolda* como obra especificamente noturna (realmente, toda a tragédia se passa nas horas da escuridão). E celebra Wagner como "o mestre que conseguiu fazer soar a noite, a morte e o próprio Nada". O enredo de *Tristão* tem como base um mito bretão, mais vivo aliás que os mitos germânicos que Wagner, em geral, preferiu. Mas sempre se teria evadido para tempos ou arquitempos míticos... Pois bem, essa interpretação é muito poética, pode ser assim e também pode não ser assim: o murmurar das ondas, na orquestra de *Tristão e Isolda*, pode ser do mar nórdico, mas também pode ser o ruído permanente das lagunas de Veneza onde Wagner, hospedado do Palazzo Vendramin-Calergi (onde iria morrer, 24 anos mais tarde), escreveu o segundo ato; e quando a administração municipal de Veneza comemorou o centenário, mandando representar a obra no ambiente meio rococó e meio Verdi do Teatro La Fenice, *Tristão e Isolda* parecia inspirado pelo *genius loci*.

Mas Veneza não é um mito naquele sentido; apenas é um mito para os artistas. Também pode ser interpretada como "mito da decadência" (a idéia é, aliás, de Ruskin), mas já seria um romantismo de segunda mão. Loos pensa demais em termos passadistas. Um crítico tão severo de Wagner como Theodor W. Adorno admite: "Os elementos de decadentismo em sua obra têm todos eles a força de produzir algo de novo".

Assim pode falar, e com razão, o crítico. Poucos artistas criadores de hoje estarão de acordo. Toda a música européia entre 1890 e 1910 foi esterilizada pela influência de Wagner. Até o "anti-Tristão" de Debussy, *Pelléas et Mélisande* (que críticos tão diferentes como H. F. Redlich e Luigi Regnoni classificam, aliás, como obra "tristanesca"), não podia ter progênie. E uma tese contrária chega a considerar *Tristão e Isolda*, paradoxalmente, como o último produto da música clássica: Alfred Lorenz, demonstrando o rigoroso desenvolvimento temático dos *leitmotivs*, e Tovey, chamando a atenção para a recapitulação da segunda parte do dueto de amor em "Morte de Amor de Isolda", como se fosse a *reprise* numa sinfonia. São interpretações que descobrem novos elementos de grandeza da obra, sem explicar por que a discussão em torno dela continua.

A resposta nos é dada, na falta de uma verdadeira casa de ópera, pela vitrola. Fala-se mal de Wagner — mas ouvem-se os primeiros acordes e tudo está esquecido e o velho mago nos tem novamente em seu poder. Sobretudo as dissonâncias iniciais do primeiro prelúdio, esses passos cromáticos ascendentes e descendentes que caracterizam o "estilo de Tristão". Pode-se preferir *Os Mestres Cantores* (pessoalmente, confesso preferi-los), e será mais justo dizer que essas duas obras juntas são os cumes da obra de Wagner — mas tantas vezes se ouve opinião diferente, alguns indicam *Parsifal*, outros, o *Anel dos Nibelungos*, como se houvesse na carreira artística de Wagner progresso contínuo, e o único remédio contra essa heresia é a retificação da ordem cronológica.

As datas da terminação das obras são: *Lohengrin,* 1848; *Tristão e Isolda,* 1859; *Os Mestres Cantores,* 1862; *O Anel dos Nibelungos,* 1863-1870; *Parsifal,* 1877. Essa cronologia é enganadora. *O Ouro do Reno* foi terminado em 1854, e as *Valquírias,* em 1856. Depois, Wagner interrompeu a composição do *Anel dos Nibelungos* para escrever *Tristão e Isolda*. E antes de retomar o trabalho no *Siegfried,* escreveu *Os Mestres Cantores,* cujo mundo musical de acordes, culminando no dó maior da abertura, não tem nada em comum com o mundo musical cromático da obra precedente; quando Hans Sachs, no terceiro ato, cita uma frase de *Tristão,* acreditamos ouvir um corpo estranho. A verdade é que Wagner, depois de terminado *Tristão e Isolda,* se assustou do muito que ousara; e retrocedeu para caminhos mais conservadores. Não quis continuar a revolução musical que iniciara.

Ernst Kurth, em sua obra fundamental *A Harmonia Romântica e sua Crise no Tristão de Wagner* (3ª edição, 1927), coloca a obra no pórtico da música moderna. O "anti-Tristão" francês não teve sucessores, e o politonalismo de Stravinsky não teve predecessores. Mas o cromatismo de *Tristão e Isolda* leva em linha reta ao atonalismo e, depois, ao dodecafonismo de Schoenberg e de sua escola. E Alban Berg lembrou a dívida, citando *Tristão e Isolda* no 6º movimento de sua *Suíte lírica* para quarteto e cordas.

1859, o ano de *Tristão e Isolda,* é para a história da música de importância tão fundamental como 1722, o ano do *Cravo bem temperado* de Bach, ou 1772, o ano dos *Quartetos op. 20* de Haydn. Acrescentaremos a essa importância histórica mais outra: Denis de Rougemont reconheceu na história dos amores de *Tristão e Isolda* o único mito, o do amor apaixonado, que nem o Oriente nem a Antigüidade greco-romana conheciam e que é próprio do Ocidente; e Wagner deu a esse mito a forma permanente. É por isso que Nietzsche dizia: "Perante os primeiros acordes do primeiro prelúdio de *Tristão e Isolda* até o sorriso da Mona Lisa já não parece enigmático". E por isso, esse maior inimigo de Wagner reconheceu em *Tristão e Isolda* algo de intemporal, de superior ao movimento histórico, dizendo: "*É propriamente um opus metaphysicum*". E que significam em face disso 100 anos?

O artigo sobre os prefácios

O Estado de S. Paulo, 28 ago. 1965

Estava escrevendo um trabalho encomendado por uma casa editora quando o amigo me chamou com urgência: "Preciso já, já, do artigo para o próximo Suplemento Literário". "É verdade, meu amigo, estou devendo o artigo, mas infelizmente não me lembro absolutamente de nenhum assunto e este trabalho aqui me ocupa muito". "Não se lembra de nenhum assunto? E o que está escrevendo?" "Um prefácio". "Então, escreva um artigo sobre prefácios".

Verifiquei que se trata de assunto totalmente inédito. Verifiquei que não existe, no mundo, livro nenhum sobre esse tema. Não há fontes nem referências. Os prefácios nem sequer têm verbete nas enciclopédias de termos literários. Como vou escrever sobre isso? As enciclopédias comuns, Britannica, Larousse, Treccani, Brockhaus, também estão caladas a respeito. Só a espanhola Espasa-Calpe tem várias páginas sobre a *Praefatio*, que faz parte da missa católica; e continua, depois, dizendo que prefácios também se chamam as páginas introdutórias que autores ilustres escrevem para recomendar ao público os livros de confrades ainda não famosos, e que isso se faz, muitas vezes, por mera gentileza ou por camaradagem, o que seria um deplorável caso de corrupção literária.

São expressões muito fortes. E injustas. Prefácio feito por complacência também é aquele que Théophile Gautier, poeta famoso, escreveu para introduzir *Les Fleurs du Mal*, do poeta ainda não famoso Charles Baudelaire; prefácio enorme, elogioso mas incompreensivo, responsável por muitos equívocos posteriores em torno do livro e do seu autor, mas que teve o mérito de garantir a sobrevivência do volume até o momento em que Baudelaire foi reconhecido como um dos maiores poetas de todos os tempos, num tempo em que seu prefaciador ex-famoso já estava condenado a integrar, com uma ou outra peça, as antologias da defunta poesia parnasiana. O verdadeiro prefácio das *Fleurs du Mal* é aquele que o próprio Baudelaire escreveu, nos versos: "*Hypocrite lecteur, mon semblable, mon frère...*"

Os prefácios, como se vê, também têm seus destinos. Mas ainda não têm seu artigo. Será possível que ninguém jamais haja dito nada de aproveitável sobre esse duvidoso gênero literário? Abro, desesperado, o *Dicionário de Citações*, de Mencken, e — *eureca!* — ali está. Pelo menos em língua inglesa manifestaram opiniões sobre o prefácio o bispo Edward Copleston, que tinha por volta de 1800 fama de estilista finamente irônico, e Oliver Wendell Holmes, não o justamente célebre juiz da Suprema Corte dos Estados Unidos, mas seu pai, médico, erudito e poeta espirituoso que no século XIX passava por um dos grandes *wits* americanos. Os conselhos irônicos do bispo Copleston, de como o autor jovem de uma obra científica deveria prefaciar seu próprio livro, não têm nada de irônico: o autor deveria começar resumindo os trabalhos dos eruditos anteriores sobre o mesmo assunto; explicar e justificar suas teses divergentes; agradecer a quem o ajudou, etc., etc.; em suma: é o esboço de um prefácio comum, como foi mil vezes escrito, bastante razoável e inteiramente óbvio.

A humildade que o bispo Copleston recomenda ao jovem autor também pode ter outros motivos. "Ces Messieurs de Port-Royal" escreveram para a edição póstuma das *Pensées* de Pascal um prefácio que abranda as supostas audácias do autor, como querendo pedir desculpas. Os prefácios do *Abbé* Prévost para o romance *Manon Lescaut* e de Laclos para as *Liaisons Dangereuses* têm evidentemente o fim de alegar motivos moralizantes para que os leitores moralistas e o censor não se assustem com a paixão criminosa que Manon inspira ao Chevalier Des Grieux e com as intrigas diabólico-eróticas de Madame de Merteuil e do Vicomte de Valmont. E todos os elogios que John Heming e Henry Condell, atores do Globe Theatre de Londres, dedicaram ao seu falecido confrade, ao editar-lhe, em 1623, as obras completas, não escondem a dúvida dos prefaciadores quanto à capacidade de um mero *playwright* de sobreviver, fosse mesmo um Shakespeare.

Eis as lembranças facilmente evocáveis que a chamada ironia do bispo Copleston poderia inspirar a qualquer um dos seus leitores. Difícil é, porém, o que Oliver Wendell Holmes dizia em 1867 numa conferência na Universidade de Harvard: "Três grandes prefácios desafiam a admiração dos eruditos: o de Calvino para suas *Institutiones Christianae*, o de De Thou para sua *Historia*, e o de Casaubonus para sua edição de Políbio". E fiquei boquiaberto, entregue a muitas horas de dor de cabeça.

Casaubonus não é evidentemente o personagem homônimo de *Middlemarch* (o grande romance de George Eliot precisa ser urgentemente relido, é uma obra-prima para todos os tempos). O Casaubonus de Holmes é o eruditíssimo filólogo e teólogo genebrino que viveu na Inglaterra no começo do século XVII e foi sepultado na Westminster Abbey. Deve ter sido um grande homem e sua edição de Políbio não existe nas bibliotecas deste continente, e tenho que desistir do prazer de juntar minha admiração à dos últimos três séculos.

O prefácio (1604) da *Historia sui Temporis* de De Thou é acessível. Não é nada de extraordinário. O velho Holmes, que o admirava tanto, não parece ter conhecido outra introdução de uma obra histórica, a da *Storia d'Italia*, de Guicciardini, que De Sanctis chamou de "obra mais formidável saída de mente italiana". É exagero. Mas admirável é esse resumo breve e claríssimo da situação política da Itália em 1494, modelo insuperável de esclarecimento de um problema confuso e introdução até hoje insuperada para o estudo da grande política européia.

Enfim, as *Institutiones Christianae* de Calvino, o livro fundamental do protestantismo calvinista, têm como prefácio uma dedicatória ao rei Francisco I da França, monarca catolicíssimo e intolerante: carta respeitosa mas pungente. É o primeiro exemplo de prefácio-desafio, o primeiro mas não o maior. Mais pungente é o prefácio de Molière para *Tartuffe*, em que compara sua comédia tão censurada pelos hipócritas com outra peça, muito mais irreligiosa mas não censurada por ninguém, e conclui: "Eles admitem que se representem piadas contra o céu, mas não admitem que eles próprios sejam representados no palco". Desde então temos tido os prefácios das comédias de Shaw, desafios tão brilhantes que sobreviverão provavelmente às próprias comédias.

O mais famoso prefácio-desafio é, porém, o do dr. Samuel Johnson para seu *Dicionário* de 1755. Todo mundo esperava dedicatória dessa obra a Lord Chesterfield, o grande mecenas, do qual ninguém sabia que tinha tratado de lacaio o erudito lexicógrafo. Em vez da dedicatória, escreveu Johnson um prefácio em que descreveu de maneira emocionante sua pobreza, suas atribulações, e declarou não dever nada ao Lord e aos grandes, nem sequer uma dedicatória. Esse prefácio é um documento histórico. É de 1755. Significa o fim da época em que os literatos viviam da ajuda dos grandes senhores. É o começo da era burguesa: em vez dos grandes senhores, o grande público. É quase contemporâneo do *Discours Préliminaire de l'Encyclopédie* (1751), de D'Alembert: em sereno estilo acadêmico, uma declaração de guerra ao mundo antigo. Existem prefácios que rompem com o passado e assaltam o futuro. O mais famoso exemplo é o prefácio de *Cromwell* de Hugo, o manifesto do Romantismo: começa com ele um novo capítulo da literatura francesa.

Um documento desses tem a pretensão de ser julgado, também, como peça de crítica literária. Com efeito: ninguém lê hoje o prefácio de *Cromwell*, do qual só trechos figuram nas antologias para uso didático; mas a releitura poderia surpreender, pois certos conceitos formulados em 1830 por Hugo reencontram-se nos manifestos do Surrealismo. Os prefácios de Corneille e de Racine às suas tragédias prestam contas sobre as fontes usadas e sobre certos desvios da verdade histórica, impostos pelas regras da dramaturgia (ainda Henry James aproveitará reedições dos seus romances para, em *Critical Prefaces*, expor sua teoria da criação e construção novelística). Voltaire, porém, escreve prefácios das suas tragédias para analisar e criticar as peças de outros dramaturgos, Maffei e sobretudo Shakespeare, que recebeu desse modo o bilhete de ingresso para a literatura francesa. Num outro caso, muito mais recente, o prefácio também foi escrito para arranjar ao livro prefaciado o ingresso, desta vez nas livrarias. Quem diz crítico diz juiz e, realmente, o prefácio do *Ulysses* de Joyce foi escrito por *Mr. Judge* John M. Woolsey, do *U. S. District Court, Southern District of New York*, cuja sentença, datada de 6 de dezembro de 1933, figura como prefácio das primeiras edições públicas da obra para livrá-la da tacha de obscenidade e garanti-la contra a apreensão pela polícia.

Enfim, um prefácio é capaz de tornar-se mais comprido que o livro prefaciado e conquistar autonomia como volume: assim *Saint-Genet, comédien et martyr*, de Sartre, que é o primeiro e o mais grosso volume das *Obras Completas* de Jean Genet.

Nesta altura estou percebendo que o prefácio já alcançou foros de gênero literário independente. Não importa se aparece no princípio ou no fim do volume que acompanha. Os prefácios de Max Brod às edições póstumas dos romances de Kafka — e, diga-se o que se queira dizer, ainda são indispensáveis — são epílogos. Epílogo, volume X da Obra, é o prefácio do *Study of History*, de Toynbee, em que o autor, conforme o velho costume, agradece aos que o inspiraram (esquecendo, nesse volume, o nome de Spengler). A independência do gênero "prefácio" verifica-se sobretudo na literatura espanhola.

A literatura espanhola possui o mais original de todos os prefácios: o do romance *Niebla*, de Unamuno, assinado por Victor Goti, um dos personagens do romance, com réplica assinada pelo próprio Unamuno. Também possui a literatura espanhola o mais surpreendente de todos os prefácios, pois a edição argentina de *La Colmena*, do falangista Camilo José Cela, foi elogiosamente prefaciada pelo republicano exilado Arturo Barea.

O prefácio espanhol tem longa história. No *siglo de oro*, no século XVII, quase todos os autores dirigem-se no prefácio *al lector*, fazendo-lhe confissões, pedindo clemência e apoio. Às vezes são dedicatórias, e então se pede, mais ou menos francamente, dinheiro a um grande senhor, amigo das letras. A mais irresistível dessas dedicatórias é a dirigida ao conde de Lemos, no prefácio de *Persilles y Segismunda*, que Cervantes, já doente, redigiu quatro dias antes de morrer. Outros prefácios que já mencionamos encontram-se no fim do volume; este está no fim da vida, conscientemente, citando os versos do velho romance:

"*Puesto ya el pie en el estribo,
con las ansias de la muerte...*"

Existem prefácios-justificativas, prefácios-pedidos de desculpa, prefácios-desafios, prefácios-manifestos, prefácios-críticas, prefácios-sentenças. O prefácio é prólogo e pode ser epílogo e, como no caso de Cervantes, epitáfio. Também é epílogo esta longa frase precedente, pois estou percebendo que o artigo sobre os prefácios está pronto.

Utrillo no céu

O Estado de S. Paulo, 23 out. 1965

Agora, apenas dez anos depois de sua morte, a arte de Utrillo já parece esquecida. A Paris dos seus tempos, a do *Lapin agile*, de Picasso e dos outros, em Montmartre, e a Paris da *lost generation*, de Hemingway e dos outros, em Montparnasse, esse mundo afundou no lago do olvido. Até a "última rua" de Elliot Paul não existe mais. Da própria arte de Utrillo poder-se-ia afirmar, paradoxalmente, que ela já não existe.

Pois as obras da pintura existem para serem vistas. Mas as obras de Utrillo tornaram-se invisíveis.

Para vê-las seria necessário fazer viagens enormes, visitar os museus de Zurique e de Liège, de Chicago e de Toronto, no Canadá, e mesmo ali só se encontram telas de valor inferior e, às vezes, de autenticidade duvidosa. Mas basta olhar para o *catalogue raisonné* e verificar que os verdadeiros Utrillos, os Utrillos inesquecíveis que todos nós conhecemos por meio de reproduções, estão escondidos aos olhos profanos, nas coleções particulares do sr. Mayers, em Nova York, da sra. Camille Dreyfus, em Nova York, dos srs. Phillips e Hillman, em Nova York, da sra. Henry Church, em Washington, do sr. Hartfield, em Los Angeles. Foram levados para os Estados Unidos como troféus, conquistados em leilões e pagos a peso de ouro, e quem não tem tanto dinheiro como o sr. Hillman ou a sra. Church não tem o direito de contemplá-los, e a arte de Utrillo, apenas dez anos depois da sua morte, tornou-se invisível. Mas basta fechar os olhos e já podemos ver aqueles quadros, agora e para sempre.

Com uma janela aberta para outra realidade parece-se o quadro na parede. Tentando definir a obra de Maurice Utrillo ocorre logo a definição: é uma janela aberta para o céu de Paris. É o pintor da Place du Tertre, da Rue Mont-Cenis, da Rue Sainte-Marie, da Rue des Abbesses. Para definir a arte de Utrillo bastam, no fundo, três nomes de estações do Metro: Clichy, Pigalle, Clignancourt.

É o pintor de Montmartre que, no tempo da sua mocidade, ainda não era parque de diversões para turistas americanos, mas o protótipo de subúrbio pobre, decadente, coberto de neblina cinzenta atrás da qual se adivinham as branquíssimas cúpulas pseudobizantinas da Basílica de Sacré-Coeur e, do outro lado, mais longe, as torres da Notre-Dame de Paris. Eis o mundo de Utrillo: o mundo que ele pintou sem se cansar, infatigavelmente, quase mecanizado, mil grandes cartões-postais que o tornaram famoso no mundo, até Los Angeles e Toronto; e também há Utrillos no Museu Pushkin de Moscou e em coleções particulares do Japão. Foi o maior fabricante de "*souvenirs* de Paris". Mas se ele tivesse sido só isso... É claro que a "janela aberta para o céu de Paris" só o define em primeira aproximação. Não é só isso.

Definido só está o gênero da sua pintura. Foi, exclusivamente, pintor de arquiteturas: de casas e ruas. Tecnicamente o gênero é chamado *vedute*. É antigo. Precisa-se de *souvenirs* pintados de Paris. Também se precisava de *souvenirs* pintados de Veneza, e Antonio Canaletto os pintou, com fidelidade fotográfica, e depois Francesco Guardi molhou, por assim dizer, essas fotografias em água da Laguna e tornou-as nebulosas, e transformou as cúpulas e torres em visões fantásticas, e retransformou a cidade em Natureza. A pintura de *vedute* parece inspirada por estranha tendência para desprezar e depreciar o gênero humano. A ilha urbana de Guardi é como despovoada. Nos quadros de Canaletto, os transeuntes na rua são meros pontos pretos. Vazias de gente parecem as *vedute* de Amsterdã: o Dam de Berckheyde, a praça diante da Westerkerk que Van der Heyden pintou. Nos *interieurs* vazios e brancos das igrejas calvinistas holandesas, assim como as pintou o grande Saenredam, o pastor no púlpito e os fiéis embaixo dele parecem lamentáveis, pequeníssimos insetos, dispersos no espaço monumental que os devora. Entre os palácios e ruínas da Roma decadente do século XVIII, assim como os gravou o misterioso Piranesi, movem-se criaturas minúsculas, irreconhecíveis, sem caras, às vezes sem cabeças. Nos quadros de Utrillo já não há vida. As ruas estão vazias. As casas desabitadas. As igrejas fechadas. A alienação chegou ao auge. Eis uma segunda definição da arte de Utrillo, talvez já mais perto da verdade: é o pintor da decadência das grandes cidades neste século. É o pintor de subúrbios que caem aos pedaços. Sua arte é o pesadelo de um embriagado ou o sonho de uma criança que, tendo medo, canta no escuro.

Eis o Utrillo da lenda: uma grande criança, ficando criança até aos 70 anos de idade, passando a vida em permanente embriaguez. Acontece que este também é o Utrillo da verdade biográfica. A publicidade não exagerou. Ele foi aquilo mesmo, um espírito infantil em corpo velho, minado pelo álcool. Mas essa verdade da sua vida não nos deixa ver a verdade da sua arte. Essa boemia triste foi o destino melancólico do pintor, que a publicidade comercial dos *marchands* transformou em lenda romântica: quanto mais álcool, tanto mais infantilismo e tanto mais alto o preço dos quadros.

Os preços altos precisam de publicidade permanente e variada. As fábricas de automóveis inventam todo ano um novo modelo, depreciando o modelo antigo. No ramo da pintura servem para o mesmo fim as "fases". Um artista que se preza, hoje em dia, tem de mudar de fase todos os anos, ou, então, um ano sim, outro não. As necessidades comerciais explicam a história da "Escola de Paris". Os *marchands* e os críticos a seu serviço são responsáveis por muitas fases do fauvismo, cubismo, construtivismo, surrealismo, tachismo, monocromismo. Também proclamaram as fases de Maurice Utrillo: fase impressionista, fase branca, fase de transição, fase azul, outra fase de transição, etc., etc. Mas o próprio Utrillo, essa criança quase analfabeta, vivendo em permanente estado de intoxicação alcoólica, não tomou conhecimento das fases, transições e outros produtos da inteligência inventiva da Rive Gauche. O próprio Utrillo não era da Rive Gauche, do Quartier Latin, mas da Rive Droite. Era de Montmartre, mas não de Montparnasse. A justiça manda verificar que a arte de Utrillo nunca teve pontos de contato com a arte de Matisse ou Dérain, Picasso ou Braque, Dufy ou Léger (só quanto a Marquet existe um remoto parentesco). O filho ilegítimo da "Escola de Paris", da qual foi contemporâneo como por acaso.

Não há, realmente, fases na evolução de Utrillo e, no resto, muito pouco de evolução. Antes se verifica uma forte monotonia de homem teimoso. Não é exato que Utrillo tenha sido só e exclusivamente pintor do Montmartre. Também chegou a pintar outras ruas, outras casas, ruas de aldeias, igrejas de aldeias, catedrais de outras cidades. Mas foi como se nunca tivesse saído do seu lugar atrás da janela que dá para a Place du Tertre. Até a igreja de Lourdes, encravada nas montanhas, parece-se no quadro de Utrillo com uma igreja de Montmartre. A realidade atrás dos seus quadros não é deste ou daquele lugar. É uma realidade de ordem mais geral, incluindo as casas e as coisas de qualquer lugar que seja. É uma realidade composta de ruas, casas, muros, sobretudo de muros: desses terríveis muros leprosos que foram o pesadelo do pintor. Encarnações da idéia platônica do muro suburbano.

Utrillo não o tinha inventado. O verdadeiro artista não inventa nada. Transforma. O Montmartre de 1910, que Utrillo transformou, foi um cantinho especificamente escuro do mundo. Assim o descreveu um amigo daqueles anos, o pintor italiano Anselmo Bucci: "Pretas as pedras das calçadas. Pretas as portas das casas. Pretos os galhos de árvores doentes. Pretos os becos sem saída, os casarões em pedaços, os conventos abandonados, os muros dos cemitérios fechados. Pretos pareciam, sobretudo, os muros: pois eram muito sujos". Mas a tinta principal de Utrillo é o branco. Sua sinceridade ingênua não lhe permitiu usá-lo sem mistura com tintas pretas e cinzentas que evocam a realidade atrás da sua arte. Até a neve é suja em suas ruas de inverno. A canção é triste. Utrillo é um elegíaco. Mas do desespero romântico salvou-o sua fé: em sua vida, a fé católica, e em sua arte, a fé na tinta branca, o sonho da brancura. E em cima da suja Place du Tertre e da suja Rue Mont-Cenis olham para as nuvens as cúpulas pseudobizantinas da Basílica de Sacré-Coeur: feias, mas brancas.

O maior dos antepassados de Utrillo, em seu mais belo quadro, Francisco Guardi, na *Isola San Giorgio* do Museu Poldi Pezzoli em Milão, conseguiu dissolver em sonho de água e ar a realidade da laguna de Veneza. Utrillo conseguiu, em seus melhores momentos, dissolver em sonho de brancura a realidade suburbana do Montmartre, pesadelo de uma humanidade presa em grandes cidades decadentes. Sonho de neve branca, de uma casa branca, de uma igreja branca como o céu de uma criança enferma.

Integração latino-americana

O Estado de S. Paulo, 13 nov. 1965

Um grande escritor espanhol que vive há anos no México, Max Aub, fez no VI Congresso Internacional de Literatura, em Valescure, declarações que foram transcritas em toda a imprensa européia. Tratava-se de distribuir dois grandes prêmios literários, e houve discussões acaloradas em torno de candidatos italianos e franceses, alemães e espanhóis, norte-americanos e ingleses, mas todos reconheceram a presença inesperada de certos competidores formidáveis. Max Aub formulou a surpresa: "Há 50 anos, a literatura hispano-americana não poderia ter apresentado candidato nenhum, e seus melhores representantes apenas teriam, aos olhos do mundo, o valor de importadores de exotismos; hoje em dia, porém, a literatura hispano-americana é das mais importantes, e daqui a mais alguns anos talvez chegue a ocupar a primeira fila".

O número de traduções de romances latino-americanos, seu sucesso de livraria e as críticas confirmam a tese de Aub. Mas para nós ela não passa de um boato que ainda não chegou a estas plagas. Quem já procurou fazer conhecer melhor, no Brasil, os valores novos da literatura hispano-americana pode escrever o romance das suas decepções. Sei disso por experiência própria. Também sabem disso homens como Manuel Bandeira, Josué Montello, Leo Gilson Ribeiro, tantos outros. Mas, ignorando de propósito ou desprezando a literatura dos nossos vizinhos, temos o direito de queixar-nos quando, em certos anúncios de firmas norte-americanas, aparece o brasileiro "típico" com enorme chapéu mexicano na cabeça?

Não pretendo enumerar ou analisar todos os motivos daquela resistência. Descontando os elementos lingüísticos, políticos e psicólogos, vou limitar-me aos motivos puramente literários. Acontece que estes não são em grande parte literários, mas "sociais". Coloquei as palavras entre aspas para que ninguém pense em "social" no sentido de "sociológico". Os aludidos obstáculos à divulgação da grande literatura hispano-americana situam-se no terreno da "sociedade" e da "crônica social". Parte da resistência dos brasileiros realmente cultos à literatura dos vizinhos explica-se pela tenacidade com que nos querem impor falsas celebridades: um retórico como Santos Chocano, um sentimental como Amado Nervo, um cosmopolita-falso-regionalista como Ventura García Calderón e uma falange de poetas parnasianos dos quais cada um oficialmente festejado como maior "artista do verso" da respectiva república. Através dos Andes e outras barreiras ortográficas e hidrográficas, Academias de Letras apertam fraternalmente suas mãos de "grandes estilistas". Sendo todas as academias, por definição, um pouco sonolentas, as atividades funestas desse "intercâmbio pan-americano" são intensificadas por Institutos de Cultura, com conselhos compostos de pessoas gradas que não dão um tostão por literatura, mas dão a vida e muitos discursos por condecorações vistosas. Perde-se muito papel de boa qualidade, pois ninguém quer ler as traduções daqueles grandes poetas, publicadas com subvenções dos Ministérios das Relações Exteriores. Nesses ministérios costumam, aliás, ser numerosos os embaixadores, conselheiros, secretários e cônsules que também são grandes poetas ou romancistas notáveis e que ocupam, portanto, lugares privilegiados no orçamento daquele Intercâmbio. O caso mais recente deu-se com o Equador, país de poetas tão notáveis como Alejandro Carrión; mas como realmente grande foi-nos apresentado o poeta apenas bom Gonzalo Escudero que, por acaso, é ministro das Relações Exteriores da República.

O bom, diz o provérbio, é o inimigo do melhor. A desconfiança brasileira contra a literatura hispano-americana inspira-se, em parte, nos elogios exagerados de autores que têm mérito em suas pátrias mas que não são revelações fora das fronteiras e que, no dizer de Goethe, "não nos podem ajudar para nada". Com todo o respeito pelo poeta realmente grande e autêntico que foi Rubén Darío, é preciso dizer: para os hispano-americanos sua poesia sempre será a pedra fundamental da literatura moderna deles, mas para nós ela não é fundamental nem moderna. Por diversos motivos foi exagerado o valor de romancistas como Ricardo Güiraldes e José Eustacio Rivera, de poetas como Gabriela Mistral e Guillermo Valencia. Dentro das fronteiras de uma literatura o tempo se encarrega da retificação necessária, mas na transição para uma outra literatura, por exemplo para a brasileira, a publicidade oficial barra o caminho a traduções de autores mais necessários porque — para nós — mais originais, e de que não há equivalentes na literatura brasileira.

Seria, evidentemente, injusto negar o valor relativo dos autores citados; e verifica-se com satisfação que pelo menos alguns poetas e romancistas hispano-americanos já gozam, no Brasil, da estima merecida: Pablo Neruda e Nicolás Guillén, Rómulo Gallegos (não bastante lido, aliás) e Ciro Alegría. Mas é bom lembrar que devem a fama menos ao seu valor que a motivos políticos ou à publicidade de prêmios recebidos. Um caso muito especial e que não precisa ser discutido é o de Jorge Luis Borges, que começou a ser lido no Brasil quando já tinha alcançado fama internacional. É uma lição: há, na literatura hispano-americana, possibilidades de grandes descobertas, para quem se dá o trabalho de procurá-las.

O primeiro item das minhas reivindicações é a imensa obra novelística que acompanha desde 1910 até hoje a revolução mexicana. Os maiores entre esses romancistas são mais ou menos conhecidos no Brasil: Mariano Azuela e Martín Luis Guzmán. Mas serão melhor compreendidos como elos desse grande e coerente movimento literário, interpretação contemporânea do maior movimento histórico que a América Latina até hoje produziu. Azuela e Guzmán situam-se no meio de uma seqüência de romancistas que começou com Heriberto Frias e Jorge Ferretis e que continuou com Julio Torres, Rubén Romero, Gregorio Lopez y Fuentes, José Mancisidor, Maurício Magdaleno. Escrevendo breve artigo, estou na situação daquele professor de matemática que dizia aos alunos: "Não tenho hoje tempo para expor a prova do presente teorema geométrico, que é muito engenhosa, mas vocês sabem que não costumo mentir e juro solenemente que o teorema é exato e verdadeiro". Quanto ao caso do romance da revolução mexicana, tenho testemunhas: os críticos e leitores europeus que receberam com o maior interesse as traduções do mais novo dos romancistas mexicanos, Carlos Fuentes. Sua temática — a desilusão dos resultados da revolução — não é, aliás, nova. Mas nova é a temática e novo é o estilo do último romance de Juan Rulfo, *Pedro Páramo*, que surpreendeu a mais exigente crítica francesa e também causou profunda impressão na Alemanha e nos Estados Unidos.

Rulfo e Fuentes ainda estão para serem descobertos no Brasil. Não é este o caso do guatemalteco Miguel Ángel Asturias, cuja obra capital, *El Señor Presidente*, foi traduzida. É o romance (com o artigo definido) da ditadura latino-americana e uma obra de alto valor poético. Asturias já é uma figura internacional. Ao meu ver, só um outro romancista hispano-americano, entre os vivos, pode competir com ele: é o cubano Alejo Carpentier, sobre o qual já escrevi um artigo. Obras como *Los Pasos Perdidos, El Acoso, El Siglo de las Luces* são de primeira ordem, conquistaram o mundo. Carpentier, assim como Asturias, já inspirou teses universitárias a críticos norte-americanos (lembro a do meu amigo Seymour Menton, da Universidade de Kansas). No Brasil é de assinalar o trabalho realizado por Ricardo Navas Ruiz, que pertenceu à Universidade de São Paulo. Mas, principalmente: aqueles romancistas são na Europa muito lidos pelo público. Não acredito, porém, que a tradução brasileira de Asturias tenha tido todo o sucesso que merece, e Carpentier só será publicado pela Civilização Brasileira. Estamos, quanto à literatura hispano-americana, atrasados em relação à Europa.

Jorge Luis Borges, que hoje está incorporado à nossa consciência literária, passava durante muito tempo por "difícil": dificuldade vencível porque reside na complexidade labiríntica do seu pensamento. É diferente a dificuldade de Rulfo, Carpentier e, sobretudo, de Asturias, que é lingüística e estilística, de modo que as traduções são uma grande ajuda. Mas, em geral, o brasileiro tem a vantagem incalculável de ser leitor nato de obras escritas em castelhano. Essa vantagem deveria ser aproveitada para ler o que é intraduzível por definição: a poesia. Qual é a situação? Depois de cuidadoso reconhecimento do terreno, concluí que os hispano-americanos não têm, atualmente, um poeta comparável a Carlos Drummond de Andrade. Mas têm poetas de categoria parecida. O mexicano Octavio Paz é um deles. Outro, o guatemalteco Luis Cardoza y Aragón, do qual gosto tanto de citar os versos (aliás tipicamente romântico): *"El amor y la muerte son las alas de mi vida, / Que es como un ángel expulsado perpetuamente"*. Mas o presente artigo precisa de um desfecho positivo, e quem mo fornece é o colombiano Germán Pardo García, que se me afigura extraordinário. Nesse caso não tenho necessidade de citar aquele professor de matemática, posso dar a prova, citando os dois primeiros e os cinco últimos versos da poesia "Los Nombres":

> *"Ya sólo quedan los nombres*
> *donde estuvieron las casas (...)*
> *Olvidáronse las casas,*
> *y en este sereno tránsito*
> *hacia todo lo que asombra,*
> *el mundo se me hizo leve*
> *y divina la memoria".*

O futuro ainda não começou

O Estado de S. Paulo, 20 nov. 1965

Já se disse — parece-me que também eu o escrevi, certa vez — que um dos gêneros literários próprios do nosso tempo é a antiutopia. O século, deslumbrado com o progresso técnico-científico, esboçou utopias, imagens de um futuro em que pelas máquinas e pela organização todos os problemas sociais estariam resolvidos. O século XX, assustado pelo progresso técnico-científico, dá mais crédito a antiutopias, imagens de um futuro em que pelas máquinas e pela organização todos os problemas sociais estariam agravados até a vida ficar insuportável neste planeta. A mais conhecida das antiutopias é *1984*, de Orwell, que foi entendido como libelo contra o totalitarismo comunista e era, na verdade, uma denúncia histericamente exagerada do trabalhismo inglês. Teria merecido a mesma atenção o romance *L'Uomo è Forte*, de Corrado Alvaro, este, sim, dirigido contra o comunismo russo, na aparência, para atingir veladamente o fascismo italiano. Isaac Deutscher revelou, aliás, a fonte comum de Orwell e Alvaro: o romance satírico *Nós*, do exilado russo Zamiatin.

Apesar do grande sucesso de *1984*, as antiutopias não são leitura preferida de ninguém. Assustam. São livros desagradáveis. A maioria dos leitores desejosos de vislumbrar o futuro prefere as visões da *science-fiction* (assunto sobre o qual já escrevi e ao qual não desejo voltar tão cedo). Qual seria, pergunto, o resultado de um cruzamento de *science-fiction* e antiutopia? Deveria ser, ao mesmo tempo, terrificante e divertido; e, se o autor for uma grande inteligência, os elementos já existentes em nossa realidade poderiam fornecer-lhe documentação suficiente para esboçar um futuro que porventura já começou. Não conheci livro assim nenhum. Foi o ensaísta alemão Ernst Wilhelm Eschmann que me indicou um livro inglês, recente, que passou inexplicavelmente despercebido.

O autor chama-se William Olaf Stapledon. Não sei dele quase nada. Morreu em 1956. Seu romance fantástico, que não é tão fantástico, chama-se *Last and First Men*. Antecipa, como logo veremos, resultados recentes da cibernética e da construção de cérebros eletrônicos.

Também devo a Eschmann a observação de que o verdadeiro objetivo de Stapledon — e reside nisso seu antiutopismo — não foi a antecipação de desenvolvimentos futuros da civilização, mas uma crítica da civilização presente. Pensamos, por exemplo, em uma das doenças mais graves da cultura atual: a especialização tirânica. Logo, Stapledon nos oferece a imagem de uma civilização futura na qual uma determinada atitude cultural, a música, domina todas as outras: a sociedade exposta a essa dominação desintegra-se e sofre colapso em conseqüência de generalizada supersensibilidade acústica. Ou então, pensamos na luta, já quase terminada, contra as convenções e hipocrisias do passado; logo Stapledon nos apresenta uma sociedade na qual o tabu — de não falar "daquilo" e esconder "aquilo" — não atinge o sexo, mas a comida; uma sociedade cujos complexos neuróticos, perversões etc. se referem a pratos proibidos; na qual é vergonhoso comer publicamente; na qual se luta contra os Tartufos para libertar o estômago.

Não pretendo resumir o enredo todo de *Last and First Men*, que é complexo. Deixarei de lado os episódios relativos a partidos políticos e seitas religiosas do "futuro". Limitar-me-ei ao progresso técnico previsto por Stapledon, porque este já pode ser, em parte, verificado. Trata-se dos *computers* ou cérebros eletrônicos, aos quais o autor dá o nome de Grandes Cérebros.

O cérebro é o órgão específico do gênero humano. Pelo cérebro somos o que somos. Todo o resto é nossa herança biológica comum com os animais e seria, portanto, do ponto de vista humano, de importância secundária. E Stapledon prevê engenheiros biológicos ocupados em criar homens que são principalmente cérebros.

O primeiro Grande Cérebro foi criado, como não podia deixar de acontecer, por inseminação artificial, escolhendo-se espermas e óvulos especialmente selecionados. A gestação foi realizada em câmaras que imitam, de maneira aperfeiçoada, o útero feminino; e essa gestação foi dirigida no sentido de desenvolver parasitariamente o cérebro, às expensas dos outros órgãos e do resto do corpo. Aliás, "corpo" é maneira de dizer. Pois este foi substituído por um aparelho de matéria plástica e cimento armado, parecido com uma pequena torre, em cujos diferentes andares se realiza o mínimo de funções biológicas. Só o mínimo, pois o próprio cérebro é alimentado por sangue sintético, respiração artificial e energia elétrica. O pequeno monstro é imóvel. Depende de pessoas, infelizmente ainda criaturas humanas, que lhe prestam todos os serviços necessários. Mas o Grande Cérebro vê tudo, ouve tudo e sabe tudo, de modo que seus servidores são, na verdade, seus escravos que ao menor sinal de desobediência podem ser esmagados. Naturalmente um Grande Cérebro tão poderoso não fica satisfeito com a dominação sobre seu pessoal doméstico. Começa a apoderar-se da sociedade inteira. Devora — como um orçamento militar moderno — todo o produto social, destinando-o a pesquisas, trabalhos etc. que exigem a maior especialização, mas cujos verdadeiros objetivos só o próprio Grande Cérebro conhece. Para garantir sua tirania, o Grande Cérebro manda construir outros Grandes Cérebros, seus pares e aliados, sediados em alturas inacessíveis das montanhas ou em profundezas insondáveis da terra. Enfim, o pobre resto da humanidade se insurge contra esse despotismo aperfeiçoado. Mas não adianta. Pois os Grandes Cérebros pré-calcularam a revolta, o que lhes permite sufocá-la com facilidade.

A parte menos satisfatória do romance de Stapledon é a última, o desfecho: os Grandes Cérebros, sentindo e ressentindo amargamente sua incapacidade de amar e sua insensibilidade à arte, à música, à literatura, a tudo enfim que possa ter objetivo acima da utilidade técnica, começam a odiar o pobre gênero humano que, embora espoliado, possui ou possuiu tudo aquilo. Destroem diabolicamente a humanidade e deixam sobreviver apenas uns restos que são enjaulados em "jardins humanológicos", onde servem como objetos de experiências fisiológicas e de vivissecção emocional, e são expostos a questionários sociológicos. O autor não percebeu a contradição psicológica entre a insensibilidade emocional dos seus monstros e os sentimentos de ódio que lhes atribui. Mas pode-se escrever um romance sobre pessoas que não são pessoas?

Como seria, porém, se expuséssemos a estudos sociológicos os próprios Grandes Cérebros? O resultado é previsível: o grupo de monstros que a imaginação de Stapledon inventou é a imagem perfeita de uma elite dominante. E agora o assunto vira sério: pois essa elite já existe.

O respectivo estudo sociológico — que não tem nada de antiutopia nem de *science-fiction* — é de autoria do americano Donald N. Michael. Chama-se: *Cybernation: The Silent Conquest.* Foi encomendado pelo Center for the Study of Democratic Institutions, em Santa Bárbara (Califórnia), e publicado com subsídio da Ford Foundation. É um folheto de apenas 41 páginas, só estatísticas, cálculos e conclusões, e fez sensação nos Estados Unidos (dezembro de 1963), de modo que em poucos meses saíram três edições.

A sensação foi causada pelo profundo pessimismo econômico de Michael. Em geral, os técnicos apresentam a automação como alívio formidável para o gênero humano, que se poderá dedicar a trabalhos menos penosos que os executados pelas máquinas eletrônicas, *computers*, etc. Michael focaliza, porém, o inevitável e crescente desemprego. E, sendo que uma determinada percentagem de desemprego estrutural e permanente já constitui problema social nos Estados Unidos, a previsão de Michael foi fortemente discutida.

Prestou-se menos atenção às conclusões sociológicas do autor, no capítulo intitulado "Decisões e Opinião Pública". A ciência que criou as máquinas eletrônicas é difícil e complexa. Sempre só será acessível a um número reduzido de especialistas, de iniciados. Só estes sabem construir, manobrar e, eventualmente, consertar os aparelhos. Só eles saberão compreender e interpretar os resultados fornecidos pelas máquinas, assim como só um radiologista sabe diagnosticar a doença que o raio X revela. Só aqueles especialistas saberão tudo: e saberão tudo antes que os outros; ou saberão mesmo o que os outros nunca chegarão a saber. Michael conclui que "não será fácil impedir que as decisões baseadas em resultados eletrônicos cheguem a substituir as decisões baseadas na vontade da democracia".

Comparando-se a ficção de Stapledon e a sociologia de Michael, ocorre o título de livro de Robert Jungk que virou proverbial: *O Futuro já Começou*. A frase é gramaticalmente insustentável, porque o sujeito e o tempo do verbo são incompatíveis. Mas a frase tampouco resiste à análise sociológica: pois os cientistas de Michael não são comparáveis aos monstros de Stapledon. Não são máquinas, mas criaturas humanas, vulneráveis e, até, substituíveis. Num país europeu em que a automatização já fez grandes progressos, conta-se a piada do chefe que foi aposentado porque o trabalho de chefia tornara-se "autômato". Não: o futuro ainda não começou e aquele futuro, se não o queremos realmente, não começará nunca, e Stapledon e Michael poderão citar a famosa frase de Ludovic Halévy que já me consolou em muitas horas graves: "*Je m'aperçois que j'ai passé ma vie à annoncer des catastrophes qui ne se sont jamais produites*".

Ulysses enfim traduzido

O Estado de S. Paulo, 15 jan. 1966

Amigos e inimigos, admiradores e detratores concordam: *Ulysses*, seja obra-prima homérica, seja epopéia dantesca em prosa, é um livro de importância excepcional. Apenas as conclusões são diferentes. Alguns consideram-no como o maior romance de todos os tempos, cume e suma do gênero; quando *Ulysses* foi publicado, todos os romances então já existentes teriam perdido algo do seu valor, ou antes, porém, lembram-se da frase, atribuída a Kierkegaard ou a Marx, de que "toda fase histórica termina com a paródia de si própria"; e vislumbram em *Ulysses* o ponto final da história do romance, desse gênero típico da burguesia.

Que dirá, em face de julgamentos tão divergentes, o leitor desconcertado? Sentar-se-á à mesa para ler a obra e ver. Mas aí começa desconcerto maior. Pois não é possível ler essa obra. Conforme critérios comuns, seria *Ulysses* um livro ilegível.

James Joyce, natural da Irlanda, usava, assim como a grande maioria dos seus patrícios, a língua inglesa. Presume-se que sua obra também esteja escrita na língua de Shakespeare. Mas não é tanto assim. Imaginem uma língua inglesa misturada com fragmentos de dialeto irlandês e de vários outros dialetos das ilhas britânicas; salpicada com expressões das gírias de vários grupos, inclusive de grupos que não costumam exprimir-se literariamente; imaginem esse complicado produto lingüístico entremeado de inumeras citações e alusões veladas, da Bíblia e dos filósofos escolásticos até Carlyle e Ruskin, e não apenas de leituras inglesas, mas também de obras escritas em grego, latim, francês, italiano, espanhol, alemão, hebraico, sânscrito, neogrego e paleoeslavo, em parte citadas no original, empregando-se sem cerimônia palavras de todos esses idiomas, às vezes combinadas com palavras inglesas de aparência fonética semelhante: enfim, misturado com tudo isso mais um idioma inédito, composto de vocábulos da própria lavra de James Joyce — e terão os leitores uma pálida idéia da dificuldade de ler *Ulysses*.

Mas é preciso ler *Ulysses*, a obra literária mais fantástica — em todos os sentidos — do século XX, que os críticos citam como se diz "amém" na igreja, mesmo quando não a leram. Mas agora, enfim, *Ulysses* será lido no Brasil. Nunca se poderá dizer bastante do heroísmo desse admirável Antonio Houaiss que traduziu a obra para o português, ficando fiel ao gênio lingüístico de Joyce sem trair a língua portuguesa; nem da coragem admirável do editor Ênio Silveira, que empenhou sua energia toda na publicação da obra. Dezembro de 1965 talvez seja uma data marcante na história da literatura brasileira, porque nele se editou *Ulysses* no Brasil — assim como é uma data histórica de excepcional importância o dia 16 de junho de 1904, que nenhuma obra historiográfica registra.

Pois durante o dia (e a noite) de 16 de junho de 1904 desenrolam-se os acontecimentos "trágicos, cômicos, históricos, pastorais, pastoral-cômicos, histórico-pastorais, trágico-históricos, trágico-cômico-histórico-pastorais" — como diria Polonius — apenas a história de um dia, daquele 16/6/1904, na vida de Leopold Bloom e Stephen Dedalus, na cidade remota e provinciana de Dublin, descrita como se fosse o centro do mundo e aquele dia o dia mais importante na história do gênero humano. Na verdade, apenas são as recordações da mocidade dublinense do pequeno professor de línguas James Joyce, voluntariamente exilado em Trieste. Mas, durante as 700 páginas do romance, Dublin é mais importante que Roma e o dia 16/6/1904 uma real data histórica. *Ulysses* é a suma da nossa época.

Ulysses precisa ser lido, evidentemente, com a maior atenção. O próprio Joyce achava, porém, que isso não bastava. Declarou ao crítico Max Eastman que os leitores deviam dedicar a vida inteira ao estudo da obra. Francamente! Para reagir, invoco o espírito de heresia do herético James Joyce. Não quero, não. Já li *Ulysses* no original, utilizando uma coleção de dicionários e dirigindo consultas a amigos ingleses e irlandeses. Agora vou reler o romance, não sei por quantas vezes, na tradução de Antonio Houaiss. Mas estou firmemente decidido a aproveitar para outras coisas o resto da vida.

Facilitaram-me a leitura os comentários. Há muitos: o de Stuart Gilbert (autorizado pelo próprio Joyce), o de Richard Ellmann (que conhece todas as ruas e casas de Dublin e interrogou todos os contemporâneos que figuram na obra como personagens) e outros. A bibliografia sobre Joyce e *Ulysses* é enorme. O assunto é mesmo inesgotável. Também já contribuí com algumas pedrinhas para o *monumentum aere perennius*: escrevi sobre o anticatolicismo católico-herético de Joyce, publiquei alguns documentos menos acessíveis sobre a vida obscura de Joyce em Trieste, comparei *Ulysses* com o *Baldus*, a epopéia cômico-heróica, escrita em língua macarrônica (meio latim, meio italiano), na qual o monge Teofilo Folengo, egresso do convento assim como Joyce fugiu do colégio dos jesuítas, manifestou e eternizou sua *acedia*. Onde se abre *Ulysses*, encontra-se algo de notável, inclusive a primeira página das edições americanas que transcreve, para confisco por autoridades zelosas, a sentença do juiz John M. Woolsey, U. S. District of New York, de 6 de dezembro de 1933: pois a história da publicação de *Ulysses* é capítulo importante da história das lutas da literatura chamada "obscena" contra a estupidez da censura.

Entre os inúmeros livros sobre Joyce um dos melhores é o pequeno volume do crítico americano Harry Levin, que define o estilo de *Ulysses* como síntese de naturalismo e simbolismo. É uma definição admirável que situa a obra historicamente como desfecho do século XIX (Joyce era admirador do naturalista Ibsen e do simbolista Yeats). Mas, se fosse só isso, *Ulysses* seria apenas um grande documento do passado literário; e sabemos que Joyce é, ao lado de Kafka, o escritor mais influente da vanguarda de nossa época. É preciso tomar *cum grano salis* a definição de Levin. O naturalismo de Joyce, que se manifesta na inclusão de tudo que é feio, grosseiro, brutal e estúpido na vida e na língua, é transfigurado pelo seu simbolismo de tal modo que as realidades desta vida aparecem desrealizadas, fantasticamente monumentalizadas. Mas o simbolismo de Joyce também inclui todas as trivialidades da vida dublinense de 1904, realizando o maior milagre da arte: dar ao contingente uma vida eterna. Joyce é, conforme o julgamento severo de T. S. Eliot, o maior mestre da língua inglesa desde os tempos de Shakespeare: julgamento que determina a categoria de sua obra.

Estou arrependido. Não se deveria escrever um artigo sobre *Ulysses*. Por definição é *Ulysses* um livro sobre o qual só se poderia escrever outro livro. Quem seria capaz de resumir em poucas linhas esses capítulos, grandes como blocos, da Odisséia de Leopold Bloom e da *Telemaquia* de Stephen Dedalus: a manhã, o banho, a viagem para o cemitério e o enterro, a cena na redação, a cena na biblioteca, o desfile das ruas de Dublin, o lanche no hotel, o marujo no bar, a mocinha na praia, a visita à maternidade, a cena infernal no bordel, o encontro na cozinha, o interminável monólogo interior de Molly, mulher infiel e espírito da Terra, com que a obra termina? É sabido que Joyce construiu o romance seguindo cuidadosamente a composição da *Odisséia*. Mas quanto à categoria, a arquitetura de *Ulysses* só me parece comparável com a da *Divina Comédia*.

Ulysses é a *Divina Comédia* do nosso tempo. Pouco de Paraíso, mais do Purgatório e muitíssimo do Inferno. É, entre todas as obras modernas que conheço, a mais amarga, a mais desconsolada, a mais trágica — e, no entanto, não é uma tragédia: é um romance. Há em sua soberba ironia algo do espírito do arquiromancista: de Cervantes. Não estão de todo errados aqueles que acreditam perceber, atrás da face trágica de *Ulysses*, o cerne cômico: a paródia do gênero do qual a obra é a obra-prima. Dante também foi grande humorista (Inf., XXI, XXII). Joyce é grande parodista. *Ulysses*, com sua mistura de todas as línguas, é uma obra babélica e babélica é sua paródia do salmo dos judeus que sentaram "sôbolos rios de Babilônia": "*...and they sit down by the waters of babalong*". A Bíblia continua: "...e choraram". Mas Joyce termina: "*...and laugh*".

"Sentaram-se sôbolos rios da Babilônia e se riam". A última palavra da tragédia é o riso, como no *Falstaff* de Verdi: *Burla è tutto nel mondo, nel mondo*... A última palavra da Odisséia de James Joyce não pertence a Leopold Bloom nem a Stephen Dedalus, os dois *wayfarers* como o viajante Simbad que em Joyce sempre muda de nome: "Simbad, Timbaud, Rimbad, Himbad, Fintab, Sintab, Limbad". A última palavra pertence a Molly, a mulher que sempre é a mesma, assim como sempre é o mesmo o rio da vida.

O silêncio de Kafka

O Estado de S. Paulo, 12 fev. 1966

A época das grandes interpretações globais da "Obra" de Franz Kafka já passou: *homo religiosus* ou moralista radical, profeta pós-bíblico ou visionário surrealista, crítico de estruturas sociais ou caso psicanalítico — as discussões infinitas não produziram nem produziriam soluções inequívocas. Não interessa continuá-las. A hora é das pesquisas monográficas.

Martin Walser (*Franz Kafka, Descrição de uma Forma*, Munique, 1962) examinou fenomenologicamente a *Gestalt* das obras. Heinz Ladendorf *(Anuário do Museu Wallraf-Richartz,* Colônia, XXV, 1964) estudou o papel das formas arquitetônicas (castelo, catedral, muro chinês, labirinto, subterrâneo, prisão) na imaginação de Kafka. Christoph Bezzel (*A Natureza em Kafka*, Erlangen, 1965) classifica as imagens e metáforas. É um bom começo. Mas o fundamento continua inseguro, enquanto não estiverem esclarecidas as relações entre Kafka e Max Brod. Não se trata das relações pessoais entre os dois amigos. Devemos a Brod a sobrevivência das "Obras", que chegaram às nossas mãos só pela decisão de Brod, como testamenteiro de Kafka, de desobedecer ao testamento e deixar de destruir os originais manuscritos. Ele representa aquilo que na paleografia se chama de "tradição dos manuscritos". Como Brod os tratou? É a tradição fiel? E compreendeu ele fielmente os textos?

A discussão desse tema está há muito aberta. Ainda voltarei aos ataques de Brod, adepto de um judaísmo esperançoso, contra interpretações existencialistas ou semicristãs da "Obra" do seu amigo. Mas parece-me que não encontraram a devida atenção as pesquisas do crítico flamengo Herman Uyttersprot, publicadas, primeiro, na revista *Vlaamse Gids* (Antuérpia, XXVIII/9, setembro de 1954, e XXVIII/10, outubro de 1954) e depois como brochura (Antuérpia, E. de Vries-Brouvers, 1957). O crítico demonstrou que Brod cometeu erros graves no arranjo dos capítulos, dentro dos romances de Kafka; e muita coisa que se afigurava misteriosa ao editor das obras póstumas torna-se clara pelo rearranjo dos textos. É necessário voltar aos manuscritos.

Um inglês chamou Kafka de protótipo das *displaced persons*. Também há motivo para falar em *displaced manuscripts*. Em 4 de abril de 1961, a sra. Mariane Steiner, sobrinha de Kafka, depositou todos os manuscritos na Bodleian Library, da Universidade de Oxford. Até então, tinham sido guardados num cofre de um banco em Zurique. Ali os tinha depositado o editor Salmon Schocken, em 1956, quando no momento da crise do Suez não pareciam bastante seguros na Schocken Library em Jerusalém. Quem os tinha confiado a essa biblioteca foi o próprio Brod quando devia, em 1939, fugir de Praga, ocupada pelos nazistas. Era a segunda "fuga dos manuscritos", pois encontravam-se desde 1924 em Berlim, onde Brod os entregara à editora Die

Schmiede, publicando sucessivamente *O Processo*, *O Castelo*, *Amerika* e dois volumes de contos e novelas, desobedecendo ao testamento em que Kafka o encarregara da destruição dos manuscritos.

Sempre o testamento: no epílogo da 1ª edição de *O Processo* o próprio Brod transcreveu as palavras, inequívocas, deixadas pelo amigo: "Tudo isso, sem exceção, tem de ser queimado, e será melhor ninguém lê-lo antes". Mas Brod leu. Guardou. Publicou.

Conta que Kafka, muito antes de falecer, lhe comunicou o conteúdo das disposições testamentárias e que ele, Brod, lhe teria respondido: "Nunca farei uma coisa dessas". Kafka sabia, portanto, que Brod, como testamenteiro, desobedeceria; e teria nomeado outro testamenteiro, se aquilo fosse realmente sua vontade. Mas não fez. Então, conclui Brod, Kafka não quis, seriamente, que os manuscritos fossem destruídos; tinha, apenas, dúvidas quanto ao valor das obras ou, como diz Brod, "uma insatisfação íntima". Mas essa insatisfação era infundada. Brod leu e achou que não se tratavam de obras "insatisfatórias" e, sim, de obras-primas da literatura universal. Viu que Kafka se tinha enganado. E retificou o erro, publicando as obras.

O problema moral é dos mais difíceis. Sua solução depende da interpretação dos termos: "obras-primas da literatura universal". Aquilo que Brod explicou são realmente grandes obras literárias; e, nesse sentido, nossa dívida de gratidão para com ele é imensa. Literatura é algo que, por definição, se destina a ser publicado. Mas acontece que Kafka não quis que aquele "algo", de sua autoria, se publicasse. A única conclusão possível é a seguinte: Kafka não considerava suas obras manuscritas como literatura; e sua insatisfação íntima não se referia — como acreditava Brod — ao valor literário.

Pode aquilo que Kafka escreveu ser considerado como literatura? É possível imaginá-lo negociando com editores, autografando publicamente exemplares dos seus livros, lendo as críticas das suas obras nos jornais, comunicando aos colunistas onde passará as férias, dando entrevistas, fazendo discursos, fardado, numa Academia de Letras, ou mesmo recebendo em Estocolmo o Prêmio Nobel? É impossível imaginá-lo.

Max Brod, escritor de categoria e penetrante inteligência crítica, era bem capaz de diagnosticar o alto valor literário das obras de Kafka. Mas por isso mesmo não compreendeu a "insatisfação íntima" do autor dessas obras ao ponto de querer destruí-las. E pelo mesmo motivo não compreendeu tampouco os motivos daquela insatisfação. Brod diverge violentamente daqueles que explicam a "insatisfação íntima" como efeito da descrença de quem quer crer e não pode crer, esse desespero unamunesco de *"creo, confio en ti, Señor; ayuda mi desconfianza"*. No seu livro *Desespero e Redenção na Obra de Franz Kafka* (Frankfurt, 1959), Brod afirma: Kafka não teria sido um poeta da falta de fé, mas da provação da fé como Jó. Mas será que a dúvida de Jó recebeu jamais uma resposta decisiva? A interpretação existencialista poderia ser, talvez, refutada. Mas irrefutável e irrefutada é a determinação da posição de Kafka, conforme o *article quinzième* dos *Pensées*, de Pascal: nem crente vitorioso, nem ateu desesperado, mas sabendo-se julgado sem ver a perspectiva da Graça (v. Fred Hoentzsch, in: *Hochland*, XXXI/8, maio de 1934). Essa posição de Julgamento sem Graça é exatamente a do mundo moderno, e porque Kafka a descreveu, com tanta precisão, é ele não o poeta ou o romancista, mas o porta-voz do mundo moderno.

Essa precisão e exatidão de Kafka — os grandes realistas, Kleist, Flaubert, eram sua leitura preferida, seus modelos — justificam a definição do seu estilo como "quase científico". Max Bense (*A Teoria de Kafka*, Colônia, 1952) lembra-se, ao ler Kafka, do neopositivismo do "Círculo de Viena" e do seu fundador ou inspirador Ludwig Wittgenstein, autor do *Tractatus Logico-Philosophicus*. Essa aproximação não encontrou muitos adeptos, e por vários motivos. Não podia ser compreendida por aqueles que em Wittgenstein só reconhecem o pensador radicalmente cientificista da lógica simbólica e da física experimental das perguntas e respostas positivas: daqui, realmente, nenhuma ponte leva para a posição de Kafka. Mas a exclusão radical de todas as perguntas e problemas que não permitem respostas positivas e exatas devia levar, enfim, ao emudecer em face das questões mais vitais. Essa tendência para o emudecer — que existe no *Tractatus Logico-Philosophicus* — não foi levada a sério pelos leitores de Wittgenstein; ou, então, foi interpretada como declaração de falência espiritual: assim como o testamento de Kafka.

A proximidade é maior do que se pensava. Num lugar pouco acessível (*Australian Journal of Philosophy*, XXIX/2, agosto de 1951), um ex-aluno de Wittgenstein contou, em artigo a propósito do falecimento dele, uma pequena parábola que se lembrava de ter ouvido, contada pelo filósofo. Querendo explicar a ilusão das perguntas falsas e sem possibilidade de serem respondidas, Wittgenstein contou a seguinte parábola (que poderia ser inventada por Kafka): "Um homem encontra-se num quarto, do qual pretende sair. Vê, diante de si, várias portas de saída. Pretende abri-las, uma por uma, mas não consegue. Pois não são portas verdadeiras, mas portas pintadas na parede. Enquanto isso, existe atrás do homem uma porta real. Para encontrá-la — e sair — só é preciso virar-se". Mas isto, acrescentou Wittgenstein, é difícil.

Kafka tampouco admitiu as "portas pintadas": a arte, a literatura. Nada daquilo que pode ser dito e escrito. "Virar-se" em vez de "dizer". A literatura, para ele, não tinha sentido literário. Daí a "insatisfação íntima" com tudo que se podia dizer e que ele tinha dito. Eis o sentido do seu testamento, ao qual Brod desobedeceu porque, sendo ele próprio escritor, achava — com toda a razão — grande aquilo que Kafka dissera.

O incompreendido testamento de Kafka, porém, coincide exatamente com a última proposição do *Tractatus Logico-Philosophicus*: "Sobre aquilo de que não é possível falar, é preciso guardar o silêncio".

A época ótica

O Estado de S. Paulo, 19 fev. 1966

Um dos aspectos característicos da situação literária contemporânea é a desconfiança contra a língua; a suspeita de a língua ter ficado impotente para dizer o que hoje é preciso dizer; o desespero com a língua; a vontade de fugir das línguas existentes ou o desejo de criar novas línguas ou a veleidade de destruir a língua.

A tentativa de criar línguas novas: primeiro, Mallarmé e George; depois, Michaux; depois, Queneau; também os esforços para transformar a língua existente, em escritores tão diferentes como Joyce, Gadda, Guimarães Rosa. O grito (em vez da língua articulada) dos expressionistas. A poesia assintática, de Cummings até os concretos. Max Bense como testemunha principal, e repito: Max Bense como testemunha principal porque seu nome voltará a ser citado.

Os conservadores estão indignados. Estabelecem uma equação: dissolução da língua igual, a dissolução da coerência do nosso mundo. Encontram os dois fenômenos juntos em Samuel Beckett. Mas também já vi uma árvore genealógica dessa tendência destruidora moderna, denunciando-se a separação da *res extensa* e da *res cogitans* em Descartes como origem do mal. Essa perspectiva histórica parece-me totalmente errada; com o mesmo direito se poderia denunciar a substituição, na física, das frases descritivas pelas fórmulas matemáticas que não podem ser traduzidas para a língua de gente. Mas o anátema lançado contra Descartes tem o mérito relativo de lembrar-nos que a luta dos poetas contra a língua não é de hoje. A "crise da língua" quase é de sempre.

Por motivo muito diferente da meditação sobre o presente assunto li há pouco o livro de Alberto Del Monte: *Studi sulla Poesia Ermetica Medievale*; e encontrei na discussão do *trobar clus* dos trovadores provençais do século XII os mesmos argumentos e contra-argumentos da discussão contemporânea. Comparei-os com a teoria da *metaphysical poetry* e os *Fragmentos* de Novalis; com a luta titânica contra a língua, documentada na *Correspondência* de Flaubert; com o desespero lingüístico dos poucos simbolistas autênticos. E desembarquei na teoria de I. A. Richards que me parece irrespondível: as dificuldades de todos os poetas de todos os tempos explicam-se como conseqüências de tentativa de usar um meio de comunicação geral, a língua, como recurso de expressão inteiramente pessoal, individual. A crise da língua é fenômeno historicamente generalizado. Em nosso tempo, a aparente profundidade maior dessa crise é produzida pela tendência realmente nova de consagrar a crise em vez de lutar contra ela. Eis a raiz voluntarista do pessimismo de um Beckett. Mas é um pessimismo infundado. O velho mundo, cuja expressão estava organizada pela língua, poderá ser destruído. Mas não haverá, por isso, o vácuo total. Um mundo novo já se encontra em construção: o mundo ótico.

Vários críticos da civilização contemporânea já observaram o fenômeno. Houve quem o explicasse pela perda gradual da faculdade da "atenção": o homem moderno é criatura essencialmente "distraída", pelo fluxo ininterrupto das imagens da publicidade, pela acumulação de notícias heterogêneas numa página de jornal, pela mudança caleidoscópica dos aspectos e ruídos da rua; já teria perdido a capacidade de acompanhar estruturas mais complexas, ler um livro até o fim, etc.; e chega a preferir às concatenações lógicas da língua escrita e falada as imagens isoladas da ótica. Há um grão de verdade nessa teoria da "perda de atenção". Mas os fenômenos descritos são, em conjunto, poderosos demais para permitir uma interpretação tão unilateralmente negativa.

Já satisfazem mais as explicações de Karl Pawek, de cujo livro *A Época Ótica* tomei emprestado o título do presente artigo. É sobretudo valiosa a observação de que na vida intelectual contemporânea a pintura ocupa o lugar primordial, a primazia que pertencia antigamente à literatura (e, na Alemanha, à música). Também se explica assim a predominância do abstracionismo, que é pintura por excelência: a justaposição das cores sem qualquer referência a dados extrapictóricos é o triunfo da pintura "pura" e significativa ao mesmo tempo, a abolição dos nexos lógico-sintáticos que é própria da época ótica.

Como a pintura, assim o desenho. Nesta altura não há mais lugar para considerações de valor estético. A falta daquele nexo é o *tertium comparationis* entre a pintura e o desenho, inclusive entre pintura de alta qualidade e, por outro lado, desenho vulgar. Vamos deixar de encarar os *comics* e as histórias em quadrinhos como instrumentos para perverter as crianças e adolescentes e para emburrecer os adultos. São um símbolo cultural de uma civilização na qual é possível estabelecer o nexo lógico — com perdão do adjetivo — entre imagens com um mínimo de palavras e mesmo sem palavras. Parece-me que gerações anteriores, digamos 60 ou 80 anos atrás, não teriam sido capazes de entender uma história em quadrinhos assim como hoje qualquer criança a entende. O mesmo vale para a cinematografia: um público qualquer, em que a inteligência certamente não tem maioria, entende com a maior facilidade as rápidas transições de imagens, mesmo sem ajuda de diálogo ou de legendas e sem perder o fio do enredo. Teriam nossos avós ou bisavós entendido? Duvido muito. E a cinematografia, arte visual, ótica, por excelência, é o produto artístico mais típico da nossa época.

A mesma tendência em direção ao ótico é responsável pela vitória da TV sobre o rádio. Conhecedores de certos ramos da composição serial acrescentariam que é o caso paralelo ao de música que não se destina a ser ouvida mas a ser lida. Talvez. Mas certamente pertence à mesma categoria de fenômenos uma poesia que não poderia ser entendida sem ser vista no contexto da página: isto é, a poesia concreta, tipograficamente determinada. Seu ideal é o ideograma, cuja vitória total significaria a volta para uma época na qual imagens desempenharam o papel do alfabeto. O que — preciso repeti-lo — não é uma apreciação de valor estético, mas verificação de um fato.

Todas essas artes do século XX representam tentativas de orientar-se no mundo por meio de imagens visuais (ou de arrumação visível de coisas) em vez de orientação por meio da lógica sintática. E assim chegamos a um resultado: a revolta contra a língua é, apenas, revolta contra um dos elementos constitutivos da língua — contra a sintaxe.

A chamada crise da língua é, na verdade, uma crise do pensar lógico, pois língua sem sintaxe é, por definição, alógica. E concluímos: nesta época, a ótica ocupa ou pretende ocupar o trono da razão. Eis uma definição da época ótica.

Deixo de lado a crítica de Lukács, que interpretaria de maneira sociológica esse irracionalismo. É mais urgente citar Max Bense e seu novíssimo livro *Ungenhorsam der Ideen* (*Desobediência das Idéias*, Kiepenheuer, Colônia), em que esse grande apóstolo da época ótica ataca, em nome da civilização técnica, o irracionalismo social, filosófico e religioso. Bense vai até preferir o comunismo e o ateísmo porque são "mais razoáveis". Ninguém precisa acompanhá-lo até esse ponto; seria mesmo possível resistir a essas conclusões em nome da "desobediência das idéias". Mas continuará memorável o fecho de Bense: "Estou escrevendo para intelectuais, isto é, contra o emocionalismo e apelando para a consciência clara. Suponho a pureza original e a continuabilidade do pensar neste mundo; e quero ser ouvido por aqueles que consideram os atos da razão como legítimos objetivos humanos e preferem uma conclusão lógica a uma profissão de fé". São objetivos que não poderiam ser alcançados sob a dominação tirânica e irracional da ótica.

O mundo de Morel

O Estado de S. Paulo, 26 mar. 1966

As idéias fixas são, como se sabe, irresistíveis. Mas não pretendo mesmo resistir à minha idéia fixa de fazer algo pela aproximação literária entre o Brasil e os países hispano-americanos. Já fiz algum esforço quanto a Alejo Carpentier, Miguel Ángel Asturias, Juan Rulfo, Carlos Fuentes. Já não é preciso divulgar no Brasil o nome de Jorge Luis Borges, bastante conhecido e muito admirado, embora pouco traduzido. Se ainda acrescento nomes como Pardo García ou Alejandro Carrión, o sentido da seleção é claro. Trata-se, por um lado, de evitar uma pseudo-aproximação por meio da tradução de medalhões acadêmicos e diplomáticos; só prejudica. Por outro lado, convém relegar para o segundo plano a divulgação de obras que, embora boas ou mesmo muito boas, têm equivalentes na literatura brasileira. Se nos limitássemos à tradução ou divulgação dos numerosos e às vezes ótimos poemas modernos e romances e contos regionais-sociais que a América espanhola tem produzido, facilitaríamos a compreensão, ao preço de inspirar aos leitores brasileiros a impressão: "Mas isso também temos". A seleção tem que escolher, portanto, aquilo que é muito bom e que não temos assim. É o caso do argentino Adolfo Bioy Casares.

Bioy Casares é amigo de Jorge Luis Borges: amizade que vale como letra de crédito de confiança literária. Juntamente com Borges dirige, para a editora argentina Emecé, uma coleção de traduções de romances policiais, principalmente ingleses, excluindo os meros *thrillers* e o gênero em que triunfa a brutalidade física, preferindo as obras em que predomina a fria dedução lógica ou então uma erudição rara, mesmo abstrusa. As obras do próprio Bioy Casares já foram classificadas como romances policiais, embora em nível superior. Querem um exemplo? Pelas conhecidas dificuldades de arranjar no Brasil livros hispano-americanos, não conheço todas as obras de Bioy Casares: sinto não ter lido *La Trama Celeste, El Sueño de los Héroes, Historia Prodigiosa*.

Aliás, todas as narrações de Bioy Casares são histórias prodigiosas, histórias para espantar. Cito, como exemplo, "El Perjurio de la Nieve": a história de dois aventureiros, do jornalista Villafañe e do poeta Oribe, dos quais um, em noite escura de inverno da Patagônia, violentou a filha de um rico fazendeiro. A moça morre; e o pai, impulsado pela sede de vingança, persegue o poeta até o Chile, onde o mata. Na prisão, o assassino recebe a visita de Villafañe, que lhe inspira diabolicamente uma dúvida: como sabia que Oribe tinha sido o culpado daquela noite? Talvez fosse o outro, o próprio Villafañe? E o fazendeiro teria assassinado um inocente? A dúvida leva o desesperado a suicidar-se. Mas nós outros, os leitores, não saberemos nunca quem foi realmente o culpado. É um *mystery*, um romance policial, mas sem a essencial parte final de um *whodunit:* sem solução.

A mera aparência de romance policial também define "Plan de Evasión": passa-se no famoso presídio francês em Cayenne, cujo governador Castel tortura e mata os presidiários por meio de requintados engenhos de efeito psicológico, "sinfonias de cores". Logo se pensa na *Colônia Penal*, de Kafka. Mas Bioy Casares não é nenhum Kafka. As preocupações metafísicas e morais do grande escritor praguense não parecem, pelo menos em "Plan de Evasión", preocupar o escritor argentino. Os chamados "discípulos de Kafka" são muitas vezes assim e justamente os mais engenhosos: um Buzzati espiritualiza temas kafkianos; Bioy Casares prefere transferi-los para o reino da *science-fiction*; e como *science-fiction* conquistou fama internacional seu romance *La Invención de Morel*, já traduzido para o francês, inglês, alemão e italiano. No Brasil, os leitores não arranjarão facilmente uma dessas traduções nem o original; por outro lado, nas críticas que li, aparece estranhamente desfigurado o enredo: sinal de leituras superficiais, talvez porque os *reviewers* não consideravam digna de leitura atenta uma obra tão fantástica, que se lhes afigura *thriller* pseudocientífico. É grave erro. Impõe-se, antes de tudo, esclarecer o enredo, por meio de breve resumo.

Um homem foi, por motivos políticos e sem suficientes provas, condenado à reclusão vitalícia. Embora perseguido pela polícia, conseguiu fugir, abrigando-se numa ilha deserta do arquipélago de Ellis, no Oceano Pacífico, onde ninguém o procurará, pois todos sabem que nessa ilha está grassando uma epidemia misteriosa, letal. Mas não é preferível expor-se ao perigo, talvez evitável, de morrer pela peste em vez da segurança de passar o resto da vida numa cela e, ali, também morrer enfim?

Na ilha, o fugitivo encontra casas vazias e umas máquinas misteriosas, e entre esses engenhos um grupo de turistas que se divertem, mas que não parecem perceber-lhe a presença; tampouco reagem aos seus sinais de vida. Embora incapaz de romper o muro do seu isolamento, o refugiado apaixona-se por uma das mulheres do grupo, que ele vê, todos os dias, contemplar o crepúsculo sobre o mar. Enfim ele chega a compreender que esses homens e mulheres não vêem nem ouvem porque já não pertencem, como ele, ao reino dos vivos. Há anos, a ilha foi realmente visitada por aquele grupo, liderado por certo Morel, que tinha inventado uma espécie de supervitrola, gravando em discos os movimentos, as formas, os sons, o cheiro, tudo, enfim, uma imagem total da realidade que já não é possível distinguir da realidade. Mas Morel e sua amiga e seus amigos já morreram há muito tempo. As radiações que impulsionam sua máquina mataram-nos. A presença dessas radiações é a doença mortal na ilha. O refugiado encontra-se entre os espectros que repetem, inúmeras vezes, cenas de sua vida para sempre passada.

Estudando as máquinas misteriosas, o refugiado consegue gravar novos discos em que ele próprio se associa aos espectros e à querida morta. Com ela, sente-se como no paraíso, no momento em que já percebe os primeiros sintomas da doença que o matará assim como matou os outros.

Um crítico argentino observou que as ilhas parecem desempenhar na imaginação de Bioy Casares a mesma função dos labirintos da literatura fantástica do seu amigo Borges. Com efeito, uma ilha separada de todas as realidades da terra firme é o lugar ideal para construir realidades imaginárias. Será que Bioy Casares se baseia na kantiana autonomia do espírito, que cria seu mundo? Não o creio. Antes me parece que o romancista argentino constrói seus mundos irreais mas possíveis porque sem contradições internas, assim como os matemáticos constroem geometrias não-euclidianas com quatro ou mais dimensões e aritméticas não-arquimédicas, ou assim como os neopositivistas constroem lógicas não-aristotélicas em que não vale o axioma do "terceiro excluso", de modo que uma afirmação pode ser verdadeira e falsa ao mesmo tempo. São mundos impossíveis dentro da nossa realidade, mas perfeitamente possíveis fora dela, porque em sua construção não entrou nenhuma contradição. São possíveis: geometricamente, aritmeticamente, logicamente. Mas moralmente? Transpondo-os para esse terreno, o romancista Bioy Casares tira conclusões que nos dão um novo *frisson*. Em seu mundo, na ilha de Morel, o tempo é reversível: é possível modificar o que aconteceu, modificar o passado. Seria um paraíso, se fosse possível isso. Mas o preço é: não haverá futuro. E o paraíso vira inferno. Inverte-se a tese de Leibniz: este é o pior dos mundos possíveis.

O "impossível" da imaginação de Bioy Casares é desmentido pelo seu estilo sóbrio, econômico, preciso, como de um realista. E quem ousaria afirmar que o argentino não é realista? Afirmam-no aqueles que consideram *La Invención de Morel* como *science-fiction*, porque se trata de invenção de uma máquina ainda não-existente. Peço, porém, licença para sublinhar o "ainda". Os autores de *science-fiction* sabem ou deveriam saber que não chegarão a assistir a viagens no mundo galáctico; e eles próprios não acreditam na iminente invasão da Terra pelos marcianos. Mas a máquina de Morel inspira a nós, proprietários de vitrolas e aparelhos de televisão, uma dúvida terrível: talvez ela já exista em qualquer parte do mundo, talvez numa ilha à qual em breve aportará nosso navio? Mas podemos ficar certos de que essa "realidade totalmente reproduzida" será tão morta como Morel e seus companheiros, assim como (v. Walter Benjamin sobre *L'oeuvre d'art à l'époque de sa reproductibilité technique*) a possibilidade de reprodução perfeita e multiplicável da obra de arte mata a obra de arte. Nossa morte no mundo de Morel talvez não chegue a ser física, mas espiritual: seríamos robôs, peças de uma máquina.

La Invención de Morel é uma sátira. Mas o objeto da sátira não é a técnica e, sim, a condição humana. Pois, assim como o fugitivo de Bioy Casares, temos todos nós a escolha, apenas, entre a morte pela peste e a prisão na vida — até a morte.

Poesia intemporal*

O Estado de S. Paulo, 16 abr. 1966

Eis aqui a obra poética total de Manuel Bandeira. É a edição definitiva, depois das muitas outras que a precederam e cujo número é sinal do sucesso extraordinário de um poeta cujos versos chegaram a gravar-se na memória da nação brasileira.

São muitos versos inesquecíveis. Antigamente costumava-se falar em "versos felizes", e felizes eles são em todos os sentidos: são felizes pela densidade da carga

---

* Sobre a *Estrela da Vida Inteira* de Manuel Bandeira. Não confundir com o ensaio de título idêntico, sobre Cecília Meireles, publicado no mesmo jornal em 20 de janeiro de 1959 e republicado em *Livros na Mesa* (v. *Ensaios Reunidos*, vol. I).

emocional de palavras coordenadas por uma lógica secreta e irrespondível; são felizes porque foram o resultado de sofrimentos graves de meditação profunda, e chegaram a tornar mais feliz a vida do poeta; e a vida de todos nós.

Mas às vezes esses versos "felizes" são muito tristes, como aquele, talvez o mais famoso de todos, sobre "a vida inteira que podia ter sido e que não foi". Outra vez, o verso é pungente, denunciando a vida como "agitação feroz e sem finalidade". Mas outra vez respira a melancolia sem desespero de uma tarde triste primaveril: "...passei a vida à toa, à toa". Só um compositor de *lieder*, um Schubert, um Hugo Wolf, seria capaz de interpretar bem a música de um verso desses. É mesmo forma musical o Rondó dos "cavalinhos correndo", em que o gerúndio é sabidamente aproveitado para simbolizar e musicar a ligeireza da vida que passa.

Ligeireza do verso, mas não do seu sentido. Os melhores versos de Manuel Bandeira parecem-se com *nocturnes* e *nuages* de Debussy, mas é inconfundível neles o fundo de tragicidade beethoveniana. Essa poesia cumpre a exigência do severo Matthew Arnold de ser uma crítica da condição humana. Esse poeta não tem "mensagem", felizmente, porque as "mensagens" costumam tornar-se, depressa, obsoletas e inaproveitáveis. Não precisa de eloquência para convencer-nos e consolar-nos. Umas poucas palavras bem escolhidas, colocadas numa ordem que as faz cantar, e tudo está dito, mesmo aquilo que em palavras ninguém poderia dizer. É este o privilégio da poesia lírica.

Ao contrário do que pensam os mil e mais mil poetastros do mundo inteiro, a inspiração da poesia lírica é a mais rara de todas, e o número de poetas realmente grandes é pequeno em qualquer época e em qualquer literatura. Contudo, um ou outro verso feliz é capaz de ocorrer até aos fazedores de "chaves de ouro". Os compositores de valsas e sambas são milionários em melodias, mas só um Beethoven sabe enfrentar um tema simples e analisar-lhe todas as possibilidades, e realizá-las conforme as regras rigorosas do desenvolvimento temático, e criar uma sonata, um quarteto, uma sinfonia, enfim, uma estrutura.

Manuel Bandeira é poeta que sabe estruturar seus temas. Seus temas são simples: recordações da infância, um amor irrealizável, a sombra de uma doença grave, um enterro que passa, uma linda tarde de despedidas, uma velha casa que vai abaixo e na qual se sofreu e se amou muito. Mas eis o milagre realizado: cada um desses temas simples é a célula-máter de um processo de desenvolvimento temático, enriquecendo-se e revelando facetas novas, inesperadas, e enquadrando-se na forma para a qual estava predestinada, e enfim está formado o cristal perfeito, o poema.

Nosso poeta é o melhor amigo e o homem mais gentil do mundo. Mas em defesa da poesia, contra a falsa poesia, ele é capaz de tornar-se agressivo. Seu passado está cheio de polêmicas. Durante muitos anos foi considerado um dos protagonistas do modernismo brasileiro. Na história da literatura nacional já lhe pertence um capítulo substancioso. Sem Manuel Bandeira não haveria no Brasil poesia moderna, ou então ela não seria o que é. Mas tudo isso são águas passadas. Manuel Bandeira, embora sempre aberto a tudo que é novo, não se filia a nenhuma "escola", nem moda, nem estilo. Sua poesia é só dele e adquiriu, há muito tempo, a suprema qualidade: é intemporal.

Quem fez tanto não passou a vida à toa, à toa. Depois de estruturar sua poesia, chegou a estruturar sua própria vida. Sua existência decerto não foi um sorridente rondó de cavalinhos, mas tampouco uma agitação, feroz e inútil. Foi a vida inteira que podia ter sido — e que aqui está realizada: a obra poética de Manuel Bandeira.

Os mistérios da biblioteca

O Estado de S. Paulo, 30 abr. 1966

Quando estudante, pouco antes dos últimos exames, aconselharam-me fazer uma visita em caráter pessoal ao recém-eleito reitor da Universidade, jurisconsulto famoso, de relações e influência internacionais, tido como uma das inteligências mais penetrantes e mais frias, para não dizer cínicas, da Europa do seu tempo. Devidamente anunciado, toquei a campainha, sentindo ligeiro *frisson*. O criado levou-me para uma sala, toda ela mobiliada de livros, pedindo para esperar. Esperei: dez minutos, vinte minutos — o grande homem ainda estava ocupado. Comecei a examinar as estantes. Em cima, acessíveis só mediante escadas, os clássicos, Goethe, Chateaubriand, Byron, os grandes historiadores, coleções completas, evidentemente nunca lidas. Mais embaixo, séries intermináveis de revistas de Direito Internacional Privado, mas cobertas de poeira, tampouco abertas jamais, talvez só expostas para impressionar visitantes. Ainda mais embaixo, facilmente acessíveis, Erasmo e Voltaire, Maquiavel e Lichtenberg, Saint-Simon e Cervantes, os moralistas franceses, encadernações gastas; abri um outro volume, notas à margem das páginas, leitura preferida de um céptico desprezando os homens e as instituições feitas pelos homens. E ali, embaixo, escondidos atrás de portas, que livros seriam estes? Talvez Aretino, Crébillon, Cleland, os pornógrafos? Ajoelhei-me para confirmar a suspeita, quando alguém atrás de mim disse: "Não se preocupe, eu também já fiz explorações assim em bibliotecas alheias para investigar as preferências e o caráter dos seus proprietários". Absorvido pela curiosidade, eu não tinha ouvido entrar o grande jurisconsulto.

Examinar bibliotecas alheias para investigar as preferências e o caráter dos seus proprietários! As experiências e as circunstâncias de uma vida inteira criam, formam e organizam, meio fortuitamente e meio providencialmente, essas coleções de livros que depois de nossa morte serão dispersadas, perdendo o caráter pessoal e acabando por ser vendidas em sebos; inclusive os valorizados por dedicatórias dos que já antes de nós morreram. É melancólico.

Mas, quando se trata de bibliotecas de homens importantes, salvam-se pelo menos os catálogos — e permitem "investigar as preferências e o caráter de seus proprietários".

Um catálogo de biblioteca passa por ser um dos livros mais secos do mundo, como um dicionário. Será? O dicionário, lido de maneira justa em vez de ser apenas consultado, é uma fascinante imagem verbal do Universo. Um catálogo de biblioteca pode ser a fascinante imagem da alma do defunto que antigamente o manuseava. E quando esse defunto é um Dostoievski? O crítico russo Leonid Grossman publicou o catálogo dos livros pertencentes ao romancista, que certamente foi uma das almas menos gregas dos tempos modernos — e, que surpresa!, sua biblioteca estava cheia de Homero, Sófocles, Plutarco. Estaríamos enganados quanto ao espírito de Dostoievski? É possível. Também é possível que estejamos enganados quanto ao espírito dos gregos.

Volumes de filosofia grega, inclusive dos primeiros tempos cristãos, também eram numerosos na biblioteca de El Greco, catalogada por seu filho Jorge Mannel Theotokopoulos para os fins de inventário judicial, catálogo encontrado e publicado por San Roman em 1910, às vésperas da redescoberta do pintor por Barrès. Se esse livro sobre os livros de El Greco tivesse sido lido com maior atenção, os críticos de arte teriam perdido menos tempo com especulações sobre as raízes espanholas do misticismo do pintor toledano — mas em 1910 o ensino do grego tinha sido cancelado no currículo dos colégios secundários da França.

De Toledo e de Bizâncio voltemos à terra, a esta terra. Tive, há uns anos, a honra e o prazer de acompanhar o trabalho de Francisco de Assis Barbosa, organizando e publicando (em apêndice do *Diário Íntimo*, 1953) o catálogo dos livros de Lima Barreto; e chegamos à conclusão de que o autor de *Vida e Morte de Gonzaga de Sá* não era "maximalista" (como se dizia então em vez de comunista), mas anarquista. Também recomendo a leitura do catálogo da biblioteca de Machado de Assis (organizado por Jean-Michel Massa e publicado na *Revista do Livro*, 21/22, março de 1961) a todos aqueles que inventaram as famosas "influências".

Contudo, nem sempre é possível tirar conclusões dessa espécie. Sobretudo no caso de espíritos de erudição enciclopédica, o conteúdo da biblioteca não quer dizer nada. Quem percorre hoje a imensa biblioteca (talvez a maior de todas as bibliotecas particulares) acumulada no Palazzo Filomarino, em Nápoles, por Benedetto Croce em 80 anos de vida encontra muita coisa que o filósofo detestava e não encontrará alguns livros que o acompanharam até a última hora. Um repórter americano, visitando a formidável biblioteca particular do presidente Masaryk, perguntou ingenuamente: "E o sr. leu esses livros todos?", a que o estadista tcheco respondeu: "Não li nem a metade dos meus livros, mas li muitos outros que aqui não estão".

A dificuldade de concluir, da biblioteca para o proprietário dela, às vezes é artificialmente criada. Possuímos livros que não mostramos a ninguém. No processo em torno da apreensão da edição Putnam, 1963, de *Fanny Hill*, a Biblioteca Pública de Nova York veio ajudar a defesa, remetendo ao juiz um exemplar dessas obscenissimas *Memórias de uma Mulher de Prazeres*, que tinha pertencido ao puritaníssimo governador Samuel J. Tilden de Nova York (1874-1876), exemplar valorizado por anotações divertidas do estadista severo, relativas a experiências suas com as Fanny Hills do seu tempo. Também sabemos, pela indiscrição ingênua de um admirador fanático, que certo grande crítico costumava esconder no porão da casa seus volumes de futuristas italianos, para ninguém falar em plágio, e, sim, de influência, de que ninguém precisa sentir vergonha, a não ser no País da Inveja.

Em certos outros casos não precisamos conhecer os títulos dos livros: o proprietário da biblioteca é a sua própria biblioteca, e limito-me a citar um trecho da carta estupenda que Maquiavel escreveu em 10 de dezembro de 1513 a seu amigo Francesco Vettori, relatando como estava escrevendo *Il Principe*, exilado em San Casciano: de manhã, passeava pelos bosques da região, acompanhado de um volume de poesia, Petrarca ou Horácio, interrompendo a leitura para conversar com os lenhadores; almoçava numa taverna, pedindo aos viajantes notícias sobre os últimos acontecimentos políticos em Florença; depois, passava a tarde jogando cartas com o açougueiro e o vendedor de vinhos, mas, ao cair da noite, "*io ritorno in casa; mi spoglio quella veste cotidiana, plene de fango e di lodo, e mi metto panni reali e curiale e, rivestito condecentemente, entro nelle antique corti delle antiqui uomini, dove, de loro ricevuto amorevolmente, io non mi vergogno parlare con loro e domandarli della ragione delle loro azioni; che cosa è principato, como è si acquistono, como è si mantengono, perchè è si perdono".*

Assim nasceu na pequena biblioteca de uma vila toscana, em horas noturnas de colóquio com os livros da antigüidade romana, o livro fundamental da política moderna.

Uma biblioteca dessas é barômetro de sua época. Possuímos um barômetro desses, modesto mas delicioso, no Brasil. Em *O Diabo na Livraria do Cônego* (1957), mestre Eduardo Frieiro analisou de maneira divertida e erudita os livros heréticos e subversivos que possuía o cônego Luís Vieira da Silva, um dos grandes intelectuais que participaram das conspirações da Inconfidência Mineira. O cônego acabou mal. E como acabaria hoje o proprietário de tantos livros heréticos e subversivos?

O catálogo dos livros do cônego de Mariana consta dos Autos da Inconfidência. A biblioteca desapareceu, naturalmente. Não convém sorrir daqueles tempos ou lamentar a intolerância dos juízes e esbirros de dona Maria, a Louca. No século XX desapareceram muitas bibliotecas (inclusive aquela que eu próprio possuía em Viena). E o presente artigo me foi inspirado justamente pelo livro *A Biblioteca Perdida*, do escritor alemão antinazista Walter Mehring, que, exilado nos Estados Unidos, reconstituiu de memória os títulos da biblioteca de seu pai, exigindo prestações de contas aos poetas e pensadores defuntos cujos netos, embora instruídos por eles, chegaram a queimar livros.

Essas "bibliotecas perdidas" não existem mais. Outras nunca existiram. Ibsen passa hoje por antiquado. Não o creio. Quem tem hoje a oportunidade de assistir à representação de uma de suas peças sempre fica surpreendido pela atualidade dos seus temas e problemas. Atualidade permanente, baseada no estudo de livros permanentes? Não. Ibsen não possuía biblioteca nenhuma. Passou 30 anos de sua vida no Café Maximilian de Munique, lendo jornais.

Enfim, no seu testamento, datado de 25 de março de 1616, Shakespeare dispõe de todos os seus haveres, casas, terrenos, móveis, roupas, louças, panelas de cozinha, tudo minuciosamente, mas não parece ter possuído nenhum livro. Despedindo-se, em *The Tempest*, de sua arte, Shakespeare colocou na boca de Próspero as palavras reveladoras: "*I'll drown my book*". Jogou fora seu livro de magia. Mas antes já tinha jogado fora os livros dos outros.

A intensidade do mal

O Estado de S. Paulo, 13 ago. 1966

Salvo engano, parece-me que o nome do jovem romancista inglês Alan Sillitoe ainda é desconhecido no Brasil. A única referência de que tenho conhecimento encontra-se na excelente e recomendabilíssima *Literatura Inglesa* do nosso amigo Jorge de Sena, que fala, a respeito de Sillitoe, em "documentos magistrais" e em "intensidade" quase furiosa. A autoridade de Jorge de Sena e suas escolhas dos termos justificam nossa aproximação àquele autor novo, que terá certamente grande futuro, mas cuja presença já é evidente.

Alan Sillitoe nasceu em Nottingham, em 1928, filho de um operário. Entre 1942 e 1946 trabalhou numa fábrica de bicicletas. Convocado para o serviço militar, esteve na Malásia, participando da luta contra guerrilheiros na floresta tropical. Voltou gravemente doente. Autodidata, começou a escrever. Procurou a recuperação da saúde abalada no Sul da França e em Mallorca e ali escreveu o romance *Saturday Night and Sunday Morning*, que foi publicado em 1958, provocando quase sensação; foi filmado. Em 1959, publicou a novela *The Loneliness of the Long-Distance Runner*, que parece, até hoje, a sua *performance* mais forte. Mas isso não se diz para diminuir o romance *The Key to the Door* (1961), nem as obras posteriores e as poesias. Sillitoe é o caso antes raro de um escritor que, tendo estreado com um romance autobiográfico, não se esgota nele. Tem uma evolução coerente; e grande futuro.

Pois *Saturday Night and Sunday Morning* é romance autobiográfico: o personagem principal é o jovem operário Arthur Seaton, que trabalha numa fábrica de bicicletas em Nottingham.

Em Nottinghamshire também nasceu, 43 anos antes de Sillitoe, um escritor filho de operário, e seu primeiro livro, *Sons and Lovers*, também é romance autobiográfico, mas a comparação lembra a famosa frase: "O rebelde de ontem é o conservador de hoje". As preocupações erótico-sexuais de D. H. Lawrence, comparadas com as do seu conterrâneo mais jovem, parecem definitivamente de ontem. Sillitoe, porém, é nosso contemporâneo e ainda está rebelado.

O tema do primeiro romance de Sillitoe e de todas as suas obras é "a situação da classe operária na Inglaterra". Coloquei as aspas porque é este mesmo o título da célebre obra, de 1844, de Friedrich Engels, pela qual o jovem Marx, então ainda filósofo hegeliano, iniciou-se na realidade do mundo industrial. A diferença é enorme. Da miséria desesperada dos operários ingleses de 1844 não há resíduos na Inglaterra de Sillitoe. O pauperismo desapareceu, mesmo entre os pobres. O *Welfare State* transformou em realidade, superando-as, todas as reivindicações dos rebeldes de ontem. E agora, estão satisfeitos?

Sabemos que não estão. Os *angry young men* de hoje (ou de ontem), os Amis, Osborne, Wain, etc., estão novamente rebelados contra o que aqui está, embora sem conseguir clareza sobre o que querem; são, como os *beatniks* americanos, "*rebels without a cause*". O rebelde Sillitoe, porém, tem uma *cause*. Não é, evidente, a de Lawrence. Mas tampouco é a de Engels. É diferente.

Arthur Seaton, no romance *Saturday Night and Sunday Morning,* protesta contra a sociedade e contra a ordem estabelecida. Mas não protesta como socialista. É um individualista extremado. Em tempos idos, teria sido chamado de anarquista. Pensa, às vezes, em jogar bombas, mas não somente contra os diretores de fábricas; também contra os secretários do sindicato. Ganha salário relativamente alto; mas odeia a monotonia do seu trabalho, que sente como se fosse punição. Seu bem-estar material só lhe inspira indiferença política, desprezo de todas as ideologias, sede de ganhar dinheiro para gastá-lo absurdamente, num cinismo total. Seu dia chegará? Chega todas as semanas: é a noite de sábado, que figura como *Saturday night* no título do romance: a anestesia pelo álcool. E a ressaca no *Sunday morning?* Chega uma manhã de domingo em que Arthur Seaton dispensa até sua liberdade, casa com uma moça convencional que não ama, torna-se um pequeno-burguês, ainda lançando contra a sociedade vagas ameaças, que nunca realizará. É um fim sem desespero, mas também sem esperança.

Parecia que Sillitoe não poderia continuar. Mas continuou, e com coerência total. Smith, o personagem principal da novela *The Loneliness of the Long-Distance Runner,* é um delinqüente juvenil, condenado por causa de um furto. O diretor da prisão, reconhecendo suas possibilidades de atleta, quer treiná-lo para corridas de longa distância. Mas Smith rejeita a oportunidade oferecida. Não quer "correr para outros assistirem" (é o único trecho de literatura moderna — a não ser num romance do venezuelano Guillermo Meneses — em que um autor ousa condenar os esportes populares como "desconversa" e "ópio"). Smith sai da prisão para tornar-se criminoso profissional, sem companheiros, por conta própria: sua solidão agora é completa. O mais amargo é o nome que Sillitoe deu ao seu personagem. Não inventou um nome qualquer. Chama-o Smith. Quer dizer, este é um tipo típico.

A luta contra essa solidão é o tema de *The Key to the Door*. Mais uma vez um romance autobiográfico. Brian é operário na mesma fábrica de bicicletas, em Nottingham, com seu irmão Arthur. É mais velho. Experimentou o desespero do desemprego prolongado, antes da Segunda Guerra Mundial. Nela lutou, como o próprio Sillitoe, nas florestas tropicais da Malásia. A solidariedade humana que ele aprendeu ali parece-lhe a chave para abrir a porta, para sair da solidão. Tem todas as aparências de uma atitude política, mas não é um programa político. A odiada monotonia do trabalho, nenhuma revolução pode removê-la, pois indústria é indústria sob qualquer regime. Sillitoe é um rebelde, certamente contra a sociedade, porém, ainda mais, contra toda a civilização técnica. Mas, hoje, já não é possível outra. Nem poderíamos existir em outra. Coerentemente, Sillitoe se revolta contra a própria existência. É niilista.

As obras de Sillitoe constituem documento importante. Não é o único de sua espécie. O romancista e sociólogo austríaco Karl Bednarik também escreve sobre o "novo tipo de operário jovem", socialmente satisfeito pela realização das suas reivindicações e transformado em pequeno-burguês revoltado. Mas a análise não se limita aos operários industriais. O Instituto de Pesquisas Sociais da Universidade de Colônia reconhece as mesmas particularidades daquele tipo na chamada "mocidade transviada", sejam os delinqüentes juvenis dos *bas fonds* da sociedade, sejam os *playboys* da classe rica. Mas todos estes pelo menos se revoltam, ao passo que já caíram na passividade total os *white-collar workers* que compõem a *Lonely Crowd* de David Riesman.

Citei documentos sociológicos. Os romances de Sillitoe são documentos de outro gênero. Aos fatos duros se acrescenta aquela intensidade furiosa que Jorge de Sena observou. Ele me lembra irresistivelmente os versos de Yeats:

"The best lack all conviction, while the worst
Are full of passionate intensity".

Sillitoe não é dos *worst*, é mesmo dos melhores. É, conscientemente, niilista. Mas reconhecer o niilismo é o primeiro passo para superá-lo.

O tempo e o modo

O Estado de S. Paulo, 05 nov. 1966

Um eminente jornalista lisboeta que há pouco nos visitou lamentou o desconhecimento da literatura portuguesa contemporânea no Brasil. Conhecemos, sim, Ferreira de Castro e José Régio, Miguel Torga e Alves Redol, Fernando Namora e Augustina Bessa-Luís, mas os nomes que o amigo de Lisboa nos recomendou, nunca os tínhamos ouvido. Estamos perdendo muito? Ou talvez não. Há outras literaturas européias muito mais importantes, a holandesa, por exemplo, ou a iugoslava, que o leitor brasileiro, em geral, desconhece. Não está bastante divulgada entre nós, antes de tudo, a literatura hispano-americana, da qual há pouco um desgraçado "crítico" brasileiro afirmou que só Pablo Neruda e Jorge Luis Borges existem: o homem ignorava não somente Rulfo, Carlos Fuentes, Octavio Paz, Alejo Carpentier, Otero Silva, Pardo García, José María Arguedas, Ernesto Sábato, mas também tinha momentaneamente esquecido o nome de Asturias. Contudo, nada nos desobriga do desconhecimento das tendências contemporâneas em Portugal, não só das literárias mas do *trend* em geral. E um dos melhores meios para conhecê-los é a leitura da revista mensal *O Tempo e o Modo*, dirigida por Antonio Alçada Baptista, Lisboa — 1, Avenida 5 de Outubro, 297.

A leitura vale o preço da assinatura anual: 100 escudos, e até 200 escudos da assinatura de apoio. Mas eu, ingrato, não os estou pagando. Não sei a que devo a honra de receber, ultimamente, a domicílio, essa revista. Mas agradeço. Pois aprendi nela muita coisa.

Não é a primeira vez que Portugal me surpreende. Foram, antes, os três volumes de *Estrada Larga*, antologia do Suplemento Cultura e Arte do jornal *O Comércio do Porto*, artigos da mais alta categoria, reunidos com soberba apresentação gráfica. Essa publicação ocupa-se principalmente com literatura, música, teatro, artes plásticas; e, apesar dos artigos sobre Fernando Pessoa e sobre pintura e teatro modernos, o tema principal são os valores do passado. *O Tempo e o Modo* inclui em seu círculo de interesses, além das letras, a arquitetura, a religião, a economia e, um pouco, a política. Não omite o passado; mas, sem sacrificar a um passadismo falsamente historicista, olha-o do presente. O tempo é o modo. De alguma maneira a revista lembra-me o título de um livro antigo: *Presente e Futuro de Portugal*.

O número de maio-junho de 1966 é dedicado à Crítica: de literatura, de arte, de música, teatro, cinema, bailado. Entre os colaboradores encontramos logo os nomes dos amigos Jorge de Sena e Adolfo Casais Monteiro. Mas seria injusto prezar menos os outros: M. S. Lourenço, Eduardo Lourenço, José Palla e Carmo, José Blanc de Portugal, José-Augusto França, João Paes, Antonio-Pedro Vasconcelos, Luís Francisco Rebello, José Estêvão Sasportes. Os autores conhecem muito bem suas matérias. Também parecem saber que a maioria dos leitores portugueses não as conhece. A impressão do leitor brasileiro é que esses homens se esforçam muito, mas que estão bastante isolados. Não seria, porventura, nossa obrigação apoiá-los? Onde encontrariam esses portugueses o estímulo necessário senão de nossa parte? Sua tarefa é gigantesca: lançar uma ponte sobre o *gap* que separa o Portugal de ontem, ainda presente, e o Portugal de amanhã.

O caso-modelo desse trabalho foi o número de março de 1966, dedicado a "Terras do Século XIX". Ao lado de um magnífico estudo de Jorge de Sena sobre o romantismo português, revalorizando onde é possível revalorizar e desprezando onde é preciso desprezar, escreve José-Augusto França um "Esboço duma Sociologia da Vida Artística Portuguesa no Século XIX", espécie de prelúdio de outro trabalho do mesmo autor sobre a modernização arquitetônica de Lisboa, descrevendo resistências e dificuldades que tampouco desconhecemos à "Questão Coimbrã", que, como se sabe, ainda não perdeu a atualidade. "Revolução e Contra-Revolução em 1820" (Nuno de Bragança) e "Mouzinho da Silveira" (Júlio de Castro Caldas) usam critérios historiográficos surpreendentemente modernos, que ainda não se usam muito ou não se podem usar muito no Brasil. Enfim, a "Sondagem Cultural à Sociedade Portuguesa cerca de 1870", de Joel Serrão, não parece mesmo um trabalho historiográfico: tendo lido até o fim, voltei ao começo para verificar se no título estava escrito 1870 ou 1966.

Mas não se acredite que *O Tempo e o Modo* esteja sujeita a qualquer atraso do ambiente. Ainda não li em publicações brasileiras nada tão exaustivo sobre a matéria como os artigos da revista dedicados a Teilhard de Chardin. A redação e os colaboradores estão à altura do Tempo. E à altura das condições de sua existência está seu Modo.

Obedecendo às leis do país, a folha de rosto de cada número da revista está enfeitada pela nota redacional — "Este número foi submetido à censura prévia". Mas não parece muito embaraçada. Pois do outro lado da mesma folha encontramos anunciado um livro de Augusto da Costa Dias: *Discursos sobre a Liberdade de Imprensa, 1821*, lembrando a idade venerável da dialética de liberdade e censura em Portugal. E depois das críticas de livros, teatro e cinema — sobretudo de cinema, que parece desempenhar em Lisboa a função de janela para o mundo lá fora — vêm as transcrições de notícias de jornais, sem comentário, porque são tão bem escolhidas que o comentário é dispensável: sobre assuntos econômicos e financeiros, sobre o policiamento rural, sobre a moral que se inculca às crianças nas escolas ("a caridade devolve o capital com juros"), sobre a vida em Angola e Moçambique, e, já que estamos falando de África, convém mencionar o artigo de

Alexandre Bettencourt sobre "O Congo, do Colonialismo à Recolonização" que trata de Lumumba, Tshombe, Mobutu, dos belgas, ingleses e americanos, e é uma acusação tremenda mas irrespondivelmente documentada com nada menos que 60 notas ao pé das 13 páginas do artigo. Na mesma ordem de idéias está a franqueza com que se tiram as conclusões do pensamento de Teilhard de Chardin e dos decretos do Concílio. Cabendo o primeiro lugar ao artigo "A Igreja e o Fim dos Constantinismos", em que João Bénard da Costa constata o fim da era de 1600, anos de aliança de altar e trono ou de Igreja e governo, proclamando a volta aos tempos primitivos em que o cristianismo foi uma doutrina revolucionária.

Desse modo, o tempo da revista não é o presente, mas o futuro. Representa ela um pensamento que é uma ação. E por isso o nome completo da publicação é *O Tempo e o Modo, Revista de Pensamento e Ação*.

Evolução de um gênero

O Estado de S. Paulo, 21 jan. 67

A disciplina relativamente nova de sociologia da literatura ainda prestará atenção à mudança das modas literárias, indicada pelos títulos em voga. Por volta de 1930, o mercado hispano-americano de livros estava inundado por títulos como: *Los Perros Hambrientos; La Fábrica; Carteles para las Paredes Hambrientas; Galope de Volcanes; West Indies Ltd.; El Destierro; La Guitarra de los Negros; La Sangre y la Esperanza*. Foram os anos da grande depressão econômica, da nova política americana de Franklin D. Roosevelt, de greves e revoltas populares em vários países latino-americanos, de esperanças francamente revolucionárias. Revolucionária também foi a poesia lírica daqueles anos, cujo gênero específico é, porém, o romance de crítica social. Poucos anos depois, os volumes de versos, por volta de 1940, chamam-se: *Isla de Ensueño; Teoría de la Niebla; De la Soledad y las Visiones; Itinerario de Fuga; Sistema y Sentido de la Angustia*. A segunda guerra mundial e as decepções ideológicas tiveram seus efeitos. O gênero principal da nova literatura hispano-americana parecia exausto, e o neonaturalismo de tendência social, abandonado. Pretendo demonstrar que se trata de impressão enganadora. A verdade é que o romance na América Latina percorreu, e ainda está percorrendo, evolução significativa que o coloca dignamente ao lado (e, às vezes, acima) do gênero nas grandes literaturas do mundo.

A herdeira do romance social parecia a ficção fantástica. Impõe-se o nome de Jorge Luis Borges e, ultimamente, o do seu conterrâneo Julio Cortázar. Mas essa literatura menos fantástica de Borges não lhe impediu uma participação atenta nos acontecimentos internacionais (v. *Deutsches Requiem*); e *El Aleph* dá hoje, tantos anos depois da publicação desse conto aparentemente cabalístico, impressão de uma sátira contra a sociedade argentina, assim como é satírico, apesar de também fantástico, o romance *Los Premios*, de Cortázar.

Depois percebe-se que os Borges, Cortázar, Bioy Casares, Clemente Palma são fenômenos de exceção. Em geral, o romance hispano-americano continua em 1960, em 1965, neonaturalista; e a tendência social-revolucionária antes se está acentuando. Uma das obras mais fortes desse gênero, *Sal*, do equatoriano Humberto Mata, embora escrito em 1937, só pôde, por exemplificáveis motivos exteriores, ser publicado em 1963; mas logo encontrou seu público. Quanto aos mais recentes, não posso nem pretendo dar um registro completo. Mas bastam alguns títulos para confirmar a tese: *Oficina nº 1*, o romance do petróleo venezuelano, de Miguel Otero Silva, obra forte, se teria imposto; *Over*, do dominicano Ramón Marrero Aristy; *Los Valedontes*, do cubano Alcides Iznaga; *Al Pie de la Ciudad*, de Manuel Mejía Vallejo, romance das favelas de Bogotá; *Los Dueños de la Tierra*, do argentino David Viñas; no Chile, *Hijo del Salitre*, de Volodia Teitelboim, e *El Vado en la Noche*, de Lautaro Yankas; e numerosos outros. Excetuando-se a obra de Otero Silva, não se pode, porém, negar certa deserção: é desaconselhável ler dois ou três daqueles romances em seguida. Parecem confeccionados conforme uma receita que se afigura infalível aos autores: miséria; revolta; derrota da revolta; aurora esperançosa. Conhecemos essa receita de sucesso de conhecido romancista brasileiro. A monotonia é inevitável, e um número cada vez menor de leitores acredita nos desfechos líricos. Para escrever, hoje, na América Latina, um romance naturalista-social nos moldes de 1930 sem ficar anacrônico, precisar-se-ia de um talento excepcional, de verdadeiro sopro épico, e só conheço um autor nessas condições: é o extraordinário paraguaio Augusto Roa Bastos, cujo romance *Hijo del Hombre* já existe em tradução brasileira.

O gênero continua prosperando; continuará enquanto subsistirem as condições sociais que o fomentaram e fomentam. Mas os escritores realmente grandes não são, ou não são somente, sismógrafos de condições existentes. Sobretudo na América Latina, onde constituem a parte talvez mais substancial da *intelligentzia*, estão chamados para cumprir a tarefa específica desta última: antecipar. E não recusam essa vocação. Num nível médio, o gênero do romance neonaturalista de crítica social continua; mas é fato mais importante a evolução desse gênero, transformando-se totalmente; e já deu resultados.

Os caminhos são diversos. Alguns críticos já tinham observado que o fundamento sociológico daqueles críticos sociais não resiste a verificações mais sérias e que, por exemplo, o índio idealizado dos românticos se tinha substituído por um índio negativamente estilizado: em vez de um guerreiro nobre, que não corresponde a nenhuma realidade, um verme miserável que tampouco corresponde à realidade. O aprofundamento urgentemente necessário foi tentado, com sucesso, pela eminente escritora mexicana Rosario Castellanos, cujo romance *Oficio de Tinieblas*, tratando das condições de vida dos índios tzotzil, se baseia nos resultados do sociólogo Ricardo Pozas, que estudou o problema, depois de pesquisas *in loco*, no seu livro *Juan Perez Tolote*, *case-history* de um índio daquela tribo.

Mas pode-se objetar que o mais sólido fundamento científico não basta para escrever um bom ou grande romance, e que *Oficio de Tinieblas* só alcança esse nível graças à intuição poética da autora, e que essa intuição poética é o verdadeiro instrumento da criação literária. E podem-se citar *El Sr. Presidente*, de Asturias, que é romance propriamente poemático, e *El Acoso* e *El Siglo de las Luces* e todas as obras de Alejo Carpentier. Mas permito-me responder que esse caminho também me parece reservado a escritores excepcionais; e que não quero, depois do método científico e do método poético, multiplicar os esquemas e as classificações. Uma obra como *Pedro Páramo*, de Juan Rulfo, cume e término de romance da revolução mexicana, é propriamente inclassificável.

O aprofundamento psicológico seria o verdadeiro objetivo dos que pretendem renovar o romance social hispano-americano, que tantas vezes já substituiu os homens vivos pelas forças desumanas e os motivos anímicos pelas convicções ideológicas. Acontece que os indivíduos são mais diferenciados que as forças; e os motivos, mais diferenciados que as convicções. É, nesse caso, incomparavelmente maior a possibilidade de conflitos, que dramatizam o romance sem insuflar-lhe um falso *pathos* retórico. No Brasil, Graciliano Ramos estava nesse caminho do romance social-psicológico. Na América espanhola, Monteforte Toledo, Carlos Fuentes e Ernesto Sábato (talvez também Vargas Llosa) estão no mesmo caminho. São escritores muito diferentes. O desfecho digamos insatisfatório das suas obras, longe de um *happy end* conformista e daquela "aurora esperançosa", também conformista, é resultado de experiências paralelas.

No México, onde uma revolução desembocou num beco sem saída, o apelo só pode ser dirigido à consciência. Mas o título *Las Buenas Conciencias*, de Carlos Fuentes, é irônico: seu personagem principal, Ceballos, o jovem em procura do caminho certo, rebela-se contra as boas consciências do seu ambiente humano ou menos humano; mas acaba adquirindo também esse precioso travesseiro, conformando-se com uma situação que continua chamando de revolucionária depois de ter deixado de sê-lo.

Em *Las Buenas Conciencias* trata-se do conformismo. Trata-se de dois conformismos opostos em *Una Manera de Morir*, do guatemalteco Mario Monteforte Toledo: seu personagem, Peralta, está colocado entre o catolicismo ortodoxo e o comunismo ortodoxo. Na Guatemala — parece o autor dizer — a luta ainda não está decidida, mas, qualquer que seja o desfecho, no fim estará esta ou aquela maneira de morrer espiritualmente.

O nível intelectual e moral dessas duas obras é surpreendentemente alto. No entanto, é possível imaginar horizonte mais amplo que o desses conflitos individuais: poderiam ser símbolos de conflitos coletivos. É possível interpretar assim o romance *La Ciudad y los Perros*, do peruano Mario Vargas Llosa, cujo enredo lembra estranhamente *O jovem Törless*, de Robert Musil: os atos de sadismo numa escola militar, perto de Lima, são símbolos de atos maiores de sadismo mais atroz que as ditaduras impõem aos povos. Por mais intensa que seja a atmosfera emocional desse romance, maior é uma arte que sabe tirar efeitos semelhantes de construções aparentemente só intelectuais. O argentino Ernesto Sábato, físico de renome e eminente ensaísta-pensador, tinha no romance *O Túnel* descrito um caso psicopatológico de obsessão, que já podia ser interpretado como símbolo de obsessões coletivas. Confessa ele que, durante o trabalho no segundo romance, *Sobre Héroes y Tumbas*, tinha medo de morrer antes de terminá-lo, antes de dar ao seu público argentino um desfecho relativamente satisfatório. Relativamente. Pois o fracasso total de Martín, no seu amor desastroso por Alejandra, símbolo da Argentina incurável, é de uma força que se impõe ao leitor; mas no final o consolo do náufrago por dois seres simples, do povo simples, parece artificial. No entanto, uma solução dessas está muito acima dos *happy ends* simplistas da época precedente; e revela o nível que a literatura hispano-americana alcançou. É sinal de um amadurecimento que permite *happy ends* mais sólidos e mais amplos.

A literatura e os alfabetizados

O Estado de S. Paulo, 28 jan. 67

Um amador de paradoxos afirmaria que os melhores e mais conhecidos críticos literários ingleses são americanos. T. S. Eliot foi o maior exemplo. J. A. Richards e Empson são homens americanizados. E depois? Em 26 de julho de 1963 publicou o *Times Literary Supplement* um número especial sobre crítica inglesa. Com exceção de F. R. Leavis, os nomes eram desconhecidos no estrangeiro. Talvez os leitores fora da Inglaterra tenham estranhado o lugar de destaque concedido a Richard Hoggart, do qual não sabiam nada. Os indiciados lembraram-se: foi uma das principais testemunhas de defesa, em outubro de 1960, no processo de censura contra a Editora Penguin por ter ela publicado o texto integral de *Lady Chatterley's Lover*. Mas quem é esse Hoggart? Nasceu em 1918, na cidade industrial de Leeds, filho de operários. Sua carreira de grande intelectual é produto das reformas educacionais, promovidas pelo Labour Party. Mas Hoggart não é, como os Kingsley Amis, John Osborne, Colin Wilson, um *angry young man*. É um *scholar* pacato, hoje professor de literatura inglesa na Universidade de Birmingham. Perante seus colegas de profissão, justificou sua ascensão, em 1951, por um livro exaustivo sobre o poeta Auden. Mas sua obra principal até agora, publicada em 1957 e atualmente também acessível como *paperback,* é *The Uses of Literacy*. Traduzimos, parafraseando: "O uso que os alfabetizados fazem de sua capacidade de ler".

É algo como um estudo sociológico. Mas não se baseia em *field work,* entrevistas, estatísticas etc. É fruto das experiências pessoais de Hoggart, que passou a infância e adolescência nas cidades industriais do Norte da Inglaterra, sobretudo no subúrbio proletário de Hunslet, perto de Leeds. É claro que muita coisa, nesse estudo, refere-se a fatos especificamente ingleses (por exemplo: o rigor das barreiras entre as classes da sociedade); e pretendo, enquanto possível, me abstrair deles. Mas muita outra coisa é universalmente válida, não só para o proletariado, e sim, também, para a classe média e mais outros grupos.

O tema é: as mudanças na cultura da classe operária inglesa durante os últimos 30 ou 40 anos. Evidentemente, a palavra "cultura" não tem aqui o sentido de soma de artes, ciências e outras atividades intelectuais; é usada assim como os antropólogos e muitos sociólogos falam em "cultura de uma tribo" ou "cultura de uma aldeia", incluindo os fatores materiais, as religiões familiares, as crenças, o uso lingüístico etc. Tudo isso foi diferente 40 anos atrás. As mudanças foram causadas ou pelo menos fomentadas pela chamada *mass culture*. Diz Hoggart que ele poderia ter tomado, como objeto do estudo, a influência do cinema ou do rádio ou da televisão. Mas sendo ele estudioso da literatura, das publicações impressas, deu preferência às revistas ilustradas, aos romances e novelas populares, a toda essa chamada literatura que se vende nas bancas de jornais e nas livrarias das estações de estrada de ferro.

Já se adivinha que o livro de Hoggart não apresenta aspectos muito agradáveis e confortadores da vida de hoje. Se quisesse, poderia ter saído uma daquelas acusações terríveis de "crítica de cultura", Huizinga ou Ortega y Gasset ou Jaspers e muitos outros, pois na acusação contra a *mass culture* existe estranha comunidade de vistas dos conservadores e dos liberais, dos reacionários e dos marxistas. Mas Hoggart não acusa. É um inglês sóbrio, embora não frio, um homem sem preferência e sem preconceitos. Mas, então, que foi que ele quis? Por que reuniu e verificou seus fatos? Em primeira linha, preocupam-no problemas educacionais, promoção de um uso melhor da alfabetização. Em segunda linha — e isto justifica a publicação do presente comentário num Suplemento como este — o estudo da literatura ou subliteratura comercial leva o autor a surpreendentes conclusões sobre a literatura propriamente dita. E essas conclusões pretendo ampliar, tirando mais outras.

Assim como em todos os países industrializados, o proletário industrial na Inglaterra é de origem rural: são descendentes de camponeses que foram pela revolução industrial levados ao êxodo para as cidades. Por isso esse proletário não pode ser considerado — como fizeram observadores superficiais — como massa amorfa. Sua herança, da qual até hoje existem resíduos, é a "cultura de aldeia" que conservam em suas novas aldeias, os subúrbios em torno das fábricas. É uma verificação que poderia levar a uma falsa glorificação, a nostalgias injustificadas. Mas Hoggart cita Tchekov: "Tenho sangue de camponeses nas veias. Não me venham com virtudes rurais, elas não me impressionam". Hoggart protesta contra um "mito pastoral" que transformaria os operários em anjos. Também protesta contra a literatura chamada proletária e contra uma sociologia socializante, que vêem os operários em primeira linha como indivíduos políticos. Na realidade, a política desempenha em sua vida um papel bem secundário, e muitos guardam ainda a desconfiança bem camponesa contra a política e contra os políticos profissionais. A verdade é outra, ou foi outra.

Os elementos dessa verdade são: um uso lingüístico bem diferente daquele das outras classes da sociedade; resíduos de velhas superstições, uma das quais se manifesta na desconfiança contra a medicina e os médicos; uma religiosidade "primária" (conforme a expressão de Reinhold Niebuhr) que mantém os imperativos da ética convencional e não se preocupa com mistérios metafísicos; papel primordial da casa, da família, regida pela mãe (pensei, ao ler isso, na peça *Eles não usam black-tie*, de Gianfrancesco Guarnieri); papel enorme da vizinhança (cada um sabe tudo dos vizinhos); grande é a importância dos esportes e do álcool, mas a vida sexual não é mais licenciosa que em outras classes, antes menos; forte consciência de serem diferentes dos "outros", mas esses outros não são a burguesia ou a aristocracia, com as quais o operário nunca tem contato, e sim a polícia, as autoridades em geral, e as profissões liberais, o médico, o advogado; mais resignação que revolta: um cepticismo que vê tudo em termos concretos e pessoais; enfim, um gosto concreto, realístico, muito menos sentimental do que se pensa. Enquanto esses operários de 1900, de 1910, eram leitores de livros e revistas, preferiam um realismo concreto, sóbrio, preocupado com a decência, como os romances ingleses do século passado. Uma pompa pseudobarroca invadiu esse ambiente com os "palácios" de cinema, seus nomes fantasiosos e porteiros fantasiados de almirantes. Mas este já é o "hoje": o progresso.

O progresso é hoje conceito antiquado e quase suspeito. Pessoas letradas não acreditam mais nele. Mas o proletariado (especialmente o proletariado inglês) continua acreditando nele, pois suas experiências o inculcaram fundamente: o progresso material da classe operária durante os últimos 50 anos foi enorme. O reverso da medalha é uma "modernização" dos costumes, uma tolerância frouxa e às vezes excessiva no sentido de "mas isso é apenas humano"ou "todos fazem isso hoje em dia"; Tocqueville, profético como sempre, já falou de "um materialismo virtuoso que não corrompe mas afrouxa a alma".

Quem adivinhou essa nova situação espiritual foi a literatura chamada popular, que é na verdade literatura comercial — novelas, revistas ilustradas, jornais populares — personalizando todos os fatos, simplificando-os (até o extremo dos *comics*, que dispensam ou quase dispensam as palavras), fragmentando-os para oferecer o maior número no menor espaço possível (veja-se o noticiário em estilo telegráfico; veja-se a substituição da *short story* pela *short-short-story*). Com razão diz Hoggart que não se trata de literatura nem de jornalismo, mas de *entertainment*, de diversões, explorado pelo *entertainment business*, que é uma grande, ramificada e lucrativa indústria.

"Diversão" é palavra-chave: a fragmentação diverte e distrai a atenção. Os leitores daquelas publicações tornam-se incapazes de concentrar a atenção. Lêem tão depressa ("na diagonal") que não têm tempo para compreender bem. Os autores são conscientes disso. Escrevem de tal modo que não é necessário compreender bem, mas basta adivinhar (vejo também a capacidade de um público pouco letrado de compreender o fluxo das situações no cinema). Escrever assim não é fácil. E Hoggart presta sincera homenagem ao talento e à habilidade desses autores comerciais. Mas falta evidentemente àquilo que escrevem certa dimensão de profundidade. Fica tudo em duas dimensões apenas, simplificado, reduzido às emoções mais elementares e aos conceitos mais irreais. A estes últimos corresponde o interesse pela *science-fiction* que dispensa o controle da leitura por experiências vividas ou acessíveis. Ao "primitivismo" das emoções corresponde a preferência pelo romance policial, e, sobretudo, pelos enredos mais ou menos pornográficos, sempre apimentados com muita violência sádica, rapto, violação, "curra", mas sendo cuidadosamente banido o amor, pois, como disse Denis de Rougemont, "hoje em dia já não se fazem declarações de amor, assim como nossa política dispensa as declarações de guerra". Falando da violência, Hoggart cita exemplos, tirados da literatura comercial, que têm semelhança surpreendente e suspeita com cenas de violência em Hemingway. O ponto mais alto do livro de Hoggart é a citação de um trecho de uma novela de *gangsters*: a amante de um dos criminosos foi morta pelos outros e o homem sai lentamente, desesperado, abandonando o cadáver, refugiando-se na noite (pág. 271); pois bem, reconhece-se imediatamente a semelhança fantástica com a última página de *A Farewell to Arms*.

Hoggart faz muito esforço para salientar a diferença: a página de Hemingway é muito mais "madura", tem "tom" mais alto e, apesar do primitivismo intencional das emoções, outra profundidade, porque não é o desfecho de uma novela de *gangsters*, mas de um grande romance. Gostei de ler isso, pois sou admirador incondicional e impenitente de Hemingway, que considero um dos maiores escritores destes tempos e de muitos tempos. No entanto, fiquei perturbado. Não diminuirá minha admiração. Mas compreendi que a leitura de Hemingway tem para mim e para todos os leitores letrados, digamos para os intelectuais, a mesma função que tem a leitura de novelas de *gangsters*, cenas de violência e sexualismo sádico para os leitores iletrados que não sabem fazer uso de sua *literacy*, de sua alfabetização. O próprio Hoggart chama a atenção para outros paralelismos entre a literatura comercial, de *entertainment,* e obras de Aldous Huxley, Somerset Maugham (outro dos meus preferidos), Alec Waugh, Henry Green. Mas deixa de observar que existe um escritor que está igualmente em casa na literatura séria, exigente, e na literatura comercial; um escritor que dá a parte de suas obras o subtítulo *novel* e a outras o subtítulo *entertainment:* é Graham Greene. Periodicamente, Greene publica listas de suas obras e já aconteceu que, nessas listas, os subtítulos da lista precedente foram modificados: uma *novel* degradada a *entertainment* ou *entertainment* promovido a *novel*. Graham Greene é um escritor sério. Mas também é "um caso sério": e os critérios da crítica literária?

Hoggart estudou o que a gente lê. Mas deixou de estudar o que a gente não lê. Observa que os leitores proletários não conhecem outros livros que aqueles e que todos eles lêem o mesmo. Mas isso também se refere, igualmente, à classe média e, em parte, até a leitores bastante cultos, mas cultos apenas em sua especialidade científica ou técnica. Os proletários, diz ele, não lêem T. S. Eliot. Mas será que a maioria das pessoas já leu T. S. Eliot? Meu médico já leu Proust? Meu vizinho de apartamento, o engenheiro, conhece Kafka? E — pergunta espinhosa — o romance chamado proletário é lido pelos proletários? Não, mas é lido por aquele médico e aquele engenheiro. É um caso sério.

Mas não é um caso novo. Em outras épocas, no passado, o caráter aristocrático da arte literária era apoiado pela falta de alfabetização das massas (e pela aversão de outros grupos, burgueses, contra as leituras profanas). Voltaire, no *Dictionnaire Philosophique* (verbete "Gout"), avalia em 3 mil o número de pessoas que na França do século XVII liam as obras de Racine e La Bruyère. A grande literatura italiana, de Dante e Petrarca até Carducci e Verga no fim do século XIX, foi produzida para um povo do qual 75% das pessoas não sabiam ler e escrever. O mesmo está certo para a grande literatura russa do século XIX, limitada a um círculo estreito de leitores. Goethe e Schiller, por volta de 1800, enfrentaram um povo alemão de 80% de analfabetos. E para voltar à Inglaterra: 49% de analfabetos em 1845; só o *Education Act* de 1870 modificou essa situação. O fato novo, hoje, é o seguinte: todos (pelo menos na Europa) sabem ler; mas não queiram perguntar, por favor, o que é que eles lêem.

É este o ambiente em que escrevem os escritores. Ter verificado essa situação é o grande mérito de Richard Hoggart. Lendo *The Uses of Literacy*, perdemos, por assim dizer, nossa inocência literária. E boa parte das discussões sobre *nouveau roman*, teatro do absurdo, poesia concreta, "romance proletário" e New Criticism perdeu o sentido.

Heine, grande jornalista

O Estado de S. Paulo, 11 fev. 67

De todos os poetas líricos da língua alemã tem Heine exercido a mais ampla influência. Durante cinqüenta anos os alemães, inclusive os inimigos anti-semitas do poeta judeu, não quiseram ler e cantar outra poesia que a sua. A influência de Heine ainda é sentida nos versos da mocidade de Rilke. Heine foi traduzido para todas as línguas e foi em todas elas imitado, inclusive por poetas tão grandes como o francês Nerval, o espanhol Bécquer e o italiano Carducci. Um conhecedor de todos os requintes lingüístico-estilísticos como Nietzsche chamou Heine de "acontecimento europeu". Foi desmentido pelo venezuelano Pérez Bonalde, cuja tradução se incorporou à literatura latino-americana, e foi desmentido no Japão, onde o *Livro das Canções* continua *best-seller*.

Pois é do *Livro das Canções* que se trata, desses versos erótico-sentimentais que têm inspirado as mais belas melodias de Schubert e Schumann. Preferimos, hoje, essas melodias. Os pequenos *lieder* sem títulos, em que sempre rimam "amor" e "dor", até o último verso irônico nos chamar à realidade amarga, essas canções não correspondem aos critérios modernos da grande poesia lírica. O segundo lugar entre os poetas alemães, depois de Goethe, não cabe a Heine, mas a Hölderlin. Mas Heine não tem par como poeta satírico, no sentido mais alto dessa palavra.

A grandeza de Heine, como poeta, deve ser procurada no seu último volume, o *Romanceiro*. Ali, assim como nas *Poesias Contemporâneas* dos anos de 1840, encontram-se os versos cruelmente sarcásticos que destroem moralmente todas as autoridades temporais e espirituais e que, por isso mesmo, irritam até hoje o servilismo inato do burguês alemão e sobretudo do pequeno-burguês alemão. Mas essas poesias políticas apenas são a face atual de sua sátira mais geral, que chega a denunciar toda a maldade deste mundo e a insensibilidade do próprio criador deste mundo. São versos que lembram Byron e Belli e, às vezes, Dante e a prosa de Swift. Essa grande sátira não foi compreendida na Alemanha. Os alemães anatematizaram o poeta como "subversivo". Chamavam-no de "mero jornalista", expressão que tem, em alemão, sentido pejorativo. Mas estava certa. Heine foi jornalista. E grande jornalista.

Não conheço trabalho bom ou exaustivo sobre os valores literários que pode encerrar a prosa jornalística. Mas que existem, existem. Certo é que muitos escritores "meramente jornalísticos" figuram com razão na história da literatura universal. Quando Lutero lança diatribes contra o papa; quando o anônimo Junius lembra ao rei George III da Inglaterra um antecessor seu que foi decapitado; quando Voltaire luta contra a intolerância religiosa que perseguiu a família Calas; quando Zola publica no jornal *L'Aurore* sua carta terrível ao presidente da República, denunciando as infâmias dos generais e coronéis — todos esses gritos de *"J'accuse"* são grande jornalismo e grande literatura. Heine também foi polemista assim, e dos maiores. Foi jornalista profissional. Vivia da sua pena de exilado em Paris, enviando aos jornais da Alemanha comentários, reportagens e crônicas sobre os acontecimentos políticos, artísticos, teatrais e literários em Paris, então a capital do mundo e sobretudo a capital do jornalismo porque ali havia o que não havia na Alemanha de então: a liberdade de imprensa.

Há, entre os trabalhos jornalísticos de Heine, grande parte que apresenta hoje só interesse literário: as críticas de teatro e de música (entre elas o prefácio de uma tradução do *Dom Quixote*, que Valbuena Prat considera como crítica-pioneira do grande livro, e umas páginas fabulosas sobre um concerto de Paganini). E há as *Viagens*, à maneira de Sterne, que são meio romântico-irônicas e meio reportagens modernas. E o livro *Contribuição à História da Religião e Filosofia na Alemanha*, que saiu capítulo por capítulo na *Revue des Deux Mondes* e introduziu na França a filosofia de Hegel. E há muitas páginas deliciosamente frívolas, como a reportagem sobre as bailarinas da Ópera de Paris, que mobilizaria, hoje em dia, o juiz de Menores e todos os censores. Durante a vida toda teve Heine de lutar, aliás, contra a censura, que lhe tirou frases, parágrafos e capítulos inteiros. Enfim, o jornalista Heine respondeu, autocensurando-se e escrevendo uma crônica intitulada "Censura", que é de apenas duas palavras: "... os censores... burros...".

Entre 1830 e 1848, com interrupções, foi Heine o correspondente parisiense do *Augsburger Allgemeine Zeitung*, então o mais liberal dos jornais alemães. A época era de reação e estagnação: na França, a monarquia constitucional-censitária do rei Luís Felipe e da grande burguesia; na Inglaterra, a miséria da classe operária, assim como Engels a descreveu no livro de 1844; na Itália e na Península Ibérica, a mais brutal opressão absolutista; na Áustria, a imobilidade monárquica dos Habsburgos e de Metternich; e, no fundo, o ferrenho czar Nicolau I, o carrasco de Pushkin, Dostoievski e dos dekabristas. Eis a aparência. Na realidade, já se preparava na França a revolução de 1848; na Inglaterra progrediu rapidamente a revolução industrial; a Itália e a Espanha estavam sacudidas pelas revoltas populares e pelos golpes militares; a Áustria e a Rússia, minadas pela inquietação dos povos eslavos e pelo insolúvel problema balcânico. Só a Alemanha continuava embalada no sono profundo do absolutismo de régulos e de seus ministros maquiavélicos que, eles próprios, não acreditavam na permanência eterna daquele sono. A um estadista cínico desses, sem convicções, atribuiu Heine a frase seguinte, provavelmente inventada pelo próprio Heine: "Quero jurar que isto é verdade, mas não quero apostar nela".

O próprio Heine não costumava jurar. Mas apostar, sim, e as mais das vezes ganhava as apostas. Sua intuição de poeta satírico inspirou-lhe tanta força de compreensão do mecanismo político e de previsão das suas modificações que o jornalista quase virou profeta. Suas reportagens parisienses de 1840/1842 são hoje, mais de 120 anos depois, de uma atualidade surpreendente.

Que nos podem ainda interessar, hoje, as intrigas diplomáticas do rei Luís Felipe e do chanceler Metternich, os duelos parlamentares entre o primeiro-ministro Guizot e o líder oposicionista Thiers, as rivalidades orientais da Inglaterra de Peel e da Rússia do czar? A desgraçada permanência de certos tipos humanos, menos simpáticos, e a relativa permanência dos métodos políticos, seja a sociedade organizada como Monarquia ou como República, explicam em parte a atualidade dos comentários de Heine. Havia, então, uma Santa Aliança contra a subversão; também hoje existe uma. Às vezes, só seria preciso mudar os nomes e a crônica de 1842 poderia servir como editorial de 1966. Mas a qualidade profética de muitas reportagens de Heine explica-se melhor pela estupenda compreensão de Heine pelo fundo social atrás da fachada política.

Os biógrafos modernos de Heine costumam invocar as relações pessoais entre Heine e Marx, em 1844, para interpretar uma poesia tão francamente revolucionária como "Os tecelões" e a referência à filosofia de Hegel na poesia "Doutrina". Mas o crítico Peter Demetz demonstrou, em livro de 1959, o caráter superficial e passageiro daquela amizade; e já dez anos antes, no livro *Contribuição à História da Religião e Filosofia na Alemanha* (1834), tinha Heine adivinhado os germes revolucionários na doutrina aparentemente conservadora do filósofo oficial de Berlim. Não convém exagerar. Compreensão não é sinônimo de convicção. Heine nunca chegou a possuir firmes convicções ideológicas. Durante a vida toda vacilou entre simpatias pela revolução burguesa, antifeudal, e os instintos de conservação de epicureu, dado ao vinho, às moças, à cozinha francesa e a todas as coisas boas da vida. Mas justamente essa falha inspirou-lhe, em 31 de dezembro de 1842, uma advertência contra "idéias que transformam em servos seus homens"; profetizou o papel avassalador das ideologias, antes de ter nascido o conceito moderno de ideologia.

Naquele livro de 1834 adverte Heine os franceses de que a filosofia de Hegel, tida na França como "nebulosas divagações nórdicas", seria capaz de engendrar uma doutrina revolucionária; escreveu isso no tempo da Alemanha dos pequenos principados e da vida idílica do *Biedermeier*, quando Marx tinha apenas 16 anos de idade. Pouco depois, em 12 de julho de 1842, prevê Heine uma guerra entre a Alemanha e a França, secundada esta última pela Inglaterra e pela Rússia (essa constelação não se realizou em vida do poeta nem em 1870, mas em 1914); e continua: "Mas este será apenas o primeiro ato de grande peça, o prelúdio. O segundo ato será a revolução européia, a revolução mundial, o grande duelo dos pobres com a aristocracia dos proprietários". Pela primeira vez aparece nesse trecho a expressão "revolução mundial", que mesmo mais tarde nunca será usada pelo próprio Marx.

Pouco antes, em 20 de junho de 1842, Heine já tinha predito uma revolta contra "o atual regime da burguesia". Em 17 de setembro de 1842 cita um amigo que lhe teria dito: "A propriedade não será abolida, mas apenas redefinida", e acrescenta: "É essa nova definição que inspira tanto medo à burguesia, ao ponto de ela preferir apoiar o reacionário primeiro-ministro Guizot, para garantir a definição antiga". Um século da história está naquelas palavras antecipado.

Prevendo a extensão das lutas ideológicas para o terreno da política internacional, Heine prediz, em 8 de junho de 1840, que "o mundo será, um dia, uma república norte-americana universal ou, então, uma monarquia russa universal"; e o epicureu e liberal Heine não deixa de manifestar sua aversão inteira contra cada uma dessas duas soluções.

Quase ao mesmo tempo chegou Tocqueville, o autor da *Démocratie en Amérique* (obra que Heine parece ter ignorado), a conclusões quase idênticas. Não quero, porém, atribuir ao poeta-jornalista a mesma profundeza de pensamento do grande historiador-sociólogo francês. Este jurou e aquele apostou. Mas o juramento de Tocqueville se refere à profecia de um fato político, que hoje está em pauta: o equilíbrio-desequilíbrio internacional entre Estados Unidos e Rússia. A aposta de Heine, porém, refere-se à corrida das ideologias; e ainda espera o anunciado na "totô".* O lugar de Heine não fica na história do pensamento sociológico, mas do jornalismo político. Heine escrevia para o dia de então. Só. E por isso mesmo ele pertence, paradoxalmente, aos nossos dias.

---

* N. da E. — Referência ao resultado da loteria, "totobola".

Os góticos e Le Fanu

O Estado de S. Paulo, 04 mar. 67

Nas livrarias surgiram recentemente *pocket books* cuja capa colorida mostra mocinhas mortalmente assustadas, com uma casa assombrada no fundo. Esses livros, anunciados como *gothic romances*, são imitações baratas, ligeiramente modernizadas, dos *gothic romances* do século XVIII, dos Walpole, Radcliffe, etc., que o crítico Wylie Sypher reconhece como ataques ao gosto do novo público burguês contra a moral aristocrática, pois costuma ser um sedutor infernal e torturador sádico de moças que vivia naquele castelo assombrado, no meio dos apetrechos todos de uma Idade Média fantástica. Os autores daqueles romances eram, porém, eles próprios, aristocratas, inspirados — parece — por um obscuro sentimento de culpa. Mas como se explica o reaparecimento desse gênero para leitores ingênuos em nosso tempo?

A América não tem castelos medievais, mas tem rica tradição gótica. Charles Brockden Brown, contemporâneo ou quase daqueles "góticos" ingleses, é o pai do gênero nos Estados Unidos. Poe e o Hawthorne dos *Invice-Told Tales* são os maiores. Depois, veio Henry James (*The Turn of the Screw*). Há resíduos do *gothic* em Faulkner, em Truman Capote. *Gothic* ainda foi Howard Phillips Lovecraft, evocando *ancestral horrors* em plena época do avião e do rádio. O "gótico" conhece e suporta anacronismos desses. O próprio Lovecraft, em sua obra erudita sobre *The Supernatural Horror in Fiction*, chamou a atenção para um precursor em plena época burguesa: Le Fanu, o desconhecido.

Sheridan Le Fanu foi irlandês de Dublin, onde nasceu em 1814 e morreu em 1873, advogado e jornalista bastante prosaico. Suas obras são hoje dificilmente acessíveis, só um ou outro conto consta das antologias. As reedições modernas dos romances também já estão esgotadas. Mas até por volta de 1900 esse romancista tipicamente vitoriano era dos mais lidos na Inglaterra; em *The Liar*, de Henry James, um livro de Le Fanu é mencionado como leitura típica da classe média inglesa. Depois foi desprezado e esquecido. Várias histórias da literatura inglesa nem sequer lhe mencionaram o nome. Por volta de 1930, alguns colecionadores de literatura fantástica, Montague Rhodes James, Edna Kenton, E. F. Benson, Elizabeth Bowen, tentaram, sem sucesso, ressuscitá-lo; a nova moda do "gótico" ainda não pegara. Mas Walter Allen, em sua história do romance inglês, classifica

Le Fanu como um dos melhores representantes do realismo vitoriano. E tem razão. Apenas, o realismo desse irlandês é algo diferente.

Na época da maior glória do romance histórico tinha Le Fanu começado como discípulo de Walter Scott. Também mais tarde não desprezou o passado. Um dos seus melhores romances, *The House by the Churchyard*, por exemplo, passa-se na Dublin do século XVIII. Nem o ambiente nem os personagens têm nada de fantástico: Le Fanu não é um precursor de Joyce. Antes é um atrasado em comparação com seu contemporâneo Dickens. A Irlanda de 1860 ainda não tinha alcançado o grau de aburguesamento da Inglaterra de então. Ainda vivia mesmo no século XVIII. E o realismo de Le Fanu é o do século XVIII, de Fielding, de Smollet: o ambiente provinciano, inclusive na cidade, os personagens ricamente cômicos. Mas, de repente, aparece um elemento que destoa do resto. A "casa junto ao cemitério" sofre pela vizinhança; é assombrada por uma "mão branca" que se tornou independente do seu proprietário já defunto. Surge o *ancestral horror*. Certas páginas ainda hoje são capazes de dar-nos um *frisson*, embora não seja novo. A obra-prima de Le Fanu, *Wylder's Hand*, é mesmo um perfeito romance gótico.

Há em Le Fanu todos os elementos do romance gótico: cemitérios, casas assombradas, espectros, homens misteriosos e sinistros, mocinhas assustadas. Mas o primeiro plano do enredo é realista: é a Irlanda anglicizada de tempos modernos. Apenas se nota que, com o tempo, o segundo plano começa a invadir cada vez mais o primeiro. Pelos buracos da fachada fita-nos com intensidade cada vez mais sinistra o horror; e este se parece cada vez menos com o "gótico" convencional da tradição literária. Em vez das moças do clichê gótico, agora o próprio autor é o assustado. É como se Le Fanu não compreendesse a significação das suas imaginações, que viram verdadeiras alucinações. Foi entre 1850 e 1860 que onda de espiritismo invadiu os países de língua inglesa. Em toda parte se escutaram os sinais dados pelas mesas girantes. Mas Le Fanu não acreditava no espiritismo. Rejeitou as explicações supernaturalistas. Procurava ansiosamente outros motivos. E nessa procura realizou várias antecipações. *Uncle Silas*, um de seus melhores romances, tenta humanizar os fenômenos misteriosos: a mão no fundo não é de espectro, mas de criminoso, e a tentativa de desmascará-lo antecipa, de maneira estupenda, o conto policial de Conan Doyle. No volume de contos *In a Glass Darkly*, trata-se de casos anormais no sentido de psiquiatria; e o papel do detetive é desempenhado pelo médico, dr. Hesselins, sobretudo na obra mais fascinante de Le Fanu, o conto "Green Tea", no caso magistralmente descrito de uma dissociação da personalidade. Le Fanu insiste mesmo nessa definição: "*An illness, incident to brain disease*". O conto lembra estranhamente o caso do paranóico dr. Ichreber, descrito pelo próprio doente, publicado e comentado por Freud, que teria chegado a certos resultados se tivesse lido Le Fanu, torturado no fim da vida por pesadelos e visões e inventando o personagem do dr. Hesselins, na esperança de obter pela imaginação a cura de sofrimentos que ele considerava imaginários.

As últimas histórias de espectros de Le Fanu — "Madame Crowl's Ghost", "Squire Toby's Will", "The Familiar", "Mr. Justice Harbottle" — são manifestações de uma culpa enraizada no subconsciente, talvez coloridas pelo *ancestral horror* céltico. Mas o fim do severo juiz Harbottle, que se suicida porque é condenado à morte por um tribunal de juízes que são sombras irreconhecíveis, antes lembra Kafka e as manifestações de culpa coletiva, algo parecidas com sentimento de culpa fantástica dos autores aristocráticos dos velhos romances "góticos". O gênero nunca parece perder a atualidade.

Terceiro inquérito sobre a poesia brasileira

O Estado de S. Paulo, 11 mar. 67

Afinal, ninguém escapa, pelo menos até certo ponto, à especialização com seus efeitos maléficos. Continuando "aficcionado" da literatura, sinto-me no entanto um pouco afastado da região poética porque os estudos sociológicos e históricos me levam mais para o lado do romance. Espero que possa em breve dedicar estudos mais intensos à arte novelística, respectivamente aos romances ainda não-publicados de Antônio Callado e Carlos Heitor Cony, que se me afiguram importantíssimos. Enquanto isso, continua dormindo na gaveta o esboço de um artigo sobre "As Grandes Meditações Líricas do Nosso Tempo": *Le Cimetière Marin, Duineser Elegien, Four Quartets* e *Zone*. Mas é claro que não perco de vista a poesia brasileira.

Olho para a Espanha, a França, a Inglaterra, a Alemanha — mas, com exceção da Itália, não vejo país que tenha atualmente dois poetas como Manuel Bandeira e Carlos Drummond de Andrade. Não esqueço Cassiano Ricardo, nem Murilo Mendes, nem João Cabral de Melo Neto. Admiro Ferreira Gullar, Thiago de Melo e Moacyr Félix; e muito. Em suma: a poesia brasileira parece-me manter-se na altura (nunca antes alcançada) de 1940 e 1945.

Contudo, a data de 1945 não se me afigura histórica. A geração que escolheu esse ano como seu nome deu bons poetas, mas não um novo movimento coerente. Verifico, com pesar, que a grande e benéfica influência de Fernando Pessoa está retrocedendo. Os numerosos volumes de versos que continuo recebendo do interior muitas vezes me lembram as palavras do crítico uruguaio Alberto Zum Felde sobre *nuestros países desiertos* nos quais *brota la viciosa yerba de la rima* — frase que, por extensão, também se refere à *yerba sin rima*. Recentemente, os estudantes de uma faculdade me pediram para co-julgar um concurso de poesia — e lamento ter aceito.

E a vanguarda? Só vejo uma: a poesia concreta. Estou disposto a apoiá-la incondicionalmente, só e exclusivamente porque ela é algo de novo e porque não temo nada mais que a estagnação, a rotina. Mas graves desacordos também me separam desse movimento. Quando um dos mais cultos e inteligentes adeptos da poesia concreta proclama a necessidade de criar uma poesia brasileira capaz de ser usada como artigo de exportação literária, acredito descobrir nessa proclamação uma mentalidade exportadora, isto é, colonialista; e não a compreendo porque o próprio concretismo é artigo de importação.

Romantismo, parnasianismo, simbolismo, modernismos de toda espécie, whitmannianismo, surrealismo, hermetismo — a poesia brasileira sempre tem acompanhado os grandes movimentos da poesia européia (e norte-americana), e não vejo nisso nenhum mal. Mas também vejo no momento atual novas possibilidades assim no estrangeiro (a não ser a poesia concreta). A poesia francesa não tem superado Apollinaire, Reverdy, Aragon, Éluard e René Char (pois os Queneau e Jacques Prévert eu desconto); o notável Dionisio Ridruejo não é um novo García Lorca e o notável Pier Paolo Pasolini não é um novo Eugenio Montale e o notável Krolow não é um novo Rilke, mas o notável Robert Lowell só é um discípulo de T. S. Eliot. Será que o tempo das sugestões e influências européias acabou?

Nessa situação, peço licença para montar meu cavalo de batalha: a integração latino-americana. Conhecemos bem Pablo Neruda, Nicolás Guillén e o inesquecido Cesar Vallejo. Mas vamos ler, também, o mexicano Octavio Paz, o colombiano Pardo García e o guatemalteco Cardoza y Aragón. E vamos acompanhá-los!

Temas literários

O Estado de S. Paulo, 18 mar. 67

Respondendo ao inquérito do confrade Eliston Altmann sobre a situação atual da poesia lírica brasileira, aludi a velho projeto meu: estudar, num ensaio, o reflexo literário das preocupações espirituais do nosso tempo, mas não ali onde se costuma estudar isso — no romance — e sim nas grandes meditações líricas que este século já produziu: *Zone*, de Apollinaire, *Os Doze*, de Blok; *Le Cimetière Marin*, de Valéry; *Elegias de Duíno*, de Rilke; *The Waste Land* e *Four Quartets*, de T. S. Eliot; e o *Llanto por Ignacio Sánchez Mejías*, de García Lorca.

Entre as dificuldades que me impediram — e me impedirão, talvez — de realizar esse projeto, avulta a seguinte: os poetas citados são, todos eles, da mais alta categoria; mas todos estão determinados por certas atitudes filosóficas ou *Weltanschauungen*, dos quais uma e outra ou talvez a maior parte (senão todos) podem afigurar-se inaceitáveis ao leitor, e sinto que, em face dessas incompatibilidades do leitor com poemas contemporâneos, já não é suficiente a famosa *suspension of disbelief* de Coleridge, que torna uma obra remota como a *Divina Comédia* aceitável ao leitor moderno não-italiano, não-escolástico e não-católico; e não consigo encontrar outro critério capaz de resolver conflito tão veemente entre o "belo" e o "verdadeiro".

No entanto, insisto na validade do tema. Wiesengrund Adorno já observou que a poesia de Baudelaire, escrita contra seu tempo e mantida deliberadamente fora do tempo, foi sinal mais seguro do "sinal dos tempos" de 1857 (e até hoje) do que toda e qualquer poesia contemporânea sincronizada. A poesia reflete a realidade (inclusive a realidade social) tão bem como o romance. E essa convicção leva mesmo a conceber outro tema, mais radical, e classificar as diferentes atitudes poéticas conforme suas relações com a realidade.

Uma tentativa dessas já foi feita pelo eminente poeta e crítico espanhol Pedro Salinas, em suas conferências na Johns Hopkins University, em Baltimore, publicadas em 1940 no volume *Reality and the Poet in Spanish Poetry*. A mera enumeração dos capítulos desse livro basta para demonstrar a fecundidade do crítico: O "Poema del Cid" e a reprodução da realidade; Jorge Manrique, o dos "Coplas", e a aceitação da realidade; Garcilaso de la Vega e a idealização de realidade; Luis de León e a evasão da realidade; Góngora e a exaltação da realidade; o romântico Espronceda e a revolta contra a realidade. Infelizmente, Salinas não chegou a redigir mais dois capítulos finais: Bécquer e a criação de uma realidade interior; Jorge Guillén e a transformação purificadora da realidade.

É um grande tema. Nunca foi explorado. Talvez porque os espanhóis não chegaram a tomar conhecimento do livro redigido fora do país e em língua estrangeira, ao passo que os estrangeiros não se preocupam com tema aparentemente tão especializado de crítica de poesia espanhola. Mas é uma pena, para estes e para aqueles. Parece-me que todas as histórias literárias escritas por nacionais da respectiva literatura pecam pela manutenção de tradições enraizadas e nem sempre justificáveis. A melhor história da literatura inglesa é dos franceses Legouis e Cazamian; mas a melhor história de literatura francesa, a do francês Lanson, tem defeitos inerradicáveis. Depois de uma leitura de Sílvio Romero, José Veríssimo, Ronald de Carvalho e de *Literatura no Brasil,* desejávamos uma história da literatura brasileira escrita por um estrangeiro bem informado mas vivendo fora do país, e independente de tudo que a vida aqui dentro fatalmente inspira (de tradicionalismo assim como de polêmica).

Mas para que, ainda, histórias de literatura? Uma longa experiência, de leitor e autor, parece-me confirmar o conceito da história literária como espécie de guia de vasto cemitério com o catálogo de túmulos que em Paris se vende no portão do cemitério Père Lachaise. Concedendo a "vida imortal das obras imortais", duvida-se do interesse vital dos outros. Seria tanto assim? Com o maior interesse, li outro dia uma observação de Richard Alewyn, grande especialista em literatura barroca, sobre os enormes, pomposos e ilegíveis romances daquela época: "Como foi possível que uma literatura tão insuportável para o leitor moderno tivesse fascinado tanto os contemporâneos? Quem meditasse sobre isso chegaria a compreender melhor o século XVIII, mas também chegaria a compreender melhor a nós mesmos. E então aquilo que torna tão ilegível para nós outros aqueles romances os tornaria extraordinariamente interessantes". A sociologia da literatura também tem de ensinar-nos algo sobre a significação das mudanças históricas.

Essa mudança é o tema predileto dos críticos de cultura — como Ortega, Huizinga, Jaspers, Toynbee — que as mais das vezes são conservadores, *laudatores* do passado e juízes implacáveis de sua época, que é a nossa. São, por assim dizer, conservadores radicais. Mas não me parecem bastante radicais, sobretudo quando são velhos e ainda lembram do tempo em que o principal meio de transporte urbano era o cavalo. Em tão poucos decênios chegamos do cavalo ao avião a jato! E às vezes se pensa: não queremos chegar a jato ao nosso destino. Os otimistas respondem que, em compensação, o destino comum está hoje mais afastado: nesses mesmos decênios, a duração média da vida duplicou, pelos progressos da higiene, e o homem e a mulher vivem duas vezes mais. Sim, e dura duas vezes mais o tempo do casamento, o que modificou — para ficar no terreno literário — as condições do romance. Sobre esse tema a sociologia da literatura também terá de dizer sua palavra.

A amplitude dessa disciplina científica é incomensurável; e ainda é ela capaz de ampliações surpreendentes em setores afins. Quem ficaria indiferente ao ouvir que um professor suíço, Robert Reichardt, acaba de escrever um livro sobre *A*

Sociologia do Disco? Subtítulo: "Contribuição para o problema da comercialização da arte". Pois não é de discos de música comercial que o autor trata, mas do comércio de discos de música "clássica" ou "erudita", de música de categoria transformada de repente em bom negócio. A história do *long-play* é tema fascinante. A redescoberta e a surpreendente popularidade de Vivaldi são tantas outras lições de algo muito inesperado: a promoção de um elevado gosto artístico pela muito insultada publicidade.

Essa observação me lembra outro tema, imensamente diferente: amigos meus, muito viajados nos países da Europa Oriental, lamentam o aspecto meio triste ou abandonado das grandes cidades daqueles países, sobretudo nas horas noturnas. Explicam-no pelo puritanismo próprio da ideologia dominante. Mas não oferecem porventura aspecto semelhante as ruas noturnas dos subúrbios, nas cidades ocidentais, embora ali não se possa falar em domínio de puritanismo? Imagino que a verdadeira causa é a relativa ausência da publicidade luminosa; pois um regime econômico sem luta de concorrência e sem consumo deliberadamente instigado não precisa de publicidade.

Deve, aliás, haver uma relação qualquer entre aquele regime e o fato de ele imperar sobretudo em países de etnia eslava ou, mais precisamente, a substituição do Estado por um regime econômico. Pois os eslavos nunca tiveram muita sorte ao constituir Estados: o passado da Polônia é um dos fatos comprovados, e outro é a submissão dos eslavos, durante séculos, ao domínio de donos não-eslavos: os tártaros, a Turquia, a Áustria. Sempre foram os eslavos revoltados natos. Pois os Estados contra os quais se insurgiram não eram deles. É uma atitude que inspira estranheza ao *homo ocidentalis*: os eslavos oscilaram entre o despotismo e a anarquia. Julgamento tão precipitado omite certos países de toda ciência política. O Estado precisa ter determinado objetivo (qualquer que seja: cultural, religioso, econômico). Quando o Estado deixa de ter determinado objetivo, então sua única razão de ser é — como nos Estados modernos do hemisfério ocidental — o exercício do poder: o mais ou menos velado absolutismo. O homem medieval, cujo Estado tinha objetivo bem determinado, nunca teria tolerado isso: contra o exercício absoluto do poder ou do poder absoluto ensinava-lhe a Igreja o direito (e o dever) de resistir. Mas com a doutrina medieval do objetivo do Estado também desapareceu, nos tempos modernos, a doutrina medieval da necessária resistência contra o Estado. E a resistência só continuou viva onde o objetivo do Estado era simplesmente a opressão dos seus súditos: entre os eslavos.

Esse tema — "Os eslavos e seu Estado" — faz parte de outro tema, mais vasto: os eslavos, *tout court*. Não só estou falando dos russos que são, afinal de contas, eslavos entre outros eslavos. É uma identificação ilícita. Os russos impuseram-se, no século XIX, pelo poder político, pela música e sobretudo pela literatura. Não foi possível ignorá-los. Mas, por motivos lingüísticos e históricos, o mais vasto mundo eslavo ficou para os ocidentais — e sobretudo para os latino-americanos — uma terra incógnita. Os pedagogos sabem do tcheco Comenius e todo mundo conhece Chopin e uma recente onda de turismo descobriu as belezas artísticas da Iugoslávia. Mas são como *icebergs*: o volume principal fica escondido debaixo da água do desconhecimento, e há, entre nós, quem considere aquelas nações eslavas, com sua cultura milenar e suas literaturas riquíssimas, como espécie de bárbaros recém-chegados à civilização. Os prejudicados por esse erro são os próprios eslavos, que mereceriam, para o nosso proveito, uma exposição completa dos seus valores culturais. Seria um grande tema. Mas já não para um ensaio e, sim, para um livro.

Rosalía de Castro: *ecce* poeta

O Estado de S. Paulo, 01 abr. 67

Está nas livrarias o volume de *Poesias* de Rosalía de Castro, traduzidas por Ecléa Bosi.

O nome da tradutora é bem conhecido dos estudiosos de literatura italiana no Brasil e dos leitores deste suplemento. Pois Alfredo Bosi, marido de Ecléa, já nos deu um trabalho magnífico sobre o *Itinerario della Narrativa Pirandelliana*, tese universitária que eu e muitos outros desejavam reeditada em volume melhor acessível; e está embarcando para outros trabalhos de penetração na literatura italiana. Ecléa Bosi, por sua vez, presta pela tradução (e é excelente tradução) das poesias de Rosalía de Castro (Editora Nós, São Paulo) mais um serviço para a ampliação dos nossos horizontes literários. Conquista, ou antes, reconquista de território que deveria ser nosso. Revalorização da velha terra de Galícia e do seu maior poeta, que foi precisamente aquela poetisa.

"Galego" é, no Brasil, uma expressão freqüentemente usada para insultar determinados imigrantes. As mais das vezes, o "galego" assim insultado não é mesmo galego, mas um português pobre. Os próprios galegos também são, porém, bastante numerosos no Brasil; e também são pobres. São, principalmente, garçons ou estivadores, gente humilde e ofendida. Quem os insulta só pode alegar a circunstância atenuante de que não sabe o que faz. A Galícia é a terra da mais antiga civilização neolatina na Península Ibérica. Os galegos já eram nação civilizada, produzindo uma literatura, uma poesia altamente categorizada, quando os antepassados dos espanhóis e portugueses de hoje ainda eram bárbaros pouco letrados. Os especialistas da poesia ibérica antiga, como entre nós um Celso Cunha, bem sabem disso. Os outros, o grande público, talvez desprezem uma língua que lhes parece estranha e meio cômica: como um português estropiado, escrito com ortografia castelhana. Não há fim das injustiças. Nem ficam comovidos os turistas que admiram esteticamente o centro espiritual da Galícia: a arquivelha catedral românico-gótica de Santiago de Compostela com sua avassaladora fachada barroca, o *Obradoiro de Casas y Nevoa*. Admiram e logo os afugenta a chuva miúda que parece cair permanentemente nas velhas ruas estreitas e na paisagem em redor da cidade — *"como chove miudiño"*..., diz um verso da poetisa — nem chegam a perceber a melancolia romântica dos *"airiños, airiños, aires, — airiños de miña terra"*, que Ecléa Bosi tão bem traduziu. E não lêem as letras apagadas no pedestal do modesto monumento da autora dos *Cantares Gallegos* e *Follas Novas*: Rosalía de Castro, 1837 — 1885, e é tudo.

A vida não apresenta interesse: do nascimento ilegítimo (talvez devido ao passo falso de uma dama aristocrática com um homem do povo) através da pobreza, humilhações e sofrimentos até a morte prematura pelo câncer. O verdadeiro epitáfio foi escrito muitos anos depois, graças à sensibilidade de Azorín: *"Uno de los más delicados, de los más intensos, de los más originales poetas que há producido España"*. Poeta espanhol? Nem Valera nem Menéndez y Pelayo incluíram nenhum verso de Rosalía de Castro em suas antologias; Valbuena Prat, que não a mencionou na primeira edição de sua *Historia de la Literatura Española*, contentou-se na segunda edição com poucas linhas perfunctórias. A ingratidão é evidente. Dizia a própria Rosalía: *"Diredes d'estos versos y é verdade — Que tên extraña insólita armonía"*; e é verdade que os novos metros e ritmos de Rosalía de Castro antecipam os novos metros e ritmos do modernismo, de José Asunción Silva e Rubén Darío. A própria Rosalía fala no prólogo dos *Cantares Gallegos* do seu tema primordial: *"Cantos, bágoas, queixos, sospiros, seráns, romarias, paisaxes, debesas, pinares, soidades, ribeiras";* e M. B. Tirrell e Pierre Van Bever demonstraram bem a prioridade cronológica de sua poesia paisagística, precursora da de Azorín, Unamuno, Antonio Machado, García Lorca. Contudo, é imensa a diferença entre a ardente paisagem andaluza de Lorca e a melancólica, quase nórdica paisagem galega de Rosalía, onde não cessa de cair a *chuva miudiña*. De todos os volumes de versos da poetisa, só o último, *A Orillas del Sar*, está escrito em castelhano. No resto é ela o primeiro grande poeta em língua galega desde os primeiros séculos da Idade Média. Rosalía deu voz a um povo há séculos mudo.

Rosalía de Castro era a esposa do historiador Don Manoel Martínez Murguia, um dos artífices da renascença literária galega, aliada de movimentos paralelos na Provença (o "Félibrige" de Mistral), Catalunha e Romênia. A obra *Poesía y Restauración Cultural de Galicia en el Siglo XIX* (Madri,1958), de José Luis Varela, dá toda a informação desejável sobre o ramo galego daquele movimento, de um nacionalismo tipicamente romântico ou pós-romântico. Cronologicamente, parece Rosalía de Castro pertencer ao romantismo espanhol; sua idade é quase exatamente a de Bécquer, ao qual ela sempre foi comparada. Ela também sofreu, como o grande romântico andaluz, do *dolor de vivir*. Mas as diferenças são maiores que as semelhanças. Bécquer nunca chegou a um pessimismo tão abismal como Rosalía de Castro, sobretudo quando ela já tinha perdido a fé simples dos seus antepassados e do povo simples. *"Desierto el mundo, despoblado el cielo... la soledad inmensa del vacio"* — esses versos francamente niilistas constam do poema 58 de *A Orillas del Sar;* e no poema 72 — *"... al cabo es la nada — han de perderse mis restos"* — do mesmo volume, lemos versos cujo desconsolo lembra o materialismo de Leopardi.

Essa Rosalía de Castro não é, evidentemente, uma alma palidamente melancólica. É uma alma forte. As incertezas familiares, a indigência e as humilhações da mocidade, os sofrimentos da doença mortal não bastam, nenhum desses elementos de per si, para explicar o pessimismo da poesia. Não acredito ter descoberto o verdadeiro centro de gravidade do seu *dolor de vivir*. Teriam sido aqueles elementos todos, juntos; e, mais, a perda da fé, o niilismo religioso; e, mais, a identificação total da poetisa com seu povo, que também padece de um fundo *dolor de vivir*. Pois a paisagem da Galícia é muito bonita, mas sua terra não pertence aos que a habitam e a pobreza é terrível. No prólogo do volume *Follas Novas*, Rosalía de Castro descreve em prosa que parece poesia essa pobreza, identificando-se com ela: *"E sofrese tanto nesta terra gallega! Libros enteiros poideram escribirse falando d'o eterno infortunio que afrixe ôs nosos aldéans a mariñeros, soya e verdadeira xente d'o trabalho n-o noso país. Vine sentín as suas penas como si fosen miñas..."* E fala dos sofrimentos das mulheres galegas que não encontram *"nunca reposo senon n-a tomba"*; e o mais desconsolador para elas é que seus *"homs vans'indo todos, uns porque ll'os levan, y outros porque o exemplo, as necesidades, ás veces unha cobiza, aunque disculpable, cega, fannos fuxir d'o lar querido, d'aquela á quen amaron, d'a esposa xa nai, e d'os numerosos fillos, tan pequeniños qu'inda n'acertan a adiviñar, os desdichados, a orfandade a que os condenan".* Rosalía de Castro reconhece, nessas linhas, um problema que ninguém na Espanha do seu tempo parece ter percebido e que deixa indiferente a Espanha de hoje: a forma mais cruel do êxodo rural, a emigração para fugir da servidão — e que leva para outra servidão, no estrangeiro. Sem dificuldade, quase espontaneamente, aquelas linhas de prosa foram transformadas para dar o mais comovente de todos os poemas de Rosalía de Castro:

> "*Este vaise y aquél vaise*
> *E todos, todos se van;*
> *Galicia, sin hombres quedas*
> *Que te poidan traballar.*
> *Tés, en cambio, orfos e orfas*
> *E campos de soledad,*
> *E pais que no teñen fillos*
> *E fillos que non tên pais.*
> *E tés corazóns que sufren*
> *Longas ausencias mortas,*
> *Vindas de vivos e mortos*
> *Que ninguém consolará".*

Versos como estes explicam por que a poesia de Rosalía de Castro foi primeiro descoberta, celebrada, cantada e chorada na Argentina e em Cuba, centros de imigração galega. Aqui (e lá) o "galego" continua ofendido e humilhado, e não acredito que o público brasileiro chegue jamais a ler e apreciar os versos de Rosalía de Castro no original. Mas temos agora a tradução para o português. Esta deve e tem que ser lida. E resta-nos agradecer a Ecléa Bosi.

Alguns casos inexplicados

O Estado de S. Paulo, 08 abr. 67

Em recentes publicações brasileiras sobre artes plásticas nota-se, muitas vezes, a influência da *Social History of Art*, de Arnold Hauser. É bom sinal de tendência a superar o empirismo. A chamada filosofia da história das artes plásticas é uma ciência *sui generis*, que reúne a pesquisa especializada e a mais ampla visão da história intelectual da humanidade. Por um acaso histórico, chegou um dos representantes dessa disciplina relativamente nova, Wilhelm Worringer, cedo a exercer influência no Brasil. Também Wölfflin está bastante conhecido. Lamentavelmente, faltam traduções (e até reedições) dos dois maiores mestres do ramo: Alois Riegl e Max Dvorák. Nem são Paul Frankl e Dagobert Frey devidamente conhecidos, nem os trabalhos do Instituto Warburg.

O estudo da arte do Aleijadinho poderia aproveitar as pesquisas de Arthur e Michael Haberlandt sobre as relações entre a arte "elevada" e a arte "popular", e com essa citação já voltamos ao trabalho sociológico da história das artes plásticas do qual Hauser deu o maior exemplo e o maior compêndio. É, como se sabe, uma obra maciça, de dois volumes com 1.022 páginas, abrangendo toda a história da arte dos tempos pré-históricos até a época contemporânea, com valiosos excursos sobre a história literária, com uma documentação imensa, com muitas idéias e com exposição clara de temas tão complexos como as particularidades do maneirismo e do rococó. Em suma: uma obra magistral.

Essas palavras excluem a polêmica. Faço apenas uma tentativa de opor-me à tendência, sensível nas publicações inicialmente mencionadas, de erigir em dogmas imutáveis e irrespondíveis as teses de Hauser, às quais me parece faltar um seguro fundamento teórico.

A "sociologia com genitivo" goza no Brasil de consideração sem discussão. Escreve-se, sem hesitação, sobre sociologia do romance, sociologia do teatro, sociologia da pintura, etc., etc., nem sempre com clara consciência de que se trata de terreno perigoso, cheio de ciladas preparadas por inimigos e amigos. Os amigos perigosos são aqueles que identificam sem cerimônia a sociologia com a pesquisa das relações causais das manifestações artísticas como estudo da estrutura social e econômica das sociedades que produziram aquelas manifestações. Tomando ao pé da letra certas expressões de Marx e omitindo outras, de Engels, acreditam na possibilidade de explicar tudo, na história das manifestações artísticas, pela verificação das condições sociais e econômicas. Confundem condições e causas, o que marxistas como Wiesengrund Adorno, Groethuysen, Walter Benjamin, Ernst Bloch nunca fizeram ou fariam. Provocam a reação dos chamados "idealistas", que acreditam logo em perigo a autonomia da arte e da evolução artística (mas não revelam a mesma capacidade de resistência quando se trata de um determinado idealismo, como o dos psicanalistas). Ao causalismo sociológico preferem um autonomismo *à outrance* que colore as artes num reino de idéias platônicas; e as obras de arte, especialmente as obras-primas, parecem-lhes engendradas por partenogênese que dispensa a paternidade social.

Arnold Hauser está bem consciente desses dois perigos antagônicos. Procurando evitar este e aquele, encontra-se enfim numa terra-de-ninguém entre eles; e sua sociologia das artes plásticas está construída sobre fundamento nenhum, ou sobre aquela areia de que fala o Evangelho.

A forte aversão de Hauser contra aquele falso "idealismo" está mesmo no seu ponto de partida. Se ele fosse idealista, não chegaria a projetar e escrever uma sociologia da arte. Mas, por outro lado, é Hauser bastante advertido contra o socialismo que pretende explicar tudo por causas sociais ou socioeconômicas; várias vezes declara tratar-se de uma equivocação. A arte é, portanto, impensável sem um fundamento social; mas esse fundamento não é a causa das manifestações artísticas. Escapando desse modo aos dois perigos, do idealismo e do sociologismo, Hauser consegue cair na cilada de um terceiro: as manifestações artísticas e as estruturas sociais são simplesmente paralelas. A uma determinada sociedade corresponde uma determinada arte; e só. Nada parece mais justo, mais certo que esse paralelismo. No entanto, leva a conclusões inadmissíveis.

Se a uma determinada sociedade corresponde uma determinada arte, então deve corresponder a uma sociedade decadente a decadência das suas manifestações artísticas, decadência que se pode revelar pelo valor reduzido dessas manifestações ou então pela sua ausência. Será? Dificilmente será possível imaginar uma sociedade mais decadente que a da Espanha da segunda metade do século XVIII: um Estado outrora poderoso, reduzido à impotência; uma estrutura social anacrônica, baseada na ociosidade das elites e na extrema miséria do povo; exclusão de qualquer progresso material e inibição severa, suportada sem resistência, das atividades intelectuais. A literatura está quase ausente; a música limita-se à importação de óperas italianas; as universidades não produzem mais trabalhos científicos, o pensamento filosófico e político não é tolerado, a cortina de montanhas dos Pirineus é aproveitada como barreira contra a importação de idéias; até a introdução de novos processos agriculturais é olhada com desconfiança. No entanto, essa sociedade produziu um pintor como Goya, dos maiores de todos os tempos. Como explicará Hauser esse estranho "acaso"? Que tem Hauser a dizer-nos sobre Goya? Para consultar as respectivas páginas, abrimos o índice onomástico — e espera-nos uma surpresa: nessa história tão compreensiva das artes plásticas de todas as épocas não é Goya mencionado com nenhuma palavra; seu nome não consta do índice onomástico.

Será a ausência do "acaso histórico" Goya na história de Hauser um acaso? Não é. Outra sociedade decadentíssima do século XVIII é a de Veneza. O último século da República. Produziu, no entanto, dois artistas de primeira ordem, Tiepolo e Guardi. Vamos ao índice onomástico de Hauser: mas agora já não pode ser acaso a ausência total de Tiepolo. Este e Goya foram omitidos porque não há lugar para eles no paralelismo sociológico de Hauser.

E Guardi? Este aparece duas vezes: na página 532, como possuidor de uma mestria técnica que é uma surpresa no meio da decadência; e, na página 630, como "precursor do impressionismo", desse impressionismo que será mais tarde apresentado como arte da sociedade burguesa, daquela burguesia que, na Veneza do século XVIII, não existia. Essa qualidade de "precursor" é, na sociologia da arte de Hauser, um fenômeno inexplicável.

Não é um caso isolado. Guardi não foi entendido nem apreciado em seu tempo e em sociedade; só por volta de 1900, quando os impressionistas franceses eram enfim vencedores, foi Guardi redescoberto. Mas a história das artes plásticas (igualmente a da literatura e da música) está cheia de ressurreições assim: séculos depois da morte do artista incompreendido pelos seus contemporâneos é compreendido e redescoberto, quando vence o novo estilo, impensável no tempo daqueles "precursores". Citamos os casos paralelos, na literatura, de Nerval e Georg Büchner, e, na música, o de Bach. A teoria ou falta de teoria de Hauser não consegue explicar essas antecipações: do modernismo parisiense de 1900 na Toledo de 1600, ou do expressionismo alemão de 1930 na Alsácia de 1515.

Mas as antecipações correspondem às sobrevivências. Lembramo-nos do famoso trecho de introdução à *Crítica da Economia Política*, em que Marx se admira de como a arte grega e a epopéia helênica, ligadas a certas estruturas sociais do passado, ainda hoje podem oferecer interesse e emoção estética. Essa surpresa de Marx se refere, no fundo, a toda e qualquer arte do passado.

Um inimigo da Ásia

O Estado de S. Paulo, 29 abr. 67

Espetáculo melancólico é o eclipse de uma glória literária em vida do próprio autor glorificado. Não há ninguém, entre nós, que não se lembre que qualquer novo livro de Arthur Koestler foi uma sensação. Um crítico tão tiranicamente rigoroso como F. R. Leavis considerava *Darkness at Noon* (*Le zéro et l'infini*) como romance notável; e o acompanhante volume de ensaio *The Yogi and the Commissar* permaneceu durante anos no centro das discussões. Esgotado, nestes e em outros livros, o tema do comunismo, Koestler, em *The Sleepwalkers: A History of Man's Changing Vision of the Universe*, fala sobre as origens da astronomia moderna, livro fascinante, valorizado pela justa exaltação da memória de Kepler e desfigurado pela injusta e quase odiosa diminuição da grande figura de Galileu (estranho encontro com a última versão da *Vida de Galileu*, de Brecht). Mas esse defeito fundamental não chega a explicar o sucesso medíocre da obra junto à mesma crítica que tinha exaltado os livros anteriores do autor. Enfim, *The Lotus and the Robot*, a obra sobre ou contra os valores espirituais da Ásia, já encontrou a conspiração do silêncio. É justo esse silêncio? Seria realmente tão fundamental a diferença de valores entre *Os Sonâmbulos* e *O Zero e o Infinito*? Entre *O Lótus e o Robô* e *O Iogue e o Comissário*?

As simpatias pela Ásia são hoje amplamente difundidas no mundo ocidental. E, já que se trata de um autor ideologicamente marcado, como Koestler, é necessário verificar que aquelas simpatias são independentes das fronteiras ideológicas, atravessando-as em todas as direções da rosa-dos-ventos. Certamente, os simpatizantes da "linha chinesa" não têm nada em comum com os adeptos ocidentais do budismo zen, a não ser o fanatismo com que defendem suas crenças. Para estes e para aqueles, o livro de Koestler foi um choque. Aliaram-se aos muitos amigos da Índia, também ofendidos, e silenciaram sobre a obra.

Koestler é homem das conversões. Escreveu aqueles romances anticomunistas depois de ter sido comunista. As primeiras linhas de *The Lotus and the Robot* parecem indicar uma asianofilia prévia: "Comecei minha viagem como penitente contrito..."; mas a frase continua: "...e voltei, orgulhoso de ser um europeu". Talvez tivesse acreditado, como tantos outros, encontrar no Oriente iluminações espirituais e uma visão profunda do universo. Mas voltou decepcionado. O Japão? Artificialmente europeizado. O budismo zen? Uma "religião ginástica", baseada nos *sayings* mais ou menos imbecis de mestres duvidosos. A Índia? Depois de quase vinte anos de independência, ainda são verdade as denúncias de Mrs. Mayo (*Mother India*) contra a miséria abismal, crueldades abomináveis e, o que é pior, a indiferença total ante tudo isso. Koestler não nega e não pode negar o alto valor do espiritualismo asiático. Mas seria, acha, coisa de um passado remoto. Hoje, só existem restos desfigurados por uma decadência quase escandalosa. A Ásia não pode ajudar-nos espiritualmente. A própria Ásia precisa de ajuda. E Koestler conclui: "Procurar na Ásia de hoje iluminação mística ou guia espiritual é um anacronismo; é como se alguém procurasse o *far-west* nas avenidas de Nova York".

Muito disso é irresponsável. Há líderes asiáticos da maior responsabilidade que o confirmam. Mesmo assim, seria necessário examinar a quem se deve a decadência espiritual da Ásia. Decadentes são, com certeza, as crenças asiáticas, quando transplantadas para o mundo ocidental. O budismo zen, no Japão, assim como o expõe o professor Suzuki, é coisa muito séria e não convém confundi-lo com as brincadeiras e piadas dos *beatniks*. E no sudeste da Ásia assiste-se, há quinze anos, a uma verdadeira renascença do budismo, partindo da Birmânia, com sérias implicações sociais desconhecidas dos pseudobudistas das capitais européias e americanas. Em todo caso, não se deve generalizar. E uma generalização das mais enganosas é a própria palavra "Ásia".

Que vem a ser a Ásia? Geograficamente, a própria Europa é uma península asiática. Mas rejeitamos o adjetivo principalmente porque nos parece especificamente europeu (ou melhor, não-asiático) tudo aquilo que foi marcado pela herança grega. Mas essa herança grega também marcou o mundo islâmico do Oriente Próximo, assim como marcou, através de Bizâncio, o mundo eslavo. Nesse sentido, a Síria e o Líbano, o Egito e o Mahgreb estão mais perto da Europa e da Ásia propriamente dita, que abrange a Índia, a Indochina, a China, o Japão e os países malaios. Basta, porém, ler esses nomes para verificar diferenças enormes, muito maiores que na Europa entre os mundos latino, germânico e eslavo. A "Ásia" não existe. Existem várias Ásias. E estas se diferenciam cada vez mais pela onda de europeização (v. *The Price of Revolution*, de D. W. Brogan). Em conseqüência, tudo aquilo que Koestler diz sobre a China é hoje histórico. Assim como perguntamos que vem a ser a Ásia, podemos perguntar: que vem a ser a China? A China do padre Matteo Ricci, no século 17, país de uma civilização parecida com a européia, não é a China do rococó, país de figuras de porcelana, de dignitários ridículos e pagodes de brinquedo. E essa *chinoiserie* não tem nada que ver com a China esclarecida, sábia, anticlerical e humanitária de Voltaire, nem com a China sentimental e quase metodista da sra. Pearl Buck, e muito menos com a de Mao. Nada disto "é a China". São nossas imagens da China. Koestler imaginava "destruir" a Ásia. Apenas destruiu uma imagem da Ásia, a última, por enquanto, a de Toynbee, que é o último europeu a procurar na Ásia "a iluminação mística".

É esse irracionalismo de Toynbee que Koestler pretende refutar. Mas tem Koestler credencial para combater o irracionalismo? Ao "Comissário" opôs ele o "Iogue", que é uma figura especificamente asiática; e na última linha de *O Zero e o Infinito*, desemboca a vida consciente de Rubachov no *Oceano Indiferente* do Infinito, que é uma definição — enquanto pode haver definição — do Nirvana.

Ora, dirão que *O Zero e o Infinito* é um romance, ao passo que *The Lotus and the Robot* é uma combinação de reportagem e de exposição histórico-sociológico-filosófica, isto é, obra de não-ficção, assim como foi obra de não-ficção *Os Sonâmbulos*. Será possível traçar exatamente a linha divisória entre a ficção e a não-ficção? Enquanto a historiografia não se limita a estudos de documentação, não há quem não desconheça a inevitável parte de ficção na interpretação de acontecimentos históricos. Por outro lado, a intenção e a pretensão de Koestler, ao escrever seus romances políticos, não foram fornecer obra de ficção das quais o leitor ficaria certo de que os acontecimentos inventados nunca teriam acontecido. Sua intenção foi, ao contrário, fornecer em forma novelística a interpretação de fatos realmente acontecidos. Escreveu obras de ficção cuja substância seria a realidade. E, procurando depois outras realidades para transformá-las em livros, continuou o mesmo processo, embora sem admiti-lo; mas revela involuntariamente seu método, tomando liberdades inadmissíveis na interpretação de Galileu e tomando liberdades maiores, verdadeiras licenças poéticas, num diagnóstico da "decadência asiática", que talvez não seja decadência e certamente não é asiática, porque a Ásia monolítica de Koestler não existe. Esse elemento de ficção em todas as suas obras, apareça ou não a palavra "romance" na folha de rosto, não exclui a presença de outro elemento não-ficcional: a interpretação dos processos de Moscou, em *O Zero e o Infinito*; a revalorização de Kepler, em *Os Sonâmbulos*; a crítica da transplantação de crenças alheias para a Europa e a América e de sua transformação em modas intelectuais. Mas a argumentação sempre peca pela base. Pois assim como *O Zero e o Infinito* foi um romance político, assim *Os Sonâmbulos* é um romance histórico e *The Lotus and the Robot* é um romance geográfico.

Programa de comemorações

O Estado de S. Paulo, 20 mai. 67

O ano de 1967 é — como todos os anos, aliás — rico em datas memoráveis, lembrando cinqüentenários, centenários, bicentenários de grandes escritores. Ainda me recordo do tempo em que a redação dos respectivos necrológicos era tarefa indispensável do jornalismo literário, oportunidade única para aproximar de assuntos culturais os leitores acostumados a ler apenas as páginas políticas e econômicas do jornal. Hoje em dia, essas comemorações são algo de terrivelmente antiquadas. A aritmética nem sempre combina bem com valores literários. Foi preciso silenciar, durante anos, os valores mais urgentemente atuais porque a distância cronológica entre eles e nós não era divisível por cinco ou vinte e cinco ou cinqüenta, ao passo que a mesma divisibilidade inspirou renascenças de mediocridades defuntas. Esse mecanismo matou, enfim, as comemorações. Mas, às vezes "*le seul moyen d'être actuel est de se resigner a être demodé*". Já sei que nenhuma celebração cronologística desviará, para o passado, os espectadores da TV. Mas o recurso anacrônico de festejar centenário e datas semelhantes ainda serve para lembrar a certos vanguardistas que a civilização não começou ontem, e que eles próprios estão, sem sabê-lo, marcados pelo anteontem. Beaumarchais disse aos aristocratas do *ancien régime* que seu único mérito era o de se terem dado o trabalho de nascer; hoje, os aristocratas dentro da *intelligentzia* estão em perigo de esquecer que já houve vanguarda antes de eles se terem dado o trabalho de dar o primeiro grito de recém-nascidos.

Acontece que entre as datas memoráveis deste ano algumas já passaram sem comemoração nenhuma. No dia 28 de março tinham passado 375 anos desde o nascimento de Jan Komensky, a que os historiadores de pedagogia preferem dar o nome latinizado de Comenius. Se não o fizessem — e a data teria sido propícia para fazer a retificação — a oportunidade estava dada para discursar sobre os valores culturais doados pelo povo tcheco, há séculos, e pelos eslavos em geral, dos quais uma aculturação unilateral manteve e mantém afastada a América Latina.

Também já passou, em 19 de fevereiro, a oportunidade de lembrar-se de Multatuli, grande romancista holandês, morto naquele dia de 1887. Já ouvi da parte de amigos muito cultos dúvidas sobre a existência de uma considerável literatura holandesa. Como? E se os holandeses duvidassem da existência de uma literatura brasileira, não teríamos justos motivos para ficar indignados? Mas não pretendo, hoje, escrever uma resumida história da literatura holandesa, já porque não se resume uma literatura de 800 anos de história e ilustrada por alguns dos maiores nomes do passado e alguns dos mais interessantes nomes do presente. Importa dizer, hoje, que Multatuli escreveu em 1860 o romance *Max Havelaar,* violento panfleto contra a exploração dos indonésios pela administração holandesa, o primeiro romance anticolonialista da literatura universal; *Max Havelaar* é, além de panfleto, uma grande obra de arte, assim como o são muitos outros romances anticolonialistas de tempos menos distantes. Contudo — e com a devida distância — lembro que em 16 de julho terá 50 anos o autor do *Salaire de la Peur*, Georges Arnaud. E já antes, em 4 de junho, teria tido 60 anos Jacques Roumain, se a morte do mártir não tivesse cortado a carreira literária do autor de *Gouverneurs de la Rosée*, do grande e impressionante romance do Haiti. Mas não perderei a oportunidade de lembrá-lo.

Quanta coisa já passou! E não só cronologicamente. Em 30 de abril de 1950, morreu Francesco Jovine, cronologicamente o primeiro romancista neo-realista do sul da Itália. Seu romance *Signora Ava* é de 1942. Apenas 25 anos. Mas quem ainda se lembra hoje — a não ser Cassola — dos nobres ideais da Resistência italiana? O mundo está deteriorado.

Mas pacato parece o nome de Wilhelm von Humboldt, nascido em 22 de junho de 1767, irmão de Alexander, estadista e escritor prussiano, cidadão do mundo goethiano que não existe mais e talvez nunca tenha existido assim como o imaginamos. Foi Wilhelm von Humboldt que em 1810 planejou a fundação da Universidade de Berlim; o primeiro que definiu a Universidade como complexo de ensino (livre) e de pesquisa científica (livre). Seu nome de pacato homem de gabinete, administrador e estudioso, está destinado a voltar nas discussões menos pacatas em torno da reforma universitária.

Algumas outras datas não as festejamos, deliberadamente, embora por motivos diferentes. Em 14 de agosto de 1967, ocorre o centenário do nascimento de John Galsworthy; mas não sei o que festejar nesse dia: talvez a impotência do Prêmio Nobel de Literatura para fixar na memória as falsas celebridades e os falsos valores da publicidade editorial; melhor ainda será o silêncio da caridade, em benefício de um nome que a desenfreada crítica literária do dia colocava acima de Joyce e que só a penetrante e corajosa inteligência de D. H. Lawrence já então desmascarava e que hoje ninguém mais lê. No resto: Prêmio Nobel de Literatura, por que tanta correria atrás de um prêmio que já foi dado à sra. Pearl Buck?

Esse já não é o caso de Pirandello, nascido em 22 de junho de 1867 e hoje injustamente relegado para um semilimbo. Espero o artigo comemorativo de Alfredo Bosi.

Algumas datas de 1967 têm importância nacionalmente restrita. A França certamente organizará uma exposição na Bibliothèque Nationale para lembrar o dia 14 de julho de 1817 em que morreu Madame de Staël; esperamos que também se aluda à corajosa resistência dessa grande escritora exilada contra o governo injusto de seu país, governo apoiado em armas vitoriosas e no entanto destinado a cair como um castelo de cartas.

Os ingleses festejarão em 18 de julho os 150 anos decorridos desde a morte de Jane Austen e não sei se o mundo participará dessas comemorações. Confesso humildemente admirar a escritora sem gostar das obras dela; para gostar, é preciso ter nascido nos Midlands. Existem fronteiras de compreensão.

Que me resta além do nome, já notado em lembrete, de Jacques Roumain? Talvez Winckelmann, nascido em 9 de dezembro de 1717, pois um artigo veementemente publicado neste Suplemento é sinal evidente da necessidade de distinguir entre Renascença verdadeira e falso renascentismo. Talvez, em 18 de outubro, os 190 anos decorridos desde o nascimento de Heinrich von Kleist, o grande trágico que a França já reconheceu e o Brasil ainda desconhece, ou meio desconhece. Em todo caso, resta-me Swift, do qual se comemora em 30 de novembro o bicentenário do nascimento: pois seu capítulo sobre os Houynhnhms é de atualidade terrível e suas páginas sobre a guerra, na parte de Brobdingnag, são de atualidade atual.

Eliot em quatro tempos

Jornal do Brasil, 20 mai. 67

A tradução dos *Four Quartets*, de T. S. Eliot, por Ivan Junqueira, contribuirá para que o nome do poeta inglês não continue citado por quem só o conhece vagamente; também é capaz de abrir uma discussão séria sobre valores poéticos que estão ameaçados de ficar relegados para o fundo em benefício de meros exercícios lingüísticos. O grande mérito do trabalho poético de Ivan Junqueira não pode, porém, ser medido por esses motivos, que pertencem mais à área da vida literária do que à da própria literatura. O elogio que Ivan Junqueira merece exige fundamentação mais séria.

Em certas literaturas o papel histórico das traduções é grande. A literatura alemã não seria o que ela é sem o Homero de Voss e o Shakespeare de Schlegel. Traduções de Sêneca e Lucano desempenharam papel fundamental na formação das línguas poéticas inglesa e espanhola. As traduções, do grego, alemão e inglês, de Chukovski são a base da literatura russa. Em nossos dias, poetas de todas as nações competiram em traduzir *Le Cimetière Marin*. Rilke em inglês já é um grande capítulo da história literária. E há as traduções de Ezra Pound. Mas não temos um Pound no Brasil. Com a única exceção de Manuel Bandeira, os grandes poetas brasileiros não são tradutores. É uma pena e é uma perda.

Mas por que seria? Seriam no Brasil especialmente fortes as dúvidas relativas à possibilidade de traduzir poesia? Ninguém ignora que essas dúvidas são, em parte pelo menos, bem justificadas. No entanto, elas nunca inibiram os tradutores de poesia e seu esforço penoso e desinteressado. O fato se impõe. Não é lícito perguntar: "pode-se traduzir?", enquanto é necessário perguntar: "por que e para que traduzem?"

A resposta mais fácil — "para que possam conhecer certos poemas os leitores que ignoram a língua em que as obras foram escritas" — essa resposta é de um utilitarismo barato. O objetivo, ou, pelo menos, um objetivo superior do trabalho do tradutor (além de uma necessidade íntima sua, pessoal, de convivência com o original) é este: exercitar a língua materna do tradutor para esta se tornar capaz de exprimir algo que não é, por nascença, próprio do espírito dela. Que vem a ser esse algo no caso de Eliot?

A primeira metade do século XX tem produzido algumas grandes meditações poéticas sobre o sentido e o destino da vida e da época e do indivíduo: *Le Cimetière Marin*, as *Elegias de Duíno*, *Zone* (de Apollinaire), o *Llanto* de García Lorca, *Os Doze* (de Blok), os *Quatro Quartetos* de T. S. Eliot pertencem a essa categoria de poemas.

São poemas em línguas francesa, alemã, castelhana, russa, inglesa, inspirados por experiências francesas, alemãs, espanholas, russas, inglesas, de poetas franceses, alemães, russos, ingleses. É evidente o limite da traduzibilidade. Os *Quatro Quartetos* de Eliot são inspirados por experiências místicas cuja raiz o poeta acreditava ter descoberto em recordações ancestrais de sua raça inglesa. Experiências dessas não se podem repetir em nós outros. São propriamente *inimitáveis*, e um homem de outra estirpe, de outros antecedentes históricos e de outras experiências individuais não poderia chegar a *fabricá-las*, nem para si nem para outros. Mas o homem não é só *homo faber*. Também é *homo ludens*; e esse *ludus* é o elemento de *libero* arbítrio na poesia. *Ludens*, o poeta, nos impõe sua poesia; *ludens*, o tradutor, nos impõe poesia alheia. Eis o *alheio* que Ivan Junqueira nos sabe impor, numa tradução que é o equivalente do original inglês.

Não há que comparar. Se me obrigasse a comparar, eu cometeria a heresia de preferir a tradução, justamente porque ela não é o original. Tenho minhas dúvidas, também heréticas, quanto à autenticidade da mística de Eliot. Mas uso, mais uma vez, minha arma coleridgiana, a *suspension of disbelief*, para poder apreciar a coincidência perfeita do movimento das idéias e da música verbal nos *Quatro Quartetos*, coincidência na qual reside a grandeza do poeta Eliot; coincidência que Ivan Junqueira sabe reproduzir e na qual reside o mérito poético do tradutor.

A Editora Civilização Brasileira, ao publicar o livro, não o lançou ao público como uma mensagem numa garrafa jogada no mar. O tradutor providenciou uma nota informativa sobre Eliot. E esta está precedida de uma introdução assinada por Antonio Houaiss: o nome do heróico tradutor de *Ulysses* tem valor de aval; mas também irradia aquele calor humano sem o qual a mais profunda poesia e a mais fiel tradução dela seriam, no dizer do apóstolo, "ruído vazio".

Romance negro

O Estado de S. Paulo, 24 jun. 67

Qual o melhor romance norte-americano dos últimos vinte anos? Muitos intelectuais responderiam imediatamente: *Herzog*, de Saul Bellow; e compreendo. Os menos sofisticados talvez prefeririam *By Loved Possessed*, de James Gould Cozzens; e não compreendo. Os adeptos da moda votarão em *The Catcher in the Rye*, de Salinger, o que compreendo menos ainda. Uma maioria de votos talvez seja possível para *The Group* de Mary McCarthy, que reúne de maneira singular as qualidades da literatura para os *high brows* e de *best-seller*. Os últimos fiéis da "literatura do Sul", já que perderam as esperanças no seu menino dos olhos Truman Capote, reunir-se-ão em torno de *The Ship of Fool*, de Katherine Anne Porter, mas fariam melhor se recuassem até 1946, último limite da pergunta, para se lembrarem dessa obra impressionante que foi e continua sendo *All the King's Men*, de Robert Penn Warren.

Aqui estão uns bons títulos e pelo menos três excelentes romances. Mas a ninguém escapará o declínio desses últimos vinte anos, em comparação com as duas décadas anteriores. *Vingt ans après*, Hemingway e Faulkner não estão substituídos, nem o Dos Passos da primeira fase (*Manhattan Transfer* e *USA*) que hoje caiu para a planície de *The Grand Design* e *Midcentury*, nem o grande mas informe Thomas Wolfe, nem sequer o falsamente sofisticado Scott Fitzgerald. A decadência é evidente. No entanto, aquela safra é relativamente boa. Mas quando o *Washington Post*, com vistas à próxima venda de Natal, dirigiu aquela pergunta — Qual o melhor romance americano dos últimos vinte anos? — a mais ou menos 200 escritores, críticos e editores, não venceu, pela maioria dos votos, nem Bellow, nem Cozzens, nem Mary McCarthy, nem Katherine Anne Porter, nem Salinger, nem R. P. Warren, mas um romance publicado em 1952 do qual pouco se tem falado fora dos Estados Unidos: *Invisible Man*, de Ralph Ellison.

O livro recebeu em 1953 o National Book Award. Mas — afirmam os votantes do *Washington Post* — só agora se pode compreender sua significação profunda, quase profética.

Ralph Ellison, 52 anos de idade, é historiador literário. Seu volume de ensaios *Shadow and Act* tem o título tirado do poema "The Hollow Men" de T. S. Eliot: "*Between the motion — and the act — falls the shadow*". A sombra entre a idéia e o ato, na realidade da democracia americana, é a questão dos negros. Ralph Ellison é negro. *Invisible Man* é (só aparentemente) autobiográfico: um jovem negro conta, na primeira pessoa do singular, sua vida difícil que o levou do *ghetto* do Sul para o *ghetto* do Harlem, através das tribulações de toda a sorte, batalhas de rua, humilhações e convulsões. A forma é a do romance picaresco, hoje tão em voga. Mas no centro do enredo acontece algo que nunca aconteceria num romance realista: de repente o jovem negro percebe que os outros não o vêem; ele se tornou invisível, *invisible man*. Esse milagre como de contos de fadas ou de *science-fiction* tem profunda significação realista: pois todos os sofrimentos do negro são efeitos do fato de que os outros vêem, de que ele é visível e exteriormente reconhecível como negro. Ficando invisível, sua realidade de negro deixou de existir. Sua pretensão agora é paradoxal: fazer ver que ele existe. Enche de luz sua pobre habitação, como se fosse a Broadway de noite. Mas não adianta. A luz fica só para ele próprio, que resolveu a questão para si próprio sem resolvê-la coletivamente. A quantidade de luz que ele acende em torno de si só serve para, em comparação, a própria Broadway parecer escura. Lá fora continuam reinando as trevas. O problema continua.

Todos os detalhes do romance são realistas. Às vezes cruamente realistas. A impressão total é de irrealidade, por tratar-se de uma grande alegoria que — *si parva licet componere magnis* — lembra Kafka. Realmente, o nome de Kafka já foi pronunciado a propósito de *Invisible Man*, mas não com sentido muito elogioso. Um crítico apaixonado como Leslie Fiedler observa que as grandes alegorias literárias só valem quando se referem à condição humana em geral. Por isso lhe parece duvidosa a validade da alegoria de Kafka, que ele interpreta como inspirada pelo destino do judeu centro-europeu, e lhe parece igualmente duvidosa a validade geral da alegoria relativa ao destino do negro norte-americano. Quanto a Kafka, o erro é clamoroso, chegando à fronteira entre o conhecimento e a ignorância. Com respeito a Ralph Ellison, o crítico literário Fiedler, fechado em seu gabinete de leitura e trabalho, não parece perceber a importância da questão negra também e sobretudo para os brancos, cuja democracia está em perigo pela maneira de tratar os *visible men* pretos. O crítico, citando unilateralmente a feição alegórica do romance de Ellison, não lhe percebeu a significação política, que era, aliás, realmente algo obscura em 1952, mas irradia em 1966 luz tão forte como aquela que no romance não chega a dissipar as trevas americanas.

Essa luz não devia ficar invísivel aos outros, aos acostumados a fitar a significação política das obras literárias. Mas não aconteceu assim. Devo a um ensaio da escritora alemã Monika Plessner a indicação tanto da crítica de Fiedler como de outra crítica do socialista Irving Howe, autor de *Politics and the Novel*. Howe não admite nenhum sentido político a *Invisible Man;* Ellison seria notável escritor, sim, mas só escritor; pior ainda, Howe acha que o negro Ellison não quer ser escritor negro, mas só escritor; o mesmo se daria com James Baldwin: os dois teriam traído o primeiro grande escritor negro dos Estados Unidos, Richard Wright. Eis a opinião de Howe. Mas sua verificação de uma descendência Wright-Baldwin-Ellison merece ser examinada.

Com exceção de uns poetas pretos, a literatura sobre os pretos foi durante decênios escrita pelos brancos. O começo foi realmente Richard Wright, autor de *Native Son* e *Black Boy*, que teve de expatriar-se. *Native Son,* cuja publicação foi acontecimento nacional, saiu em 1940. A emoção da crítica e do público foi profunda. Houve só uma voz discordante: justamente a de um preto, do então jovem James Baldwin. Em sua crítica, "Everybody's Protest Novel", publicada na *Partisan Review*, afirmou que Wright, ao protestar e exigir igualdade, tinha aceito a teologia dos adversários, os critérios dos antinegros, o romance de protesto; o romance de protesto não perceberia a realidade da vida dos negros, porque estava constantemente fitando a dos brancos. Em seu romance *Go Tell on the Mountain* limitou-se Baldwin, depois, a descrever e analisar a vida dos pretos em seu microsmo preto. Em suas obras posteriores os personagens continuam sendo pretos, mas seus destinos também poderiam ser de brancos e não são conseqüências de sua negritude. Sabe-se que Baldwin não ficou totalmente fiel a esta linha; os acontecimentos exteriores, a revolta política dos negros e a reação dos brancos contra ela obrigaram-no a aderir ao protesto, primeiro no romance *Another Country* e, depois, no volume de ensaios e panfletos *Nobody Knows My Name*. E esse título quase é sinônimo de *Invisible Man,* que não deve ser tão apolítico como Irving Howe julgava. Baldwin excluiu de seus romances o branco. Ellison também exclui o próprio preto. Resta só — assim como Baldwin o exigia — o indivíduo. Não é a raça que sofre, mas o homem. Mas onde sofre um indivíduo, sofrem todos, sejam pretos ou brancos. Ellison tocou exatamente no ponto nevrálgico da democracia americana, assim como Gunnar Myrdal o definiu: a questão dos pretos é uma questão dos brancos.

"O melhor romance americano dos últimos vinte anos?" *Vingt ans après*: a literatura norte-americana foi entre 1920 e 1940 a voz da consciência moral do mundo, assim como o fora no século passado a grande literatura russa. Mas deixou cair das mãos a tarefa. É simbólica a carreira de Dos Passos, que tinha então escrito *Manhattan Transfer* e os três volumes de *USA* e acabou moralmente na bidécada seguinte, em obras abomináveis como *The Grand Design* e *Midcentury*. As vitórias exteriores não contribuem para a salvação da alma; as decepções sofridas durante a *pink decade* não justificaram o farisaísmo do inquérito "Our Country and Our Culture", publicado em 1952, na ex-socialista *Partisan Review*. Quatorze anos depois pode Claude Julien, analisando em *Le Monde* a atitude em face da China, falar de *les dangers de la bonne conscience*, dessa boa consciência que é conforme Albert Schweitzer uma invenção do diabo, da questão negra que vale como uma derrota. O exame de consciência está a caminho. A vitória de *Invisible Man* na votação do *Washington Post* parece recordação e pode ser um começo.

Justificação do romance

O Estado de S. Paulo, 16 set. 67

Acredito que a edição brasileira de *Ulysses*, heroicamente traduzido por Antonio Houaiss, já exerceu profunda impressão em nossos meios literários. A lição frutificará. Tem de desaparecer a crença ingênua de que um romance se escreve em cima da perna, baseado em recordações juvenis e basta. Serão, felizmente, raros os *terribles simplificateurs* que perguntam: "Que me importa o que aconteceu em Dublin em 16 de junho de 1904? Como se justifica a exigência tola desse autor de que o público sacrifique a vida para ler e reler a obra e decifrar as alusões e registrar os neologismos?" Tola é, sim, essa objeção; se estivesse certa, não deveríamos ler nada acima do nível do noticiário dos vespertinos e, meu Deus, até esse noticiário precisa às vezes de interpretação cuidadosa para não ficarmos iludidos. No entanto, releio aquela objeção tola e encontro nela uma expressão que os séculos parecem apoiar: 'justifica-se".

O romance *Ulysses*, como obra de arte, não precisa justificar sua existência; nenhuma verdadeira obra de arte precisa disso. Mas a obra de arte *Ulysses* também é um romance. E o gênero "romance" precisa, parece, de justificativa de sua existência. São provas disso as repetidas notícias, embora prematuras, de sua morte definitiva.

Um erudito historiador da literatura já quis explicar essa situação pelo fato de que o romance é o único gênero literário sem árvore genealógica. É diferente da poesia lírica, dramática e da prosa retórica, o único gênero literário que não tem predecessor na literatura oral, primitiva. Nunca um romance foi receitado. Romance é destinado a ser lido, solitariamente. É livresco. É papel impresso e desapareceria, um dia, como o papel levado pelo vento.

Não concordo. A epopéia e a tragédia já morreram. Mas não deveriam ter existido? A morte não precisa justificar-se. O verdadeiro motivo das dúvidas é outro: o gênero romance está em contradição flagrante com a mais antiga e duradoura tradição literária do Ocidente, o "mito do amor".

A literatura do Ocidente começou quando pela primeira vez um cavaleiro provençal declarou à sua dama seu amor platônico. Se não fosse platônico, ele não chegaria a escrever tantos versos para cantar belezas intocáveis. Desde então, os versos se multiplicaram e se multiplicam até hoje. São de escasso valor científico os capítulos sobre os cátaros, no livro *L'Amour et l'Occident*, de Denis de Rougemont. O resto, porém, está certo.

O amor platônico é a raiz da moderna literatura ocidental. Mas o gênero romance é do contra: desde o remoto *Tirant lo Blanc*, do século XV, opõe-se ao amor platônico o amor carnal. E é por isso que o romance tem de justificar sua existência.

Ninguém entre nós se pode lembrar — deve ter sido o tempo dos nossos bisavós ou tetravós, mas de qualquer maneira ainda era o século XIX — quando a leitura dos romances era proibida às filhas casadoiras da família. Romance passava por ser leitura indecente, capaz de corromper donzelas. Um resíduo dessa doutrina puritana sobrevive até hoje na linguagem coloquial, chamando-se de "romance" uma relação sexual extramarital. O romance corajoso de George Eliot ficou prejudicado e, no romance inglês da época vitoriana, só conquistou público nas famílias ao preço de excluir cuidadosamente qualquer alusão à vida sexual; Thackeray sofreu com isso; do realismo como o de Dickens ninguém adivinharia a vida pouco regular do seu autor, amante de atrizes de *music-hall*. Possuo um livro norte-americano de história literária, publicado em 1916 (isto é, antes do impacto antipuritano da primeira guerra mundial), em que a maior parte dos romances de Balzac não é mencionada, mas *La Duchesse de Langeais* é recomendada como *irreprochable*. A leitura de romances também é proibida às filhas nas comédias burguesas de Augier. Trata-se de uma tradição antiga na França, talvez herança da educação das moças nos conventos. Pois por acaso acabo de encontrar uma referência nas cartas de Madame de Sévigné (a sua filha Mme. de Grignan, 16/11/1699) em que a espirituosa epistológrafa defende a leitura dos romances, citando a epístola de São Paulo a Tito, I, 15: "Ao puro, tudo é puro". É, ao que saiba, a primeira tentativa de justificação do romance.

Pode-se dizer: a história do gênero é uma história das suas justificações. Mas também se pode dizer que todas essas justificações sucessivamente fracassaram. A tese apologética do "ao puro, tudo é puro" virou alegação de fins morais do romancista no *Avis de l'auteur* que o *Abbé* Prévost pôs em frente de sua imortal *Manon Lescaut*. Mas haveria leitor dessa primeira história de uma paixão irrefreável que acreditasse no moralismo do *Abbé?* Se houve, a evolução posterior desmentiria a ingenuidade. Pois de *Manon Lescaut* provém a *Nouvelle Héloise*, e desta o *Werther*, cujo suicídio foi argumento sério contra o romance e os romances; e as *Afinidades Eletivas* do mesmo Goethe foram condenadas como "exaltação do sensualismo infernal". A justificação tentada por Mme. de Sévigné fracassara.

Enfim veio Walter Scott, e aos seus romances abriram-se as famílias mais conservadoras. É a justificação pela História. Muitos romances históricos, seus e de outros, começam com a afirmação fictícia de o autor ter encontrado, num castelo, ou num arquivo, um velho manuscrito amarelado do qual tirou sua história. Essa ficção, que nunca iludiu ninguém, não é tão inofensiva quanto parece. Destina-se a desmentir mais outra acusação moralística: os romances corromperiam a imaginação dos leitores pela narração dos acontecimentos inventados ou impossíveis. Os autores dos romances históricos defenderam-se, em vão, pela exibição do conhecimento exato dos trajes, dos costumes, da cozinha, dos tempos idos; pois os detalhes arqueológicos não apagaram a sedução da (inventada) história de amores, que até em Scott nem sempre são tão *irreprochables* como o leitor moderno supõe (v. *The Heart of Midlothian*). Enfim, o maior, o mais puritano entre os cultores do gênero, o próprio Manzoni, lançou contra o romance histórico, do qual tinha escrito o mais famoso exemplo, o libelo *Del Romanzo Storico e, in Genere, dei Componimenti Misti di Storia e d'Invenzione* (1845), em que condena a mistura de fatos históricos e fatos inventados. O romance perdeu a credibilidade, a não ser para os leitores mais ingênuos, os que ainda não conhecem a vida. Ao mesmo tempo em que o romance em geral continuava leitura proibida às moças, o romance histórico virou leitura juvenil e infantil.

É mérito incomensurável dos franceses a salvação do gênero: os romances de George Sand, Balzac, Flaubert, Daudet, Zola são os primeiros escritos "só para adultos". Mas é justamente isso que a hostilidade antiga opõe ao romance; pois esse "só para adultos" refere-se ao fato de estar no centro do romance francês sempre o amor carnal, esse amor carnal que opõe o romance, como gênero, ao "mito do Ocidente".

Mas não seria mesmo assim na Realidade, essa deusa da literatura do século XIX? Diziam os franceses: "Podemos provar que é assim". E Zola o provou. A documentação, e se for possível a documentação cientificamente exata, é a nova justificação do romance perante seus juízes. Continua justificando-o, enquanto for possível, como romance-reportagem; até *Le Salaire de la Peur*, de Georges Arnaud; até hoje.

Essas reportagens ainda seriam romances? No simpósio "Nosso Século e Seu Romance" (Viena, 1965), escritores da Europa Oriental (Déry, Nezvadba, Bondarev) e da Ocidental (Robbe-Grillet, Canetti, Kesten) estavam de acordo em condenar o romance-reportagem, por ele não ser romance; mas admitiam o gênero como substituindo a pesquisa sociológica proibida em países sujeitos a ditaduras (Espanha, Portugal, América Latina, etc.). E realmente pode-se lembrar que o romance desempenhou justamente essa função na Rússia do século XIX; e como desempenhou! Apenas não eram só reportagens sociológicas. O grande romance russo do século passado está protegido contra a denúncia antiga de imoralidade pelo seu conteúdo religioso-pedagógico ou político-pedagógico. Vale o mesmo para o romance norte-americano de crítica social dos anos entre 1920-1940. E é preciso acrescentar que a mesma justificação também vale para o romance francamente ideológico: Gorki e todos os outros. Mas as costumeiras perspectivas para o futuro não contribuíram para restabelecer a credibilidade nos acontecimentos inventados.

A credibilidade, a autenticidade tornam-se o problema número um, desde que a oposição ao amor platônico não pode mais ser desmentida: passou do romance para a vida. A nova justificativa é indicada pela freqüência dos romances narrados na primeira pessoa do singular, método hoje dominante. Essa função pronominal não é a mesma que a primeira pessoa do singular no romance picaresco; não simboliza a solidão do indivíduo que pretende, pelas suas próprias forças, romper as rígidas barreiras de classe para conquistar uma posição vantajosa; representa, no romance de hoje, o indivíduo que, retirando-se da sociedade, conta suas espantosas aventuras interiores e exteriores, como o Zeitblom de Mann ou o Herzog de Bellow; a primeira pessoa do singular lhe serve para autenticá-los, como uma firma reconhecida: "isso não é inventado, isso é verdade". Justificando-se assim, o romance sai das suas fronteiras do possível para entrar no terreno do real; e surge o romance-ensaio (Bloch, Musil, Mann), em que os ensaios intercalados justificam os acontecimentos inventados. Misturam-se: o ensaio dá a realidade sem romance, o romance vira ensaio sem realidade. Esta segunda modalidade é a do *nouveau-roman,* cujos representantes, no entanto, nunca fixaram com clareza inteira essa sua situação.

O caminho percorrido pelo romance justificado e injustificável não foi, apesar de tudo, inútil. Os acidentes sofridos no caminho poderiam servir como nova base de uma estética de romance, definido como resultado de tensão dialética entre a afirmação de realidade e a cogitação de possibilidades. As duas chegam à congruência só nos romances que dispensam a justificação, mantendo-se no espaço como organismos perfeitamente autônomos. São raros: *D. Quixote, Madame Bovary, Ulysses.* Em face dessas obras, é ocioso perguntar: "Que me importa o que aconteceu na Mancha ou em Yonville ou em Dublin no dia 16 de junho de 1904?" A única resposta é a que já foi dada por Constant: "A arte realiza o objetivo que ela não tem". E assim está ela justificada.

Uma função do romance espanhol

O Estado de S. Paulo, 14 out. 67

O público norte-americano, embora menos atento aos movimentos literários fora do país, recebeu durante os últimos 20 anos três vezes o impacto de tendências estrangeiras. Primeiro, foi o existencialismo francês — Sartre, ao qual se associou erradamente o nome de Camus. Depois, falou-se em *Italian vogue*: Moravia, Pratolini, Vittorini, Pavese. Mas um Italo Calvino ou um Carlo Cassola já não encontraram nos Estados Unidos a devida repercussão, porque surgira a *Spanish vogue*, representada principalmente por Cela. E no Brasil? A *Italian vogue* chegou-nos mais pelo cinema que pelas obras escritas. E a *Spanish vogue* não desembarcou nestas plagas porque lhe faltava a ainda indispensável chancela francesa.

Contudo, Camilo José Cela tem leitores e admiradores no Brasil (sou um deles). Talvez seja ele o mais importante. Mas esse grande individualista não é o mais representativo. Quem seria então representativo? Antes de responder, é preciso definir.

Há atualmente e ainda duas literaturas espanholas: a exilada e a outra dentro do país. Os exilados — Barea, Sender, Aub — constituem grupo à parte. Dentro da Espanha, existe uma escala de valores: os independentes, como Cela e Ridruejo; os que aderiram, como Gironella; os retóricos do regime, como Pemán, do qual não desejo falar. Desejo falar sim do romance neo-realista na Espanha contemporânea.

As histórias da literatura espanhola ainda não lhes registraram os nomes. Tampouco esses nomes constam dos dicionários bibliográficos ou das enciclopédias. Os ensaístas e críticos literários mantêm silêncio cauteloso ou falam com reticências e preferem citar os poetas. Antes de tudo, é preciso, para empregar a linguagem militar, reconhecer o terreno.

O mais velho desses neo-realistas — embora tenha pouco mais que 50 anos — é Ricardo Fernández de la Reguera, que em *Cuerpo a Tierra* (1954) ofereceu quadros goyescos dos horrores e desastres da guerra civil: escreve com a objetividade da câmara fotográfica. É um estilo característico. Para sabê-lo basta comparar esse neo-realismo com a indignação emocional do exilado Luis Romero, que, em *Los Otros*, mantém vigorosamente a tradição barcelonense do anarquismo revoltado. Os neo-realistas autênticos não são assim, e não seriam assim mesmo se não houvesse as limitações impostas pela censura. O mais típico dos neo-realistas me parece Miguel Delibes, que em *El Camino* e em *Aún es de Día* descreveu as populações rurais primitivas da meseta castelhana, e em *La Hoja Roja* a vida de uma típica cidade provinciana como Valladolid; em *Diario de un Cazador*, a gente humilde, e em *Diario de un Emigrante*, a gente humilhada. A matéria novelística de Delibes parece justificar uma atitude de oposição; mas o romancista não a assume. Deixa falar com característica sobriedade castelhana os fatos. Não se trata, porém, de um traço individual. Pois Ignacio Aldecoa é um temperamental e fica, no entanto, objetivo: nos romances do operariado espanhol contemporâneo (*El Fulgor y la Sangre; Con el Viento Solano; Los Pozos*) e da vida dos pescadores (*Gran Sol*). A tradição espanhola do "contra" perpétuo é, porém, capaz de insuflar a esse novo romance castelhano o mesmo sentido de crítica social do neo-realismo italiano num autor tão tipicamente espanhol, dir-se-ia barroco-espanhol, como Juan Goytisolo: seja em *Juegos de Manos*, romance de estudantes madrilenhos; seja em *Dueto en el Paraiso*, denúncias dos efeitos violentos da guerra civil; seja em *Fiestas* e *La Resaca*, romances da Andaluzia. Da Andaluzia também trata *Campos de Níjar*, diário de uma viagem de observação sociológica, e essa obra já não podia sair publicada na Espanha. No entanto, nenhuma censura é capaz de suprimir, a longo prazo, uma tendência geral. Cito ainda como neo-realistas os José Corrales Egea (*El Haz y el Envés*), Jesús López Pacheco (*Central Electrica*), Jesús Fernández Santos (*Los Bravos*). Mas faço questão de observar que esses autores todos não se parecem com os chamados neo-realistas portugueses (Alves Redol, Fernando Namora, em sua primeira fase, e outros), movimento que é mais antigo que o neo-realismo espanhol e diferente dele pelos elementos de lirismo que são alheios à sobriedade dos vizinhos.

Um lirismo de outra espécie distingue, porém, *El Jarama*, a obra-prima de Rafael Sánchez Ferlosio: é, na superfície, o romance do operariado espanhol de hoje; despolitizado, anestesiado, por assim dizer esvaziado; é, ao mesmo tempo e na dimensão da profundeza, o romance do vazio da vida contemporânea em geral. Uma obra dessas serve para traçar a linha de demarcação entre o neo-realismo e, por outro lado, o neonaturalismo da geração precedente; linha que só alguns poucos escritores de alta categoria, como Ferreira de Castro em suas últimas obras, souberam atravessar.

Ainda é válida a distinção de Lukács, entre realismo e naturalismo. Ela também vale para o neo-realismo e o neonaturalismo que, por volta de 1930, dominavam tão grande parte da literatura universal. Mas as distinções de Lukács não desvalorizam o eminente papel histórico do descobridor de novos ambientes e até de novos países: descobriu proletários urbanos e rurais, em toda parte, que ainda não tinham encontrado quem falasse por eles; descobriu países inteiros, novos, o Sul dos Estados Unidos (Caldwell), o Japão (Natsumi Soseki, Ryunosuke Akutagawa), a América espanhola (inúmeros nomes) e o Nordeste do Brasil.

Ao leitor brasileiro de hoje parecerá esse neonaturalismo esgotado. Não há mais novos países e novas classes para descobrir. Os últimos talvez tenham sido os argelinos, tunisianos e marroquinos de expressão francesa (Mohammed Dib, Mouloud Feraoun, Mouloud Mammeri, Albert Memmi, Driss Chraïbi, Ahmed Sefrioui). O romance nordestino tem sua temática — a seca, o cangaço — esgotada. O neo-realismo seria um novo estilo à procura de um assunto.

Não há novos ambientes. Mas estão sendo criados. A miséria do índio mexicano já precisa ser descoberta. Mas a incompleta revolução mexicana, embora libertando-o, criou-lhe nova miséria, diferente. O romance dela é *Oficio de Tinieblas*, de Rosario Castellanos, obra baseada nos estudos sociológicos do professor Ricardo Pozas, em sua *case-history Juan Perez Jolote*. Eis uma nova fonte. Mas essa fonte não sai em toda parte. Jean Tricart (em *Prospective* nº 12, página

110) observa que a sociologia é hoje suspeita em alguns países como força subversiva, revelando condições insustentáveis e estimulando reações para modificá-las. Observações paralelas se encontram em *Les Sciences Sociales e de la politique des gouvernements* (página 30), obra publicada no ano passado pela Organisation de Coopération et de Développement Économiques (OCDE). Em 1962, reuniu-se em Viena um simpósio de escritores que discutiam o futuro do gênero romance. A maioria dos presentes (inclusive os romancistas poloneses, tchecos e húngaros) rejeitou o romance-reportagem, baseado em *field-work* e documentação sociológica, mas todos (inclusive os franceses, italianos e alemães) admitiram esse tipo de romances em países em que a situação política torna impossível a publicação de documentação sociológica.

Parece resposta a esses debates a entrevista que o espanhol Juan Goytisolo concedeu ao jornal *Le Monde*: declarou que o realismo — o neo-realismo — do romance espanhol contemporâneo é efeito direto da ferrenha censura dos livros na Espanha; na época da inteira liberdade de expressão literária, no tempo da República, podia haver romances poético-evasionistas (Benjamín Jarnés, Mauricio Bacarisse). Mas quando o falso idealismo oficial pretende falsificar a realidade social, então a única evasão possível é a fuga para essa realidade.

Esse inesperado "realismo de evasão" é ao mesmo tempo fenômeno especial e geral. Significa ressurreição de uma velha tradição espanhola de crítica da situação social reinante no tempo dos Felipes pelo romance picaresco: não é por acaso que Cela e Sánchez Ferlosio escreveram romances picarescos. Mas o fenômeno também é geral, pois o romance picaresco é hoje novamente uma força literária em muitos países: Bellow, Andersch, Bulatovic são nomes significativos. Lembram Chaplin e o bom soldado Svejk. O romance picaresco é o gênero das situações caóticas e da ordem apenas aparente. Só como pícaro tem o homem nesses tempos uma chance de liberdade. A tradição é espanhola. Mas a melhor formulação se deve ao francês Alain: certo romance desempenha a função de inspirar a resistência do *citoyen contre les pouvoirs*.

A integração e a inteligência

O Estado de S. Paulo, 14 dez. 68

Apelos urgentes em favor de uma integração literária latino-americana, isto é, imediatamente, em favor de maior divulgação e melhor apreciação da literatura hispano-americana no Brasil, não parecem encontrar a desejável repercussão. Ao contrário, levantam-se contra esse "hispano-americanismo" brasileiro objeções mais ou menos fortes. Fala-se em entusiamo exagerado e não se acredita no valor excepcional de um romance como *Filho do Homem*, do paraguaio Augusto Roa Bastos, que existe desde 1961 em boa tradução brasileira (Editora Civilização Brasileira) e ao qual, durante esses anos todos, nenhum crítico no Brasil se dignou a dedicar uma apreciação e interpretação séria. Também se alega que os valores eventualmente existentes na literatura hispano-americana se encontram igualmente ou melhor na literatura brasileira, de modo que o conhecimento daquela não adiantaria muito. Enfim, se dá a entender que o discurso sobre integração literária apenas pretende explorar, em artigos literários, uma atualidade política, isto é, a de projetada integração econômica da América Latina.

Esses argumentos não me parecem válidos. No entanto, não faria tentativa de refutá-los se não se tratasse, inclusive, de graves problemas de estética literária e de cultura.

Mas vamos por partes. Existe um ou outro escritor hispano-americano bem conhecido no Brasil. Mas não se tira a conclusão de que existem, portanto, valores *là-bas*. Ao contrário, sei que um escritor brasileiro afirmou, há pouco: "Na América Espanhola existe só um grande escritor, Jorge Luis Borges, e mais nada". Um outro, mais preocupado com a poesia do que com o conto filosófico, teria dito, talvez: "Só Pablo Neruda e mais nada". Acho que essa atitude nos faz perder muito, estreitando e empobrecendo nosso horizonte literário. Não existe só Pablo Neruda. Também existem o mexicano Octavio Paz, o guatemalteco Cardoza y Aragón e o colombiano Pardo García; e será que o peruano Cesar Vallejo já está esquecido? A perda seria nossa, e seria uma perda grave. Tampouco existe só Jorge Luis Borges. O esquecimento momentâneo de Miguel Ángel Asturias e Alejo Carpentier, escritores de categoria universal, talvez só tenha sido um lapso. Mas acho que os mexicanos Carlos Fuentes e Juan Rulfo, o guatemalteco Mario Monteforte Toledo e o argentino Ernesto Sábato nos têm de transmitir alguns valores que faltam justamente na ficção brasileira contemporânea: obras como *Las Buenas Conciencias, Pedro Páramo, Una Manera de Morir, Sobre Héroes y Tumbas* são de uma seriedade moral e de uma profundeza ideológica que, além do valor puramente literário desses romances, os tornam leitura obrigatória para os mexicanos, para os guatemaltecos, para os argentinos — e para os brasileiros. E há aquele Roa Bastos, o paraguaio, nome que não me canso de insistir, pois *Hijo del Hombre*, obra de força épica e de quase torturante emoção humana, dá agora aquilo que o romance nordestino, depois de grande começo em Graciliano Ramos e José Lins do Rego, deixou de dar nos seus sucessores, talvez famosos mas no entanto muito mais fracos e escandalosamente infiéis.

Só poucas palavras desejo dedicar ao argumento da "atualidade política" como pretexto barato para construir uma suposta atualidade literária. Lembro o caso do romancista Tibor Déry, que foi descoberto pelo mundo quando e porque participou da revolta na Hungria em 1956: a revolta passou a ser recordação histórica, mas o escritor Déry continua traduzido e lido em toda a parte porque é grande e insubstituível, com ou sem atualidade política. Mas existe outro exemplo, talvez mais convincente: leia-se o livro de F. W. J. Hemmings sobre *The Russian Novel in France*, e vão ficar sabendo que o romance russo, de Tolstoi, Dostoievski e outros, totalmente desconhecido na França ainda por volta de 1880, tornou-se pouco depois conhecidíssimo, através de numerosas traduções e críticas, porque a França, isolada na Europa pela política de Bismarck, procurava a aliança da Rússia, começando a interessar-se por tudo que era russo. E havia, portanto, mal algum nessa ampliação dos horizontes literários parisienses?

Lemos, no mesmo livro de Hemmings, que a descoberta de Tolstoi e Dostoievski foi, para os franceses da época, uma grande surpresa, pois estiveram convencidos de que na Rússia não existia nenhuma Literatura digna desse nome. Sorrimos dessa mentalidade provinciana. Mas estaríamos garantidos contra o perigo de cair na mesma cilada? Hoje, no Brasil, muita gente admira as poesias de Kavafis e todo mundo está entusiasmado por Kazantzakis. Mas, vamos falar com franqueza, quantos teriam, até há pouco, admitido a existência de uma grande literatura neogrega? Nem sequer o Prêmio Nobel para Seferis teria bastado para tanto; e nomes como Palamas, Sikelianos, Elytis, Prevelakis continuam no limbo e, quando pronunciados, encontram o mundo do cepticismo. Os horizontes literários do público letrado brasileiro estavam, antigamente, limitados pelo meridiano de Paris. Hoje, nem das descobertas francesas se toma conhecimento, mas só dos *pocket-books:* o neo-realismo italiano nos chegou com grande atraso e só através do cinema; nomes de escritores tão grandes como o holandês Vestdijk, o croata Krleza, o persa Hedayat ainda esperam a descoberta, mas a verdade pode esperar, pois tem tempo.

Mas precisamos saber de tantas coisas? Antes de responder, quero remover a última das objeções inicialmente citadas: a de que os eventuais valores da literatura hispano-americana existiram igualmente ou talvez melhor na literatura brasileira, de modo que não precisamos tomar conhecimento. Parece-me um erro completo. Não há no mundo literatura nenhuma que não tenha criado certos valores e obras que não existem assim em outras literaturas. E peço licença para lembrar uma afirmação particularmente estúpida de Jules Lemaitre, também citada naquele livro de Hemmings — afirmava o então famoso crítico que os franceses não precisavam ler as obras de Tolstoi, Dostoievski e Ibsen porque esses autores todos teriam sido meros imitadores de modelos franceses. Há estranhamente, nessa estupidez, um grão de verdade — Dostoievski traduzira um romance de Balzac, admirava George Sand e imitava, à vezes, o inefável Eugène Sue; e Ibsen usava a técnica dramatúrgica de Augier. Mas para refutar aquela estupidez não basta apontar a diferença de nível entre Ibsen e Augier, entre Dostoievski e Sue; pois essa diferença não existe no caso de Balzac. Não basta limitar-se a critérios estéticos. O valor diferente dos grandes romancistas russos também é determinado por elementos especificamente russos que não existiam assim na França do século XIX — elementos étnicos, religiosos, ideológicos, históricos, em suma, por todos aqueles fatores que certos sistemas atuais de crítica literária querem deliberadamente ignorar. É por causa daqueles fatores que a literatura hispano-americana tem de dizer algo de próprio e algo de novo aos leitores brasileiros. E é por causa daquela "ignorância" proposital de atuais tendências de crítica literária que meu modesto problema hispano-americano se revela, de repente, como de ordem geral e cheio de possíveis conclusões perigosas.

Ataca-se o historicismo. Já não em nome do New Criticism que também considerava a obra de arte como algo misteriosamente caído do céu, produto de uma partenogênese; pois o New Criticism já é *vieux jeu,* e a moda do dia se chama estruturalismo.

O anti-historicismo caracteriza-se pela omissão deliberada de certos elementos de informação sobre a obra de arte. É atitude que surpreende, em gente que fala tanto em cibernética e, portanto, em informação. E leva realmente à falta de certas informações. A falta de informação sobre a literatura hispano-americana é, a esse respeito, verdadeiramente insignificante em comparação com outros desconhecimentos propositais. Pois trata-se, em geral, de uma visão incompleta do que há no mundo. De propósito se considera como poesia digna de atenção só determinada poesia ou determinado movimento poético, com exclusão de todas as outras possibilidades; e ao estilo escolhido confere-se valor absoluto. O sistema assim construído pode estar livre de contradições internas, assim como a geometria n-dimensional ou uma aritmética não-arquimédica estão livres de contradições internas. Mas essa ausência de contradições internas não garante a correspondência do sistema a uma realidade qualquer. O modelo pode ser perfeito e, no entanto, sem qualquer uso possível. E não me digam que a geometria de Minkowski, que não vale na realidade terrestre, é necessária para explicar a do planeta Mercúrio, pois eu responderia que então o novo sistema estético deve ser exportado para o planeta Mercúrio.

E mesmo se o modelo fosse válido em nossas modestas dimensões terrestres, só se aplicaria a uma determinada parte da literatura: à poesia. E a ficção? *Vestigia Terrent*. Foi na crítica da ficção que o New Criticism, ele também visando unilateralmente à poesia, experimentou seu fracasso, irrespondivelmente verificado pelos críticos da Escola de Chicago.

Ouso dizer, paradoxalmente: não sei se a poesia lírica pertence à literatura. Parece-me que a diferença entre a poesia lírica e todos os outros gêneros literários é tão grande e tão fundamental como a diferença entre a música e a literatura. Se for assim, explica-se por que a poesia tem contato menor (ou outro contato) com a realidade que a ficção; com essa realidade com a qual a música não tem e não deve ter contato nenhum. Explicar-se-iam assim certas exigências críticas que a ficção não pode satisfazer, a não ser o romance poético que já não seria romance. E explicar-se-ia certa aversão contra a poesia *engagée*, isto é, uma poesia que procura contato com a realidade — nem sempre o consegue e às vezes realiza contatos ilegítimos, meramente retóricos — em vez de retirar-se dela.

As diferenças de contato com a realidade notam-se historicamente (com licença) na evolução das literaturas latino-americanas. Durante o século XIX, estavam dominadas por uma poesia totalmente alheia à realidade (com exceção de uma falsa poesia *engagée*, que na verdade não passava de eloqüência rimada); hoje, predomina a ficção, na qual tampouco faltam, aliás, os exemplos de um falso *engagement*, meramente retórico. Mas, em geral, aquela evolução merece ser considerada como processo de amadurecimento; vejo no resultado dessa evolução um antídoto contra o perigoso antiintelectualismo destes tempos. E, mais uma vez, o problema se torna geral.

Pois o antiintelectualismo a que me refiro não é o místico-decadentista que tão bem harmonizava com tendências fascistas. Hoje, o antiintelectualismo é (na Europa e na América Latina) bem progressista: entrega-se à máquina, considerada autônoma, e sacrifica à máquina a sintaxe (sem a qual o discurso se transforma fatalmente em escola bem-paginada); e é claro que a capitulação ante a máquina também significa capitulação ante o proprietário dela.

Desconfio, aliás, não só do antiintelectualismo, mas de todos os antis; e ao antiteatro de Ionesco ainda me permito preferir o teatro de Brecht, que na última peça do arrogante romeno-parisiense foi ridicularizado como palhaço Brechtoll. Mas descarrilamentos desses não são necessários para convencer-nos de que, neste momento histórico, o intelectualismo racional é mais necessário que o antiintelectualismo poético (ou o automático); e que mais necessária que a integração de modelos estruturais é a integração das não-integradas criaturas; e que mais atual que a desintegração da sintaxe é, *hic et nunc*, a integração latino-americana.

Renaissance revisited

O Estado de S. Paulo, 18 jan. 69

Num jornal literário francês li trechos de um diário do pintor Michel Ciry, que vive em Florença, adorando a paisagem toscana (quem não a adoraria?), mas gostando pouco da arte que a completa. Não são os deuses menores do Renascimento, idolatrados pelo século passado, que o pintor francês despreza. É mais radical. Vai diretamente a Michelangelo. Não encontra nada de extraordinário na Capella Medici. E o colossal Davi lhe parece enfadonhamente acadêmico.

São julgamentos com os quais — eu sei — quase todos os artistas plásticos modernos estariam de acordo. Não se pode imaginar um abstrato indo a Florença para estudar pintura. E as letras? Conhecem alguém que já leu Ariosto de cabo a rabo? Pode haver alguém que, como Petrarca, caiu da admiração dos séculos para o limbo do antiquado "soneto amoroso"? Recentemente também o humanismo da Renascença parece encontrar-se no ostracismo, pelo menos li assim em diatribes de um crítico brasileiro.

Esta última condenação é, sim, recente. Mas todas as vanguardas brasileiras desprezam, há mais de 40 anos, a Renascença. É uma atitude típica do Modernismo de 1922. Foi uma reação contra o renascentismo tolo dos parnasianos e simbolistas brasileiros que se estabeleceram mentalmente em Florença e Veneza.

O anti-renascimento polêmico dos modernistas brasileiros estava plenamente justificado. O quinhentismo dos parnasianos e o pré-rafaelitismo dos simbolistas não passavam de um esmolismo caricatural sem responsabilidade intelectual ou emotiva. Tratava-se de uma caricatura do renascimento europeu do século XIX, dos Pater, Burckhardt e Nietzsche, sem as premissas que semijustificavam aquela idolatria do esteticismo e a adoração dos super-homens à maneira de Cesare Borgia.

O renascimento europeu da segunda metade do século XIX não foi mero *day dream* de eruditos, apaixonados pela Vênus de Botticelli, nem — como já se aventou — precursor das violências fascistas, mas um fenômeno cultural altamente significativo que ainda não encontrou seu historiador e que merecerá, um dia, um estudo. Mas o pseudo-renascimento de um Bilac ou dos copistas da Gioconda na Escola Nacional de Belas-Artes não merecerá ser estudado. Não tem, aliás, sentido arrombar portas abertas. Os modernistas já realizaram o trabalho inteiro.

Desde então, quem adora no Brasil a Renascença torna-se suspeito de ser septuagenário nato e *public relations* da Alitalia. Os reis do café já não são comparados aos *condottieri*. Em Copacabana não se adoram mais as pálidas Madonas de Fra Filippo Lippi. Na Bahia deixaram de estudar latim e André Suarès já não encontrou leitores brasileiros. A reação foi forte. Senti-a, uns 15 anos atrás, quando iniciei um artigo sobre a *Mandrágora* de Maquiavel com uma referência à cúpula do Duomo de Florença (citada na comédia) e quando essa primeira linha foi saudada por amigos com uma gargalhada desdenhosa. Desde então, a *Mandrágora* conquistou os palcos brasileiros; e eu mesmo descobri que os inimigos da cúpula de Brunelleschi nunca a tinham visto e nem sequer quiseram olhá-la numa ilustração bastante boa, assim como os adversários de Galileu se recusaram a olhar pelo telescópio. A reação anti-renascentista dos modernistas brasileiros revelou-se como mera antítese contra o falso renascentismo das gerações precedentes. Uma antítese justifica-se. Mas também se justifica superá-la pela síntese, no caso, por nova perspectiva sobre a Renascença, que talvez a torne menos inaceitável às gerações pós-modernistas.

De novidades sobre o assunto não há falta: novidades de que em 1922, pelo menos no Brasil, ainda não se dispunha. Basta citar a teoria, hoje longamente desenvolvida e geralmente aceita, de que não existe Renascença, mas renascenças sucessivas, das quais a "mais renascentista" foi a do século XIII. No entanto, limitam-se à "grande" Renascença, a italiana dos séculos XV e XVI, e mesmo a esta só em parte, pois em 1922 ainda não se sabia no Brasil da reabilitação do barroco, do qual várias manifestações ainda passavam, então, por renascentistas; e a definição do maneirismo, que enche tão grande parte da arte e literatura italianas do século XVI, limitou ainda mais o assunto. É bom assim. A síntese ficará tanto mais exata; e mais curta.

Por motivos que já devem estar claros, a pesquisa histórica fora da Itália tem, durante os últimos decênios, um pouco negligenciado o tema Renascença, preferindo o estudo das Proto-Renascenças medievais do maneirismo em todas as suas manifestações e do estilo de pensar barroco. Tudo isso parece hoje mais "interessante". Mas na própria Itália o interesse pelo Renascimento foi ressuscitado por Eugenio Garin. Rejeitando as teses de uma continuidade ininterrupta entre Idade Média e Renascença, Garin verifica a ruptura entre elas, exemplificada no caso da Antigüidade: esta adaptou as lições greco-romanas, sem hesitação, para suas necessidades de fé; mas para os humanistas a Antigüidade era um problema histórico. A Renascença, conforme Garin, era uma época de crise, de *smarrimento*, de *ricerca tormentada*, de *fine di una sicurezza*, parecida com o nosso tempo. Perdidas ou abandonadas as seguranças transcendentais, o homem da Renascença encontrou o centro só em si próprio; daí o perigo que ameaça permanentemente seu humanismo, que é uma Declaração de Independência humana. O grande erudito português Joaquim de Carvalho já tinha, aliás, bem mostrado a relação, sempre em perigo, entre humanismo e liberdade. E quando hoje vejo certos anti-humanistas brasileiros invocar a filosofia pré-nazista de Heidegger (que só conhecem em traduções castelhanas, fatalmente inexatas), o aborrecimento me faz preferir a esta falsa vanguarda até os "obsoletos" precursores: Dante, protótipo e modelo eterno de uma poesia politicamente engajada; e Petrarca, que não só escreveu sonetos amorosos, mas também as grandes canções das quais bem atual é "*I'vo gridando: Pace, pace pace!*".

Os homens da Renascença não são responsáveis pela deturpação dos seus ideais estéticos em modelos de um academismo estéril. O próprio Dante, quando resolveu escrever uma epopéia em *volgare*, na desprezada língua dos vendedores no mercado, não teria sido poeta experimental? E Michelangelo, acadêmico! Sua anatomia rompe todos os cânones da Academia e suas maiores obras, a estatuária da Capella Medici e a tumba do papa Júlio II, não por acaso ficaram fragmentos. Nos seus últimos anos, os do Bruto do Museu Bargello e da Pietà Rondanini, Michelangelo criou deliberadamente fragmentos, torsos, porque (como demonstrou Charles de Tolnay) a beleza das suas idéias já lhe parecia irrealizável em mármore. Tem ele a culpa de que nem os contemporâneos nem a posteridade o compreenderam?

Essa incompreensão toca, porém, no ponto mais vulnerável do Renascimento, na natureza aristocrática da sua arte, da sua literatura, do seu pensamento. Memorável é a página em que Antonio Gramsci denunciou o divórcio permanente entre os intelectuais italianos e o povo italiano, explicando-o pelo aristocratismo da cultura renascentista. A arte aristocrática do madrigal, de compositores como

Marenzio, Donati, Gastoldi (até Gesualdo), é um exemplo; e por isso a Itália teria produzido a ópera em vez de um Bach, alimentado permanentemente pela música popular alemã. Assim a história se lê nos manuais didáticos, sobretudo nos manuais alemães que silenciam os 150 anos de divórcio entre a música de Bach e o público alemão. A musicologia de hoje já pensa de maneira diferente sobre a arte daqueles madrigalistas. A forma, sim, era aristocrática. Também a técnica de composição, só acessível a profissionais. Mas o fundo melódico são as *canzonette* e *strambotti*, essa música genuinamente popular que — veja *Il Segreto del Quattrocento*, de Fausto Torrefranca — encheu todas as paisagens regionais da península. É inegável, certo, a relação histórica com a ópera, pois aquela arte chegou a acabar com a polifonia, preparando o canto solo. Mas esse solo foi, em relação à arte de Palestrina, um ato de oposição. E as primeiras óperas, mui rudimentares, foram cantadas, em Florença, em casa de um humanista cujo filho estava destinado a fazer outra oposição: em casa de Vicenzo Galilei.

É preciso manter vivo o conceito de uma oposição mesmo dentro da oposição renascentista. *Il Cortegiano*, de Baldessare Castiglione, é a suma de uma civilização mantida por nobres cavalheiros que sabiam conversar em latim. A oposição é representada por aquele monge lombardo Teofilo Folengo que, torturado pela *acedia*, fugiu três vezes do convento, assim como James Joyce, também torturado pela *acedia*, fugirá do colégio dos jesuítas em Dublin; e assim como James Joyce, para desafiar a civilização do século XX, escreveu um romance ou epopéia herói-cômica em prosa, numa língua engenhosamente inventada, assim Teofilo Folengo inventou uma língua artificial, o "latim macarrônico", para escrever nela sua epopéia herói-cômica *Baldus*, ataque vigoroso contra a civilização latinizante dos barões que ele representa como salteadores. Isto também faz parte da Renascença.

Folengo estava conhecido, desde sempre, dos historiadores da literatura italiana, terreno bem-cultivado em que parecia impossível fazer novas descobertas. Mas só Neri (1948) e Bottasso (1949) nos fizeram apreciar bem a comédia popular, dialetal, de Ruzzante e Alione. Sobretudo as impropriamente chamadas "farsas" de Ruzzante são, embora também influenciadas por Plauto, como paródias, meio alegres e meio melancólicas, da comédia renascentista erudita e aristocrática. Enche-as a mesma melancolia desdenhosa como na *Mandrágora* de Maquiavel, já citada no começo do presente artigo, essa análise impiedosa da sociedade da Renascença que poderia ser de hoje, a sociedade e sua análise; e não é um caso isolado porque se encontra a mesma veia na *Aridosia* de Lorenzino de Medici, daquele "Lorenzaccio" que assassinou seu primo Alessandro, o tirano de Florença, e depois se defendeu na *Apologia* que Leopardi considerará a obra-prima de prosa em língua italiana.

Não se precisa dizer mais muita coisa. Já passou o tempo em que era necessário defender a memória do grande secretário florentino, fundador da ciência política, contra a confusão com os maquiavéis mirins de tempos posteriores, ordinários fazedores de intrigas. Maquiavel ensinou, sim, o uso racional da força onde é preciso usá-la contra quem a usa. O julgamento depende do lado. De Sanctis observou bem que o livro de Maquiavel, que parece um código dos tiranos, também pode ser — depende de quem o lê — o código dos homens livres e sua arma. E naquele tempo o livro já armou o braço de Lorenzino que matou o tirano.

Ernst Fischer e a sociologia da música

O Estado de S. Paulo, 07 jun. 69

Há um livro cuja tradução inglesa se tornou *best-seller* e que foi, ao mesmo tempo, altamente elogiado pela crítica mais exigente. Também se pode predizer o sucesso no Brasil: é *A Necessidade da Arte*, de Ernst Fischer, na excelente e inteligente tradução de Leandro Konder (Zahar Edit.).

O autor é personalidade das mais interessantes. Nasceu em Viena, em 1897, filho de uma família de oficiais do Exército Imperial da Áustria. É preciso ter conhecido as tradições aristocráticas dessa casta para apreciar o fato de que Ernst se filiou em 1918, depois da queda da monarquia, ao partido socialista-democrático, do qual saiu depois da derrota de fevereiro de 1934, fugindo para a Rússia. Voltou para Viena em 1945, aceitando o cargo de ministro da Educação no governo provisório. Mas o comunismo não conseguiu, apesar da parcial e temporária ocupação russa, fixar-se na Áustria. Saindo do governo, Fischer encontrou-se na situação de brilhante orador oposicionista sem repercussão. Retirou-se, enfim, da política, mas sua incontestavelmente alta posição intelectual não tem o apoio do seu próprio partido (na Alemanha Oriental ele chegou a ser asperamente censurado) nem é reconhecida pelas autoridades de seu país. Restam-lhe, como consolo, o sucesso internacional, a estima do estrangeiro. É o destino dos heterodoxos, dos heréticos.

O último livro de Fischer, *Espírito Objetivo e Literatura*, subordina uma série de penetrantes análises críticas, do *nouvean roman* de Salinger, Thomas Mann, Sartre, Moravia, Camus e outros ao tema: a perda da realidade, do qual trata o último capítulo do livro precedente, *A Necessidade da Arte*.

Da necessidade da arte duvida hoje muita gente, de vários matizes ideológicos: em certas situações sociais e em certas fases da evolução técnica das artes, a dúvida não é infundada. Mas quando ela é geral e determinada? O livro pretende responder, especificamente, à dúvida que Marx manifestou na *Crítica da Economia Política* supondo que as obras de arte são produtos determinados pela situação social: como é possível que ainda nos impressionem obras de arte da Grécia antiga (e de outras épocas passadas), cuja situação social já passou para sempre e não tem semelhança nenhuma com a nossa?

A resposta de Fischer é grandiosa. É baseada, principalmente, na esteira de Hegel. Exige a mais séria discussão. E se estou submetendo a discussão, no presente artigo, um determinado capítulo do livro, não desejo que as eventuais objeções sejam interpretadas como crítica desfavorável de uma obra que figurará, certo, entre as mais significativas da nossa época.

A visão enciclopédica de Fischer, sua sensibilidade aberta às mais variadas manifestações artísticas e a firmeza, embora não dogmática, do seu ponto de vista ideológico permitem-lhe englobar em sua tese, além de certas correntes da arte pictórica, as obras literárias, de Homero e Ésquilo até Kafka, em que percebe "a sombra de coisas que iriam acontecer". A arte antecipa a vida.

Essa tese de antecipação da vida pela arte é provada, principalmente, pela análise dos conteúdos das obras de arte. O autor continua aplicando o mesmo processo quando, na página 205 do livro, chega à música. Mas ali o velho problema Conteúdo-Forma apresenta dificuldades urgentes. É verdade que Fischer já tratou desse problema nas páginas 133 e sgs. Mas a base hegeliana torna-se estreita. Não é possível deixar de referir-se à identificação total de Conteúdo e Forma, conquista pós-hegeliana de De Sanctis. Mas Fischer, como adversário intransigente de todo e qualquer formalismo, não pode deixar de procurar conteúdos na música. E tem de arcar com as conseqüências.

Cita principalmente, ou em primeira linha, obras de música vocal, confessando (pág. 211) o motivo: os textos (sejam textos litúrgicos ou libretos de ópera ou oratório ou poesias líricas) servem como pontos de referência para determinar o "conteúdo" da respectiva música. É um procedimento falho. Revela sua fraqueza de música instrumental, sem textos que a acompanhem. A esse respeito Fischer prefere citar Beethoven, cuja música sinfônica, pré-programática, como as *Sinfonias n°s 3 e 9*, com suas referências a Napoleão e à Revolução Francesa, respectivamente ao *Hino à Alegria* de Schiller, facilita a determinação de conteúdos inteligíveis; mas, mesmo nesses casos, a característica indeterminação da música leva o autor a cair em contradições — na página 218, o quarto movimento da *Sinfonia Heróica* é chamado de "apelo direto às massas plebéias"; mas na seguinte página 219 Fischer acha que Beethoven, no mesmo movimento, "pondo de lado o caráter revolucionário da sinfonia, joga com possibilidades formais". O caso lembra o do segundo movimento das *Nocturnes para Orquestra* de Debussy, em que alguns críticos reconheceram uma procissão e outros um piquenique nas florestas, e mais outros, menos imaginativos e menos cordiais, um mero divertimento orquestral. Não gostaria de ouvir, da parte de Fischer, a explicação do conteúdo dos quartetos para cordas de Beethoven.

As dificuldades com o suposto conteúdo de obras musicais levam a correspondentes dificuldades quanto à sua forma. A antiga música sacra, Fischer sabe bem caracterizá-la: os textos litúrgicos ajudam. Mas já em Bach ele verifica uma "laicização burguesa". Laicização, sim, mas burguesa? Duvido muitíssimo. Quanto à laicização, ela é característica do luteranismo, e Bach foi luterano. O adjetivo "burguesa" parece-me inspirado por confusão do luteranismo com o calvinismo. Enfim, as tentativas de estabelecer paralelismo entre a evolução social e a evolução da música levam, na página 216, a uma confusão inextricável (?), que atribui caráter homofônico à polifonia medieval. Na verdade não é possível verificar aquele paralelismo, porque as intenções da obra realizada e o efeito real dessa obra nem sempre coincidem. Cito a esse respeito um exemplo alegado por Adorno (ao qual logo voltarei): a música de Chopin tem os traços típicos de uma arte aristocrática, mas a popularidade imensa dessa música se explica porque, ao ouvi-la, também os ouvintes burgueses e plebeus podem sentir-se, ilusoriamente, aristocratas.

Ernst Fischer confessa que seu capítulo sobre a música não lhe parece totalmente satisfatório. Pede discussão — o que estou fazendo — e afirma que será necessário o conhecimento exato da técnica musical para chegar a resultados definitivos (página 212). Com efeito, o conhecimento exato desse grande crítico e filósofo da música que é Theodor W. Adorno — e cuja ajuda Fischer não poderia recusar porque também se trata de pensador de formação marxista — leva a resultados muito diferentes.

Num ensaio sobre *Sociologia da Música*, Adorno afirma que o papel da arte não é idêntico com sua autenticidade (ou falta de autenticidade). A falta de autenticidade de uma música comercial qualquer não é refutada pelo sucesso da respectiva obra. Mas, por outro lado, as obras mais autênticas de Beethoven estão hoje rebaixadas a artigos de consumo do grande negócio internacional que é a organização de concertos; nesses concertos, observa Adorno, fornece-se ao público o prestígio de Beethoven como se fosse uma marca registrada; e o consumo é facilitado, emprestando-se às obras um conteúdo emocional que nem sempre têm e que é acrescentado pelos regentes, solistas, críticos, e pela literatura popularizante.

Mas, então, não haveria na música de Beethoven essas emoções bem definidas e muito sublimes? Ernst Fischer, adversário do formalismo, não se quer contentar com "emoções indefinidas" como, por exemplo, "Alegria". Como, pergunta, seriam idênticas a alegria do bêbado e a alegria da criança no dia de Natal e a alegria do vencedor de uma batalha? Seriam iguais a alegria na música de Beethoven e a alegria na música de Lehar? Essa segunda pergunta já contém a resposta exata — a diferença reside na qualidade da música. O sentido da música, inclusive seu sentido social, está indissoluvelmente ligado à sua qualidade: ao que o compositor conseguiu ou não conseguiu. E Adorno conclui — sociologia da música igual a crítica de música.

Esse "conseguiu ou não conseguiu" refere-se aos compositores. Mas também se refere à arte como manifestação coletiva. Se, desde a Antigüidade até hoje, certa grande arte não se tornou acessível a todos, a culpa é dos sistemas sociais que excluíram do caminho para a grande arte as massas ou certos grupos. Mas também é uma falha da arte. Essa verificação permite dar resposta diferente à dúvida de Marx — a liberdade na realidade, para a qual a arte nos deve conduzir, essa liberdade já é idealmente a própria arte. A arte não antecipa a vida, mas a vida realiza a arte.

Acredito que Brecht teria aceito essa tese. E por isso acredito que Ernst Fischer, que tantas vezes cita Brecht, também poderia aceitá-la.

PREFÁCIOS E INTRODUÇÕES

(PARTE I)

Notícia sobre Manuel Bandeira (1946)*

O poeta que escreveu este livro exprimiu, certa vez, o desejo de

> Morrer tão completamente
> Que um dia ao lerem o teu nome num papel
> Perguntem: "Quem foi?"...
> Morrer mais completamente ainda,
> — Sem deixar sequer esse nome.

Fiel a tal decisão, o autor não permitiu ao seu nome entrar neste livro que trata da evolução da poesia brasileira, opondo-se à opinião literária no Brasil, que situa o nome de Manuel Bandeira num momento decisivo da evolução daquela poesia.

Após a rebelião malograda dos simbolistas contra o parnasianismo reinante, a poesia brasileira se libertou por um ato revolucionário: o "Modernismo" rompeu com a métrica tradicional e com a solenidade acadêmica; voltou-se para os aspectos trágicos e humorísticos da vida quotidiana, para as realidades sociais e a geografia humana do Brasil; pregou a expressão livre dos sentimentos do homem brasileiro em face da natureza americana e da crise do mundo contemporâneo. Esse movimento modernista abriu caminho a uma plêiade de poetas, entre os quais Manuel Bandeira se situa.

Bandeira nasceu em 1886; pertence a uma geração de simbolistas e pós-parnasianos. São simbolistas os seus primeiros versos. *A Cinza das Horas* (1917) revela o sentimentalismo inato, romântico, do poeta; no entanto, a adoção das convenções de expressão simbolista é sintoma duma inibição do sentimento pessoal. Já em *Carnaval* (1919), os ritmos dançam com certa irregularidade, e a melancolia do "meu Carnaval sem nenhuma alegria" acompanha-se de gritos algo forçados de humorismo destruidor — modernismo *avant la lettre*. Tem importância histórica o volume seguinte, *Ritmo Dissoluto* (1924), cujo título confessa a intenção demolidora do

> *Tuércele el cuello al cisne de engañoso plumaje.*

---

* Prefácio a *Apresentação da Poesia Brasileira*, de Manuel Bandeira (1946), 4ª ed., Rio, Tecnoprint, 1966. Reproduzido em: Manuel Bandeira, *Poesia e Prosa*, org. Afrânio Coutinho, Rio, Aguilar, 1958, vol. II, pp. 1126-1128.

Por um momento, a situação histórica que se chamava Modernismo e a situação pessoal do poeta Manuel Bandeira estão identificadas. Depois, os caminhos se separam. O autor de *Libertinagem* (1930) é capaz de dar — em poemas como "Evocação do Recife" — um timbre intimamente pessoal, de recordações infantis, aos assuntos geográfico-pitorescos da poesia modernista, é capaz de empregar o seu humorismo meio irônico, meio diabólico para analisar a fundo o seu sentimentalismo inato, transformar o desespero agonizante em elegia.

Desde então, o poeta elegíaco em Manuel Bandeira está livre. Os volumes *Estrela da Manhã* (1936) e *Lira dos Cinqüent'anos* (1940) revelam o *poète mineur*, no sentido alto da palavra: à transfiguração sutilmente humorística dos tristes lugares-comuns da vida quotidiana corresponde a visão dos destinos humanos *in nuce* duma recordação anedótica —

> *To see a World in a grain of Sand*
> *And a Heaven in a Wild Flower,*
> *Hold Infinity in the palm of your hand,*
> *And Eternity in an hour.*

Os versos de Blake serviram bem de epígrafe para a poesia definitiva de Bandeira. Quando lhe iam demolir a velha casa no bairro sombrio da Lapa, no Rio de Janeiro, o poeta elegíaco escreveu este poema:

Última Canção do Beco

Beco que cantei num dístico
Cheio de elipses mentais,
Beco das minhas tristezas,
Das minhas perplexidades
(Mas também dos meus amores,
Dos meus beijos, dos meus sonhos),
Adeus para nunca mais!

Vão demolir esta casa.
Mas meu quarto vai ficar,
Não como forma imperfeita

Neste mundo de aparências:
Vai ficar na Eternidade,
Com seus livros, com seus quadros,
Intacto, suspenso no ar!

Beco de sarças de fogo,
De paixões sem amanhãs,
Quanta luz mediterrânea
No esplendor da adolescência
Não recolheu nestas pedras
O orvalho das madrugadas,
A pureza das manhãs!

Beco das minhas tristezas,
Não me envergonhei de ti!
Foste rua de mulheres?
Todas são filhas de Deus!
Dantes foram carmelitas...
E eras só de pobres quando,
Pobre, vim morar aqui.

Lapa — Lapa do Desterro —,
Lapa que tanto pecais!
(Mas quando bate seis horas,
Na primeira voz dos sinos,
Como na voz que anunciava
A conceição de Maria,
Que graças angelicais!)

Nossa Senhora do Carmo,
De lá de cima do altar,
Pede esmolas para os pobres,
Para mulheres tão tristes,
Para mulheres tão negras,
Que vêm nas portas do templo
De noite se agasalhar.

> Beco que nasceste à sombra
> De paredes conventuais,
> És como a vida, que é santa,
> Pesar de todas as quedas.
> Por isso te amei constante
> E canto para dizer-te
> Adeus para nunca mais!

Parece-me satisfazer este poema à definição wordsmarthiana da poesia: *"Emotion recollected in tranquility"*.

Está assim determinado o lugar histórico do poeta: num momento decisivo, cruzou-se com a evolução da poesia brasileira o caminho que levou o poeta Manuel Bandeira para a realização expressiva da sua experiência pessoal.

Poesia — a definição indica a parte do lirismo em toda arte — é a arte verbal de comunicar experiências inefáveis. A experiência de Manuel Bandeira era a gravíssima doença que lhe destruiu a mocidade, e a que, no entanto, conseguiu dominar. Experiência pessoal e realização poética de Bandeira estão sob o signo das palavras do apóstolo: "*Ubi est, mors, victoria tua? Ubi est, mors, stimulus tuus?*"

A adoção de formas convencionalmente simbolistas pelo poeta de *A Cinza das Horas* corresponde ao desespero de poder sair da sua situação particular, concebida como anedota cruelmente sentimental:

> Eu faço versos como quem morre.

— o caminho para baixo, descemo-lo, todos, sós. A dança macabra de "Carnaval" simboliza a tentativa, desesperadamente exaltada, de sair da solidão da agonia. Mas só em "Ritmo Dissoluto" o poeta adivinha a presença dum símbolo de validade geral no símbolo da sua existência particular:

> A voz da noite...
> (Não desta noite, mas de outra maior).

A timidez parentética desaparece, depois, substituída pela expressão livre do volume *Libertinagem*; pela primeira vez, Bandeira dá o nome à realidade:

Pneumotórax

Febre, hemoptise, dispnéia e suores noturnos.
A vida inteira que podia ter sido e que não foi.
Tosse, tosse, tosse.

Mandou chamar o médico:

— Diga trinta e três.
— Trinta e três... trinta e três... trinta e três...
— Respire.

— O senhor tem uma escavação no pulmão esquerdo e o
                                pulmão direito infiltrado.
— Então, doutor, não é possível tentar o pneumotórax?
— Não. A única coisa a fazer é tocar um tango argentino.

O humor diabólico do fim deste poema é o meio de libertação que torna possível a sutilíssima variação rítmica dos três primeiros versos: entre a marcha fúnebre do primeiro verso, que dá a dura realidade, e os golpes em *staccato* desesperado do terceiro, abaúla-se, em legato elegíaco, o arco do segundo verso: "A vida inteira que podia ter sido e que não foi". Eis aí as três emoções fundamentais de Manuel Bandeira, a quem foi dado "recolhê-las em tranqüilidade".

Encontra, agora, as metáforas definitivas para exprimir, da maneira mais particular e mais geral ao mesmo tempo, o seu desespero —

A paixão dos suicidas que se matam sem explicação.

E tenta, em "Evocação do Recife", o realismo modernista que logo se lhe transfigura em saudade evocativa da "vida que podia ter sido". E a vida "que não foi" identifica-se-lhe com aquelas outras vidas que se foram, e que ecoam na alma do poeta, profundamente.

Profundamente

Quando ontem adormeci
Na noite de São João
Havia alegria e rumor
Estrondos de bombas luzes de Bengala
Vozes, cantigas e risos
Ao pé das fogueiras acesas.

No meio da noite despertei
Não ouvi mais vozes nem risos
Apenas balões
Passavam, errantes

Silenciosamente.
Apenas de vez em quando
O ruído de um bonde
Cortava o silêncio
Como um túnel.
Onde estavam os que há pouco
Dançavam
Cantavam
E riam
Ao pé das fogueiras acesas?

— Estavam todos dormindo
Estavam todos deitados
Dormindo
Profundamente.

*

Quando eu tinha seis anos
Não pude ver o fim da festa de São João
Porque adormeci.

> Hoje não ouço mais as vozes daquele tempo
> Minha avó
> Meu avô
> Totônio Rodrigues
> Tomásia
> Rosa
> Onde estão todos eles?
>
> — Estão todos dormindo
> Estão todos deitados
> Dormindo
> Profundamente.

O símbolo da recordação pessoal serve, ao mesmo tempo, como símbolo da experiência geral do gênero humano. A agonia está transformada em elegia.

Nos últimos poemas de Manuel Bandeira, a morte está presente em toda parte. Mas esconde-se, atrás do símbolo da despedida dum amigo, nos gerúndios suspensos para o infinito, do "Rondó do Jockey Club"*:

> Os cavalinhos correndo
> E nós, cavalões, comendo...
> Alfonso Reyes partindo,
> E tanta gente ficando...;

ou a Morte está nas agitações inúteis da vida quotidiana, enquanto o enterro se transforma em marcha triunfal, neste

Momento num Café

> Quando o enterro passou
> Os homens que se achavam no café
> Tiraram o chapéu maquinalmente
> Saudavam o morto distraídos
> Estavam todos voltados para a vida

---

* N. da E. — Bandeira depois mudou o nome do poema para "Rondó dos cavalinhos".

> Absortos na vida
> Confiantes na vida.
>
> Um no entanto se descobriu num gesto largo e demorado
> Olhando o esquife longamente
> Este sabia que a vida é uma agitação feroz e sem finalidade
> Que a vida é traição
> E saudava a matéria que passava
> Liberta para sempre da alma extinta.

No fim deste poema também, como no fim de "Pneumotórax", a inversão "diabólica" serve para conseguir a libertação; mas já não se trata da transformação duma agonia desesperada em elegia pessoal, e sim da transformação do destino geral da carne em descanso "largo e demorado". Aqui está, Morte, tua vitória.

Manuel Bandeira é um poeta consciente: consciente dos meios técnicos da sua arte, e consciente do resultado atingido. Já não faz "versos como quem morre". Pode dizer, agora:

> O vento varria tudo!
> E a minha vida ficava
> Cada vez mais cheia
> De tudo.

O poeta atingiu a concentração da "vida inteira que podia ter sido" no momento que realmente é e que se exprime como momento de poesia. É um ponto fora do tempo, assim como — em "Última Canção do Beco" — o quarto demolido do poeta continua como ponto fora do espaço. Essas elegias cantam um mundo platônico de formas perfeitas, mundo "intato, suspenso no ar", que "vai ficar na Eternidade"; quer dizer, mundo em que não existe Morte. "*Ubi est, mors, victoria tua? Ubi est, mors, stimulus tuus?*"

A última poesia de Bandeira, transfigurando o sentimento em símbolo, realiza a definição wordsworthiana da poesia: "*Emotion recollected in tranquility*".

Assim, o poeta que desejava "morrer completamente", que desejava

> Morrer mais completamente ainda,
> — Sem deixar sequer esse nome

deixa uma poesia, e deixará o nome de Manuel Bandeira.

Prefácio ao *Fausto* de Goethe (1948)*

Fausto tem fama de ser uma obra dificílima. Sabe-se que Goethe, um dos maiores poetas de todos os tempo, da categoria de Dante e Shakespeare, e além disso erudito de curiosidade e conhecimentos enciclopédicos, trabalhou durante mais ou menos sessenta anos na elaboração daquela obra máxima da sua longa carreira literária; está claro que entraram na obra todos os sentimentos, angústias, ideais, projetos, experiências do poeta, de modo que se trata, quase, de uma obra autobiográfica. Ora, Goethe não pode ser modelo poético ou modelo humano para todos os indivíduos e para todos os tempos, porque nenhuma criatura humana é capaz de encarnar uma significação tão universal; mas é indubitavelmente o exemplo supremo de certa fase da civilização ocidental, entre o século XVIII e o século XIX — da época da Ilustração, conquistando a liberdade absoluta do pensamento e sentimento humanos; do romantismo que encontrou o sentido da literatura na expressão completa da personalidade livre, até o realismo que estabeleceu como fim desse individualismo a volta à sociedade de homens livres, a ação social — fase que ainda não acabou. Além de ser ele mesmo um indivíduo-modelo, Goethe revelou a intenção de transformar o Fausto, herói de uma velha lenda popular, em "homem representativo", modelo do gênero humano; em seu torno tinham que girar, além da massa humana, as criaturas celestes e infernais que a imaginação criara para simbolizar as possibilidades da nossa grandeza e da nossa depravação. O último verso do "Prólogo no Palco" exprime claramente aquela intenção:

> Do céu, através do mundo, até o inferno.

Ao leitor deste verso ocorrem imediatamente os versos (Paraíso, XXV, 1) nos quais Dante definiu a *Divina Comédia*:

> *...Il poema sacro*
> *Al quale ha posto mano a cielo e terra.*

Com efeito, *Fausto* é a *Divina Comédia* dos tempos modernos. Goethe é o Dante moderno. Assim como o grande florentino, o poeta alemão dispunha do

---

* *Fausto* de Goethe, trad. Antônio Feliciano de Castilho, Rio, Jackson, 1948.

saber enciclopédico da sua época, resumindo poeticamente todos os sentimentos e pensamentos do homem moderno — Dante, o herói invisível da *Divina Comédia*, resumira todos os sentimentos e pensamentos do homem medieval. A *Divina Comédia* não pode ser lida e compreendida senão com a ajuda de comentários mais ou menos volumosos, e assim os alemães costumam ler o *Fausto*, folheando comentários eruditos que lhes explicam as alusões científicas, citações disfarçadas, sentidos ocultos — e quanto mais comentários, tanto mais se estabelece a convicção geral: *Fausto* é uma obra muito difícil.

É difícil, realmente, mas não é tanto assim. Uma leitura realizada com a atenção devida a uma grande obra da literatura universal, e ajudada por uma análise cuidadosa do texto e das cenas, resolve os primeiros problemas; para esse fim não são indispensáveis os grandes comentários, bastam notas e o uso de uma biblioteca clássica. Mas até os maiores comentários não servem para resolver outra série de problemas que *Fausto* apresenta. A primeira impressão da obra é desconcertante. Começa com monólogos e diálogos de conteúdo filosófico; parece começar um poema didático, à maneira do *De rerum natura* de Lucrécio, embora cheio de emoção, exigindo a forma dramática. De repente, o poeta muda de assunto, continuando numa tragédia erótica cuja heroína é uma moça iludida e sacrificada, terminando de maneira tão insatisfatória que todo leitor sente: este não é o fim definitivo. Com efeito, segue-se *Fausto — Segunda Parte da Tragédia*, obra que além do nome do personagem principal quase nada tem de comum com a primeira parte, apresentando cenas carnavalescas na corte, digressões enormes sobre mitologia grega e sobre assuntos geológicos — sim, geológicos, o ponto é importante — uma guerra misteriosa e uma grande obra de melhoramentos costeiros, não menos misteriosa; enfim, acaba a tragédia em pleno "Mistério", no sentido do teatro medieval, no céu, com coros de anjos e arcanjos. É a obra mais complexa do mundo, mistura incrível de todos os estilos, e isso se explica só pela maneira como foi escrita a obra, durante 60 anos, acompanhando e exprimindo todas as mudanças estilísticas e filosóficas dessa longa vida literária. Será preciso acompanhar a história do *Fausto*, através daqueles anos de estudo e trabalho, para esclarecer a coerência da obra. Mas a coerência literária ainda não é coerência filosófica. Não basta saber o motivo de reunir uma tragédia filosófica, uma tragédia erótica e uma tragédia político-religiosa; trata-se de verificar a intenção íntima do poeta, que foi quiçá a mesma nas três partes, para conseguir a visão panorâmica do *Fausto*, compreendendo-lhe o sentido.

Deste modo, está estabelecido o plano desta introdução: à análise da obra seguir-se-á a história literária da obra, para terminar com a interpretação filosófica da sua significação universal.

*

A "Dedicatória" é um belo poema de estilo classicista, evidentemente da época weimariana do poeta, aludindo ao longo intervalo durante o qual o trabalho ficou interrompido; desde já, temos que esperar estilos diferentes, combinações estranhas. O próprio poeta sentiu algo como a necessidade de justificar uma obra tão singular, apresentando-a num "Prólogo no Palco": o diretor do teatro dirige-se aos seus colaboradores principais, o poeta e o palhaço, consultando-os com respeito à situação financeira, bem desfavorável, do instituto. O público, parece, perdeu o interesse no teatro, e mesmo os que ainda o freqüentam preferem divertimentos da ordem mais baixa. Que fazer? O palhaço conformar-se-ia com o gosto do público que não merece coisa melhor; mas o poeta protesta contra o aviltamento da mais nobre das artes, lembrando-se com saudade dos seus dias de entusiasmo juvenil — mais uma alusão àquelas interrupções do trabalho e à idade já algo avançada de Goethe. Já não é capaz de tanto fervor poético; olha o mundo com certo cepticismo de desiludido, e esse sentimento é a base da ironia do "Prólogo no Palco", ironia contra o gosto do público, ironia contra as necessidades comerciais de direção de um teatro — o próprio Goethe era diretor do teatro de Weimar —, enfim, auto-ironia sutil e amarga. Essa ironia é um traço característico do romantismo, e o gosto dos românticos pela *commedia dell'arte* italiana inspirou a Goethe a idéia do "Prólogo no Palco"; também poderia no *Gran Teatro del Mundo* de Calderón, em quem o diretor combina com os atores a obra que se representará. Entre os românticos, Calderón gozava de grande admiração, e Goethe, como diretor de teatro, promoveu representações de peças do espanhol. O diretor também é quem tem, no "Prólogo no Palco", a última palavra: deslumbrará o público com todas as artes e artifícios mecânicos do teatro, trovão, raio, grandes e pequenas luzes, assim como há grandes e pequenas luzes no céu, e as decorações realizarão milagres na peça,

Do céu, através do mundo, até o inferno.

É como se escapasse, por acaso, a um homem nada extraordinário uma palavra profética: é o plano de *Fausto*.

Outro prólogo é preciso para preparar os espectadores, acostumados às peças comuns, para receber devidamente o drama cósmico: o "Prólogo no Céu". Um coro de arcanjos — ao qual já se chamou, e com razão, "a harmonia das esferas, ressoando em língua alemã"— rodeia como um cântico de adoração perpétua o trono de Deus, perante o qual aparece um visitante raro e estranho: Mefistófeles, o diabo. Falam, em conversa ironicamente ligeira, do gênero humano. Mefistófeles encara com cepticismo pessimista os esforços filosóficos das criaturas infelizes lá embaixo, comparando-as a certos insetos que pretendem voar e, logo após o primeiro pulo, caem vergonhosamente. Evidentemente, o diabo não tem muita consideração quanto àquela ânsia inquieta de sair das limitações da condição humana — aquilo a que hoje se chama "fáustico". Não é esta a opinião de Deus: "... erra o homem enquanto se esforça", e a boa intenção justifica o fracasso; por exemplo, Fausto é assim "meu servo", diz Deus, aludindo ao alto espírito religioso do filósofo, até quando errado. O diabo, porém, não confia nos seres que o seu sublime interlocutor criou: Fausto também será capaz de causar surpresas assombrosas ao seu Criador. E quando cai o pano, Deus e o diabo apostaram com respeito à alma de Fausto — idéia extravagante, cujo germe se encontra na lenda: teria sido uma aposta o pacto entre Fausto e o diabo, que prometeu satisfazer a todos os desejos do feiticeiro para ganhar, se revelar-se capaz disso, a alma dele.

Fausto é figura histórica. Viveu na Alemanha, no começo do século XVI, numa época das superstições mais estranhas, ganhando a vida exercendo a profissão de astrólogo e necromante. Existem documentos relativos à sua pessoa — recibos de pagamento por ter feito horóscopos e coisas assim — mas não deixou vestígio algum de grande sabedoria ou de qualquer obra notável. Por motivos que ignoramos, cresceu em torno de Fausto uma lenda fabulosa de milagres que ele teria realizado, e disso uma criatura humana só é capaz, conforme as convicções da época, com a ajuda do diabo. Por volta de 1520, em plena Renascença, Fausto ainda é um mago admirável. Por volta de 1580, depois da vitória do protestantismo e na época das guerras de religião, Fausto já está transformado em famoso teólogo que, por meio de um pacto, vendeu a alma ao diabo para gozar dos prazeres vergonhosos deste mundo e, tendo expirado o prazo, ser levado pelo demônio. O tema estava no ar. Calderón tratou tema semelhante em *El Mágico Prodigioso*. Mas a versão alemã do assunto tem tido sorte particular. Em 1587, um livreiro de

Frankfurt publicou uma espécie de romance, não mal escrito, sobre a vida de Fausto; o livro foi logo traduzido para o inglês, e já em 1592 estava pronta a *História Trágica do Doutor Fausto*, drama de Christopher Marlowe, um dos maiores poetas ingleses de todos os tempos e precursor imediato de Shakespeare. O espírito dessa peça é, apesar de Fausto ser enfim levado pelo diabo, tão irreverente que não ficou no repertório. Com o tempo, com os progressos científicos, a gente já não podia crer em pactos com o diabo. Cientistas respeitáveis realizaram, sem ajuda do demônio, milagres muito maiores do que o velho necromante, e no século XVIII a figura de Fausto já caíra a personagem do teatro de bonecos, assustando as crianças. Assim o viu Goethe, quando menino.

Goethe restituiu a Fausto a dignidade de grande filósofo, desejoso de revelar os mistérios do Universo. O pacto com o diabo só podia servir, evidentemente, como símbolo do titanismo que não recua ante a apostasia para satisfazer as suas angústias religiosas. O Fausto de Goethe devia ser um erudito que percorreu todas as regiões do saber humano, inclusive a teologia, sem encontrar a solução dos mistérios do Universo. Assim é que aparece na primeira cena, no seu gabinete de estudo, "quarto em estilo gótico", lamentando a inutilidade de todo saber humano e de tudo o que ele mesmo estudou, "infelizmente, a teologia também", e enfim resolve dedicar-se às artes proibidas da magia: invoca o "Espírito da Terra", o grande Espírito que sustenta a vida e rege a história, mas não suporta o espetáculo sublime e terrível da aparição; cai desmaiado. Entra, neste momento, Wagner, espécie de assistente do professor Fausto; viu a luz no gabinete noturno e gostaria de aproveitar da conversa do mestre. Wagner também é espírito enciclopédico: "Sei muito, mas quero saber tudo". Não o perturba, porém, a angústia "fáustica" de conquistar espiritualmente o Universo; só quer "saber tudo", reunir tesouros de saber erudito e inútil para brilhar perante colegas e estudantes. Daí o seu grande apreço à eloqüência, enquanto Fausto celebra a verdadeira eloqüência, a do coração, mesmo sem palavras, revelando deste modo o fundo sentimental das suas ânsias filosóficas. Wagner sai, e Fausto continua o monólogo, chegando a preparar o suicídio.

Esses monólogos iniciais de *Fausto* são os trechos mais famosos da literatura alemã. Todo colegial os sabe de cor, e quase cada frase tornou-se citação, ocorrendo na linguagem da conversa até entre menos cultos. Com efeito, a beleza lírica desses monólogos é extraordinária, tanto mais que se exprime em versos irregulares da maior simplicidade, rimados como quadras populares. É beleza lírica, mas esta não é idêntica a profundidade filosófica. Com efeito, não convém exagerar a significação daqueles monólogos. Só na segunda redação entraram elementos spinozistas, evidentes nas palavras do "Espírito da Terra". Mas em geral o valor daqueles monólogos não é de ordem filosófica e sim de ordem emotiva, como convém à poesia lírica; um Goethe não escreve poesia didática. E não é acaso que os colegiais gostem tanto dessa parte do *Fausto*; foi escrita por um jovem como eles, refletindo as angústias da adolescência que se julgam metafísicas e muitas vezes não são outra coisa do que revelações dissimuladas da ânsia sexual. É uma verificação que não tem absolutamente sentido pejorativo; o próprio Goethe autoriza a interpretação, transformando em desejo sexual as angústias filosóficas de Fausto, quando rejuvenescido.

Típica da psicologia do adolescente também é a resolução que termina o segundo monólogo: a de suicidar-se. E típica é a facilidade com a qual Fausto desiste do suicídio, só porque os sinos da noite de Ressurreição lhe sugerem lembranças sentimentais. Nota-se porém que Fausto exclui, *verbis expressis*, o sentimento religioso: "Ouço a mensagem, mas falta-me a fé". Deste lado, o diabo não encontrará obstáculos.

Passeando, com Wagner, pelas cenas de alegria popular no domingo de Páscoa, Fausto tem mais uma oportunidade de revelar a verdadeira natureza das suas ânsias: o espetáculo do pôr-do-sol torna-o lírico, arrancando-lhe a confissão de que duas almas lhe habitam o peito, uma cheia de aspirações platônicas e outra presa no "prazer terrestre". Volta para o "quarto em estilo gótico", sente toda a infelicidade da sua vida solitária de erudito, procura, entre tantos livros, conforto no livro dos livros, na Bíblia. Estamos no século da Reforma. Com as traduções da Bíblia nas línguas nacionais começou uma nova era. E como outro Lutero, Fausto começa a traduzir o Evangelho de São João: "No início era o Verbo..." Mas Fausto, descrente, já esqueceu a significação do "Verbo" divino; sente dúvidas quanto a tanta importância da "Palavra", e prefere escrever: "No início era o Ato". Apesar dessa pequena heresia, a ocupação teológica de Fausto não agrada a um cão que o perseguira durante o passeio, acompanhando-o até em casa. Latindo e pateando, o animal exprime desgosto, ao ponto de chamar a atenção de Fausto, que suspeita logo da presença de um "mau espírito" no cão. Algumas palavras mágicas bastam para transformar o quadrúpede em gente. Um pobre estudante! Fausto gostaria de rir — mas nos cães pretos a humanidade sempre reconheceu encarnações do demônio. Desta vez, a figura humilde de escolar é estratagema de guerra do próprio diabo, Mefistófeles. Apresenta-se com a maior franqueza, explicando a Fausto as razões do mal-estar filosófico: é preciso viver, viver realmente. E se ao erudito faltam os meios para gozar da vida, Mefistófeles promete arranjar tudo, tudo, pedindo só assinatura de uma espécie de pacto: é preciso vender a alma. O pacto já estava na lenda; Goethe dá-lhe outra significação: o diabo obterá ganho de causa quando Fausto se declarar satisfeito, quer dizer, quando a angústia "fáustica" tiver desaparecido. E porque Fausto considera impossível isso, aceita como se fosse uma brincadeira. No momento, só sente mal-estar, não quer receber um aluno, recém-chegado na Universidade, que pede a audiência de praxe. Em vez de Fausto, Mefistófeles, fantasiado de professor, recebe o pobre rapaz, dando-lhe uma lição maliciosa sobre a inutilidade dos estudos nas universidades, desaconselhando-lhe a jurisprudência, ciência da injustiça, e a teologia, que teria outros defeitos, menos explicáveis. Mefistófeles gostaria de chamar a atenção do estudante para a medicina, cujo exercício permite aproximar-se das mulheres. Em breve, o próprio Fausto aceitará esses conselhos. Por enquanto, Mefistófeles prometeu mostrar-lhe "o grande mundo". Mas o gosto desse diabo é realmente mesquinho: o "grande mundo" é uma taberna cheia de estudantes embriagados, assustados pelas mágicas de Mefistófeles (a cena já se encontra na lenda); Fausto sai com desgosto.

O primeiro ataque fracassou. Mefistófeles acha que Fausto já é velho demais para aventuras assim; leva-o para a "cozinha das bruxas", pedindo uma bebida de rejuvenescimento. Será em vão a tentativa de descobrir o sentido oculto nos versos dos habitantes demoníacos daquele lugar; ninguém ainda os decifrou. Na verdade, Goethe só quis botar coisas absurdas na boca das bruxas "bárbaras", "nórdicas", para fazer resplandecer tanto mais a imagem de Helena, da mais bela mulher da Antigüidade grega. Fausto, rejuvenescido, apaixona-se logo pelo fantasma inacessível, mas Mefistófeles sabe bem: "Agora, verás Helena em qualquer mulher". Os adolescentes são assim. E Fausto, adolescente, recomeça a vida.

A primeira mulher que encontra na rua é Margarida, bela filha do povo. Quer possuí-la, já. A filosofia está esquecida. Começa outra parte do poema dramático, parte que exige menos explicações, tão lógica é a construção. Mefistófeles, por intermédio de uma velha amiga, arranja um encontro; arranja presentes. Mais um encontro: Margarida não entende nada das grandiloqüentes declarações de amor, mas a eloqüência do homem, certamente um nobre estrangeiro, é irresistível. Da parte de Fausto, há uma recidiva: na cena, intitulada "Floresta e Caverna", volta ao monólogo filosófico, se bem em tom diferente, em versos de nobre feição clássica, exprimindo aspirações superiores à pequena aventura amorosa; mas Mefistófeles não desiste. Interrompendo o monólogo, sabe excitar, com palavras e gestos inequívocos, a paixão do homem. Haverá a sedução. Voltamos a ver Margarida em conversa com outra moça, que fala mal de uma mãe de filho ilegítimo. De noite, quando Fausto e Mefistófeles oferecem uma serenata à amada, aparece o soldado Valentim, irmão de Margarida, para vingar a honra da família; Fausto mata-o com uma espadada que Mefistófeles dirigiu. À sedução junta-se o crime. Margarida já se sabe perdida. Durante a missa, na catedral, as suas rezas angustiosas misturam-se com a voz do demônio, o ruído do órgão, o canto do "*Dies irae, dies illa...*" É uma das grandes cenas dramáticas da literatura universal.

Não é preciso explicar, em pormenores, a "Noite de Walpurgis", sábado das feiticeiras, que simboliza a vida devassa de Fausto, agora escravo dos seus sentidos e do diabo. É um sonho febril, misturado com cenas carnavalescas e uma sátira contra os poetastros de 1775, hoje sem interesse. Uma vez, durante o barulho, aparece a visão de Margarida, "pálida como uma condenada antes da execução"; logo os fantasmas intervêm, e depois tudo se desvanece em ar como um sonho, como começara. Mas Fausto sentirá remorsos. Na cena "Dia Escuro, Campo", chega a injuriar o demônio. No fundo do horizonte da cena "Noite, Campo", vê-se o patíbulo armado. Enfim, a cena na prisão. Margarida matou a criança recém-nascida, é até culpada da morte de sua própria mãe. Espera a execução. A noite da loucura perturbou-lhe os sentidos, acredita balancear o filho morto; sinistramente o arrolo reflete-se nos muros da prisão. Fausto, guiado pelas artes mágicas de Mefistófeles, entra, pretendendo salvar a condenada. Ela só sente o horror da presença do demônio, recusa-se a fugir. "Sentenciada!" — eis a última palavra do diabo antes de os dois saírem. — "Salva!", proclama uma voz celeste. Cai o pano. É o fim de *Fausto — Primeira Parte da Tragédia*.

A tragédia de Margarida é uma peça completa, naquele estilo realista e rápido que os jovens poetas alemães por volta de 1770 escolheram para imitar Shakespeare. As cenas que a precedem estão no mesmo estilo, mas nada deixa prever o que se segue; é como se fosse outra peça, puramente lírica, sem desfecho. Doutro lado, a voz celeste "Ela está salva!" — não sabemos como — parece prometer uma continuação. Essa continuação existe: é *Fausto — Segunda Parte da Tragédia*. Mas, nela, Margarida já não aparece. É uma obra de todo diferente. A primeira parte compõe-se de um grande número de cenas curtas e rápidas, nem sempre coerentes; o verso é o metro simples, algo irregular, da poesia popular alemã; os personagens, com exceção de Mefistófeles, são todos criaturas humanas, bem caracterizadas, e o próprio Mefistófeles não é o diabo da lenda e sim um observador cínico da vida humana. A segunda parte compõe-se dos cinco atos da tragédia regular, mas com a singularidade de que cada ato é uma peça perfeitamente independente; agora, Goethe emprega metros complicados; no terceiro ato, até o difícil trímetro dos poetas trágicos gregos, raramente imitado na poesia moderna; os personagens, inclusive o próprio Fausto, são símbolos ou antes alegorias, personificando certos ideais, continuando em diálogos cheios de alusões eruditas e expressões herméticas. Já não é fácil reconstituir a mera ação, envolvida em mistérios pelo poeta.

No começo do primeiro ato, uma paisagem primaveril e o canto de espíritos aéreos apagam toda lembrança das cenas sinistras que precederam. Fausto, dormindo na tranquilidade paradisíaca do ambiente, acorda; o seu monólogo é muito diferente dos monólogos apaixonados da primeira parte, é antes um discurso poético bem-composto, aludindo às teorias estéticas de Goethe, idealista que atribuiu à arte uma realidade superior à da vida. Desta maneira explica-se o verso final: "...no reflexo colorido temos a vida", quer dizer, a nossa vida real é só uma sombra cinzenta e efêmera, enquanto a arte, o "reflexo colorido", nos oferece a vida verdadeira. Goethe, na velhice, gostava muito das alegorias. A segunda parte de *Fausto* apresentará uma série de cenas alegóricas no teatro das decisões transcendentais dos destinos humanos. No teatro real, lá embaixo entre os homens, Goethe já não pensava; em 1817 tinha-se demitido da direção do teatro de Weimar.

A verdadeira primeira cena do primeiro ato, depois daquele prólogo, leva-nos à corte imperial da Alemanha. O século, embora não determinado, é aquele mesmo século XVI em que viveu o Fausto histórico. Mas o ambiente já não é o da cidade medieval, de casas góticas, da primeira parte. Agora, estamos em plena Renascença, em meio ao luxo artístico de uma corte daqueles dias, embora haja ainda alguns resíduos do gosto rude da Idade Média, por exemplo um bobo da corte — e esse bobo, recém-investido na sua dignidade, é Mefistófeles. Em situações de extrema emergência, costumava-se pedir o conselho desse palhaço oficial, e no momento a situação é assim. Imperador e corte vivem na alegria perpétua de festas artísticas, mas isso custa muito dinheiro, e a bancarrota bate às portas do palácio imperial. Chanceler e ministros não sabem solução. Mefistófeles, porém, fala, em alusões misteriosas, de tesouros que se encontram enterrados aí e ali, sem dono, e dos quais o imperador podia dispor; discursando sobre metais e pedras preciosas e outros produtos estranhos das montanhas, emprega as palavras "Natureza e Espírito", de modo que o chanceler, que é ao mesmo tempo arcebispo do império, o acusa de heresia — alusão evidente às perseguições do filósofo Fichte, suspeito de ateísmo. Mas o imperador gostou. Confia a Mefistófeles, que não economiza as promessas pouco claras, a tarefa de arranjar a próxima festa carnavalesca que trará surpresas. A festa é um poema com personagens alegóricos; Goethe escreveu certo número de poemas desta espécie para as festas da corte de Weimar, todos muito semelhantes, e o do *Fausto* não esconde símbolos mais profundos do que os outros. No fim, aparece Pluto, o deus da riqueza, distribuindo ouro e jóias, e a festa acaba com um grande fogo de artifício. No dia seguinte, aqueles tesouros fantásticos já desapareceram, mas o milagre aconteceu: todos estão ricos. Alguém inventou o uso cômodo daqueles tesouros, enterrados nas montanhas, sem o trabalho de desenterrá-los, emitindo o imperador pequenas folhas de papel que constituem dinheiro simbólico, garantido pela exploração futura das montanhas. Diz-se que Goethe aludiu aos *assignats* da Revolução Francesa; mas a alegoria é de significação muito mais geral, descrevendo-se com penetração admirável do assunto as conseqüências da inflação de papel-moeda — e desde aqueles dias o primeiro ato da segunda parte de *Fausto* não perdeu nada em atualidade. O feiticeiro que realizou, inspirado por Mefistófeles, o milagre é Fausto; foi ele que apareceu na máscara do deus Pluto. O imperador está encantado. Espera tudo da magia de Fausto. Ora, o supremo desejo da Renascença era o contato mais íntimo com a Antigüidade grega; e o imperador deseja ver a encarnação da beleza grega: Helena.

    Pela primeira vez, Mefistófeles não pode ajudar. É o diabo do cristianismo, não tem poder sobre as almas pagãs que habitam "um inferno separado". Se Fausto pretende evocar espíritos gregos, tem que procurar, antes, as "mães" que moram embaixo da terra. Eis o símbolo mais misterioso da obra inteira, discutidíssimo entre os comentadores. Por enquanto, basta dizer que Goethe pensava nos deuses subterrâneos dos gregos, geração divina precedente aos deuses olímpicos — divindades terríveis cujo aspecto mata. O próprio Mefistófeles está com dúvidas: Fausto voltará da viagem perigosa? Volta, mas não com Helena; só com o poder mágico de produzir o fantasma de Helena; perante imperador e corte, Fausto evoca o espírito da mais bela das mulheres. Esquecendo-se da situação, o mago apaixona-se pelo espectro, pretende abraçá-lo — e uma explosão que o faz desmaiar termina a festa. Com as artes mágicas, tão falsas como o dinheiro do imperador e o luxo da corte, não se chega a conquistar a beleza grega.

O fim do primeiro ato era bastante abrupto. O começo do segundo ato ainda é mais surpreendente. Estamos novamente no "quarto de estilo gótico" do começo da primeira parte; Mefistófeles trouxe o desmaiado para ali, libertando-o das imposições da corte e da sua paixão. Parece que nada mudou nessas salas estreitas. Repetem-se até certas cenas da primeira parte — mas só para revelar as mudanças profundas do tempo. Aparece um bacharel: aquele estudante que pedira humildemente os conselhos de Mefistófeles. Agora fala com a maior insolência em termos da filosofia de Hegel, nega a própria existência ao diabo; proclama o direito soberano da juventude de saber tudo sem ter aprendido nada, zombando da erudição antiquada dos velhos. E Mefistófeles responde com ironia superior, como porta-voz do velho Goethe, também atacado pelos novos. Enquanto Mefistófeles se inclina, como sempre, para o cepticismo, e enquanto Fausto dorme o sono que o restabelecerá para novas aventuras, Wagner, agora erudito famoso, dedica-se a investigações experimentais que são coroadas de êxito: consegue produzir na retorta uma criatura quase humana, o Homúnculo. A significação desse personagem é muito discutida; já se falou em profecia goethiana do robô e milagres semelhantes da técnica. É porém preciso considerar o papel do Homúnculo na peça: guiará Fausto para a Grécia, mas lá, entre as figuras vivas da mitologia grega, desaparece sem ter chegado a Helena. Homúnculo é o autêntico filho bastardo de Wagner, do erudito livresco: criatura dotada de inteligência, mas sem vitalidade biológica. Homúnculo representa os conhecimentos livrescos e eruditos acerca da Grécia, úteis para abrir um caminho mas incapazes de guiar até o ideal da Beleza. É Homúnculo que, após ter censurado o mau gosto do ambiente "gótico", propõe a Fausto, já despertado, a viagem pelos ares para a Grécia. A "Noite de Walpurgis" clássica, *pendant* da "nórdica" na primeira parte, substituídas as bruxas por ninfas e os demônios por deuses, tem funções dramatúrgicas semelhantes como na outra peça, cobrindo um espaço de tempo que não foi possível representar por acontecimentos visíveis. Na primeira e na segunda noite de Walpurgis, Goethe aproveitou-se da ocasião para dizer e apresentar o que não cabia em outra parte; espécie de depósito de fragmentos, esboços, poesia experimental. Na primeira "Noite de Walpurgis" reuniu algumas brincadeiras literárias, apreciáveis pela verve do então jovem poeta. A "Noite de Walpurgis" clássica já é um poema altamente artificial, para cuja leitura é preciso consultar continuamente o dicionário da mitologia antiga. Tudo o que a imaginação meio religiosa, meio artística dos gregos inventara, Goethe representou-o numa espécie de carnaval classicista, do qual só alguns belos trechos se salvam. Evidentemente, as intenções do poeta não eram poéticas, antes criar alegorias para exprimir idéias e conceitos extrapoéticos, *idées fixes* do velho poeta. Os comentadores conseguiram decifrar, com maior ou menor dificuldade, essas alegorias; o resultado não valia muito a pena, mas um caso é surpreendente: o da longa conversa poética entre Tales e Anaxágoras. Trata-se, como se sabe, de dois filósofos pré-socráticos que defenderam teorias diferentes sobre origem e essência do mundo. Em *Fausto* os dois velhos repetem essa discussão, falando Tales em favor da água e Anaxágoras em favor do fogo — e a análise dá o resultado desconcertante de que se trata, em Goethe, de teorias geológicas modernas, algo penosamente versificadas. Naquela época, por volta de 1820, o geólogo Buch defendeu a origem vulcânica das montanhas, enquanto Humboldt preferiu a teoria "aquática", a da sedimentação vagarosa. O velho Goethe tomou partido em favor da teoria da sedimentação, tornando-se partidário tão apaixonado que achou o assunto digno de figurar na sua obra máxima. Hoje, aquela discussão científica já tendo perdido toda importância, os "trechos geológicos" do *Fausto* nos sugerem a impressão de um descuido do velho poeta, já sem senso das proporções e sem capacidade de organizar a composição. Afinal, a observação aplica-se à segunda parte inteira do *Fausto*, e não é em si fatalmente uma restrição. Para as obras máximas da arte não estão em vigor as leis da estética dogmática sobre composição regular, e a falta de proporções clássicas é até qualidade freqüente das grandes obras de velhice, nas últimas esculturas de Michelangelo, nos últimos quadros de Rembrandt, nas últimas sonatas de Beethoven. A obra toda da velhice de Goethe é assim, e se ele achou por bem pôr, no centro da sua obra máxima, uma discussão versificada sobre questões geológicas, é lícito admirar-se, mas também é preciso supor, desde já, que o assunto deve ter tido significação secreta, que se revelará. Por enquanto, só se notam as conseqüências na composição literária: o ato acaba, por assim dizer, sem resultado. Homúnculo desaparece sem ter encontrado Helena — o caminho à beleza não vai através da erudição livresca — e o aparecimento de Galatéia só é uma previsão muito vaga do que virá.

Começa o terceiro ato e, de repente, sem qualquer explicação prévia, Helena está aí, rodeada de um coro de criados, exatamente como na tragédia grega, falando no metro próprio dessa tragédia. Fugiu da vingança do marido ciumento, procurando asilo no castelo de Fausto. Ora, um castelo gótico de um cavaleiro medieval em meio da Grécia — não pode haver anacronismo pior e menos perdoável, invenção pouco feliz para arranjar o encontro de Fausto com a mulher cuja imagem o acompanhava desde a cena na "cozinha das bruxas". Gerações de comentadores, educados na veneração de Goethe, esforçaram-se para dar sentido puramente simbólico àquele castelo na Grécia, até o historiador Fallmerayer chamar a atenção para uma circunstância esquecida: aquele castelo é histórico. Em 1204, em vez de dirigir-se à Palestina, os cavaleiros franceses e germânicos da Quarta Cruzada conquistaram Bizâncio, depois as províncias do império bizantino, e justamente na Grécia construíram os castelos dos quais ainda hoje se admiram as ruínas de estilo gótico, intrusas na paisagem que fora de Zeus e Apolo. Deste modo, uma decoração histórica, nada arbitrária, é teatro do encontro erótico entre Fausto e Helena, encontro do qual nasce um filho, Eufórion, criatura entre Ariel e menino-prodígio, ao qual está preparada ascensão extraordinária. Mas assim como Ícaro, que pretendeu voar ao sol e caiu para a terra, deixando só memória luminosa, assim Eufórion cai morto, e com ele a própria Helena se desvanece, deixando a Fausto só a recordação de um fantasma belo e efêmero.

O terceiro ato de *Fausto*, convencionalmente chamado "Tragédia de Helena", constitui uma peça independente dentro da obra em conjunto. O valor literário desse poema dramático é de primeira ordem, embora só poucos críticos alemães tenham reconhecido isso. O classicismo é um estilo artificial, acessível só aos conhecedores profissionais da arte literária, enquanto os leigos tendem a confundi-lo com a imitação dos clássicos pelos epígonos. Por isso, as obras da velhice de Goethe nunca gozaram de verdadeira popularidade na Alemanha: a 100 leitores que leram e até estudaram a primeira parte de *Fausto* correspondem nem cinco que conhecem a "Tragédia de Helena". Perdem-se, assim, as lições simbólicas que Goethe incluiu na obra. Uma delas foi de significação só efêmera, isso é verdade: na figura de Eufórion, o gênio que morre menino, Goethe pretendeu homenagear Lord Byron, apreciado por ele entre todos os poetas da era romântica, e que morrera em Missolonghi, na Grécia, quando lutava pela liberdade dos gregos. O próprio Goethe nunca chegara a ver a Grécia, e Byron parecia-lhe como o irmão mais novo que deu mais um passo para a realização do grande ideal goethiano: a síntese entre o espírito "fáustico", germânico, e a beleza grega. Essa síntese é, evidentemente, o símbolo que dá vida à "Tragédia de Helena". Mas Goethe não pretendeu iludir a ninguém, nem a si mesmo: a síntese estava idealizada, e não realizada. Ao poema, tão rico em belezas inesquecíveis, falta vida dramática. Deste modo, a segunda parte de *Fausto* continua no quarto ato sem vestígio do que aconteceu na Grécia, como se tivesse sido mero *intermezzo* sem conseqüências. Na verdade, porém, o quarto ato está inspirado, secretamente, pelo motivo psicológico de explicar por que aquele sonho de beleza germânico-grega se desvaneceu.

No quarto ato da segunda parte respiramos atmosfera diferente de todas as cenas precedentes. Paisagem montanhosa, céu nublado como antes de uma tempestade. Fausto também está diferente. Nada de beleza, de amor; pretende agir em vez de gozar da vida. Já fala de um grande projeto de construção de um dique para impedir as inundações devastadoras da região costeira e conquistar terreno novo, terra para muita gente, para viver lá em felicidade. Goethe lera e ouvira, naqueles anos, informações com respeito a obras semelhantes na Holanda, mas essa fonte não tem muita importância. O quarto ato, assim como o quinto, não se passa na Holanda nem na Alemanha e sim num país simbólico, terreno das lutas eternas da humanidade; tampouco se trata de século ou época definida, e sim do tempo ideal da História com maiúscula. Por enquanto, Fausto não realizará o projeto. Intervém a guerra entre o imperador, reaparecendo sem explicação, e um contra-imperador que lhe pretende roubar o país. Essas cenas de *Fausto*, apesar dos personagens alegóricos, são de uma atualidade palpitante. Assim como Goethe profetizou, no primeiro ato, o fenômeno da inflação, assim antecipa no quarto ato o imperialismo e a guerra imperialista. E da mesma maneira como aquela profecia foi inspirada por um acontecimento contemporâneo, a emissão dos *assignats* pelo governo revolucionário francês, assim a profecia do imperialismo inspirou-se nas guerras napoleônicas. Como na história venceram os monarcas legítimos sobre o usurpador, assim vence o imperador na peça; mas tem que pagar um preço caro pela vitória. Além de satisfazer os desejos dos ministros, terá que doar quase o império inteiro à Igreja, representada pelo chanceler-arcebispo. Goethe alude evidentemente aos acontecimentos da reação política na Europa depois de 1815: os monarcas vitoriosos, receando as reivindicações dos povos, apoiavam-se na aristocracia e na Igreja. Goethe, como se sabe, foi conservador; não sentiu simpatia alguma para com os ideais da Revolução Francesa. Mas a sua atitude não era a do político reacionário, antes a do artista e erudito que teme a perturbação do seu trabalho. Quanto aos motivos e ao valor das forças conservadoras, Goethe não guardava ilusões; sobretudo a Igreja gozava de todas as suas antipatias de um neopagão convencido. No fundo, teria preferido o imperador revolucionário, Napoleão, ao qual dedicou, pessoalmente, a maior admiração; e a vitória das forças reacionárias, pseudocristãs, explicaria o esquecimento da Helena.

Isso mesmo aparece com toda a clareza no começo do quinto ato: ali, Fausto é outro Napoleão, realizando agora o seu grande projeto, esmagando implacavelmente as forças conservadoras que se opõem, pela inércia, à sua ação revolucionária. Para simbolizar as forças conservadoras, Goethe lembrou-se da lenda antiga de Filemon e Baucis, do velho casal que os deuses salvaram do dilúvio. Em Goethe, inverte-se o sentido da lenda. Fausto, habitando um palácio à beira-mar, onde dirige as obras, sente-se molestado pelos sinos da capela na casa dos velhos — não quer ouvir sinos cristãos nem tolerar o conservantismo de gente sedentária desde séculos. Manda transplantar os velhos, pela força, para outra região, e não tem culpa se a ordem é cumprida de maneira rude, matando os velhos e incendiando-lhes a casa. É o último crime que se comete em seu nome.

A noite, uma noite simbólica, cai sobre o palácio, e na escuridão aparecem quatro fantasmas de mulheres vestidas de cinzento: Pobreza, Miséria, Culpa e Angústia. As três primeiras, Fausto consegue afastá-las. Mas a Angústia, que toda criatura humana conhece, fica; e com as palavras — "Os homens são cegos durante a vida inteira; Fausto será cego no fim!", apaga-lhe os olhos. Devia tornar-se cego para perder de vista a realidade e ver realizada, em visão, a sua obra. É o último monólogo de Fausto, correspondendo aos monólogos do erudito teórico que já substituíra as palavras "No início era o Verbo" por "No início era o Ato". Diante dos olhos cegos vê o panorama grandioso da terra conquistada contra os elementos, um país livre, de homens livres que devem tudo a ele, e nessa visão sente tanta felicidade íntima que é com o desejo de ver perpetuado esse momento que Fausto morre: a letra do pacto está cumprida, a sua alma é do diabo que tão bem o serviu. Com efeito, Mefistófeles chama logo os diabos para levar o cadáver, mas não será capaz de gozar do seu triunfo. Um exército de anjos intervém em favor do condenado, e começa o que se poderia chamar "Epílogo no Céu". Através de desfiladeiros fantásticos, a alma de Fausto está subindo e subindo — Goethe inspirou-se evidentemente na *Divina Comédia* de Dante, na subida do florentino pelas esferas celestes. Num escrito de 1826, sobre Shakespeare, encontra-se um trecho elogiando o realismo das paisagens dos outros mundos em Dante. Assim como este passa pelos coros dos santos, Fausto atravessa as regiões dos anacoretas, pais e doutores da Igreja; e assim como Dante chega enfim à Mãe de Deus, Fausto também chega a ver a personagem feminina que intercede em seu favor perante o trono divino. "Salva!", assim terminou a primeira parte. Agora, é ele que está salvo. Um Coro Místico anuncia a redenção do que sempre se esforçou, embora errando. É o fim do "Epílogo no Céu" e de *Fausto*.

Não se dispensam as notas, um dicionário mitológico, eventualmente uma boa enciclopédia, para esclarecer este verso, aquela alusão e várias expressões enigmáticas. Mas, em geral, a análise literária basta para compreender o sentido das cenas. Não porém para compreender o sentido da obra. Essa insuficiência revelou-se durante o século XIX através da crítica literária, que, embora reconhecendo o valor singular da grande obra, apontou os defeitos manifestos. Antes de tudo, *Fausto* é um poema dialogado: pretende apresentar-se como drama. Mas será um drama? Quanto a isso, a última palavra cabe aos diretores de teatro, aos atores e aos espectadores, e a resposta não foi unanimemente afirmativa. Começaram cedo as tentativas de representar a obra: em 1820 representou-se em Breslau a primeira parte; a segunda parte só em 1854 em Hamburgo; e em Weimar, em 1875, a obra inteira. Essas representações integrais são muito raras. A segunda parte, munida das cenas espetaculares que o diretor recomendara no "Prólogo no Palco", é uma obra imensa, excedendo todas as possibilidades do teatro físico; sempre quando se tentava a representação, perderam-se os valores poéticos, ficando só um espetáculo bizarro. Quanto à primeira parte, Goethe não pensara no teatro; mas, contra as suas previsões, a obra incorporou-se ao repertório, conquistando até popularidade. É verdade, porém, que a tragédia de Margarida se torna mais importante, no teatro, do que as partes filosóficas que os atores, em geral, não são capazes de representar de maneira satisfatória. Além disso, o tamanho da obra é muito grande, grande demais. É preciso cortar cenas inteiras, e enfim os homens da profissão teatral acham: bela obra para leitura, mas não para nós outros.

A impressão da leitura não é muito diferente. *Fausto* tampouco é um drama para ser lido. É uma mistura singular de poesia dramática, poesia épica, poesia lírica, de desigualdade desconcertante: trechos que são do maior que a literatura universal possui alternam com outros, de inferioridade evidente. Já se falou das desigualdades da segunda parte e do exagero no apreço dado aos primeiros monólogos. Poucos críticos têm tido a coragem quase ingênua de Benedetto Croce, dizendo: "Margarida é personagem sem importância, e a sua tragédia não pode fazer parte do drama cósmico". Em outras palavras, o que perturba a impressão geral e a compreensão da obra em conjunto é a variedade dos estilos dentro da mesma obra. Não basta dizer que a primeira parte é realista e a segunda parte classicista. Na verdade, os estilos alternam continuamente. A primeira parte é realista no sentido dos alemães de 1770, admirando e imitando Shakespeare; mas o espírito da obra tem pouco do grande inglês, é antes altamente idealista. A segunda parte seria toda classicista, estilo grego, se não fossem os elementos românticos no primeiro e segundo atos e o fim dantesco; e o espírito da obra, com exceção da

"Tragédia de Helena", não é nada grego, é realista e até moderno. Daí várias dificuldades da interpretação nos pormenores e no conjunto.

A crítica sempre conhecia o motivo daquela discrepância. Goethe começou a escrever o *Fausto* pouco depois de 1770, como jovem de vinte e poucos anos, e terminou a obra em 1831, na idade de 82. *Fausto* acompanhou-o durante a vida inteira, refletindo fielmente todas as mudanças de gosto, convicções, ambientes. A interpretação seria mais fácil se possuíssemos todos os manuscritos das fases diferentes. Mas isso não acontece. Durante decênios, estavam conhecidos só quatro textos: os de 1790, 1808, 1827 e 1832. Em 1790, Goethe publicou a primeira edição de *Obras* suas; lá estava *Fausto — um Fragmento*, quer dizer, a primeira parte, do começo até a cena na catedral. Em outra edição das *Obras*, de 1808, Goethe publicou a primeira parte inteira; e em 1827 saiu a *Tragédia de Helena*, sem se indicar a sua posição como terceiro ato da segunda parte. Só depois da morte de Goethe, no mesmo ano de 1832, publicou-se a segunda parte inteira. Não se sabia muito sobre as fases do trabalho antes de 1790, dispondo a crítica só de algumas notas de contemporâneos, amigos de Goethe; e não se sabia nada sobre as origens da segunda parte. Em 1887, um historiador da literatura alemã, Erich Schmidt, descobriu num arquivo de Weimar um manuscrito, da mão de Luísa de Goechhausen, dama de honor em Weimar por volta de 1775 e amiga de Goethe; tinha ela copiado o manuscrito dum fragmento dramático que o poeta redigira como estudante em Estrasburgo, e que representa a primeira versão, muito diferente de todas as outras, da primeira parte de *Fausto*. Mas não só nisso reside o valor da descoberta. A comparação com outros manuscritos e notas revelou que já então estava projetada a segunda parte. E ainda levou decênios o trabalho de esclarecer a composição de *Fausto* durante a vida de Goethe.

Antes de tudo, é preciso lembrar os fatos principais dessa vida. Nascido em 1749 em Frankfurt, foi em 1765 para Leipzig, freqüentando a universidade, onde ainda dominava o gosto do classicismo francês: a Grécia, vista através das galantarias do rococó. Adoeceu o estudante, voltando para casa e experimentando várias curas meio charlatanescas; conheceu curandeiros e astrólogos, adquirindo vastos conhecimentos do ocultismo que aparecerão, aí e ali, na primeira parte de *Fausto*. Continuando os estudos na Universidade de Estrasburgo, aprendeu várias coisas das quais não se sabia nada em Leipzig: poesia inglesa, sobretudo Shakespeare; arquitetura gótica e entusiasmo pela arte medieval e poesia popular. Seu mestre nessas coisas foi Herder, o grande crítico que introduziu na Alemanha o pré-romantismo, o movimento que se chamava *Sturm und Drang* (quer dizer, mais ou menos, "Tempestade e Ânsia"). Herder era um gênio de primeira ordem, teria sido um dos maiores escritores de todos os tempos se a inquietação íntima não o tivesse impedido de realizar obras perfeitas. O jovem Goethe deve-lhe as sugestões mais profundas. Com efeito, Herder podia dar-lhe tudo, menos a paz da alma, perturbada para sempre depois que Goethe conheceu Friederike Brion, filha dum pastor luterano na aldeia alsaciana de Sesenheim. Amavam-se, mas o jovem poeta não se sentiu capaz de ligar o seu futuro ao ambiente estreito, abandonando a moça. O primeiro vestígio dos remorsos encontra-se no *Werther,* escrito pouco depois, em Wetzlar, onde Goethe serviu no tribunal imperial; o suicídio do herói do romance é algo como uma autopunição simbólica do autor, mas a imagem da moça abandonada perseguiu-o durante a vida inteira. Em Wetzlar recebeu o convite para a corte de Weimar, cidadezinha que ele transformou em capital da literatura alemã. O novo ambiente libertou-o dos costumes boêmios e do romantismo exagerado e sentimental dos camaradas de universidade. Pouco a pouco, o seu gosto se modificou. Voltou aos modelos gregos, enfim fugiu, quase, para a Itália, à procura da beleza clássica. Viveu dois anos em Roma e Nápoles, voltou como classicista dogmático, para nunca mais abandonar essa doutrina algo estreita. Experiências posteriores mostraram que essa doutrina era bem capaz de sufocar-lhe a inspiração. Por enquanto não se deu isso, principalmente pela influência do grande dramaturgo Schiller, ele também antigo pré-romântico e convertido ao classicismo, que se tornou amigo íntimo de Goethe, sugerindo-lhe estudos filosóficos e atividades poéticas. Mas, depois da morte de Schiller, Goethe renunciou quase inteiramente à literatura, dedicando-se a estudos de ciências naturais: geologia, mineralogia e ótica. No início do novo século, gostava das grandes homenagens que os românticos lhe prestaram, celebrando-o como o maior poeta dos tempos modernos, comparando-o a Dante e Calderón. Mas logo aborreceram-no o "obscurantismo" dos românticos, a sua aliança com a Igreja católica e as forças da Reação, e durante longos anos apoiou alguns pintores e escultores de terceira categoria, só porque ficaram fiéis ao ideal grego. Não incluiu na sua aversão o romantismo mais oposicionista de Byron, em que reconheceu o gênio irmão. E, em geral, é preciso notar que o classicismo de Goethe, tão dogmático e estreito quanto à literatura e às artes plásticas, não o impediu de acompanhar com a maior atenção as transformações sociais do mundo. Uma de suas últimas obras, o romance *Os Anos de Aprendizagem de Guilherme Meister*, alude várias vezes aos começos do capitalismo e à questão social. Isso nos mesmos anos nos quais trabalhou no *Fausto*, acabando a obra só pouco antes da morte.

Os últimos versos foram escritos em 1831. As primeiras impressões são mais ou menos de 1760, quando Goethe era menino de 11 anos. Naquela época viu *Fausto* como espetáculo de bonecos. Não sabemos quando leu o *Livro do Doutor Fausto* — versões populares da obra de 1587 ainda circulavam na Alemanha, vendidas nas feiras — provavelmente em Estrasburgo, quando Herder lhe sugeria o interesse pelo folclore alemão. Interpõem-se as influências do gosto classicista de Leipzig e os estudos de ocultismo, de modo que Goethe, em Estrasburgo, já era capaz de conceber um Fausto erudito da Renascença, a cabeça cheia de superstições medievais, mas apaixonado pela beleza grega. O contato com estudantes da medicina lembrou-lhe a figura do grande médico Teofrasto Bombasto de Hohenhein, chamado Paracelso (1493-1541), contemporâneo do Fausto histórico e um dos criadores da farmacêutica científica, cujas curas milagrosas se atribuíram à ajuda de espíritos ou ao próprio diabo. Também se lembrou de outra grande figura da Renascença alemã, o filósofo Agrippa von Nettesheim, cujo cepticismo não o impediu de acreditar seriamente na necromancia e nas artes diabólicas. São dois precursores de uma ciência mais poética do que exata, de uma ciência romântica. Mas havia outro modelo, mais impressionante porque vivo: Herder. A crítica moderna gosta de identificar Herder e Fausto, e não está errada, apenas exagerando. De Herder, Fausto tem a inquietação espiritual, as angústias meio religiosas, meio sexuais, a insatisfação perpétua com a própria atividade e obra, quer dizer, tudo o que o jovem Goethe também sentiu em si mesmo. Mas os caminhos de vida de Herder e de Fausto não se parecem. A influência do crítico era mais de ordem literária. Chamou a atenção do jovem amigo para a poesia popular, sugerindo-lhe o metro simples e a rima sem artifício das canções dos camponeses. O *Knittelreim*, o metro da primeira parte de *Fausto*, é parecido, mas não idêntico, tem mais outro modelo: Hans Sachs, o dramaturgo alemão do século XVI. Não se distinguiu então bem entre a Renascença alemã, ainda meio medieval, e o estilo gótico que Goethe admirava na catedral de Estrasburgo. Daí o "quarto de estilo gótico" dos primeiros monólogos; e a paisagem sorridente do passeio no domingo de Páscoa é a paisagem alsaciana em redor de Estrasburgo. O espírito daqueles primeiros monólogos é o de um adolescente de gênio, e as alusões satíricas no diálogo entre Mefistófeles e o aluno referem-se às experiências do jovem universitário Goethe em Leipzig e Estrasburgo. A forma dramática dos primeiros esboços já era certamente a seqüência pouco coerente de cenas curtas e rápidas; todos os dramaturgos do *Sturm und Drang* escreveram assim, o próprio Goethe escreveu assim o *Götz von Berlichingen*; acreditavam ser isso o estilo dramatúrgico de Shakespeare que conheciam menos no original do que em traduções em prosa. O *Fausto* de Goethe devia ser, conforme tudo isso, uma tragédia shakespeariana, tendo como herói um grande erudito alemão, gótico ou da Renascença, que se torna, por inquietação íntima, herético. É preciso notar que o jovem estudante de Estrasburgo já estava muito conhecido, considerado como a maior esperança da vanguarda literária de então. Comunicou, em conversas e cartas, o seu projeto a vários amigos; de modo que durante alguns anos a Alemanha inteira esperava, com impaciência, a obra anunciada. Mas este primeiro *Fausto* não saiu nunca. E outros poetas do *Sturm und Drang* sentiam a vocação de realizar o projeto que o companheiro abandonara, aparentemente. Publicou-se um drama *Fausto* de Maler Müller, um romance *Fausto* de Maximilian Klinger, amigo de infância de Goethe, e outros. Goethe dera à época um tema de predileção, mas que ninguém era capaz de teatralizar como convinha.

Mas por que Goethe não realizou o projeto de Estrasburgo? Interviera a experiência de Sesenheim: o amor a Friederike Brion e o abandono da moça, o sentimentalismo de *Werther*. Os problemas filosóficos foram substituídos por problemas eróticos. Viver é mais importante do que saber. Dessa opinião também foi um homem que Goethe conheceu quando advogado em Wetzlar, Johann Heinrich Merck, homem demoníaco que acabou suicidando-se. É ele, sem dúvida, o modelo de Mefistófeles, do tentador. Se Fausto obedeceu aos conselhos desse homem, o fim da moça, não só abandonada mas também seduzida, devia ser trágico. Goethe já tinha fornecido aos companheiros um assunto: agora ele, por sua vez, recebeu a influência deles. O *Sturm und Drang* tinha feição revolucionária e interesses sociais. Preocupavam-no as injustiças da vida alemã de então, a barbaridade da justiça penal, o rigor exagerado das convenções morais. O espetáculo da moça seduzida à qual os preconceitos do ambiente quase obrigaram a matar a criança, o espetáculo horroroso, então muito comum, de moças executadas no patíbulo, tudo isso exacerbava o espírito dos jovens poetas, dos quais um ou outro se sabia o verdadeiro culpado de uma tragédia dessas. A jovem infanticida é tema freqüente da literatura da época. Goethe apoderou-se do assunto, introduzindo-o no fragmento já existente, resultando uma peça completa.

Essa peça começou com os monólogos filosóficos, introduzindo-se Mefistófeles da maneira conhecida. A sedução de Fausto pelo demônio representou-se indiretamente, em cenas de vida devassa dos estudantes, com muita sátira contra os costumes universitários e muita coisa de mau gosto. Seguiu-se a tragédia de Margarida, sem a "Noite de Walpurgis", até à cena na prisão. Conjunto de duas peças diferentes, ligadas sem coerência suficiente, em estilo rudemente realista. Esse manuscrito, Goethe levou-o, em 1775, para Weimar, recitando-o aos novos amigos, que se entusiasmaram pela peça. Uma jovem dama de honor, Luísa de Goechhausen, pediu a permissão de copiar o manuscrito — é o chamado *Urfaust*, que Erich Schmidt descobrirá em 1887. Até então, ninguém sabia da existência dessa peça. Goethe destruíra o seu próprio manuscrito.

Pode-se afirmar que Goethe nunca pensara na publicação integral do *Urfaust*. Havia na peça muita confissão pessoal, e várias cenas precisavam de remodelação estilística. Também pode-se afirmar que Goethe tentou essa remodelação, embora não possuamos os manuscritos respectivos. Mas os seus esforços não chegaram ao resultado desejável. A mudança para Weimar tinha por conseqüência modificações radicais no espírito e nas opiniões do poeta. A filosofia tempestuosa daqueles primeiros monólogos parecia-lhe agora pouco filosófica, antes explosão de um adolescente. Começara a estudar Spinoza, que ficará para ele o filósofo *sans phrase*; e o dualismo ético daqueles monólogos foi substituído por um monismo universalista, muito mais sublime e sereno. O "gótico" alemão do manuscrito já não era capaz de exprimir bem as novas convicções filosóficas do poeta; devia ser o estilo clássico dos gregos, não à maneira francesa do século de Luís XIV nem à maneira anacreôntica do rococó, e sim um classicismo moderno, uma "síntese greco-alemã". Esse abandono do *Sturm und Drang* também tinha motivos pessoais. Entre os amigos boêmios, Goethe fora um estudante de maneiras pouco polidas. Na corte de Weimar, o poeta foi "reeducado". Os ambientes de Estrasburgo e Wetzlar, que se refletem no *Urfaust*, pareciam-lhe agora, lamentavelmente, provincianos. Era preciso introduzir Fausto no "grande mundo", de interesses mais amplos, na corte. Concebeu-se então a idéia da segunda parte, não como peça independente mas como continuação da peça já escrita — e isso era impossível. O *Urfaust* não foi remodelado. Mas não foi esquecido.

Goethe levou o manuscrito para a Itália. Lá — já então — esboçou a segunda parte, primeiro e segundo atos. Algumas notas referem-se a Helena. O espetáculo das obras de melhoramento nos pântanos pontinianos, perto de Roma, inspirou a idéia do quinto ato. Mas só pouca coisa foi redigida. No jardim da Villa Borghese escreveu a cena da "cozinha das bruxas", lembrança de "pesadelos nórdicos" em ambiente quase grego. A cena "Floresta e Caverna", expressão nobre de idéias spinozianas, é do mesmo tempo. De volta a Weimar, eliminou a maior parte das cenas de vida estudantil, deixando só o diálogo de Mefistófeles com o aluno e a cena na taverna de Auerbach. A cena na prisão parecia forte demais; doutro lado, não era possível, como já se notou, elaborar as cenas na corte dentro do quadro da peça existente. Enfim, Goethe renunciou aos projetos. Em 1790, publicou *Fausto — um Fragmento:* a primeira parte atual, do começo até à cena na catedral.

Daí em diante, não pensava mais na continuação da "obra bárbara". Só em 1797 Schiller conseguiu interessá-lo novamente no projeto; a "Dedicatória", que é de 1797, alude a isso, aos "fantasmas da imaginação juvenil que voltam". As experiências de Goethe como diretor do teatro de Weimar, função que desempenhava desde 1796, inspiraram o "Prólogo no Palco". O plano de dar significação mais ampla, cósmica, à obra manifesta-se no "Prólogo no Céu", que é indispensável para compreender o "Salva!", ao fim da primeira parte. Agora, os destinos dos personagens já não são resultados fatais dos caracteres, como numa tragédia shakespeariana, mas tudo se desenvolve conforme um plano divino. Pela primeira vez, concebe-se a salvação de Fausto, enquanto em todas as fontes o fim do herói é a descida ao inferno. A influência de Schiller manifesta-se na melhor motivação da culpa de Margarida; para esse fim, foram introduzidos personagem e cena de Valentim. A segunda parte devia continuar imediatamente à primeira parte; mas Schiller morreu em 1805, e a literatura desapareceu das cogitações de Goethe. Em 1808 publicou *Fausto — Primeira Parte da Tragédia*. E aos amigos declarou que não tinham que esperar a segunda parte.

Contudo, a idéia da continuação voltou cedo, talvez já em 1810. Neste ano, cedendo aos desejos dos românticos, admiradores apaixonados de Calderón, Goethe representou no teatro de Weimar *El Príncipe Constante*. Ninguém estava mais impressionado do que o próprio Goethe. Pela primeira vez, abriu-se-lhe o sentido cósmico da suntuosidade do teatro barroco. Encontrara a forma para escrever as cenas na corte. Inflação monetária e reação política forneceram os assuntos. Em 1824, Byron, tão admirado por Goethe, morreu em Missolonghi, lutando pela liberdade dos gregos. Byron fora uma natureza fáustica, e na Grécia tinha encontrado a salvação da sua alma, assim como Fausto, conforme os projetos de Goethe, devia salvar-se, encontrando Helena. Os acontecimentos sugeriram leituras. Na crônica de Dorotheus de Malvasia (século XIV) sobre os cruzados na Grécia, Goethe leu do dono do castelo de Mistra, Guillaume II de Villehardouin, parente do famoso cronista da Quarta Cruzada; sua esposa, a princesa grega Helena de Arta, foi chamada "a segunda Helena", tão bela era. O tema da "síntese greco-alemã" estava dado. Só era preciso ligá-lo aos atos na corte. Então Goethe se lembrou da maneira como ligara, na primeira parte, a cena na catedral e a cena na prisão: pelas fantasias da "Noite de Walpurgis". Escreveu a "Noite de Walpurgis" clássica. Fausto, depois de ter atravessado todas as províncias da mitologia grega, encontraria Helena no Hades, na corte de Prosérpina. Mas aquelas discussões sobre geologia ocuparam tanto o poeta que perdeu de vista o fim do *intermezzo*. A cena da Prosérpina não foi nunca escrita. O *intermezzo* perdera a função dramatúrgica, e Goethe publicou em 1827 a *Tragédia de Helena*, sem cuidar de introduzi-la. É por isso que a heroína aparece tão abruptamente.

O quarto e quinto atos, Goethe escreveu-os quase simultaneamente com *Os Anos de Aprendizagem de Guilherme Meister*. Daí o paralelismo das alusões à questão social. Uma releitura de Dante, em 1825 ou 1826, sugeriu o "Epílogo no Céu". E enfim, quando a obra inteira saiu, em 1832, eram na verdade quatro obras, penosamente ligadas: a tragédia filosófica de Fausto; a tragédia realista de Margarida; a tragédia grega de Helena; e uma tragédia barroca.

*

Quatro estilos e quatro sentidos: a falta de homogeneidade de *Fausto* é o defeito do próprio plano. E é possível explicar e compreender toda cena e cada uma das partes integrantes sem compreender bem o sentido do conjunto. *Fausto*, apesar de parecer completo, é um torso.

"A unidade de *Fausto*", diz o filósofo alemão Heinrich Rickert, "reside, e reside só, na personalidade do autor". Frase que parece lugar-comum mas que leva a conclusões importantes. O fato de o *Fausto* não corresponder às normas da tragédia grega ou da tragédia francesa ou da tragédia shakespeariana, isso não importa. Mas tampouco importa o fato de a obra se prestar à representação integral ou parcial no palco. O drama é um gênero objetivo; a personalidade do autor exterioriza-se em vários personagens que têm, todos, mais ou menos razão, e dos quais nenhum se identifica completamente com o autor. O caso contrário é representado pela poesia lírica: o herói, o único herói possível do poema lírico, é o próprio poeta, e a significação universal da sua obra reside, e reside só, na universalidade do sentimento pessoal que ele exprime. *Fausto* é um poema lírico em forma dramática. As contravenções contra a unidade dramática não importam. O que importa é o único critério aplicável, em casos desta natureza, à análise da poesia lírica: corresponde ela a experiências do poeta ou não? A resposta será afirmativa com respeito à primeira parte e negativa com respeito à segunda parte.

A primeira parte corresponde às experiências mais vitais do jovem poeta; daí o realismo pré-romântico. A segunda parte nasceu de especulações fora da experiência, e o resultado foi a procura de estilos, do classicismo grecizante na "Tragédia de Helena" até o barroco dos atos na corte e do fim. A linha divisória encontra-se, historicamente, entre 1797 e 1808, quando Goethe, remodelando a primeira parte e preparando a segunda, escreveu os dois prólogos, cuja perspectiva cósmica já excede o plano realista do *Urfaust*, levando ao barroco calderoniano. Nos prólogos será possível encontrar a contradição que produziu a desigualdade estilística.

Com efeito, o último verso do "Prólogo no Palco" promete:

> Do céu, através do mundo, até o inferno...

quer dizer, Fausto será condenado. Mas já o "Prólogo no Céu" deixa adivinhar a salvação do herói. A primeira parte baseia-se no dualismo ético, fundamento da moral cristã, motivo pelo qual os Faustos de todos os séculos cristãos têm que descer ao inferno. Mas já durante o trabalho de remodelação do *Urfaust*, Goethe tornou-se spinozista, quer dizer, monista; e dentro do monismo a condenação de Fausto já não teria sentido. Era preciso salvá-lo. E Goethe pensava salvá-lo pelo monismo grego, o monismo estético da Beleza. Em vez disso saiu, na segunda parte, um grande poema barroco, com alusões aos poetas do catolicismo, Dante e Calderón — série de incoerências e contradições inextricáveis. Então, por que insistiu Goethe na salvação do seu herói?

A resposta integral seria nada menos do que uma história do espírito alemão. Com o luteranismo, os alemães separaram-se não apenas da Igreja romana, mas da civilização ocidental inteira. Conquistaram, no foro íntimo, a liberdade religiosa e filosófica absoluta, até as heresias mais audaciosas, mais negativas. Não do luteranismo como doutrina, mas do luteranismo como libertação da consciência descendem o historismo de Hegel assim como o materialismo de Feuerbach, as doutrinas mais anticristãs que o mundo já viu e que significam no fundo a divinização do mundo e destronização de Deus. O preço pago por essa liberdade da consciência filosófica e religiosa foi o servilismo político, a submissão absoluta à vontade do príncipe que representava Estado e Igreja ao mesmo tempo. Daí a incapacidade dos alemães de compreender a democracia do mundo ocidental, que lhes parece tão antialemã como a Igreja de Roma. Durante os séculos XVI e XVII e até durante a primeira metade do século XVIII, aquela liberdade limitou-se ao terreno da teologia. Interveio, depois, a Ilustração, a primeira influência ocidental na Alemanha, fechada até então como uma China dentro da Europa, e nasceu aquela *Weltanschauung* ou "concepção do mundo" tipicamente alemã que Lessing sintetizou nas palavras memoráveis: "Se Deus tivesse na mão direita a verdade inteira e na esquerda a procura da verdade, se bem com a fatalidade de errar sempre, e me dissesse: — Escolhe! — eu, com humildade, pediria a esquerda, dizendo: A verdade pura só é para Deus mesmo!" É muito interessante o lugar em que se encontra esta frase: defendendo-se contra um pastor luterano ortodoxíssimo, que acredita em toda verdade divina incluída na letra bíblica, Lessing tem a coragem de aludir à liberdade maior dos católicos, pondo a tradição ao lado da letra escrita. Mas a volta ao catolicismo não era possível nem conveniente para justificar aquele lema, cujo cepticismo de colorido religioso contradiz todas as tradições ocidentais. Era preciso identificar essa "filosofia alemã" com a filosofia grega, de soberania do indivíduo perfeito e completo; aproxima-se o momento da "síntese greco-alemã", da qual Goethe é o maior representante. Se aquele lema é legítimo perante o trono de Deus, então o homem pode "errar, enquanto se esforça", e no entanto encontrar a salvação. É a justificação do titanismo fáustico. Fausto, como um Dante moderno, não irá "do céu, através do mundo, para o inferno", mas subirá ao céu. Mas não é o céu dos cristãos. É o céu grego.

O caminho de perfeição para chegar a esse céu não consiste na purificação moral, mas na formação de uma individualidade perfeita, a que os alemães chamam *Bildung*, "Formação". No plano terrestre, Goethe representou esse caminho de formação no romance *Os Anos de Aprendizagem de Guilherme Meister*. No plano transcendental, *Fausto* apresenta o mesmo espetáculo. No plano artístico, a beleza grega constituiu o símbolo da perfeição realizada. Conseqüentemente, a "Tragédia de Helena" seria o fim de *Fausto*. Mas não é. Goethe escreveu um poema em que Grécia e Idade Média se encontram, resultando uma combinação estranha à qual a estética do século XIX não sabia dar nome. Lembrando-se do fato de que o classicismo da Renascença sobreviveu no século XVII, ligando-se à revivificação da Idade Média pela Contra-Reforma, a estética moderna chama àquela combinação "barroco". Eis o estilo da segunda parte de *Fausto*, que não é realmente grega. Do ponto de vista do dogmatismo estético de Goethe, seria um defeito muito grave. Do nosso ponto de vista moderno, não. E não apenas porque voltamos a apreciar o barroco. A solução do problema não era possível de outra maneira. Voltando-se para a arte católica de Dante e Calderón, sem aderir ao catolicismo, Goethe aproveitou-se da doutrina de Hegel, conforme a qual nada da herança histórica se perde jamais. Foi por isso que Goethe defendeu com tanta tenacidade as teorias "aquáticas" na geologia, contra o vulcanismo que ensina a destruição total do existente para construir a terra nova. O inferno da primeira parte transforma-se, na segunda parte, em residência das "Mães", guardando a vitalidade humana que, por sua vez, é disciplinada pela "formação"; e esta, individualista, imitando o trabalho "aquático" da natureza, secando pântanos e dominando o mar, chega a uma significação social, desconhecida aos classicistas do começo do século XIX. Com efeito, Goethe resumiu, no *Fausto*, o que o passado nos pode ensinar, da Antigüidade grega através da Idade Média gótica e da Renascença até o século da Ilustração, mas deu mais um passo, antecipando o trabalho do século XIX e até do futuro. "No início era o Verbo", e no fim de *Fausto* haverá o Ato, a ação social à qual mal acabamos de chegar. Em frase muito feliz, um crítico comparou o caminho do leitor através das páginas de *Fausto* à subida pelas escadas da torre de uma catedral gótica: é uma escada estreita e às vezes perigosa, mas no alto abre-se o grande panorama do espaço e do tempo.

BIBLIOGRAFIA SELETA

BIELSCHOWSKY, A.: *Goethe. Sein Leben und seine Werbe (Goethe, Sua Vida e Suas Obras)*, 2ª ed., 2 vols, Munique, 1929.

BRANDL, A.: *Goethes Verhaeltnis zu Lord Byron (Sobre as Relações de Goethe com Lord Byron)*, in *Goethe-Jahrbuch*, vol. XX, 1899.

BURDACH, K.: *Goethes Faust*, Berlim, 1932.

COLLIN, J.: *Untersuchungen über Goethes Faust in seiner ältesten Gestalt (Estudos sobre a Versão Primitiva de Fausto)*, Stuttgart, 1896.

CROCE, B.: *Goethe*, Bari, 1916.

DILTHEY, W.: *Goethe* (in *Das Erlebnis und die Dichtung*), 5ª ed., Berlim, 1916.

FISCHER, K.: *Goethes Faust. 2. Band: Entstehung, Idee und Komposition des Goetheschen Faust ("Fausto" de Goethe. Volume 2: Origem, Idéia e Composição do Fausto goethiano)*, 5ª ed., 3 vols., Heidelberg, 1904.

GUNDOLF, F.: *Goethe*, 16ª ed., Berlim, 1928.

JACOBY, G.: *Herder als Faust (Herder como Fausto)*, Leipzig, 1911.

KILIAN, E.: *Goethes Faust auf der Bühne (Fausto no Teatro)*, Leipzig, 1906.

LOWES DICKINSON, G. and STAWELL, F. M.: *Goethe and Faust: An Interpretation*, Londres, 1928.

MINOR, J.: *Goethes Faust. Entstehungsgeschichte und Erklärung ("Fausto" de Goethe. História das Origens e Interpretação)*, 2 vols., Stuttgart, 1901.

PNIOWER, O.: *Goethes Faust. Zeugnisse und Exkurse zu seiner Entstehungsgeschichte ("Fausto" de Goethe. Documentos e Estudos sobre a História de Suas Origens)*, Berlim, 1899.

RICKERT, H.: *Goethes Faust. Die dramatische Einheit der Dichtung ("Fausto" de Goethe. A Unidade Dramática da Obra)*, Leipzig, 1932.

TRAUMANN, E.: *Goethes Faust. Nach Entstehung und Inhalt erklärt ("Fausto" de Goethe. Explicação conforme Origens e Conteúdo)*, 2ª ed., 2 vols., Munique, 1919/1920.

Vida, obra, morte e glória de Hemingway (1971)*

Qualquer estudo biográfico ou crítico sobre o escritor poderia ser lançado sob o título: *A Glória de Hemingway*. Raras vezes, pelo menos em nosso tempo, um escritor conquistou tão rapidamente o reconhecimento universal e total e — ao que parece — não menos duradouro. É uma glória que não conhece fronteiras ideológicas, o que é uma exceção significativa nesta segunda metade do século XX. O mundo ocidental conferiu-lhe em 1954 a mais alta distinção de que dispõe: o Prêmio Nobel de Literatura. Mas as obras de Hemingway também estão circulando em nada menos que três milhões de exemplares na Rússia e nos outros países socialistas da Europa e da Ásia.

Seu próprio país, que o romancista costumava observar com olhos tão críticos e sem nenhum sentimentalismo patrioteiro, também lhe respondeu da maneira mais afirmativa. Com uma única exceção, todos os seus livros foram recebidos com aprovação total, alcançando tiragens das mais altas. E já que nos Estados Unidos o valor de um homem costuma ser indicado em dólares, seja lembrado que a revista *Cosmopolitan* lhe pagou US$15 mil por curto artigo em forma de entrevista, e que a editora Scribner gastou US$100 mil pelo direito de serializar um de seus romances numa revista, antes de a obra sair em livro, o que daria ao autor um lucro muito mais alto, para não falar da difusão em *paperback* e do preço dos direitos de filmagem. Hemingway viveu como homem rico e morreu tão rico que seu amigo-biógrafo Hotchner, americano de quatro costados, declarou não poder compreender o suicídio, pois desde quando se suicidam os milionários?

Só costumam "faturar" tão alto os escritores que se sacrificam ao mais trivial gosto popular, ou melhor: ao gosto pequeno-burguês. Mas este não era o caso de Hemingway, autor preferido de toda uma geração de intelectuais exigentes. Em certo momento não houve quem não quisesse imitá-lo: a influência de Hemingway é sensível no romance existencialista de Sartre, na literatura neo-realista dos italianos Pavese, Moravia, Cassola e Rea, no "tremendismo" dos espanhóis Cela, Goytisolo, Aldecoa, no neo-objetivismo dos alemães Uwe Johnson e Wellershoff, em numerosos escritores escandinavos, holandeses, tchecos, húngaros, até num persa como Hedayat. E, para outra vez terminar com um olhar para a perspectiva norte-americana: um crítico como Aldridge, que nunca morreu de amores pelos

---

* Prefácio ao livro *Hemingway / Tempo, Vida e Obra*, Rio, Bruguera/INL, 1971.

livros de Hemingway, atestou-lhe influência avassaladora sobre todos os jovens escritores de sua geração e da geração seguinte. De fato, Hemingway foi o escritor predileto dos *high-brows*. Mas também gostam dele, e muito, os *low-brows*, os leitores sem exigências de natureza estética, estilística, filosófica. Hemingway é, no melhor sentido da palavra, um escritor popular, embora — não se pode pedir tanto — nem sempre seja bem compreendido pelos seus admiradores. Quando o romancista viajava, em 1954, pelo Norte da Itália, foi obrigado a entrar numa barbearia de aldeia para mandar raparlhe a barba e torná-lo, desse modo, temporariamente irreconhecível, pois, na pequena cidade de Cunco, o povo, reconhecendo-o, fez parar seu carro, ameaçando sufocá-lo em abraços de entusiasmo. E os títulos de certas obras suas — *Adeus às Armas* ou *Por Quem os Sinos Dobram* — tornaram-se proverbiais.

Também admiro muito o homem Hemingway e a obra do escritor Hemingway. Quando chegou, em julho de 1961, a notícia de sua morte, fui eu talvez o único jornalista brasileiro que conseguiu colocar o necrológio na primeira página do jornal, entre as notícias da alta e da menos alta política; e foram linhas inspiradas em profunda tristeza. Não tive a felicidade de conhecê-lo pessoalmente, mas escrevi sobre ele e estou neste momento escrevendo sobre ele como se tivesse perdido um amigo de muitas horas e da vida inteira.

Nessas condições, escrever sobre Hemingway não parece difícil. Nenhum de seus romances é propriamente autobiográfico, mas todos eles são fruto de experiências e situações vividas. Seria bastante incluir a breve análise dessas obras no relato de sua vida, uma das biografias mais movimentadas de que tenho conhecimento no terreno da história literária: o Middle West dos Estados Unidos e o Quartier Latin de Paris, as florestas virgens da África e as cidade antigas da Itália, os campos de batalha da França e da Bélgica, as *plazas de toros* da Espanha, o mar de Cuba e o mar da Grécia, duas guerras mundiais e a guerra civil espanhola, quatro casamentos e não se sabe quantos outros *affaires*; nem sequer falta um grave desastre de avião, nem, como remate, a morte trágica. No entanto, tudo isso não me parece suficiente. Ernest Hemingway foi, talvez, o escritor mais típico de uma época em que a alta literatura de vanguarda e dos intelectuais e a leitura das grandes massas estão nitidamente separadas. Quem lê Joyce não lê ...*E o Vento Levou* e vice-versa. Mas Hemingway atravessou com aparente facilidade essa barreira. É esta a glória de Hemingway. E é preciso explicá-la.

Vamos começar o relato dessa vida inconvencional assim como se começam as biografias convencionais. Ernest Miller Hemingway nasceu em 21 de julho de

1899 em Oak Park, no estado de Illinois, cidade de pouco mais que 60 mil habitantes; naquela época deviam ser muito menos. Oak Park fica na área de Chicago. Ramificações da imensa encruzilhada ferroviária atravessam os campos em todas as direções; e, quando o vento é favorável, pode-se ouvir, sufocadamente, o rugido dos animais que são levados à morte nos matadouros, com menos arte e com brutalidade igual à que envolve a morte dos touros na *plaza de corridas* da Espanha. Mas é uma área rural, esparsamente povoada. Em certo lugar ainda existe, até, uma aldeia de índios. Há muita caça e muita pesca. O pai de Hemingway era médico de campanha. Era esportista apaixonado, que legou ao filho o interesse pela pesca e pela caça. Também lhe legará outra herança ou hereditariedade, mais funesta: pois em 1928 o velho se suicidou. Em nenhuma obra de Hemingway e em nenhuma das suas conversas registradas o pai é diretamente mencionado. Será que esse silêncio esconde um complexo de Édipo? Se havia, a manifestação do complexo foi contrária aos sentimentos subconscientes: foi o ódio francamente confessado contra a mãe. Mulher ambiciosa e exigente, que fracassara na carreira de cantora e que quis, a todo preço, fazer músico o filho. Mas o jovem Ernest detestava as lições de violoncelo. Na escola que freqüentava, a *high school* de Oak Park, não brilhava como aluno e, sim, como jogador de futebol e nas lutas de boxe. Não agüentava a educação maternal nem a, pelo menos aparente, indiferença do pai. E enfim, com apenas 17 anos de idade, fugiu de casa, não para Chicago, mas para mais longe, para Kansas City, no coração do Middle West rural e simplista. Parece que nunca mais chegou a rever o chamado torrão natal, que se lhe tornara tão odioso como os pais e o país inteiro.

O nome da escola que Ernest freqüentava em Oak Park já tem enganado alguns críticos e biógrafos. Pois *high school* não significa, nos Estados Unidos, "alta escola", mas uma espécie de liceu. Mais tarde, quando assumiu o papel ou a pose de americano tipicamente rude, essa falta de formação universitária, antes rara nos rapazes de sua classe nos Estados Unidos, lhe serviu para fingir-se meio analfabeto e esconder sua sólida cultura literária, adquirida como autodidata.

Com 17 anos de idade é Hemingway repórter do *Kansas City Star*, que não é, aliás, um jornaleco de província, mas um dos melhores e politicamente mais influentes jornais dos Estados Unidos. Foi esta a verdadeira escola de Hemingway, onde aprendeu a linguagem concisa e factual escrevendo breves reportagens sobre crimes, desastres, teatro e exposições, pois no Middle West tudo isso é mais ou menos a mesma coisa, e o contato com criminosos desastrados e artistas ensinou-lhe a amplitude de possibilidades neste mundo. Em breve, Kansas City já não tem a oferecer nada de novo ao repórter mais novo do *Kansas City Star*, que quer ir para mais longe, até para fora dos Estados Unidos. A guerra — a Primeira Guerra Mundial — em que o país entra em 1917 parece propiciar a oportunidade. Hemingway alista-se como voluntário. Os médicos militares rejeitam-no: jovem demais e míope. Mas logo se abre outra saída. O exército italiano acaba de sofrer derrota séria, em Caporetto, na frente de Gorizia. Há muitos milhares de feridos e falta de médicos e ambulâncias. As numerosas colônias de italianos nos Estados Unidos tomam a iniciativa de uma campanha de socorro: ambulâncias da Cruz Vermelha para a Itália. Procuram-se médicos, enfermeiros, mas também motoristas para os carros. Como motorista de uma Red Cross Ambulance embarca o jovem Hemingway para a Itália.

Não é propriamente um soldado, um combatente. Para casa, para os pais, escreve cartas cheias do barulho das batalhas, cartas que são publicadas no jornaleco de Oak Park como relatos de um autêntico herói local; mas trata-se, quase totalmente, de batalhas e heroísmo imaginários, mentiras e fanfarronadas inofensivas de um espectador da guerra que gostaria de ser mais do que a tarefa e a idade lhe permitem.

Contudo, o motorista de ambulância também é mais que mero espectador. Vê de perto os feridos sangrentos e ouve os gritos dos atingidos pelos estilhaços dos projéteis austríacos. A camaradagem com os médicos militares italianos permite-lhe o contacto com os oficiais. E quando, junto com os seus soldados, têm de ceder à renovada ofensiva do inimigo, o motorista da Cruz Vermelha também tem de fugir, como se estivesse participando da batalha perdida. Enfim, a explosão de um *shrapnell* também o atinge: em julho de 1918 — quase no dia em que fez 19 anos — é gravemente ferido. É num lugar chamado Fossalto de Piave. A ambulância que ele costumava conduzir leva-o para Veneza, depois para Milão, enfim para Turim, onde, no hospital militar, é operado. A ferida no joelho direito é bastante grave, mas cicatrizará. No todo, tiram do corpo do jovem nada menos de 227 pequenos estilhaços, dos quais um chegou a ferir os testículos, felizmente sem conseqüências: o jovem não será impotente. E no próprio hospital em Turim tem oportunidade de verificar sua virilidade salva, graças aos cuidados de uma enfermeira bonita — talvez sua primeira verdadeira experiência erótica, depois da iniciação nos bordéis atrás do *front*. E essa experiência erótica impregnou-o para sempre: tornar-se-ia, dez anos depois, a célula-máter de sua maior obra literária.

Mas o episódio bélico, este estava encerrado. O governo italiano demonstrou gratidão ao jovem voluntário americano conferindo-lhe duas condecorações: a

Croce di Guerra e a Medaglia d'Argento al Valore Militare. Não consta que Hemingway jamais as tenha ostentado. Estava farto de guerra, que agora detestava, e de heroísmo patriótico, que lhe parecia falso: mais uma convicção que não abandonará nunca. E não havia outra saída senão voltar para os Estados Unidos: aparentemente para submergir no mar do anonimato.

Conhecemos os últimos anos de vida de Hemingway, mais ou menos de 1950 até sua morte, através de um livro do jornalista americano Hotchner, que já tive oportunidade de citar; ocasionalmente, este livro também se refere a acontecimentos anteriores. Mas não existe, até hoje, nenhuma biografia completa. Só há referências esparsas do escritor, relativas à sua mocidade: e, as mais das vezes, essas referências não merecem fé total, sendo desfiguradas pela tendência de fazer ficção e (por que não dizê-lo?) embelezar mentirosamente os fatos. O período imediatamente posterior ao episódio bélico é uma dessas fases de transição que não conhecemos suficientemente. Confesso com franqueza a lacuna, capaz de decepcionar a curiosidade do leitor, mas não a considero grave: no romance moderno, o romancista tampouco é onisciente e não sabe tudo sobre a vida pregressa dos seus personagens. De qualquer modo, tenho de limitar-me a contar que Hemingway, de volta da Itália, resolveu reassumir o trabalho jornalístico. Entrou como repórter no jornal canadense *Toronto Star*, não sei como. Casou em 1920 com Hadley Richardson, moça natural de St. Louis, e, outra vez, não sei nada sobre como a conheceu e por que tomou a repentina resolução de ligar-se para sempre a ela (mas não seria para sempre). Tampouco sei como conseguiu que o *Toronto Star* mandasse repórter tão jovem e pouco experimentado para a Europa, embora pareça que o ordenado não foi muito alto. Pois até então só tinha escrito, para o jornal, reportagens nada sensacionais, que não chegaram a dar-lhe nome nos círculos jornalísticos. Mas, como quer que tenha sido, Hemingway embarcou com sua jovem mulher para a Europa. Fixou-se em Paris. E de lá empreendeu as usuais viagens de correspondente estrangeiro, mandando reportagens para Toronto.

Esteve na Suíça, observando a vida de ostentação ociosa dos turistas ricos, a mesquinhez só ávida de dinheiro da nação de hoteleiros, a clandestinidade febril dos exilados políticos, a pompa inútil das organizações internacionais e a inutilidade dos seus funcionários empistolados; a única coisa que o impressionou foi o esqui, esporte ao qual desde então sempre ficou fiel, embora não pareça que tivesse colhido lauréis de campeão. Da Suíça fez Hemingway excursões para a Alemanha, então sacudida pela inflação que arruinava a classe média, fomentando os movimentos radicalmente nacionalistas, pré-nazistas, ao passo que as revoltas dos operários fracassavam, enfraquecendo o internacionalismo e preparando a era stalinista. Esteve na Itália, observando os inícios do fascismo e reconhecendo cedo a natureza de palhaço de Mussolini. Fez, para o *Toronto Star*, a cobertura da conferência de Gênova, desmascarando impiedosamente a insinceridade grandiloqüente dos chamados estadistas e a incompetência mistificadora dos chamados técnicos. Esteve na Grécia e Bulgária, observando o doloroso êxodo dos gregos da Ásia Menor, expulsos pelos turcos. Estas últimas reportagens, inspiradas por profunda piedade humana, talvez sejam as melhores que escreveu para o *Toronto Star*. Outras são altamente divertidas, de espírito sarcástico. Às vezes, o repórter revela surpreendente clarividência política, prevendo desenvolvimentos futuros que a reportagem política profissional da época nem adivinhava. Muitos desses artigos de Hemingway, dos anos de 1922 e 1923, foram depois de sua morte desenterrados, constituindo hoje a primeira parte do volume *By-Line*, que William White em 1967 editou. Para leitor dos romances de Hemingway e para quem lhe admira a personalidade, é leitura indispensável e interessantíssima, sem que se possa afirmar que as reportagens do jovem jornalista contribuem grande coisa para a glória de Hemingway. Contudo, cada linha revela o escritor nato. O próprio Hemingway, com vinte e poucos anos de idade, sabia disso. E quando conseguiu, enfim, ficar por mais tempo em Paris, entrou resolutamente na carreira literária, então só um projeto a longo prazo. Começou a escrever contos. Escreveu, escreveu, escreveu, durante noites inteiras, mandando os originais para os Estados Unidos, a grandes e pequenas revistas. E sempre os recebeu de volta, com o chamado *recipe-slip*, numa papeleta com texto impresso em que "o editor lamenta... falta de espaço... por ora... talvez mais tarde...", etc. E, enquanto isso, viu de perto como seu amigo Scott Fitzgerald, só poucos anos mais velho, já tinha alcançado fama internacional, publicando seus contos e curtos romances nas revistas e editoras mais consideradas, recebendo muitos e muitos dólares por cada linha escrita, esbanjando seu dinheiro e dissipando seu talento em farras loucas, rios de álcool e tolices escandalosas. Hemingway, amigo sincero de Fitzgerald (pelo menos então), que também fez o possível para ajudar o jovem conterrâneo, nunca conseguiu esquecer esse contraste doloroso; e quarenta anos mais tarde, recordando os dias de Paris, chegará a escrever sobre Fitzgerald, então já morto há dois decênios, páginas inspiradas pelo desprezo e pelo ódio. Não são páginas bonitas, mas sinceras. O que Hemingway não conseguiu esquecer, durante a sua vida toda, tão cheia de sucesso, dinheiro e glória, foi a insegurança íntima que daqueles dias de Paris lhe instilou a comparação entre o êxito fulminante de Fitzgerald e seu profundo anonimato de principiante desprezado. Foi naqueles dias que Hemingway, embora sempre ostentando a máscara de repórter inculto do Middle West, adquiriu sólida cultura literária, lendo avidamente, procurando por exemplos e modelos. Conta ele próprio que leu muito Turgueniev e outros autores russos. Digeriu, só então, suas experiências de guerra, lendo os romances de Ford Madox Ford, nos quais (como numa obra posterior do próprio Hemingway) os temas de Guerra e Amor estão inextricavelmente ligados. Influências imediatas foram Gertrude Stein, monstruosamente feia e gorda, a "mãe" patrocinadora dos jovens boêmios americanos em Paris e criadora de uma fase radicalmente vanguardista, e Sherwood Anderson, então o autor mais lido do neonaturalismo norte-americano e do protesto violento contra os tabus sociais e sexuais do puritanismo. Mas Hemingway admirava sobretudo o livro que lhe parecia o melhor jamais escrito nos Estados Unidos: *Huckleberry Finn*, de Mark Twain. E reconheceu-se em Stephen Crane, prematuramente desaparecido, que fora — como o próprio Hemingway — correspondente de guerra e inimigo da guerra: um repórter que se tornara grande escritor.

Hemingway também foi repórter, querendo ser escritor. Enfim, conseguiu. Mais uma vez, confesso a impossibilidade de relatar detalhes. Não sei exatamente como se processou a aceitação dos originais. Em 1923 saiu o volume *Three Stories and Ten Poems* (*Três Histórias e Dez Poemas*).

Dos "dez poemas" não direi nada. Um jovem escritor quase sempre sente a obrigação de fazer poesia, mas nem sempre é poeta. As três histórias, porém, são obras de quem já sabe contar histórias. "My Old Man" ("Meu Velho") é o relato de um rapaz sobre seu pai, velho jóquei, esportista; à luz do que eu dizia antes, torna-se significativo o fato de que a primeira obra literária impressa de Hemingway é algo como, remotamente, uma homenagem ao seu pai. "Up in Michigan" ("Lá em cima, em Michigan") é a história de um estupro brutal, contado com a sobriedade lacônica de que o autor será, mais tarde, o mestre. "Out of Season" ("Fora de Estação") conta dos amores de um jovem casal na Itália. Os enredos não são propriamente significativos. Mas vamos gravar na memória o fato de que este primeiro volume apresenta, como num prelúdio, três temas principais da ficção de Hemingway: a vida na natureza, a violência, e amores na Itália.

Não me consta que esse volume tenha sido jamais reeditado. Lendo-o, sem saber o nome do autor, compreendemos por que ele recebeu tantos originais de volta, com *recipe-slip* impresso "Lamentamos...", etc. Os contos não são propriamente impressionantes. Foram pouco lidos. Contudo, alguns críticos escreveram notícias breves, palavras de estímulo, sobre o volume. E a cada um desses críticos remeteu o autor uma carta de agradecimento, cheia de humildade. Trinta anos depois haverá entre dois desses críticos uma polêmica violenta: cada um deles reivindicará a prioridade cronológica de ter sido o primeiro que escreveu sobre Hemingway, o primeiro que teria reconhecido o gênio.

O livro foi um *succès d'estime*. Resultado: o editor aceitou outro volume. Nos contos de *In Our Time* (*Em Nosso Tempo*, 1925) voltam dois temas do primeiro livro. Em "Indian Camp" ("Aldeia de Índios") aparece o próprio pai do autor, médico em Oak Park; o filho acompanha-o à vizinha aldeia dos índios, onde o médico realiza a cesariana numa parturiente; a descrição das dores da mulher (e do suicídio de seu marido) é de horripilante naturalismo. Outra história conta de amores na Itália: "A Very Short Story" ("Uma História Realmente Curta"). O que é curto, nessa história, é o próprio amor: entre um oficial americano ferido e uma enfermeira, num hospital militar italiano, fato que já conhecemos, como experiência vivida do autor. Juram amar-se para sempre e depois da guerra vão casar, certamente. Por enquanto, volta ele para os Estados Unidos, onde recebe carta da enfermeira arrependida: já ama outro oficial com que casará "certamente"; e o enganado se consola, em Chicago, com uma vendedora de loja, que lhe deixa um presente menos agradável: uma gonorréia. "Uma História Realmente Curta" é curta, mas de cinismo perfeito.

Ao lado desses dois contos aparecem temas novos: "The Three Days Pilow" ("Golpe de Três Dias") conta de dois garotos que se embriagam com cachaça — um tempo importante para Hemingway quando ele era garoto, e mais tarde e sempre; "Soldier's House" ("Casa de Soldado"), história do veterano que voltou da guerra e encontrou a vida na paz tão absurda e inútil como nos campos de batalha.

Nas relativamente poucas páginas desse volume, Hemingway destilou e reuniu o máximo de amargura: a natureza desfigurada, criaturas que se torcem em dores, outras que se suicidam, pseudo-amores fúteis e gonorréia, bebedeiras tolas e uma desilusão permanente — isto quando acabaram os horrores da guerra, isto em tempos de paz, "em nosso tempo": o título é irônico, pois é a igreja (anglicana) que reza assim no fim do seu serviço de domingo, pedindo "paz em nosso tempo" (*peace in our time*). É esta a paz que a nova geração de americanos, voltando da guerra, tinha encontrado na América. Não agüentaram. Exilaram-se, voluntariamente, em Paris, numa vida fútil de amores fugitivos e bebedeiras permanentes.

Sua materna amiga Gertrude Stein chamava-os *lost generation* (a geração perdida). Desses "perdidos em Paris" foi o próprio Hemingway.

Lembrando-se, 30 anos mais tarde, daqueles tempos em Paris, Hemingway disse a um amigo: "Se você teve a sorte de viver em Paris em sua mocidade, então, não importa onde passar o resto de sua vida, você não esquecerá, porque Paris é uma festa permanente" (*"if you are lucky enough to have lived in Paris as a young man, then wherever you go for the rest of your life it stays with you, for Paris is a moveable feast"*). As três últimas palavras, *a moveable feast*, foram escolhidas como título do último livro de Hemingway, postumamente publicado, em que exaltou sua própria sorte de ter vivido em Paris na mocidade. Há muita verdade nisso, no livro e no tema do livro. Não é preciso cantar um hino a Paris. Basta lembrar-se dos cafés do Boulevard St. Michel e do Boulevard St. Germain, e dos *bouquinistes* no cais do Sena e do parque de Luxemburgo no outono, e quem já passou por lá não esquecerá nunca. Outros citariam Notre-Dame e os quadros dos impressionistas no Jeu du Paume, e o domo dos Invalides e a imperial Place Vêndome, e a fechada Place des Vosges e a Sainte Chapelle, mas prefiro incluir no panorama das recordações os bairros menos luminosos, a Gare du Nord e o Boulevard Sébastopol e aquela feia ponte de ferro, a Pont Mirabeau, eternizada por versos de Apollinaire, e os lamentáveis hotéis de estudantes no Quartier Latin e na Cité, onde vi um, pequenino, com todas as janelas decoradas de roupa lavada e em cima do porão o rótulo *Au Bonheur du Genre Humain* — é isto mesmo que importa: Paris é um estilo de viver. Quem teve a sorte de viver assim, pelo menos durante um tempo, na mocidade, não esquecerá. Hemingway não esqueceu. Alguma coisa do fascínio de *A Moveable Feast* pode ser atribuída à força transfiguradora da recordação que ilumina todas as páginas. Mas nem tudo. Pois o volume é de uma sinceridade total que chegou a perturbar-lhe o grande sucesso de livraria. Houve quem se admirasse do arrependimento contrito com que Hemingway fala da sua companheira daqueles primeiros dias, da sua primeira mulher, Hadley, que ele abandonou logo depois da conquista do sucesso literário. Houve quem censurasse as palavras impiedosas dedicadas a Gertrude Stein, em cuja casa parisiense Hemingway recebeu, afinal de contas, o batismo de fogo da literatura. Causaram sensação desagradável, sobretudo, as páginas, cheias de desprezo e quase ódio, sobre Scott Fitzgerald, o grande amigo dos dias de Paris, páginas só explicáveis pela inveja da glória do camarada, num tempo em que o próprio Hemingway não chegou a sair do anonimato: inveja que não conseguiu suprimir mesmo 30 anos depois, quando sua própria glória já tinha eclipsado, e de longe, a do amigo morto. É que *A Moveable Feast* é um livro em que nada está esquecido, nem as conversas espirituosas na Closerie des Lilas, nem as noites vazias de bebedeira no Café Select, nem os jantares de ostras e vinho, nem os dias sem dinheiro em que o cheiro doce saindo de uma padaria chegou a incomodar o estômago vazio; nem podia ser esquecida a inveja ao já vitorioso Scott Fitzgerald quando Hemingway se recordava de tantas noites amargas em que releu os originais devolvidos pelas revistas com o *recipe-slips*: "Lamentamos... falta de espaço... etc. etc.". Foi então que Hemingway se julgou pertencer a uma geração perdida, à *lost generation,* como Gertrude Stein a batizara: a frase é a epígrafe do seu primeiro romance.

O título é *The Sun Also Rises*. Foi o primeiro romance de Hemingway, e alguns críticos continuam achando que é sua obra melhor realizada. Não concordo (prefiro decididamente *A Farewell to Arms*). Mas que *The Sun Also Rises* é um grande romance e uma surpreendente obra de arte, ninguém pode duvidar, tão harmoniosamente se misturam os elementos vividos, de natureza autobiográfica, e os elementos inventados, de ficção; e o que é inventado serve para conferir ao vivido a dignidade de símbolo de uma cidade, de um estilo de vida, de uma geração, de uma época.

The Sun Also Rises, isto é, o sol também se levanta. Mas vamos deixar de lado, por enquanto, a questão desse título tão estranho. O que temos de decifrar é a obra, que não o seria se fosse só a história de uma ninfomaníaca e de alguns bêbados. Mas como decifrar esse romance, aparentemente ligeiro até a futilidade, de modo que qualquer um pode lê-lo para divertir-se, e que, no entanto, contribui tanto para o conhecimento da nossa vida e do sentido (ou não-sentido) da nossa vida? Não gosto, com respeito a romances, de resumos esqueléticos do enredo. Mas neste caso de *The Sun Also Rises* a frivolidade do enredo, que pode ser contado em três linhas, é a própria chave do mistério.

O lugar é Paris, ou, mais exatamente, o Boulevard Montparnasse por volta de 1920. Atores: uma colônia de boêmios americanos que não agüentam a vida nos Estados Unidos e que não sabem viver na Europa. Que fazem? Bebem. Bebem loucamente, parece seu único objetivo na vida. Beber e dormir com Lady Ashley Brett, uma ninfomaníaca inglesa que todos desejam e que se entrega a todos indistintamente, sem amar nenhum deles. Ou talvez o preferido entre todos seja o repórter Jake Barnes, justamente porque é o único com quem pode dormir, pois Jake foi gravemente ferido durante a guerra e é impotente. Também é ele o único que tem plena consciência da futilidade letal daquela vida. Fugindo da atmosfera empestada de álcool e fumo do Café Select, Jake vai com um amigo para as montanhas do Norte da Espanha; ao ar livre, pescando nos rios frios, espera poder esquecer. No Hotel Montoya, em Pamplona, encontra Brett e sua corte de amantes, que vieram assistir à *fiesta*, à seleção de touros para a *corrida*. É importante, mas não essencial, o episódio do boxeador Robert Cohen, ao qual Brett se recusa, preferindo o *matador* Romero. Mas, enfim, ela larga o espanhol também para ir para Madri com o único amigo verdadeiro, Jake, o único ao qual não pode pertencer fisicamente. É uma despedida para sempre: — "Oh! Jake — disse Brett. Poderíamos ter tido tudo, juntos, um prazer danado (*a damned good time*). — Sim, respondi, mas não é suficientemente bonito pensar nisso?". São as últimas palavras do romance.

Depois da publicação de *The Sun Also Rises*, Hemingway podia repetir a célebre frase de Byron: "Deitei-me para dormir, acordei, e era famoso". O romance tornou, de um dia para outro, famoso seu autor. Teve sucesso fulminante, mas não pelos motivos certos. É uma obra admirável: cada um dos personagens se grava para sempre na memória, como se o tivéssemos conhecido pessoalmente; nas entrelinhas se respira, inconfundivelmente, a atmosfera do Café Select, do Boulevard Montparnasse, da Paris dos anos 20 e, em contraste agudo, o ar livre das montanhas espanholas. Também é notável a importância histórica da obra: houve, antes de *The Sun Also Rises*, outros romances americanos de estilo naturalista, mas este é o primeiro em que a observação penetrante da realidade e sua descrição com inteira franqueza não estavam a serviço de idéias sociais ou de um programa literário. É o primeiro em que os personagens americanos falam assim como os americanos falam. É o primeiro em que cai totalmente o tabu puritano de não mencionar o sexo. Pode-se afirmar, sem muito exagero, que esse romance é a obra básica de toda a literatura norte-americana moderna. Mas isso os leitores contemporâneos não podiam saber; e duvido se apreciaram bem as qualidades extraordinárias de ficção. Leram e discutiram o romance por outros motivos: foi um sucesso de escândalo. Para tanto contribuíram certamente as cenas e diálogos em que se fala despreocupadamente do álcool (na era da proibição) e do sexo. Mas, sobretudo, *The Sun Also Rises* é um *roman à clef*: inclui inconfundíveis elementos autobiográficos. Em Paris, no Café Select sobretudo, apontaram-se com o dedo as pessoas que serviram, involuntariamente, de modelos para as personagens. O boxeador Robert Cohen, por exemplo, é fotografia fiel de um certo Harold Loeb, que depois da publicação do romance entrou furiosamente no Select, querendo ajustar contas com o romancista. Todo o elenco é uma série de fotografias, maliciosamente retocadas. O modelo de Lady Brett foi certa Lady Duff, que morreu mais tarde, aos 43 anos de idade, de tuberculose em Taxco, no México. Quanto a Jake Barnes, o *roman à clef* torna-se autobiográfico, pois é ele que conta a história na primeira pessoa do singular; e o leitor não duvida, nem por um instante, que o personagem é auto-retrato de Ernest Hemingway: boêmio americano, bêbado impenitente, repórter de jornais americanos em Paris, ferido na grande guerra, na qual o próprio Hemingway foi, por um dos 227 estilhaços, atingido nos testículos, embora com uma diferença: não ficou impotente. Essa diferença nos impõe a pergunta: qual é o sentido dessa diferença? Onde terminam os detalhes autobiográficos e onde começa a ficção, os elementos inventados? Já está claro, espero. O autor não virou impotente, como seu personagem. Mas só o acaso o salvou deste destino. Não foi, mas poderia ter sido. E tudo poderia ter sido diferente, para Jake Barnes e para Ernest Hemingway, se não houvesse o que houve. Nesse romance não aparece, como tema, a guerra de 1914 a 1918. Mas se alude a esse passado, então recente. Mas é um romance de guerra. É o romance dos efeitos morais da guerra, que destruiu tantas vidas e tantas coisas, e sobretudo todos os valores e a fé em todos os valores. Se tudo aquilo foi possível, e está ao ponto de ser tranqüilamente esquecido pelos indiferentes e pelos imbecis, então não existe mais nada que justifique o esforço de viver e de sobreviver, e a vida perdeu o sentido e não há nada a fazer do que beber e fornicar, alívios para o momento e também logo esquecidos, como a ninfomaníaca já esqueceu a noite de ontem com um homem qualquer, e assim como o bêbado esquece, de noite, a ressaca. Está tudo perdido, e todos esses personagens pertencem, como reza a epígrafe, à "geração perdida", e a impotência de Jake Barnes é o símbolo dessas perdas, e o romance todo é o espelho da humanidade que passou por aquele inferno e tenta, no entanto, sobreviver, mas os mais lúcidos sabem que é impossível. É uma lição de niilismo; e a expressão pungente desse niilismo, Hemingway encontrou-a onde ninguém esperaria encontrá-la: na Bíblia, nos versículos do Eclesiastes (I, 4-5), que fornecem o título do romance. No inglês solene, ligeiramente arcaico, da versão autorizada: *"One generation posseth away, and another generation cometh: but the earth abideth forever. The Sun also ariseth, and the Sun goeth down, and hasteth to the place where it arose"* — "Uma geração passa e outra geração nasce: mas a terra continua para sempre. O Sol também se levanta, e o Sol se põe, e corre para o lugar onde se levantara". É espécie de rotina cósmica. É para desesperar. Como se pode viver ainda, quando já não se acredita em nada? Obedecendo a uma espécie de código de honra, último refúgio dos descrentes que perderam a fé em Deus, na pátria e na humanidade, em todos os valores e na arte, código que só manda ficar fiel a si próprio e ao seu destino. É a fé de Lady Brett, que diz, certa vez: "Sou tudo aquilo, mas não quero ser canalha". É a fé de Jake Barnes-Ernest Hemingway, que escreveu em 1927 ao seu editor Perkins: "As palavras mais importantes naqueles versículos bíblicos são *but the earth abideth* (mas a terra continua)". Ocorre-me, a respeito, a famosa frase de Guilherme, o Taciturno: *"Point n'est besoin d'espérer pour entreprendre ni de réussir pour persévérer"* — "Não é preciso ter esperança para empreender nem ter sucesso para perseverar".

Para Ernest Hemingway a nova vida começou, como para Jake Barnes, com uma excursão para as montanhas. Não para a Espanha, esta vez, mas para o Tirol. No último capítulo de *A Moveable Feast* descreverá ele, comovido, os dias vividos entre a gente simples de Schruns, hoje um centro internacional de esqui, então uma aldeia perdida nas montanhas tirolesas. O ar foi saudável. Uma cura. Mas também uma despedida. Foram os últimos dias vividos com Hadley Richardson, da qual logo depois se divorciou, sem esquecê-la jamais. Estava fascinado por Pauline Pfeiffer, uma austríaca que vivia em Paris como correspondente da revista *Vogue*. Agora, Hemingway já é escritor famoso, traduzido em várias línguas, tem dinheiro à vontade, viaja muito, também para os Estados Unidos, para Kansas City, ponto de partida de sua odisséia, e para Key West, onde se inicia nos mistérios da pesca em alto-mar. Seu quartel-general continua a ser Paris, o Boulevard Montparnasse, o Café Select. Não o abandona sua sombra, Jake Barnes, o *man without woman* ("o homem sem mulher"). E quando as passagens pelos Estados Unidos lhe inspiram um volume de contos de ambiente norte-americano, dá ao livro o título *Men without Women* (*Homens sem Mulheres*), isto é, homens em cuja vida a mulher não desempenha papel decisivo, ou homens que pretendem livrar-se de suas relações femininas como de um peso morto.

Este último caso é o do conto "Hills like White Elephants" ("Colinas como Elefantes Brancos"). É um pequeno diálogo numa estação de estrada de ferro. Um homem e uma moça conversam, parece que despreocupadamente, parece que não têm muito o que dizer um ao outro, discutem a forma das colinas lá ao longe, não se parecem com elefantes brancos?, mas cada palavra do diálogo tem outro sentido; na verdade o homem quer convencer ou obrigar a moça a fazer um aborto. A cena lembra, um pouco, o diálogo de Hamlet e Polonius sobre a forma das nuvens e com que elas se parecem, mas é o típico diálogo hemingwayano, coloquial, abrupto, aparentemente sem sentido e escondendo seu sentido trágico. Típicos também são os dois contos que tratam de "homens sem mulheres": "The Undefeated" ("O Invicto"), sobre um *matador* que foi gravemente ferido pelo touro, e "Fifty Grand" ("50 mil Dólares"), sobre um boxeador que foi derrotado. É um tema específico da psicologia do homem Hemingway e do escritor Hemingway e que ele próprio formulou mais tarde assim: *"Man can be defeated, but not destroyed"* ("O homem pode ser derrotado, mas não destruído").

O sentido da frase é inequívoco: o homem pode ser derrotado por invencíveis forças exteriores — a guerra, a violência, o álcool, a mulher —, mas nada é capaz de destruir sua substância, sua integridade, se ele está decidido a mantê-la. Porém, se não está decidido? Foi nesse ano de 1928 que caiu pela primeira vez sobre a vida vitoriosa de Hemingway a sombra da autodestruição: seu pai suicidou-se. Não conheço a reação de Hemingway face a esse acontecimento. Considero inaceitável a hipótese da hereditariedade, que já foi aventurada por leigos no assunto: de que o suicídio do pai teria, de qualquer maneira misteriosa, prefigurado ou predestinado o suicídio do filho. Mas considero menos improvável uma outra conclusão, baseada numa teoria psicanalítica: segundo Freud, o homem nunca consegue livrar-se completamente da dominação pelo pai, enquanto este vive; só com a morte do pai o homem alcança a independência. Há, pelo menos, um grão de verdade nessa teoria. No caso de Hemingway, o desaparecimento do pai parece algo como uma libertação de forças. Só agora o escritor é capaz de superar o efeito desmoralizador da guerra. Só agora Hemingway é capaz de pensar na guerra sem arrepio e nojo. Agora pode escrever seu livro sobre a guerra. Em maio de 1929 saiu em *Scribner's*, a revista do seu editor, o primeiro capítulo de *A Farewell to Arms* (*Adeus às Armas*).

É, a meu ver, e não só conforme a minha opinião pessoal, a maior obra de Hemingway. *The Sun Also Rises* ocupa, talvez, posição mais importante na história da literatura norte-americana. *For Whom the Bell Tolls* (*Por Quem os Sinos Dobram*) pode ter maior peso moral. *The Old Man and the Sea* (*O Velho e o Mar*) foi e é seu livro mais lido, talvez graças à publicidade devida ao Prêmio Nobel. O próprio Hemingway considerava *Across the River and into the Trees* (*Através do Rio e entre as Árvores*) como seu melhor romance, opinião que não me parece absurda, apesar das críticas quase unanimemente hostis com que esse livro foi recebido. Mas *A Farewell to Arms* é e ficará a obra clássica entre as do nosso autor: aquela que mais toca nossa sensibilidade, quase eu teria dito: o nosso sentimento; o verdadeiro classicismo se caracteriza pela subordinação do romantismo inato e invencível à capacidade de suprimi-lo e de dizer, no entanto, sem ares acadêmicos, algo de novo; então *Adeus às Armas* é uma obra clássica.

Assim como o romance precedente, *Adeus às Armas* é contado na primeira pessoa do singular, o que confere à obra o cunho, quase autobiográfico, de sinceridade e autenticidade. Quem fala é o tenente Frederick Henry, jovem americano que luta nas fileiras do exército italiano, na frente de Gorizia, já gravemente ameaçada pelos austríacos. É um jovem inexperiente e ingênuo, talvez virgem ainda — pois em casa, nos Estados Unidos, a gente é puritana —, encontrando-se, no primeiro capítulo, tomando a refeição com os oficiais italianos, entre eles um padre do qual os outros, livre-pensadores, zombam cinicamente. Falam o mais simplesmente possível para o jovem americano entender. Mas o assunto é inequívoco: convidar o tenente a ir, com eles, para o bordel dos oficiais, talvez pela primeira vez. O padre, tentando desaconselhar o jovem, também é convidado. E Henry talvez preferisse ficar, se não estivesse envergonhado: quer mostrar virilidade e vai com os outros.

Este primeiro capítulo, que fez, quando da publicação do romance, escândalo nos Estados Unidos (desde quando se fala em bordel, num livro que vai ser lido por todo mundo, inclusive pelos jovens Henrys que ignoram lugar desse tipo?), esse primeiro capítulo é duplamente significativo. A linguagem deliberadamente simples e ostensivamente cínica dos oficiais italianos introduz no romance o típico diálogo hemingwayano: coloquial, lacônico, abrupto, estilo quase telegráfico. Assim fala a gente e assim se falará na obra inteira. Depois, o cinismo do ambiente é, desde o início, um desmentido às grandes palavras, Patriotismo, Glória, Sacrifício, Liberdade, Nação, em cujo nome é travada esta guerra. Enfim, o tenente Frederick Henry é introduzido como rapaz ingênuo e inocente que sente certa vergonha por não ser ainda homem feito; e o romance todo é justamente a sua educação para ser homem feito, educação através de muito sangue e algumas, pudicamente escondidas, lágrimas.

Primeiro, vem o batismo de fogo: os campos e os hospitais de emergência estão cheios de feridos. Frederick também é ferido, pelos estilhaços de um *shrapnell* (assim como aconteceu ao autor do livro). É transportado para trás, para um hospital militar em Milão, onde encontra a enfermeira inglesa Catherine Barkley. Ela perdeu o noivo na batalha de Somme, na França; está sozinha num mundo incompreensivo e hostil, assim como Frederick está sozinho no mundo, com seu joelho gravemente ferido, destruídos os sonhos de glória militar, cortado o caminho para a frente e cortado o caminho para trás. Mas ele é jovem, e Catherine é bonita, carinhosa. Os dois se encontram, muito naturalmente. Quando Frederick é chamado para lutar novamente, ela lhe confessa que já espera um filho, seu filho. A terrível derrota do exército italiano em Caporetto — em 1916 — decide a resolução de Frederick: Catherine e o amor de Catherine são mais importantes que a guerra. Resolve "fazer sua individual paz em separado". Diz adeus às armas. Foge. O desertor é preso. Foge nadando pelas ondas glaciais do Tagliamento. Esconde-se com a amante em Stresa. Perigo de ser denunciado, de corte marcial. Em fuga perigosa atravessam o Lago Maggiore, salvando-se na Suíça. Em Montreux passam este seu primeiro e último inverno de amor. Quando chega a hora do parto, há complicação grave. No hospital, em Lausanne, é preciso fazer uma cesariana. Frederick espera, ansiosamente. Ninguém quer informá-lo. Enfim, ele sabe: Catherine morreu. Furtivamente, ele entra no quarto para vê-la pela última vez. *"It was like saying good-bye to a estatue. After a while I went out and left the hospital and walked back to the hotel in the rain"* ("Foi como despedir-se de uma estátua. Depois de algum tempo saí do quarto e do hospital e caminhei de volta ao hotel, debaixo de chuva"). São as últimas palavras do romance.

Citei estas últimas palavras no original e em tradução porque não há melhor meio para caracterizar e gravar para sempre na memória esse romance. Em toda a obra se falou assim, telegraficamente, sem palavras grandiloqüentes, sem sentimentalismo, até sem manifestar os sentimentos. O fim também é assim. O romance terminou e acabou tudo. Frederick está mortalmente ferido. Mas não chora. Volta para o hotel, andando devagar, debaixo da fria chuva noturna. Mas a anotação lacônica desses fatos exteriores e sem importância — o andar, a chuva, a noite — basta para fazer-nos sentir todo o desespero sem saída. Talvez seja a maior página que Hemingway jamais escreveu.

Adeus às Armas trata da guerra (e tem forte tendência contra a guerra). Mas não é um romance de guerra (romance de guerra foi *The Sun Also Rises*, em que as armas já silenciaram e só há feridos e inválidos). *Adeus às Armas* é, em primeira linha, um romance de amor. Alguém já observou que o efeito da obra é — se ela tem tendência pacifista — algo contraproducente, pois "quem não arriscaria os sofrimentos e os perigos da guerra, se há uma Catherine Barkley para ganhar?" A pergunta é absurda, pois Frederick só ganha Catherine para perdê-la. No entanto, há nessa observação um grão de verdade: reflete o encanto dessa nova versão de Romeu e Julieta, reunidos desta vez por uma guerra maior que a dos Montecchio e Capuletto e separados por um destino mais cego que o dos amantes de Verona.

Há mil anos que se escreve poesia de amor, de Petrarca, de Shakespeare, do *Abbé* Prévost, de Goethe, de Wagner, e todas as palavras possíveis já se tornaram clichês mil vezes gastos, e na literatura de hoje o amor já parece algo impossível. Mas Hemingway conseguiu — só desta única vez, aliás — fazer sentir o amor, nas entrelinhas de diálogos aparentemente triviais (mas não seriam mesmo triviais os diálogos de amantes na solidão dos primeiros encontros e na cama?).

A morte de Catherine parece acidente sem sentido. Mas acidente sem sentido também é a guerra, pela qual Frederick deveria passar para conhecer a moça. E para ganhá-la teve de terminar, para si, essa guerra, fazer sua "paz em separado" e dizer adeus às armas. É este o sentido, muito pessoal, do título da obra. Mas Hemingway não inventou esse título, que inclui, em observação extraordinária, a experiência violenta, o amadurecimento do jovem pela decisiva resolução individual e mais outro adeus, o adeus a Catherine. Quando da publicação do romance, ninguém percebeu que o título é antigo.

Hemingway gostava de fazer o papel de repórter americano, quase inculto e, em todo caso, iletrado. Mas não foi realmente assim. Teve surpreendente cultura de autodidata. Mais tarde escolherá um título como *Por Quem os Sinos Dobram* e até os especialistas em história da literatura inglesa terão de fazer esforço para localizar a citação, num escrito edificante do poeta Donne, de 1624. O título *A Farewell to Arms* é mais antigo: é variante do título da narração *A Farewell to the Military Profession* (1581), de um certo Barnaby Rich, obra da qual, aliás, Shakespeare tirou o enredo de *Twelfth Night*. A atmosfera é de Renascença; e o fato de que Hemingway se lembrou justamente de uma obra dessas não é acaso. Parece ele um americano típico do nosso tempo, viril, esportivo, cínico, ativo, mas seus valores não são os da América do nosso tempo, são os da literatura norte-americana de 1850, que o crítico Matthiessen batizou "Renascença americana": o humanitarismo de Emerson, o individualismo desobediente de Thoreau, a compreensão do "espírito da carne" em Whitman, o espírito de aventura em Melville. São, no fundo, valores europeus, valores dessa Europa que Hemingway amou tanto, em que o repórter de Kansas City localizou a maior parte das suas obras. Esse homem rude do Middle West é um humanista. Eis pelo menos um dos motivos de sua oposição à guerra, que ele desmascarou como caos absurdo, descrevendo a grande batalha de Caporetto do ponto de vista do militar subalterno que não sabe de que se trata e não sabe o que acontece, assim como Stendhal, em *La Chartreuse de Parme*, descreveu a batalha de Waterloo. Assim descreveu Hemingway, com muita exatidão de detalhes, a batalha e a retirada de Caporetto que se travou em 1916, antes da chegada à Itália. A quem considera, porventura, *Adeus às Armas* um romance autobiográfico, observando que Frederick Henry foi ferido exatamente assim como foi ferido Hemingway em Fossalto di Piave, seja lembrado que o autor do romance também descreveu com detalhes convincentes a fuga de desertor sem jamais ter desertado. A quem deseja nitidamente separar, em *Adeus às Armas*, os elementos autobiográficos e os inventados, citarei uma excelente e pouco conhecida página de Arnold Bennett, que tinha descrito, em *The Old Wives' Tale*, uma execução pela guilhotina em Paris; o capítulo foi criticado por Frank Harris: Bennett certamente nunca assistira a uma execução pela guilhotina; e, para instruí-lo melhor, o próprio Harris reescreveu o capítulo em causa, fornecendo um pedaço de prosa terrivelmente convincente; Bennett, envergonhado, escreveu a Harris uma carta, dizendo: "Lamento que você não tenha mandado imprimir sua descrição antes de eu escrever meu romance; teria utilizado seu escrito, porque confesso que realmente não assisti nunca a uma execução pela guilhotina". Mas Harris respondeu: "Nem eu".

O ficcionista precisa ter sentido aquilo que inventa; mas não precisa tê-lo experimentado. *Adeus às Armas*, apesar de todos os pormenores realmente vividos, não é um romance autobiográfico. Nenhuma obra de Hemingway é realmente autobiográfica, talvez com exceção de *The Sun Also Rises*, e mesmo neste romance prevalecem os elementos inventados. No caso de *Adeus às Armas* é possível, graças a certas confissões do próprio Hemingway, demonstrar como experiências vividas se transformaram em invenções do romancista.

Hemingway foi realmente ferido na guerra, assim como seu tenente Frederick Henry. Também foi, como seu protagonista, transportado para um hospital militar; não foi em Milão, mas em Turim. Aí conheceu, realmente, assim como Frederick, uma bonita enfermeira (não sei se era inglesa), com a qual teve um romance fugidio. Foi em 1918. Recordações desse amor na Itália inspiraram o conto "Out of Season", no primeiro volume publicado do escritor, *Three Stories and Ten Poems*. Mas não a engravidou. Voltou para os Estados Unidos, onde ouviu que a moça logo se tinha entregue a outro homem. Aproveitou essa experiência para escrever o talvez mais cínico de todos os seus contos: "A Very Short Story" ("Uma História Realmente Curta"), no volume *In Our Time*: a história é tão curta como o amor, na história da moça que jura amor eterno ao enfermo, antes de este voltar para os Estados Unidos; mas depois lhe escreve uma carta, confessando a atração irresistível de um major italiano que ela conheceu; e — assim termina o conto — "eu me consolei, em Chicago, com o amor de uma vendedora de camisas masculinas que me presenteou com uma gonorréia". Três anos mais tarde, essa frívola enfermeira de Turim se tinha transfigurado, à luz ilusória da recordação saudosa: tinha assumido as feições de sua querida primeira esposa Hadley, que ele acaba por abandonar para casar com Pauline Pfeiffer. Talvez ele tenha sentido como punição por esse comportamento o perigo de perder Pauline quando esta, em Kansas City, ao dar à luz, teve de ser operada: a operação foi uma cesariana, assim como aquela que matou Catherine Barkley; isso aconteceu enquanto Hemingway já estava escrevendo *Adeus às Armas*, sem ter ainda certeza quanto ao desfecho que ia dar ao romance; talvez também se tenha lembrado da cena terrível de uma cesariana, descrita em um dos seus primeiros contos, "Indian Camp", cena baseada em uma recordação de infância. Mas então, quem é Catherine? Pode ter um ou outro traço das feições daquela enfermeira em Turim ou de qualquer outro amor fugidio, ou talvez de Pauline, na cama do hospital, pálida por ter perdido tanto sangue. No entanto, *"Catherine was Hadley and moreover some things that were of no woman I had ever known"* ("Catherine foi Hadley e, além disso, certas coisas que jamais conheci em mulher nenhuma"). Catherine é Laura, Lotte, Manon e, enfim, uma moça simples do século XX, assim como a encontramos todos os dias na rua sem conhecê-la, pois quem conhece jamais o "eterno feminino"?

Adeus às Armas, apesar de tudo, não é um romance autobiográfico. Antes mereceria *The Sun Also Rises* esse adjetivo. *The Sun Also Rises* foi escrito quase febrilmente, em seis semanas. Para *Adeus às Armas* Hemingway gastou seis meses, com muitas interrupções: em Paris, em Key West, em Kansas City e, outra vez, em Paris. Aquela famosa última página, de aparente simplicidade máxima, foi reescrita nada menos que 39 vezes. Lembremo-nos: *"After a while I went out and left the hospital and walked back to hotel in the rain"*. É, certamente, uma das páginas mais comoventes em prosa inglesa. Abro, porém, a página 271 (Pelican Edition) do livro *The Uses of Literacy*, em que Richard Hoggart discute admiravelmente, do ponto de vista sociológico, as leituras habituais dos menos cultos e dos incultos; cita uma trivial história de *gangsters*, publicada numa revista popular: — inimigos de uma *gang* adversária mataram a amante do herói; ele contempla longamente e sem chorar o corpo da morta, depois se afasta devagar, *walking, walking alone in the night*. Hoggart confessa o choque que lhe deu a leitura dessa página de um autor de quinta categoria, pois logo se lembrou de *Adeus às Armas*, e a semelhança é evidente. Mas qual é a diferença? Não convencem muito os argumentos do crítico inglês: de que o sentimento de

Hemingway seria "mais profundo" ou mais "maduro", considerando a sua página como a essência final da história do amor de Frederick Henry e Catherine Barkley. Pois a história do amor de Frederick Henry e Catherine Barkley é como a de todos os amores e, no fundo, bastante simples, para não dizer trivial. Devemos conceder que o *gangster* daquele romance popular, ao afastar-se da morte, sentiu o mesmo que sentiu Frederick ao sair do hospital de Lausanne; não sabia dizer o que sentiu, assim como não sabia falar nem chorar o americano. Em que reside, porém, a maior profundeza ou maior maturidade da página de Hemingway? Reside no reconhecimento de um fato ou de fatos em que aquele autor inglês jamais pensara. Frederick e Catherine estavam sozinhos em país estrangeiro, cortados os laços deles com a Itália, com a Inglaterra, com os Estados Unidos. Não têm família, parentes, nem pátria, não têm ninguém no mundo. Ela só tem a ele e ele só tem a ela. Essa solidão total dos amantes é, porém, a solidão de todos os amantes: no abraço, na cama, na morte. É uma solidão total. É revelado no livro de Hemingway, pelos fatos colaterais, altamente simbólicos, que ela perdeu o noivo e que ele desertou. Além de seu amor, não existe nada em torno deles. A guerra destruiu tudo e todos os valores. O amor dos dois é o último refúgio em meio a um niilismo total. E agora, Catherine morreu e Frederick volta, sozinho, para o hotel, debaixo de chuva. É uma situação que qualquer um de nós conhece ou pode conhecer, embora só aqueles dotados de sensibilidade superior reconheçam a morte do niilismo em torno do fato cru. É isto que explica, pelo menos aproximadamente, o efeito universal daquela página sobre todos os leitores, de qualquer espécie; o grão de sentimentalismo, de *self-pity*, cuidadosamente escondido atrás das frases lacônicas e abruptas, apenas realça o efeito, tornando-o mais pungente neste nosso tempo desolado, em que todos os homens e todas as mulheres falam assim, sem expressões grandiloqüentes e pseudo-heróicas, embora a época nos queira absolutamente impor o papel de heróis que se sacrificam pela pátria. O leitor comum de nosso tempo reconheceu-se em Frederick, assim como nele se reconhece o intelectual desiludido e desesperado. Em *Adeus às Armas* o repórter e ficcionista Ernest Hemingway, escritor americano entre muitos escritores americanos, elevou-se a porta-voz da humanidade *in our time*. Todo mundo leu o livro e todo mundo ficou profundamente comovido. O sucesso do romance foi algo fulminante, surpreendendo o próprio autor.

Para esse sucesso contribuiu, até certo ponto, a censura, chamando a atenção para o livro. A editora resolveu serializá-lo, antes da publicação como volume, em sua revista *Scribner's*. No número de maio de 1929 saiu aquele primeiro capítulo em que os oficiais italianos zombam do padre e levam o jovem Frederick para o bordel. Logo, o número da revista foi apreendido pela polícia de Boston; alguns críticos conservadores ajudaram, falando em "sujeira" e "pornografia". Assim era a América de 1929, puritana, farisaica, cheia de orgulho de sua prosperidade financeira que, poucos meses depois, iria abaixo no grande *crash* da Bolsa de Nova York, entregando à inesperada miséria material da nação inteira a tarefa de limpar a atmosfera e derrubar os tabus obsoletos, que para o niilista Hemingway já não existiam há muito tempo.

Hemingway passou esse tempo em Key West, pequeno porto do Sul dos Estados Unidos, cidade de contrabando, foragidos da justiça, turistas duvidosos e pescadores paupérrimos. Em todo o país só lhe agradou esse ambiente meio boêmio, meio proletário. Também pescava, assim como os outros pescadores do lugar; mas não era pobre como eles. Agora, o ex-repórter parisiense já é um dos autores mais altamente remunerados do mundo. Sua pescaria não é meio de ganhar a vida, mas esporte; esporte de luxo. Navegando entre a Flórida e Cuba, Hemingway dedica-se à pesca dos grandes peixes do mar do Caribe: marlim, atum. É eleito vice-presidente da associação dos Salt Water Anglers of America, clube de gente muito rica. A uma espécie recém-descoberta de *rosefish* dá-se nome científico, em latim, com um acrescentado "Hemingwaei" no fim: homenagem que significa mais para aquela gente do que um Prêmio Nobel de Literatura. Mas esse grande pescador não é só pescador. Quando sente a monotonia da vida no mar, vai para a Espanha, onde o fascinam a violência cruel e a presença permanente de morte na *plaza de toros*; chega a fazer tentativas de apresentar-se ele próprio como matador na arena. Ou então viaja para a África, caçando feras nas florestas virgens, tigres e leões. Quanto mais perigoso (e quanto mais caro) o esporte, tanto melhor. As despesas são cobertas pela revista *Esquire*, que paga a Hemingway altos honorários pelos artigos (hoje reunidos na segunda parte do volume *By-Line*) em que descreve suas façanhas e aventuras.

Ernest Hemingway é nesse tempo, nos primeiros anos da década de 30, uma figura internacional. Em sua fama entra a glória de grande escritor só secundariamente. Em primeira linha é ele o célebre esportista, o grande pescador, o grande caçador, o que chega a expor-se à morte pelo touro. É, a esse respeito, um personagem lendário. Também se sabe que foi gravemente ferido na guerra e condecorado por bravura no campo de batalha. Tudo isso basta para impressionar. Mas não seria tão extraordinário se esse Hemingway não fosse homem que confessa, em todas as suas manifestações, o niilismo mais cínico, de desilusão total, de ironia cruel, de brutalidade violenta, de homem que não acredita em nada, nem na pátria, nem no amor, nem na amizade, e que só obedece a um único código de valores, ao de sua integridade de individualista, sozinho no mundo. Adivinha-se, atrás dessa máscara de homem rude, um secreto e bem escondido romantismo sentimental de quem já acreditava, antigamente, nas mulheres e nos amigos e em tudo, mas sempre foi cruelmente decepcionado. Alguns lembram-se do destino, talvez parecido, de Lord Byron, que, pelos mesmos motivos, e pelas mesmas atitudes, se tornou personagem lendário, amado por alguns e detestado por outros, e admirado por todos. Pense-se no título do famoso romance de Lermontov: *Um Herói de Nosso Tempo*. Mas em nosso tempo, *in our time*, só pode haver heróis assim. Só falta, no caso de Hemingway, um papel que Byron desempenhara: lutar como voluntário, pela liberdade de um povo oprimido; mas em breve Hemingway também assumirá essa atitude, empenhando-se pela Espanha. A analogia será, então, perfeita.

Há, em tudo isso, um grão de verdade; embora Hemingway tenha tido número muito menor de belas amantes que Byron, e embora não chegasse, como este, a morrer pela liberdade, Hemingway foi um pouco assim como a lenda o descreveu; só é preciso acrescentar a vitalidade imensa, a sede insaciável de gozar em todo instante todos os prazeres possíveis, e outra sede, não menor: a de beber imoderadamente. Mas também é necessário observar que se trata de uma espécie de clichê, de um papel artificialmente assumido, de uma pose de ator. Pois Hemingway, apesar de toda a complexidade intelectual das suas reflexões, foi no fundo um homem simples, mais gozador da vida do que herói fascinante. Contudo, a época e o mundo o quiseram assim como a lenda publicitária o apresentou. E ele aceitou o papel. Viveu o clichê. Não foi possível, então, evitar que os livros também se tornassem um pouco clichês.

Quem admira Hemingway, sinceramente, admitirá que os livros seguintes a *The Sun Also Rises* e *A Farewell to Arms* são, em comparação com essas duas obras-primas, algo decepcionantes. *Death in the Afternoon* (*A Morte na Tarde*, 1932) é dedicado à tauromaquia espanhola. A descrição das corridas é magistral, às vezes horripilante. A morte, e sobretudo a morte pela violência, é o fundo de todas as obras de Hemingway, de modo que já foi caracterizado como autor de um "cânon de morte" (*canon of death*). Mas falta às tauromaquias do romancista algo do espírito cáustico com que Goya as pintou (porque detestava o espetáculo cruel). Esse espírito cáustico encontra-se em outras páginas do livro, nas conversas do autor com a velha americana (*the old lady*) que é sua vizinha na arquibancada; é sobretudo divertida a página em que zomba de Faulkner, seu grande concorrente no favor do público, definindo-o como o maior conhecedor dos bordéis dos Estados Unidos; e quando a velha responde que vai logo comprar o último livro desse "magnífico bordeleiro", Hemingway aconselha pressa porque durante o caminho para a livraria já pode ter saído mais um novo livro de Faulkner (que, realmente, escreveu muito mais e muito mais depressa que Hemingway). O volume seguinte foi um volume de contos: *Winners Take Nothing* (*Os que Ganham Não Levam Nada*, 1933). É o único livro de Hemingway que li só uma vez, muitos anos atrás, e confesso que o esqueci. Ficou-me na memória, apenas, uma série ou coleção de casos horrorosos, violências, crimes, doenças nojentas, histórias escritas como para provar que Hemingway estava além da diferença entre o fascinante e o repelente; só me parece notável o título desse livro, que ainda terei oportunidade de citar.

Depois veio *The Green Hills of Africa* (*As Colinas Verdes da África*, 1935), livro dedicado à caça de feras no continente negro. São magníficas, nesse volume, as descrições da natureza africana e são admiráveis as conversas com os pretos. Hemingway sempre foi homem de natureza livre e sempre gostou de homens simples, primitivos; havia, nele próprio, algo de um primitivo. Mas a obra trata, principalmente, dos caçadores, da boa camaradagem entre eles e dos ciúmes entre eles. Também há outros ciúmes literários. Pois Hemingway encontra oportunidade para zombar dos seus confrades de profissão literária, especialmente de Gertrude Stein, monstruosamente feia e gorda, mas de muita generosidade; o invejoso nunca podia lhe perdoar (assim como a Scott Fitzgerald) por ser ela já famosa quando ele ainda suava na reportagem e no anonimato, esquecendo totalmente (e talvez deliberadamente) a generosidade com que ela o apoiara naqueles dias de boêmia parisiense. Não sem certa razão, observou um crítico do livro que Hemingway foi para a África para caçar feras, acreditava ter matado um rinoceronte mas, quando chegou mais perto, viu que foi "Mrs. Gertrude Stein". No resto, não é preciso levar a sério tudo aquilo que Hemingway conta nesse livro. Acostumado a inventar façanhas heróicas e vitoriosas aventuras amorosas, também fez um outro erro de adição na contagem das feras abatidas. Ocorre-me a esse respeito uma brilhante frase de Bismarck: "Nunca se mente mais do que antes de uma eleição, durante uma guerra e depois de uma caça". Em vez de "caça" também se pode dizer "pesca".

Dessas três últimas obras de Hemingway, comparadas com o prestígio de que sua pessoa humana gozava naquele tempo, pode-se dizer o mesmo que já se disse sobre Oscar Wilde: "Pôs o talento nos seus livros e o gênio na sua vida". Mas no caso de Hemingway só se tratava de uma fase de transição. Reencontrou seu caminho em 1937, com o romance *To Have and Have Not* (*Os que Têm e os que não Têm*). Foi mal recebido pela crítica e é, até hoje, uma das obras menos lidas do autor. No entanto, o romance me parece muito significativo.

Em geral, os enredos dos romances de Hemingway são simples: os de *The Sun Also Rises* e de *A Farewell to Arms* poderiam ser resumidos, cada um, em cinco linhas (naturalmente sem que esses resumos permitam adivinhar a verdadeira dimensão das obras). O caso de *To Have and Have Not* é diferente: a história é complicada, cheia de peripécias como um romance de aventuras. E é isto que prejudica o efeito. Hemingway foi, em vida, homem de ação; mas, na literatura, a ação não foi seu lado mais forte. No caso, não consegui unificar bastante as três ou quatro aventuras em torno de Harry Morgan, americano típico, filho de classe média baixa, ex-soldado, homem esportivo, algo inescrupuloso, dado a façanhas perigosas — em suma, pelo menos certos traços do próprio Hemingway estão retratados em Harry Morgan, que vive, como o próprio Hemingway naquele tempo, em Key West. Diferença: Harry não tem dinheiro. Semelhança: possui um iate motorizado. Diferença: o iate não serve para a pesca esportiva (como o de Hemingway), mas Harry vive alugando-o a turistas que desejam pescar nas águas de Cuba. O primeiro freguês, no romance, é o turista Mr. Johnson, que aluga o iate por três semanas para pescar marlim. Mas Johnson é, diferentemente do pescador perfeito Hemingway, um péssimo marujo: não consegue pescar nada, perde ou estraga o caro equipamento do iate, perde toda a vontade de sulcar inutilmente as águas cubanas; enfim, foge para os Estados Unidos sem pagar a conta, deixando Harry fortemente prejudicado, em Havana. Agora é preciso aceitar qualquer nova proposta. A de Mr. Sing é de transportar ilegalmente 12 chineses para os Estados Unidos, violando as leis de imigração. Harry aceita. Mas consegue livrar-se de Sing deixando os pobres chineses em qualquer lugar da costa cubana e fica com os 12 mil dólares, que foi o preço combinado. Investe esse capital no contrabando de rum (o romance se passa no tempo da Proibição). A operação fracassa. Na luta contra o navio que patrulha a costa, perde Harry toda a preciosa carga e, além disso, é gravemente ferido num braço. Agora, já desesperado, aceita a proposta de levar para Cuba três revolucionários que desejam combater, ali, a ditadura Batista. Mas durante a travessia revela-se que os supostos revolucionários são ladrões comuns, que matam a tripulação do iate. O próprio Harry fica mortalmente ferido.

Levado para Key West, murmura na mesa de operação, no hospital, a frase que resume suas experiências: "*One man alone ain't got no chance...*" ("Um homem sozinho não tem chance...").

Que significa esse enredo complicado, desconexo e algo confuso? *To Have and Have Not* é o único romance de Hemingway que se passa nos Estados Unidos. A época é a da grande depressão econômica, depois da catástrofe da Bolsa de Nova York em 1929. O lugar não é Nova York ou outra grande cidade (Hemingway sempre detestou Nova York), mas Key West, o pequeno porto marginal em que se reúne, involuntariamente, um grupo heterogêneo de marginais da sociedade americana: pescadores paupérrimos; veteranos de guerra com pensão insuficiente que vivem de expedientes como Harry Morgan; turistas esportivos que sabem melhor beber do que pescar; os revolucionários cubanos. Mas, assim como no *crash* da Bolsa o sonho americano de prosperidade permanente se revelou uma ilusão, assim em Key West tudo é ilusão e fraude: os turistas são trapaceiros, os esportistas, covardes, os soldados são aventureiros, os supostos revolucionários cubanos não passam de criminosos comuns. É tudo falso. Autênticas só a miséria dos pescadores e a ressaca dos bêbados. O porto de Key West não serve para nada. Só abre a vista para o mar que não é saída: "...*leads nowhere*".

To Have and Have Not é obra de crítica aos Estados Unidos. Mas o aventureiro individualista Harry Morgan não é homem para encontrar novo caminho. Suas façanhas também "*lead nowhere*". Em face da morte, reconhece ele a verdade: "*One man alone ain't got no chance...*" A chance de modificar esse mundo mal construído só se oferece através da solidariedade para com os outros. É a verdade que o grande individualista Lord Byron reconheceu, no fim de sua curta vida aventurosa, sacrificando-se pela liberdade dos gregos: era isto que faltava ao Byron americano do século XX. A chance ofereceu-se-lhe quando se iniciou a luta do povo espanhol contra o golpe de Estado de Franco.

A guerra civil na Espanha começou quando Hemingway, em julho de 1936, estava escrevendo as últimas páginas de *To Have and Have Not*. As simpatias dos intelectuais norte-americanos estavam inteiramente ao lado dos republicanos e da democracia. Muitos apoiaram a boa causa, dando dinheiro e donativos, escrevendo artigos para despertar a opinião pública. Poucos iam tão longe como Hemingway, o suposto niilista, que revelou neste instante crucial sua capacidade de colocar a serviço de outros e de todos sua "última fé", seu código de honra que mandava ser íntegro e sincero e rejeitar a fraude e a falsidade.

Em 1936 já dera quantidade de dinheiro, armando ambulâncias para a Espanha. Mas não se contentou com isso. Sabia que *"one man alone ain't got no chance..."*. E que era preciso aliar-se a outros, formar um grupo. Quando, em junho de 1937, se reuniu em Nova York o National Congress of American Writers, fez Hemingway o primeiro discurso público, discurso político, de sua vida, convidando seus ouvintes a fazer algo de concreto, principalmente no sentido de colocar a serviço da causa democrática suas capacidades literárias para dissipar as nuvens de calúnias e mistificações de propaganda fascista, alimentada pela Alemanha de Hitler, pela Itália de Mussolini, pelos interessados nos destinos da Rio Tinto Mining Co. e por alguns católicos iludidos. Hemingway encontrou aliados: o importante romancista John dos Passos (que mais tarde renegará a causa democrática, mas então ainda era progressista) e o poeta Archibald MacLeish, diretor da biblioteca do Congresso em Washington e amigo pessoal do presidente Franklin Delano Roosevelt. Com esses dois fundou Hemingway a firma Contemporary Historians Inc., com o objetivo de produzir um filme, *Spanish Earth* (*Terra Espanhola*), explicando ao mundo as verdadeiras causas da guerra civil e fazendo propaganda pela república democrática, contra as alegações do lado fascista. Hemingway colaborou no *script* desse filme. Depois, acompanhou os cineastas, atores e fotógrafos a Madri, indicando-lhes, como conhecedor veterano da Espanha, os melhores lugares para rodar o filme. Também redigiu os diálogos em espanhol. Participou, como *speaker*, do próprio filme, que foi, com a colaboração da dramaturga Lilian Hellman, terminado em 1938, tendo a primeira exibição pública acontecido em Cleveland, nos Estados Unidos. Em Madri, Hemingway colaborou ou correspondeu-se com intelectuais de todos os países, adeptos da causa espanhola: com os ingleses Stephen Spender, George Orwell e Christopher Candwell; com a americana Anne Louise Strong; com os franceses André Malraux e André Chamson; com os alemães Alfred Kantorowicz e Gustav Regler; com o holandês Jef Last; além dos espanhóis Arturo Barea, Max Aub e Ramón Sender e dos revolucionários estrangeiros Pietro Nenni e Ludwig Renn. Também teve Hemingway ocasião de observar de perto os movimentos de guerrilhas e passar alguns dias, clandestinamente, em Segóvia, cidade já ocupada pelos franquistas. No número de julho de 1938 da revista *Fact* publicou o panfleto violento *The Spanish War* (*A Guerra Espanhola*). Aceitou o cargo de correspondente de guerra da North America Newspapers Alliance (NANA), escrevendo para ela uma série de artigos altamente pitorescos e igualmente esclarecedores, dos quais muitos estão hoje reunidos no volume de publicação póstuma, *By-Line*, já várias vezes mencionado. Em 21 de abril de 1938 saiu na revista *Ken* o melhor dos seus artigos políticos, análise penetrante da situação internacional de então, e advertência profética à nação americana: se o fascismo vencesse na Espanha, seria inevitável uma segunda guerra mundial, da qual os Estados Unidos, querendo ou não, teriam de participar. Ainda terei oportunidade de aludir ao destino póstumo desse grande artigo.

De Espanha mandou Hemingway aos seus editores um grosso volume, contendo trabalhos diversos, sob o título *The Fifth Column and The First Forty-Nine Stories* (*A Quinta Coluna e as Primeiras 49 Histórias*). *A Quinta Coluna* foi sua única tentativa de compor uma peça teatral completa — não teve sucesso e não o podia ter. Hemingway não nasceu para ser dramaturgo. Dos 49 contos, grande parte já era conhecida. Há, entre eles, obras-primas, inesquecíveis, que ainda serão devidamente citadas: "The Gambler, the Nun and the Radio" ("O Jogador, a Freira e o Rádio); "A Clean, Well-Lighted Place" ("Um Lugar Limpo e Bem Iluminado"); "The Life of Francis Macomber" ("A Vida de Francis Macomber"), condenação pungente do *American way of life*, e outros. Com esses contos colocou-se Hemingway, sem dúvida, ao lado dos melhores contistas da literatura universal, ao lado de Cervantes, Maupassant, Verga, Tchekov, Pirandello. Mais dois outros contos do volume são de caráter experimental: "The Capital of the World" ("A Capital do Mundo") e, sobretudo, "The Snows of Kilimanjaro" ("As Neves do Kilimanjaro"). São mais importantes que qualquer outro conto escrito desde então em qualquer literatura do mundo, abrindo possibilidades técnicas ainda não-esgotadas. Da guerra civil espanhola trará só uma história do volume, mas é a melhor: "The Old Man at the Bridge" ("O Velho na Ponte"), que Hemingway escreveu em abril de 1938 em Barcelona, ditando-a via cabo submarino para Nova York. Quando de uma retirada das tropas republicanas, acompanhadas de populações civis evacuadas, um oficial republicano encontra, sentado numa ponte, um homem muito velho. Estava, há muitos anos, sozinho no mundo. Só viveu para os animais, confiados à sua vigilância. Agora, teve de abandoná-los, e quem lhes dará a comida? É o último refugiado da aldeia de San Carlos. Os outros já passaram. Ele tem 76 anos e não pode mais. Fica sentado, calmamente, esperando a morte. A história parece caso exemplar do "conto sem enredo", gênero equívoco, produzido por um mal-entendido em torno da arte de Tchekov. O grande crítico literário russo Chklovski observou bem que o conto não pode existir sem enredo, transformando-se então em crônica. Não basta a chamada "atmosfera". Pois bem, em

"The Old Man at the Bridge" só há "atmosfera": mas esta inclui toda a história que a precedeu, a vida calma do povo espanhol e a violência da guerra civil, inclui o fim trágico que se aproxima. Esse conto não precisa de enredo, porque um enredo maior que o de qualquer conto, uma verdadeira epopéia, está presente na atmosfera. É a mesma técnica já magistralmente empregada no conto "Hills Like White Elephants". É a mesma técnica — mais que mera técnica — que confere à última página de *Adeus às Armas* a dignidade da tragédia.

Quando esse grande volume saiu publicado, em fins de 1938, o destino da República Espanhola já estava decidido. Foi a derrota. E o mundo assistiu ao espetáculo menos edificante da resignação abúlica, com muitos que a tinham defendido agarrando-se à traiçoeira "paz" de Munique para salvar o que seria possível salvar; mas não se salvou nada. A derrota da Espanha foi, como Hemingway o tinha corretamente predito, a derrota da liberdade do mundo. Mas o domado niilista não desistiu da defesa dos valores da dignidade humana e política. Tendo sempre sido estóico, guardou na memória o verso do poeta estóico Lucano: "*Victrix causa diis placuit, sed victa Catoni*". E escreveu o grande epitáfio da República Espanhola, o romance *For Whom the Bell Tolls*, esse romance *Por Quem os Sinos Dobram*, que todos nós temos lido e que em forma de filme trouxe até aos iletrados a mensagem trágica, mas nada niilista e, sim, esperançosa de Ernest Hemingway, que se poderia resumir na célebre frase do heróico Guilherme, o Taciturno: "Não é preciso ter esperança para empreender nem ter sucesso para perseverar".

Por Quem os Sinos Dobram é a história da tragédia espanhola, vista pelos olhos de um americano que é individualista como o próprio Hemingway, mas que já reconhece que sua liberdade depende da liberdade dos outros, e que não é possível preservar a dignidade pessoal quando a dignidade da vida humana em geral é desprezada e destruída por um regime indigno da vida pública. Robert Jordan tem, como aliás todos os personagens principais dos romances de Hemingway, traços do autor, como Jake Barnes, como Frederick Henry, como Harry Morgan (e como, mais tarde, o coronel Cantwell e o velho pescador Santiago). Mas com uma diferença dir-se-ia acidental: Robert é intelectual, personificando a atitude dos intelectuais da época, apoiando a República Espanhola. É professor de espanhol na Universidade de Montana e encontra-se na Espanha, em viagem de férias e estudos, quando a guerra civil estoura. Adere imediatamente à causa republicana. Quer participar da luta armada. Seus estudos de construção de estradas, numa fase anterior de sua vida, indicam a espécie de tarefa que lhe será confiada: destruir as vias de comunicação do inimigo, dinamitar pontes. Há, atrás das linhas das tropas franquistas, uma ponte indispensável para o abastecimento delas com víveres e munição; Robert terá de destruir essa ponte. Para tanto terá o apoio de um grupo de guerrilheiros comandados por Pablo. Mas o apoio não dá certo. A maneira como Hemingway caracteriza os guerrilheiros e seu comandante não é lisonjeira, fato que perturbou muitos leitores, fazendo-os duvidar da causa que o romancista defende. Mas a leitura dos livros de Artur Barea e Ramón Sender, republicanos acima de qualquer suspeita, justifica a fidelidade de Hemingway à verdade histórica; e essa fidelidade lhe serviu para evitar a divisão antiartística dos personagens em anjos de um lado e diabos de outro lado. Desse modo, o romancista ganhou maior liberdade de movimentos: pôde introduzir o personagem Anselmo, guia de Robert, que tampouco é um anjo de asas brancas, mas homem digno de confiança do amigo da boa causa. Os adversários da liberdade costumam querer desmoralizá-la, ressaltando motivos impuros da revolução. Mas esta não é atingida, em sua justa causa, quando nos motivos dos revolucionários entram o desespero material ou os ressentimentos de uma vida frustrada. Reconhecendo essa verdade política e psicológica, Robert pode aceitar a ajuda de criminosos. Seu mais forte apoio é um pária da sociedade: a cigana Pilar, talvez a maior criação de um caráter feminino em toda a obra de Hemingway. É Pilar que lhe arranja os companheiros mais valiosos, o silencioso Primitivo, Fernando, Agustín, Sordo, tipos do heroísmo da guerra civil espanhola. Sobretudo, Pilar arranja-lhe o encontro com Maria, filha de um alcaide socialista, que foi violentada pela soldadesca franquista; é a Catherine deste romance, a mulher sem cujo amor Robert não teria a força moral para sacrificar-se: a ponte é dinamitada, mas as guerrilhas perecem na luta e a morte de Robert Jordan, com a metralhadora na mão, também é a morte da República Espanhola.

Como todas as obras de Hemingway, *Por Quem os Sinos Dobram* é o fruto de experiências vividas, sem ser autobiográfico. A maior dessas experiências vividas é a própria Espanha. Desde seus dias de repórter em Paris, o escritor admirava a vitalidade inesgotável do povo espanhol e a revigorante natureza espanhola. Em *The Sun Also Rises*, os episódios da excursão piscatória e da *fiesta* em Pamplona são contrastes com a atmosfera de Montparnasse, onde a "geração perdida" vegeta, bebendo e fornicando. Mais tarde, o culto da violência física e a contemplação estóica da morte, elementos essenciais da personalidade de Hemingway (e da lenda em torno de

Hemingway), são simbolizados na tauromaquia espanhola: *Morte na Tarde*. A guerra civil espanhola contribuiu, finalmente, para a admiração pelo heroísmo popular e esperança na Espanha — última trincheira da dignidade humana contra o ataque avassalador dos fascismos. Hemingway viu a guerra civil de perto. Assistiu à explosão que destruiu uma ponte de importância estratégica. Conviveu com guerrilheiros. Passou dias em Segóvia, já ocupada pelos franquistas. Viu a cidade de Cuenca, e o espetáculo o comoveu de tal modo que elegeu Cuenca como terra natal da personagem mais comovente do romance: Pilar. Todo o resto é ficção. Pilar também é personagem inventada, assim como Maria; e o próprio Robert Jordan, embora ostentando alguns traços característicos do autor, também é personagem inventado. Só assim, por tratar-se de personagens inventados, conseguiu Hemingway resolver um dos mais difíceis problemas de narração que enfrentou ao escrever a obra: a relação triangular entre Jordan, que não pode lutar sem ao mesmo tempo amar, Pilar, que seria a amante do seu grande amigo Robert se ela já não tivesse 48 anos, e Maria, que por isso mesmo é eleita por Pilar para ser a amante de Robert. *Por Quem os Sinos Dobram* é, entre todos os romances de Hemingway, aquele que é mais romance no sentido tradicional do gênero; aquele que mais prende e emociona o leitor: igualmente o leitor intelectual, que se encontra refletido na personalidade e no destino de Robert Jordan, e o leitor comum, que pede um enredo fascinante. No entanto, não sei se Hemingway conseguiu fundir total e satisfatoriamente a ação erótica. Se há, porventura, uma falha nessa relação, seria responsável por isso o fato de que Maria tem menos vitalidade que Pilar. Maria não se torna, para o leitor, tão viva como Catherine em *Adeus às Armas*. Com Catherine podemos sonhar; com Maria, não; e por isto justamente ela é mais "importante". Catherine é uma moça como todas as moças, e é bom que seja assim. Mas Maria, a filha do socialista, violentada pela soldadesca franquista, é símbolo da Espanha. E Hemingway, escritor realista no melhor sentido da palavra, não foi propriamente um criador de símbolos.

Nada disso diminui o encanto da leitura dessa obra. Tampouco faz esquecer a alta importância moral do romance, em que Hemingway, o destruidor niilista de tantos falsos ideais e desprezador do valor da vida, reencontrou e revelou sua tábua de valores. Até então, nada lhe tinha ficado nas mãos como espécie de código de honra ao qual o niilista obedece em face de violência permanente, do perigo permanente e da morte certa: espécie de última trincheira do indivíduo. Mas a Espanha da guerra civil significa para ele a última trincheira de todos nós, a última possibilidade de defesa da dignidade humana. A liberdade não é um problema individual, mas coletivo.

Por Quem os Sinos Dobram foi escrito imediatamente depois de *To Have and Have Not*, obra que termina com o reconhecimento triste da verdade: "Um homem sozinho não tem chance..." Mas *Por Quem os Sinos Dobram* abre com a magnífica epígrafe que Hemingway encontrara numa obra pouco conhecida, *Devotions upon emergent occasions* (*Devoções em momentos graves*), do grande poeta barroco John Donne: "Nenhum homem é uma ilha, sozinho consigo mesmo; cada homem é um pedaço do continente, uma parte do Todo; se um pedaço é tirado pelo mar, a Europa fica diminuída... a morte de qualquer um me diminui, porque estou envolvido no gênero humano. Por isso, nunca mandes saber por quem os sinos dobram; eles dobram por ti". O sentido é o da solidariedade de todos nós com todos os outros, na vida e na morte. No artigo da revista *Ken*, de 21 de abril de 1938, Hemingway tinha profetizado que as democracias ocidentais, se abandonassem à sua sorte a democracia espanhola, ficariam por sua vez envolvidas numa luta de vida e morte pela sua própria sobrevivência: "Se um pedaço é tirado ao mar, a Europa fica diminuída", e não só a Europa. A agonia do socialismo espanhol poderia tornar-se nossa própria agonia.

Essa explicação política da epígrafe do título do romance parece evidente. No entanto, não é inteiramente satisfatória. É igualmente evidente que a solidariedade de Hemingway com a democracia não tinha nada que ver com a espécie de democracia então representada pela Inglaterra democrática de Chamberlain e pela França democrática de Daladier e Bonnet. Por isso preferi , em vez de dizer "agonia da democracia espanhola", falar em "agonia do socialismo espanhol". Mas foi Hemingway socialista?

Em todas as suas obras anteriores, a revolução social não existe. Em socialismo o escritor nunca falou. E os "revolucionários cubanos" em *To Have and Have Not* são, na verdade, criminosos comuns. Por isso mesmo, a atitude enérgica de Hemingway, de apoio à República Espanhola, e seu romance de glorificação dos combatentes da guerra civil espanhola tiveram efeito de choque sobre os críticos conservadores ou politicamente indiferentes. Depois de *Por Quem os Sinos Dobram* quase todos acreditavam em conversão de Hemingway ao socialismo ou, como em 1939 e 1940 parecia evidente, ao comunismo. Há um livro norte-americano publicado em 1941, e escrito por um crítico de opiniões moderadas, em que Hemingway é etiquetado simplesmente como "stalinista".

É um absurdo. Hemingway nunca foi stalinista. Hemingway nunca foi comunista. Não podia sê-lo porque o comunista acredita firmemente em determinadas doutrinas e teses, ao passo que o niilista Hemingway não acreditava em nada. Basta citar a paródia do padre-nosso, no conto "A Clean, Well-Lighted Place" ("Um Lugar Limpo e Bem Iluminado): "Nada nosso, que estás no nada, nada seja teu nome, teu reino é nada, tua vontade seja nada em nada", etc. Esse niilismo total inclui a negação da esperança socialista. No conto "The Gambler, the Nun, and the Radio" ("O Jogador, a Freira e o Rádio"), Hemingway parodia a famosa frase de Marx sobre "a religião como ópio do povo" exatamente como tinha parodiado o padre-nosso: "Religião é o ópio do povo. Sim, a música é o ópio do povo. E hoje em dia a economia política é o ópio do povo; ao lado do patriotismo, que também é o ópio do povo. E as relações sexuais, também são um ópio do povo? Para alguns. Para os melhores entre a gente. Mas a bebida é o soberano ópio do povo, um excelente ópio. Embora alguns prefiram o rádio, outro ópio do povo. Ao lado de tudo isso, o jogo, que sempre foi um ópio do povo. A ambição é mais um ópio do povo, junto com a fé em qualquer nova forma de governo". Quem escreveu estas linhas não é e nunca foi socialista. Não é revolucionário. Mas é, sim, um revoltado. Revoltado contra o destino e contra a vida e contra todas as doutrinas, teorias, religiões e credos que pretendem iludir-nos quanto ao nosso destino nesta vida. Para não soçobrar, esse revoltado agarra-se ao seu código de honra de estóico: a fé última na integridade moral do indivíduo e na obrigação de solidariedade de todos com todos. Essa fé tem um nome. Seu nome é humanismo, não no sentido de escola ou de qualquer filosofia, mas um humanismo primitivo, vital. É o humanismo que em "The Old Man at the Bridge" o oficial republicano sente com o velho perdido na tempestade da guerra civil, sozinho no mundo e enfrentando a morte próxima. Expressão desse humanismo é a eloqüente frase de Donne que serve de epígrafe para *Por Quem os Sinos Dobram:* "Nenhum homem é uma ilha, sozinho consigo mesmo; cada homem é um pedaço do continente, uma parte do Todo; se um pedaço é tirado pelo mar, a Europa fica diminuída, assim como se fosse um promontório, assim como se fosse um terreno pertencente a teus amigos ou que pertence a ti próprio; a morte de qualquer um me diminui; porque estou envolvido no gênero humano. Por isso, nunca mandes saber por quem os sinos dobram; eles dobram por ti".

 Não resisto à tentação de transcrever essas palavras no original, na ortografia arcaica do velho poeta, assim como Hemingway as transcreveu na folha do rosto do seu romance: "*No man is an Island, intire of it selfe; every man is a peece of the Continent, a part of the maine; if a Clod bee washed away by the Sea, Europe is the lesse, as well as if a Promonttorie were, as well as if a Mannor of thy friends or of thine owne were; any mans death diminishes me, because I am envolved in Mankinde; and therefore never send to know for whom the bell tolls; It tolls for thee".*

Resta observar como a prosa patética e solene do poeta John Donne combina bem com as frases curtas, simples, abruptas, decisivas do romancista Ernest Hemingway para saber: esse escritor moderno é um clássico.

* * *

O divórcio de Pauline Pfeiffer e o novo casamento com Martha Gellhorn coincidiram com a mudança de Hemingway para Cuba. O escritor sempre teve a mais viva admiração pela Espanha; em *Por Quem os Sinos Dobram* tinha erigido um monumento ao país de sua predileção, ao qual não podia, por enquanto, voltar. Escolheu, agora, outro país de língua espanhola, na América, radicando-se em Havana. A bordo de seu iate, ao qual deu, em grata recordação de uma grande aventura imaginária, o nome de *Pilar,* pensava ele viver novos momentos de emoção esportiva, dedicando-se à pesca no alto-mar. Esse plano não podia, porém, ser imediatamente realizado. A Segunda Guerra Mundial estendeu-se às plagas americanas. Os submarinos alemães infestaram o mar do Caribe. Teve de ser organizado um serviço de vigilância. O *Pilar* participou, parece, desse serviço militar auxiliar. Parece, digo, porque essa notícia se baseia exclusivamente numa afirmação do próprio Hemingway, feita em conversa ocasional, e que merece ser vista com certa cautela. Hemingway, sem dúvida, era homem de grande coragem, acostumado a enfrentar os maiores perigos; mas também gostava de exagerar suas façanhas. Da frente italiana mandou aos seus pais cartas descrevendo batalhas terríveis de que teria participado, cartas que foram publicadas no pequeno jornal de Oak Park com grande destaque e devidamente admiradas pelos conterrâneos do herói local; mas na verdade não participou de batalha nenhuma, aproveitando apenas os relatos de outros. Impõe-se cautela quanto à credulidade dos seus exercícios de tauromaquia na Espanha e da grande caçada na África (talvez também quanto aos resultados dos seus cruzeiros de pesca). Não sei informar nada de certo sobre suas façanhas de lobo dos mares a bordo do *Pilar*. Mas ofereceu-se-lhe oportunidade melhor para confirmar sua fama de homem destemido.

Em 1940 tinham o jornalista Ralph Ingersoll e a dramaturga Lillian Hellman fundado, em Nova York, o tablóide *PM,* jornal independente e de tendência ligeiramente esquerdista. Hemingway foi um dos primeiros colaboradores de *PM*; e em 1941, depois da entrada dos Estados Unidos na guerra, Ingersoll mandou-o para a China de Chiang Kai-Chek, como correspondente de guerra. Os artigos de Hemingway sobre o Extremo Oriente, hoje reunidos no volume *By-Line*, são mais uma vez de notável perspicácia, criticando a política norte-americana em relação ao Kuomintang e ao Japão, prevendo as futuras derrotas daquela política. Do Extremo Oriente viajou Hemingway, agora a serviço da revista *Colliers'*, para a França, que os aliados já tinham invadido. Assistiu às batalhas na Normandia e participou ativamente das operações em torno de Paris: a libertação da querida cidade, onde tinha passado dias tão diferentes, os mais tristes e os mais felizes de sua vida, foi uma experiência altamente emocionante. Acompanhando o avanço dos aliados, Hemingway ligou-se muito ao coronel Buck Lanham, comandante do 26º regimento de infantaria do exército norte-americano. Chegou a ser algo como um oficial de ligação, participando das lutas terríveis em Luxemburgo, notadamente da batalha de Huettgenwald, onde a unidade perdeu nada menos que 2.060 dos seus 3 mil homens. É, porém, bem característico que Hemingway, tão dado à divulgação de perigos e façanhas algo imaginárias, nunca tenha relatado detalhadamente esses fatos de heroísmo verdadeiro. Não tinha modificado sua opinião sobre a guerra como negócio cruel e sórdido e continuava detestando as grandes palavras Pátria, Sacrifício e Glória.

De volta a Cuba, Hemingway já estava separado de Martha Gellhorn, para casar com Mary Welsh. Não existe biografia completa e fidedigna de Hemingway; e por muito tempo não existirá uma, sendo que tantas pessoas intimamente ligadas ao escritor ainda se encontram em vida. Ignoramos muitos detalhes. Não sabemos dos motivos que causaram três divórcios; no fundo, não precisamos nem queremos conhecê-los. Contudo, o leitor perguntará a si próprio: Hadley Richardson, depois Pauline Pfeiffer, e depois Martha Gellhorn, e agora Mary Welsh — esse Hemingway não teria sido um autêntico barba-azul? A resposta há de ser negativa. Talvez o número de esposas tenha sido tão grande porque foi correspondentemente menor o número de amores fugitivos. Hemingway sempre foi adorado pelas mulheres; e foi o contrário de um puritano. Houve muitos casos. Mas menos do que se pensa. Assim como Hemingway gostava de exagerar suas façanhas como soldado, *matador*, caçador, pescador, assim também exagerou a amplitude de suas aventuras eróticas. Ao confidente dos seus últimos anos, Hotchner, contou ele várias conquistas de que até esse admirador incondicional começou a duvidar: a amante de um dos reis dos *gangsters* de Nova York que se teria entregue, enfrentando o perigo de morte pelo criminoso ciumento; ou os pretos da África Central que o teriam presenteado com uma bela moça, "conforme o costume da tribo". Hemingway chegou a gravar um disco em que conta a história de sua noite de amor com a famosa espiã Mata Hari, depois fuzilada em Paris; acontece que ela encontrou a morte pelo pelotão de fuzilamento em 1916, e Hemingway pisou pela primeira vez o solo europeu em 1917. Só quanto à sua amiga Marlene Dietrich confessou recentemente que "nossa amizade nunca nos levou à cama". Amando muito e muito amado, Hemingway não foi realmente um don-juan, e muito menos um barba-azul. Catherine Barkley foi "*a woman I had never known*", e Maria foi um símbolo. As últimas páginas de *A Moveable Feast* revelam consciência de culpa por ter abandonado Hadley Richardson para casar com Pauline Pfeiffer. O casamento com ela, embora durasse mais que os outros, parece ter sido infeliz. Sobre Martha Gellhorn não sabemos grande coisa porque o escritor achou por bem não dizer nada sobre ela. Só em Mary Welsh encontrou ele a camarada definitiva, a mulher dedicada, capaz de participar de suas emoções instáveis e aliviar-lhe os sofrimentos dos últimos anos de vida agitada.

Com Mary Welsh ele se radicou definitivamente em Cuba. Comprou um sítio, a Finca Vigía, na localidade de San Francisco de Paula, a uns 20 minutos de Havana, onde podia viver, conforme suas preferências da vida toda, na natureza livre e sem desistir de todo das oportunidades e comodidades da grande cidade. Dedicava-se muito à caça. Dedicava-se muito mais à pesca, percorrendo a bordo do *Pilar* o mar do Caribe, perseguindo os grandes peixes, o marlim e o atum. Recebeu visitas ilustres: Jean-Paul Sartre esteve lá. Mas sua companhia habitual era menos ilustre: a tripulação do *Pilar*, marujos, pescadores, caçadores, um *mixed lot* em que não faltava gente de cores diferentes. Com esses seus amigos mais ou menos primitivos passava as noites no bar La Floridita, bebendo daiquiri, espécie de batida que leva rum, suco de limão, suco de *grape fruit* e *maraschino*, uma bebida diabólica. Certa noite tomou nada menos que 16 (dezesseis) daiquiris, um logo após o outro, mantendo o recorde da casa. Orgulhava-se disso. Mas quando uma jornalista americana, que o tinha visitado para entrevistá-lo, escreveu depois um artigo sobre "os hábitos de beber de Ernest Hemingway", ficou ele indignado.

O Hemingway desses dias, embora já tendo passado a idade de 50 anos, é um "primitivo" vivendo na natureza como um semi-selvagem. Só andava de bermudas, e deixou crescer uma barba pouco cuidada. Ou antes: quis ser considerado como primitivo. Mas, assim como o "repórter inculto do Middle West" fora na verdade um leitor de Turgueniev e de Donne, assim o rude pescador bêbado de San Francisco de Paula guardava no coração o amor à velha Europa. Periodicamente vestia roupa decente, embora deixando crescida a barba que já fazia parte de sua "imagem", para visitar a França, a Espanha e, enfim, também a Itália, onde seus livros, sobretudo *Adeus às Armas*, foram muito lidos e onde sua popularidade era grande. Em 1949 esteve na Galícia e no Friuli, visitando os lugares onde o enredo da primeira parte de *Adeus às Armas* se desenrola. Depois foi para Veneza, cidade à qual dedicava amor tão grande como a Paris. Como americano bastante rico, morava num apartamento no luxuoso Hotel Gritti, antigo palacete aristocrático, com vista sobre o Canal Grande, a igreja Santa Maria della Salute, a Bacia de San Marco com a ilha San Giorgio. Como os turistas e boêmios americanos, freqüentava o Harry's Bar na Piazza San Marco, substituindo os 16 daiquiris por tantos outros coquetéis. Pouco o tocaram, parece, as grandes obras de arte. Veneza era, para ele, um estilo de vida, assim como Paris, embora de significado diferente, quase oposto: Paris, uma festa permanente, uma recordação inesquecível da mocidade; Veneza, o brilho decadente dos palacetes aristocráticos, o cheiro de decomposição dos canais, quase um ritual de morte. Quando cansado desse cenário fabuloso, ia de manhã cedo para os bosques de junco na laguna veneziana, para caçar patos selvagens, acompanhado de uns amigos da aristocracia local. A um deles deveu a felicidade de conhecer Adriana Ivancich, beldade de 18 anos, pela qual se apaixonou desesperadamente, até Mary Welsh, com seu bom senso, o chamar de volta à realidade. Mas o romance com Adriana deu seu fruto: um romance de verdade, *Across the River and into the Trees* (*Através do Rio e entre as Árvores*), que foi em 1950 publicado.

No começo do romance, a Segunda Guerra Mundial já terminou, mas os aliados ainda mantêm ocupados o Norte da Itália e Trieste, disputada pelos italianos e pelos iugoslavos. Em Trieste está servindo o coronel Richard Cantwell, do Escritório dos Estados Unidos, veterano da Primeira Guerra, militar valente e bom, mas já destituído do seu posto de general, por indisciplina repetida. Cantwell não acredita mais em sua profissão nem no exército, que viu tantas vezes mal comandado e levado para sacrifícios inúteis, como gado para o matadouro. Não acredita em guerra nem em pátria nem em nada. De vez em quando escapa da rotina do serviço, indo a Veneza. Mora, então, no Hotel Gritti, embriaga-se no Harry's Bar, vai com amigos venezianos caçar patos selvagens entre os juncos da laguna. Não deveria fazer isso: seu coração está mole, já teve um infarto, pode morrer a qualquer hora. Mas sempre volta porque há em Veneza um magneto mais forte: a condessa Renata, 18 anos, belíssima, pela qual o cinqüentão, envelhecido antes do tempo, se apaixonou loucamente. Não importa quantos meses ou semanas ou dias ou horas ainda lhe restam para viver, só vive mesmo para os breves encontros noturnos com a moça. Depois de um encontro assim, e depois de uma madrugada de caça aos patos selvagens, Cantwell volta, de carro, para Trieste. Atravessa os campos onde lutou em 1918. As recordações são amargas. Mas não poderá voltar para ver Renata? Não poderá. Durante a viagem vem o segundo ataque. Cantwell sente surgir o peso no peito. Não grita nem fala. Seu chofer fiel tem instruções, saberá o que fazer. Cantwell já está morto.

Hemingway nunca foi cardíaco. Não foi seu destino morrer em Veneza. *Across the River and into the Trees* não é um romance autobiográfico. Mas são mais essenciais do que em qualquer livro anterior de Hemingway as situações de experiências realmente vividas, e a visita do coronel aos campos de batalha de 1918 é alusão direta ao passado e a *Adeus às Armas*. Cantwell é naturalmente o próprio Hemingway, embora o personagem também tenha traços do coronel Buck Lanham, do 26º regimento de infantaria do exército norte-americano. Retratados são o Hotel Gritti, o Harry's Bar, os amigos venezianos, a caça aos patos selvagens, Veneza toda. Renata é, naturalmente, Adriana Ivancich. É compreensível a emoção de Hemingway ao escrever o livro que acreditava ser a sua última obra. Julgava *Across the River and into the Trees* seu melhor romance. Os críticos, como se sabe, não eram dessa opinião, ao contrário. Mas acredito que seria um erro condenar o livro que tem, dentro da obra de Hemingway em conjunto, importância capital: é seu testamento literário, seu "adeus à literatura". *Across the River and into the Trees* é a conclusão de *Adeus às Armas*. Na obra da mocidade, Hemingway manifestou seu desprezo às grandiloqüentes palavras patrióticas. Agora, já não se limita às palavras. Instruído por tantas experiências, Cantwell encontra as mais fortes expressões contra os militares que, longe do *front*, tomam suas decisões, tantas vezes inspiradas pela incompetência, decidindo soberana e estupidamente sobre a vida de milhões de soldados, de nações inteiras. É por isso que o coronel Cantwell, simples homem da tropa, é tão indisciplinado. Essa indisciplina é a do individualista e boêmio que Hemingway sempre foi, desde os dias de *The Sun Also Rises*. Mas já sabe, desde os tempos da guerra civil espanhola, que o individualismo não basta. No fundo sempre o soube. O desespero impotente de Jake Barnes, em *The Sun Also Rises*, é simbolizado pela sua impotência sexual. Em *Across the River and into the Trees*, essa impotência é simbolicamente substituída pela doença mortal do coração. Cantwell gostaria de fazer, como Frederick em *Adeus às Armas*, sua paz em separado. Mas *"one man alone ain't got no chance"*. A paz que o coronel encontra é a da morte. Em *Adeus às Armas* é Catherine que morre; agora morre Cantwell, esse Frederick amadurecido e envelhecido. A última palavra de *Across the River and into the Trees*, lacônica e sem sentimentalismo nenhum, é tão comovente como a saída de Frederick do hospital e seu caminho noturno, debaixo da chuva, para o hotel onde ninguém e nada o esperam. É compreensível que Hemingway tenha considerado, exagerando, *Across the River and into the Trees* como seu melhor romance.

Esperava um grande sucesso. E experimentou a maior derrota literária de sua vida. A crítica, com unanimidade de votos, condenou o romance. Censurou-se, sobretudo, a monotonia, a trivialidade dos diálogos entre Cantwell e Renata. É, pode-se responder, a mesma trivialidade dos diálogos entre Frederick e Catherine. E como poderiam ser os diálogos de amor entre um homem velho e uma garota de 18 anos? Mas os críticos já não quiseram ouvir, em 1950, as mesmas palavras que em 1929 os tinham emocionado. Achavam, agora, que Hemingway se repete sempre, que trata sempre os mesmos problemas de simplicidade desconcertante. Responderemos: teve de repetir-se porque os problemas não foram resolvidos; e que esses problemas são realmente desconcertantes: são os da vida e da morte, os mais simples que existem; e são inelutáveis.

A verdade é que Hemingway não mudou, não podia mudar, mas mudou a época. O pessimismo desesperado de 1929 já não foi, em 1950, compreendido. Mas quem não compreende *Across the River and into the Trees*, este nunca compreendeu Hemingway nem sua obra.

A solidão imensa em torno desse homem de tanto sucesso é revelada pelo fato de que a própria "Renata", seu último amor, não o compreendeu. Hemingway proibiu que o romance fosse, em sua vida, traduzido para o italiano e para o francês. Alegou-se que seria para não ofender os sentimentos militares desses países, de que Cantwell fala bastante mal. Mas o verdadeiro motivo da proibição foi outro: o romancista não quis que todo mundo reconhecesse logo, em Renata, a condessa Adriana Ivancich, relacionada com a alta sociedade italiana e francesa. Foi uma decisão inspirada pelo tato. Adriana, porém, não era tão sensível: publicou, depois da morte de Hemingway, na revista ilustrada *Época*, um artigo sensacional: "Eu Sou Renata". Negou enfaticamente qualquer relação erótica com Hemingway (o que ninguém tinha afirmado); censurou, exatamente como os críticos mais hostis, o vazio intelectual dos diálogos; e acrescentou que "uma filha da aristocracia veneziana não passeia noites inteiras com um homem estrangeiro e tanto mais velho". Só se pode acrescentar: *"No comment"*.

Hemingway não chegou, felizmente, a ler o artigo de "Renata". Mas leu quantidade de críticos hostis e incompreensivos. E ficou fundamente ferido. Foi nesses dias de tristeza que citou sua própria frase: *"Man can be defeated, but not destroyed"* (O homem pode ser derrotado, mas não destruído). E respondeu a seus críticos com o romance *The Old Man and the Sea* (*O Velho e o Mar*).

A cada uma de suas paixões esportivas já tinha Hemingway dedicado um livro: *The Green Hills of Africa*, à caça; *Death in the Afternoon*, à tauromaquia. Justamente a maior dessas suas paixões, a pesca, só estava representada pelo episódio espanhol em *The Sun Also Rises*. Agora ela foi, em *O Velho e o Mar*, consagrada. Há, entre esses livros, diferenças e analogias, e as diferenças não se limitam ao cenário: ali a Espanha ou a África, agora o mar do Caribe. No livro "africano" aparece um grupo inteiro de caçadores. Mas o matador na arena, embora observado pela massa humana nas arquibancadas, enfrenta sozinho o touro e a morte. Sozinho também está o velho pescador Santiago, que durante 84 dias persegue o peixe gigantesco para, enfim, matá-lo, mas leva para a costa só o esqueleto. "O homem pode ser derrotado, mas não destruído". É, mais uma vez, um livro emocionante. Todo mundo leu, conhece esse romance, o maior sucesso de livraria em toda a vida de Hemingway. Não é preciso analisá-lo, o que talvez seja pretexto meu, porque prefiro outras obras do escritor, e o imenso sucesso deste romance me parece um pouco exagerado. Pois trata-se, ao meu ver, de um equívoco. Em *Across the River and into the Trees*, a crítica e o público não tinham compreendido os motivos do pessimismo. Em *The Old Man and the Sea*, Hemingway deu uma lição de como se deve viver (e morrer), ou, para citar o famoso título de Cesare Pavese: ensinou *"il mestiere di vivere"*, a profissão de viver; e foi novamente mal compreendido, como se *O Velho e o Mar* fosse uma afirmação triunfal de otimismo vitorioso. Agora, não houve censura nenhuma. Agora chegou a consagração oficial.

O Velho e o Mar saiu em 1952. No ano seguinte recebeu Hemingway o Pulitzer Prize, o maior prêmio literário dos Estados Unidos. Não vamos exagerar o valor deste prêmio para o autor: no ano depois de *Adeus às Armas*, o Pulitzer Prize foi dado a Oliver La Farge, pelo romance *Laughing Boy*; e no ano posterior a *Por Quem os Sinos Dobram*, o prêmio coube a Ellen Glasgow, pelo romance *In this Our*

Life. E quem lê hoje Ellen Glasgow ou Oliver La Farge? É uma lição de humildade. O próprio Hemingway só apreciava o valor publicitário do prêmio, logo seguido pelo oferecimento de filmar o romance. Não foi esta a primeira obra de Hemingway a ser rodada em Hollywood. Já tinham filmado *Adeus às Armas* e *Por Quem os Sinos Dobram*. Mas as versões cinematográficas dessas duas obras tinham desagradado ao autor. No caso de *O Velho e o Mar* ele aceitou, no entanto, porque o tema, a pesca em alto-mar, o emocionava. Participou da elaboração do *script*. Acompanhou os fotógrafos para a costa do Peru, onde parte do filme foi rodada. No resto, fugiu à publicidade, embarcando para a África. Mas não faltava muito e teria sido a fuga para a morte.

Em Marseille, Hemingway embarcou para Mombaça. Perto de Murchison Falls, em Uganda, ele sofreu um desastre de avião. Rapidamente o telégrafo espalhou a notícia para o mundo. Nos jornais publicaram-se necrológios. Mas Hemingway salvara-se. A tripulação do avião mandado para resgatar sobreviventes viu-o sair da floresta, sorrindo; até se dizia que tinha, nesse momento, uma garrafa de gim na mão. Mas este não foi o fim da história. Pois o avião de socorro sofreu novo desastre, e Hemingway, embora salvando-se uma vez mais, foi gravemente ferido: perdeu parte da pele da cabeça, sofreu ruptura de um rim, lesões do fígado, fratura de uma vértebra. Sobreviveu. Mas, para o grande público, já tinha morrido. Agora, nada obstava a sua elevação à categoria de clássico em sentido acadêmico. Em outubro de 1954 a Academia de Letras da Suécia conferiu-lhe o Prêmio Nobel de Literatura.

O documento, datado de 28 de outubro de 1954 e sempre citado como a suprema conquista do escritor, reza: "Ao poderoso mestre de um estilo moderno na arte de ficção, mestria novamente demonstrada em *O Velho e o Mar*... Suas obras anteriores revelaram sinais de brutalidade, cinismo e insensibilidade, que podem ser considerados incompatíveis com o Prêmio Nobel, destinado a obras de tendência idealista. Mas, por outro lado, Hemingway também possui uma força heróica que é o elemento básico de sua consciência da vida, de uma vida viril de perigos e aventuras, com uma admiração natural de cada indivíduo que luta pela boa causa, num mundo de realidades assombradas pela violência heróica, perigos e aventuras, violência pela morte". Não me responsabilizo pelo estilo lamentável dessa citação, cujos termos — força heróica, perigos e aventuras, violência e morte — refletem a imagem popularizada, lendária, de Hemingway; para o secretário de uma Academia de Letras, a definição é suficientemente exata. Mas também é significativa a restrição, quanto à brutalidade, cinismo, insensibilidade e falta de tendência idealista. Foi difícil conferir a Ernest Hemingway o mesmo Prêmio Nobel de Literatura que já tinha sido conferido a Mrs. Pearl Buck, que, em entrevista, declarou nunca ter lido uma linha do seu conterrâneo premiado, e não sentir desejo de conhecê-lo pessoalmente.

Hemingway não viajou para Estocolmo para receber o prêmio das mãos do rei da Suécia. Representando-o, o embaixador dos Estados Unidos agradeceu em seu nome, com palavras tão convencionais como as do documento citado. A glória do escritor estava afirmada e, mais uma vez, definida como o conjunto de equívocos em torno de um nome famoso.

Convalescendo das feridas, mortalmente cansado, Hemingway passou uma temporada em seu sítio em Ketchum, estado de Idaho. Voltou depois a viver em Cuba, ávido de gozar plenamente — pescando, caçando, amando, bebendo — cada instante de vitalidade ainda concedido ao seu corpo meio destruído, cada momento antes do cair da noite. Viajou, quando possível, para a Itália, demorando-se outra vez em Veneza, para a Espanha, para a França. Velhos amigos, revendo-o, assustaram-se de como ele envelhecera. O próprio Hemingway não podia deixar de tecer comparações, pois em todos aqueles lugares viu, como um espectro, seu passado. Em 1956, no Hotel Ritz em Paris, encontrou umas velhas malas suas, deixadas ali em depósito, cheias de cartas, originais, notas da década de 1920. Pondo-as em ordem, viu levantar-se o sol daqueles dias. E, observado pelas sombras de Jake Barnes e Lady Brett, sentou numa mesa do Café Select para começar seu último livro, *A Moveable Feast* (*Paris é uma Festa*), que só depois de sua morte, em 1964, chegou a ser publicado.

É um de seus livros mais belos e mais comoventes. Ressurge a Paris de 1925 — "que ninguém que viveu ali na mocidade pode esquecer" —, a Paris de *The Sun Also Rises*, à luz transfiguradora da recordação comovida, sentimental sem deixar de ser humorística, o amor de Hadley e os remorsos por tê-la abandonado, o Café Select, o Dôme e La Rotonde, as noites de ostras e vinho e os dias de fome, e as corridas de cavalos em Auteuil e Enghien, e os livros tomados emprestados na livraria de Sylvia Beach porque não podia comprá-los, e o conhaque e as conversas na Closerie des Lilas, e as tardes de outono no Jardin du Luxembourg, e Paris tornou-se-lhe símbolo da vida assim como Veneza lhe significara símbolo da morte. Nada foi esquecido, nem o ridículo das conversas com o esnobe (e no entanto grande escritor) Ford Madox Ford, nem as noites humilhantes no salão da patrocinadora Gertrude Stein, nem a inveja que corroeu o jovem repórter anônimo, com as gavetas cheias de originais devolvidos, em face da esplêndida glória de Scott Fitzgerald; as páginas de *A Moveable Feast* dedicadas a este amigo morto não são bonitas de se ler; de uma malícia quase demoníaca, são as dissonâncias nessa sinfonia de recordações e de saudade, mas sem dissonâncias a vida não estaria completa, não estaria totalmente vivida.

Apenas chega o dia em que as dissonâncias sufocam os acordes e em que é tarde demais até para gozar o instante. A vitalidade de Hemingway estava esgotada. Precisava procurar uma casa de saúde para desacostumar-se do exagero de bebidas alcoólicas. De pesca e de mulheres já costumava falar no pretérito. Esteve, pela última vez, em Cuba, agora já revolucionada; mas não chegou a entender-se bem com Fidel Castro (que, depois da morte do escritor, mandará confiscar seus haveres). Em Nova York estourou a mania de perseguição: Hemingway acreditava-se perseguido pelos agentes do FBI, perseguido como suspeito de subversão esquerdista. Atribuiu-se essa perturbação mental ao álcool, mas este diagnóstico não explica tudo. Um grande psiquiatra observou que os paranóicos, imaginando perseguições ilusórias, às vezes também sofrem perseguições reais, assim como qualquer um de nós é às vezes perseguido por inimigos rancorosos, sem que o perigo seja imaginário: é difícil ou impossível traçar a linha divisória entre a realidade e a mania. Hemingway, ao sentir-se vigiado e suspeito, lembrou-se dos dias em que tinha sido simpatizante da causa espanhola; mas desde a funesta era McCarthy todos os antigos simpatizantes da causa espanhola foram, nos Estados Unidos, considerados e perseguidos como esquerdistas subversivos; e, ainda em 1967, quando foram reunidos no volume *By-Line* os trabalhos jornalísticos de Hemingway, o maior de seus artigos, aquele da revista *Ken* de 21 de abril de 1938, sobre a Espanha, foi cautelosamente omitido. São coisas que não se devem esquecer na apreciação do estado psicossomático de Hemingway em 1960. Passou meses na famosa Clínica Mayo. Já parecia recuperado. Os médicos cederam ao pedido de dar-lhe alta. Hemingway foi para seu sítio de Ketchum, onde o ar das montanhas lhe seria bom. Em convalescença aparente, ocupava-se em pôr em boa ordem sua formidável coleção de fuzis e espingardas. Ao limpar uma dessas armas, em 2 de julho de 1961, Hemingway suicidou-se com um tiro na boca.

Mary Welsh, a esposa fiel, fez o possível para esconder a verdade. Não teria sido por hipocrisia puritana, que considera o suicídio um crime imperdoável, contra a vontade de Deus, mas porque o suicídio não se ajustava bem à imagem, já transformada em lenda indestrutível, do Hemingway heróico, de vitalidade invencível. No entanto, a curiosidade insaciável dos repórteres conseguiu desmentir a versão de morte por acidente. Enfim, o amigo confidente do escritor nos últimos anos, A. E. Hotchner, em seu livro *Papa Hemingway* (1966), disse com franqueza a verdade, embora esta lhe causasse o maior embaraço. Declarou não compreender como e por que podia suicidar-se um homem que possuía um sítio em Idaho, um iate de luxo, uma casa em Nova York, apartamentos permanentemente reservados no Ritz em Paris e no Gritti em Veneza; e concluiu enfaticamente: "Não sei dizer por quê. Ninguém sabe".

Essa argumentação de Hotchner parece-me bem americana, para não dizer estúpida: um homem que tem muito dinheiro não poderia ter motivos para suicidar-se. Infelizmente, existe uma frase de Hemingway, transmitida por tradição oral, que parece justificar uma argumentação daquelas. Certa vez, Scott Fitzgerald, o amigo invejado, admirador fascinado da vida luxuosa dos milionários, diria a Hemingway: "Os ricos são diferentes de nós outros"; e Hemingway respondeu laconicamente: "Sim, eles têm mais dinheiro" (*"Yes, they have more money"*). A anedota é famosa, mas a resposta não é digna do Hemingway que admiramos. Antes de tudo, no gênero literário do romance o dinheiro desempenha papel de importância vital, pois o gênero que tem, por definição, a tarefa de descrever situações sociais torna-se irreal quando omite alusões à diferença entre as classes da sociedade; é por isso que Balzac, o romancista do dinheiro, é o pai do romance moderno. A resposta de Hemingway a Scott Fitzgerald até seria capaz de chamar a atenção para um grave defeito de sua arte de ficção, na qual (com exceção de *To Have and Have Not*) o dinheiro não tem importância decisiva; é por isso que uma ou outra obra de Hemingway só será lembrada, futuramente, como romance de aventuras, espécie de "clássico para a mocidade crescida". É evidente que podem existir outros motivos decisivos na ficção, e que a objeção não atinge obras como *The Sun Also Rises, A Farewell to Arms, For Whom the Bell Tolls* e *Across the River and into the Trees* (mas atingem, sim, *The Old Man and the Sea*). Tampouco pode Hemingway, ao dar aquela resposta espirituosa, ter assinado a opinião de que o dinheiro resolve todos os problemas. Posso citar um trecho do conto "A Clean, Well-Lighted Place" ("Um Lugar Limpo e Bem Iluminado") em que Hemingway manifesta atitude contrária à de Hotchner. Num café noturno, dois garçons observam um velho que bebe: e começa, entre eles, o seguinte diálogo: "Na semana passada, ele tentou suicidar-se. — Por quê? — Ele esteve desesperado. — Por que desesperado? — Por nada. — Como você sabe que foi por nada? — Porque ele tem bastante dinheiro". Na última resposta, o escritor ridiculariza a opinião de que um homem rico ou abastado não pode ter motivos para suicidar-se. No início do presente trabalho, coloquei-me ante a tarefa de explicar a glória de Hemingway. A tese de Hotchner, tão dominante no mundo de hoje, obriga-me a explicar, antes, por que o proprietário de um sítio em Idaho, de um iate de luxo, de uma casa em Nova York e de apartamentos permanentemente reservados no Ritz em Paris e no Gritti em Veneza se suicidou.

Os elementos para explicar esse suicídio estão, todos eles, na biografia de Hemingway qual acabo de contar, e nas obras que tentei analisar.

Todas ou quase todas as obras de referência dão 1898 como ano do nascimento de Hemingway. Mas essa informação não é exata. Sua origem é uma mentira inofensiva do jovem Ernest: tendo fugido de casa, aumentou um pouco sua idade para conseguir o emprego no jornal de Kansas City. Na verdade nasceu ele em 1899. A diferença é pequena, mas serve para lembrar-nos que Hemingway não tem nada com o século XIX: é, inteiramente, homem da primeira metade do século XX, da época de duas grandes guerras internacionais, de duas terríveis guerras civis, de duas grandes revoluções, de morte, do caos que é igual a nada. Nesse tempo, que é o nosso — *"in our time"* —, nasceu, viveu e morreu Ernest Hemingway. Essa situação é o ponto de partida para a compreensão de sua vida e de sua obra. Um homem consciente em face do nada, que se torna crente no nada e só no nada: um niilista.

O niilismo essencial de Hemingway é a base do seu estilo simples, lacônico, abrupto, coloquial, que inúmeros escritores do nosso tempo imitam. Não é a rudeza de um repórter meio inculto do Middle West norte-americano, mas antes uma alta virtude da prosa inglesa: o *understatement*, o esforço para sempre dizer o que se pensa com o mínimo de palavras, sem eloqüência e sem grandiloqüência, não deixando perceber a emoção íntima. É esse *understatement* que caracteriza a célebre última página de *Adeus às Armas*: a dor profunda que a morte de Catherine inspira a Frederick nem é mencionada; basta ele dizer que caminhava sob a chuva para dizer tudo. No mesmo romance, o jovem tenente Frederick se declara "sempre embaraçado pelas palavras Sagrado, Glória, Sacrifício", que, em comparação com as palavras "reais", lhe parecem "obscenas". Mais tarde, numa diatribe contra o estilo brilhante de Scott Fitzgerald, declarou conhecer muito bem "as palavras de 10 dólares", mas preferir as palavras "baratas". Hemingway é capaz de descrever um encontro num restaurante lembrando o nome da rua, descrevendo a cara do garçom, falando das bebidas consumidas, e deixar de escrever o diálogo do encontro; ou então, quando há o diálogo, dar-lhe feição de transcrição taquigráfica, de trivialidade desconcertante, assim como se fala descuidadamente na vida cotidiana, às vezes deixando incompleta a frase ou omitindo um verbo. Um estilo que parece carecer de estrutura sintética. Mas é isso mesmo que o escritor quer: pois sem estrutura também lhe parece a realidade caótica deste nosso tempo. Pelo mesmo motivo se explicam as repetições — as de palavras, as de frases, as de enredos — que tanto foram censuradas pelos críticos de *Across the River and into the Trees*. Hemingway repete-se porque se repetem seus problemas, porque esses problemas são, por definição, insolúveis. São, no meio do Nada desta vida *"in our time"*, os problemas elementares, mais simples, da existência humana: o desespero, o gozo físico, a ressaca depois do gozo físico, o amor, a morte. Qualquer um de nós conhece esses problemas e luta com eles sem poder resolvê-los: é por isso que este escritor Hemingway, da mais alta qualidade literária, se tornou escritor popular, lido por todos, mesmo por aqueles que, sem compreendê-lo bem, o consideram um autor de romances de aventuras, ou por aqueles que lhe censuram a falta de tendências idealistas, como os membros da Academia Sueca de Letras.

Aqueles problemas todos têm um elemento em comum: cada um de nós tem de lutar com eles e sucumbir a eles por conta própria. Ninguém pode, nisso, ajudar-nos. Nosso destino, no meio de um mundo que não significa nada, é a solidão. E Hemingway descreveu como ninguém a solidão, que é elemento essencial de todas as suas obras e de sua vida: foi como jornalista, correspondente no estrangeiro, homem solitário entre gente estranha; descreveu a solidão do desertor, vendo-se de repente limitado ao seu esforço de homem que abandonou tudo e está abandonado; a solidão no amor, em que dois seres se fundem e ficam, no entanto, impenetráveis um para o outro, separados para sempre até no momento de união total; a solidão do pescador, nas montanhas ou em alto-mar; a solidão do *matador* que, na presença da inumerável massa humana, enfrenta sozinho o touro e a morte; enfim, a solidão em que cada um de nós terá de morrer, pois neste caminho para baixo ninguém nos acompanhará.

É difícil conservar o equilíbrio nessa solidão em meio ao caos, num mundo que para o niilista consciente não significa nada. Mas repito: esse niilista é consciente do seu destino. Sabe que as grandes palavras e as mais belas teorias não adiantam. O ajuste de contas com o mundo não pode ser feito por meio de declarações, sejam de amor ou de guerra, sobretudo em nosso tempo, *"in our time"*, em que já se aboliram as declarações de guerra e as declarações de amor. É preciso agir. E

Hemingway, com sua vitalidade enorme, sabia agir e agiu para afirmar-se, na guerra, na caça, na pesca, na cama e perante o touro. Agindo e gozando o tumulto e o prazer da ação, não perdeu, porém, nunca, a consciência de niilista, da inutilidade final dos seus esforços, sendo impossível vencer o grande Nada desta vida. Não se tornou um aventureiro em grande estilo, como seus contemporâneos André Malraux e T. E. Lawrence, com os quais Hemingway se parece, às vezes, superficialmente. É mais sincero consigo mesmo: reconhece que seus atos de auto-afirmação não passam de tentativas de fuga — aventuras de guerra e de esportes, o álcool, a fornicação, o amadorismo de matador improvisado. Consciente disso, aproveita esses momentos para gozá-los até as últimas, como um Fausto moderno. Mas nunca esquece que sua meta é a morte e que a realidade inelutável da morte desvaloriza a vida. Hemingway, esse homem de vitalidade enorme, é especificamente o escritor, quase, eu diria, o poeta da morte.

Essa consciência de sua situação não permite a Hemingway levar totalmente a sério sua vida nem a dos outros. Por isso parece ele cínico, às vezes de um cinismo cruel. Mas isso também é um *understatement*, escondendo precariamente o fundo de sentimentalismo em Hemingway. Contando a Hotchner como ele, nos dias de Paris, passava noites relendo os originais devolvidos para descobrir o motivo do insucesso, Hemingway acrescentou: "Eu não podia deixar de chorar". O importante é só não deixar perceber as lágrimas secretas. Isso faz parte do código de honra de quem não acredita em nada senão em sua própria integridade, e se sabe invencível em sua solidão altiva: *"Man can be defeated, but not destroyed"*.

É uma pose, sim. É a pose do Byron moderno, criada pela lenda e pela publicidade, e que o próprio Hemingway aceitou e assumiu como atitude espetacular. Para mantê-la, não hesitou em exagerar suas façanhas, na guerra, no amor, talvez também na caça e na pesca. No entanto, aquela pose não foi mentira. Pois a morte, esta ele enfrentou em toda a sua terrível verdade e pela própria mão, quando a perda de vitalidade não deixou aberta nenhuma outra saída. Destruir-se a si próprio, vencendo seu destino: *"Man can be destroyed, but not defeated"*.

O que explica o suicídio de Hemingway também explica sua glória. Deu um exemplo da única e talvez última possibilidade de viver, ainda que seja mesmo apenas na ficção. Erigiu-se em figura simbólica do nosso tempo. Tornou-se o autor predileto dos intelectuais, que alguém já chamou de "mortos em férias", e, ao mesmo tempo, o escritor preferido do leitor comum. Talvez essa vitória tenha sido a última de um escritor, numa época que está cansada de literatura. Sua vida brilhante e aventurosa é, para quase todos entre nós, estranha como um sonho irreal, e ninguém entre nós escreveu obras como as suas. No entanto, reconhecemos nele nossa própria vida e nossas possibilidades de dominá-la. Jake Barnes, em *The Sun Also Rises*, pensa numa noite de insônia: "Não me preocupa do que se trata esta vida. Só quis saber como viver nela. Se você chegar a saber como viver nela, também vai conhecer, talvez, o sentido dela". Assim Hemingway, o escritor da morte, nos ensina a profissão de viver, *"il mestiere de vivere"*.

BIBLIOGRAFIA

As fontes principais para a biografia de Hemingway e para a compreensão e interpretação do escritor são suas próprias obras; todas as outras fontes são secundárias. Não existe biografia completa de Hemingway, e são poucos os livros que se escreveram sobre ele. Em compensação, é grande o número de artigos de crítica literária, em livros e em revistas. Citarei, selecionando, aqueles que utilizei ou que possam ser úteis ao leitor que deseja informação suplementar.

ALDRIDGE, J. W. : *After the Lost Generation*. Nova York, 1951 (págs. 23-43, 214-236).
ATKINS, J.: *The Art of Ernest Hemingway*. Londres, 1952.
BAKER, C.: *Hemingway. The Writer as Artist*. Princeton, 1952.
BEACH, J. W.: *American Fiction*. Nova York, 1941 (págs. 60-119).
CARGILL, O.: *Intelectual America*. Nova York, 1941 (págs. 351-370).
CECCHI, E.: "Ernest Hemingway" (in: *Mercurio*, II, 1945, págs. 111-123).
EASTMAN, M. : *Art and the Life of Fiction*. Nova York, 1934 (págs. 87-101).
FENTON, C. A.: *The Aprenticeship of Ernest Hemingway*. Nova York, 1954.
FROHOCK, W. M.: "Ernest Hemingway, Violence and Discipline" (in: *Southwest Review*, XXXII, 1947, págs. 89-97, 184-193).
FUSELL, E.: "Hemingway and Mark Twain" (in *Accent*, XIV, 1954, págs. 199-206).
GORDON, Caroline: "Notes on Hemingway and Kafka" (in: *Sewanee Review*, LVII, 1949, págs. 215-226).
HEMPHILL, G.: "Hemingway and James" (in: *Kenyon Review*, XI, 1949, págs. 50-60).
HOTCHNER, A. E.: *Papa Hemingway – A Personal Memoir*. Nova York, 1966.

JOHNSON, Edgar: "Farewell the Separate Peace" (in: *Sewanee Review*, XLVIII, 1940, págs. 289-300).
KASHKEEN, J.: "Ernest Hemingway, a Tragedy of Craftmanship" (in: *International Literature*, V, 1935, págs. 1-5).
KASHKEEN, J.: "Alive in the Midst of Death" (in: *Soviet Literature*, VII, 1956, págs. 1-6).
KAZIN, A.: *On Native Grounds*. Nova York, 1942 (págs. 327-341).
KIRSTEIN, L.: "The Canon of Death" (in: *Hound and Horn*, VI, 1933, págs. 336-341).
LEIGHTON, L. "An Autopsy and a Prescription" (in: *Hound and Horn*, VI, 1933, págs. 336-341).
LEVIN, Harry: "Observations on the Style of Hemingway" (in: *Kenyon Review*, XIII/4, 1951).
LEWIS, Wyndham: *Men without Art*. Londres, 1934 (págs. 17-41.)
MAGNY, C. E.: *L'âge du roman américain*. Paris, 1948 (págs. 159-177).
PLIMPTON, G.: "The Art of Fiction. Ernest Hemingway" (in: *Paris Review*, XVIII, 1958, págs. 61-82).
SCHWARTZ, Delmore: "Ernest Hemingway's Literary Situation" (in: *Southern Review*, III, 1938, págs. 769-782).
WARREN, R. P.: "Hemingway" (in: *Kenyon Review*, IX, 1947, págs. 1-28).
WELLERSHOFF, D.: "Hemingway und seine Dichtung" (in: *Universitas*, LXVII, 1958, págs. 1151-1154).
WILSON, Edmund: *The Wound and the Bow*. Boston, 1941 (págs. 136-146).
WILSON, Edmund: *A Literary Chronicle, 1920-1950*. Nova York, 1956 (págs. 41-49, 96-101, 196-206).
YOUNG, Phil: *Hemingway*, Nova York, 1952.

HEMINGWAY: SÚMULA DA VIDA E DA OBRA

1899 (21 de julho) – Ernest Miller Hemingway nasce em Oak Park (Illinois).
1916 – Foge de casa; repórter do *Kansas City Star*.
1918 – Motorista de um carro de ambulância da Cruz Vermelha na Itália (julho), é gravemente ferido em Fossalto di Piave e internado no hospital militar em Turim.
1920 – Repórter do *Toronto Star;* casa com Hadley Richardson.
1921-1922 – Correspondente na Europa (Suíça, Alemanha, Grécia, Bulgária, Itália); vida em Paris (Montparnasse).

1923 – Publica *Three Stories and Ten Poems* (*Três Histórias e Dez Poemas*).

1925 – Publica *In Our Time* (*Em Nosso Tempo*).

1926 – Publica *The Sun Also Rises* (*O Sol Também se Levanta*); divórcio; casa com Pauline Pfeiffer.

1927 – Publica *Men without Women* (*Homens sem mulheres*); vive em Kansas City e Key West.

1928 – Volta para Paris; suicídio do pai de Hemingway.

1929 – Publica *A Farewell to Arms* (*Adeus às Armas*); vive em Key West; pescador no mar do Caribe.

1930-1932 – Viagens à África e à Espanha; escreve reportagens para a revista *Esquire*.

1932 – Publica *Death in the Afternoon* (*Morte na Tarde*).

1933 – Publica *Winner Take Nothing* (*Os que Ganham Não Levam Nada*).

1935 – Publica *The Green Hills of Africa* (*As Colinas Verdes da África*).

1937 – Publica *To Have and Have Not* (*Os que Têm e os que Não Têm*); fala perante o National Congress of American Writers, em Nova York, defendendo a causa da República Espanhola.

1938 – Funda, com Dos Passos e MacLeish, a Contemporary Historians Inc.; correspondente da North American Newspaper Alliance na Espanha; participa da rodagem do filme *Spanish Earth* (*Terra Espanhola*); participa da guerra civil espanhola.

1939 – Publica *The Fifth Column and the First Forty-Nine Stories* (*A Quinta Coluna e as Primeiras 49 Histórias*).

1940 – Publica *For Whom the Bell Tolls* (*Por Quem os Sinos Dobram*); divórcio; casa-se com Martha Gellhorn; vive em Cuba.

1941 – Correspondente da revista *PM* no Extremo Oriente.

1944 – Correspondente de *Colliers'* na França.

1945 – Com o 26º regimento de infantaria em Luxemburgo e na Renânia.

1946 – Divórcio; casa-se com Mary Welsh. Vida em Cuba (Finca Vigía, em San Francisco de Paula).

1949 – Viagem para a Itália. Demora-se em Veneza.

1950 – Publica *Across the River and into the Trees* (*Através do Rio e entre as Árvores*).

1952 – Publica *The Old Man and the Sea* (*O Velho e o Mar*).

1953 – Recebe o Prêmio Pulitzer; viagem para a África; desastres de avião.

1954 – Filmagem de *O Velho e o Mar*; recebe o Prêmio Nobel de Literatura.

1954-1956 – Viagens à França, Espanha e Itália.
1956 – Residência permanente em Cuba; começa a escrever *A Moveable Feast* (*Paris é uma Festa*).
1960 – Doença: é internado na Clínica Mayo.
1961 (2 de julho) – Suicídio em Ketchum (Idaho).
1964 – Publicação póstuma de *A Moveable Feast*.
1967 – Publicação póstuma de artigos e reportagens, no volume *By-Line* (*À Margem*).

Índice onomástico

A

Abert, Hermann – 395
Abraão – 218, 314
Abreu, Capistrano de – 689
Abreu, Casimiro de – 361, 634, 688
Adams, Robert M. – 38, 353, 354, 355, 357
Adão – 313, 710
Adcock, James – 535-538
Adenauer, Konrad – 479, 600
Adler, Victor – 519
Adonias Filho – 364
Adorno, Theodor Wiesengrund – 446, 471, 556, 713, 778, 809, 810
Agostinho, Santo – 254, 256, 331, 346, 442, 444, 445, 475, 517, 558, 630, 631
Ahlin, Lars – 595
Ajuz, Christine – 32
Aksenov, Vasili – 672
Akutagawa, Ryunosuke – 797
Alain (Émile Chartier, dito) – 798
Alawi, Bozorg – 625
Alberdingk – *ver* Thijm, Alberdingk
Alberti, Rafael – 243, 357, 657
Aldao, Martín – 646
Aldecoa, Ignacio – 796, 847
Aldington, Richard – 397
Aldridge, John W. – 847
Alegría, Ciro – 245, 724
Aleijadinho (Antônio Francisco Lisboa, dito) – 369, 427
Alemán, Mateo – 616
Alencar, José de – 448, 499, 565, 577
Alessandro – *ver* Medici, príncipe Alessandro de
Alewyn, Richard – 707, 772
Alexandre III – 509
Alexis, Willibald – 448, 498
Alfieri, Vittorio – 336, 457

897

Alfonso I (de Aragón) – 680
Alighieri – *ver* Dante
Alione, Giovan Giorgio – 806
Allen, Walter – 331, 607, 767
Almeida, Guilherme de – 632
Almeida, José Américo de – 363, 536
Almeida, Manuel Antônio de – 363, 565, 689
Almeida, Paulo Mendes – 223
Alonso, Amado – 646
Alonso, Dámaso – 580
Alphonsus – *ver* Guimaraens, Alphonsus de
Altdorfer, Albrecht – 372
Altmann, Eliston – 770
Alvarenga, Octavio – 225
Alvaro, Corrado – 446, 539-543, 597, 598, 727
Alves, Castro – *ver* Castro Alves
Alves, Guimarães – 224
Amado, James – 224
Amado, Jorge – 223, 363, 364, 366, 565
Amerbach, Bonifatius – 572
Amis, Kingsley – 750, 758
Amoroso Lima, Alceu – 22
Amyot, Jacques – 525
Ana, infanta – 373
Anaxágoras de Clazomene – 832
Anderberg, Bengt – 595
Andersch, Alfred – 798
Anderson, Maxwell – 124, 398
Anderson, Sherwood – 666, 853
Andrade, Carlos Drummond de – 223, 224, 225, [413], [414], 415, 426, 558, 565, 632, 633, 634, 689, 726, 769
Andrade, Francesco d' – 200
Andrade, Jorge Carrera – 243

Andrade, Mário de – 367-370, 496, 565, 577, 632, 633, 655, 687
Andrade, Rodrigo Mello Franco de – 223, 427, 655
Andrade, Walter Ribeiro de – 225
Andres, Stefan – 598
Andric, Ivo – 595
Angélico, Fra (Guido di Pietro, dito) – 199, 701
Anjos, Augusto dos – 566, 634, 687, 689
Anjos, Cyro (Versiani) dos – 226, 363, 364, 426, 565, 689
Anjos, Rui Veloso Versiani dos – 426
Annenski, Innokenti – 340
Anouilh, Jean – 428, 430
Antal, Frederick – 493, 691
Antoni, Carlo – 678
Antônio, Manuel – *ver* Almeida
Antônio, Santo – 346, 347
Apollinaire, Guillaume – 207-210, 243, 516, 522, 555, 577, 578, 588, 770, 771, 787, 855
Apuleio – 311, 314
Aragon, Louis – 211, 357, 770
Aragón, Luis Cardoza y – 244, 565, 567, 770, 799
Archer, William – 186, 189, 241
Aretino, Pietro – 208, 745
Arfelli, Dante – 668
Arguedas, Alcides – 139, 141, 142, 143
Arguedas, José Maria – 752
Arinos, Afonso – 688
Ariosto, Ludovico – 101, 803
Aristófanes – 562, 682
Aristóteles – 86, 87, 445, 481, 710
Aristy, Ramón Marrero – 755
Armando, Paulo – 413

Arnaud, Georges – 785, 794
Arnold, Armin – 665
Arnold, Matthew – 195, 196, 334, 744
Arquimedes – 416
Artaud, Antonin – 391, 598
Assumar, conde de – 427
Asturias, Miguel Ángel – 510, 565, 598, 604, 608, 609, 610, 725, 726, 740, 752, 756, 799
Átila – 301
Aub, Max – 723, 796, 872
Auden, W. H. (Wystan Hugh) – 132, 133, 134, 354, 358, 359, 369, 555, 592, 758
Auerbach, Erich – 217, 218, 311-315, 558
Augier, Émile – 793, 801
Austen, Jane – 616, 786
Austregésilo, Laura – 362, 367
Autrécourt, Nicolas d' – 478
Ayala, Francisco – 32, 58, 60, 61
Azaña, Manuel – 475
Azevedo, Aluísio – 363, 364, 365, 565, 689
Azevedo, Antônio Álvares de – 634
Azevedo, Lúcio de – 410, 709
Azorín (José Martínez Ruiz, dito) – 59, 194, 646, 775
Azuela, Mariano – 598, 725

B

Babel, Isaak Emanuelovitch – 622, 670
Babeuf, François Noël (dito Gracchus) – 466
Bacarisse, Maurício – 798
Bacca, Juan David García – 594
Bacchelli, Riccardo – 427
Bacciochi, Elisa – 273
Bach, Johann Sebastian – 33, 43, 168-171, 178, 211, 221, 222, 238, 322, 324, 349-352, 394, 395, 405, 472, 496, 497, 507, 546, 560, 572, 580, 585 [João Sebastião], 589, 590, 591, 594, 618, 619, 650, 674, 676, 712, 714, 780, 806, 809
Bachofen, Johann Jacob – 573
Bacon, Delia – 239, 503
Bacon, Francis – 239, 240, 287, 288, 289, 468, 505
Badoglio, Pietro – 465, 678
Bainckmann – 458
Bakst, Leon – 340, 511
Baldivia, cônego – 141
Baldwin, James – 790, 791
Ball, Hugo – 555
Ballagas, Emilio – 243
Balmont, Konstantin Dmitrievitch – 340
Balzac, Honoré de – 32, 54, 108-113, 147, 153, 274, 311, 312, 314, 319, 365, 448, 453, 455, 496, 557, 579, 607, 617, 634, 792, 794, 800, 889
Bandeira, Manuel – 16, 34, 39, 40, 412, 459, 500, 565, 578, 633, 687, 689, 723, 743, 744, 745, 769, 787, 813-820
Baptista, Antonio Alçada – 752
Barante, Prosper Brugière (barão de) – 448
Barbosa, Francisco de Assis – 19, 746
Barbosa, Ruy – 565, 689
Barbusse, Henri – 397, 398, 399, 648
Barclay, William – 710
Bardèche, Maurice – 320, 321, 322
Bardot, Brigitte – 563
Barea, Arturo – 598, 719, 796, 872, 875
Barlach, Ernst – 405-408, 441

Baron, Hans – 493, 691
Barrès, Maurice – 259, 290, 291, 579, 591, 646, 712, 746
Barreto, Lima – *ver* Lima Barreto
Barroso, Antônio Girão – 224
Barth, Hans – 635
Barth, Karl – 88, 133, 231, 304
Bartók, Béla – 553, 673, 676
Bassani, Giorgio – 668
Bassermann, Dieter – 361
Bastide, Roger – 520, 521
Bastos, Augusto Roa – 755, 799, 800
Bastos, Tavares – 689
Bataille, Georges – 692
Bataillon, Marcel – 576
Batista, Fulgêncio – 870
Baudelaire, Charles – 37, 98, 102, 110, 304, 334, 375, 378, 383, 386, 439, 441, 455, 484, 496, 569, 579, 580, 588, 590, 594, 618, 625, 633, 679, 692, 700, 715, 771
Baumgarten, Franz Ferdinand – 507
Bayle, Pierre – 650
Beach, Joseph Warren – 104, 365
Beach, Sylvia – 887
Beatrice, musa de Dante – 236
Beaumarchais, Pierre Caron de – 202, 682, 685, 784
Beauvoir, Simone de – 230, 664, 665
Bebel, August – 519
Beccaria, Cesare – 695
Becher, Johannes Robert – 303
Becker, Carl Heinrich – 630
Becker, Carl L. – 711
Beckett, Samuel – 555, 563, 648, 681, 683, 737, 738
Beckett, Thomas – 195
Beckmann, Max – 405

Bécquer, Gustavo Adolfo – 357, 763, 771, 776
Beddoes, Thomas Lowell – 68
Bednarik, Karl – 751
Bedoya, Manuel – 609
Beethoven, Ludwig van – 33, 43, 151, 168, 169, 171, 178, 179, 203, 211, 214, 219-222, 247, 248, 273, 276, 377, 394, 396, 418, 419, 420, 458, 486, 496, 497, 518, 532, 580, 589, 590, 591, 594, 618, 633, 650, 674, 675, 676, 744, 808, 809, 810, 832
Béguin, Albert – 378
Belasco, David – 126
Bellarmin, jesuíta – 710
Belli, Giuseppe Gioachino – 763
Bellini, Vincenzo – 33, 213, 261, 416
Bellman, Carl Michael – 203-206
Bello, José Maria – 452
Bellow, Saul – 673, 788, 789, 795, 798
Belzu, general – 140
Benavente, Jacinto – 93
Benavides, Óscar – 609
Benda, Julien – 656
Benedetto, Luigi Foscolo – 476
Benelli – 311
Benes, Edvard – 270
Benevoli, Orazio – 395
Benjamin, Walter – 27, 707, 743, 778
Benn, Gottfried – 407, 441, 479, 555, 570
Bennett, Arnold – 119, 864
Bense, Max – 736, 737, 739, 740
Benson, E. F. – 767
Bento, São – 474
Benz, Ernst – 477
Béranger, Pierre Jean de – 357
Berenson, Bernard – 416, 492, 680

Berg, Alban – 497, 533, 553, 556, 561, 582, 676, 714
Bergerac, Savinien Cyrano de – 467
Bergson, Henri – 148, 594
Berlin, Isaiah – 448
Berlioz, Hector – 42, 221, 275, 497, 568, 588, 590, 674
Bermúdez, Ceán – 258
Bernabei, Giuseppe Antonio – 395
Bernanos, Georges – 477, 632, 656
Bernard, Jean-Marc – 397, 398
Bernárdez, Francisco Luis – 244
Bernardino de Siena, São – 620
Bernardo, São – 50
Bernari, Carlo – 514, 598, 668, 679
Bernini, Gianlorenzo – 620
Bernstein, Leonard – 531
Bertana, Emilio – 457
Berto, Giuseppe – 668
Bertoni, Brenno – 92, 462, 463
Bessa-Luís, Augustina – 752
Bethmann-Hollweg, chanceler – 270
Bettencourt, Alexandre – 754
Bever, Pierre Van – 775
Bezerra, João Clímaco – 224
Bezzel, Christoph – 734
Biach, F. – 619
Bibiena – *ver* Galli-Bibiena
Bidez, J. – 468
Bielinski, Vissarion Grigorovitch – 656
Biely, Andrei – 194, 340, 508, 510, 511, 512, 639
Bilac, Olavo – 565, 634, 687, 804
Bilenchi, Romano – 668
Biran, Maine de – 321, 619, 620
Bismarck, Otto von – 268, 297-300, 489, 800, 869
Bizet, Georges – 675

Black, Joseph – 284
Blackmur, Richard P. – 356
Blackwell, George – 710
Blake, William – 385, 814
Blanchot, Maurice – 692
Blanco, Andrés Eloy – 565
Bliss, William – 237, 238, 241
Bloch, Ernst – 405, 667, 778, 795
Blok, Aleksandr Aleksandrovitch – 243, 340, 360, 383, 414, 459, 510, 516, 593, 771, 787
Blossius, Gaius – 468
Blumer, Herbert – 145, 146
Blunden, Edmund – 100
Boccaccio, Giovanni – 311, 313, 500, 553, 692, 700
Bodet, Torres – 243
Boeckh, August – 524
Bogrov, caso – 390
Boileau, Nicolas – 111
Bolívar, Arduíno – 224
Bolívar, Simon – 244
Böll, Heinrich – 595
Bonalde, Juan Antonio Pérez – 763
Bonaparte – *ver* Napoleão
Bondarev, Yuri – 794
Bonfim, Paulo – 632, 633
Bonhoeffer, Dietrich – 599
Bonnet, Georges – 877
Bonzon, Alfred – 439
Boon, Louis Paul – 527, 595
Bopp, Raul – 689
Bordonove, Georges – 528
Borges, Jorge Luis – 565, 567, 724, 726, 740, 742, 752, 755, 799
Borgese, Giuseppe Antonio – 397, 677
Borghese, Paulina – 273
Borgia, Cesare – 803

Borkenau, Franz – 411, 464, 465, 708
Bosboom-Toussaint, Anna Louisa Geertruida – 448
Bosch, Hieronimus – 261, 346, 373
Bosi, Alfredo – 774, 785
Bosi, Ecléa – 774, 775, 777
Bossuet, Jacques-Bénigne – 442, 445
Botasso – 806
Botticelli, Sandro – 120, 261, 458, 804
Boughton, Rutland – 171
Boulanger, Georges – 321
Boulenger, Jacques – 119
Boveri, Margret – 599, 600, 601
Bowen, Elizabeth – 767
Bowra, C. M. – 414
Braak – *ver* Ter Braak
Bradbrook, Muriel Clara – 305
Bradley, A. C. – 239, 433
Bragança, Nuno de – 753
Brahms, Johannes – 42, 247, 249, 496, 517, 532, 568-571, 674, 675, 713
Brailowsky, Alexander – 419
Brancati, Vitaliano – 668
Brandão, Jacques do Prado – 225
Brandão, Otávio – 454
Brandes, Georges – 239
Brandi, Cesare – 553
Braque, Georges – 164, 276, 316, 393, 422, 559, 722
Brasillach, Robert – 320, 321
Braudel, Fernand – 642
Bréchon, Robert – 603, 605
Brecht, Bertolt (ou Bert) – 173-177, 301, 302, 304, 310, 344, 428, 430, 479, 488-492, 514, 570, 583, 584, 632, 681, 682, 683, 685, 691, 694, 781, 803, 810
Breitner, George Hendrick – 391
Brémond, *Abbé* (abade) Henri – 448

Brentano, Clemens – 569
Bretas, Ferreira – 427
Breton, André – 563
Bretonne, Rétif de la – 692, 693
Brinckmann – 177
Brion, Friederike – 838, 840
Brito, Glauco Flores de Sá – 224
Brito, Mário da Silva – 488
Britten, Benjamin – 497, 573
Briusov, Valeri Yakovlevich – 340
Broca, José Brito – 452, 576, 577, 625, 626, 627
Broch, Hermann – 479, 490, 606
Brod, Max – 718, 734, 735, 736
Brodski – 510
Brogan, D. W. – 782
Brontë, Anne – 66, 67
Brontë, Branwell – 66, 67
Brontë, Charlotte – 65, 66, 67
Brontë, Emily – 66. 67
Brontë, irmãs – 65, 69
Brontë pai (vigário de Haworth) – 66
Brooke, Rupert – 578
Brooks, Cleanth – 305, 328, 329
Brown, Charles Brockden – 381, 767
Browne, Thomas – 444, 526
Browning, Elizabeth Barrett – 17
Browning, Robert – 17, 359
Bruck, Arthur Moeller van den – 228, 478
Bruckner, Anton – 247, 496, 497, 532, 533
Brueghel, Pieter – 261, 371, 373, 391, 392
Brunelleschi, Filippo – 237, 492, 804
Brunetière, Ferdinand – 108, 110, 111
Bruno, Giordano – 680
Brush, George – 588

Bruto, Marco Júnio – 805
Bryan, William Jennings – 121, 122
Bucci, Anselmo – 722
Buch, Leopold von – 832
Büchner, Georg – 180, 341-345, 497, 661, 780
Büchner, Louis – 341, 345
Buck, Pearl S. – 782, 785, 887
Buckhurst, Lord – 505
Buckingham, James – 284
Buckle, Henry Thomas – 229
Buda – 475
Buerger – *ver* Thoré
Bukharin, Nikolai Ivanovitch – 309, 388
Bukofzer, Manfred – 707
Bulatovic, Miodrag – 798
Bunin, Ivan Alexeievitch – 658, 673
Burckhardt, Jacob – 430, 476, 486, 495, 572, 573, 581, 612, 614, 630, 704, 706, 803
Burdach, Konrad – 476, 477, 494
Burgem, E. B. – 73
Burke, Edmund – 370
Burnacini, Lodovico – 395
Burns, John Horne – 666
Busset, Jacques de Bourbon – 490
Butler, Samuel – 656
Butor, Michel – 556, 664
Buttke, Erika – 108, 110
Buzzati, Dino – 437, 741
Byron, Lord (George Gordon Byron) – 66, 68, 101, 102, 103, 134, 275, 334, 418, 484, 499, 507, 745, 763, 833, 838, 842, 857, 868, 871, 892

C

Cabrera, Manuel Estrada – 608
Caemmerer – 360
Caillaux, processo – 290
Cain, James Mallahan – 365
Cajumi, Arrigo – 465
Calas, família – 764
Caldas, Júlio de Castro – 753
Calderón, Francisco García – 610
Calderón, Ventura García – 723
Calderón de La Barca, Pedro – 26, 59, 95, 96, 115, 187, 258, 823, 824, 838, 842, 844, 845
Caldwell, Erskine – 365, 797
Callado, Antônio – 18, 769
Calosso, Umberto – 549, 550
Calvino (Jean Calvin) – 716, 717
Calvino, Ítalo – 668, 795
Caminha, Adolfo – 365, 689
Camões, Luís de – 17, 527
Campanella, Tommaso – 468, 680
Campos, Geir – 19
Campos, irmãos (Augusto e Haroldo de) – 689
Campos, Milton – 226
Campos, Paulo Mendes – 632
Camus, Albert – 28, 230, 232, 233, 632, 670, 690, 795, 807
Canaletto (Giovanni Antonio Canale, dito) – 162, 372, 720
Candido, Antonio – 224, 353, 686-689
Candwell, Christopher – 872
Canetti, Elias – 794
Cankar, Ivan – 251-254, 606
Canova, Antonio – 261
Cansinos-Assens, Rafael – 259
Canto, Patricio – 473
Capek, Karel – 272, 437
Capote, Truman – 767, 788
Caravaggio (Michelangelo Merisi, dito) – 372

Cardarelli, Vincenzo – 666
Cardoso, Lúcio – 363, 364
Cardoso, Wilton – 453
Carducci, Giuseppe – 185, 762, 763
Carlos I (da Inglaterra) – 333
Carlos I (d'Anjou) – 680
Carlos III (de Bourbon) – 59, 680
Carlos V (de Habsburgo) – 372, 680
Carlyle, Thomas – 65, 67, 68, 105, 274, 359, 360, 507, 731
Carmo, José Palla e – 752
Carneiro, Levi – 453
Carone, Edgard – 224
Carossa, Hans – 622
Carpeaux, Otto Maria – 17-45, 92, 362, 712 [O. M. C.]
Carpentier, Alejo – 725, 726, 740, 752, 756, 799
Carr, E. H. – 466
Carrión, Alejandro – 724, 740
Carus, Carl Gustav – 378
Carvalho, Feu de – 427
Carvalho, Joaquim de – 805
Carvalho, Olavo de – 15, 21, 31
Carvalho, Ronald de – 565, 566, 577, 687, 688, 772
Carvalho, Vicente de – 578
Cary, Joyce – 435, 598
Casalduero, Joaquim – 500, 616
Casanova, Carlos – 29
Casanova, Giovanni Giacomo (ou Jacopo) – 695
Casares, Adolfo Bioy – 740-743, 755
Casaubonus, Isaacus (ou Isaac Casaubons) – 716, 717
Casnati – 434
Cassola, Carlo – 668, 785, 795, 847

Cassou, Jean – 520, 521, 522
Castellanos, Rosário – 756, 797
Castiglione, Baldessare – 806
Castello, José Aderaldo – 686, 688, 689
Castello Branco, Camilo – 632
Castilho, Antônio Feliciano de – 41, 821
Castro, Cipriano – 609
Castro, Fidel – 888
Castro, José Maria Ferreira de – 751, 797
Castro, Rosalía de – 774-777
Castro Alves, Antônio Frederico de – 20, 565, 634
Catilina, Lúcio Sérgio – 491
Cattaneo, Carlo – 444
Catulo – 353
Cavalcanti, Guido – 530
Cavalcanti, Ruy de – 451
Cavalcanti, Valdemar – 330, 396, 578
Cavalli, Francesco – 395
Cavour, Camillo Benso, conde de – 65
Caymmi, Dorival – 633
Cazamian, Louis – 334, 772
Cecchi, Emilio – 476, 559, 665, 666
Cecília – *ver* Meireles
Cejador, Julio – 646
Cela, Camilo José – 435, 718, 795, 796, 798, 847
Celano, Tommaso da – 475
Céline, Louis-Ferdinand – 605
Celso, Eugênia Maria – 633
Cendrars, Blaise – 645
Ceram, C. W. – 444
Cernuda, Luis – 243
Cervantes Saavedra, Miguel de – 28, 34, 35, 44, 82-84, 190-194, 258, 453, 455, 500-503, 516, 546, 579, 615, 616, 634, 692, 719, 733, 745, 873

César, Caio Júlio – 444, 489, 490, 492, 683
Cesareo, Giovanni Alfredo – 457
Cesti, Antonio – 395
Cézanne, Paul – 33, 392, 415, 422, 529, 688
Chabás, Juan – 119
Chabod, Federico – 680
Chamberlain, Arthur Neville – 134, 268, 271, 877
Chambers, E. K. – 240
Chambers, R. W. – 433
Chambers, Whittaker – 599, 602
Chambon, Albert – 649, 650
Chamfort, Sébastien-Nicolas – 343, 445
Chamson, André – 872
Chaplin, Charles – 798
Chapman, George – 36, 507
Char, René – 770
Chardin, Jean-Baptiste-Siméon – 33, 162, 421, 422
Chardin, Teilhard de – 753, 754
Chateaubriand, François-René de – 499, 507, 578, 662, 745
Chaucer, Geoffrey – 136
Chénier, André – 336, 384, 613
Cherubini, Luigi – 211
Chesterfield, Lord (Philip Stanhope) – 717
Chesterton, Gilbert Keith – 30, 198
Chevalier, Haakon – 683
Chklovski, Viktor – 873
Chocano, José Santos – 723
Chopin, Frédéric – 33, 211, 214, 418, 419, 420, 496, 531, 568, 589, 633, 774, 809
Chraïbi, Driss – 797
Chukovski, Vassili Andreievitch – 525, 786

Church, sra. Henry – 720
Cícero, Marco Túlio – 106, 140, 585
Cicerón – *ver* Cícero
Cimarosa, Domenico – 496
Ciry, Michel – 803
Citati, Pietro – 557
Claudel, Paul – 359, 632, 634, 655, 656, 690
Claudiano – 38, 356
Claudius, Matthias – 569, 570
Cleland, John – 745
Cleópatra – 321, 505
Clostermann, Pierre – 398
Coelho Neto, Henrique Maximiano – 688
Colares, Otacílio – 224
Coleridge, Samuel Taylor – 40, 68, 159, 179, 239, 376, 417, 432, 433, 449, 484, 583, 652, 703, 771
Colijn, Hendrikus – 370
Collingwood, R. G. – 680
Collins, Wilkie – 498
Colombo, Cristóvão [*Christoph Colomb*] – 210
Comenius (Jan Amos Komensky) – 325, 774, 784
Comte, Auguste – 228, 442, 443, 445
Concina, Daniel – 708
Condell, Henry – 716
Condorcet, marquês de (Marie Jean Antoine de Caritat) – 442, 443, 445
Confúcio – 691
Conrad, Joseph – 117, 152-155, 490, 604, 607-610, 617, 636, 638-641, 656
Conscience, Hendrick – 448
Constant, Benjamin – 484, 795
Cony, Carlos Heitor – 769

Coolidge, Calvin – 382
Cooper, James Fenimore – 578
Copeau, Jacques – 656
Copérnico, Nicolau – 467
Copleston, Edward – 716
Corday, Charlotte – 694
Corelli, Arcangelo – 273, 274, 275
Coriolano – 600
Corneille, Pierre – 100, 110, 111, 197, 682, 717
Corot, Camille – 162, 688
Correggio, Antonio Allegri da – 261, 372
Correia, Raimundo – 578
Cortázar, Julio – 755
Cossa, Francesco del – 417
Cossío, Manuel Bartolomé – 258, 620
Costa, Alcir Henriques da – 20
Costa, Bolívar – 18
Costa, Dante – 290, 557
Costa, João Bénard da – 754
Costa, Othon – 688, 689
Courajod, Louis – 494
Courbet, Gustave – 162, 688
Coutinho, Afrânio – 353, 452, 453, 455, 813
Couture, Thomas – 688
Cozzens, James Gould – 788, 789
Crane, Stephen – 853
Crébillon, Prosper Jolyot de – 745
Crémieux, Benjamin – 117, 119
Cristo – *ver* Jesus Cristo
Croce, Benedetto – 27, 28, 34, 37, 56, 60, 89, 156, 158, 182-186, 229, 304, 311, 321, 410, 447, 451, 452, 455, 460, 463, 465, 475, 494, 524, 549, 557, 559, 579, 651, 655, 670, 676-680, 698, 703, 705, 747, 836

Crommelynck, Fernand – 297
Cronin, A. J. – 632, 634
Cros, Guy Charles – 578
Cruls, Gastão – 364
Cruz e Sousa, João da – 564, 566, 634, 689
Cruz, San Juan – *ver* Juan de la Cruz
Cuéllar, Diego Montaña – 711
Cuevas, Jerónima de las – 620
Cummings, Edward Estlin – 737
Cunha, Celso – 775
Cunha, Euclides da – 446, 447, 565, 577, 687
Cuoco, Vincenzo – 680
Curtis, Jean-Louis – 318, 319, 320, 322
Curtius, Georg – 524
Cysarz, Herbert – 485

D

D'Albert, Eugen – 419
D'Alembert, Jean Le Rond – 717
D'Amico, Silvio – 619
D'Annunzio, Gabrielle – 61, 62, 182, 185, 591, 614, 646, 668
D'Harcourt, duque – 621
D'Indy, Vincent – 171, 485
D'Ors, Eugenio – 54
Da Ponte, Lorenzo – 199, 200, 202
Da Vinci – *ver* Leonardo da Vinci
Dabit, Eugène – 290
Dagerman, Stig – 540, 541, 595-598
Dahrendorf, R. – 711
Daiches, David – 448, 450
Daladier, Édouard – 877
Dallapiccola, Luigi – 497
Damiens, Robert-François – 695, 696
Danilo, príncipe (Danilo Petrovic) – 561
Dantas, Raimundo Souza – 290, 367

Dante Alighieri – 19, 37, 40, 41, 56, 70, 118, 120, 168, 196, 197, 198, 233-237, 303, 304, 311, 313, 314, 346, 353-357, 439, 455, 460, 476, 477, 489, 492, 517, 530, 549, 583, 600, 634, 651-654, 696-705, 762, 763, 805, 821, 822, 835, 838, 843, 844, 845
Danton, Georges Jacques – 343, 344, 345, 463
Darío, Rubén – 180, 407, 564, 724, 775
Darley, George – 68
Darwin, Charles – 342
Daudet, Alphonse – 794
Daumier, Honoré – 193
Davi – 216, 219
Davi, Carlos – 598
David, Jacques-Louis – 422
Davis, H. C. – 610
Dawkins – 429
De Gaulle, Charles – 321, 489, 512, 690, 692
De Heem, Jan – 421
De Hooch, Pieter – 261, 373, 392
De Lollis, Cesare – 425, 680
De Robertis, Giuseppe – 476, 477, 656, 677
De Ruggiero, Guido – 680
De Sanctis, Francesco – 35, 89, 105, 106, 549, 678, 680, 717, 807, 808
De Sicca, Vittorio – 669
De Slane – 628
De Thou, Jacques Auguste – 716, 717
De Vries, A. B. – 161, 162
Deat, Marcel – 320
Debenedetti, Giacomo – 119
Debussy, Claude – 211, 249, 394, 419, 420, 497, 533, 560, 561, 655, 673, 713, 744, 809

Degas, Edgar – 33, 392, 415, 417, 422, 618, 688
Dehmel, Richard – 569
Dekker, Thomas – 507
Delacroix, Eugène – 588, 688
Delaroche, Paul – 415, 688
Delfino, Luís – 688
Delft, Jan Vermeer van – *ver* Vermeer
Delibes, Miguel – 796
Delp, Alfred – 599
Demetz, Peter – 765
Demóstenes – 584
Dempf, Alois – 476, 478
Dérain, André – 722
Déry, Tibor – 598, 794, 800
Descartes, René – 321, 464, 615, 737
Desmoulins, Camille – 343, 466
Desmoulins, Lucile – 343
Deutscher, Isaac – 446, 540, 541, 727
Di Giacomo, Salvatore – 680
Diaghilev, Sergei – 340
Dias, Augusto da Costa – 753
Dias, Gonçalves – *ver* Gonçalves Dias
Dias, Teófilo – 688
Dib, Mohammed – 513, 514, 797
Dickens, Charles – 67, 331, 332, 453, 579, 768, 792
Dickinson, Emily – 528, 564
Diderot, Denis – 59, 507, 579, 588
Dietrich, Marlene – 881
Dilthey, Wilhelm – 166, 455, 524, 525, 573
Dix, Otto – 405
Döblin, Alfred – 405, 427, 516-519, 555, 605, 622, 691
Dobroliubov, Nikolai Alexandrovitch – 656
Doderer, Heimito von – 479, 606
Dolci, Giulio – 498

Domingos, São – 620
Donati, Ignazio – 806
Donato, Hernani – 499
Donizetti, Gaetano – 213, 214
Donne, John – 37, 38, 39, 44, 104, 118, 304, 305, 307, 328, 334, 335, 386, 420, 863, 877, 878, 879
Dönniges, Hélène von – 299
Dony, Françoise – 126
Dopsch, Alfons – 644
Dor, Milo – 598, 603
Doria, Gino – 678
Doriot, Jacques – 320
Dos Passos, John – 365, 441, 516, 598, 666, 788, 791, 872, 895
Dostoievski, Fiodor – 31, 159, 293, 331, 332, 365, 406, 455, 484, 508, 514, 528, 595, 616, 617, 618, 632, 633, 636, 639, 656, 746, 764, 800, 801
Dou, Gerard – 392
Dourado, Waldomiro Autran – 225
Dowden, Edward – 239
Doyle, Arthur Conan – 768
Dreiser, Theodore – 365, 514, 665
Dreyfus, Alfred – 237, 654
Dreyfus, Camille – 720
Dreyfus, caso – 110, 290
Droste-Hülshoff, Annette von – 569
Droysen, Johann Gustav – 524
Drummond – *ver* Andrade
Dryden, John – 37, 195, 305
Du Perron, Charles Edgar – 527, 531
Duarte, Paulo – 439
Dubech, Lucien – 619
Ducamp, Maxime – 162
Duche, Jean – 389
Dudintzev, Vladimir – 671
Duff Twysden, Lady – 858

Dufy, Raoul – 619, 722
Duhem, Pierre – 478
Dullin, Charles – 71
Dumas, Alexandre – 297, 299, 300
Dumur, Louis – 611
Dunin-Borkowski, Stanislaus – 707
Durante, Francesco – 211
Dürer, Albrecht – 33, 347, 371, 372, 417
Durrell, Lawrence – 398
Dürrenmatt, Friedrich – 479, 623, 624, 658, 681
Durych, Jaroslav – 271, 272, 427, 448, 606
Dvorák, Max – 494, 778

E

Earl of Derby, quinto – 505
Earl of Derby, sexto – 505
Earl of Oxford – *ver* Vere, Edward de
Earl of Rutland, quinto – 505
Earl of Southampton, terceiro – 505
Eastman, Max – 731
Ebert, Friedrich – 517
Ebner-Eschenbach, Marie von – 499
Eckermann, Johann Peter – 457
Egea, José Corrales – 797
Egk, Werner – 497
Ehrenburg, Ilya – 117, 622, 623
Eich, Günter – 594, 595
Eichendorff, Josef von – 569, 570, 571, 661
Eichmann, processo – 649
Einaudi, Giulio – 549
Einaudi, Luigi – 680
Einem, Gottfried von – 497
Einstein, Albert – 659, 680

Eisenhower, Dwight David – 441, 600
El Greco (Domenikos Theokopoulos, dito) – 33, 257-260, 261, 263, 317, 324, 325, 346, 371, 415, 422, 458, 528, 529, 620, 646, 746
Elias – 216, 219
Eliot, George – 617, 636, 716, 792
Eliot, Thomas Stearns – 24, 32, 34, 36, 37, 38, 80, 103, 194-198, 240, 241, 304-307, 311, 322, 325, 333-336, 353-359, 383, 525, 580, 583, 592, 595, 632, 681, 732, 758, 762, 770, 771, 786-789
Elizabeth, rainha – 485
Ellis-Fermor, U. – 240
Ellison, Ralph – 789, 790, 791
Ellmann, Richard – 732
Elsschot, Willem – 527
Éluard, Paul – 770
Elytis, Odisseus – 800
Emerson, Ralph Waldo – 564, 863
Empédocles – 79-82
Empson, William – 39, 327, 328, 329, 450, 558, 648, 758
Enciso, Jiménez de – 311
Engels, Friedrich – 109, 265, 266, 267, 633, 749, 750, 764, 778
Ensor, James – 555
Erasmo de Roterdã – 49-53, 527, 572, 576, 612, 615, 650, 745
Erhard, Ludwig – 479
Ernesto, Pedro Paulo – 225
Eschenmayer – 378
Eschmann, Ernst Wilhelm – 470, 727
Escudero, Gonzalo – 724
Esopo – 685
Espronceda, José de – 771

Ésquilo – 37, 95, 96, 101, 109, 113, 196, 295, 310, 333, 429, 430, 613, 808
Étiemble, René – 689-692
Eucken, Rudolf Christoph – 93
Euclides – 467
Eugênio, Péricles – *ver* Ramos
Eurípides – 115, 295, 429, 430, 525
Eva – 313, 710
Evdokimov, Paul – 672
Eysler, Edmund – 561

F

Fabri, Albrecht – 583
Fadeiev, Aleksandr Aleksandrovitch – 337, 441
Faguet, Émile – 38
Falconet, Étienne Maurice – 508
Falkberget, Johan – 427
Fall, Leo – 561
Fallmerayer, Jakob Philipp – 833
Faria, Octavio de – 363, 364, 366
Farinelli – 169
Farnell, Lewis Richard – 429
Farrell, James Thomas – 365
Fauconnier, Henri – 318
Faulkner, William – 382, 514, 595, 598, 636, 648, 666, 767, 788, 869
Faure, Edgar – 651
Fausto, astrólogo – 824, 825, 829, 839
Fayard, Jean – 318
Fayette, Madame de la (Marie-Madeleine de la Vergne) – 616
Fedin, Konstantin Aleksandrovitch – 670
Felde, Alberto Zum – 770
Felipe II – 483, 708
Felipe, Luís – *ver* Luís Felipe I
Felipe, o Belo – 234

Félix, Moacyr – 769
Fellini, Federico – 548
Feraoun, Mouloud – 512, 513, 514, 797
Ferguson, Frances – 36, 434
Ferlosio, Rafael Sánchez – 797, 798
Fernandes, Gonçalves – 539
Ferraguti, Arnaldo – 416
Ferrata, Giansiro – 677
Ferraz, Geraldo – 488
Ferreira, Walfrido – 225
Ferrero, Guglielmo – 489, 663
Ferretis, Jorge – 725
Ferro, Antonio – 541
Fétis, François-Joseph – 274
Feuchtwanger, Lion – 302
Feuerbach, Ludwig – 287, 343, 693, 844
Feuillet, Octave – 579
Fichte, Johann Gottlieb – 228, 270, 643, 693, 830
Ficino, Marsilio – 612
Fidelis, Otto Maria – *ver* Carpeaux, Otto Maria
Fídias – 261
Fiedler, Leslie – 789, 790
Field, John – 419
Fielding, Henry – 284, 453, 616, 768
Figgis, John Neville – 226
Figueiredo, Wilson – 225, 413
Figueroa, Rafael Cisneros – 246
Filangieri, Gaetano – 680
Filmer, Robert – 711
Fiodorov, Michael – 104, 108
Fiore, Joachim de – 476, 477, 478
Firdusi (Abu'l-Qasin Mansur, dito) – 624
Firetto – 457
Fischer, Ernst – 33, 807-810
Fitzgerald, F. Scott – 624, 788, 852, 853, 855, 856, 869, 888, 889, 890

Flacius – 524
Flake, Otto – 695
Flaubert, Gustave – 110, 153, 312, 423, 447, 450, 453, 546, 579, 616, 699, 736, 738, 794
Flora, Francesco – 498, 680
Florit, Eugenio – 245, 565, 567
Fogazzaro, Antonio – 674
Folengo, Teófilo – 806
Fonseca, Edmur – 225
Fontes, Armando – 363, 364
Footman, David – 297
Ford, Ford Madox – 853, 887
Ford, Henry – 104
Ford, Jeremiah D. M. – 565
Forster, Edward Morgan – 640
Fortunato, Giustino – 679
Foscolo, Ugo – 613
Foster – 146
Foulet, Lucien – 386
Fouqué, Friedrich de la Motte – 479, 482
Fox, George – 588
França, José-Augusto – 752, 753
France, Anatole – 384, 437
Francisco I – 717
Francisco de Assis, São – 121, 475-478
Francisco Xavier, São – 373
Franco, Afonso Arinos de Mello – 223
Franco, general Francisco – 600, 871
Frank, Anne – 659
Frank, Leonhard – 605, 622, 645, 647, 648, 649
Frankl, Paul – 494, 778
Franklin, Benjamin – 564, 586, 587
Franz – 524
Frapié, Léon – 318
Frazier, E. Franklin – 146

Frederico II (Staufen) – 476, 680
Frederico, o Grande (da Prússia) – 229, 664
Freire, Felipe dos Santos – 427
Freising, Otto von – 444
Freud, Sigmund – 133, 134, 135, 190, 232, 323, 329, 529, 531, 533, 584, 597, 618, 769, 860
Frey, Dagobert – 494, 778
Freyer, Hans – 443
Freyre, Gilberto – 120, 143, 363, 535-539, 557, 565, 577, 689
Freytag, Gustav – 448
Frias, Heriberto – 725
Friedmann, Elisabeth – 505
Friedmann, William – 505
Frieiro, Eduardo – 224, 426, 427, 428, 748
Frisch, Max – 479, 681
Frost, Robert – 564
Froude, James Anthony – 448
Fubini, Mario – 526
Fuchs, Klaus – 601, 653
Fuentes, Carlos – 29, 725, 740, 752, 756, 757, 799
Fuentes, Gregório Lopez y – 725
Fülüp-Miller – 409

G
Gadda, Carlo Emilio – 667, 737
Galdós, Benito Pérez – 32, 54, 55, 56, 93, 159, 448
Galiani, *Abbé* (abade) Ferdinando – 439, 680
Galilei, Vicenzo – 806
Galileu Galilei – 467, 469, 492, 575, 678, 683, 696, 700, 781, 783, 804
Galíndez Suárez, Jesus – 609

Galindo, Nestor – 140
Galinsky, Hans – 358
Gallegos, Rómulo – 564, 565, 724
Galletti, Alfredo – 444, 611
Galli-Bibiena, família de arquitetos e cenógrafos italianos – 395
Galsworthy, John – 785
Galvão, Patrícia – 487
Gama, Mauro – 18
Gambetta, Léon – 223
Gantner, Josef – 581
Garaude, Lupe Cotrim – 633
García, Germán Pardo – 246, 565, 567, 726, 740, 752, 770, 799
Garcilaso – *ver* Vega, Garcilaso de la
Gard, Roger Martin du – 656
Gardner, Helen – 305, 558, 560
Garibaldi, Giuseppe – 213
Garin, Eugenio – 493, 549, 670, 677, 805
Garosci, Aldo – 549
Garot – 423
Garrett, João Batista Leitão de Almeida – 448, 453
Gascoyne, David – 358, 592-595
Gastoldi, Giovanni – 806
Gauguin, Paul – 580
Gautier, Théophile – 162, 258, 715
Gay, John – 175, 328, 394, 446
Gebhardt, Carl – 707
Gellhorn, Martha – 399, 879, 880, 881, 895
Gelpke, Catharina – 659
Genet, Jean – 681, 718
Gentil, Georges Le – 410, 577
Gentile, Giovanni – 300, 670, 679
George III – 515, 662, 764

George, Stefan – 359, 360, 385, 528, 570, 598, 737
Gersi, Guido – 348
Gesualdo, Carlo – 806
Geyl, Pieter – 601
Giannone, Pietro – 680
Gibbon, Edward – 444, 487, 537, 631, 642, 643
Gide, André – 224, 496, 515, 577, 602, 632, 650, 655, 656
Gijsen, Marnix (pseud. de Jan-Albert Goris) – 398, 527
Gil, Enrique – 448, 498
Gil, Pio (Pedro María Morantes, dito) – 609
Gilbert, Stuart – 80, 732
Ginzburg, Natalia – 668
Giordano, Luca – 395
Giorgione (Giorgio Barbarelli da Castelfranco, dito) – 33, 372, 416, 418
Giotto di Bondone – 263, 475
Giraudoux, Jean – 70, 71
Gironella, José María – 598, 796
Giusti, Wolf – 603
Glasgow, Ellen – 885, 886
Glossius – 524
Gluck, Christoph Willibald – 211, 214, 458, 496, 561, 589, 613, 674
Gobetti, Piero – 548
Gobineau, Joseph Arthur, conde de – 105, 495
Gobry, Ivan – 475, 476
Godwin, Fanny – 101
Godwin, Mary – 101
Goebbels, Joseph – 105
Goechhausen, Luísa de – 837, 841
Goerdeler, Carl – 599

Goethe, Johann Wolfgang von – 16, 34, 41, 42, 73, 74, 100, 101, 151, 168, 178, 179, 238, 248, 249, 336, 359, 383, 452, 455, 457, 483, 484, 498, 569, 570, 571, 581, 585, 613, 614, 616, 624, 634, 661, 664, 674, 688, 724, 745, 762, 763, 793, 821-846, 863
Gogol, Nikolai – 43, 96-100, 340, 365, 375, 376, 448, 453, 497, 498, 500, 511, 546, 562, 579, 581, 594, 616, 674, 676, 685
Gold, Michael – 577
Goldast, Melchior – 710
Goldoni, Carlo – 310
Gollwitzer, Heinz – 690
Gomes, Carlos – 688
Gomes, Eugênio – 353, 453, 577, 579
Gomperts, H. A. – 580
Gonçalves, Floriano – 156-160, 223, 366
Gonçalves Dias, Antônio – 565, 689
Goncourt, irmãos (Edmond de / Jules de) – 162, 312, 383, 579
Góngora, Luis de – 39, 118, 257, 328, 334, 357, 410, 771
Gontcharov, Ivan Aleksandrovitch – 656
Gonzaga, Tomás Antônio – 428
Gorki, Maxim – 139, 252, 253, 338, 339, 365, 500, 510, 514, 617, 643, 648, 671, 794
Gorkin, Julian – 520
Gorostiza, José – 246
Gorz, André – 601
Gourmont, Remy de – 646
Goya y Lucientes, Francisco de – 33, 59, 60, 373, 415, 422, 609, 779, 780, 868
Goya y Lucientes, Francisco José de – 868
Goytisolo, Juan – 670, 796, 798, 847

Gozzi, Carlo – 100
Graça Aranha, José Pereira da – 688
Gracián, Baltasar – 27
Graciliano – *ver* Ramos
Gracos, os – 491
Graetz, Wolfgang – 683
Graf, Arturo – 457
Graham, Cunninghame – 447
Gramsci, Antonio – 548-552, 677, 805
Granville-Barker, Harley – 237, 241, 504
Graves, Philip – 397, 705
Graves, Robert – 490
Gray, Thomas – 284, 290, 328
Greco – *ver* El Greco
Green, Henry – 761
Green, Julien – 379-383
Greene, Graham – 127, 329-333, 375, 379, 762
Gregor, Joseph – 619
Gregory, Horace – 119
Gretser, Jakob – 412, 464, 708
Greuze, Jean-Baptiste – 588
Grib, V. – 109
Grieco, Agripino – 578, 579
Grignan, Madame de (Françoise-Marguerite de Sévigné) – 793
Grillparzer, Franz – 222, 675
Grodzins, Morton – 599, 602
Groener, Wilhelm – 517
Groethuysen, Bernard – 144, 166, 381, 411, 464, 709, 778
Grossman, Leonid – 746
Grosz, George – 405
Grotius, Hugo – 709
Gruhle, H. W. – 146
Grunebaum, G. E. – 630
Grünewald, José Lino – 689
Grünewald, Matthias – 347, 348, 406
Gryphius, Andréas – 569

Guardi, Francesco – 372, 720, 722, 780
Guardini – 360
Guarnieri, Gianfrancesco – 760
Guerra, Oliva – 539
Guicciardini, Francesco – 106, 107, 108, 717
Guignard, Alberto da Veiga – 224
Guilherme II – 165, 647, 686
Guilherme III – 711
Guilherme, o Taciturno (Guilherme I de Orange) – 859, 874
Guillaume II de Villehardouin – 842
Guillén, Jorge – 243, 657, 771
Guillén, Nicolás – 246, 565, 724, 770
Guilloux, Louis – 595
Guimaraens, Alphonsus de – 566, 578, 634, 689
Guimaraens Filho, Alphonsus de – 224
Guimarães, Alberto Passos – 19
Guimarães Júnior, Luís – 688
Guimarães Rosa – *ver* Rosa
Güiraldes, Ricardo – 564, 724
Guitry, Sacha – 318
Guizot, François – 111, 663, 765, 766
Gullar, Ferreira – 769
Gullberg, Hjalmar – 645
Gundolf, Friedrich – 525
Gustavo III – 203, 204
Guy, Basil – 690
Guys, Constantin – 562
Guzmán, Martín Luis – 565, 598, 725

H

Haas, Willy – 72
Haberlandt, Arthur – 778
Haberlandt, Michael – 778
Habsburgos, dinastia – 261, 268, 269, 371, 372, 373, 622, 764

Haeckel, Ernst – 577
Haendel, Georg Friedrich – 33, 169, 170, 211, 214, 222, 394, 395, 396, 497, 561, 572
Haffner, padeiro – 247
Hafiz (Shemsuddin Mahommad, dito) – 624
Hale, John Rigley – 495
Halévy, Ludovic – 438, 730
Halle, Louis – 667
Halley, Edmund – 284
Hals, Frans – 261
Hamann, Johann Georg – 507
Hamsun, Knut – 595, 616
Hanke, Lewis – 709, 711
Hanslick, Eduard – 589
Hardy, Thomas – 54, 56, 93, 118, 159, 198, 330, 579, 655
Harris, Frank – 864
Harrison, George Bagshawe – 504
Harrison, Jane E. – 429
Harrys, George – 273, 275
Hart, Basil Liddell – 584, 629, 630
Hartfield, sr. – 720
Hartlaub, Gustav Friedrich – 416
Hassell, Ulrich von – 599
Hatfield, C. W. – 66, 67
Hatzfeld, conde – 298
Hatzfeld, condessa – 298
Hatzfeld, Helmut – 192
Hauff, Wilhelm – 448
Hauptmann, Gerhart – 93-96
Hauser, Arnold – 494, 777-780
Haussmann, George Eugène – 561
Hawthorne, Nathaniel – 374, 375, 382, 564, 585, 767
Haydn, Joseph – 201, 219, 220, 247, 419, 420, 497, 714

Hayek, F. A. – 87, 88, 89
Hayes, Alfred – 666
Hazard, Paul – 577
Hazlitt, William – 239, 433
Heath-Stubbs, John – 68
Hebbel, Christian Friedrich – 681
Hébert, Jacques-René – 141
Hecker Filho, Paulo – 557
Heckscher, Eli – 411, 708
Heda, Willem Claesz. – 581
Hedayat, Sadek – 597, 624, 625, 800, 847
Hegel, Friedrich – 27, 28, 35, 79, 81, 86, 87, 88, 228, 229, 231, 266, 287, 288, 425, 430, 442, 443, 445, 486, 494, 577, 650, 678, 693, 764, 765, 808, 831, 844, 845
Héger, Constantin – 66, 67
Heidegger, Martin – 302, 374, 493, 524, 584, 692, 805
Heine, Heinrich – 38, 273, 327, 384, 385, 569, 570, 571, 579, 580, 590, 661, 662, 663, 704, 763-766
Heine, Maurice – 692
Heinse, Johann Jakob Wilhelm – 495, 496, 589, 591, 674
Heisenberg, Werner – 227
Hekelingen, Vriens van – 705
Helena de Arta, princesa – 842
Hellman, Lilian – 872, 879
Helman, Albert – 609
Helvétius, Claude Adrien – 287
Helwig, Paul – 301
Heming, John – 716
Hemingway, Ernest Miller – 16, 34, 43, 44, 45, 397, 398, 399, 546, 566, 595, 645, 657, 666, 673, 719, 761, 788, 847-896

Hemingway, mãe de – 849
Hemingway, pai de – 849, 854, 860, 895
Hemmings, F. W. J. – 800, 801
Henrique IV – 229
Henrique VII – 236, 653
Henze, Hans Werner – 498
Hérault de Séchelles, Marie-Jean – 141
Herbert, George – 37, 305
Herculano, Alexandre – 448, 498
Herder, Johann Gottfried – 250, 251, 270, 442, 445, 507, 613, 643, 837, 838, 839
Heredia, José María de – 577
Hermans, Willem Frederik – 527, 598
Hernández, José – 565
Heródoto – 481
Herrera Filho – 471
Herriot, Édouard – 49
Herzen, Alexander – 656
Hesse, Hermann – 435, 584, 633, 676
Heusler, Andreas – 572
Hewel-Thayer, H. W. – 374
Heym, Georg – 555, 570
Heyn, Stefan – 399
Heyse, Paul – 499
Heywood, Thomas – 36, 507
Hidalgo, Alberto – 246
Hieron – 686
Hillman, sr. – 720
Hindemith, Paul – 347, 348
Hindenburg, Paul von – 517
Hiss, Alger – 440, 599, 602
Hitler, Adolf – 94, 134, 150, 229, 289, 308, 412, 517, 519, 533, 599, 604, 659, 683, 705, 872
Hobbema, Meindert – 373
Hobbes, Thomas – 464, 465, 710
Hochhuth, Rolf – 681, 682, 683
Hochwälder, Fritz – 681

Hocke, Gustav René – 494
Hoentzsch, Fred – 736
Hofer, Carl – 405
Hoffmann, E. T. A. (Ernst Theodor Amadeus) – 199, 201, 338, 374-379, 453, 496, 498, 500, 532, 579, 589, 590, 591, 674, 675, 713
Hoffmann, Edith – 322, 324, 325, 359
Hoffmann, M. – 510
Hofmann, Werner – 582
Hofmannsthal, Hugo von – 372, 497, 570, 613
Hofmannswaldau, Christian von – 569
Hoggart, Richard – 758, 759, 761, 762, 865
Hohenhein, Teofrasto Bombasto de – *ver* Paracelso
Hohenzollern, dinastia – 299
Holanda, Sérgio Buarque de – 19, 442, 558, 565, 665, 708, 709
Holbach, Paul Henri Dietrich, barão de – 287
Holbein, Hans – 33, 371, 372, 421, 422, 572
Hölderlin, Friedrich – 180, 334, 357, 360, 374, 428, 430, 457, 483, 484, 514, 569, 570, 581, 594, 597, 598, 613, 614, 650, 660, 661, 674, 763
Holmes, Oliver Wendell – 716, 717
Holthusen, Hans Egon – 583
Homero – 32, 38, 80, 83, 108, 109, 184, 217, 353, 356, 500, 505, 517, 613, 746, 786, 808
Honour, Hugh – 690
Hooch – *ver* De Hooch
Hope, Anthony – 682
Hopkins, Gerard Manley – 181
Horácio – 747

Horkheimer, Max – 446, 465, 471
Hostovski, Egon – 435, 436
Hotchner, Aaron E. – 847, 851, 880, 889, 890, 892
Houaiss, Antonio – 18-21, 731, 732, 788, 791
Housman, Alfred Edward – 155
Howe, Irving – 450, 790, 791
Huber, Wolf – 372
Huebner, F. M. – 391
Huet, Busken – 162
Hüffner, Josef – 709
Hugo, Victor – 103, 110, 120, 237, 312, 369, 384, 448, 453, 454, 498, 499, 579, 582, 654, 717
Huizinga, Johan – 32, 49-53, 348, 443, 469, 471, 527, 657, 759, 772
Humbert, processo – 290
Humboldt, Alexander von – 785, 832
Humboldt, Wilhelm von – 524, 573, 575, 785
Hus, Jan – 269
Husserl, Edmund – 657
Huxley, Aldous – 480, 496, 591, 618-621, 674, 761
Huysmans, Joris-Karl – 321, 347, 588
Hyde, Douglas – 475
Hyndman – 137

I

Ibn Khaldun (Abd al-Rahman Ibn Mohammad, dito) – 515, 584, 627-631, 684
Ibn Salama – 628
Ibsen, Henrik – 37, 78, 95, 115, 124, 189, 196, 240, 294, 351, 595, 655, 732, 748, 801

Icaza, Jorge – 245
Iglésias, Francisco – 225
Iglesias, Pablo – 519
Ihering, Rudolf von – 573
Inácio de Loyola, Santo – 373
Ingeman, Bernhard Severin – 448
Ingersoll, Ralph – 879, 880
Ingres, Jean-Auguste-Dominique – 415
Ionesco, Eugène – 563, 681, 694, 803
Iostock – 267
Irving, Washington – 666
Isaac – 218
Isherwood, Christopher – 127, 132, 555
Israëls, Jozef – 391
Istrati, Panair – 252
Ivancich, Adriana – 882, 883, 884
Ivo, Lêdo – 367, 413
Iznaga, Alcides – 755

J

Jack the Ripper (o Estripador) – 295
Jacobsen, Jens Peter – 447, 451, 500, 595
Jamalzadeh, Mohammad Ali – 624
James I – 30, 708, 710
James, Henry – 93, 117, 307, 354-357, 375, 378, 490, 497, 566, 617, 636, 666, 717, 767
James, Montagne Rhodes – 767
James, William – 39, 126, 457, 458
Jammes, Francis – 83, 500
Jannini, Pasquale A. – 522
Jansen, Gerard – 506
Jarnés, Benjamín – 798
Jarrell, Randall – 557
Jaspers, Karl – 443, 573, 759, 772
Jaurès, Jean – 519
Jeanson, Francis – 690

Jefté – 216, 219
Jeremias – 33, 279-282
Jerônimo, São – 193, 346
Jesus Cristo – 43, 72, 98, 160, 216-219, 281, 312, 346, 350, 351, 373, 394, 476, 593, 594, 620, 702
Jiménez, Juan Ramón – 243, 245, 360, 441
Jiménez, Pérez – 565
Jó – 215
Joana d' Arc – 321
João Batista, São – 203, 264, 346
João Batista, São – 818
João Evangelista, São – 40, 216, 217, 219, 408, 458, 826
João Nepomuceno, São – 269
Jobim, Renato – 557
John, Otto – 599
Johns, Per – 26
Johnson, Samuel – 238, 717
Johnson, Uwe – 847
Joly, Maurice – 704-707
Jommelli, Niccolò – 211, 496, 589
Jones, Duncan – 305
Jonson, Ben – 506, 507
Jorge, J. G. de Araújo – 633, 634
José – 216, 219
José II (da Áustria) – 201, 229
José, dom (de Portugal) – 226
José, São – 620
José Paulo – *ver* Moreira da Fonseca
Josué – 134
Joubert, Joseph – 413
Jouve, Pierre-Jean – 403
Jouvenel, Bertrand de – 629
Jovellanos y Ramirez, Gaspar Melchor de – 32, 58-61
Jovine, Francesco – 785

Joyce, James – 80, 101, 117, 118, 315, 365, 455, 482, 510, 527, 528, 529, 555, 579, 595, 636, 648, 656, 718, 730-733, 737, 768, 785, 806, 848
Juan de la Cruz, San – 26, 258
Judas – 354
Julien, Claude – 791
Júlio II, papa – 805
Juncker, Ernst Wiegand – 660
Jung, Carl Gustav – 469, 657
Jünger, Ernst – 148, 150, 151, 302, 479, 598
Jungk, Robert – 483, 664, 730
Junius – 763
Junqueira, Ivan – 786, 787, 788
Jurandir, Dalcídio – 367
Justiniano, imperador – 260
Juvenal – 58

K

Kafka, Franz – 31, 34, 42, 43, 72-76, 79, 81, 131, 132, 224, 232, 278, 314, 315, 323, 331, 332, 354-357, 360, 365, 374, 375, 377, 378, 379, 408, 415, 435, 497, 528, 531, 540, 583, 584, 595-598, 606, 619, 625, 632, 634, 700, 718, 732-737, 743, 762, 769, 789, 808
Kai-Chek, Chiang – 880
Kaiser, Georg – 126, 297, 405
Kálmán, Emmerich – 561
Kandinsky, Vassili – 555
Kant, Immanuel – 151, 484, 487, 583
Kantorowicz, Alfred – 872
Karpfen, Otto – *ver* Carpeaux, Otto Maria
Karr, Alphonse – 579
Karth – 151

Kasack, Hermann – 301
Kasakov, Yuri – 672, 673
Kataiev, Ivan – 337
Kavafis, Konstantinos – 690, 800
Kayser, Wolfgang – 615, 616, 617
Kazantzakis, Nikos – 800
Keats, John – 68, 101, 102, 104, 180, 335, 359, 455, 484, 581, 598, 613
Keller, Gottfried – 499, 616
Kemény, Zsigmond – 448
Kenton, Edna – 767
Kepler, Johannes – 227, 411, 467, 781, 783
Kerenski, Aleksandr Fiodorovitch – 337
Kesten, Hermann – 794
Keyes, Sidney – 398
Khaldun – *ver* Ibn Khaldun
Khayyam, Omar – 624
Khoury, Angelina Bierrenbach – 684
Khoury, José – 627, 684
Kierkegaard, Sören – 88, 133, 135, 231, 302, 303, 378, 458, 523, 559, 590, 595, 633, 730
Kipling, Rudyard – 315, 546, 655, 663
Kipphardt, Heinar – 682, 683
Kiu-Yi, Po – 690
Klabund (pseud. de Alfred Henschke) – 691
Klatt – 360
Klee, Paul – 555
Kleist, Heinrich von – 486, 487, 499, 500, 546, 679, 736, 786
Klimt, Gustav – 324
Klinger, Maximilian – 495, 840
Klopstock, Friedrich Gottlieb – 396
Knight, G. Wilson – 433
Knights, L. C. – 431
Knoll, August Maria – 411, 464, 709

Koestler, Arthur – 133, 135, 288, 309, 386-390, 438, 598, 606, 611, 612, 781, 782, 783
Koffka, Kurt – 657
Kogon, Eugen – 649
Kohnen, frei Mansueto – 661
Kokoschka, Oskar – 33, 322-325, 405, 533, 555
Komensky, Jan – *ver* Comenius
Konder, Leandro – 24, 807
Konder, Valério – 24
König, René – 493
Korolenko, Vladimir Galaktionovitch – 672
Kossmann, Alfred – 436
Kott, Jan – 683
Kraus, J. B. – 166, 168
Kraus, Karl – 323, 324, 325, 562
Kreisler, Fritz – 42, 674, 675, 676
Krenek, Ernst – 533
Kretschmer, Ernst – 657
Krleza, Miroslav – 595, 598, 602-606, 800
Krolow, Karl – 595, 770
Kropotkin, Piotr Alekseievitch – 633
Kurth, Ernst – 714
Kuznetsov, Anatoly – 671, 673
Kyd, Thomas – 36, 507

L

L'Overture, Toussaint – 543
La Bruyère, Jean de – 108, 311, 312, 696, 762
La Farge, Oliver – 885, 886
La Fontaine, Jean de – 453, 579
Labriola, Antonio – 679
Laclos, Choderlos de – 91, 692, 693, 716

Ladmiral, Henri – 141
Lafargue, Paul – 109
Laforgue, Jules – 353
Lagerkvist, Pär – 605, 624
Lagerloef, Selma – 203
Lamartine, Alphonse de – 384
Lamb, Charles – 453, 579
Landim Filho, Raul – 636
Landolfi, Tommaso – 667
Lange-Eichbaum, Wilhelm – 457
Lanham, Buck – 880, 883
Lanson, Gustave – 334, 453
Lanz, Laureano Vallenilla – 610
Laplace, Pierre-Simon de – 443
Larbaud, Valéry – 117, 119, 525
Larreta, Enrique Rodríguez – 566, 645, 646, 648
Lassalle, Ferdinand – 297-300
Last, Jef – 872
Latini, Brunetto – 697
Laura, dona – *ver* Austregésilo, Laura
Lautréamont, Isidore Ducasse, conde de – 180
Laval, Pierre – 599, 601, 653
Lavam – 146
Lavreniov, Boris – 623
Lawrence, D. H. (David Herbert) – 595, 596, 665, 785
Lawrence, T. E. (Thomas Edward) – 80, 198, 750, 892
Laymann, jesuíta – 412, 460
Lázaro – 83, 500
Le Fanu, Joseph Sheridan – 767, 768, 769
Leal, Simeão – 655
Leão I, papa – 301
Leão III, imperador – 643
Leão, A. Carneiro – 577
Leão, Angela Vaz – 558, 560

Leavis, Frank Raymond – 305, 306, 638, 758, 781
Leber, Julius – 599
Ledesma, Alonso de – 464
Lefranc, Abel – 503
Léger, Fernand – 722
Legouis, Émile – 334, 772
Lehar, Franz – 560, 561, 810
Lehmann, John – 331, 527, 530
Lehmbruck, Wilhelm – 405
Leibniz, Gottfried Wilhelm – 487, 743
Leite, José Roberto Teixeira – 527
Leite, Sebastião Uchoa – 19, 21, 22
Lely, Gilbert – 692
Lemaitre, Jules – 801
Lemonnier, Léon – 290
Lemos, conde de – 719
Lenau, Nikolaus – 384, 569
Lenin (Vladimir Ilitch Ulianov, dito) – 147, 309, 370, 519, 549, 551, 685
León, frei Luis de – 591, 771
Leonardo da Vinci – 495, 581
León-Felipe – 120
Leonov, Leonid – 337
Leopardi, Giacomo – 62, 204, 214, 453, 579, 598, 626, 680, 776, 807
Leopoldo I – 708
Leopoldo Guilherme, arquiduque – 372
Lermontov, Mikhail Yurevitch – 868
Lessa, Orígenes – 633
Lessing, Gotthold Ephraim – 478, 613, 661, 845
Lettenhove, Kervyn de – 621
Leuschner, Wilhelm – 599
Levi, Carlo – 668
Levin, Harry – 732
Levinsohn, Ronald – 16
Lewalter, Ernst – 581

Lewis, Alun – 398
Lewis, C. S. – 470
Lewis, Cecil Day – 358, 359
Lewis, Sinclair – 666
Lichtenberg, Georg Christoph – 745
Liebermann, Rolf – 33, 422, 497
Liebknecht, Karl – 517, 518
Lieuwen, Edwin – 610
Lilien, Ephraim Moses – 279
Liliencron, Detlev von – 569, 570
Lillo, Baldomero – 245
Lima, Jorge de – 402, 412, 536, 632, 633, 689
Lima, Luiz Costa – 19, 21
Lima Barreto, Afonso Henriques de – 363, 364, 566, 746
Lincoln, Abraham – 284, 499
Lind, Emil – 349
Lindsay, Vachel – 120-124
Lindworsky, jesuíta – 228
Lins, Álvaro – 157
Lins, Ivan – 709
Lippi, Fra Filippo – 804
Lisboa, Henriqueta – 224, 689
Lisboa, João Francisco – 689
Lisle, Charles Leconte de – 525, 577
Liszt, Franz – 221, 274, 419, 497, 588
Llosa, Mario Vargas – 756, 757
Lobatchevski, Nikolai Ivanovitch – 643
Lobato, Gervásio – 579
Lobato, José Bento Monteiro – 565, 632
Locke, John – 478
Loeb, Harold – 857
Loerke, Oskar – 407
Loisy, Alfred – 523
Longfellow, Henry Wadsworth – 666
Loos, Paul Arthur – 571, 713
Lopes, Moacir C. – 499

Lopes, Stênio – 224
Lopes Neto, Simões – 565
López, Luis Carlos – 242, 565
Lorca, Federico García – 114, 180, 243, 246, 357, 657, 770, 771, 775, 787
Lorenz, Alfred – 713
Lorenzaccio – *ver* Medici, Lorenzino de
Lorrain, Jean – 577
Lourenço, Eduardo – 752
Lourenço, M. S. – 752
Louzeiro, José – 18
Lovecraft, Howard Phillips – 767
Lowell, Robert – 594, 770
Löwith, Karl – 442, 443, 630
Lubbock, Percy – 364, 365
Lucano – 786, 874
Lucas, Fábio – 557
Lucas, São – 500
Luce, Henry – 600
Luciano – 685
Lucrécio – 685, 822
Ludwig, Emil – 463
Ludwig, o Bávaro – 478
Lugones, Darío – 243
Luís XIV – 97, 110, 708, 841
Luís XV – 695
Luís XVI – 696
Luís Felipe I – 108, 111, 663, 764, 765
Lukács, Georg – 441, 485, 617, 739, 797
Lully, Jean-Baptiste – 395
Lumumba, Patrice – 754
Lundkvist, Arthur – 595
Luntz, Lev Natanovitch – 297, 338, 339, 340, 341
Lutero, Martinho – 151 [Luther], 269, 458, 475, 483, 487, 524, 526, 595, 662, 763, 826

Luther, Arthur – 510
Luxemburgo, Rosa – 517, 518
Luzi, Mario – 668

M

Macaulay, Thomas Babington – 264
MacCarthy, Desmond – 544
MacDiarmid, Hugh – 358
MacFarlene, John – 525
Mach, Ernst – 442, 443
Machado, Aníbal – 24
Machado, Antonio – 210, 243, 775
Machado, Dionélio – 363, 366
Machado de Assis, Joaquim Maria – 34, 39, 40, 156, 157, 159, 363, 364, 452, 454, 455, 456, 458, 459, 535, 564, 565, 577, 579, 627, 632, 634, 659, 687, 689, 747
Machar, Josef Svatopluk – 606
MacLeish, Archibald – 872, 895
MacNeice, Louis – 358, 592
Madalena – 346
Madrazo, Pedro de – 258
Mãe de Deus – *ver* Virgem Maria
Maes, Nicolas – 392
Maeterlinck, Maurice – 124, 125, 497, 578
Maffei, Scipione – 718
Magaldi, Sábato – 225, 681
Magalhães Júnior, Raimundo – 353, 452, 689
Magalhães, Gonçalves de – 578
Magdaleno, Mauricio – 725
Magny, Claude-Edmonde – 79-82, 666
Mahdi, Muhsin – 631, 684, 685
Mahler, Gustav – 33, 42, 247, 496, 528, 531-534, 571, 590, 674, 675
Maia, Vasconcelos – 224

Maiakovski, Vladimir – 508
Maistre, Xavier de – 453
Majo, Gian Francesco de – 589
Mallarmé, Stéphane – 353, 384, 386, 414, 737
Malraux, André – 225, 297, 299, 300, 354, 463, 514, 588, 598, 603, 605, 631, 656, 696, 872, 892
Malraux, Clara – 603
Malthus, Thomas – 228
Malvasia, Dorotheus de – 842
Mammeri, Mouloud – 512, 797
Mancisidor, José – 725
Manet, Édouard – 581, 582, 688
Mann, Heinrich – 622
Mann, Thomas – 28, 34, 42, 435, 496, 516, 534, 568, 584, 591, 616, 656, 673, 675, 676, 680, 795, 807
Mannheim, Karl – 33, 86, 266, 267, 286-289, 443, 553, 554, 583, 619, 635, 636
Manrique, Jorge – 771
Mansfield, Katherine – 633
Mantegna, Andrea – 33, 261, 416
Manzoni, Alessandro – 91, 215, 390, 423, 424, 425, 448, 450, 460, 461, 491, 498, 617, 679, 793
Mao – *ver* Tsé-Tung
Maomé – 475
Maquiavel, Nicolau – 105, 106, 107, 235, 287, 288, 442, 444, 630, 678, 684, 705, 706, 707, 745, 747, 804, 806, 807
Marat, Jean-Paul – 141, 463, 683, 694, 695
Marc, Franz – 405, 555
Marcelino, Amiano – 311, 313
Marcello, Benedetto – 212, 215
Marchal, Lucien – 447, 448

Marco Aurélio, imperador – 222
Marenzio, Lucas – 806
Margarida Teresa, infanta – 373
Maria Teresa, infanta – 373
Maria, a Louca – 748
Marinetti, Felippo – 186, 208, 369
Maris, irmãos (Jacob, Matthias e Willem) – 391, 392
Marlowe, Christopher – 825
Marotta, Giuseppe – 514
Marques, Oswaldino – 119, 120
Marques, Xavier – 688
Marquet, Albert – 722
Marryat, Frederick – 469
Marshall, George – 289
Marsman, Hendrik – 527
Marston, John – 36, 507
Martin, Alfred von – 486
Martin, Frank – 199
Martín y Soler, Vicente – 199
Martínez, Arevalo – 565
Martínez, Enrique González – 242, 243, 244
Martinho, São – 620
Martins, Cristiano – 224, 426
Martins, editor – 363
Martins, Fran – 224
Martins, Hélcio – 18
Martins, Ivan Pedro – 223, 363
Martins Pena, Luís Carlos – 688
Marvell, Andrew – 37, 305
Marx, Karl – 35, 86, 88, 105, 109, 112, 115, 134, 147, 158, 163, 225, 228, 231, 233, 265, 266, 267, 286, 288, 297-300, 343, 370, 442, 443, 445, 517, 519, 549, 561, 563, 584, 633, 653, 663, 678, 693, 712, 730, 749, 765, 766, 780, 808, 810, 878

Marx, Roberto Burle – 362
Masaryk, Thomas G. – 270, 271, 325, 511, 533, 639
Massa, Jean-Michel – 747
Massenet, Jules – 428, 497
Masters, Edgar Lee – 665
Mata, Humberto – 246, 755
Mata Hari (Margaretha Geertruida Zelle, dita) – 881
Mata Machado Filho, Aires da – 223
Mather, Cotton – 585-588
Matisse, Henri – 722
Matthiessen, Francis Otto – 863
Maugham, William Somerset – 496, 544-548, 591, 657, 761
Maupassant, Guy de – 44, 153, 500, 544, 546, 579, 873
Mauriac, François – 320, 632, 656
Maurois, André – 103
Maurras, Charles – 103, 306, 320, 474
Mauve, Antoine – 391, 392
Maximiliano I – 372
Maya, Alcides – 688
Mayer, A. L. – 259
Mayer, Hans – 343
Mayerhofer, Johann – 570
Mayers, sr. – 720
Mayor, A. Hyatt – 619
Mazzini, Giuseppe – 214
Mazzuoli, Giuseppe – 620, 621
McCarthy, Joseph – 466, 888
McCarthy, Mary – 788, 789
Medeiros, Aluízio – 224
Medici, Alessandro de – 310, 807
Medici, casa de – 107, 310
Médici, Emílio Garrastazu – 25
Medici, Lorenzino de (dito Lorenzaccio) – 310, 311, 806

Medina, Fernando Diez de – 520, 522, 598
Mehring, Walter – 748
Meier-Graefe, Julius – 260
Meinecke, Friedrich – 486
Meireles, Cecília – 566, 632, 689, 743
Meissonnier, Ernest – 415
Mejías, Ignacio Sánches – 243
Melchinger, Siegfried – 559
Melgarejo, Mariano – 140-143
Melo, Thiago de – 769
Melo Neto, João Cabral de – 769
Melville, Herman – 497, 564, 863
Memling, Hans – 261, 373
Memmi, Albert – 513, 514, 797
Mencken, Henry Louis – 716
Mendelssohn, Felix – 201, 497, 572, 589
Mendes, Álvaro – 18, 21, 22
Mendes, Murilo – 200, 400-405, 412, 566, 633, 769
Mendes, Oscar – 224
Menéndez Pidal, Ramón – 680
Menéndez y Pelayo, Marcelino – 55, 775
Meneses, Guillermo – 750
Mengelberg, Willem – 532
Menton, Seymour – 606, 608, 610, 725
Merck, Johann Heinrich – 840
Meredith, George – 297, 300
Merejkovski, Dimitri – 511
Mérimée, Prosper – 258, 453, 579
Merleau-Ponty, Maurice – 309, 388, 519
Mesquita Filho, Júlio de – 223
Messias – *ver* Jesus Cristo
Messmer, Hans – 644
Metsu, Gabriel – 161, 162, 373
Metternich, Klemens Wenzel von – 764, 765

Meyer, Augusto – 39, 156, 453, 456, 457, 459, 566, 688, 689
Meyer, Conrad Ferdinand – 569
Meyer, Eduard – 489
Meyerbeer, Giacomo – 590
Meyern, Wilhelm Friedrich von – 479
Michael, Donald N. – 729, 730
Michaux, Henri – 737
Michelangelo Buonarotti – 168, 178, 179, 279, 427, 492, 571, 581, 701, 803, 805, 832
Michelet, Jules – 214, 445, 448, 495
Michelino, Domenico di – 234, 237, 652, 654, 701
Middleton, Thomas – 36, 37, 96, 304, 507
Mieris, Frans van – 161, 162, 373
Miguel-Pereira, Lúcia – 353, 363, 365, 454
Mijares, Augusto – 610
Mikado (imperador do Japão) – 412
Milano, Dante – 633
Milch, Werner – 358, 359, 360
Miller, Henry – 472, 605, 664, 666
Millet, Jean-François – 392
Milliet, Sérgio – 655
Milton, John – 37, 38, 103, 104, 195, 333-336, 396, 526
Minkowski, Hermann – 802
Miomandre, Francis de – 608, 610
Mirabeau, Honoré-Gabriel Riquetti, conde de – 409, 463
Mistral, Frédéric – 776
Mistral, Gabriela – 243, 724
Mitchell, Margaret – 449
Mitropoulos, Dimitri – 531
Mobutu, Joseph-Désiré (dito Mobutu Sese Seko) – 754

Modrone, jesuíta – 677
Moebius – 658, 659
Moisés – 216, 217
Molière (Jean-Baptiste Poquelin, dito) – 97, 111, 114, 115, 202, 310, 312, 380, 455, 497, 634, 717
Molina, Tirso de – 202
Moltke, Helmuth James von – 599
Momigliano, Attilio – 89, 90, 91, 425, 460, 461, 463
Mommsen, Theodor – 489
Mondrian, Piet – 527, 553
Monet, Claude – 392
Moniusko, Stanislaw – 418
Monsù, Desiderio – 619
Montaigne, Michel Eyquem de – 311, 453, 579, 650
Montale, Eugenio – 594, 659, 660, 666, 770
Montañes, Juan Martínez – 259
Monte, Alberto Del – 553, 738
Monteiro, Adolfo Casais – 752
Monteiro, Maciel – 688
Monteiro Machado (família) – 426
Montello, Josué – 366, 488, 723
Montenegro, Braga – 224
Montenegro, Olívio – 363
Montes, Eugenio – 520
Montesquieu, Charles de Secondat – 368, 374, 442, 643, 705, 706, 707
Monteverdi, Cláudio – 394, 497, 560, 589
Montherlant, Henri de – 681
Moog, Clodomir Vianna – 565
Moor, Franz – 483
Moore, George – 496, 591, 674
Morais, Vinícius de – 578, 632, 633

Morais Neto, Prudente de – 363
Morales, Ernesto – 242
Morales, general – 141, 142, 143
Moratín, Leandro Fernández de – 58
Moravia, Alberto – 598, 604, 609, 639, 700, 795, 807, 847
More, P. E. – 103
Moréas, Jean – 712
Moreira da Fonseca, José Paulo – 413
Morelli, Giovanni – 506
Morelly – 466
Morgan, Charles – 79
Móricz, Zsigmond – 427, 449
Mörike, Eduard – 568, 569, 571, 661, 675
Morris, William – 120, 136-139, 335
Morus, Thomas – 137, 468, 685
Moskovkin, Viktor – 672, 673
Mostar, Hermann – 301
Mota, José Américo Peçanha da – 19, 20
Motherwell, Robert – 555
Mottram, Ralph Hale – 397
Moura, Emílio – 224
Mozart, Wolfgang Amadeus – 33, 169, 179, 199-203, 205, 211, 212, 214, 219, 220, 247, 248, 376, 377, 405, 496, 497, 518, 532, 561, 589, 590, 674, 675, 712
Muir, Edwin – 159
Müller, Maler – 840
Müller, Wilhelm – 570
Multatuli (pseud. de Eduard Douwes Dekker) – 527, 784
Munch, Charles – 531
Munch, Edvard – 458, 555
Munk, Kaj – 555
Müntzer, Thomas – 478
Murat, Joachim – 680

Murguia, Manoel Martínez – 776
Murillo, Bartolomé Esteban – 258, 261
Murray, Gilbert – 429, 525
Muschg, Walter – 441
Musil, Robert – 479, 516, 606, 757, 795
Musset, Alfred de – 110, 310, 311, 375, 484, 497, 499
Mussolini, Benito – 38, 105, 300, 353, 412, 548, 677, 872
Mussorgski, Modest – 249
Myrdal, Gunnar – 791

N

Nabokov, Vladimir – 508
Nabuco, Joaquim – 565, 689
Nadar – 562
Nadler, Josef – 498
Namora, Fernando – 752, 797
Nansen, Odd – 649
Napoleão Bonaparte (Napoleão I) – 94, 140, 274, 288, 289, 321, 662, 694, 696, 808, 834
Napoleão III – 298, 299, 561, 563, 581, 662, 704-707
Nasser, Gamal Abdel – 515
Neander, Irene – 642, 643
Nef, Karl – 572
Negri, Antimo – 457
Nekrasov, Viktor – 671, 673
Nekrassov, Nikolai Alekseievitch – 656
Nenni, Pietro – 872
Neri – 806
Neruda, Pablo – 246, 564, 632, 633, 724, 752, 770, 799
Nerval, Gerard de – 180, 334, 357, 359, 528, 763, 780
Nervo, Amado – 723

Netscher, Caspar – 161
Nettesheim, Agrippa von – 839
Neumann, Alfred – 302
Neumann, Hans – 599
Newton, Isaac – 227, 335, 394, 410, 443
Ney, Paula – 455
Nezvadba, Josef – 794
Nicholson, Norman – 331
Nicodemus – 40, 458
Nicolau I – 97, 764
Nicolau II – 97, 509
Nicolini, Fausto – 676, 679
Niebuhr, Reinhold – 760
Nietzsche, Friedrich – 29, 101, 129, 148, 231, 252, 274, 430, 484, 486, 495, 562, 568, 569, 572, 573, 580, 589, 590, 597, 612, 613, 614, 632, 633, 635, 655, 675, 676, 679, 684, 693, 712, 713, 715, 803
Nijinski, Vaslav – 340
Nilus, Sergei – 705, 706
Nithardt, Mathis – 347, 348
Nixon, Richard – 440
Nodier, Charles – 498
Nolde, Emil – 405
Noske, Gustav – 517
Nossa Senhora – *ver* Virgem Maria
Nossack, Hans Erich – 301
Novalis, Friedrich – 359, 569, 570, 571, 713, 738
Noves, Laura de – 693

O

O'Casey, Sean – 297
O'Neill, Eugene – 70, 71, 95, 114, 124-127, 197, 293, 297, 344, 555, 564, 613
Occam, Guilherme de – 478

Octavio Filho, Rodrigo – 226
Offenbach, Jacques – 33, 374, 561, 562, 563
Oken, Lorenz – 345
Olinto, Antonio – 559
Oliveira Viana, Francisco José de – 565
Oliveira, Alberto d' (poeta português) – 565
Oliveira, Alberto de (poeta brasileiro) – 565, 634
Oliveira, Franklin de – 22, 452, 492-497, 527, 559
Oliveira, Martins de – 223
Olivi, Petrus Johannis – 476, 477, 478
Ollivier, Albert – 463
Olyesha, Yuri Karlovitch – 670, 672
Olympio, José – 156, 363
Omodeo, Adolfo – 680
Oppenheimer, Franz – 58
Oppenheimer, Jacob Robert – 600, 683
Orange, príncipe de – 621
Oresmius, Nicolaus – 478
Orestano, Francesco – 445
Orff, Carl – 428, 429
Orgaz, conde de – 257, 258
Ormandy, Eugene – 531
Ortega y Gasset, José – 191, 443, 471-474, 523, 524, 584, 657, 759, 772
Orwell, George – 446, 480, 540-543, 598, 727, 872
Osborne, John – 682, 750, 758
Ossian – 334, 578
Ostrovski, Aleksandr – 338
Oswald, Gösta – 595
Otto, Rudolf – 417, 657
Otto, Walter F. – 613
Overbeck, Franz – 573
Ovídio – 353, 579
Owen, Wilfred – 397, 398

P

Pachá, Sérgio – 18
Pacheco, Francisco – 257
Pacheco, Jesus López – 797
Pacheco, João – 557
Pádua, Marsílio de – 478
Paes, João – 752
Paes, José Paulo – 224
Paganini, Niccolò – 33, 272-276, 590, 764
Palamas, Kostis – 800
Palazzeschi, Aldo – 369
Palestrina, Giovanni Pierluigi da – 33, 211, 212, 215, 394, 496, 589, 674, 806
Palgrave – 102
Pallavicini, família – 620
Palma, Clemente – 755
Palmer, John – 682
Panferov, Fedor – 337
Panofsky, Erwin – 417, 494
Papini, Giovanni – 655
Paracelso (Teofrasto Bombasto de Hohenhein) – 572, 575, 839
Paravicino, Hortensio Felix – 410
Parkins, Almon Ernest – 283
Parra, Teresa de la – 567
Parvillez, Alphonse de – 380, 381
Pascal, Blaise – 43, 72, 133, 321, 322, 331, 378, 410, 443, 453, 458, 464, 469, 579, 650, 716, 736
Pascoli, Giovanni – 34, 182-186
Pasolini, Pier Paolo – 548, 549, 550, 552, 668, 673, 700, 770
Passos, John dos – *ver* Dos Passos
Pasternak, Boris – 491, 508
Patchen, Kenneth – 358
Pater, Walter – 415, 416, 495, 803

Pati, Francisco – 452
Paul, Elliot – 719
Paulo, José – *ver* Fonseca, José Paulo Moreira da
Paulo, São – 346, 474, 475, 793
Paustovski, Konstantin – 622, 657, 658, 670, 672
Pauwels, Louis – 290, 320
Pavese, Cesare – 597, 665, 666, 673, 795, 847, 885
Pavlov, Ivan Petrovitch – 643
Pavlova, Anna – 340
Pawek, Karl – 738
Paz, Octavio – 245, 752, 770, 799
Pechstein, Max – 405
Pedro, o Grande – 508, 511
Pedro, São (Simão Pedro) – 281, 312
Peel, Robert – 765
Péguy, Charles – 254, 454, 632, 655
Peixoto, Afrânio – 688
Pelágio – 331
Pelegrino, Hélio – 225
Pemán, José María – 428, 430, 796
Pena Júnior, Afonso – 410
Pereda, Antonio de – 581
Pereira, Astrojildo – 223, 439, 454
Pereira, José Mario – 16
Pérez de Ayala, Ramón – 56
Pergolesi, Giovanni Battista – 561
Peri, Jacopo – 429
Perkins, Maxwell – 859
Pessanha, José Américo Motta – 641
Pessoa, Fernando – 326, 446, 632, 633, 752, 770
Pétain, Philippe – 599
Peterson, Erik – 643
Petrarca, Francesco – 476, 477, 693, 704, 747, 762, 803, 805, 863

Petrônio – 311, 312
Pfeiffer, Pauline – 859, 865, 879, 880, 881, 895
Philippe, Charles-Louis – 290-293, 558
Phillips, sr. – 720
Picasso, Pablo – 264, 324, 393, 554, 646, 719, 722
Piccinni, Niccolò – 589
Piccolomini, Enea Silvio – *ver* Pio II
Pickard-Cambridge, Arthur Wallace – 429
Picón-Salas, Mariano – 564
Pietri, Arturo Uslar – 427
Pigalle, Jean-Baptiste – 621
Pilniak, Boris – 337
Pimentel, A. Fonseca – 454
Pimentel, Osmar – 558, 560
Píndaro – 613
Pinto, Milton José – 18
Pio II (Enea Silvio Piccolomini) – 572
Pio XI – 77
Pio XII – 683
Piovene, Guido – 667
Pirandello, Luigi – 44, 95, 114, 115, 124, 182, 186, 297, 339, 340, 341, 546, 549, 553, 679, 785, 873
Piranesi, Giovanni Battista – 619, 721
Pirenne, Henri – 166, 644
Pitágoras – 416
Piza, Clóvis de Toledo – 439
Plank, Robert – 470
Platão – 86, 87, 88, 287, 289, 408, 445, 468, 481, 612, 631, 685, 710
Plauto – 806
Plessner, Helmuth – 486, 583
Plessner, Monika – 790
Plivier, Theodor – 303, 398
Plutarco – 488, 746

Pobiedonoszev – 509
Poe, Edgar Allan – 139, 284, 375, 378, 564, 579, 580, 625, 633, 674, 767
Políbio – 445, 515, 630, 716, 717
Pólo, Marco – 691
Pompéia, Raul – 488, 566, 689
Pompignan, Jean-Jacques Lefranc, marquês de – 279
Pope, Alexander – 102, 284, 394, 446
Popper, Karl R. – 86-89, 445
Portella, Eduardo – 454, 455, 456, 463
Porter, Katherine Anne – 788, 789
Portinari, Candido – 137
Portugal, José Blanc de – 752
Potgieter, Everhardus Johannes – 162
Pouillon, Jean – 321
Poulaille, Henry – 290
Pound, Ezra – 34, 38, 335, 353-357, 583, 595, 599, 786, 787
Poussin, Nicolas – 261
Pozas, Ricardo – 756, 797
Pozner – 338
Pozzi, Antonia – 659, 660
Prado, Décio de Almeida – 681
Prado, Paulo – 566, 689
Prat, Ángel Valbuena – 498, 764, 775
Pratolini, Vasco – 435, 598, 668-671, 795
Prawer, S. S. – 662
Praz, Mario – 693
Preen, Friedrich von – 706
Prevelakis, Pantelis – 800
Prévert, Jacques – 770
Prévost, *Abbé* (abade) Antoine François – 311, 498, 716, 793, 863
Prezzolini, Giuseppe – 655, 678
Prishvin, Mikhail – 672
Prokosch, Frederic – 358
Proust, Marcel – 101, 117, 118, 353-357, 365, 380, 496, 529, 591, 616, 674, 712, 762
Przybyszewski, Stanislaw – 418
Psellos – 38, 356
Ptolomeu – 416
Puccini, Giacomo – 199, 212, 428, 561, 675
Purcell, Henry – 395
Pushkin, Alexander – 147, 201, 337, 340, 365, 448, 510, 511, 643, 764
Putifar, mulher de – 216
Putnam, Samuel – 579

Q

Quasimodo, Salvatore – 614
Queiroz, Amaro de – 225
Queiroz, Dinah Silveira de – 454
Queiroz, Rachel de – 364, 565
Queneau, Raymond – 737, 770
Quental, Antero de – 523
Quevedo, Francisco de – 58, 181
Quiller-Couch – 134
Quisling, Vidkun – 599, 601

R

Rabelais, François – 139, 311, 312, 579, 699
Rabelo, Laurindo – 688
Racine, Jean – 95, 100, 110, 111, 115, 187, 197, 292, 381, 384, 557, 581, 611, 682, 717, 762
Radcliffe, Ann – 767
Rafael (Raffaello Sanzio, dito) – 261, 262, 315, 372
Rajan, Balachandra – 305
Raleigh, Sir Walter – 505

Ramos, Graciliano – 83, 156-160, 363, 364, 366, 367, 500, 565, 633, 687, 689, 756, 800
Ramos, Maria Luiza – 488
Ramos, Péricles Eugênio da Silva – 413, 488
Ranek – 146
Ranke, Leopold von – 448, 524
Ransom, John Crowe – 283, 306, 329, 354
Raphael, Maxwell I. – 565
Rasputin, Grigori Yefimovich – 511
Rasumovski, príncipe – 248
Ratchford, Fannie E. – 66
Raumer – 448
Ravaillac, François – 229
Ravel, Maurice – 533, 655
Raymond, Marcel – 403
Rea, Domenico – 514, 595, 668, 679, 847
Read, Herbert – 103, 324, 358, 560
Rebello, Luís Francisco – 752
Rebelo, Marques (pseud. de Eddy Dias da Cruz) – 363, 366, 488, 566, 689
Redentor – *ver* Jesus Cristo
Redlich, H. F. – 713
Redol, Alves – 752, 797
Reger, Max – 533
Régio, José – 752
Regler, Gustav – 872
Regnoni, Luigi – 713
Rego, José Lins do – 363, 364, 366, 536, 565, 579, 689, 800
Reguera, Ricardo Fernández de la – 796
Rehm, Walther – 444, 613
Reich, Wilhelm – 596
Reichardt, Robert – 772
Reiner, Fritz – 531

Reinhardt, Max – 240
Remarque, Erich Maria – 397, 399
Rembrandt H. van Rijn – 33, 160, 178, 261, 371, 372, 373, 392, 393, 395, 422, 458, 527, 581, 832
Renan, Ernest – 351
Renard, Jules – 290, 291
Renault, Abgar – 426
Reni, Guido – 395
Renn, Ludwig – 397, 872
Renoir, Auguste – 392, 415, 688
Repetto – 143
Requena, Andrés – 609
Reutter, Hermann – 497
Reve, Karel van het – 582
Reverdy, Pierre – 594, 770
Revere – 311
Reyes, Alfonso – 473, 819
Reynolds, Joshua – 162
Ribeiro, João – 447, 689
Ribeiro, Léo Gilson – 681, 723
Ribera, Jusepe de – 258, 259, 261
Ricardo II – 683
Ricardo III – 683
Ricardo, Cassiano – 558, 565, 566, 633, 689, 769
Ricci, J. F. A. – 374
Ricci, Matteo – 782
Rich, Barnaby – 863
Richards, I. A. – 39, 159, 327, 558, 583, 738, 758
Richardson, Hadley – 851, 855, 859, 865, 880, 881, 887, 894
Richardson, Samuel – 498
Richelieu, cardeal (Armand Jean du Plessis) – 321
Richier, Ligier – 621
Rickert, Heinrich – 843

Ridgeway – 429
Ridruejo, Dionisio – 770, 796
Riegl, Alois – 262, 263, 264, 407, 422, 494, 553, 778
Rienzo, Cola di – 476, 477
Riesman, David – 471, 751
Rilke, Rainer Maria – 179, 243, 291, 358-362, 374, 383, 385, 393, 414, 455, 459, 528, 538, 569, 570, 583, 584, 632, 633, 634, 656, 661, 763, 770, 771, 786
Rimbaud, Arthur – 71, 353, 357, 375, 384, 597, 633, 655, 689, 690
Rio Branco, barão do – 655
Ríos, Francisco Giner de los – 574
Ritschl, Friedrich – 524
Rivarol, Antoine – 442, 579
Rivas, Hugo – 214
Rivera, Bueno de – 225
Rivera, José Eustacio – 724
Robbe-Grillet, Alain – 556, 614, 617, 794
Robertson, J. M. – 487, 505
Robespierre, Maximilien de – 343, 463, 530, 696
Robledo, Antonio Gómez – 564
Rochefort, Henri – 662
Rodó, José Enrique – 665
Rodolfo II – 269, 372
Rodrigues, José Honório – 164, 165, 166, 168, 442
Rodrigues, Nelson – 293
Rodríguez, Manuel Díaz – 604
Roessler, Rudolf – 599
Rogério, o Normano – 680
Rohde, Erwin – 614
Roldán, Mariano – 660
Rolfs, Wilhelm – 347

Rolland, Romain – 496
Romains, Jules – 598, 656
Romero, José Rubén – 567, 725
Romero, Luis – 796
Romero, Sílvio – 687, 772
Rômulo Augústulo – 624
Ronsard, Pierre de – 179
Roosevelt, Franklin Delano – 599, 666, 754, 872
Ropshin – *ver* Savinkov
Rosa, João Guimarães – 566, 632, 633, 689, 737
Rosas, Juan Manuel de – 609
Roscher, W. G. F. – 709
Rosenberg, Alfred – 406
Rosenfeld, Anatol – 681
Rosenstock, Eugen – 445, 486
Rosselini, Roberto – 669
Rossetti, Dante Gabriel – 358, 359
Rossetti, Domenico – 64
Rossi, Franco – 668
Rossini, Gioacchino – 214, 485, 496, 589
Rossler – 600
Roth, Joseph – 622
Rothfels, Hans – 443
Rougemont, Denis de – 714, 761, 792
Roumain, Jacques – 785, 786
Rousseau, Jean-Jacques – 235, 320, 487, 498, 711
Rousseaux, André – 625
Rózycki, Ludomir – 418
Rubens, Peter Paul – 261, 316, 317, 373
Rubião, Murilo – 225
Rubinstein, Anton – 419
Rüdiger, Horst – 582
Ruisdael, Jacob van – 373
Ruiz, Ricardo Navas – 725

Rukser, Udo – 584
Rulfo, Juan – 725, 726, 740, 752, 756, 799
Ruskin, John – 120, 476, 495, 713, 731
Russell, Bertrand – 657, 680
Russo, Luigi – 680
Ruysch, Rachel – 421
Ruzzante (Angelo Beolco, dito *il*) – 806
Rzewuski, Waclaw – 448

S
Saba, Umberto – 61-65
Sabatier, Paul – 475, 494
Sábato, Ernesto – 752, 756, 757, 799
Sá-Carneiro, Mário de – 632, 633
Sachs, Hans – 714, 839
Sack, Gustav – 605
Sackville-West, Vita – 119
Sade, Donatien, marquês de – 692-696
Sade, Hugo de – 693
Sainte-Beuve, Charles Augustin – 37, 81, 238, 274, 304, 311, 326
Saint-Exupéry, Antoine de – 497
Saint-Just, Louis Antoine – 141, 343, 463, 464, 466
Saint-Simon, Louis de Rouvroy, duque de – 311, 313, 447, 745
Salandra, Antonio – 465
Salazar, Antônio de Oliveira – 440, 541
Salgado, Plínio – 565, 566
Salieri, Antonio – 201
Salinas, Pedro – 243, 657, 771
Salinger, Jerome David – 788, 789, 807
Salles, Almeida – 379
Salomão – 658, 659
San Martín, José de – 244
San Secondo, Pier Maria Rosso di – 295
Sanchez, Luís Amador – 439

Sancta Clara, Abraham a – 410
Sand, George (pseud. de Aurore Dupin) – 418, 794, 801
Sandrart, Joachim von – 348
Sanger, Charles Percy – 68
Sansão – 216, 219
Santa Cruz, general – 139
Santa Rosa, Tomás – 136
Santayana, George – 523
Santos, Felipe dos – *ver* Freire
Santos, Jesús Fernández – 797
Santos, João Felício dos – 446, 447, 449, 450, 451
Sarasate, Pablo de – 274
Sargeaunt, W. D. – 240
Sarmiento, Domingo Faustino – 610
Saroyan, William – 553
Sarraute, Nathalie – 556, 614, 617
Sarti, Giuseppe – 199, 202, 589
Sartre, Jean-Paul – 28, 69-72, 79, 81, 197, 224, 230-233, 308-311, 430, 514, 541, 595, 598, 601, 603, 605, 614, 617, 625, 631, 632, 666, 670, 682, 690, 718, 795, 807, 847, 881
Sasportes, José Estêvão – 752
Sassoon, Sigfried – 397, 398
Satie, Eric – 428
Sauguet, Henri – 497
Saul – 216
Savinkov, Boris Viktorovitch – 509, 511, 639
Savonarola, Girolamo – 701
Saxe, marechal Maurice de – 621
Saxl, Fritz – 417
Scaliger, Julius Caesar – 580
Schaeder, H. H. – 630
Schaff, Adam – 642
Scheidemann, Philipp – 517

Scheler, Max – 443, 657
Schifferli, Peter – 555
Schiller, Friedrich von – 101, 202, 222, 311, 483-488, 526, 569, 601, 613, 614, 674, 762, 808, 838, 842
Schlegel, August Wilhelm – 239, 484, 525, 786
Schlegel, Friedrich – 484
Schleiermacher, Daniel Friedrich Ernst – 523, 524
Schlosser, Julius von – 680
Schlueter, M. – 555
Schmidt, Alfred – 347
Schmidt, Arno – 479-483
Schmidt, Augusto Frederico – 412, 633
Schmidt, Erich – 837, 841
Schmidt, Karl Ludwig – 572
Schmidt-Rottluff, Karl – 405
Schmoll, J. A. – 581
Schneider, Hortense – 563
Schnitzler, Arthur – 372
Schocken, Salmon – 734
Schoenberg, Arnold – 323, 394, 497, 533, 556, 568, 571, 582, 592, 676, 714
Scholz, János – 619
Schoolfield, George C. – 674
Schopenhauer, Arthur – 29, 453, 475, 579, 633, 693
Schröter, Manfred – 676
Schubert, Franz – 33, 179, 201, 211, 247-250, 378, 497, 569, 570, 571, 581, 744, 763
Schumann, Robert – 42, 249, 419, 420, 497, 531, 568-571, 573, 588, 590, 674, 763
Schütz, Heinrich – 497, 572
Schwartz, Delmore – 306, 354

Schwarzschild, Leopold – 297, 299
Schweitzer, Albert – 349-352, 474, 791
Schwonke, Martin – 468
Scott, Walter – 424, 427, 448, 450, 451, 480, 490, 499, 578, 768, 793
Scriabin, Alexander – 419
Seaver, George – 349
Sebastião, São – 346
Seeck, Otto – 643
Seferis, Georgios – 800
Sefrioui, Ahmed – 797
Segala, Amos – 520, 521
Seghers, Anna – 435, 598, 622
Segneri, Paolo – 410
Seminara, Fortunato – 669
Semper, Gottfried – 262
Sena, Jorge de – 749, 751, 752, 753
Sender, Ramón José – 598, 796, 872, 875
Sêneca – 26, 30, 786
Serrão, Joel – 753
Sévigné, Madame de (Marie de Rabutin-Chantal) – 793
Shaftesbury, Anthony Ashley Cooper, Lord – 487, 506
Shakespeare, William – 29, 30, 34, 36, 37, 68, 95, 96, 110, 111, 115, 118, 120, 168, 179, 186, 196, 197, 203, 205, 213, 237-241, 249, 262, 304, 310, 311, 313, 327, 329, 344, 431, 433, 434, 453, 455, 487, 489, 503-508, 517, 525, 526, 579, 601, 616, 618, 619, 634, 682, 683, 685, 699, 718, 730, 732, 748, 786, 821, 825, 828, 835, 837, 840, 863
Shaw, George Bernard – 113-116, 189, 198, 202, 237, 240, 338, 483, 489, 490, 589, 717
Shellabarger, Samuel – 448

Shelley, Percy Bysshe – 68, 100-104, 359
Sherriff, R. C. – 397
Shirley – 311
Sholokhov, Mikhail – 337
Short, Robert – 535-538
Short, William – 535
Siegfried, André – 664
Sienkiewicz, Henri – 448
Sieyès, Emmanuel Joseph – 542
Sikelianos, Angelos – 800
Sila – 491
Sillitoe, Alan – 750, 751
Silone, Ignacio – 267, 288, 450, 598
Silva, Domingos Carvalho da – 413, 632
Silva, José Asunción – 775
Silva, Luís Vieira da – 426, 748
Silva, Miguel Otero – 752, 755
Silva, Pascoal da – 427
Silva, Vicente Ferreira da – 439
Silveira, Ênio – 731
Simão Pedro – *ver* Pedro, São
Simmel, Georg – 581, 657
Simms, William Gilmore – 284
Simon, Michel – 383
Simônides – 685, 686
Skard, Sigmund – 664
Slauerhoff, Jan Jacob – 527
Smetana, Bedrich – 485
Smith, Adam – 478, 711
Smith, W. Cantwell – 630
Smollett, Tobias – 453, 768
Snow, Charles Percy – 598
Snyders, Frans – 421
Soares, Maria Nazareth Lins – 19
Sócrates – 305, 475
Soffici, Ardengo – 369
Sófocles – 30, 101, 115, 333, 353, 428, 429, 455, 524, 613, 682, 746

Sokel, W. H. – 555
Soldati, Mario – 667
Soljenitsin, Alexander – 671
Soloviev, Vladimir – 508
Solz, Adam von Trott zu – 599
Sombart, Werner – 166, 267, 411, 657, 709
Sonntag, Henriette – 274
Sorel, Georges – 148, 465, 550, 655, 678
Sörensen, Villy – 437
Soseki, Natsumi – 797
Sousa, J. Galante de – 452
Sousândrade (Joaquim de Sousa Andrade, dito) – 689
Souza, Octavio Tarquínio de – 442
Spaventa, Bertrando – 679
Spaventa, Silvio – 679
Speier, Hans – 636
Spender, Stephen – 103, 132, 133, 358, 359, 361, 555, 592, 597, 872
Spengler, Oswald – 256, 262, 276, 361, 442, 444, 445, 446, 486, 532, 584, 611, 612, 614, 628-631, 641, 643, 684, 718
Sperber – 598
Spingarn, Joel – 680
Spinoza, Baruch – 693, 707, 841
Spirito, Ugo – 520
Spitzer, Leo – 217, 311, 558, 680
Stadler, Ernst – 555
Staël, Madame de (Anne Louise Germaine Necker) – 785
Staiger, Emil – 487
Stalin, Joseph (Ossip Vissarionovitch Djugatchvili, dito) – 150, 289, 412, 599, 600, 604
Stanford, Derek – 592

Stanislavski, Constantin – 511
Stapledon, William Olaf – 727-730
Steen, Jan – 205, 373
Stein, Gertrude – 853, 854, 856, 869, 887
Steinbeck, John – 143, 514
Steiner, Mariane – 734
Stendardo, Alfredo – 676, 678
Stendhal (Henri Beyle, dito) – 90, 91, 311, 314, 453, 455, 460, 461, 495, 496, 589, 616, 634, 863
Sternberger, Dolf – 229
Sterne, Laurence – 284, 453, 579, 764
Stevenson, Robert Louis – 469
Stieler, Caspar – 569
Stifter, Adalbert – 499
Stoll, Elmer Edgar – 433
Storm, Theodor – 499
Stramm, August – 407
Straumann, Heinrich – 636, 637
Strauss, Leo – 631, 685, 686
Strauss, Richard – 201, 221, 429, 497, 613
Stravinski, Igor – 340, 394, 511, 673, 676, 714
Streicher, Julius – 229
Strindberg, August – 93, 115, 124, 173, 310, 344, 595, 603
Strittmatter, Erwin – 623
Strohl, Jean – 343
Strong, Anne Louise – 872
Stuart, Mary – 485
Stuarts, dinastia – 195, 711
Stuckenschmidt, Hans Heinz – 247
Stuelpnagel, Karl Heinrich von – 599
Suarès, André – 804
Suárez, Francisco – 582
Suárez, jesuíta – 710

Sucre, Antonio José de – 139
Sue, Eugène – 147, 579, 582, 801
Suzuki, professor – 782
Svevo, Italo – 116-119
Swift, Jonathan – 109, 446, 453, 467, 469, 562, 579, 685, 763, 786
Swinburne, Algernon Charles – 65, 358, 359
Sybel, Heinrich von – 524
Symonds, John Addington – 495
Synge, John Millington – 186-190, 297
Sypher, Wylie – 378, 494, 767
Szell, George – 531

T

Tácito – 311, 444, 447
Taft, William Howard – 441
Taglioni, Maria – 274
Taine, Hippolyte – 142, 143, 311, 368, 444, 495, 521, 537
Tai-Po, Li (ou Li Po) – 353, 690
Tales de Mileto – 832
Talleyrand-Périgord, Charles Maurice de – 600
Talmon, J. L. – 466
Tamayo, parlamentar – 141
Tannenbaum, Frank – 521
Tanner, Adam – 708
Tartini, Giuseppe – 273, 274, 275
Tasso, Torquato – 101, 457, 460
Tate, Allen – 283, 354
Tavares, Cláudio – 224
Tawney, Richard Henry – 166
Taylor, Jeremy – 410
Tchekov, Anton Pavlovitch – 44, 194, 338, 365, 500, 510, 546, 656, 673, 759, 873
Tchernichevski, Nikolai – 656
Teirlinck, Herman – 527

Teitelboim, Volodia – 755
Teixeira, Anísio – 440
Teles, Lígia Fagundes – 632
Tendriakov, Vladimir – 670, 673
Teniers, David (o Moço) – 373
Tennyson, Lord Alfred – 359, 385, 691
Ter Braak, Menno – 527, 528, 531
Terborch, Gerard – 373
Teresa de Ávila, Santa – 26, 259, 474
Thackeray, William Makepeace – 453, 579, 792
Theotokopoulos, Domenikos – *ver* El Greco
Theotokopoulos, Jorge Mannel – 746
Thérive, André – 599
Thibaudet, Albert – 143
Thieme, Karl – 279, 281, 282, 602
Thierry, Augustin – 425, 448
Thiers, Adolphe – 765
Thijm, Alberdingk – 162, 163
Thode, Henry – 476, 494, 612
Thomas, Dylan – 358, 592
Thomas, W. I. – 145, 146
Thompson, George – 430
Thomson, G. – 613
Thoré, Théophile – 162, 163
Thoreau, Henry David – 863
Thrasher, Frederic M. – 146
Tieck, Ludwig – 495
Tieghen, Paul van – 506
Tiepolo, Giambattista – 261, 395, 780
Tilden, Samuel J. – 747
Tilgher, Adriano – 186, 677
Tillich, Paul – 519
Tillyard, Eustace Mandeville Wetenhall – 334, 432, 433
Timofeiev, Lev – 510
Tintoretto (Jacopo Robusti, dito) – 259, 261

Tirrell, M. B. – 775
Tito (discípulo de São Paulo) – 793
Tito (Josip Broz, dito) – 604
Tiziano Vecellio – 178, 179, 259, 261, 371, 372, 458
Tocqueville, Alexis de – 601, 663, 664, 704, 760, 766
Toledo, Mario Monteforte – 565, 756, 757, 799
Toller, Ernst – 622
Tolnay, Charles de – 805
Tolstoi, Alexei Nikolaevich – 427
Tolstoi, Leon – 93, 184, 337, 338, 357, 365, 455, 468, 590, 617, 636, 674, 677, 800 , 801
Tomás de Aquino, São – 691, 710
Tommaseo, Niccolò – 697
Tönnies, Ferdinand – 629
Topitsch, Ernst – 554
Torga, Miguel – 752
Torre, Guillermo de – 473
Torre, Victor Haya de la – 520
Torrefranca, Fausto – 806
Torres, Julio – 725
Toscanini, Arturo – 214
Tourneur, Cyril – 36, 37, 304, 507
Tours, Gregório de – 311, 314
Tovey, Donald Francis – 589, 713
Toynbee, Arnold – 86, 442, 444, 445, 471, 611, 628, 630, 631, 641, 644, 684, 718, 772, 782, 783
Traetta, Tommaso – 496, 589
Trakl, Georg – 405, 555, 570, 660
Traven, Bruno – 598
Traz, Robert de – 65
Trevelyan, George Macaulay – 537
Treves, Paolo – 465
Trevisan, Dalton – 224

Tricart, Jean – 797
Trilling, Lionel – 598
Trindade, Solano – 224
Tröltsch, Ernst – 166
Trotski, Leon – 533
Troyes, Chrétien de – 311
Trujillo, Rafael – 609
Truman, Harry S. – 355
Tsé-Tung, Mao – 633, 782
Tshombe, Moise – 754
Tu Fu – 353, 690
Tucídides – 108, 445
Tudor, dinastia – 525, 683
Turati, Filippo – 519
Turgueniev, Ivan Sergeievitch – 622, 656, 853, 882
Twain, Mark – 666, 853

U
Ubico, Jorge – 608
Uexküll, Jakob von – 657
Uhland, Ludwig – 569
Unamuno, Miguel de – 29, 83, 243, 500, 680, 718, 775
Ungaretti, Giuseppe – 397
Utrillo, Maurice – 33, 719-722
Uyttersprot, Herman – 734

V
Vailland, Roger – 567
Vaktangov, Yevgeny – 100
Valencia, Guillermo – 724
Valentia, Gregorius de – 412, 464
Valera, Juan – 775
Valéry, Paul – 18, 327, 360, 383, 443, 455, 463, 528, 569, 656, 680, 771
Valle-Inclán, Ramón María del – 604, 608, 609, 610

Vallejo, Cesar – 244, 567, 770, 799
Vallejo, Manuel Mejía – 755
Van der Heyden, Jan – 721
Van der Weyden, Rogier – 373
Van Dyck, Antoon – 33, 261, 315-318, 373
Van Eyck, os (Jan e Hubert) – 373
Van Gogh, Vincent – 33, 180, 391, 392, 393, 415, 421, 457, 527, 555, 597
Van Lennep, Jacob – 448
Van Ostade, Adriaen – 373
Van Ostayen, Paul – 527, 555, 605
Van Schendel, Arthur – 527
Vancura, Vladislav – 605, 606
Vandervelde, Émile – 519
Varela, José Luis – 776
Vargas, Getúlio – 22, 23
Vasconcelos, Antonio-Pedro – 752
Vasconcelos, Diogo de – 427
Vassalini, Caterina – 614
Vecchio, Palma – 372
Veen, Adrian – 527
Vega, Garcilaso de la – 357, 771
Vega, Lope de – 357
Velarde, Ramón López – 243
Velásquez, Diego de Silva y – 261, 371, 646
Veloso, Artur – 426
Venessa Neto – 225
Ventura, Mauro – 22, 26-31
Venturi, Lionello – 680
Verdi, Giuseppe – 33, 76, 199, 204, 211-215, 423, 458, 485, 561, 673, 675, 712, 733
Vere, Edward de – 503, 505
Verga, Giovanni – 54, 56, 93, 159, 458, 500, 546, 667, 762, 873

Verhaeren, Émile – 208, 369, 522, 577
Veríssimo, Érico – 565
Veríssimo, José – 413, 455, 654, 687, 772
Verkauf, Willy – 555
Verlaine, Paul – 383-386
Vermeer van Delft, Jan – 33, 160-164, 261, 373, 392, 527
Verne, Jules – 468
Veronese, Paolo – 261
Vesaas, Tarjei – 555, 595
Vestdijk, Simon – 503, 527-530, 800
Vettori, Francesco – 747
Vichinski – 309, 388
Vico, Giambattista – 35, 442, 444, 445, 446, 515, 584, 612, 613, 630, 643, 678, 679, 680
Vieira, José Geraldo – 363, 364
Vieira, padre Antônio – 33, 409-412, 709
Vietor, Karl – 343
Vietta – 360
Vigny, Alfred de – 448
Vila, Moreno – 243
Vilar, Mauro – 18
Villa-Lobos, Heitor – 507, 688
Villari, Pasquale – 106, 107
Villey, Daniel – 265, 266, 268
Villon, François – 50, 175, 204, 208-211, 353, 357, 386, 455, 618, 620, 621
Viñas, David – 755
Vinci – *ver* Leonardo da Vinci
Vinícius – *ver* Morais
Virgem Maria – 346, 373, 620, 835
Virgílio – 19, 38, 173, 307, 356, 455, 680
Visconti, Luchino – 668

Vishnevski, Vsevolod – 337-340
Vitoria, Francisco de – 709
Vitória, rainha – 134
Vittorini, Elio – 665, 668, 795
Vittorio Emmanuelle II – 213, 680
Vivaldi, Antonio – 589, 712, 773
Vives, Luis – 60
Voltaire (François-Marie Arouet, dito) – 89, 326, 374, 579, 602, 631, 685, 691, 717, 745, 762, 764, 782
Voss, Johann Heinrich – 786
Vossler, Karl – 192, 217, 557, 680

W

Wach, Joachim – 524
Wagenknecht, Edward – 66, 638
Wagner, Richard – 33, 42, 76, 211, 214, 221, 420, 488, 496, 497, 532, 533, 561, 562, 568, 571, 580, 588, 590, 591, 632, 633, 674, 675, 712-715, 863
Wain, John – 750
Waliszewski, Kazimiers – 510
Wallace, Edgar – 332, 375, 378
Wallenstein, Wenzel von – 269, 271
Walpole, Horace – 767
Walser, Ernst – 494
Walser, Martin – 734
Walter, Bruno – 531, 532
Walton, Izaak – 137
Warburg, Aby – 494
Warner, Rex – 127-132
Warren, Robert Penn – 283, 435, 598, 610, 788, 789
Wartenburg, Peter Yorck von – 599
Washington, Luís – 523
Wasmann, jesuíta – 228
Wassermann, Jakob – 496, 591

Watteau, Jean-Antoine – 205, 248
Waugh, Alec – 761
Weber, Carl Maria von – 497
Weber, Max – 60, 164-168, 281, 559, 574
Webern, Anton – 582
Webster, John – 36, 37, 65, 96, 304, 507
Wedekind, Frank – 173, 293-296, 344, 555, 686
Weigand – 311
Weinheber, Josef – 302, 441
Weisbach, Werner – 395.
Weiss, Peter – 681, 682, 683, 694, 695
Wellershoff, Dieter – 847
Welsh, Mary – 880, 881, 882, 888, 895
Werfel, Franz – 76, 78, 496, 591, 606, 675
Werner, Zacharias – 713
Westbrook, Harriet – 101
Westphalen, Adolfo – 246
Weyl, Hermann – 657
Wheelwright, Philip – 305, 542, 558
White, Andrew Dickson – 411
White, William – 852
Whitman, Walt – 119, 120, 122, 123, 124, 178, 361, 522, 564, 577, 655, 665, 863
Whittem, Arthur F. – 565
Wickhoff, Franz – 416
Widrington, Roger – 710
Wieckmann – 302
Wiessinger, Leopold – *ver* Carpeaux, Otto Maria
Wilde, Oscar – 114, 415, 416, 497, 870
Wilder, Thornton – 297, 490, 497, 588
Williams, Ernest Renge – 535-538
Williams, Raymond – 542
Williams, Roger – 587, 588
Wilson, Colin – 758
Wilson, Dover – 237, 240
Wilson, Edmund – 441
Wilson, P. P. – 146
Wilson, William Woodrow – 666
Winblad, Ulla – 206
Winckelmann, Johann Joachim – 487, 613, 614, 786
Wind, Edgar – 416
Windakiewiczewa – 418
Winsor, Kathleen – 448
Winter, Ernst Karl – 411
Winters, Yvor – 306
Wittgenstein, Ludwig – 533, 736, 737
Witzleben, Erwin von – 599
Wolf, Hugo – 42, 180, 247, 249, 517, 531, 568, 569, 571, 674, 675, 744
Wolfe, Thomas – 365, 566, 788
Wolfenstein, Alfred – 691
Wölfflin, Heinrich – 494, 572, 573, 581, 778
Wolfram, Aurel – 349
Woltmann, Alfred – 347
Woolf, Virginia – 312, 315
Woolsey, juiz John M. – 718, 732
Wordsworth, William – 68, 204, 335, 359, 543
Worringer, Wilhelm – 406, 407, 494, 657, 778
Woytt-Secretan, Marie – 349
Wright, Richard – 790
Wydenbruck, Nora – 660

X

Xavier, Berenice – 382
Xavier, Lívio – 621
Xenofonte – 685, 686
Xirau, Joaquim – 493

Y

Yankas, Lautaro – 755
Yeats, William Butler – 187, 243, 335, 358, 359, 360, 387, 414, 443, 459, 516, 583, 643, 732, 751
Young, Edward – 506
Young, Pauline – 146
Yourcenar, Marguerite – 447, 490

Z

Zagoskin, Mikhael Nikolaievitch – 448
Zahar, Jorge – 676
Zamiatin, Eugeni Ivanovitch – 446, 540, 727
Zaratustra – 679
Zavala, Silvio – 709
Zavattini, Cesare – 668
Ziembinski, Zbigniew Marian – 293
Zilsel, Edgar – 507
Znaniecki, F. – 145, 146
Zola, Émile – 32, 54, 56, 93, 110, 118, 153, 237, 294, 295, 297, 299, 300, 312, 313, 314, 365, 380, 514, 561, 562, 577, 581, 588, 607, 617, 654, 662, 699, 764, 794
Zorn, Anders – 203
Zottoli, Angelandrea – 450, 460
Zuckmayer, Carl – 399
Zurbarán, Francisco de – 258
Zweig, Arnold – 397
Zweig, Stefan – 23, 24, 280, 463

Agradecimentos

Somos gratos a Olavo de Carvalho e a seus colaboradores: Ronaldo Alves dos Santos, José Carlos Zamboni, Josiane Carneiro de Carvalho, Maria Inês Panzoldo de Carvalho, Pedro Trompowski, Roxane Andrade de Souza e Solange Esteves. Muitos dos textos foram encontrados por essa equipe nos arquivos de Otto Maria Carpeaux recolhidos à Fundação Casa de Ruy Barbosa, à qual estendemos nossa gratidão.

Agradecimentos especiais vão para Aurileide Freitas Deppe da Costa e seus colegas bibliotecários da ABL, que nos permitiram descobrir preciosidades de Carpeaux numa antiga coleção de jornais, como também para as diretoras e funcionários da Seção de Periódicos da Biblioteca Nacional por sua paciência no período mais intenso de pesquisa e checagem de textos.

É necessário ainda registrar o entusiasmo com que o presidente da Academia Brasileira de Letras, o poeta e crítico Ivan Junqueira, aceitou o convite da UniverCidade para prefaciar esta obra de Carpeaux, de quem foi amigo e colega de trabalho.

E, finalmente, fica aqui nosso reconhecimento aos funcionários da editora da UniverCidade e da Topbooks, sem os quais seria impossível levar a bom termo essa ambiciosa empreitada.

"Sempre imaginando como atendê-lo melhor"
Avenida Santa Cruz, 636 * Realengo * RJ
Tels.: (21) 3335-5167 / 3335-6725
e-mail: comercial@graficaimaginacao.com.br